Ingo Mutschler/Thomas Scheel/Matthias Goldhorn/Günter Maus

Umsatzsteuer

Vorbereitung auf die schriftliche
Steuerberaterprüfung 2018
Band 2

2018
HDS-Verlag
Weil im Schönbuch

HDS
Verlag

Bibliografische Information der Deutschen Nationalbibliothek
Die Deutsche Nationalbibliothek verzeichnet diese Publikation
in der Deutschen Nationalbibliografie; detaillierte bibliografische Daten
sind im Internet über http://dnb.de abrufbar

Gedruckt auf säure- und chlorfreiem, alterungsbeständigem Papier

ISBN: 978-3-95554-236-8

Dieses Werk einschließlich aller seiner Teile ist urheberrechtlich geschützt. Jede Verwertung außerhalb der engen Grenzen des Urheberrechtsgesetzes ist ohne Zustimmung des Verlages unzulässig und strafbar. Das gilt insbesondere für Vervielfältigungen, Übersetzungen, Mikroverfilmungen und die Einspeicherung und Verarbeitung in elektronischen Systemen.

© 2018 HDS-Verlag
www.hds-verlag.de
info@hds-verlag.de

Einbandgestaltung: Constantin Burkhardt-Ene
Layout: Peter Marwitz – etherial.de
Druck und Bindung: Books on Demand GmbH

Printed in Germany
2018

HDS-Verlag Weil im Schönbuch

Die Autoren

Ingo Mutschler, Dozent für Steuerrecht an der Fachhochschule für Finanzen in Edenkoben. Er ist Autor verschiedener steuerrechtlicher Fachbeiträge.

Prof. Thomas Scheel, Professor für Steuerrecht an der Hochschule für öffentliche Verwaltung und Finanzen Ludwigsburg. Er ist Autor verschiedener Fach- und Lehrbücher zum Steuerrecht und seit Jahren in der Steuerberateraus- und -fortbildung tätig.

Matthias Goldhorn, Diplom-Finanzwirt, Sachgebietsleiter Betriebsprüfung im Finanzamt Bautzen und seit Jahren für verschiedene Bildungsträger in der Steuerberateraus- und -fortbildung tätig.

Prof. Günter Maus, Professor für Bilanzsteuerrecht an der Fachhochschule Ludwigsburg, Hochschule für öffentliche Verwaltung und Finanzen in Ludwigsburg. Er ist Autor verschiedener Fach- und Lehrbücher zum Steuerrecht und seit Jahren in der Steuerberaterausbildung tätig.

Vorwort zur 1. Auflage

Mit dem vorliegenden Buch können Sie sich optimal auf den schriftlichen Teil der Steuerberaterprüfung des Prüfungsteils Umsatzsteuer der Klausur Verfahrensrecht und andere Rechtsgebiete vorbereiten. Neben vielen hilfreichen Tipps rund um die Gestaltung einer optimalen Vorbereitung werden die rechtlichen Grundlagen der Umsatzsteuer mit zahlreichen Beispielen und Schaubildern dargestellt.

Darüber hinaus enthält das Buch einen umfangreichen Übungsteil mit Klausuren im Schwierigkeitsgrad der Steuerberaterprüfung. Das Buch ist auch ein erstklassiges Nachschlagewerk für Praktiker in der Finanzverwaltung, in den steuerberatenden Berufen oder in betrieblichen Unternehmen.

Ingo Mutschler/Thomas Scheel/Matthias Goldhorn/Günter Maus

Bearbeiterübersicht

Teil I
1. Maus
2. Goldhorn
3.–4. Maus

Teil II
I.–IX. Mutschler
X.–XII. Scheel
XIII. Mutschler
XIV.–XVII. Scheel
XVIII. Mutschler
XIX.–XVII. Scheel

Teil III Goldhorn

Inhaltsverzeichnis

Die Autoren... V
Vorwort zur 1. Auflage... VII
Bearbeiterübersicht... VIII
Inhaltsverzeichnis... IX
Abkürzungsverzeichnis... XXVII

Teil I: Die Steuerberaterprüfung... 1
    1.   **Der schriftliche Teil der Steuerberaterprüfung**... 1
        1.1   Drei Prüfungstage... 1
        1.2   Benotung der schriftlichen Arbeiten... 2
        1.3   Voraussetzung für die Zulassung zur mündlichen Prüfung... 2
    2.   **Klausur Umsatzsteuer**... 3
        2.1   Besonderheiten der Klausur Umsatzsteuer... 3
        2.2   Themenschwerpunkte der letzten Jahre... 5
        2.3   Konkrete Bearbeitungshinweise... 9
        2.3.1   Standardaufgaben und Standardfragestellungen... 9
        2.3.2   Standardthemen und Prüfungsschwerpunkte... 15
        2.3.3   Die unentgeltlichen Wertabgaben... 72
        2.4   Mindestbemessungsgrundlage nach § 10 Abs. 5 UStG... 79
        2.4.1   Was war der Grund, die Regelung über die Mindestbemessungsgrundlage in das Gesetz aufzunehmen?... 79
        2.4.2   Mindestbemessungsgrundlage in den Fällen der verbilligten Wertabgaben aus dem Unternehmen... 81
        2.5   Übrige unentgeltliche Wertabgaben... 81
        2.5.1   Welche Aufwendungen unterliegen dem Vorsteuerabzugsverbot gemäß § 15 Abs. 1a UStG?... 81
        2.5.2   Gibt es tatsächlich keinen dem Aufwendungseigenverbrauch (§ 1 Abs. 1 Nr. 2c UStG 1993) vergleichbaren Fall einer unentgeltlichen Wertabgabe mehr?... 81
        2.6   Die Steuerberaterprüfung 2018/2019... 82
    3.   **Die mündliche Steuerberaterprüfung**... 98
    4.   **Voraussetzungen für eine erfolgreiche Prüfung**... 101

Teil II: Darstellung der Umsatzsteuer... 107
I.   **Einführung in das Umsatzsteuerrecht**... 107
    1.   **Allgemeines**... 107
        1.1   Bedeutung der Umsatzsteuer... 107
        1.2   Einordnung der Umsatzsteuer im Steuersystem... 107
        1.3   Die Funktion des Mehrwertsteuersystems... 107
        1.4   Rechtliche Grundlagen... 109
        1.5   Einheitliches Umsatzsteuersystem in der EU... 109
    2.   **Überblick über das Besteuerungsverfahren**... 110
        2.1   Veranlagungsverfahren... 110
        2.2   Voranmeldungsverfahren... 110
    3.   **Ermittlung der Umsatzsteuer**... 111

	3.1	Die zwei Säulen der Umsatzbesteuerung	111
	3.2	Umsatzsteuer auf Ausgangsumsätze (§§ 1–13b UStG)	111
	3.2.1	Umsatzarten (§ 1 Abs. 1 UStG)	111
	3.2.2	Steuerbarkeit (§§ 1–3g UStG)	112
	3.2.3	Steuerpflicht (§§ 4–9 UStG)	112
	3.2.4	Berechnung der Höhe der Umsatzsteuer (§§ 10–12 UStG)	112
	3.2.5	Steuerentstehung (§ 13 UStG)	112
	3.2.6	Steuerschuldner (§§ 13a, 13b UStG)	112
	3.3	Vorsteuerabzug für Eingangsumsätze (§§ 15, 15a UStG)	113
	3.4	Musterbeispiel für die Lösung eines Umsatzsteuerfalls	113
	3.5	Prüfungsschema	114
II.	**Steuerbarkeit von Lieferungen und sonstigen Leistungen**	**115**
	1.	**Tatbestandsmerkmal „Lieferung und sonstige Leistung"**	**115**
	1.1	Der umsatzsteuerrechtliche Leistungsbegriff	115
	1.1.1	Unterscheidung zwischen Lieferungen und sonstigen Leistungen	115
	1.1.2	Einschränkung auf Leistungen im wirtschaftlichen Sinne	115
	1.1.3	Leistungswille	116
	1.2	Anknüpfung an die Leistungserfüllung	116
	1.2.1	Bedeutung des zivilrechtlichen Verpflichtungsgeschäfts	116
	1.2.2	Rechtlich unwirksame und verbotene Leistungen	117
	1.3	Grundsatz der Leistungseinheit	117
	1.3.1	Leistungsgegenstand bei der Lieferung mehrerer Gegenstände	117
	1.3.2	Leistungsgegenstand bei Leistungen mit Liefer- und Dienstleistungselementen . . .	118
	1.3.3	Unselbständige Nebenleistungen zu einer Hauptleistung	118
	2.	**Tatbestandsmerkmal „Entgelt" (Leistungsaustausch)**	**119**
	2.1	Gegenleistung	119
	2.1.1	Geld als Gegenleistung	120
	2.1.2	Lieferungen und sonstige Leistungen als Gegenleistung	120
	2.2	Zusammenhang zwischen Leistung und Gegenleistung	120
	2.3	Schadensersatz und Entschädigungen	121
	2.3.1	Schadensersatz wegen zu später Leistungserfüllung (Verzug)	122
	2.3.2	Entschädigungen für nicht ausgeführte Leistungen	122
	2.3.3	Entschädigungen bei Vertragsauflösung	123
	2.3.4	Entschädigungen für Enteignungen	123
	2.3.5	Entschädigungen für wettbewerbsrechtliche Abmahnungen	123
	2.4	Leistungsaustausch bei Personenvereinigungen	123
	2.5	Schenkungen	124
	2.6	Erbschaften	124
	3.	**Tatbestandsmerkmal „Inland"**	**124**
	3.1	Bedeutung	124
	3.2	Inland	124
	3.2.1	Allgemeines	124
	3.2.2	Büsingen und Helgoland	124
	3.2.3	Freihäfen und 12-Seemeilen-Zone	125
	3.2.4	Schiffe und Luftfahrzeuge außerhalb der Zollgebiete	125

	3.3	Ausland	125
	3.3.1	(Übriges) Gemeinschaftsgebiet	125
	3.3.2	Drittlandsgebiet	126
4.		**Tatbestandsmerkmal „Unternehmer"**	**127**
	4.1	Überblick und Bedeutung	127
	4.2	Unternehmerfähigkeit	128
	4.2.1	Unternehmerfähigkeit natürlicher Personen	128
	4.2.2	Unternehmerfähigkeit von Personenvereinigungen	128
	4.3	Selbständigkeit	129
	4.3.1	Selbständigkeit natürlicher Personen (§ 2 Abs. 2 Nr. 1 UStG)	129
	4.3.2	Selbständigkeit juristischer Personen (§ 2 Abs. 2 Nr. 2 UStG)	130
	4.3.3	Selbständigkeit sonstiger Personenvereinigungen	130
	4.4	Gewerbliche oder berufliche Tätigkeit	130
	4.4.1	Nachhaltige Tätigkeit	130
	4.4.2	Einnahmeerzielungsabsicht	131
	4.5	Juristische Personen des öffentlichen Rechts als Unternehmer	132
	4.5.1	Regelung bis 31.12.2015 in § 2 Abs. 3 UStG	132
	4.5.2	Neuregelung in § 2b UStG	132
	4.6	Unternehmereigenschaft von Vereinen	134
	4.7	Unternehmereigenschaft von Holdinggesellschaften	135
5.		**Tatbestandsmerkmal „im Rahmen des Unternehmens"**	**135**
	5.1	Grundsatz der Unternehmenseinheit	135
	5.2	Tätigwerden im Rahmen des Unternehmens	135
	5.2.1	Unternehmensbereich und nichtunternehmerischer Bereich	135
	5.2.2	Weitere Differenzierung beim nichtunternehmerischen Bereich nach der sog. 3-Sphären-Theorie	136
	5.2.3	Leistungen aus dem Unternehmensbereich an Dritte	137
	5.2.4	Leistungen vom Unternehmensbereich in den nichtunternehmerischen Bereich	137
	5.2.5	Leistungen innerhalb des Unternehmens (Innenumsätze)	138
	5.3	Beginn und Ende der unternehmerischen Tätigkeit	138
	5.3.1	Beginn der Unternehmereigenschaft	138
	5.3.2	Ende der Unternehmereigenschaft	139
	5.3.3	Unternehmereigenschaft von Erben	139
III.	**Umsatzart Lieferung**		**141**
1.		**Begriff der Lieferung (§ 3 Abs. 1 UStG)**	**141**
	1.1	Liefergegenstände	141
	1.1.1	Definition	141
	1.1.2	Abgrenzung zu sonstigen Leistungen	141
	1.2	Verschaffung der Verfügungsmacht	142
	1.2.1	Verschaffung der Verfügungsmacht durch zivilrechtliche Eigentumsübertragung	143
	1.2.2	Verschaffung der Verfügungsmacht ohne Eigentumsübertragung	144
	1.2.3	Keine Verschaffung der Verfügungsmacht trotz Eigentumsübertragung	146
	1.3	Verschaffung der Verfügungsmacht durch beauftragte Dritte	146
2.		**Ort der Lieferung**	**147**
	2.1	Bedeutung und Überblick über die Ortsvorschriften	147

	2.2	Lieferung mit Warenbewegung (§ 3 Abs. 6 UStG) 148
	2.2.1	Ort bei Beförderungen und Versendungen 148
	2.2.2	Gebrochene Beförderungen und Versendungen 149
	2.2.3	Rechtsgeschäftsloses Verbringen 149
	2.3	Lieferung ohne Warenbewegung (§ 3 Abs. 7 UStG) 150
	2.4	Sonderortsvorschriften 151
	2.4.1	Bestimmte grenzüberschreitende Lieferungen 151
	2.4.2	Sonstige Sonderortsvorschriften 151
	3.	**Zeitpunkt der Lieferung** **152**
	3.1	Bedeutung des Lieferzeitpunkts 152
	3.2	Zeitpunkt bei bewegten Lieferungen 152
	3.3	Zeitpunkt bei unbewegten Lieferungen 153
	4.	**Reihengeschäfte** **153**
	4.1	Begriff und Bedeutung 153
	4.2	Voraussetzungen eines Reihengeschäfts 154
	4.2.1	Mehrere Umsatzgeschäfte durch mehrere Unternehmer 154
	4.2.2	Identität der Liefergegenstände 154
	4.2.3	Unmittelbare Warenbewegung 155
	4.3	Zuordnung der Warenbewegung zu einer der Lieferungen 155
	4.3.1	Der erste Unternehmer veranlasst die Beförderung oder Versendung 156
	4.3.2	Der letzte Abnehmer veranlasst die Beförderung oder Versendung 156
	4.3.3	Ein mittlerer Unternehmer veranlasst die Beförderung oder Versendung ... 157
	4.4	Grenzüberschreitende Reihengeschäfte 157
	5.	**Sicherungsübereignung** **158**
	5.1	Begriff und Bedeutung 158
	5.2	Doppelumsatz bei Verwertung durch den Sicherungsnehmer 158
	5.3	Dreifachumsatz bei Verwertung durch den Sicherungsgeber 159
	5.4	Weitere umsatzsteuerrechtliche Folgen 159
	6.	**Rückgängigmachung von Lieferungen/Rücklieferungen** **159**
	6.1	Rückgängigmachung von Lieferungen 159
	6.2	Rücklieferungen 160
	6.3	Umtausch 160
IV.	**Umsatzart sonstige Leistung** **161**
	1.	**Begriff der sonstigen Leistung (§ 3 Abs. 9 UStG)** **161**
	1.1	Allgemeines 161
	1.1.1	Begriff der sonstigen Leistung 161
	1.1.2	Gemischte Leistungen mit Liefer- und Dienstleistungselementen 161
	1.2	Abgrenzung von Lieferungen und sonstigen Leistungen bei der Abgabe von Speisen 162
	1.2.1	Bedeutung der Abgrenzung 162
	1.2.2	Bereitstellen von Verzehreinrichtungen und sonstiger Infrastruktur 162
	1.2.3	Berücksichtigung weiterer Dienstleistungselemente 163
	2.	**Ort der sonstigen Leistung** **164**
	2.1	Bedeutung und Entwicklung der Ortsbestimmungen 164

2.2	Überblick über die Ortsbestimmungen	164
2.3	Grundsatz bei Leistungen an andere Unternehmer (§ 3a Abs. 2 UStG)	166
2.3.1	Besteuerung am Sitzort des Leistungsempfängers	166
2.3.2	Leistungen an Unternehmer und gleichgestellte juristische Personen mit USt-IdNr.	167
2.3.3	Leistungen für das Unternehmen	167
2.3.4	Nachweis der Voraussetzungen des § 3a Abs. 2 UStG	168
2.4	Grundsatz bei Leistungen an Nichtunternehmer (§ 3a Abs. 1 UStG)	168
2.5	Leistungen im Zusammenhang mit Grundstücken (§ 3a Abs. 3 Nr. 1 UStG)	169
2.5.1	Allgemeines	169
2.5.2	Grundstücksvermietungen und ähnliche Leistungen	169
2.5.3	Sonstige Leistungen im Zusammenhang mit der Veräußerung und dem Erwerb	169
2.5.4	Sonstige Leistungen im Zusammenhang mit der Erschließung und der Bebauung	169
2.5.5	Andere sonstige Leistungen im Zusammenhang mit Grundstücken	170
2.5.6	Leistungen im Zusammenhang mit Messen, Ausstellungen und Kongressen	170
2.6	Vermietung von Beförderungsmitteln	172
2.6.1	Kurzfristige Vermietung von Beförderungsmitteln	172
2.6.2	Längerfristige Vermietung von Beförderungsmitteln	172
2.6.3	Sonderfälle nach § 3 Abs. 6 S. 1 Nr. 1 UStG	173
2.6.4	Sonderfälle nach § 3 Abs. 7 UStG	173
2.7	Kulturelle, sportliche, wissenschaftliche, unterhaltende und ähnliche Leistungen (§ 3a Abs. 3 Nr. 3 Buchst. a UStG)	173
2.8	Restaurationsleistungen (§ 3a Abs. 3 Nr. 3 Buchst. b UStG)	174
2.9	Arbeiten an beweglichen Sachen und deren Begutachtung (§ 3a Abs. 3 Nr. 3 Buchst. c UStG)	175
2.10	Vermittlungsleistungen (§ 3a Abs. 3 Nr. 4 UStG)	175
2.11	Einräumung von Eintrittsberechtigungen (§ 3a Abs. 3 Nr. 5 UStG)	176
2.12	Sonstige Leistungen nach § 3a Abs. 4 S. 2 UStG	177
2.13	Telekommunikations-, Rundfunk- und Fernsehdienstleistungen sowie auf elektronischem Wege erbrachte sonstige Leistungen	178
2.13.1	Telekommunikations-, Rundfunk- und Fernsehdienstleistungen	178
2.13.2	Rundfunk- und Fernsehdienstleistungen	179
2.13.3	Auf elektronischem Weg erbrachte sonstige Leistungen	179
2.14	Beförderungsleistungen (§ 3b UStG)	179
2.14.1	Personenbeförderungen (§ 3b Abs. 1 S. 1 und 2 UStG)	179
2.14.2	Güterbeförderungen für Nichtunternehmer (§ 3b Abs. 1 S. 3 und Abs. 3 UStG)	180
2.14.3	Beladen, Entladen und Umschlagen für Nichtunternehmer (§ 3b Abs. 2 UStG)	181
2.15	Bestimmte im Drittland ausgeführte Leistungen (§ 3a Abs. 8 UStG)	182
3.	**Zeitpunkt der sonstigen Leistung**	**182**
4.	**Steuerschuldner bei sonstigen Leistungen von im Ausland ansässigen Unternehmern**	**183**
V.	**Zurechnung von Leistungen**	**184**
1.	**Allgemeines**	**184**
2.	**Handeln in eigenem Namen und für eigene Rechnung**	**184**
3.	**Handeln für fremde Rechnung**	**184**
3.1	Handeln in fremdem Namen für fremde Rechnung (Vermittlung)	185

3.1.1	Leistungsbeziehungen	185
3.1.2	Ort der Vermittlungsleistung	186
3.2	Handeln in eigenem Namen aber für fremde Rechnung (Kommission)	186
3.2.1	Rechtliche Grundlagen der Kommission	186
3.2.2	Verkaufskommission (§ 3 Abs. 3 UStG)	187
3.2.3	Einkaufskommission (§ 3 Abs. 3 UStG)	189
3.2.4	Dienstleistungskommission (§ 3 Abs. 11 UStG)	190
3.2.5	Fiktive Dienstleistungskommission bei Telekommunikationsleistungen und anderen auf elektronischem Weg erbrachten Dienstleistungen (§ 3 Abs. 11a UStG)	192
3.2.6	Kommission im Rahmen einer Sicherungsübereignung	193

VI. Werklieferungen und Werkleistungen ... 195

1.	**Begriff und Bedeutung**	**195**
2.	**Abgrenzung Werklieferung und Werkleistung**	**195**
2.1	Abgrenzung Hauptstoffe und Nebenstoffe	196
2.2	Materialbeschaffung	197
2.2.1	Beteiligungsbeiträge des Bestellers und Umfang der Werklieferung	197
2.2.2	Materialbeschaffung durch den Werkunternehmer	198
2.2.3	Materialbeschaffung im Rahmen einer Einkaufskommission	199
3.	**Ort und Zeit von Werklieferungen und Werkleistungen**	**199**
3.1	Ort und Zeitpunkt der Werklieferung	199
3.1.1	Bewegte Werklieferungen (§ 3 Abs. 6 UStG)	199
3.1.2	Unbewegte Werklieferungen (§ 3 Abs. 7 UStG)	200
3.2	Ort und Zeit der Werkleistung	201

VII. Unentgeltliche Wertabgaben ... 202

1.	**Allgemeines**	**202**
1.1	Überblick	202
1.2	Besteuerung unentgeltlicher Wertabgaben	203
1.2.1	Steuerbarkeit und Steuerpflicht	203
1.2.2	Bestimmung des Orts unentgeltlicher Wertabgaben nach § 3f UStG	203
1.2.3	Bemessungsgrundlage nach § 10 Abs. 4 UStG	203
1.2.4	Steuerentstehung nach § 13 Abs. 1 Nr. 2 UStG	203
1.3	Zweck der Besteuerung unentgeltlicher Wertabgaben	203
2.	**Entnahme von Unternehmensgegenständen für nichtunternehmerische Zwecke (§ 3 Abs. 1b Nr. 1 UStG)**	**204**
2.1	Der Entnahmetatbestand	204
2.2	Gegenstände des Unternehmens	205
2.2.1	Begriff des Unternehmensgegenstandes	205
2.2.2	Zuordnung erworbener Gegenstände zum Unternehmensvermögen	205
2.3	Entnahme für nichtunternehmerische Zwecke	207
2.4	Berechtigung zum Vorsteuerabzug (§ 3 Abs. 1b S. 2 UStG)	208
2.4.1	Zumindest teilweiser Vorsteuerabzug des Gegenstandes	208
2.4.2	Eingebaute Bestandteile mit Vorsteuerabzug	209
2.5	Sonderfall: Errichtung von Gebäuden durch Bauunternehmer	209
2.6	Steuerentstehung	210

	3.	**Zuwendungen von Unternehmensgegenständen aus unternehmerischem Anlass (§ 3 Abs. 1b Nr. 3 UStG)**	**210**
	3.1	Voraussetzungen und Abgrenzung	210
	3.2	Der Zuwendungstatbestand	210
	3.2.1	Unentgeltliche Zuwendung von Unternehmensgegenständen an Dritte	210
	3.2.2	Zuwendung für Zwecke des Unternehmens	211
	3.2.3	Ausgenommen Geschenke von geringem Wert und Warenmuster	211
	3.2.4	Berechtigung zum Vorsteuerabzug (§ 3 Abs. 1b S. 2 UStG)	211
	4.	**Verwendung von Unternehmensgegenständen für nichtunternehmerische Zwecke (§ 3 Abs. 9a Nr. 1 UStG)**	**211**
	4.1	Voraussetzungen	211
	4.2	Der Verwendungstatbestand	212
	4.3	Nichtunternehmerische Verwendung von Grundstücken	213
	4.4	Steuerentstehung	214
	5.	**Andere unentgeltliche sonstige Leistungen für nichtunternehmerische Zwecke (§ 3 Abs. 9a Nr. 2 UStG)**	**214**
	5.1	Voraussetzungen und Abgrenzung	214
	5.2	Tatbestand der Leistungsentnahme	214
VIII.		**Steuerbefreiungen nach § 4 UStG**	**216**
	1.	**Allgemeines**	**216**
	1.1	Sinn und Zweck der Steuerbefreiungen	216
	1.2	Steuerbefreiungen mit und ohne Vorsteuerabzugsberechtigung	216
	1.2.1	Steuerbefreiungen ohne Vorsteuerabzugsberechtigung	216
	1.2.2	Steuerbefreiungen mit Vorsteuerabzugsberechtigung	216
	1.3	Überblick über die Wirkung von Steuerbefreiungen	217
	1.4	Verzicht auf Steuerbefreiungen (§ 9 UStG)	218
	1.4.1	Bedeutung und Überblick über die Voraussetzungen der Option	218
	1.4.2	Voraussetzungen der Option nach § 9 Abs. 1 UStG	219
	1.4.3	Einschränkungen der Option nach § 9 Abs. 2 UStG	219
	1.4.4	Ausübung der Option	219
	2.	**Steuerbefreiungen für Finanzumsätze (§ 4 Nr. 8 UStG)**	**220**
	2.1	Allgemeines	220
	2.2	Kreditgewährung und -vermittlung (§ 4 Nr. 8 Buchst. a UStG)	220
	2.2.1	Begriff und Leistungsgegenstand	220
	2.2.2	Kreditgewährung im Zusammenhang mit anderen Leistungen	220
	2.3	Umsätze im Geschäft mit Forderungen (§ 4 Nr. 8 Buchst. c UStG)	221
	2.3.1	Geschäfte mit Forderungen	221
	2.3.2	Umsatzsteuerrechtliche Beurteilung des Factoring	221
	2.4	Andere Umsätze nach § 4 Nr. 8 Buchst. a–i UStG (Überblick)	222
	2.5	Steuerpflicht von Finanzumsätzen	223
	2.5.1	Zulässigkeit der Option	223
	2.5.2	Besonderheiten bei der Steuerentstehung	223
	3.	**Steuerbefreiung für Grundstückslieferungen (§ 4 Nr. 9 Buchst. a UStG)**	**224**
	3.1	Betroffene Rechtsvorgänge	224
	3.1.1	Rechtsgeschäftliche Übertragungen	224

3.1.2	Erwerb im Zwangsversteigerungsverfahren	225
3.1.3	Entnahme von Grundstücken	225
3.2	Umfang der Steuerbefreiung	225
3.2.1	Grundstücke i.S.d. § 2 GrEStG	225
3.2.2	Veräußerung von noch zu bebauenden Grundstücken	226
3.3	Option zur Steuerpflicht	227
3.3.1	Voraussetzungen der Option	227
3.3.2	Möglichkeit der Teiloption	228
3.4	Besonderheiten bei steuerpflichtigen Grundstückslieferungen	228
3.4.1	Bemessungsgrundlage	228
3.4.2	Grundstückserwerber als Steuerschuldner	228
4.	**Steuerbefreiungen für Grundstücksüberlassungen (§ 4 Nr. 12 UStG)**	**228**
4.1	Inhalt der Steuerbefreiung nach § 4 Nr. 12 S. 1 Buchst. a UStG	228
4.1.1	Vermietung und Verpachtung von Grundstücken	228
4.1.2	Nichtunternehmerische Nutzung von Unternehmensgrundstücken	229
4.1.3	Sonderfall bei einem Verzicht auf Rechte aus einem Mietvertrag	229
4.2	Inhalt der Steuerbefreiung nach § 4 Nr. 12 S. 1 Buchst. b und c UStG	230
4.3	Umfang der Steuerbefreiung bei gemischten Verträgen	230
4.3.1	Unselbständige Nebenleistungen zu Miet- und Pachtverträgen	230
4.3.2	Verträge besonderer Art	231
4.4	Ausnahmen von der Steuerbefreiung (§ 4 Nr. 12 S. 2 UStG)	232
4.4.1	Kurzfristige Beherbergung	232
4.4.2	Vermietung von Fahrzeugabstellplätzen	232
4.4.3	Kurzfristige Vermietung auf Campingplätzen	233
4.4.4	Vermietung von Maschinen und sonstige Betriebsvorrichtungen	234
4.5	Nutzungsüberlassung von Sportanlagen und ähnlichen Anlagen	234
4.5.1	Überlassung an Endverbraucher	235
4.5.2	Überlassung an Betreiber und Veranstalter	235
4.6	Option (§ 9 UStG)	236
4.6.1	Zulässigkeit der Option	236
4.6.2	Möglichkeit der Teiloption	236
5.	**Steuerbefreiungen für Leistungen der Ärzte und Krankenhäuser (§ 4 Nr. 14 UStG)**	**237**
5.1	Überblick über die Steuerbefreiungen nach § 4 Nr. 14 UStG	237
5.2	Steuerbefreiung für Leistungen der Ärzte und ähnlicher Berufsgruppen nach § 4 Nr. 14 Buchst. a UStG	238
5.2.1	Begünstigte Berufsgruppen	238
5.2.2	Umfang der Steuerbefreiung	238
5.2.3	Lieferung und Wiederherstellung von Zahnprothesen	238
5.3	Krankenhausbehandlungen und ärztliche Heilbehandlungen nach § 4 Nr. 14 Buchst. b UStG	238
6.	**Steuerbefreiung nach § 4 Nr. 28 UStG**	**239**
6.1	Bedeutung	239
6.2	Lieferungen mit Vorsteuerausschluss nach § 15 Abs. 1a UStG	239

	6.3	Lieferung von Gegenständen, die für nach § 4 Nr. 8–27 UStG steuerfreie Tätigkeiten verwendet wurden 239
	7.	**Steuerbefreiungen bei grenzüberschreitenden Umsätzen** **240**
	7.1	Steuerfreie Warenlieferungen, § 4 Nr. 1, §§ 6, 6a UStG 241
	7.2	Lohnveredelung an Gegenständen der Ausfuhr, § 4 Nr. 1 Buchst. a, § 7 UStG 241
	7.2.1	Zum Zwecke der Be-/Verarbeitung im Gemeinschaftsgebiet erworben oder eingeführt 241
	7.2.2	Beförderung/Versendung des bearbeiteten Gegenstandes in Drittland 241
	7.2.3	Ausfuhr und Buchnachweis, § 7 Abs. 4 UStG 242
	7.3	Steuerfreie Güterbeförderungen vom und in das Drittland, § 4 Nr. 3 Buchst. a UStG 242
	7.4	Vermittlungsleistungen mit Auslandsbezug, § 4 Nr. 5 UStG 243
	8.	**Weitere Steuerbefreiungen nach § 4 UStG im Überblick** **243**
IX.	**Die Bemessungsgrundlage (§ 10 UStG)** **245**
	1.	**Entgelt als Bemessungsgrundlage (§ 10 Abs. 1 UStG)** **245**
	1.1	Begriff und Bedeutung des Entgelts 245
	1.1.1	Geld oder andere Gegenleistungen als Entgelt 246
	1.1.2	Maßgebliches Entgelt im Regelfall der Sollversteuerung 246
	1.2	Umfang des Entgelts 246
	1.2.1	Auslagen- und Unkostenersatz 246
	1.2.2	Zahlungszuschläge und -abschläge 247
	1.2.3	Verwertungskosten bei der Sicherungsübereignung 249
	1.2.4	Durchlaufende Posten (§ 10 Abs. 1 S. 6 UStG) 250
	1.2.5	Freiwillig gezahlte Beträge (Trinkgelder) 250
	1.2.6	Zahlungen Dritter 251
	1.2.7	Beistellungen zu Werklieferungen und Werkleistungen 252
	2.	**Bemessungsgrundlage beim Tausch und tauschähnlichen Umsatz (§ 10 Abs. 2 UStG)** **252**
	2.1	Begriff Tausch und tauschähnlicher Umsatz (§ 3 Abs. 12 UStG) 252
	2.2	Bemessungsgrundlage 253
	2.2.1	Ermittlung des Werts der Gegenleistung (§ 10 Abs. 2 S. 2 UStG) 253
	2.2.2	Tausch und tauschähnlicher Umsatz mit Baraufgabe 254
	3.	**Bemessungsgrundlage bei unentgeltlichen Wertabgaben (§ 10 Abs. 4 UStG)** ... **255**
	3.1	Bemessungsgrundlage bei Entnahmen nach § 3 Abs. 1b UStG 255
	3.1.1	Einkaufspreis 256
	3.1.2	Selbstkosten 256
	3.2	Bemessungsgrundlage bei der Verwendung von Gegenständen nach § 3 Abs. 9a Nr. 1 UStG 257
	3.2.1	Ansatz der vorsteuerbelasteten Ausgaben nach § 10 Abs. 4 S. 1 Nr. 2 UStG 257
	3.2.2	Bemessungsgrundlage für die nichtunternehmerische Nutzung von Grundstücken 257
	3.2.3	Bemessungsgrundlage für die nichtunternehmerische Nutzung von Fahrzeugen .. 258
	3.3	Bemessungsgrundlage bei sonstigen unentgeltlichen Leistungen nach § 3 Abs. 9a Nr. 2 UStG 260
	4.	**Mindestbemessungsgrundlage (§ 10 Abs. 5 UStG)** **260**
	4.1	Bedeutung der Mindestbemessungsgrundlage 260

	4.2	Leistungen an bestimmte nahestehende Personen	261
	4.2.1	Leistungen von Personenvereinigungen an ihre Anteilseigner	261
	4.2.2	Leistungen von Einzelunternehmern an ihnen nahestehende Personen	261
	4.2.3	Leistungen von Unternehmern an ihr Personal	262
	4.3	Anzusetzende Bemessungsgrundlage	262
	4.4	Besonderheiten bei der Rechnungserteilung (§ 14 Abs. 4 S. 2 UStG)	263
	5.	**Änderung der Bemessungsgrundlage (§ 17 UStG)**	**263**
	5.1	Bedeutung	263
	5.2	Nachträgliche Änderungen	264
	5.3	Durchführung der Änderung	265
	5.3.1	Berichtigung der Umsatzsteuer und der Vorsteuer (§ 17 Abs. 1 S. 1 und 2 UStG)	265
	5.3.2	Zeitpunkt der Berichtigung (§ 17 Abs. 1 S. 7 UStG)	265
	5.3.3	Erfassung der Berichtigung in den Steuererklärungen	265
	5.3.4	Grundsätzlich kein Belegaustausch	265
	5.4	Anwendungsbereich des § 17 UStG	266
	5.4.1	Entgeltminderungen und Entgelterhöhungen (§ 17 Abs. 1 UStG)	266
	5.4.2	Forderungsausfall (§ 17 Abs. 2 Nr. 1 UStG)	267
	5.4.3	Nichtausführung einer vereinbarten Leistung (§ 17 Abs. 2 Nr. 2 UStG)	268
	5.4.4	Rückgängigmachung einer steuerpflichtigen Leistung (§ 17 Abs. 2 Nr. 3 UStG)	268
	5.4.5	Wegfall der Erwerbsbesteuerung (§ 17 Abs. 2 Nr. 4 UStG)	269
	5.4.6	Tätigung vorsteuerschädlicher Aufwendungen (§ 17 Abs. 2 Nr. 5 UStG)	269
X.	**Steuersätze**		**270**
	1.	**Allgemeines**	**270**
	2.	**Einteilung der Steuersätze**	**270**
	3.	**Ermäßigter Steuersatz**	**270**
	3.1	Anlagegegenstände	270
	3.2	Kombiartikel	271
	3.3	Abgrenzung Regelsteuersatz/Ermäßigter Steuersatz	271
	3.4	Vermietung von Anlagegegenständen	272
	3.5	Ermäßigung nach § 12 Abs. 2 Nr. 2–13 UStG	272
	3.6	Ausweis eines falschen Steuersatzes	275
	4.	**Fälle**	**275**
XI.	**Ausstellung von Rechnungen**		**277**
	1.	**Allgemeines**	**277**
	2.	**Verpflichtung zur Ausstellung einer Rechnung**	**277**
	3.	**Formelle Anforderungen**	**277**
	4.	**Frist zur Rechnungserstellung**	**278**
	5.	**Aufbewahrung von Rechnungen**	**278**
	6.	**Inhalt einer Rechnung**	**278**
	7.	**Berichtigung einer Rechnung**	**280**
	8.	**Kleinbetragsrechnungen**	**281**
	9.	**Fahrausweise**	**281**
	10.	**Rechnung unter Angabe der Mindestbemessungsgrundlage**	**281**
	11.	**Teilzahlungen, Anzahlungen**	**281**
	12.	**Gutschrift**	**282**

	13.	**Rechnung in besonderen Fällen**	283
	14.	**Falscher Steuerausweis**	283
	14.1	Zu niederer Steuerausweis	284
	14.2	Zu hoher Steuerausweis	284
	14.2.1	Regelsteuersatz statt ermäßigtem Steuersatz	284
	14.2.2	Steuerausweis bei steuerfreier Leistung	285
	14.2.3	Steuerausweis im Fall des § 13b UStG	285
	14.2.4	Geschäftsveräußerung im Ganzen (§ 1 Abs. 1a UStG)	286
	14.2.5	Rechnungsberichtigung	286
	14.3	Unberechtigter Steuerausweis	287
	14.4	Rechnungsberichtigung	287
XII.		**Vorsteuerabzug**	**288**
	1.	**Allgemeine Grundsätze**	288
	1.1	Neutralitätsgebot	288
	1.2	Sofortabzug	288
	1.3	Voranmeldung	288
	2.	**Systematik des Vorsteuerabzugs**	289
	3.	**Entstehungstatbestände im Überblick**	290
	4.	**Vorsteuerabzug gemäß § 15 Abs. 1 Satz 1 Nr. 1 UStG**	290
	4.1	Steuerpflichtiger Eingangsumsatz	290
	4.2	Unternehmensbezug	290
	4.2.1	Wirtschaftliche Tätigkeit	292
	4.2.2	Von Anfang an beabsichtigter ausschließlicher Privatgebrauch	292
	4.2.3	Teilunternehmerische (gemischte) Verwendung angeschaffter/hergestellter Wirtschaftsgüter	294
	4.2.4	Vertretbare Eingangsleistungen	297
	4.2.5	Gemischte Nutzung eines gemieteten Wirtschaftsgutes	297
	4.3	Ordnungsgemäße Rechnung	298
	4.4	Vorsteuer aus Teilleistungen	300
	4.5	Vorsteuer aus Anzahlungen	300
	5.	**Vorsteuer aus der Einfuhr**	300
	6.	**Vorsteuer aus innergemeinschaftlichem Erwerb**	301
	7.	**Vorsteuerabzug bei Umkehr der Steuerschuld**	301
	8.	**Vorsteuerabzugsverbot**	302
	8.1	Abzugsbeschränkung gemäß § 15 Abs. 1a UStG	302
	8.2	Abzugsbeschränkung nach § 15 Abs. 1b UStG	302
	8.3	Vorsteuerausschluss	303
	8.3.1	Ausschluss vom Vorsteuerausschluss	304
	8.4	Aufteilung der Vorsteuer	305
	8.4.1	Aufteilungsmaßstab	306
	8.5	Eingangsleistungen ohne konkreten Zusammenhang	308
	8.6	Vorsteuer nach Durchschnittssätzen	308
	9.	**Berichtigung der Vorsteuer**	309
	9.1	Abgrenzung	309
	9.2	Prinzipien der Vorsteuerberichtigung nach § 15a UStG	309

	9.3	Vorsteuerberichtigung nach § 15a Abs. 1 UStG	310
	9.4	Wirtschaftsgut geht vorzeitig unter	316
	9.5	Vorsteuerberichtigung nach § 15a Abs. 2 UStG	319
	9.6	Vorsteuerberichtigung nach § 15a Abs. 3 UStG	320
	9.7	Vorsteuerberichtigung nach § 15a Abs. 4 UStG	322
	9.8	Vorsteuerberichtigung nach § 15a Abs. 6 UStG	322
	9.9	Vorsteuerberichtigung nach § 15a Abs. 6a UStG	322
	9.10	Vorsteuerberichtigung nach § 15a Abs. 7 UStG	325
	9.11	Berichtigung nach § 15a Abs. 10 UStG	326
	9.12	Unrichtiger Vorsteuerabzug und Berichtigung nach § 15a UStG	327
XIII.	**Leistungen der Arbeitgeber an ihr Personal**	**328**	
	1.	**Entgeltliche und unentgeltliche Leistungen**	**328**
	1.1	Zuzahlungen als Gegenleistung	328
	1.2	Arbeitsleistung als Gegenleistung (Vergütung für geleistete Dienste)	328
	1.2.1	Allgemeines	328
	1.2.2	Abgrenzung zu unentgeltlichen Leistungen	328
	1.3	Unentgeltliche Zuwendungen	330
	2.	**Steuerbarkeit unentgeltlicher Zuwendungen**	**330**
	2.1	Überblick	330
	2.2	Voraussetzungen der Wertabgabentatbestände nach § 3 Abs. 1b Nr. 2 und Abs. 9a UStG	331
	2.2.1	Leistungen an das Personal	331
	2.2.2	Leistungen aus unternehmerischen Gründen	331
	2.2.3	Leistungen für den privaten Bedarf des Personals	331
	2.2.4	Keine Besteuerung bei Aufmerksamkeiten	332
	2.2.5	Vorsteuerabzug für zugewendete oder zur Nutzung überlassene Gegenstände	332
	2.3	Vorsteuerabzug bei unentgeltlichen Wertabgaben an das Personal	332
	2.3.1	Ausschließlich für die Ausführung unentgeltlicher Wertabgaben bestimmte Eingangsleistungen	332
	2.3.2	Nicht ausschließlich für die Ausführung unentgeltlicher Wertabgaben bestimmte Eingangsleistungen	333
	3.	**Bemessungsgrundlage bei Leistungen gegen Zuzahlung**	**334**
	3.1	Beachtung der Mindestbemessungsgrundlage (§ 10 Abs. 5 S. 1 Nr. 2 UStG)	334
	3.2	Einschränkungen bei der Anwendung des § 10 Abs. 5 S. 1 Nr. 2 UStG	334
	4.	**Bemessungsgrundlage bei Leistungen als Vergütung für geleistete Dienste** . . .	**335**
	4.1	Ansatz der Werte nach § 10 Abs. 4 UStG analog	335
	4.2	Ansatz lohnsteuerlicher Pauschalwerte in Einzelfällen	336
	4.2.1	Überlassung von Firmenfahrzeugen an das Personal	336
	4.2.2	Freie Verpflegung und Unterkunft	339
	5.	**Bemessungsgrundlage bei unentgeltlichen Zuwendungen**	**340**
	5.1	Ansatz der Bemessungsgrundlage nach § 10 Abs. 4 UStG	340
	5.2	Ansatz lohnsteuerlicher Pauschalwerte in Einzelfällen	340
	5.2.1	Abgabe von Mahlzeiten in unternehmenseigenen Kantinen	340
	5.2.2	Unentgeltliche Sachzuwendungen	340
	5.2.3	Gelegentliche Überlassung von Firmenfahrzeugen zur Privatnutzung	341

	6.	Zusammenfassende Übersicht	342
XIV.		**Gründung und Auflösung von Einzelunternehmen**	**343**
	1.	**Gründung**	**343**
	1.1	Vorbereitungsmaßnahmen	343
	2.	**Auflösung des Einzelunternehmens**	**344**
	2.1	Nachhängende Tätigkeiten	345
	3.	**Geschäftsveräußerung im Ganzen (§ 1 Abs. 1a UStG)**	**345**
	3.1	Allgemeines	345
	3.2	Voraussetzungen einer Geschäftsveräußerung im Ganzen	345
	3.2.1	Übertragung eines ganzen Unternehmens oder eines Teilbetriebs	345
	3.2.2	Übertragung aller wesentlichen Betriebsgrundlagen	346
	3.2.3	Einheitlicher Übertragungsvorgang auf einen anderen Unternehmer	347
	3.2.4	Fortführung des Unternehmens durch den Erwerber	348
	3.2.5	Entgeltliche und unentgeltliche Übertragungen	349
	3.3	Rechtliche Folgen einer Geschäftsveräußerung im Ganzen	349
	3.3.1	Keine Steuerbarkeit der ausgeführten Umsätze	349
	3.3.2	Anordnung einer umsatzsteuerrechtlichen Einzelrechtsnachfolge	350
XV.		**Leistungen zwischen Gesellschaft und Gesellschaftern**	**351**
	1.	**Gesellschaft als Rechtssubjekt**	**351**
	2.	**Gründung einer Gesellschaft**	**352**
	2.1	Gewährung der Gesellschaftsanteile	352
	2.2	Erbringung der Einlage	352
	2.2.1	Gesellschafter ist (bisher) Nichtunternehmer	353
	2.2.2	Gesellschafter ist (bereits) Unternehmer	353
	2.2.3	Vorsteuerabzug anlässlich der Gründung	353
	2.3	Austritt, Eintritt von Gesellschaftern	354
	2.4	Übertragung von Aktienanteilen	355
	2.5	Auflösung der Gesellschaft	355
	3.	**Leistungen zwischen der Gesellschaft und den Gesellschaftern**	**355**
	3.1	Entgeltliche Leistungen	356
	3.2	Leistungen der Gesellschaft an die Gesellschafter	356
	3.3	Unentgeltliche Leistungen	357
	3.4	Gemischt genutzte Wirtschaftsgüter	357
	4.	**Gesellschafter als Rechtssubjekt**	**359**
	4.1	Leistungen an Dritte	359
	4.2	Leistungen an die Gesellschaft	360
	4.2.1	„Sonderleistungen" an die Gesellschaft	361
	4.2.2	Sonderentgelt	362
	4.2.3	Selbstständigkeit	362
	5.	**Geschäftsführung**	**362**
	5.1	Geschäftsführung in einer GmbH	362
	5.2	Geschäftsführung in einer GmbH & Co. KG	363
	5.3	Geschäftsführung in einer GbR, OHG, KG, Partnerschaftsgesellschaft	363
	5.3.1	Unternehmerische Geschäftsführung	363
	5.3.2	Nicht unternehmerische Geschäftsführung	363

	6.	Fahrzeugüberlassung	364
	7.	Fall	365
XVI.	Steuerentstehung		366
	1.	Systematischer Zusammenhang	366
	2.	Soll- und Istbesteuerung	366
	3.	**Entstehung der Umsatzsteuer nach § 13 Abs. 1 Nr. 1 UStG**	366
	3.1	Anwendungsbereich des § 13 Abs. 1 Nr. 1a UStG	366
	3.1.1	Besteuerung erbrachter Leistungen nach vereinbarten Entgelten	366
	3.1.2	Besteuerung erbrachter Teilleistungen nach vereinbarten Entgelten	368
	3.1.3	Besteuerung von Anzahlungen	369
	3.1.4	Steuerentstehung bei Tauschgeschäften	370
	3.2	Entstehung der Umsatzsteuer nach § 13 Abs. 1 Nr. 1b) UStG	370
	3.3	Schlussrechnung bei Teilleistungen und Anzahlungen	372
	3.4	Wechsel zwischen Ist- und Soll-Versteuerung	372
	4.	**Entstehung der Umsatzsteuer nach § 13 Abs. 1 Nr. 2 UStG**	373
	5.	**Entstehung der Umsatzsteuer aus § 14c UStG**	373
	5.1	Im Anwendungsbereich des § 14c Abs. 1 UStG	373
	5.2	Im Anwendungsbereich des § 14c Abs. 2 UStG	373
	6.	**Entstehung der Erwerbsumsatzsteuer**	374
	7.	**Entstehung der Umsatzsteuer in den Fällen gem. § 13 Abs. 1 Nr. 1c), 1d), Nr. 5, Nr. 8 und Nr. 9, Abs. 2 UStG**	375
	8.	Fälle	375
XVII.	Steuerschuldnerschaft		376
	1.	**Steuerschuldnerschaft gemäß § 13a UStG**	376
	1.1	Leistender Unternehmer bzw. Rechnungsaussteller	376
	1.2	Innergemeinschaftlicher Erwerber	376
	1.3	Innergemeinschaftliches Dreiecksgeschäft	376
	1.4	Umsatzsteuerlager	376
	2.	**Steuerschuldnerschaft des Leistungsempfängers gemäß § 13b UStG**	376
	2.1	Leistungsempfänger	378
	2.2	Aufbau des § 13b UStG	378
	2.2.1	Ausschluss der Steuerumkehr	379
	2.2.2	Ansässigkeit des leistenden Unternehmers	379
	2.3	Steuerumkehr nach § 13b Abs. 1 i.V.m. § 13b Abs. 5 Satz 1 UStG	380
	2.4	Entstehung der Steuer nach § 13b Abs. 1 UStG	380
	2.5	Steuerumkehr nach § 13b Abs. 5 i.V.m. Abs. 2 UStG	380
	2.6	Steuerumkehr nach § 13b Abs. 2 Nr. 1, Abs. 5 UStG	380
	2.7	Steuerumkehr nach § 13b Abs. 2 Nr. 2, Abs. 5 UStG	381
	2.8	Steuerumkehr nach § 13b Abs. 2 Nr. 3, Abs. 5 UStG	382
	2.9	Steuerumkehr nach § 13b Abs. 2 Nr. 4 i.V.m. Abs. 5 Satz 2 UStG	383
	2.9.1	Verhältnis des § 13b Abs. 2 Nr. 4 UStG zu § 13b Abs. 2 Nr. 1 UStG	383
	2.9.2	Bauumsätze gem. § 13b Abs. 2 Nr. 4 UStG	384
	2.9.3	Bautätigkeit des Leistungsempfängers nach § 13b Abs. 5 Satz 2 UStG	384
	2.9.4	Abwicklung von Altfällen gem. § 27 Abs. 19 UStG	386
	2.10	Umkehr der Steuerschuld nach § 13b Abs. 2 Nr. 5, Abs. 5 UStG	387

2.11	Umkehr der Steuerschuld nach § 13b Abs. 2 Nr. 6, Abs. 5 UStG	388
2.12	Umkehr der Steuerschuld nach § 13b Abs. 2 Nr. 7, Abs. 5 UStG	388
2.13	Umkehr der Steuerschuld nach § 13b Abs. 2 Nr. 8, Abs. 5 Satz 5 UStG	389
2.14	Umkehr der Steuerschuld nach § 13b Abs. 2 Nr. 9, Abs. 5 UStG	389
2.15	Umkehr der Steuerschuld nach § 13b Abs. 2 Nr. 10, Abs. 5 UStG	390
2.16	Umkehr der Steuerschuld nach § 13b Abs. 2 Nr. 11 UStG	390
2.17	Entstehungszeitpunkt der Umsatzsteuer in den Fällen des § 13b UStG	390
2.17.1	Entstehungszeitpunkt der Umsatzsteuer nach § 13b Abs. 1 UStG	390
2.17.2	Entstehungszeitpunkt der Umsatzsteuer nach § 13b Abs. 2 UStG	391
2.17.3	Entstehungszeitpunkt der Umsatzsteuer in Sonderfällen	391
2.18	Rechnungstellung	392
2.18.1	Rechnungstellung in Zweifelsfällen	392
2.19	Bemessung der § 13b-Umsatzsteuer	392
2.20	Vorsteuerabzug des Leistungsempfängers	393
2.21	Zusammenfassende Meldung, gesonderte Erklärung	393
2.22	Fall	394

XVIII. Besteuerung der Kleinunternehmer (§ 19 UStG) ... 395

1.	**Allgemeines**	**395**
2.	**Voraussetzungen der Kleinunternehmerregelung**	**395**
2.1	Anwendung auf inländische Unternehmer	395
2.2	Anwendung auf Unternehmer mit geringen Gesamtumsätzen	395
2.2.1	Maßgebliche Umsatzgrenzen	395
2.2.2	Hochrechnung auf einen Jahresgesamtumsatz	396
2.2.3	Besonderheiten im Jahr der Neugründung	396
2.2.4	Besonderheiten bei der Erbfolge	397
2.3	Ermittlung des maßgeblichen Gesamtumsatzes für die Umsatzgrenze	397
2.3.1	Allgemeines	397
2.3.2	Gesamtumsatz nach § 19 Abs. 3 UStG	397
2.3.3	Besonderheiten bei der Ermittlung des Gesamtumsatzes nach § 19 Abs. 1 Satz 1 und 2 UStG	398
3.	**Rechtsfolgen der Kleinunternehmerregelung**	**399**
3.1	Nichterhebung der nach § 1 Abs. 1 Nr. 1 UStG geschuldeten Steuer	399
3.2	Nichtanwendung bestimmter Vorschriften (§ 19 Abs. 1 S. 4 UStG)	399
4.	**Verzicht auf die Kleinunternehmerregelung (§ 19 Abs. 2 UStG)**	**400**
4.1	Voraussetzungen und Folgen des Verzichts (Option)	400
4.1.1	Folgen des Verzichts	400
4.1.2	Form und Frist des Verzichts	400
4.1.3	Bindungswirkung des Verzichts	400
4.2	Zweckmäßigkeit des Verzichts	400
5.	**Wechsel der Besteuerungsform**	**401**
5.1	Abgrenzung der Ausgangsumsätze	401
5.2	Abgrenzung der Eingangsumsätze und Vorsteuerberichtigung nach § 15a Abs. 7 UStG	401

XIX. Besondere Besteuerungsformen ... 403

1.	**Allgemeines**	**403**

2.	**Besteuerung land- und forstwirtschaftlicher Betriebe (§ 24 UStG)**	403
2.1	Land- und forstwirtschaftliche Betriebe	403
2.2	Steuersätze	404
2.3	Vorsteuer	405
2.3.1	Besteuerung in der Unternehmerkette	406
2.3.2	Kein konkreter Vorsteuerabzug	407
2.4	Steuerbefreiungen	407
2.5	Option zur Regelbesteuerung	407
3.	**Besteuerung von Reiseleistungen (§ 25 UStG)**	407
3.1	Voraussetzungen	408
3.2	Leistungsort, Einheitsleistung	409
3.3	Reiseleistungen	409
3.4	Steuerbefreiung	409
3.5	Margenbesteuerung	410
3.6	Vorsteuerabzug	411
3.7	Aufzeichnungen	411
4.	**Differenzbesteuerung (§ 25a UStG)**	411
4.1	Voraussetzungen	412
4.2	Margenbesteuerung	412
4.3	Steuerbefreiung	412
4.4	Steuersatz	413
4.5	Vorsteuerabzug	413
4.6	Option	414
XX.	**Umsatzsteuer im internationalen Warenverkehr**	**416**
1.	**Anknüpfung an bewegte Lieferungen**	417
2.	**Lieferung vom Drittland ins Inland**	417
2.1	„Einfuhrlieferung" im Reihengeschäft	418
2.2	Rechnungstellung	419
2.3	Lieferzeitpunkt	420
3.	**Steuerbefreiung internationaler Lieferungen**	420
3.1	Steuerbefreiung von Ausfuhrlieferungen ins Drittland	421
3.2	Lieferung in einen Freihafen	423
3.3	Vorsteuerabzug des Ausfuhrlieferers	423
3.4	Fahrzeugteile	423
3.5	Reisegepäck	423
3.6	Ausfuhr mit Veredelung	423
3.7	Rechnungstellung	425
3.8	Reihengeschäft	425
3.9	Zusammenhang mit Beförderungsleistung	426
3.10	Verbringen ins Drittland	426
3.11	Unentgeltliche Wertabgabe ins Drittland	427
3.12	Übersicht über Ausfuhrlieferung	428
4.	**Lieferung von Deutschland ins EU-Ausland**	**428**
4.1	Innergemeinschaftliche Lieferung im Überblick	429
4.2	Warenbewegung ins EU-Ausland	429

	4.3	Anforderungen an die Person des Erwerbers	429
	4.4	Zusammenhang Lieferung – Erwerb	430
	4.5	Vertrauensschutz (§ 6a Abs. 4 UStG)	432
	4.6	Tatbestand des innergemeinschaftlichen Erwerbs	433
	4.7	Erwerbsort	434
	4.8	Steuerbefreiung des Erwerbs	435
	4.9	Bemessungsgrundlage der Erwerbsumsatzsteuer	436
	4.10	Vorsteuerabzug aus dem Erwerb	436
	4.11	Rechnungstellung durch Lieferer	437
	4.12	(Vor-)Anmeldung der Lieferung, gesonderte Erklärung	437
	4.13	Zusammenfassende Meldung	437
	4.14	Entstehung der Erwerbsumsatzsteuer und Vorsteuer	438
	4.15	Steuerschuldner	439
	4.16	Veredelung	439
	4.17	Lieferung an Schwellenerwerber (§ 1a Abs. 3 UStG)	439
	4.17.1	Erwerbsschwellenregelung	440
	4.17.2	Verbrauchsteuerpflichtige Waren	441
	4.17.3	Option statt Erwerbsschwelle	441
	5.	**Lieferung von Neufahrzeugen**	**442**
	6.	**Fiktiver innergemeinschaftlicher Warenverkehr**	**442**
	6.1	Nur vorübergehendes Verbringen	444
	6.2	Konsignationslager	445
	7.	**Innergemeinschaftliche Lieferung im Kommissionsgeschäft**	**445**
	8.	**Innergemeinschaftliche Lieferung im Reihengeschäft**	**446**
	9.	**Innergemeinschaftliches Dreiecksgeschäft**	**450**
	10.	**Lieferungen gemäß § 3c UStG**	**453**
	10.1	Aufbau des § 3c UStG	453
	10.2	Option (§ 3c Abs. 4 UStG)	456
	10.3	Verbrauchsteuerpflichtige Waren, Neufahrzeuge	456
	10.4	Vergleichende Übersicht	456
	11.	**Übungsfälle**	**456**
XXI.	**Umsatzsteuerliche Organschaft**		**458**
	1.	**Vereinfachungszweck**	**458**
	2.	**Beteiligtenfähigkeit**	**459**
	2.1	Anforderungen an einen Organträger	459
	2.2	Organisationsform einer Organgesellschaft	459
	3.	**Eingliederung der Organgesellschaft**	**460**
	3.1	Finanzielle Eingliederung	460
	3.2	Wirtschaftliche Eingliederung	462
	3.3	Organisatorische Eingliederung	462
	4.	**Rechtsfolgen**	**463**
	4.1	Gesetzlicher Automatismus	463
	4.2	Verfahren	463
	4.3	Außenwirkung	464
	4.4	Innenumsatz	465

	4.5	Rechnungstellung	465
	4.6	Wirtschaftliche Bedeutung	465
	5.	**Grenzüberschreitende Organschaft**	**466**
	5.1	Organschaft „zwischen zwei Mitgliedstaaten"	467
	5.1.1	Lieferungen	467
	5.1.2	Sonstige Leistungen	467
	5.2	Organschaft „zwischen Inland und Drittland"	467
	5.2.1	Lieferungen	467
	5.2.2	Sonstige Leistungen	468
	6.	**Organträger mit Sitz im Ausland**	**470**
	7.	**Fälle**	**471**
XXII.	**Lösungen zu den Fällen**		**472**
	1.	**Lösungen zu Kapitel X**	**472**
	2.	**Lösungen zu Kapitel XI**	**473**
	3.	**Lösungen zu Kapitel XV**	**473**
	4.	**Lösungen zu Kapitel XVI**	**474**
	5.	**Lösungen zu Kapitel XVII**	**475**
	6.	**Lösung zu Kapitel XIX**	**477**
	7.	**Lösungen zu Kapitel XX**	**478**
	8.	**Lösungen zu Kapitel XXI**	**483**

Teil III: Übungsklausuren **487**
Übungsklausur 1 487
Lösung Übungsklausur 1 489
Übungsklausur 2 492
Lösung Übungsklausur 2 498
Übungsklausur 3 512
Lösung Übungsklausur 3 519
Übungsklausur 4 533
Lösung Übungsklausur 4 535

Stichwortverzeichnis **541**

Abkürzungsverzeichnis

a.a.O.	am angegebenen Ort
ABl.	Amtsbatt
Abs.	Absatz
Abschn.	Abschn.
abzgl.	abzüglich
AO	Abgabenordnung
Art.	Artikel
BFH	Bundesfinanzhof
BFH/NV	Nicht amtlich veröffentlichte Entscheidungen des BFH (Zeitschrift)
BgA	Betriebe gewerblicher Art
BGB	Bürgerliches Gesetzbuch
BMF	Bundesministerium der Finanzen
BRZ	Berichtigungszeitraum
BStBl	Bundessteuerblatt
Buchst.	Buchstabe
BZSt	Bundeszentralamt für Steuern
DVStB	Verordnung zur Durchführung der Vorschriften über Steuerberater, Steuerbevollmächtigte und Steuerberatungsgesellschaften
EG	Erdgeschoss/Europäische Gemeinschaft
EStG	Einkommensteuergesetz
EStR	Einkommensteuer-Richtlinien
EU	Europäische Union
EuGH	Europäischer Gerichtshof
EUSt	Einfuhrumsatzsteuer
ff.	fortfolgende
FG	Finanzgericht
GG	Grundgesetz
GmbH	Gesellschaft mit beschränkter Haftung
GrEStG	Grunderwerbsteuergesetz
H	Hinweis
HS.	Halbsatz
jPdöR	juristische Personen des öffentlichen Rechts
i.d.R.	in der Regel
i.g.E.	innergemeinschaftlicher Erwerb
i.R.d.	im Rahmen der/des/dieser
i.S.d.	im Sinne des/der/dieser
i.S.v.	im Sinne von
i.V.m.	in Verbindung mit

Kap.	Kapitel
KG	Kommanditgesellschaft
KStG	Körperschaftsteuergesetz
LStH	Lohnsteuer-Hinweise
m.E.	meines Erachtens
MwStSystRL	Mehrwertsteuersystemrichtlinie
Nr.	Nummer
OFD	Oberfinanzdirektion
OG	Obergeschoss
OHG	Offene Handelsgesellschaft
R	Richtlinie
S.	Satz/Seite
s.o.	siehe oben
s.u.	siehe unten
SvEV	Verordnung über die sozialversicherungsrechtliche Beurteilung von Zuwendungen des Arbeitgebers als Arbeitsentgelt
Tz.	Teil-/Textziffer
UG	Untergeschoss
UR	Umsatzsteuer-Rundschau (Zeitschrift)
USt	Umsatzsteuer
UStAE	Erlass zur Anwendung des UStG
UStDV	Umsatzsteuer-Durchführungsverordnung
UStG	Umsatzsteuergesetz
USt-IdNr.	Umsatzsteuer-Identifikationsnummer
UStR	Umsatzsteuer-Richtlinien
UStVA	Umsatzsteuer-Voranmeldung
VAZ	Veranlagungszeitraum
vgl.	vergleiche
VSt	Vorsteuer

Teil I: Die Steuerberaterprüfung

1. Der schriftliche Teil der Steuerberaterprüfung

1.1 Drei Prüfungstage

Der schriftliche Teil der Steuerberaterprüfung findet einmal jährlich, jeweils im Oktober statt. Er besteht aus drei jeweils 6 stündigen Klausuren (§ 16 DVStB).

1. Prüfungstag	**Verfahrensrecht und andere Steuerrechtsgebiete** • Abgabenordnung • Umsatzsteuer • Bewertung und Erbschaftsteuer
2. Prüfungstag	**Prüfungsaufgabe Ertragsteuern** • Einkommensteuer • Körperschaftsteuer • Gewerbesteuer
3. Prüfungstag	**Buchführung und Bilanzwesen**

Der schriftliche Teil der Steuerberaterprüfung 2018 wird in der Zeit vom 9.–11. Oktober 2018, die Steuerberaterprüfung 2019 in der Zeit vom 8.–10. Oktober 2019 und die Steuerberaterprüfung 2020 in der Zeit vom 6.–8. Oktober 2020 stattfinden.

Für den schriftlichen Teil der Prüfung werden als Hilfsmittel Textausgaben (gebundene oder Loseblatt-Sammlungen) beliebiger Verlage zugelassen. Erforderlich sind mindestens die nachfolgenden Gesetzestexte zuzüglich der dazugehörigen Durchführungsverordnungen und Richtlinien:

- Abgabenordnung, Finanzgerichtsordnung, Verwaltungszustellungsgesetz,
- Erbschaftsteuer-, Schenkungsteuer-, Bewertungsgesetz,
- Umsatzsteuergesetz,
- Einkommensteuer-, Körperschaftsteuer-, Gewerbesteuergesetz,
- Umwandlungs-, Umwandlungssteuergesetz,
- Außensteuergesetz,
- Investitionszulagengesetz,
- Grunderwerbsteuer-, Grundsteuergesetz,
- Bürgerliches Gesetzbuch, Handelsgesetzbuch, Aktiengesetz, GmbH-Gesetz,
- Steuerberatungsgesetz.

Die Textausgaben dürfen weitere Gesetzestexte, Verwaltungsanweisungen der Finanzbehörden, Leitsatzzusammenstellungen, Fußnoten und Stichwortverzeichnisse enthalten. Die Verwendung von Kommentaren ist nicht zulässig.

Ausdrücklich bewährt haben sich die Loseblattausgaben des Beck-Verlags (Steuergesetze, Steuerrichtlinien, Erlasse).

1.2 Benotung der schriftlichen Arbeiten

Bei den Klausuren lassen sich jeweils 100 Korrekturpunkte pro Prüfungstag erzielen. Aus der folgenden Übersicht ist zu entnehmen, wie viele Punkte für eine bestimmte Note erforderlich sind.

Punkte	Klausurnote	Punkte	Klausurnote
95–100	sehr gut 1	50–58,5	ausreichend 4
88–94,5	sehr gut 1,5	40–49,5	ausreichend 4,5
81–87,5	gut 2	30–39,5	mangelhaft 5
74–80,5	gut 2,5	20–29,5	mangelhaft 5,5
67–73,5	befriedigend 3	0–19,5	ungenügend 6
59–66,5	befriedigend 3,5		

1.3 Voraussetzung für die Zulassung zur mündlichen Prüfung

Die Zulassung zur mündlichen Prüfung setzt voraus, dass der Durchschnitt der drei Klausuren die Klausurnote 4,5 nicht übersteigt (§ 26 Abs. 2 DVStB).

Klausuren Steuerberaterprüfung

- **Prüfungsaufgabe Verfahrensrecht und andere Steuerrechtsgebiete**
  - Abgabenordnung
  - Umsatzsteuer, sowie häufig Bewertung und Erbschaftsteuer

  Klausurnote

  +

- **Prüfungsaufgabe Ertragsteuern**
  - Einkommensteuer
  - Körperschaftsteuer
  - Gewerbesteuer

  Klausurnote

  +

- **Prüfungsaufgabe Buchführung und Bilanzwesen**

  Klausurnote

  =

  : 3

  =

  maximal 4,5

Beispiel:

Klausur 1 = 5, Klausur 2 = 6, Klausur 3 = 2,5 (5 + 6 + 2,5 = 13,5) : 3 = 4,5 (somit ist der schriftliche Teil bestanden).

Klausur 1 = 5, Klausur 2 = 5, Klausur 3 = 4 (5 + 5 + 4 = 14) : 3 = 4,66 (somit ist der schriftliche Teil **nicht** bestanden und es erfolgt keine Zulassung zur mündlichen Prüfung).

2. Klausur Umsatzsteuer

2.1 Besonderheiten der Klausur Umsatzsteuer

Im Gegensatz zur Ertragsteuer- oder Bilanzklausur wird bei der Umsatzsteuer regelmäßig auch aktuelles Recht abgefragt. Die Gesetzes- und Rechtslage sollte daher bis kurz vor der Prüfung verfolgt werden.

Der **Lösungsaufbau** erfolgt zumeist als gutachterliche Stellungnahme unter Berücksichtigung der Umsatzsteuersystematik. Dabei sind immer die einzelnen Geschäftsvorfälle umsatzsteuerrechtlich zu überprüfen und die umsatzsteuerlichen Ergebnisse zu ermitteln.

Erst die **vollständige Erfassung des Sachverhaltes** ermöglicht die Erstellung einer sachgerechten Lösung. Der Sachverhalt sollte möglichst schnell erfasst werden, wie das bereits in den Übungsklausuren geübt wurde, da die Bearbeitungszeit der Klausuraufgaben in der Regel so bemessen ist, dass der Prüfungsteilnehmer mit der Lösung gerade noch fertig werden kann.

Nach dem ersten Erfassen des Sachverhaltes ist die **Aufgabenstellung genau zu ermitteln.** Anschließend lesen Sie sich den Sachverhalt selektiv, d.h. unter Berücksichtigung der Aufgabenstellung durch. Achten Sie dabei auf typische Wahlmöglichkeiten des zu bearbeitenden Unternehmers. Ist die für den Unternehmer günstigste Lösung zu wählen, beachten Sie z.B. den Verzicht auf Steuerbefreiungen, den Verzicht auf die Anwendung von Erwerbs- und Lieferschwellen, die unterschiedlichen Möglichkeiten zur Ermittlung der umsatzsteuerlichen Bemessungsgrundlage (nichtunternehmerische Pkw-Nutzung, 1 %-Regelung oder Fahrtenbuchmethode) sowie die Möglichkeiten zur Wahl der entsprechenden Besteuerungsform (vgl. z.B. § 19 UStG; § 24 UStG, § 25a Abs. 8 UStG).

> **Tipp!** Insbesondere bei komplexen Sachverhalten ist es sehr wichtig, erst dann mit der Lösung zu beginnen, wenn Sie den Sachverhalt vollständig erfasst und verstanden haben.

Nach dem zweiten Lesen kennen Sie die Schwerpunkte des Sachverhaltes und können Ihre Zeiteinteilung entsprechend planen. Anmerkungen bzw. Markierungen des Sachverhaltes sollten eher sparsam verwendet werden, da beim ersten Durchlesen der Aufgabenstellung die Gewichtung oft nicht gleich zu erkennen ist.

Zeitverluste entstehen im Examen insbesondere durch Angaben zu Prüfungspunkten, die in der Aufgabenstellung ausdrücklich von der Lösung ausgenommen sind, weil sie als gegeben gelten.

Die **rechtliche Würdigung eines Sachverhaltes** erfolgt zuerst immer mit den Rechtsgrundlagen im Umsatzsteuergesetz und in der Umsatzsteuerdurchführungsverordnung.

Erst dann werden Zweifelsfragen mithilfe des Umsatzsteueranwendungserlasses geklärt. Es ist nicht erforderlich, die im Anwendungserlass gebrauchten Zitate zu wiederholen. Vielmehr genügt die einfache Verweisung auf die entsprechende Fundstelle.

Zitate sollten immer einen konkreten Bezug zum Sachverhalt haben.

Allgemeine Ausführungen ohne Bezug zum Sachverhalt oder die Wiedergabe des Gesetzestextes und der gleichlautenden Regelungen im Anwendungserlass sind überflüssig und verärgern schlimmstenfalls nur den Korrektor.

Bitte beachten Sie bei ihrer Lösung, dass Verwaltungsanweisungen (sprich: der UStAE) grundsätzlich nur dann zu zitieren sind, wenn sie über den Gesetzestext hinausgehende Ausführungen enthalten.

Diese Handhabung ähnelt recht häufig einer „Gratwanderung".

Wenn sich für Einen die Lösung schon eindeutig aus dem Gesetzestext ergibt, benötigt ein Anderer zur sicheren Darstellung seines Lösungsansatzes noch die Aussage aus den Verwaltungsanweisungen.

Das Auffinden der entsprechenden Fundstelle im UStAE kann unter Umständen sehr zeitraubend und nicht immer zielführend sein.

Insgesamt bleibt anzumerken, dass beim Zitieren von Aussagen aus dem Anwendungserlass der Grundsatz „manchmal ist weniger mehr" zu beachten ist.

Weiterhin sollten Sie bei Ihrer Lösung auch Begriffe vermeiden, die dem Umsatzsteuerrecht wesensfremd sind.

Dazu gehören insbesondere die Wörter „Betriebsvermögen" und „Entnahme", da diese Begriffe ihren Ursprung im Ertragsteuerrecht haben.

Zu viel Fantasie und Misstrauen sind im Examen nicht angebracht. Der misstrauische Klausurteilnehmer wittert überall eine Falle und kommt deshalb nicht mit der Lösung voran, während der fantasievolle Klausurteilnehmer über seine Unterstellungen den Sachverhalt variiert.

> **Hinweis!** Ein Klassiker ist dabei u.a. das Anzweifeln des dargestellten Steuersatzes. Wenn im Sachverhalt der Regelsteuersatz mit 19 % gegeben ist, Sie aber der Meinung sind der ermäßigte USt-Satz von 7 % wäre einschlägig, können Sie sich gerne auf die Suche in den Untiefen der Anlage zu § 12 Abs. 2 UStG begeben um am Ende festzustellen, nichts passendes gefunden aber mehrere Minuten Ihrer kostbaren Zeit eingebüßt zu haben.

Manchmal sind derartige Ausführungen zwar richtig und auch brillant, diese kosten in der Regel aber nur nicht vorhandene Zeit und bringen keine Punkte.

> **Tipp!** Vorrangiges Ziel des Examensteilnehmers ist es deshalb, mit der Bearbeitung der gestellten Aufgabe/n fertig zu werden. Generell ist das Ergebnis Ihrer umsatzsteuerlichen Prüfungen kurzzufassen und unter Angabe der gesetzlichen Bestimmungen und ggf. der entsprechenden Verwaltungsanweisungen darzustellen.

Die erforderliche Punktzahl kann nur erreicht werden, wenn Sie mit der Bearbeitung der Aufgabe fertig geworden sind. Wenn es nicht anders geht, versuchen Sie dieses Ziel zu erreichen, indem Sie Ihre Ausführungen kürzer fassen, in Stichpunkten schreiben und die Lesbarkeit Ihrer Schrift auf ein noch erträgliches Maß reduzieren.

2.2 Themenschwerpunkte der letzten Jahre

Exmensjahr	Umsatzsteuerrechtsthemen (eine prozentuale Gewichtung findet wegen der Menge der Themen nicht statt)						
	Lieferung/Ausfuhrlieferung	Vorsteueraufteilung (Vermietung und Verpachtung)	Unternehmer/Kleinunternehmer	Umfang des Unternehmens			
2011/12	Vermietung von Gebäuden und Beförderungsmitteln	Vorsteuerkorrektur			Innergemeinschaftlicher Erwerb	Überlassung eines Firmenwagens	Geschäftsveräußerung im Ganzen und Übertragung von Gesellschaftsanteilen	Reihengeschäft
					Änderung der Bemessungsgrundlage		Steuerschuldnerschaft des Leistungsempfängers	
2012/13	Vermietung Gebäude mit unterschiedlichen Nutzungen	Vorsteuerkorrektur			Werklieferung	Erwerb Pkw 2011		
					Innergemeinschaftlicher Erwerb	bei Anwendung § 19 UStG (Beurteilung § 15 UStG und § 3 Abs. 9a UStG)		
					steuerbare Lieferungen mit Nichterhebung nach § 19 UStG	2012 Wechsel der Besteuerungsform von § 19 zu § 16 UStG		
					Anzahlung	Korrektur der Vorsteuer § 15a Abs. 1 UStG unter Verkürzung des Berichtigungszeitraums		
					Wechsel der Besteuerungsform von § 19 zu § 16 UStG	Besteuerung der privaten Pkw-Nutzung nach Fahrtenbuch		

Exmens-jahr	Umsatzsteuerrechtsthemen (eine prozentuale Gewichtung findet wegen der Menge der Themen nicht statt)				
2013/14	Unternehmer Umfang des Unternehmens	Private Pkw-Nutzung durch einen Arbeitnehmer mit Folgen für den nur teilweise zum Vorsteuerabzug berechtigten Arbeitgeber (Fahrtenbuchmethode)	Vermietung Gebäude mit unterschiedlichen Nutzungen	Innergemeinschaftlicher Erwerb im Rahmen eines Reihengeschäftes und den Folgen der Ortsverlagerung nach § 3d Satz 2 UStG	Innergemeinschaftlicher Erwerb eines neuen Fahrzeuges nach § 1b UStG (Flugzeug)	Durchführung eines Preisausschreibens und die Folgen für den Vorsteuerabzug (Abschn. 15.15 Abs. 1 UStAE)
		Überlassung einer Wohnung an einen Arbeitnehmer	Übertragung des Gebäudes im Rahmen einer Geschäftsveräußerung im Ganzen/nicht steuerbare Anteilsübertragung	Das innergemeinschaftliche Verbringen im Sinne von § 3 Abs. 1a und § 1a Abs. 2 UStG		
				Die Verlagerung der Steuerschuld nach § 13b Abs. 2 Nr. 1 UStG i.V.m. § 13b Abs. 5 UStG		
			Vorsteuerkorrektur nach § 15a UStG			
			Abs. 10 UStG mit anschließender Selbstnutzung durch den neuen Eigentümer			
2014/2015	Unternehmer Umfang des Unternehmens	Geschäftsveräußerung im Ganzen; Vermietung und Selbstnutzung Mehrfamilienhaus	Preisausschreiben aus Anlass einer Eröffnungsfeier; Folgen des Abschn. 15.15 UStAE	§ 25 UStG und die Auswirkungen auf den Binnenmarkt (§ 3c UStG bzw. § 4 Nr. 1b UStG)	Verlagerung der Steuerschuld gem. § 13b Abs. 5 UStG	Lohnveredelung nach § 7 UStG
				Verkaufskommission und § 25a UStG		

Exmens-jahr		Umsatzsteuerrechtsthemen (eine prozentuale Gewichtung findet wegen der Menge der Themen nicht statt)			
2015/2016	Unternehmer	Werklieferung Gebäude	Erwerb Pkw Vorsteuerabzug	Innergemeinschaftlicher Erwerb nach § 1b UStG/Fahrzeugeinzelbesteuerung	Umsatzsteuerliche Würdigung von Kundengeschenken
	Umfang des Unternehmens	Besteuerung von Anzahlungen	Privatnutzung	Verkauf nach § 2a UStG	Vorsteuer nach § 15 Abs. 1a UStG
		Echter Schadensersatz	Schenkung		Änderung der Bemessungsgrundlage nach § 17 UStG
		Innergemeinschaftlicher Erwerb	Änderung der Verhältnisse nach § 15a UStG		
		Anwendung und Abgrenzung diverser Leistungen im Sinne des § 13b UStG	Erwerb neuer Pkw		
2016/2017	Unternehmer	Vorsteuerabzug aus Miete	Erwerb unbebautes Grundstück von einem Nichtunternehmer	Innergemeinschaftliches Reihengeschäft mit privaten Endabnehmer	Lieferung unter Eigentumsvorbehalt mit Vereinbarung einer echten steuerfreien Kreditgewährung
	Umfang des Unternehmens	Erwerb Gebäude/Zuordnung zum Unternehmen		Negativabgrenzung zu § 3c UStG	Gründung einer GmbH durch Einbringung eines Einzelunternehmens im Rahmen einer GiG § 1 Abs. 1a UStG

Umsatzsteuerrechtsthemen (eine prozentuale Gewichtung findet wegen der Menge der Themen nicht statt)

Exmens-jahr					
2016/2017	Negativabgrenzung GiG; § 1 Abs. 1a UStG	Zuordnung zum Unternehmen	Innergemeinschaftlicher Erwerb i.S.d. § 1a UStG	Erwerb von Gegenständen zur Erbringung unentgeltlicher Wertabgaben i.S.d. § 3 Abs. 1b UStG	und einer Bareinlage
	Verlagerung der Steuerschuldnerschaft nach § 13b Abs. 2 Nr. 3 UStG	Leistung eines im Ausland ansässigen Unternehmers/§ 13b UStG	Verbilligte Lieferung an Arbeitnehmer/ Negativabgrenzung der Mindestbemessungsgrundlage	Ausschluss des Vorsteuerabzugs; Abschnitt 15 Abs. 2b UStAE	Begründung einer Organschaft § 2 Abs. 2 Nr. 2 UStG (Betriebsaufspaltung)
		Unentgeltliche sonstige Leistung aus unternehmerischen Gründen		Nichtsteuerbarkeit einer unentgeltlichen Wertabgabe nach § 3 Abs. 1b Nr. 1 UStG	
				Berichtigung der Bemessungsgrundlage § 17 UStG	
				Erneute Berichtigung wegen nachträglicher Vereinnahmung	

> **Anmerkung!** Für einen Aufgabensteller gibt es zwei Kriterien, auf die er unbedingt achten muss:
> 1. der Schwierigkeitsgrad der zu bearbeitenden Aufgabe,
> 2. der Umfang der zu bearbeitenden Aufgabe.
>
> Sind beide Kriterien in einer Aufgabe zu stark ausgeprägt, wird diese in der vorgegebenen Zeit mit einer möglichst geringen Fehlerquote fast nicht zu bearbeiten sein.

2.3 Konkrete Bearbeitungshinweise

2.3.1 Standardaufgaben und Standardfragestellungen

2.3.1.1 Allgemeine Angaben

Verlangt die Aufgabenstellung, die nachfolgenden Klausursachverhalte „umsatzsteuerlich zu würdigen", sind zunächst allgemeine Angaben erforderlich, die andernfalls bei der Bearbeitung der einzelnen Geschäftsvorfälle wiederholt werden müssten.

Bitte beachten Sie dabei die Aufgabenstellung. Insbesondere bei mehreren voneinander unabhängigen Sachverhalten sind allgemeine Angaben nicht immer bei jedem Sachverhalt gefordert.

Werden in der Aufgabenstellung die allgemeinen Angaben nicht ausdrücklich ausgeschlossen, sind somit zwingend Angaben zur Unternehmereigenschaft, dem Rahmen des Unternehmens, der grundsätzlichen Berechtigung zum Vorsteuerabzug, der Steuerschuld, der Entstehung der Steuer und der Besteuerungsart erforderlich.

Sachverhaltswiederholungen aus der Klausuraufgabe sind grundsätzlich zu vermeiden.

Klausurangaben wie „Der Steuerpflichtige A ist kein Kleinunternehmer und versteuert seine Umsätze nach den allgemeinen Vorschriften und nach vereinbarten Entgelten" sollten Sie aus Zeitgründen nicht wiederholen, da der Klausurverfasser hierzu keine Angaben erwartet.

Zu beachten ist, dass sich der Umfang des Unternehmens häufig in einer späteren Textziffer der Klausur noch erweitern kann.

Die Angaben im allgemeinen Teil werden somit oft durch nachfolgende Aufgabenteile ergänzt. Soweit sich das Unternehmen des Steuerpflichtigen im Laufe der Klausur noch erweitert (zum Beispiel durch den Erwerb und die anschließende Vermietung eines Grundstücks oder die Begründung einer umsatzsteuerlichen Organschaft), müssen diese Erweiterungen bereits im Vorspann beim Umfang des Unternehmens berücksichtigt werden.

Insoweit sollte beim Aufbau der Lösung ausreichend Platz gelassen werden um eventuell erforderliche Ergänzungen, die sich erst aus nachfolgenden Aufgabenteilen ergeben, in entsprechender Form einfügen zu können.

Die **wichtigsten bei der Lösung des allgemeinen Teils zu beachtenden Punkte** sind:
1. **Unternehmer**

   Ist der **umsatzsteuerliche Unternehmerbegriff** des § 2 UStG erfüllt (Steuerfähigkeit, Selbständigkeit, gewerbliche oder berufliche Tätigkeit, Nachhaltigkeit, Einnahmerzielungsabsicht)?

> **Hinweis!** Wenn Sie nicht schon am Anfang Ihrer Lösung eine „Todsünde" begehen wollen, vermeiden Sie bei der Prüfung der Unternehmereigenschaft bitte den (aus der Ertragsteuer stammenden) Begriff „Gewinnerzielung".
> Dieser ist der Umsatzsteuer wesensfremd, es reicht die Absicht Einnahmen zu erzielen aus.

Besonderheiten:
- Leistungsbeziehungen zwischen Gesellschaft und Gesellschaftern (Leistungsaustausch und Sonderentgelt),
- Umsatzsteuerliche Organschaft (Beschränkung der Wirkung auf Inlandsumsätze),

- Innengesellschaften (typisch und atypisch stille Gesellschaft, Metaverbindung, Gewinnpoolung, schlichte Rechtsgemeinschaft).

2. **Rahmen des Unternehmens**
   Merksatz: Highlanderprinzip – es kann nur einen geben. Ein Unternehmer hat ein Unternehmen aber ggf. mehrere Betriebe bzw. Unternehmensbereiche. Die verschiedenen Unternehmensbereiche des Unternehmers sind anzugeben.

3. **Besteuerungsart**
   Es gibt **drei Besteuerungsarten**:
   1. **Sollbesteuerung**; das ist die Besteuerung nach vereinbarten Entgelten gem. § 16 UStG,
   2. **Istbesteuerung**; das ist die Besteuerung nach vereinnahmten Entgelten unter den Voraussetzungen des § 20 UStG,
   3. **Anzahlungsversteuerung** in den Fällen des § 13 Abs. 1 Nr. 1 Buchst. a Satz 4 UStG (auch „Mindest-Ist-Versteuerung" genannt).

   Welche Pflichten ergeben sich daraus für den Unternehmer (Steuerschuldnerschaft, Entstehung der Steuer, Steuerberechnung, Besteuerungszeitraum, Voranmeldungszeitraum, Zusammenfassende Meldung)?
   Erörtern Sie die bestehenden Optionsmöglichkeiten.

2.3.1.2 Auszug aus dem Examen 2015/2016
Allgemeiner Teil/Unternehmereigenschaft/Umfang des Unternehmens

Georg Gründlich betreibt in München, Dachauer Straße Nr. 250, einen Baumarkt und ein Bauunternehmen, das nachhaltig Bauleistungen erbringt. Darüber hinaus betätigt er sich auch als Bauträger (Errichtung von Einfamilienhäusern auf eigenen Grundstücken mit anschließender Veräußerung des bebauten Grundstücks).

Allgemeine Hinweise:
- Erforderliche Belege und Aufzeichnungen sind vorhanden.
- Voranmeldungszeitraum ist der Kalendermonat.
- Liefer- und Erwerbsschwellen gelten gegebenenfalls als überschritten.

Soweit aus dem Sachverhalt nichts Gegenteiliges hervorgeht,
- enthalten Rechnungen die nach §§ 14, 14a UStG bzw. §§ 33, 34 UStDV erforderlichen Angaben,
- besteht gegebenenfalls Einverständnis über die Abrechnung im Gutschriftenweg, versteuern alle angesprochenen Unternehmer ihre Umsätze nach den allgemeinen Vorschriften des UStG und nach vereinbarten Entgelten,
- verwenden die Unternehmer im innergemeinschaftlichen Waren- und Dienstleistungsverkehr die Umsatzsteuer-Identifikationsnummer ihres Heimatlandes,
- wurden gemischt genutzte Wirtschaftsgüter dem Unternehmensvermögen zugeordnet, entspricht die geplante Verwendung der tatsächlichen,
- liegen alle angegebenen Orte im Inland,
- die Kalenderjahre bis einschließlich 2013 sind bestandskräftig veranlagt.

Die steuerliche Beurteilung war jeweils zutreffend.
Das Kalenderjahr 2015 gilt als abgelaufen.

Aufgabe: Beurteilen Sie die angeführten Sachverhalte in ihrer umsatzsteuerlichen Auswirkung auf Georg Gründlich im Besteuerungszeitraum 2014 und 2015.
Hierbei ist insbesondere auf die Umsatzart, die Steuerpflicht, die Bemessungsgrundlage für steuerpflichtige Umsätze und auf den Vorsteuerabzug einzugehen.
Die Umsatzsteuer für steuerpflichtige Umsätze ist zu berechnen.

Wo es der Sachverhalt erlaubt, ist auch anzugeben, in welchem Voranmeldungszeitraum die Steuer entsteht bzw. zu berichtigen ist und die Vorsteuer abgezogen werden kann.

Gehen Sie auch kurz auf die Unternehmereigenschaft und den Umfang des Unternehmens von Georg Gründlich ein.

Begründen Sie bitte Ihre Entscheidungen unter Angabe der gesetzlichen Bestimmungen.

Lösungsvorschlag zum allgemeinen Teil/Unternehmereigenschaft und Umfang:

Georg Gründlich ist Unternehmer gemäß § 2 Abs. 1 Satz 1 und 3 UStG, da er eine gewerbliche Tätigkeit, selbständig, nachhaltig mit der Absicht Einnahmen zu erzielen ausübt.

Das Unternehmen des Gründlich umfasst gem. § 2 Abs. 1 Satz 2 UStG seine Tätigkeit als Bauunternehmer und die Umsätze innerhalb seines Baumarktes.

Mit der Tätigkeit als Bauträger, die Teil seines Bauunternehmens darstellen, führt Gründlich steuerfreie Grundstückslieferungen i.S.d. § 4 Nr. 9a UStG aus, die zum Ausschluss vom Vorsteuerabzug führen (§ 15 Abs. 2 Nr. 1 UStG).

Der Kauf und Verkauf des Motorrades (Tz. 3) erfolgt nicht im Rahmen seines Unternehmens (§ 2 Abs. 1 Satz 2 UStG). Beim Verkauf des Motorrades wird er für diesen Umsatz als fiktiver Unternehmer gemäß § 2a Satz 1 und Satz 2 UStG behandelt.

Hinweis! Wie sich aus der Lösung zu dem allgemeinen Teil des Examens ergibt, sind bestimmte Angaben zur Bearbeitung erst aus nachfolgenden Textziffern ersichtlich (**s.u. Kauf und Verkauf des Motorrades; Tz. 3**).

Es bietet sich also bei der Lösung an, ausreichend Platz für später einzufügende Angaben zu lassen, um die Vollständigkeit der Lösung und die Vergabe von Formpunkten nicht zu gefährden.

2.3.1.3 Ausführungen zu den Einzelsachverhalten (Schwerpunkte)

Bei der **Bearbeitung der einzelnen Aufgabenteile der Klausur** ist die Einhaltung der gesetzlichen Reihenfolge von erheblicher Bedeutung. Die gesetzliche Reihenfolge der Prüfung stellt zugleich einen **„Lösungsalgorithmus"** von umsatzsteuerlichen Problemstellungen dar, der die Bearbeitung der Umsatzsteuerklausuren erleichtert.

Häufig wird das Problem der einzelnen Textziffern zwar richtig erkannt und auch das korrekte zahlenmäßige Ergebnis dargestellt. Es werden jedoch unzählige Begründungspunkte verschenkt, weil die Begründungen unvollständig sind bzw. nicht in der gesetzlichen Reihenfolge dargelegt werden. Ein typisches Beispiel ist das Unterlassen von Angaben zur Steuerbarkeit bei Lieferungen und sonstigen Leistungen nach § 1 Abs. 1 Nr. 1 UStG. Einen leichteren Punkt kann man in Umsatzsteuerklausuren nicht bekommen.

Tipp! Halten Sie sich bitte an die Systematik des Umsatzsteuergesetzes.

Das Prüfungsschema für Aufgaben aus dem Umsatzsteuerrecht

Beachte! Dem Besteuerungssystem der Umsatzsteuer entsprechend regelt das Gesetz zunächst in den §§ 1-13 UStG die Ausgangsumsatzsteuer, in §§ 14, 14a-c UStG den Rechnungsbegriff und daraus folgende Fragen sowie in §§ 15 und 15a UStG die Vorsteuer.

Da gem. § 15 Abs. 2 UStG Fragen der Umsatzsteuer des Ausgangsumsatzes für den Vorsteuerabzug von Bedeutung sind, bietet es sich an, **zunächst** die **Ausgangsumsätze** zu prüfen, ehe man sich der Vorsteuerproblematik zuwendet:

I. Steuerbarkeit (§ 1 UStG)

Ist der handelnde Unternehmer (§ 2 UStG):
- eine natürliche Person?

- eine juristische Person?
- ein Personenzusammenschluss, der nach außen als Einheit auftritt?
- eine Privatperson bei Lieferung eines neuen Fahrzeugs (§ 2a UStG)?

Besteht die Leistung des Unternehmers in einer Lieferung **(§ 3 Abs. 1 UStG)** oder sonstigen Leistung **(§ 3 Abs. 9 UStG)**?

Beachten Sie **Sonderfälle**:

bei Lieferungen
• Kommissionsgeschäfte (§ 3 Abs. 3 UStG)
• Werklieferungen (§ 3 Abs. 4 UStG)
• Gehaltslieferungen (§ 3 Abs. 5 UStG)
• Reihengeschäfte (§ 3 Abs. 6 S. 5 UStG)
• Tausch (§ 3 Abs. 12 S. 1 UStG)
und bei sonstigen Leistungen
• Werkleistung (§ 3 Abs. 4 UStG) Umkehrschluss
• „Umtauschmüllerei" (§ 3 Abs. 10 UStG)
• Dienstleistungskommission (§ 3 Abs. 11 UStG)

Wenn nicht, dann Ersatztatbestände prüfen

- Unentgeltliche Wertabgaben:
  - der Lieferung gleichgestellt (§ 3 Abs. 1b UStG),
  - der sonstigen Leistung gleichgestellt (§ 3 Abs. 9a UStG).
- Einfuhr (§ 1 Abs. 1 Nr. 4 UStG).
- Innergemeinschaftlicher Erwerb (§ 1 Abs. 1 Nr. 5 UStG).
- Anzahlungen gem. § 13 Abs. 1 Nr. 1a UStG.

Erfolgt der Umsatz im Inland (§ 1 Abs. 2 UStG)?

Ortsbestimmungen prüfen §§ 3, 3a, 3b, 3c, 3d, 3e, 3f, 3g UStG	
Lieferungen	§ 3 Abs. 5a i.V.m. §§ 3c, 3e, 3f, 3g und § 3 Abs. 6–8 UStG
Sonstige Leistungen	§§ 3b, 3e, 3f und 3a UStG
Unentgeltliche Wertabgaben	§ 3f UStG
Einfuhr	§ 3 Abs. 8 UStG
Innergemeinschaftlicher Erwerb	§ 3d UStG

Teil I: Die Steuerberaterprüfung

Umsatz ausgeführt im	
Inland (§ 1 Abs. 2 Satz 1 UStG)	**Ausland (§ 1 Abs. 2 Satz 2 UStG)**
steuerbar	nicht steuerbar
Sind die Tatbestandsmerkmale des § 1 Abs. 1 Nr. 1, 4 oder 5 UStG erfüllt, ist der Umsatz steuerbar. Bitte vergessen Sie diesen Punkt nicht in Ihren Lösungen. Beachten Sie auch den **Sonderfall der nicht steuerbaren Geschäftsveräußerung im Ganzen** nach § 1 Abs. 1a UStG.	

II. Steuerpflicht

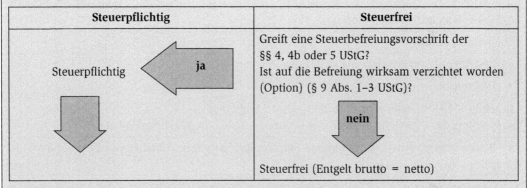

Bestimmung der Bemessungsgrundlage gem. §§ 10, 11 UStG

Geben Sie die **Bemessungsgrundlage** und die jeweilige Umsatzsteuerschuld immer genau an. Centbeträge werden nur abgerundet, wenn die Aufgabenstellung dies zulässt.

Hinweis! (Da es im Klausurstress sehr häufig vergessen wird!)
Auch bei steuerfreien Umsätzen ist die Bemessungsgrundlage zwingend anzugeben, da diese ja auch im Rahmen des Voranmeldungsverfahrens bzw. in der Jahreserklärung mit einem Wert angegeben werden muss.

Bemessungsgrundlage bei Lieferungen, sonstigen Leistungen und innergemeinschaftlichen Erwerben (§ 10 Abs. 1 UStG)
• tatsächlich aufgewendetes Entgelt des Leistungsempfängers
• Höhe des Entgelts genau angeben
• Entgeltsminderungen (Skonti, Boni, Rabatte) oder Entgeltserhöhungen beachten
• ggf. Mindestbemessungsgrundlage prüfen (§ 10 Abs. 5 UStG)
• ggf. Entgelt von dritter Seite berücksichtigen
Bemessungsgrundlage beim Tausch oder tauschähnlichen Umsätzen (§ 10 Abs. 2 UStG)
• gemeiner Wert (§ 9 Abs. 1 BewG) des anderen Umsatzes

- bei Tausch mit Baraufgabe gilt als Entgelt für die geringerwertige Sachleistung der um die Baraufgabe gekürzte Wert der höherwertigen Sachleistung

Bemessungsgrundlage bei unentgeltlichen Wertabgaben und beim innergemeinschaftlichen Verbringen (§ 10 Abs. 4 UStG)

- Einkaufspreis zuzüglich Nebenkosten bzw. Selbstkosten, jeweils zum Zeitpunkt des Umsatzes (§ 10 Abs. 4 Nr. 1 UStG)
- vorsteuerbehaftete Ausgaben (§ 10 Abs. 4 Nr. 2 UStG)
- anteilige Ausgaben (§ 10 Abs. 4 Nr. 3 UStG)

Beachte! Dabei sind alle Ausgaben, auch die nicht mit Vorsteuer belasteten zu berücksichtigen.

Bemessungsgrundlage bei der Einfuhr (§ 11 UStG)

Zollwert (der Zollwert der eingeführten Waren ist in erster Linie der Transaktionswert, das heißt, der für die Waren tatsächlich gezahlte oder zu zahlende Preis, der ggf. um Kosten, Werte und Gebühren berichtigt werden muss)

Sondertatbestände

- Besteuerung von Reiseleistungen (Margenbesteuerung), § 25 UStG
- Differenzbesteuerung (§ 25a UStG)

Beachte! BMF-Schreiben vom 29.11.2013, BStBl I 2013, 1596
Anwendung des § 25a UStG durch Unternehmer des Münz- und Briefmarkenhandels.

- Bemessungsgrundlage für bestimmte Beförderungsleistungen (Durchschnittsbeförderungsentgelt), § 10 Abs. 6 UStG

Ermittlung des zutreffenden Steuersatzes:
- Regelsteuersatz (§ 12 Abs. 1 UStG),
- ermäßigter Steuersatz (§ 12 Abs. 2 UStG),
- eventuell besonderer Steuersatz (Durchschnittssätze in der Land- und Forstwirtschaft, vgl. § 24 UStG).

Je nach Aufgabenstellung Stellungnahme zum:
- Zeitpunkt der Entstehung der Steuerschuld (§§ 13, 20 UStG),
- Steuerschuldner (§§ 13a, 13b UStG),
- Besteuerungsverfahren (§§ 16, 18, 18a und 18b UStG) und
- Berichtigung der Umsatzsteuer und Vorsteuer (§ 17 UStG) sowie Aufzeichnungspflichten (§ 22 UStG).

III. Vorsteuerabzug
Ermittlung der abziehbaren Vorsteuer gem. § 15 Abs. 1 UStG

- Eingangsleistung an das Unternehmen (§ 15 Abs. 1 Nr. 1 UStG, § 15 Abs. 1 Satz 2 UStG)
- Rechnung gem. §§ 14, 14a UStG
- Einfuhr für das Unternehmen (§ 15 Abs. 1 Nr. 2 UStG)
- Innergemeinschaftlicher Erwerb (§ 15 Abs. 1 Nr. 3 UStG)
- Leistungen i.S.d. § 13a Abs. 1 Nr. 6 und § 13b Abs. 1 und Abs. 2 UStG (§ 15 Abs. 1 Nr. 4 und 5 UStG)

Besteht ein Vorsteuerabzugsverbot (§ 15 Abs. 1a, Abs. 1b UStG)?

Teil I: Die Steuerberaterprüfung

> **Beachte!** Bei gemischt genutzten Gebäuden Übergangsregelung in § 27 Abs. 16 UStG.
>
>
>
> Wird die bezogene Eingangsleistung für eine wirtschaftliche oder nichtwirtschaftliche Tätigkeit verwendet (vgl. hierzu das BMF-Schreiben vom 02.01.2012, BStBl I 2012, 60).
> Besteht ein Vorsteuerabzugsverbot aufgrund der getätigten Ausgangsumsätze?
>
> - Vorsteuerausschluss nach § 15 Abs. 2 UStG
> - Einschränkung des Ausschlusses nach § 15 Abs. 3 UStG
>
>
>
> Stehen die Vorsteuerbeträge im Zusammenhang mit Abzugs- bzw. Ausschlussumsätzen?
>
> - Vorsteueraufteilung nach § 15 Abs. 4 UStG
>
> Haben sich Änderungen in den nachfolgenden Zeiträumen ergeben?
>
> - Berichtigung des Vorsteuerabzuges nach § 15a UStG
>
> Über die Inanspruchnahme des Vorsteuerabzuges ist im Zeitpunkt des Leistungsbezuges zu entscheiden. Für die Anwendung des § 15a UStG ist jedoch im Zeitpunkt der erstmaligen Verwendung abzustellen.
> Ändern sich die Verhältnisse im Zeitpunkt der erstmaligen Verwendung im Vergleich zum Zeitpunkt des Leistungsbezuges, so ist eine Korrektur ebenso wie bei einer späteren Nutzungsänderung vorzunehmen.
> § 15a UStG kann somit bereits im Jahr der erstmaligen Verwendung zum Ansatz kommen:
> - Bestimmung des Berichtigungsobjektes/der Berichtigungsobjekte,
> - Bestimmung des Berichtigungszeitraumes (5 bzw. 10 Jahre, ggf. kürzer),
> - Beachtung der Bagatellgrenzen des § 44 UStDV,
> - Verteilung der gesamten Vorsteuer auf den Berichtigungszeitraum,
> - Vornahme der Berichtigung für den jeweiligen Besteuerungszeitraum unter Beachtung der zeitlichen Regelungen des § 44 UStDV.

> **Tipp!** Beachten Sie Zusammenhänge zwischen den bereits bearbeiteten und den noch folgenden Klausursachverhalten. Typischerweise ergeben sich z.B. die Sachverhaltsangaben für Vorsteuerberichtigungen gem. § 15a UStG und Änderungen der Bemessungsgrundlage gem. § 17 UStG aus mehreren Textziffern.

Bei der Bearbeitung sind zunächst die Ausgangsleistungen, also Umsätze, die der zu beurteilende Unternehmer ausführt, und danach die Eingangsleistungen zu beurteilen. Diese Prüfungssystematik ergibt sich daraus, dass für die Beurteilung des Vorsteuerabzugs und auch der Vorsteuerberichtigung die tatsächliche Verwendung bzw. Verwendungsabsicht maßgebend ist.

2.3.2 Standardthemen und Prüfungsschwerpunkte

2.3.2.1 Die Einzelsachverhalte des Steuerberaterexamens 2015/2016

> **Textziffer 1 (s.o. unter 2.3.1.2):**
> Im August 2014 gelang es Gründlich, den Auftrag zur schlüsselfertigen Errichtung eines Verwaltungsgebäudes für die Stadtsparkasse München zu erhalten. Das Gebäude sollte auf dem der Stadtsparkasse gehörenden Grundstück in München, Maximilianstraße 70, errichtet werden.

Es wurde ein Festpreis von 2.000.000 € zuzüglich 380.000 € USt vereinbart. Als Fertigstellungstermin wurde der 30.11.2015 fest vereinbart.
Für den Fall einer Terminüberschreitung verpflichtete sich Gründlich zur Zahlung einer Konventionalstrafe. Darüber hinaus wurden Abschlagszahlungen nach Baufortschritt vereinbart.

1.1 Noch im August 2014 hatte Gründlich den renommierten Architekten Josef Jung aus Salzburg (Österreich) mit der Planerstellung beauftragt.
Am 25.09.2014 übergab Jung den fertigen Bauplan und stellte dafür noch am selben Tag 15.000 € in Rechnung, die Gründlich eine Woche später beglich.

1.2 Im Oktober 2014 begann die Firma Erdbau GmbH mit den Ausschachtungsarbeiten. Nach Beendigung ihres Auftrags am 31.10.2014 erteilt die Erdbau GmbH am 03.11.2014 ihre Rechnung in Höhe von 20.000 €.
Gründlich beglich die Rechnung erst nach dem Eingang der ersten Abschlagszahlung am 30.01.2015.

1.3 Die erste Abschlagsrechnung in Höhe von 100.000 € zuzüglich 19.000 € USt erteilte Gründlich am 30.12.2014. Die Zahlung der Stadtsparkasse ging bei ihm am 20.01.2015 ein.

1.4 Die Fenster des Gebäudes wurden nach den speziellen Wünschen der Stadtsparkasse von Gründlich am 05.05.2015 beim Hersteller Huber aus Innsbruck (Österreich) geordert. Mit dem Transport der fertigen Fenster von Innsbruck nach München, beauftragte Gründlich die auf solche Transporte spezialisierte Spedition Klammer aus Innsbruck (Österreich). Klammer holte die Fenster am 29.05.2015 bei Huber in Innsbruck ab und brachte sie direkt zur Baustelle nach München in die Maximilianstraße 70.
Die Rechnung des Klammer vom 01.06.2015 über 500 € beglich Gründlich eine Woche später.
Die Rechnung von Huber über 80.000 € ging am 08.06.2015 bei Gründlich ein. Die Bezahlung erfolgte am 01.07.2015.

1.5 Mit der Montage der Fenster hatte Gründlich die Firma Pawlicek aus Pilsen (Tschechien) beauftragt.
Der Einbau ging im Juli 2015 vonstatten. Nach Fertigstellung und Abnahme am 26.07.2015 erteilte Pawlicek noch am selben Tag seine Rechnung in Höhe von 20.000 €, die Gründlich am 04.08.2015 beglich.

1.6 Am 11.08.2015 erteilte Gründlich eine weitere Abschlagsrechnung in Höhe von 500.000 € zuzüglich 95.000 € USt. Die Zahlung der Stadtsparkasse war vereinbarungsgemäß am 25.08.2015 fällig, erfolgte aber erst zum 02.09.2015.

1.7 Aufgrund unvorhersehbarer Personalengpässe bei Gründlich verzögerte sich die Fertigstellung des Gebäudes, sodass die mit der Endreinigung beauftragte Firma Wichtel & Glanz erst Anfang Dezember die Reinigungsarbeiten vornehmen konnte. Nach Abschluss ihrer Arbeiten am 11.12.2015 stellte die Reinigungsfirma noch am selben Tag 1.000 € zuzüglich 190 € USt in Rechnung, die Gründlich umgehend beglich.

1.8 Die Abnahme des fertigen Gebäudes durch die Stadtsparkasse erfolgte am 14.12.2015. In seiner ordnungsgemäßen Endrechnung vom 18.12.2015 berücksichtigte Gründlich bereits die wegen des Verzugs fällige Konventionalstrafe in Höhe von 25.000 €. Die Stadtsparkasse beglich den Rechnungsbetrag am 22.12.2015.

Lösung zur Textziffer 1 aus dem Steuerberaterexamen 2015/2016:
Tz. 1 Verwaltungsgebäude mit der Sparkasse München
Tz. 1.1/1.3/1.6 und 1.8 (Werkvertrag mit Sparkasse München)

Mit der Errichtung des Verwaltungsgebäudes für die Sparkasse München führt Georg Gründlich eine **Werklieferung i.S.d. § 3 Abs. 1 und 4 UStG** aus, da er als Bauunternehmer sich verpflichtet hat auch die Hauptstoffe zu besorgen.

Diese Lieferung ist auch im Inland i.S.d. **§ 1 Abs. 2 Satz 1 UStG** ausgeführt, da sich der Ort der Lieferung gem. **§ 3 Abs. 5a und Abs. 7 Satz 1 UStG** danach richtet, wo die Verfügungsmacht an dem Gegenstand verschafft wird (München). Die Verschaffung der Verfügungsmacht beinhaltet gem. Abschn. 3.1 Abs. 2 UStAE den endgültigen Übergang von wirtschaftlicher Substanz, Wert und Ertrag seitens des leistenden Unternehmers auf den Leistungsempfänger. Die Werklieferung gilt mit Vollendung (Übergabe und Abnahme des fertigen Werkes) als ausgeführt (Dezember 2015).

Die **Werklieferung ist daher gem. § 1 Abs. 1 Nr. 1 Satz 1 UStG** steuerbar und mangels Steuerbefreiung (§ 4 UStG) zum Regelsteuersatz des § 12 Abs. 1 UStG mit 19 % steuerpflichtig.

Die **Bemessungsgrundlage ist gem. § 10 Abs. 1 Satz 1 UStG** das Entgelt.
Dieses bestimmt sich danach, was der Leistungsempfänger aufwendet, um die Leistung zu erhalten, jedoch ohne der gesetzlich geschuldeten Umsatzsteuer.

> **Beachte!** Die vereinbarte **Konventionalstrafe hat Schadensersatzcharakter**, da sie aufgrund der nicht gehörigen Erfüllung des Werkvertrages (**§ 341 Abs. 1 BGB**) beruht.
> Die Vertragsstrafe stellt echten **nicht steuerbaren Schadensersatz** dar (Abschn. 1.3 Abs. 3 UStAE) und mindert daher das Entgelt für die Werklieferung nicht (vgl. auch Abschn. 10.1 Abs. 3 Satz 8 UStAE).

Die Bemessungsgrundlage ermittelt sich wie folgt:

Vereinbart netto	2.000.000 €
Umsatzsteuer 19 % (§ 12 Abs. 1 UStG)	380.000 €
Brutto	2.380.000 €
abzgl. 19/119 USt	./. 380.000 €
Entgelt	**2.000.000 €**

Georg Gründlich erbringt mit der Errichtung des Gebäudes gegenüber der Sparkasse eine **Bauleistung i.S.d. § 13b Abs. 2 Nr. 4 Satz 1 UStG**.
Da aber die Sparkasse als Leistungsempfänger ihrerseits keine Bauleistungen im Sinne des § 13b Abs. 1 Nr. 4 UStG erbringt, kommt es **nicht** zu einer Verlagerung der Steuerschuld gem. **§ 13b Abs. 5 Satz 2 UStG**.
Die Steuerentstehung richtet sich somit nach § 13 Abs. 1 Nr. 1 Buchst. a) UStG, wie folgt:

			Umsatzsteuer	§ 13 Abs. 1 ...
Abschlusszahlung	1.400.000 €	x 19 % USt	266.000 €	Nr. 1a S. 1 UStG
				VAZ 12/2015

Bezüglich der beiden Anzahlungen entsteht die Steuer gem. **§ 13 Abs. 1 Nr. 1 Buchst. a) Satz 4 UStG mit Erhalt der Gegenleistung**.

				Umsatzsteuer	§ 13 Abs. 1 ...
Anzahlung 1	100.000 €		x 19 % USt	19.000 €	Nr. 1a S. 4 UStG
					VAZ 01/2015
Anzahlung 2	500.000 €		x 19 % USt	95.000 €	Nr. 1a S. 4 UStG
					VAZ 09/2015

Vgl. hierzu auch Abschn. 13.5 Abs. 1 UStAE.

Tz. 1.1 Leistungen des Architekten aus Österreich (ausländischer Unternehmer, § 13b Abs. 2 Nr. 1 UStG)

Mit der Anfertigung des Bauplanes erbringt der der Architekt Josef Jung aus Österreich eine sonstige Leistung gemäß § 3 Abs. 9 UStG im Zusammenhang mit einem Grundstück gemäß **§ 13b Abs. 2 Nr. 1 i.V.m. Abs. 7 Satz 1 und Abs. 5 Satz 1 UStG** für die Georg Gründlich als Leistungsempfänger Steuerschuldner wurde.

Die entgeltliche sonstige Leistung wurde gem. § 1 Abs. 2 Satz 1 UStG i.V.m. **§ 3a Abs. 3 Nr. 1 Satz 1 und Satz 2 Buchst. c) UStG** (vgl. hierzu auch Abschn. 3a.3 Abs. 8 Satz 1 UStAE) im Inland (Belegenheit des Grundstücks in München) ausgeführt und ist daher gem. § 1 Abs. 1 Nr. 1 Satz 1 UStG steuerbar und mangels Steuerbefreiung (§ 4 UStG) zum Regelsteuersatz des § 12 Abs. 1 UStG mit 19 % steuerpflichtig.

Die Bemessungsgrundlage beläuft sich gem. § 10 Abs. 1 Satz 1 UStG auf gesamt 15.000 €, da es gem. **§ 13b Abs. 2 Nr. 1, Abs. 5 Satz 1 und Abs. 7 Satz 1 UStG** zu einer Verlagerung der Steuerschuld von dem im Ausland ansässigen Unternehmer (vgl. § 13b Abs. 7 UStG, Österreich) Josef Jung auf Georg Gründlich kommt.

> **Beachte!** Zutreffende Rechnungsstellung ohne Umsatzsteuer gemäß § 14a Abs. 5 Satz 2 UStG (alternativ: § 14 Abs. 7 UStG).

Die Umsatzsteuer beträgt somit auf 2.850 € (= 15.000 € × 19 %) und entsteht mit Ausstellung der Rechnung am 25.09.2015 und wird von Georg Gründlich gem. § 13b Abs. 5 Satz 1 UStG geschuldet. Die von Gründlich geschuldete Umsatzsteuer kann gem. **§ 15 Abs. 1 Satz 1 Nr. 4 UStG** als Vorsteuer abgezogen werden, da er mit der Errichtung dieses Gebäudes keinen Ausschlussumsatz gem. § 15 Abs. 2 und 3 UStG tätigt (vgl. hierzu auch Abschn. 15.10 Abs. 2 UStAE).

> **Beachte!** Die Regelung des § 13b Abs. 2 Nr. 4 UStG ist vorliegend nicht anwendbar, da § 13b Abs. 2 Nr. 4 Satz 2 UStG Planungsarbeiten ausdrücklich ausschließt.

Tz. 1.2 Ausschachtungsarbeiten (Bauleistung, § 13b Abs. 2 Nr. 4 UStG)

Mit den Ausschachtungsarbeiten führt die Erdbau GmbH eine entgeltliche sonstige Leistung gem. **§ 3 Abs. 9 Satz 1 UStG** aus. Die sonstige Leistung wurde auch gem. § 1 Abs. 2 Satz 1 UStG i.V.m. **§ 3a Abs. 3 Nr. 1 Satz 1 und Satz 2 Buchst. c) UStG** (vgl. hierzu auch Abschn. 3a.3 Abs. 8 Satz 1 UStAE) im Inland (Belegenheit des Grundstücks in München) ausgeführt und ist daher gem. § 1 Abs. 1 Nr. 1 Satz 1 UStG steuerbar und mangels Steuerbefreiung (§ 4 UStG) zum Regelsteuersatz des § 12 Abs. 1 UStG mit 19 % steuerpflichtig.

Mit den Ausschachtungsarbeiten führt die Erdbau GmbH an Georg Gründlich eine Bauleistung aus, für die Georg Gründlich gem. **§ 13b Abs. 2 Nr. 4 Satz 1 i.V.m. Abs. 5 Satz 2 UStG** Steuerschuldner wird.

Die Bemessungsgrundlage beläuft sich gem. § 10 Abs. 1 Satz 1 UStG auf insgesamt 20.000 €, da es gem. **§ 13b Abs. 2 Nr. 4 Satz 1 und Abs. 5 Satz 2 UStG** zu einer Verlagerung der Steuerschuld von der Erdbau GmbH auf Georg Gründlich gekommen ist und diese zutreffend gemäß **§ 14a Abs. 5 Satz 2 UStG eine Nettorechnung** ausgestellt hat.

Die Umsatzsteuer für Georg Gründlich beläuft sich auf gesamt 3.800 € und entsteht mit Ausstellung der Rechnung am 03.11.2014.

Im selben Voranmeldungszeitraum kann Georg Gründlich gem. **§ 15 Abs. 1 Satz 1 Nr. 4 UStG** die von ihm geschuldete Umsatzsteuer als Vorsteuer abziehen, da er mit der Gebäudeerrichtung keinen Ausschlussumsatz gem. § 15 Abs. 2 und 3 UStG tätigt (vgl. hierzu auch Abschn. 15.10 Abs. 2 UStAE).

Tz. 1.4 Erwerb der Fenster von Huber (innergemeinschaftlicher Erwerb, § 1 Abs. 1 Nr. 5 UStG)

Mit dem Erwerb der Fenster tätigt Georg Gründlich einen innergemeinschaftlichen Erwerb gem. § 1a UStG.

> **Beachte!** Der Erwerb der Fenster durch Gründlich erfolgte nicht im Rahmen eines Reihengeschäftes gemäß § 3 Abs. 5 Satz 6 UStG, da die vorliegenden Umsatzgeschäfte nicht (wie von § 3 Abs. 6 Satz 5 UStG gefordert) über ein und denselben Gegenstand abgeschlossen wurden.
>
> | Huber | ⟶ | Gründlich | ⟶ | Sparkasse |
> |---|---|---|---|---|
> | | Lieferung Fenster | | Lieferung + Einbau | |
>
> Der Fensterbauer Huber aus Österreich schuldete lediglich die Fenster, wobei Georg Gründlich die Fester im Rahmen einer Werklieferung verbauen lässt.

Die Voraussetzungen für den innergemeinschaftlichen Erwerb gemäß § 1a Abs. 1 Nr. 1 bis 3 UStG sind vorliegend sämtlich erfüllt.

Warenbewegung	§ 1a Abs. 1 Nr. 1 UStG	Ein Gegenstand (Fenster) bei einer Lieferung (§ 3 Abs. 1 UStG) an den Abnehmer (Georg Gründlich) aus dem Gebiet eines Mitgliedstaates (Österreich, vgl. § 1 Abs. 2a Satz 1 UStG, Abschn. 1.10 Abs. 1 UStAE) in das Gebiet eines anderen Mitgliedstaates (Deutschland) gelangt.
Person des Erwerbers	§ 1a Abs. 1 Nr. 2a UStG	Georg Gründlich ist als Erwerber Unternehmer i.S.d. § 2 Abs. 1 und Abs. 2 UStG ist, der den Gegenstand (die Fenster) für sein Unternehmen erwirbt.
Person des Lieferers	§ 1a Abs. 1 Nr. 3a UStG	Die Lieferung an den Erwerber (Georg Gründlich) wurde durch einen anderen Unternehmer (Huber) gegen Entgelt im Rahmen seines Unternehmens ausgeführt.
	§ 1a Abs. 1 Nr. 3b UStG	Der Lieferer Huber ist in Österreich kein Kleinunternehmer (Verwendung der USt-IDNr.).

Da somit sämtliche Voraussetzungen des § 1a Abs. 1 UStG erfüllt sind und Georg Gründlich nicht zu dem in § 1a Abs. 3 UStG genannten Personenkreis (Schwellenunternehmer) gehört, liegt ein innergemeinschaftlicher Erwerb gegen Entgelt vor.

Dieser innergemeinschaftliche Erwerb ist im Inland (§ 1 Abs. 2 Satz 1 UStG) steuerbar, da der **Ort des i.g.E.** gem. **§ 3d Satz 1 UStG** in dem Mitgliedstaat bewirkt wird, in dem sich der Gegenstand am Ende der Beförderung befindet, hier also in München (Deutschland).

> **Beachte!** Eine Ortsverlagerung nach § 3d Satz 2 UStG kommt nicht in Betracht, da der Erwerber Georg Gründlich mit keiner (vom Ort des Endes der Beförderung/Versendung = Deutschland) abweichenden USt-IDNr. auftritt.

Der innergemeinschaftliche Erwerb ist somit gemäß § 1 Abs. 1 Nr. 5 UStG steuerbar und mangels Steuerbefreiungsvorschrift (§ 4b UStG) zum Regelsteuersatz des § 12 Abs. 1 UStG mit 19 % auch steuerpflichtig.

Die Bemessungsgrundlage ist gem. § 10 Abs. 1 Satz 1 UStG beim innergemeinschaftlichen Erwerb ebenfalls das Entgelt. Da die Lieferung von Huber an Georg Gründlich eine steuerfreie innergemeinschaftliche Lieferung gem. § 4 Nr. 1 Buchstabe b und § 6a UStG darstellt, ist alles, was der Leistungsempfänger aufwendet, um die Leistung zu erhalten, das Entgelt (§ 10 Abs. 1 Satz 2 UStG).

Die Bemessungsgrundlage beträgt daher 80.000 €.

Die Umsatzsteuer beläuft sich demnach auf 15.200 € (= 80.000 € × 19 %).

Die Steuer entsteht für den innergemeinschaftlichen Erwerb gem. **§ 13 Abs. 1 Nr. 6 UStG** mit Ausstellung der Rechnung, also 08.06.2015 und wird gem. **§ 13a Abs. 1 Nr. 2 UStG** von der Georg Gründlich als Erwerber geschuldet.

Im selben Voranmeldungszeitraum kann Georg Gründlich gem. **§ 15 Abs. 1 Satz 1 Nr. 3 UStG**, die von ihm geschuldete Umsatzsteuer als Vorsteuer abziehen, da er mit der Gebäudeerrichtung keinen Ausschlussumsatz gem. § 15 Abs. 2 und 3 UStG tätigt (vgl. hierzu auch Abschn. 15.2 Abs. 10 UStAE).

Mit der **Transportleistung führt die Spedition Klammer** eine sonstige Leistung (**§ 3 Abs. 9 Satz 1 UStG, Beförderungsleistung**) gegen Entgelt aus.

Bei der sonstigen Leistung handelt es sich gem. § 3a Abs. 2 UStG um einen B2B-Umsatz, sodass die Regelung des § 3b Abs. 3 UStG, die nur im B2C-Bereich Anwendung findet, nicht einschlägig ist.

Der Leistungsort liegt demnach dort, wo Georg Gründlich sein Unternehmen betreibt (München, Inland i.S.d. § 1 Abs. 2 Satz 1 UStG). Somit ist die Beförderungsleistung gem. § 1 Abs. 1 Nr. 1 Satz 1 UStG im Inland steuerbar und mangels Steuerbefreiung (§ 4 UStG) zum Regelsteuersatz des § 12 Abs. 1 mit 19 % steuerpflichtig.

Da die Spedition Klammer **ein im übrigen Gemeinschaftsgebiet ansässiger Unternehmer i.S.d. § 13b Abs. 7 Satz 2 UStG** ist und eine im Inland steuerpflichtige sonstige Leistung, deren Leistungsort sich nach § 3a Abs. 2 UStG richtet, erbringt, sind die Voraussetzungen des **§ 13b Abs. 1 UStG** erfüllt. Aus diesem Grund ist gem. § 13b Abs. 5 Satz 1 UStG Georg Gründlich als Leistungsempfänger Steuerschuldner.

Darüber hinaus wurde gem. § 14 Abs. 7 UStG eine **Nettorechnung** über 500 € ausgestellt.

Die **Bemessungsgrundlage** beläuft sich demnach gem. **§ 10 Abs. 1 Satz 1 und 2 UStG auf 500 €** und die Umsatzsteuer beträgt gem. § 12 Abs. 1 UStG 95 € (= 19 % × 500 €). Die Steuer entsteht gem. § 13b Abs. 1 UStG mit Ablauf des VAZ Mai 2015.

Im selben Voranmeldungszeitraum kann Georg Gründlich gem. **§ 15 Abs. 1 Satz 1 Nr. 4 UStG** die von ihm geschuldete Umsatzsteuer als Vorsteuer abziehen, da er mit der Gebäudeerrichtung keinen Ausschlussumsatz gem. § 15 Abs. 2 und 3 UStG tätigt (vgl. hierzu auch Abschn. 15.10 Abs. 2 UStAE).

Tz. 1.5 Montagearbeiten (§ 13b Abs. 2 Nr. 1 UStG)

Mit dem bloßen Einbau der Fenster durch Pawlicek erbringt dieser gegenüber eine **Werkleistung gemäß § 3 Abs. 4 und Abs. 9 Satz 1 UStG**, da er die Fenster als Hauptstoff nicht selbst beschafft hat. Die Zurverfügungstellung der Fenster durch Georg Gründlich ist lediglich eine nicht steuerbare Materialgestellung i.S.d. Abschn. 3.8 Abs. 2 Satz 4 UStAE und nimmt daher nicht am Leistungsaustausch teil.

Da es sich bei der Montage der Fenster um Arbeiten im Zusammenhang mit einem Grundstück handelt, werden die Arbeiten gem. **§ 3a Abs. 3 Nr. 1 Satz 1 und 2 Buchst. c) UStG** dort erbracht, wo das jeweilige Grundstück liegt (vgl. hierzu auch Abschn. 3a.3 Abs. 8 Satz 1 UStAE).

Die Tätigkeit des Pawlicek ist daher gem. § 1 Abs. 1 Nr. 1 Satz 1, § 3 Abs. 4 und 9 Satz 1 UStG, § 3a Abs. 3 Nr. 1 Satz 1 und 2 Buchst. c) UStG steuerbar und mangels Steuerbefreiung (§ 4 UStG) zum Regelsteuersatz des § 12 Abs. 1 UStG mit 19 % auch steuerpflichtig.

Da Pawlicek **ein im Ausland ansässiger Unternehmer i.S.d. § 13b Abs. 7 Satz 1 UStG** ist und eine steuerpflichtige sonstige Leistung, deren Leistungsort sich nicht nach § 3a Abs. 2 UStG, sondern vorliegend nach § 3a Abs. 3 Nr. 1 UStG richtet im Inland erbringt, sind die Voraussetzungen des **§ 13b Abs. 2 Nr. 1 UStG** und nicht die des § 13b Abs. 1 UStG erfüllt.

Aus diesem Grund ist gem. § 13b Abs. 5 Satz 1 UStG Georg Gründlich als Leistungsempfänger Steuerschuldner. Darüber hinaus wurde gem. **§ 14a Abs. 5 UStG** eine Nettorechnung über 20.000 € ausgestellt.

Die **Bemessungsgrundlage** für den in Deutschland steuerbaren Umsatz beläuft sich demnach gem. **§ 10 Abs. 1 Sätze 1 und 2 UStG** auf 20.000 € und die Umsatzsteuer beträgt gem. § 12 Abs. 1 UStG 3.800 € (20.000 € × 19 %). Die **Steuer entsteht** gem. **§ 13b Abs. 2 UStG** mit Ausstellung der Rechnung am 04.08.2015 und wird wie ausgeführt gem. § 13b Abs. 5 Satz 1 UStG von Georg Gründlich geschuldet.

Im selben Voranmeldungszeitraum kann Georg Gründlich gem. **§ 15 Abs. 1 Satz 1 Nr. 4 UStG**, die von ihm geschuldete Umsatzsteuer als Vorsteuer abziehen, da er mit der Gebäudeerrichtung **keinen Ausschlussumsatz** gem. **§ 15 Abs. 2 und 3 UStG** tätigt (vgl. hierzu auch Abschn. 15.10 Abs. 2 UStAE).

Tz. 1.7 (Reinigungsfirma, kein Fall von § 13b Abs. 2 Nr. 8 UStG, nur Vorsteuer)

Mit der **Endreinigung** des Gebäudes erbringt die Reinigungsfirma Wichtel & Glanz eine sonstige Leistung i.S.d. § 3 Abs. 9 Satz 1 UStG im Zusammenhang mit einem Grundstück.

Die **sonstige** Leistung wurde auch gem. § 1 Abs. 2 Satz 1 UStG i.V.m. § 3a Abs. 3 Nr. 1 Satz 1 und Satz 2 Buchst. c) UStG (vgl. hierzu auch Abschn. 3a.3 Abs. 8 Satz 1 UStAE) im Inland (Belegenheit des Grundstücks in München) ausgeführt und ist daher gem. § 1 Abs. 1 Nr. 1 Satz 1 UStG steuerbar und mangels Steuerbefreiung (§ 4 UStG) zum Regelsteuersatz des § 12 Abs. 1 UStG mit 19 % steuerpflichtig.

> **Beachte!** Die Reinigungsfirma Wichtel und Glanz erbringt mit der Gebäudereinigung ihrerseits eins sonstige Leistung i.S.d. § 13b Abs. 2 Nr. 8 UStG. Da aber Georg Gründlich seinerseits keine Gebäudereinigungen ausführt, kommt es im Hinblick auf § 13b Abs. 5 Satz 3 UStG nicht zu einer Verlagerung der Steuerschuld.

Die Bemessungsgrundlage beläuft sich somit gem. § 10 Abs. 1 Satz 1 und 2 UStG auf 1.000 € (= 1.190 €/1,19) welche gem. **§ 15 Abs. 1 Satz 1 Nr. 1 UStG** bei Georg Gründlich eine abziehbare Vorsteuer in Höhe von auf 190 € darstellt. Die Vorsteuer ist im VAZ Dezember 2015 abzugsfähig, da kein Ausschlussumsatz i.S.d. § 15 Abs. 2 und 3 UStG vorliegt.

Textziffer 2: Erwerb und Nutzung Pkw/Schenkung/Änderung der Verhältnisse

Am 10.01.2014 schloss Gründlich mit dem BMW-Autohaus München einen Kaufvertrag über einen neuen BMW X 5 ab.

Gründlich gelang es dabei einen 10 %-igen Rabatt auf den Listenpreis von 60.000 € zuzüglich 11.400 € USt auszuhandeln.

Am 18.03.2014 erhielt Gründlich die Nachricht, dass sein neues Fahrzeug nunmehr zur Abholung bereit stünde. Gründlich holte das Fahrzeug am 01.04.2014 beim Autohaus ab und beglich den zutreffend in Rechnung gestellten, vereinbarten Kaufpreis.

Wie von Anfang an beabsichtigt, setzte Gründlich das Fahrzeug, laut ordnungsgemäß geführtem Fahrtenbuch, ab dem 01.04.2014 zu 70 % für Fahrten im Zusammenhang mit seinem Bauunternehmen und zu 30 % in Zusammenhang mit seinem Bauträgerumsätzen ein.

Ab 01.01.2015 gingen seine Bauträgerumsätze zurück, sodass er ab diesem Zeitpunkt das Fahrzeug nur noch zu 10 % für seine Bauträgerumsätze nutzte.

Im Übrigen verwendete er ab 01.01.2015 das Fahrzeug zu 70 % im Zusammenhang mit seinem Bauunternehmen und zu 20 % für Privatfahrten im In- und Ausland.

Gründlich ging von einer betriebsgewöhnlichen Nutzungsdauer von 6 Jahren aus.

An laufenden Kosten fielen für die Pkw-Nutzung im Jahr 2015 folgende Beträge an:

Kfz-Versicherung und -Steuer	2.200 €
Benzin	4.000 € zuzüglich 760 € USt
Wartung und Pflege	2.500 € zuzüglich 475 € USt

Darüber hinaus wurde in der Nacht zum 01.05.2015 das vor dem Wohnhaus des Gründlich geparkten Fahrzeugs durch Rowdies so zerkratzt, dass eine Neulackierung erforderlich war. Die Firma Lack GmbH stellte Gründlich für die am 05.05.2015 vorgenommenen Lackierungsarbeiten am 06.05.2015 6.000 € zuzüglich 1.140 € USt in Rechnung, die Gründlich auch umgehend beglich.

Im September 2015 entschloss sich Gründlich spontan, einen neuen Pkw zu erwerben.

Da er die Abwechslung liebt, bestellte er beim Mercedes-Vertragshändler in München am 05.10.2015 einen neuen Pkw.

Die Auslieferung wurde ihm für Anfang 2016 in Aussicht gestellt. Ende Dezember 2015 erhielt er die Mitteilung, dass sein neuer Mercedes am 02.01.2016 zur Abholung bereit stünde.

Gründlich schenkte den BMW daraufhin am 31.12.2015 seiner Ehefrau. Der Mercedes-Händler hätte Gründlich für den BMW 30.000 € zuzüglich 5.700 € USt bezahlt.

Lösung Tz. 2 aus dem Steuerberaterexamen 2015:
Tz. 2 Autokäufe, Pkw-Nutzung, Schenkung, Änderung der Nutzungsverhältnisse
Tz. 2 Erwerb BMW, Vorsteuerabzug
Erwerb des Fahrzeuges durch Georg Gründlich

Gründlich hat, da er das Fahrzeug (laut Sachverhalt „zunächst") ausschließlich für unternehmerische Zwecke nutzen möchte, dieses dem Unternehmen zu 100 % zuzuordnen (Abschn. 15.2c Abs. 2 Abs. 1 Satz 1 UStAE, **Zuordnungsgebot**).

Aus der (steuerbaren und steuerpflichtigen Lieferung des Autohauses) hat er aus diesem Grund gem. § 15 Abs. 1 Satz 1 Nr. 1 UStG dem Grunde nach einen Vorsteuerabzug von 100 % (**abziehbare Vorsteuer**).

BMG 60.000 € × 19 %	11.400 €
× 90 % (da Preisnachlass von 10 %) **= abziehbare Vorsteuer**	10.260 €

Durch seine Tätigkeit als Bauträger erbringt Georg Gründlich durch den Verkauf der Einfamilienhäuser samt dazugehörendem an die jeweiligen Käufer steuerbare, aber gem. § 4 Nr. 9a UStG steuerfreie Grundstückslieferungen.

Dabei handelt es sich gemäß § 15 Abs. 2 Nr. 1 UStG um Ausschlussumsätze, ohne dass Georg Gründlich gemäß § 9 Abs. 1 UStG auf die Steuerbefreiung verzichten könnte.

Eine Option scheitert, mangels Unternehmereigenschaft der Erwerber bzw. mangelnder Zuordnungsmöglichkeit zum Unternehmen.

Vor dem Hintergrund des § 15 Abs. 4 UStG ist die in Rechnung gestellte Umsatzsteuer daher aufzuteilen.

Abziehbare Vorsteuer	11.400 €
× 90 % (da Preisnachlass von 10 %) **= abziehbare Vorsteuer**	10.260 €
× 70 % steuerpflichtiger Anteil der Umsätze **= abzugsfähige Vorsteuer**	7.182 €

Der Vorsteuerabzug ist im Voranmeldungszeitraum April 2014 gem. § 15 Abs. 1 Nr. 1, Abs. 2 Nr. 1, Abs. 3 und 4 UStG i.V.m. § 16 Abs. 2 UStG vorzunehmen.

Tz. 2 Nutzung des Fahrzeuges durch Georg Gründlich im Jahr 2015

a) Vorsteuerabzug laufende Kosten und Lackierarbeiten (§ 15 Abs. 1 bis 4 UStG)

Georg Gründlich hat gemäß **§ 15 Abs. 1 Satz 1 Nr. 1 UStG** aus den vorsteuerbelasteten Kosten für das Fahrzeug eine abziehbare Vorsteuer.

Abziehbare Vorsteuer aus laufenden Kosten	
(ordnungsgemäße Rechnungen liegen laut Aufgabenstellung vor)	
Benzin	760 €
Wartung und Pflege	475 €
Lackierarbeiten	1.140 €
Abziehbare Vorsteuer gesamt:	2.375 €

⬇

Beachte! Zwar besteht hier gem. Abschn. 15.2c Abs. 2 Satz 2 UStAE für die Wartungs-, Pflege- und Benzinkosten ein Aufteilungsgebot, da diese Aufwendungen auch für die private Pkw Nutzung genutzt werden (**vgl. hierzu Abschn. 15.23 Abs. 2 Nr. 1 UStAE**).

⬇

> Aus **Vereinfachungsgründen** kann auch für diese Kosten **der volle Vorsteuerabzug geltend gemacht werden**.
> Dafür sind diese Aufwendungen aber in die Bemessungsgrundlage der nach **§ 3 Abs. 9a Nr. 1 UStG** steuerbaren und steuerpflichtigen unentgeltlichen Wertabgabe einzubeziehen **(vgl. Abschn. 15.2c Abs. 2 Satz 6 UStAE)**.

Die tatsächlich abzugsfähige Vorsteuer ermittelt sich wegen der von Gründlich ausgeführten steuerfreien Ausschlussumsätze (§ 4 Nr. 9a UStG) gemäß § 15 Abs. 2 Nr. 1 UStG i.V.m. § 15 Abs. 4 UStG wie folgt.

Abzugsfähige Vorsteuer aus laufenden Kosten		
Nutzung		Vorsteuer
Bauunternehmen (steuerbar/steuerpflichtig)	70 %	Ja
Bauträger (steuerbar/steuerfrei)	10 %	Nein
Privatnutzung (steuerbar/steuerpflichtig)	20 %	Ja
Abzugsfähige Vorsteuer gesamt:		
90 % × 2.375 €		2.137,50 €

b) Privatnutzung des Fahrzeuges durch Gründlich im Jahr 2015

Die Nutzung des dem Unternehmen zugeordneten Fahrzeuges durch Gründlich für Zwecke die außerhalb des Unternehmens liegen (Privatnutzung) stellt eine **unentgeltliche Wertabgabe i.S.d. § 3 Abs. 9a Nr. 1 UStG** dar, da der Erwerb zumindest teilweise zum Vorsteuerabzug berechtigt hat.

Der Ort der unentgeltlichen Wertabgabe bestimmt sich nach **§ 3f Satz 1 UStG**, danach von wo aus Gründlich sein Unternehmen betreibt (München, Inland, **§ 1 Abs. 2 Satz 1 UStG**).

Die unentgeltliche Wertabgabe ist somit gem. **§ 1 Abs. 1 Nr. 1 Satz 1 UStG steuerbar** und mangels **Steuerbefreiung (§ 4 UStG)** auch **steuerpflichtig**.

Der Umsatz bemisst sich gem. **§ 10 Abs. 4 Satz 1 Nr. 2 UStG** nach den bei der Ausführung dieser Umsätze entstandenen Ausgaben, soweit diese zum vollen oder teilweisen Vorsteuerabzug berechtigt haben.

Somit gehören die Kfz-Steuer und die Kfz-Versicherung nicht zur Bemessungsgrundlage nach § 10 Abs. 4 Nr. 2 UStG.

> **Beachte!** Gemäß § 10 Abs. 4 Nr. 2 Satz 3 UStG zählen auch die Anschaffungs- oder Herstellungskosten mit zur Bemessungsgrundlage, wenn diese zum vollen oder teilweisen Vorsteuerabzug berechtigt haben.
> Im Falle das die Anschaffungs-/Herstellungskosten (wie hier vorliegend) mehr als **500 €** betragen, sind sie nicht einmalig in die Bemessungsgrundlage sondern verteilt auf den nach § 15a UStG maßgebenden Berichtigungszeitraum (grundsätzlich 5 Jahre bei beweglichen Wirtschaftsgütern) einzubeziehen.

Wichtig! Für die Praxis bedeutet diese Regelung, dass unabhängig von einer für die Ertragsteuer maßgebenden betriebsgewöhnlichen Nutzungsdauer **(laut Sachverhalt hier 6 Jahre)** für Zwecke der Ermittlung der umsatzsteuerlichen Bemessungsgrundlage für die unentgeltliche Wertabgabe gemäß § 3 Abs. 9a Nr. 1 UStG eine separate Berechnung der „Abschreibung" vorgenommen werden muss.

⬇

Im Rahmen von steuerlichen Außenprüfungen führt die Anwendung dieser Vorschrift regelmäßig zu (vermeidbaren) Mehrergebnissen.

Ermittlung der Bemessungsgrundlage	
Anschaffungskosten 60.000 € × 90 % × $\frac{1}{5}$	10.800,00 €
Benzin	4.000,00 €
Wartung und Pflege	2.500,00 €
Lackierarbeiten	6.000,00 €
Gesamt	**23.300,00 €**
Anteil Privatnutzung **20 %** (lt. Fahrtenbuch)	
Bemessungsgrundlage p.a.	**4.660,00 €**
Umsatzsteuer 19 % p.a.; § 12 Abs. 1 UStG	885,40 €
Bemessungsgrundlage monatlich	
4.660 € × $\frac{1}{12}$	338,33 €
Umsatzsteuer 19 %; § 12 Abs. 1 UStG	73,78 €

Die Umsatzsteuer entsteht gemäß § 13 Abs. 1 Nr. 2 UStG jeweils in Höhe von 73,78 € mit Ablauf der Voranmeldungszeiträume 01-12/2015.
Steuerschuldner ist gemäß § 13a Abs. 1 Nr. 1 UStG Georg Gründlich.

c) Schenkung des Fahrzeuges an die Ehefrau/unentgeltliche Wertabgabe
Mit der Schenkung des Fahrzeuges an die Ehefrau tätigt Gründlich eine unentgeltliche Wertabgabe gem. § 3 Abs. 1b Satz 1 Nr. 1 UStG aus; da die Schenkung eine Entnahme aus unternehmensfremden Zwecken darstellt.
Die Entnahme ist dem Grunde nach steuerbar, da aus der Anschaffung des Fahrzeuges ein Vorsteuerabzug möglich war; § 3 Abs. 1b Satz 2 UStG.
Die unentgeltliche Wertabgabe ist gemäß § 3f UStG am Unternehmenssitz des Gründlich in München und somit im Inland gemäß § 1 Abs. 2 Satz 1 UStG ausgeführt.
Die unentgeltliche Wertabgabe ist daher gem. § 1 Abs. 1 Nr. 1 Satz 1 UStG steuerbar und mangels Steuerbefreiung (**§ 4 UStG**) steuerpflichtig.

⬇

> **Beachte!** Auch die sogenannte Steuerbefreiung für Hilfsgeschäfte gemäß **§ 4 Nr. 28 UStG** kommt vorliegend nicht zur Anwendung, da der entnommene Gegenstand im Unternehmen nicht ausschließlich für steuerfreie Ausschlussumsätze im Sinne des **§ 15 Abs. 2 Nr. 1 UStG** (hier: steuerfreie Bauträgertätigkeit gemäß § 4 Nr. 9a UStG) verwendet wurde.

Die Bemessungsgrundlage bestimmt sich gemäß. § 10 Abs. 4 Satz 1 Nr. 1 UStG nach dem Wiederbeschaffungspreis im Zeitpunkt des Umsatzes.

Das Angebot des Autohauses zum Ankauf des Fahrzeuges stellt mangels anderer Angaben im Sachverhalt einen nachvollziehbaren Wiederbeschaffungspreis dar.

Bemessungsgrundlage/Umsatzsteuer
30.000 € (netto) × 19 % (§ 12 Abs. 1 UStG) = **5.700 €**

Die Umsatzsteuer entsteht gemäß § 13 Abs. 1 Nr. 2 UStG mit Ablauf des Voranmeldungszeitraumes Dezember 2015 und wird gem. § 13a Abs. 1 Nr. 1 UStG von Georg Gründlich geschuldet.

d) **Berichtigung des Vorsteuerabzuges gemäß § 15a UStG/Änderung der Verhältnisse die für den ursprünglichen Vorsteuerabzug maßgebend waren**

Da das Fahrzeug (BMW) nicht nur einmalig zur Ausführung von Umsätzen verwendet wurde, liegt im Jahr 2015 aufgrund der Änderung der Nutzung gegenüber 2014 eine Änderung der Verhältnisse gem. § 15a Abs. 1 Satz 1, Abs. 5 UStG vor.

Somit ist bereits für die Nutzung im Jahr 2015 gem. **§ 15a Abs. 1 Satz 1 UStG** eine Berichtigung des Abzugs der auf die Anschaffungskosten entfallenden Vorsteuerbeträge vorzunehmen.

Nutzung des BMW für Umsätze die zum Vorsteuerabzug berechtigen	
2014	70 %
2015	90 %
Änderung der Verhältnisse	20 %

Somit ergibt sich für eine Berichtigung nach § 15a Abs. 1 UStG Folgendes:

Beginn des Berichtigungszeitraumes (erstmalige Verwendung; § 15a Abs. 1 UStG)	01.04.2014
Dauer (§ 15a Abs. 1 Satz 1; Abs. 5 S. 2 UStG)	5 Jahre
Ende (§ 45 UStDV analog)	31.03.2019

> **Beachte!** Durch die Schenkung des Fahrzeuges an die Ehefrau (**unentgeltliche Wertabgabe nach § 3 Abs. 1b UStG**) verkürzt sich der maßgebliche Berichtigungszeitraum nach § 15a Abs. 1 UStG (5 Jahre) nicht, da das noch verwendungsfähige Wirtschaftsgut aus dem Unternehmensvermögen entnommen wird (**vgl. § 15a Abs. 8 und 9 UStG und Abschn. 15a.3 Abs. 8 UStAE**).

Berechnung der Änderung nach § 15a UStG	
Nutzung des BMW für Umsätze die zum Vorsteuerabzug berechtigen	
2014	70 %
2015	90 %
Änderung zugunsten von Gründlich	20 %
Abziehbare Vorsteuer aus Anschaffung (maximales Berichtigungsvolumen)	10.260 €
auf 2015 entfallender Jahresbetrag = $\frac{1}{5}$	2.052 €
Änderung gegenüber 2014	20 %
Änderungsbetrag	410,40 €

Eine weitere Änderung der Verhältnisse liegt gemäß. **§ 15a Abs. 8 Satz 1 UStG** auch darin, weil der Pkw vor Ablauf des maßgeblichen Berichtigungszeitraums nach **§ 3 Abs. 1b Satz 1 Nr. 1 UStG geliefert** wurde und diese zu **100 %** steuerpflichtige unentgeltliche Wertabgabe anders zu beurteilen ist als die für den ursprünglichen Vorsteuerabzug maßgebliche Verwendung **(70 %)**.

Dabei ist gem. **§ 15a Abs. 9 UStG** die Berichtigung aufgrund der unentgeltlichen Wertabgabe so vorzunehmen, als wäre der Pkw in der Zeit der fiktiven Lieferung bis zum Ablauf des maßgeblichen Berichtigungszeitraums unter entsprechend geänderten Verhältnissen weiterhin für das Unternehmen verwendet worden.

Beginn des Berichtigungszeitraumes (erstmalige Verwendung; § 15a Abs. 1 UStG)	01.04.2014
Dauer (§ 15a Abs. 1 Satz 1 UStG)	5 Jahre (60 Monate)
Ende (§ 45 UStDV analog)	31.03.2019

Darstellung der Berichtigung					
ab 01.04.2014	2015	2016	2017	2018	bis 31.03.2019
BRZ	BRZ	BRZ	BRZ	BRZ	BRZ
BRZ 9 Monate	BRZ 12 Monate	BRZ 12 Monate	BRZ 12 Monate	BRZ 12 Monate	BRZ 3 Monate
		Entnahme zum 31.12.2015 BRZ 12 Monate	BRZ 12 Monate	BRZ 12 Monate	BRZ 3 Monate
		Restlicher BRZ nach Entnahme 39 Monate			

> **Beachte!** Unter analoger Anwendung des **§ 45 UStDV** kann der Dezember 2015 bei der Berichtigung nach § 15a UStG unberücksichtigt bleiben.

Die Änderung ab dem **01.01.2016** beläuft sich daher auf **30 %**.

Abziehbare Vorsteuer aus Anschaffung (maximales Berichtigungsvolumen)	10.260,00 €
× 39/60 (BRZ) × 30 % (Änderung)	2.000,70 €

Da sich die gesamte abziehbare Vorsteuer aus der Anschaffung (10.260 €) auf mehr als 1.000 € beläuft und die prozentuale Änderung mehr als 10 % beträgt ist gem. § 44 Abs. 1 und Abs. 2 Satz 1 UStDV eine Änderung des Vorsteuerabzuges vorzunehmen.
Die Änderung ist gemäß § 44 Abs. 3 Satz 2 UStDV in voller Höhe in der Voranmeldung Dezember 2015 vorzunehmen.

Darstellung:	
Vorsteuerkorrektur aus Nutzungsänderung 2014 zu 2015	410,40 €
Vorsteuerkorrektur aus Entnahme 31.12.2015	2.000,70 €
Berichtigung gesamt:	2.411,10 €

e) Am Pkw BMW durchgeführte Lackierarbeiten

Bei den Lackierarbeiten handelt es sich um eine sonstige Leistung an einem Gegenstand, der gem. **§ 15a Abs. 3 Satz 1 UStG** ein eigenständiges Berichtigungsobjekt im Sinne der Vorschrift darstellt. Nach den Grundsätzen des § 15a UStG ergibt sich folgende Darstellung:

Beginn des Berichtigungszeitraumes (erstmalige Verwendung; § 15a Abs. 1 UStG, Abschn. 15a.3 Abs. 1 Satz 6 UStAE)	01.05.2015
Dauer (§ 15a Abs. 1 Satz 1; Abs. 5 S. 2 UStG)	5 Jahre
Ende (§ 45 UStDV analog)	30.04.2020

Nutzung des BMW für Umsätze die zum Vorsteuerabzug berechtigen	
01.01.2015 bis 31.12.2015	90 %
Entnahme zum 31.12.2015	100 %
Änderung zugunsten von Gründlich	10 %

Darstellung der Änderung:	
Berichtigungsbetrag = abziehbare VSt 19 % × 6.000 €	1.140,00 €
restlicher Berichtigungszeitraum 01.01.2016–30.04.2020 = 52 Monate Berechnung: 1.140 € × 52/60 × 10 %	98,80 €

Da sich die gesamte abziehbare Vorsteuer aus den Lackierarbeiten (1.140 €) auf mehr als 1.000 € und die prozentuale Änderung auf exakt 10 % beläuft ist gem. § 44 Abs. 1 und Abs. 2 Satz 1 UStDV eine Änderung des Vorsteuerabzuges vorzunehmen.
Die Änderung ist gemäß § 44 Abs. 3 Satz 2 UStDV in Höhe von 98,80 € in der Voranmeldung Dezember 2015 vorzunehmen.

Textziffer 4: Kundengeschenke
Gründlich hatte es sich zur Gewohnheit gemacht, zwecks Kundenbindung, seinen Geschäftsfreunden zum Jahresende ein Geschenk zukommen zu lassen.
Im Januar 2015 hatte Gründlich 100 Werkzeugkoffer zum Preis von 50 € zuzüglich 9,50 € USt für seinen Baumarkt erworben. Die Werkzeugkoffer bot er in seinem Baumarkt für 80 € zum Verkauf an. Am 16.12.2015 ließ er 20 Geschäftsfreunden jeweils einen Werkzeugkoffer zukommen.
Seinem besten Kunden Ludwig Lugner aus Kitzbühel (Österreich), von dem Gründlich wusste, dass er ein großer Liebhaber bayerischen Bieres ist, ließ Gründlich ein 50-Liter-Fass der Marke Hofbräu Tegernsee zukommen. Gründlich holte das Fass am 16.12.2015 persönlich im Brauhaus Tegernsee ab, bezahlte den Kaufpreis von 200 € zuzüglich 38 € USt und brachte es direkt zu Lugner nach Kitzbühel. Der war hocherfreut über das Präsent und schenkte das Bier anlässlich seiner am 19.12.2015 stattfindenden Geburtstagsfeier an seine Gäste aus.

Lösung Tz. 4: Kundengeschenke (§ 15 Abs. 1a UStG/§ 17 Abs. 2 Nr. 5 UStG)
a) Kauf der Werkzeugkoffer durch Georg Gründlich/Vorsteuerabzug
Da Gründlich die Werkzeugkoffer zum Zwecke des Wiederverkaufs in seinem Baumarkt erworben hatte, konnte er gemäß § 15 Abs. 1 Nr. 1 Satz 1 UStG im VAZ Januar 2015 die im in Rechnung gestellte Umsatzsteuer von jeweils 9,50 € pro Koffer als abziehbare Vorsteuer behandeln.

b) Änderung der Bemessungsgrundlage (§ 17 Abs. 2 Nr. 5 UStG)
Bei den Werkzeugkoffern die Georg Gründlich an seine Geschäftspartner zum Jahresende überreicht handelt es sich um nicht abziehbare Betriebsausgaben i.S.d. § 4 Abs. 5 Satz 1 Nr. 1 EStG, da die **35 €-Grenze** überschritten ist.
Aus diesem Grund hat Georg Gründlich die Vorsteuer bezüglich dieser 20 Werkzeugkoffer in Höhe von 190 € (= 9,50 € × 20 Stück) gemäß § 17 Abs. 2 Nr. 5 UStG i.V.m. § 15 Abs. 1a UStG und § 4 Abs. 5 Satz 1 Nr. 1 EStG im VAZ Dezember 2015 (§ 17 Abs. 1 Satz 2 und 7 UStG) zu berichtigen.

Beachte! Durch die Berichtigung des Vorsteuerabzuges § 17 Abs. 2 Nr. 5 UStG entfällt eine Besteuerung der unentgeltlichen Wertabgabe bereits dem Grunde nach (§ 3 Abs. 1b Satz 2 UStG).

c) Schenkung des Bierfasses 50 Liter Fass Hofbräu Tegernsee
Die Zuwendung des 50-Liter-Bierfasses an seinen Kunden Ludwig Lugner tätigt Gründlich „der Art nach" eine **unentgeltliche Zuwendung nach § 3 Abs. 1b Nr. 3 UStG**, da diese Zuwendung aus unternehmerischen Gründen erfolgt und kein Geschenk von geringem Wert darstellt.
Da die Verwendungsabsicht bereits bei Leistungsbezug bestand, hat Georg Gründlich gemäß **§ 15 Abs. 1 Satz 1 Nr. 1 UStG i.V.m. Abschn. 15.15 Abs. 1 UStAE dem Grunde nach kein Vorsteuerabzug**.
Auch, wenn der Vorsteuerabzug nach § 15 Abs. 1 Satz 1 Nr. 1 UStG dem Grunde nach bejaht werden sollte, scheitert der Vorsteuerabzug dann der Höhe nach an § 15 Abs. 1a UStG. Bei dem Bierfass handelt es sich um ein Geschenkt i.S.d. § 4 Abs. 5 Satz 1 Nr. 1 EStG, da die 35 €-Grenze überschritten ist. Folglich wäre der Vorsteuerabzug zudem wegen § 15 Abs. 1a UStG i.V.m. § 4 Abs. 5 Satz 1 Nr. 1 UStG zu versagen.

2.3.2.2 Weitere Beispiele zu prüfungsrelevanten Sachverhalten
Der innergemeinschaftliche Erwerb
a) Grundsätze des innergemeinschaftlichen Erwerbs (§ 1a UStG)
§ 1a Abs. 1 UStG setzt folgende Tatbestandsmerkmale voraus:
- Lieferung eines Unternehmers im Rahmen des Unternehmens
- von einem Mitgliedstaat in einen anderen Mitgliedstaat oder aus dem übrigen Gemeinschaftsgebiet in ein in § 1 Abs. 3 UStG bezeichnetes Gebiet,
- gegen Entgelt,
- an einen anderen Unternehmer für dessen Unternehmen oder an eine juristische Person, die nicht-unternehmerisch handelt.

Anmerkungen zu den einzelnen Tatbestandsvoraussetzungen:

a)	Anforderungen an die Lieferung	§ 1a Abs. 1 Nr. 1 UStG

Ein Gegenstand gelangt bei einer Lieferung i.S.d. § 3 Abs. 1 UStG an den Abnehmer (Erwerber) aus dem Gebiet eines Mitgliedstaates in das Gebiet eines anderen Mitgliedstaates.

Ein innergemeinschaftlicher Erwerb kann daher nur dann vorliegen, wenn der Lieferer seinerseits eine bewegte Lieferung hat und sich der Leistungsort dieser Lieferung nach § 3 Abs. 6 Satz 1 UStG richtet.

b)	Anforderungen an den Erwerber	§ 1a Abs. 1 Nr. 2 UStG

Des Weiteren ist Voraussetzung für einen innergemeinschaftlichen Erwerb, dass der Erwerber seinerseits ein Unternehmer i.S.d. § 2 UStG ist, der den Gegenstand für sein Unternehmen erwirbt (§ 1a Abs. 1 Nr. 2 Buchstabe a UStG).

Aber auch eine juristische Person, die nicht Unternehmer ist oder die den Gegenstand nicht für ihr Unternehmen erwirbt, kann im Hinblick auf § 1a Abs. 1 Nr. 2 Buchstabe b UStG ein Erwerber sein.

c)	Anforderungen an den Lieferer	§ 1a Abs. 1 Nr. 3 UStG

Darüber hinaus muss gem. **§ 1a Abs. 1 Nr. 3 Buchst. a UStG** die Lieferung an den Erwerber seinerseits durch einen Unternehmer gegen Entgelt im Rahmen seines Unternehmens ausgeführt worden sein. Insofern ist doppelte Unternehmereigenschaft (Lieferer und Erwerber) erforderlich.

Dabei darf für den Lieferer nach **§ 1a Abs. 3 Buchst. b UStG** nach dem Recht des Mitgliedstaates, der für die Besteuerung des Lieferers zuständig ist, nicht aufgrund der Sonderregelung für Kleinunternehmer steuerfrei sein.

> **Hinweis!** Im Übrigen achten Sie bitte darauf, dass zwischen den Buchstaben **a** und **b** bei § 1a Abs. 1 Nr. 3 UStG ein „und" steht.

> **Wie kann der Erwerber erkennen, dass sein Partner regelbesteuernder Unternehmer i.S.d. § 1a UStG ist?**

Innergemeinschaftlicher Erwerb und innergemeinschaftliche Lieferung entsprechen sich. Ihnen liegt immer ein **Kausalgeschäft** zugrunde, welches dadurch erfüllt wird, dass die Lieferung über eine Grenze von zwei Mitgliedstaaten der EU erfolgt.

Verwendet der Lieferer dem Erwerber gegenüber eine **Umsatzsteuer-Identifikationsnumme**r (USt-IdNr.) eines anderen Mitgliedstaates, weist er in der Rechnung keine Umsatzsteuer aus und weist er auf

Teil I: Die Steuerberaterprüfung

die im anderen Mitgliedstaat eingreifende Steuerbefreiung hin, so kann der Erwerber davon ausgehen, dass sein Partner diese Voraussetzungen erfüllt.

Lesen Sie dazu bitte:	
• § 6a Abs. 4 UStG • § 14 Abs. 4 Nr. 8 UStG • § 14a Abs. 3 UStG; § 27a UStG • §§ 17a, 17c UStDV • BMF-Schreiben vom 16.09.2013, BStBl I 2013, 1192	• Vertrauensschutzregelung • Angaben in einer Rechnung • Rechnungslegung in besonderen Fällen • beleg- und buchmäßiger Nachweis bei innergemeinschaftlichen Lieferungen

Der Gegenstand muss bei einer Lieferung aus dem Gebiet eines Mitgliedstaates in das Gebiet eines anderen Mitgliedstaates oder aus dem übrigen Gemeinschaftsgebiet in eines der in § 1 Abs. 3 UStG genannten Gebiete entweder durch den Lieferer oder den Abnehmer **befördert oder versendet** werden (§ 3 Abs. 6, § 1a Abs. 1 Nr. 1 UStG). Unschädlich ist dabei die Durchfuhr durch ein Drittland.

Beachte! Bei allen ruhenden Lieferungen im Sinne des § 3 Abs. 7 UStG kann es **keinen innergemeinschaftlichen Erwerb** geben!

Beispiel zu § 1a UStG: Auszug aus dem Steuerberaterexamen 2012; Tz. 3

Hinweis! Der zu beurteilende Unternehmer Marco Taff betreibt seit dem 01.04.2011 in München einen Handel mit Modelleisenbahnen in gemieteten Räumen.
Im Jahr **2011** ist für Marco Taff die Kleinunternehmerregelung des § 19 Abs. 1 UStG einschlägig, welche an der Stelle nicht problematisiert werden soll und als gegeben gilt.
Ab dem Jahr 2012 unterliegt Marco Taff wegen dem Überschreiten der Umsatzgrenzen den Vorschriften der Regelbesteuerung (§ 16 UStG).
Maßgebende Liefer- und Erwerbsschwellen gelten als überschritten.

3.2: Zur Abrundung seines Sortiments bestellte Marco auf derselben Messe in Mailand (Italien) 20 historische italienische Lokomotivmodelle verschiedener Baureihen mit dazu gehörigen Waggons beim Hersteller Silvio Stationi aus Venedig (Italien) für insgesamt 13.000 €.
Die Ware wurde von Stationi am 29.7.2011 von Venedig (Italien) nach München versandt. Die beiliegende Rechnung beglich Marco eine Woche später.

Lösungsvorschlag zu 3.2: Mit dem Erwerb der 20 Modelle hat Marco Taff einen innergemeinschaftlichen Erwerb gem. § 1 Abs. 1 Nr. 5 i.V.m. § 1a UStG bewirkt.

Voraussetzungen § 1a Abs. 1 UStG:
Nr. 1: Gegenstände gelangen bei einer Lieferung (i.S.d. § 3 Abs. 1 UStG) an den Abnehmer (Marco Taff) aus dem Gebiet eines Mitgliedstaates (Italien) in das Gebiet eines anderen Mitgliedstaates (Deutschland).
Nr. 2a: Da Marco Taff seinerseits Unternehmer i.S.d. § 2 Abs. 1 und Abs. 2 UStG ist und die Liefergegenstände (Modelle) für sein Unternehmen erworben hat, ist er auch **Erwerber**.

> **Nr. 3:** Die Lieferung an den Erwerber (Marco Taff) nach **§ 1a Abs. 1 Nr. 3 Buchst. a UStG** durch **einen Unternehmer** (Roberto Rossi) gegen Entgelt (Leistungsaustausch) im Rahmen seines Unternehmens (dem des Roberto Rossi), der (mangels gegenteiliger Angaben) **kein Kleinunternehmer (§ 1a Abs. 1 Nr. 3 Buchst. b UStG)** ist, ausgeführt werden.
>
> Da Marco Taff als Kleinunternehmer zum Personenkreis des **§ 1a Abs. 3 Nr. 1 Buchst. b) UStG (sog. Schwellenunternehmer) gehört,** liegt ein innergemeinschaftlicher Erwerb nur dann vor, wenn er die Erwerbsschwelle von 12.500 € überschritten hat (§ 1a Abs. 3 Nr. 2 UStG) bzw. auf deren Anwendung verzichtet (§ 1a Abs. 4 UStG).
>
> Da laut den Allgemeinen Hinweisen im Sachverhalt sämtliche Liefer- und Erwerbsschwellen überschritten sind, hat demnach Marco Taff einen innergemeinschaftlichen Erwerb gegen Entgelt nach § 1a Abs. 1 UStG verwirklicht.
>
> Dieser innergemeinschaftliche Erwerb ist steuerbar im Inland (§ 1 Abs. 2 Satz 1 UStG), da der Ort des innergemeinschaftlichen Erwerbs gem. **§ 3d Satz 1 UStG** in dem Mitgliedstaat bewirkt wird, in dem sich der Gegenstand am Ende der Warenbeförderung (München) befindet.
>
> Der innergemeinschaftliche Erwerb ist damit steuerbar gem. **§ 1 Abs. 1 Nr. 5 UStG und mangels einer Steuerbefreiung (§ 4b UStG)** auch **steuerpflichtig**.
>
> Die Bemessungsgrundlage ist gem. § 10 Abs. 1 S. 1 UStG das Entgelt.
>
> Entgelt wiederum ist gem. § 10 Abs. 1 Satz 2 UStG alles was der Leistungsempfänger aufwendet, um die Leistung zu erhalten, abzüglich der Umsatzsteuer.
>
> Da für den Lieferer Roberto Rossi eine steuerfreie innergemeinschaftliche Lieferung (§ 6a UStG und § 4 Nr. 1b UStG analog) in Italien vorliegt, beläuft sich die Bemessungsgrundlage auf den Kaufpreis i.H.v. 13.000 €.
>
> Die Umsatzsteuer beträgt davon nach § 12 Abs. 1 UStG 19 % = 2.470 €.
>
> Die Steuer entsteht nach § 13 Abs. 1 Nr. 6 UStG mit Ausstellung der Rechnung am 29.07.2011.
>
> Als **Erwerber schuldet Marco Taff** auch die Erwerbsteuer nach § 13a Abs. 1 Nr. 2 UStG.
>
> Die Regelung des § 19 Abs. 1 Satz 1 UStG steht dem nicht entgegen, da es sich nicht um einen Umsatz nach § 1 Abs. 1 Nr. 1 Satz 1 UStG, sondern um einen Umsatz nach § 1 Abs. 1 Nr. 5 UStG handelt.
>
> Da Marco Taff Kleinunternehmer i.S.d. § 19 Abs. 1 Satz 1 UStG ist, kann er die **Vorsteuer**, die ihm eigentlich **nach § 15 Abs. 1 Satz 1 Nr. 3 UStG** zustünde wegen **§ 19 Abs. 1 Satz 4 UStG** nicht abziehen.
>
> Im Hinblick auf **§ 18 Abs. 4a UStG** hat Marco Taff eine Umsatzsteuer-Voranmeldung und eine Umsatzsteuer-Jahreserklärung abzugeben in der er den innergemeinschaftlichen Erwerb zu erklären hat.
>
> Die Umsatzsteuer-Voranmeldung ist für das III. Quartal 2011 abzugeben, da nach § 18 Abs. 4a Satz 3 UStG die Anwendung des Abs. 2a (monatliche Abgabe der Umsatzsteuer-Voranmeldung) ausgeschlossen ist.

2.3.2.3 Das umsatzsteuerliche Reihengeschäft

a) Wo liegt die Besonderheit des Reihengeschäfts?

Bei Ketten- oder Streckengeschäften des Zivilrechts wird aus wirtschaftlichen Gründen der Lieferweg dadurch verkürzt, dass der Verkäufer einer Ware diese nicht an seinen Abnehmer, sondern gleich an den letzten Abnehmer in der Kette ausliefert. Die umsatzsteuerliche Besonderheit des Reihengeschäfts ist, dass diese einheitliche Warenbewegung als Erfüllungsgeschäft für sämtliche Liefergeschäfte gilt.

Es liegen daher so viele Lieferungen vor, wie Liefergeschäfte abgeschlossen sind.

> **Beispiel:**
> Kunde K kauft beim Kraftfahrzeughändler H einen Pkw, den dieser nicht vorrätig hat und daher beim Hersteller bestellt. Nach Fertigstellung holt K den Pkw selbst im Herstellerwerk ab.

> **Lösung:**
> K und der Hersteller haben keine Rechtsbeziehungen miteinander. Trotzdem wirkt die Übergabe durch den Hersteller als Erfüllung seiner Verpflichtung gegen H und als Erfüllung der Verpflichtung des H gegen K.
> Es liegen 2 Lieferungen vor.

b) Was sind die Voraussetzung eines Reihengeschäfts?

Voraussetzung ist die Beteiligung mehrerer, mindestens zweier Unternehmer, wobei der Endabnehmer nicht notwendigerweise Unternehmer sein muss.

Ein Reihengeschäft liegt auch vor, wenn ein Nichtunternehmer (als letzter Abnehmer) in die Reihe eingeschaltet ist.

Ferner müssen zwischen den Beteiligten in der Reihe **mehrere Kausal- oder Umsatzgeschäfte** über einen **identischen Gegenstand** abgeschlossen sein.

Diese Kausalgeschäfte müssen so erfüllt werden, dass die Warenbewegung vom ersten Unternehmer in der Reihe, d.h. demjenigen Unternehmer, bei dem die Warenbewegung ihren Anfang nimmt, **unmittelbar zum Endabnehmer** verläuft (vgl. § 3 Abs. 6 S. 5, 6 UStG i.V.m. Abschn. 3.14 UStAE).

> **Beachte!** Das unmittelbare Gelangen setzt grundsätzlich die Beförderung oder Versendung durch einen am Reihengeschäft beteiligten Unternehmer voraus; diese Voraussetzung ist bei der Beförderung oder Versendung durch mehrere Unternehmer (sog. gebrochene Beförderung oder Versendung) nicht erfüllt.
> Der Gegenstand der Lieferung gelangt auch dann unmittelbar an den letzten Abnehmer, wenn die Beförderung oder Versendung an einen beauftragten Dritten ausgeführt wird, der nicht unmittelbar in die Liefervorgänge eingebunden ist (Lagerhalter, Lohnveredeler).
> Der selbständige Spediteur stellt grundsätzlich keine beauftragten Dritten dar, da seine Leistung jeweils dem Auftraggeber zugerechnet wird **(Versendungsfall), vgl. hierzu Abschn. 3.14 Abs. 3 und 4 UStAE.**

c) Bedeutet das, dass alle Lieferungen im Reihengeschäft das gleiche umsatzsteuerliche Schicksal erleiden?

Nein.

Für den Lieferort gelten nach **§ 3 Abs. 6 und 7 UStG** folgende Grundsätze:

1.	Da die Lieferungen nacheinander ausgeführt werden, ist für jede Lieferung der Ort gesondert zu bestimmen.
2.	Die Warenbewegung kann immer nur einer Lieferung zugeordnet werden; diese ist die Beförderungs- bzw. Versendungslieferung.
3.	Bei allen anderen Lieferungen findet keine Warenbewegung statt (ruhende Lieferungen); der Lieferort liegt entweder am Beginn oder am Ende der Beförderung oder Versendung.

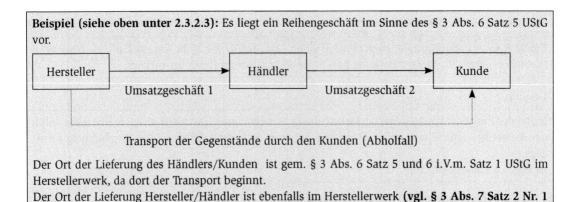

Beispiel (siehe oben unter 2.3.2.3): Es liegt ein Reihengeschäft im Sinne des § 3 Abs. 6 Satz 5 UStG vor.

Der Ort der Lieferung des Händlers/Kunden ist gem. § 3 Abs. 6 Satz 5 und 6 i.V.m. Satz 1 UStG im Herstellerwerk, da dort der Transport beginnt.

Der Ort der Lieferung Hersteller/Händler ist ebenfalls im Herstellerwerk **(vgl. § 3 Abs. 7 Satz 2 Nr. 1 UStG).**

d) Der Ort der Lieferungen bei Reihengeschäften (vgl. hierzu Abschn. 3.14 Abs. 3 und 4 UStAE)

Für die korrekte Rechnungsstellung ist bei Reihengeschäften von wesentlicher Bedeutung, wo sich der Ort der jeweiligen Lieferung befindet.

Nur so kann geklärt werden, ob mit deutscher oder ggf. ausländischer Umsatzsteuer fakturiert werden muss bzw. ob eine Steuerbefreiung in Betracht kommt.

Hiernach bestimmt sich der Ort der Lieferungen wie folgt:

1.	Lieferort der (zugeordneten) **Beförderungs- oder Versendungslieferung** ist immer dort, wo die Warenbewegung (tatsächlich) **beginnt** (§ 3 Abs. 5a, 6 Satz 1 UStG).
2.	für die (übrig gebliebene) **ruhende Lieferung** gilt, dass der Lieferort einer ruhenden Lieferung (§ 3 Abs. 5a, 7 Satz 2 Nr. 1 oder 2 UStG):
	a) die der Beförderungs- oder Versendungslieferung **vorangeht**, dort ist, wo die Beförderung oder Versendung des Gegenstandes beginnt; **§ 3 Abs. 7 Satz 2 Nr. 1 UStG.**
	b) die der Beförderungs- oder Versendungslieferung **nachfolgt**, dort ist, wo die Beförderung oder Versendung des Gegenstandes endet; **§ 3 Abs. 7 Satz 2 Nr. 2 UStG.**

e) Wie erfolgt die Zuordnung der Beförderung oder Versendung des Gegenstandes zur Lieferung?

Aus umsatzsteuerlicher Sicht werden im Rahmen eines Reihengeschäfts mehrere Lieferungen ausgeführt, die jeweils gesondert betrachtet werden müssen.

Für die konkrete Zuordnung der Beförderung bzw. Versendung gilt Folgendes:

1. Veranlasst der erste Unternehmer in der Kette die Beförderung oder Versendung, ist ihm die Beförderungs- bzw. Versendungslieferung zuzuordnen.

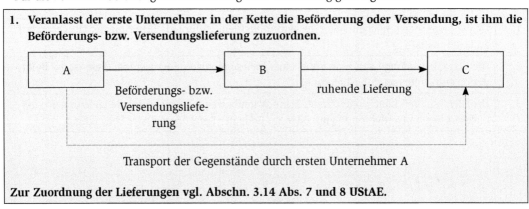

Zur Zuordnung der Lieferungen vgl. Abschn. 3.14 Abs. 7 und 8 UStAE.

2. **Veranlasst der letzte Unternehmer in der Kette die Beförderung oder Versendung, ist ihm die Beförderung- bzw. Versendungslieferung zuzuordnen.**
Unternehmer B bestellt bei Unternehmer A eine Maschine mit dem Auftrag, diese direkt an seinen Kunden C zu liefern. C holt die Ware mit eigenem Fahrer ab bzw. gibt den Speditionsauftrag.

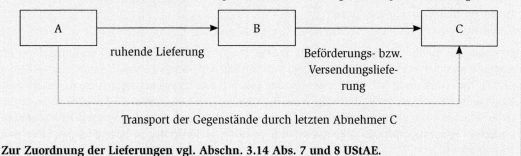

Zur Zuordnung der Lieferungen vgl. Abschn. 3.14 Abs. 7 und 8 UStAE.

3. **Veranlasst der mittlere Unternehmer, der innerhalb der Kette gedanklich sowohl Abnehmer als auch Lieferer ist, die Beförderung bzw. Versendung, so hängt die Zuordnung davon ab, ob dieser den Transport in seiner Eigenschaft:**
   - **als Abnehmer der Vorlieferung oder**
   - **als Lieferer seiner eigenen Folgelieferung tätigt.**

Für die Zuordnung enthält das Gesetz insoweit die Vermutung für die **Variante 1**, d.h. dass der handelnde Unternehmer als Abnehmer der Vorlieferung tätig wird, § 3 Abs. 6 Satz 6 erster Halbsatz UStG.

Der Unternehmer kann jedoch anhand von Aufzeichnungen oder Belegen das Gegenteil nachweisen. Erfolgt ein solcher Nachweis, wird die Beförderung oder Versendung der von ihm ausgeführten Lieferung an seinen Abnehmer zugeordnet, § 3 Abs. 6 Satz 6 zweiter Halbsatz UStG.

Für diesen Nachweis kommt in Betracht, dass:
- der mittlere Unternehmer mit der USt-IDNr. des Mitgliedstaats auftritt, in dem die Beförderung oder Versendung beginnt und
- Vereinbarungen mit seinem Vorlieferanten und seinem Abnehmer bestehen, aus denen hervorgeht, dass er die Gefahr und die Kosten der Beförderung oder Versendung übernommen hat. Diesen Anforderungen ist genügt, wenn handelsübliche Lieferklauseln (**Incoterms**) verwendet werden.

Vgl. hierzu Abschn. 3.14 Abs. 9 und 10 UStAE.

Beispiel zu den Reihengeschäften: Der Abnehmer A aus Zürich (Schweiz) bestellte bei dem Unternehmer U2 in Bielefeld 20 Elektromotoren. Da U2 diese nicht vorrätig hatte, bestellte er sie seinerseits beim Unternehmer U1 in Hannover, mit der Bitte, sie unmittelbar an den A in Zürich auszuliefern. Die erste Partie von 10 Motoren transportierte U1 daraufhin vereinbarungsgemäß mit der Deutschen Bahn (DB) von Hannover nach Zürich.
Die restlichen Motoren ließ der Abnehmer A, nach Rücksprache mit U2, durch seinen Angestellten mit einem betriebseigenen Lkw in Hannover abholen.
Abwandlung: U2 beauftragt den Frachtführer F aus Frankfurt mit dem Transport sämtlicher Motoren nach Zürich.

Lösung zum abschließenden Beispiel der Reihengeschäfte:
Vorbemerkung:
Bei dem (hier noch gem. § 3 Abs. 6 Satz 5 UStG zu begründenden) Reihengeschäft liegen Lieferungen jeweils in der Gegenrichtung der Bestellung vor, also:
1. U1 an U2 und
2. U2 an A.

Dies bedeutet für die 1. Lieferung (U1 an U2), dass U1 eine Leistung erbringen muss, durch die er im Auftrag des Abnehmers U2 den Dritten A befähigt, im eigenen Namen über die Motoren zu verfügen, und für die 2. Lieferung (U2 an A), dass U2 eine Leistung erbringen muss, durch die in seinem (des U2) Auftrag der Dritte U1 den Abnehmer A befähigt, im eigenen Namen über die Motoren zu verfügen. Dabei wird i.R. eines grenzüberschreitenden Reihengeschäftes i.d.R. der **Inlandsbegriff des Grundtatbestandes** eine entscheidende Rolle spielen, d.h. es ist der **Lieferort der zu beurteilenden Lieferung** zu bestimmen.

Hierfür sollte zunächst (gem. § 3 Abs. 6 Sätze 5 und 6 UStG) die Lieferung mit Warenbewegung (**bewegte Lieferung**) innerhalb der Reihe ermittelt werden, deren Ort sich i.d.R. nach § 3 Abs. 6 Satz 1 UStG (**Abgangsort** des Liefergegenstandes) bestimmt.

> **Beachte! Möglich ist – je nach Sachverhalt – aber auch die Anwendung des § 3 Abs. 8 UStG oder des § 3c UStG!**

Die übrige(n) Lieferung(en) im Reihengeschäft (zwangsläufig **ruhende Lieferung(en)**) beurteilt (beurteilen) sich sodann **nach der Ortsvorschrift des § 3 Abs. 7 Satz 2 Nr. 1 oder Nr. 2 UStG**, abhängig davon, ob sie der „bewegten" Lieferung vorangehen („Abgangsort") oder folgen („Ankunftsort").

Lösungshinweis: Es liegt ein **Reihengeschäft gem. § 3 Abs. 6 Satz 5 UStG** vor, da mehrere (mindestens zwei) Unternehmer (U1 und U2) über dieselben (unveränderten) Liefergegenstände (20 Elektromotoren) mehrere (mindestens zwei) Umsatzgeschäfte (Verpflichtungsgeschäfte: hier Kaufverträge) abgeschlossen haben und diese Liefergegenstände bei der Versendung (1. Partie: durch DB) bzw. bei der Beförderung (2. Partie: mit eigenem Lkw des Abnehmers) unmittelbar vom ersten Unternehmer (U1) an den letzten Abnehmer (A) gelangt sind.

Gem. § 1 Abs. 1 Nr. 1 UStG liegen daher **Lieferungen**
1. des U1 an U2
und
2. des U2 an A

(§ 3 Abs. 1 UStG: Begründung s. Vorbemerkung) vor, deren Ort zu bestimmen ist.

Da ein Reihengeschäft vorliegt, ist gem. § 3 Abs. 6 Satz 5 UStG **die bewegte Lieferung nur einer der Lieferungen innerhalb der Reihe zuzuordnen** [die übrige(n) Lieferung(en) ist (sind) lediglich eine „ruhende" Lieferung(en)]!

Die Zuordnung ist stets wie folgt vorzunehmen:
1. **Befördert oder versendet der erste Unternehmer in der Reihe**, ist die (einzige) „bewegte" Lieferung seiner Lieferung an seinen Abnehmer (zweiter Unternehmer in der Reihe) zuzuordnen.

> **Abschn. 3.14 Abs. 8 Satz 1 UStAE**

2. **Befördert oder versendet der letzte Abnehmer**, ist die (einzige) „bewegte" Lieferung der Lieferung (des vorletzten Unternehmers in der Reihe) an ihn zuzuordnen.

> **Abschn. 3.14 Abs. 8 Satz 2 UStAE**

1. Partie
Da die erste Partie von zehn Elektromotoren vom ersten Unternehmer in der Reihe (nämlich von U1) versendet wurde, **ist die bewegte Lieferung der Lieferung des U1 an U2 zuzuordnen**.
Der **Ort** dieser 1. Lieferung innerhalb der Reihe bestimmt sich daher nach § 3 Abs. 6 Satz 1 UStG: Es ist folglich der **Übergabeort** an die DB (**Hannover:** gem. § 1 Abs. 2 UStG Inland).
Diese **1. Lieferung** ist somit gem. § 1 Abs. 1 Nr. 1 UStG **steuerbar**.
Die **2. Lieferung** (U2 an A) gilt als **„nachfolgende ruhende Lieferung"** gem. § 3 Abs. 7 Satz 2 Nr. 2 UStG dort als ausgeführt, wo die Versendung der Motoren endet, d.h. am **Ankunftsort Zürich** (gem. § 1 Abs. 2 Satz 2 UStG Ausland).
Diese **2. Lieferung** ist daher **nicht steuerbar**.
Die **steuerbare 1. Lieferung** (U1 an U2) ist als Ausfuhrlieferung gem. **§ 4 Nr. 1a i.V.m. § 6 Abs. 1 Nr. 1 UStG steuerfrei**, weil der Lieferer U1 bei seiner Lieferung an U2 die Liefergegenstände (der 1. Partie) in das Drittlandsgebiet (Schweiz) versendet hat.

> **Wichtige Hinweise!**
> 1. Eine steuerfreie Ausfuhrlieferung gem. § 4 Nr. 1a i.V.m. § 6 UStG kommt nur bei einer „bewegten" Lieferung in Betracht (niemals bei einer „ruhenden" Lieferung!), da § 6 UStG seinem Wortlaut nach eine Warenbewegung verlangt.
> 2. Dasselbe gilt für steuerfreie innergemeinschaftliche Lieferungen gem. § 4 Nr. 1b i.V.m. § 6a UStG.
> 3. Folgerichtigerweise kommt ein i.g.E. gem. § 1 Abs. 1 Nr. 5 i.V.m. § 1a UStG auch nur beidem Abnehmer einer „bewegten" Lieferung in Betracht.

2. Partie
Da die zweite Partie (von ebenfalls zehn Motoren) von dem letzten Abnehmer A (mit eigenem Lkw) befördert wurde, **ist die „bewegte" Lieferung der Lieferung des U2 an ihn (A) zuzuordnen**.
Der Ort dieser 2. Lieferung innerhalb der Reihe bestimmt sich daher nach § 3 Abs. 6 Sätze 1 und 2 UStG.
Es ist der Ort, an dem die Beförderung beginnt (**Abgangsort, Hannover:** gem. § 1 Abs. 2 UStG Inland).
Die **2. Lieferung** ist somit gem. § 1 Abs. 1 Nr. 1 UStG **steuerbar**.
Die **1. Lieferung** (U1 an U2) gilt als vorangegangene **„ruhende" Lieferung** gem. § 3 Abs. 7 Satz 2 Nr. 1 UStG am **Abgangsort** Hannover als ausgeführt.
Sie ist daher ebenfalls **steuerbar** und mangels Steuerbefreiung auch **steuerpflichtig**.
Die **steuerbare 2. Lieferung** (U2 an A) ist, **als (die einzige) „bewegte" Lieferung** gem. § 4 Nr. 1a i.V.m. § 6 Abs. 1 Nr. 2 i.V.m. Abs. 2 Nr. 1 UStG als Ausfuhrlieferung steuerfrei, da der Abnehmer A die Liefergegenstände in das Drittlandsgebiet (Schweiz) befördert hat und sein Wohnort (Zürich) [vgl. die Definition in A 129 II UStR] im Ausland liegt.
Die **ebenfalls steuerbare 1. Lieferung** kann – **als ruhende Lieferung** – nicht unter die (hier allenfalls zu erwägende) Ausfuhrbefreiung fallen (vgl. die obigen Hinweise!) und ist daher **zwangsläufig steuerpflichtig**.
Lösung zur Abwandlung: Hier liegt der **Sonderfall vor, dass der mittlere Unternehmer U2 („Zwischenhändler") die Liefergegenstände versendet**.
Da somit ein Abnehmer versendet, der zugleich Lieferer ist, wird gem. § 3 Abs. 6 Satz 1 i.V.m. Satz 6, 1. HS. UStG die Versendung der Lieferung an ihn zugeordnet.
Die bewegte Lieferung ist daher die 1. Lieferung in der Reihe (U1 an U2).
Der Ort dieser Lieferung ist folglich gem. § 3 Abs. 6 Sätze 1, 3 und 4 UStG der Übergabeort = Hannover.
Diese Lieferung ist daher **steuerbar** und – mangels einer Steuerbefreiung – auch **steuerpflichtig**.

> **Beachte!** Eine Ausfuhrbefreiung gem. § 4 Nr. 1a i.V.m. § 6 Abs. 1 Nr. 2 i.V.m. Abs. 2 Nr. 1 UStG kommt nicht in Betracht, **da Abnehmer U2 kein ausländischer Abnehmer ist**.
> Die 2. Lieferung in der Reihe (U2 an A) wird als **nachfolgende ruhende Lieferung** gem. § 3 Abs. 7 Satz 2 Nr. 2 UStG am Ankunftsort Zürich ausgeführt und ist daher **nicht steuerbar**.

Der **Sonderfall des § 3 Abs. 6 Satz 6, 2. HS UStG** kann nur vorliegen, wenn der mittlere Unternehmer („Zwischenhändler") **nachweist, dass er den Gegenstand als Lieferer befördert oder versendet hat**, was – wie gesagt – die Ausnahme sein wird.
Bei einem entsprechenden Nachweis wäre die 2. Lieferung (U2 an A) die **bewegte Lieferung**; der **Ort** dieser Lieferung wäre dann nach § 3 Abs. 6 Satz 1 UStG der Übergabeort Hannover. Diese 2. Lieferung wäre demnach **steuerbar**, aber gem. § 4 Nr. 1a i.V.m. § 6 Abs. 1 Nr. 1 UStG **steuerfrei**, da der liefernde Unternehmer **U2** in diesem Fall die Liefergegenstände in das Drittausland versendet hätte.
Die 1. Lieferung (U1 an U2) wäre dann eine **vorangegangene ruhende Lieferung** mit dem sich gem. § 3 Abs. 7 Satz 2 Nr. 1 UStG bestimmenden Abgangsort Hannover; diese 1. Lieferung wäre folglich **steuerbar** und – mangels einer Steuerbefreiung – **steuerpflichtig**.

f) Reihengeschäfte mit privaten Endabnehmern, Abschnitt 3.14 Absatz 18 UStAE
An Reihengeschäften können auch Nichtunternehmer als letzte Abnehmer in der Reihe beteiligt sein.
Wenn der letzte Abnehmer im Rahmen eines Reihengeschäfts, bei dem die Warenbewegung im Inland beginnt und im Gebiet eines anderen Mitgliedstaates endet (oder umgekehrt), nicht die subjektiven Voraussetzungen für die Besteuerung des innergemeinschaftlichen Erwerbs erfüllt und demzufolge nicht mit einer USt-IdNr. auftritt, ist § 3c UStG zu beachten, wenn der letzten Lieferung in der Reihe die Beförderung oder Versendung zugeordnet wird; dies gilt nicht, wenn der private Endabnehmer den Gegenstand abholt.

2.3.2.4 Das innergemeinschaftliche Dreiecksgeschäft (§ 25b UStG)

> **Beispiel 1:** Der Unternehmer D aus Dresden kauft beim Unternehmer S in Madrid (Spanien) eine Maschine.
> Da S diese Maschine nicht auf Lager hatte, bestellte er die Ware beim Fabrikanten P in Porto (Portugal) mit der Bitte die Maschine unmittelbar an den Abnehmer D in Dresden auszuliefern. Dies geschah mit eigenem Lkw des P.
> **Darstellung**
>
>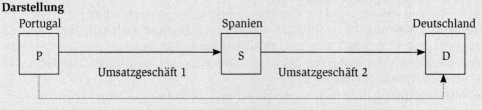
>
> **Lösung:** Es liegt ein Reihengeschäft gem. § 3 Abs. 6 Satz 5 UStG vor. Der erste Unternehmer in der Reihe ist P aus Portugal; der mit eigenem Lkw die zu liefernde Maschine an den letzten Abnehmer in der Reihe (nämlich an D) verbringt. Bewegte Lieferung ist folglich gem. § 3 Abs. 6 Satz 5 UStG die 1. Lieferung in der Reihe (P an S). Der Ort dieser bewegten Lieferung (Beförderungslieferung) ist gem. § 3 Abs. 6 S. 1 und 2 UStG der Abgangsort (Portugal), sodass die Lieferung (nach dem deutschen UStG) nicht steuerbar ist.

Beachte! P muss diese Lieferung in Portugal nach portugiesischen Recht umsatzsteuerlich erfassen; sie ist gem. § 4 Nr. 1b i.V.m. § 6a UStG analog als innergemeinschaftliche Lieferung steuerfrei.

Die 2. Lieferung in der Reihe (S an D) ist eine nachfolgende ruhende Lieferung, deren Ort gem. § 3 Abs. 7 Satz 2 Nr. 2 UStG der Ankunftsort der Maschine, d.h. Dresden, ist; diese Lieferung ist daher gem. § 1 Abs. 1 Nr. 1 UStG steuerbar und – mangels einer Steuerbefreiung – steuerpflichtig.

Beachte! Der Abnehmer D kann im Rahmen dieser 2. Lieferung innerhalb der Reihe von vornherein keinen innergemeinschaftlichen verwirklichen, da eine ruhende Lieferung vorliegt. Der in Madrid ansässige Unternehmer S verwirklicht als Abnehmer im Rahmen der 1. Lieferung in der Reihe (P an S) einen gem. § 1 Abs. 1 Nr. 5 i.V.m. § 1a und § 3d Satz 1 UStG (in Deutschland) steuerbaren und – mangels einer Steuerbefreiung gem. § 4b UStG – steuerpflichtigen innergemeinschaftlichen Erwerb, da die Beförderung der Maschine durch P in Deutschland endet.

S hat unter den Voraussetzungen des § 15 Abs. 1 Nr. 3 UStG bezüglich der Erwerbssteuer den Vorsteuerabzug (ebenfalls nach deutschem Umsatzsteuer-Recht).

Unter den Voraussetzungen des § 25b UStG könnten hier bestimmte „Vereinfachungsregelungen" im Rahmen eines **innergemeinschaftlichen Dreiecksgeschäftes** greifen.

Ein solches innergemeinschaftliches Dreiecksgeschäft ist hier gegeben:
1. **da die drei Unternehmer – D, S und P –** über denselben Gegenstand (unveränderte Fertigungsmaschine) Umsatzgeschäfte (d.h. Verpflichtungsgeschäfte; hier: Kaufverträge) abschließen und der Liefergegenstand unmittelbar von dem 1. Lieferer innerhalb der Reihe (nämlich von P) an den letzten Abnehmer (nämlich an D) gelangt (also im Ergebnis ein Reihengeschäft i.S.d. § 3 Abs. 6 Satz 5 UStG zustande kommt),
2. **da alle drei Unternehmer in jeweils verschiedenen Mitgliedstaaten umsatzsteuerlich erfasst sind**, nämlich D im Inland, S in Spanien und P in Portugal (hierbei ist die Registrierung unter der entsprechenden nationalen USt-IdNr. entscheidend und nicht die Ansässigkeit des einzelnen Unternehmers),
3. da die zu liefernde Maschine im Rahmen der **Warenbewegung aus dem Gebiet des Mitgliedstaates Portugal in das Gebiet eines anderen Mitgliedstaates** (Deutschland) gelangt ist und
4. da der Liefergegenstand **durch den ersten Lieferer P befördert worden ist**.

⬇

§ 25b Abs. 1 Nr. 1 bis 4 UStG

Beachte! Nach § 25b Abs. 1 Nr. 4 UStG würde auch die Beförderung bzw. Versendung durch den ersten Abnehmer, also durch den mittleren Unternehmer (hier: S) genügen.

Hierbei ist allerdings zu beachten, dass dies nur bei einer **Beförderung/Versendung durch den mittleren Unternehmer als Abnehmer** gilt vgl. Abschn. 25b.1 Abs. 5 UStAE, und somit die Warenbewegung (Beförderung oder Versendung) **der ersten Lieferung im zugeordnet wird**.

Die erste wichtige Rechtsfolge aus dem Vorliegen eines innergemeinschaftlichen Dreiecksgeschäftes ist gem. § 25b Abs. 2 UStG folgende:

Die Umsatzsteuer aus der **2. Lieferung** in der Reihe (**S an D**) wird von dem Abnehmer D geschuldet. Hierfür müssen die vier folgenden Voraussetzungen erfüllt sein:
1. Der 2. Lieferung in der Reihe (S an D) muss ein innergemeinschaftlicher Erwerb vorausgegangen sein. Dies war bereits in der Person des S zu bejahen (s.o.).

2. Der erste Abnehmer (also S) darf in dem Ankunfts-Mitgliedstaat der Ware nicht ansässig sein. Weiterhin muss S bei seiner Bestellung gegenüber P und bei seiner Lieferung gegenüber D dieselbe USt-IdNr. verwendet haben, die von einem anderen als dem Ankunftsmitgliedstaat stammt.
Da der Sachverhalt über die von S verwendete IdNr. keine Aussage enthält, ist davon auszugehen, dass er gegenüber seinem Lieferer und gegenüber seinem Abnehmer seine spanische IdNr. verwendet hat.
Somit ist diese Voraussetzung erfüllt.
3. Der erste Abnehmer S muss dem letzten Abnehmer D eine Rechnung i.S.d. § 14a Abs. 7 UStG erteilt haben, in der er die Umsatzsteuer nicht gesondert ausgewiesen hat.
4. Der letzte Abnehmer D muss bei seiner Bestellung gegenüber S die USt-IdNr. des Ankunfts-Mitgliedstaates der Ware verwendet haben.
Da der Sachverhalt auch über die Verwendung der IdNr. seitens des D keine Aussage enthält, ist davon auszugehen! dass er gegenüber dem S seine deutsche IdNr. angegeben hat, sodass auch diese Voraussetzung erfüllt ist.

Die **zweite wichtige Rechtsfolge** ergibt sich aus § 25b Abs. 3 UStG:
Unter den Voraussetzungen des **Absatzes 2** gilt der innergemeinschaftliche Erwerb des ersten Abnehmers S (s.o.) als besteuert.

Beachte! Der Vorteil des § 25b UStG liegt vor allem darin, dass der mittlere Unternehmer S weder seinen im Rahmen der 1. Lieferung steuerbaren und im Regelfall steuerpflichtigen innergemeinschaftlichen Erwerb noch seine steuerbare und steuerpflichtige Lieferung an D in Deutschland versteuern muss.

Die Vereinfachungsregelung erspart ihm daher die umsatzsteuerliche Registrierung im Ankunfts-Mitgliedstaat der Ware, also in diesem Fall in Deutschland.
Die von dem letzten Abnehmer, dem in Deutschland ansässigen Unternehmer D, geschuldete Umsatzsteuer (**vgl. § 13a Abs. 1 Nr. 5 UStG**) ist nach der zwischen S und D vereinbarten Gegenleistung zu berechnen; diese gilt als Entgelt, **§ 25b Abs. 4 UStG**.
Unter den übrigen Voraussetzungen des § 15 UStG ist der letzte Abnehmer D berechtigt, die nach § 25b Abs. 2 UStG geschuldete USt als Vorsteuer abzuziehen, § 25b Abs. 5 UStG.
S muss in seiner Rechnung, die gem. **§ 25b Abs. 2 Nr. 3 UStG** keinen gesonderten Umsatzsteuer-Ausweis enthalten darf, auf das Vorliegen eines innergemeinschaftlichen Dreiecksgeschäfts und die Steuerschuld des letzten Abnehmers ausdrücklich hinweisen, **§ 14a Abs. 7 UStG**.
Die Vorschrift über den gesonderten Steuerausweis in einer Rechnung findet hier keine Anwendung; § 14a Abs. 7 Satz 3 UStG i.V.m. § 14 Abs. 4 Satz 1 Nr. 8 UStG.
Da der innergemeinschaftliche Erwerb des S gem. § 25b Abs. 3 UStG als besteuert gilt, verwirklicht S insoweit den Tatbestand des § 3d S. 2 UStG – unter den dort genannten Voraussetzungen (**vgl. insbesondere § 18a Abs. 7 Nr. 4 UStG**) – ebenfalls **nicht**, obwohl er mit seiner spanischen IdNr. eine vom Ankunfts-Mitgliedstaat Deutschland abweichende IdNr. verwendet, vgl. auch § 17 Abs. 2 Nr. 4 UStG.

2.3.2.5 Die Versandhandelsregelung (§ 3c UStG)

Beispiel 1: Die Audiomax GmbH betreibt in Freiburg einen Groß- und Einzelhandel auf dem Gebiet der Unterhaltungselektronik. Sie tätigt u.a. folgende Umsätze:
a) Ein belgischer Tourist kauft während seines Urlaubs ein Radiogerät, das er sofort mitnimmt.
b) Ein französischer Privatmann bestellt ein Fernsehgerät für sein Privathaus in Straßburg (Frankreich). Die GmbH befördert das Gerät mit eigenem Lkw nach Straßburg.

Teil I: Die Steuerberaterprüfung

c) Ein niederländischer Kfz-Händler bestellt bei der Audiomax GmbH 50 Autoradios. Die GmbH lässt die Geräte durch einen Spediteur zum Abnehmer transportieren.
d) Eine Diskothek in Straßburg beauftragt die Audiomax GmbH mit der Lieferung und dem Einbau einer aus mehreren Teilen bestehenden Musikanlage. Die GmbH verbringt die Teile mit eigenem Lkw nach Straßburg und baut die Anlage durch eigene Monteure an Ort und Stelle zusammen. Die Anlage wird dabei den Räumlichkeiten angepasst und mit dem Gebäude fest verbunden. Nach Probebetrieb und Abnahme wird sie dem Auftraggeber betriebsfertig übergeben.

In den Fällen a) und b) treten die Abnehmer ohne USt-IdNr., in den Fällen c) und d) mit der USt-IdNr. ihres Herkunftslandes auf.

Aufgabe: Bitte stellen Sie fest, wo sich jeweils der Ort der Umsätze befindet und nehmen Sie zu möglichen Steuerbefreiungen Stellung.

Lösung: Die Anwendung der Versandhandelsregelung ist abhängig von:
1. **der Art der Lieferung**
   Der Lieferer muss den Gegenstand der Lieferung aus dem einen Mitgliedstaat in einen anderen Mitgliedstaat befördern oder versenden (vgl. § 3c Abs. 1 Satz 1 UStG und Abschn. 3c.1 Abs. 1 Satz 3 UStAE).
2. **der Person des Abnehmers**
   Der Abnehmer muss eine Privatperson oder ein Erwerber sein, der den Erwerb nicht zu besteuern hat (vgl. § 3c Abs. 2 UStG und Abschn. 3c.1 Abs. 2 UStAE).

Zu den Einzelsachverhalten:
1. Zur Anwendung der Versandhandelsregelung des § 3c UStG ergibt die Prüfung Folgendes:
   a) Es handelt sich um einen Abholfall. § 3c UStG scheidet daher aus. Der Ort der Lieferung der GmbH liegt nach § 3 Abs. 6 Satz 1 UStG im Inland.
   Die Lieferung ist beim Vorliegen auch der übrigen Voraussetzungen des § 1 Abs. 1 Nr. 1 UStG steuerbar und steuerpflichtig. Die Steuerbefreiung für Ausfuhrlieferungen (§ 4 Nr. 1 Buchst. a i.V.m. § 6 UStG) scheidet aus, weil das Radio nicht in das Drittlandsgebiet ausgeführt wird. Auch die Steuerbefreiung für innergemeinschaftliche Lieferungen nach § 4 Nr. 1 Buchst. b i.V.m. § 6a UStG ist nicht anwendbar, weil der Abnehmer als Privatperson keinen innergemeinschaftlichen Erwerb zu besteuern hat.
   b) Da die GmbH das Fernsehgerät an den Abnehmer befördert und dieser eine Privatperson ist, handelt es sich grundsätzlich um einen Versandhandelsfall des § 3c UStG. Ort der Lieferung ist Frankreich, wenn die französische Lieferschwelle überschritten wird (§ 3c Abs. 3 Nr. 2 UStG) oder die GmbH nach § 3c Abs. 4 UStG optiert; andernfalls liegt der Ort der Lieferung im Inland. Sofern sich der Ort der Lieferung im Inland befindet, wäre die Lieferung beim Vorliegen auch der übrigen Voraussetzungen des § 1 Abs. 1 Nr. 1 UStG steuerbar und steuerpflichtig. Die Steuerbefreiung für Ausfuhrlieferungen (§ 4 Nr. 1 Buchst. a i.V.m. § 6 UStG) würde ausscheiden, weil das Fernsehgerät nicht in das Drittlandsgebiet geliefert wird. Auch die Steuerbefreiung für innergemeinschaftliche Lieferungen nach § 4 Nr. 1 Buchst. b i.V.m. § 6a UStG wäre nicht anwendbar, weil der Abnehmer als Privatperson den innergemeinschaftlichen Erwerb nicht zu besteuern hätte.
   c) Es wird an einen Unternehmer versendet, auf den die Kriterien des § 3c Abs. 2 UStG nicht zutreffen. § 3c UStG scheidet daher aus. Der Ort der Lieferung liegt nach § 3 Abs. 6 Satz 1 UStG im Inland. Die Lieferung ist als innergemeinschaftliche Lieferung nach § 4 Nr. 1 Buchst. b i.V.m. § 6a UStG steuerfrei.

d) Es handelt sich um eine Werklieferung i.S.v. § 3 Abs. 4 UStG. Gegenstand der Lieferung ist eine betriebsfertig montierte ortsgebundene Anlage (vgl. Abschn. 3.12 Abs. 4 UStAE). § 3c UStG scheidet aus, weil diese Anlage nicht versendet oder befördert wird (sie entsteht erst in Frankreich und wird dort übergeben). Der Ort der Lieferung liegt nach § 3 Abs. 7 Satz 1 UStG in Frankreich. Die Lieferung ist somit im Inland nicht steuerbar.

Das Verbringen der Teile nach Frankreich ist keine fiktive Lieferung i.S.v. § 3 Abs. 1a UStG, weil die Verwendung der Gegenstände bei einer Werklieferung, die im Bestimmungsmitgliedstaat steuerbar ist, nur als vorübergehende Verwendung gilt; vgl. Abschn. 1a.2 Abs. 10 Nr. 1 UStAE.

Beispiel 2: Der in Radebeul bei Dresden ansässige Winzer und Weinhändler Wacker (W) veräußerte am 10.09.2013 an den in Zagreb (Kroatien) ansässigen Kleinunternehmer (nach kroatischen Recht) Mavrac (M) einen Posten „Meißener Spätauslese 2012" für 3.000 €.

Hinweis! W besteuert seine Umsätze im Rahmen der Regelbesteuerung nach vereinbarten Entgelten und gibt seine Voranmeldungen monatlich ab.

M hatte 2012 keine Warenbezüge aus EU-Ländern.
Anfang 2013 schätzte er derartige Warenbezüge auf insgesamt maximal 6.000 €.
Die von W für das Jahr 2013 zutreffend geschätzten Lieferungen 2013 nach Kroatien belaufen sich – wie auch etwa in den Vorjahren – auf ca. 10.000 €.

Hinweis! Die Erwerbsschwelle für Kroatien beträgt 77.000 HRK (Kuna) und die maßgebende Lieferschwelle für Kroatien 270.000 HRK.
Der für die Umrechnung in Euro maßgebende Kurs beträgt: 1 € = 7,5061 HRK.

W beauftragte die in Bautzen ansässige Spedition „Scholz" (S) mit dem Transport der Ware von Radebeul nach Zagreb.
S beauftragte in eigenem Namen den Leipziger Fuhrunternehmer Lustig (L) mit der Durchführung des Transportes (inländischer Streckenanteil: 40 %). Der L erteilte dem S eine Rechnung für die Beförderung i.H.v. 1.190 €.
S berechnete dem W 1.309 € und fügte die Durchschrift der Rechnung des L zur Kenntnisnahme bei.
W überwies umgehend an S 1.309 €.

Beachte! Alle angegebenen Beträge sind Bruttobeträge, sofern der Sachverhalt bzw. das Gesetz nicht das Gegenteil aussagt.
Aus den Bruttobeträgen ist die Umsatzsteuer bei steuerpflichtigen Umsätzen herauszurechnen.

Aufgabe: Umsatzsteuerliche Beurteilung des Sachverhaltes auf den Unternehmer W.

Lösung:
1. Lieferung des W an M
Es handelt sich um eine gem. § 1 Abs. 1 Nr. 1 UStG steuerbare Lieferung (§ 3 Abs. 1 UStG).
Der Ort der Lieferung bestimmt sich grundsätzlich gem. § 3 Abs. 5a i.V.m. § 3c UStG, da ein Versendungsfall durch den Lieferer aus dem EU-Mitgliedstaat (Deutschland) in einen anderen EU-Mitgliedstaat (Kroatien) gemäß § 3c Abs. 1 UStG an einen sog. „Schwellenerwerber" (§ 3c Abs. 2 Nr. 2 Buchst. b UStG) stattfindet.

Beachte! Zum 01.07.2013 ist Kroatien dem Gebiet der Europäischen Union beigetreten und gehört somit ab diesem Zeitpunkt zum (übrigen) Gemeinschaftsgebiet. Vgl. hierzu das BMF-Schreiben vom 28.06.2013, BStBl I 2013, 852.

Da aber eine verbrauchssteuerpflichtige Ware (Alkohol) gem. § 1a Abs. 5 Satz 2 UStG versendet wird, kommt eine Anwendung der Ortsverlagerung nach § 3c UStG an das Ende der Beförderung oder Versendung nicht in Betracht (vgl. § 3c Abs. 5 Satz 2 UStG).

Folglich bestimmt sich der Ort gem. § 3 Abs. 5a i.V.m. Abs. 6 Satz 1, 3 und 4 UStG nach dem Abgangsort der Ware = Radebeul = Inland (gem. § 1 Abs. 2 S. 1 UStG).

Die Weinlieferung ist als innergemeinschaftliche Lieferung gem. § 4 Nr. 1b i.V.m. § 6a Abs. 1 UStG steuerfrei; neben den unproblematischen Tatbestandsmerkmalen (Nr. 1 und Nr. 2a) tätigt M (gem. Nr. 3) in Kroatien einen steuerbaren innergemeinschaftlichen Erwerb (analog zu den deutschen Vorschriften: § 1 Abs. 1 Nr. 5 i.V.m. § 1a Abs. 1 und § 3d UStG, da § 1a Abs. 3 gem. § 1a Abs. 5 Satz 1 UStG keine Anwendung findet).

Die Bemessungsgrundlage für die innergemeinschaftliche Lieferung beträgt gem. § 10 Abs. 1 Satz 1 und 2 UStG 3.000 €.

W hat gem. § 18a Abs. 1 und Abs. 4 Nr. 1 UStG den Verkauf in seiner zusammenfassenden Meldung für September 2013 aufzunehmen.

Darüber hinaus ist dieser Umsatz gem. § 18b Nr. 1 UStG in der UStVA 09/2013 und in der USt-Jahreserklärung für das Jahr 2013 zu gesondert zu erklären.

2. Sonstige Leistung des S an W

S erbringt eine gem. § 1 Abs. 1 Nr. 1 UStG steuerbare und steuerpflichtige sonstige Leistung (§ 3 Abs. 9 UStG).

Es handelt sich um eine sog. **Dienstleistungskommission** gem. § 3 Abs. 11 UStG (vgl. Abschn. 3.15 Abs. 1 und 2 UStAE).

Da S in die Erbringung einer Beförderungsleistung eingeschaltet wird und dabei im eigenen Namen, jedoch für fremde Rechnung handelt, gilt diese Leistung gem. § 3 Abs. 11 UStG als **an ihn und von ihm erbracht**.

Insofern wird **eine Leistungskette fingiert**.

Denn S tritt gegenüber dem Dritten L „in eigenem Namen" aber für Rechnung seines Auftraggebers W auf.

Somit „kauft" er eine Beförderungsleistung für seinen Auftraggeber „ein".

Diese Geschäftsbesorgungsleistung als typische Leistung eines Spediteurs (Grundgeschäft) ist jedoch umsatzsteuerrechtlich unbeachtlich (Abschn. 3.15 Abs. 4 UStAE).

3. Vorsteuerabzug gem. § 15 Abs. 1 Nr. 1 UStG

Die Vorsteuer aus der Rechnung des S (Besorgungsleistung) ist für B gem. § 15 Abs. 1 Nr. 1 UStG in der vollen Höhe von 209 € abziehbar.

Die Vorsteuer ist auch gem. § 15 Abs. 2 Nr. 1 i.V.m. Abs. 3 Nr. 1a i.V.m. § 4 Nr. 1b UStG in voller Höhe abzugsfähig, da sich die Eingangsleistung auf die befreite innergemeinschaftliche Lieferung bezieht.

Der Ort der fingierten Beförderungsleistung bestimmt sich daher gem. § 3 Abs. 11 UStG nach § 3a Abs. 2 UStG, als B2B-Geschäft danach, von wo aus der leistungsempfangene Unternehmer sein Unternehmen betreibt, Radebeul zumal die Regelung des § 3b Abs. 3 UStG nur im B2C-Bereich einschlägig ist.

Die Beförderungsleistung gilt daher als in Radebeul, also im Inland i.S.d. § 1 Abs. 2 Satz 1 UStG als ausgeführt.

Eine Steuerbefreiung gem. § 4 Nr. 3a UStG kommt nicht in Betracht, da diese Vorschrift für innergemeinschaftliche Beförderungsleistungen nicht einschlägig ist.

Der Umsatz ist zum Regelsteuersatz des § 12 Abs. 1 UStG mit 19 % steuerpflichtig.
Die Bemessungsgrundlage (§ 10 Abs. 1 S. 1 und 2 UStG) beträgt 1.100 € (= 1.309/1,19); die USt (§ 12 Abs. 1 UStG: 19 %) beläuft sich auf 209 €: Sie entsteht gem. § 13 Abs. 1 Nr. 1a S. 1 UStG mit dem Ablauf des VAZ September 2013.

2.3.2.6 Der Verzicht auf Steuerbefreiungen (§ 9 UStG)

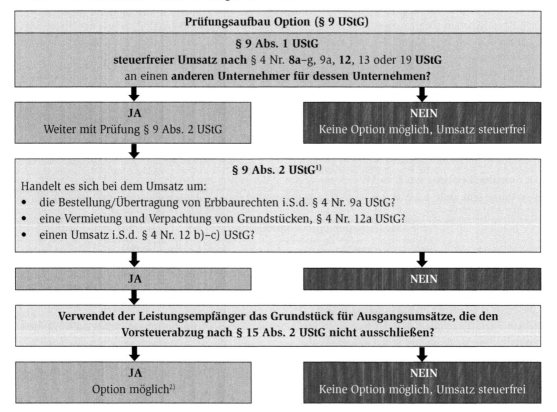

Anmerkungen zum Prüfungsschema

Anmerkung 1): Die Einschränkung des § 9 Abs. 2 UStG ist nur für neue Gebäude i.S.d. § 27 Abs. 2 UStG i.V.m. Abschn. 9.2 Abs. 5 UStAE zu prüfen!

Anmerkung 2): Bei der Option steuerfreier Umsätze nach § 4 Nr. 9a UStG sind zusätzlich die Voraussetzungen des § 9 Abs. 3 UStG zu prüfen!

Zeitliche Grenze für die Erklärung des Verzichts auf die Steuerbefreiung und die Rücknahme des Verzichts; § 9 UStG

BMF-Schreiben vom 02.08.2017, BStBl I 2017, 1240

BFH-Urteile vom 19.12.2013, V R 6/12, BStBl II 2017, 837, und vom 19.12.2013, V R 7/12, BStBl II 2017, 841

Die Rücknahme des Verzichts auf Steuerbefreiungen nach § 9 UStG ist möglich, solange die Steuerfestsetzung für das Jahr der Leistungserbringung anfechtbar oder auf Grund eines Vorbehalts der Nachprüfung nach § 164 AO noch änderbar ist.

BFH-Urteil vom 21.10.2015, XI R 40/13, BStBl II 2017, 852
Der Verzicht auf die Umsatzsteuerbefreiung der Lieferung eines Grundstücks (außerhalb eines Zwangsversteigerungsverfahrens) nach Maßgabe des § 9 Abs. 3 Satz 2 UStG kann nur in dem dieser Grundstückslieferung zugrundeliegenden notariell zu beurkundenden Vertrag erklärt werden. Ein späterer Verzicht auf die Umsatzsteuerbefreiung ist unwirksam, auch wenn er notariell beurkundet wird. Wegen dieser zeitlich bindenden Beschränkung der Optionsausübung auf den ursprünglich notariell beurkundeten Grundstückskaufvertrag bleibt auch die Rücknahme des Verzichts auf diesen Zeitpunkt begrenzt.

Änderung des Umsatzsteuer-Anwendungserlasses:

Abschnitt 9.1 Abs. 3 wird wie folgt geändert:
Satz 1 wird wie folgt gefasst:
„¹Die Erklärung zur Option nach § 9 UStG sowie die Rücknahme dieser Option sind zulässig, solange die Steuerfestsetzung für das Jahr der Leistungserbringung anfechtbar oder auf Grund eines Vorbehalts der Nachprüfung nach § 164 AO noch änderbar ist (vgl. BFH-Urteile vom 19.12.2013, V R 6/12, BStBl 2017 II S. 837, und V R 7/12, BStBl 2017 II S. 841)."
Satz 4 wird wie folgt gefasst:
„⁴Weitere Einschränkungen ergeben sich für **Umsätze im Sinne des § 4 Nr. 9 Buchstabe a UStG** aus § 9 Abs. 3 UStG (vgl. hierzu Abschnitt 9.2 Abs. 8 und 9)."

Abschnitt 9.2 Abs. 9 wird wie folgt gefasst:
„(9) ¹Der Verzicht auf die Umsatzsteuerbefreiung der Lieferung eines Grundstücks außerhalb eines Zwangsversteigerungsverfahrens kann nur in dem dieser Grundstückslieferung zugrundeliegenden notariell zu beurkundenden Vertrag erklärt werden. ²Ein späterer Verzicht auf die Umsatzsteuerbefreiung ist unwirksam, auch wenn er notariell beurkundet wird (vgl. BFH-Urteil vom 21.10.2015, XI R 40/13, BStBl 2017 II S. 852). ³Gleiches gilt für die Rücknahme des Verzichts auf die Umsatzsteuerbefreiung."

Anwendung:

Die Grundsätze dieses Schreibens sind in allen offenen Fällen anzuwenden.
Dieses Schreiben ersetzt das BMF-Schreiben vom 01.10.2010, BStBl I 2010, 768.
Den BFH-Urteilen vom 19.12.2013, V R 6/12 und V R 7/12, und vom 21.10.2015, XI R 40/13, entgegenstehende Verwaltungsanweisungen in dem BMF-Schreiben vom 31.03.2004 (BStBl I 2004, 453) sind nicht mehr anzuwenden.
Beruft sich der Unternehmer auf für ihn günstigere Verwaltungsanweisungen im BMF-Schreiben vom 31.03.2004, wird die Wirksamkeit der Option in Fällen von notariellen Vertragsergänzungen oder -änderungen für Erklärungen nach dem 31.03.2004 bis zum 31.10.2010 nicht beanstandet.
Für Zeiträume ab dem 1. November 2010 kommt aufgrund des **BMF-Schreibens vom 01.10.2010** ein **Vertrauensschutz** in Fällen von notariellen Vertragsergänzungen oder -änderungen noch bis zur **formellen Bestandskraft** der betreffenden Jahressteuerfestsetzung in Betracht, wenn die Erklärungen vor dem 01.01.2018 abgegeben wurden.

> **Eintritt der formellen Bestandskraft**
> grundsätzlich mit Ablauf der Rechtsbehelfsfrist bei Umsatzsteuerjahreserklärung (Steueranmeldung) 1 Monat nach Eingang der Steueranmeldung (§ 355 Abs. 1 Satz 2 AO).

Die Lieferung von Grundstücken ist von der Umsatzsteuer befreit. Auf diese **Steuerbefreiung** kann aber **verzichtet** werden.

> **Beispiel:**
>
> Unternehmer U1 ist Eigentümer eines bislang unternehmerisch genutzten Grundstücks. Er möchte das Grundstück an einen anderen Unternehmer (U2) veräußern, der es ebenfalls unternehmerisch nutzten möchte.

> **Lösung:**
>
> In diesem Beispiel ist die Lieferung des Grundstücks zwischen U1 und U2 umsatzsteuerfrei. Allerdings kann U1 auf die Steuerbefreiung verzichten. Ein Verzicht auf die Steuerbefreiung ist aus Sicht des U1 zum Beispiel dann sinnvoll, wenn er das Grundstück innerhalb der letzten zehn Jahre vor dem Verkauf bebaut hat. Würde nämlich dann die Veräußerung steuerfrei erfolgen, müsste U1 die Vorsteuer aus den Baukosten anteilig zurückzahlen.
>
> Der Verzicht auf die Steuerbefreiung hat allerdings auch Auswirkungen auf U2, denn in diesem Fall schuldet U2 die Umsatzsteuer für die Grundstückslieferung. Bei einem angenommenen Kaufpreis von 500.000 € würde U2 damit 95.000 € Umsatzsteuer schulden. Der Verzicht auf die Steuerbefreiung muss daher bereits **in dem notariellen Vertrag**, den U1 mit U2 anlässlich der Grundstücksveräußerung schließt, erklärt werden. Das Bundesministerium der Finanzen weist in einem aktuellen Schreiben darauf hin, dass der Verzicht auf die Steuerbefreiung **nicht mehr nachträglich** möglich ist.

> **Hinweis!** Die steuerlichen Konsequenzen bei der Veräußerung von unternehmerischen Grundstücken sind sehr komplex. Neben der Frage, ob ein Verzicht auf die Steuerbefreiung sinnvoll ist, müssen noch weitere rechtliche Punkte geklärt werden. So ist zum Beispiel zu untersuchen, ob eine sogenannte Geschäftsveräußerung gegeben ist.

> **Beachte!**
> **BMF-Schreiben vom 23.10.2013**
> Ausübung einer Option bei angenommener (nicht steuerbarer) Geschäftsveräußerung im Ganzen (§ 9 Abs. 1 UStG)
>
> **Änderung des Abschn. 9.1 Abs. 3 UStAE**
> **(Sätze 2 und 3 neu)**
> „²Im Rahmen einer Geschäftsveräußerung im Ganzen kommt eine Option grundsätzlich nicht in Betracht.
> ³Gehen die Parteien jedoch im Rahmen des notariellen Kaufvertrages übereinstimmend von einer Geschäftsveräußerung im Ganzen aus und beabsichtigen sie lediglich für den Fall, dass sich ihre rechtliche Beurteilung später als unzutreffend herausstellt, eine Option zur Steuerpflicht, gilt diese vorsorglich und im Übrigen unbedingt im notariellen Kaufvertrag erklärte Option als mit Vertragsschluss wirksam."
>
> ⇩
>
> **Keine Anwendung der Regelungen zum unrichtigen Steuerausweis gemäß**
> **§ 14c Abs. 1 Satz 3 UStG i.V.m. § 14c Abs. 2 Sätze 3 bis 5 UStG**
>
> **Beispiel 1 zu § 9 UStG:** Rosig ist Alleineigentümer eines in Potsdam belegenen Mietshauses. Das Gebäude wird wie folgt genutzt:
> **a) Erdgeschoss**
>   Hier betreibt Rosig ein Lebensmittel-Einzelhandelsgeschäft. Einen weiteren Raum hat er an das Reisebüro Fern vermietet; vereinbarte Miete jährlich 4.000 €.
> **b) 1. Obergeschoss**
>   Rosig bewohnt hier mit seiner Familie eine 5-Zimmer-Wohnung.

c) **2. Obergeschoss**
Diese Etage nutzt der selbstständige Steuerberater Findig zu Wohnzwecken; vereinbarte Miete jährlich 9.600 €.

d) **Dachgeschoss**
Das Dachgeschoss ist zur Mansarde ausgebaut und zum Teil an ein Studentenehepaar vermietet; vereinbarte Miete monatlich 300 €, wovon 50 € auf Nebenkosten (Heizungsumlage und Wassergeld) entfallen.

Einen Raum hat Rosig seinem Sohn unentgeltlich überlassen, der dort als selbstständiger Fotograf ein Atelier eingerichtet hat.

Aufgabe: Beurteilen Sie die Umsätze des Unternehmers Rosig im Hinblick auf Steuerbarkeit und Steuerpflicht. Er verzichtet – soweit möglich – auf die Anwendung von Befreiungsvorschriften.

Lösung:

a) **Erdgeschoss**
Die Selbstnutzung für das Lebensmittel-Einzelhandelsgeschäft stellt einen nicht steuerbaren Innenumsatz dar.

Die Vermietung an das Reisebüro ist eine sonstige Leistung (§ 3 Abs. 9 UStG), die gegen Entgelt ausgeführt wird. Der Ort dieser sonstigen Leistung befindet sich – weil die nach § 3a Abs. 1 Satz 1 UStG vorrangigen §§ 3b, 3e und 3f UStG nicht anzuwenden sind – in Potsdam (§ 3a Abs. 3 Nr. 1 Buchst. a UStG) = Inland (§ 1 Abs. 2 Satz 1 UStG). Die Leistung ist steuerbar gem. § 1 Abs. 1 Nr. 1 UStG. Sie ist grundsätzlich steuerfrei nach § 4 Nr. 12 Satz 1 Buchst. a UStG, jedoch nach einer zulässigen Option (§ 9 UStG) steuerpflichtig.

b) **1. Obergeschoss**
Unter der Voraussetzung, dass Rosig das gesamte Gebäude seinem Unternehmen zugeordnet und aus diesem Grunde das Gebäude zum vollen oder teilweisen Vorsteuerabzug berechtigt hat, handelt es sich um die Verwendung eines dem Unternehmen zugeordneten Gegenstandes für Zwecke, die außerhalb des Unternehmens liegen. Diese Verwendung wird nach § 3 Abs. 9a Nr. 1 UStG einer sonstigen Leistung gegen Entgelt gleichgestellt. Der Ort dieser gleichgestellten Leistung befindet sich nach § 3f UStG in Potsdam. Neben dem Vorliegen auch der übrigen Voraussetzungen des § 1 Abs. 1 Nr. 1 UStG ist der Umsatz auch deshalb steuerbar, weil die Nutzung anderer Räume (hier: im Erdgeschoss) zum vollen oder teilweisen Vorsteuerabzug berechtigt haben (vgl. Abschn. 3.4 Abs. 7 UStAE). Der Umsatz ist deshalb auch steuerpflichtig (vgl. Abschn. 4.12.1 Abs. 3 Satz 6 UStAE).

c) **2. Obergeschoss**
Es liegt eine steuerbare sonstige Leistung vor, die steuerfrei nach § 4 Nr. 12 Satz 1 Buchst. a UStG ist. Ein Verzicht auf die Steuerfreiheit ist nicht möglich, weil der Steuerberater die Räume nicht für sein Unternehmen nutzt.

d) **Dachgeschoss**
Die Vermietung an das Studentenehepaar ist eine steuerbare und steuerfreie sonstige Leistung. Eine Optionsmöglichkeit besteht nicht. Die Nebenkosten sind ebenfalls (nach dem Grundsatz der Einheitlichkeit der Leistung) von der Umsatzsteuer befreit.

Die unentgeltliche Überlassung des Raumes an den Sohn ist wie im Fall b) eine steuerbare und steuerpflichtige, den entgeltlichen sonstigen Leistungen gleichgestellte Leistung, weil für die Überlassung unternehmensfremde Gründe maßgebend sind.

Beispiel 2:
Sachverhalt 1 aus dem StB-Examen 2014 vom 07.10.2014

Als Anton Asam erfuhr, dass das Gebäude München, Sendlinger Str. 10, zum Verkauf stand, setzte er sich sofort mit dem Eigentümer Berthold Brechtl in Verbindung.

Am 1. April 2014 wurde der notarielle Vertrag abgeschlossen, der den Übergang von Besitz, Nutzen und Lasten noch am selben Tage vorsah. Als Kaufpreis wurden 2 Mio. € vereinbart, die Anton noch im selben Monat auch beglich.

Das Gebäude Sendlinger Str. 10 hatte Berthold 1972 erworben und seither vermietet.

In den Jahren 2008 und 2009 ließ er das alte Gebäude komplett abreißen und ein neues errichten. Die Herstellungskosten für das neue Gebäude beliefen sich auf insgesamt 1,5 Mio. € zuzüglich 285.000 € USt.

Der Neubau bestand aus 4 Etagen mit jeweils 200 qm Nutzfläche.

Nach Fertigstellung im Oktober 2009 wurde das Gebäude ab 1. November 2009 wie folgt genutzt:

Erdgeschoss	für 3.000 € monatlich vermietet an einen Buchladen.
1. Obergeschoss	hatte die Wirtschafts- und Steuerberatungsgesellschaft Freund & Partner für monatlich 3.500 € gemietet.
2. Obergeschoss	für ebenfalls 3.500 € monatlich an den Immobilien- und Finanzmakler Müller vermietet worden. Der Anteil der Kreditvermittlungen am Gesamtumsatz des Müllers belief sich konstant auf 20 %.
3. Obergeschoss	hier hatte Berthold großzügige Wohnräume einrichten lassen, die er selbst bezog.

Die Mietverhältnisse mit Freund & Partner sowie Müller setzte Anton unverändert fort.

Die Räume im Erdgeschoß kündigte er fristgerecht zum 30. Juni 2014, um dort künftig seine Galerie zu betreiben.

Die Wohnung, die Berthold pünktlich zum 31. März 2014 geräumt hatte, bezog er selbst sofort nach Übergang von Besitz, Nutzen und Lasten.

Nachdem der Buchladen die Räume im Erdgeschoß pünktlich zum 30. Juni 2014 geräumt hatte, ließ Anton die Räume im Juli nach seinen Bedürfnissen renovieren.

Die damit beauftrage Firma Moser aus Innsbruck (Österreich) stellte dafür nach Abschluss der Arbeiten am 28. Juli 2014 noch am selben Tage insgesamt 5.000 € in Rechnung, die Anton umgehend beglich.

Das Parkett aus österreichischer Latschenkiefer, das dabei von Moser verlegt wurde, hatte Anton bei der Firma Pachhuber aus Salzburg (Österreich) bestellt.

Pachhuber hatte das Parkett am 9. Juli 2014 von Salzburg nach München gebracht und am 11. Juli 2014 dafür 4.000 € berechnet, die Anton eine Woche später beglich.

Lösung:
Erwerb des Grundstücks (Geschäftsveräußerung im Ganzen)

Beachte! Obwohl laut der Aufgabenstellung nur die umsatzsteuerlichen Auswirkungen bei Anton Asam (Erwerber) zu beurteilen sind, ist es für die folgerichtige Lösung des Sachverhaltes unerlässlich die umsatzsteuerlichen Auswirkungen bei Berthold Brechtl (Veräußerer) zu beurteilen.

Mit dem Übergang von Besitz, Nutzen und Lasten zum 01.04.2014 führt Berthold Brechtl an Anton Asam eine Lieferung gem. § 3 Abs. 1 UStG (Verschaffung der Verfügungsmacht an einem Gegenstand) gegen Entgelt aus.

Da sich aus dem Sachverhalt **nicht** ergibt, dass Brechtl neben der Vermietung weitere unternehmerische Tätigkeiten ausübt, handelt es sich bei dem Verkauf des Grundstückes m.E. um die Veräußerung seines gesamten Unternehmens und somit um eine nach § 1 Abs. 1a UStG nicht steuerbare **Geschäftsveräußerung im Ganzen**.

Eine Geschäftsveräußerung im Ganzen liegt nach **§ 1 Abs. 1a Satz 2 UStG** dann vor, wenn ein (gesamtes) Unternehmen oder ein in der Gliederung eines Unternehmens gesondert geführter (Teil-)Betrieb im **Ganzen** entgeltlich oder unentgeltlich übertragen wird.

Ist Gegenstand der Geschäftsveräußerung – wie in diesem Sachverhalt – ein Vermietungsunternehmen, muss der Erwerber umsatzsteuerrechtlich die Fortsetzung der **Vermietungstätigkeit** beabsichtigen (vgl. Abschn. 1.5 Abs. 2 Satz 2 UStAE).

Selbst durch die Eigennutzung des Erdgeschosses als Galerie durch Asam, wird das Vermietungsunternehmen des Verkäufers nicht beendet, da mit den übrigen Mietern das Vermietungsverhältnis fortgesetzt wird.

Die Grundstücksübertragung ist daher gem. § 1 Abs. 1a UStG als nicht steuerbarer Umsatz anzusehen.

Beachte! Für Anton Asam hat dies jedoch zur Folge, dass er im Hinblick auf **§ 15a Abs. 10 UStG** den jeweiligen Berichtigungsbetrag seines Rechtsvorgängers (des Verkäufers) bis zum Ende des maßgeblichen Berichtigungszeitraumes fortzuführen hat.

Nutzung bis 31.03.2014		**Nutzung ab 01.04.2014**	
3. OG (200 qm)	eigengenutzte Wohnung B. Brechtl	3. OG (200 qm)	eigengenutzte Wohnung A. Asam
2. OG (200 qm)	Vermietung an Immobilien- und Finanzmakler Müller (Vermittlung Kredite 20 %) für 3.500 € (netto)	2. OG (200 qm)	Vermietung an Immobilien- und Finanzmakler Müller (Vermittlung Kredite 20 %) für 3.500 € (netto)
1. OG (200 qm)	Vermietung an die Wirtschafts- und Steuerberatungsgesellschaft Freund & Partner für 3.500 € (netto)	1. OG (200 qm)	Vermietung an die Wirtschafts- und Steuerberatungsgesellschaft Freund & Partner für 3.500 € (netto)
EG (200 qm)	Vermietung an einen Buchhändler für 3.000 € (netto)	EG (200 qm)	Galerie von Anton Asam ab 01.07.2014 Renovierung Juli 2014 Eröffnung 01.08.2014

Mit der **entgeltlichen Überlassung** der einzelnen Räumlichkeiten gegenüber den jeweiligen Mietern erbringt Anton Asam ab dem 01.04.2014 **sonstige Leistungen** im Leistungsaustausch gem. § 3 Abs. 9 Satz 1 und 2 UStG in Form von **Teilleistungen**, da bezüglich des Mietzinses monatlich abgerechnet wird (vgl. **§ 13 Abs. 1 Buchst. a Satz 2 und 3 UStG**).

Der Ort der Vermietungsumsätze richtet sich nach § 3a Abs. 3 Nr. 1a UStG, danach wo das Grundstück belegen ist (München).

München liegt gemäß § 1 Abs. 2 Satz 1 UStG im Inland.

Die Vermietungen sind daher gem. § 1 Abs. 1 Nr. 1 Satz 1 UStG steuerbar, aber **gem. § 4 Nr. 12 Satz 1 Buchst. a UStG steuerfrei**.

Bei der Steuerbefreiung des § 4 Nr. 12 Satz 1 Buchst. a UStG handelt es sich jedoch um einen Ausschlussumsatz (vgl. § 15 Abs. 2 Nr. 1 und Abs. 3 Nr. 1 UStG), welcher den Vorsteuerabzug nicht ermöglicht.

Anton Asam kann gem. § 9 Abs. 1 UStG unter anderem bei einen Umsatz, der – wie hier – gem. § 4 Nr. 12 Satz 1 Buchst. a UStG steuerfrei ist, als steuerpflichtig behandeln, **wenn der Umsatz an einen anderen Unternehmer für dessen Unternehmen ausgeführt wird**.

Eine Option gem. § 9 Abs. 1 UStG ist somit für sämtliche Vermietungen möglich, da die jeweiligen Mieter ihrerseits Unternehmer im Sinne von § 2 Abs. 1 Satz 1 und 3 UStG sind und die angemieteten Räume auch im Rahmen ihres jeweiligen Unternehmens nutzten.

Der Verzicht auf die Steuerbefreiung nach § 9 Abs. 1 UStG ist gem. § 9 Abs. 2 Satz 1 UStG und § 27 Abs. 2 UStG jedoch bei den Immobilien und Finanzmakler **Müller** eingeschränkt, da dieser neben steuerpflichtigen Ausgangsumsätzen auch steuerfreie Ausschlussumsätze, die den Vorsteuerabzug gemäß **§ 15 Abs. 2 Nr. 1 i.V.m. § 4 Nr. 8a UStG und § 15 Abs. 3 UStG** ausschließen, hat.

Die Einschränkung der Option nach § 9 Abs. 1 UStG durch die Regelung des § 9 Abs. 2 UStG ist auch vor dem Hintergrund des § 27 Abs. 2 Nr. 3 UStG anwendbar, da mit dem Neubau erst **2008/2009**, also nach dem 11.11.1993 begonnen und nicht vor dem 01.01.1998 fertig gestellt wurde (Fertigstellung erst Oktober 2009).

Es handelt sich somit um kein „Altgebäude" im Sinne des § 27 Abs. 2 UStG.

Beachte! Gemäß Abschn. 9.2 Abs. 3 UStAE ist eine Option auch weiterhin zulässig, wenn der Leistungsempfänger das gemietete Objekt nur in sehr geringem Umfang für Umsätze, die den Vorsteuerabzug ausschließen (Ausschlussumsätze) verwendet.

Eine geringfügige Verwendung für Ausschlussumsätze kann jedoch nur angenommen werden, wenn im Falle der steuerpflichtigen Vermietung die auf den Mietzins für das Grundstück bzw. für den Grundstücksteil entfallende Umsatzsteuer im Besteuerungszeitraum (Kalenderjahr, § 16 Abs. 1 Satz 2 UStG) höchstens zu 5 % vom Vorsteuerabzug ausgeschlossen wäre (Bagatellgrenze).

Da der Makler aber einen 20 %igen Anteil an steuerfreien Kreditvermittlungen hat, wurde die vorgenannte Bagatellgrenze überschritten; mit der Folge, dass eine Option nicht möglich ist.

Die Vermietung an den Makler Müller bleibt somit steuerfrei nach § 4 Nr. 12a UStG.

Die **steuerpflichtigen Vermietungen** an den Buchladen, die Wirtschafts- und Steuerberatungsgesellschaft sind daher zum Regelsteuersatz des **§ 12 Abs. 1 UStG** mit 19 % steuerpflichtig.

Die Bemessungsgrundlage bestimmt sich nach § 10 Abs. 1 Satz 1 und 2 UStG nach dem Entgelt, also alles was der jeweilige Leitungsempfänger aufwendet um die Leistung zu erhalten, jedoch ohne Umsatzsteuer.

Ermittlung der Bemessungsgrundlage	Steuerpflichtig		Steuerfrei
	BMG	USt	BMG
EG: Buchladen	3.000 €	580 €	
1. OG: Steuerberatungsgesellschaft	3.500 €	665 €	
2. OG: Makler Müller			3.500 €

Bei den ausgeführten Leistungen handelt es sich um Teilleistungen i.S.d. § 13 Abs. 1 Nr. 1a Sätze 2 und 3 UStG, sodass die Steuer gem. § 13 Abs. 1 Nr. 1 Buchst. a Satz 1 UStG monatlich entsteht und zu erklären ist.

Nutzung Erdgeschoss durch Anton Asam

Die Nutzung des Erdgeschosses durch Anton Asam für Zwecke seiner Galerie erfolgt innerhalb seines Unternehmens (nicht steuerbarer Innenumsatz).

Eine Nutzungsänderung im Sinne des § 15a UStG gegenüber der vorherigen Nutzung (steuerpflichtige Vermietung an den Buchhändler) ist nicht gegeben, da Anton Asam mit seiner Galerie zum Vorsteuerabzug berechtigende Ausgangsumsätze ausführt.

Selbstnutzung des 3. OG durch Anton Asam zu eigenen Wohnzwecken; Besteuerung der unentgeltlichen Wertabgabe nach § 3 Abs. 9a UStG.

Die Zuordnung des gesamten Gebäudes erfolgte laut den Bearbeitungshinweisen in vollem Umfang zum Unternehmensvermögen (vgl. § 15 Abs. 1 Satz 2 UStG i.V.m. Abschn. 15.2c Abs. 2 Nr. 2b UStAE). Die durch die Geschäftsveräußerung im Ganzen gemäß § 1 Abs. 1a Satz 3 UStG eintretende Einzelrechtsnachfolge führt bei Anton Asam dazu, dass bei ihm auf den Anschaffungs-/Herstellungszeitpunkt des Gebäudes durch Berthold Brechtl abzustellen ist.

Somit bleibt die Übertragung im Rahmen der Geschäftsveräußerung im Ganzen im Jahr 2014 für die Prüfung der Übergangsregelung des § 27 Abs. 16 UStG i.V.m. § 15 Abs. 1b UStG unberücksichtigt.

Somit stellt die Nutzung 3. Obergeschosses zu eigenen Wohnzwecken gem. § 3 Abs. 9a Nr. 1 UStG eine unentgeltliche Wertabgabe (Seeling-Modell) dar, die gem. **§ 3f Satz 1 UStG** ebenfalls in München gem. **§ 1 Abs. 1 Nr. 1 Satz 1 UStG steuerbar ist, da die Regelung des § 15 Abs. 1b UStG vor dem Hintergrund des § 27 Abs. 16 UStG nicht anwendbar** ist, da das Gebäude von Berthold Brechtl vor dem 01.01.2011 angeschafft wurde.

Eine Berechnung der unentgeltlichen Wertabgabe kann laut der Aufgabenstellung unterbleiben (siehe hierzu aber die nachfolgenden Ausführungen).

Beachte! Die Einfügung des § 15 Abs. 1b UStG basiert auf **Artikel 168a MwStSystRL**, der durch die Richtlinie 2009/162/EU des Rates zur Änderung verschiedener Bestimmungen der MwStSystRL vom 22.12.2009 (ABl. EU 2010 Nr. L 10 S. 1) eingefügt wurde und zum **01.01.2011** umzusetzen war.

Mit § 15 Abs. 1b UStG wurde der Vorsteuerabzug für gemischt genutzte Grundstücke neu geregelt. Nach dieser Vorschrift ist die Steuer für die Lieferungen, die Einfuhr und den innergemeinschaftlichen Erwerb sowie für die sonstigen Leistungen im Zusammenhang mit einem Grundstück vom Vorsteuerabzug ausgeschlossen, soweit sie nicht auf die Verwendung des Grundstücks für Zwecke des Unternehmens entfällt.

Somit ist ein voller Vorsteuerabzug – auch für den privat genutzten Gebäudeteil – nicht mehr möglich.

Hinweis! Durch die Einfügung des § 15a Abs. 6a UStG wird gewährleistet, dass im Fall der ggf. späteren Änderung der Verwendung eine Vorsteuerberichtigung nach den Grundsätzen des § 15a UStG erfolgt.

Die neue Regelung ist zum 01.01.2011 in Kraft getreten.

⬇

Sie ist jedoch nicht anzuwenden auf Wirtschaftsgüter, die aufgrund eines **vor dem 01.01.2011 rechtswirksam abgeschlossenen obligatorischen Vertrags** oder gleichstehenden Rechtsakts angeschafft worden sind oder mit deren **Herstellung vor dem 01.01.2011 begonnen** worden ist; vgl. § 27 Abs. 16 UStG.

⬇

d.h., die Grundsätze des Seeling-Urteils sind noch weit über den Stichtag 31.12.2010 anwendbar.

Beispiel: Bau Einfamilienhaus durch Unternehmer U, geplante Nutzung 80 % unternehmerische (vorsteuerunschädliche) Nutzung, 20 % eigene Wohnzwecke.
Beginn der Herstellung = Stellen des Bauantrages; § 27 Abs. 16 Satz 2 UStG.

Hier:

Bauantrag am	20.12.2010
Baugenehmigung	20.02.2011
Baubeginn	16.04.2011
Fertigstellung	30.06.2012
Nutzung (wie geplant) ab	01.07.2012

Herstellungskosten (netto)		500.000 €
Vorsteuern		95.000 €
davon abziehbar nach § 15 Abs. 1 Nr. 1 UStG (EFH zutreffend zu 100 % dem Unternehmensvermögen zugeordnet)		95.000 €
abzugsfähig		**95.000 €**
unternehmerische Nutzung 80 %		76.000 €
private Nutzung 20 %		19.000 €

Besteuerung der unentgeltlichen Wertabgabe § 3 Abs. 9a Nr. 1 i.V.m. § 10 Abs. 4 Nr. 2 UStG		
2012	500.000 € × $\frac{1}{10}$ × $\frac{6}{12}$ × 20 % × 19 %	950 €
	Berichtigungszeitraum nach § 15a UStG 10 Jahre	
	Pro rata temporis für 2012 6 Monate	
2013		
2021	500.000 € × $\frac{1}{10}$ × 9 Jahre × 20 % × 19 %	17.100 €
2022	500.000 € × $\frac{1}{10}$ × $\frac{6}{12}$ × 20 % × 19 %	950 €

Rückzahlung Vorsteuer gesamt: (Voraussetzung ist, dass die Nutzung im gesamten Berichtigungszeitraum unverändert bleibt)	19.000 €

Teil I: Die Steuerberaterprüfung

> **Fazit:** Auch in zukünftigen Steuerberater-Examen kann die Seeling-Rechtsprechung durchaus noch eine Rolle spielen.

2.3.2.7 Der Vorsteuerabzug (§ 15 UStG)

2.3.2.7.1 Der Vorsteuerabzug nach § 15 Abs. 1 UStG ab dem 01.01.2013

Die Systematik des deutschen UStG	
§ 15 Abs. 1 Satz 1 Nr. 1 UStG	
Bezug von Leistungen für das Unternehmen ⟹	die Vorsteuer ist abziehbar
§ 15 Abs. 2 Nr. 1 UStG	
keine Verwendung für Ausschlussumsätze ⟹	die Vorsteuer ist abzugsfähig
Ausgangssituation	

Art. 168 MwStSystRL formuliert dagegen:
„soweit die Gegenstände und Dienstleistungen für Zwecke seiner besteuerten Umsätze verwendet werden, ist der Steuerpflichtige berechtigt ..."

BFH vom 05.06.2010, BStBl II 2010, 885
Nationales Recht entspricht trotz der Unterschiede im Wortlaut dem EU-Recht.

Eine Reihe von Urteilen des **BFH** hat dazu geführt, dass die Zuordnung von Leistungsbezügen zum unternehmerischen Bereich differenzierter als bisher gesehen wird:
- BFH vom 09.12.2010, V R 17/10, BStBl II 2012, 53,
- BFH vom 12.01.2011, XI R 9/08, BStBl II 2012, 58,
- BFH vom 13.01.2011, V R 12/08, BStBl II 2012, 61,
- BFH vom 27.01.2011, V R 38/09, BStBl II 2012, 68,
- BFH vom 03.03.2011, V R 23/10, BStBl II 2012, 74.

Hierzu sind Verwaltungsanweisungen ergangen, wonach die neuen Grundsätze ab 01.01.2013 angewandt werden müssen:
- BMF vom 02.01.2012, BStBl I 2012, 60,
- BMF vom 24.04.2012, BStBl I 2012, 533.

Begriffsverwendung durch den BFH:

Verwendung der bezogenen Eingangsleistung für eine		
wirtschaftliche	oder	nichtwirtschaftliche
Tätigkeit		
bisherige Begriffsverwendung		
unternehmerisch		nichtunternehmerisch

Was sind Tätigkeiten i.S.d. Vorsteuerabzugs?
(Darstellung)

	Tätigkeiten	
	unternehmerische (wirtschaftliche) Tätigkeiten	nichtunternehmerische (nichtwirtschaftliche) Tätigkeiten
	unternehmensfremde Tätigkeiten • Entnahmen § 3 Abs. 1b und Abs. 9a UStG	nichtwirtschaftliche Tätigkeiten im engeren Sinn • alle nichtunternehmerischen Tätigkeiten, die nicht unternehmensfremd (privat) sind

Nichtwirtschaftliche Tätigkeiten im engeren Sinne:
- Unentgeltliche Tätigkeiten eines Vereins die aus ideellen Vereinszwecken verfolgt werden.
- Hoheitliche Tätigkeiten einer juristischen Person des öffentlichen Rechts.
- Veräußerungen von gesellschaftsrechtlichen Beteiligungen, wenn diese nicht dem Unternehmensvermögen zugeordnet waren.

Wichtig! Erfolgt der Leistungsbezug sowohl für eine unternehmerische, als auch eine nichtwirtschaftliche Tätigkeit im engeren Sinne erfordert dies eine Aufteilung der Vorsteuerbeträge.

Materiell-rechtliche Voraussetzungen für den Vorsteuerabzug

Beachte! Verwendung der Eingangsleistung (bzw. beabsichtigte Verwendung) für:			
Wirtschaftliche Tätigkeiten		Nichtwirtschaftliche Tätigkeiten	
Bereich 1	Bereich 2	Bereich 3	Bereich 4
Steuerpflichtige Leistungen	Steuerfreie oder im Ausland steuerbare Leistungen	Private Tätigkeiten (unternehmensfremd)	Andere nichtwirtschaftliche Tätigkeiten im engeren Sinn (i.e.S.)
Vorsteuerabzug			
Ja	Nein (aber § 15 Abs. 3 UStG beachten)	Nein (aber ggf. ist eine Zuordnung zum **Bereich 1** möglich § 15 Abs. 1 S. 2 UStG (10 % Grenze) § 15 Abs. 1b UStG)	Nein (auch keine Zuordnung zum **Bereich 1** möglich)

> Vgl. hierzu BMF vom 02.01.2014,
> BStBl I 2014, 119
> Zuordnung von Leistungen zum
> Unternehmen nach § 15 Abs. 1 UStG

> **I. Tz. 1 b) bb) des o.g. BMF-Schreibens**
> Teilunternehmerische unternehmensfremde Verwendung
> (Zuordnungswahlrecht)

> **I. Tz. 1 des o.g. BMF-Schreibens**
> Eine Zuordnung zum Unternehmen ist ausgeschlossen (Zuordnungsverbot)

Zusammenhang von erhaltener Eingangsleistung und getätigter Ausgangsleistung:
- Bezug der Leistung nur dann für das Unternehmen, wenn ein direkter und unmittelbarer Zusammenhang mit einem oder mehreren Ausgangsumsätzen besteht.
- Fehlt dieser Zusammenhang ist auf die wirtschaftliche Gesamttätigkeit abzustellen.
- Ein nur mittelbar verfolgter Zweck der den Vorsteuerabzug zulassen würde ist schädlich.

Grundsatz:
Erste (geplante) Verwendung ist für den Vorsteuerabzug maßgebend.
(BMF vom 02.01.2012, BStBl I 2012, 60; BMF vom 02.01.2014, BStBl I 2014, 119)

Für den Vorsteuerabzug des Unternehmers ergeben sich nach den o.g. Grundsätzen folgende Fallgruppen:
1. Direkter und unmittelbarer Zusammenhang mit einer unternehmerischen oder nichtunternehmerischen Tätigkeit.
2. Verwendung sowohl für unternehmerische als auch nichtunternehmerische Tätigkeiten (sog. teilunternehmerische Verwendung).
3. Unmittelbarer Zusammenhang nicht mit einzelnen Ausgangsumsätzen, sondern nur mit der Gesamttätigkeit.

Zu 1. Direkter und unmittelbarer Zusammenhang mit einer unternehmerischen oder nichtunternehmerischen Tätigkeit

> **Beispiel 1:** Ein Arzt erbringt sowohl nach **§ 4 Nr. 14 Buchst. a UStG** steuerfreie Heilbehandlungsleistungen als auch steuerpflichtige Leistungen (plastische und ästhetische Operationen).
> Er erwirbt einen Behandlungsstuhl für 1.000 € zzgl. 190 €, den er zu 80 % für seine steuerfreien Leistungen und zu 20 % für seine steuerpflichtigen Umsätze verwendet.
> Der Behandlungsstuhl wird unmittelbar und direkt für die unternehmerische Tätigkeit des Arztes bezogen (**100 % der Vorsteuer abziehbar**).
> Da er zu **80 %** steuerfreie Leistungen ausführt, sind nach § 15 Abs. 2 Nr. 1 UStG nur 38 € (20 % von 190 €) als Vorsteuer abzugsfähig.

> **Beispiel 2:** Klempner K aus Köln verlost anlässlich seiner Hausmesse ein iPad unter allen Besuchern. Das iPad hatte K für 300 € zzgl. 19 % USt ausschließlich für diesen Zweck eingekauft.
> Die Abgabe des iPads erfolgte aus unternehmerischen Gründen und fällt der Art nach unter § 3 Abs. 1b Satz 1 Nr. 3 UStG; es handelt sich nicht um ein Geschenk von geringem Wert.
> Da K die Verwendung bereits bei Leistungsbezug beabsichtigt, berechtigen die Anschaffungskosten nach § 15 Abs. 1 UStG **nicht** zum Vorsteuerabzug.
> Eine Wertabgabenbesteuerung unterbleibt mangels des Abzuges der Vorsteuer (§ 3 Abs. 1b Satz 2 UStG).

> **Beachte!** Zu den in Beispiel 2 aufgeführten Grundsätzen vgl. die im weiteren Verlauf dargestellte **Tz. 5 des Steuerberaterexamens 2013** vom 08.10.2013, vgl. Kap. 2.3.2.7.2.

Zu 2. Verwendung sowohl für unternehmerische als auch nichtunternehmerische Tätigkeiten (sog. teilunternehmerische Verwendung)

a) Verwendung sowohl für unternehmerische als auch für nichtwirtschaftliche Tätigkeiten i.e.S.

Der Kindererholungszentrum (KIEZ) e.V. erwirbt am 31.05.2013 einen Pkw (**Vorsteuer = 5.000 €**), den er sowohl für den wirtschaftlichen Geschäftsbetrieb (**unternehmerische Tätigkeit = 15 %**) als auch für seinen ideellen Bereich (**nichtwirtschaftliche Tätigkeit i.e.S. = 85 %**) zu verwenden beabsichtigt und auch tatsächlich verwendet.

Der Vorsteuerabzug aus der Anschaffung des Pkw ist anteilig nur insoweit zu gewähren, als der Verein den Pkw für den wirtschaftlichen Geschäftsbetrieb zu verwenden beabsichtigt (**15 % = 750 €**).

Eine Zuordnung des Gegenstandes (Pkw) kann nur für den unternehmerisch genutzten Teil (15 %) erfolgen. Der Rest (**85 %**) befindet sich **nicht** in der unternehmerischen Sphäre.

Vgl. hierzu das BMF-Schreiben vom 02.01.2014, BStBl I 2014, 119, I) Tz. 1 b) aa) kein Wahlrecht der der vollständigen Zuordnung, sondern Aufteilungsgebot

Problem

Umsatzsteuerliche Behandlung bei später abweichender Nutzung
1. Verringerung der unternehmerischen Nutzung
- ab 01.06.2013: 15 % unternehmerische Nutzung
- ab 01.01.2014: 10 % unternehmerische Nutzung

Pkw = **15 %** Unternehmensvermögen ab Anschaffung
Verminderung der Nutzung für (zum Vorsteuerabzug berechtigende Zwecke)
hier um **5 %**
Keine Änderung der Verhältnisse i.S.d. **§ 15a UStG**, sondern Besteuerung einer Nutzungsentnahme nach **§ 3 Abs. 9a UStG**; vgl. hierzu **BMF vom 02.01.2012, BStBl I 2012, 60, Tz. III /4**.

> **Beachte!** Änderung der unternehmerischen Nutzung auf unter 10 % führt m.E. zu einer Zwangsentnahme nach § 3 Abs. 1b UStG, da die unternehmerische Mindestnutzung (§ 15 Abs. 1 Satz 2 UStG) nicht mehr gegeben ist.

2. Erhöhung der unternehmerischen Nutzung
- ab 01.06.2013: 15 % unternehmerische Nutzung
- ab 01.01.2014: 50 % unternehmerische Nutzung

Pkw = **15 %** Unternehmensvermögen ab Anschaffung
Erhöhung der unternehmerischen Nutzung um **35 %**
Einlage = umsatzsteuerrechtlich irrelevant, grundsätzlich keine Auswirkung auf die Vorsteuer, aber **vgl. hierzu BMF vom 02.01.2012, BStBl I 2012, 60, Tz. III/4 und BMF vom 02.01.2014, Beispiel 15.**
Keine „Einlagenentsteuerung", sondern Vorsteuerberichtigung nach § 15a UStG aus Billigkeitsgründen.
Bagatellgrenzen des § 44 UStDV beachten.

Auswirkungen auf das vorherige Beispiel:
Pkw = Vorsteuer gesamt = 5.000 € (2013)
15 % Unternehmensvermögen ab Anschaffung/**Vorsteuer = 750 €**
Erhöhung der unternehmerischen Nutzung um **35 %** ab 2014

Vorsteuerberichtigung nach § 15a UStG
Grenze des § 44 Abs. 1 UStDV (1.000 €) überschritten
Jahresbetrag = 1.000 € ($^1/_5$ von 5.000 €), § 15a Abs. 5 S. 1 UStG
davon 2013 = 150 € ($^1/_5$ von 750 €)
davon 2014 = 500 € (50 % von 1.000 €)
Differenz = 350 € (zusätzliche Vorsteuer in 2014)
Korrektur ist durchzuführen, da Änderung zwar kleiner als 1.000 €, aber prozentual größer 10 %; § 44 Abs. 2 UStDV.

b) Verwendung sowohl für unternehmerische als auch für unternehmensfremde Tätigkeiten (Sonderfall)

Handelt es sich bei der nichtunternehmerischen Tätigkeit um den **Sonderfall** (??) einer Entnahme für private Zwecke (**unternehmensfremde Tätigkeit**) und bezieht der Unternehmer eine Leistung zugleich für seine unternehmerische Tätigkeit und für private Zwecke, so kann er die bezogene Leistung insgesamt seiner unternehmerischen Tätigkeit zuordnen, sofern die 10 %-Grenze nach **§ 15 Abs. 1 Satz 2 UStG** überschritten ist.
(Keine Änderung zur bisherigen Rechtsauffassung.)
Vgl. auch BMF vom 02.01.2014, BStBl I 2014, 119, I) Tz. 1b) bb) Zuordnungswahlrecht.

Ein Vorsteuerabzug ist sowohl für die unternehmerische Tätigkeit (wenn kein Ausschluss nach § 15 Abs. 2 UStG gegeben), als auch für die Privatverwendung möglich.

Insoweit erfolgt eine Besteuerung der Privatverwendung nach **§ 3 Abs. 1b oder 9a UStG.**

Ausgenommen sind hiervon teilweise unternehmensfremd genutzte Grundstücke i.S.d. **§ 15 Abs. 1b UStG.**

> **Beispiel 1:** Ein Versicherungsvertreter hat ausschließlich nach § 4 Nr. 11 UStG steuerfreie Vermittlungsumsätze und kauft am 31.05.2013 einen Pkw (Vorsteuer 10.000 €), den er privat und unternehmerisch nutzt.
> Zuordnung des Pkw mit Wahlrecht zum Unternehmensvermögen möglich (wenn ja, Vorsteuer abziehbar, **§ 15 Abs. 1 Nr. 1 UStG**).
> Der Versicherungsvertreter führt keine Umsätze aus, die zum Vorsteuerabzug berechtigen (**§ 15 Abs. 2 Nr. 1 UStG**).
> Der Vorsteuerabzug aus den Kosten der Anschaffung und Nutzung des Pkw für die unternehmerische und private Verwendung ist deshalb ausgeschlossen.
> Die private Verwendung führt zu keiner steuerbaren unentgeltlichen Wertabgabe (**§ 3 Abs. 9a Satz 1 UStG**).

> **Beispiel 2:** Ein Arzt erbringt im Umfang von **80 %** seiner entgeltlichen Umsätze steuerfreie Heilbehandlungsleistungen und nimmt zu 20 % steuerpflichtige plastische und ästhetische Operationen vor. Er erwirbt einen Pkw (**Vorsteuer = 10.000 €**), den er je zur Hälfte privat und für seine gesamte ärztliche Tätigkeit nutzt.
> Die Vorsteuern sind bei Zuordnung des Pkw zu 100 % zum Unternehmensvermögen i.H.v. **100 % = 10.000 €** abziehbar.
> Die Vorsteuer ist i.H.v. **60 % = 6.000 €** abzugsfähig (**50 % von 20 % steuerpflichtige unternehmerische Nutzung 50 % der ihrer Art nach steuerpflichtigen Privatnutzung**).
> Die unentgeltliche Wertabgabe nach § 3 Abs. 9a Nr. 1 UStG (50 % Privatanteil) ist in voller Höhe steuerbar und steuerpflichtig.

2.3.2.7.2 Die Grundsätze der Zuordnung zum Unternehmensvermögen

> **BMF vom 02.01.2014, BStBl I 2014, 119**
> Die Zuordnung von Leistungen zum Unternehmen nach § 15 Abs. 1 UStG unter Berücksichtigung der BFH-Urteile vom 07.07.2011, V R 41/09, V R 42/09 und V R 21/101 sowie vom 19.07.2011, XI R 29/10, XI R 21/10 und XI R 29/09.

Der BFH hat in seinen Urteilen vom **07.07.2011, V R 41/09, V R 42/09 und V R 21/10** über Fragen der Zuordnung eines einheitlichen Gegenstands zum Unternehmen nach § 15 Abs. 1 UStG im Fall der Errichtung eines teilunternehmerisch genutzten Gebäudes entschieden.

In drei weiteren Urteilen hat er sich grundsätzlich zu den Voraussetzungen und zum Umfang des Vorsteuerabzugs im Zusammenhang mit der Installation einer Fotovoltaikanlage zur Erzeugung von Strom aus solarer Strahlungsenergie geäußert.

> **Urteile vom 19.07.2011, XI R 29/09, BStBl II 2012, 430, XI R 21/10, BStBl II 2012, 434, und XI R 29/10, BStBl II 2012, 438.**

Über die Zuordnung von teilunternehmerisch genutzten Gegenständen hinaus werden im Folgenden die Grundsätze der Zuordnung von Leistungen zum Unternehmen nach § 15 Abs. 1 UStG dargestellt.

Grundsätze der Zuordnung

Für die Zuordnung von Leistungen zum Unternehmen gelten nach dem **BMF-Schreiben vom 02.01.2012, BStBl I 2012, 60**, folgende Grundsätze:

Der Unternehmer ist nach § 15 Abs. 1 UStG zum Vorsteuerabzug berechtigt, soweit er Leistungen für seine **unternehmerischen Tätigkeiten** zur Erbringung entgeltlicher Leistungen zu verwenden beabsichtigt (**Zuordnung zum Unternehmen**).

Beabsichtigt der Unternehmer bereits bei Leistungsbezug, die bezogene Leistung ausschließlich für die Erbringung nicht entgeltlicher Leistungen (**nichtunternehmerische Tätigkeiten**) zu verwenden, ist der Vorsteuerabzug grundsätzlich zu versagen.

Die **nichtunternehmerischen Tätigkeiten** sind in **nichtwirtschaftliche Tätigkeiten im engeren Sinne (nichtwirtschaftliche Tätigkeiten i.e.S.) und unternehmensfremde Tätigkeiten** zu unterteilen.

Bezieht der Unternehmer eine Leistung zugleich für seine unternehmerische und für seine nichtwirtschaftliche Tätigkeit i.e.S. (**vgl. Abschnitt 2.3 Abs. 1a UStAE**), ist der Vorsteuerabzug nur insoweit zulässig, als die Aufwendungen seiner unternehmerischen Tätigkeit zuzuordnen sind (§ 15 Abs. 1 UStG), und bei Gegenständen die 10 %-Grenze nach § 15 Abs. 1 Satz 2 UStG (unternehmerische Mindestnutzung) erreicht ist.

Handelt es sich bei der nichtunternehmerischen Tätigkeit um den Sonderfall einer Entnahme für unternehmensfremde Zwecke, und bezieht der Unternehmer einen einheitlichen Gegenstand zugleich für seine unternehmerische Tätigkeit und für diese privaten Zwecke, kann der Unternehmer den bezogenen Gegenstand insgesamt seiner unternehmerischen Tätigkeit zuordnen (**Zuordnungswahlrecht**), sofern die 10 %-Grenze nach § 15 Abs. 1 Satz 2 UStG (unternehmerische Mindestnutzung) erreicht ist.

Wird eine Leistung ausschließlich für unternehmerische Tätigkeiten bezogen, ist sie vollständig dem Unternehmen zuzuordnen.

Bei einer Leistung, die ausschließlich für nichtunternehmerische Tätigkeiten bezogen wird, ist eine Zuordnung zum Unternehmen hingegen ausgeschlossen.

Bei einer Leistung, die sowohl für die unternehmerischen als auch für die nichtunternehmerischen Tätigkeiten bezogen wird, ist zwischen **vertretbaren Sachen und sonstigen Leistungen** auf der einen Seite und **einheitlichen Gegenständen** auf der anderen Seite zu differenzieren:

a) Lieferung vertretbarer Sachen und sonstige Leistungen

Beim Bezug vertretbarer Sachen (Sachen die nach Zahl, Maß oder Gewicht bestimmt werden können) und sonstiger Leistungen sind diese entsprechend der beabsichtigten Verwendung aufzuteilen (**Aufteilungsgebot**).

b) Einheitliche Gegenstände

Beabsichtigt der Unternehmer, einen einheitlichen Gegenstand sowohl für die Unternehmerische als auch die nichtunternehmerische Tätigkeit zu verwenden (**teilunternehmerische Verwendung**), gilt Folgendes:

aa) Teilunternehmerische nichtwirtschaftliche Verwendung i.e.S.

Besteht die nichtunternehmerische Tätigkeit in einer **nichtwirtschaftlichen Tätigkeit i.e.S. (vgl. Abschnitt 2.3 Abs. 1a UStAE)**, hat der Unternehmer kein Wahlrecht zur vollständigen Zuordnung des Gegenstandes, es besteht grundsätzlich ein Aufteilungsgebot.

Aus Billigkeitsgründen kann der Unternehmer den Gegenstand im vollen Umfang in seinem nichtunternehmerischen Bereich belassen.

In diesem Fall ist eine spätere Vorsteuerberichtigung zugunsten des Unternehmers im Billigkeitswege nach **Abschnitt 15a.1 Abs. 7 UStAE** ausgeschlossen.

bb) Teilunternehmerische, unternehmensfremde Verwendung

Besteht die nichtunternehmerische Tätigkeit in einer unternehmensfremden Verwendung (Sonderfall), hat der Unternehmer ein **Zuordnungswahlrecht**.
Er kann den Gegenstand:
1. insgesamt seiner unternehmerischen Tätigkeit zuordnen,
2. in vollem Umfang in seinem nichtunternehmerischen Bereich belassen oder
3. im Umfang der tatsächlichen (ggf. zu schätzenden) unternehmerischen Verwendung seiner unternehmerischen Tätigkeit zuordnen.

Erreicht der Umfang der unternehmerischen Verwendung eines einheitlichen Gegenstands nicht mindestens 10 % (unternehmerische Mindestnutzung), greift das **Zuordnungsverbot nach § 15 Abs. 1 Satz 2 UStG**.

c) Aufwendungen im Zusammenhang mit einheitlichen Gegenständen

Aufwendungen, die im Zusammenhang mit dem Gebrauch, der Nutzung oder der Erhaltung eines einheitlichen Gegenstands stehen, der nur teilweise unternehmerisch genutzt wird, sind grundsätzlich nur in Höhe der unternehmerischen Verwendung für das Unternehmen bezogen (**Aufteilungsgebot**).

Dabei ist vorrangig zu prüfen, ob die bezogene Leistung unmittelbar für die unternehmerische oder nichtunternehmerische Nutzung des Gegenstands verwendet wird.

Ist eine direkte Zuordnung im Zusammenhang mit der Verwendung des Gegenstands nicht möglich, ist eine Aufteilung der Umsatzsteuerbeträge analog § 15 Abs. 4 UStG vorzunehmen.

Diese Aufteilung kann auf einer sachgerechten Schätzung beruhen (z.B. Aufteilungsverhältnisse des Vorjahres), die erforderlichenfalls im Voranmeldungsverfahren oder in der Jahreserklärung anzupassen ist.

> **Beachte!** Für einheitliche Gegenstände, die keine Grundstücke im Sinne des § 15 Abs. 1b UStG sind und für die der Unternehmer sein Wahlrecht zur vollständigen Zuordnung zum Unternehmen ausgeübt hat (**vgl. Nr. 1 Buchstabe b Doppelbuchstabe bb**), kann für Aufwendungen, die durch die Verwendung des Gegenstands anfallen, aus Vereinfachungsgründen grundsätzlich der volle Vorsteuerabzug geltend gemacht werden z.B. **Vorsteuer für den Bezug von Kraftstoff für einen zu 100 % dem Unternehmensvermögen zugeordneten Pkw, der durch den Unternehmer (zutreffend) zu 60 % unternehmerisch und zu 40 % nichtunternehmerisch (privat) genutzt wird.**
> (Abschnitt 15.2c Abs. 2 Satz 6 UStAE)

> **Beispiel zum Vorsteuerabzug:**
> Tz. 5 des Steuerberaterexamens 2013 vom 08.10.2013
>
> **Aufgabe:** Umsatzsteuerliche Beurteilung des Sachverhaltes bei der Terra GmbH (§ 16 UStG und monatliche Abgabe der Voranmeldungen) im Jahr 2013.
>
> **Allgemeines:** Die Terra GmbH mit Sitz in München, Dachauer Str. 120, ist auf dem Immobiliensektor tätig.
> Sie betätigt sich als Maklerin, bietet Hausverwaltungsdienste an und besitzt im Inland und in Österreich einige Wohn- und Geschäftshäuser, die sie vermietet.
> Da die Immobilienvermittlungen in der letzten Zeit etwas stagnierten, entschloss sich die GmbH zu einer Werbeaktion. An alle in Betracht kommenden Kunden im Raum Starnberg wurde im April 2013 ein Fragenkatalog versendet.

\multicolumn{2}{l}{Unter den bis zum 30. Juni 2013 eingegangenen Rücksendungen wurden folgende Preise verlost:}
1. Preis:	Ein Elektro-City-Roller. Die GmbH hatte den Roller im Mai 2013 von der Firma Lachner aus Starnberg erworben. Die Übergabe erfolgte am 14. Mai 2013. Die Rechnung vom selben Tag lautete über 3.000 € zuzüglich 570 € USt. Die GmbH überwies den Betrag eine Woche später.
2. Preis:	Ein Rundflug über das bayerische Alpenvorland vom Königsee bis zum Bodensee für zwei Personen. Die Firma Flugcharter stellte der GmbH dafür am 19. Juni 2013 1.000 € zuzüglich 190 € USt in Rechnung, die die GmbH umgehend beglich.
3.–20. Preis:	Je ein Bildband über die Sehenswürdigkeiten rund um den Starnberger See. Die Bildbände zum Stückpreis von 30 € zuzüglich 2,10 € USt bestellt die GmbH bei der Buchhandlung Bauer aus Starnberg. Bauer stellte die Bildbände am 29. Mai 2013 der GmbH zu. Die beiliegende Rechnung überwies die GmbH eine Woche später.

Die Gewinner, die alle aus Starnberg und Umgebung stammten, wurden Anfang Juli 2013 von ihrem Gewinn verständigt. Sie holten ihre Preise noch im Juli 2013 bei der GmbH in München ab. Der Voralpenrundflug fand am 27. Juli 2013 statt.

Tz. 5 (Lösung):

a) Elektro-City Roller (1. Preis)

Erwerb des Rollers durch die Terra GmbH/Vorsteuerabzugsberechtigung

(Ausschluss Abschn. 15.15 Abs. 1 UStAE)

Die Firma Lachner erbringt mit der Übereignung des Rollers an die Terra GmbH eine Lieferung nach § 3 Abs. 1 UStG gegen Entgelt.

Der Ort der Lieferung bestimmt sich nach § 3 Abs. 5a, Abs. 6 Satz 1 UStG danach wo die warenbewegte Lieferung beginnt (Fachgeschäft des Lachner in Starnberg = Inland, § 1 Abs. 2 Satz 1 UStG). Die Lieferung ist daher gem. § 1 Abs. 1 Nr. 1 Satz 1 UStG steuerbar und mangels Steuerbefreiung (§ 4 UStG) mit dem Regelsteuersatz des § 12 Abs. 1 UStG mit 19 % steuerpflichtig.

Die Bemessungsgrundlage beträgt unter Berücksichtigung des § 10 Abs. 1 Satz 1 und 2 UStG 3.000 € (= 3.570 €/1,19) und die Umsatzsteuer somit 570 € (= 3.000 € × 19 %).

Beachte! Trotz ordnungsgemäßer Rechnung steht der GmbH kein Vorsteuerabzug nach § 15 Abs. 1 Satz 1 Nr. 1 UStG aus dem Erwerb des Rollers zu, da bereits bei Leistungsbezug die Absicht bestand den für eine unentgeltliche Wertabgabe i.S.d. § 3 Abs. 1b Satz 1 Nr. 3 UStG (unternehmensfremde Tätigkeit) zu verwenden (**vgl. Abschn. 15.2 Abs. 15a Satz 5 und Abschn. 15.15 Abs. 1 UStAE**).

Übereignung des Rollers an den Gewinner:

Mit der Übereignung des Elektro-City Roller durch die Terra GmbH an den Gewinner des Preisausschreibens erbringt die Terra GmbH eine Lieferung i.S.d. § 3 Abs. 1 UStG. Mangels Entgelt ist dies Lieferung grundsätzlich nicht steuerbar.

Da jedoch der Roller weder ein Geschenk von geringem Wert noch ein Warenmuster darstellt, wird die unentgeltliche Zuwendung gem. § 3 Abs. 1b Satz 1 Nr. 3 UStG dem Grunde nach einer Lieferung gegen Entgelt gleichgestellt.

Aus diesem Grund steht der GmbH bereits bei Leistungsbezug kein Vorsteuerabzug (vgl. Abschn. 15.2 Abs. 15a Satz 5 und Abschn. 15.15 Abs. 1 UStAE) gem. § 15 Abs. 1 Satz 1 Nr. 1 UStG zu.

Mangels Vorsteuerabzugsberechtigung scheidet dann aber gem. § 3 Abs. 1b Satz 2 UStG eine steuerbare unentgeltliche Wertabgabe ebenfalls aus.

b) Bildbände (3. bis 20. Preis)

Die Buchhandlung Bauer erbringt 18 Lieferungen gemäß § 3 Abs. 1 UStG an die Terra GmbH im Inland (§ 1 Abs. 2 Satz 1 i.V.m. § 3 Abs. 5a, Abs. 6 Satz 1 UStG) welche nach § 1 Abs. 1 Nr. 1 Satz 1 UStG steuerbar und mangels Steuerbefreiung (§ 4 UStG) zum ermäßigten Steuersatz (§ 12 Abs. 2 Nr. 1 UStG i.V.m. Anlage 2 Nr. 49 zum UStG) von 7 % steuerpflichtig sind.

Die Bemessungsgrundlage nach § 10 Abs. 1 UStG beläuft sich bei den Bildbänden auf jeweils 30 € (= 32,10 €/1,07) pro Band und die Umsatzsteuer auf 2,10 € (30 € × 7 %).

Vorsteuerabzug aus dem Erwerb der Bildbände:

Im Unterschied zu der unentgeltlichen Wertabgabe des Rollers ist die unentgeltliche Wertabgabe der Bildbände nicht dem Grunde nach § 3 Abs. 1b Nr. 3 UStG steuerbar, da es sich bei jedem Bildband um ein Geschenk von geringem Wert handelt.

> Geschenke von geringem Wert liegen gem. Abschn. 3.3 Abs. 11 UStAE vor, wenn die Anschaffungs- oder Herstellungskosten der dem Empfänger im Kalenderjahr zugewendeten Gegenstände insgesamt 35 € (Nettobetrag ohne Umsatzsteuer) nicht übersteigt.

Da bereits bei Leistungsbezug feststeht, dass nachfolgend keine unentgeltliche Wertabgabe verwirklicht wird (Geschenke von geringem Wert), hat die Terra GmbH eine abziehbare Vorsteuer gem. § 15 Abs. 1 Satz 1 Nr. 1 UStG i.H.v. gesamt 37,80 € (= 18 Bildbände × 2,10 €).

Beachte! Der Vorsteuerabzug ist auch nicht durch die Regelung des § 15 Abs. 1a UStG i.V.m. § 4 Abs. 5 Satz 1 Nr. 1 EStG ausgeschlossen, da es sich bei den Preisen nicht um Geschenke i.S.d. § 4 Abs. 5 Satz 1 Nr. 1 EStG, sondern um eine Werbemaßnahme handelt (vgl. Abschn. 15.6 Abs. 4 UStAE i.V.m. R 4.10 Abs. 5 Satz 5 Nr. 3 EStR).

Die Abzugsfähigkeit der Vorsteuer wird auch nicht § 15 Abs. 2 Nr. 1, Abs. 3 und Abs. 4 UStG teilweise eingeschränkt bzw. ausgeschlossen ist, obwohl die Terra GmbH sowohl steuerpflichtige, als auch steuerfreie Umsätze ausführt.

Da jedoch die Werbeaktion „Preisausschreiben" sich nur auf die Sparte „Immobilienvermittlung", also zum Vorsteuerabzug berechtigte Ausgangsumsätze bezog, ist der Vorsteuerabzug auch nicht durch § 15 Abs. 2 bis 4 UStG eingeschränkt bzw. ausgeschlossen.

Der Vorsteuerabzug ist somit im VAZ Mai 2013 möglich, da die Lieferungen im Mai ausgeführt wurden und in diesem Monat auch eine korrekte Rechnung erteilt wurde.

c) Voralpenrundflug

Mit dem Rundflug erbringt die Firma Flugcharter an die Terra GmbH eine sonstige Leistung i.S.d. § 3 Abs. 9 Satz 1 UStG.

Der Ort der sonstigen Leistung bestimmt sich dabei als B2B-Umsatz gem. § 3a Abs. 2 UStG danach, wo der leistungsempfangene Unternehmer sein Unternehmen betreibt (Starnberg, Inland i.S.d. § 1 Abs. 2 Satz 1 UStG).

Der Umsatz ist für die Firma Flugcharter daher gem. § 1 Abs. 1 Nr. 1 Satz 1 UStG steuerbar und mangels Steuerbefreiung (vgl. § 4 UStG) mit dem Regelsteuersatz des § 12 Abs. 1 UStG mit 19 % steuerpflichtig.

Bei einer nach § 10 Abs. 1 Satz 1 und 2 UStG zu ermittelten Bemessungsgrundlage von 1.000 € (= 1.190 €/1,19) beläuft sich die Steuer demnach auf 190 € (= 1.000 × 19 %). Da eine korrekte Rechnung (§§ 14, 14a UStG) am 19.07.2013 vorliegt hat die Terra GmbH eine § 15 Abs. 1 Nr. 1 UStG abziehbare Vorsteuer, die auch nicht nach Abschn. 15.15 Abs. 1 UStAE ausgeschlossen ist.

Im Gegensatz zu den Sachprämien handelt es sich bei dem Rundflug – wie ausgeführt – dem Grunde nach um eine sonstige Leistung i.S.d. § 3 Abs. 9 Satz 1 UStG, die einer sonstigen Leistung gem. § 3 Abs. 9a UStG gleichgestellt werden könnte.

Da die unentgeltliche Wertabgabe jedoch aus unternehmerischen Gründen erfolgte, ist die unentgeltliche Wertabgabe nicht steuerbar, da § 3 Abs. 9a UStG keine vergleichbare Regelung zu § 3 Abs. 1b Nr. 3 UStG enthält.

Aus diesem Grund liegt keine unentgeltliche Wertabgabe vor, mit der Folge, dass die der GmbH die in Rechnung gestellte Umsatzsteuer, bei ordnungsgemäßer Rechnungserstellung als Vorsteuer gem. § 15 Abs. 1 Satz 1 Nr. 1 UStG abziehen kann (vgl. hierzu auch oben und Abschn. 15.15 Abs. 1 UStAE).

2.3.2.8 Die Berichtigung des Vorsteuerabzuges (§ 15a UStG)

Beispiel 1: Auszug aus dem Steuerberaterexamen 2012; Allgemeiner Teil sowie Textziffer 1 und 2.

Allgemeine Hinweise: Erforderliche Belege und Aufzeichnungen sind vorhanden. Die formellen Voraussetzungen des § 25b UStG sind gegebenenfalls erfüllt.

Voranmeldungszeitraum ist der Kalendermonat.

Liefer- und Erwerbsschwellen gelten gegebenenfalls als überschritten.

Soweit aus dem Sachverhalt sich nicht ausdrücklich etwas anderes ergibt ...
- enthalten Rechnungen die nach §§ 14, 14a UStG bzw. §§ 33, 34 UStDV erforderlichen Angaben,
- versteuern alle angesprochenen Unternehmer ihre Umsätze nach den allgemeinen Vorschriften des UStG und nach vereinbarten Entgelten,
- Anträge nach § 19 Abs. 2 UStG wurden nicht gestellt,
- verwenden die Unternehmer im innergemeinschaftlichen Waren- und Dienstleistungsverkehr die Umsatzsteuer-Identifikationsnummer ihres Heimatlandes,
- wurden gemischt genutzte Wirtschaftsgüter dem Unternehmensvermögen zugeordnet,
- liegen alle angegebenen Orte im Inland.

Die Kalenderjahre bis einschließlich 2010 sind bestandskräftig veranlagt.
Die steuerliche Beurteilung war jeweils zutreffend.

Aufgabe: Beurteilen Sie die angeführten Sachverhalte in ihrer umsatzsteuerlichen Auswirkung auf Eva Taff und Marco Taff in den Besteuerungszeiträumen 2011 und 2012.
Hierbei ist insbesondere auf die Umsatzart, die Steuerpflicht, die Bemessungsgrundlage für steuerpflichtige Umsätze und auf den Vorsteuerabzug einzugehen.
Die Umsatzsteuer für steuerpflichtige Umsätze ist zu berechnen.
Wo es der Sachverhalt erlaubt, ist auch anzugeben, in welchem Voranmeldungszeitraum die Steuer entsteht bzw. zu berichtigen ist und die Vorsteuer abgezogen werden kann.
Gehen Sie auch kurz auf die Unternehmereigenschaft und den Umfang des Unternehmens von Eva Taff und Marco Taff ein.
Begründen Sie bitte Ihre Entscheidungen unter Angabe der gesetzlichen Bestimmungen.
Die Ermittlung der Bemessungsgrundlage für die private Wohnungsnutzung wird erlassen.

Sachverhalt 1: Eva Taff ist sehr erfolgreich als Steuerberaterin tätig. Ihre Kanzleiräume befinden sich in dem in ihrem Alleineigentum stehenden Gebäude in München, Maximilianstrasse 25.

Ihr Ehemann Marco Taff war bis 31.05.2011 als Diplom-Ingenieur für Maschinenbau bei der BMW-AG in München angestellt. Seine große Leidenschaft galt aber immer schon den Modelleisenbahnen.
Das Gebäude Maximilianstrasse 25, bestehend aus 4 Etagen mit jeweils 200 qm Nutzfläche, hatte Eva Taff von ihrer am 28.11.2003 verstorbenen Mutter geerbt.
Das Gebäude, das Ende des 19. Jahrhunderts errichtet worden war, war zu diesem Zeitpunkt in einem renovierungsbedürftigen Zustand.
In den Jahren 2004/2005 ließ Eva das Gebäude komplett entkernen und bautechnisch neu konzipieren. Der von Eva beauftragte Generalunternehmer stellte nach Abnahme der Arbeiten, die am 30.11.2005 stattfand, am 03.12.2005 insgesamt 1.000.000 € zuzüglich 16 % 160.000 € in Rechnung.
Seit 01.01.2006 wird das Gebäude, wie von Eva von Anfang an beabsichtigt, wie folgt genutzt:

EG: Vermietet an Gerlinde Garn für monatlich 4.000 €. Gerlinde betreibt in den Räumen eine Boutique für Damenmoden.
1. OG: In den Räumen befindet sich die Kanzlei von Eva.
2. OG: Vermietet an den HNO-Arzt Dr. Franz Xaver Mandel für monatlich 4.000 €.
3. OG: Die Räume werden von Eva und Marco als Wohnung genutzt.

Sachverhalt 2: Da Gerlinde sich verkleinern wollte, vereinbarte sie mit Eva zum 01.04.2011 die Reduzierung der Nutzfläche auf 150 qm bei einer monatlichen Miete von 3.000 € zu den bestehenden Konditionen **(siehe oben)**.
Die frei werdenden Räume (50 qm Nutzfläche) vermietete Eva mit Vertrag vom 01.04.2011 zu den marktüblichen Konditionen an ihren Ehemann Marco für monatlich 1.000 € zuzüglich 19 % USt = 190 €.
Marco hatte sich entschlossen seine Tätigkeit bei der BMW-AG zum 30.06.2011 zu kündigen und sich in den neu angemieteten Räumen mit dem Handel und dem Bau von Modelleisenbahnen selbständig zu machen.
Als Mietbeginn wurde der 01.07.2011 vereinbart.
Marco, der seit langem über gute Kontakte in der Modelleisenbahnszene verfügte, rechnete für das Jahr 2011 noch mit Einnahmen in Höhe von 8.500 €.
Eva ließ die an Marco vermieteten Räume im EG in den Monaten Mai und Juni nach den Bedürfnissen von Marco umgestalten.
Am 28.06.2011 wurden die Rechnungen für die Malerarbeiten in Höhe von 3.000 € zuzüglich 19 % Umsatzsteuer = 570 €, für die Elektroinstallationen in Höhe von 2.000 € zuzüglich 19 % Umsatzsteuer = 380 € und für die Bodenlegearbeiten in Höhe von 2.500 € zuzüglich 19 % Umsatzsteuer = 475 € erteilt.
Die Abnahme der jeweiligen Arbeiten war am 22.06.2011 erfolgt.

Hinweis! Eva und Marco Taff sind unstrittig Unternehmer im Sinne des § 2 UStG.
Eva Taff besteuert ihre Umsätze nach den allgemeinen Vorschriften des UStG (§ 16 UStG) und gibt ihre Voranmeldungen monatlich ab.
Im Jahr **2011** ist für Marco Taff die Kleinunternehmerregelung des § 19 Abs. 1 UStG einschlägig, welche an der Stelle nicht problematisiert werden soll und als gegeben gilt.
Ab dem Jahr 2012 unterliegt Marco Taff wegen dem Überschreiten der Umsatzgrenzen den Vorschriften der Regelbesteuerung (§ 16 UStG).

Lösungsvorschlag zu Sachverhalt 1: Die Zuordnung des Gebäude erfolgte (mit Wahlrecht) zu 100 % zum Unternehmensvermögen der Eva Taff, da die unternehmerische Mindestnutzung mehr als 10 % beträgt (vgl. § 15 Abs. 1 Satz 2 UStG; Abschn. 15.2 Abs. 21 Nr. 2 UStAE sowie die „Allgemeinen Hinweise").

Die entgeltliche Überlassung der Räumlichkeiten durch Eva Taff stellt jeweils eine sonstige Leistung (§ 3 Abs. 9 Satz 1 und 2 UStG) in Form von Teilleistungen (§ 13 Abs. 1 Buchst. a Satz 2 und 3 UStG) dar. Der Ort der sonstigen Leistung richtet sich gemäß § 3a Abs. 3 Nr. 1 Satz 1 und 2 Buchst. a UStG nach der Belegenheit des Grundstücks (München).
München befindet sich gem. § 1 Abs. 2 Satz 1 UStG im Inland.
Die Vermietungsumsätze sind daher gem. § 1 Abs. 1 Nr. 1 Satz 1 UStG steuerbar und grundsätzlich gemäß § 4 Nr. 12a UStG steuerfrei.
Die Nutzung des **1. OG** für die eigene Steuerberaterkanzlei vollzieht sich innerhalb des einheitlichen Unternehmens von Eva Taff, und ist daher nicht steuerbar (Innenumsatz, Abschn. 2.7 Abs. 1 Satz 3 UStAE).
Ein Ausschluss vom Vorsteuerabzug besteht, da sie als Steuerberaterin zum Vorsteuerabzug berechtigte Ausgangsumsätze tätigt, demnach nicht.
Aufgrund der Zuordnung des gesamten Gebäudes zum Unternehmensvermögen (s.o. Hinweise) stellt die Nutzung **3. OG** zu eigenen Wohnzwecken gem. § 3 Abs. 9a Nr. 1 UStG eine unentgeltliche Wertabgabe dar, die gem. § 3f Satz 1 UStG ebenfalls in München gem. § 1 Abs. 1 Nr. 1 Satz 1 UStG steuerbar ist.
Die **unentgeltliche Wertabgabe** ist nicht einer steuerfreien Grundstücksvermietung i.S.d. § 4 Nr. 12 Satz 1 Buchst. a UStG gleichgestellt (vgl. Abschn. 3.4 Abs. 7 Satz 3 UStAE).
Der Vorsteuerabzug ist deshalb nicht gem. § 15 Abs. 2 Satz 1 Nr. 1 UStG ausgeschlossen.

Beachte! Die Einschränkung des Vorsteuerabzugs für nicht unternehmerisch genutzte Gebäudeteile gem. § 15 Abs. 1b UStG ist vor dem Hintergrund des § 27 Abs. 16 UStG nicht anwendbar, da das Gebäude vor dem 01.01.2011 angeschafft wurde.

Die Vermietung des EG und des 2.OG ist grundsätzlich steuerfrei gemäß § 4 Nr. 12a UStG und führt gemäß § 15 Abs. 2 Nr. 1 UStG dazu, dass Eva Taff aus Eingangsumsätzen, die mit diesen Ausgangsumsätzen im Zusammenhang stehen keine Vorsteuer abziehen kann.
Fraglich ist daher, inwieweit Eva Taff auf die Steuerbefreiung des § 4 Nr. 12 Satz 1 Buchst. a UStG verzichten kann, um damit wieder in den Genuss von Vorsteuerbeträgen zu kommen.
Der Unternehmer kann gem. § 9 Abs. 1 UStG einen Umsatz, der nach § 4 Nr. 12 Satz 1 Buchst. a UStG steuerfrei ist, als steuerpflichtig behandeln, wenn der Umsatz an einen anderen Unternehmer für dessen Unternehmen ausgeführt wird.
Eine Option nach § 9 Abs. 1 UStG ist demnach an Gerlinde Garn mit ihrer Boutique für Damenmoden, an den HNO Arzt Dr. Franz Xaver Mandel und ab dem 01.07.2011 auch an ihren Ehemann Marco Taff möglich, da sämtliche Mieter ihrerseits Unternehmer i.S.d. § 2 Abs. 1 Satz 1 und 3 UStG sind, die die jeweiligen Räumlichkeiten für ihr jeweiliges Unternehmen anmieten.
Der Verzicht auf Steuerbefreiung nach § 9 Abs. 1 UStG ist bei der Vermietung oder Verpachtung von Grundstücken (§ 4 Nr. 12 Satz 1 Buchst. a UStG) gem. § 9 Abs. 2 Satz 1 UStG nur zulässig, soweit der Leistungsempfänger das Grundstück ausschließlich für Umsätze verwendet oder zu verwenden beabsichtigt, die den Vorsteuerabzug nicht ausschließen.
Zu prüfen wäre jedoch hier, ob die Einschränkung des § 9 Abs. 2 UStG vor dem Hintergrund des § 27 Abs. 2 UStG vorliegend überhaupt anzuwenden ist.
Nach § 27 Abs. 2 Nr. 3 UStG ist die Regelung des § 9 Abs. 2 UStG dann nicht anzuwenden, wenn das Gebäude nicht zu Wohnzwecken bzw. anderen nichtunternehmerischen Zwecken dient und vor dem **01.01.1998** fertig gestellt worden ist, und wenn mit der Errichtung des Gebäudes vor dem **11.11.1993** begonnen worden ist.

Da die Errichtung des Gebäudes laut vorliegendem Sachverhalt bereits im 19. Jahrhundert erfolgte, wäre die Einschränkung der Optionsmöglichkeit nach § 9 Abs. 2 UStG insoweit nicht anwendbar.

Der grundlegende Umbau eines Altbaus steht jedoch dann der Errichtung eines (neuen) Gebäudes gleich, wenn die neu eingefügten Gebäudeteile dem Gesamtgebäude das bautechnische Gepräge eines neuen Gebäudes geben.

Das ist insbesondere dann der Fall, wenn verbrauchte Teile, die für die Nutzungsdauer bestimmend sind, ersetzt werden.

Wurde ein Gebäude so umfassend saniert oder umgebaut, dass nach ertragsteuerlichen Grundsätzen ein anderes Wirtschaftsgut entsteht, stellt dieser Umbau demnach einem Neubau gleich (Abschn. 9.2 Abs. 6 Satz 2 UStAE).

Ein Gebäude ist nach einer umfangreichen Sanierung bautechnisch nur dann neu, wenn die neu eingefügten Gebäudeteile dem Gebäude bautechnisch das Gepräge geben, was insbesondere der Fall ist, wenn verbrauchte Teile ersetzt werden, die für die Nutzungsdauer bestimmend sind, wie z.B. Fundamente, tragende Innen- und Außenwände, Geschossdecken und die Dachkonstruktion.

Die völlige Entkernung eines Gebäudes und der Neuaufbau des Gebäudes im Inneren mit neuen Innenwänden, Geschossdecken, Treppenhausaufbauten, neuer Heizungs- und Elektroanlage und neuen Wasserleitungen stellt bautechnisch ein neues Gebäude dar, selbst wenn die Außenwände erhalten bleiben (vgl. hierzu u.a. Hessisches FG vom 20.12.2004, 2 V 3169/04).

Da das Gebäude komplett entkernt und auch bautechnisch neu konzipiert wurde, liegt vorliegend ein Neubau i.S.d. § 27 Abs. 2 Nr. 3 UStG vor, sodass die Regelung des § 9 Abs. 2 UStG anwendbar ist, da m.E. bei einer laut Sachverhalt „kompletten" Entkernung auch tragende Bauteile im Innenbereich des Gebäudes entfernt wurden.

Somit ist für die weitere Beurteilung der Optionsmöglichkeit entscheidend, welche Ausgangsumsätze die jeweiligen Mieter ihrerseits gehabt haben und ob sie mit diesen Umsätzen auch zum Vorsteuerabzug berechtigt sind.

Da die Mieterin des EG (Gerlinde Garn) ihrerseits keine Ausschlussumsätze gemäß § 15 Abs. 2 UStG tätigt, greift die Einschränkung der Option für diese Vermietung gem. § 9 Abs. 2 UStG nicht ein.

Eine Option ist für diese Vermietung möglich und wurde laut Sachverhalt auch durchgeführt.

Bei der Vermietung an den HNO Arzt Dr. Franz Xaver Mandel ist demnach keine Option gem. § 9 Abs. 2 UStG möglich, da die Tätigkeit als HNO Arzt steuerfreie Ausschlussumsätze nach § 4 Nr. 14 Satz 1 Buchst. a) UStG nach sich zieht (vgl. § 15 Abs. 2 Nr. 1 und Abs. 3 UStG).

Auch eine steuerpflichtige Vermietung an ihren Ehemann Marco Taff für das Jahr 2011 ist vor dem Hintergrund des § 19 Abs. 1 Satz 4 UStG nicht möglich. Zwar führt Marco Taff auch im Jahr 2011 steuerpflichtige Ausgangsumsätze aus, da aber die Umsatzsteuer gem. § 19 Abs. 1 Satz 1 UStG für diese Umsätze nicht erhoben wird, ist Marco Taff auch nicht zum Vorsteuerabzug berechtigt.

Eine Option nach § 9 Abs. 2 UStG scheidet demnach für das Jahr 2011 aus.

Im Jahr 2012 ist demgegenüber eine Option gem. § 9 Abs. 1 und 2 UStG auch an ihren Ehemann, da die Anwendung der Kleinunternehmerregelung nicht mehr möglich ist.

Für die steuerpflichtigen Vermietungen (Gerlinde Garn, Marco Taff ab 2012) und bei der unentgeltlichen Wertabgabe unterliegt der jeweilige Umsatz gem. § 12 Abs. 1 UStG dem Regelsteuersatz von 19 %.

Bei den entgeltlichen Vermietungen ermittelt sich die Bemessungsgrundlage gem. § 10 Abs. 1 Satz 1 und 2 UStG danach, was der Leistungsempfänger aufwendet um die Leistung zu erhalten, ohne die gesetzlich geschuldete Umsatzsteuer.

Bei den steuerpflichtigen Vermietungen beläuft sich demnach die Bemessungsgrundlage auf das Nettoentgelt.

Bei der steuerfreien Vermietung an Marco Taff im Jahr 2011 auf den Bruttobetrag von 1.190 €, da für die Vermietung zu Unrecht zur Umsatzsteuer optiert wurde.

Die Steuer entsteht bei den steuerpflichtigen Vermietungen gem. § 13 Abs. 1 Nr. 1 Buchst. a) Satz 1 bis 3 UStG als Teilleistung demnach monatlich.

Steuerschuldner ist gemäß § 13a Abs. 1 Nr. 1 UStG die Unternehmerin Eva Taff.

Da auch ein Mietvertrag als eine Rechnung im Sinne des § 14 Abs. 4 UStG anzusehen ist (Abschn. 14.1 Abs. 2 UStAE) und Eva Taff bei der Vermietung an ihren Ehemann Marco Taff im Jahr 2011 nicht gem. § 9 Abs. 2 UStG zur Steuerpflicht optieren konnte, schuldet sie die ausgewiesene USt nach § 14c Abs. 1 UStG (vgl. auch Abschn. 14c.1 Abs. 1 Satz 5 Nr. 2 UStAE).

Die Umsatzsteuer, die Eva Taff nach § 14c Abs. 1 UStG schuldet, entsteht gem. § 13 Abs. 1 Nr. 3 UStG mit Ausgabe der Rechnung (Mietvertrag = Teilleistung = monatlich) und somit mit Ablauf der VAZ Juli bis Dezember 2011 in Höhe von monatlich 190 €.

Hinweis! Zur Entstehung der Umsatzsteuer in den Fällen des § 14c Abs. 1 UStG vgl. auch das BMF-Schreiben vom 25.07.2012 (BStBl I 2012, 876).

Steuerschuldner ist auch hier gemäß § 13a Abs. 1 Nr. 1 UStG die Unternehmerin Eva Taff.

Gemäß § 14c Abs. 1 Satz 2 UStG besteht für Eva Taff die Möglichkeit zur Berichtigung der Rechnung.

Ändern sich bei Wirtschaftsgütern, die nicht nur einmalig zur Ausführung von Umsätzen verwendet werden innerhalb von 5 Jahren ab dem Zeitpunkt der erstmaligen Verwendung die für den ursprünglichen Vorsteuerabzug maßgebenden Verhältnisse, ist für jedes Kalenderjahr der Änderung ein Ausgleich durch eine Berichtigung des Abzugs der auf die Anschaffungs- oder Herstellungskosten entfallenden Vorsteuerbeträge gem. § 15a Abs. 1 Satz 1 UStG vorzunehmen.

Bei Grundstücken einschließlich ihrer wesentlichen Bestandteile beträgt der Zeitraum der Berichtigung 10 Jahre statt 5 Jahre.

Beachte! Die dargestellten Grundsätze gelten auch für nachträgliche Anschaffungs- bzw. Herstellungskosten, die innerhalb des § 15a UStG ein eigenes Berichtigungsobjekt darstellen, vgl. § 15a Abs. 6 UStG. Als Verwendung i.S.d. § 15a UStG ist die erstmalige tatsächliche Nutzung des Wirtschaftsgutes (Abschn. 15a.3 Abs. 1 UStAE), also für die nachträglichen Herstellungskosten als ein Berichtigungsobjekt der 01.01.2006 anzunehmen.

Ermittlung des maßgeblichen Berichtigungszeitraums (BRZ):		
Beginn:	01.01.2006	
Dauer:	10 Jahre	§ 15a Abs. 1 Satz 2 UStG
Ende:	31.12.2015	§ 45 UStDV verschiebt Beginn und Ende des Berichtigungszeitraums nicht

Bei der Berichtigung ist gem. § 15a Abs. 5 UStG für jedes Kalenderjahr der Änderung von einem Zehntel der auf die nachträglichen Herstellungskosten entfallenden Vorsteuerbeträge auszugehen.

Bei der Berichtigung des Vorsteuerabzuges ist von den gesamten Vorsteuerbeträgen auszugehen, die auf die nachträglichen Herstellungskosten entfallen (Ermittlung eines **prozentualen Verhältnisses** des ursprünglichen Vorsteuerabzuges zum Vorsteuervolumen insgesamt).

Die **ursprünglichen Verwendungsverhältnisse** belaufen sich demnach auf die **beabsichtigte Verwendungsabsicht** (Abschn. 15.12 Abs. 1 Satz 7 ff. UStAE).

Die ursprünglichen Verwendungsverhältnisse belaufen sich gem. **§ 15 Abs. 1 Satz 1 Nr. 1, Abs. 2 Nr. 1 und Abs. 4 UStG** auf 75 % (= 600 qm/800 qm, ohne die Vermietung an Dr. Franz Xaver Mandel).

	Nutzfläche/qm	steuerpflichtig	steuerfrei
EG:	200	200	
1. OG:	200	200	
2. OG:	200		200
3. OG:	200	200	
gesamt:	800	600	200
entspricht in %	100	75	25

Auf die gesamten nachträglichen Herstellungskosten entfielen Vorsteuerbeträge in Höhe von 160.000 €.

Vorsteuer gesamt	160.000 €	abziehbare Vorsteuer i.S.d. § 15 Abs. 1 Nr. 1 UStG da Leistung für das Unternehmen der Eva Taff (Zuordnung des Gebäudes zu 100 % zum Unternehmen) = **maximales Berichtigungsvolumen i.S.d. § 15a UStG**
	120.000 € (75 %)	**abzugsfähige Vorsteuer** anhand der Verwendungsabsicht und der davon später nicht abweichenden tatsächlichen Verwendung im Sinne des **§ 15 Abs. 2 und 3 UStG**

Eine Änderung der Verhältnisse liegt nicht erst mit der (tatsächlichen) Vermietung an den Ehemann ab dem 01.07.2011, sondern bereits, ab dem 01.04.2011 vor.

Da Gerlinde Garn die Reduzierung des Mietvertrages bereits zum 01.04.2011 vorgenommen hat und mit Vertrag zum selben Tag Eva Taff die frei gewordenen Räumlichkeiten an ihren Ehemann vermietet hat, liegt eine Änderung der Verhältnisse bereits ab dem 01.04.2011 und nicht erst ab der tatsächlichen Nutzung zum 01.07.2011 vor.

Der zwischenzeitliche Leerstand ist dabei anhand der späteren Verwendung zu beurteilen (vgl. hierzu auch Abschn. 15a.2 Abs. 8 UStAE).

Berechnung der Änderungen nach § 15a UStG für das Jahr 2011			
Maßgebender Jahresbetrag 2011 $^1/_{10}$ von 160.000 € =		16.000 €	
durchschnittliche steuerpflichtige Nutzung			
EG:	01.01.–31.03.2011	200 m² × 3 Monate	600
	01.04.–31.12.2011	150 m² × 9 Monate	1.350
	01.04.–31.12.2011	0 m² × 9 Monate	0
1. OG:	01.01.–31.12.2011	200 m² × 12 Monate	2.400
2. OG:	01.01.–31.12.2011	0 m² × 12 Monate	0
3. OG:	01.01.–31.12.2011	200 m² × 12 Monate	2.400
gesamt			6.750
Nutzfläche gesamt	800 m²	12 Monate	9.600
durchschnittliche steuerpflichtige Nutzung 2011	$\frac{6.750 \times 100}{9.600}$	70,313 %	
bisher für Vorsteuer maßgebend		75 %	
Abweichung	(zuungunsten)	./. 4,687 %	
Jahresbetrag 2011	16.000 € × 4,687 %	= 749,92 €	

Da der Betrag, um den die Vorsteuer für 2011 zu berichtigen ist, weder die **10 %-Grenze des § 44 Abs. 2 Satz 1 UStDV**, noch die **1.000 €-Grenze des § 44 Abs. 2 Satz 2 UStDV** übersteigt, unterbleibt für dieses Jahr eine Berichtigung des Vorsteuerabzugs.

Beachte! Da das Gebäude ab dem 01.01.2012 wieder zu 75 % zum Vorsteuerabzug berechtigende Ausgangsumsätze verwendet wird (vgl. nachfolgende Übersicht), haben sich ab diesem Zeitpunkt die Verhältnisse für das eigene Berichtigungsobjekt „nachträgliche Anschaffungs- bzw. Herstellungskosten" in Bezug auf die ursprüngliche Verwendung(-sabsicht) nicht geändert.

Durchschnittliche steuerpflichtige Nutzung 2012			
EG:	01.01.–31.03.2012	150 m² × 12 Monate	1.800
	01.04.–31.12.2012	50 m² × 12 Monate	600
1. OG:	01.01.–31.12.2012	200 m² × 12 Monate	2.400
2. OG:	01.01.–31.12.2012	0 m² × 12 Monate	0
3. OG:	01.01.–31.12.2012	200 m² × 12 Monate	2.400
gesamt			7.200
Nutzfläche gesamt	800 m²	12 Monate	9.600
durchschnittliche steuerpflichtige Nutzung 2012	$\frac{7.250 \times 100}{9.600}$	75 %	
bisher für Vorsteuer maßgebend		75 %	
Abweichung		0 %	

Die Renovierung der **50 m²** Nutzfläche im Erdgeschoss in den Monaten Mai und Juni 2011 bezieht sich nur auf diesen abgrenzbaren Teil und stellt ertragsteuerlich laufende Renovierungskosten dar. Hinsichtlich des Vorsteuerabzuges aus den Renovierungskosten ist im Jahr 2011 wie folgt zu verfahren:

Renovierung 2011				
	netto	USt	Vorsteuer abziehbar § 15 Abs. 1 Nr. 1 UStG	Vorsteuer abzugsfähig § 15 Abs. 2 Nr. 1 UStG, Abschn. 15.17 UStAE
Malerarbeiten	3.000 €	570 €	570 €	0 €
Elektroinstallation	2.000 €	380 €	380 €	0 €
Bodenleger	2.500 €	475 €	475 €	0 €
Summe	7.500 €	1.425 €	1.425 €	0 €

↑
Maximaler Berichtigungsbetrag i.S.d. § 15a UStG

Ab dem 01.01.2012 liegt durch die dann (zulässige) steuerpflichtige Vermietung an den Ehemann eine Änderung der Verhältnisse nach **§ 15a Abs. 1, 3 und 5 UStG** vor.

Nach § 15a Abs. 3 Satz 1 UStG liegt eine Änderung der Verhältnisse auch vor, wenn an **einem Wirtschaftsgut eine sonstige Leistung ausgeführt** wird und sich die ursprünglichen Verhältnisse bei Leistungsbezug nachträglich ändern.

Die bezogenen Leistungen (Malerarbeiten, Elektroarbeiten und die Arbeiten des Bodenlegers) werden dabei gemäß **§ 15a Abs. 3 Satz 2 UStG zu einem Berichtigungsobjekt zusammengefasst**, da es sich um eine Maßnahme (Umbau) gehandelt hat.

Ermittlung des maßgeblichen Berichtigungszeitraums (BRZ):

Beginn:	01.07.2011	
Dauer:	10 Jahre	§ 15a Abs. 1 Satz 2 UStG
Ende:	30.06.2021	§ 45 UStDV verschiebt Beginn und Ende des BRZ nicht

Berechnung der Änderungen nach § 15a UStG für das Jahr 2012:

Maßgebender Jahresbetrag 2012 $^1/_{10}$ von 1.425 € =	142,50 €
Beachte!	Da der gesamte in Rechnung gestellte Vorsteuerbetrag mehr als 1.000 € beträgt ist gem. § 44 Abs. 1 UStDV eine Vorsteuerberichtigung vorzunehmen
Nutzung 2011	0 % steuerpflichtig
Nutzung 2012	100 % steuerpflichtig
Abweichung	100 % (zugunsten)
Jahresbetrag 2012	142,50 € × 100 % = 142,50 €

Teil I: Die Steuerberaterprüfung

Die Bagatellgrenze für eine durchzuführende Änderung nach § 44 Abs. 2 Satz 1 UStDV (10 %-Grenze) ist überschritten. Die Korrektur ist somit durchzuführen.

Beachte! Die Änderung ist aber im Hinblick auf § 44 Abs. 3 UStDV i.V.m. § 74a Abs. 2 UStDV erst in dem Jahr 2021 (Ende des BRZ) vorzunehmen, da der Berichtigungszeitraum vor dem 01.01.2012 begonnen hat.

Beispiel 2: Die Vorsteuerberichtigung bei Verkürzung des BRZ nach § 15a Abs. 5 Satz 2 UStG
Unternehmer U erwirbt zum 28.12.04 einen Pkw (Vorsteuer 10.000 €), der zu 100 % seinem Unternehmensvermögen zugeordnet wird.
Der bisher in seinem Unternehmen verwendete Pkw wurde zutreffend zu 50 % für steuerpflichtige und zu 50 % für steuerfreie, den Vorsteuerabzug ausschließende Umsätze verwendet.
Der neue Pkw wird ab 01.01.05 zutreffend im selben Verhältnis im Unternehmen des U verwendet.
Ab dem Jahr 07 nutzte U den Pkw nur noch zur Ausführung steuerpflichtiger Umsätze.
Am 30.06.08 erlitt U mit seinem PKW einen Unfall wobei dieser vollständig zerstört wurde.

Kurzlösung:

VoSt 04	Abziehbar	10.000 €	Abzugsfähig	5.000 €
VoSt 05	o.Ä			
VoSt 06	o.Ä			
VoSt 07	§ 15a Abs. 1	BRZ: 01.01.05–31.12.09 Jahresbetrag ⅕ × 10.000 € = 2.000 €	davon in 04 abzugsfähig 1.000 €	Korrekturbetrag 07 **1.000 €**
VoSt 08	§ 15a Abs. 1; § 15a Abs. 5 S. 2	BRZ (neu) 01.01.05–30.06.08 (3,5 Jahre = 42 Monate) Jahresbetrag neu = 2.857 €		
Neuberechnung 07		= 2.857 €	davon in 04 1.428 € abzüglich § 15a alt 1.000 €	**Korrektur 428 €**
08 (Ende BRZ)		= 2.857 € = 1.428 € (6/12)	davon in 04 714 € (6/12)	**Korrektur 714 €**
		zusätzliche VoSt 08		**1.142 €**
Kontrollrechnung durchschnittliche steuerpflichtige Nutzung im BRZ	= 42 Monate (BRZ)			

VoSt 04	Abziehbar	10.000 €	Abzugsfähig	5.000 €
05	12 Monate	× 50 %	= 600 €	
06	12 Monate	× 50 %	= 600 €	
07	12 Monate	× 100 %	= 1.200 €	
08	6 Monate	× 100 %	= 600 €	
		Gesamt	= 3.000 €	
			= 71,42 %	
VoSt 04		5.000 €		
VoSt 05	o.Ä.			
VoSt 06	o.Ä.			
VoSt 07	§ 15a (alt)	1.000 €		
	§ 15a (neu)	428 €		
VoSt 08	§ 15a (neu)	714 €		
erhaltene VoSt gesamt		7.142 €	entspricht 71,42 % von 10.000 €	

2.3.3 Die unentgeltlichen Wertabgaben

2.3.3.1 Zweck und Begriff

2.3.3.1.1 Warum hat der Gesetzgeber die Regelungen über die unentgeltlichen Wertabgaben geschaffen?

Die Umsatzsteuer will den privaten Endverbrauch besteuern. Aus dem Nebeneinander von Unternehmensbereich und nichtunternehmerischem Bereich tut sich in der Besteuerung dieses privaten Endverbrauchs eine Lücke auf, wenn der Unternehmer die Leistungen zunächst berechtigterweise für seinen unternehmerischen Bereich bezieht und sie erst später für private Zwecke verwendet.

Die Besteuerung dieser Wertabgaben nach § 1 Abs. 1 Nr. 1 i.V.m. § 3 Abs. 1b und Abs. 9a UStG schließt diese Lücke und bewirkt, dass der private Endverbrauch des Unternehmers mit Umsatzsteuer belastet wird.

Beispiel:

Der Einzelhändler H entnimmt seinem Laden Waren im Wert von 100 € (Nettoeinkaufspreis) für seinen privaten Verbrauch. Im Zeitpunkt des Erwerbs der Waren stand noch nicht fest, welche Waren für den Privatverbrauch verwendet würden.

Lösung:

H hat den Vorsteuerabzug, da ein Erwerb für sein Unternehmen vorliegt (§ 15 UStG).
Der private Verbrauch erfüllt die Tatbestandsvoraussetzungen des § 3 Abs. 1b Nr. 1 UStG und wird als eine einer Lieferung gegen Entgelt gleichgestellte Wertabgabe besteuert. H muss – ohne entsprechende Einnahmen – 19 € USt an das Finanzamt abführen.

2.3.3.1.2 Gilt das auch für Vorleistungen, für die kein Vorsteuerabzug geltend gemacht werden konnte?

Nach dem Wortlaut des § 3 Abs. 1b und Abs. 9a Nr. 1 UStG eindeutig nicht.

In Ihnen wird, den europäischen Vorgaben in Art. 5 Abs. 6 und Art. 6 Abs. 2 der 6. EG-Richtlinie (= Art. 16 Abs. 1 und 2, Art. 26 MwStSystRL) folgend, ausdrücklich vorausgesetzt, dass der Leistungsbezug ganz oder teilweise zum Vorsteuerabzug geführt hat (**vgl. § 3 Abs. 1b Satz 2 und Abs. 9a Nr. 1 UStG; Abschn. 3.3 Abs. 2, 3.4 Abs. 2 UStAE**).

Das bedeutet aber auch, dass nicht vorsteuerentlastete Kosten grundsätzlich nicht als Bemessungsgrundlage herangezogen werden können, **vgl. § 10 Abs. 4 Nr. 2 Satz 1 UStG, Abschn. 10.6 Abs. 3 Satz 5 UStAE.**

Beispiel:

a) Der Rechtsanwalt B betreibt in Meißen eine Rechtsanwaltskanzlei.
Im Oktober 2015 **verkaufte** er einen gebrauchten PC (bestehend aus Festplatte, Bildschirm, Tastatur und Flachbildscanner) für 2.000 € an den Studenten C aus Dresden; den PC hatte B im Februar 2013 für 2.500 € von der Privatperson D aus Meißen ohne Vorsteuerabzug erworben und zutreffend dem Unternehmensvermögen zugeordnet.
Der PC wurde von B bis zum Verkauf ausschließlich unternehmerisch genutzt.

b) Im Oktober 2015 **schenkte** B den PC seinem Sohn Claus zu dessen Geburtstag; **ansonsten wie a)**.

Aufgabe: Nehmen Sie zur Steuerbarkeit/Nichtsteuerbarkeit bzw. Steuerpflicht der geschilderten Sachverhalte 1 und 2 Stellung; begründen Sie Ihre umsatzsteuerrechtlichen Entscheidungen.

Lösung:

a) Der Rechtsanwalt B bewirkt mit dem Verkauf des PC eine Lieferung gem. § 3 Abs. 1 UStG.
Es liegt ein Hilfsgeschäft gem. Abschnitt 2.7 Abs. 2 S. 1 bis 4 UStAE vor, das steuerbar, nach § 1 Abs. 1 Nr. 1 UStG, und mangels der Anwendung des § 4 UStG steuerpflichtig ist.

b) Der Rechtsanwalt B bewirkt mit der Entnahme des PC einen Umsatz, der gem. § 3 Abs. 1b S. 1 Nr. 1 UStG einer Lieferung gegen Entgelt gleichgestellt wird. Es liegt ein Hilfsgeschäft gem. Abschnitt 2.7 Abs. 2 S. 1 bis 4 UStAE vor, das als Folgerung aus § 1 Abs. 1 Nr. 1 UStG **nicht steuerbar** ist.
B hatte aus dem Erwerb des Computers gem. § 15 UStG keinen Vorsteuerabzug.

2.3.3.1.3 Was ist eine unentgeltliche Wertabgabe, wann greift sie ein und welche Arten gibt es?

Die unentgeltliche Wertabgabe ist als selbständiger Steuertatbestand geregelt, der erst eingreift, wenn keine Leistung im Leistungsaustausch vorliegt (**Ergänzungstatbestand**). Es ist daher immer erst das Vorliegen eines Leistungsaustausches zu prüfen.

Merke! Ein noch so geringes Entgelt führt zum Leistungsaustausch und schließt die Unentgeltlichkeit aus!

Als Steuertatbestand greift die unentgeltliche Wertabgabe immer dann ein, wenn die Voraussetzungen des § 3 Abs. 1b und Abs. 9a UStG erfüllt sind. Sie ist grundsätzlich nur dann gegeben, wenn eine **willentliche Wertabgabe** aus dem Unternehmensbereich aufgrund außerunternehmerischer Gründe erfolgt ist.

Nach dem Umsatzsteuergesetz unterscheidet man zwei Tatbestände:

1.	Unentgeltliche Entnahme bzw. Zuwendung von Gegenständen aus dem Unternehmen für Zwecke, die außerhalb des Unternehmens liegen (**fiktive Lieferung gem. § 3 Abs. 1b Nr. 1–3 UStG**),

2.	Ausführen von sonstigen Leistungen für Zwecke, die außerhalb des Unternehmens liegen (**fiktive sonstige Leistung gem. § 3 Abs. 9a Nr. 1 und Nr. 2 UStG**).

2.3.3.2 Die Entnahme von Gegenständen

2.3.3.2.1 Wann liegt eine Wertabgabe im Sinne des § 3 Abs. 1b Nr. 1 UStG vor?

Zunächst muss ein **Gegenstand** entnommen werden, der vor der Entnahme wenigstens eine logische Sekunde zum **Unternehmensvermögen** gehört hat. Dazu zählt alles, was der Unternehmer seinem Unternehmen zugeordnet hat bzw. was im Unternehmen hergestellt oder mit Mitteln des Unternehmens angeschafft wurde (Abschn. 3.3 Abs. 1 UStAE).

Dieser Gegenstand oder seine Bestandteile müssen bei der Anschaffung zum vollen oder teilweisen **Vorsteuerabzug** berechtigt haben (**§ 3 Abs. 1b Satz 2 UStG; Abschn. 3.3 Abs. 2 UStAE**).

Die Wertabgabe ist erfolgt, wenn der Unternehmer durch eine eindeutige Handlung zeigt, dass er den Gegenstand endgültig aus dem Unternehmen entnehmen will und der Grund dafür im nichtunternehmerischen Bereich liegt. Außerdem muss es sich um eine **willentliche Abgabe** handeln.

Beispiel:
Unternehmer U verschuldet auf einer Privatfahrt mit dem Betriebs-Pkw einen Unfall, bei dem der Pkw total zerstört wird.

Lösung:
Es liegt keine willentliche Entnahme und damit keine fiktive Lieferung gem. § 3 Abs. 1b UStG vor (**vgl. dazu Abschn. 3.3 Abs. 6 UStAE**).

2.3.3.2.2 Was sind Bestandteile und wie wirken sie sich auf die Besteuerung aus?

Als **Bestandteile** gelten alle nicht selbständig nutzbaren Wirtschaftsgüter, die mit dem gelieferten Gegenstand in einem einheitlichen Nutzungs- und Funktionszusammenhang stehen. Dies gilt auch, wenn die Wirtschaftsgüter erst später in den Gegenstand eingefügt werden.

Bestandteile sind also solche Gegenstände, die mit dem Einbau ihre körperliche und wirtschaftliche Eigenart endgültig verloren haben. Sie müssen aber zu einer im Zeitpunkt der Entnahme nicht vollständigen verbrauchten Werterhöhung des Gegenstandes geführt haben (z.B. eine nachträglich in einen Pkw eingebaute Klimaanlage; Abschn. 3.3 Abs. 3 und 4 UStAE).

Keine Bestandteile sind Aufwendungen für den Gebrauch und die Erhaltung des Gegenstandes, die ertragsteuerlich sofort abziehbaren Erhaltungsaufwand darstellen (Abschn. 3.3 UStAE).

Aber auch Dienstleistungen, für die zusätzlich kleinere Lieferungen von Gegenständen erforderlich sind, stellen keine Bestandteile i.S.v. § 3 Abs. 1b Satz 2 UStG dar.

(Beachte dazu die Vereinfachungsregel in Abschn. 3.3 a.a.O. UStAE.)

Folgerichtig ist nach dieser Rechtsprechung nur der **Wert der** in den Gegenstand eingebauten **Bestandteile** im Zeitpunkt der Entnahme der Besteuerung zu unterwerfen (Abschn. 3.3 Abs. 2 Satz 2 UStAE).

2.3.3.2.3 Wo erfolgt die Wertabgabe?

Der Ort der Wertabgabe wird einheitlich für alle unentgeltlichen Wertabgaben durch § 3f UStG festgelegt. Danach werden sowohl fiktive Lieferung nach § 3 Abs. 1b UStG als auch fiktive sonstige Leistung nach § 3 Abs. 9a UStG gleichermaßen an dem Ort ausgeübt, von dem aus der Unternehmer sein Unternehmen betreibt.

2.3.3.2.4 Was ist Bemessungsgrundlage der fiktiven Lieferung?

Mangels Entgelt muss bei der Bemessung der Steuer für die unentgeltlichen Wertabgaben auf einen **Ersatzwert** zurückgegriffen werden, der im § 10 Abs. 4 UStG festgelegt ist. Für die fiktiven Lieferungen wird dabei auf den **Einkaufspreis** zuzüglich der Nebenkosten bzw. auf die **Selbstkosten**, jeweils zum **Zeitpunkt des Umsatzes**, zurückgegriffen.

Der Einkaufspreis dürfte im Allgemeinen den Wiederbeschaffungskosten, die Selbstkosten wohl den ertragsteuerlichen Herstellungskosten entsprechen.

> **Beispiel:**
>
> Der Unternehmer U schenkt seinem Sohn S einen gebrauchten Betriebs-Pkw, gemeiner Wert 6.800 €. In der Händler-Einkaufsliste ist ein Preis von 5.800 € (netto) aufgeführt.

> **Lösung:**
>
> Der Wert in der Händler-Einkaufsliste ist Bemessungsgrundlage gem. § 10 Abs. 4 UStG, da dieser dem Einkaufspreis für U entspricht.

Wegen weiterer Einzelheiten vgl. Abschn. 10.6 UStAE.

2.3.3.2.5 Gilt das auch bei einer Entnahme von Gegenständen, die nur wegen ihrer Bestandteile gem. § 3 Abs. 1b Satz 1 Nr. 1 i.V.m. Satz 2 UStG steuerpflichtig ist?

Nein!

Besteuert wird in diesen Fällen logischerweise nur der noch vorhandene Wert der eingebauten Bestandteile, sodass nach § 10 Abs. 4 Satz 1 Nr. 1 UStG auch nur der Einkaufspreis der Bestandteile im Zeitpunkt der Entnahme des Gegenstandes (Restwert) anzusetzen ist. Auch hier sei wegen weiterer Einzelheiten auf Abschn. 10.6 Abs. 2 UStAE verwiesen.

2.3.3.2.6 Sind in Bezug auf die Steuerpflicht weitere Besonderheiten zu beachten?

Grundsätzlich nein.

Die Steuerbefreiungen des § 4 UStG sind auch auf die einer entgeltlichen Lieferung gleichgestellten unentgeltlichen Wertabgaben anwendbar, denn § 4 Satz 1 UStG spricht von „Umsätzen". Das gilt für alle Arten der Wertabgaben.

Zu beachten ist jedoch, dass der Gesetzgeber z.B. in **§ 6 Abs. 5 UStG** die der Lieferung gleichgestellte Wertabgabe ausdrücklich aus der Regelung herausnimmt und auch die Steuerbefreiung bei Lohnveredelungen gem. **§ 7 Abs. 5 UStG** auf entgeltlich erbrachte sonstige Leistungen beschränkt.

2.3.3.3 Die Entnahme von sonstigen Leistungen

2.3.3.3.1 Was fällt unter den Begriff der fiktiven sonstigen Leistung gem. § 3 Abs. 9a UStG?

Unter diesen Begriff fallen alle unentgeltlichen Wertabgaben, die im Falle der Entgeltlichkeit sonstige Leistungen i.S.d. § 3 Abs. 9 UStG wären, wobei eine Wertabgabe schon vorliegt, wenn die sonstige Leistung an den nichtunternehmerischen Bereich des Unternehmers selbst abgegeben wird.

Dementsprechend wird für die Steuerbarkeit gem. § 3 Abs. 9a UStG vorausgesetzt, dass:
- ein Unternehmer
- sonstige Leistungen
- im Rahmen des Unternehmens
- im Inland
- aus außerunternehmerischen Gründen erbringt.

2.3.3.3.2 Nennen Sie typische Fälle einer fiktiven sonstigen Leistung!

Typische Fälle stellen einmal die **Verwendung eines Gegenstandes** des Unternehmens für außerunternehmerische Zwecke (**§ 3 Abs. 9a Nr. 1 UStG**) und zum anderen das **Leisten von Diensten** aus außerunternehmerischen Gründen (**§ 3 Abs. 9a Nr. 2 UStG**) dar.

1. **Nutzung von Gegenständen des Unternehmensvermögens für private Zwecke**
   Der Unternehmer nutzt den voll dem Unternehmen zugeordneten Pkw auch für private Zwecke.
2. **Dienstleistungen von Arbeitskräften des Unternehmens**
   Der Unternehmer lässt den Garten seines Privathauses durch Arbeitnehmer seines Unternehmens in Ordnung bringen.
3. **Werkleistungen durch Arbeitskräfte und mit Mitteln des Unternehmens**
   Der Unternehmer lässt den Privat-Pkw seiner Ehefrau von seinen Mechanikern reparieren.

2.3.3.3.3 Gilt für den Ort der fiktiven sonstigen Leistung ebenfalls § 3f UStG?
Ja.
Nach dem eindeutigen Wortlaut ist § 3f UStG ebenfalls anwendbar.

2.3.3.3.4 Was ist Bemessungsgrundlage für eine fiktive sonstige Leistung?
Bemessungsgrundlage sind gem. **§ 10 Abs. 4 Nr. 2 UStG** die **Ausgaben**, die bei der Ausführung der sonstigen Leistung entstanden sind.

Dies sind grundsätzlich die ertragsteuerlich anzusetzenden Kosten, wie Aufwand für Material und Arbeitskräfte.

Der Unternehmerlohn zählt auch hier nicht zu den Kosten. Besteht die Wertabgabe in der **Verwendung eines Gegenstandes**, sind nach § 10 Abs. 4 Nr. 2 UStG aus der Bemessungsgrundlage die Ausgaben auszuscheiden, die nicht zum vollen oder teilweisen Vorsteuerabzug berechtigt haben und **Anschaffungs- und Herstellungskosten** – abweichend von der Ertragsteuer – gleichmäßig auf den **Berichtigungszeitraum des § 15a UStG** zu verteilen.

Beispiel:

Unternehmer Ulrich Ulmen (U) aus Frankfurt hat im April 2014 einen neuen Pkw angeschafft. Hierfür bekam U 40.000 € zuzüglich 7.600 € USt, d.h. insgesamt 47.600 € von Kfz-Händler Michael Schumacher in Rechnung gestellt.
Der Bruttolistenpreis für den Pkw beläuft sich auf 53.000 €.
U hat die Umsatzsteuer in Höhe von 7.600 € zulässigerweise im VAZ April 2014 als Vorsteuer geltend gemacht.
Die Gesamtfahrleistung des Pkw betrug in 2014 (laut ordnungsgemäßem Fahrtenbuch) insgesamt 40.000 km.
Davon entfielen:

20.000 km	auf unternehmerische Fahrten
9.000 km	auf Fahrten zwischen Wohnung und Betrieb
11.000 km	auf private Fahrten

Aus der Gewinnermittlung des U ergeben sich für 2014 im Zusammenhang mit dem Pkw folgende Ausgaben:

AfA	8.000 €
Kfz-Steuer und Versicherung	3.000 €
Benzin	9.200 €

Aufgabe: Ermitteln Sie die für U günstigste Bemessungsgrundlage für die unentgeltliche Wertabgabe nach § 3 Abs. 9a Nr. 1 UStG.

Verwenden Sie zur Lösung bitte das BMF-Schreiben vom 05.06.2014, BStBl I 2014, 896.

> **Lösung:**
>
> **Bemessungsgrundlage nach der 1 %-Methode:**
> Bruttolistenpreis des Pkw 53.000 € × 1 % = 530 €
> Betrag für 9 Monate (April–Dezember)   × 9 =   4.770 €
> Abzüglich pauschal 20 % für nicht vorsteuerbelastete Kosten   ./.   954 €
> **Bemessungsgrundlage**   **3.816 €**
> Die Umsatzsteuer beträgt danach 3.816 € × 19 % = **725,04 €**.
>
> > Siehe dazu auch Tz. 5 a) aa) des o.g. BMF-Schreibens.
>
> **Bemessungsgrundlage nach der Fahrtenbuchmethode:**
> Ermittlung der Ausgaben, die zum Vorsteuerabzug berechtigt haben:
> AK 40.000 € × 20 % × $9/12$ (Verteilung auf § 15a-Zeitraum)   6.000 €
> Benzinkosten   9.200 €
> **Gesamtkosten, vorsteuerbelastet**   **15.200 €**
> Davon entfallen auf die Privatnutzung $11/40$ = **4.180 €**
>
> > **11.000 km von 40.000 km gesamt**
>
> Die Umsatzsteuer beträgt somit 794,20 € (= 19 % von 4.180 €).
>
> > Die Fahrten zwischen Wohnung und Betrieb sind nach
> > **Tz. 2 des BMF-Schreibens vom 05.06.2014, BStBl I 2014, 896**,
> > der unternehmerischen Nutzung des Fahrzeugs zuzuordnen.
> >
> > **Siehe auch BFH, Urteil vom 05.06.2014, BStBl II 2015, 43.**
> > **Pkw-Nutzung für Fahrten zwischen Wohnung und Betriebsstätte (BFH)**
> > Der XI. Senat des BFH hat entschieden, dass die Verwendung eines dem Unternehmen zugeordneten Pkw durch den Unternehmer für Fahrten zwischen Wohnung und Betriebsstätte nicht für Zwecke erfolgt, die außerhalb des Unternehmens liegen, und mithin nicht als unentgeltliche Wertabgabe der Umsatzbesteuerung zu unterwerfen ist.
>
> Die Ermittlung der Bemessungsgrundlage für die unentgeltliche Wertabgabe ist für U demnach nach der 1 %-Regelung günstiger.

2.3.3.3.5 Gilt auch für die Steuerbefreiungen der Wertabgaben gem. § 3 Abs. 9a UStG das zum fiktiven Liefertatbestand ausgeführte?

Grundsätzlich ja.

Auch die fiktive sonstige Leistung ist steuerfrei, wenn in § 4 UStG die Formulierung „Umsatz" verwendet wird.

Das gilt jedoch nicht für die Verwendung eines dem Unternehmen zugeordneten Grundstücks/Gebäudes für außerunternehmerische Zwecke, da insoweit nach einer Entscheidung des EuGH vom 08.05.2003, BStBl II 2004, 378 „Seeling" die Anwendung des § 4 Nr. 12a UStG den Vorgaben der MWStSystRL widerspreche.

2.3.3.3.6 Verwendung eines dem Unternehmen zugeordneten Grundstückes als unentgeltliche Wertabgabe – Fall „Seeling" – Abschn. 3.4 Abs. 7 ff. UStAE

Soweit die Verwendung des dem Unternehmen zugeordneten Grundstücks/Gebäudes für nichtunternehmerische Zwecke steuerbar ist, ist diese nicht einer steuerfreien Grundstücksvermietung i.S.d. § 4 Nr. 12 Satz 1 Buchst. a UStG gleichgestellt.

Der Vorsteuerabzug ist deshalb nicht gem. § 15 Abs. 2 Satz 1 UStG ausgeschlossen.

Beispiel 1:

Unternehmer U hat ein Zweifamilienhaus **(Anschaffung im Jahr 2009)**, in dem er eine Wohnung steuerfrei vermietet und die andere Wohnung für eigene Wohnzwecke nutzt, insgesamt seinem Unternehmen zugeordnet.

Lösung:

U steht hinsichtlich des Zweifamilienhauses kein Vorsteuerabzug zu (§ 15 Abs. 2 Satz 1 Nr. 1 UStG). Die private Nutzung ist daher keine steuerbare unentgeltliche Wertabgabe i.S.d. § 3 Abs. 9a Nr. 1 UStG, da der dem Unternehmen zugeordnete Gegenstand nicht zum vollen oder teilweisen Vorsteuerabzug berechtigt hat.

Beispiel 2:

U ist Arzt und nutzt in seinem Einfamilienhaus **(Herstellung 2008)**, das er zulässigerweise (§ 15 Abs. 1 Satz 2 UStG) insgesamt seinem Unternehmen zugeordnet hat, das Erdgeschoß für seine unternehmerische Tätigkeit und das Obergeschoß für eigene Wohnzwecke.
Er erzielt nur steuerfreie Umsätze i.S.d. § 4 Nr. 14 UStG.

Lösung:

U steht hinsichtlich des Einfamilienhauses **kein** Vorsteuerabzug zu (§ 15 Abs. 2 Satz 1 Nr. 1 UStG). Die private Nutzung des Obergeschosses ist daher keine steuerbare unentgeltliche Wertabgabe i.S.d. § 3 Abs. 9a Nr. 1 UStG, da das dem Unternehmen zugeordnete Gebäude hinsichtlich des unternehmerisch genutzten Gebäudeteils nicht zum Vorsteuerabzug berechtigt hat.

Beispiel 3:

U ist Schriftsteller und nutzt in seinem im Übrigen für eigene Wohnzwecke genutzten Einfamilienhaus **(Anschaffung 2009)** ein Arbeitszimmer für seine unternehmerische Tätigkeit. U hat das Gebäude zulässigerweise (auf das Arbeitszimmer entfallen 15 % der Nutzfläche des Gebäudes) insgesamt seinem Unternehmen zugeordnet.

Lösung:

U steht hinsichtlich des gesamten Gebäudes der Vorsteuerabzug zu. Die private Nutzung der übrigen Räume ist eine steuerbare unentgeltliche Wertabgabe i.S.d. § 3 Abs. 9a Nr. 1 UStG, da der dem Unternehmen zugeordnete Gegenstand hinsichtlich des unternehmerisch genutzten Gebäudeteils (Arbeitszimmer) zum Vorsteuerabzug berechtigt hat. Die unentgeltliche Wertabgabe ist steuerpflichtig. Das gilt auch, wenn die Nutzung für Zwecke außerhalb des Unternehmens in der unentgeltlichen Überlassung an Dritte besteht.

Beispiel 4:

U hat ein Zweifamilienhaus, das er im **Jahr 2007** zu 50 % für eigene unternehmerische und zum Vorsteuerabzug berechtigende Zwecke (Büroräume) nutzt und zu 50 % steuerfrei vermietet, insgesamt seinem Unternehmen zugeordnet. Ab dem Jahr 2010 nutzt er die Büroräume ausschließlich für eigene Wohnzwecke.

Lösung:

U steht ab dem Jahr 2007 hinsichtlich der Büroräume der Vorsteuerabzug zu; für den steuerfrei vermieteten Gebäudeteil ist der Vorsteuerabzug hingegen ausgeschlossen. Ab dem Jahr 2010 unterliegt die Nutzung der Büroräume zu eigenen Wohnzwecken des U als steuerbare unentgeltliche Wertabgabe i.S.d. § 3 Abs. 9a Nr. 1 UStG der Umsatzsteuer, da das dem Unternehmen zugeordnete Gebäude insoweit zum Vorsteuerabzug berechtigt hat. Es liegt keine Änderung der Verhältnisse i.S.d. § 15a UStG vor.

Hinweis! Mit dem **Jahressteuergesetz 2010** wurde mit Wirkung zum **01.01.2011** in § 15a UStG ein neuer Abs. 6a eingefügt, der jetzt diese Fälle als Änderung der Verhältnisse erfasst und wieder der Besteuerung zuführt.
Außerdem wurde **§ 15 Abs. 1b UStG** wieder belebt, der – vergleichbar der alten Regelung zur Pkw-Nutzung – jetzt nur für gemischt genutzte Gebäude einen Vorsteuerausschluss vorsieht. Dementsprechend kann die Privatnutzung nicht mehr als unentgeltliche Wertabgabe besteuert werden (**vgl. dazu § 27 Abs. 16 UStG**).

2.4 Mindestbemessungsgrundlage nach § 10 Abs. 5 UStG

2.4.1 Was war der Grund, die Regelung über die Mindestbemessungsgrundlage in das Gesetz aufzunehmen?

Der Gesetzgeber wollte damit der Gefahr vorbeugen, dass Leistungen vom Unternehmer an einen bestimmten, dem Unternehmer nahe stehenden Personenkreis, zu günstigeren Bedingungen abgegeben werden als an fremde Dritte, und damit ein zumindest teilweise nichtbesteuerter privater Endverbrauch eingetreten wäre.

Deswegen sieht § 10 Abs. 5 UStG für die Fälle der:
- Leistungen der in § 10 Abs. 5 Nr. 1 UStG genannten Vereinigungen an ihre Anteilseigner, Gesellschafter usw. sowie bei
- Leistungen von Einzelunternehmen an ihnen nahe stehenden Personen (Nr. 1) und
- Umsätzen von Arbeitgebern an ihr Personal oder deren Angehörige aufgrund des Dienstverhältnisses (Nr. 2)

vor, dass das Entgelt auf den Wert aufgestockt wird, der für die entsprechende Leistung anzusetzen wäre, wenn sie unentgeltlich erfolgt wäre (**bitte lesen Sie jetzt § 10 Abs. 5 UStG!**).

Beispiel:

Der Kfz-Händler H verkauft einen Pkw (Händlereinkaufspreis 30.000 € netto) zum „Freundschaftspreis" von 20.000 € netto an seinen Neffen N.
Es liegt eine entgeltliche Lieferung von H an N vor.
Entgelt ist der Nettokaufpreis von 20.000 €. Da N eine nahestehende Person ist, und das Entgegenkommen des H einem fremden Dritten gegenüber nicht vorstellbar ist, greift § 10 Abs. 5 UStG ein. Dies führt zum Ergebnis, dass die nach § 10 Abs. 4 Nr. 1 UStG höhere Bemessungsgrundlage von 30.000 € anzusetzen ist und die aus privaten Gründen gewährte Zuwendung wie eine unentgeltliche Wertabgabe der Besteuerung unterworfen wird.

Beachte! BMF-Schreiben vom 23.02.2016, BStBl I 2016, 240

Der BFH hat mit den Urteilen vom 07.10.2010, V R 4/10, BStBl II 2016, 181 und vom 19.06.2011, XI R 8/09, BStBl II 2016, 185 entschieden, dass die Anwendung der Mindestbemessungsgrundlage nach § 10 Abs. 5 UStG voraussetzt, dass die Gefahr von Steuerhinterziehungen und Steuerumgehungen besteht.

Hieran fehlt es im Ergebnis, wenn die Umsatzsteuer für Lieferungen oder sonstige Leistungen an eine in § 10 Abs. 5 UStG benannte Person höher wäre als für vergleichbare Umsätze mit Endverbrauchern. Insoweit ist der Umsatz höchstens mit dem marktüblichen Entgelt zu bemessen.

Deckelung der Umsatzbesteuerung
Abschnitt 10.7 Abs.1 UStAE (neu)

[4]Die Anwendung der Mindestbemessungsgrundlage setzt voraus, dass die Gefahr einer Steuerhinterziehung oder -umgehung besteht (vgl. BFH-Urteil vom 8.10.1997, XI R 8/86, BStBl II S. 840, und EuGH-Urteil vom 29.5.1997, C-63/96, Skripalle, BStBl II S. 841). [5]Hieran fehlt es, wenn das vereinbarte Entgelt dem marktüblichen Entgelt entspricht oder der Unternehmer seine Leistung in Höhe des marktüblichen Entgelts versteuert (vgl. BFH-Urteil vom 7.10.2010, V R 4/10, BStBl II 2016 S. 181). [6]Insoweit ist der Umsatz höchstens nach dem marktüblichen Entgelt zu bemessen. [7]Marktübliches Entgelt ist der gesamte Betrag, den ein Leistungsempfänger an einen Unternehmer unter Berücksichtigung der Handelsstufe zahlen müsste, um die betreffende Leistung zu diesem Zeitpunkt unter den Bedingungen des freien Wettbewerbs zu erhalten. [8]Dies gilt auch bei Dienstleistungen z.B. in Form der Überlassung von Leasingfahrzeugen an Arbeitnehmer. [9]Sonderkonditionen für besondere Gruppen von Kunden oder Sonderkonditionen für Mitarbeiter und Führungskräfte anderer Arbeitgeber haben daher keine Auswirkung auf das marktübliche Entgelt. [10]Das marktübliche Entgelt wird durch im Einzelfall gewährte Zuschüsse nicht gemindert. [11]Das Vorliegen und die Höhe eines die Mindestbemessungsgrundlage mindernden marktüblichen Entgelts ist vom Unternehmer darzulegen.

Beispiel 1:

Fall	Vereinbartes Entgelt	Marktübliches Entgelt	Wert nach § 10 Abs. 4 UStG	Bemessungsgrundlage
1	10	20	15	15
2	12	10	15	12
3	12	12	15	12
4	10	12	15	12

Weitere Änderungen zu § 10 Abs. 5 UStG:

1. Nach den Grundsätzen des **BFH-Urteils vom 05.06.2014, XI R 44/12** findet die Mindestbemessungsgrundlage bei Leistungen an einen zum vollen Vorsteuerabzug berechtigten Unternehmer dann keine Anwendung, wenn der vom Leistungsempfänger in Anspruch genommene Vorsteuerabzug keiner Vorsteuerberichtigung i.S.d. § 15a UStG unterliegt.

   Zur Begründung führt der BFH aus, dass § 10 Abs. 5 UStG, als abweichende nationale Sondermaßnahme zur Verhütung von Steuerhinterziehungen und -umgehungen eng auszulegen ist und nur angewendet werden darf, soweit dies hierfür unbedingt erforderlich ist (**vgl. hierzu Abschnitt 10.7 Abs. 6 UStAE**).

2. Weist der leistende Unternehmer in einer berichtigten Rechnung über eine steuerpflichtige Leistung (Nachberechnung) einen höheren Steuerbetrag aus, als er nach dem Gesetz schuldet, entsteht die nach § 14c Abs. 1 UStG geschuldete Mehrsteuer nicht vor Ablauf des Voranmeldungszeitraums, in dem die berichtigte Rechnung erteilt worden ist (**entgegen Abschn. 13.7 Satz 2 UStAE**).

2.4.2 Mindestbemessungsgrundlage in den Fällen der verbilligten Wertabgaben aus dem Unternehmen

Die Mindestbemessungsgrundlage greift nicht in allen Fällen der verbilligten Wertabgaben aus dem Unternehmen ein. Nach dem Wortlaut der Regelung gilt sie nur für Leistungen an nahestehende Personen.

Nahe stehende Personen sind Angehörige i.S.d. **§ 15 AO**, aber auch andere Personen oder Gesellschafter, zu denen der Unternehmer eine enge rechtliche, wirtschaftliche oder sonstige persönliche Beziehung hat (vgl. Abschn. 10.7 Abs. 1 Satz 2 UStAE).

Falsch wäre es jedoch, eine solche persönliche Beziehung in allen Fällen einer verbilligten Leistungsabgabe anzunehmen und § 10 Abs. 5 UStG uneingeschränkt anzuwenden. Vielmehr ist weitere Voraussetzung, dass die Verbilligung ihren Grund in dieser persönlichen Beziehung hat und deswegen **unangemessen niedrig** ist. Soweit unternehmerische Gründe für die Preisgestaltung maßgebend sind, greift die Mindestbemessungsgrundlage nicht ein.

Beispiel:

Unternehmer U verkauft im Rahmen eines Jubiläumsverkaufs bestimmte Waren unter Einkaufspreis an jedermann. Ein Angehöriger kauft ebenfalls solche Waren.
Hier beruht die Verbilligung auf unternehmerischen Erwägungen, die verwandtschaftlichen Beziehungen waren nicht ausschlaggebend. § 10 Abs. 5 UStG ist nicht anwendbar.

2.5 Übrige unentgeltliche Wertabgaben

2.5.1 Welche Aufwendungen unterliegen dem Vorsteuerabzugsverbot gemäß § 15 Abs. 1a UStG?

Es handelt sich um die nichtabzugsfähigen Betriebsausgaben nach § 4 Abs. 5 sowie die gemischten Aufwendungen nach § 12 EStG. Insbesondere sind dies:
- Sachgeschenke an Geschäftsfreunde, sofern sie die Grenzen des § 4 Abs. 5 Nr. 1 EStG übersteigen.
- Unangemessene Aufwendungen des Unternehmer gem. § 4 Abs. 5 Nr. 3 + 4 EStG (vgl. dazu BMF vom 23.06.2005, BStBl I 2005, 816, BFH vom 12.08.2004, BStBl II 2004, 1090).
- Gemischte Aufwendungen i.S.d. § 12 Nr. 1 Satz 2 EStG.

Nicht erfasst und damit abzugsfähig sind Vorsteuerbeträge aus Aufwendungen, die unter das Abzugsverbot des § 4 Abs. 5 Nr. 2, 5 und 6 EStG fallen (z.B. Aufwendungen für ein häusliches Arbeitszimmer und Fahrten zwischen Wohnung und Arbeitsstätte!).

2.5.2 Gibt es tatsächlich keinen dem Aufwendungseigenverbrauch (§ 1 Abs. 1 Nr. 2c UStG 1993) vergleichbaren Fall einer unentgeltlichen Wertabgabe mehr?

Doch.

Nach § 3 Abs. 1b Nr. 3 UStG wird in einer Art Auffangtatbestand jede andere unentgeltliche Zuwendung eines Gegenstandes einer entgeltlichen Lieferung gleichgestellt. Ausgenommen sind nur Gegenstände von geringem Wert und Warenmuster für Zwecke des Unternehmens (vgl. Abschn. 3.3 Abs. 10–20 UStAE).

> **Beispiel:**
>
> Der Teppichgroßhändler T aus Köln verschenkt am 15.12.2013 an seinen langjährigen Geschäftspartner D aus Dresden einen wertvollen Perserteppich.
> Diesen hatte T im Oktober 2013 für 8.000 € direkt aus dem Iran erworben und zutreffend die gezahlte Einfuhrumsatzsteuer (EUSt) i.H.v. 1.520 € als Vorsteuer geltend gemacht. Das Geschenk war als Dank für die guten Geschäftsbeziehungen in den letzten Jahren gedacht.
> D legte diesen Teppich im Konferenzzimmer seines neuen Bürogebäudes aus.

> **Lösung:**
>
> Es liegt eine unentgeltliche Wertabgabe aus unternehmerischen Gründen im Sinne des § 3 Abs. 1b Nr. 3 UStG vor, die steuerbar und steuerpflichtig ist.

> **Abwandlung:**
>
> Ein Jahr später liegt dieser Teppich im Empfangsbereich des privaten Einfamilienhauses des D.

> **Lösung:**
>
> Es liegt keine unentgeltliche Wertabgabe durch D nach § 3 Abs. 1b Nr. 1 UStG vor, da dem Grunde nach nicht steuerbar; § 3 Abs. 1b Satz 2 UStG.
>
> **Beachte!** Ohne die Regelung des § 3 Abs. 1b Nr. 3 UStG ergäbe sich ein unversteuerter Letztverbrauch.

2.6 Die Steuerberaterprüfung 2018/2019

Interessante Urteile und BMF-Schreiben

> **Rückwirkung der Rechnungsberichtigung**
>
> BFH, Urteil vom 20.10.2016, V R 26/15
>
> Tenor:
> Berichtigt der Unternehmer eine Rechnung nach § 31 Abs. 5 UStDV, wirkt dies auf den Zeitpunkt zurück, in dem die Rechnung erstmals ausgestellt wurde
>
>> **Umsatzsteuer-Durchführungsverordnung (UStDV)**
>> **§ 31 Angaben in der Rechnung**
>>
>> (5) Eine Rechnung kann berichtigt werden, wenn
>> a) sie nicht alle Angaben nach § 14 Abs. 4 oder § 14a des Gesetzes enthält
>> oder
>> b) Angaben in der Rechnung unzutreffend sind. Es müssen nur die fehlenden oder unzutreffenden Angaben durch ein Dokument, das spezifisch und eindeutig auf die Rechnung bezogen ist, übermittelt werden. Es gelten die gleichen Anforderungen an Form und Inhalt wie in § 14 des Gesetzes.

Änderung der Rechtsprechung
BFH, Urteil vom 20.10.2016, V R 26/15; veröffentlicht am 21.12.2016

Darstellung Sachverhalt und Verfahren:
Die Klägerin hatte den Vorsteuerabzug aus Rechnungen eines Rechtsanwalts in Anspruch genommen, die nur auf einen nicht näher bezeichneten „Beratervertrag" Bezug nahmen. Weitere Rechnungen hatte ihr eine Unternehmensberatung ohne weitere Erläuterung für „allgemeine wirtschaftliche Beratung" und „zusätzliche betriebswirtschaftliche Beratung" erteilt. Das Finanzamt versagte der Klägerin den Vorsteuerabzug aus den in den Streitjahren 2005 bis 2007 erteilten Rechnungen. Es ging davon aus, dass die Rechnungen keine ordnungsgemäße Leistungsbeschreibung enthielten. Dagegen erhob die Klägerin Klage und legte während des Klageverfahrens im Jahr 2013 berichtigte Rechnungen vor, die die Leistungen ordnungsgemäß beschrieben. Das Finanzgericht wies die Klage ab. Nach dem Urteil des FG ermöglichten die berichtigten Rechnungen einen Vorsteuerabzug erst in 2013 und wirkten nicht auf die erstmalige Rechnungserteilung in den Streitjahren zurück.

Die Entscheidungsgründe des BFH:	
1.	Wird zunächst eine Rechnung ausgestellt, die den Anforderungen der §§ 14, 14a UStG nicht entspricht, und wird diese Rechnung später nach § 31 Abs. 5 UStDV berichtigt, kann das Recht auf Vorsteuerabzug gemäß § 15 Abs. 1 Satz 1 Nr. 1 UStG aufgrund der berichtigten Rechnung für den Besteuerungszeitraum ausgeübt werden, in dem die Rechnung ursprünglich ausgestellt wurde.
2.	Der EuGH hat mit Urteil vom 15.09.2016, C-518/14 „Senatex" entschieden, dass Art. 167, Art. 178 Buchst. a, Art. 179 und Art. 226 Nr. 3 MwStSystRL einer nationalen Regelung entgegenstehen, wonach der Berichtigung einer Rechnung in Bezug auf eine zwingende Angabe keine Rückwirkung zukommt, sodass das Recht auf Vorsteuerabzug in Bezug auf die berichtigte Rechnung nicht für das Jahr ausgeübt werden kann, in dem diese Rechnung ursprünglich ausgestellt wurde, sondern für das Jahr, in dem sie berichtigt wurde.
3.	Der Besitz einer ordnungsgemäßen Rechnung ist danach formelle, aber nicht materielle Voraussetzung für das Recht auf Vorsteuerabzug (Rz. 29, 38).
4.	§ 15 Abs. 1 Satz 1 Nr. 1 UStG ist richtlinienkonform auszulegen. Gleiches gilt für § 31 Abs. 5 UStDV. Eine Berichtigung nach dieser Vorschrift wirkt daher auf den Zeitpunkt zurück, in dem die Rechnung ursprünglich ausgestellt wurde.
5.	Eine Berichtigung nach dieser Vorschrift wirkt daher auf den Zeitpunkt zurück, in dem die Rechnung ursprünglich ausgestellt wurde.

FAZIT

An seiner früheren Rechtsprechung, wonach die Vorsteuer aus einer berichtigten Rechnung erst im Besteuerungszeitraum der Berichtigung abgezogen werden konnte (Senatsurteil vom 24.08.2006, V R 16/05), hält der Senat infolge der EuGH-Rechtsprechung nicht mehr fest.

Berichtigungsfähig ist eine Rechnung dann, wenn sie Angaben zum Rechnungsaussteller, zum Leistungsempfänger, zur Leistungsbeschreibung, zum Entgelt und zur gesondert ausgewiesenen Umsatzsteuer enthält.

Die Rechnung kann bis zum Schluss der letzten mündlichen Verhandlung vor dem Finanzgericht berichtigt werden.

> **Beachte!** Das Urteil des BFH ist von Bedeutung für die Unternehmer, die trotz formaler Rechnungsmängel den Vorsteuerabzug aus bezogenen Leistungen vorgenommen haben.
> Diese hatten bisher bei späteren Beanstandungen selbst im Fall einer Rechnungsberichtigung Steuernachzahlungen für das Jahr des ursprünglich in Anspruch genommenen Vorsteuerabzugs zu leisten. Die Steuernachzahlung war zudem im Rahmen der sog. Vollverzinsung mit 6 % jährlich zu verzinsen. Beides entfällt nunmehr.

Zum Abschluss ein Urteil des BFH, was endlich Klarheit zur Berichtigung einer Rechnung bringt:

BFH, Urteil vom 20.10.2016, V R 26/15 Änderung der Rechtsprechung	Berichtigt der Unternehmer eine Rechnung nach § 31 Abs. 5 UStDV, wirkt dies auf den Zeitpunkt zurück, in dem die Rechnung erstmals ausgestellt wurde

Sachverhalt: Die Klägerin hatte den Vorsteuerabzug aus Rechnungen eines Rechtsanwalts in Anspruch genommen, die nur auf einen nicht näher bezeichneten „Beratervertrag" Bezug nahmen. Weitere Rechnungen hatte ihr eine Unternehmensberatung ohne weitere Erläuterung für „allgemeine wirtschaftliche Beratung" und „zusätzliche betriebswirtschaftliche Beratung" erteilt.

Das Finanzamt versagte der Klägerin den Vorsteuerabzug aus den in den Streitjahren 2005 bis 2007 erteilten Rechnungen. Es ging davon aus, dass die Rechnungen keine ordnungsgemäße Leistungsbeschreibung enthielten.

Dagegen erhob die Klägerin Klage und legte während des Klageverfahrens im Jahr 2013 berichtigte Rechnungen vor, die die Leistungen ordnungsgemäß beschrieben. Das FG wies die Klage ab.
Nach dem Urteil des FG ermöglichten die berichtigten Rechnungen einen **Vorsteuerabzug** erst in **2013** und wirkten nicht auf die erstmalige Rechnungserteilung in den Streitjahren zurück.

Der BFH führte dazu aus:
- Wird zunächst eine Rechnung ausgestellt, die den Anforderungen der **§§ 14, 14a UStG nicht** entspricht, und wird diese Rechnung später nach **§ 31 Abs. 5 UStDV** berichtigt, kann das Recht auf Vorsteuerabzug gemäß § 15 Abs. 1 Satz 1 Nr. 1 UStG aufgrund der berichtigten Rechnung für den Besteuerungszeitraum ausgeübt werden, in dem die Rechnung ursprünglich ausgestellt wurde.
- Der EuGH hat mit Urteil vom 15.09.2016, C-518/14 „Senatex" entschieden, dass Art. 167, Art. 178 Buchst. a, **Art. 179 und Art. 226 Nr. 3 MwStSystRL** einer nationalen Regelung entgegenstehen, wonach der Berichtigung einer Rechnung in Bezug auf eine zwingende Angabe keine Rückwirkung zukommt, sodass das Recht auf Vorsteuerabzug in Bezug auf die berichtigte Rechnung nicht für das Jahr ausgeübt werden kann, in dem diese Rechnung ursprünglich ausgestellt wurde, sondern für das Jahr, in dem sie berichtigt wurde.
- Der Besitz einer ordnungsgemäßen Rechnung ist danach formelle, aber nicht materielle Voraussetzung für das Recht auf Vorsteuerabzug (Rz. 29, 38).
- § 15 Abs. 1 Satz 1 Nr. 1 UStG ist richtlinienkonform auszulegen. Gleiches gilt für § 31 Abs. 5 UStDV.

> Eine Berichtigung nach dieser Vorschrift wirkt daher auf den Zeitpunkt zurück, in dem die Rechnung ursprünglich ausgestellt wurde.
>
> - An seiner früheren Rechtsprechung, wonach die Vorsteuer aus einer berichtigten Rechnung erst im Besteuerungszeitraum der Berichtigung abgezogen werden konnte (Senatsurteil vom 24.08.2006, V R 16/05, unter II.3.c), hält der Senat infolge der EuGH-Rechtsprechung nicht mehr fest.
> - Berichtigungsfähig ist eine Rechnung dann, wenn sie Angaben zum Rechnungsaussteller, zum Leistungsempfänger, zur Leistungsbeschreibung, zum Entgelt und zur gesondert ausgewiesenen Umsatzsteuer enthält.
> - Die Rechnung kann bis zum Schluss der letzten mündlichen Verhandlung vor dem FG berichtigt werden.

Praxishinweis! Die Entscheidung ist von großer Bedeutung für Unternehmer, die trotz formaler Rechnungsmängel den Vorsteuerabzug aus bezogenen Leistungen in Anspruch nehmen. Sie hatten bislang bei späteren Beanstandungen selbst im Fall einer Rechnungsberichtigung Steuernachzahlungen für das Jahr des ursprünglich in Anspruch genommenen Vorsteuerabzugs zu leisten. Die Steuernachzahlung war zudem im Rahmen der sog. Vollverzinsung mit 6 % jährlich zu verzinsen. Beides entfällt nunmehr.

Nachfolgend werden die Auswirkungen einiger im Jahr 2017 veröffentlicher BMF-Schreiben hinsichtlich ihrer umsatzsteuerlichen Auswirkungen dargestellt. Darüber hinaus sind einige m.E. interessante BFH- und EuGH-Entscheidungen aufgeführt.

BMF-Schreiben vom 08.11.2017, BStBl I 2017, 1517

Umsatzsteuer; Kreditgewährung als eigenständige Leistung

BFH-Urteil vom 13.11.2013, XI R 24/11

Grundsätze des BFH-Urteils vom 13.11.2013, XI R 24/11

Der BFH hat mit Urteil vom 13.11.2013, XI R 24/11, entschieden, dass ein Unternehmer, der an ein Studentenwerk im Rahmen eines Public-Private-Partnership-Projekts eine Bauleistung (Werklieferung) ausführt, die mit einer 20-jährigen Finanzierung des Bauvorhabens durch ihn verbunden ist, neben einer umsatzsteuerpflichtigen Werklieferung eine eigenständige nach § 4 Nr. 8 Buchst. a UStG umsatzsteuerfreie Kreditgewährung an das Studentenwerk erbringt.

Unter Hinweis auf das EuGH-Urteil vom 17.01.2013, C-224/11, BGZ Leasing, führt der BFH aus, dass eine Werklieferung und eine Finanzierung derselben **grundsätzlich** nicht als derart eng miteinander verbunden angesehen werden können, dass sie einen einheitlichen Umsatz bilden.

Auch wenn die Finanzierung die Realisierung des angestrebten Bauvorhabens erleichtere, sei davon auszugehen, dass sie im Wesentlichen einen eigenen Zweck erfüllt und nicht nur das Mittel darstellt, um die Werklieferung unter optimalen Bedingungen in Anspruch zu nehmen.

| (Werk-)Lieferung |
| + Finanzierung |
| = **getrennt zu beurteilende Leistungen** |

Gleichwohl bleibe nach den allgemeinen Grundsätzen im jeweiligen Einzelfall zu prüfen, ob die Leistungen jeweils umsatzsteuerlich getrennt zu beurteilen oder als eine einheitliche Leistung zu betrachten sind.

Eine gesonderte **Rechnungsstellung** und eine **eigenständige Bildung des Leistungspreises** sprechen dabei für das Vorliegen eigenständiger Leistungen.

> **Hinweis!** Seit in Anbetracht der Umstände des Einzelfalles die Kreditierung des Werklieferungsentgelts bereits als eigenständige Leistung zu beurteilen, könne es – entgegen den Ausführungen in **Abschnitt 3.11 Abs. 2 Satz 2 Nr. 2 des UStAE** – auf einen zahlenmäßig feststehenden **Jahreszins** nicht mehr ankommen.

Änderung des Umsatzsteuer-Anwendungserlasses
Abschnitt 3.11 wird wie folgt geändert:

> **Absatz 1 wird wie folgt gefasst:**
>
> „(1) ¹Im Falle der Kreditgewährung im Zusammenhang mit einer Lieferung oder sonstigen Leistung erbringt der leistende Unternehmer grundsätzlich jeweils eigene selbständige Leistungen. ²Die naturgemäße Verbindung des Kreditgeschäfts zu der Lieferung oder sonstigen Leistung reicht für sich genommen für die Annahme einer einheitlichen Leistung nicht aus. ³Ob mehrere, voneinander unabhängige Leistungen oder eine einheitliche Gesamtleistung vorliegen, ist im konkreten Einzelfall unter Beachtung der in Abschnitt 3.10 dargelegten objektiven Abgrenzungskriterien zu beurteilen. ⁴Anhaltspunkte, die für die Annahme mehrerer selbständiger Leistungen sprechen, sind dabei u.a.:
> - gesonderte Vereinbarung von Lieferung oder sonstiger Leistung und Kreditgewährung;
> - eigenständige Bildung von Leistungspreisen;
> - gesonderte Rechnungsstellung.
>
> ⁵Bei der Kreditgewährung im Rahmen von Public-Private-Partnership-Projekten ist von zwei getrennt zu beurteilenden Leistungen auszugehen, wenn Werklieferung und Finanzierung nicht so aufeinander abgestimmt sind, dass es die Verflechtung beider Komponenten nicht möglich machen würde, nur eine der beiden Leistungen in Anspruch zu nehmen (vgl. BFH-Urteil vom 13.3.2013, XI R 24/11, BStBl 2017 II S. XXX). ⁶Zur Kreditgewährung im Zusammenhang mit einem Forderungskauf vgl. Abschnitt 2.4."

> Absatz 2 wird gestrichen.

Anwendung
Die Grundsätze dieses Schreibens sind in allen offenen Fällen anzuwenden.

> **BMF-Schreiben vom 15.11.2017, BStBl I 2017, 1518**
>
> **§ 33 der Umsatzsteuer-Durchführungsverordnung (UStDV)**
>
> **Rechnungen über Kleinbeträge**
>
> Am 12.05.2017 hat der Bundesrat dem Zweiten Gesetz zur Entlastung insbesondere der mittelständischen Wirtschaft von Bürokratie (**Bürokratieentlastungsgesetz II**) zugestimmt.
> Durch dieses hebt der Gesetzgeber die Grenze für Kleinbetragsrechnungen (§ 33 UStDV) rückwirkend zum **01.01.2017** von
>
> 150 €
>
> auf
>
> 250 €
>
> an.

Teil I: Die Steuerberaterprüfung

Damit bezweckt der Gesetzgeber einen Vereinfachungseffekt vor allem bei Barumsätzen, im Handel mit Waren des täglichen Bedarfs.

> **Voraussetzungen (kurz)**
>
> Kleinbetragsrechnungen sind nach **§ 33 UStDV** Rechnungen, deren Gesamtbetrag (brutto!) ab 01.01.2017 nicht übersteigt.
> In ihnen braucht insbesondere der Leistungsempfänger nicht angegeben und der Steuerbetrag nicht gesondert ausgewiesen sein.
> Es reicht aus, dass der zutreffende Steuersatz ersichtlich ist (**§ 33 UStDV**).
> Will der Unternehmer den in einer Kleinbetragsrechnung enthaltenen Steuerbetrag als Vorsteuer abziehen, so muss er den Rechnungsbetrag in Entgelt und Steuer aufteilen (**§ 35 Abs. 1 UStDV**).
> Die Verwaltung lässt dabei gewisse Vereinfachungen zu (**vgl. Abschn. 15.4 Abs. 1 UStAE**).

Auswirkungen für die Praxis

Die Anhebung der Grenze für Kleinbetragsrechnungen gilt rückwirkend ab 01.01.2017. Unternehmer, die seit dem 01.01.2017 Rechnungen in Höhe von 150–250 € (brutto) empfangen, dürfen sich freuen. Die Rechnungen berechtigen zum Vorsteuerabzug, auch wenn sie nicht den Anforderungen nach § 14 Abs. 4 UStG entsprechen, sondern lediglich die Angaben nach § 33 UStDV enthalten. Eine Rechnungsberichtigung ist in diesen Fällen nicht notwendig.

Die praktischen Anwendungsprobleme der Kleinbetragsrechnung bleiben jedoch auch nach dem Bürokratieentlastungsgesetz II bestehen. Weiterhin besteht die Gefahr, dass nicht notwendige Angaben in Kleinbetragsrechnungen den Vorsteuerabzug des Leistungsempfängers gefährden. Besonders praxisrelevant sind unvollständige oder unzutreffende Angaben zum Leistungsempfänger. Als Folge versagt die Finanzverwaltung regelmäßig den Vorsteuerabzug mit der Begründung, dass die Kleinbetragsrechnung nicht den Bestimmungen des § 33 UStDV entspricht.

Dies führt zu dem paradoxen Ergebnis, dass der Vorsteuerabzug bei einem leeren Adressfeld besteht, bei einem unvollständig oder unzutreffend ausgefüllten Adressfeld jedoch nicht.

Anwendung

Die Grundsätze dieses Schreibens sind in allen offenen Fällen anzuwenden.

> **Besteuerung der juristischen Personen des öffentlichen Rechts (jPdöR)**
>
> Im **Steueränderungsgesetz 2015** wurde die Umsatzbesteuerung von **juristischen Personen des öffentlichen Rechts (jPdöR)** reformiert und an unionsrechtliche Vorgaben (Art. 13 MwStSystRL) angepasst. Dabei wird der bisherige § 2 Abs. 3 UStG, der die Unternehmereigenschaft von jPdöR (z.B. Gemeinden) regelt, aufgehoben und durch einen **neuen § 2b UStG (Wortlaut siehe nachfolgend)** ersetzt.
> Bisher waren jPdöR nur mit ihren **Betrieben gewerblicher Art (BgA)** unternehmerisch tätig. Was als BgA zählt, ist nach Körperschaftsteuerrecht (§ 4 KStG) zu beurteilen.
> Im neuen § 2b UStG werden jetzt die **hoheitlichen Tätigkeiten** aus dem unternehmerischen Bereich ausgeklammert, sofern es dadurch nicht zu (größeren) Wettbewerbsverzerrungen kommt.
> Um den jPdöR den Umstieg auf das neue Recht zu erleichtern, wurde eine **Übergangsregelung** geschaffen.
>
> > **vgl. hierzu § 27 Abs. 22 UStG**

Danach gilt das alte Recht (§ 2 Abs. 3 UStG, Abschnitt 2.11 UStAE) für das Jahr **2016** weiter.
Ab 2017 gilt dann grundsätzlich das neue Recht (§ 2b UStG).

Die jPdöR haben jedoch die **Möglichkeit**, das alte Recht **bis einschließlich 2020** weiter anzuwenden. Das **Wahlrecht** müssen sie durch Abgabe einer entsprechenden Erklärung gegenüber dem Finanzamt **bis Ende 2016** ausüben. Es kann nur einheitlich für alle Tätigkeitsbereiche bzw. Leistungen ausgeübt werden. Ein **Widerruf** ist mit Wirkung ab dem Folgejahr möglich.

> Beachte! Zu den Anwendungsfragen des § 2b UStG bei der Umsatzbesteuerung der Leistungen der öffentlichen Hand vgl. das BMF-Schreiben vom 16.12.2016, BStBl I 2016, 1451 und Abschnitt 2b.1 UStAE.

Die umsatzsteuerliche Organschaft, § 2 Abs. 2 Nr. 2 UStG

BMF vom 26.05.2017, III C 2 – S 7105/15/10002,b, BStBl I 2017, 790

Umsatzsteuerrechtliche Organschaft (§ 2 Abs. 2 Nr. 2 UStG); Vorsteuerabzug beim Erwerb und im Zusammenhang mit dem Halten und Verwalten von gesellschaftsrechtlichen Beteiligungen; Konsequenzen der Rechtsprechung des EuGH und des BFH

Anwendung: Die Regelungen des Schreibens sind wie folgt anzuwenden:
Die Änderungen in Abschnitt 2.3 Abs. 3 und 4, Abschnitt 2.8 Abs. 10 und 12, Abschnitt **15.18** Abs. 5 Satz 3 Nr. 3 sowie Abschnitt **15.22** Abs. 1 UStAE sind in allen offenen Fällen anzuwenden.
Die übrigen Änderungen sind auf **nach dem 31. Dezember 2018** ausgeführte Umsätze anzuwenden. Eine frühere Anwendung wird nicht beanstandet, wenn sich die am Organkreis Beteiligten bei der Beurteilung des Umfangs der umsatzsteuerrechtlichen Organschaft übereinstimmend auf die entsprechenden Regelungen dieses Schreibens berufen. Eine lediglich umsatzbezogene Berufung ist nicht möglich. Ein Berufungsrecht besteht nur, soweit sämtliche betroffenen Steuerfestsetzungen der Beteiligten noch änderbar sind.

Voraussetzungen und Wirkungen einer Organschaft

Juristische Personen

Eine Kapitalgesellschaft ist stets selbständig.

Juristische Personen sind aber dann nichtselbständig, wenn sie als **Organgesellschaft** finanziell, wirtschaftlich und organisatorisch in ein anderes Unternehmen eingegliedert sind

> vgl. hierzu § 2 Abs. 2 Nr. 2 UStG, Abschnitt 2.2 Abs. 6, Abschnitt 2.8 UStAE.

Sämtliche Mitglieder des Organkreises werden als **ein Unternehmen** behandelt, wobei die Tätigkeit der Beteiligten dem **Organträger** als Unternehmer zugerechnet werden. Leistungen innerhalb des Organkreises sind Innenumsätze, die keinerlei umsatzsteuerliche Folgen auslösen.

Da die Organschaft eine Besonderheit des deutschen Umsatzsteuerrechts ist, ist die Wirkung der Organschaft auf die im Inland gelegenen Betriebe beschränkt,

> vgl. hierzu § 2 Abs. 2 Nr. 2 Satz 2 UStG, Abschn. 2.9 UStAE.

> **Beispiel:**
> Eine KG ist Organträger einer Organgesellschaft A im Inland und einer Organtochter B in Frankreich. Außerdem besteht ein Zweigbetrieb Z in Belgien.

Lösung:
Der Grundsatz der Unternehmenseinheit ist von der Beschränkung der Organschaft auf das Inland nicht berührt. Z in Belgien gehört daher nach wie vor zum Unternehmen der KG. Insoweit ist ein Leistungsaustausch nicht möglich **(Abschnitt 2.9 Abs. 6 Satz 2 UStAE)**. Auch die zwischen der KG und A bestehende Organschaft bleibt dem Grunde nach bestehen, wogegen gegenüber B die Wirkungen der Organschaft nicht eingreifen. B ist der KG und A gegenüber wie ein selbständiges Unternehmen zu behandeln.

Nach § 2 Abs. 2 Nr. 2 Satz 1 UStG wird eine gewerbliche oder berufliche Tätigkeit einer juristischen Person dann nicht selbständig ausgeübt, wenn diese „**nach dem Gesamtbild der tatsächlichen Verhältnisse finanziell, wirtschaftlich und organisatorisch in das Unternehmen des Organträgers eingegliedert ist**".

Voraussetzungen:	
Organträger (OT)	kann jeder Unternehmer sein (natürliche Personen, Personengesellschaften, juristische Personen des Privatrechts und juristischen Personen des öffentlichen Rechts sofern sie unternehmerisch tätig sind) **(Abschnitt 2.8 Abs. 2 S. 1 und 2 UStAE)**.
Organgesellschaft (OG)	Können regelmäßig nur juristische Personen des Zivilrechtes sein, i.d.R. Kapitalgesellschaften **(Abschn. 2.8 Abs. 2 S. 4 UStAE)**.
	Beachte (Abschnitt 2.8 Abs. 2 Satz 5 UStAE)! Eine Personengesellschaft kann ausnahmsweise wie eine juristische Person als eingegliedert im Sinne des § 2 Abs. 2 Nr. 2 UStG anzusehen sein, wenn die finanzielle Eingliederung wie bei einer juristischen Person zu bejahen ist (siehe dazu Absatz 5a).

Voraussetzungen für ein Über- und Unterordnungsverhältnis aufgrund

finanzieller Eingliederung	wirtschaftlicher Eingliederung	organisatorischer Eingliederung
Beteiligung des OT an der OG (unmittelbar/mittelbar) die mehr als 50 % der Stimmrechte vermittelt	beherrschendes Unternehmen und Organ müssen grds. wirtschaftlich eine Einheit bilden	Sicherstellung durch den OT dass sein Wille in der OG auch tatsächlich ausgeführt wird
Abschn. 2.8 Abs. 5, 5a und 5b UStAE	**Abschn. 2.8 Abs. 6–6c UStAE**	**Abschn. 2.8 Abs. 7–11 UStAE**

Beachte! Das Vorliegen einer umsatzsteuerlichen Organschaft kann in den Fällen sinnvoll sein, wenn einer der Beteiligten des Organkreises **nicht** zum Vorsteuerabzug berechtigt ist.

Beispiel:
Die B-OHG betreibt ein Bauunternehmer. Für die Y- GmbH erstellte sie auf deren Grundstück einen Wohnkomplex für 5.000.000 € zzgl. Umsatzsteuer i.H.v. 950.000 €. Hierbei entstanden der B-OHG Vorsteuern i.H.v. 200.000 €. Die Y-GmbH vermietet die Wohnungen in dem Wohnkomplex an private Mieter steuerfrei gemäß § 4 Nr. 12a UStG.

> **Lösung:**

1. Alternative

Besteht zwischen der B-OHG und der Y-GmbH **keine** Organschaft, schuldet die B-OHG gem. § 13a Abs. 1 Nr. 1 UStG die Umsatzsteuer i.H.v. 950.000 €, die sie indes zuvor vereinnahmt hat und somit wirtschaftlich mit dieser nicht belastet ist.

Hinsichtlich der geleisteten 200.000 € besteht ein Vorsteuererstattungsanspruch nach § 15 Abs. 1 Satz 1 Nr. 1 UStG. Die Y-GmbH hat hinsichtlich der geleisteten Umsatzsteuer i.H.v. 950.000 € jedoch keine Vorsteuerabzugsberechtigung, da der Wohnkomplex für Umsätze verwendet wird, die nach § 4 Nr. 12a UStG umsatzsteuerbefreit sind (§ 15 Abs. 2 Satz 1 Nr. 1 UStG). Eine Option ist gem. § 9 Abs. 1 und 2 UStG nicht möglich, da die Mieter keine Unternehmer sind. Per Saldo besteht für beide Unternehmen daher eine Umsatzsteuerbelastung i.H.v. **750.000 €** (950.000 € abzgl. 200.000 €).

2. Alternative

Ist die Y-GmbH hingegen als **Organgesellschaft** in das Unternehmen der B-OHG eingegliedert, fällt auf die Bauleistung keine Umsatzsteuer an, da es sich um einen nichtsteuerbaren Innenumsatz handelt. Im Gegenzug kann die B-OHG jedoch auch nicht die 200.000 € als Vorsteuern geltend machen, da nun hinsichtlich dieses Betrages das Abzugsverbot des § 15 Abs. 2 Satz 1 Nr. 1 UStG eingreift. Es bleibt im Saldo eine Belastung i.H.v. 200.000 €.

Im Vergleich zur ersten Alternative, bei der eine Organschaft verneint wurde, ergibt sich ein Vorteil i.H.v. **550.000 €**.

> **Eingliederungsmerkmale nach § 2 Abs. 2 Nr. 2 UStG**

Ein Organschaftsverhältnis i.S.d. § 2 Abs. 2 Nr. 2 UStG setzt eine Eingliederung der Organgesellschaft in den Organträger voraus.

Die Eingliederung führt zu einer Unterordnung der Organgesellschaft in einer Weise, die diese lediglich als eine Art Unternehmensabteilung des Organträgers erscheinen lässt.

Die Eingliederung muss **finanzieller, wirtschaftlicher und organisatorischer** Art sein und beurteilt sich gemäß dem ausdrücklichen Wortlaut des § 2 Abs. 2 Nr. 2 Satz 1 UStG „**nach dem Gesamtbild der tatsächlichen Verhältnisse**".

Das bedeutet, dass nicht sämtliche Eingliederungsmerkmale gleichermaßen ausgeprägt sein müssen. Auch wenn ein Merkmal weniger stark ausgeprägt ist, kann dennoch eine Organschaft zu bejahen sein, sofern die anderen beiden Merkmale stärker in Erscheinung treten.

> **Nicht ausreichend für die Annahme einer Organschaft ist es jedoch, wenn nur zwei der drei Eingliederungsmerkmale vorliegen, seien diese auch noch so stark ausgeprägt.**

> **Finanzielle Eingliederung; Abschnitt 2.8 Abs. 5, 5a und 5b UStAE**

Eine finanzielle Eingliederung der Organgesellschaft in den Organträger liegt vor, wenn der Organträger im Besitz der entscheidenden Anteilsmehrheit an der Organgesellschaft ist (**Eingliederung mit Durchgriffsrechten, vgl. BFH-Urteil vom 2.12.2015, V R 15/14, BStBl II 2017, 553**).

Das ist dann der Fall, wenn er die Stimmenmehrheit besitzt, mithin also mehr als **50 %** der Stimmen, sofern keine höhere qualifizierte Mehrheit für Beschlüsse erforderlich ist.

In diesem Fall muss der Organträger die satzungsgemäß für eine beherrschende Stellung erforderlichen Anteile halten.

Das Vorliegen der Anteilsmehrheit ist eine zwingende Voraussetzung der Organschaft und kann weder durch eine starke Ausprägung der wirtschaftlichen und/oder organisatorischen Eingliederung noch durch andere Umstände ersetzt werden, wie beispielsweise die Herbeiführung eines faktischen Abhängigkeitsverhältnisses durch die Hingabe von für die Gesellschaft existenznotwendigen Darlehen.

Eine finanzielle Eingliederung kann auch im Wege einer sog. **mittelbaren Beteiligung** erfolgen (**Abschn. 2.8 Abs. 5a und 5b UStAE**).

Eine solche mittelbare Beteiligung ist nach der BFH-Rechtsprechung (**vgl. BFH vom 22.04.2010, V R 9/09; BStBl II/2011, 597**) jedoch nur noch in einer Fallgestaltung möglich.

Die Mehrheit der Stimmrechte an der Organgesellschaft wird über eine Beteiligung an einer Gesellschaft erreicht, die unmittelbar mit Stimmenmehrheit an der Organgesellschaft beteiligt ist.

Beispiel:

Die AB-OHG ist zu 100 % an der X-GmbH beteiligt und damit in der Lage, ihre Beschlüsse in der X-GmbH durchzusetzen.
Die X-GmbH hält wiederum 100 % der Geschäftsanteile an der Y-GmbH.

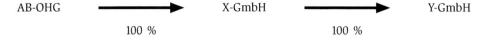

Lösung:

In diesem Fall ist die Y-GmbH in die AB-OHG finanziell eingegliedert.
Es handelt sich um eine **mittelbare Beteiligung** über eine Tochtergesellschaft.
Über die beherrschende Stellung in der X-GmbH wird der AB-OHG mittelbar die Stimmenmehrheit in der Y-GmbH vermittelt.
Folgerichtig handelt es sich bei der AB-OHG um die Muttergesellschaft, bei der X-GmbH um die Tochtergesellschaft und bei der Y-GmbH um die Enkelgesellschaft.

Beachte! Ein Organschaftsverhältnis kann zu einer oder mehreren Organgesellschaften bestehen; vgl. BFH vom 17.04.1969, V R 123/68, BStBl II 1969, 505.

Beachte! In Fällen, in denen die **Mehrheitsgesellschafter** des Organträgers zugleich die Mehrheit der Stimmrechte an der Organgesellschaft halten, kommt indes eine finanzielle Eingliederung **nicht** (mehr) in Betracht, **vgl. Abschn. 2.8 Abs. 5b UStAE**.

Beispiel:

A und B sind Gesellschafter der AB-GmbH. A ist zu 30 % und B zu 70 % beteiligt.
In gleicher Höhe halten sie Geschäftsanteile an der X-GmbH.

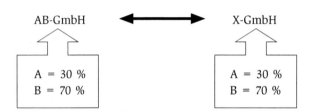

Lösung:

Der AB-GmbH wird hier keine Organträgerstellung über die Beteiligungen ihrer Gesellschafter vermittelt.

Hier fehlt es laut **BFH vom 18.12.1996, XI R 25/94, BStBl II 1997, 441** an einem für die finanzielle Eingliederung erforderlichen Über-Unterordnungsverhältnis zwischen den beiden Gesellschaften. Werden zwei Kapitalgesellschaften von denselben Anteilseignern beherrscht, stehen diese Gesellschaften einander gleichrangig gegenüber. Es handelt sich um sog. **Schwestergesellschaften**.

Als juristische Personen sind sie rechtlich eigenständig, sodass allein durch die identischen Gesellschafter nicht eine Gesellschaft in die andere eingeordnet ist **(vgl. Abschnitt 2.8 Abs. 5b UStAE)**.

Beachte! Eine finanzielle Eingliederung kommt somit nur bei einer unmittelbaren Beteiligung einer Gesellschaft an der anderen in Betracht (vgl. hierzu auch die nachfolgenden Ausführungen und das BFH-Urteil vom 01.12.2010, XI R 43/08, BStBl II 2011, 600).

Beispiel:

A und B sind Gesellschafter der AB-OHG. A ist zu 30 %, B zu 70 % beteiligt.
In gleicher Höhe halten sie Gesellschaftsanteile an der X-GmbH.

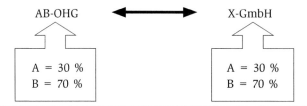

Lösung:

Auch hier liegt mangels Über-Unterordnungsverhältnis keine finanzielle Eingliederung vor. Laut dem

BFH-Urteil vom 22.04.2010, V R 9/09, BStBl II 2011, 597

stellt die finanzielle Eingliederung auf die rechtlichen Durchsetzungsmöglichkeiten ab, die in Fällen der vorliegenden Art jedoch nicht der OHG, sondern vielmehr den Gesellschaftern zustünden.

Es kann zudem nicht davon ausgegangen werden, dass die Anteilseigner sowohl in der GmbH als auch in der OHG einen einheitlichen Willen vertreten.

Rechtsfolgen des Urteils vom 22.04.2010 (Darstellung)

Unmittelbare Eingliederung

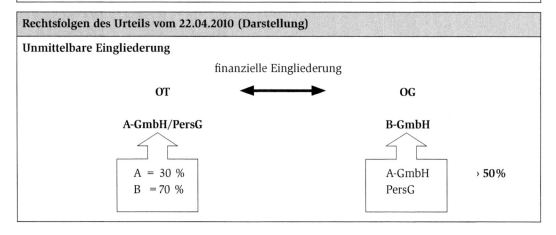

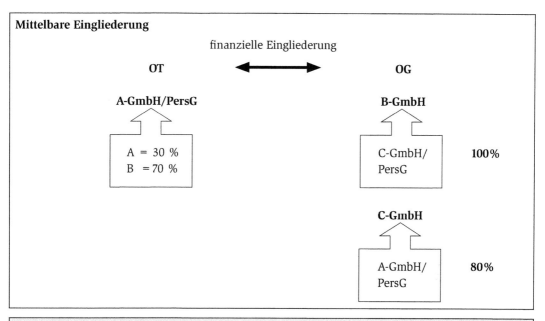

Wirtschaftliche Eingliederung, Abschnitt 2.8 Abs. 6–6c UStAE

Der Begriff der wirtschaftlichen Eingliederung ist weit gefasst.

Nicht erforderlich ist eine spezifische betriebliche Abhängigkeit der Organgesellschaft vom Organträger. Es genügt, wenn zwischen der Organgesellschaft und dem Organträger ein vernünftiger wirtschaftlicher Zusammenhang im Sinne einer wirtschaftlichen Einheit, Kooperation oder Verflechtung, sei es auch in verschiedenen Wirtschaftszweigen vorhanden ist, die jeweiligen Tätigkeiten aufeinander abgestimmt sind und die Unternehmen sich gegenseitig fördern und ergänzen.

Beachte! Voraussetzung für eine wirtschaftliche Eingliederung ist, dass die Beteiligung an der Kapitalgesellschaft dem unternehmerischen Bereich des Anteilseigners zugeordnet werden kann, **vgl. Abschnitt 2.8 Abs. 6 Satz 2 UStAE**

Nach diesen Grundsätzen ist eine wirtschaftliche Eingliederung typischerweise dann zu bejahen, wenn die Organgesellschaft als **Vertriebsabteilung, Einkaufsabteilung oder als Fabrikations- und Fertigungsbetrieb** des Organträgers auftritt.

Charakteristisch für die wirtschaftliche Eingliederung ist, wenn die Organgesellschaft Bestandteil im Gefüge des übergeordneten Organträgers ist.

Dafür ausreichend ist eine die Untergesellschaft fördernde Tätigkeit der Obergesellschaft, z.B. **Vermietung eines Betriebsgrundstückes** als räumliche und funktionale Grundlage der Unternehmenstätigkeit der Organgesellschaft.

Beachte! Die an die Organgesellschaft ausgeführten entgeltlichen Leistungen müssen für diese mehr als nur eine unwesentliche Bedeutung haben, BFH-Urteil vom 18.06.2009, V R 4/08, BStBl II 2010, 310; Abschn. 2.8 Abs. 6 Satz 5 UStAE.

Regelmäßig ist daher auch in Fällen der **Betriebsaufspaltung** von einer wirtschaftlichen Eingliederung auszugehen; vgl. Abschn. 2.8 Abs. 6b UStAE.

Die Überlassung der **wesentlichen Betriebsgrundlagen** ist eine nicht ganz unerhebliche betriebliche Förderung der Organgesellschaft.

Durch eine Kündigung des Miet- oder Pachtvertrages kann der Organträger der Organgesellschaft die zum Betrieb notwendigen Wirtschaftsgüter entziehen, wodurch diese in einem wirtschaftlichen Abhängigkeitsverhältnis zum Organträger steht.

Organisatorische Eingliederung, Abschnitt 2.8 Abs. 7 ff. UStAE

Eine organisatorische Eingliederung liegt vor, wenn sichergestellt ist, dass in der Organgesellschaft der Wille des Organträgers auch tatsächlich durchgesetzt werden kann.

Wesentliche Maßnahmen

- Geschäftsführer identisch oder teilweise identisch
- Regelungen in Geschäfts(führer)ordnung für Organgesellschaft (z.B. Veto- und umfangreiche Kontrollrechte des Organträgers)
- Einsatz leitender Mitarbeiter des Organträgers als Geschäftsführer der Organgesellschaft
- bei Prokura, Einzelfallbetrachtung (vgl. BFH vom 28.10.2010, V R 7/10 und BFH vom 07.07.2011, V R 53/10)

Eine solche Identität der unternehmerischen Entscheidungsträger ist jedoch keine zwingende Voraussetzung zur Bejahung einer organisatorischen Eingliederung.

Entscheidend ist allein die Sicherstellung der faktischen Beherrschung, die auch auf andere Weise erfolgen kann (s.o.).

Das Merkmal der organisatorischen Eingliederung steht eigenständig neben dem der finanziellen und dem der wirtschaftlichen Eingliederung.

Daher ist auch der Rückschluss von der finanziellen auf die organisatorische Eingliederung nicht sachgerecht.

BFH-Urteil vom 05.12.2007, BStBl II 2008, 451

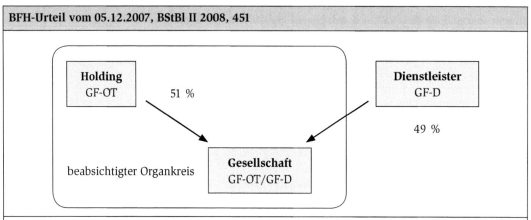

Sachverhalt:
a) Einzelvertretung der GF in der Gesellschaft.
b) Vetorecht des Minderheitsgesellschafters zu diversen Punkten.
c) keine Regelung bei Meinungsverschiedenheiten.

Folge: Keine umsatzsteuerliche Organschaft mangels organisatorischer Eingliederung.

Teil I: Die Steuerberaterprüfung

> **Merke!** Die organisatorische Eingliederung setzt voraus, dass der Organträger eine von seinem Willen abweichende Willensbildung in der Organgesellschaft verhindern kann. Zu weiteren Besonderheiten in Bezug auf die organisatorische Eingliederung siehe die Ausführungen in den
>
> BMF-Schreiben vom 07.03.2013, BStBl I 2013, 333 und
> BMF-Schreiben vom 05.05.2014, BStBl I 2014, 820.

Wirkungen der umsatzsteuerlichen Organschaft

a) Materiell-rechtlich

1.	Die Organgesellschaft hat die Stellung eines Betriebes im Unternehmen des herrschenden Unternehmens (OT); Unternehmer ist der Organträger **Abschn. 2.7 Abs. 1 Satz 2 und Abschn. 2.8 Abs. 1 Satz 6 UStAE**
2.	zwischen dem Organträger und den Organen bzw. zwischen mehreren Organen sind steuerbare Umsätze **nicht** möglich; es handelt sich vielmehr um nichtsteuerbare Innenumsätze, **Abschn. 2.7 Abs. 1 S. 3 UStAE.**
3.	Werden hierüber Abrechnungen mit Steuerausweis ausgestellt, so berechtigen sie nicht nach § 15 UStG zum Vorsteuerabzug. Es handelt sich bei diesen Papieren um unternehmensinterne Buchungsbelege **Abschn. 15.2 Abs. 14 UStAE.**
4.	Die ausgewiesene Steuer wird aber auch nicht nach § 14c Abs. 2 UStG geschuldet, **Abschn. 14.1 Abs. 4 UStAE.**
5.	Umsätze des nach außen unter eigenem Namen auftretenden Organs sind solche des Organträgers. Dieser ist alleiniger Steuerschuldner für alle im Organkreis gemäß § 1 Abs. 1 Nr. 1 UStG getätigten Umsätze.
6.	Nur der Organträger kann den Vorsteuerabzug gemäß § 15 UStG geltend machen und zwar auch insoweit, als Leistungen an die Organgesellschaften ausgeführt und die darauf entfallenden Steuern diesen in Rechnung gestellt oder Einfuhrumsatzsteuer für Gegenstände entrichtet worden sind, die die Organgesellschaften eingeführt haben.
7.	zur Anwendung des § 15a UStG, wenn die Voraussetzungen für die Annahme einer Organschaft eintreten oder wegfallen gilt Folgendes: Fristen für § 15a UStG die beim Organ (vorher selbständiges Unternehmen) beginnen, werden bei Beginn der Organschaft vom Organträger fortgeführt **(analog bei Beendigung der Organschaft).**

b) Verfahrensrechtlich

1.	Es ist nur eine einheitliche Steueranmeldung/Steuererklärung für den gesamten Organkreis zu erstellen,
2.	abzugeben vom Organträger; **§ 18 Absätze 1 und 3 UStG.**

3.	Zuständig ist (bei inländischen Organschaften) das Finanzamt am Sitz des Organträgers; **§ 21 AO**.
4.	Die Organgesellschaften haften für die Umsatzsteuerschulden des Organträgers; **§ 73 AO**.
5.	Der Organträger und die haftende Organgesellschaft sind grundsätzlich als Gesamtschuldner i.S.d. **§ 44 Abs. 1 Satz 1 AO** anzusehen.

Angabe des Bestimmungsorts bei einer innergemeinschaftlichen Lieferung

BFH vom 10.08.2016, V R 45/15, BFH/NV 2016, 1860

Sachverhalt:
Die Klägerin verkaufte an in Spanien und der Tschechischen Republik ansässige Firmen Pkw.
Sie behandelte diese Umsätze als steuerfreie innergemeinschaftliche Lieferungen.
Bei den spanischen und tschechischen Firmen handelte es sich um Scheinunternehmen. Der angebliche Vermittler der Kaufverträge hatte diese fingiert, um die Pkw ohne Umsatzsteuerbelastung selbst erwerben zu können.
In den von der Klägerin vorgelegten Belegnachweisen fand sich jeweils nur ein Hinweis auf das Bestimmungsland, aber kein konkreter Bestimmungsort.

Entscheidung des BFH:
Da es sich bei den angeblichen Käufern um Scheinfirmen handelte, fehlte es am Verkauf an einen zur Erwerbsbesteuerung verpflichteten Unternehmer; § 6a Abs. 1 Nr. 2a UStG.
Daher lagen die **materiellen Voraussetzungen** der Steuerbefreiung gemäß § 6a Abs. 1 UStG nicht vor.
Der BFH sah somit auch den **Beleg- und Buchnachweis** als nicht erbracht an.
Anders als die Klägerin ging der BFH von einem Versendungsfall aus. Es fehlten die Versendungsbelege. Aber auch für den von ihr angenommenen Beförderungsfall hätten der Klägerin die notwendigen Belegnachweise gefehlt.
Der BFH ist der Auffassung, dass die Nennung des **Bestimmungslandes** in der **Verbringenserklärung** zur Angabe des **Bestimmungsortes**, wie von § 17a Abs. 2 Nr. 2 UStDV a.F. gefordert, nicht ausreicht.
Wenn ein konkreter Unternehmensort in der Rechnung angegeben ist, gilt dies nur dann als belegmäßiger Nachweis, wenn davon auszugehen ist, dass die Beförderung tatsächlich zu diesem angegebenen Unternehmensort erfolgt ist. Dies war hier aus Sicht des BFH nicht der Fall.
Der BFH sah auch die Voraussetzungen des Vertrauensschutzes (§ 6a Abs. 4 UStG) als nicht gegeben an.
Vertrauensschutz gewährt der BFH nur, wenn der Unternehmer den Buch- und Belegnachweis formell vollständig führt.

Praxisfolgen:
Das BFH-Urteil zeigt noch einmal eindrücklich, wie wichtig es ist, die Regelungen der UStDV zu den Buch- und Belegnachweisen im Detail zu beachten.
Zunächst ist die Klägerin irrtümlich von einem Beförderungsfall ausgegangen.
Sie konnte daher die im Streitjahr notwendigen Versendungsbelege nicht vorlegen.
Schon allein hieran scheiterten die Steuerbefreiung und der Vertrauensschutz.
Auch heute sieht **§ 17a Abs. 3 Nr. 1, 2 und 3 UStDV** unterschiedliche Voraussetzungen für Versendungs- und Beförderungsfälle vor.

Daher ist die Abgrenzung weiter wichtig. Selbst wenn der von der Klägerin angenommene Beförderungsfall vorgelegen hätte, hätte der BFH die Steuerfreiheit der Umsätze nicht anerkannt.
Es hatte lediglich das Detail des **Bestimmungsorts** gefehlt.
Aber schon dies genügt aus Sicht des BFH, um die Steuerfreiheit und den Vertrauensschutz auszuschließen. Dies alles gilt zumindest dann, wenn sich nicht aus anderen Gründen sicher ergibt, dass die materiellen Voraussetzungen der Steuerbefreiung vorliegen.

EuGH vom 20.10.2016, Josef Plöckl
innergemeinschaftliches Verbringen ohne USt-IdNr.

Sachverhalt:
Im Oktober 2006 versandte Herr Plöckl einen seinem Unternehmen zugeordneten Pkw an einen in Spanien ansässigen Händler **(belegt durch einen CMR-Frachtbrief)**, um ihn dort zu verkaufen.
Im Juli 2007 wurde das Fahrzeug an ein Unternehmen mit Sitz in Spanien verkauft.
Herr Plöckl erklärte im Jahr 2006 keinen Umsatz.
Im Jahr 2007 erklärte er in Deutschland eine steuerfreie innergemeinschaftliche Lieferung an den spanischen Käufer.
Das FA ging davon aus, dass Herr Plöckl im Jahr 2006 ein innergemeinschaftliches Verbringen verwirklicht hat, welches steuerpflichtig sei.
Herr Plöckl habe nämlich keine ihm in Spanien erteilte USt-IdNr. angegeben und damit den Buchnachweis nicht geführt.

Entscheidung des EuGH:
Der EuGH ist im Ergebnis von einem **steuerfreien innergemeinschaftlichen Verbringen gemäß Art. 28a Abs. 5 Buchst. b Abs. 1 Sechste Richtlinie 77/388/EWG** ausgegangen.
Materielle Voraussetzung des innergemeinschaftlichen Verbringens ist, dass der Steuerpflichtige einen Gegenstand in einen anderen Mitgliedstaat versendet oder befördert und die Verbringung an den Steuerpflichtigen selbst für die Zwecke seines Unternehmens erfolgt.
Diese materiellen Voraussetzungen sah der EuGH als im Jahr 2006 erfüllt an.
Die Mitteilung der USt-IdNr. des Steuerpflichtigen im Bestimmungsmitgliedstaat sieht der EuGH lediglich als Beweis dafür an, dass die genannten materiellen Voraussetzungen eines innergemeinschaftlichen Verbringens vorliegen.
Derartige formelle Anforderungen dürfen die Mitgliedstaaten vorsehen. Sie dürfen hierdurch aber nicht den Grundsatz der Neutralität der Mehrwertsteuer verletzen.
Eine solche Verletzung läge beim innergemeinschaftlichen Verbringen wie auch bei einer innergemeinschaftlichen Lieferung vor, wenn die Finanzverwaltung dem Steuerpflichtigen allein aus dem Grund die Steuerbefreiung verwehrt, dass er die USt-IdNr. nicht mitteilt.
Hiervon sieht der EuGH zwei Ausnahmen:
Dem Steuerpflichtigen darf die Steuerbefreiung verwehrt werden:
- wenn er sich vorsätzlich an einer Steuerhinterziehung beteiligt hat oder
- die fehlende Mitteilung der USt-IdNr. den sicheren Nachweis verhindert, dass die materiellen Anforderungen der Steuerbefreiung erfüllt sind.

Beide Ausnahmen sah der EuGH im konkreten Fall nicht als gegeben an.

> **Praxisfolgen:**
> Wie bereits für innergemeinschaftliche Lieferungen geschehen, stellt der EuGH in der Entscheidung Plöckl erstmals fest, dass auch beim **innergemeinschaftlichen Verbringen** die Mitteilung der USt-IdNr. lediglich ein formelles Erfordernis darstellt.
> Insbesondere auf Grundlage der EuGH-Entscheidung VSTR39 konnte diese Auslegung bisher als zweifelhaft angesehen werden.
> Darin hatte der EuGH nämlich entschieden, dass die Mitteilung der USt-IdNr. nur dann entbehrlich ist, wenn der Steuerpflichtige alles ihm Mögliche versucht hat, diese Nummer mitgeteilt zu erhalten. Allerdings gilt diese Regel nicht in jedem Fall. Sie gilt nur dann, wenn es um die Frage geht, ob der Steuerpflichtige an einer Steuerhinterziehung beteiligt ist.
> Liegt ein innergemeinschaftliches Verbringen vor, ist dort eine umsatzsteuerrechtliche Registrierung und die Abgabe entsprechender Steuererklärungen erforderlich, soweit keine Ausnahmen existieren. Unternehmer sollten einer solchen Registrierungspflicht nachkommen, um eventuellen Sanktionen des Bestimmungslandes bei Verstößen hiergegen zu entgehen.
> Außerdem sind sie verpflichtet, den innergemeinschaftlichen Erwerb sowie die ggf. anschließende lokale Lieferung zu versteuern.
> Trotz des Urteils des EuGH sollten Unternehmer gemäß **§ 17c Abs. 3 Nr. 2 UStDV** auch die USt-IdNr. des Bestimmungslandes entsprechend aufzeichnen.
> Hiermit vermeiden sie Nachweisschwierigkeiten und Auseinandersetzungen mit der Finanzverwaltung über die Steuerfreiheit des innergemeinschaftlichen Verbringens.
> Die Entscheidung eignet sich daher vor allem als Argumentationsgrundlage für solche Fälle, in denen im Nachhinein festgestellt wird, dass der Beleg- oder Buchnachweis nicht ordnungsgemäß geführt wurde.

3. Die mündliche Steuerberaterprüfung

Der schriftliche und mündliche Teil der Prüfung sind zu je 50 % maßgebend für die Gesamtnote. Wie bereits ausgeführt muss zur Zulassung zur mündlichen Prüfung im schriftlichen Teil ein Durchschnitt von 4,5 oder besser erzielt werden. Die Prüfung findet im Zeitraum Januar bis April statt und besteht aus einem 10 minütigen Vortrag und aus sechs Fragerunden. Für den Kurzvortrag werden drei Themen zur Auswahl gestellt. Danach wird dem Prüfling eine 30 minütige Vorbereitungszeit eingeräumt (§ 26 Abs. 6 DVStB). Die Fragerunden werden als Gruppenprüfung durchgeführt. Dabei werden 4–5 Prüflinge von sechs Prüfern mehrere Stunden geprüft, wobei die auf einen Bewerber entfallende Prüfungszeit 90 Minuten nicht überschreiten soll (§ 26 Abs. 7 DVStB). Aus den jeweils gesondert bewerteten Teilen der mündlichen Prüfung (Vortrag und sowie jeder der sechs Prüfungsabschnitte) wird eine Gesamtnote gebildet (§ 27 Abs. 3 DVStB). Die relevanten Prüfungsgebiete sind identisch mit denen der schriftlichen Prüfung, zuzüglich weiterer aus der nachfolgenden Übersicht zu entnehmender Rechtsgebiete. Letztendlich bestimmen die Prüfer, aus welchen Themen- und Rechtsgebieten sie ihre Prüfungsfragen stellen. Zum Bestehen der Steuerberaterprüfung muss die Gesamtnote 4,15 oder besser betragen (§ 28 Abs. 1 DVStB), sodass das Bestehen der schriftlichen Prüfung nicht automatisch zur Bestellung zum Steuerberater führt.

Teil I: Die Steuerberaterprüfung

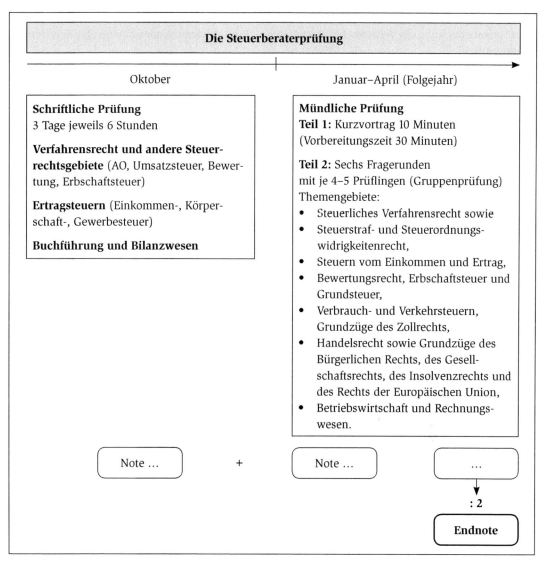

Für die Bewertung der einzelnen Prüfungsleistungen werden folgende Noten gebildet (§ 17 DVStB):

• Note 1 sehr gut	(= hervorragende Leistung)
• Note 2 gut	(= eine erheblich über dem Durchschnitt liegende Leistung)
• Note 3 befriedigend	(= eine Leistung, die in jeder Hinsicht durchschnittlichen Anforderungen gerecht wird)
• Note 4 ausreichend	(= eine Leistung, die abgesehen von einzelnen Mängeln, durchschnittlichen Anforderungen entspricht)
• Note 5 mangelhaft	(= eine an erheblichen Mängeln leidende, im Ganzen nicht mehr brauchbare Leistung)
• Note 6 ungenügend	(= eine völlig unbrauchbare Leistung)

Der Prüfungskommission gehören i.d.R. drei Beamte des höheren Dienstes und drei Steuerberater (bzw. zwei Steuerberater und ein Vertreter der Wirtschaft) an. Prüfungsvorsitzender ist einer der Beamten des höheren Dienstes.

Den Bewerbern steht es frei sich Notizen zu den geschilderten Sachverhalten zu machen.

Zur Vorbereitung auf die mündliche Prüfung und den Kurzvortrag bieten zahlreiche Institute Lehrgänge an (vgl. hierzu die Hinweise unter „3. Voraussetzungen für eine erfolgreiche Prüfung"). Auch hier kann es sinnvoll sein nachzufragen, ob es möglich ist probeweise einen halben Tag an einer derartigen Veranstaltung teilzunehmen, um letztendlich eine Entscheidung für sich zu treffen, ob und ggf. bei welchem Anbieter man einen derartigen Vorbereitungslehrgang buchen möchte. Beachten Sie dabei, dass die Lehrgänge meist schon im November/Dezember stattfinden. Wer folglich die Steuerberaterprüfung 2018 (bzw. 2019) ablegen möchte, sollte bereits im Oktober 2017 (bzw. Oktober 2018) nachfragen, ob er/sie als Gasthörer/in an einer entsprechenden Veranstaltung teilnehmen kann.

So banal es klingt, aber auch das äußere Erscheinungsbild ist wichtig. Meist befinden sich die Teilnehmer des Prüfungsausschusses schon im „reiferen" Alter und haben konservative Ansichten, sodass es sicherlich nicht schaden kann, seine Kleidung dem Anlass entsprechend zu wählen.

Hinweise zum mündlichen Vortrag

Vorbereitungsphase
- In den ersten 4–5 Minuten sollte die Entscheidung fallen, welches der drei Themen ausgewählt wird.
- Danach erfolgt eine stichwortartige schriftliche Ausarbeitung (Stoffsammlung, Grobgliederung, Unterpunkte, …) und die Erstellung eines Stichwortzettels mit der finalen Gliederung (Einleitung, Hauptteil, Schluss). Als Hilfsmittel stehen lediglich die Gesetzestexte zur Verfügung. Der Einstieg sollte Interesse wecken.
- Die letzten 10 Minuten der 30-minütigen Vorbereitungszeit sollte der Vortrag stumm mit Zeitkontrolle (wo bin ich nach 5, wo nach 8 Minuten) geprobt werden.
- Bei Zeitüberschreitung: Unwichtiges streichen! Bei wesentlicher Zeitunterschreitung (unter 7 Minuten): Was könnte man noch ergänzen?

Vortragsphase
- Der Vortrag sollte stehend erfolgen (zu Beginn: kurz auf die Uhr schauen). Versuchen Sie abwechselnd mit den Prüfern Blickkontakt zu halten und lassen Sie sich nicht irritieren, wenn der ein oder andere desinteressiert in seinen Unterlagen blättert.
- Beginn des Vortrags (z.B.): „Sehr geehrte (Damen) und Herren, das von mir gewählte Thema lautet …"
- Stellen Sie Ihre Gliederung vor und machen Sie während des Vortrags immer deutlich wo Sie sich gerade befinden („Ich komme jetzt zum Hauptteil meines Vortrags", „Ich komme zum 2. Punkt nämlich zur Frage …").
- Bilden Sie kurze verständliche Sätze. Zeigen Sie mit einem vereinfachten Beispiel auf, um was es geht.
- Sollten Sie nach ca. 8 Minuten feststellen, dass Sie nicht innerhalb von 10 Minuten mit dem Vortrag zu Ende sein werden, sollten Sie stichwortartig den Vortrag zu Ende bringen (vermeiden Sie auf jeden Fall kürzer als 7 Minuten und länger als 10 Minuten zu reden).
- Am Ende des Vortrags ein kurzes Fazit ziehen und schließen (z.B.) mit „Ich danke Ihnen für Ihre Aufmerksamkeit". Vermeiden Sie auf jeden Fall Ihren Vortrag negativ zu bewerten („Mehr ist mir leider in der Kürze der Zeit nicht eingefallen").

Teil I: Die Steuerberaterprüfung

Hinweise zur Gruppenprüfung (6 Fragerunden)

Konstante Aufmerksamkeit
 Fragestellungen werden häufig weitergegeben, sodass Sie stets aufmerksam verfolgen sollten, was Ihre Mitbewerber gefragt werden. Versäumen Sie nicht sich bei Zahlenbeispielen kurze Notizen zu machen. Halten Sie Blickkontakt zum jeweils aktiven Prüfer.
 	
 Keine falsche Schüchternheit
 Sprechen Sie laut und deutlich. Wenn Sie eine Frage oder einen geschilderten Sachverhalt nicht oder nicht vollständig verstanden haben, sollten Sie dies zum Ausdruck bringen (z.B. „Ich habe den Sachverhalt nicht richtig verstanden, könnten sie ihn bitte nochmals wiederholen?").
 Die in vielen Lebensbereichen hilfreiche Devise „Reden ist Silber, Schweigen ist Gold" sollten Sie für diesen Prüfungsteil vergessen. Wer schweigt hat verloren. Auch wenn Ihnen die Antwort auf eine Frage nicht sofort einfällt, sollten Sie Ihr Wissen verkaufen. „Das weiß ich nicht" ist tabu! Wie wäre es mit ein paar Sätzen zur zivilrechtlichen Behandlung des Sachverhalts? Wie wird das Problem in der Handelsbilanz gelöst? Häufig ist es so, dass man bei seinen eigenen Ausführungen plötzlich die Lösung der Aufgabenstellung vor sich sieht.
 	
 Ja- und Nein-Antworten vermeiden
 Werden Fragen so gestellt, dass sich diese mit einem einfachen JA oder NEIN beantworten lassen, sollten Sie dies nach Möglichkeit vermeiden. Kleiden Sie Ihre JA- bzw. NEIN-Antwort immer in Sätze ein. Schildern Sie Ihre rechtlichen Überlegungen und begründen Sie immer Ihr JA bzw. Ihr NEIN.
 • **Die Mimik des Prüfers beachten**
   An der Mimik des Prüfers lässt sich häufig ablesen, ob man sich auf den richtigen Weg befindet bzw. ob man sich in der Gefahr befindet, die von ihm gestellte Frage falsch zu beantworten. Andererseits dürfen Sie auch keine positiven Reaktionen des Prüfers als Bestätigung der Richtigkeit Ihrer Antworten erwarten.
 • **Im Zweifel „raten"**
   Wenn es zwei mögliche Antworten auf eine Frage gibt, sollte man im Zweifel „raten", welche die zutreffende ist. Eine 50 %ige Trefferquote ist immer besser als überhaupt keine Antwort anzubieten.

4. Voraussetzungen für eine erfolgreiche Prüfung

Um die Steuerberaterprüfung zu bestehen, müssen drei Voraussetzungen erfüllt sein. Die Grundlage bildet das rechtliche Verständnis der Materie. Nur wer sich im Handels- und Steuerrecht auskennt, ist in der Lage am dritten Prüfungstag, die teilweise recht komplizierten Sachverhalte zutreffend zu bearbeiten. Es ist allerdings nicht so, dass eine rechtliche Kompetenz ausreicht. Sie bildet die Basis. Wer es versäumt in ausreichendem Umfang Übungsfälle im Schwierigkeitsgrad der Steuerberaterprüfung zu lösen, steht vor einer unlösbaren Aufgabe. In diesem Bereich der Vorbereitung muss man sich an die teilweise komplexen Aufgabenstellungen gewöhnen. Es ist erforderlich ein Gespür zu entwickeln, für was es Korrekturpunkte gibt und wie viel Zeit man sich zum Lösen einer bestimmten Aufgabe nehmen darf. Wichtig in diesem Zusammenhang ist es aus seinen Fehlern zu lernen.

 Jeder Fehler in der Übungsphase sollte notiert werden. Versuchen Sie aus Ihren Fehlern zu lernen und möglichst jeden Fehler nur einmal zu machen.

Die im Buch enthaltenen Klausuren (vgl. hierzu III.) eignen sich vorzüglich für den „Übungsteil" und sollten gewissenhaft bearbeitet werden. Das vorliegende Buch deckt den Bereich „Bilanzsteuerrecht" ab. Eine Darstellung der für Personengesellschaften geltenden Rechtsgrundsätze findet sich im Buch „Besteuerung von Personengesellschaften" (Fränznick/Hoffmann/Lang, erschienen im HDS-Verlag).

Ein kleiner, aber nicht zu unterschätzender Faktor ist das „Glück" eine machbare Klausur zu erhalten und selbst einen „guten Tag" zu haben.

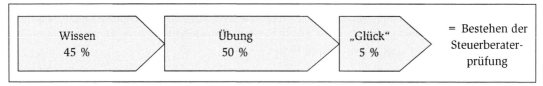

Systematische Vorbereitung

Die Steuerberaterprüfung lässt sich nicht so nebenbei erfolgreich meistern. Es handelt sich dabei um eine der schwersten Prüfungen überhaupt. Die Durchfallquote lag in den letzten Jahren zwischen 40 bis nahezu 60 %.

Erfolg setzt eine systematische Vorbereitung voraus.

 Erstellen Sie sich einen individuellen Lernplan. Halten Sie sich an diesen und dulden Sie nur in absoluten Notfällen (z.B. Krankheit) ein Abweichen davon. Wichtig ist auch, dass Ihr(e) Partner(in) bzw. Ihre Familie mitzieht. Ohne deren Verständnis und Unterstützung geht es nicht.

Die Vorbereitungszeit sollte (mindestens) 12 bis 15 Monate betragen. Die meisten Prüfungsteilnehmer besuchen einen Vorbereitungslehrgang auf die Steuerberaterprüfung. Diese finden häufig berufsbegleitend an den Wochenenden statt.

 Erkundigen Sie sich mindestens 1 ½ Jahre vorher, welche Anbieter in Ihrer Nähe derartige Lehrgänge anbieten. Fragen Sie nach, ob es möglich ist, eine Vorlesung unverbindlich als Gasthörer zu besuchen, so dass Sie einen Eindruck erhalten, ob Sie beim entsprechenden Anbieter „gut aufgehoben" sind.

Nachfolgend sind einige Anbieter von Steuerberaterlehrgängen aufgeführt:

Anbieter	Internetadresse	Veranstaltungsorte
Steuer-Fachschule Dr. Endriss GmbH & Co. KG 50825 Köln, Lichtstraße 45–49 Telefon: (0221) 9364420	endriss.de	Köln, Dortmund, Frankfurt
AWS Arbeitskreis für Wirtschafts- und Steuerrecht OHG 61440 Oberursel, Adenauerallee 32 Telefon: (0 61 71) 69960	aws-online.de	Frankfurt
Steuerberaterkammer Stuttgart 70174 Stuttgart, Hegelstraße 33 Telefon: (07 11) 619480	stbk-stuttgart.de	Stuttgart, Ulm
Steuerlehrgänge Dr. Bannas GmbH 51503 Rösrath, Hack 9 Telefon: (0 22 05) 91 15 75	bannas.com	Frankfurt, Chemnitz, Hamburg, Köln, München, ...
Dr. Stitz 50668 Köln, Aduchstraße 7 Telefon: (0221) 4205620	stitz.de	Köln

Teil I: Die Steuerberaterprüfung

Anbieter	Internetadresse	Veranstaltungsorte
Lehrgangswerk Haas GmbH & Co. KG 31832 Springe, Jägerallee 26 Telefon: (0 50 41) 942430	lwhaas.de	Hamburg, Berlin, Hannover, Frankfurt, Springe
Akademie Henssler GbR 76332 Bad Herrenalb, Waldseestraße 29 Telefon.: (07083) 92540	akademie-henssler.de	Rotensol bei Bad Herrenalb
ECONECT/hemmer Steuerfachschule GmbH 60487 Frankfurt a.M., Rödelheimer Str. 45 Telefon (069) 9709700	econect.com	Frankfurt, Düsseldorf
ABAKUS Steuerkolleg 90461 Nürnberg, Kleestr. 21 bis 23 Telefon: 089 / 55062762	abakus-steuerlehre.de	München, Nürnberg, Dortmund, Neu-Ulm, Münster
ABC Steuerfachschule GmbH 81677 München, Wilhelm-Tell-Str. 4 Telefon: (089) 47087744 ABC-Steuerfachschule Plauen GmbH 08523 Plauen, Heubnerstr. 1 Telefon: (03741) 228022	abc-steuer.de	München, Plauen
Steuerrechts-Institut Knoll GmbH München 81247 München, Adelsbergstraße 10a Telefon: (089) 8911440	knoll-steuer.com	Berlin, Düsseldorf, Frankfurt a.M., München, Stuttgart
IWS Institut für Wirtschaft und Steuer GmbH 74821 Mosbach, Hauptstraße 91 Telefon: (06261) 14090	iws-institut.de	Freiburg, Mannheim, Stuttgart, Mosbach, Döbeln, Essen, München
Steuerakademie Bremen 28195 Bremen, Wachtstraße 24 Telefon: (0421) 323922	steuerakademie-bremen.de	Bremen
Neufang Akademie 75365 Calw, Leibnizstraße 5 Telefon: (0 70 51) 931160	neufang-akademie.de	Calw
Steuerfachschule Tillmann + Partner GmbH 59846 Sundern, Hauptstr. 184 Telefon: (02933) 789601	steuerfachschule-tillmann.de	Sundern/Sauerland

Weitere Informationen erhalten Sie, wenn Sie in einer Internet-Suchmaschine den Namen des jeweiligen Anbieters oder „Steuerberaterprüfung Vorbereitungslehrgang" eingeben. Viele Lehrgangsveranstalter bieten Wochenendkurse, Crashkurse und Vollzeitlehrgänge an.

Es ist jedoch nicht so, dass allein der Besuch derartiger Vorbereitungslehrgänge, seien diese auch noch so gut, ausreichend für das Bestehen der Prüfung ist. Darüber hinaus, müssen die besprochenen Themen nachbearbeitet und ggf. sichtbare Lücken selbständig geschlossen werden. Wie bereits erwähnt, ist neben dem „Wissen" auch noch das „Üben" gefragt. Je mehr Übungsklausuren geschrieben werden, desto besser kommt man mit dem Zeitmanagement zurecht und erlernt die Fähigkeit, die in den Klausuren enthaltenen Fragestellungen zu erkennen und diese gutachterlich in der zur Verfügung stehenden Zeit zu beantworten. In diesem Zusammenhang sei nochmals daran erinnert, dass man aus Fehlern lernen sollte. Wer jeden Fehler notiert und wer „seine Fehlersammlung" immer wieder anschaut, sodass diese in Zukunft nicht nochmals gemacht werden, kommt dem Ziel die Prüfung zu bestehen, ein großes Stück näher.

Eine beispielhafte Grobplanung könnte wie folgt aussehen:

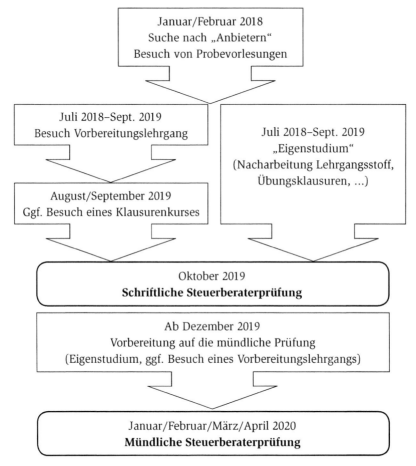

Darüber hinaus muss natürlich noch eine realistische Feinplanung erstellt werden, in welcher festgelegt wird, an welchen Tagen in welchem zeitlichen Umfang gearbeitet werden soll. Hierbei ist es auch wichtig zu entscheiden, wo bereite ich mich vor. Es sollte ein ruhiger Ort mit möglichst wenig Ablenkung sein. Ein Raum, in dem andere Familienangehörige vor dem Fernseher sitzen oder in dem die Kinder spielen, ist sicherlich nicht dazu geeignet. In den Abendstunden ist es wichtig, dass eine ausreichende Beleuchtung vorhanden ist.

 Wenn Sie einen Vorbereitungslehrgang besuchen, sollten Sie am ersten Tag bewusst früher kommen. So können Sie sich, je nachdem ob Sie lieber vorne oder hinten, links, rechts oder in der Mitte sitzen wollen, „Ihren" Platz für den gesamten Lehrgang aussuchen.

Teil I: Die Steuerberaterprüfung

Die Seminarzeiten sind vorgeben. Wann Sie zuhause lernen bestimmen Sie selbst. Während der Arbeitstage kommen naturgemäß i.d.R. nur die Abendstunden in Betracht. Am Wochenende sollten Uhrzeiten entsprechend dem eigenen Biorhythmus gewählt werden. Wichtig dabei sind auch die Pausen. Wenige können 4 Stunden am Stück effektiv lernen. Probieren Sie, ob es nicht besser ist, jeweils nach einer Stunde eine kurze Pause von z.B. 10 Minuten zu machen. In dieser Zeit sollten Sie den Arbeitsplatz verlassen, einen Espresso trinken, an die frische Luft gehen oder sich mit ihrem Partner/ihrer Partnerin unterhalten. Wichtig ist auch für Abwechslung zu sorgen. Kein Mensch kann 8 Stunden am Tag nur Bilanzsteuerrecht lernen. Denkbar ist z.B. jeweils nach 2 Stunden das Fach zu wechseln (z.B. 2 Stunden Bilanzsteuerrecht, 2 Stunden Einkommensteuer, 2 Stunden Bilanzsteuerrecht, 2 Stunden Umsatzsteuer).

Seien Sie realistisch. Die Rechtsgebiete sind so umfassend, dass niemand in der Lage ist alles zu wissen. Jeder der an der Steuerberaterprüfung teilnimmt hat Wissenslücken.

Lassen Sie sich auch nicht verrückt machen. Wenn Sie ein bestimmtes Problem nicht verstehen, dürfen Sie sich nicht hineinsteigern, sodass Panik aufkommt. Vielleicht hilft ein Gespräch mit einem Kollegen oder der Blick in ein Fachbuch weiter. Denkbar ist es auch einen Dozenten des besuchten Lehrgangs zu fragen. Hilft alles nicht weiter – Mut zur Lücke! Man darf nicht an einem Problem hängenbleiben und sich darin festbeißen.

Sie werden immer wieder Rückschläge erleiden, den Mut verlieren und eine innere Stimme wird Ihnen sagen „Du schaffst es nicht". Hören Sie nicht darauf. Anderen geht es genauso. Motivieren Sie sich indem Sie sich immer wieder Ihr Ziel (das Bestehen der Steuerberaterprüfung) vor Augen halten. Der berufliche Aufstieg und die damit verbundenen Vorteile werden Sie für Ihre Mühe und Opfer belohnen.

Alternativ zum Besuch eines Vorbereitungslehrgangs ist die Teilnahme an einem Fernlehrgang. Hier erhält der Teilnehmer Lehrbriefe, die er selbständig bearbeiten muss. Hier stellt sich die Frage, ob das eher dem eigenen Lerntyp entspricht. Ein großer Nachteil kann hier sein, dass man nicht die Möglichkeit hat sich mit anderen Teilnehmern auszutauschen und ggf. eine Lerngemeinschaft zu bilden.

Haben Sie die Absicht einen Fernlehrgang zu buchen? Lassen Sie sich in diesem Fall von verschiedenen Anbietern (Eingabe Suchmaschine: „Fernlehrgang Steuerberaterprüfung") Lehrbriefe zur Ansicht zuschicken. Erst danach sollten Sie sich entscheiden, ob Sie sich mit einem Fernlehrgang vorbereiten wollen und ggf. bei welchem Anbieter Sie buchen.

Teil II: Darstellung der Umsatzsteuer

I. Einführung in das Umsatzsteuerrecht

1. Allgemeines

1.1 Bedeutung der Umsatzsteuer

Bei der Umsatzsteuer handelt es sich um eine Steuer, die für die Ausführung von Leistungen (Umsätze) gegen Entgelt anfällt, z.B. für den Verkauf von Waren oder die Erbringung von Dienstleistungen. Die Höhe der anfallenden Umsatzsteuer wird dabei mit einem bestimmten Steuersatz (i.d.R. 19 %) von dem vom Empfänger für die Leistung entrichteten Entgelt berechnet.

Mit einem Steueraufkommen in 2016 von ca. 217 Mrd. € (insgesamt ca. 706 Mrd. €) ist die Umsatzsteuer mittlerweile eine der bedeutendsten Steuerarten. Ihr Aufkommen steht als **Gemeinschaftsteuer** Bund, Ländern und Gemeinden gemeinschaftlich nach einem bestimmten Verteilungsschlüssel zu, der im Finanzausgleichsgesetz näher geregelt ist (vgl. Art. 106 Abs. 3 und 5a GG und § 1 FAG). Daneben erhält auch die Europäische Union aus dem Umsatzsteueraufkommen der Mitgliedstaaten einen bestimmten Anteil. Dieser sog. Mehrwertsteuer-Abrufsatz beträgt für Deutschland derzeit 0,15 % der Bemessungsgrundlage aller umsatzsteuerpflichtigen Leistungen.

1.2 Einordnung der Umsatzsteuer im Steuersystem

Umsatzsteuer fällt grundsätzlich nur an, wenn Leistungen von Unternehmern erbracht werden. Der leistende Unternehmer ist auch grundsätzlich derjenige, der die Umsatzsteuer als Steuerschuldner an das Finanzamt abführen muss. Er stellt die von ihm geschuldete Umsatzsteuer jedoch i.d.R. dem Empfänger der Leistung in Rechnung, sodass sie im Ergebnis nicht er selbst, sondern der Leistungsempfänger wirtschaftlich zu tragen hat. Hinsichtlich der Belastungswirkung gehört die Umsatzsteuer damit zu den **indirekten Steuern**, bei denen derjenige, der die Steuer schuldet (Steuerschuldner) und derjenige, der mit ihr wirtschaftlich belastet ist (Steuerträger), auseinanderfallen.

Von ihrem Anknüpfungspunkt her ist die Umsatzsteuer eine **Objektsteuer**, da Gegenstand der Besteuerung allein die Leistungsabgabe (Steuerobjekt) ist. Hierin unterscheidet sie sich von den Personensteuern wie der Einkommensteuer, bei denen die Besteuerung primär an eine bestimmte Person (Steuersubjekt) anknüpft, deren persönliche Verhältnisse bei der Besteuerung berücksichtigt werden (z.B. Einkommenshöhe, Familienstand oder Kinder). Ihrem Charakter als Objektsteuer entsprechend spielen dagegen bei der Umsatzsteuer die persönlichen Verhältnisse der am Umsatz Beteiligten keine Rolle. So fällt z.B. beim Kauf eines Brotes die gleiche Umsatzsteuer für einen arbeitslosen Familienvater, wie für einen Millionär an.

Da der Besteuerung wirtschaftliche Verkehrsvorgänge zu Grund liegen, nämlich der Austausch von Leistungen auf Grundlage zivilrechtlicher Rechtsgeschäfte, wird die Umsatzsteuer auch der Gruppe der **Verkehrssteuern** zugerechnet. Eine Ausnahme gilt jedoch für die Einfuhrumsatzsteuer, die bei der Einfuhr von Waren aus nicht EU-Mitgliedstaaten anfällt und die zu den Verbrauchsteuern zählt (§ 21 Abs. 1 UStG).

1.3 Die Funktion des Mehrwertsteuersystems

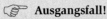 **Ausgangsfall!**
Ein Fahrradhändler verkauft ein Fahrrad für 2.380 € an einen privaten Endverbraucher, das er zuvor beim Hersteller für 1.785 € eingekauft hat.

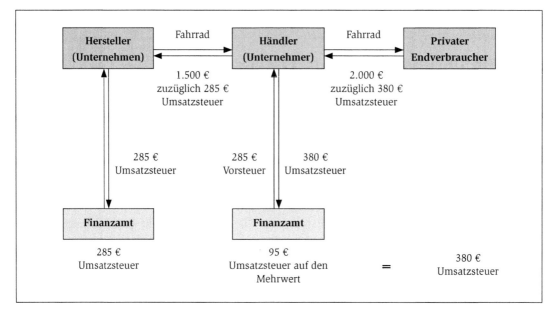

Umsatzsteuer fällt grundsätzlich nur bei **Leistungen von Unternehmern** an. Leistungen von Privatpersonen (z.B. Privatverkäufe oder gelegentliche „Nachbarschaftshilfe") unterliegen dagegen grundsätzlich nicht der Umsatzsteuer.

Auf die Person des Leistungsempfängers kommt es dagegen nicht an. Umsatzsteuer fällt also nicht nur bei Leistungen von Unternehmern an private Endverbraucher, sondern auch bei **Leistungen zwischen zwei Unternehmern** an, sie wird also auf jeder Wirtschaftsstufe erhoben. Man spricht daher auch von einer Allphasen-Umsatzsteuer. Im Ausgangsfall fällt daher sowohl für die Lieferung des Fahrrads vom Hersteller an den Händler, als auch vom Händler an den Endverbraucher Umsatzsteuer an. Die Leistungskette ließe sich dabei auch noch weiterführen, so wird z.B. der Hersteller seinerseits Teile und Rohstoffe für die Herstellung von anderen Unternehmern (Zulieferer, Rohstoffhändler) beziehen, für deren Bezug dann ebenfalls Umsatzsteuer anfällt.

Zwar werden auch Leistungen zwischen zwei Unternehmern besteuert, ist der Leistungsempfänger aber selbst auch Unternehmer, kann er die ihm vom anderen Unternehmer in Rechnung gestellte Umsatzsteuer grundsätzlich als sog. **Vorsteuer** wieder abziehen, bekommt diese also von seinem Finanzamt „erstattet". Im Ausgangsfall fällt für den Verkauf des Fahrrads durch den Händler 380 € Umsatzsteuer an, auf der anderen Seite kann er aber die für den Einkauf anfallende Umsatzsteuer von 285 € als Vorsteuer geltend machen, muss also im Saldo nur 95 € an das Finanzamt abführen. Dies entspricht im Ergebnis der Umsatzsteuer, die auf den Rohgewinn des Händlers (Differenz Netto-Einkaufs- und Netto-Verkaufspreis) entfällt (19 % von 500 € = 95 €). Der Vorsteuerabzug bewirkt also im Ergebnis, dass auf jeder Wirtschaftsstufe nur die Wertschöpfung (der Mehrwert) versteuert wird, deshalb wird die Umsatzsteuer auch als **Mehrwertsteuer** bezeichnet.

Tatsächlich ist der Ausgangsfall natürlich lediglich vereinfacht dargestellt, da der Händler neben dem Einkauf der Fahrräder noch weitere Leistungen bezieht, die er zur Ausübung seiner unternehmerischen Tätigkeit benötigt (z.B. Anmietung von Geschäftsräumen, Strom, Büromöbel etc.). Auch für diese Eingangsleistungen kann er die hierfür anfallende Umsatzsteuer grundsätzlich als Vorsteuer geltend machen, sodass im Ergebnis immer die Differenz zwischen der Umsatzsteuer für alle ausgeführten Leistungen und der Vorsteuer für alle bezogenen Leistungen zu versteuern ist.

Da ein Unternehmer die für seine Leistungen anfallende Umsatzsteuer dem Leistungsempfänger in Rechnung stellt und die ihm von anderen Unternehmern in Rechnung gestellte Umsatzsteuer als Vorsteuer abziehen kann, ist die **Umsatzsteuer für einen Unternehmer kosten- und gewinnneutral.**

Teil II: Darstellung der Umsatzsteuer

Ein privater Endverbraucher kann dagegen die ihm in Rechnung gestellte Umsatzsteuer nicht als Vorsteuer abziehen. Er ist damit letztendlich derjenige, der die auf den Endpreis anfallende Umsatzsteuer insgesamt wirtschaftlich zu tragen hat (Steuerträger). Diese auf den Endpreis anfallende Umsatzsteuer entspricht dabei letztlich der Summe der auf allen bisherigen Wirtschaftsstufen angefallenen und an das Finanzamt abgeführten Umsatzsteuerbeträge (Grundsatz der fraktionierten Besteuerung).

Da die Umsatzsteuer auf jeder Wirtschaftsstufe anfällt (Allphasensteuer), vom Nettoentgelt (Preis ohne Umsatzsteuer) berechnet wird und die Möglichkeit des Vorsteuerabzugs besteht, nennt man dieses Umsatzsteuersystem **Allphasen-Netto-Umsatzsteuer mit Vorsteuerabzug**.

1.4 Rechtliche Grundlagen

Gesetzliche Grundlage der Umsatzbesteuerung in Deutschland ist das **Umsatzsteuergesetz (UStG)** in der bekannt gemachten Neufassung vom 21.2.2005.

Weitere gesetzliche Grundlage ist die **Umsatzsteuer-Durchführungsverordnung (UStDV)**. Sie enthält als eine das Umsatzsteuergesetz flankierende Rechtsverordnung Ergänzungen, Einzelfallregelungen und Durchführungsbestimmungen zu einzelnen Bestimmungen des Umsatzsteuergesetzes.

UStG und UStDV sind **Bundesgesetze**. Der Bund hat insoweit von seiner ihm nach Art. 105 Abs. 2 und Abs. 3 GG zustehenden konkurrierenden Gesetzgebungskompetenz Gebrauch gemacht. Die **Verwaltungshoheit** liegt jedoch nach Art. 108 Abs. 2 GG **bei den Ländern**, die Umsatzsteuer wird also durch die Landesfinanzbehörden (Finanzämter) festgesetzt und erhoben. Eine Ausnahme gilt nach Art. 108 Abs. 1 GG jedoch für die Einfuhrumsatzsteuer, die bei der Einfuhr von Waren aus nicht EU-Mitgliedstaaten anfällt. Sie wird von den Bundessteuerbehörden (Zoll) festgesetzt und erhoben.

Um eine einheitliche Anwendung des UStG zu gewährleisten, gibt es darüber hinaus zahlreiche **Verwaltungsanweisungen**, die Anweisungen an die Finanzverwaltung zur Auslegung der Gesetze enthalten. Die wichtigsten Anweisungen finden sich im **Umsatzsteueranwendungserlass (UStAE)**, aber auch in einzelnen Erlassen und Verfügungen der oberen Bundes- und Landesfinanzbehörden (BMF-Schreiben, OFD-Verfügungen).

Die Verwaltungsanweisungen sind allerdings keine Gesetze, sondern lediglich verwaltungsinterne Auslegungsrichtlinien. Die Gerichte sind daher an die in den Verwaltungsanweisungen vertretenen Gesetzesauslegungen nicht gebunden, sie können also – und tun dies auch regelmäßig – bei einer entsprechenden Klage eines Steuerpflichtigen eine hiervon abweichende Entscheidung treffen.

1.5 Einheitliches Umsatzsteuersystem in der EU

Die Umsatzsteuer ist eine der wenigen Steuerarten, die in der EU weitgehend vereinheitlicht ist. Die Harmonisierung der Umsatzsteuer begann dabei bereits in den Anfangszeiten der EG mit dem Erlass zweier EG-Richtlinien zur Einführung eines gemeinsamen Mehrwertsteuersystems im Jahre 1967. Bis heute ist die Umsatzsteuer jedoch nicht vollständig vereinheitlicht. Zwar sind Systematik und Struktur durch die Vorgaben von EU-Richtlinien weitgehend harmonisiert, Abweichungen gibt es aber z.B. bei der Höhe der Steuersätze, bei bestimmten Steuerbefreiungsvorschriften sowie einzelnen Fragen der Verfahrensabwicklung, die die EU-Staaten unterschiedlich regeln dürfen.

Grundlage der Umsatzbesteuerung in der EU ist heute die **EU-Mehrwertsteuer-Systemrichtlinie (MwStSystRL)** vom 1.1.2007. Die MwStSystRL ist jedoch **nicht unmittelbar geltendes Recht**, sondern enthält lediglich Vorgaben an die Mitgliedstaaten, die von diesen in nationales Recht umgesetzt werden müssen.

Unterbleibt allerdings eine vollständige und richtige Umsetzung, kann sich der Bürger grundsätzlich unmittelbar auf eine für ihn günstigere Regelung der Richtlinie berufen. Darüber hinaus sind die Vorschriften der nationalen Umsatzsteuergesetze von Behörden und Gerichten auch immer in Übereinstimmung mit dem Sinn und Zweck der Vorgaben der MwStSystRL auszulegen (sog. **richtlinienkonforme Auslegung**).

Flankiert wird die MwStSystRL aktuell von der zum **1.7.2011 inkraftgetretenen Durchführungsverordnung** (EU) Nr. 282/2011 (**MwStVO**), welche die Regelungen der MwStSystRL konkretisiert und die damit für eine einheitliche Auslegung innerhalb der EU sorgen soll. Im Unterschied zur MwStSystRL bedarf die MwStVO keiner Umsetzung in nationales Recht, sondern sie ist in den EU-Mitgliedstaaten **unmittelbar anzuwenden**.

Bei Zweifeln darüber, ob einzelne Vorschriften der nationalen Umsatzsteuergesetze mit den Regelungen der MwStSystRL bzw. der MwStVO in Einklang stehen, können die nationalen Gerichte die Streitfrage dem Europäischen Gerichtshof (EuGH) zur Entscheidung vorlegen (sog. **Vorabentscheidungsverfahren**). Von diesem Verfahren machen die nationalen Gerichte regen Gebrauch, sodass der Einfluss und die Bedeutung der Rechtsprechung des EuGH auf das deutsche Umsatzsteuerrecht erhebliche Bedeutung hat.

2. Überblick über das Besteuerungsverfahren

2.1 Veranlagungsverfahren

Besteuerungszeitraum für die Umsatzsteuer ist das Kalenderjahr. Der Unternehmer muss für jedes Kalenderjahr eine Steuererklärung (**Umsatzsteuerjahreserklärung**) abgeben, in der er die im jeweiligen Jahr von ihm ausgeführten Umsätze zu erklären hat, § 16 Abs. 1 UStG. Von der für seine Umsätze anfallenden Steuer kann er dabei die im selben Jahr angefallene Umsatzsteuer für von ihm bezogene Eingangsleistungen als Vorsteuer in Abzug bringen, § 16 Abs. 2 UStG.

Während z.B. bei der Einkommensteuer in der Steuererklärung nur die für die Berechnung der Steuer erforderlichen Angaben zu machen sind, die Berechnung und Festsetzung dann aber vom Finanzamt durch Steuerbescheid erfolgt, muss bei der Umsatzsteuer der Unternehmer die Steuer selbst berechnen und die von ihm berechnete Steuer an das Finanzamt abführen (§ 18 Abs. 3 UStG). Die Umsatzsteuererklärung ist also eine **Steueranmeldung**, die bereits einer Steuerfestsetzung unter dem Vorbehalt der Nachprüfung gleichsteht (§§ 150 Abs. 1 S. 3, 168 AO). Ein Steuerbescheid ergeht nur, wenn das Finanzamt von den Angaben in der Umsatzsteuererklärung abweichen will.

Die Umsatzsteuerjahreserklärung ist nach amtlich vorgeschriebenem Datensatz **auf elektronischem Wege** bis grundsätzlich 31. Mai des Folgejahres dem Finanzamt zu übermitteln (§ 18 Abs. 3 UStG, § 149 AO). Nur ausnahmsweise kann das Finanzamt in Härtefällen auf Antrag einer Abgabe in Papierform zustimmen.

2.2 Voranmeldungsverfahren

Neben der Jahreserklärung muss der Unternehmer auch während des Jahres sog. **Umsatzsteuervoranmeldungen** abgeben. Auch die Voranmeldungen sind Steueranmeldungen, in denen er die für einen bestimmten Zeitraum während des Jahres (Voranmeldungszeitraum) anfallende Umsatzsteuer selbst zu berechnen und an das Finanzamt abzuführen hat.

Voranmeldungszeiträume nach § 18 Abs. 2 UStG
• **Kalendermonat**   – bei mehr als 7.500 € Steuer im Vorjahr   – unabhängig von der Höhe der Vorjahressteuer bei allen Neugründungen   • **Kalendervierteljahr** bei einer Steuer im Vorjahr von nicht mehr als 7.500 €   • **Befreiung** bei einer Steuer im Vorjahr von nicht mehr als 1.000 € möglich

Da die Grenze von 7.500 € Umsatzsteuer im Jahr sehr schnell erreicht ist, ist der Kalendermonat als Voranmeldungszeitraum der Regelfall. Die meisten Unternehmer müssen also monatlich Umsatzsteuervoranmeldungen abgeben.

Die Voranmeldungen sind gemäß § 18 Abs. 1 UStG nach amtlich vorgeschriebenem Datensatz **auf elektronischem Wege** zu übermitteln und zwar grundsätzlich bis zum 10. Tag nach Ablauf des jewei-

Teil II: Darstellung der Umsatzsteuer

ligen Voranmeldungszeitraums, also in der Regel bis zum 10. des Folgemonats (zur Möglichkeit einer Dauerfristverlängerung vgl. §§ 46 ff. UStDV).

Die mit den Voranmeldungen angemeldeten und abgeführten Umsatzsteuervorauszahlungen werden auf die in der Jahreserklärung angemeldete Umsatzsteuer angerechnet. Aus der Jahreserklärung ergibt sich daher in den meisten Fällen keine Zahlungsverpflichtung mehr, wenn die im Jahr ausgeführten Umsätze bereits vollständig in den Voranmeldungen erfasst und die Steuerbeträge abgeführt wurden.

3. Ermittlung der Umsatzsteuer

3.1 Die zwei Säulen der Umsatzbesteuerung

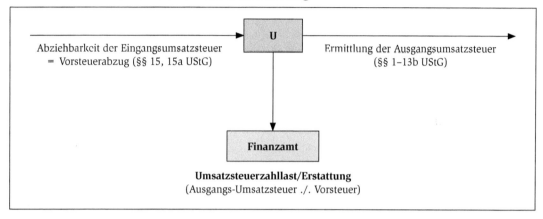

Das Grundsystem der Umsatzbesteuerung beruht auf zwei Säulen. Auf der Ausgangsseite ist zu prüfen, ob und wie viel Umsatzsteuer für die von einem Unternehmer ausgeführten Umsätze (Ausgangsumsätze) anfällt, wann die Steuer entsteht und wer sie schuldet. Auf der Eingangsseite ist zu prüfen, ob und in welcher Höhe ein Unternehmer die Umsatzsteuer für von ihm bezogene Leistungen als Vorsteuer abziehen kann.

Die Differenz zwischen der Umsatzsteuer für Ausgangsumsätze (sog. **Traglast**) und der hiervon abziehbaren Vorsteuer ergibt die letztlich an das Finanzamt zu zahlende Steuer (**Zahllast**) oder aber einen Erstattungsanspruch, wenn die Vorsteuer (z.B. bei hohen Eingangsleistungen) die Höhe der für die Ausgangsleistungen anfallenden Umsatzsteuer übersteigt.

3.2 Umsatzsteuer auf Ausgangsumsätze (§§ 1–13b UStG)

3.2.1 Umsatzarten (§ 1 Abs. 1 UStG)

Gegenstand der Besteuerung sind die in § 1 Abs. 1 UStG aufgezählten Umsätze.

Umsatzarten nach § 1 Abs. 1 UStG
• § 1 Abs. 1 Nr. 1: Lieferungen und sonstige Leistungen • § 1 Abs. 1 Nr. 4: Einfuhren aus Drittländern (nicht EU-Mitgliedstaaten) • § 1 Abs. 1 Nr. 5: Innergemeinschaftliche Erwerbe aus EU-Mitgliedstaaten

Das Umsatzsteuergesetz kennt drei Umsatzarten. Die **Hauptumsatzart** ist dabei in **§ 1 Abs. 1 Nr. 1 UStG** geregelt. Umsatzsteuer fällt also in erster Linie bei der Ausführung von Leistungen an, wobei hierbei nochmals zu unterscheiden ist, ob es sich bei den Leistungen um Lieferungen (Warenlieferungen) oder sonstige Leistungen handelt.

Die Besteuerung von Einfuhren und innergemeinschaftlichen Erwerben erlangt nur Bedeutung im internationalen Warenverkehr und wird daher erst in Kap. XX. dargestellt.

3.2.2 Steuerbarkeit (§§ 1–3g UStG)

Ein Umsatz ist **steuerbar**, wenn bei der jeweiligen Umsatzart alle gesetzlichen Voraussetzungen vorliegen. So verlangt z.B. § 1 Abs. 1 Nr. 1 UStG für **Lieferungen oder sonstige Leistungen**, dass diese von einem **Unternehmer** im **Rahmen seines Unternehmens** gegen **Entgelt** im **Inland** ausgeführt werden. Nähere Erläuterungen dieser Voraussetzungen finden sich in den §§ 1–3g UStG. Liegt nur eine Voraussetzung nicht vor, ist der Umsatz grundsätzlich nicht steuerbar und es fällt keine Umsatzsteuer an.

3.2.3 Steuerpflicht (§§ 4–9 UStG)

Ein steuerbarer Umsatz ist **steuerpflichtig**, wenn nicht für bestimmte Umsätze ausnahmsweise eine Steuerbefreiung nach §§ 4 ff. UStG eingreift (z.B. für die Lieferung von Grundstücken § 4 Nr. 9 Buchst. a UStG). Greift eine Steuerbefreiung ein, ist der Umsatz zwar steuerbar, aber steuerfrei und es fällt ebenfalls keine Umsatzsteuer an.

3.2.4 Berechnung der Höhe der Umsatzsteuer (§§ 10–12 UStG)

Ist ein Umsatz steuerbar und steuerpflichtig fällt Umsatzsteuer an. Als **Bemessungsgrundlage** für die Umsatzsteuer ist dann nach § 10 Abs. 1 UStG grundsätzlich das entrichtete Entgelt ohne die darin enthaltene Umsatzsteuer, also das **Netto-Entgelt** anzusetzen.

Zur Ermittlung der Umsatzsteuer wird das Netto-Entgelt mit dem jeweils gültigen **Steuersatz** multipliziert. Dieser beträgt nach § 12 Abs. 1 UStG grundsätzlich 19 %. Für bestimmte Leistungen ermäßigt er sich nach § 12 Abs. 2 UStG auf 7 %.

In Deutschland werden die Preise für Leistungen grundsätzlich als Bruttopreise (inklusive Umsatzsteuer) angegeben. Nach der Preisangabenverordnung ist dies bei Preisen gegenüber Letztverbrauchern sogar zwingend. Bemessungsgrundlage und Umsatzsteuer sind also grundsätzlich aus dem Endpreis herauszurechnen (bei 19 % Steuersatz mit den Faktoren $^{100}/_{119}$ für die Bemessungsgrundlage und $^{19}/_{119}$ für die Umsatzsteuer).

3.2.5 Steuerentstehung (§ 13 UStG)

Die Umsatzsteuer entsteht im **Regelfall** der Besteuerung nach **vereinbarten Entgelten** (sog. Sollversteuerung) nach § 13 Abs. 1 Nr. 1 Buchst. a S. 1 UStG grundsätzlich bereits mit Ablauf des Voranmeldungszeitraums, in dem die **Leistung ausgeführt wird** und nicht erst mit Vereinnahmung des Entgelts für die Leistung.

Nur ausnahmsweise kann das Finanzamt dem Unternehmer nach § 20 UStG gestatten, die Umsatzsteuer nach den für die Leistung **vereinnahmten Entgelten** zu berechnen (sog. Istversteuerung). Die Umsatzsteuer entsteht nach § 13 Abs. 1 Nr. 1 Buchst. b UStG dann erst mit der **Vereinnahmung des Entgelts** für die Leistung.

3.2.6 Steuerschuldner (§§ 13a, 13b UStG)

Steuerschuldner für eine ausgeführte Leistung ist nach dem Grundprinzip des Umsatzsteuersystems **grundsätzlich der leistende Unternehmer**, § 13a Abs. 1 Nr. 1 UStG, der sie dann dem Empfänger in Rechnung stellt.

Bei **bestimmten Leistungen zwischen zwei Unternehmern** kann es jedoch hiervon abweichend nach § 13b UStG zu einer Umkehrung der Steuerschuldnerschaft kommen (sog. Reverse-Charge-Verfahren).

In diesen in § 13b UStG aufgeführten Fällen schuldet ausnahmsweise nicht der leistende Unternehmer, sondern der **Leistungsempfänger** die Umsatzsteuer. Der leistende Unternehmer stellt daher die für seine Leistung anfallende Umsatzsteuer dem Empfänger auch nicht in Rechnung, sondern die Steuer wird von vornherein vom Empfänger auf den in Rechnung gestellten Netto-Preis selbst geschuldet.

3.3 Vorsteuerabzug für Eingangsumsätze (§§ 15, 15a UStG)

Unter den Voraussetzungen der §§ 15 und 15a UStG kann ein Unternehmer die Umsatzsteuer für von ihm bezogene Leistungen (Eingangsleistungen) als Vorsteuer abziehen. Dies gilt dabei nicht nur für ihm in Rechnung gestellte Umsatzsteuer, sondern auch für die Umsatzsteuer, die er für bezogene Leistungen nach § 13b UStG selbst schuldet.

3.4 Musterbeispiel für die Lösung eines Umsatzsteuerfalls

Das folgende Beispiel soll den Prüfungsaufbau eines Umsatzsteuerfalls in Klausuren und der Praxis verdeutlichen, ohne dass es hier bereits auf die Kenntnis der konkret genannten Vorschriften ankommt.

Beispiel:

Tourist T aus Frankreich kauft am 19.5. im Bekleidungsgeschäft des B in Berlin ein T-Shirt für 11,90 €, das er mit nach Frankreich nimmt. Das T-Shirt hatte B zuvor für 5,00 € zuzüglich 0,95 € Umsatzsteuer im Großhandel erworben.

Lösung:

Mit dem Verkauf führt B eine Lieferung an T nach § 3 Abs. 1 UStG aus (**Umsatzart**).
Für die Frage, ob die Lieferung im Inland ausgeführt wird, ist zunächst der Leistungsort zu bestimmen. Dieser liegt vorliegend nach § 3 Abs. 6 S. 1 UStG in Berlin und damit im **Inland** nach § 1 Abs. 2 S. 1 UStG. Da B **Unternehmer** ist, der Verkauf in seinem Bekleidungsgeschäft **im Rahmen seines Unternehmens** stattfindet und dafür ein **Entgelt** (11,90 €) entrichtet wird, liegen alle Voraussetzungen des § 1 Abs. 1 Nr. 1 UStG vor und die Lieferung ist **steuerbar**.
Die Lieferung ist auch **steuerpflichtig**, da für sie vorliegend keine Steuerbefreiung nach § 4 UStG eingreift.
Bemessungsgrundlage ist das Entgelt, also alles, was T für die Lieferung aufwendet (= 11,90 €), ohne darin enthaltener Umsatzsteuer, § 10 Abs. 1 S. 1 und 2 UStG. Da der **Steuersatz** nach § 12 Abs. 1 UStG 19 % beträgt, beläuft sich die Bemessungsgrundlage auf 10 € ($^{100}/_{119}$) und die Umsatzsteuer auf 1,90 € ($^{19}/_{119}$).
Diese Umsatzsteuer **entsteht** nach § 13 Abs. 1 Nr. 1 Buchst. a S. 1 UStG mit Ablauf des Voranmeldungszeitraums der Leistungsausführung, also grundsätzlich mit Ablauf Mai.
Schuldner der 1,90 € Umsatzsteuer ist nach § 13a Abs. 1 Nr. 1 UStG der B.
B kann seinerseits die ihm für den Einkauf des T-Shirts in Rechnung gestellte Umsatzsteuer von 0,95 € nach § 15 UStG als **Vorsteuer** abziehen.

3.5 Prüfungsschema

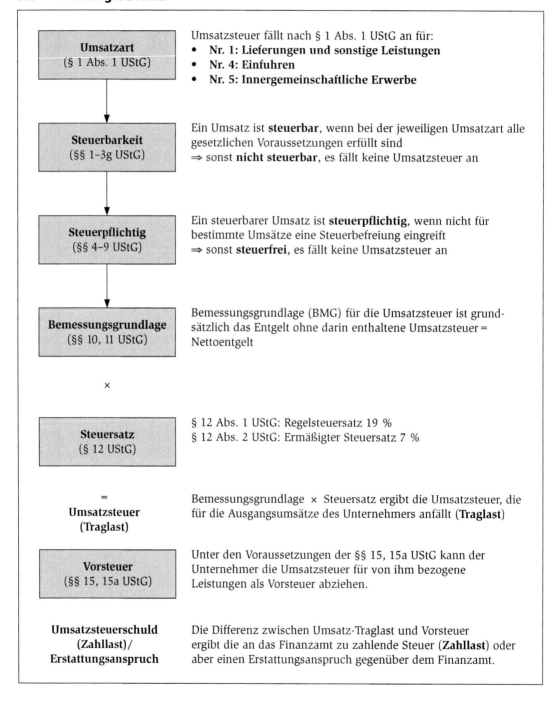

Teil II: Darstellung der Umsatzsteuer

II. Steuerbarkeit von Lieferungen und sonstigen Leistungen

Die Tatbestandsmerkmale des § 1 Abs. 1 Nr. 1 UStG
• Ausführung einer **Lieferung oder sonstigen Leistung** • gegen **Entgelt** • im **Inland** • von einem **Unternehmer** • im Rahmen seines Unternehmens

1. Tatbestandsmerkmal „Lieferung und sonstige Leistung"

1.1 Der umsatzsteuerrechtliche Leistungsbegriff

Umsatzsteuer fällt nach § 1 Abs. 1 Nr. 1 UStG für die Ausführung von Leistungen (Lieferungen oder sonstige Leistungen) an. Eine Leistung in diesem Sinne ist dabei **jedes Verhalten**, mit dem einem Anderen ein **wirtschaftlicher Vorteil zugewendet** wird.

Das Leistungsverhalten kann in einem positiven **Tun** liegen, wie bei Warenlieferungen oder der Ausführung von Dienst- und Werkleistungen, die Leistung kann aber auch in einem rein passiven **Dulden oder Unterlassen** durch den Leistungserbringer bestehen, wenn ein Anderer dadurch einen wirtschaftlichen Vorteil erlangt.

Beispiele:

1. Ein Händler verkauft Waren (Leistung durch positives Tun).
2. Ein Rechtsanwalt berät einen Mandanten (Leistung durch positives Tun).
3. Ein Friseur schneidet Haare (Leistung durch positives Tun).
4. Eine Werkstatt repariert ein Auto (Leistung durch positives Tun).
5. Ein Vermieter vermietet Büroräume. Der wirtschaftliche Vorteil und damit die Leistung bei Vermietungen liegt darin, dass der Vermieter die Nutzung des Mietgegenstandes für einen bestimmten Zeitraum duldet (Leistung durch Dulden).
6. Ein Unternehmer verspricht einem Konkurrenten, die Herstellung bestimmter Produkte zu unterlassen (Leistung durch Unterlassen).

1.1.1 Unterscheidung zwischen Lieferungen und sonstigen Leistungen

§ 1 Abs. 1 Nr. 1 UStG unterscheidet zwei Arten von Leistungen. Lieferungen liegen nach § 3 Abs. 1 UStG vor, wenn die Leistung in der Übertragung eines Gegenstandes besteht (Warenlieferungen). Sonstige Leistungen sind nach § 3 Abs. 9 UStG alle anderen Leistungen (z.B. Dienstleistungen, Vermietungen). Die Unterscheidung beider Leistungsarten ist wichtig, da das UStG je nach Art der Leistung **unterschiedliche rechtliche Regelungen** vorhält, z.B. hinsichtlich der Bestimmung von Zeitpunkt und Ort der Leistungsausführung (vgl. hierzu die Kap. III. und IV.).

1.1.2 Einschränkung auf Leistungen im wirtschaftlichen Sinne

Der Umsatzsteuer unterliegen nur Leistungen, mit denen einem Dritten tatsächlich ein wirtschaftlicher Vorteil zugewendet wird (Leistungen im wirtschaftlichen Sinne).

Hieran fehlt es z.B. bei der **Zuwendung von Geld zum Zwecke der Bezahlung**. Zwar stellt die Übertragung von Geld zivilrechtlich immer eine Leistung dar, dient sie aber allein der Bezahlung einer anderen Leistung, erschöpft sich hierin ihr Zweck, ohne dass dem Empfänger darüber hinaus ein wirtschaftlicher Vorteil zugewendet wird (vgl. Abschn. 1.1 Abs. 3 S. 3 UStAE). Die Bezahlung einer Leistung hat insofern umsatzsteuerrechtlich reine Entgeltfunktion, stellt für sich gesehen jedoch keine eigene

Leistung dar. Bei der Übertragung von Geld zu anderen Zwecken (z.B. im Geld- oder Devisenhandel) kann dagegen eine umsatzsteuerrechtlich relevante Leistung vorliegen.

Auch das reine Unterhalten **eigener Spar-, Giro- und Bausparkonten** stellt keine umsatzsteuerlich relevante wirtschaftliche Leistung dar, da hierbei nicht die Gewährung eines wirtschaftlichen Vorteils an die Bank, sondern die Verwaltung des Kapitals im eigenen Interesse im Vordergrund steht (Abschn. 1.1 Abs. 14 UStAE).

Schließlich ist auch das bloße **Erwerben, Halten und Veräußern von Gesellschaftsanteilen** (z.B. Aktien) grundsätzlich keine umsatzsteuerlich relevante wirtschaftliche Tätigkeit (vgl. Abschn. 2.3 Abs. 2 S. 1 UStAE). Die gilt uneingeschränkt jedoch nur im Rahmen privater Vermögensverwaltung. Der Erwerb, das Halten und Veräußern von Gesellschaftsanteilen im Rahmen eines gewerblichen Wertpapierhandels oder im Zusammenhang mit einer anderen unternehmerischen Tätigkeit kann dagegen eine sonstige Leistung darstellen (vgl. Abschn. 2.3 Abs. 3 und Abschn. 3.5 Abs. 8 UStAE).

1.1.3 Leistungswille

Eine Leistung setzt grundsätzlich voraus, dass der leistende Unternehmer dem Leistungsempfänger willentlich etwas zuwendet. An einem solchen **Leistungswillen** fehlt es, wenn sich ein Anderer eigenmächtig einen Vorteil auf Kosten des Unternehmers verschafft.

> **Beispiele:**
>
> a) Für den Diebstahl von Waren fällt keine Umsatzsteuer an, da der Händler gegenüber dem Dieb keine willentliche Leistung ausführt. Das gilt auch dann, wenn der Dieb nach Aufdeckung des Diebstahls Schadensersatz zahlen muss.
>
> b) Nutzt ein Arbeitnehmer einen Firmenwagen trotz ausdrücklichem Verbot auch eigenmächtig für Privatfahrten, liegt mit der Überlassung insoweit keine Leistung des Arbeitgebers an den Arbeitnehmer vor (BFH vom 8.10.2008, BFH/NV 2009, 616).

Der Leistungswille ist allerdings nach **§ 1 Abs. 1 Nr. 1 S. 2 UStG** entbehrlich, wenn der Umsatz aufgrund einer **gesetzlichen oder behördlichen Anordnung** ausgeführt wird.

> **Beispiele:**
>
> a) Bei der Zwangsversteigerung beweglicher Sachen oder Grundstücke von Unternehmern durch staatliche Vollstreckungsorgane (Vollstreckungsgericht, Gerichtsvollzieher), liegt trotz fehlendem Leistungswillen unmittelbar eine Leistung des Unternehmers an den Ersteigerer vor (Abschn. 1.2 Abs. 2 UStAE).
>
> b) Bei der behördlichen Enteignung von Unternehmensgrundstücken gegen Entschädigung liegt eine Leistung des Unternehmers an den neuen Eigentümer vor.

1.2 Anknüpfung an die Leistungserfüllung

1.2.1 Bedeutung des zivilrechtlichen Verpflichtungsgeschäfts

Umsatzsteuer fällt nicht schon mit dem Abschluss eines zivilrechtlichen Verpflichtungsgeschäfts an, z.B. eines Kauf-, Miet- oder Werkvertrags, sondern erst mit der **Erfüllung** der Leistungsverpflichtung aus einem Rechtsgeschäft, also z.B. der Übertragung der Kaufsache, Übergabe der Mietsache oder Ausführung der Werkleistung.

Das Verpflichtungsgeschäft als zivilrechtliche Grundlage einer Leistung ist allerdings von Bedeutung für die Umsatzzurechnung, also für die Frage, **wer an wen** leistet. Leistender und Leistungsempfänger sind nämlich grundsätzlich diejenigen, zwischen denen der zivilrechtliche Vertrag geschlossen wird (vgl. zur Zurechnung von Leistungen auch Kap. V.).

Teil II: Darstellung der Umsatzsteuer

> **Beispiele:**
>
> B bestellt bei Blumenhändler A am 11.5. einen Blumenstrauß (Kaufvertrag). B bittet den A, die Blumen am Muttertag 13.5. direkt an seine Mutter C auszuliefern.
> Der Abschluss des Kaufvertrags am 11.5. ist umsatzsteuerrechtlich noch irrelevant.
> Umsatzsteuer fällt erst für die Ausführung der Leistung (Auslieferung) am 13.5. an.
> Der Kaufvertrag gibt aber Auskunft darüber, wer Lieferer und Abnehmer ist. Hier liegt eine Lieferung von A (Verkäufer und Lieferer) an B (Käufer und Abnehmer) vor. C ist dagegen nicht am Umsatz beteiligt, obwohl sie letztlich den Liefergegenstand erhält.

1.2.2 Rechtlich unwirksame und verbotene Leistungen

Für die Umsatzbesteuerung kommt es nur darauf an, dass die Leistung **tatsächlich ausgeführt** wird. Unbeachtlich ist es dagegen, wenn das der Leistung zugrunde liegende Rechtsgeschäft rechtlich unwirksam ist oder wenn der Leistung ein verbotenes oder gar strafbares Verhalten zugrunde liegt (vgl. §§ 40, 41 AO). Umsatzsteuer fällt also grundsätzlich auch bei rechtlich unwirksamen, verbotenen oder strafbaren Leistungen an.

> **Beispiele:**
>
> a) Verkauf gestohlener Waren durch einen Hehler.
> b) Verkauf an Minderjährige trotz Unwirksamkeit des Kaufvertrags (§§ 104 ff. BGB).
> c) Verkauf von illegal gebranntem Schnaps.
> d) Ausführung von Dienst- und Werkleistungen in Schwarzarbeit.

Eine Ausnahme gilt nach der Rechtsprechung des EuGH für den illegalen Verkauf von **Drogen oder Falschgeld**, da es sich hierbei um Gegenstände handelt, die bereits ihrer Art nach niemals Gegenstand eines rechtmäßigen Handels sein können und die sich darin z.B. vom illegal gebrannten Schnaps unterscheiden, der auch legal verkauft werden kann (vgl. EuGH vom 29.6.2000, Rs. C-455/98, UR 2000, 379 ff.).

1.3 Grundsatz der Leistungseinheit

In der Regel ist jede Lieferung und jede sonstige Leistung als eigene, selbständige Leistung zu betrachten, die jede für sich umsatzsteuerrechtlich zu beurteilen ist. Allerdings darf ein einheitlicher wirtschaftlicher Vorgang nicht künstlich in mehrere Leistungen aufgespalten werden. Bei Leistungsbeziehungen zwischen demselben Unternehmer und demselben Abnehmer ist daher immer zu prüfen, ob in diesem Vorgang eine einheitliche Leistung oder mehrere verschiedene Leistungen zu erblicken ist.

1.3.1 Leistungsgegenstand bei der Lieferung mehrerer Gegenstände

> **Merke!**
> - **Grundsatz** = so viele Sachen, so viele Lieferungen
> - **Ausnahme** = Sachgesamtheiten bilden einen einheitlichen Liefergegenstand
> - **Ausnahme** = vertretbare Sachen bilden einen einheitlichen Liefergegenstand

Bei der Übertragung mehrerer rechtlich selbständiger Gegenstände von einem Unternehmer an denselben Abnehmer stellt grundsätzlich jede Übertragung eine eigenständige Lieferung dar. So viele Gegenstände übertragen werden, so viele Lieferungen liegen vor.

> **Beispiele:**
>
> a) Ein Händler verkauft einem Kunden 5 Tageszeitungen = 5 Lieferungen.
> b) Ein Händler verkauft einem Kunden 3 Teller und 3 Tassen = 6 Lieferungen.

Eine Ausnahme gilt dann, wenn mehrere eigentlich selbständige Sachen so zu einer Einheit zusammengefasst werden, dass sie wirtschaftlich betrachtet ein neues einheitliches Verkehrsgut bilden. Diese sog. **Sachgesamtheit** stellt dann einen **einheitlichen Liefergegenstand** dar, es liegt also nur eine Lieferung vor (Abschn. 3.1 Abs. 1 S. 3 UStAE). Sachgesamtheiten liegen bei aufeinander abgestimmten Warenzusammenstellungen vor, die auch als solche angeboten werden („Komplettpreis", „Setpreis").

> **Beispiele:**
>
> a) Kaffeeservice bestehend aus 3 Tellern und 3 Tassen im „Set".
> b) Schlafzimmer bestehend aus Schrank, Bett und Nachttisch zum Komplettpreis.
> c) Couchgarnitur bestehen aus 2 Sesseln und einem Zweisitzer zum Komplettpreis.
> d) Anzug bestehend aus Sakko und Hose.

Auch Sachen, die nur nach Zahl, Maß oder Gewicht bestimmt werden, sog. **vertretbare Sachen** (§ 91 BGB), bilden einen **einheitlichen Liefergegenstand**. Etwas anders gilt jedoch dann, wenn sie als Verpackungseinheiten verkauft werden.

> **Beispiele:**
>
> Ein Händler verkauft 100 Liter Fasswein = 1 Lieferung.
>   ABER: Verkauf von 100 Flaschen Wein à 1 Liter = 100 Lieferungen.
> Händler verkauft 10 kg Äpfel (lose) = 1 Lieferung.
>   ABER: Verkauf von 5 Packungen Äpfel à 2 kg = 5 Lieferungen.

1.3.2 Leistungsgegenstand bei Leistungen mit Liefer- und Dienstleistungselementen

Ein **einheitlicher wirtschaftlicher Leistungsvorgang**, der sowohl Elemente einer Lieferung, als auch einer sonstigen Leistung enthält, darf nicht künstlich aufgespalten werden. Je nach Schwerpunkt der Leistung liegt in diesem Fall eine einheitliche Lieferung oder eine einheitliche sonstige Leistung vor (vgl. näher Kap. IV. 1.1.2).

> **Beispiel:**
>
> Die Herstellung oder Reparatur von Gegenständen enthält sowohl Elemente einer Lieferung (verwendetes Material), als auch einer sonstigen Leistung (Arbeitsleistung).
> Es handelt sich hierbei jedoch um einen einheitlichen wirtschaftlichen Vorgang und damit um eine einheitliche Leistung, die je nach Leistungsschwerpunkt entweder als Lieferung oder sonstige Leistung zu qualifizieren ist.

1.3.3 Unselbständige Nebenleistungen zu einer Hauptleistung

Grundsätzlich ist jede Lieferung und jede sonstige Leistung als eigene, selbständige Leistung zu betrachten. Dies gilt uneingeschränkt dann, wenn Leistungen von verschiedenen Unternehmern erbracht werden (Abschn. 3.10 Abs. 2 und 3 UStAE).

> **Beispiel:**
>
> A kauft bei M eine Maschine. Für den Transport beauftragt A den Spediteur S.
> M erbringt an A mit dem Verkauf der Maschine eine Lieferung und S erbringt an A mit dem Transport eine sonstige Leistung.

Werden jedoch verschiedene Leistungen vom selben Unternehmer an denselben Abnehmer erbracht, kann es sein, dass einzelne (eigentlich eigenständige) Leistungen nur als Nebenleistungen anzusehen sind. Diese stellen dann keine eigenständig zu beurteilende Leistungen dar, sondern diese **Nebenleistungen teilen das Schicksal der Hauptleistung** (Abschn. 3.10 Abs. 5 S. 1 UStAE).

Eine Leistung stellt dabei dann eine unselbständige Nebenleistung zu einer anderen Leistung (Hauptleistung) dar, wenn:
- beide Leistungselemente **vom selben Unternehmer an denselben Leistungsempfänger** erbracht werden,
- das eine Leistungselement (Nebenleistung) üblicherweise im Gefolge des anderen Leistungselements vorkommt und neben diesem **nur von untergeordneter Bedeutung** ist,
- insbesondere also keinen eigenen Zweck erfüllt, sondern nur als **notwendiges Mittel zur Durchführung der Hauptleistung** dient.

Typische Nebenleistungen liegen beim Transport der Ware durch den Lieferer oder bei den mit den Nebenkosten abgerechneten Nebenleistungen (Müll, Wasser, Heizung) durch einen Vermieter vor.

Da die Nebenleistungen keine eigenständigen Leistungen sind, sondern in der Hauptleistung mit aufgehen, richtet sich die umsatzsteuerrechtliche Beurteilung z.B. hinsichtlich Leistungsort, Steuerpflicht oder Steuersatz alleine nach der Hauptleistung.

Beispiel:

a) Ein Metzger liefert Fleisch an ein Restaurant frei Haus und stellt dafür neben dem Fleisch auch die Kosten für Verpackung und Transport in Rechnung.
b) Ein Vermieter verlangt für eine Vermietung 500 € Miete zuzüglich 180 € Nebenkosten (Heizung, Wasser, Müll, Hausreinigung etc.).

Lösung:

a) Verpackung und Transport stellen lediglich unselbständige Nebenleistung zur Lieferung des Fleischs als Hauptleistung dar. Es handelt sich um eine einheitliche Lieferung, die insgesamt dem für Lebensmittel geltenden ermäßigten Steuersatz von 7 % unterliegt.
b) Die mit den Nebenkosten abgegoltenen Leistungen sind lediglich unselbständige Nebenleistungen zur Vermietung als Hauptleistung. Es liegt eine einheitliche sonstige Leistung (Vermietung) vor, die insgesamt nach § 4 Nr. 12 S. 1 Buchst. a UStG steuerfrei ist.

2. Tatbestandsmerkmal „Entgelt" (Leistungsaustausch)

Lieferungen und sonstige Leistungen sind grundsätzlich nur steuerbar, wenn für sie ein Entgelt entrichtet wird. Es muss also ein **Leistungsaustausch** vorliegen, d.h. für die Leistung muss eine Gegenleistung erbracht werden.

2.1 Gegenleistung

Die Gegenleistung kann bestehen in:
- der Bezahlung von Geld (Regelfall),
- aber auch in einer (Gegen-)Lieferung oder sonstigen Leistung.

Eine **Gleichwertigkeit von Leistung und Gegenleistung** ist dabei **nicht erforderlich**. Für die Frage der Entgeltlichkeit und damit der Steuerbarkeit nach § 1 Abs. 1 Nr. 1 UStG kommt es nur darauf an, dass für die Leistung überhaupt eine Gegenleistung erbracht wird, auch wenn diese nicht dem objektiven Wert der Leistung entspricht. Problematisch ist in diesen Fällen nur, von welchem Wert dann die Umsatzsteuer zu ermitteln ist, was also als Bemessungsgrundlage für die Leistung anzusetzen ist (s. Kap. IX. 4.).

Beispiel:

Ein Kfz-Händler verkauft seinem Bruder einen Pkw zum „Freundschaftspreis" von 100 € (Einkaufspreis = 25.000 €, üblicher Verkaufspreis an Kunden 32.000 €).

> **Lösung:**
> Es liegt eine Lieferung des Pkw gegen Entgelt vor, der Umsatz ist also grundsätzlich steuerbar und unterliegt damit der Umsatzsteuer. Fraglich ist hier nur, von welchem Wert die Umsatzsteuer zu ermitteln ist, also die Höhe der Bemessungsgrundlage.

2.1.1 Geld als Gegenleistung

Eine Gegenleistung in **Geld** liegt sowohl bei Barzahlungen, als auch unbaren Zahlungen vor (Überweisung, Lastschrift, Kartenzahlung, Scheck). Eine Geldleistung liegt auch dann vor, wenn der Leistungsempfänger statt der Hingabe von Geld mit einer eigenen Geldforderung **aufrechnet** oder eine **Geldverbindlichkeit des Leistenden übernimmt**.

> **Beispiel:**
> Ein Käufer erwirbt ein hoch belastetes Grundstück. Er zahlt als Kaufpreis kein Geld, sondern übernimmt die Hypothekenschulden des Verkäufers i.H.v. 200.000 €.

> **Lösung:**
> Es liegt eine Lieferung gegen Entgelt vor. Das Entgelt besteht in der Übernahme der Verbindlichkeiten des Verkäufers.

2.1.2 Lieferungen und sonstige Leistungen als Gegenleistung

Besteht die Gegenleistung in Geld, hat die Zahlung reine Entgeltfunktion und stellt für sich gesehen keine eigenständige umsatzsteuerrechtliche Leistung dar (Abschn. 1.1 Abs. 3 S. 3 UStAE). Die Zahlung hat insoweit nur Bedeutung für die Steuerbarkeit und die Ermittlung der Höhe der Umsatzsteuer für die erbrachte Leistung.

Besteht die Gegenleistung dagegen ihrerseits in einer Lieferung oder sonstigen Leistung, unterliegt diese Gegenleistung unter den Voraussetzungen des § 1 Abs. 1 Nr. 1 UStG selbst auch der Umsatzsteuer. Man spricht insoweit auch von einem **Tausch oder tauschähnlichen Umsatz, § 3 Abs. 12 UStG** (vgl. ausführlich Kap. IX. 2.).

> **Beispiel:**
> Möbelhändler M „verkauft" an Galleristen G eine Vitrine und erhält dafür ein Gemälde.

> **Lösung:**
> Umsatzsteuer fällt an für die Lieferung der Vitrine von M an G (Entgelt = Gemälde).
> Umsatzsteuer fällt an für die Lieferung des Gemäldes von G an M (Entgelt = Vitrine).

2.2 Zusammenhang zwischen Leistung und Gegenleistung

Zwischen Leistung und Gegenleistung muss ein **unmittelbarer Zusammenhang** bestehen. Die konkrete Leistung muss zweckgerichtet auf den Erhalt einer Gegenleistung ausgerichtet sein („ich gebe damit du gibst"). Dieser Zusammenhang liegt problemlos vor, wenn der Leistung – wie im Regelfall – ein **Vertrag** zugrunde liegt, aus dem sich die Pflicht zur Gegenleistung ergibt (Kauf-, Werk-, Miet-, Tauschvertrag etc.).

Aber auch ohne vertragliche Verpflichtung zur Gegenleistung kann der erforderliche Zusammenhang gegeben sein, wenn eine ohne rechtliche Verpflichtung für die Leistung gezahlte Vergütung üblich und für den Leistenden im konkreten Fall auch **erwartbar** war. Voraussetzung ist aber immer, dass die Gegenleistung gerade für die erbrachte Leistung und **nicht überwiegend aus anderen Motiven** erbracht wird.

Teil II: Darstellung der Umsatzsteuer

> **Beispiele:**
>
> a) Ein Dozent hält regelmäßig Vorträge an der Wirtschaftsakademie. Trotz fehlender Honorarvereinbarung erhält er i.d.R. Geld als „Anerkennung" für seine Dienste.
> b) Einkünfte als Straßenmusikant.
> c) Ein Tierheim unterhält ein Register, in dem Eigentümer entlaufene Haustiere eintragen lassen können. Die Eintragung ist kostenfrei, das Tierheim weist jedoch darauf hin, dass Spenden für den Tierschutz jederzeit willkommen sind.

> **Lösung:**
>
> a) Mit seinen Vorträgen erbringt der Dozent Leistungen gegen Entgelt. Es besteht ein unmittelbarer Zusammenhang zwischen der Leistung und dem gezahlten Geld. Zwar liegt keine vertragliche Verpflichtung zur Vergütung vor, eine solche ist bei Vorträgen aber üblich und angesichts der zwischen den Vertragsparteien bestehenden ständigen Praxis vorliegend für den Dozenten auch erwartbar.
> b) Ein Straßenmusikant, der für seine Darbietung Spenden von Passanten erhält, erbringt keine Leistungen gegen Entgelt. Zwar kann ein Straßenmusikant i.d.R. einige Spenden erwarten, diese werden jedoch nicht nur für sein Musizieren als Leistung, sondern überwiegend auch aus anderen Motiven (Mitleid) geleistet, sodass ein unmittelbarer Zusammenhang zwischen der Leistung und den Spenden fehlt (EuGH Urteil vom 3.3.1994, UR 1994, 399).
> c) Die Registereintragung stellt keine Leistung gegen Entgelt dar. Das Tierheim kann zwar sicherlich mit Spenden rechnen, diese werden aber nicht nur für die Leistung, sondern überwiegend auch aus anderen Motiven (Tierschutz) geleistet, sodass ein unmittelbarer Zusammenhang zwischen Eintragung und Spenden fehlt.

2.3 Schadensersatz und Entschädigungen

Werden Entschädigungszahlungen geleistet, kann es sich hierbei um die Gegenleistung für eine erbrachte Leistung, aber auch um **Schadensersatz für einen verursachten Schaden** handeln („**echter**" Schadensersatz). Da „echter" Schadensersatz zum Ausgleich eines Schadens und nicht für eine erbrachte Leistung geleistet wird, liegt insofern kein steuerbarer Leistungsaustausch vor.

> **Beispiele:**
>
> a) A zahlt wegen eines von ihm verschuldeten Verkehrsunfalls an den selbständigen Handwerker H Schadensersatz, u.a. zur Abgeltung des Verdienstausfalls des H.
> b) Dieb D leistet für von ihm im Laden des L gestohlene Waren Schadensersatz.

> **Lösung:**
>
> a) Die Schadensersatzzahlung von A dient dem Ausgleich eines verursachten Schadens und nicht der Abgeltung einer von H erbrachten Leistung. Es liegt daher kein steuerbarer Leistungsaustausch vor.
> b) Da L dem D die Waren nicht willentlich zugewendet hat, liegt keine Leistung des L an D vor (fehlender Leistungswille, s. Kap. 1.1.3). Die Schadensersatzzahlung dient dem Ausgleich des durch den unfreiwilligen Warenverlust entstandenen Schadens und nicht der Abgeltung einer von L erbrachten Leistung. Es liegt daher kein steuerbarer Leistungsaustausch vor.

Neben den im Beispiel aufgeführten Fällen, in welchen den Schadensersatzzahlungen eindeutig keine Leistung zugrunde liegt, gibt es jedoch auch Fälle, in denen **Schadensersatzzahlungen im Zusammenhang mit einer zwischen den Parteien bestehenden Vertrags- und Leistungsbeziehung** stehen, z.B. bei Entschädigungen für verspätete oder nicht ausgeführte Leistungen. In diesen Fällen kann die Entscheidung, ob es sich bei diesen Zahlung um „echten" Schadensersatz oder Entgelt für die ausgeführte

2.3.1 Schadensersatz wegen zu später Leistungserfüllung (Verzug)

Entschädigungen, die wegen zu später Leistungserfüllung gezahlt werden, haben grundsätzlich den Charakter von „**echtem**" **Schadensersatz**. Sie werden nicht als Gegenleistung für die erbrachte Leistung, sondern als Ersatz des durch die verspätete Leistung entstandenen Schadens geleistet, z.B. Ersatz von **Mahnkosten, Verzugszinsen, Gerichtskosten** (vgl. §§ 280 Abs. 2, 286 BGB) oder **Vertragsstrafen** (§ 340 BGB).

Sie gehören nicht zum Entgelt für die Leistung und sind damit auch nicht in die Bemessungsgrundlage mit einzubeziehen.

> **Beispiel:**
>
> A muss an L wegen verspäteter Zahlung für eine Warenlieferung neben dem Kaufpreis von 300 € noch 80 € Mahngebühren und Verzugszinsen bezahlen.

> **Lösung:**
>
> Entgelt für die Lieferung ist nur der Kaufpreis (netto). Die Mahngebühren und Verzugszinsen sind „echter" Schadensersatz und sind damit nicht als Entgelt in die Bemessungsgrundlage für die Lieferung mit einzubeziehen.

2.3.2 Entschädigungen für nicht ausgeführte Leistungen

Kommt es nicht zur Leistungsausführung durch den leistenden Unternehmer, kann der Abnehmer trotzdem verpflichtet sein, für die nicht ausgeführte Leistung (zumindest teilweise) Zahlungen zu leisten. Die Zahlungen stellen in diesen Fällen grundsätzlich kein Entgelt, sondern „**echten**" **Schadensersatz** dar, da der Zahlung keine Leistung zugrunde liegt.

Zu beachten ist, dass solchen Zahlungen oft nur auf den ersten Blick keine Leistung zugrunde liegt. So können sie z.B. dann Entgelt für eine Leistung sein, wenn:
- die Leistung zwar nicht vollständig, aber zumindest **teilweise ausgeführt** wurde und die Zahlung **Entgelt für den bereits ausgeführten Teil** ist,
- die Zahlung der **Abgeltung der Leistungsbereitschaft** dient, die eigentliche Leistung also im Vorhalten der Leistung besteht,
- die Zahlung der Abgeltung einer bereits **in der Vergangenheit erbrachten Leistung** dient (Abfindungen).

> **Beispiele:**
>
> a) A erteilt Musiker B den Auftrag, für 500 € auf seiner Hochzeit zu spielen. Nachdem A die Hochzeit kurzfristig absagt, verlangt B trotzdem das vereinbarte Honorar.
> b) A erteilt Fliesenleger F den Auftrag, seine Terrasse zu fliesen. Nachdem A den Vertrag vor Ausführung der Arbeiten kündigt, verlangt F von ihm einen Teil der vereinbarten Vergütung nach § 649 BGB.
> c) Ein Arzt schließt mit einem Rechtsanwalt einen Vertrag, wonach er gegen einen Pauschalbetrag von 300 € monatlich jederzeit Rechtsauskünfte einholen kann. Tatsächlich nimmt der Arzt die Dienste des Rechtsanwalts nicht in Anspruch.
> d) Stornogebühren für den Rücktritt von Hotelreservierungen oder Reiseverträgen.
> e) Entschädigungen, die ein Handelsvertreter nach § 89b HGB nach Beendigung des Handelsvertretervertrages für in der Vergangenheit geworbene Kunden erhält.

> **Lösung:**
> a) A ist nach § 326 Abs. 2 UStG zur Zahlung des vereinbarten Honorars verpflichtet, da er die Unmöglichkeit der Leistungserbringung zu vertreten hat. Die Zahlung hat den Charakter von „echtem" Schadensersatz, da ihr keine Leistung zugrunde liegt.
> b) Die Zahlung hat den Charakter von „echtem" Schadensersatz, da ihr keine Leistung zugrunde liegt (vgl. Abschn. 1.3 Abs. 5 UStAE). Anders wäre der Fall ggf. zu beurteilen, wenn F schon einen Teil der Arbeiten ausgeführt hätte und die Zahlung als Teilentgelt für die bereits erbrachten Arbeiten anzusehen wäre.
> c) Die gezahlten 300 € sind Entgelt für eine vom Rechtsanwalt ausgeführte Leistung. Zwar fand keine konkrete Rechtsberatung statt, die Leistung besteht hier jedoch im Versprechen der jederzeitigen Leistungsbereitschaft.
> d) Stornogebühren für den Rücktritt von Hotelreservierungen oder Reiseverträgen haben grundsätzlich den Charakter von „echtem" Schadensersatz und unterliegen damit nicht der Umsatzsteuer (Abschn. 12.16 Abs. 6 und Abschn. 25.1 Abs. 14 UStAE).
> e) Entschädigungen, die ein Handelsvertreter nach § 89b HGB nach Beendigung des Handelsvertretervertrages für in der Vergangenheit geworbene Kunden erhält, sind nicht Schadensersatz, sondern zusätzliche Vergütung für in der Vergangenheit geleistete und noch fortwirkende Dienste (vgl. Abschn. 1.3 Abs. 12 UStAE).

2.3.3 Entschädigungen bei Vertragsauflösung

Entschädigungen, die für eine vorzeitige Vertragsauflösung gezahlt werden, sind nicht Schadensersatz, sondern Entgelt für eine Leistung, die im Verzicht der einen Vertragspartei auf die weitere Ausübung seiner vertraglichen Rechte besteht (vgl. zu Abstandszahlungen bei vorzeitiger Auflösung von Mietverträgen Kap. VIII. 4.1.4).

2.3.4 Entschädigungen für Enteignungen

Bei Enteignungen und enteignungsgleichen Eingriffen liegt nach § 1 Abs. 1 Nr. 1 S. 2 UStG trotz fehlendem Leistungswillen eine Leistung des Enteigneten vor (s. Kap. 1.1.3). Hierfür gezahlte Entschädigungen sind daher nicht Schadensersatz, sondern Entgelt für die erbrachte Leistung.

2.3.5 Entschädigungen für wettbewerbsrechtliche Abmahnungen

Die Zahlung von Aufwendungsersatz (z.B. Rechtsanwaltskosten), die ein abgemahnter Wettbewerber an den abmahnenden Unternehmer zahlt, ist Entgelt im Rahmen eines Leistungsaustauschs und nicht Schadensersatz (BFH Urteil vom 21.12.2016, XI R 27/14, DB 2017, 946 ff.)

2.4 Leistungsaustausch bei Personenvereinigungen

Bei **Vereinen** sind nach Auffassung der Finanzverwaltung die von den Mitgliedern gezahlten **Mitgliedsbeiträge** kein Entgelt für eine vom Verein an die Mitglieder konkret erbrachte Leistung (z.B. zur Verfügung stellen von Sportanlagen bei Sportvereinen), sondern dienen nur der Erfüllung der satzungsgemäßen Aufgaben des Vereins. Die Mitgliedsbeiträge unterliegen daher grundsätzlich nicht der Umsatzsteuer (s. Kap. 5.3).

Bei **Gesellschaften** stellen **Gewinnbeteiligungen** der Gesellschafter kein Entgelt für von den Gesellschaftern an die Gesellschaft ausgeführte Leistungen dar (z.B. Geschäftsführung, Überlassung von Grundstücken an die Gesellschaft etc.). Solche Leistungen sind reine, nicht der Umsatzsteuer unterliegenden Gesellschafterbeiträge. Nur wenn für die Leistung eine gewinnunabhängige Vergütung (Sonderentgelt) gezahlt wird, stellt diese Vergütung Entgelt für die Leistung des Gesellschafters dar, die dann grundsätzlich der Umsatzsteuer unterliegt (vgl. ausführlich Kap. XV.).

2.5 Schenkungen

Bei („echten") Schenkungen, bei denen für eine Leistung keine Gegenleistung entrichtet wird, liegt kein Entgelt und damit kein Leistungsaustausch vor. Hier ist aber ggf. **§ 3 Abs. 1b und Abs. 9a UStG** zu prüfen, wonach bestimmte unentgeltliche Wertabgaben den **entgeltlichen Lieferungen und sonstigen Leistungen gleichgestellt** werden (s. ausführlich Kap. VII.).

2.6 Erbschaften

Der Anfall einer Erbschaft unterliegt als solcher nicht der Umsatzsteuer. Es fehlt hier neben dem Entgelt bereits an einer Leistung, da das Vermögen im Zeitpunkt des Todes kraft Gesetz auf den Erben übergeht (§ 1922 BGB). Hiervon zu unterscheiden ist die Frage, ob und wann der Erbe eines Unternehmens selbst Unternehmer wird (vgl. zur Unternehmereigenschaft von Erben Kap. 5.6.3).

3. Tatbestandsmerkmal „Inland"

3.1 Bedeutung

Lieferungen und sonstigen Leistungen sind nur steuerbar, wenn sie im **Inland i.S.d. § 1 Abs. 2 S. 1 UStG** ausgeführt werden. Ob ein Umsatz dabei im Inland ausgeführt wird, ist allein nach den Bestimmungen über den **Ort des Umsatzes** (z.B. § 3 Abs. 6 UStG für Lieferungen) zu ermitteln. Staatsangehörigkeit und Wohnsitz des Unternehmers oder Erwerbers spielen dagegen keine Rolle, § 1 Abs. 2 S. 3 UStG.

> **Beispiel:**
>
> U aus Köln liefert mit seinem Lkw eine Maschine an einen Abnehmer in Paris.
>
> **Lösung:**
>
> Nach § 3 Abs. 6 S. 1 UStG gilt im Fall der Beförderung eines Liefergegenstandes an den Abnehmer die Lieferung grundsätzlich am Ort des Beginns der Beförderung als ausgeführt, vorliegend also in Köln. Da Köln nach § 1 Abs. 2 S. 1 UStG zum Inland gehört, ist die Lieferung grundsätzlich steuerbar nach § 1 Abs. 1 Nr. 1 UStG.

3.2 Inland

3.2.1 Allgemeines

Zum Inland gehört nach § 1 Abs. 2 S. 1 UStG das Staats- und Hoheitsgebiet der **Bundesrepublik Deutschland**, mit **Ausnahme folgender Gebiete:**
- Büsingen,
- Helgoland,
- Freizonen des Kontrolltyps I (Freihäfen),
- Gewässer und Watten zwischen der Hoheitsgrenze und der jeweiligen Strandlinie (sog. 12-Seemeilen-Zone),
- deutsche Schiffe und Luftfahrzeuge außerhalb von Zollgebieten.

3.2.2 Büsingen und Helgoland

Büsingen ist eine deutsche Gemeinde am Hochrhein, die völlig vom Schweizer Staatsgebiet umschlossen ist. Helgoland ist eine deutsche Insel in der Nordsee. Büsingen und Helgoland gehören zwar zum Staatsgebiet der Bundesrepublik Deutschland, genießen jedoch – historisch bedingt – einen zoll- und steuerrechtlichen Sonderstatus. Sie gehören nach § 1 Abs. 2 S. 1 UStG nicht zum umsatzsteuerlichen Inland, für Umsätze auf Helgoland und in Büsingen fällt daher keine Umsatzsteuer an.

Teil II: Darstellung der Umsatzsteuer

3.2.3 Freihäfen und 12-Seemeilen-Zone

Freihäfen sind **besonders ausgewiesene Teile von Häfen**. Freihäfen sind Umschlagplätze für den internationalen Schiffsgüterverkehr, in die Waren zollfrei (Zoll-Freizone des Kontrolltyps I) und umsatzsteuerfrei (kein Inland i.S.d. § 1 Abs. 2 S. 1 UStG) eingeführt, gelagert und weiterexportiert werden können. Zoll und Umsatzsteuer wird erst fällig, wenn die Waren den Freihafen in Richtung Inland verlassen. In Deutschland gibt es derzeit nur noch zwei Freihäfen, nämlich in **Bremerhaven und Cuxhaven** (vgl. Abschn. 1.9 Abs. 1 S. 2 UStAE).

Beispiel:

Ein Schiff mit Waren aus China läuft den Freihafen in Cuxhaven an. Ein Teil der Waren wird umgeladen und nach Russland weiter verschifft, der Rest ins Inland eingeführt.

Lösung:

Für den Teil der Waren der umgeladen und nach Russland weiter verschifft wird fällt keine Umsatzsteuer an, für den Rest, der ins Inland eingeführt wird, fällt Einfuhrumsatzsteuer gem. § 1 Abs. 1 Nr. 4 UStG an.

Nicht zum Inland gehören ferner die Gewässer und Watten zwischen der Hoheitsgrenze und der jeweiligen Strandlinie. Die Hoheitsgrenze verläuft dabei 12 Seemeilen (ca. 22 km) von den deutschen Meeresküsten entfernt (**12-Seemeilen-Zone**). Diese Hoheitsgewässer gehören zum Staatsgebiet der Bundesrepublik Deutschland, jedoch nicht zum umsatzsteuerlichen Inland. Umsätze (z.B. auf Schiffen) in den deutschen Hoheitsgewässern unterliegen daher grundsätzlich auch nicht der Umsatzsteuer.

Die Freihäfen und die 12-Seemeilen Zone gehören zwar wie Helgoland und Büsingen nicht zum umsatzsteuerlichen Inland, sie unterliegen aber umsatzsteuerrechtlich besonderen Regelungen. So werden bestimmte Umsätze in diesen **Gebieten nach § 1 Abs. 3 UStG** wie Umsätze im Inland behandelt und unterliegen daher ausnahmsweise doch der Umsatzsteuer (vgl. hierzu Abschn. 1.11 und 1.12 UStAE). Auch im Übrigen unterliegen Umsätze im Zusammenhang mit diesen „§ 1 Abs. 3-Gebieten" einer besonderen umsatzsteuerrechtlichen Beurteilung (vgl. z.B. § 6 und § 7 UStG).

3.2.4 Schiffe und Luftfahrzeuge außerhalb der Zollgebiete

Auf deutschen Schiffen und Flugzeugen, die sich außerhalb der Zollgebiete eines Staates auf hoher See oder im internationalen Luftraum befinden, gilt zwar grundsätzlich die deutsche Rechtsordnung, sie gehören jedoch nicht zum umsatzsteuerlichen Inland. Umsätze an Bord von Schiffen und Flugzeugen im internationalen Luftraum bzw. in internationalen Gewässern unterliegen daher grundsätzlich nicht der deutschen Umsatzsteuer (vgl. aber in diesem Bereich zahlreiche Sonderregelungen, z.B. § 3e UStG). Umsätze auf Schiffen und Flugzeugen unterliegen aber dann der Umsatzsteuer, wenn sie sich im Zeitpunkt des Umsatzes im Inland befinden (Binnengewässer, deutscher Luftraum).

3.3 Ausland

Zum **Ausland** gehören nach § 1 Abs. 2 S. 2 UStG alle Gebiete, die nicht zum Inland zählen. Bei grenzüberschreitenden Leistungen vom und in das Ausland kommt es für die Umsatzbesteuerung dabei darauf an, ob es sich beim Ausland um das übrige Gemeinschaftsgebiet oder um Drittlandsgebiete handelt.

3.3.1 (Übriges) Gemeinschaftsgebiet

Zum **Gemeinschaftsgebiet** gehören das Inland und das **übrige Gemeinschaftsgebiet**, also die Inlandsgebiete der übrigen EU-Mitgliedstaaten, **§ 1 Abs. 2a S. 1 UStG**. Die Unterscheidung der Begriffe Gemeinschaftsgebiet (inklusive deutschem Inland) und übriges Gemeinschaftsgebiet (nur Inlandsgebiete andere EU-Mitgliedstaaten) ist deshalb von Bedeutung, da sie Anknüpfungspunkt zahlreicher umsatzsteuerlicher Normen sind (vgl. z.B. § 3a Abs. 5 oder § 13b Abs. 7 S. 2 UStG).

> **☞ Merke!**
> **Gemeinschaftsgebiet** = Inland und Inlandsgebiete der übrigen EU-Mitgliedstaaten
> **Übriges Gemeinschaftsgebiet** = Inlandsgebiete der übrigen EU-Mitgliedstaaten

Die aktuellen EU-Mitgliedstaaten, die zum übrigen Gemeinschaftsgebiet gehören sind in **Abschn. 1.10 Abs. 1 S. 2 UStAE** aufgezählt. Eine Besonderheit gilt dabei für **Monaco und die Insel Man** (Isle of Man), die zwar keine EU-Mitgliedstaaten sind, umsatzsteuerrechtlich aber zu Frankreich bzw. Großbritannien gezählt werden und damit zum (übrigen) Gemeinschaftsgebiet gehören, **§ 1 Abs. 2a S. 2 UStG**. Umgekehrt gibt es wie in Deutschland auch in anderen EU-Mitgliedstaaten Regionen, die wie in Deutschland zwar zum Staatsgebiet, jedoch nicht zum umsatzsteuerlichen Inland dieser Staaten und damit auch nicht zum (übrigen) Gemeinschaftsgebiet gehören (s. Kap. 3.3.2).

3.3.2 Drittlandsgebiet

Zum **Drittlandsgebiet** zählen nach **§ 1 Abs. 2a S. 3 UStG** alle Gebiete, die nicht zum Gemeinschaftsgebiet gehören, also weder zum umsatzsteuerlichen Inland der Bundesrepublik Deutschland noch zum umsatzsteuerlichen Inland eines anderen EU-Mitgliedstaates.

Zu beachten ist dabei, dass bestimmte Regionen in den EU-Mitgliedstaaten nicht zu deren umsatzsteuerlichem Inland gehören. Sie gehören damit umsatzsteuerlich auch nicht zum Gemeinschaftsgebiet. Die nach § 1 Abs. 2 S. 1 UStG nicht zum Inland der Bundesrepublik Deutschland gehörenden Gebiete wie **Helgoland, Büsingen, die Freihäfen oder 12-Seemeilen-Zone sind daher Drittlandsgebiete**. Gleiches gilt für vergleichbare Gebiete in anderen EU-Mitgliedstaaten, z.B. in Spanien für die Kanarischen Inseln oder in Dänemark für Grönland (vgl. Abschn. 1.10 Abs. 1 S. 2 UStAE).

4. Tatbestandsmerkmal „Unternehmer"

4.1 Überblick und Bedeutung

Der Begriff des Unternehmers nimmt im Umsatzsteuerrecht eine zentrale Stellung ein. So sind nach § 1 Abs. 1 Nr. 1 UStG **Leistungen nur dann steuerbar, wenn sie von Unternehmern ausgeführt werden** (zur einzigen Ausnahme bei grenzüberschreitenden Lieferungen und Erwerben neuer Fahrzeuge innerhalb der EU vgl. Kap. XX.).

Auf der anderen Seite kann grundsätzlich auch **nur ein Unternehmer die Umsatzsteuer für von ihm bezogene Leistungen nach § 15 UStG als Vorsteuer** geltend machen.

Der Begriff des Unternehmers ist in § 2 UStG näher definiert. Nach § 2 Abs. 1 S. 1 UStG ist jeder Unternehmer, der eine gewerbliche oder berufliche Tätigkeit selbständig ausübt. Gewerblich oder beruflich ist dabei nach der konkretisierenden Definition in S. 3 jede nachhaltig ausgeübte Tätigkeit, mit der Einnahmen erzielt werden sollen.

Begriff des Unternehmers (§ 2 UStG)

Unternehmer ist nach § 2 Abs. 1 S. 1 UStG:
• „Wer" (Prüfung der Unternehmerfähigkeit)
• eine **gewerbliche oder berufliche Tätigkeit**
  = **nachhaltige** Tätigkeit mit **Einnahmeerzielungsabsicht**, vgl. § 2 Abs. 1 S. 3 UStG
• **selbständig** ausübt
  = **Abgrenzung selbständig/unselbständig**, vgl. § 2 Abs. 2 UStG

4.2 Unternehmerfähigkeit

Unternehmer kann **jedes selbständig tätige Wirtschaftsgebilde** sein, das nachhaltig Leistungen gegen Entgelt ausführt. Dabei kommt es **weder auf die Rechtsform, noch auf die Rechtsfähigkeit des Gebildes** an. Neben natürlichen Personen (Menschen) und juristische Personen, können daher auch zivilrechtlich nicht rechtsfähige Personenvereinigungen als solche Unternehmer sein (Abschn. 2.1 Abs. 1 UStAE).

4.2.1 Unternehmerfähigkeit natürlicher Personen

Unternehmer kann jede natürliche Person, also jeder Mensch sein, **unabhängig vom Alter und der zivilrechtlichen Geschäftsfähigkeit**, d.h. auch Kinder oder unter Betreuung stehende Menschen können Unternehmer sein

Beispiel:
Der zweijährige P ist Eigentümer eines vermieteten Mehrfamilienhauses. Die Mietverträge werden in seinem Namen von seinen Eltern abgeschlossen.

Lösung:
Da die Mietverträge im Namen des P abgeschlossen werden, ist er selbst Vermieter und damit Unternehmer. Als natürliche Person ist P unternehmerfähig, auch wenn er mit zwei Jahren nicht geschäftsfähig ist (§§ 104 ff. BGB). Die Eltern sind dagegen nicht Unternehmer, sondern handeln nur als gesetzliche Vertreter für P (vgl. § 34 AO).

4.2.2 Unternehmerfähigkeit von Personenvereinigungen

Auch juristische Personen (AG, GmbH, KGaA, Unternehmergesellschaft, eingetragener Verein, Genossenschaft, Stiftung), Personengesellschaften (OHG, KG, GbR, PartG) und sonstige Personenvereinigungen (z.B. Erben- oder Bruchteilsgemeinschaft) können Unternehmer sein, wenn sie als Leistender nach außen auftreten. Reine **Innengesellschaften** (typisch und atypisch stille Gesellschaft), die als solche nicht nach außen auftreten, sind dagegen keine Unternehmer (vgl. Abschn. 2.1 Abs. 5 UStAE).

Bei von Personenvereinigungen ausgeführten Leistungen ist zu beachten, dass insoweit die **Personenvereinigung selbst Unternehmer** ist und nicht die an ihr Beteiligten.

Beispiele:
a) A und B betreiben gemeinsam eine Anwaltskanzlei. Daneben schreibt A Romane. b) A betreibt eine Metzgerei, B eine Boutique. Daneben sind A und B zu je ½ Eigentümer einer vermieteten Eigentumswohnung.

> **Lösung:**
>
> a) Bezüglich der gemeinsamen Anwaltstätigkeit bilden A und B eine GbR. Die GbR selbst ist insoweit Unternehmer und nicht die Beteiligten A und B. A hat aber mit der schriftstellerischen Tätigkeit daneben ein eigenes Unternehmen. Es gibt also zwei Unternehmer, A als natürliche Person und die GbR als Personengesellschaft.
>
> b) In diesem Fall gibt es drei Unternehmer. A betreibt mit der Metzgerei, B mit der Boutique jeweils ein eigenes Unternehmen. Hinsichtlich der gemeinsamen Eigentumswohnung bilden A und B eine Bruchteilsgemeinschaft. Unternehmer bezüglich der Vermietung ist die Bruchteilsgemeinschaft und nicht die Miteigentümer A und B.

4.3 Selbständigkeit

4.3.1 Selbständigkeit natürlicher Personen (§ 2 Abs. 2 Nr. 1 UStG)

Für die Frage, wann eine natürliche Person selbständig ist, enthält **§ 2 Abs. 2 Nr. 1 UStG eine negative Abgrenzung**. Danach sind natürliche Personen dann nicht selbständig, wenn sie in ein Unternehmen so eingegliedert sind, dass sie den Weisungen des Unternehmers zu folgen verpflichtet sind, also **Arbeitnehmer sind**.

Wer Leistungen als Arbeitnehmer erbringt, wird insoweit also nicht als Unternehmer tätig. Ob jemand Leistungen für einen anderen als dessen Arbeitnehmer oder als Selbständiger erbringt, ist anhand der für die Einkommensteuer geltenden Abgrenzungskriterien zu beurteilen (vgl. Abschn. 2.2 Abs. 2 UStAE i.V.m. H 19.0 LStH).

Arbeitnehmermerkmale	Unternehmermerkmale
• Weisungsgebundenheit bezüglich Ort, Zeit und Inhalt der Tätigkeit • feste Arbeitszeiten • fester Arbeitsort • feste Bezüge • Urlaubsanspruch • Lohnfortzahlung im Krankheitsfall	• Selbständige Organisation und Durchführung der Tätigkeit (keine Weisungsgebundenheit) • Arbeitszeit und Ort frei bestimmbar • Kapital, Arbeitsmittel und Räume müssen selbst beschafft werden • Unternehmerrisiko (Handlung auf eigene Gefahr und Rechnung)

Die Abgrenzung ist anhand des **Gesamtbildes der Verhältnisse** vorzunehmen. Alle für und gegen die Selbständigkeit sprechenden Merkmale sind gegeneinander abzuwägen. Dabei kommt es nicht darauf an, wie die Person nach außen auftritt, sondern wie das **Innenverhältnis, d.h. das Vertragsverhältnis zum Auftraggeber** ausgestaltet ist.

> **Beispiel:**
>
> A verkauft vor einem Elektronikmarkt Abonnements des Mobilfunkanbieters M.

> **Lösung:**
>
> A könnte mit dem Verkauf der Abonnements für M sowohl als selbständiger Unternehmer oder als dessen Arbeitnehmer tätig sein. Maßgeblich ist das Vertragsverhältnis zwischen A und M, d.h. ob dieser Vertrag nach dem Gesamtbild der Verhältnisse als Arbeitsvertrag (z.B. fester Lohn und Arbeitszeiten, Urlaubsanspruch) oder als selbständiger Handelsvertretervertrag ausgestaltet ist (z.B. kein fester Lohn, sondern erfolgsabhängige Provision).

Übt eine Person verschiedene Tätigkeiten aus, ist **jede Tätigkeit für sich zu betrachten**. Dieselbe Person kann mit einer Tätigkeit Arbeitnehmer und mit einer anderen Unternehmer sein.

> **Beispiel:**
>
> Rechtsanwalt R ist mit Arbeitsvertrag in einer Anwaltskanzlei angestellt, hat daneben aber auch eine eigene Kanzlei, mit der er eigenständig Mandanten vertritt und hat mit seinem Freund F eine Band gegründet, mit der er an Hochzeiten und Feiern auftritt.

> **Lösung:**
>
> Als angestellter Rechtsanwalt ist R als Arbeitnehmer tätig, d.h. kein Unternehmer.
> Mit seiner eigenen Kanzlei ist R selbständig tätig und damit insoweit Unternehmer.
> Mit der Band wird R dagegen nicht selbst tätig, sondern die Band als GbR erbringt hier die Leistungen. Insoweit ist also die Band (GbR) Unternehmer, nicht R selbst.

4.3.2 Selbständigkeit juristischer Personen (§ 2 Abs. 2 Nr. 2 UStG)

Juristische Personen sind **grundsätzlich selbständig tätig**. Eine Ausnahme gilt bei juristischen Personen des Privatrechts im Fall einer sog. **Organschaft i.S.d. § 2 Abs. 2 Nr. 2 UStG**. Danach ist eine juristische Person lediglich eine unselbständige Organgesellschaft eines anderen Unternehmens, wenn sie in dieses Unternehmen (Organträger) eingegliedert ist. Organträger (Mutterunternehmen) und Organgesellschaft (Tochtergesellschaft) sind dann als ein Unternehmen zu behandeln (vgl. hierzu Kap. XXI.).

4.3.3 Selbständigkeit sonstiger Personenvereinigungen

Sonstige Personenvereinigungen sind i.d.R. selbständig tätig. Dies gilt insbesondere für die Personenhandelsgesellschaften (vgl. Abschn. 2.2 Abs. 5 UStAE).

4.4 Gewerbliche oder berufliche Tätigkeit

Da jedes wirtschaftliche Gebilde unternehmerfähig ist, kommt es für die Unternehmereigenschaft nicht entscheidend darauf an, wer tätig wird, sondern was für eine Tätigkeit ausgeübt wird. Zentrale Voraussetzung der Unternehmereigenschaft nach § 2 Abs. 1 S. 1 UStG ist daher die Ausübung einer gewerblichen oder beruflichen Tätigkeit. Gewerblich oder beruflich ist eine Tätigkeit dabei nach **§ 2 Abs. 1 S. 3 UStG** dann, wenn sie **nachhaltig** und mit **Einnahmeerzielungsabsicht** ausgeübt wird.

4.4.1 Nachhaltige Tätigkeit

Die Unternehmereigenschaft setzt zunächst voraus, dass überhaupt eine **umsatzsteuerrechtlich relevante Tätigkeit** ausgeübt wird, also Leistungen im wirtschaftliche Sinne erbracht werden (vgl. Abschn. 2.3 Abs. 1 UStAE und Kap. 1.1.2).

> **Beispiel:**
>
> Wer im Rahmen seiner privaten Vermögensverwaltung ständig Aktien ankauft und verkauft, wird dadurch nicht Unternehmer, da das Erwerben, Halten und Veräußern von Gesellschaftsanteilen keine umsatzsteuerrechtlich relevante Tätigkeit darstellt.

Werden umsatzsteuerrechtlich relevante Leistungen ausgeführt, ist man Unternehmer, wenn diese **nachhaltig** ausgeführt werden, d.h. wenn die entsprechende Tätigkeit **auf Dauer angelegt** ist.

Die Nachhaltigkeit kann i.d.R. bei **typisch gewerblichen oder beruflichen Tätigkeiten** unterstellt werden. Das sind insbesondere solche Tätigkeiten, die einkommensteuerrechtlich als Einkünfte aus Gewerbebetrieb, Land- und Forstwirtschaft oder selbständige Arbeit einzuordnen sind. Auch längerfristige Gebrauchs- und Nutzungsüberlassungen (z.B. Vermietungen) werden als Dauerleistungen immer nachhaltig ausgeführt.

> **Beispiele:**
>
> a) Ein angestellter Rechtsanwalt vertritt gelegentlich auch selbständig Mandanten.
> b) Ein Rentner vermietet eine Wohnung in seinem Wohnhaus für 200 € monatlich.
> c) Ein Erfinder gestattet einer Firma die Verwertung seines Patents auf eine Erfindung für 10 Jahre gegen monatliche Zahlungen.

> **Lösung:**
>
> a) Bei der Anwaltstätigkeit handelt es sich um eine typische berufliche Tätigkeit. Wenn nicht nur eine einmalige selbständige Beratung beabsichtigt ist, kann daher die Nachhaltigkeit grundsätzlich unterstellt werden.
> b) Bei der Vermietung besteht die Leistung in einem längerfristigen Dulden der Wohnungsnutzung, sie wird daher immer nachhaltig ausgeführt (Dauerleistung).
> c) Die Leistung besteht im längerfristigen Dulden der Patentnutzung, es handelt sich also um eine Dauerleistung, die nachhaltig ausgeführt wird.

Problematisch wird die Einordnung, wenn keine typischerweise auf Dauer angelegte Tätigkeit ausgeübt wird, wie z.B. bei der gelegentlichen **Veräußerung „privater" Gegenstände** oder bei **Tätigkeiten im Zusammenhang mit typischen Freizeitgegenständen**. Hier ist die Nachhaltigkeit anhand des Gesamtbildes der Verhältnisse zu prüfen. Zu den dabei zu berücksichtigenden Kriterien vgl. Abschn. 2.3 Abs. 5 S. 4 UStAE.

> **Kriterien für die Nachhaltigkeit**
>
> - auf Wiederholung angelegte Tätigkeit
> - planmäßiges Handeln (Geschäftsstruktur, Werbung etc.)
> - **Auftreten wie ein Händler und Beteiligung am Markt** (An- und Verkauf)
> - Unterhalten eines Geschäftslokals

> **Beispiele:**
>
> a) Der gelegentliche Verkauf privater Gegenstände des täglichen Gebrauchs (alte Kleider, Hausrat, Bücher, CDs) z.B. auf Flohmärkten oder über das Internet stellt grundsätzlich keine nachhaltige, die Unternehmereigenschaft begründende Tätigkeit dar. Etwas anderes gilt dann, wenn (zusätzlich) Waren gezielt angekauft werden, um sie gewinnbringend weiterzuverkaufen. Dies stellt ein typisches Händlerverhalten dar, das die Nachhaltigkeit und damit Unternehmereigenschaft begründet.
> b) Mit dem Betrieb einer Fotovoltaikanlage auf dem Dach eines privaten Wohnhauses werden nachhaltig Leistungen gegen Entgelt ausgeführt, wenn der Strom in das allgemeine Stromnetz eingespeist wird und der Eigentümer hierfür eine Vergütung nach dem EEG erhält (vgl. hierzu auch Abschn. 2.5 UStAE).
> c) Die gelegentliche Vermietung typischer Freizeitgegenstände (z.B. Wohnmobil, Segelboot) an Freunde und Bekannte ist grundsätzlich keine nachhaltige, unternehmerische Tätigkeit (vgl. Abschn. 2.3 Abs. 7 UStAE).
> d) Zu weiteren Beispielen vgl. Abschn. 2.3 Abs. 6 UStAE.

4.4.2 Einnahmeerzielungsabsicht

Die Tätigkeit muss auf die Erzielung von Einnahmen gerichtet sein, d.h. auf die Ausführung von Leistungen gegen Entgelt. Ausreichend ist bereits die **Absicht**, Einnahmen zu erzielen. Es spielt daher keine

Rolle, wenn z.B. in Fällen einer „gescheiterten Unternehmensgründung" entgegen der ursprünglichen Absicht tatsächlich doch keine Einnahmen erzielt werden (s. Kap. 5.6.1). Ausreichend ist die Absicht, Einnahmen zu erzielen, die Absicht mit der Tätigkeit **Gewinne zu erzielen**, ist dagegen nicht **erforderlich**.

> **Beispiel:**
>
> Ein Handwerker im Ruhestand bietet über Zeitungsinserate älteren Menschen seine handwerklichen Dienste an. Mit der Tätigkeit will er ältere Menschen unterstützen und verlangt daher nur Ersatz seiner Aufwendungen (Material, Fahrtkosten).

> **Lösung:**
>
> Der Handwerker ist Unternehmer, da er nachhaltig Leistungen gegen Entgelt erbringt und damit Einnahmen erzielt. Dass er keine Gewinnerzielungsabsicht hat und die Einnahmen lediglich der Deckung seiner Unkosten dienen sollen, ist unbeachtlich.

4.5 Juristische Personen des öffentlichen Rechts als Unternehmer

4.5.1 Regelung bis 31.12.2015 in § 2 Abs. 3 UStG

Juristische Personen des öffentlichen Rechts (z.B. Bund, Länder, Kommunen, Universitäten) waren nach der bis zum 31.12.2015 gültigen Regelung in § 2 Abs. 3 UStG nur mit ihren Betrieben gewerblicher Art i.S.d. § 4 KStG oder ihren land- und forstwirtschaftlichen Betrieben Unternehmer.

Nicht unternehmerisch tätig waren sie damit im Umkehrschluss
- hinsichtlich Leistungen in Ausübung ihrer **hoheitlichen Tätigkeit** sowie
- im Rahmen **vermögensverwaltender Tätigkeiten**, insbesondere der Vermietung und Verpachtung kommunaler Immobilien (z.B. Vermietung kommunaler Sporthallen an Vereine).

Diese Regelung entsprach nicht den Vorgaben in Art. 13 MwStSystRL. § 2 Abs. 3 UStG wurde daher zum 31.12.2015 aufgehoben und durch eine **Neuregelung in § 2b UStG** ersetzt. Nach der **Übergangsvorschrift in § 27 Abs. 22 UStG** ist § 2 Abs. 3 UStG jedoch im Kalenderjahr 2016 weiterhin anzuwenden, gilt also erst für **Umsätze ab dem 1.1.2017**. Darüber hinaus kann die juristische Person des öffentlichen Rechts nach § 27 Abs. 22 UStG bis 31.12.2016 erklären, dass sie § 2 Abs. 3 UStG weiterhin bis maximal 31.12.2020 anwenden will.

4.5.2 Neuregelung in § 2b UStG

Nunmehr gelten auch juristische Personen des öffentlichen Rechts grundsätzlich immer dann als **Unternehmer, wenn sie die Voraussetzungen des § 2 UStG erfüllen**, also selbständig und nachhaltig Leistungen gegen Entgelt erbringen. In diesen Fällen gelten sie nach **§ 2b Abs. 1 UStG nur dann nicht als Unternehmer**, soweit sie
- die Leistungen im Rahmen von Tätigkeiten ausführen, die ihnen im **Rahmen der öffentlichen Gewalt** obliegen **und**
- die Behandlung als Nichtunternehmer in diesen Fällen **nicht zu größeren Wettbewerbsverzerrungen führt**.

Ein Handeln im Rahmen der öffentlichen Gewalt setzt voraus, dass die juristische Person des öffentlichen Rechts in Ausübung ihrer hoheitlichen Tätigkeit **auf öffentlich-rechtlicher Rechtsgrundlage** handelt. Erbringt sie Leistungen auf privatrechtlicher Grundlage (z.B. Mietverträgen nach BGB), wird sie immer unternehmerisch tätig.

Nach § 2b Abs. 1 S. 2 UStG gilt die juristische Person des öffentlichen Rechts jedoch auch dann als Unternehmer, wenn sie zwar auf öffentlich-rechtlicher Rechtsgrundlage handelt, mit ihrer Tätigkeit dabei jedoch **in größeren Wettbewerb zu anderen Unternehmern tritt**, die Behandlung als nicht umsatz-

steuerpflichtiger Nichtunternehmer also zu größeren Wettbewerbsverzerrungen zulasten privater Wettbewerber führen würde. In **§ 2b Abs. 2 UStG** sind dabei beispielhaft (nicht abschließend) Fälle geregelt, in denen **keine Wettbewerbsverzerrungen** vorliegen sollen, nämlich wenn:
- die Umsätze aus gleichartigen Tätigkeiten **voraussichtlich nicht mehr als 17.500 €** betragen; dabei ist nicht auf die Umsätze aus allen unternehmerischen Tätigkeiten der juristischen Person des öffentlichen Rechts abzustellen, sondern nur auf die aus jeweils **gleichartigen Tätigkeiten**;
- vergleichbare, auf privatrechtlicher Grundlage erbrachte Leistungen ohne Recht auf Verzicht (§ 9 UStG) **einer Steuerbefreiung unterliegen**; in diesen Fällen drohen nämlich keine Wettbewerbsnachteile für Privatanbieter, da diese die entsprechende Leistung auch ohne Umsatzsteuer erbringen können.

> **Beispiel:**
>
> a) Eine Gemeinde überlässt auf Grundlage einer Sondernutzungssatzung gegen Gebühren Standplätze auf dem Marktplatz an Händler für Wochenmärkte.
> b) Wie a), aber die Überlassung erfolgt aufgrund privatrechtlichem Nutzungsüberlassungsvertrag.
> c) Eine Gemeinde überlässt die von ihr errichteten Sporthallen den örtlichen Vereinen gegen eine Hallennutzungsgebühr von 10 € die Stunde und erhält so pro Halle jährlich 40.000 €.

> **Lösung:**
>
> a) Die Gemeinde wird mit der Nutzungsüberlassung der Standplätze ab 2017 nicht unternehmerisch tätig, die Entgelte unterliegen damit bereits mangels Steuerbarkeit nicht der Umsatzsteuer. Sie erbringt zwar insoweit selbständig und nachhaltig Leistungen gegen Entgelt i.S.d. § 2 UStG, gilt aber nach § 2b Abs. 1 UStG nicht als Unternehmer. Sie handelt auf öffentlich-rechtlicher Grundlage und es liegen nach § 2b Abs. 1 S. 2 i.V.m. Abs. 2 Nr. 2 UStG auch keine größeren Wettbewerbsverzerrungen vor, da entsprechende Leistungen privater Standplatzvermieter nach § 4 Nr. 12 S. 1 Buchst. a UStG grundsätzlich steuerfrei sind (vgl. dazu Kapitel VIII. 4.3).
> **Hinweis!** Nach bisheriger Rechtsprechung zu § 2 Abs. 3 UStG war die Gemeinde mit der Standplatzüberlassung unternehmerisch tätig; vgl. BFH vom 3.3.2011, V R 23/10, BStBl II 2012, 74.
> b) Da die Gemeinde auf privatrechtlicher und nicht auf öffentlich-rechtlicher Grundlage tätig wird, kommt es auf die weitere Einschränkung des § 2b Abs. 1 S. 2 UStG (keine Wettbewerbsverzerrungen) nicht mehr an, sondern die Gemeinde wird insoweit von vornherein unternehmerisch tätig. Die Leistungen sind daher steuerbar, aber grundsätzlich nach § 4 Nr. 12 S. 1 Buchst. a UStG steuerfrei. Die Gemeinde kann allerdings nach § 9 UStG auf die Steuerbefreiung verzichten, sodass die Nutzungsentgelte der Umsatzsteuer unterliegen. Da die Händler i.d.R. vorsteuerabzugsberechtigte Unternehmer sind, werden diese durch die zusätzliche Umsatzsteuer nicht belastet. Die Gemeinde hat hierdurch anderseits den Vorteil, dass ihr ihrerseits ein Vorsteuerabzug aus den im Zusammenhang mit der Standplatzüberlassung bezogenen Eingangsleistungen zusteht.
> c) Die Gemeinde wird mit der Nutzungsüberlassung der Sporthallen an die Vereine ab 2017 unternehmerisch tätig und die Entgelte unterliegen damit der Umsatzsteuer. Sie erbringt mit der Nutzungsüberlassung selbständig und nachhaltig Leistungen gegen Entgelt i.S.d. § 2 UStG und die einschränkenden Voraussetzungen des § 2b Abs. 1 und Abs. 2 UStG liegen nicht vor. Auch wenn die Hallenüberlassung auf öffentlich-rechtlicher Grundlage (kommunaler Satzung) erfolgen würde, liegen insoweit größere Wettbewerbsverzerrungen zulasten potentieller privater Anbieter vor, da die Leistungen privater Hallenbetreiber umsatzsteuerpflichtig sind (s. Kap. VIII. 4.5) und die

> Umsätze der Gemeinde aus den Hallenvermietungen auch mehr als 17.500 € betragen. Die Gemeinde muss den Vereinen also künftig Umsatzsteuer in Rechnung stellen. Da Sportvereine mit der Nutzung der Hallen durch ihre Mitglieder nicht unternehmerisch tätig werden (s. Kap. 4.6), können sie diese auch nicht als Vorsteuer geltend machen und werden damit durch die Umsatzsteuer finanziell zusätzlich belastet. Anderseits kann die Gemeinde die anfallenden Vorsteuerbeträge aus den Errichtungs- und Unterhaltungskosten der Halle künftig als Vorsteuer abziehen. Diesen Kostenvorteil könnte sie ggf. durch Senkung der Netto-Entgelte für die Nutzungsüberlassung an die Vereine weitergeben.

Darüber hinaus regelt § 2b Abs. 3 UStG, wann bei Leistungen im Rahmen der **Zusammenarbeit juristischer Personen des öffentlichen Rechts** (sog. Beistandsleistungen) keine größeren Wettbewerbsverzerrungen anzunehmen sind und damit keine Unternehmereigenschaft begründet wird. Hierunter fallen insbesondere Leistungen von Gemeinden an Nachbargemeinden im Rahmen der interkommunalen Zusammenarbeit.

4.6 Unternehmereigenschaft von Vereinen

Nach Auffassung der Finanzverwaltung erbringt ein Verein, soweit er zur Erfüllung seiner den Gesamtbelangen sämtlicher Mitglieder dienenden satzungsgemäßen Aufgaben tätig wird, gegenüber seinen Mitgliedern keine entgeltlichen Leistungen (z.B. mit der Überlassung von Sportanlagen an Mitglieder eines Sportvereins). Die von den Mitgliedern zur Erfüllung der satzungsgemäßen Aufgaben gezahlten „echten" **Mitgliederbeiträge** seien hier nicht als Entgelt für eine vom Verein an die Mitglieder konkret erbrachte Leistung anzusehen (vgl. Abschn. 1.4 Abs. 1 S. 1 und Abs. 2 UStAE).

Da der Verein gegenüber seinen Mitgliedern keine entgeltlichen Leistungen erbringt, wird er insoweit auch **nicht unternehmerisch** tätig und die Mitgliedsbeiträge unterliegen nicht der Umsatzsteuer. Die satzungsgemäße Erfüllung der Aufgaben des Vereins gehört damit nicht zum Rahmen des Unternehmens, sondern zum **ideellen, nicht wirtschaftlichen Bereich eines Vereins** (vgl. Abschn. 2.10 Abs. 1 UStAE).

Soweit der Verein dagegen **Leistungen an Nichtmitglieder** erbringt, wird er unternehmerisch tätig. Dasselbe gilt auch bei **Leistungen an einzelne Mitglieder, für die Sonderbeiträge** („unechte" Mitgliedsbeiträge) erhoben werden.

> **Beispiel:**
>
> Mit der Überlassung von Sportanlagen (Tennis-, Fußballplatz, Hallen etc.) an Vereinsmitglieder wird ein Verein nach Verwaltungsauffassung nicht unternehmerisch tätig. Die allgemeinen Mitgliedsbeiträge sind hier nicht als Entgelt für eine Leistung an die Mitglieder anzusehen. Mit dem Betrieb einer Vereinsgaststätte, der Erhebung von Eintrittsgeldern für Veranstaltungen oder der Vermietung von Sportanlagen an Nichtmitglieder wird ein Verein dagegen unternehmerisch tätig. Gleiches gilt mit der Erhebung von Zusatzbeiträgen für spezielle Leistungen an Mitglieder (z.B. Vermietung von Tennisschlägern, Vermietung des Sportheims für eine Privatveranstaltung).

Entgegen der Verwaltungsauffassung sind nach Ansicht der Rechtsprechung auch die „echten", den Gesamtbelangen aller Mitglieder dienenden Mitgliedsbeiträge eines Sportvereins als Gegenleistung für eine vom Verein an die Mitglieder erbrachte Leistung anzusehen, der Verein wird also nach dieser Ansicht auch insoweit unternehmerisch tätig (vgl. EuGH Urteil vom 21.3.2002, Rs. C-174/00, UR 2002, 320 und BFH Urteil vom 9.8.2007, V R 27/04, DStR 2007, 1719 ff.). Gleichwohl unterliegen auch nach der Rechtsprechung die Mitgliedsbeiträge nicht zwingend der Umsatzsteuer, da sich ein Sportverein diesbezüglich direkt auf die Steuerbefreiung nach Art. 132 Abs. 1 Buchst. m MwStSystRL berufen kann, wonach im Zusammenhang mit Sport und Körperertüchtigung stehende Leistungen von Einrichtungen ohne Gewinnstreben steuerfrei sind.

4.7 Unternehmereigenschaft von Holdinggesellschaften

Das bloße Erwerben, Halten und Veräußern von gesellschaftsrechtlichen Beteiligungen ist keine umsatzsteuerrechtlich relevante wirtschaftliche und damit unternehmerische Tätigkeit (s. Kap. 1.1.2). Damit sind Gesellschaften, deren Zweck sich auf das Halten und Verwalten gesellschaftsrechtlicher Beteiligungen beschränkt (**Holdinggesellschaften**), keine Unternehmer. Nur soweit die Holdinggesellschaft darüber hinaus umsatzsteuerrechtlich relevante Leistungen erbringt (z.B. mit Übernahme der Geschäftsführung oder Verwaltung für einzelne Beteiligungsgesellschaften), wird sie unternehmerisch tätig (Abschn. 2.3 Abs. 2 und Abs. 3 UStAE).

5. Tatbestandsmerkmal „im Rahmen des Unternehmens"

Lieferungen und sonstige **Leistungen sind nur dann steuerbar** nach § 1 Abs. 1 Nr. 1 UStG, wenn der Unternehmer sie auch **im Rahmen seines Unternehmens**, also im Rahmen seiner gewerblichen oder beruflichen Tätigkeit und nicht „privat" ausführt. Die Bestimmung des Unternehmensrahmens ist auf der anderen Seite auch für den Vorsteuerabzug relevant, da einem Unternehmer nur dann ein **Recht zum Vorsteuerabzug** nach § 15 Abs. 1 UStG zusteht, wenn er die Leistung **für sein Unternehmen** bezieht.

5.1 Grundsatz der Unternehmenseinheit

Das Unternehmen umfasst nach **§ 2 Abs. 1 S. 2 UStG** die **gesamte gewerbliche und berufliche Tätigkeit** eines Unternehmers. Ein Unternehmer (natürliche Person, juristische Person, Personenzusammenschluss) hat damit nur ein Unternehmen, das:

- seine sämtlichen Betriebe und selbständigen Tätigkeiten umfasst,
- unabhängig wo sich diese befinden/ausgeübt werden,
- auch wenn sie völlig unterschiedlicher Natur sind.

Verfahrensrechtlich hat dies zur Folge, dass nur ein Finanzamt zuständig ist, auch wenn die Betriebe des Unternehmens auf mehrere Finanzamtsbezirke verteilt sind und nur eine Umsatzsteuervoranmeldung und Jahreserklärung abgegeben werden muss.

Beispiele:

a) A hat als Rechtsanwalt eine eigene Kanzlei in Mannheim sowie eine Zweigniederlassung in Ludwigshafen. Daneben betätigt er sich noch regelmäßig als Schriftsteller und vermietet in Heidelberg eine Wohnung.

b) Neben den unter a) genannten Tätigkeiten betreibt A noch zusammen mit B und C eine Steuerberaterkanzlei in Heidelberg.

Lösung:

a) A hat nur ein Unternehmen, das seine gesamten Tätigkeiten (Rechtsanwalt, Schriftsteller, Vermietung) und Niederlassungen umfasst.

b) A als natürliche Person ist Unternehmer, dessen Unternehmen die unter a) umschriebenen Tätigkeiten umfasst. Mit der gemeinsamen Steuerberaterkanzlei bilden A, B und C eine GbR. Die GbR als Personengesellschaft bildet mit ihrer steuerberatenden Tätigkeit ein eigenes Unternehmen.

5.2 Tätigwerden im Rahmen des Unternehmens

5.2.1 Unternehmensbereich und nichtunternehmerischer Bereich

Das Unternehmen umfasst alle Tätigkeitsbereiche des Unternehmers, die auf die nachhaltige Erbringung von Leistungen gegen Entgelt gerichtet sind. **Natürliche Personen** haben dabei neben diesem Unternehmensbereich immer auch einen **Privatbereich**, also einen **nichtunternehmerischen Bereich**.

Nur **Leistungen aus dem Unternehmensbereich** werden jedoch „im Rahmen des Unternehmens" ausgeführt und sind damit **steuerbar**. Auf der anderen Seite steht dem Unternehmer nach § 15 Abs. 1 UStG nur für solche Eingangsleistungen ein **Vorsteuerabzug** zu, die er **für seinen Unternehmensbereich bezieht**. Insbesondere beim Einkauf und Verkauf von Gegenständen kommt es daher darauf an, ob diese dem Unternehmensbereich zugeordnet wurden, also Unternehmensvermögen sind, oder ob es sich um Privatvermögen handelt (zur Abgrenzung Privatvermögen/Unternehmensvermögen vgl. Kap. VII. 2.2 und XII. 4.2).

> **Beispiel:**
>
> Kauft ein Möbelhändler beim Hersteller Möbel für sein Möbelgeschäft, bezieht er diese „für sein Unternehmen" i.S.d. § 15 Abs. 1 UStG und kann daher die Vorsteuer aus dem Einkauf geltend machen. Verkauft er sie weiter, tätigt er steuerbare Lieferungen „im Rahmen seines Unternehmens".
>
> Kauft derselbe Möbelhändler beim Hersteller z.B. einen Esstisch für seinen Privathaushalt, bezieht er diesen nicht „für sein Unternehmen" i.S.d. § 15 Abs. 1 UStG und kann daher keine Vorsteuer geltend machen. Verkauft er den privaten Esstisch später, findet die Lieferung nicht „im Rahmen seines Unternehmens" statt und ist daher nicht steuerbar.

Auch juristische Personen und sonstige Personenvereinigungen können einen nichtunternehmerischen Bereich haben. Bei **juristischen Personen des öffentlichen Rechts** gehören z.B. nur die Betriebe gewerblicher Art zum Unternehmensbereich, im Rahmen ihrer **hoheitlichen Tätigkeit werden sie nichtunternehmerisch** und damit nicht im Rahmen ihres Unternehmens tätig (vgl. Kap. 4.5). Vereine werden nur in dem Umfang unternehmerisch tätig, als sie Leistungen an Nichtmitglieder oder Leistungen an Mitglieder gegen Sonderentgelt erbringen. Der Tätigkeitsbereich, der sich auf die satzungsgemäße Erfüllung der Aufgaben des Vereins beschränkt, gehört dagegen zum **ideellen, nichtunternehmerischen Bereich des Vereins** (vgl. hierzu Kap. 4.6).

5.2.2 Weitere Differenzierung beim nichtunternehmerischen Bereich nach der sog. 3-Sphären-Theorie

Nach der neueren Rechtsprechung des EuGH und des BFH, der sich die Verwaltung nunmehr angeschlossen hat, ist beim **nichtunternehmerischen Tätigkeitsbereich** eines Unternehmers eine weitere **Differenzierung** vorzunehmen, vgl. **Abschn. 2.3 Abs. 1a UStAE**. Danach ist zu unterscheiden zwischen einem Bereich völlig **unternehmensfremder Tätigkeiten**, die nichts mit dem Unternehmen an sich zu tun haben („Privatbereich") und einem Bereich, der zwar im engeren Sinne zum Tätigkeitsbereich des Unternehmens gehört, aber umsatzsteuerrechtlich irrelevante **nichtwirtschaftliche Tätigkeiten** umfasst (z.B. die ideelle Tätigkeit eines Vereins oder die hoheitliche Tätigkeit einer juristischen Person des öffentlichen Rechts).

Bei einem Unternehmer sind also nunmehr **3 Sphären zu unterscheiden**:
- der **Unternehmensbereich**, der auf die nachhaltige Erbringung von Leistungen gegen Entgelt gerichtet ist;
- der **nichtunternehmerische Bereich**, bei dem weiter zu differenzieren ist zwischen:
  - dem völlig **unternehmensfremden Tätigkeitsbereich** (Privatbereich), mit dem völlig außerhalb des Unternehmens liegende **private Zwecke** verfolgt werden; dabei spielt es keine Rolle, ob es sich um private Zwecke des Unternehmers selbst, seines Personals oder der Gesellschafter einer Gesellschaft handelt;
  - dem **nichtwirtschaftlichen Tätigkeitsbereich**, zu dem insbesondere die unentgeltlichen Tätigkeiten eines Vereins aus **ideellen Vereinszwecken**, die **hoheitlichen Tätigkeiten** juristischer Personen des öffentlichen Rechts und Tätigkeiten, die im bloßen **Halten und Verwalten gesellschaftsrechtlicher Beteiligungen** gehören, wie z.B. bei einer gemischten Holding (s. Kap. 4.7).

Sowohl Leistungen aus dem unternehmensfremden als auch dem nichtwirtschaftlichen Tätigkeitsbereich des Unternehmers werden nicht „im Rahmen des Unternehmens" ausgeführt und sind damit nicht steuerbar. Insoweit hat also die Differenzierung innerhalb des nichtunternehmerischen Bereichs keine Bedeutung.

Bedeutung erlangt die Differenzierung vor allem für der Frage der **Zuordnung von Wirtschaftsgütern**, die teilweise unternehmerisch und teilweise nichtunternehmerisch verwendet werden sollen und der damit in Zusammenhang stehenden Frage des Umfangs eines diesbezüglichen Vorsteuerabzugs (vgl. hierzu im Einzelnen Kap. VII. 2.2 und XII. 4.).

5.2.3 Leistungen aus dem Unternehmensbereich an Dritte

Bei einem Unternehmer sind grundsätzlich alle Leistungen aus dem Unternehmensbereich an Dritte steuerbar, auch wenn sie nicht den eigentlichen Gegenstand des Unternehmens ausmachen (Grundgeschäfte), sondern nur gelegentlich im Zusammenhang mit dieser Tätigkeit vorkommen (Hilfs- und Nebengeschäfte).

Unter **Grundgeschäfte** versteht man dabei die Tätigkeiten des Unternehmers, die den **eigentlichen Gegenstand des Unternehmens** bilden, d.h. die nachhaltig ausgeführt werden. Bei verschiedenen Tätigkeiten können dabei auch mehrere Grundgeschäfte vorliegen, wenn sie jeweils nachhaltig ausgeübt werden.

Hilfsgeschäfte bilden nicht den eigentlichen Gegenstand des Unternehmens, werden also nicht nachhaltig ausgeführt, ergeben sich aber **üblicherweise im Gefolge** der Haupttätigkeit. Hierunter fällt insbesondere die Veräußerung nicht mehr benötigten Anlagevermögens. Obwohl solche Veräußerungen nicht nachhaltig ausgeführt werden, werden sie im Rahmen des Unternehmens ausgeführt und sind daher steuerbar (vgl. Abschn. 2.7 Abs. 2 UStAE).

Auch solche gelegentlichen Geschäfte, die zwar nicht üblicherweise im Gefolge der Haupttätigkeit vorkommen (Hilfsgeschäfte), aber mit der Haupttätigkeit zumindest **in einem wirtschaftlichem Zusammenhang** stehen, werden als sog. **Nebengeschäfte** im Rahmen des Unternehmens ausgeführt und sind daher steuerbar.

Beispiel:

Metzgermeister M betreibt seit Jahren eine Metzgerei.
Im Mai 11 eröffnet er daneben eine Gaststätte.
Im Juni 11 verkauft er den alten Lieferwagen und eine alte Kühltheke seiner Metzgerei.
Im Juli 11 hält er vor der Handwerkskammer einen Vortrag über Schadstoffe in der Wurst.

Lösung:

Bereits durch den Betrieb der Metzgerei ist M Unternehmer, da er insoweit nachhaltig tätig wird (Grundgeschäft). Mit der Eröffnung der Gaststätte übt er eine weitere Tätigkeit nachhaltig aus (weiteres Grundgeschäft). Nach dem Grundsatz der Unternehmenseinheit hat M nur ein Unternehmen, das beide Grundgeschäfte umfasst. Die Eröffnung der Gaststätte stellt lediglich eine Unternehmenserweiterung dar.
Neben den nachhaltig ausgeführten Leistungen in der Metzgerei (Verkauf von Wurst und Fleisch etc.) und Gaststätte, werden auch der Verkauf des Lieferwagens und der Kühltheke als Hilfsgeschäfte im Rahmen seines Unternehmens ausgeführt und sind daher steuerbar. Gleiches gilt für den Vortrag, der mit seiner Tätigkeit als Metzger in einem wirtschaftlichen Zusammenhang steht (Nebengeschäft).

5.2.4 Leistungen vom Unternehmensbereich in den nichtunternehmerischen Bereich

Auch Leistungen, die aus dem Unternehmen heraus für nichtunternehmerische, insbesondere private Zwecke des Unternehmers selbst erbracht werden, werden im Rahmen des Unternehmens ausgeführt. Solchen Leistungen fehlt zwar regelmäßig das Tatbestandsmerkmal der Entgeltlichkeit, sie können aber unter den Voraussetzungen des § 3 Abs. 1b S. 1 Nr. 1 und Abs. 9a UStG als sog. Entnahmen den entgeltlichen Leistungen gleichgestellt sein (s. ausführlich Kap. VII.).

> **Beispiele:**
> a) Ein Metzger nimmt aus seiner Metzgerei regelmäßig Fleisch für seinen privaten Verbrauch mit nach Hause.
> b) Der Inhaber einer Kfz-Werkstatt lässt von Mitarbeitern seiner Werkstatt auch regelmäßig seinen privaten Pkw warten und reparieren.

5.2.5 Leistungen innerhalb des Unternehmens (Innenumsätze)

Folge der Unternehmenseinheit ist, dass Leistungen zwischen den verschiedenen Betrieben eines Unternehmers nicht steuerbar sind und damit nicht der Umsatzsteuer unterliegen, da sie den Unternehmensbereich nicht verlassen. Man spricht insofern von sog. **nicht steuerbaren Innenumsätzen** (Abschn. 2.7 Abs. 1 UStAE).

> **Beispiel:**
> M betreibt ein Gaststätte und eine Metzgerei. Die Gaststätte wird regelmäßig mit Fleisch aus seiner Metzgerei beliefert.

> **Lösung:**
> Bei den Lieferungen handelt es sich um nicht steuerbare Innenumsätze, da sowohl die Metzgerei, als auch die Gaststätte zum Unternehmen des A gehören und damit rein unternehmensinterne Vorgänge vorliegen.

5.3 Beginn und Ende der unternehmerischen Tätigkeit

5.3.1 Beginn der Unternehmereigenschaft

Die unternehmerische Tätigkeit beginnt nicht erst mit der Ausführung von Umsätzen, sondern **bereits mit dem ersten nach außen gerichteten tätig werden im Hinblick auf die spätere Unternehmertätigkeit**, also den ersten Vorbereitungshandlungen, z.B. dem Kauf von Einrichtungsgegenständen oder dem Bau, Kauf oder der Anmietung der Geschäftsräume (vgl. Abschn. 2.6 Abs. 1 UStAE).

Da man bereits zu diesem Zeitpunkt Unternehmer ist, muss man schon hier Voranmeldungen abgeben und kann daher insbesondere auch die **Vorsteuer** aus den Anfangsinvestitionen geltend machen, was regelmäßig zu einem Erstattungsanspruch führt.

> **Beispiel:**
> Ein angestellter Rechtsanwalt will sich selbständig machen. Im März unterschreibt er den Mietvertrag für die Kanzleiräume, im April kauf er die Büroeinrichtung, im Mai bezieht er die Kanzleiräume und berät die ersten Mandanten.

> **Lösung:**
> Bereits mit dem Abschluss des Mietvertrags im März tritt der Rechtsanwalt erstmals nach außen erkennbar als Unternehmer auf. Da er ab diesem Zeitpunkt schon Unternehmer ist, muss er sich bereits ab März für Umsatzsteuerzwecke registrieren lassen, muss Voranmeldungen abgeben und kann Vorsteuer geltend machen, z.B. aus dem Kauf der Büroeinrichtung.

Die Unternehmereigenschaft beginnt also bereits vor der Ausführung der ersten Umsätze. Sie **entfällt auch nicht rückwirkend**, wenn später tatsächlich keine Umsätze ausgeführt werden („gescheiterte Unternehmensgründung"). Insoweit besteht die Gefahr des Missbrauchs durch „Erschleichen" eines Vorsteuerabzugs. Gerade bei der Anschaffung von Gegenständen, die auch privat genutzt werden können

(Computer, Pkw etc.), wird daher die Ernsthaftigkeit der Vorbereitungshandlungen intensiv zu prüfen sein (vgl. auch Abschn. 2.6 Abs. 2-4 UStAE).

5.3.2 Ende der Unternehmereigenschaft

Die Unternehmereigenschaft endet **nicht allein mit der formalen Abmeldung** des Gewerbebetriebs, sondern erst dann, wenn der Unternehmer seine **Tätigkeit endgültig eingestellt** hat. Eine Unterbrechung der unternehmerischen Tätigkeit führt dagegen nicht zur Beendigung des Unternehmens, wenn der Unternehmer die Absicht hat, das Unternehmen weiterzuführen oder in absehbarer Zeit wiederaufleben zu lassen. Ob eine endgültige Einstellung oder nur vorübergehende Unterbrechung vorliegt, ist dabei anhand der Umständen zu ermitteln (vgl. Abschn. 2.6 Abs. 6 UStAE).

Darüber hinaus **besteht ein Unternehmen so lange fort, bis alle Rechtsbeziehungen, die mit dem Betrieb in Zusammenhang stehen, abgewickelt sind**. Umsatzsteuer fällt also auch nach Einstellung des operativen Geschäfts z.B. für die Veräußerung des betrieblichen Anlagevermögens an.

Beispiel:

Ein Gastwirt betreibt im Erdgeschoss eines ihm gehörenden Gebäudes eine Gastwirtschaft. Im Juni 11 schließt er das Lokal und meldet die Gaststätte ab. Das restliche Umlaufvermögen (Getränke, Lebensmittel) wird im August teilweise veräußert und teilweise für seinen Privatbereich entnommen. Im Januar 12 veräußert er die Einrichtungsgegenstände und nutzt die Gastwirtschaft nunmehr als privaten Hobbyraum. (Alternative: Er verpachtet die Räumlichkeiten an einen anderen Gastwirt.)

Lösung:

Die Unternehmereigenschaft endet nicht schon mit der Schließung und Abmeldung der Gaststätte im Juni 11, sondern erst nach dem Verkauf der letzten Einrichtungsgegenstände im Januar 12. Umsatzsteuer fällt also auch noch für den Verkauf und die Entnahme der Getränke, Lebensmittel und Einrichtungsgegenstände nach der Schließung an.
In der Alternative endet die Unternehmereigenschaft überhaupt nicht, da die Verpachtung selbst auch wieder eine unternehmerische Tätigkeit darstellt. Aus dem Gaststättenbetrieb wurde nunmehr ein Verpachtungsunternehmen.

5.3.3 Unternehmereigenschaft von Erben

Die Unternehmereigenschaft geht mit dem Tod eines Unternehmers **nicht automatisch auf den Erben über**. Die Erben sind nur dann Unternehmer, wenn sie das Unternehmen auch tatsächlich fortführen (vgl. Abschn. 2.6 Abs. 5 UStAE).

Allerdings treten Erben als **Gesamtrechtsnachfolger** in die umsatzsteuerrechtlich noch nicht abgewickelten unternehmerischen Rechtsverhältnisse des Erblassers ein. Führt der Gesamtrechtsnachfolger die wirtschaftliche Tätigkeit des Erblassers nicht fort, verkauft er aber im Rahmen der Liquidation des Unternehmens die Gegenstände des ererbten Unternehmensvermögens, handelt er **insoweit** noch als Unternehmer, der Verkauf ist daher nach § 1 Abs. 1 Nr. 1 UStG als Lieferung steuerbar (vgl. BFH Urteil vom 13.1.2010, VR 24/07, BStBl II 2011, 241).

Beispiel:

Ein selbständiger Rechtsanwalt stirbt. Einziger Erbe ist sein Sohn, ein angestellter Maschinenschlosser. Dieser führt die Rechtsanwaltskanzlei nicht fort, sondern verkauft den Firmenwagen und die Einrichtungsgegenstände der Kanzlei.

Lösung:
Die Unternehmereigenschaft als solche ist nicht vererblich. Da der Sohn die Rechtsanwaltstätigkeit seines Vaters nicht selbst fortführt, wird er nicht zum Unternehmer. Er muss sich aber als Gesamtrechtsnachfolger hinsichtlich der noch nicht abgewickelten umsatzsteuerrechtlichen Rechtspositionen als Unternehmer behandeln lassen. Mit der Veräußerung der bisherigen Unternehmensgegenstände führt er also steuerbar Lieferungen aus, die grundsätzlich der Umsatzsteuer unterliegen.

III. Umsatzart Lieferung

1. Begriff der Lieferung (§ 3 Abs. 1 UStG)

1.1 Liefergegenstände

1.1.1 Definition

Eine Lieferung liegt nach § 3 Abs. 1 UStG vor, wenn die Leistung darin besteht, einem Dritten an einem Gegenstand Verfügungsmacht zu verschaffen. Was dabei Gegenstand einer Lieferung sein kann, ist richtlinienkonform anhand der Definition der Liefergegenstände in Art. 14 und 15 MwStSystRL auszulegen. Gegenstände, bei deren Übertragung eine Lieferung vorliegt, sind daher grundsätzlich nur **körperlichen Gegenstände**, also Sachen und Tiere i.S.d. §§ 90, 90a BGB. Keine Gegenstände i.S.d. § 3 Abs. 1 UStG sind dagegen unkörperliche (immaterielle) Gegenstände wie **Forderungen und sonstige Rechte** (Patente, Lizenzen, Urheberrechte etc.). Deren Übertragung stellt daher grundsätzlich eine **sonstige Leistung** nach § 3 Abs. 9 UStG dar.

Allerdings werden bestimmte unkörperliche Gegenstände den körperlichen gleichgestellt. So liegt bei der Versorgung mit **Elektrizität, Wärme, Kälte oder Wasserkraft** eine Lieferung vor, obwohl es sich nicht um körperliche Gegenstände handelt (vgl. Art. 15 MwStSystRL und Abschn. 3.1 Abs. 1 S. 2 UStAE). Entgegen der ursprünglich von der Verwaltung vertretenen Auffassung, stellt die Übertragung eines Firmenwerts oder Kundenstamms dagegen keine Lieferung dar, da es sich hierbei weder um körperliche, noch diesen nach Art. 15 MwStSystRL gleichgestellte Gegenstände handelt.

Gegenstand einer Lieferung können sowohl **bewegliche Sachen, als auch Grundstücke** sein. Steht das Eigentum an einer Sache mehreren zu, sind sie Miteigentümer zu Bruchteilen, wobei jedem Eigentümer ein ideeller Anteil an der Sache zusteht (§§ 1008 ff. BGB). Die Übertragung solcher ideeller **Miteigentumsanteile** stellt dabei nach h.M. keine (anteilige) Lieferung der Sache, sondern eine **sonstige Leistung** dar (vgl. Abschn. 3.5 Abs. 3 Nr. 2 UStAE).

Grundsätzlich stellt jede einzelne Sache einen Liefergegenstand dar. **Vertretbare Sachen** sowie zu **Sachgesamtheiten** zusammengefasste Sachen bilden jedoch einen einheitlichen Liefergegenstand, insoweit liegt also nur eine Lieferung vor (s. Kap. II. 1.3.1).

1.1.2 Abgrenzung zu sonstigen Leistungen

Besteht eine Leistung nicht nur in der Übertragung eines körperlichen Gegenstandes, sondern auch in der Erbringung sonstiger Leistungen, richtet sich die Einordnung als Lieferung oder sonstige Leistung danach, welche Leistungselemente aus Sicht eines Durchschnittsverbrauchers unter Berücksichtigung des Willens der Vertragsparteien den wirtschaftlichen Gehalt der Leistung bestimmen (Abschn. 3.5 Abs. 1 UStAE).

Keine Lieferung liegt danach bei der Übertragung von Gegenständen vor, bei denen nicht der Gegenstand selbst, sondern die im Gegenstand **verkörperte Berechtigung** zur Inanspruchnahme einer anderen Leistung im Vordergrund steht.

So steht beim Verkauf von **Fahrkarten, Eintrittskarten** und ähnlichen Berechtigungspapieren nicht die Übertragung des Papiers als körperlicher Gegenstand, sondern die im Papier verbriefte Berechtigung im Vordergrund. Die Veräußerung der Karte stellt damit keine Lieferung dar, sondern die Karte berechtigt nur zur Inanspruchnahme einer i.d.R. sonstigen Leistung (z.B. Beförderungsleistung, Teilnahme an Sportveranstaltungen, Konzerten, Theateraufführungen etc.). Gleiches gilt beim Verkauf von **Telefon- oder Mobilfunkkarten** (Sim-Karte, Aufladekarten), bei dem der Leistungsgehalt nicht in der Übertragung der Karte, sondern in der in ihr verkörperten Zugangsberechtigung zur Inanspruchnahme der Telefondienstleitung besteht.

Bei **Geldumtauschgeschäften** stellt das Geld keinen Liefergegenstand dar. Die Leistung besteht hier vielmehr vordergründig darin, dem Kunden zu ermöglichen, die im **Bargeld verkörperte Kaufkraft** in einem bestimmten Staat zu nutzen. Das Geld als körperliches Trägermedium ist demgegenüber zweitrangig, weshalb es sich bei Geldumtauschgeschäften um **sonstige Leistungen** handelt (Abschn. 3.5 Abs. 3 Nr. 17 UStAE).

Keine Lieferung liegt auch bei der Übertragung von Gegenständen vor, die lediglich der **Verkörperung einer geistigen Leistung** dienen. So steht z.B. bei der **Überlassung von Plänen** wie Bau-, Konstruktionspläne oder Musterzeichnungen die geistige Leistung (sonstige Leistung) im Vordergrund, nicht die Verkörperung dieser Leistung auf dem Papier. Bei der Überlassung von **Manuskripten**, z.B. durch einen Schriftsteller an einen Verlag, ist Gegenstand der Leistung die Einräumung der Berechtigung, das im Manuskript verkörperte geistige Werk zu verwerten, nicht das Manuskript selbst.

Bei der Überlassung von **Software auf Datenträgern** kommt es darauf an, ob es sich um Standardsoftware oder individuell für den Erwerber entwickelte Software handelt. Während der Verkauf von Datenträgern mit Standardsoftware grundsätzlich als Lieferung einzuordnen ist, steht bei der Überlassung eines Datenträgers mit individuell für einen Anwender entwickelter Software die Entwicklungsarbeit (sonstige Leistung) und nicht der Datenträger als körperlicher Gegenstand im Vordergrund.

Zu weiteren Abgrenzungsfragen vgl. auch Abschn. 3.5 Abs. 2-4 UStAE.

Abgrenzung Lieferung und sonstige Leistung	
Liefergegenstände	**Keine Liefergegenstände**
Körperliche Gegenstände = Sachen bewegliche Sachen und Grundstücke **Bestimmte unkörperliche Gegenstände** Elektrizität, Wärme, Kälte, Wasserkraft	**Rechte**, z.B.: • Forderungen, Patente, Urheberrechte etc. • Miteigentumsanteile **Gegenstände, die nur eine Berechtigung verkörpern**, z.B.: • Fahrkarten und Eintrittskarten • Telefon- und Mobilfunkkarten • Bargeld beim Geldumtausch **Gegenstände, die nur eine geistigen Leistung verkörpern**, z.B.: • Pläne (Bau-, Konstruktionspläne, Musterzeichnungen) • Manuskripte • Datenträger mit individuell erstellter Software

1.2 Verschaffung der Verfügungsmacht

Der Lieferer muss dem Abnehmer Verfügungsmacht an dem Gegenstand verschaffen. Unter Verfügungsmacht ist die umfassende Herrschaftsmacht einer Person über eine Sache zu verstehen, also die Fähigkeit, **wie ein Eigentümer über den Gegenstand verfügen zu können** (vgl. Abschn. 3.1 Abs. 2 UStAE).

Die Verschaffung der Verfügungsmacht (VdVfgM) erfolgt **in der Regel durch zivilrechtliche Eigentumsübertragung**, da die umfassende Herrschaftsmacht über eine Sache dem zivilrechtlichen Eigentümer zusteht (vgl. § 903 BGB).

Übt jedoch ein anderer als der Eigentümer die tatsächliche Herrschaftsmacht aus, ist steuerrechtlich ihm der Gegenstand zuzurechnen, **§ 39 Abs. 2 Nr. 1 AO**. Hat der Abnehmer daher zwar (noch) kein zivilrechtliches Eigentum erworben, kann er aber bereits **wirtschaftlich wie ein Eigentümer** über die Sache verfügen, gilt die Verfügungsmacht bereits zu diesem Zeitpunkt als verschafft. Umgekehrt erlangt der Erwerber trotz Eigentumsübertragung keine Verfügungsmacht, wenn wirtschaftlich gesehen nicht er, sondern weiterhin der Veräußerer über die Sache verfügen kann.

Teil II: Darstellung der Umsatzsteuer

Verschaffung der Verfügungsmacht Abnehmer muss wie ein Eigentümer über die Sache verfügen können		
Regelfall	Sonderfälle	
VdVfgM durch zivilrechtliche Eigentumsübertragung **Bewegliche Sachen** (§ 929 S. 1 BGB) Einigung und Übergabe (§ 929 S. 2 BGB) bloße Einigung (§§ 929 S. 1, 930 BGB) Einigung und Besitzkonstitut (§§ 929 S. 1, 931 BGB) Einigung und Abtretung eines Herausgabeanspruchs **Grundstücke** (§§ 873, 925 BGB) Einigung und Grundbucheintrag (§ 90 ZVG) bei der Zwangsversteigerung	VdVfgM ohne zivilrechtliche Eigentumsübertragung = Abnehmer wird wirtschaftlicher Eigentümer (§ 39 Abs. 2 Nr. 1 AO) Kauf unter Eigentumsvorbehalt (Abschn. 3.1 Abs. 3 S. 4 UStAE) Leasing und Mietkaufmodelle (Abschn. 3.5 Abs. 5 und 6 UStAE) Übergang von Besitz, Lasten und Nutzen bei Grundstücken Verkauf gestohlener Sachen	keine VdVfgM trotz zivilrechtlicher Eigentumsübertragung = Abnehmer wird **kein** wirtschaftlicher Eigentümer (§ 39 Abs. 2 Nr. 1 AO) Sicherungsübereignung (Abschn. 3.1 Abs. 3 S. 1 UStAE) Sale-and-lease-back (Abschn. 3.5 Abs. 7 UStAE)

1.2.1 Verschaffung der Verfügungsmacht durch zivilrechtliche Eigentumsübertragung

1.2.1.1 Regelfall der Eigentumsübertragung nach § 929 S. 1 BGB

Nach **§ 929 S. 1 BGB** wird **Eigentum an beweglichen Sachen** grundsätzlich durch Einigung über den Eigentumsübergang und Übergabe der Sache übertragen. Die zivilrechtliche Eigentumsübertragung und damit die Verschaffung der Verfügungsmacht findet also **im Regelfall erst mit der Übergabe** der Ware an den Abnehmer statt. Nach §§ 929 S. 2, 930, 931 BGB kann die Eigentumsübertragung und damit auch die Verschaffung der Verfügungsmacht jedoch in bestimmten Fällen auch ohne Übergabe stattfinden.

1.2.1.2 Eigentumsübertragung durch bloße Einigung (§ 929 S. 2 BGB)

Nach **§ 929 S. 2 BGB genügt die bloße Einigung** über den Eigentumsübergang, wenn der Erwerber bereits im Besitz der Sache ist, z.B. weil er sie zuvor vom Verkäufer gemietet, geleast oder geliehen hatte.

Beispiel:

A hat dem B seit 1.6.11 eine Maschine vermietet. Am 1.12.11 schließen A und B einen Kaufvertrag ab und einigen sich, dass das Eigentum nunmehr dem B zustehen soll.

Lösung:

Mit der Einigung am 1.12. ist B Eigentümer geworden und hat damit die Verfügungsmacht erlangt = Lieferung A an B am 1.12.

1.2.1.3 Eigentumsübertragung durch Vereinbarung eines Besitzmittlungsverhältnisses (§ 930 BGB)

Nach **§ 930 BGB** kann die zur Eigentumsübertragung eigentlich erforderliche Übergabe durch eine Vereinbarung (**Besitzmittlungsverhältnis/Besitzkonstitut**) zwischen Veräußerer und Erwerber ersetzt werden, mit der der Erwerber dem Veräußerer gestattet, die veräußerte Sache weiterhin in Besitz zu behalten. Dem Erwerber (neuer Eigentümer) wird also die Sache nicht übergeben, sondern der Veräußerer leiht, pachtet, mietet, least etc. die Sache vom neuen Eigentümer sofort wieder zurück.

> **Beispiel:**
>
> Gallerist U verkauft ein antikes Gemälde an B. Beide einigen sich am 1.6. über den sofortigen Eigentumsübergang. Das Bild soll aber noch nicht übergeben werden, sondern B überlässt es U noch bis zum 13.12. als Ausstellungsstück (Leihvertrag).

> **Lösung:**
>
> B hat bereits am 1.6. mit der Einigung über den Eigentumsübergang und der Vereinbarung eines Besitzmittlungsverhältnisses (Rückleihvertrag) Eigentum und damit Verfügungsmacht erlangt = Lieferung U an B am 1.6.

1.2.1.4 Eigentumsübertragung durch Abtretung eines Herausgabeanspruchs (§ 931 BGB)

Nach **§ 931 BGB** kann die zur Eigentumsübertragung eigentlich erforderliche Übergabe auch dadurch ersetzt werden, dass der Veräußerer dem Erwerber einen ihm gegenüber einem **Dritten zustehenden Herausgabeanspruch abtritt**. Erfasst werden damit Fälle, in denen die Sache (derzeit) vom Veräußerer noch nicht übergeben werden kann, da Sie noch ein Dritter in Besitz hat, der sie z.B. gemietet oder geleast hat.

> **Beispiel:**
>
> Oldtimerhändler O hat einen alten Mercedes bis 31.12.11 an A vermietet. Am 1.6.11 verkauft O den Mercedes an V. Beide einigen sich am 5.6.11 über den Eigentumsübergang und O tritt dem V den ihm nach Ablauf der Mietzeit gegen A zustehenden Herausgabeanspruch ab. Am 31.12. holt V den Mercedes bei A ab.

> **Lösung:**
>
> Bereits mit Einigung und Abtretung des Herausgabeanspruchs am 5.6. hat V das Eigentum und damit die Verfügungsmacht erlangt = Lieferung O an V am 5.6.

1.2.1.5 Eigentumsübertragung an Grundstücken

Eigentum an Grundstücken wird zivilrechtlich durch **Einigung (Auflassung)** über den Eigentumsübergang und **Eintragung im Grundbuch** übertragen, §§ 873, 925 BGB. Der Eigentumsübergang vollzieht sich damit erst mit der Grundbucheintragung. In der Praxis wird jedoch i.d.R. vereinbart, dass der Erwerber bereits vor der Eintragung wie ein Eigentümer über das Grundstück verfügen kann. Damit erlangt er bereits zu diesem Zeitpunkt das wirtschaftliche Eigentum und damit die Verfügungsmacht (s. Kap. 1.2.2.4).

Im **Zwangsversteigerungsverfahren** geht das Eigentum an einem Grundstück bereits mit Zuschlag durch das Vollstreckungsgericht kraft Gesetzes auf den Ersteher über (§ 90 ZVG) und nicht erst mit der Eintragung des neuen Eigentümers im Grundbuch. Daher liegt bereits **mit dem Zuschlag** eine Lieferung des Grundstücks vor.

1.2.2 Verschaffung der Verfügungsmacht ohne Eigentumsübertragung

Einem Abnehmer wird auch dann Verfügungsmacht an einem Gegenstand verschafft, wenn er zwar (noch) kein zivilrechtliches Eigentum erlangt, aber bereits wirtschaftlich wie ein Eigentümer über die

Sache verfügen kann. Eine Lieferung liegt hier bereits mit **Übergang des wirtschaftlichen Eigentums** vor (§ 39 Abs. 2 Nr. 1 AO).

1.2.2.1 Kauf unter Eigentumsvorbehalt

Hat sich der Verkäufer einer beweglichen Sache das Eigentum bis zur Zahlung des Kaufpreises vorbehalten, so erfolgt die Eigentumsübertragung grundsätzlich unter der aufschiebenden Bedingung vollständiger Kaufpreiszahlung (§ 449 BGB). Bei diesem **Verkauf unter Eigentumsvorbehalt** erfolgt der zivilrechtliche Eigentumsübergang damit noch nicht mit der Übergabe der Kaufsache an den Käufer, sondern erst mit vollständiger Bezahlung. Gleichwohl liegt in diesen Fällen bereits **mit der Übergabe an den Käufer eine Lieferung** vor, da der Käufer bereits zu diesem Zeitpunkt wirtschaftlich wie ein Eigentümer über die Sache verfügen kann und damit die Verfügungsmacht i.S.d. § 3 Abs. 1 UStG erlangt (Abschn. 3.1 Abs. 3 S. 4 UStAE).

> **Beispiel:**
>
> V verkauft K am 1.5.11 einen Pkw. Der Kaufpreis soll in 12 Raten bezahlt werden. Der Pkw wird sofort übergeben, V behält sich aber bis zur vollständigen Bezahlung das Eigentum vor. Am 1.4.12 bezahlt K die letzte Rate.

> **Lösung:**
>
> Erst mit Bezahlung der letzten Rate ist K Eigentümer des Pkw geworden. Die Lieferung liegt jedoch bereits mit der Übergabe am 1.5.11 vor, da K bereits zu diesem Zeitpunkt das wirtschaftliche Eigentum und damit die Verfügungsmacht erlangt hat.

1.2.2.2 Bestimmte Leasing- und Mietkaufmodelle

Miet- und Leasingverträge sind grundsätzlich nicht darauf gerichtet, das Eigentum an einer Sache zu übertragen, sondern dem Mieter/Leasingnehmer für eine bestimmte Zeit den Gebrauch der Sache zu überlassen. Eine solche reine Gebrauchsüberlassung an einem Gegenstand stellt dabei grundsätzlich keine Lieferung, sondern eine sonstige Leistung dar.

Beim **Leasing** kann der Leasingvertrag jedoch im Einzelfall so ausgestaltet sein, dass wirtschaftlich gesehen der Leasingnehmer wie ein Eigentümer über den Gegenstand verfügen kann. In diesem Fall stellt die Übergabe des Leasinggegenstands nicht nur eine reine Gebrauchsüberlassung (sonstige Leistung) dar, sondern dem Leasingnehmer wird mit der Übergabe das wirtschaftliche Eigentum und damit die Verfügungsmacht verschafft. Es liegt also eine Lieferung des Leasinggegenstandes vor.

Der Leasingnehmer erlangt dabei umsatzsteuerrechtlich grundsätzlich dann die Verfügungsmacht an dem Leasinggegenstande, wenn dieser ihm auch ertragssteuerlich zuzurechnen ist (vgl. aber beim Cross-Border-Leasing Abschn. 3.5 Abs. 5 S. 4 UStAE). Eine Zurechnung des Leasinggegenstandes beim Leasingnehmer und damit eine Lieferung ist danach insbesondere dann anzunehmen, wenn die vertraglich vereinbarte **Überlassungsdauer (Grundmietzeit) annähernd der betriebsgewöhnliche Nutzungsdauer** des Gegenstandes entspricht oder die Grundmietzeit zwar erheblich kürzer als die betriebsgewöhnliche Nutzungsdauer ist, der Leasingnehmer den Gegenstand aber nach Ablauf der Grundmietzeit gegen geringes Entgelt kaufen oder weiter mieten kann, sog. **Leasing mit Kauf- oder Verlängerungsoption**.

> **Beispiel:**
>
> B least ab 1.8.11 bei A einen Pkw. Der Leasingvertrag umfasst eine Grundmietzeit von 6 Jahren, die der betriebsgewöhnlichen Nutzungsdauer des Pkw entspricht.

> **Lösung:**
> Der Pkw ist ertragsteuerrechtlich dem Leasingnehmer B zuzurechnen. Bereits mit der Übergabe am 1.8.11 liegt eine Lieferung des Pkw von A an B vor, da B zu diesem Zeitpunkt bereits das wirtschaftliche Eigentum und damit die Verfügungsmacht am PKW erlangt. Als Entgelt sind alle bis zum Ablauf der Grundmietzeit vereinbarten Leasingraten anzusetzen (vgl. BFH vom 1.10.1970, V R 49/70, BStBl II 1971, 34).

Vergleichbar mit dem Leasing ist der sog. **Mietkauf**. Dabei wird vereinbart, dass der Gegenstand zunächst für einen bestimmten Zeitraum vermietet wird und der Mieter nach Ablauf der Mietzeit den Gegenstand käuflich erwerben kann. Hier liegt schon mit der Überlassung der Mietsache an den Mieter eine Lieferung vor, wenn der Mietkaufvertrag bereits einen **automatischen Eigentumsübergang nach Ablauf der Mietzeit** vorsieht. Ist dagegen lediglich eine Kaufoption vorgesehen, hängt also der Erwerb noch von einer Entscheidung des Mieters ab, liegt mit der Überlassung zunächst nur eine Vermietung (sonstige Leistung) vor und erst mit Ausübung der Option durch den Mieter eine Lieferung (vgl. Abschn. 3.5 Abs. 6 UStAE).

1.2.2.3 Verkauf gestohlener Gegenstände

An **gestohlenen Gegenständen** kann grundsätzlich kein Eigentum erworben werden (§ 935 Abs. 1 BGB). Gleichwohl liegt mit dem Verkauf solcher Gegenstände eine Lieferung vor, da der Erwerber – zumindest bis zur Aufdeckung des Diebstahls – die tatsächliche Herrschaftsmacht ausüben und wie ein Eigentümer wirtschaftlich über die Sache verfügen kann. Dagegen liegt beim Verkauf von Gegenständen, die an sich nicht gehandelt werden dürfen, wie z.B. **Drogen oder Falschgeld**, keine Lieferung vor (s. Kap. II. 1.2.2).

1.2.2.4 Übertragung von Grundstücken

Bei der **Übertragung von Grundstücken** wird der Erwerber erst mit Eintragung im Grundbuch Eigentümer. Da der Zeitpunkt der Eintragung vom Grundbuchamt abhängt und einige Zeit dauern kann, wird von den Parteien im Kaufvertrag regelmäßig ein fester Zeitpunkt bestimmt, an dem **Besitz, Lasten und Nutzen am Grundstück übergehen** sollen, der Erwerber also bereits wie ein Eigentümer über das Grundstück verfügen kann. Mangels Eintragung ist er zwar zu diesem Zeitpunkt noch nicht zivilrechtlicher, wohl aber bereits **wirtschaftlicher Eigentümer i.S.d. § 39 Abs. 2 Nr. 1 AO** und hat damit die Verfügungsmacht erlangt. Mit Übergang von Besitz, Lasten und Nutzen gilt daher die Lieferung des Grundstücks bereits als ausgeführt.

1.2.3 Keine Verschaffung der Verfügungsmacht trotz Eigentumsübertragung

Trotz Übertragung des zivilrechtlichen Eigentums wird dem Abnehmer keine Verfügungsmacht verschafft, wenn der **Veräußerer wirtschaftliche gesehen Eigentümer** bleibt. Damit liegt in diesen Fällen auch keine Lieferung nach § 3 Abs. 1 UStG vor.

Hauptanwendungsfall ist die Eigentumsübertragung zur Absicherung einer Forderung (Sicherungsübereignung), die wegen ihrer umfassenden Problematik in einem eigenen Kapitel erörtert wird (s. ausführlich Kap. III. 5.).

In bestimmten Fällen bleibt der ursprüngliche Eigentümer auch dann noch wirtschaftlicher Eigentümer, wenn er das zivilrechtliche Eigentum an einem Gegenstand auf eine Leasinggesellschaft überträgt und diesen Gegenstand anschließend wieder zurückmietet oder zurückleast (zu diesen Fällen des sog. „sale-and-lease-back" vgl. die Ausführungen des Abschn. 3.5 Abs. 7 UStAE).

1.3 Verschaffung der Verfügungsmacht durch beauftragte Dritte

Zwischen wem die Lieferbeziehung zustande kommt, wer also Lieferer und Abnehmer ist, bestimmt sich grundsätzlich danach, zwischen wem der der Lieferung zugrunde liegende schuldrechtliche Vertrag (i.d.R. Kaufvertrag) geschlossen wurde.

Von wem bzw. an wen das (wirtschaftliche) Eigentum, also die Verfügungsmacht übertragen wird, spielt dagegen keine Rolle. Die Verfügungsmacht kann nach § 3 Abs. 1 UStG durch den Lieferer selbst,

Teil II: Darstellung der Umsatzsteuer

aber auch **von einem vom Lieferer beauftragten Dritten** verschafft werden. Ebenso kann die Verfügungsmacht dem Abnehmer selbst oder **im Auftrag des Abnehmers einem Dritten** verschafft werden.

Beispiel:

a) A verkauft dem B eine Maschine, die A bislang an C vermietet hatte. A beauftragt den C damit, die Ware dem B zu übergeben.
b) B bestellt bei Blumenhändler A einen Blumenstrauß (Kaufvertrag A und B). B bittet den A, die Blumen am Muttertag direkt an seine Mutter C auszuliefern.

Lösung:

a) Es liegt eine Lieferung von A an B vor. Die Verfügungsmacht an der Ware wurde dem B im Auftrag des Lieferers A durch den Dritten C verschafft.
b) Es liegt eine Lieferung von A an B vor, da der Mutter C (Dritte) im Auftrag des Abnehmers B die Verfügungsmacht verschafft wird.

Unter einem Dritten versteht man dabei eigentlich nur selbständige, also weisungsunabhängige Personen. Weisungsabhängige **Arbeitnehmer sind keine Dritte** i.S.d. § 3 Abs. 1 UStG, sondern unselbständige Erfüllungsgehilfen, deren Handeln dem Lieferer bzw. Abnehmer aber von vorn herein wie eigenes Handeln zugerechnet wird.

Beispiel:

B hat bei A Waren bestellt. Die Ware wird vom Angestellten des A an einen Angestellten des B übergeben.

Lösung:

Es liegt eine Lieferung von A an B vor. Die Angestellten sind lediglich unselbständige Erfüllungsgehilfen, die für ihre Arbeitgeber handeln.

2. Ort der Lieferung

2.1 Bedeutung und Überblick über die Ortsvorschriften

Die Bestimmung des Ortes einer Lieferung ist für die Feststellung entscheidend, ob die Lieferung im Inland ausgeführt wird und damit nach § 1 Abs. 1 Nr. 1 UStG steuerbar ist.

Die für die Bestimmung eines Lieferorts infrage kommenden Ortsvorschriften sind in **§ 3 Abs. 5a UStG** zusammengefasst. Die zentralen Ortsvorschriften finden sich dabei in **§ 3 Abs. 6 und Abs. 7 UStG**. Hiernach ist zu unterscheiden, ob es sich bei der Lieferung um eine **bewegte Lieferung** handelt, bei der der Liefergegenstand zum Abnehmer befördert oder versendet wird (Abs. 6) oder ob es sich um eine **unbewegte Lieferung** handelt, bei der der Liefergegenstand nicht befördert oder versendet wird (Abs. 7). Die übrigen Ortsregelungen in § 3 Abs. 8 sowie §§ 3c, 3e, 3f und 3g UStG enthalten darüber hinaus für ganz bestimmte Lieferungen Sonderregelungen.

Ort der Lieferungen nach § 3 Abs. 5a UStG	
§ 3 Abs. 6 S. 1 UStG (bewegte Lieferungen) Ort = Beginn der Beförderung/Versendung	§ 3 Abs. 7 S. 1 UStG (unbewegte Lieferungen) Ort = Standort der Ware bei VdVfgM
Sonderortsvorschriften	Sonderortsvorschrift
§ 3 Abs. 8 UStG (bestimmte Lieferungen aus Drittländern) § 3c UStG (bestimmte Lieferungen zwischen zwei EU-Mitgliedstaaten) § 3e UStG (Lieferungen von Speisen und Getränken an Bord von Schiffen, Flugzeugen, Eisenbahnen) § 3f UStG (unentgeltliche „fiktive" Lieferungen) § 3g UStG (Lieferung von Gas und Elektrizität)	§ 3 Abs. 7 S. 2 UStG (unbewegte Lieferungen im Reihengeschäft)

2.2 Lieferung mit Warenbewegung (§ 3 Abs. 6 UStG)

2.2.1 Ort bei Beförderungen und Versendungen

2.2.1.1 Beginn der Beförderung oder Versendung als Lieferort

In der Praxis wird ein Gegenstand i.d.R. zum Abnehmer befördert oder versendet, sei es, dass der Lieferer die Ware zum Abnehmer transportiert oder verschickt, oder dass der Abnehmer die Ware abholt und mitnimmt. Eine solche sog. **bewegte Lieferung** gilt nach **§ 3 Abs. 6 S. 1 UStG** dort als ausgeführt, wo die **Beförderung oder Versendung beginnt**, also am Abgangsort der Ware. § 3 Abs. 6 UStG ist dabei eine Fiktion („gilt als ausgeführt"), die den Lieferort immer auf die Absendung des Gegenstands vorverlagert, auch wenn die Verfügungsmacht – z.B. beim Transport durch den Lieferer – erst später, nämlich mit der Übergabe an den Abnehmer verschafft wird (§ 929 S. 1 BGB).

2.2.1.2 Begriff Beförderung und Versendung

 Merke!
Befördern = Lieferer oder Abnehmer transportieren selbst
Versenden = Lieferer oder Abnehmer lassen transportieren

Eine **Beförderung** liegt nach **§ 3 Abs. 6 S. 2 UStG** vor, wenn der Liefergegenstand durch einen an der **Lieferung Beteiligten selbst** (Lieferer oder Abnehmer) oder durch einen unselbständigen Erfüllungsgehilfen (**Angestellten**) des Lieferers oder Abnehmers transportiert wird. Eine Beförderung liegt also vor, wenn der Lieferer (bzw. sein Angestellter) die Ware zum Abnehmer transportiert oder der Abnehmer (bzw. sein Angestellter) die Ware abholt, auch wenn der Abnehmer den Gegenstand im Laden kauft und sofort mitnimmt (sog. „Handkauf", Abschn. 3.12 Abs. 1 S. 3 UStAE).

Eine **Versendung** liegt nach **§ 3 Abs. 6 S. 3 UStG** vor, wenn der Transport nicht durch den Lieferer oder Abnehmer selbst, sondern im Auftrag des Lieferers oder Abnehmers durch einen **selbständigen Beauf-**

Teil II: Darstellung der Umsatzsteuer

tragten (Spediteur, Fuhrunternehmer, Bahnunternehmen, Reeder etc.) durchgeführt wird. Die Versendung beginnt dabei bereits mit der Übergabe des Gegenstands an den Beauftragten, **§ 3 Abs. 6 S. 4 UStG**.

> **Beispiel:**
>
> a) K bestellt im Autohaus des A in Mannheim einen Pkw. Einen Monat später holt er ihn im Auslieferungslager des A in Ludwigshafen ab.
> b) Unternehmer M beauftragt seinen Angestellten, eine Ware mit dem firmeneigenen Lkw von Mannheim zum Kunden K nach Wien zu transportieren.
> c) Wie b), nur beauftragt M den selbständigen Fuhrunternehmer F mit dem Transport.
> d) Wie b), nur beauftragt K den Fuhrunternehmer F mit der Abholung der Ware.

> **Lösung:**
>
> a) Es liegt eine Beförderung durch den Abnehmer K vor. Die Lieferung gilt nach § 3 Abs. 6 S. 1 und 2 UStG dort als ausgeführt, wo die Beförderung beginnt, also am Ort der Abholung in Ludwigshafen.
> b) Es liegt eine Beförderung durch den Lieferer M vor, da der Transport durch einen unselbständigen Erfüllungsgehilfen (Angestellter) des M durchgeführt wird. Die Lieferung gilt nach § 3 Abs. 6 S. 1 und 2 UStG am Beginn der Beförderung in Mannheim als ausgeführt und ist damit steuerbar.
> c) Es liegt eine Versendung vor, da der Transport durch einen selbständigen Beauftragten (F) durchgeführt wird. Die Lieferung gilt nach § 3 Abs. 6 S. 1, 3 UStG dort als ausgeführt, wo die Versendung beginnt. Das ist nach S. 4 dort, wo die Ware dem F übergeben wird, also ebenfalls in Mannheim.
> d) Es liegt wie in Fall c) eine Versendungslieferung vor, da es gleichgültig ist, ob der Lieferer oder wie hier der Abnehmer K den Fuhrunternehmer F beauftragt.

2.2.2 Gebrochene Beförderungen und Versendungen

Häufig werden in einen Transportvorgang mehrere selbständige Beauftragte eingeschaltet, die den Gegenstand jeweils über eine Teilstrecke transportieren oder der Transport wird vom Lieferer oder Abnehmer teilweise selbst durchgeführt (Beförderung) und teilweise durch einen selbständigen Beauftragten (Versendung). Eine solche sog. **gebrochene Beförderung oder Versendung** gilt dabei immer bereits am ersten Abgangsort als ausgeführt, also dort, wo die erste Beförderung oder Versendung beginnt, wenn zu diesem Zeitpunkt der **Abnehmer bereits feststeht**, an den der Gegenstand letztlich gelangen soll.

> **Beispiel:**
>
> A (Köln) hat eine Maschine an B (Tokio) verkauft. Für den Transport von Köln in den Hamburger Hafen beauftragt A den Frachtführer F, wo die Maschine vom beauftragten Reeder R übernommen wird, der sie per Schiff nach Tokio weiterbefördert, wo sie für einige Tage im Hafen eingelagert wird, bis sie ein Angestellter des B abholt.

> **Lösung:**
>
> Die Versendung beginnt hier nach § 3 Abs. 6 S. 1, 3 und 4 UStG bereits mit der Übergabe des Gegenstands an den ersten Beauftragten F in Köln, da der Abnehmer B, an den der Gegenstand letztlich gelangen soll, zu diesem Zeitpunkt bereits feststand. Die Lieferung gilt damit in Köln als ausgeführt.

2.2.3 Rechtsgeschäftsloses Verbringen

Eine Lieferung setzt nach § 3 Abs. 1 UStG voraus, dass einem **Abnehmer** Verfügungsmacht verschafft wird. Wird eine Ware befördert oder versendet, ohne dass zu diesem Zeitpunkt bereits ein konkreter Abnehmer feststeht, dem Verfügungsmacht an dem Gegenstand verschafft werden soll, liegt der Warenbewegung noch keine Lieferung zugrunde. Die Beförderung/Versendung ist daher grundsätzlich umsatzsteuerrechtlich irrelevant. Man spricht insoweit von einem sog. **rechtsgeschäftslosen Verbringen**.

> **Beispiel:**
>
> U (Köln) befördert eine Maschine am 10.7. von Köln in sein Auslieferungslager nach Zürich. Am 5.8. verkauft er die Maschine an B, der sie am selben Tag im Auslieferungslager in Zürich abholt.
> **Abwandlung:** Die Maschine wurde bereits vor dem 10.7. an B verkauft.

> **Lösung:**
>
> Im Ausgangsfall findet die Beförderung am 10.7. in das Auslieferungslager nach Zürich noch nicht zur Ausführung einer Lieferung statt, da zu diesem Zeitpunkt noch kein Abnehmer feststeht. Es handelt sich um ein rechtsgeschäftsloses Verbringen. Erst mit der Auslieferung an den Abnehmer B am 5.8. liegt eine Lieferung vor, die mit Beginn der Beförderung in Zürich als ausgeführt gilt und damit nicht steuerbar ist.
> In der Abwandlung wird die Beförderung in das Auslieferungslager nach Zürich zur Ausführung der Lieferung an den Abnehmer B durchgeführt. Es handelt sich um eine gebrochene Beförderungslieferung, die bereits mit Beginn der Beförderung in Köln als ausgeführt gilt und damit steuerbar ist.

2.3 Lieferung ohne Warenbewegung (§ 3 Abs. 7 UStG)

Wird der Gegenstand der Lieferung nicht befördert oder versendet, richtet sich der Ort nach **§ 3 Abs. 7 S. 1 UStG**. Eine solche unbewegte Lieferung wird dort ausgeführt, wo sich der Gegenstand zum Zeitpunkt der Verschaffung der Verfügungsmacht befindet, also am **Standort des Gegenstands** beim Übergang des (wirtschaftlichen) Eigentums.

Lieferungen ohne Warenbewegung liegen insbesondere bei der Lieferung von **Grundstücken** vor. Eine unbewegte Lieferung liegt aber auch bei der Lieferung beweglicher Gegenstände vor, wenn der Abnehmer die Verfügungsmacht erlangt, ohne dass ihm der Liefergegenstand körperlich übergeben wird, also insbesondere in Fällen der **Eigentumsübertragung ohne Übergabe nach §§ 929 S. 2, 930, 931 BGB**.

> **Beispiel:**
>
> A (Trier) ist Eigentümer einer Maschine, die er an B vermietet hat und die B in seiner Firma in LuXEmburg nutzt. A verkauft die Maschine an C. Beide einigen sich am 30.6.2011 in Trier über den Eigentumsübergang und A tritt an C seinen Herausgabeanspruch gegen B ab. Nach Ablauf der Mietzeit holt C die Maschine bei B ab.

> **Lösung:**
>
> Mit der Einigung und Abtretung des Herausgabeanspruchs (§ 931 BGB) am 30.6.2011 hat C bereits das Eigentum und damit die Verfügungsmacht erlangt. Die unbewegte Lieferung A an C gilt nach § 3 Abs. 7 S. 1 UStG in LuXEmburg als ausgeführt, da sich die Maschine zum Zeitpunkt der Verschaffung der Verfügungsmacht (Eigentumsübergang) noch dort befindet. Die Lieferung ist damit nicht steuerbar.

Bei einem **Kauf auf Probe oder zur Ansicht** kommt mit der Zusendung der Ware noch kein Kaufvertrag zustande und dem Abnehmer wird auch noch nicht das Eigentum übertragen (§ 454 BGB). Erst mit Billigung durch den Käufer kommt der Kaufvertrag zustande und der Käufer erlangt nach § 929 S. 2 BGB das Eigentum und damit die Verfügungsmacht an dem Gegenstand. Da dieser sich zu diesem Zeitpunkt bereits in seinem Besitz befindet, handelt es sich um eine unbewegte Lieferung, § 3 Abs. 7 S. 1 UStG.

> **Beispiel:**
>
> Münzhändler M (Mainz) versendet am 30.4. eine Münze an Sammler S (Köln) zur Ansicht. Nach der Vereinbarung zwischen M und S, hat M zwei Wochen Zeit, sich für den Kauf zu entscheiden oder die Münze zurückzusenden. Am 10.5. ruft S bei M an und teilt ihm mit, dass er die Münze kaufen will.

> **Lösung:**
>
> Die Versendung am 30.4. findet hier noch nicht zur Ausführung einer Lieferung statt, es handelt sich daher lediglich um ein rechtsgeschäftsloses Verbringen. Erst mit dem Anruf am 10.5. kommt ein Kaufvertrag zustande und S wird nach § 929 S. 2 BGB das Eigentum und damit die Verfügungsmacht an der sich zu diesem Zeitpunkt bereits in seinem Besitz befindlichen Münze verschafft. Es liegt daher eine unbewegte Lieferung vor, die nach § 3 Abs. 7 S. 1 UStG in Köln als ausgeführt gilt.

Eine unbewegte Lieferung nach § 3 Abs. 7 S. 1 UStG liegt daneben insbesondere in sog. **Montagefällen bei Werklieferungen** (s. Kap. VI. 3.1) und bei bestimmten Lieferungen im Rahmen von **Kommissionsgeschäften** vor (s. Kap. V. 3.2).

Darüber hinaus enthält **§ 3 Abs. 7 S. 2 UStG** besondere Ortsregelungen für unbewegte Lieferungen innerhalb sog. **Reihengeschäfte** (s. Kap. 4.).

2.4 Sonderortsvorschriften

2.4.1 Bestimmte grenzüberschreitende Lieferungen

§ 3 Abs. 8 und § 3c UStG enthalten Sonderortsvorschriften für bestimmte grenzüberschreitende Lieferungen, die den Ort abweichend von § 3 Abs. 6 UStG bestimmen.

Nach **§ 3 Abs. 8 UStG** gelten **Lieferungen aus dem Drittland** unter bestimmten Voraussetzungen nicht mit Beginn der Beförderung oder Versendung im Ausland, sondern als im Inland ausgeführt und sind damit in Deutschland steuerbar. Nach **§ 3c UStG** wird bei bestimmten **Lieferungen in und aus anderen EU-Mitgliedstaaten** der Ort ans Ende der Beförderung/Versendung, also in das jeweilige Bestimmungsland verlagert.

Einzelheiten zu diesen Sonderortsvorschriften werden im Kapitel zu den Lieferungen im internationalen Warenverkehr dargestellt (s. Kap. XX.).

2.4.2 Sonstige Sonderortsvorschriften

§ 3e UStG enthält eine Sonderortsvorschrift für die Lieferung von Gegenständen und die Erbringung von Restaurationsleistungen an Bord von **Schiffen, Flugzeugen oder Eisenbahnen während der Beförderung innerhalb des Gemeinschaftsgebiets**. Solche Lieferungen und Restaurationsleistungen gelten abweichend von § 3 Abs. 6-8 UStG immer am **Abgangsort** des Beförderungsmittels als ausgeführt. Eine Beförderung innerhalb des Gemeinschaftsgebiets liegt dabei vor, wenn die Beförderung dort beginnt und endet, § 3e Abs. 2 UStG. Damit sind alle während der Beförderung ausgeführten Lieferungen in Deutschland steuerbar, wenn die Beförderung im Inland beginnt und hier oder im übrigen Gemeinschaftsgebiet endet. Ausgenommen sind jedoch Lieferungen während eines Zwischenaufenthalts in Drittländern (vgl. Abschn. 3e.1 UStAE).

> **Beispiel:**
>
> Während einer Kreuzfahrt werden in einer Boutique auf dem Schiff Waren verkauft. Die Kreuzfahrt beginnt in Hamburg und endet in Amsterdam. Während der Kreuzfahrt werden Häfen im Gemeinschaftsgebiet (Schweden, Estland, Lettland) und im Drittland (Norwegen) angefahren.

> **Lösung:**
>
> Alle Lieferungen in der Boutique gelten nach § 3e Abs. 1 UStG grundsätzlich am Abgangsort des Schiffs in Hamburg als ausgeführt und sind damit steuerbar. Ausgenommen sind die Lieferungen während des Aufenthalts in Norwegen, die nach § 3 Abs. 6 UStG dort als ausgeführt gelten und damit nicht steuerbar sind.

§ 3g UStG enthält besondere Ortsregelungen für die **Lieferung von Gas, Elektrizität, Kälte und Wärme**, wenn die Lieferung über Leitungsnetze erfolgt. Lieferungen an Verbraucher gelten dabei grundsätzlich am Ort des Verbrauchs als ausgeführt (Abs. 2), Lieferungen an (Zwischen-)Händler grundsätzlich an deren Unternehmenssitz (Abs. 1).

Nach **§ 3f UStG** gelten alle unentgeltlichen Lieferungen nach § 3 Abs. 1b UStG (Entnahmen) grundsätzlich am Unternehmenssitz als ausgeführt (vgl. hierzu Kap. VII.).

3. Zeitpunkt der Lieferung

3.1 Bedeutung des Lieferzeitpunkts

Der Zeitpunkt einer Lieferung ist insbesondere von Bedeutung **für die Steuerentstehung**, die im Regelfall der „Sollversteuerung" an die Leistungsausführung, also den Zeitpunkt der Lieferung anknüpft. So entsteht nach **§ 13 Abs. 1 Nr. 1 Buchst. a S. 1 UStG** die Steuer grundsätzlich mit Ablauf des Voranmeldungszeitraums, in dem die **Lieferung ausgeführt** wird.

Darüber hinaus ist der Zeitpunkt einer Lieferung auch **bei Gesetzesänderungen** von Bedeutung, z.B. bei einer Änderung der Steuersätze. Nach § 27 Abs. 1 S. 1 UStG sind Änderungen des Umsatzsteuergesetzes nur auf solche Umsätze anzuwenden, die ab dem Inkrafttreten der maßgeblichen Änderungsvorschrift ausgeführt werden.

3.2 Zeitpunkt bei bewegten Lieferungen

Bewegte Lieferungen gelten nach § 3 Abs. 6 S. 1 UStG bereits mit der Absendung des Gegenstands als ausgeführt, auch wenn das Eigentum und damit die Verfügungsmacht erst später, nämlich im Regelfall erst mit der Übergabe des Gegenstandes an den Abnehmer am Ankunftsort verschafft wird (§ 929 S. 1 BGB). Im Fall einer **bewegten Lieferung nach § 3 Abs. 6 S. 1 UStG** gilt daher bereits der **Tag des Beginns der Beförderung oder Versendung als Lieferzeitpunkt**. Die Lieferfiktion des § 3 Abs. 6 UStG regelt also für bewegte Lieferungen nicht nur den Lieferort, sondern zugleich auch den Zeitpunkt der Lieferung (Abschn. 3.12 Abs. 7 und Abschn. 13.1 Abs. 2 S. 2 UStAE).

> **Beispiel:**
>
> A (Köln) hat eine Maschine an B (Moskau) verkauft. Für den Transport beauftragt A den Frachtführer F, der die Maschine am 30.4. in Köln bei A abholt und nach Moskau transportiert, wo er sie dem B am 2.5. übergibt.

> **Lösung:**
>
> Das Eigentum und damit die Verfügungsmacht wird dem B nach § 929 S. 1 BGB erst mit der Übergabe der Maschine am 2.5. in Moskau verschafft. Da es sich um eine Versendung handelt, gilt die Lieferung jedoch nach § 3 Abs. 6 S. 1, 3 und 4 UStG bereits mit Beginn der Versendung (Übergabe an F) in Köln am 30.4. als ausgeführt und die Umsatzsteuer entsteht nach § 13 Abs. 1 Nr. 1 Buchst. a S. 1 UStG grundsätzlich bereits mit Ablauf des Voranmeldungszeitraums April.

3.3 Zeitpunkt bei unbewegten Lieferungen

Unbewegte Lieferungen nach § 3 Abs. 7 S. 1 UStG sind dagegen grundsätzlich erst dann ausgeführt, wenn der Leistungsempfänger über den zu liefernden Gegenstand tatsächlich die **Verfügungsmacht erlangt** (Abschn. 13.1 Abs. 2 S. 1 UStAE), also im Zeitpunkt des Übergangs des zivilrechtlichen oder zumindest des wirtschaftlichen Eigentums (s. Kap. 1.2).

> **Beispiel:**
>
> Der Eigentümer eines Mietwohngrundstücks will dieses veräußern. Am 1.9.2011 wird der Kaufvertrag mit dem Erwerber geschlossen und die Auflassung erklärt. Nach dem Kaufvertrag sollen Besitz, Nutzen und Lasten zum 1.11.2011 auf den Käufer übergehen. Die Eintragung des Eigentumswechsels im Grundbuch erfolgt im April 2012.

> **Lösung:**
>
> Zwar geht das Eigentum erst mit der Eintragung im Grundbuch auf den Erwerber über, die Lieferung gilt jedoch bereits mit Übergang von Besitz, Nutzen und Lasten am 1.11.2011 als ausgeführt, da der Käufer zu diesem Zeitpunkt bereits das wirtschaftliche Eigentum (§ 39 Abs. 2 Nr. 1 AO) und damit die Verfügungsmacht erlangt.

4. Reihengeschäfte

4.1 Begriff und Bedeutung

Ein Reihengeschäft liegt vor, wenn **mehrere Unternehmer** über **denselben Gegenstand Umsatzgeschäfte** abgeschlossen haben und die **Ware direkt vom ersten Unternehmer an den letzten Abnehmer** gelangt, § 3 Abs. 6 S. 5 UStG.

Reihengeschäfte sind also Kettengeschäfte, bei denen der Liefergegenstand aus Zeit- und Kostenersparnisgründen unmittelbar vom ersten Lieferanten an den Letztabnehmer ausgeliefert wird. Mit der direkten Auslieferung werden dabei alle Umsatzgeschäfte erfüllt und damit Lieferungen zwischen den Vertragsparteien in der Kette ausgelöst.

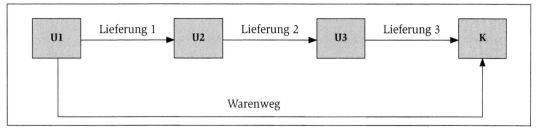

> **Beispiel:**
>
> K bestellt bei Händler U3 eine Maschine. Da dieser die Maschine nicht vorrätig hat, bestellt er sie beim Großhändler U2, der sie seinerseits beim Hersteller U1 ordert. Um Zeit und Kosten zu sparen, wird die Maschine unmittelbar von U1 an K ausgeliefert.

> **Lösung:**
>
> Mehrere Unternehmer (U1, U2, U3) haben über denselben Gegenstand (Maschine) mehrere Umsatzgeschäfte abgeschlossen (Kaufverträge) und der Gegenstand gelangt direkt vom ersten Unternehmer (U1) an den letzten Abnehmer (K). Mit der Auslieferung an K werden alle drei Umsatzgeschäfte erfüllt und damit 3 Lieferungen ausgeführt, U1 an U2, U2 an U3 und U3 an K.

Für jede Lieferung sind der Ort und der Zeitpunkt gesondert zu bestimmen. Dabei gilt gemäß **§ 3 Abs. 6 S. 5 UStG**, dass die **Beförderung oder Versendung nur einer dieser Lieferungen zuzuordnen ist**. Diese Lieferung ist die **bewegte Lieferung**, für sich der Ort und der Zeitpunkt gemäß **§ 3 Abs. 6 S. 1 UStG** nach dem Beginn der Beförderung oder Versendung bestimmen.

Die übrigen Lieferungen sind **ruhende Lieferungen**, deren Orte sich nach **§ 3 Abs. 7 S. 2 UStG** entweder nach dem Beginn oder dem Ende der Beförderung/Versendung bestimmen, je nachdem, ob sie der Beförderungs-/Versendungslieferung vorausgehen oder dieser nachfolgen. Im Ergebnis kann der Ort der Lieferungen in einem Reihengeschäft also immer nur dort sein, wo die Warenbewegung beginnt oder wo sie endet.

Wie § 3 Abs. 6 UStG enthält auch § 3 Abs. 7 S. 2 UStG eine **Fiktion**, die nicht nur den Ort, sondern auch den **Zeitpunkt der Lieferung** unabhängig davon bestimmt, wann die Lieferung tatsächlich ausgeführt wird (vgl. Abschn. 3.12 Abs. 7 UStAE).

	Prüfung eines Reihengeschäfts
1. Schritt:	**Prüfung der Voraussetzungen des Reihengeschäfts (§ 3 Abs. 6 S. 5 UStG)** • mehrere Unternehmer • mehrere Umsatzgeschäfte • selber Gegenstand • unmittelbarer Warenweg vom ersten Lieferer an den letzten Abnehmer
2. Schritt:	**Bestimmung der Beförderungs-/Versendungslieferung = bewegte Lieferung** • Ort und Zeitpunkt richten sich nach § 3 Abs. 6 S. 1 UStG • Beginn der Beförderung oder Versendung
3. Schritt:	**Die übrigen Lieferungen sind ruhende Lieferungen** • Ort und Zeitpunkt richten sich nach § 3 Abs. 7 S. 2 UStG • Beginn der Beförderung oder Versendung wenn sie der bewegten Lieferung vorausgehen, § 3 Abs. 7 S. 2 Nr. 1 UStG • Ende der Beförderung oder Versendung wenn sie der bewegten Lieferung nachfolgen, § 3 Abs. 7 S. 2 Nr. 2 UStG

4.2 Voraussetzungen eines Reihengeschäfts

4.2.1 Mehrere Umsatzgeschäfte durch mehrere Unternehmer

Voraussetzung für ein Reihengeschäft ist der Abschluss mehrerer Umsatzgeschäfte durch **mehrere Unternehmer**. Dabei können beliebig viele Unternehmer **als Lieferanten** am Reihengeschäft beteiligt sei. Der letzte Abnehmer muss dagegen nicht zwingend ein Unternehmer, sondern kann auch ein privater Endabnehmer sein (zur Ausnahme beim Sonderfall eines innergemeinschaftlichen Dreiecksgeschäfts s. Kap. XX. 9.).

Umsatzgeschäfte sind die den Warenlieferungen zugrunde liegenden zivilrechtlichen Verpflichtungsgeschäfte, i.d.R. also Kaufverträge oder Tauschverträge.

4.2.2 Identität der Liefergegenstände

Die Umsatzgeschäfte müssen über denselben Gegenstand geschlossen werden. An einer solchen Identität der Liefergegenstände fehlt es insbesondere dann, wenn von Vorlieferanten Materialien geliefert werden, die in eine Werklieferung des letzten Lieferers an den Endabnehmer eingehen (zur Werklieferung vgl. näher Kap. VI.).

Beispiel:
K beauftragt den Werkunternehmer U1 mit dem Einbau neuer Fenster in seinem Wohnhaus. U1 bestellt die Fenster beim Hersteller U2, der sie auf Anweisung des U1 direkt zu K versendet, wo sie U1 einbaut.

> **Lösung:**
>
> Gegenstand des Umsatzgeschäfts zwischen U1 und U2 (Kaufvertrag) ist die reine Lieferung von „Fenstern", während Gegenstand des Umsatzgeschäfts zwischen U2 und K (Werkvertrag) „fertig eingebaute Fenster" sind (Werklieferung § 3 Abs. 4 UStG). Mangels Identität der Liefergegenstände liegt daher kein Reihengeschäft vor.

4.2.3 Unmittelbare Warenbewegung

Ein unmittelbares Gelangen setzt voraus, dass der Gegenstand direkt vom ersten Unternehmer an den letzten Abnehmer in der Reihe gelangt. Diese Voraussetzung ist auch dann erfüllt, wenn der Gegenstand nicht dem letzten Abnehmer selbst, sondern einem von diesem benannten Dritten (z.B. einem Lagerhalter) übergeben wird (vgl. Beispiel 2 in Abschn. 3.14 Abs. 4 S. 3 UStAE).

Voraussetzung ist aber immer, dass die Beförderung oder Versendung durch einen am Reihengeschäft beteiligten Unternehmer alleine veranlasst wird. Wird die Beförderung oder Versendung dagegen durch mehrere beteiligte Unternehmer **nacheinander** durchgeführt, liegt kein unmittelbares Gelangen vor (Abschn. 3.14 Abs. 4 S. 1 UStAE).

> **Beispiel:**
>
> K bestellt eine Maschine bei U3. Dieser bestellt sie bei U2 und dieser wiederum bei U1. U1 versendet die Maschine unmittelbar an U3, der sie mit dem eigenen LKW zu K weiterbefördert.

> **Lösung:**
>
> Es handelt sich um ein Reihengeschäft, jedoch nur bezüglich der Lieferungen von U1 an U2 und U2 an U3, da U3 insoweit der letzte Abnehmer der unmittelbaren Versendung durch U1 ist. Die der Versendung an U3 nachfolgende Beförderung zu K „unterbricht" die Lieferreihe. Die Lieferung U3 an K findet daher außerhalb der Reihe statt, für sie gelten nicht die Regelungen des Reihengeschäfts. Ort und Zeitpunkt dieser Lieferung bestimmen sich damit nach den allgemeinen Regeln, also nach dem Beginn der Beförderung **bei U3**, § 3 Abs. 6 S. 1 UStG.

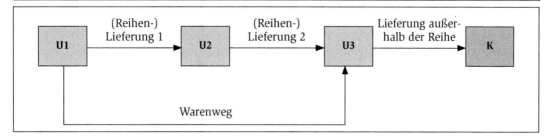

4.3 Zuordnung der Warenbewegung zu einer der Lieferungen

Die Zuordnung der Beförderung oder Versendung zu einer der Lieferungen des Reihengeschäfts ist davon abhängig, wer die Beförderung oder die Versendung des Gegenstandes veranlasst. Dabei ist zu unterscheiden, ob der erste Unternehmer, der letzten Abnehmer oder einen mittleren Unternehmer in der Reihe die Beförderung oder Versendung veranlasst (vgl. Abschn. 3.14 Abs. 7-9 UStAE).

Ausgangsfall:

K in Mannheim bestellt bei Händler U2 in Lübeck eine Maschine. Da U2 die Maschine nicht vorrätig hat, bestellt dieser sie beim Hersteller U1 in Zürich. Die Maschine wird von einem beauftragten Frachtführer am 30.5. bei U1 in Zürich abgeholt und unmittelbar an K in Mannheim ausgeliefert, wo sie diesem am 1.6. übergeben wird.

4.3.1 Der erste Unternehmer veranlasst die Beförderung oder Versendung

Wird der Gegenstand durch den ersten Lieferer in der Reihe befördert oder die Versendung von ihm beauftragt, wird die Beförderung oder Versendung seiner Lieferung zugeordnet, die erste Lieferung in der Reihe ist hier also die bewegte Lieferung.

Lösung 1:

Wird im Ausgangsfall die Versendung von U1 beauftragt, wird die Warenbewegung seiner Lieferung an U2 zugerechnet.
Die bewegte Lieferung U1 an U2 gilt damit gemäß § 3 Abs. 6 S. 1, 3 und 4 UStG am Beginn der Versendung in Zürich am 30.5. als ausgeführt und ist nicht steuerbar.
Die nachfolgende unbewegte Lieferung U2 an K gilt nach § 3 Abs. 7 S. 2 Nr. 2 UStG am Ende der Versendung am 1.6. in Mannheim als ausgeführt und ist damit steuerbar.

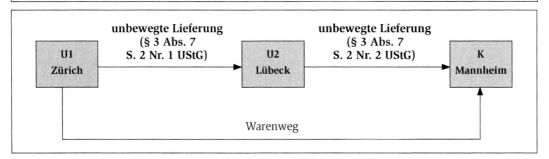

4.3.2 Der letzte Abnehmer veranlasst die Beförderung oder Versendung

Wird der Gegenstand durch den letzten Abnehmer in der Reihe befördert oder die Versendung von ihm beauftragt, wird die Beförderung/Versendung der Lieferung an ihn zugeordnet, die letzte Lieferung in der Reihe ist hier also die bewegte Lieferung.

Lösung 2:

Wird im Ausgangsfall die Versendung von K beauftragt, wird die Warenbewegung seiner Lieferung, also der Lieferung U2 an ihn zugerechnet.
Die bewegte Lieferung U2 an K gilt damit gemäß § 3 Abs. 6 S. 1, 3 und 4 UStG am Beginn der Versendung in Zürich am 30.5. als ausgeführt und ist nicht steuerbar.
Die vorausgehende unbewegte Lieferung U1 an U2 gilt nach § 3 Abs. 7 S. 2 Nr. 1 UStG ebenfalls am Beginn der Beförderung/Versendung am 30.5. in Zürich als ausgeführt und ist damit ebenfalls nicht steuerbar

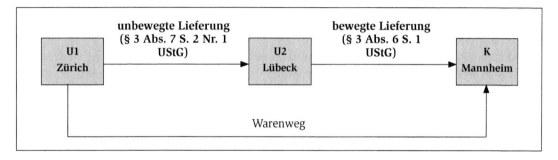

4.3.3 Ein mittlerer Unternehmer veranlasst die Beförderung oder Versendung

Da bei einem mittleren Unternehmer in der Reihe nicht einfach festgestellt werden kann, ob er sie als Abnehmer der an ihn ausgeführten Lieferung oder als Lieferer der von ihm an seinen Abnehmer ausgeführten Lieferung befördert oder versendet, enthält **§ 3 Abs. 6 S. 6 UStG** eine Regelung, wonach im Zweifel davon auszugehen ist, dass ein mittlerer Unternehmer die Ware als Abnehmer der an ihn ausgeführten Lieferung befördert/versendet, also die **Beförderung/Versendung der Lieferung an ihn zuzuordnen** ist.

Lösung 3:

Wird im Ausgangsfall die Versendung von U2 beauftragt, ist gemäß § 3 Abs. 6 S. 6 UStG im Zweifel davon auszugehen, dass U2 die Versendung als Abnehmer der an ihn ausgeführten Lieferung veranlasst, die Warenbewegung wird also der Lieferung U1 an ihn zugerechnet.

Die bewegte Lieferung U1 an U2 gilt damit gemäß § 3 Abs. 6 S. 1, 3 und 4 UStG am Beginn der Versendung in Zürich am 30.5. als ausgeführt und ist nicht steuerbar.

Die nachfolgende unbewegte Lieferung U2 an K gilt nach § 3 Abs. 7 S. 2 Nr. 2 UStG am Ende der Versendung am 1.6. in Mannheim als ausgeführt und ist damit steuerbar.

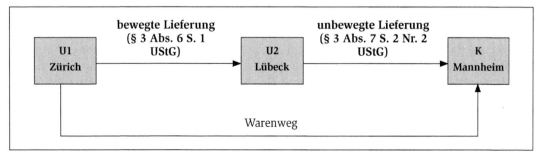

Der Unternehmer kann aber anhand handelsüblicher Belege und Aufzeichnungen (z.B. Vertrag, Auftragsbestätigung, Rechnung) nachweisen, dass er die Beförderung oder Versendung nicht als Abnehmer der Vorlieferung, sondern in seiner Eigenschaft als Lieferer der von ihm ausgeführten Lieferung getätigt hat. Hierbei sind auch die von den Parteien vereinbarten handelsüblichen Lieferklauseln (z.B. Incoterms), die Gefahr und Kosten des Transports zwischen den Parteien regeln, zu berücksichtigen (vgl. hierzu im Einzelnen Abschn. 3.14 Abs. 10 UStAE).

4.4 Grenzüberschreitende Reihengeschäfte

Für grenzüberschreitende Lieferungen können besonderer Ortsvorschriften (§ 3 Abs. 8 und § 3c UStG) und Steuerbefreiungen (z.B. § 4 Nr. 1 UStG) eingreifen. Bei Reihengeschäften mit grenzüberschreitender Warenbewegung ist dabei zu beachten, dass diese speziellen Vorschriften nur für die Lieferung im Reihengeschäft eingreift, der die grenzüberschreitende Warenbewegung zuzuordnen ist, also für die bewegte Lieferung innerhalb des Reihengeschäfts (vgl. ausführlich Kap. XX. 2.1 und 8.).

5. Sicherungsübereignung

5.1 Begriff und Bedeutung

Bei einer sog. Sicherungsübereignung wird das Eigentum an einer beweglichen Sache zur Absicherung einer Forderung übertragen. Wirtschaftlich betrachtet hat hier die Eigentumsübertragung die gleiche Funktion wie ein Pfandrecht. Im Unterschied zur Verpfändung wird die Sache aber nicht an den neuen Eigentümer (**Sicherungsnehmer**) übergeben, sondern dem ehemaligen Eigentümer (**Sicherungsgeber**) wird gestattet, die Sache im Besitz zu behalten und weiterhin zu nutzen. Die Eigentumsübertragung erfolgt hier also nicht durch Übergabe der übertragenen Sache, sondern durch **Vereinbarung eines Besitzkonstituts, §§ 929 S. 1, 930 BGB**.

Der Sicherungsgeber überträgt bei der Sicherungsübereignung zwar das Eigentum, es wird jedoch in dem der Sicherungsübereignung zugrunde liegenden zivilrechtlichen Vertrag (Sicherungsvertrag) vereinbart, dass der Sicherungsnehmer von seiner Eigentümerstellung bis zum Eintritt des Sicherungsfalles (Nichtrückzahlung der besicherten Forderung) keinen Gebrauch machen darf. Tritt der Sicherungsfall nicht ein, geht das Eigentum wieder auf den Sicherungsgeber über. Der Sicherungsnehmer hat damit zwar zivilrechtliches Eigentum erlangt, kann über die Sache aber zunächst wirtschaftlich nicht verfügen. Der **Sicherungsgeber** hat hier vielmehr **weiterhin das wirtschaftliche Eigentum** und damit die Verfügungsmacht am Sicherungsgut inne (§ 39 Abs. 2 Nr. 1 AO). Es liegt damit mit der Sicherungsübereignung selbst mangels Übertragung der Verfügungsmacht auch noch keine Lieferung des Sicherungsgebers an den Sicherungsnehmer vor (Abschn. 3.1 Abs. 3 S. 1 UStAE).

 Merke!
Für die Sicherungsübereignung selbst gilt also:
- Die **Sicherungsübereignung** selbst ist noch **keine Lieferung**.
- Die **Rückübertragung** nach Forderungstilgung ist ebenfalls **keine Lieferung**.

5.2 Doppelumsatz bei Verwertung durch den Sicherungsnehmer

Erst bei **Eintritt des Sicherungsfalls** erlangt der Sicherungsnehmer das Recht, über die Sache zu verfügen und sie zu verwerten. Die Veräußerung **durch den Sicherungsnehmer** führt dann bei einer Verwertung außerhalb eines Insolvenzverfahrens zu einem **Doppelumsatz**, nämlich zu einer Lieferung des Sicherungsnehmers an den Erwerber im Rahmen des Verkaufs und nunmehr auch zu einer Lieferung des Sicherungsgebers an den Sicherungsnehmer durch Erstarken der ursprünglichen Sicherungsübereignung zu einer Lieferung (Abschn. 1.2 Abs. 1 S. 1 und 2 UStAE).

 Merke!
Doppelumsatz bei der Verwertung durch den Sicherungsnehmer:
- Lieferung **Sicherungsnehmer an Erwerber** durch Verkauf.
- Lieferung **Sicherungsgeber an Sicherungsnehmer** durch Erstarken der ursprünglichen Sicherungsübereignung zur Lieferung.

Beispiel:

Unternehmer U (Berlin) hat am 1.7.2009 der Bank B (Mainz) als Sicherheit für ein Darlehen das Eigentum an einer Maschine nach §§ 929 S. 1, 930 BGB übertragen. Als U das Darlehen nicht zurückzahlen kann, macht die Bank von ihrem Verwertungsrecht Gebrauch und veräußert die Maschine am 2.1.2010 an E, indem sie E ihren Herausgabeanspruch gegenüber U abtritt.

> **Lösung:**
> Mit der Sicherungsübereignung am 1.7.2009 ist B zwar zivilrechtlich Eigentümer geworden, es liegt jedoch noch keine Lieferung nach § 3 Abs. 1 UStG von U an B vor, da U noch wirtschaftlicher Eigentümer der Maschine geblieben ist, § 39 Abs. 2 Nr. 1 AO. Mit der Veräußerung am 2.1.2010 kommt es dann zu einem Doppelumsatz.
> Mit dem Verkauf durch B liegt eine **Lieferung B an E** vor, indem B dem E nach §§ 929 S. 1, 931 BGB das Eigentum und damit die Verfügungsmacht verschafft. Der Ort dieser unbewegten Lieferung liegt nach § 3 Abs. 7 S. 1 UStG in Berlin, da sich die Maschine zu diesem Zeitpunkt dort befindet.
> Gleichzeitig liegt eine **Lieferung U an B** vor, da durch Eintritt des Sicherungsfalls die Sicherungsübereignung zur Lieferung erstarkt. Der Ort dieser unbewegten Lieferung liegt nach § 3 Abs. 7 S. 1 UStG ebenfalls in Berlin.

Kein Doppelumsatz liegt bei einer Verwertung des **Sicherungsguts im Insolvenzverfahren durch den Insolvenzverwalter** vor. Nach § 161 Abs. 1 InsO steht das Recht zur Verwertung im Insolvenzverfahren nicht mehr dem Sicherungsnehmer, sondern dem Insolvenzverwalter zu. Macht dieser von seinem Verwertungsrecht Gebrauch, liegt mit der Veräußerung durch den Insolvenzverwalter unmittelbar eine **Lieferung des Sicherungsgebers** (vertreten durch den Insolvenzverwalter) an den Erwerber vor.

5.3 Dreifachumsatz bei Verwertung durch den Sicherungsgeber

Wird der Gegenstand nicht durch den Sicherungsnehmer, sondern mit dessen Erlaubnis durch den Sicherungsgeber selbst veräußert, kann es nach den Regeln der Kommission sogar zu einem Dreifachumsatz kommen, wenn der Sicherungsgeber das Sicherungsgut in eigenem Namen, aber für Rechnung des Sicherungsnehmers veräußert (vgl. hierzu ausführlich Kap. V. 3.2.5).

5.4 Weitere umsatzsteuerrechtliche Folgen

Für die im Zeitpunkt der Verwertung ausgelöste **Lieferung des Sicherungsgebers an den Sicherungsnehmer** greift § 13b Abs. 2 Nr. 2 UStG ein. Abweichend von § 13a Abs. 1 Nr. 1 UStG schuldet hier nicht der Sicherungsgeber als Leistender, sondern der Sicherungsnehmer als Leistungsempfänger die Umsatzsteuer, wenn dieser Unternehmer ist, § 13b Abs. 5 S. 1 UStG (vgl. ausführlich Kap. XVII. 2.).

Zu den Besonderheiten bei der Ermittlung der Bemessungsgrundlage im Fall der Verwertung von Sicherungsgut vgl. Kap. IX. 1.2.3.

6. Rückgängigmachung von Lieferungen/Rücklieferungen

Gelangt ein Liefergegenstand nach der Lieferung an den ursprünglichen Lieferanten zurück, ist zu prüfen, ob hierin eine Rückgängigmachung der ursprünglichen Lieferung oder eine neue steuerbare Lieferung (Rücklieferung) liegt (Abschn. 1.1 Abs. 4 UStAE).

6.1 Rückgängigmachung von Lieferungen

Eine Rückgängigmachung der ursprünglichen Lieferung ist anzunehmen, wenn das der **Hinlieferung zugrunde liegende Umsatzgeschäft beseitigt** wird oder unwirksam ist und im Rahmen der Rückabwicklung des Umsatzgeschäftes der Gegenstand zurückgegeben und das Entgelt zurückgezahlt wird. In diesem Fall liegt also keine neue Lieferung vor, sondern die **ursprüngliche Lieferung entfällt**.

Die **Umsatzsteuer und der Vorsteuerabzug** für die ursprüngliche Lieferung sind dann nach **§ 17 Abs. 2 Nr. 3 UStG zu korrigieren**, entfallen also im Ergebnis (vgl. Kap. IX. 5.4.4).

Eine Rückgängigmachung liegt insbesondere bei der Ausübung eines gesetzlichen oder vertraglich vorbehaltenen Rücktritts- oder Widerrufsrechts vor, z.B. bei:

- Rücktritt wegen Mängel der Sache, § 437 Nr. 2 BGB,
- Rücktritt wegen Zahlungsverzugs bei Lieferung unter Eigentumsvorbehalt, § 449 BGB,
- Widerruf von Fernabsatzverträgen oder Haustürgeschäften, §§ 312 ff. BGB.

Zahlt der Abnehmer dem Lieferer freiwillig oder aufgrund gesetzlicher Verpflichtung (§ 346 Abs. 1 BGB) eine **Entschädigung für die zwischenzeitliche Gebrauchsüberlassung** tritt an die Stelle der ursprünglichen Lieferung ein **sonstige Leistung gegen Entgelt**, § 3 Abs. 9 S. 2 UStG (Vermietung).

Beispiel:
Händler U verkauft dem A am 10.6. einen PKW für 20.000 €. Wegen Mängel am Pkw erklärt A den Rücktritt vom Vertrag und gibt am 2.9. den Pkw an U zurück. Für die zwischenzeitliche Nutzung zahlt A an U 500 € (vgl. § 346 Abs. 1 BGB).

Lösung:
Mit der Rückgabe des Pkw am 2.9. wurde die Lieferung vom 10.6. rückgängig gemacht. Nach § 17 Abs. 2 Nr. 3 i.V.m. Abs. 1 S. 1 und 2 UStG ist von U die Umsatzsteuer auf 0 € zu berichtigen (und ggf. von A ein Vorsteuerabzug).
Die Zahlung der 500 € stellt eine Gegenleistung für die Gebrauchsüberlassung vom 10.6.–2.9. dar. Es handelt sich um eine sonstige Leistung von U an A, die in der Vermietung eines Beförderungsmittels besteht, § 3 Abs. 9 S. 1 und 2 UStG.

6.2 Rücklieferungen

Bei einer Rücklieferung wird dagegen mit der Rückgabe der Sache nicht die ursprüngliche Lieferung rückgängig gemacht, sondern bleibt bestehen. Mit der Rückübertragung wird daneben eine weitere, neue Lieferung nach § 3 Abs. 1 UStG ausgelöst.

Eine Rücklieferung liegt vor, wenn die Beteiligten **ein neues Umsatzgeschäft eingehen** und der Empfänger auf Grund der sich hieraus ergebenden Verpflichtung den Gegenstand auf den ursprünglichen Lieferer überträgt und nicht, weil er von der Unwirksamkeit des ursprünglichen Umsatzgeschäfts ausgeht (vgl. BFH vom 12.11.2008, XI R 46/07, BStBl II 2009, 558).

Beispiel:
Unternehmer U verkauft am 1.6. für jeweils 4 € Umzugskartons an Unternehmer A für dessen Umzug in ein neues Firmengebäude. Nach dem Umzug gibt A am 2.7. die gebrauchten Umzugskartons an U zurück und erhält von diesem dafür 2 € pro Karton.

Lösung:
Mit dem Verkauf der Kartons am 1.6. liegen Lieferungen nach § 3 Abs. 1 UStG von U an A vor. Mit der Rückgabe der Kartons liegt keine Rückgängigmachung dieser ursprünglichen Lieferungen vor. U und A wollten nicht den ursprünglichen Kaufvertrag vom 1.6. beseitigen oder gingen von dessen Unwirksamkeit aus. Vielmehr haben sie einen neuen Kaufvertrag über die gebrauchten Kartons geschlossen, der mit der Rückgabe erfüllt wurde. Es liegt also ein Rückkauf und damit (Rück-)Lieferungen der Kartons von A an U am 2.7. vor, die für A als Hilfsgeschäfte im Rahmen seines Unternehmens ausgeführt werden und damit grundsätzlich steuerbar sind.

6.3 Umtausch

Wird eine Sache **im Kulanzweg zurückgenommen**, liegt i.d.R. eine Rückgängigmachung der ursprünglichen Lieferung vor, **§ 17 Abs. 2 Nr. 3 UStG**. Wird dafür ein Ersatzgegenstand übertragen, liegt darin eine **neue Lieferung** (Umtauschfälle).

IV. Umsatzart sonstige Leistung

1. Begriff der sonstigen Leistung (§ 3 Abs. 9 UStG)

1.1 Allgemeines

1.1.1 Begriff der sonstigen Leistung

Sonstige Leistungen sind nach § 3 Abs. 9 S. 1 UStG alle **Leistungen, die keine Lieferungen sind**, bei denen also die Leistung nicht in der Übertragung körperlicher Gegenstände besteht (zur Abgrenzung bei der Übertragung von Gegenständen, die nur der Verkörperung einer sonstigen Leistung dienen, s. Kap. III. 1.1.2).

Sonstige Leistungen können in einem positiven Tun, aber auch in einem Dulden oder Unterlassen bestehen, § 3 Abs. 9 S. 2 UStG. Der Begriff der sonstigen Leistung umfasst dabei nicht nur die Erbringung von **Dienstleistungen**, sondern auch **Gebrauchs- und Nutzungsüberlassungen**, bei denen die Leistung in einem **Dulden** besteht, z.B. bei der Vermietung und Verpachtung von Gegenständen (Vermieter duldet die Nutzung seiner Gegenstände) oder bei der Darlehensgewährung (Darlehnsgeber duldet die Kapitalnutzung). Sonstige Leistungen können auch in einem bloßen **Unterlassen** bestehen, z.B. bei einem Wettbewerbsverzicht, durch den sich jemand verpflichtet, nicht in Konkurrenz zu einem anderen Unternehmen zu treten.

> **Beispiel:**
>
> Der ehemalige Angestellte einer Werbeagentur will sich selbständig machen. Er verpflichtet sich gegenüber der Werbeagentur, im Umkreis von 100 km von ihrem Sitz für den Zeitraum von 5 Jahren keine eigene Werbeagentur zu gründen und erhält hierfür eine monatliche Entschädigungszahlung.

Bei der sonstigen Leistung kommt es darauf an, um welche **Art von Leistung** es sich handelt (Beförderungs-, Vermittlungs-, Vermietungs-, Versicherungsleistung etc.), da je nach Leistungsinhalt unterschiedliche Ortsbestimmungen (vgl. §§ 3a und 3b UStG) und Steuerbefreiungen eingreifen (z.B. § 4 Nr. 10 UStG für Versicherungsleistungen).

Wie bei Lieferungen gilt dabei auch bei sonstigen Leistungen, dass allein mit Abschluss des Verpflichtungsgeschäfts (z.B. Mietvertrag, Dienstvertrag) noch keine sonstige Leistung ausgeführt wird, sondern erst mit der **Erfüllung des Verpflichtungsgeschäfts** (z.B. Mietsache wird überlassen, Dienstleistung wird ausgeführt).

1.1.2 Gemischte Leistungen mit Liefer- und Dienstleistungselementen

Bei einer einheitlichen Leistung, die sowohl Lieferungselemente als auch Elemente einer sonstigen Leistung enthält, richtet sich die Qualifizierung als Lieferung oder sonstige Leistung danach, welche Leistungselemente aus der Sicht des Durchschnittsverbrauchers den wirtschaftlichen Gehalt der Leistung ausmachen, welches also die qualitativ dominierenden Bestandteile der Leistung sind.

Abgrenzungsprobleme treten dabei z.B. bei der **Abgabe von Speisen zum Verzehr an Ort und Stelle** auf (z.B. im Restaurant oder Imbiss), die entweder als reine Lieferung von Speisen oder einheitliche sonstige Leistung – sog. Restaurationsleistung – zu qualifizieren ist (vgl. zur Abgrenzung Kap. 1.2). Gleiches gilt bei der Herstellung, Be- oder Verarbeitung von Gegenständen, wo die Leistung sowohl Lieferelemente (Material), als auch Elemente einer sonstigen Leistung (Arbeitsleistung) enthält (vgl. zur Abgrenzung von **Werklieferungen und Werkleistungen** Kap. VI.).

1.2 Abgrenzung von Lieferungen und sonstigen Leistungen bei der Abgabe von Speisen

1.2.1 Bedeutung der Abgrenzung

Gemäß § 12 Abs. 2 Nr. 1 UStG i.V.m. Anlage 2 unterliegt die **Lieferung von Lebensmitteln und zubereiteten Speisen** dem ermäßigten **Steuersatz von 7 %** (s. Kap. X.).

Ermäßigt besteuert wird jedoch **nur die reine Lieferung** von Lebensmitteln und zubereiteten Speisen. Bei der Abgabe von Speisen zum Verzehr an Ort und Stelle im **Restaurant oder an Imbissständen** beschränkt sich der Unternehmer dagegen regelmäßig nicht nur auf die reine Lieferung der Speisen, sondern erbringt in diesem Zusammenhang oft auch weitere Dienstleistungen (z.B. zur Verfügung stellen von Tischen, Stühlen, Räumlichkeiten, Geschirr, Auflegen von Gedecken, Beratung, Abräumen). Gleiches gilt für die Abgabe von Speisen in **Kindertagesstätten, Schulen, Kantinen, Krankenhäusern, Pflegeheimen** oder ähnlichen Einrichtungen sowie bei Leistungen von **Catering-Unternehmen (Partyservice) und Mahlzeitendiensten („Essen auf Rädern")**, die neben der reinen Anlieferung der Speisen häufig auch noch weitere Serviceleistungen erbringen (z.B. Bereitstellen von Ausgabepersonal, Geschirr und Besteck).

Insofern ist in diesen Fällen immer fraglich, ob nicht diese zusätzlichen Dienstleistungselemente der Leistung ihr eigentliches Gepräge geben und sie damit nicht mehr als reine Lieferung, sondern entsprechend dem Grundsatz der Leistungseinheit als einheitliche **sonstige Leistung (sog. Restaurationsleistung)** einzuordnen ist, die dann nicht mehr dem nach § 12 Abs. 2 Nr. 1 UStG für die reine Lieferung von Speisen geltenden ermäßigten, sondern dem **Regelsteuersatz von 19 %** unterliegt.

Eine regelbesteuerte sonstige Leistung liegt danach vor, wenn aus der Sicht eines Durchschnittsverbrauchers die **Gesamtwürdigung** der Leistung ergibt, dass die **Dienstleistungselemente bei der Speiseabgabe qualitativ überwiegen**.

Die Finanzverwaltung hat in Abschn. 3.6 UStAE umfassend zur Abgrenzung zwischen einer steuerermäßigten Lieferung von Speisen und einer regelbesteuerten sonstigen Leistung Stellung genommen.

1.2.2 Bereitstellen von Verzehreinrichtungen und sonstiger Infrastruktur

Das Bereitstellen von Verzehreinrichtungen (Räumlichkeiten, Tische, Stühle) und sonstiger Infrastruktur (Toiletten, Garderobe etc.) ist ein gewichtiges Dienstleistungselement, das regelmäßig zur Einordnung als Restaurationsleistung führt. Damit unterliegt die **Abgabe von Speisen zum sofortigen Verzehr in Gaststätten** dem **Regelsteuersatz von 19 %**.

Der Kunde muss die Verzehreinrichtungen jedoch auch nutzen wollen, d.h. soweit die **Speisen „zum Mitnehmen"** ausgegeben werden (z.B. in Fastfood-Restaurants, Pizzerien etc.), unterliegen sie als **reine Lieferung dem ermäßigten Steuersatz von 7 %**. Entscheidend dafür, ob die Speisen „zum Mitnehmen" oder zum Verzehr vor Ort ausgegeben werden, ist der vom Kunden bekundete Wille im Zeitpunkt der Bestellung (vgl. Abschn. 3.6 Abs. 4 S. 14 f. UStAE).

> **Beispiel:**
>
> Verkauft eine Pizzeria eine Pizza für 7 €, beträgt die Umsatzsteuer bei einem Verkauf zum Verzehr im Restaurant 1,12 € ($^{19}/_{119}$ von 7 €), bei einem Verkauf „zum Mitnehmen" 0,46 € ($^{7}/_{107}$ von 7 €). Der Verkauf zum Mitnehmen ist also für die Pizzeria günstiger, da sie vom gleichen Verkaufspreis weniger Umsatzsteuer an das Finanzamt abführen muss.

Auf die Qualität der zur Verfügung gestellten Infrastruktur kommt es nicht an, ausreichend können dabei bereits einfache Abstellmöglichkeiten mit Sitzgelegenheit sein, wie z.B. eine Bierzeltgarnitur an einem Kiosk. Dagegen sind lediglich behelfsmäßige Verzehrvorrichtungen wie **Stehtische, Theken oder Ablagebretter bei Kiosken und Imbissständen nicht zu berücksichtigen** (Abschn. 3.6 Abs. 4 S. 10 UStAE).

Teil II: Darstellung der Umsatzsteuer

Die Abgabe von zubereiteten Speisen in **Kinos, Sporthallen und Stadien** stellt grundsätzlich keine Restaurationsleistung, sondern eine ermäßigt besteuerte Lieferung der Speisen dar. Allein die vorhandene Bestuhlung im Zuschauerbereich genügt insoweit nicht für die Qualifizierung als sonstige Leistung. Dies gilt auch, wenn z.b. im Foyer eines Kinos Sitzgelegenheiten und Tische vorhanden sind, da diese **nicht speziell für den Verzehr vorgesehen** sind, sondern auch als Wartebereich für die Kinobesucher dienen (Abschn. 3.6 Abs. 4 S. 8 UStAE).

1.2.3 Berücksichtigung weiterer Dienstleistungselemente

Neben dem Bereitstellen von Verzehreinrichtungen und sonstiger Infrastruktur sind auch weitere Dienstleistungen bei der Gesamtwürdigung zu berücksichtigen. Insbesondere bei Leistungen durch einen **Caterer/Partyservice** für Veranstaltungen, Schulen, Krankenhäuser, Altenheime etc. werden häufig auch zusätzliche Serviceleistungen angeboten. Wird dabei neben der reinen Anlieferung der Speisen z.B. auch **Bedienpersonal zur Ausgabe der Speisen** oder deren Zubereitung vor Ort gestellt oder **Geschirr und Besteck mitgeliefert**, das anschließend wieder abgeholt und gereinigt wird, ist die Leistung regelmäßig als Restaurationsleistung zu qualifizieren und unterliegt daher insgesamt dem Regelsteuersatz. Auch die **individuelle Beratung** bei der Auswahl der Speisen und Getränke sowie der Zusammenstellung und Menge von Mahlzeiten für einen bestimmten Anlass sind zusätzliche Dienstleistungen, die bei der Gesamtwürdigung zu berücksichtigen sind (vgl. Abschn. 3.6 Abs. 3 UStAE). Allein eine solche individuelle Beratung ohne das Hinzutreten weiterer zu berücksichtigender Dienstleistungselemente, wird jedoch in der Regel nicht zu einem qualitativen Überwiegen der Dienstleistungselemente und damit zur Einordnung als regelbesteuerte Restaurationsleistung führen (vgl. Beispiel 9 in Abschn. 3.6 Abs. 6 UStAE).

Dienstleistungselemente, die lediglich mit der **Vermarktung verzehrfertiger Speisen verbunden** sind, werden dagegen im Rahmen der vorzunehmenden Gesamtwürdigung **nicht berücksichtigt** (vgl. Abschn. 3.6 Abs. 2 UStAE). Dazu gehören z.B. der **Transport der Speisen** zum Abnehmer, die **Vereinbarung eines festen Lieferzeitpunkts** oder die Mitlieferung der für den **Transport der Speisen erforderlichen Behältnisse** (Warmhaltebehälter, Platten). Diese Leistungselemente sind keine für die Qualifizierung als Restaurationsleistung zu berücksichtigenden Dienstleistungselemente.

Auch die **Zubereitung der Speisen** selbst ist bei der vorzunehmenden Gesamtwürdigung **nicht mehr zu berücksichtigen**. Dies ergibt sich **seit 1.7.2011 aus Art. 6 Abs. 2 MwStVO**, der bei der Abgabe zubereiteter Speisen zusätzliche, also über die reine Zubereitung hinausgehende Dienstleistungen verlangt. Die bisherige Rechtsprechung, die bereits dann zu einer regelbesteuerten Restaurationsleistung tendierte, wenn nicht nur Standardspeisen als Ergebnis einfacher und standardisierter Zubereitungsvorgänge angeboten wurden, ist daher seit 1.7.2011 überholt.

Dienstleistungselemente im Rahmen der Gesamtwürdigung	
zu berücksichtigen (Abschn. 3.6 Abs. 3 und Abs. 4 UStAE)	**nicht zu berücksichtigen** (Abschn. 3.6 Abs. 2 UStAE)
• Bereitstellen von Verzehreinrichtungen (**Räumlichkeiten, Tische, Stühle**) und sonstiger Infrastruktur (**Toiletten, Garderobe** etc.) mit Ausnahme behelfsmäßiger Verzehrvorrichtungen; • Durchführung von **Service-, Bedien- oder Spülleistungen** oder Gestellung entsprechenden Personals;	• Bereitstellen **behelfsmäßiger Verzehrvorrichtungen** (Stehtische, Theken oder Ablagebretter bei Kiosken/Imbissständen); • **Zubereitung der Speisen selbst** (seit 1.7.2011); • **Transport der Speisen und damit zusammenhängende Nebenleistungen** (Transportbehältnisse, Vereinbarung eines festen Lieferzeitpunkts);

zu berücksichtigen (Abschn. 3.6 Abs. 3 und Abs. 4 UStAE)	nicht zu berücksichtigen (Abschn. 3.6 Abs. 2 UStAE)
• Nutzungsüberlassung von **Geschirr oder Besteck** (ohne Einweggeschirr); • Überlassung von Mobiliar (z.B. Tischen und Stühlen) zur Nutzung außerhalb der Geschäftsräume des Unternehmers; • Geschäftsräume des Unternehmers; • Reinigung bzw. Entsorgung von Gegenständen; • **individuelle Beratung** bei der Auswahl der Speisen und Getränke sowie der Zusammenstellung und Menge von Mahlzeiten für einen bestimmten Anlass.	• Verpacken und Beigabe von **Einweggeschirr oder -besteck**; • Darbietung von Waren in Regalen oder Verkaufsautomaten; • Bereitstellung von Papierservietten; Abgabe von Senf, Ketchup, Mayonnaise, Apfelmus oder ähnlicher Beigaben; • Bereitstellung von Abfalleimern an Kiosken, Verkaufsständen usw.; • Erstellen von Speisekarten und allgemeine Erläuterung des Leistungsangebots.

2. Ort der sonstigen Leistung

2.1 Bedeutung und Entwicklung der Ortsbestimmungen

Die **Bestimmung des Ortes einer sonstigen Leistung** ist für die Feststellung entscheidend, ob diese im Inland ausgeführt wird und damit steuerbar ist.

Bis zum 31.12.2009 galt dabei der Grundsatz, dass sonstige Leistungen am Sitz des leistenden Unternehmers versteuert wurden. Dies führte bei grenzüberschreitenden Dienstleistungen zu Wettbewerbsvorteilen zugunsten von Anbietern mit Sitz in „Niedrigsteuerländern". Zwar wurden auch nach alter Rechtslage einige Dienstleistungen bereits in dem Land besteuert, in dem der Empfänger (Kunde) ansässig war bzw. die Dienstleistung auch wirklich erbracht wurde, durch den technologischen Wandel (insbesondere das Internet) konnten jedoch immer mehr Dienstleistungen aus der Ferne erbracht werden, sodass zur Verhinderung von Wettbewerbsverzerrung eine grundlegende Neuregelung der Ortsvorschriften erforderlich wurde.

Seit 1.1.2010 sollen daher Dienstleistungen möglichst am Sitz des Leistungsempfängers (Kunden) bzw. dem Ort der Leistungsausführung besteuert werden. Dies gilt grundsätzlich uneingeschränkt für Dienstleistungen an andere Unternehmer, mittlerweile aber auch überwiegend bei der Ausführung von Dienstleistungen an Privatpersonen.

2.2 Überblick über die Ortsbestimmungen

Der **Ort für sonstige Leistungen** bestimmt sich nach §§ 3a, 3b und 3e UStG. Für die Bestimmung der einschlägigen Ortsvorschrift ist dabei entscheidend, ob es sich um eine sonstige Leistung an einen anderen Unternehmer (sog. **B2B-Umsatz**; „business to business") oder an einen Nichtunternehmer (sog. **B2C-Umsatz**; „business to consumer") handelt und welche Art von Leistung vorliegt (Beförderungs-, Vermittlungs-, Vermietungsleistung etc.).

§ 3a Abs. 1 und Abs. 2 UStG enthalten dabei **allgemeine Grundsätze**, wonach:
- Sonstige Leistungen **an Nichtunternehmer** (B2C-Umsätze) grundsätzlich am **Sitz des leistenden Unternehmers** ausgeführt werden (Abs. 1),
- Sonstige Leistungen **an andere Unternehmer** (B2B-Umsätze) grundsätzlich am **Sitz des Leistungsempfängers** ausgeführt werden (Abs. 2).

§§ 3a Abs. 3–8, 3b und 3e UStG enthalten für **bestimmte sonstige Leistungen** Ausnahmen, die den Ort abweichend von den Grundsätzen nach § 3a Abs. 1 und Abs. 2 UStG bestimmen. Dabei ist auch hier auf den Status des Empfängers zu achten, da diese Ausnahmen überwiegend nur für Leistungen an Nichtunternehmer gelten.

Prüfungsreihenfolge zur Ermittlung des Ortes einer sonstigen Leistung:

1. Schritt:	Wird die Leistung an Unternehmer oder Nichtunternehmer ausgeführt?
2. Schritt:	Prüfung einer Ausnahme nach §§ 3a Abs. 3–8, 3b, 3e UStG: • Liegt eine dort genannte sonstige Leistung vor? • Gilt die Ausnahme unabhängig vom Status des Empfängers oder nur für Leistungen an Unternehmer oder Nichtunternehmer?
3. Schritt:	Anwendung der Grundsätze, wenn keine Ausnahme eingreift: • § 3a Abs. 1 UStG für Leistungen an Nichtunternehmer. • § 3a Abs. 2 UStG für Leistungen an Unternehmer.

Ort der sonstigen Leistungen nach §§ 3a, 3b, 3e UStG		
	Leistungen an Unternehmer	Leistungen an Nichtunternehmer
Grundsätze nach § 3a Abs. 1 und 2 UStG	Sitz/Betriebsstätte Leistungsempfänger (§ 3a Abs. 2 UStG)	Sitz/Betriebsstätte leistender Unternehmer (§ 3a Abs. 1 UStG)
Ausnahmen		
Sonstige Leistungen im Zusammenhang mit Grundstücken	Belegenheitsort (§ 3a Abs. 3 Nr. 1 UStG)	Belegenheitsort (§ 3a Abs. 3 Nr. 1 UStG)
Kurzfristige Vermietung eines Beförderungsmittels	Empfangsort (§ 3a Abs. 3 Nr. 2 S. 1 und 2 UStG)	Empfangsort (§ 3a Abs. 3 Nr. 2 S. 1 und 2 UStG)
Längerfristige Vermietung eines Beförderungsmittels		Sitz Leistungsempfänger (§ 3a Abs. 3 Nr. 2 S. 3 UStG)
Kulturelle, unterhaltende und ähnliche Leistungen		Tätigkeitsort (§ 3a Abs. 3 Nr. 3a UStG)
Restaurationsleistungen	Tätigkeitsort (§ 3a Abs. 3 Nr. 3b UStG) (Sonderregelung § 3e UStG)	Tätigkeitsort (§ 3a Abs. 3 Nr. 3b UStG) (Sonderregelung § 3e UStG)
Arbeiten an beweglichen Sachen und deren Begutachtung		Tätigkeitsort (§ 3a Abs. 3 Nr. 3c UStG)
Vermittlungsleistungen		Ort der vermittelten Leistung (§ 3a Abs. 3 Nr. 4 UStG)
Eintrittsberechtigung für kulturelle, unterhaltende u.ä. Veranstaltungen	Veranstaltungsort (§ 3a Abs. 3 Nr. 5 UStG)	

	Leistungen an Unternehmer	Leistungen an Nichtunternehmer
Leistungen i.S.d. § 3a Abs. 4 S. 2 UStG an Empfänger mit Sitz im Drittland		Sitz Leistungsempfänger (§ 3a Abs. 4 S. 1 UStG)
Telekommunikations-, Rundfunk- und Fernsehdienstleistungen sowie auf elektronischem Weg erbrachte sonstige Leistungen		Sitz Leistungsempfänger (§ 3a Abs. 5 UStG seit 1.1.2015)
Personenbeförderungen	Beförderungsstrecke (§ 3b Abs. 1 S. 1 UStG)	Beförderungsstrecke (§ 3b Abs. 1 S. 1 UStG)
Güterbeförderungen		Beförderungsstrecke (§ 3b Abs. 1 S. 1 und 3 UStG) Beförderungsbeginn (§ 3b Abs. 3 UStG)
Sonstige Leistungen im Zusammenhang mit Güterbeförderungen		Tätigkeitsort (§ 3b Abs. 2 UStG)
Sonderregelungen für bestimmte Leistungen mit Drittlandsbezug	(§ 3a Abs. 6–8 UStG)	(§ 3a Abs. 6–8 UStG)

2.3 Grundsatz bei Leistungen an andere Unternehmer (§ 3a Abs. 2 UStG)

2.3.1 Besteuerung am Sitzort des Leistungsempfängers

Nach § 3a Abs. 2 S. 1 UStG werden sonstige Leistungen **an andere Unternehmer** grundsätzlich am **Sitzort des Leistungsempfängers** ausgeführt. Das ist der Ort, von dem aus der Leistungsempfänger sein Unternehmen betreibt, also wo die wesentlichen Entscheidungen zur allgemeinen Leitung seines Unternehmens getroffen werden (vgl. im Einzelnen Abschn. 3a.2 Abs. 3 i.V.m. Abschn. 3a.1 Abs. 1 S. 3 ff. UStAE). Grenzüberschreitende sonstige Leistungen an Unternehmer mit Sitz im Ausland unterliegen damit grundsätzlich nicht am Sitz des leistenden Unternehmens in Deutschland, sondern im Sitzstaat des Leistungsempfängers der Umsatzsteuer.

Anstelle des Sitzortes des Leistungsempfängers ist nach § 3a Abs. 2 S. 2 UStG jedoch der **Ort seiner Betriebsstätte** maßgeblich, wenn die Leistung nicht an den Unternehmenssitz, sondern an eine Betriebsstätte des Leistungsempfängers ausgeführt wird (vgl. hierzu Abschn. 3a.2 Abs. 4-6 UStAE). Eine Betriebsstätte ist dabei jede feste Niederlassung, die über eigene Personal- und Sachmittel verfügt, die für die Erbringung der Leistungen erforderlich sind (vgl. Abschn. 3a.1 Abs. 3 UStAE).

Zu beachten ist weiterhin, dass §§ 3b, 3e, 3f UStG und insbesondere § 3a **Abs. 3 bis 8 UStG für bestimmte sonstige Leistungen an andere Unternehmer Sonderortsvorschriften** enthalten, die den Leistungsort abweichend von dem Grundsatz nach § 3a Abs. 2 UStG bestimmen.

Beispiele:

1. Unternehmer U1 mit Sitz in Frankreich mietet in Freiburg Räumlichkeiten für eine Tagung an.
2. Unternehmer U2 mit Sitz in Prag beauftragt einen Frachtführer aus Hamburg mit dem Transport einer Maschine von Hamburg nach Prag.
3. Wie 2., nur ist die Maschine für die Betriebsstätte des U2 in München bestimmt und wird von Hamburg nach München transportiert. Dabei verwendet U2 bei der Beauftragung des Frachtführers seine deutsche USt-IdNr.

> **Lösung:**
>
> 1. Mit der Vermietung an U1 erbringt der Vermieter eine sonstige Leistungen im Zusammenhang mit einem Grundstück an den Unternehmer U1, die abweichend von § 3a Abs. 2 UStG nicht am Sitzort des Leistungsempfängers U1 in Frankreich, sondern nach § 3a Abs. 3 Nr. 1 S. 1 und S. 2 Buchst. a UStG am Belegenheitsort des Grundstücks in Freiburg ausgeführt wird und damit in Deutschland steuerbar ist.
> 2. Mit dem Transport der Maschine erbringt der Frachtführer an U2 eine sonstigen Leistung. Für solche Güterbeförderungsleistungen enthält § 3b Abs. 1 UStG eine Sonderortsvorschrift, jedoch nur bei Beförderungen für Nichtunternehmer. Bei Güterbeförderungen für Unternehmer richtet sich der Ort dagegen nach § 3a Abs. 2 S. 1 UStG. Die Leistung gilt also am Sitzort des Leistungsempfängers U2 in Prag als ausgeführt und ist damit in Deutschland nicht steuerbar.
> 3. Hier gilt die Güterbeförderungsleistung nach § 3a Abs. 2 S. 2 UStG am Ort der Betriebsstätte des U2 in München als ausgeführt, da sie für diese Betriebsstätte bestimmt ist (vgl. hierzu Abschn. 3a.2 Abs. 4 und Abs. 6 UStAE). Sie ist damit in Deutschland steuerbar und der Frachtführer muss dem Unternehmer U2 deutsche USt in Rechnung stellen.

2.3.2 Leistungen an Unternehmer und gleichgestellte juristische Personen mit USt-IdNr.

§ 3a Abs. 2 UStG gilt grundsätzlich nur für Leistungen **an andere Unternehmer**. Leistungen an Nichtunternehmer werden dagegen nicht am Sitz des Empfängers der Leistung, sondern nach § 3a Abs. 1 UStG grundsätzlich am Sitz des leistenden Unternehmers besteuert (vorbehaltlich der Sonderregelungen in Abs. 3-8 und §§ 3b, 3e und 3f).

Unternehmern gleichgestellt werden nach § 3a Abs. 2 S. 3 UStG **nicht unternehmerisch tätige juristische Personen**, denen für die Besteuerung innergemeinschaftlicher Erwerbe eine **USt-IdNr. erteilt** wurde. Hierunter fallen insbesondere juristische Personen des öffentlichen Rechts, die ausschließlich hoheitlich tätig sind, aber auch nicht unternehmerisch tätige juristische Personen des Privatrechts, z.B. ein Idealverein oder eine Holding (vgl. Abschn. 3a.1 Abs. 7 UStAE).

2.3.3 Leistungen für das Unternehmen

Zur Besteuerung am Sitz des Empfängers kommt es nach § 3a Abs. 2 S. 1 UStG bei sonstigen Leistungen an andere Unternehmer grundsätzlich nur dann, wenn diese die Leistung **für ihren unternehmerischen Bereich** beziehen. Leistungen, die ein Unternehmer privat bezieht, werden dagegen nach § 3a Abs. 1 UStG grundsätzlich am Sitz des leistenden Unternehmers besteuert (vorbehaltlich der Sonderregelungen in Abs. 3-8 und §§ 3b, 3e und 3f).

Dies gilt nach dem zum 30.6.2013 neu gefassten **§ 3a Abs. 2 S. 3 UStG** jedoch nicht bei Leistungen an **juristische Personen**.

Sind juristische Personen sowohl **unternehmerisch als auch nicht unternehmerisch** tätig, richtet sich der Leistungsort auch dann gemäß § 3a Abs. 2 UStG nach dem **Empfängerort, wenn sie die Leistung für ihren nicht unternehmerischen Bereich beziehen**. Dies gilt nur für sonstige Leistungen nicht, die ausschließlich für den **privaten Bedarf des Personals oder eines Gesellschafters** bestimmt sind. Bei juristischen Personen des öffentlichen Rechts, die neben ihrer hoheitlichen Tätigkeit auch einen Betrieb gewerblicher Art unterhalten, richtet sich daher auch der Leistungsbezug für ihren hoheitlichen Bereich nach § 3a Abs. 2 UStG; gleiches gilt für juristische Personen des Privatrechts, z.B. einen Verein, der neben seiner ideellen, nicht unternehmerischen Tätigkeit, auch eine gewerbliche unternehmerische Tätigkeit ausübt (z.B. ein Sportverein mit Vereinsgaststätte).

Bei überhaupt **nicht unternehmerisch tätigen juristischen Personen**, denen aber eine **USt-IdNr. erteilt** wurde und die damit einem Unternehmer gleichgestellt werden, richtet sich der Leistungsort ebenfalls für alle Leistungsbezüge immer nach § 3a Abs. 2 UStG.

> **Anmerkung:**
>
> Soweit in den folgenden Ausführungen zu §§ 3a Abs. 1, Abs. 3–8, 3b und 3e UStG der Begriff Unternehmer verwendet wird, sind damit alle Leistungsempfänger gemeint, die in den Anwendungsbereich des § 3a Abs. 2 UStG fallen. Als Nichtunternehmer werden dagegen all diejenigen bezeichnet, die nicht unter § 3a Abs. 2 UStG fallen.

2.3.4 Nachweis der Voraussetzungen des § 3a Abs. 2 UStG

Erbringt ein Unternehmer sonstige Leistungen, muss er für die Bestimmung des Leistungsortes seiner Leistung nach § 3a Abs. 2 UStG wissen, ob sein Leistungsempfänger ein Unternehmer ist, der die sonstige Leistung für den unternehmerischen Bereich bezieht bzw. bei nicht unternehmerisch tätigen juristischen Personen, ob diesen eine USt-IdNr erteilt wurde.

Im **Gemeinschaftsgebiet ansässige Unternehmer** bzw. gleichgestellte juristischen Personen mit USt-IdNr. signalisieren dies dem leistenden Unternehmer grds. durch **Verwendung ihrer USt-IdNr.**, im Drittlandsgebiet ansässige Empfänger durch Bescheinigung einer Behörde des Sitzstaates (vgl. im Einzelnen zu den Nachweisen Abschn. 3a.2 Abs. 9–14 UStAE).

> **Beispiel:**
>
> 1. Unternehmer U mit Sitz in Paris beauftragt Frachtführer F aus Köln mit dem Transport eines Pkw von Köln nach Paris. U verwendet dabei seine französische USt-IdNr.
> 2. Wie 1., aber U verwendet keine USt-IdNr.

> **Lösung:**
>
> 1. Die sonstigen Leistung (Güterbeförderung) von F an U gilt nach § 3a Abs. 2 S. 1 UStG am Sitz des Leistungsempfängers U in Paris (Frankreich) als ausgeführt und ist damit nicht in Deutschland steuerbar. F kann wegen der Verwendung der USt-IdNr. beim Leistungsbezug berechtigterweise davon ausgehen, dass U Unternehmer ist und den Pkw für sein Unternehmen bezieht.
> 2. Da U keine USt-IdNr. verwendet, muss F davon ausgehen, dass U den Pkw privat erwirbt und sich der Leistungsort daher nicht nach § 3a Abs. 2 UStG bestimmt, sondern gemäß § 3b Abs. 3 UStG nach dem Beginn der Beförderung in Köln und die Leistung damit in Deutschland steuerbar ist (vgl. zu Güterbeförderungen für Nichtunternehmer Kap. 2.15.2).

2.4 Grundsatz bei Leistungen an Nichtunternehmer (§ 3a Abs. 1 UStG)

Nach § 3a Abs. 1 S. 1 UStG werden sonstige Leistungen an Empfänger, die **nicht unter Abs. 2** fallen (vgl. „vorbehaltlich Abs. 2"), also **Leistungen an Nichtunternehmer**, grundsätzlich am **Sitz des leistenden Unternehmers** ausgeführt.

Nichtunternehmer in diesem Sinne sind (vgl. Abschn. 3a.1 Abs. 1 S. 1 UStAE):
- Leistungsempfänger, die **nicht Unternehmer** sind;
- Unternehmer, die die Leistung aber **nicht für ihr Unternehmen** beziehen, mit **Ausnahme der juristischen Personen** (s. Kap. 2.3.3);
- nicht unternehmerisch tätige **juristische Personen, denen keine USt-IdNr. erteilt** wurde.

Anstelle des Sitzes des leistenden Unternehmers ist nach § 3a Abs. 1 S. 2 UStG der **Ort seiner Betriebsstätte** maßgeblich, wenn die Leistung im Wesentlichen von dort aus ausgeführt wird (vgl. Abschn. 3a.1 Abs. 2 UStAE).

Gerade bei Leistungen an Nichtunternehmer/Privatpersonen enthalten **§ 3a Abs. 3–8 und § 3b UStG für zahlreiche sonstige Leistungen Ausnahmen**, die den Ort abweichend von diesem Grundsatz an den

2.5 Leistungen im Zusammenhang mit Grundstücken (§ 3a Abs. 3 Nr. 1 UStG)

2.5.1 Allgemeines

§ 3a Abs. 3 Nr. 1 UStG enthält eine spezielle Ortsbestimmung für sonstige Leistungen, die im Zusammenhang mit einem Grundstück stehen. Diese Leistungen werden dort ausgeführt, wo das Grundstück liegt, also am **Belegenheitsort des Grundstücks**. Dies gilt abweichend von Abs. 1 und Abs. 2 sowohl bei Leistungen **an Nichtunternehmer als auch an andere Unternehmer**.

Welche Leistungen unter diese Ortsbestimmung fallen, ist in **§ 3a Abs. 3 Nr. 1 S. 2 Buchst. a–c UStG beispielhaft** aufgezählt. Hierbei handelt es sich jedoch nur um eine Aufzählung der wichtigsten Fälle, die nicht abschließend ist („... sind insbesondere ..."). Neben den dort genannten Fällen fallen daher auch andere im Zusammenhang mit einem Grundstück stehende sonstige Leistungen unter § 3a Abs. 3 Nr. 1 S. 1 UStG.

Zu einem **Grundstück** i.S.d. § 3a Abs. 3 Nr. 1 UStG gehören **Grund und Boden, Gebäude und Gebäudeteile**, aber auch alle Sachen, Ausstattungsgegenstände oder Maschinen (Betriebsvorrichtungen), die auf Dauer in einem **Gebäude fest installiert** sind (vgl. Abschn. 3a.3 Abs. 2 S. 3 UStAE).

§ 3a Abs. 3 Nr. 1 UStG findet nur dann Anwendung, wenn die sonstige Leistung in einem **engen Zusammenhang** mit dem Grundstück steht. Leistungen, bei denen ein solch enger Zusammenhang fehlt, fallen daher nicht unter diese spezielle Ortsvorschrift.

2.5.2 Grundstücksvermietungen und ähnliche Leistungen

Zu den sonstigen Leistungen im Zusammenhang mit einem Grundstück gehören nach § 3a Abs. 3 Nr. 1 S. 2 **Buchst. a** UStG die in § 4 Nr. 12 UStG bezeichneten Leistungen, also die **Vermietung und Verpachtung von Grundstücken** und diesen gleichgestellte Nutzungsüberlassungen an Grundstücken (vgl. hierzu Kap. VIII. 4.). Der Verweis bezieht sich dabei nur auf die inhaltlich in § 4 Nr. 12 UStG geregelten Leistungen, unabhängig davon, ob die Vermietungen nach dieser Vorschrift steuerfrei oder steuerpflichtig sind (vgl. Abschn. 3a.3 Abs. 4 UStAE).

So fallen unter § 3a Abs. 3 Nr. 1 S. 2 Buchst. a UStG auch solche Grundstücksvermietungen, die nach § 4 Nr. 12 S. 2 UStG ausdrücklich von der Steuerbefreiung ausgenommen sind, z.B. die kurzfristige Vermietung von Wohn- und Schlafräumen in **Hotels, Pensionen oder von Ferienwohnungen** etc., die Vermietung von Fahrzeugabstellplätzen, die kurzfristige Vermietung von Standflächen auf Campingplätzen oder die (Mit-)Vermietung von Betriebsvorrichtungen (z.B. Lastenaufzug, Hebebühne), soweit diese fest mit einem Grundstück verbunden und damit wesentliche Bestandteile eines Grundstücks sind (vgl. Abschn. 3a.3 Abs. 4 S. 5 UStAE).

2.5.3 Sonstige Leistungen im Zusammenhang mit der Veräußerung und dem Erwerb

Zu den in § 3a Abs. 3 Nr. 1 S. 2 **Buchst. b** UStG genannten sonstigen Leistung im Zusammenhang mit der Veräußerung oder dem Erwerb von Grundstücken gehören insbesondere die **Vermittlung von Grundstücksverkäufen** durch Grundstücksmakler, die Leistungen der **Grundstückssachverständigen** sowie der **Notare** (vgl. Abschn. 3a.3 Abs. 7 UStAE).

2.5.4 Sonstige Leistungen im Zusammenhang mit der Erschließung und der Bebauung

Unter § 3a Abs. 3 Nr. 1 S. 2 **Buchst. c** UStG fallen alle sonstigen Leistung im Zusammenhang mit der Erschließung sowie der Koordinierung, Vorbereitung und Durchführung von Bauleistungen an Grundstücken, z.B. die **Bauplanung, Vermessungsarbeiten, Baubetreuung oder Begutachtung von Grundstücken** (z.B. Baugrundgutachten). Voraussetzung ist jedoch, dass die Leistung im Zusammenhang mit einem ausdrücklich bestimmten Grundstück erfolgt. Insbesondere bei Planungsleistungen muss also der Standort des Grundstücks bereits feststehen (vgl. Abschn. 3a.3 Abs. 8 S. 2 UStAE). Unter die Leistungen, die der Durchführung von Bauleistungen dienen, fallen dabei nicht nur Leistungen, die der Herstellung von Bauwerken dienen, sondern auch Erhaltungsaufwendungen wie **Reparatur- und Sanierungsarbeiten**. Voraussetzung ist jedoch, dass diese Bauleistungen ausnahmsweise nicht als Lieferung (Werklieferung), sondern als **sonstige Leistungen** (Werkleistung) zu qualifizieren sind (zur Abgrenzung vgl. Kap. VI.).

2.5.5 Andere sonstige Leistungen im Zusammenhang mit Grundstücken

Neben den in S. 2 Buchst. a–c beispielhaft aufgezählten sonstigen Leistungen, werden nach § 3a Abs. 3 Nr. 1 **S. 1** UStG auch alle **anderen im Zusammenhang mit einem Grundstück stehenden sonstigen Leistungen** am Belegenheitsort des Grundstücks ausgeführt. Voraussetzung ist aber, dass die Leistung in einem **engen Zusammenhang** mit einem ausdrücklich bestimmten Grundstück steht. Leistungen, bei denen ein solch enger Zusammenhang fehlt, fallen daher nicht unter diese spezielle Ortsvorschrift.

Unter § 3a Abs. 3 Nr. 1 S. 1 UStG fallen, da sie **in engem Zusammenhang** mit einem Grundstück stehen, insbesondere noch folgende Leistungen (im Einzelnen Abschn. 3a.3 Abs. 9 UStAE):

- Leistungen im Zusammenhang mit der Unterhaltung eines Grundstücks, z.B. **Reinigungs- oder Wartungsarbeiten** (Abschn. 3a.3 Abs. 9 Nr. 4–6 UStAE) sowie Leistungen im Zusammenhang mit der **Grundstücksverwaltung**, z.B. durch eine beauftragte Hausverwaltung (Abschn. 3a.3 Abs. 9 Nr. 2a UStAE).
- Die **Vermittlung von Grundstücksvermietungen** (z.B. durch Immobilienmakler); **ausgenommen** hiervon ist jedoch die **Vermittlung kurzfristiger Vermietungen** in Hotels und Pensionen oder von Fremdenzimmern und Ferienwohnungen (Abschn. 3a.3 Abs. 9 Nr. 2 UStAE); der Ort der Vermittlung solcher kurzfristiger Vermietungen richtet sich bei Vermittlungen für andere Unternehmer nach § 3a Abs. 2 UStG, bei Vermittlungen für Nichtunternehmer nach § 3a Abs. 3 Nr. 4 UStG.

Nicht unter § 3a Abs. 3 Nr. 1 S. 1 UStG fallen, da sie **nicht in engem Zusammenhang** mit einem Grundstück stehen, insbesondere die folgenden Leistungen (im Einzelnen Abschn. 3a.3 Abs. 10 UStAE):

- Veröffentlichung von **Immobilienanzeigen**;
- **Grundstücksfinanzierung**;
- **Werbeleistungen**;
- **Rechts- und Steuerberatung** in Grundstückssachen;
- Planung, Gestaltung sowie Aufbau, Umbau und Abbau von Ständen im Zusammenhang mit Messen und Ausstellungen (s. Kap. 2.5.6).

Beispiel:

V mit Wohnsitz in Venlo (Niederlande) vermietet Büroräume in einem ihm gehörenden Geschäftshaus in Aachen. Die Mieter sucht er über Immobilienanzeige in einer Aachener Zeitung.

Lösung:

Die Vermietungen sind sonstige Leistungen in engem Zusammenhang mit einem Grundstück, die am Belegenheitsort des Grundstücks in Aachen ausgeführt werden (§ 3a Abs. 3 Nr. 1 S. 1 und 2 Buchst. a UStG). Mit der Immobilienanzeige erbringt die Zeitung eine sonstige Leistung an V, die zwar in einem gewissen Bezug, aber nicht in engem Zusammenhang mit dem Grundstück steht. Diese Leistung wird daher nach § 3a Abs. 2 S. 1 UStG am Sitz des Leistungsempfängers V in Venlo ausgeführt (mangels personeller Ausstattung ist das Mietsgrundstück m.E. grundsätzlich nicht als Betriebsstätte i.S.d. § 3a Abs. 2 S. 2 UStG anzusehen).

2.5.6 Leistungen im Zusammenhang mit Messen, Ausstellungen und Kongressen

Die Überlassung von **Standplätzen**, Räumlichkeiten oder Parkplätzen bei **Messen oder Ausstellungen durch den Veranstalter** an die Aussteller stellt eine sonstige Leistung im **engen Zusammenhang mit** einem Grundstück i.S.d. § 3a Abs. 3 Nr. 1 UStG dar, die dort ausgeführt wird, wo die jeweilige Standfläche liegt (Abschn. 3a.4 Abs. 1 UStAE).

Bei den weiteren Leistungen im Zusammenhang mit Messen und Ausstellungen, wie z.B. der **Planung, Gestaltung, Aufbau, Umbau, Abbau, Reinigung oder Überwachung der Stände** liegt dagegen grundsätzlich **kein enger Zusammenhang mit einem Grundstück** vor, der Ort dieser Leistungen bestimmt sich daher grds. nach den anderen Ortsvorschriften des § 3a UStG (vgl. im Einzelnen Abschn. 3a.4 Abs. 2 i.V.m. Abs. 4 UStAE).

Die oben genannten Grundsätze gelten jedoch **nur dann**, wenn die entsprechenden Leistungen bei Messen und Ausstellungen als jeweils **selbständige Leistungen** erbracht werden.

> **Beispiel:**
>
> Unternehmer U aus Köln mietet auf einer Messe in Paris einen Standplatz vom Messeveranstalter an. Für die Planung und Gestaltung des Messestandes beauftragt U einen Architekten aus Mainz, für die Reinigung der Messestände ein Reinigungsunternehmen aus Paris.

> **Lösung:**
>
> Die sonstige Leistung des Veranstalters an U (Überlassung des Standplatzes) gilt nach § 3a Abs. 3 Nr. 1 UStG in Paris als ausgeführt, die des Architekten an U (vgl. Abschn. 3a.2 Abs. 16 UStAE) sowie des Reinigungsunternehmens an U jeweils nach § 3a Abs. 2 UStG am Sitz des Leistungsempfängers U in Köln.

Übernimmt dagegen der Veranstalter selbst neben der reinen Überlassung der Standflächen noch weitere Leistungen (z.B. Aufbau/Abbau, Bewachung, Reinigung etc.), liegt regelmäßig eine **einheitliche Veranstaltungsleistung** vor, deren Ort sich einheitlich nach **§ 3a Abs. 2 UStG** bestimmt, soweit die Veranstaltungsleistung – wie im Regelfall – **an einen anderen Unternehmer** bzw. an eine gleichgestellte juristische Person ausgeführt wird. Von einer einheitlichen Veranstaltungsleitung kann dabei aus Vereinfachungsgründen dann ausgegangen werden, wenn der Veranstalter **neben der Überlassung der Standflächen zumindest noch drei weitere Leistungen** erbringt (vgl. Abschn. 3a.4 Abs. 2 S. 3-5 UStAE). Bei **Veranstaltungsleistung im Drittlandsgebiet** ist darüber hinaus die Sonderortsvorschrift nach § 3a Abs. 8 UStG zu beachten (vgl. Abschn. 3a.14 Abs. 5 UStAE).

> **Beispiel:**
>
> Ein in Paris ansässiger Messeveranstalter vermietet für eine Messe in Paris an den Unternehmer U aus Köln einen Standplatz und übernimmt daneben noch den Auf- und Abbau, die Reinigung sowie die Überwachung der Messestände.
> **Abwandlung:** Es handelt sich um eine Messe in Moskau durch einen Veranstalter aus Russland.

> **Lösung:**
>
> Im Ausgangsfall erbringt der Messeveranstalter an U eine einheitliche Veranstaltungsleistung, die nach § 3a Abs. 2 UStG am Sitz des Leistungsempfängers U in Köln als ausgeführt gilt.
> In der Abwandlung gilt die einheitliche Veranstaltungsleistung des Messeveranstalters nach § 3a Abs. 8 UStG in Russland (Drittland § 1 Abs. 2a S. 3 UStG) als ausgeführt.

Die dargestellten Grundsätze über die Bestimmung des Leistungsorts bei Leistungen im Zusammenhang mit Messen und Ausstellungen geltend entsprechend bei der Überlassung eines Kongresszentrums oder Teilen hiervon einschließlich des Veranstaltungsequipments an einen Veranstalter (Abschn. 3a.4 Abs. 2a UStAE).

2.6 Vermietung von Beförderungsmitteln

Ort bei der Vermietung von Beförderungsmitteln		
Kurzfristige Vermietung	Längerfristige Vermietung	
an Unternehmer und Nichtunternehmer	an Nichtunternehmer	an Unternehmer
Regelfall (§ 3a Abs. 3 Nr. 2 S. 1 und 2 UStG) Ort = Empfangsort	Regelfall (§ 3a Abs. 3 Nr. 2 S. 3 UStG) Ort = Sitz Leistungsempfänger	Regelfall (§ 3a Abs. 2 UStG) Ort = Sitz Leistungsempfänger
Sonderfälle bei Drittlandsbezug (§ 3a Abs. 6 S. 1 Nr. 1 und Abs. 7 UStG)	Sonderfall Sportboote (§ 3a Abs. 3 Nr. 2 S. 4 UStG) Sonderfall bei Drittlandsbezug (§ 3a Abs. 6 S. 1 Nr. 1 UStG)	

2.6.1 Kurzfristige Vermietung von Beförderungsmitteln

§ 3a Abs. 3 Nr. 2 S. 1 UStG enthält eine spezielle Ortsbestimmung für die kurzfristige Vermietung von Beförderungsmitteln. Bei diesen Leistungen befindet sich der Ort grundsätzlich dort, wo das Beförderungsmittel dem Mieter zur Verfügung gestellt, d.h. körperlich übergeben wird. Dies gilt abweichend von Abs. 1 und Abs. 2 sowohl bei kurzfristigen Vermietungen **an Nichtunternehmer als auch an andere Unternehmer**.

Als **Beförderungsmittel** sind Gegenstände anzusehen, deren Hauptzweck in der Beförderung von Personen oder Gütern besteht, egal ob zu Lande, zu Wasser oder in der Luft, vgl. Abschn. 3a.5 Abs. 3 UStAE (Pkw, Motorrad, Fahrzeuganhänger, Boot etc.).

§ 3a Abs. 3 Nr. 2 UStG gilt **nur bei kurzfristigen Vermietungen**. Kurzfristig sind dabei nach **Nr. 2 S. 2** nur Vermietungen von **nicht mehr als 30 Tagen** (bei Wasserfahrzeugen 90 Tage).

2.6.2 Längerfristige Vermietung von Beförderungsmitteln

§ 3a Abs. 3 Nr. 2 S. 3 UStG enthält seit 30.6.2013 nunmehr auch eine spezielle Ortsbestimmung für die **über die zeitlichen Grenzen nach S. 2 hinaus** gehende, längerfristige Vermietung von Beförderungsmitteln, soweit die Vermietung **an Nichtunternehmer** erfolgt. Bei längerfristigen Vermietungen befindet sich der Ort nunmehr dort, wo der Leistungsempfänger (Mieter) seinen Wohnsitz hat; bis 29.6.2013 wurde die Leistung dagegen nach § 3a Abs. 1 UStG am Sitz des Vermieters versteuert. Längerfristige Vermietungen **an Unternehmer** werden dagegen bereits nach allgemeinen Grundsätzen gemäß **§ 3a Abs. 2 UStG** am Sitz des Leistungsempfängers (Mieter) versteuert.

> **Beispiele:**
>
> a) Ein Tourist aus Japan mietet über das Internet für eine Rundreise durch Europa bei einer Mietwagenfirma mit Sitz in Luxemburg einen Pkw für 14 Tage (alternativ für 35 Tage) an. Den Pkw übernimmt er am Flughafen in Frankfurt.
>
> b) Ein Unternehmer aus Frankfurt mietet für eine Geschäftsreise in Spanien bei einer spanischen Mietwagenfirma einen Pkw für 14 Tage (alternativ für 35 Tage) an. Den Pkw übernimmt er am Flughafen in Madrid.

> **Lösung:**
>
> a) Die kurzfristige Vermietung (14 Tage) gilt nach § 3a Abs. 3 Nr. 2 S. 1 und 2 UStG am Empfangsort des Pkw in Frankfurt als ausgeführt, die längerfristige Vermietung (35 Tage) nach § 3a Abs. 3 Nr. 2 S. 3 UStG am Wohnsitz des Touristen in Japan.
>
> b) Die kurzfristige Vermietung (14 Tage) gilt nach § 3a Abs. 3 Nr. 2 S. 1 und 2 UStG am Empfangsort des Pkw in Madrid als ausgeführt, die längerfristige Vermietung (35 Tage) nach § 3a Abs. 2 UStG am Sitz des Leistungsempfängers (Mieter) in Frankfurt.

2.6.3 Sonderfälle nach § 3 Abs. 6 S. 1 Nr. 1 UStG

Nach der Sonderregelung des § 3a Abs. 6 UStG werden die dort genannten sonstigen Leistungen **im Inland ausgeführt**, wenn sie:
- von einem im **Drittlandsgebiet ansässigen Unternehmer erbracht** und
- im **Inland genutzt oder ausgewertet** werden.

Nach § 3a Abs. 6 S. 1 Nr. 1 UStG gilt dies abweichend von Abs. 3 Nr. 2 S. 1 und 2 bei der **kurzfristigen Vermietung** eines Beförderungsmittels **an Unternehmer oder Nichtunternehmer**. Bei einer **längerfristigen Vermietung** gilt die Sonderregelung jedoch abweichend von Abs. 3 Nr. 2 S. 3 nur bei **Vermietungen an Nichtunternehmer**.

> **Beispiel:**
>
> Ein japanischer Tourist mietet für eine Rundreise durch Deutschland bei einer Mietwagenfirma mit Sitz in der Schweiz einen Pkw für 14 Tage (alternativ 35 Tage).

> **Lösung:**
>
> Da die Mietwagenfirma ihren Sitz im Drittland hat und der Pkw im Inland genutzt wird, gilt sowohl die kurzfristige Vermietung (14 Tage) abweichend von § 3a Abs. 3 Nr. 2 UStG, als auch die längerfristige Vermietung (35 Tage) abweichend von § 3a Abs. 1 UStG im Inland als ausgeführt.

2.6.4 Sonderfälle nach § 3 Abs. 7 UStG

Die Sonderregelung des § 3a Abs. 7 UStG betrifft ausschließlich die **kurzfristige Vermietung von Schienenfahrzeugen, Kraftomnibussen oder ausschließlich zur Güterbeförderung bestimmter Straßenfahrzeuge**. Diese Vermietungen gelten abweichend von Abs. 3 Nr. 2 als **im Drittlandsgebiet ausgeführt**, wenn sie:
- **an einen im Drittlandsgebiet ansässigen Unternehmer** erfolgen und
- das Fahrzeug auch **im Drittlandsgebiet überwiegend genutzt** wird.

2.7 Kulturelle, sportliche, wissenschaftliche, unterhaltende und ähnliche Leistungen (§ 3a Abs. 3 Nr. 3 Buchst. a UStG)

Nach § 3a Abs. 3 Nr. 3 Buchst. a UStG werden kulturelle, künstlerische, wissenschaftliche, unterrichtende, sportliche, unterhaltende oder ähnliche Leistungen dort ausgeführt, wo **sie tatsächlich erbracht werden**, also grundsätzlich am **Veranstaltungsort** der jeweiligen Leistung. Die Vorschrift erfasst nicht nur die Leistungen der entsprechenden Akteure (Künstler, Musiker, Sportler, Dozenten etc.), sondern auch die der **Veranstalter**, die mit dem **Verkauf von Eintrittskarten sonstige Leistungen** und keine Lieferungen erbringen (s. Kap. III. 1.1.2). Auch der Verkauf von Eintrittskarten durch andere Personen als den Veranstalter fällt in den Anwendungsbereich dieser Vorschrift, wenn sie die Karten als **Zwischenhändler** auf eigene Rechnung verkaufen (vgl. seit 1.7.2013 Abschn. 3a.6 Abs. 2 S. 2 UStAE entgegen der früheren Verwaltungsauffassung). Die reine **Vermittlung von Kartenverkäufen**, also der Verkauf im Namen und auf Rechnung der Künstler/Veranstalter fällt dagegen **nicht unter § 3a Abs. 3 Nr. 3 Buchst. a UStG** (vgl. Abschn. 3a.6 Abs. 2 S. 4 UStAE).

Da neben den kulturellen, künstlerischen und sportlichen Leistungen auch jede sonstige unterhaltende Tätigkeit erfasst wird, kommt es auf ein bestimmtes kulturelles oder sportliches Niveau der Veranstaltung nicht an. Erfasst wird somit jegliche Art von **Leistungen und Veranstaltung mit Unterhaltungscharakter**, z.B. Konzert-, Theater- oder Sportveranstaltung, Kunstausstellungen, Leistungen der Vergnügungs- und Freizeitparks oder Spielhallenbetreiber (vgl. Abschn. 3a.6 Abs. 6 UStAE).

Daneben fallen auch **unterrichtende** (z.B. Seminar- und Fortbildungsveranstaltungen), **wissenschaftliche** (z.B. wissenschaftliche Gutachten und Vorträge) sowie sonstige Leistungen bei Messen und Ausstellungen in den Anwendungsbereich dieser Ortsregelung (vgl. zu Messen und Ausstellungen auch Abschn. 3a.4 UStAE).

Seit dem 1.1.2011 gilt § 3a Abs. 3 Nr. 3 Buchst. a UStG abweichend von Abs. 1 nur noch **bei Leistungen an Nichtunternehmer**. Bei der Verschaffung von Eintrittsberechtigungen zu solchen Veranstaltungen an andere Unternehmer kommt jedoch ggf. der ebenfalls zum 1.1.2011 neu eingefügte § 3a Abs. 3 Nr. 5 UStG zur Anwendung (vgl. hierzu Kap. 2.11).

> **Beispiel:**
>
> Ein Veranstalter von Tennisshowturnieren mit Sitz in den USA engagiert für ein von ihm ausgerichtetes Showturnier in Hamburg internationale Tennisprofis.

> **Lösung:**
>
> Der Veranstalter erbringt an die Besucher des Turniers sonstige Leistungen nach § 3a Abs. 3 Nr. 3 Buchst. a UStG am Veranstaltungsort in Hamburg. Die mit der Teilnahme am Turnier ausgeführten Leistungen der Tennisprofis an den Veranstalter gelten dagegen nach § 3a Abs. 2 UStG am Sitz des Veranstalters in den USA als ausgeführt, da der Veranstalter Unternehmer ist.

2.8 Restaurationsleistungen (§ 3a Abs. 3 Nr. 3 Buchst. b UStG)

Restaurationsleistungen (s. Kap. 1.2) gelten sowohl bei Leistung **an Nichtunternehmer als auch an andere Unternehmer** abweichend von Abs. 1 und Abs. 2 immer dort als ausgeführt, wo sie tatsächlich erbracht werden.

> **Beispiel:**
>
> Ein Cateringunternehmen aus Metz (Frankreich) wird für eine Hochzeit in Saarbrücken gebucht. Neben der Lieferung der Speisen stellt es auch das Geschirr sowie Bedienpersonal zur Ausgabe der Speisen vor Ort.

> **Lösung:**
>
> Die Cateringleistung ist keine Lieferung von Speisen, sondern eine sonstige Leistung (Restaurationsleistung) nach § 3 Abs. 9 S. 1 UStG. Die Leistung wird hier abweichend von § 3a Abs. 1 UStG nicht am Sitz des Caterers in Metz, sondern nach § 3a Abs. 3 Nr. 3 Buchst. b UStG am Tätigkeitsort in Saarbrücken ausgeführt und ist daher steuerbar.

Eine Ausnahme gilt nach § 3e Abs. 1 UStG bei Restaurationsleistungen an Bord von **Schiffen, Flugzeugen oder Eisenbahnen während der Beförderung innerhalb des Gemeinschaftsgebiets**, die abweichend von § 3a Abs. 3 Nr. 3 Buchst. b UStG immer am **Abgangsort** des Beförderungsmittels als ausgeführt gelten (vgl. auch Kap. III. 2.4.2).

2.9 Arbeiten an beweglichen Sachen und deren Begutachtung (§ 3a Abs. 3 Nr. 3 Buchst. c UStG)

Bei **Arbeiten an beweglichen körperlichen Gegenständen** und bei deren **Begutachtung** bestimmt sich der Ort dieser Leistungen gemäß § 3a Abs. 3 Nr. 3 Buchst. c UStG danach, wo diese **erbracht werden**, d.h. wo der leistende Unternehmer ausschließlich oder zum wesentlichen Teil tätig wird. Die Vorschrift erfasst neben der Begutachtung (z.B. durch Kfz-Sachverständige) jegliche Form von Arbeiten an beweglicher Sachen (Herstellung, Reparatur, Wartungsarbeiten), wenn diese Arbeiten als sonstige Leistungen (inklusive Werkleistung) zu qualifizieren sind (zur Abgrenzung s. Kap. VI.).

Erfasst werden nur Arbeiten an und die Begutachtung von **beweglichen** Gegenständen. Solche Gegenstände, die fest mit einem Grundstück verbunden sind, sind wesentliche Bestandteile des Grundstücks und gehören zu diesem (§ 94 BGB). Sie sind damit keine eigenständige bewegliche Gegenstände i.S.d. § 3a Abs. 3 Nr. 3 Buchst. c UStG.

> **Beispiel:**
>
> Die Wartung einer Heizungsanlage fällt nicht unter § 3a Abs. 3 Nr. 3 Buchst. c UStG, sondern als sonstige Leistung im Zusammenhang mit der Unterhaltung des Grundstücks unter § 3a Abs. 3 Nr. 1 S. 1 UStG.

Zu beachten ist weiterhin, dass § 3a Abs. 3 Nr. 3 Buchst. c UStG abweichend von Abs. 1 **nur bei Leistungen gegenüber Nichtunternehmern** eingreift. Werden solche Leistungen an andere Unternehmer erbracht, werden diese grundsätzlich nach **§ 3a Abs. 2 UStG** am Sitzort des Leistungsempfängers ausgeführt (zur Ausnahme bei Durchführung der Arbeiten im Drittland vgl. Kap. 2.16).

> **Beispiel:**
>
> Der Mitarbeiter einer Kfz-Werkstatt aus Freiburg repariert vor Ort den bei Colmar (Frankreich) liegen gebliebenen Pkw des Privatmanns P, indem er eine Dichtung austauscht (Alternative: Firmenwagen des Unternehmers U aus Hamburg).

> **Lösung:**
>
> Die Reparatur des Pkw stellt eine sonstige Leistung (Werkleistung) des Kfz-Betriebs dar. Die Reparaturleistung für P gilt gem. § 3a Abs. 3 Nr. 3 Buchst. c UStG am Erbringungsort in Colmar als ausgeführt und ist damit nicht steuerbar. Die Reparaturleistung für den Unternehmer U gilt dagegen gem. § 3a Abs. 2 UStG am Sitzort des Leistungsempfängers U in Hamburg als ausgeführt und ist damit steuerbar.

2.10 Vermittlungsleistungen (§ 3a Abs. 3 Nr. 4 UStG)

Bei Vermittlungsleistungen bestimmt sich der Ort gemäß § 3a Abs. 3 Nr. 4 UStG nach dem Ort der vermittelten Leistung. Vermittlungsleistungen erbringen insbesondere die Handelsvertreter und Makler (vgl. zu Vermittlungsleistungen auch Kap. V. 3.1).

Zu beachten ist auch hier, dass § 3a Abs. 3 Nr. 4 UStG abweichend von Abs. 1 **nur bei Leistungen gegenüber Nichtunternehmern** eingreift. Bei Leistungen an andere Unternehmer bleibt es daher beim Grundsatz nach § 3a Abs. 2 UStG, wonach diese am Sitzort des Leistungsempfängers ausgeführt werden.

Weiterhin ist zu beachten, dass bei der **Vermittlung von Grundstücksverkäufen und -vermietungen Abs. 3 Nr. 1 Vorrang** vor Abs. 3 Nr. 4 hat.

> **Beispiele:**
>
> a) Gebrauchtwagenhändler G (Trier) vermittelt gegen Provision für P einen Käufer für dessen privaten Pkw. Der Pkw wird vom Käufer bei G in Trier abgeholt.
> b) Handelsvertreter HV (Sitz Trier) vermittelt für den Unternehmer U (Kiel) Kunden.
> c) Immobilienmakler I (Trier) vermittelt für Vermieter V (Paris) Mieter für dessen Mietwohngrundstück in Saarbrücken.
> d) Die Firma X (Luxemburg) vermittelt über eine Internetplattform für verschiedene Hotelbetreiber Übernachtungsgäste und erhält dafür von diesen Provisionen.

> **Lösung:**
>
> a) Es liegt eine Lieferung von P an den Käufer vor, die nach § 3 Abs. 6 S. 1 UStG in Trier ausgeführt wird (nicht steuerbar, da P kein Unternehmer ist).
> Die Vermittlung des Verkaufs durch G ist eine sonstige Leistung von G an P, die nach § 3a Abs. 3 Nr. 4 UStG am Ort des vermittelten Umsatzes (der Lieferung), also ebenfalls in Trier ausgeführt wird.
> b) Die Vermittlungsleistungen von HV an U gelten nach § 3a Abs. 2 UStG am Sitz des Leistungsempfängers U in Kiel als ausgeführt.
> c) Die Vermittlungsleistungen von I an V gelten nach § 3a Abs. 3 Nr. 1 S. 1 UStG am Belegenheitsort des Grundstücks in Saarbrücken als ausgeführt.
> d) Die Vermittlungsleistungen von X gelten nach § 3a Abs. 2 UStG am Sitz der jeweiligen Leistungsempfänger (Hotelbetreiber) als ausgeführt. Es greift nicht § 3a Abs. 3 Nr. 4 UStG ein, da die Hotelbetreiber Unternehmer sind und auch nicht § 3a Abs. 3 Nr. 1 UStG, da die Vermittlung kurzfristiger Vermietungen nicht unter diese Vorschrift fällt.

2.11 Einräumung von Eintrittsberechtigungen (§ 3a Abs. 3 Nr. 5 UStG)

Während § 3a Abs. 3 Nr. 3 Buchst. a UStG die Erbringung von kulturellen, künstlerischen, wissenschaftlichen, unterrichtenden, sportlichen, unterhaltenden und ähnliche Leistungen an Nichtunternehmer erfasst, regelt § 3a Abs. 3 Nr. 5 UStG den Ort für die Einräumung der Eintrittsberechtigung zu solchen Veranstaltungen **an Unternehmer für deren Unternehmen**.

Die Vorschrift erfasst nach ihrem Wortlaut nur die **Einräumung von Eintrittsberechtigungen an Besucher/Teilnehmer** der Veranstaltung sowie die damit zusammenhängenden Leistungen, die der Veranstalter an die Besucher/Teilnehmer erbringt (z.B. Nutzung von Garderoben und sanitären Einrichtungen). Der Anwendungsbereich ist daher enger als bei § 3a Abs. 3 Nr. 3 Buchst. a UStG, der z.B. auch Leistungen der Künstler, Musiker, Sportler, Dozenten etc. an die jeweiligen Veranstalter erfasst. Darüber hinaus muss es sich nach Verwaltungsauffassung um eine für die Öffentlichkeit allgemein zugängliche Veranstaltung handeln (vgl. die Beispiele in Abschn. 3a.6 Abs. 13 UStAE).

Wie bei § 3a Abs. 3 Nr. 3 Buchst. a UStG fällt neben dem **Verkauf von Eintrittskarten durch den Veranstalter** auch der Verkauf durch **Zwischenhändler** in den Anwendungsbereich dieser Vorschrift, nicht aber die reine Vermittlung von Kartenverkäufen für den Veranstalter (vgl. Abschn. 3a.6 Abs. 13 S. 1 und 7 UStAE).

2.12 Sonstige Leistungen nach § 3a Abs. 4 S. 2 UStG

Ort der sonstigen Leistungen nach § 3a Abs. 4 S. 2 Nr. 1-14 UStG		
an Nichtunternehmer		an Unternehmer
mit Sitz im Drittland	mit Sitz im Inland oder übrigen Gemeinschaftsgebiet	(§ 3a Abs. 2 UStG) Ort = Sitz Leistungsempfänger
(§ 3a Abs. 4 S. 1 UStG) Ort = Sitz Leistungsempfänger	(§ 3a Abs. 1 UStG) Ort = Sitz leistender Unternehmer	
Sonderfälle bei Leistungen durch Drittlandunternehmer (§ 3a Abs. 6 Nr. 2 UStG)		

Nach § 3a Abs. 4 S. 1 UStG gilt bei den in S. 2 Nr. 1-14 aufgeführten Leistungen an **Nichtunternehmer mit Wohnsitz im Drittland** abweichend von Abs. 1, dass diese nicht am Sitz des leistenden Unternehmers, sondern am (Wohn-)**Sitz des „privaten" Leistungsempfängers** im Drittland ausgeführt werden und damit im Ergebnis in Deutschland nicht steuerbar sind (vgl. im Einzelnen Abschn. 3a.9 bis 3a.13 UStAE).

Die in § 3a Abs. 4 S. 2 UStG aufgeführten Leistungen hatten bis zum 31.12.2009 erhebliche praktische Bedeutung, da bis zu diesem Zeitpunkt Leistungen an andere Unternehmer grundsätzlich am Sitz des leistenden Unternehmers besteuert wurden und sich nur bei diesen, nunmehr in Abs. 4 S. 2 aufgeführten Leistungen, der Ort nach dem Sitz des Leistungsempfängers richtete. Mit Einführung des generellen Empfängerortprinzips für Leistungen an andere Unternehmer in § 3a Abs. 2 UStG hat Abs. 4 erheblich an Bedeutung verloren, da sich seine Anwendung nunmehr alleine auf Leistungen an Nichtunternehmer beschränkt und dies auch nur dann, wenn diese ihren Sitz im Drittland haben. Werden die dort aufgeführten Leistungen **an andere Unternehmer** oder **Nichtunternehmer mit Sitz im Gemeinschaftsgebiet** ausgeführt, bleibt es dagegen bei den Grundsätzen nach **§ 3a Abs. 1 und Abs. 2 UStG**.

Beispiele:

1. Ein Rechtsanwalt aus Trier vertritt einen Unternehmer aus der Schweiz
    a) in einer privaten Erbschaftsangelegenheit.
    b) in einer unternehmerischen Angelegenheit.
2. Eine Bank aus Frankfurt vergibt ein Darlehen
    a) an einen privaten Verbraucher aus der Schweiz.
    b) als Geschäftsdarlehen an einen Unternehmer aus der Schweiz.
    c) an einen privaten Verbraucher aus Frankreich.
3. Ein Baumarkt aus Konstanz vermietet Werkzeuge und Baumaschinen an Privatpersonen aus der Schweiz.

Lösung:

1. Der Ort liegt:
    a) nach § 3a Abs. 4 S. 2 Nr. 3 i.V.m. S. 1 UStG am Sitz des Leistungsempfängers in der Schweiz;
    b) nach § 3a Abs. 2 UStG am Sitz des Leistungsempfängers in Schweiz.
2. Der Ort liegt:
    a) nach § 3a Abs. 4 S. 2 Nr. 6a i.V.m. S. 1 und § 4 Nr. 8a UStG am Sitz des Leistungsempfängers in der Schweiz;
    b) nach § 3a Abs. 2 UStG am Sitz des Leistungsempfängers in der Schweiz;
    c) nach § 3a Abs. 1 UStG am Sitz der Bank in Frankfurt.

> 3. Der Ort liegt nach § 3a Abs. 4 S. 2 Nr. 10 i.V.m. S. 1 UStG am Sitz der Leistungsempfänger in der Schweiz.

Zu beachten ist, dass der Anwendungsbereich des § 3a Abs. 4 UStG dadurch weiter eingeschränkt wird, dass die speziellen Ortsbestimmungen nach **Abs. 3 grundsätzlich Vorrang** vor Abs. 4 haben, wenn sich deren Anwendungsbereiche überschneiden.

> **Beispiele:**
>
> Unter § 3a Abs. 4 S. 2 Nr. 3 UStG fallen die Leistungen von Ingenieuren, Architekten und Sachverständigen, wenn sie an Privatpersonen mit Sitz im Drittland ausgeführt werden. Dies gilt jedoch z.B. nicht für:
> - Grundstücksgutachten durch Sachverständige = § 3a Abs. 3 Nr. 1 UStG,
> - die Bauplanung/Baubetreuung durch Architekten/Bauingenieure = § 3a Abs. 3 Nr. 1 S. 2 Buchst. c UStG,
> - die Begutachtung eines privaten Pkw durch Kfz-Sachverständigen = § 3a Abs. 3 Nr. 3 Buchst. c UStG,
> - wissenschaftliche Gutachten = § 3a Abs. 3 Nr. 3 Buchst. a UStG.

2.13 Telekommunikations-, Rundfunk- und Fernsehdienstleistungen sowie auf elektronischem Wege erbrachte sonstige Leistungen

Der Ort der Telekommunikations-, Rundfunk- und Fernsehdienstleistungen sowie der auf elektronischem Weg erbrachten sonstigen Leistungen richtet sich sowohl bei Leistungen an **Unternehmer, als auch Nichtunternehmer nach dem Empfängerortprinzip**, sie gelten also dort als ausgeführt, wo der Empfänger seinen (Wohn-)Sitz hat. Dies ergibt sich für:
- Leistungen an andere **Unternehmer** aus **§ 3a Abs. 2 UStG**,
- Leistungen an **Nichtunternehmer** seit 1.1.2015 aus **§ 3a Abs. 5 S. 1 UStG**.

Bei der Inanspruchnahme von Leistungen in Telefonzellen, Internetcafés, WLAN-Hot-Spots in Restaurants oder Hotellobbys etc. gelten diese Orte als Leistungsort (vgl. hierzu Abschn. 3a.2 Abs. 5a und Abschn. 3a.9a Abs. 3 UStAE).

Werden die in § 3a Abs. 5 S. 2 Nr. 1 und Nr. 2 UStG bezeichneten Telekommunikations-, Rundfunk- und Fernsehdienstleistungen (nicht elektronische Dienstleistungen) von einem im Drittlandsgebiet ansässigen Unternehmer erbracht, so ist deren Ort nach § 3a Abs. 6 S. 1 Nr. 3 UStG bei Leistungen an Nichtunternehmer/Privatpersonen abweichend von Absatz 5 immer im Inland, wenn die Leistungen hier genutzt oder ausgewertet werden.

> ☞ **Anmerkung!**
> Bis zum 31.12.2014 galten diese Leistungen, soweit sie an Nichtunternehmer/Privatpersonen ausgeführt wurden, nach § 3a Abs. 1 UStG grundsätzlich am Sitz des leistenden Unternehmens als erbracht. Eine Ausnahme galt nach § 3a Abs. 4 S. 2 Nr. 11–13 und § 3a Abs. 5 UStG alte Fassung lediglich bei Leistungen von und in Drittlandstaaten. Dies führte in der Praxis dazu, dass viele Telekommunikations- und Internetunternehmen ihren Sitz in Luxemburg nahmen und damit ihre von dort aus europaweit an Privatkunden erbrachten Leistungen lediglich in Luxemburg mit den dortigen vergleichsweise niedrigen Mehrwertsteuersätzen versteuerten.

2.13.1 Telekommunikations-, Rundfunk- und Fernsehdienstleistungen

Telekommunikationsleistungen i.S.d. § 3a Abs. 5 S. 2 Nr. 1 UStG sind insbesondere die Leistungen der Telekommunikationsunternehmen, die in der Einräumung des **Zugangs zum Telefonfestnetz, Mobil-**

funknetz oder Internet bestehen. Unter den Begriff der Telekommunikationsleistung fällt aber auch die Ermöglichung der Kommunikation über das Internet, z.B. per E-Mail oder Internettelefonie (vgl. Abschn. 3a.10 UStAE).

2.13.2 Rundfunk- und Fernsehdienstleistungen

Unter den Begriff der Rundfunk- und Fernsehdienstleistungen (§ 3a Abs. 4 S. 2 Nr. 12 UStG) i.S.d. § 3a Abs. 5 S. 2 Nr. 2 UStG fallen die Verbreitung von Rundfunk- und Fernsehprogramme über Kabel, Antenne oder Satellit. **Ausschließlich über das Internet verbreitete Rundfunk- und Fernsehprogramme** fallen dagegen unter die auf elektronischem Weg erbrachten sonstigen Leistungen (vgl. Abschn. 3a.11 Abs. 2 UStAE).

2.13.3 Auf elektronischem Weg erbrachte sonstige Leistungen

Auf elektronischem Weg erbrachte sonstige Leistungen i.S.d. § 3a Abs. 5 S. 2 Nr. 3 UStG sind im Wesentlichen Leistungen, die elektronisch über das Internet erbracht werden, z.B. Bereitstellen von Websites, zur Verfügung stellen von Software (inklusive Apps durch App-Stores), Musik, E-Books oder Bilder zum Download, Bereitstellen von Online-Datenbanken oder Online-Versteigerungsplattformen (vgl. auch Abschn. 3a.12 Abs. 3 UStAE). Erfasst werden nur **über das Internet angebotenen Inhalte**, nicht die Einräumung des Zugangs zum Internet selbst durch die Telekommunikationsunternehmen. Die Leistungen müssen im Wesentlichen automatisiert erbracht werden. Wird die konkrete Leistung überwiegend von Menschen erbracht und dient das Internet nur als Kommunikationsmittel, liegt keine auf elektronischem Wege erbrachte Dienstleistung vor, z.B. bei Online-Beratungen durch Rechtsanwälte (vgl. auch Abschn. 3a.12 Abs. 6 UStAE).

2.14 Beförderungsleistungen (§ 3b UStG)

§ 3b Abs. 1 S. 1 und 2 UStG	**Personenbeförderungen** für **Unternehmer und Nichtunternehmer**
§ 3b Abs. 1 S. 3 und Abs. 3 UStG	**Güterbeförderung** für **Nichtunternehmer** • innergemeinschaftliche Güterbeförderungen, Abs. 3 • alle anderen Güterbeförderungen, Abs. 1 S. 3
§ 3b Abs. 2 UStG	Mit der **Güterbeförderung zusammenhängende sonstige Leistungen** (Beladen, Entladen, Umschlagen) für **Nichtunternehmer**

§ 3b UStG enthält besondere Ortsvorschriften für **Beförderungsleistungen und damit zusammenhängende Leistungen** (Beladen, Entladen, Umschlagen von Gütern). Entgegen der alten Rechtslage (bis 31.12.2009) gelten diese Sonderregelungen – bis auf Personenbeförderungen – nur noch bei Leistungen an Nichtunternehmer.

2.14.1 Personenbeförderungen (§ 3b Abs. 1 S. 1 und 2 UStG)

Nach § 3b Abs. 1 S. 1 UStG ist bei Personenbeförderungen der Leistungsort die gesamte **Wegstrecke**. Dies gilt abweichend von § 3a Abs. 1 und Abs. 2 UStG sowohl bei Personenbeförderungen **für Nichtunternehmer als auch für andere Unternehmer**.

Bei **grenzüberschreitenden Personenbeförderungen** erfolgt dabei nach § 3b Abs. 1 S. 2 UStG grundsätzlich eine **Aufteilung**. Steuerbar ist dabei nur der inländische Streckenteil, der ausländische Teil ist nicht steuerbar. Eine Ausnahme gilt nach Abs. 1 S. 4 bei kurzen in- oder ausländischen Verbindungsstrecken (vgl. auch §§ 2 ff. UStDV).

Zur Ermittlung des Entgelts für den inländischen Streckenanteil ist der Gesamtpreis nach dem **Verhältnis der Streckenlängen** aufzuteilen (Abschn. 3b.1 Abs. 6 UStAE). Zur Ausnahme bei der Ermittlung nach Durchschnittsbeförderungsentgelten, vgl. § 10 Abs. 6 UStG i.V.m. § 25 UStDV.

> **Beispiel:**
>
> Busunternehmer R befördert eine Reisegruppe von Mainz nach Lloret de Mar (Spanien) zu einem Gesamtpreis von 1.000 €. Gesamtstrecke = 1.200 km; inländischer Streckenanteil = 150 km.

> **Lösung:**
>
> Der Ort der Personenbeförderungsleistung bestimmt sich nach § 3b Abs. 1 S. 1 UStG nach der gesamten Wegstrecke von Mainz nach Lloret. Steuerbar ist jedoch nur der im Inland liegende Streckenanteil, insoweit hat gemäß S. 2 eine Aufteilung zu erfolgen. Das Entgelt ist grundsätzlich nach der Formel „Nettoentgelt × Inland-km/Gesamt-km" zu berechnen, Abschn. 3b.1 Abs. 6 Nr. 1 UStAE. Da die Ermittlung des Nettoentgelts die Kenntnis der im Gesamtpreis enthaltenen deutschen, französischen und spanischen Umsatzsteuer voraussetzen würde, kann nach Abschn. 3b.1 Abs. 6 Nr. 2 UStAE aus Vereinfachungsgründen der Bruttobeförderungspreis nach Streckenanteilen aufgeteilt und daraus das Entgelt berechnet werden.
>
> 1.000 € × $^{150}/_{1.200}$ = 125 € (brutto) × 125 € × $^{100}/_{119}$ = 105,04 € (Entgelt).

2.14.2 Güterbeförderungen für Nichtunternehmer (§ 3b Abs. 1 S. 3 und Abs. 3 UStG)

§ 3b Abs. 1 S. 3 und Abs. 3 UStG enthalten besondere Ortsbestimmungen für Güterbeförderungsleistungen. Entgegen der noch bis 31.12.2009 gültigen Rechtslage gelten diese speziellen Ortsbestimmungen jedoch nur noch bei Leistungen **an Nichtunternehmer**. Da Güterbeförderungen in der Praxis überwiegend für Unternehmen ausgeführt werden, hat § 3b UStG daher erheblich an praktischer Bedeutung verloren.

Bei **Güterbeförderungen für andere Unternehmer** bestimmt sich der Ort nunmehr i.d.R. nach **§ 3a Abs. 2 UStG**, der Ort der Leistung ist hier also grundsätzlich am Sitz des Leistungsempfängers (zur Ausnahme bei ausschließlich im Drittland durchgeführten Güterbeförderungen s. Kap. 2.16).

a) **Güterbeförderungen als eigenständige Leistungen**

Zu beachten ist zunächst, dass eine Güterbeförderung nur dann eine eigenständig zu beurteilende Leistung ist, wenn es sich **nicht nur um eine Nebenleistungen** zu einer anderen Leistung, insbesondere einer Lieferung handelt (Abschn. 3.10 Abs. 5 UStAE).

> **Beispiel:**
>
> P bestellt bei Händler H eine Waschmaschine, die dieser mit seinen Lkw bei P anliefert. Kosten für die Lieferung frei Haus 1.000 €.

> **Lösung:**
>
> Die Beförderung stellt keine eigenständige Leistung dar, sondern eine unselbständige Nebenleistung, die das Schicksal der Hauptleistung (Lieferung) teilt. Es liegt eine einheitliche Lieferung vor, deren Ort sich insgesamt nach § 3 Abs. 6 UStG bestimmt.

b) **Regelfall § 3b Abs. 1 S. 3 UStG**

Nach **§ 3b Abs. 1 S. 3 i.V.m. S. 1 UStG** ist bei Güterbeförderungen für Nichtunternehmer der Leistungsort grundsätzlich die **gesamte Wegstrecke**. Auch hier ist bei grenzüberschreitenden Beförderungen eine Aufteilung vorzunehmen, § 3b Abs. 1 S. 2 UStG.

> **Beispiel:**
>
> Eine Spedition befördert privates Umzugsgut von Berlin nach Bern.

> **Lösung:**
> Ort der Güterbeförderung ist die gesamte Wegstrecke, § 3b Abs. 1 S. 1 und 3 UStG. Steuerbar ist dabei nach S. 2 nur die Strecke von Berlin bis zur Grenze, die Strecke von der Grenze nach Bern (Schweiz) ist nicht steuerbar. Das Entgelt ist entsprechend der Streckenlänge aufzuteilen (s. Kap. 2.14.1).

c) **Sonderfall innergemeinschaftliche Güterbeförderung (§ 3b Abs. 3 UStG)**
§ 3b Abs. 3 UStG enthält eine Sonderortsbestimmung für sog. **innergemeinschaftliche Güterbeförderungen**. Das sind solche Beförderungen, bei denen Abgangsort und Ankunftsort in zwei verschiedenen EU-Mitgliedstaaten liegen. Der Ort bestimmt sich in diesen Fällen bei Leistungen an Nichtunternehmer abweichend von § 3b Abs. 1 S. 1–3 UStG nicht nach der Wegstrecke, sondern nach dem **Beginn der Beförderung**.

> **Beispiele:**
> a) Eine Spedition befördert privates Umzugsgut von Berlin nach Paris.
> b) Eine Spedition befördert privates Umzugsgut von Saarbrücken nach Freiburg teilweise über die französische Nationalstraße in Frankreich.

> **Lösung:**
> a) Es handelt sich um eine innergemeinschaftliche Güterbeförderung, da Abgangsort und Ankunftsort in zwei verschiedenen EU-Mitgliedstaaten liegen. Der Ort der Beförderungsleistung liegt damit nach § 3b Abs. 3 UStG am Beginn der Beförderung in Berlin und ist damit insgesamt steuerbar.
> b) Es liegt keine innergemeinschaftliche Güterbeförderung i.S.d. § 3b Abs. 3 UStG vor, da Abgangsort und Ankunftsort in Deutschland und damit im selben EU-Mitgliedstaat liegen. Es gilt damit grundsätzlich § 3b Abs. 1 S. 1–3 UStG.

2.14.3 Beladen, Entladen und Umschlagen für Nichtunternehmer (§ 3b Abs. 2 UStG)

Die mit einer Güterbeförderung in Zusammenhang stehenden sonstigen Leistungen (Beladen, Entladen, Umschlagen) werden nach § 3b Abs. 2 UStG dort ausgeführt, wo sie vom Unternehmer **tatsächlich erbracht werden**.

§ 3b Abs. 2 UStG gilt **nur bei Leistungen an Nichtunternehmer**. Bei Leistungen an andere Unternehmer bleibt es dagegen beim Grundsatz nach § 3a Abs. 2 UStG.

Zu beachten ist auch hier, dass es sich bei diesen Leistungen um eigenständige Leistungen und nicht nur um Nebenleistungen zu einer Güterbeförderung handeln muss.

> **Beispiele:**
> a) Privatmann P beauftragt Frachtführer F mit der Beförderung seines Umzugsguts von Mainz nach Paris. Mit dem Verladen des Umzugsguts in Mainz auf den Lkw beauftragt er das Unternehmen „Möbelpacker" M.
> b) Wie a), nur verlädt Frachtführer F das Umzugsgut in Mainz selbst auf den Lkw.

> **Lösung:**
> a) F erbringt an P mit dem Transport eine innergemeinschaftliche Güterbeförderung, die nach § 3b Abs. 3 UStG am Beginn der Beförderung Mainz als ausgeführt gilt.
> M erbringt an P mit dem Verladen eine sonstige Leistung nach § 3b Abs. 2 UStG in Mainz, da die Leistung dort ausgeführt wird.

b) Das Beladen ist eine unselbständige Nebenleistung zur Beförderung, die das Schicksal der Hauptleistung teilt. Es liegt eine einheitliche innergemeinschaftliche Güterbeförderung vor, deren Ort sich insgesamt nach § 3b Abs. 3 UStG bestimmt.

2.15 Bestimmte im Drittland ausgeführte Leistungen (§ 3a Abs. 8 UStG)

Nach § 3a Abs. 8 UStG gelten bestimmte Leistungen abweichend von den vorgenannten Grundsätzen als **im Drittlandsgebiet ausgeführt**, wenn diese Leistungen **ausschließlich dort genutzt oder ausgewertet** werden. Dies gilt nach § 3a Abs. 8 S. 2 UStG jedoch nicht bei Leistungen in den in § 1 Abs. 3 UStG genannten Drittlandsgebieten (insbesondere Freihäfen).

Abweichend von § 3a Abs. 2 UStG gelten nach § 3a Abs. 8 S. 1 UStG folgende Leistungen **an andere Unternehmer** nicht am Sitz des Leistungsempfängers im Inland, sondern im Drittland als ausgeführt:

- ausschließlich **im Drittland durchgeführte Güterbeförderungen** und damit **zusammenhängende Leistungen** für andere Unternehmer;
- **Arbeiten an und Begutachtungen von beweglichen körperlichen Gegenständen** für andere Unternehmer, die ausschließlich im Drittland in Anspruch genommen werden können;
- **Veranstaltungsleistungen** an anderer Unternehmer im Zusammenhang mit **Messen und Ausstellungen im Drittland** (s. Kap. 2.5.6);
- Reisevorleistungen im Sinne des § 25 Abs. 1 S. 5 UStG für andere Unternehmer, die ausschließlich im Drittland genutzt werden.

Beispiele:

a) Frachtführer F aus Tokio befördert für einen Unternehmer mit Sitz in Mainz Waren vom Hafen in Tokio zu einem Kunden des U im japanischen Inland.
b) Unternehmer U aus Mannheim liefert an einen Abnehmer in die USA eine Maschine, die für den Transport in Einzelteile zerlegt wurde. Mit dem Zusammenbau der Maschine beim Abnehmer in den USA beauftragt U das vor Ort ansässige Montageunternehmen M.

Lösung:

a) F erbringt an U eine Güterbeförderungsleistung, die nach § 3a Abs. 2 UStG eigentlich am Sitz des Leistungsempfängers U in Mainz als ausgeführt gilt und damit in Deutschland grundsätzlich steuerbar wäre. Vorliegend gilt die Leistung jedoch nach § 3a Abs. 8 S. 1 UStG im Drittland als ausgeführt, da sie ausschließlich dort durchgeführt wird.
b) Mit der Montage der Maschine erbringt M an U eine sonstige Leistung = Arbeiten an einem beweglichen körperlichen Gegenstand. Der Leistungsort bestimmt sich hier nicht nach dem Tätigkeitsort gemäß § 3a Abs. 3 Nr. 3 Buchst. c UStG, da diese Ortsvorschrift nur für Leistungen an Nichtunternehmer gilt. Grundsätzlich würde die Leistung daher nach § 3a Abs. 2 UStG am Sitzort des Empfängers U in Mannheim als ausgeführt gelten und wäre damit steuerbar. Vorliegend kommt es jedoch nach § 3a Abs. 8 S. 1 UStG zu einer Verlagerung des Leistungsortes in das Drittland USA, da die Leistung ausschließlich dort in Anspruch genommen und genutzt wird. Die Leistung ist also im Ergebnis in Deutschland nicht steuerbar.

3. Zeitpunkt der sonstigen Leistung

Sonstige Leistungen gelten grundsätzlich mit ihrer **Vollendung** als ausgeführt. Damit entsteht die Umsatzsteuer nach § 13 Abs. 1 Nr. 1 Buchst. a S. 1 UStG i.d.R. erst mit Ablauf des Voranmeldungszeitraums, in dem die **Leistung vollständig ausgeführt** worden ist.

> **Beispiel:**
> Frachtführer F befördert im Auftrag des A Waren mit dem Lkw von Köln nach Moskau. Er fährt am 30.4. los und liefert die Waren am 2.5. in Moskau ab.

> **Lösung:**
> Die Beförderungsleistung gilt mit ihrer Vollendung am 2.5. als ausgeführt, die Umsatzsteuer entsteht also grundsätzlich mit Ablauf des Voranmeldungszeitraums Mai.

Eine Ausnahme vom Grundsatz, dass die Umsatzsteuer erst mit vollständiger Ausführung der Leistung entsteht, gilt dann, wenn die Beteiligten Teilleistungen vereinbart haben, bei denen das Entgelt für einzelne Teilabschnitte zu entrichten ist. Jede Teilleistung wird dann als eigene Leistung behandelt, die Steuer entsteht insoweit nach **§ 13 Abs. 1 Nr. 1 Buchst. a S. 2 i.V.m. S. 1 UStG** mit Ablauf des Voranmeldungszeitraums, in dem die jeweilige **Teilleistung ausgeführt** wird (vgl. im Einzelnen Kap. XVI. 3.1.2). Typische Teilleistungen liegen bei längerfristigen Duldungsleistungen vor (Vermietung, Verpachtungen und sonstige langfristige Nutzungsüberlassungen z.B. von Patenten und Urheberrechten), wenn das Entgelt hierfür für einzelne Zeitabschnitte bemessen wird.

> **Beispiel:**
> Die Vermietung einer Wohnung oder eines Pkw ist eine Dauerleistung, die grundsätzlich erst mit der Rückgabe des vermieteten Gegenstandes vollständig ausgeführt ist. Ist das Entgelt (die Miete) jedoch für einzelne Teilabschnitte des Leistungszeitraums zu entrichten (z.B. monatlich, pro Quartal, jährlich), liegen Teilleistungen vor und die Steuer entsteht bereits mit Ablauf eines jeden Teilleistungszeitraums.

4. Steuerschuldner bei sonstigen Leistungen von im Ausland ansässigen Unternehmern

Sonstige Leistungen von im Ausland ansässigen Unternehmern gelten nach §§ 3a und 3b UStG oftmals im Inland als ausgeführt und unterliegen damit in Deutschland der Umsatzsteuer. Dies gilt insbesondere bei Leistungen an inländische Unternehmer, da diese nach § 3a Abs. 2 UStG grundsätzlich am Sitzort des Leistungsempfängers ausgeführt werden, mittlerweile aber auch bei vielen grenzüberschreitenden Leistungen an Nichtunternehmer/Privatpersonen (z.B. Restaurationsleistungen, Mietwagenvermietungen, Telekommunikationsdienstleistungen etc.).

Abweichend von § 13a Abs. 1 Nr. 1 UStG schuldet in diesen Fällen nach **§ 13b Abs. 1 und Abs. 2 Nr. 1 i.V.m. Abs. 5 S. 1 UStG** die hierfür anfallende Umsatzsteuer nicht der ausländische Unternehmer, sondern der – nicht zwingend, aber regelmäßig in Deutschland ansässige – **Leistungsempfänger, wenn dieser auch Unternehmer ist** (vgl. im Einzelnen Kap. XVII. 2.). Die Übernahme der Besteuerung durch den Leistungsempfänger hat den Vorteil, dass sich der ausländische Unternehmer hier nicht extra für umsatzsteuerliche Zwecke registrieren lassen und steuerliche Pflichten erfüllen muss.

Ist der **Leistungsempfänger Nichtunternehmer/Privatperson**, schuldet dagegen der ausländische Unternehmer nach § 13a UStG die für seine Leistungen in Deutschland anfallende Umsatzsteuer und muss diese hier abführen. Für Unternehmer, die von ihrem Sitzstaat aus **elektronisch Dienstleistungen, Telekommunikations-, Rundfunk- oder Fernsehdienstleistungen** i.S.d. § 3a Abs. 5 UStG oft grenzüberschreitend an Nichtunternehmer in der gesamten EU erbringen, wurde jedoch mit dem sog. Mini-One-Stop-Shop (MOSS) eine Verfahrenserleichterung geschaffen, damit sie sich nicht in jedem EU-Mitgliedstaat, in dem sie derartige Leistungen erbringen, für umsatzsteuerliche Zwecke registrieren lassen und dort ihre steuerlichen Pflichten erfüllen müssen. Vielmehr haben sie mit dem MOSS die Möglichkeit, sich in einem EU Mitgliedstaat (Mitgliedstaat der Identifizierung = MSI) zu registrieren und ihre sämtlichen Umsätze innerhalb der EU an Nichtunternehmer dort abzuwickeln.

V. Zurechnung von Leistungen

1. Allgemeines

Zwischen wem **umsatzsteuerlich Leistungsbeziehungen** zustande kommen, richtet sich grundsätzlich nach den der Leistung zugrunde liegenden **zivilrechtlichen Vertragsbeziehungen**. Leistender und Leistungsempfänger sind also grundsätzlich diejenigen, zwischen denen der zivilrechtliche Vertrag geschlossen wird, vgl. Abschn. 2.1 Abs. 3 UStAE (z.B. Verkäufer/Käufer, Vermieter/Mieter).

Zivilrechtlich wird dabei immer derjenige Vertragspartei, der einen Vertrag **in eigenem Namen** abschließt. Wer einen Vertrag dagegen erkennbar **in fremdem Namen**, also für einen anderen abschließt, wird nicht selbst Vertragspartei, sondern handelt lediglich als **Stellvertreter/Vermittler**. Vertragspartner und damit auch Beteiligter an der umsatzsteuerlichen Leistungsbeziehungen wird hier der Vertretene, soweit der Vertreter auch die Befugnis hat (z.B. Vollmacht), für diesen zu handeln (§ 164 Abs. 1 BGB).

2. Handeln in eigenem Namen und für eigene Rechnung

Der Regelfall ist der Bezug und die Ausführung von **Leistungen als Eigenhändler**, also **in eigenem Namen** und **für eigene Rechnung** („auf eigene Kosten und Risiken"). Wer Leistungen in eigenem Namen und auf eigene Rechnung bezieht und an Dritte weiter ausführt, dem werden die Leistungen ganz normal als eigene zugerechnet, er gilt also als Empfänger der an ihn und Leistender der von ihm ausgeführten Leistungen.

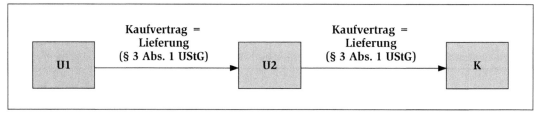

Beispiel:

Händler U1 kauft von Hersteller U2 Waren ein und verkauft diese weiter an Kunden.

Lösung:

Es liegt ein ganz normales Eigengeschäft durch U2 vor, der Ware in eigenem Namen und auf eigene Rechnung einkauft und anschließend weiterverkauft. Mit dem Wareneinkauf liegen Lieferungen von U1 an U2, mit dem Verkauf Lieferungen von U2 an die Kunden vor, § 3 Abs. 1 UStG.

3. Handeln für fremde Rechnung

Daneben gibt es aber auch Fälle, in denen ein Unternehmer nicht für sich selbst, sondern im Auftrag und **für Rechnung eines anderen Unternehmers** tätig wird. Die umsatzsteuerrechtliche Behandlung dieser Fälle hängt davon ab, ob er beim Abschluss der Geschäfte zu erkennen gibt, dass er für einen anderen handelt (Handeln im Namen des Auftraggebers) oder nicht (Handeln in eigenem Namen).

 Merke!
- in **fremdem Namen** und für **fremde Rechnung** = Vermittlung
- in **eigenem Namen** aber für **fremde Rechnung** = Kommission

3.1 Handeln in fremdem Namen für fremde Rechnung (Vermittlung)

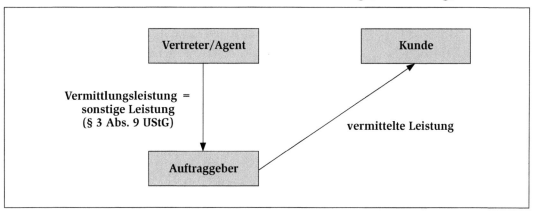

3.1.1 Leistungsbeziehungen

Wer mit einem anderen nicht in eigenem, sondern in fremdem Namen Verträge abschließt, gibt zu erkennen, dass nicht er selbst, sondern derjenige, in dessen Namen er handelt, also sein Auftraggeber, Vertragspartner sein soll. Die von ihm abgeschlossenen Verträge und damit auch die umsatzsteuerlichen **Leistungsbeziehungen** kommen damit auch nicht zwischen ihm und dem Kunden, sondern **unmittelbar zwischen Auftraggeber und Kunde** zustande (vgl. § 164 Abs. 1 BGB).

Er selbst vermittelt lediglich als **Stellvertreter/Agent** das Geschäft zwischen Auftraggeber und Kunde. Insofern erbringt er aber gegenüber seinem Auftraggeber eine eigenständige sonstige Leistung nach § 3 Abs. 9 UStG (**Vermittlungsleistung**), für die er regelmäßig auch ein Entgelt erhält (Provision). Es sind hier also grundsätzlich zwei Umsätze zu unterscheiden, zum einen die vermittelte Leistung zwischen Auftraggeber und Kunde, und zum anderen die mit der Vermittlung vom Vertreter/Agenten an seinen Auftraggeber ausgeführte Vermittlungsleistung.

 Merke!
- **Vermittelter Umsatz = Leistung Auftraggeber ↔ Kunde**
- **Vermittlung = sonstige Leistung Vertreter → Auftraggeber**

Beispiel „Vermittlung eines Warenverkaufs":

HV ist selbständiger Handelsvertreter. Er verkauft im Namen und auf Rechnung der Herstellerfirma U deren Kaffeeautomaten für einen von U festgelegten Verkaufspreis und erhält dafür eine Provision für jede verkaufte Maschine.

Lösung:

Mit dem Verkauf der Kaffeeautomaten durch HV im Namen und im Auftrag des U kommen die Kaufverträge unmittelbar zwischen U (Verkäufer) und den Kunden (Käufer) zustande. Damit liegen auch unmittelbar Lieferungen von U an die Kunden vor (Entgelt = Netto-Kaufpreis). Mit der Vermittlung der Verkäufe erbringt HV an U sonstige Leistungen (Entgelt = Netto-Provision).

Beispiel „Vermittlung eines Wareneinkaufs":

HV ist selbständiger Handelsvertreter. Er kauft im Namen und auf Rechnung des Modegeschäfts U bei verschiedenen Designern Kleidungsstücke ein und erhält dafür von U eine Provision.

> **Lösung:**
> Mit dem Einkauf der Kleidungsstücke durch HV im Namen und im Auftrag des U kommen Kaufverträge unmittelbar zwischen den Designern (Verkäufer) und U (Käufer) zustande. Damit liegen auch unmittelbar Lieferungen der Designer an U vor (Entgelt = Netto-Kaufpreis). Mit der Vermittlung der Einkäufe erbringt HV an U sonstige Leistungen (Entgelt = Netto-Provision).

> **Beispiel „Vermittlung einer sonstigen Leistung":**
> Immobilienmakler M sucht für Eigentümer V Mieter für dessen Gewerbeimmobilien und schließt mit ihnen im Namen des V die Mietverträge ab. M erhält für jeden vermittelten Mieter eine Provision von V.

> **Lösung:**
> Die Mietverträge kommen unmittelbar zwischen V und den Mietern zustande, da M die Verträge im Namen und im Auftrag des U abschließt.
> Mit der Vermietung erbringt U an die Mieter sonstige Leistungen = Vermietungsleistungen (Entgelt = Miete). Mit der Vermittlung der Vermietungen erbringt HV an U ebenfalls sonstige Leistungen = Vermittlungsleistungen (Entgelt = Provision).

3.1.2 Ort der Vermittlungsleistung

Der Ort der Vermittlungsleistung eines Vertreters an seinen Auftraggeber richtet sich nach § 3a UStG. Dabei kommt es darauf an, was Gegenstand der Vermittlungsleistung ist und ob der Auftraggeber Unternehmer oder Nichtunternehmer ist (s. Kap. IV. 2.).

§ 3a Abs. 2 UStG	Grundsätzlich **Sitzort des Auftraggebers**, wenn dieser **Unternehmer** ist
§ 3a Abs. 3 Nr. 4 UStG	Grundsätzlich **Ort der vermittelten Leistung** bei **privaten Auftraggebern**
§ 3a Abs. 3 Nr. 1 S. 1 UStG	**Belegenheitsort** bei der **Vermittlung einer Grundstücksvermietung** (mit Ausnahme kurzfristiger Vermietungen)
§ 3a Abs. 3 Nr. 1b UStG	**Belegenheitsort** bei der **Vermittlung eines Grundstücksverkaufs**

3.2 Handeln in eigenem Namen aber für fremde Rechnung (Kommission)

3.2.1 Rechtliche Grundlagen der Kommission

Bei einem **Kommissionsgeschäft** (§§ 383 ff. HGB) verpflichtet sich ein Unternehmer (**Kommissionär**) gegenüber einem Auftraggeber (**Kommittent**), für diesen Geschäfte mit Dritten auszuführen. Diese Geschäfte können im Verkauf oder Einkauf von Waren, aber auch in der Ausführung sonstiger Geschäfte für den Kommittenten bestehen.

Der Kommissionär handelt dabei **wie ein Vertreter auf Rechnung des Kommittenten**, also auf fremde Rechnung. Die wirtschaftlichen Vorteile, aber auch die Risiken des ausgeführten Geschäfts liegen allein beim Kommittenten. Der Kommissionär ist verpflichtet, das aus dem Geschäft Erlangte (z.B. eingekaufte Ware oder Kaufpreis aus einem Warenverkauf) an den Kommittenten herauszugeben. Er selbst **hat gegenüber dem Kommittenten** lediglich einen Anspruch auf Provision und Aufwendungsersatz.

Im Unterschied zum Stellvertreter gibt der Kommissionär aber seine Vertreterstellung nicht zu erkennen, schließt also die Geschäfte mit den Dritten nicht im Namen des Auftraggebers/Kommittenten, sondern **wie ein Eigenhändler in eigenem Namen** ab (verdeckte/mittelbare Stellvertretung).

3.2.2 Verkaufskommission (§ 3 Abs. 3 UStG)

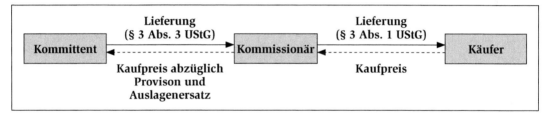

Bei einer Verkaufskommission verkauft der Kommissionär in eigenem Namen Waren des Kommittenten für dessen Rechnung und erhält dafür eine Provision und Aufwendungsersatz. Im Unterschied zu einem Eigenhändler kauft der Kommissionär die Ware nicht ein und wird auch nicht Eigentümer der Ware („**er nimmt sie in Kommission**"). Er überträgt vielmehr die weiterhin im Eigentum des Kommittenten stehende Ware mit dessen Einwilligung direkt auf den Käufer (§ 185 BGB). Der Kommissionär trägt damit auch nicht das wirtschaftliche Risiko einer Unverkäuflichkeit. Kommt es nicht zu einem Verkauf, kann er die Ware an den Kommittenten zurückgeben.

Da der Kommissionär beim Verkauf der Ware gegenüber dem Käufer in eigenem Namen auftritt, also nicht zu erkennen gibt, dass er nur als Vertreter handelt, liegt keine wirksame Stellvertretung vor (§ 164 BGB) und der Kaufvertrag kommt unmittelbar zwischen ihm selbst und dem Käufer zustande. Verkäufer und damit Lieferer ist also der Kommissionär selbst. Insoweit liegt gemäß **§ 3 Abs. 1 UStG eine Lieferung des Kommissionärs an den Käufer nach allgemeinen Grundsätzen** vor, für die als Bemessungsgrundlage nach § 10 Abs. 1 UStG das vom Käufer entrichtete Entgelt (Kaufpreis netto) anzusetzen ist.

Zivilrechtlich kauft der Kommissionär die Ware nicht ein, es liegt also eigentliche keine Lieferung des Kommittenten an den Kommissionär vor. Vielmehr erbringt der Kommissionär gegenüber dem Kommittenten mit dem Verkauf eine (Geschäftsbesorgungs-)Leistung, für die er i.d.R. eine Provision erhält. Umsatzsteuerlich wird jedoch nach **§ 3 Abs. 3 UStG eine Lieferung des Kommittenten an den Kommissionär fingiert**.

Der Kommissionär wird damit letztlich wie ein Eigenhändler behandelt, der die Ware vom Kommittenten einkauft und sie anschließend weiterverkauft. Als Bemessungsgrundlage für diese fingierte Lieferung ist nach § 10 Abs. 1 UStG das Entgelt anzusetzen, also alles, was der Kommissionär gegenüber dem Kommittenten aufzuwenden hat. Das ist der an den Kommittenten aus dem Weiterverkauf abzuführende Kaufpreis abzüglich der ihm zustehenden Provision und ggf. Aufwendungsersatz.

> ☞ **Merke!**
> - **Lieferung Kommissionär → Käufer nach § 3 Abs. 1 UStG**
> - **(fingierte) Lieferung Kommittent → Kommissionär nach § 3 Abs. 3 UStG**

Die Lieferung des Kommittenten an den Kommissionär liegt dabei erst zu dem Zeitpunkt vor, an dem die Lieferung des Kommissionärs an den Kunden ausgeführt wird, **beide Lieferungen werden also zeitgleich ausgeführt** (Abschn. 3.1 Abs. 3 S. 7 USAE). Allein mit der Übergabe der Ware an den Kommissionär liegt damit noch keine Lieferung vor. Wird die Ware zum Kommissionär befördert oder versendet, damit dieser sie von dort aus weiterverkaufen kann, liegt in diesem Vorgang daher lediglich ein **rechtsgeschäftsloses Verbringen**. Kommt es anschließend nicht zu einem Verkauf, liegt letztlich auch keine Lieferung des Kommittenten an den Kommissionär vor.

> **☞ Hinweis!**
> Ausnahmsweise kann die Lieferung des Kommittenten an den Kommissionär nicht erst mit dem Verkauf, sondern bereits mit dem Verbringen der Ware zum Kommissionär als erbracht angesehen werden, wenn der Kommissionär in einem anderen EU-Mitgliedstaat ansässig ist (vgl. hierzu Abschn. 3.1 Abs. 3 Satz 8 und Abschn. 1a.2 Abs. 7 UStAE sowie die Ausführungen unter Kap. XX. 7.).

Für die Bestimmung des **Ortes der Lieferungen** kommt es darauf an, ob sich die Ware zum Zeitpunkt des Verkaufs bereits beim Kommissionär befindet oder die Ware sich noch beim Kommittenten befindet und von dort direkt an den Kunden versandt wird.

Beispiel:

Verlag V (Stuttgart) bietet dem Buchhändler B (Zürich) ein neu erschienenes Buch zum Kauf an. B, der skeptisch ist, ob sich das Buch verkaufen lässt, lehnt das Kaufangebot ab, bietet B aber an, das Buch in seiner Buchhandlung in eigenem Namen, aber für Rechnung des V zum Verkauf anzubieten. Es wird vereinbart, dass B für jedes verkaufte Buch 20 % Provision vom festgelegten Verkaufspreis von 20 € zuzüglich Umsatzsteuer erhält, den Rest muss er an V abführen. Am 10.9. schickt V dem B per Post 10 Bücher zu. Am 5.10. verkauft er nicht nur die 10 vorrätigen Bücher in seiner Buchhandlung, sondern weitere 5 Bücher, die noch am selben Tag durch den Verlag V direkt an die Kunden versandt werden.

Lösung:

V und B haben einen Kommissionsvertrag geschlossen (§ 383 HGB). Der Verkauf der Bücher durch B in eigenem Namen aber für Rechnung des Verlages V erfolgt im Rahmen einer Verkaufskommission.

Verkauf der vorrätigen Bücher
Es liegen 10 Lieferungen von B an die Kunden vor, § 3 Abs. 1 UStG. Ort und Zeitpunkt der Lieferungen bestimmen sich gemäß § 3 Abs. 6 S. 1 und 2 UStG nach dem Beginn der Beförderung durch die Kunden am 5.10. in der Buchhandlung in Zürich. Die Lieferungen sind daher nicht steuerbar.
Mit dem Zusenden der Bücher durch V an B am 10.9. liegt noch keine Lieferung vor. Es handelt sich daher lediglich um ein rechtsgeschäftsloses Verbringen.
Erst mit den Lieferungen von B an die Kunden am 5.10. liegen auch 10 Lieferungen von V an B gemäß § 3 Abs. 3 UStG vor (Abschn. 3.1 Abs. 3 S. 7 USAE). Da sich die Bücher zum Zeitpunkt der Lieferungen bereits bei B befinden, handelt es sich um unbewegte Lieferungen, deren Ort sich nach § 3 Abs. 7 S. 1 UStG bestimmt und ebenfalls in Zürich liegt. Sie sind daher ebenfalls nicht steuerbar.

Verkauf der von V aus versandten Bücher (Kommissionsreihengeschäft)
Es liegen Reihengeschäfte nach § 3 Abs. 6 S. 5 UStG vor, da mehrere Unternehmer (V und B) über dieselben Gegenstände (Bücher) Umsatzgeschäfte abgeschlossen haben und die Bücher direkt vom ersten Unternehmer (V) an die letzten Abnehmer (Kunden) gelangen.
Die 5 fingierten Lieferungen von V an B nach § 3 Abs. 3 UStG sind die bewegten Lieferungen, da V die Versendung veranlasst (Abschn. 3.14 Abs. 8 S. 1 UStAE). Die Lieferungen gelten daher nach § 3 Abs. 6 S. 1, 3 und 4 UStG am Beginn der Versendung am 5.10. in Stuttgart als ausgeführt und sind damit steuerbar (aber als Ausfuhrlieferungen grundsätzlich steuerfrei nach §§ 4 Nr. 1 Buchst. a, 6 UStG).
Die 5 Lieferungen des B an die Kunden nach § 3 Abs. 1 UStG sind die nachfolgenden unbewegten Lieferungen im Reihengeschäft, die nach § 3 Abs. 7 S. 2 Nr. 2 UStG am Ende der Versendung bei den jeweiligen Kunden in der Schweiz als ausgeführt gelten und damit nicht steuerbar sind.

3.2.3 Einkaufskommission (§ 3 Abs. 3 UStG)

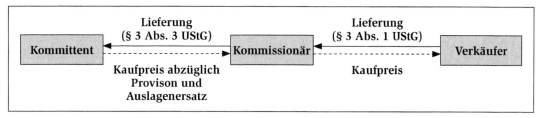

Bei einer Einkaufskommission kauft der Kommissionär Waren in eigenem Namen, aber für Rechnung des Kommittenten ein und erhält hierfür i.d.R. eine Provision und Aufwendungsersatz.

Da der Kommissionär beim Einkauf in eigenem Namen handelt, also dem Verkäufer gegenüber nicht zu erkennen gibt, dass er nur als Vertreter handelt, liegt keine wirksame Stellvertretung vor (§ 164 BGB). Der Kommissionär schließt also selbst einen Kaufvertrag mit dem Verkäufer und bekommt von diesem i.d.R. daher auch das Eigentum übertragen. Käufer und damit Abnehmer der Lieferung ist damit der Kommissionär selbst. Insoweit liegt also gem. **§ 3 Abs. 1 UStG eine Lieferung des Verkäufers an den Kommissionär nach allgemeinen Grundsätzen** vor, für die als Bemessungsgrundlage nach § 10 Abs. 1 UStG das vom Kommissionär entrichtete Entgelt (Kaufpreis netto) anzusetzen ist.

Auch hier erbringt zivilrechtlich der Kommissionär gegenüber dem Kommittenten mit dem Einkauf eigentlich nur eine (Geschäftsbesorgungs-)Leistung, für die er i.d.R. eine Provision erhält. Umsatzsteuerlich wird jedoch auch hier ein Eigenhändlergeschäft fingiert, indem **§ 3 Abs. 3 UStG eine Weiterlieferung der eingekauften Ware vom Kommissionär an den Kommittenten fingiert**. Dem entsprechend ist als Bemessungsgrundlage auch nicht nur das für die Geschäftsbesorgung entrichtete Entgelt (die Provision) anzusetzen, sondern alles, was der Kommittent für die Weiterlieferung der Ware durch den Kommissionär aufzuwenden hat, also der Kaufpreis der Ware zuzüglich der für den Einkauf geschuldeten Provision und ggf. Aufwendungsersatz.

> ☞ **Merke!**
> - Lieferung Verkäufer → Kommissionär nach § 3 Abs. 1 UStG
> - (fingierte) Lieferung Kommissionär → Kommittent nach § 3 Abs. 3 UStG

Da der Kommissionär zunächst selbst das Eigentum vom Verkäufer übertragen bekommt, muss er es an den Kommittenten weiterübertragen. **Ort und Zeitpunkt der fingierten Lieferung** des Kommissionärs an den Kommittenten hängen dabei davon ab, wann der Kommittent das Eigentum und damit die Verfügungsmacht an der Ware vom Kommissionär übertragen bekommt.

Üblicherweise vereinbaren Kommissionär und Kommittent, dass das Eigentum bereits unmittelbar mit dem Erwerb durch den Kommissionär auf den Kommittenten übergehen soll. Hierin ist der konkludente Abschluss eines Verwahrungsvertrags bis zur endgültigen Übergabe zu sehen, der als **antizipiertes Besitzkonstitut** die zur Eigentumsübertragung regelmäßig erforderliche Übergabe ersetzt (§§ 929 Satz 1, 930 BGB). Die Eigentumsübertragung und damit die **Lieferung des Kommissionärs an den Kommittenten** erfolgt damit **zeitgleich** mit der Lieferung des Verkäufers an den Kommissionär und der Ort bestimmt sich dem entsprechend nach § 3 Abs. 7 S. 1 UStG, da die eingekauften Gegenstände zu diesem Zeitpunkt noch nicht übergeben werden.

Haben Kommissionär und Kommittent ausnahmsweise keine Vereinbarung getroffen, findet die Eigentumsübertragung nach § 929 S. 1 BGB erst mit der Übergabe des Kommissionsguts an den Kommittenten statt. Es liegen dann zwei zeitlich aufeinanderfolgende (i.d.R. bewegte) Lieferungen vor. Befördert der Kommissionär die Ware nach dem Einkauf direkt vom Verkäufer zum Kommittenten sind die Regelungen des Reihengeschäfts nach § 3 Abs. 6 S. 5 UStG zu beachten.

> **Beispiel:**
>
> Kunstmakler K (Hamburg) erhält vom Galeristen G (Kiel) den Auftrag, bei verschiedenen Künstlern Bilder für ihn einzukaufen. G will dabei nicht in Erscheinung treten, K soll die Bilder also in eigenem Namen, aber auf Rechnung des G einkaufen. Für jedes gekaufte Bild erhält K eine Provision von 1.000 € zuzüglich Umsatzsteuer. Am 30.6. kauft K ein Bild beim bekannten Künstler R in Mainz für 20.000 € zuzüglich Umsatzsteuer ein.
>
> Variante 1: K und G haben im Voraus vereinbart, dass das Eigentum sofort mit dem Erwerb durch K auf G übergehen soll.
>
> Variante 2: K und G haben über den Eigentumsübergang nichts vereinbart. K bringt das Bild zunächst zu sich nach Hamburg, wo es G am 2.7. abholt.
>
> Variante 3: K und G haben über den Eigentumsübergang nichts vereinbart. K bringt das Bild nach dem Einkauf bei R unmittelbar zu G nach Hamburg.

> **Lösung:**
>
> G und K haben einen Kommissionsvertrag geschlossen (§ 383 HGB). Der Einkauf in eigenem Namen für Rechnung des G erfolgt im Rahmen einer Einkaufskommission.
> Mit dem Einkauf des Bildes durch K in eigenem Namen liegt nach § 3 Abs. 1 UStG eine Lieferung von R an K vor. Diese gilt nach § 3 Abs. 6 S. 1 und 2 UStG mit Beginn der Beförderung durch K am 30.6. in Mainz als ausgeführt. Als Bemessungsgrundlage ist der Kaufpreis (netto) von 20.000 € anzusetzen. Die fingierte (Weiter-)Lieferung von K an G nach § 3 Abs. 3 UStG gilt mit der Eigentumsübertragung des Bildes von K auf G als ausgeführt.
>
> Variante 1: Da in Variante 1 das Eigentum am Bild durch antizipierte Einigung und Besitzkonstitut (§§ 929 S. 1, 930 BGB) unmittelbar mit dem Erwerb auf G weiterübertragen wird, wir diese Lieferung ebenfalls am 30.6. ausgeführt. Da das Bild hier noch nicht übergeben wird, handelt es sich um eine unbewegte Lieferung, die nach § 3 Abs. 7 Satz 1 UStG in Mainz als ausgeführt gilt, da sich das Bild bei der Weiterlieferung dort befindet. Als Bemessungsgrundlage sind hier 21.000 € anzusetzen (alles was G für die Lieferung aufwendet, § 10 Abs. 1 S. 2 UStG = 20.000 € Kaufpreis + 1.000 € Provision).
>
> Variante 2: Mangels anderweitiger Vereinbarung findet die Eigentumsübertragung hier ganz normal durch Einigung und Übergabe statt, § 929 S. 1 BGB. Es handelt sich daher bei der Lieferung von K an G ebenfalls um eine bewegte Lieferung, deren Ort und Zeitpunkt sich nach § 3 Abs. 6 S. 1 und 2 UStG bestimmt. Sie gilt also mit Beginn der Beförderung (Abholung) durch G in Hamburg am 2.7. als ausgeführt.
>
> Variante 3: Beide Lieferungen finden im Rahmen eines Reihengeschäfts nach § 3 Abs. 6 S. 5 UStG statt, da mehrere Unternehmer (R und K) über dieselben Gegenstände (Bild) Umsatzgeschäfte abgeschlossen haben und das Bild direkt vom ersten Unternehmer (R) an den letzten Abnehmer (G) gelangt. Da K nach § 3 Abs. 6 S. 6 UStG im Zweifel als Abnehmer der an ihn ausgeführten Lieferung (R an K) befördert, ist die Lieferung K an G die nachfolgende unbewegte Lieferung, die nach § 3 Abs. 7 S. 2 Nr. 2 UStG am Ende der Beförderung in Kiel am 30.6. als ausgeführt gilt.

3.2.4 Dienstleistungskommission (§ 3 Abs. 11 UStG)

Die Grundsätze der Kommission gelten nach **§ 3 Abs. 11 UStG** auch dann, wenn ein Unternehmer in die Erbringung einer sonstigen Leistung eingeschaltet („zwischengeschaltet") wird, indem er entweder in eigenem Namen aber für Rechnung eines Auftraggebers sonstige Leistungen an Dritte erbringt (**Leistungsverkauf**) oder für seinen Auftraggeber sonstige Leistungen von Dritten „einkauft" (**Leistungseinkauf**).

Im **Verhältnis zum Dritten** gilt auch hier immer der **eingeschaltete Unternehmer als Leistungserbringer bzw. Leistungsempfänger**, da er diesem gegenüber in eigenem Namen auftritt.

Obwohl im **Verhältnis zu seinem Auftraggeber** der eingeschaltete Unternehmer zivilrechtlich eigentlich eine Geschäftsbesorgungsleistung erbringt, wird diese Leistung nach § 3 Abs. 11 UStG **in die gleiche Art von sonstiger Leistung umfingiert,** die zwischen eingeschaltetem Unternehmer und Drittem vorliegt (z.B. eine Beförderungsleistung oder Vermietungsleistung). Die zwischen dem eingeschalteten Unternehmer und dem Dritten ausgeführte Leistung gilt dabei in gleicher Weise von seinem Auftraggeber an ihn (beim Leistungsverkauf) bzw. von ihm an seinen Auftraggeber (beim Leistungseinkauf) als ausgeführt. Zwischen Auftraggeber, eingeschaltetem Unternehmer und Drittem wird damit eine Leistungskette gleichartiger Leistungen fingiert, die zum selben Zeitpunkt als ausgeführt gelten (Abschn. 3.15 Abs. 2 S. 2 UStAE).

Die Gleichstellung beider Leistungen hat insbesondere Bedeutung für die auf diese Leistung anwendbaren Ortsvorschriften oder für das Eingreifen von Steuerbefreiungen. Zu beachten ist dabei jedoch, dass **nur die Art der Leistung gleichgestellt** wird, und dementsprechend die hierfür geltenden Vorschriften Anwendung finden. Im Übrigen sind dann aber die Leistungen innerhalb der jeweiligen Leistungsbeziehung gesondert zu prüfen, wobei insbesondere unterschiedliche persönliche Merkmale der Beteiligten, wie z.B. die Unternehmereigenschaft des Leistungsempfängers, die bei der Option nach § 9 UStG oder den Ortsbestimmungen nach § 3a und § 3b UStG von Bedeutung ist, zu unterschiedlichen Ergebnissen führen können (Abschn. 3.15 Abs. 3 UStAE).

Beispiel „Leistungsverkauf":

Der Eigentümer eines Mehrfamilienhauses E beauftragt das Wohnungsverwaltungsunternehmen W für ihn („auf seine Rechnung") Wohnungen in seinem Haus an private Mieter in eigenem Namen zu vermieten. W vereinnahmt die Miete und führt sie an E ab. Für seine Tätigkeit erhält er eine monatliche Vergütung.

Lösung:

Da W die Wohnungen in eigenem Namen vermietet, liegen Vermietungsleistungen nach § 3 Abs. 9 S. 1 und 2 UStG von ihm an die Mieter vor, die nach § 3 Abs. 11 UStG in gleicher Weise auch von seinem Auftraggeber E an ihn als ausgeführt gelten. Für die beide Leistungen richtet sich der Ort nach § 3a Abs. 3 Nr. 1 S. 2 Buchst. a UStG und beide Leistungen sind als Grundstücksvermietungen grundsätzlich steuerfrei nach § 4 Nr. 12 S. 1 Buchst. a UStG.

Bezüglich seiner Vermietungen an die privaten Mieter kann W auf die Steuerbefreiung nicht verzichten, da er nicht an Unternehmer vermietet (§ 9 Abs. 1 UStG). Für die fingierten Vermietungsleistungen von E an W ist eine Option nach § 9 Abs. 1 UStG zwar grundsätzlich möglich, da W Unternehmer ist, die Option ist jedoch hier nach § 9 Abs. 2 UStG ausgeschlossen, da W das Gebäude ausschließlich für steuerfreie Vermietungsumsätze verwendet, die den Vorsteuerabzug nach § 15 Abs. 2 Nr. 1 UStG ausschließen.

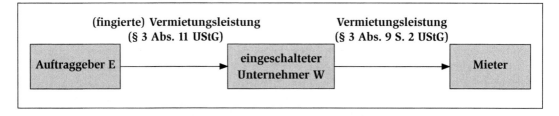

> **Beispiel „Leistungseinkauf":**
>
> Privatmann P erteilt dem Spediteur S (Mailand) den Auftrag, seinen Umzug von Mannheim nach Mailand zu organisieren. Für den Transport beauftragt S in eigenem Namen, aber auf Rechnung des P den Frachtführer F.

> **Lösung:**
>
> Da S den F in eigenem Namen beauftragt, liegt eine Beförderungsleistung gemäß § 3 Abs. 9 S. 1 UStG von F an S vor, die nach § 3 Abs. 11 UStG in gleicher Weise von S an seinen Auftraggeber P als weiter ausgeführt gilt. Für die von F an S ausgeführte Beförderungsleistung gilt § 3a Abs. 2 UStG, da S Unternehmer ist und die speziellen Ortsvorschriften für Güterbeförderungen nach § 3b UStG nur bei Leistungen an Privatpersonen greifen. Die Leistung gilt daher am Sitzort des Leistungsempfängers S in Mailand als ausgeführt und ist damit nicht steuerbar.
>
> Die fingierte Beförderungsleistung von S an die Privatperson P gilt dagegen gemäß § 3b Abs. 3 UStG am Beginn der Beförderung in Mannheim als ausgeführt und ist damit steuerbar.

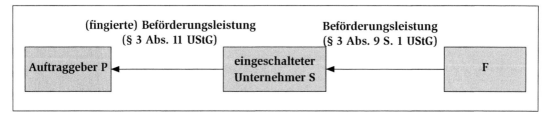

3.2.5 Fiktive Dienstleistungskommission bei Telekommunikationsleistungen und anderen auf elektronischem Weg erbrachten Dienstleistungen (§ 3 Abs. 11a UStG)

Häufig werden über das Telekommunikationsnetz eines Telefondienstleisters (Teilnehmernetzbetreiber) Leistungen von Drittanbietern für bestimmte Dienste (Inhalteanbieter) in Anspruch genommen, für die zusätzliche Entgelte an den Inhalteanbieter fällig werden, z.B. durch das Anwählen einer Sonderrufnummer für Verkehrsnachrichten, Wetterdienst etc. Der Inhalteanbieter stellt in diesen Fällen aber i.d.R. selbst keine Rechnung aus. Hierzu wäre er meist auch gar nicht in der Lage, da er die Identität des Kunden überhaupt nicht kennt. Die Abrechnung erfolgt vielmehr durch den Teilnehmernetzbetreiber über die Telefonrechnung, in der dieser neben den Entgelten für seine eigenen Telekommunikationsleistungen auch die erhöhten Verbindungsentgelte für die Dienste des Inhalteanbieters mit abrechnet, einzieht und an diesen weiterleitet. Hierzu ist der Teilnehmernetzbetreiber durch das Telekommunikationsgesetz (TKG) sogar häufig verpflichtet.

Obwohl hier der Teilnehmernetzbetreiber bezüglich der in Anspruch genommenen Dienstleistung des Dritt-/Inhalteanbieters nicht selbst als Leistender in eigenem Namen auftritt, **fingiert hier § 3 Abs. 11a UStG eine Dienstleistungskommission i.S.d. Abs. 11**. Die Leistung des Dritt-/Inhalteanbieters gilt also nicht als an den Endkunden, sondern an den Teilnehmernetzbetreiber ausgeführt und von diesem (fiktiv) in gleicher Weise an den Endkunden als weiter ausgeführt.

§ 3 Abs. 11a UStG ist insbesondere eine Vereinfachungsregel für den Telekommunikationssektor (sog. Branchenlösung), die die umsatzsteuerliche Abwicklung solcher Leistungen erleichtern soll. Obwohl er nach dem TKG hierzu ggf. sogar verpflichtet ist, dürfte der Teilnehmernetzbetreiber nämlich umsatzsteuerlich eigentlich bezüglich der Drittleistung selbst keine Rechnung mit Umsatzsteuerausweis ausstellen, da er nicht selbst die Leistung erbracht hat. Ohne die Fiktion des § 3 Abs. 11a UStG läge insofern also ein Fall des unberechtigten Steuerausweises nach § 14c UStG vor (s. Kapitel XI. 13.3).

Teil II: Darstellung der Umsatzsteuer

> **Beispiel:**
> K aus Mannheim ruft über sein Handy kostenpflichtig die aktuellen Verkehrsnachrichten ab. Diese stellt das Unternehmen V mit Sitz in Luxemburg zur Verfügung. Die Abrechnung dieses Premiumdienstes erfolgt über die Mobilfunkrechnung des K durch dessen Mobilfunkbetreiber T mit Sitz in Bonn.

> **Lösung:**
> Eigentlich erbringt hier V mit den aktuellen Verkehrsnachrichten direkt eine Leistung an K, die als elektronische Dienstleistung nach § 3a Abs. 5 S. 1 Nr. 1 i.V.m. S. 2 Nr. 3 UStG (B2C-Umsatz) am Wohnsitz des privaten Leistungsempfängers K in Deutschland als ausgeführt gilt. Der ausländische Unternehmer V als Leistungserbringer würde damit eigentlich nach § 13a Abs. 1 Nr. 1 UStG in Deutschland Umsatzsteuer schulden und müsste diese hier anmelden und abführen.
> Nach § 3 Abs. 11a i.V.m. Abs. 11 UStG wird vorliegend jedoch eine Leistungskette fingiert. Die Leistung von V gilt also nicht an den Endkunden K, sondern (fiktiv) an den Teilnehmernetzbetreiber T als ausgeführt und von diesem (fiktiv) in gleicher Weise (also als elektronische Dienstleistung) an den Endkunden K als weiter ausgeführt.
> Die (fiktive) Leistung V an T gilt nach § 3a Abs. 2 S. 1 UStG (B2B-Umsatz) am Unternehmenssitz des T in Deutschland als ausgeführt. Die hierfür anfallende Umsatzsteuer schuldet aber nicht V, sondern nach § 13b Abs. 1 i.V.m. Abs. 5 S. 1 UStG der Leistungsempfänger T, da dieser Unternehmer ist.
> Die ebenfalls (fiktive) Leistung T an K gilt nach § 3a Abs. 5 S. 1 Nr. 1 i.V.m. S. 2 Nr. 3 UStG (B2C-Umsatz) am Wohnsitz des privaten Leistungsempfängers K und damit ebenfalls in Deutschland als ausgeführt. Die hierfür anfallende Umsatzsteuer schuldet T nach § 13a Abs. 1 Nr. 1 UStG.

Unter den Voraussetzungen des § 3 Abs. 11a S. 2 ff. UStG können die Voraussetzungen für eine Dienstleistungskommission widerlegt werden. In diesen Fällen gelten dann die vom Inhalteanbieter erbrachten Dienstleistungen unmittelbar an den Endnutzer als erbracht.

3.2.6 Kommission im Rahmen einer Sicherungsübereignung

Mit der Sicherungsübereignung eines Gegenstandes kommt es noch nicht zu einer Lieferung des Sicherungsgebers an den Sicherungsnehmer. Erst mit der **Veräußerung des Gegenstandes durch den Sicherungsnehmer** an einen Dritten im Rahmen der Verwertung kommt es dann zu einem sog. **Doppelumsatz** (s. Kap. III. 5.).

Wird der Gegenstand nicht durch den Sicherungsnehmer, sondern **durch den Sicherungsgeber als Kommissionär veräußert**, also in eigenem Namen, aber für Rechnung des Sicherungsnehmers, kann es sogar zu einem **Dreifachumsatz kommen** (vgl. Abschn. 1.2 Abs. 1a UStAE).

Mit der Veräußerung des sicherungsübereigneten Gegenstandes erstarkt dabei zunächst die ursprüngliche Sicherungsübereignung zu einer **Lieferung des Sicherungsgebers an den Sicherungsnehmer**. Mit der Veräußerung in eigenem Namen aber auf Rechnung des Sicherungsnehmers, liegt daneben einen **Lieferung des Sicherungsgebers (als Kommissionär) an den Erwerber** nach § 3 Abs. 1 UStG und zeitgleich nach den Regelungen der Kommission gemäß § 3 Abs. 3 UStG eine Lieferung des Sicherungsnehmers (Kommittent) an den Sicherungsgeber (Kommissionär) vor.

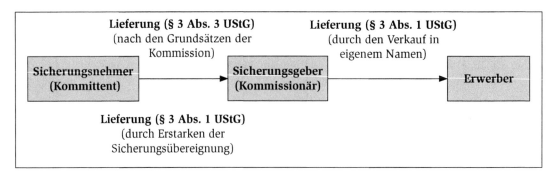

Allerdings ist gerade bei einer Veräußerung durch den Sicherungsgeber zu beachten, dass nur dann ein Dreifachumsatz vorliegt, wenn die **Veräußerung zum Zweck der Verwertung** durchgeführt wird. Dies setzt voraus, dass Verwertungsreife eingetreten ist und die Veräußerung durch den Sicherungsgeber auch tatsächlich als Verwertungsgeschäft anzusehen ist, dass der Tilgung der abgesicherten Forderung des Sicherungsnehmers dienen soll. Nicht ausreichend ist eine Veräußerung, die der Sicherungsgeber mit Zustimmung des Sicherungsnehmers im Rahmen seiner ordentlichen Geschäftstätigkeit vornimmt und, bei der er berechtigt ist, den Verwertungserlös anstelle zur Rückführung der Forderung auch anderweitig zu verwenden. In diesem Fall liegt lediglich eine „einfache" Lieferung des Sicherungsgebers an den Erwerber vor.

> **Beispiel:**
>
> Unternehmer U hat der Bank B als Sicherheit für ein Darlehen das Eigentum an einer Maschine übertragen. Da U später eine größere Maschine benötigt veräußert er sie mit Zustimmung der Bank und erwirbt eine neue Maschine, die er nunmehr an die Bank als Sicherheit für die Forderung überträgt.

> **Lösung:**
>
> Mit der Veräußerung der Maschine liegt lediglich eine einfache Lieferung des Sicherungsgebers U an den Erwerber vor. Die Veräußerung erfolgt nicht zum Zwecke der Verwertung und Tilgung der Forderung, sondern im Rahmen der ordentlichen Geschäftstätigkeit (Fall eines Austauschs des Sicherungsguts).

VI. Werklieferungen und Werkleistungen

1. Begriff und Bedeutung

Ist Gegenstand einer Leistung die **Herstellung, Bearbeitung oder Verarbeitung eines Gegenstandes**, liegt dieser Leistung zivilrechtlich ein **Werkvertrag i.S.d. § 631 BGB** zugrunde, z.B. bei der Herstellung von beweglichen Sachen und Gebäuden, Reparaturen oder sonstiger Arbeiten an beweglichen Sachen und Grundstücken/Gebäuden.

Bei der Herstellung, Bearbeitung oder Verarbeitung eines Gegenstandes liegen dabei regelmäßig sowohl Elemente einer Lieferung (Material) als auch einer sonstigen Leistung (Arbeitsleistung) vor. Es handelt sich jedoch um einen einheitlichen wirtschaftlichen Leistungsvorgang, der nicht künstlich aufgespalten werden darf. Nach dem **Grundsatz der Leistungseinheit** liegt daher nur eine einheitliche Leistung vor, die nach § 3 Abs. 4 UStG entweder als **Werklieferung** (Unterfall der Lieferung) oder als **Werkleistung** (Unterfall der sonstigen Leistung) einzuordnen ist.

Die nach **§ 3 Abs. 4 UStG vorzunehmende Abgrenzung** ist deshalb wichtig, da für Werklieferungen grundsätzlich die Regelungen für Lieferungen, für Werkleistung die Regelungen für sonstige Leistungen anwendbar sind (z.B. Ortsvorschriften, Steuerbefreiungen).

Beispiel:
A aus Zürich bestellt bei B aus Mannheim einen Maßanzug, den B für ihn speziell anfertigt und nach Zürich zu A versendet. B stellt in Rechnung: Stoff 200 €   Sonstige Materialien (Knöpfe, Garn etc.) 40 €   Arbeitsleistung 150 €

Lösung:
Es handelt sich um einen Vertrag über die Herstellung eines Gegenstandes (Anzug), also um einen Werkvertrag nach § 631 BGB. Dieser einheitliche wirtschaftliche Vorgang darf nicht in seine einzelnen Elemente aufgespalten werden (Materiallieferung und Arbeitsleistung). Es liegt vielmehr ein Umsatz vor, der nach § 3 Abs. 4 UStG entweder als Werklieferung oder Werkleistung einzuordnen ist. Wäre der Vorgang als Werklieferung zu qualifizieren, würde sich der Ort nach § 3 Abs. 6 UStG richten und es würde ggf. eine steuerfreie Ausfuhrlieferung (§ 6 UStG) vorliegen. Bei einer Werkleistung würde sich der Ort nach § 3a Abs. 3 Nr. 3 Buchst. c UStG richten und es wäre eine steuerfreie Lohnveredelung (§ 7 UStG) zu prüfen.

Ist Gegenstand des Vertrages nicht die Herstellung, sondern der Erwerb eines fertigen Gegenstands, handelt es sich zivilrechtlich um einen Kaufvertrag und damit umsatzsteuerlich um eine „normale" Lieferung nach § 3 Abs. 1 UStG, auf die Abgrenzung nach § 3 Abs. 4 UStG kommt es daher in diesen Fällen nicht an.

2. Abgrenzung Werklieferung und Werkleistung

Gemäß § 3 Abs. 4 S. 1 UStG liegt eine **Werklieferung** vor, wenn der leistende Unternehmer bei der Herstellung, Be- und Verarbeitung eines Gegenstandes Stoffe (**Hauptstoffe**) verwendet, die er ganz oder zum Teil selbst beschafft hat, außer es handelt sich bei den Stoffen lediglich um Zutaten oder sonstige Nebensachen (**Nebenstoffe**).

> **Merke!**
> - **Werden Hauptstoffe verwendet,** ist zu unterscheiden:
>   - zumindest **teilweise vom Unternehmer beschafft** = **Werklieferung,**
>   - **vollständig vom Besteller beschafft** = **Werkleistung.**
> - **Werden keine Hauptstoffe verwendet,** sondern gar keine Stoffe oder nur Nebenstoffe = **Werkleistung.**

Werden also vom Unternehmer bei der Herstellung, Bearbeitung oder Verarbeitung eines Gegenstandes auch nur teilweise selbst beschaffte Hauptstoffe verwendet, liegt nach **§ 3 Abs. 4 UStG eine Werklieferung** vor. In allen anderen Fällen liegt nach § 3 Abs. 4 UStG im Umkehrschluss eine Werkleistung, also eine sonstige Leistung vor.

Prüfungsreihenfolge	
1. Schritt:	Werden auch Hauptstoffe oder nur Nebenstoffe verwendet?
2. Schritt:	Bei der Verwendung von Hauptstoffen, von wem wurden sie beschafft?

2.1 Abgrenzung Hauptstoffe und Nebenstoffe

Zutaten und Nebensachen (Nebenstoffe) im Sinne des § 3 Abs. 4 S. 1 UStG sind Materialien, die bei einer **Gesamtbetrachtung** aus der Sicht des Durchschnittsbetrachters nicht das Wesen des Umsatzes bestimmen. Als Hauptstoff sind dagegen solche Materialien anzusehen, die beim fertigen Werk von **nicht nur untergeordneter Bedeutung** sind. Der Hauptstoff macht regelmäßig die **Wesensart des fertigen Werks** aus.

Dabei kann für die Einordnung nicht allein auf die Art des verwendeten Materials abgestellt werden, sondern das eingesetzte Material ist immer **im Kontext der konkreten Gesamtleistung zu würdigen**. Je nach Leistung können dieselben Materialien einmal als Hauptstoff und ein anderes Mal als Nebenstoff einzuordnen sein. So soll z.B. nach der Rechtsprechung des BFH das verwendete Motoröl bei einem reinen Ölwechsel als Hauptstoff zu qualifizieren sein, da den bei dieser Gesamtleistung ansonsten erbrachten sonstigen Leistungen (Ablassen und Einfüllen) keine entscheidende Bedeutung zukommt und das Motoröl daher das Wesen dieser Leistung ausmacht. Im Rahmen einer Inspektion ist das Motoröl dagegen lediglich als Nebenstoff einzuordnen, da es im Vergleich zu den mit der Wartung verbundenen umfangreichen Dienstleistungen, die hier den wesentlichen Gehalt der Gesamtleistung bestimmen, nur von untergeordneter Bedeutung ist.

Keine entscheidende Bedeutung kommt dem **Wert des Stoffes** für das zu erstellende Werk zu. Allerdings kann häufig der Wert der eingesetzten Materialien im Vergleich zu den Gesamtkosten der Leistung zumindest als Indiz für die Einordnung als Haupt- oder Nebenstoff dienen. Bei der **Reparatur beweglicher körperlicher Gegenstände** kann **im Zweifel von einer Werklieferung** ausgegangen werden, wenn der **Entgeltanteil für das verwendete Material mehr als 50 %** des für die Reparatur berechneten Gesamtentgelts beträgt (vgl. Abschn. 3.8 Abs. 6 UStAE).

Auch die **Unentbehrlichkeit** bestimmter Materialien für die Erstellung des Werks ist kein entscheidendes Kriterium. So sind für die Erstellung eines Werkes meist auch **kleinere technische Hilfsmittel** (Nägel, Schrauben Splinte etc.) unentbehrlich. Gleichwohl sind diese grundsätzlich immer **nur als Nebenstoffe anzusehen** (Abschn. 3.8 Abs. 1 S. 6 und 7 UStAE).

> **Beispiel:**
>
> Für die Herstellung eines Regals werden Holz, Leim und Schrauben benötigt. Alle Materialien sind zwar zur Herstellung des Regals erforderlich, aber nur das Holz ist Hauptstoff. Leim und Schrauben machen nicht die Wesensart eines Regals aus, sie sind als kleinere technische Hilfsmittel lediglich Nebenstoffe.

Teil II: Darstellung der Umsatzsteuer

Die erforderliche Gesamtbetrachtung im jeweils konkreten Einzelfall macht die Einordnung als Haupt- oder Nebenstoff in Grenzfällen schwierig und hängt oft von Einzelfallentscheidungen der Gerichte ab.

> **Beispiele:**
> a) Bei der **Errichtung eines Gebäudes** sind die verwendeten Baumaterialien i.d.R. immer als Hauptstoffe anzusehen.
> b) **Reparatur-/Sanierungsarbeiten an Gebäuden**:
>   - bei der Verwendung größerer Werkstoffe wie Fenster, Türen, Heizkörper etc. handelt es sich i.d.R. um Hauptstoffe;
>   - Bodenbeläge (Teppich, Laminat etc.) sind i.d.R. Hauptstoffe;
>   - Fliesen, Tapeten und Außenfarbe sind i.d.R. Hauptstoff, Innenfarbe nach der Rechtsprechung dagegen Nebenstoff;
>   - im Übrigen ist auch hier die Gesamtbetrachtung entscheidend, so dürften z.B. Dachziegel beim Austausch einzelner Ziegel Nebenstoff, beim Decken des gesamten Dachs Hauptstoff sein.
> c) Bei der **Reparatur von Beförderungsmitteln** sind die wichtigen funktionsbestimmenden Teile (z.B. Austauschmotor, Getriebe, Kurbelwelle) immer Hauptstoffe, kleinere Ersatzteile wie Zündkerzen, Sicherungen, Dichtungen sind i.d.R. als Nebenstoffe einzuordnen.

2.2 Materialbeschaffung

2.2.1 Beteiligungsbeiträge des Bestellers und Umfang der Werklieferung

Von **Materialgestellung** spricht man, wenn der Besteller die gesamten benötigten Hauptstoffe selbst beschafft und dem Werkunternehmer zur Ausführung der Arbeiten zur Verfügung stellt (Abschn. 3.8 Abs. 2 S. 4 USAE). Da der Werkunternehmer in diesen Fällen nicht einmal einen Teil der benötigten Hauptstoffe beschafft, liegt bei einer Materialgestellung immer eine **Werkleistung** vor.

Beschafft der Werkunternehmer dagegen zumindest Teile des benötigten Hauptstoffs selbst, liegt immer eine **Werklieferung** vor. Steuert der Besteller daneben auch Materialien oder sonstige Eigenleistungen zur Fertigstellung des Werks bei, spricht man von sog. **Beistellungen zur Werklieferung** und zwar von:
- **Materialbeistellungen**, wenn der Besteller den verbleibenden Teil des benötigten Hauptstoffs oder ganz oder teilweise die Nebenstoffe stellt,
- **sonstigen Beistellungen**, z.B. bei Überlassung von Personal, Maschinen, Energie, Bauplänen (vgl. Abschn. 3.8 Abs. 2 S. 3 UStAE).

Eine Materialbeistellung setzt dabei voraus, dass die dem Werkunternehmer vom Besteller zur Verfügung gestellten Materialien auch tatsächlich für die Herstellung des bestellten Werks verwenden werden. Auf dieses **Erfordernis der Stoffidentität** kann jedoch ausnahmsweise verzichtet werden, wenn der vom Auftraggeber zur Verfügung gestellte Stoff gegen gleichartiges und gleichwertiges Material ausgetauscht wird und der Austausch wirtschaftlich geboten ist (Abschn. 3.8 Abs. 3 UStAE).

Die Beistellungen des Bestellers erlangen Bedeutung im Zusammenhang mit der Bestimmung des Umfangs der Werklieferung, da sie nicht am Leistungsaustausch teilnehmen und daher insbesondere auch **nicht in die Bemessungsgrundlage für die Umsatzsteuer** eingehen (Abschn. 3.8 Abs. 2 S. 1 UStAE).

> **Beispiel:**
>
> Baustoffhändler A beauftragt Bauunternehmer B mit der Errichtung einer Werkhalle, deren Gesamtpreis B mit 100.000 € kalkuliert. A stellt B eigene Arbeiter zur Unterstützung sowie Zement und Stahlträger zur Verfügung. Den Zement und die Stahlträger nutzt B bei einem anderen Auftrag. Bei der Errichtung der Halle setzte B eigenen, gleichwertigen Zement sowie eigene Stahlträger (gleicher Preis)

ein, da die zur Verfügung gestellten Stahlträger nicht die erforderliche Tragkraft haben. B stellt A folgende Rechnung:

Errichtung Werkhalle	100.000 €
Anrechnung Personalgestellung	5.000 €
Anrechnung Zement	4.000 €
Anrechnung Stahlträger	6.000 €
zu zahlen	**85.000 €**

> **Lösung:**
>
> Da B die Hauptstoffe für die Erstellung der Halle zumindest teilweise selbst beschafft, liegt eine Werklieferung nach § 3 Abs. 4 UStG vor. Die Überlassung des Personals stellt eine sonstige Beistellung, die des Zements eine Materialbeistellung dar. Dass B nicht den überlassenen Zement verwendet, ist vorliegend unschädlich, da der von ihm verwendete eigene Zement gleichwertig ist (Abschn. 3.8 Abs. 3 UStAE). Bei den verwendeten Stahlträgern handelt es sich dagegen mangels Stoffidentität nicht um eine Materialbeistellung. Die Stoffidentität ist hier auch nicht entbehrlich, da die verwendeten Stahlträger nicht gleichwertig sind (andere Leistungsmerkmale). Die Werklieferung umfasst daher auch die verwendeten Stahlträger, die mit in die Besteuerung der Werklieferung einzubeziehen sind. Für die Berechnung der Umsatzsteuer ist also von einem Betrag von 91.000 € auszugehen.

2.2.2 Materialbeschaffung durch den Werkunternehmer

Der Werkunternehmer beschafft das Material selbst, an dem er die Verfügungsmacht hat bzw. erlangt. Das ist der Fall, wenn er das Material aus seinem eigenen Warenbestand entnimmt oder als Eigenhändler beschafft.

Besorgt der Werkunternehmer die benötigten Materialien dagegen als **Vertreter/Agent** des Bestellers, also im Namen und für Rechnung des Bestellers, wird die Beschaffung dem Besteller selbst zugerechnet, da insoweit unmittelbar eine Lieferung des Materials an den Besteller vorliegt, Abschn. 3.8 Abs. 4 S. 3 UStAE (s. Kap. V. 3.1). Bei dem so beschafften Material handelt es sich folglich um eine **Materialbeistellung** bzw. eine Materialgestellung.

> **Beispiel:**
>
> A bestellt bei B einen Anzug. Es ist vereinbart, dass B den Stoff beim Stoffhändler H im Namen und für Rechnung des A kauft. B kauft den Stoff ein und leitet die Rechnung über 100 € zuzüglich Umsatzsteuer unmittelbar an A zur Bezahlung weiter. Für die restlichen Materialien (Knöpfe, Garn) und die Arbeitsleistung berechnet B 200 € zuzüglich Umsatzsteuer.

> **Lösung:**
>
> B hat bei der Beschaffung des Stoffes im Namen und auf Rechnung des A lediglich als Vertreter des A mitgewirkt. Der Kaufvertrag kommt also unmittelbar zwischen H und A zustande und es liegt daher eine **Lieferung des Stoffes von H an A** vor (Bemessungsgrundlage 100 €).
> Mit der Anfertigung des Anzugs liegt eine **Werkleistung von B an A § 3 Abs. 9 S. 1 i.V.m. Abs. 4 UStG im Umkehrschluss** vor. Der einzige bei der Anfertigung des Anzugs verwendete Hauptstoff ist der Anzugsstoff. Die übrigen verwendeten Materialien sind als Kleinteile lediglich Nebenstoffe. Da B den Anzugsstoff als Vertreter für A besorgt, wird die Beschaffung des gesamten Hauptstoffs unmittelbar dem Besteller A zugerechnet. Da B somit den gesamten benötigten Hauptstoff selbst stellt (Materialgestellung), handelt es sich um eine Werkleistung (Bemessungsgrundlage 200 €).

2.2.3 Materialbeschaffung im Rahmen einer Einkaufskommission

Beschafft der Werkunternehmer die Materialien in eigenem Namen, aber auf Rechnung des Auftraggebers, also **im Rahmen einer Einkaufskommission** (§ 3 Abs. 3 UStG), wird die Stoffbeschaffung **dem Werkunternehmer zugerechnet** (Abschn. 3.8 Abs. 4 S. 1 UStAE), es liegt also **keine Materialbeistellung** vor.

Abweichend von den normalen Regelungen der Einkaufskommission erfolgt hier keine eigenständige Lieferung des Materials an den Auftraggeber nach § 3 Abs. 3 UStG. Die **Weiterlieferung des Materials erfolgt hier erst im fertigen Werk**, geht also in der Werklieferung mit auf. Die Werklieferung umfasst also auch dieses Material, das in die Bemessungsgrundlage mit einzubeziehen ist (Abschn. 3.8 Abs. 4 S. 2 UStAE).

Beispiel:

A bestellt bei B einen Anzug. Es ist vereinbart, dass B den Stoff beim Stoffhändler H in eigenem Namen, aber für Rechnung des A kauft. B kauft den Stoff ein und leitet die Rechnung über 100 € zuzüglich Umsatzsteuer an A zur Bezahlung weiter. Für die restlichen Materialien (Knöpfe, Garn) und die Arbeitsleistung berechnet B 200 € zuzüglich Umsatzsteuer.

Lösung:

Der Einkauf des Stoffes in eigenem Namen, aber für Rechnung des G erfolgt im Rahmen einer Einkaufskommission (§ 383 HGB).

Mit dem Einkauf durch B in eigenem Namen liegt eine Lieferung des Stoffes von H an B vor (Bemessungsgrundlage 100 €). Die Weiterlieferung des Stoffes nach § 3 Abs. 3 UStG an A erfolgt erst im Rahmen der Werklieferung des B an A.

Mit der Anfertigung des Anzugs liegt eine Werklieferung nach § 3 Abs. 4 UStG von B an A vor, da die Beschaffung des Anzugsstoffs (Hauptstoff) im Rahmen der Einkaufskommission dem Werkunternehmer B zugerechnet wird. Die Werklieferung umfasst dabei nicht nur die von B in Rechnung gestellte Leistung, sondern auch den von A selbst bezahlten Anzugsstoff (Bemessungsgrundlage 300 €).

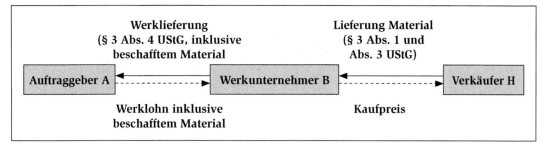

3. Ort und Zeit von Werklieferungen und Werkleistungen

3.1 Ort und Zeitpunkt der Werklieferung

Bezüglich Ort und Zeitpunkt einer Werklieferung gelten die Vorschriften für Lieferungen. Es ist also insbesondere zu unterscheiden, ob der Gegenstand der Werklieferung nach der Fertigstellung noch befördert oder versendet wird oder nicht.

3.1.1 Bewegte Werklieferungen (§ 3 Abs. 6 UStG)

Wird der Gegenstand der Werklieferung zum Auftraggeber befördert oder versendet, richten sich der Ort und der Zeitpunkt der Werklieferung gemäß **§ 3 Abs. 6 S. 1 UStG nach dem Beginn der Beförderung oder Versendung**.

Zu beachten ist dabei, dass der **Gegenstand der Werklieferung**, also **das fertige Werk** befördert oder versendet werden muss. Wird das Werk erst nach dem Transport beim Auftraggeber fertiggestellt (z.B. montiert) wird noch nicht der Liefergegenstand befördert und es liegt damit keine bewegte Lieferung vor. Was Gegenstand der Werklieferung ist und wann das Werk damit fertiggestellt ist, hängt dabei davon ab, was die Parteien vertraglich vereinbart haben.

> **Beispiel:**
>
> A schließt mit Schreiner S einen Vertrag über die Anfertigung von Fenstern. Nach Fertigstellung in der Schreinerei befördert S die Fenster zu A, wo dieser sie selbst einbaut (Alternative: S übernimmt vertraglich auch den Einbau).

> **Lösung:**
>
> Im Ausgangsfall wird bereits das fertige Werk („Fenster") befördert, der Ort bestimmt sich also nach § 3 Abs. 6 UStG. In der Alternative wird dagegen nicht das fertige Werk („eingebaute Fenster"), also der eigentliche Liefergegenstand befördert, der Ort der Werklieferung bestimmt sich daher nach § 3 Abs. 7 S. 1 UStG.

Auch bei Werklieferungen sind die Sonderortsvorschriften für Lieferungen zu beachten, z.B. § 3c UStG bei bestimmten Lieferungen in das oder aus dem übrigen Gemeinschaftsgebiet oder § 3 Abs. 8 UStG bei bestimmten Lieferungen aus dem Drittland.

3.1.2 Unbewegte Werklieferungen (§ 3 Abs. 7 UStG)

Nach § 3 Abs. 7 S. 1 UStG richtet sich der Ort bei unbewegten Werklieferungen. Das sind solche, bei denen **das fertige Werk** nach Fertigstellung nicht mehr befördert oder versendet wird.

Unter § 3 Abs. 7 S. 1 UStG fallen insbesondere **Arbeiten an Grundstücken**, die als Werklieferungen zu qualifizieren sind, z.B. die Errichtung von Gebäuden oder Handwerksleistungen an Gebäuden (z.B. fliesen, mauern, Fenstereinbau).

Ebenfalls unter § 3 Abs. 7 S. 1 UStG fallen die sog. **„Montagefälle"**, bei denen noch **nicht der fertige funktionsfähige Gegenstand transportiert** wird, sondern der Gegenstand erst nach dem Transport beim Auftraggeber fertiggestellt wird (vgl. Abschn. 3.12 Abs. 4 UStAE).

> **Beispiel:**
>
> Firma F (Zürich) liefert eine nach Plänen des Auftraggebers A (Mannheim) gefertigte Maschine am 30.4. mit einem eigenen Lkw bei A an und baut sie hier in eine bereits bestehende Anlage ein. Übergabe und Abnahme nach Probelauf am 3.5.

> **Lösung:**
>
> Gegenstand der Werklieferung ist die funktionsfähige, eingebaute Maschine. Mit der Beförderung der Maschinenteile zu F wird also noch nicht der Liefergegenstand befördert. Das Werk wird vielmehr erst bei F fertiggestellt und anschließend nicht mehr bewegt (Montagefall, Abschn. 3.12 Abs. 4 UStAE). Es handelt sich also um eine unbewegte Lieferung, die im Zeitpunkt der Verschaffung der Verfügungsmacht (Abnahme nach Probelauf) nach § 3 Abs. 7 S. 1 UStG in Mannheim ausgeführt wird.

> **Beispiel:**
>
> Firma F (Zürich) stellt für A (Mannheim) einen Kran her. Nach Fertigstellung und Probelauf bei F wird der Kran wieder zerlegt, mit dem Firmen-Lkw zu A gebracht und dort wieder aufgebaut und übergeben.

> **Lösung:**
> Hier erfolgt die Zerlegung nur zu Transportzwecken, d.h. der Kran war bei F bereits „funktionsfertig" und damit das Werk fertiggestellt (vgl. Abschn. 3.12 Abs. 4 S. 7 UStAE). Es liegt eine Beförderungslieferung vor, die nach § 3 Abs. 6 S. 1 und 2 UStG mit Beginn der Beförderung in Zürich als ausgeführt gilt und damit nicht steuerbar ist.

Letztlich gilt eine unbewegte Werklieferung mit Verschaffung der Verfügungsmacht als ausgeführt (Abschn. 13.1 Abs. 2 S. 1 UStAE). Die Verfügungsmacht wird dabei grundsätzlich mit der Übergabe des fertigen Werks verschafft. Erfolgt daneben – wie in der Bauwirtschaft üblich – noch eine förmliche Abnahme, ist die Abnahme entscheidend (vgl. auch Abschn. 13.2 S. 2 Nr. 1 UStAE).

3.2 Ort und Zeit der Werkleistung

§ 3a Abs. 3 Nr. 1 UStG	Werkleistungen **an Grundstücken** = Belegenheitsort
§ 3a Abs. 3 Nr. 3c UStG § 3a Abs. 2 UStG	Werkleistungen **an beweglichen Sachen** • Tätigkeitsort bei Leistungen an **private Auftraggeber** • Sitz des Auftraggebers bei Leistungen an **andere Unternehmer** (Ausnahme § 3 Abs. 8 UStG beachten)

Es gelten die Ortsbestimmungen für sonstige Leistungen nach **§ 3a UStG** (s. Kap. IV. 2.). Dabei ist insbesondere danach zu differenzieren, ob es sich um Werkleistungen an Grundstücken oder beweglichen Sachen handelt. Im letzteren Fall ist weiter zu unterscheiden, ob der Auftraggeber Unternehmer oder Privatperson ist.

Zeitlich gilt die Werkleistung mit ihrer **Vollendung** als ausgeführt (Abschn. 13.1 Abs. 3 S. 1 UStAE). Erfolgt daneben – wie in der Bauwirtschaft üblich – noch eine förmliche **Abnahme**, ist die Abnahme entscheidend (Abschn. 13.2 S. 2 Nr. 2 UStAE).

VII. Unentgeltliche Wertabgaben

1. Allgemeines

1.1 Überblick

Bestimmte unentgeltliche Wertabgaben aus dem Unternehmen werden den entgeltlichen Leistungen gleichgestellt und unterliegen damit grundsätzlich der Umsatzsteuer.

Nach **§ 3 Abs. 1b UStG** wird die **unentgeltliche Abgabe von Gegenständen** aus dem Unternehmen den entgeltlichen Lieferungen gleichgestellt (fiktive Lieferungen). Darunter fällt die Entnahme von Gegenständen durch einen Unternehmer für nichtunternehmerische Zwecke, insbesondere für seinen Privatbedarf sowie sonstige unentgeltliche Zuwendungen von Unternehmensgegenständen an Dritte.

Nach **§ 3 Abs. 9a UStG** wird die **unentgeltliche Ausführung sonstiger Leistungen** den entgeltlichen Leistungen gleichgestellt (fiktive sonstige Leistungen). Die Gleichstellung erfasst die unentgeltliche Nutzung von Unternehmensgegenständen (z.B. Privatnutzung eines Firmenwagens) sowie die Ausführung anderer unentgeltlicher sonstiger Leistungen.

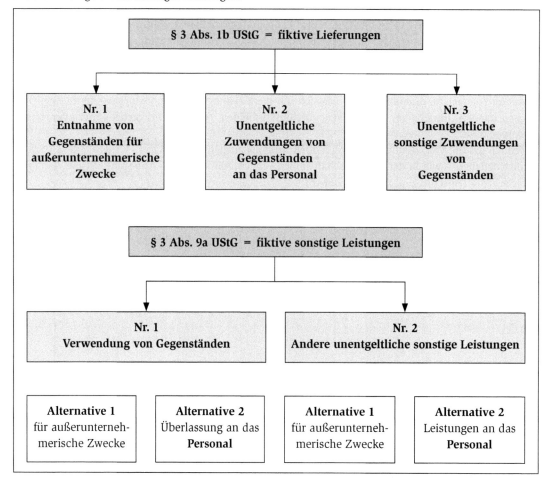

In diesem Kapitel werden zunächst die unentgeltlichen Wertabgaben dargestellt, soweit sie nicht an das Personal erbracht werden. Unentgeltliche Sachzuwendungen an das Personal nach § 3 Abs. 1b S. 1 Nr. 2

UStG sowie unentgeltliche sonstige Leistungen an das Personal nach § 3 Abs. 9a Nr. 1 und 2 Alt. 2 UStG werden wegen ihrer besonderen Problematik in einem eigenen Kapitel erörtert (s. Kap. XIII.).

1.2 Besteuerung unentgeltlicher Wertabgaben

1.2.1 Steuerbarkeit und Steuerpflicht

§ 3 Abs. 1b und Abs. 9a UStG sind keine eigenen Steuertatbestände, bei deren Verwirklichung allein schon Umsatzsteuer anfällt. Sie ordnen lediglich eine Gleichstellung mit den entgeltlichen Leistungen i.S.d. § 1 Abs. 1 Nr. 1 UStG an. Umsatzsteuer fällt daher für diese fiktiven Lieferungen und sonstigen Leitungen erst dann an, wenn auch die übrigen Tatbestandsmerkmale des **§ 1 Abs. 1 Nr. 1 UStG** (Unternehmer, Rahmen des Unternehmens, Inland) verwirklicht sind, sie also **steuerbar** sind, und auch keine Steuerbefreiung nach § 4 UStG eingreift, sie also auch **steuerpflichtig** sind.

1.2.2 Bestimmung des Orts unentgeltlicher Wertabgaben nach § 3f UStG

Zur Bestimmung, ob eine unentgeltliche Wertabgabe im Inland ausgeführt und damit nach § 1 Abs. 1 Nr. 1 UStG steuerbar ist, ist wie bei den entgeltlichen Leistungen der Ort des Umsatzes zu ermitteln.

Bei allen unentgeltlichen Wertabgaben greift dabei **§ 3f UStG** als spezielle Ortsbestimmung ein. Nach § 3f S. 1 UStG werden sie grundsätzlich an dem Ort ausgeführt, von dem aus der Unternehmer sein Unternehmen betreibt, also grundsätzlich am **Unternehmenssitz**. Werden die unentgeltlichen Wertabgaben von einer Betriebsstätte aus erbracht, gilt nach § 3f S. 2 UStG die Betriebsstätte als Leistungsort (zum Begriff der Betriebsstätte vgl. Abschn. 3a.1 Abs. 3 UStAE).

1.2.3 Bemessungsgrundlage nach § 10 Abs. 4 UStG

Da den unentgeltlichen Wertabgaben immanent ist, dass für sie keine Gegenleistung erbracht wird, bestimmt sich die Bemessungsgrundlage im Unterschied zu den entgeltlichen Leistungen nicht nach dem Entgelt, sondern dem Wert der hingegebenen unentgeltlichen Leistung. Welche Werte dabei anzusetzen sind, ist in § 10 Abs. 4 UStG geregelt (vgl. im Einzelnen unter Kap. IX. 3.).

Bemessungsgrundlage bei unentgeltlichen Wertabgaben	
§ 10 Abs. 4 S. 1 Nr. 1 UStG:	Der **aktuelle Einkaufspreis bzw. die aktuellen Selbstkosten** (Herstellungskosten) des entnommenen oder unentgeltlich zugewendeten Gegenstandes in den Fällen des **§ 3 Abs. 1b UStG**.
§ 10 Abs. 4 S. 1 Nr. 2 UStG:	Die im Zusammenhang mit der unentgeltlichen Nutzung eines Gegenstandes **entstandenen Ausgaben, die zum Vorsteuerabzug berechtigt haben**, in den Fällen des **§ 3 Abs. 9a Nr. 1 UStG**.
§ 10 Abs. 4 S. 1 Nr. 3 UStG:	Die im Zusammenhang mit der Ausführung einer anderen unentgeltlichen sonstigen Leistung **entstandenen Ausgaben** (auch solche ohne Vorsteuerabzug) in den Fällen des **§ 3 Abs. 9a Nr. 2 UStG**.

1.2.4 Steuerentstehung nach § 13 Abs. 1 Nr. 2 UStG

Für die unentgeltlichen Wertabgaben enthält § 13 Abs. 1 Nr. 2 UStG eine eigene Steuerentstehungsvorschrift. Danach entsteht für alle unentgeltlichen Leistungen im Sinne des § 3 Abs. 1b und 9a UStG die Umsatzsteuer mit Ablauf des Voranmeldungszeitraums, in dem die Leistungen ausgeführt worden sind.

1.3 Zweck der Besteuerung unentgeltlicher Wertabgaben

Mit der Besteuerung unentgeltlicher Leistungen soll vermieden werden, dass Leistungen unversteuert aus dem Unternehmen erbracht und privat verbraucht werden.

Die Vorschriften stehen in einem engen systematischen **Zusammenhang mit dem Vorsteuerabzug**. So kann ein Unternehmer bei Leistungen, die er für sein Unternehmen bezieht, nach § 15 Abs. 1 UStG die hierfür anfallende Umsatzsteuer als Vorsteuer geltend machen. Bezieht er Leistungen dagegen z.B.

für seinen Privatbedarf, steht ihm dagegen wie bei jeder anderen Privatperson kein Vorsteuerabzug zu. Die Berechtigung zum Vorsteuerabzug entsteht dabei grundsätzlich bereits mit dem Leistungsbezug. Aus diesem **Prinzip des Sofortabzugs** folgt, dass der Unternehmer sich bereits beim Leistungsbezug entscheiden muss, wie er die Leistung später verwenden will. Beabsichtigt er zunächst, die Leistungen für sein Unternehmen zu verwenden, steht dem Unternehmer zunächst auch ein Vorsteuerabzug zu. Verwendet er die Leistung später dann doch privat oder wendet er sie seinem Personal für dessen Privatbedarf zu, ist dieser Vorgang nach § 3 Abs. 1b und Abs. 9a UStG grundsätzlich zu versteuern. Wirtschaftlich betrachtet wird damit der ursprüngliche Vorsteuerabzug wieder rückgängig gemacht.

Beispiel:
Ein Gastwirt entnimmt aus der Kühltruhe seiner Gastwirtschaft eine Kiste Bier für seinen Privathaushalt, die er beim Großhändler für 10,00 € zuzüglich 1,90 € Umsatzsteuer eingekauft hat.

Lösung:
Da der Gastwirt die Kiste Bier zunächst für seine Gastwirtschaft einkaufte, konnte er nach § 15 Abs. 1 S. 1 Nr. 1 UStG die ihm hierfür in Rechnung gestellte Umsatzsteuer von 1,90 € als Vorsteuer abziehen. Entnimmt er sie nun später seinem Unternehmen wieder und nutzt sie doch privat, muss er nun die Entnahme nach § 3 Abs. 1b S. 1 Nr. 1 UStG wieder versteuern. Als Bemessungsgrundlage ist dabei der Nettoeinkaufspreis von 10,00 € anzusetzen (§ 10 Abs. 4 S. 1 Nr. 1 UStG), die Umsatzsteuer für die Entnahme beläuft sich also auf 1,90 €. Damit wurde der ursprüngliche Vorsteuerabzug im Ergebnis wieder rückgängig gemacht und der Gastwirt so gestellt, als hätte er von Anfang an für seinen Privatbedarf eingekauft.

2. Entnahme von Unternehmensgegenständen für nichtunternehmerische Zwecke (§ 3 Abs. 1b Nr. 1 UStG)

Die Tatbestandsmerkmale des § 3 Abs. 1b S. 1 Nr. 1 UStG
• Entnahme
• von **Gegenständen des Unternehmens**
• für **unternehmensfremde Zwecke**
• **zumindest teilweise Vorsteuerabzugsberechtigung** bezüglich des Gegenstands oder seiner Bestandteile (§ 3 Abs. 1b S. 2 UStG).

2.1 Der Entnahmetatbestand

Eine Entnahme i.S.d. § 3 Abs. 1b S. 1 Nr. 1 UStG setzt eine **Entnahmehandlung** voraus, durch die zum Ausdruck kommt, dass der Gegenstand endgültig aus dem Unternehmen herausgelöst werden soll. Eine Entnahme kann dabei vorliegen bei:
- unentgeltlichen **Zuwendungen (Schenkungen) an Dritte**,
- der Überführung **vom unternehmerischen in den nichtunternehmerischen Bereich** des Unternehmers.

Beispiele:
a) Ein Unternehmer schenkt einen Computer aus seinem Warenbestand seiner Tochter = Zuwendung an Dritte.
b) Ein Gastwirt nimmt aus seinem Lager einen Kasten Bier mit nach Hause und trinkt ihn selbst = Überführung in den nichtunternehmerischen Privatbereich.

Eine Entnahme durch den Unternehmer kann auch vorliegen, wenn der Gegenstand nicht durch den Unternehmer selbst, sondern mit dessen Zustimmung (**Entnahmewille**) durch einen Dritten dem Unternehmen entnommen wird.

Beispiel:
Die Ehefrau eines Lebensmittelhändlers entnimmt regelmäßig Lebensmittel für den Privathaushalt.

Keine Entnahme nach § 3 Abs. 1b UStG liegt bei der Überführung eines Gegenstandes von einem in einen anderen Betrieb des Unternehmers vor (**Innenumsatz**), da der Unternehmensbereich insoweit nicht verlassen wird.

Beispiel:
Ein Unternehmer entnimmt regelmäßig Fleisch und Wurst aus seiner Metzgerei für seine Gaststätte.

Eine Entnahme i.S.d. § 3 Abs. 1b UStG liegt nur dann vor, wenn der Vorgang bei entsprechender Ausführung an Dritte als Lieferung (inkl. Werklieferung) anzusehen wäre (Abschn. 3.3 Abs. 5 UStAE).

Beispiel:
Lässt der Inhaber einer Kfz-Werkstatt seinen privaten Pkw von seinen Mitarbeitern reparieren, liegt eine Entnahme nach § 3 Abs. 1b S. 1 Nr. 1 UStG vor, wenn bei der Reparatur Materialien der Werkstatt verwendet werden, die als Hauptstoffe anzusehen sind, da der Vorgang bei entgeltlicher Ausführung an Dritte als Werklieferung einzuordnen wäre. Werden dagegen lediglich Nebenstoffe (Kleinteile) verwendet, wäre die Leistung bei entsprechender Ausführung an Dritte als Werkleistung einzuordnen und es liegt keine Entnahme, sondern ggf. eine unentgeltliche sonstige Leistung nach § 3 Abs. 9a Nr. 2 UStG vor.

2.2 Gegenstände des Unternehmens

2.2.1 Begriff des Unternehmensgegenstandes

Gegenstand einer Entnahme kann alles sein, was auch Gegenstand einer Lieferung sein kann, also körperliche und diesen gleichgestellte Gegenstände wie Elektrizität, Wärme, Kälte oder Wasserkraft (s. Kap. III. 1.1). Der Unternehmer muss Verfügungsmacht (also grundsätzlich Eigentum) an dem Gegenstand haben, d.h. gemietete oder gepachtete Gegenstände können nicht Gegenstand der Entnahme sein.

Bei dem entnommenen Gegenstand muss es sich um einen zum Unternehmen gehörenden Gegenstand handeln. Bei der Frage, ob ein Gegenstand dem Unternehmensvermögen oder Privatvermögen des Unternehmers angehört, ist dabei nicht die ertragsteuerliche Abgrenzung zwischen notwendigem/gewillkürtem Betriebsvermögen und Privatvermögen maßgeblich. Umsatzsteuerlich gehört ein Gegenstand dann zum Unternehmensvermögen, wenn er **im Unternehmen hergestellt** wurde oder vom Unternehmer beim Erwerb **dem Unternehmen zugeordnet** wurde.

2.2.2 Zuordnung erworbener Gegenstände zum Unternehmensvermögen

Die Zuordnung erworbener Gegenstände zum Unternehmensvermögen ist insbesondere von Bedeutung für den Vorsteuerabzug. Einem Unternehmer steht nach § 15 Abs. 1 UStG immer nur insoweit ein Vorsteuerabzug aus Eingangsleistungen zu, als die Leistungen für sein Unternehmen bezogen werden. Beim Erwerb von Gegenständen also nur insoweit, als diese dem Unternehmen zugeordnet wurden. Für die Zuordnung kommt es dabei darauf an, ob der Unternehmer den Gegenstand unternehmerisch oder nichtunternehmerisch nutzen will.

Gegenstände, die **ausschließlich unternehmerisch genutzt** werden sollen, werden in vollem Umfang **Unternehmensvermögen**.

Gegenstände, die **ausschließlich nichtunternehmerisch genutzt** werden, können **nicht dem Unternehmensvermögen** zugeordnet werden (vgl. Abschn. 3.3 Abs. 1 S. 7 UStAE).

Bei **teilweise unternehmerischer und teilweise nichtunternehmerischer Nutzung** ist zu unterscheiden, ob es sich um teilbare vertretbare Sachen oder einheitliche Gegenstände handelt.

a) **Zuordnung entsprechend dem Verwendungszweck bei vertretbaren Sachen**

Vertretbare Sachen, also solche, die nach Maß, Zahl oder Gewicht teilbar sind, sind beim Erwerb entsprechend ihrem beabsichtigten Verwendungszweck **immer aufzuteilen**. Nur der Teil, der unternehmerisch verwendet werden soll, wird beim Erwerb auch Unternehmensvermögen (Abschn. 15.2c Abs. 2 Nr. 1 UStAE).

> **Beispiel:**
>
> Ein Gastwirt kauft beim Bauern 100 kg Kartoffeln, von denen er 90 kg für die Gastwirtschaft und 10 kg für seinen Privathaushalt verwenden will.
> Bezüglich der 10 kg für den Privathaushalt liegt keine Entnahme vor, sondern diese wurden von vornherein Privatvermögen (insoweit daher auch kein Vorsteuerabzug).

b) **Zuordnungswahlrecht bei einheitlichen Gegenständen**

Bei einheitlichen Gegenständen (z.B. Kraftfahrzeuge, Grundstücke, Gebäude), die teils unternehmerisch und teils nichtunternehmerisch genutzt werden sollen, hat der Unternehmer ein **Zuordnungswahlrecht** (Abschn. 15.2c Abs. 2 Nr. 2 Buchst. b UStAE):

- Er kann den Gegenstand z.B. vollständig dem nichtunternehmerischen Bereich zuordnen, auch wenn er teilweise unternehmerisch genutzt wird.
- Bei **mindestens 10 % unternehmerischer Nutzung** kann er ihn entweder im Umfang der unternehmerischen Nutzung, aber auch **vollständig seinem Unternehmensvermögen zuordnen**, obwohl er den Gegenstand auch teilweise privat nutzen will (vgl. auch § 15 Abs. 1 S. 2 UStG).

Maßgeblich für die Zuordnung ist die Zuordnungsentscheidung des Unternehmers im Zeitpunkt der Anschaffung oder Herstellung des Gegenstands (vgl. im Einzelnen Kap. XII.).

> ☞ **Bedeutung der Zuordnungsentscheidung**
>
> Der Unternehmer kann also einen Gegenstand, den er zu mindestens 10 % unternehmerisch nutzt, insgesamt dem Unternehmen zuordnen, auch wenn er ihn im Übrigen privat nutzt.
> Die **volle Zuordnung zum Unternehmen** entspricht regelmäßig auch der Interessenlage des Unternehmers, da er so den **vollen Vorsteuerabzug** geltend machen kann. Allerdings unterliegt dann der private Nutzungsanteil des Gegenstandes in dem entsprechenden Umfang nach § 3 Abs. 9a Nr. 1 UStG der Umsatzsteuer und eine spätere Entnahme muss grundsätzlich nach § 3 Abs. 1b S. 1 Nr. 1 UStG versteuert werden.

> **Beispiel:**
>
> Ein Unternehmer erwirbt einen Pkw für 20.000 € zuzüglich 3.800 € Umsatzsteuer, den er zu 20 % für sein Unternehmen und zu 80 % privat nutzen will.

> **Lösung:**
>
> Der Unternehmer hat ein Zuordnungswahlrecht, da er den Pkw zu mindestens 10 % unternehmerisch nutzt.
> Er kann den Pkw **vollständig seinem Unternehmen** zuordnen und bekommt damit grundsätzlich auch 100 % der Vorsteuer aus den Anschaffungskosten. Allerdings muss er dann die 80 % Privatnutzung nach § 3 Abs. 9a Nr. 1 UStG versteuern. Will er den Pkw später nur noch privat nutzen, liegt

eine Entnahme i.S.d. § 3 Abs. 1b S. 1 Nr. 1 UStG des gesamten Pkw vor, da dieser zu 100 % Unternehmensvermögen ist.

Er kann den Pkw aber z.B. auch nur **entsprechend der unternehmerischen Nutzung**, also hier zu 20 % seinem Unternehmen zuordnen. Er bekommt dann aber auch nur 20 % der Vorsteuer aus den Anschaffungskosten. Die Privatnutzung von 80 % muss er dann jedoch nicht versteuern, da er insoweit ja nur Privatvermögen privat nutzt. Nutzt er ihn später nur noch privat, liegt zwar ebenfalls eine Entnahme § 3 Abs. 1b Nr. 1 UStG vor, jedoch nur in dem Umfang, wie der Pkw Unternehmensvermögen ist, also im Umfang von 20 %.

c) **Einschränkung des Zuordnungswahlrechts nach der neuen 3-Sphären-Theorie**

Nach neuer Rechtsprechung und Verwaltungsauffassung ist beim nichtunternehmerischen Tätigkeitsbereich eine weitere Differenzierung zwischen völlig unternehmensfremden Tätigkeiten und nichtwirtschaftlichen Tätigkeiten vorzunehmen (s. Kap. II. 5.2.2).

Bei einheitlichen Gegenständen, die teils unternehmerisch und teils nichtunternehmerisch genutzt werden sollen, hat der Unternehmer danach nunmehr **nur noch dann ein Zuordnungswahlrecht**, wenn es sich bei der nichtunternehmerischen Verwendung um eine **unternehmensfremde Verwendung** handelt, also der Gegenstand sowohl für das Unternehmen als auch für den privaten Bedarf des Unternehmers als natürliche Person oder für den privaten Bedarf seines Personals bezogen wurde. Verwendet er den Gegenstand dagegen teilweise unternehmerisch und **teilweise für nichtwirtschaftlichen Tätigkeiten** (z.B. ideelle Vereinszwecke), kann er den Gegenstand nicht vollständige seinem Unternehmen zuordnen (vgl. Abschn. 15.2c Abs. 2 Nr. 2 Buchst. a UStAE).

Beispiel:

Ein Sportverein erwirbt einen Minibus für 20.000 € zuzüglich 3.800 € Umsatzsteuer, den er zu 50 % für ideelle Vereinszwecke (z.B. Beförderung der Mitglieder an Auswärtsspieltagen) und zu 50 % für unternehmerische Zwecke nutzt (z.B. Einkauf für die Vereinsgaststätte).

Lösung:

Der Verein hat kein Zuordnungswahlrecht, da es sich bei der nichtunternehmerischen Nutzung um eine nicht wirtschaftliche Tätigkeit des Vereins handelt. Der Minibus wird daher nur entsprechend der unternehmerischen Nutzung für die Gaststätte Unternehmensvermögen und der Verein kann daher auch nur 50 % der Vorsteuer aus den Anschaffungskosten geltend machen. Dafür muss er aber die Nutzung für die nichtunternehmerischen, ideellen Vereinszwecke nicht nach § 3 Abs. 9a Nr. 1 UStG versteuern, da er insoweit ja kein Unternehmensvermögen nichtunternehmerisch nutzt. Nutzt er ihn später nur noch für ideelle Vereinszwecke, läge eine Entnahme nach § 3 Abs. 1b Nr. 1 UStG vor, jedoch nur in dem Umfang, wie der Minibus zuvor Unternehmensvermögen war, also im Umfang von 50 %.

2.3 Entnahme für nichtunternehmerische Zwecke

§ 3 Abs. 1b S. 1 Nr. 1 UStG kommt nur dann zur Anwendung, wenn der Entnahme ein nichtunternehmerischer Zweck zugrunde liegt. Dabei spielt es keine Rolle, ob die Entnahme zu unternehmensfremden, also **privaten Zwecken** erfolgt oder zu nichtwirtschaftlichen Zwecken, wie bei der Überführung von Gegenständen aus dem unternehmerischen in den **ideellen Bereich eines Vereins** oder von einem Betrieb gewerblicher Art in den **hoheitlichen Bereich einer juristischen Person des öffentlichen Rechts**.

> **Beispiel:**
>
> Ein Sportverein entnimmt aus dem Warenbestand der Vereinsgaststätte Sektflaschen zur Ehrung langjähriger Vereinsmitglieder.

> **Lösung:**
>
> Da der Sekt ursprünglich für die Vereinsgaststätte und damit den unternehmerischen Bereich des Vereins bestimmt war, wurde er zu 100 % Unternehmensvermögen und es konnte in vollem Umfang Vorsteuer geltend gemacht werden. Mit der Verwendung für ideelle, nicht wirtschaftliche Zwecke liegt eine Überführung vom Unternehmensbereich in den nichtunternehmerischen Bereich des Vereins und damit eine Entnahme nach § 3 Abs. 1b Nr. 1 UStG vor.

Erfolgt die Entnahme dagegen aus betrieblichen/unternehmerischen Gründen, ist § 3 Abs. 1b S. 1 Nr. 1 UStG nicht einschlägig. Bei **Entnahmen aus unternehmerischen Gründen** ist aber ggf. § 3 Abs. 1b S. 1 Nr. 3 UStG zu prüfen.

> **Beispiel:**
>
> Ein Lampenhändler verschenkt Lampen aus seinem Warenbestand.
>
> Variante 1: An einen Geschäftsfreund zur Pflege der Geschäftsbeziehungen.
> Es liegt keine Entnahme für nichtunternehmerische Zwecke nach § 3 Abs. 1b S. 1 Nr. 1 UStG vor, da der Zuwendung ein betrieblicher Anlass (Kundenpflege) zugrunde liegt. Es wäre hier aber § 3 Abs. 1b S. 1 Nr. 3 UStG zu prüfen.
>
> Variante 2: An den Schwiegervater zu dessen Geburtstag.
> Es liegt eine Entnahme für unternehmensfremde, private Zwecke nach § 3 Abs. 1b S. 1 Nr. 1 UStG vor, da der Entnahme ein privater Anlass zugrunde liegt.

2.4 Berechtigung zum Vorsteuerabzug (§ 3 Abs. 1b S. 2 UStG)

Die Entnahme eines Unternehmensgegenstandes ist nach allen Varianten des § 3 Abs. 1b UStG nur dann steuerbar, wenn der entnommene Gegenstand oder seine Bestandteile zum vollen oder teilweisen Vorsteuerabzug berechtigt haben (§ 3 Abs. 1b S. 2 UStG).

2.4.1 Zumindest teilweiser Vorsteuerabzug des Gegenstandes

Der Unternehmer muss bei der Anschaffung oder Herstellung des Gegenstandes eine Berechtigung zum Vorsteuerabzug nach § 15 UStG gehabt haben. Daran fehlt es z.B., wenn der entnommene Gegenstand ohne Umsatzsteuer von einer Privatperson erworben wurde oder der Vorsteuerabzug wegen einer beabsichtigten vorsteuerschädlichen steuerfreien Verwendung des Gegenstands nach § 15 Abs. 2 UStG ausgeschlossen war (vgl. im Einzelnen Kap. XII.).

Nach dem Gesetzeswortlaut genügt es allerdings, wenn zumindest **teilweise** ein Vorsteuerabzugsrecht bestand, z.B. bei teilweise vorsteuerschädlicher Verwendung.

> **Beispiel:**
>
> Ein Unternehmer erwirbt einen Pkw, den er zu 50 % für seine steuerpflichtige Tätigkeit als Immobilienmakler und zu 50 % für seine nach § 4 Nr. 11 UStG steuerfreie Versicherungsvertretertätigkeit verwendet.
> Der Unternehmer kann nur 50 % der Vorsteuer aus den Anschaffungskosten des Pkw geltend machen, da der Vorsteuerabzug in Bezug auf die steuerfreie Verwendung nach § 15 Abs. 2 Nr. 1 i.V.m. Abs. 4 UStG ausgeschlossen ist. Eine mögliche Entnahme ist trotzdem zu versteuern, da der teilweise Vorsteuerabzug genügt.

2.4.2 Eingebaute Bestandteile mit Vorsteuerabzug

Hat zwar der Gegenstand selbst nicht zum Vorsteuerabzug berechtigt, wurden aber nachträglich Bestandteile eingebaut, die ganz oder teilweise zum Vorsteuerabzug berechtigt haben, unterliegt die Entnahme des Gegenstandes mit dem **Wertanteil, der auf die Bestandteile entfällt,** der Besteuerung nach § 3 Abs. 1b S. 1 Nr. 1 UStG.

Als der Entnahmebesteuerung unterliegende Bestandteile sind dabei nur solche Gegenstände anzusehen, die mit dem Einbau ihre **wirtschaftliche Eigenständigkeit verloren** haben (fehlt z.B. beim neuen Felgen für einen Pkw).

Außerdem müssen sie zu einer dauerhaften, im Zeitpunkt der Entnahme nicht vollständig verbrauchten **Werterhöhung des Wirtschaftsguts** geführt haben. Eine dauerhafte Werterhöhung ist dabei aus Vereinfachungsgründen dann nicht anzunehmen, wenn die eingebauten Bestandteile einen Betrag von **1.000 € nicht überschreiten.** Gleiches gilt, wenn die Kosten der Bestandteile zwar 1.000 € übersteigen, aber **nicht über 20 % der Anschaffungskosten des Wirtschaftsguts** liegen, in das sie eingebaut wurden (vgl. Abschn. 3.3 Abs. 2-4 UStAE).

> **Beispiel:**
>
> Ein Unternehmer schenkt seinem Sohn seinen Geschäftscomputer, den er vor einem Jahr ohne Vorsteuer für 2.000 € von einem Privatmann erworben hat und in den er nachträglich eine für 200 € zuzüglich Umsatzsteuer gekaufte Festplatte eingebaut hat.

> **Lösung:**
>
> Die Entnahme des Computers ist nicht zu versteuern, da bei der Anschaffung des Computers keine Vorsteuer geltend gemacht werden konnte (§ 3 Abs. 1b S. 2 UStG). Auch bezüglich der eingebauten Festplatte liegt keine Entnahme vor. Zwar stand ihm aus deren Erwerb grundsätzlich ein Vorsteuerabzug zu, die eingebaute Festplatte ist aber nicht als Bestandteil anzusehen, da bei einem Wert bis 1.000 € aus Vereinfachungsgründen keine dauerhafte Werterhöhung angenommen wird.

2.5 Sonderfall: Errichtung von Gebäuden durch Bauunternehmer

Lässt ein Bauunternehmer durch sein Bauunternehmen ein Gebäude für nichtunternehmerische Zwecke errichten (z.B. eigenes Wohnhaus), liegen in den einzelnen Maßnahmen bei der Bauausführung (Entnahme Material, Einsatz Arbeitskräfte) noch keine Entnahmevorgänge vor. Gegenstand der Entnahme ist hier erst das **fertig errichtete Gebäude** (Abschn. 3.3 Abs. 7 S. 1 UStAE).

Wird das (private) Gebäude auf einem Unternehmensgrundstück errichtet, liegt jedoch bezüglich des **Grundstücks bereits mit Baubeginn eine Entnahme** vor (Abschn. 3.3 Abs. 7 S. 3 UStAE), die jedoch nach § 4 Nr. 9 Buchst. a UStG steuerfrei ist (s. Kap. VIII. 3.).

> **Beispiel:**
>
> Ein Bauunternehmer errichtet auf einem Unternehmensgrundstück, das er mit Vorsteuerabzug erworben hat, ein Haus für eigene Wohnzwecke. Zur Bauausführung verwendet er Baumaterialien seines Unternehmens und setzt seine Arbeitskräfte ein.
>
> Bereits mit Baubeginn liegt eine Überführung des Grundstücks in das Privatvermögen und damit eine Entnahme des Grundstücks nach § 3 Abs. 1b S. 1 Nr. 1 UStG vor, die aber nach § 4 Nr. 9 Buchst. a UStG steuerfrei ist.
>
> Die Herstellung des Gebäudes selbst erfolgt noch im Unternehmen. In den Privatbereich wird dann erst das fertig errichtete Gebäude überführt. Erst mit Fertigstellung liegt eine Entnahme des fertigen Hauses nach § 3 Abs. 1b S. 1 Nr. 1 UStG vor.

2.6 Steuerentstehung

Die Steuer entsteht nach **§ 13 Abs. 1 Nr. 2 UStG** mit Ablauf des Voranmeldungszeitraums, in dem die Leistung ausgeführt, also die Entnahme getätigt wird.

Eine Entnahme liegt dabei in dem Zeitpunkt vor, in dem der Unternehmer erstmals seinen Willen, den Gegenstand endgültig aus dem Unternehmen herauszulösen, eindeutig durch eine Entnahmehandlung zum Ausdruck bringt. Bei einer **Schenkung an Dritte** ist dies nicht erst die eigentliche Schenkung, sondern bereits das Entfernen des Gegenstands aus dem Unternehmen mit dem Willen der späteren Schenkung.

> **Beispiel:**
>
> Ein Juwelier schenkt seiner Frau am 4.5. einen Ring, den er bereits am 29.4. heimlich aus seinem Warenbestand mitgenommen hatte. Die Umsatzsteuer entsteht nach § 13 Abs. 1 Nr. 2 UStG bereits mit Ablauf des Voranmeldungszeitraums April.

3. Zuwendungen von Unternehmensgegenständen aus unternehmerischem Anlass (§ 3 Abs. 1b Nr. 3 UStG)

3.1 Voraussetzungen und Abgrenzung

§ 3 Abs. 1b S. 1 Nr. 3 UStG erfasst unentgeltliche **Sachzuwendung an Dritte aus unternehmerischen Gründen**, mit Ausnahme der Zuwendungen an das Personal.

Die Tatbestandsmerkmale des § 3 Abs. 1b S. 1 Nr. 3 UStG
• **Unentgeltliche Zuwendung an Dritte** (bei Zuwendungen an das Personal aber Nr. 2)
• von **Gegenständen des Unternehmens**
• für **Zwecke des Unternehmens** (bei nichtunternehmerischem Zweck greift Nr. 1)
• **ausgenommen Geschenke von geringem Wert** und Warenmuster
• **zumindest teilweise Vorsteuerabzugsberechtigung** bezüglich des Gegenstands oder seiner Bestandteile (§ 3 Abs. 1b S. 2 UStG)

§ 3 Abs. 1b S. 1 Nr. 3 UStG ist als **Auffangtatbestand** konzipiert, der nur eingreift, wenn die Zuwendung nicht bereits unter § 3 Abs. 1b S. 1 Nr. 1 oder 2 UStG fällt, also:
- Gegenstände aus **nichtunternehmerischen Gründen** zugewendet werden (= Nr. 1),
- Gegenstände **dem Personal** zugewendet werden (= Nr. 2).

3.2 Der Zuwendungstatbestand

3.2.1 Unentgeltliche Zuwendung von Unternehmensgegenständen an Dritte

Erfasst werden von § 3 Abs. 1b S. 1 Nr. 3 UStG **Sachzuwendungen an Dritte** mit Ausnahme der Zuwendung an das Personal. Bei den zugewendeten Gegenständen muss es sich um Unternehmensvermögen handeln (s. Kap. 2.2).

Erfasst werden nur **unentgeltliche Zuwendungen**. Wird ein Entgelt entrichtet, liegt eine Lieferung nach § 3 Abs. 1 UStG vor, auch wenn das Entgelt nicht dem Wert der Sache entspricht. Werden Gegenstände zusätzlich zu einer entgeltlichen Lieferung „dazugegeben", handelt es sich bei diesen „Zugaben" nicht um unentgeltliche Zuwendungen, sondern diese sind Teil einer insgesamt entgeltliche Lieferung.

> **Beispiel:**
>
> Naturalrabatte („11 zum Preis von 10"); Bierdeckel, Aschenbecher oder Gläser als „Draufgabe" zu Getränkelieferungen durch Brauereien; Sachprämien bei Zeitungs- und Zeitschriftenabonnements (weitere Einzelfälle s. Abschn. 3.3 Abs. 20 UStAE).

Die Sachzuwendung muss **für den Dritten einen Gebrauchsvorteil** haben. Hat der zugewendete Gegenstand für den Dritten dagegen keinerlei Nutzen, sondern dient er allein der Verkaufsförderung des zuwendenden Unternehmers, greift § 3 Abs. 1b Nr. 3 UStG nicht ein, z.B. bei der Zusendung von **Verkaufskatalogen, Prospekten, Werbeplakaten und Dekorationsmaterial** (vgl. Abschn. 3.3 Abs. 14 und 15 UStAE).

3.2.2 Zuwendung für Zwecke des Unternehmens

§ 3 Abs. 1b S. 1 Nr. 3 UStG erfasst im Gegensatz zu Nr. 1 die Abgabe von Gegenständen aus unternehmerischen Gründen, also insbesondere zu **Werbezwecken, zur Verkaufsförderung oder zur Imagepflege**, z.B. Zuwendungen an Geschäftsfreunde, an Kunden zur „Kundenpflege" oder Sachspenden an Vereine und Schulen.

3.2.3 Ausgenommen Geschenke von geringem Wert und Warenmuster

Ausdrücklich ausgenommen von der Besteuerung ist die Zuwendung von Gegenständen dann, wenn es sich bei diesen um Geschenke von geringem Wert oder Warenmuster handelt.

Geschenke von geringem Wert liegen vor, wenn die Anschaffungs- oder Herstellungskosten **aller einem bestimmten Empfänger im Kalenderjahr** zugewendeten Gegenstände insgesamt **35 € netto** nicht übersteigen (Abschn. 3.3 Abs. 11 UStAE). Solche Geschenke von geringem Wert liegen z.B. bei der Zuwendung von Kugelschreibern, Feuerzeugen, Kalendern, Blumen oder Weinpräsenten vor. Selbst bei Geschenken über 35 € scheidet allerdings die Besteuerung regelmäßig deshalb aus, da in diesen Fällen i.d.R. bei der Anschaffung dieser Gegenstände der Vorsteuerabzug nach § 15 Abs. 1a UStG ausgeschlossen war (s. Kap. 3.2.4).

Warenmuster sind ebenfalls von der Besteuerung ausgenommen, und zwar unabhängig von ihrem Wert. Warenmuster sind dabei Gegenstände, die bereits hergestellten Waren entsprechen oder Modelle von noch herzustellenden Waren sind und die den Käufer vom Kauf gleichartiger Gegenstände überzeugen sollen, z.B. Probierpackungen im Lebensmittel- und Getränkehandel (Abschn. 3.3 Abs. 13 UStAE).

3.2.4 Berechtigung zum Vorsteuerabzug (§ 3 Abs. 1b S. 2 UStG)

Die unentgeltliche Zuwendung nach § 3b Abs. 1b S. 1 Nr. 3 UStG ist wie die Entnahme nach Nr. 1 nur dann steuerbar, wenn der zugewendete Gegenstand oder seine Bestandteile zumindest teilweisen zum Vorsteuerabzug berechtigt haben, § 3 Abs. 1b S. 2 UStG.

Gerade im Hauptanwendungsbereich dieser Vorschrift, nämlich bei höherwertigen Geschenken (über 35 €) an Kunden und Geschäftsfreunde, ist der Vorsteuerabzug für diese Gegenstände jedoch bereits regelmäßig nach § 15 Abs. 1a i.V.m. § 4 Abs. 5 Nr. 1 EStG ausgeschlossen, sodass eine Besteuerung bei solchen Geschenken nach § 3 Abs. 1b Nr. 3 UStG nicht in Betracht kommt.

4. Verwendung von Unternehmensgegenständen für nichtunternehmerische Zwecke (§ 3 Abs. 9a Nr. 1 UStG)

4.1 Voraussetzungen

Nach § 3 Abs. 9a Nr. 1 Alt. 1 UStG wird die Verwendung von Unternehmensgegenständen durch den Unternehmer für nichtunternehmerische Zwecke einer entgeltlichen sonstigen Leistung gleichgestellt (sog. Nutzungsentnahme).

Die Tatbestandsmerkmale des § 3 Abs. 9a Nr. 1 UStG
Verwendung   • von **Gegenständen des Unternehmens**   • für **unternehmensfremde Zwecke**   • **zumindest teilweise Vorsteuerabzugsberechtigung** bezüglich des Gegenstands   • **Ausnahme** = nichtunternehmerische Verwendung von **Unternehmensgrundstücken** bei denen der Vorsteuerabzug nach § 15 Abs. 1b UStG teilweise ausgeschlossen war

Zur Besteuerung nach § 3 Abs. 9a Nr. 1 Alt. 2 UStG bei der Überlassung von Gegenständen an das Personal zur privaten Nutzung (z.B. Dienstwagen) vgl. Kap. XIII.

4.2 Der Verwendungstatbestand

Während § 3 Abs. 1b S. 1 Nr. 1 UStG die Entnahme eines Unternehmensgegenstands für nichtunternehmerische Zwecke einer entgeltlichen Lieferung gleichstellt, stellt § 3 Abs. 9a Nr. 1 Alt. 1 UStG die nichtunternehmerische **Verwendung** eines Unternehmensgegenstands einer entgeltlichen sonstigen Leistung gleich. Im Unterschied zur Entnahme liegt bei der Verwendung keine endgültige Überführung in den nichtunternehmerischen Bereich vor, sondern lediglich eine **Nutzung des Unternehmensgegenstands** für unternehmensfremde oder nicht wirtschaftliche Zwecke, z.B. die Privatnutzungen eines Firmenwagens.

§ 3 Abs. 9a Nr. 1 UStG ist die Kehrseite der Möglichkeit, einen Gegenstand trotz teilweise unternehmensfremder, privater Nutzung zu 100 % dem Unternehmensvermögen zuzuordnen, wenn er zu mindestens 10 % unternehmerisch genutzt wird (s. Kap. 2.2.2). Ordnet ein Unternehmer einen Gegenstand vollständig seinem Unternehmen zu, kann er die auf die Anschaffungskosten des Gegenstands entfallenden Vorsteuerbeträge sowie die Vorsteuerbeträge aus weiteren Aufwendungen für den Gegenstand (Unterhaltskosten, Reparaturkosten) nach § 15 Abs. 1 S. 1 Nr. 1 UStG vollständig abziehen.

Die private Nutzung unterliegt dafür aber nach § 3 Abs. 9a Nr. 1 UStG der Umsatzsteuer. § 3 Abs. 9a Nr. 1 UStG korrigiert insoweit die „zu Unrecht" für den privat genutzten Teil in Anspruch genommene Vorsteuer. Dementsprechend unterliegt die Verwendung nach § 3 Abs. 9a Nr. 1 UStG von vornherein nur dann der Besteuerung, wenn bei der Anschaffung oder Herstellung überhaupt eine (zumindest teilweise) Vorsteuerabzugsberechtigung bestand und in die Besteuerung sind dann nach § 10 Abs. 4 Nr. 2 UStG auch nur die vorsteuerbelasteten Ausgaben mit einzubeziehen (vgl. dazu Kap. IX. 3.).

> **Beispiel:**
>
> Ein Rechtsanwalt erwirbt am 1.1.2011 einen Pkw für 30.000 € zuzüglich 5.700 € Umsatzsteuer, den er zu 30 % für seine Rechtsanwaltstätigkeit und zu 70 % privat nutzen will. Für den Pkw sind in 2011 weitere Kosten von 6.000 € zuzüglich 1.140 € Umsatzsteuer für Benzin und 3.000 € zuzüglich 570 € Umsatzsteuer für Reparaturen angefallen.

> **Lösung:**
>
> Der Rechtsanwalt kann den Pkw trotz überwiegend privater Nutzung zu 100 % seinem Unternehmensvermögen zuordnen, da er ihn zu mindestens 10 % unternehmerisch nutzt. Er kann in diesem Fall die Umsatzsteuer aus den Anschaffungskosten i.H.v. 5.700 € sowie den laufenden Kosten i.H.v. insgesamt 1.710 € in 2011 vollständig als Vorsteuer abziehen, muss jedoch die private Nutzung des Pkw nach § 3 Abs. 9a Nr. 1 UStG versteuern. In die Bemessungsgrundlage für die Privatnutzung in 2011 sind dabei nach § 10 Abs. 4 S. 1 Nr. 2 UStG alle auf die Privatnutzung entfallenden vorsteuerbelasteten (Netto-)Ausgaben einzubeziehen. Dazu gehören neben den laufenden Ausgaben nach § 10 Abs. 4 Nr. 2 S. 2 und 3 UStG auch die Anschaffungskosten, die jedoch nicht sofort in voller Höhe einzubeziehen sind, sondern auf den in § 15a Abs. 1 UStG genannten Zeitraum von 5 Jahren zu verteilen sind.
>
> | | |
> |---|---:|
> | Anschaffungskosten (netto) verteilt auf 5 Jahre | 6.000 € |
> | laufende vorsteuerbelastete Ausgaben 2011 (netto) | 9.000 € |
> | **Gesamtausgaben 2011** | **15.000 €** |
> | auf die Privatnutzung entfallen 70 % | 10.500 € |
> | Umsatzsteuer für die Privatnutzung in 2011 (19 %) | 1.995 € |

Das Beispiel zeigt sehr schön den Vorteil der vollständigen Zuordnung eines Gegenstands zum Unternehmensvermögen. Die Vorsteuer aus den Anschaffungs- oder Herstellungskosten ist in diesem Fall sofort in voller Höhe abziehbar. Durch Einbeziehung in die Bemessungsgrundlage für die Besteuerung nach § 3

Abs. 9a Nr. 1 UStG wird diese zwar im Umfang der nichtunternehmerischen Nutzung wieder „zurückbezahlt", aber nur sukzessive über einen Nutzungszeitraum von vorliegend 5 Jahren. Hierin liegt für den Unternehmer ein erheblicher Liquiditäts- und Zinsvorteil.

4.3 Nichtunternehmerische Verwendung von Grundstücken

Wie bei allen einheitlichen Gegenständen kann ein Unternehmer auch ein zu mindestens 10 % unternehmerisch genutztes Grundstück bzw. Gebäude insgesamt seinem Unternehmen zuordnen, auch wenn er es teilweise nichtunternehmerisch nutzt, z.B. zu eigenen Wohnzwecken (Abschn. 15.2c Abs. 2 Nr. 2 UStAE).

Die Zuordnung auch des nicht unternehmerisch genutzten Teils eines Grundstücks bzw. Gebäudes zum Unternehmensvermögen hatte bis zum 31.12.2010 den Vorteil, dass damit zunächst auch die dafür anfallende Vorsteuer, insbesondere aus den Anschaffungs- oder Herstellungskosten, geltend gemacht werden konnten. Die nichtunternehmerische Nutzung war dann jedoch als Nutzungsentnahme unter den weiteren Voraussetzungen des § 3 Abs. 9a Nr. 1 UStG steuerbar und auch steuerpflichtig, insbesondere war die Eigennutzung nicht nach § 4 Nr. 12 Buchst. a UStG als „Vermietung an sich selbst" steuerfrei (s. Kap. VIII. 4.1.2).

> **Beispiel:**
>
> Ein Rechtsanwalt lässt ein Gebäude errichten (Herstellungskosten 300.000 € zuzüglich 57.000 € Umsatzsteuer), das er zu 50 % unternehmerisch (Kanzleiräume) und zu 50 % privat (Wohnung) nutzen will. Er ordnet das Gebäude insgesamt seinem Unternehmen zu.

> **Lösung nach der Rechtslage bis zum 31.12.2010:**
>
> Der Rechtsanwalt konnte nach § 15 Abs. 1 S. 1 Nr. 1 UStG die Vorsteuer aus den Herstellungskosten sofort in voller Höhe geltend machen, also auch, soweit sie i.H.v. 28.500 € (50 %) auf den privat genutzten Teil entfällt, da auch der privat genutzte Teil des Gebäudes dem Unternehmen zugeordnet wurde. Durch Einbeziehung der auf die Privatnutzung entfallenden Herstellungskosten von 150.000 € in die Bemessungsgrundlage für die Besteuerung nach § 3 Abs. 9a Nr. 1 UStG wurde die Vorsteuer dann jedoch im Umfang der Privatnutzung wieder „zurückbezahlt", allerdings nach § 10 Abs. 4 Nr. 2 S. 2 und 3 i.V.m. § 15a Abs. 1 S. 2 UStG verteilt über einem Zeitraum von 10 Jahren.

Auch ab dem 1.1.2011 kann der nicht unternehmerische genutzte Teil eines Grundstücks bzw. Gebäudes dem Unternehmen zugeordnet werden. Nach dem neu eingefügten **§ 15 Abs. 1b UStG** ist allerdings der Vorsteuerabzug aus Leistungen im Zusammenhang mit der nichtunternehmerischen Nutzung nunmehr ausdrücklich ausgeschlossen (vgl. im Einzelnen Kap. XII.). Dafür ist die nichtunternehmerische Nutzung des dem Unternehmen zugeordneten Grundstücks nach dem **neu eingefügten 2. Halbsatz in § 3 Abs. 9a Nr. 1 UStG** ausdrücklich nicht mehr steuerbar, wenn der Vorsteuerabzug hierfür nach § 15 Abs. 1b UStG ausgeschlossen war.

Die neuen Vorschriften sind nach § 27 Abs. 16 UStG auf alle Grundstücke und Gebäude anzuwenden, die nach dem 1.1.2011 angeschafft (Kaufvertrag maßgeblich) oder hergestellt (grundsätzlich Baugenehmigung maßgeblich) wurden.

> **Lösung nach der Rechtslage ab dem 1.1.2011:**
>
> Auch ab dem 1.1.2011 kann der Rechtsanwalt das Gebäude insgesamt seinem Unternehmen zuordnen. Damit liegen zwar die allgemeinen Voraussetzungen für einen vollen Vorsteuerabzug aus den Herstellungskosten nach § 15 Abs. 1 Nr. 1 UStG vor, gleichwohl kann dieser nunmehr nur noch zu 50 % geltend gemacht werden, da nach § 15 Abs. 1b UStG bei Grundstücken der Vorsteuerabzug im Umfang der Privatnutzung ausdrücklich ausgeschlossen ist.

> Obwohl das insgesamt dem Unternehmen zugeordnete Gebäude zu 50 % (Wohnung) für nichtunternehmerische Zwecke genutzt wird und das Gebäude zumindest teilweise (50 %) zum Vorsteuerabzug berechtigt hat, unterbleibt dafür eine Besteuerung nach dem neu eingefügten 2. Halbsatz in § 3 Abs. 9a Nr. 1 UStG.

> ☞ **Hinweis!**
> Auf den ersten Blick scheint damit die Zuordnung eines nichtunternehmerisch genutzten Grundstücksteils zum Unternehmen keinen Sinn mehr zu machen, wenn der Vorsteuerabzug diesbezüglich ohnehin nach § 15 Abs. 1b UStG ausgeschlossen ist. Der Sinn erschließt sich erst im Hinblick auf die Möglichkeit einer Vorsteuerberichtigung nach § 15a UStG. So kann der Unternehmer nach § 15a Abs. 6a UStG ggf. nachträglich einen Vorsteuerabzug aus den Anschaffungs- oder Herstellungskosten für den nichtunternehmerisch genutzten Teil geltend machen, wenn er diesen später doch noch unternehmerisch nutzt. Dies setzt aber zwingend voraus, dass dieser Teil bei der Anschaffung bzw. Herstellung dem Unternehmen zugeordnet wurde (vgl. hierzu im Einzelnen Kap. XII.).

4.4 Steuerentstehung

Wie bei entgeltlichen sonstigen Leistungen wird auch hier die Leistung erst mit ihrer Vollendung ausgeführt. Die Steuer entsteht also nach **§ 13 Abs. 1 Nr. 2 UStG** grundsätzlich erst mit Ablauf des Voranmeldezeitraums, in dem die **private Verwendung beendet** wird.

Erstreckt sich die Verwendung allerdings, wie z.B. bei der dauerhafte Privatnutzung eines Firmenwagens oder eines Unternehmensgebäudes, über mehrere Voranmeldungszeiträume, entsteht die Steuer **wie bei Teilleistungen** (§ 13 Abs. 1 Nr. 1 Buchst. a S. 2 UStG analog) bereits mit Ablauf eines jeden Voranmeldungszeitraums.

5. Andere unentgeltliche sonstige Leistungen für nichtunternehmerische Zwecke (§ 3 Abs. 9a Nr. 2 UStG)

5.1 Voraussetzungen und Abgrenzung

§ 3 Abs. 9a Nr. 2 Alt. 1 UStG ist gegenüber Nr. 1 subsidiär und betrifft alle **unentgeltlichen sonstigen Leistungen** für nichtunternehmerische Zwecke, die nicht in der Verwendung eines Unternehmensgegenstandes bestehen (sog. Leistungsentnahme).

Die Tatbestandsmerkmale des § 3 Abs. 9a Nr. 1 UStG
• Ausführung einer **unentgeltlichen sonstigen Leistung**, die nicht unter Nr. 1 fällt
• für **unternehmensfremde Zwecke**

Zur Besteuerung nach § 3 Abs. 9a Nr. 2 Alt. 2 UStG bei der Ausführung unentgeltlicher sonstiger Leistungen an das Personal (z.B. kostenlose Kantinenmahlzeiten) vgl. Kap. XIII.

5.2 Tatbestand der Leistungsentnahme

§ 3 Abs. 9a Nr. 2 UStG erfasst alle anderen **unentgeltlichen sonstigen Leistungen**, die nicht in der Verwendung von Unternehmensgegenständen bestehen, insbesondere also **Dienstleistungen und Werkleistungen**, die durch das Unternehmen unentgeltlich für den Privatbereich des Unternehmers oder an Dritte ausgeführt werden.

> **Beispiele:**
>
> a) Ein Unternehmer lässt den Garten seines Hauses durch Mitarbeiter seines Betriebes pflegen = fiktive sonstige Leistung nach § 3 Abs. 9a Nr. 2 UStG.
> b) In einer Kfz-Werkstatt wird der Privatwagen des Inhabers repariert.
>
> Werden Ersatzteile verwendet, die Hauptstoffe sind, handelt es sich um eine unentgeltliche Werklieferung = fiktive Lieferung nach § 3 Abs. 1b Nr. 1 UStG.
>
> Werden keine Ersatzteile oder nur Kleinteile verwendet, handelt es sich um eine unentgeltliche Werkleistung = fiktive sonstige Leistung nach § 3 Abs. 9a Nr. 2 UStG.

§ 3 Abs. 9a Nr. 2 UStG kommt nur dann zur Anwendung, wenn die unentgeltliche sonstige Leistung für **nichtunternehmerische Zwecke** ausgeführt wird (s. Kap. 2.3). Liegt der unentgeltlichen Leistung dagegen ein unternehmerischer Anlass zugrunde, scheidet eine Besteuerung aus.

> **Beispiel:**
>
> Speist ein Gastwirt in seinem eigenen Lokal oder lädt er Freunde und Verwandte ein, liegt eine fiktive sonstige Leistung (Restaurationsleistung) aus unternehmensfremden Zwecken nach § 3 Abs. 9a Nr. 2 UStG vor. Lädt er Lieferanten zum Geschäftsessen in sein Lokal ein, liegt dagegen keine steuerbare fiktive sonstige Leistung vor, da die Leistung aus unternehmerischen Gründen erfolgt.

VIII. Steuerbefreiungen nach § 4 UStG

1. Allgemeines

1.1 Sinn und Zweck der Steuerbefreiungen

Umsatzsteuer fällt nur dann an, wenn ein Umsatz **steuerbar und steuerpflichtig** ist. Ein steuerbarer Umsatz löst daher dann keine Umsatzsteuer aus, wenn ein Befreiungstatbestand eingreift und der Umsatz damit **steuerfrei** ist.

Die Befreiungstatbestände für die einzelnen Umsatzarten sind geregelt in:
- **§ 4 UStG für bestimmte Lieferungen und sonstige Leistungen nach § 1 Abs. 1 Nr. 1 UStG**,
- § 4b UStG für bestimmte innergemeinschaftliche Erwerbe nach § 1 Abs. 1 Nr. 5 UStG,
- § 5 UStG für bestimmte Einfuhren nach § 1 Abs. 1 Nr. 4 UStG.

Mit der Steuerbefreiung für bestimmte Umsätze verfolgt der Gesetzgeber unterschiedliche Ziele. Neben sozial-, wirtschafts- und kulturpolitischen Zwecken (z.B. Steuerbefreiungen für Leistungen der Ärzte, Krankenhäuser, Schulen, Museen oder Blindenwerkstätten), sind dies insbesondere auch steuersystematische Gründe (z.B. Steuerbefreiungen für Grundstückslieferungen oder Versicherungsleistungen zur Verhinderung einer Doppelbelastung mit Grunderwerbssteuer/Versicherungssteuer und Umsatzsteuer).

1.2 Steuerbefreiungen mit und ohne Vorsteuerabzugsberechtigung

1.2.1 Steuerbefreiungen ohne Vorsteuerabzugsberechtigung

Nach **§ 15 Abs. 2 Nr. 1 UStG** kann ein Unternehmer die Umsatzsteuer für solche Eingangsleistungen, die er zur Ausführung steuerfreier Umsätze verwendet grundsätzlich nicht als Vorsteuer geltend machen (vgl. im Einzelnen Kap. XII. 8.3).

Dies führt dazu, dass zwar für den von ihm ausgeführten Umsatz keine Umsatzsteuer anfällt, durch die Versagung des Vorsteuerabzugs aber die bisher auf den vorherigen Wirtschaftsstufen angefallene Umsatzsteuer erhalten bleibt, also keine vollständige Umsatzsteuerentlastung eintritt. Man spricht insofern auch von sog. **„unechten" Steuerbefreiungen**.

Beispiel:
Eine Blindenwerkstatt kauft Weidenzweige für 100 € zuzüglich 19 € Umsatzsteuer ein, die zu Flechtkörben verarbeitet und für 169 € weiterverkauft werden.

Lösung:
Die Lieferungen der Körbe durch die Blindenwerkstatt ist nach § 4 Nr. 19 Buchst. b UStG steuerfrei. Die Umsatzsteuer für den Materialeinkauf kann dafür aber nach § 15 Abs. 2 Nr. 1 UStG nicht als Vorsteuer geltend gemacht werden und muss daher in den Verkaufspreis einkalkuliert werden, bleibt also insofern als Preisbestandteil erhalten (= 119 €). Im Ergebnis bleibt also nur der Rohgewinnaufschlag für die Leistung der Blindenwerkstatt von hier 50 € umsatzsteuerfrei.

1.2.2 Steuerbefreiungen mit Vorsteuerabzugsberechtigung

Nach § 15 Abs. 3 Nr. 1 Buchst. a UStG gilt die Versagung des Vorsteuerabzugs nach Abs. 2 Nr. 1 jedoch nicht für die Steuerbefreiungen nach **§ 4 Nr. 1-7 UStG**. Gleiches gilt nach § 15 Abs. 3 Nr. 1 Buchst. b UStG für **bestimmte steuerfreie Umsätze nach § 4 Nr. 8 Buchst. a-g und Nr. 10a UStG**. Da die Eingangsleistungen des Unternehmers in diesen Fällen durch den Vorsteuerabzug von bisheriger Umsatzsteuer entlastet werden und für die Ausgangsleistungen an Dritte wegen der Steuerbefreiung keine weitere Umsatzsteuer mehr anfällt, tritt hier eine völlige Umsatzsteuerentlastung ein. Diese Steuerbefreiungen werden daher auch als **„echte Steuerbefreiungen"** bezeichnet.

Teil II: Darstellung der Umsatzsteuer

> **Beispiel:**
> Ein Händler aus Köln liefert eine Maschine, die er zuvor beim Hersteller in Mainz für 1.000 € zuzüglich 190 € Umsatzsteuer erworben hat, für 1.500 € an einen Abnehmer in China.

> **Lösung:**
> Die Lieferung nach China ist als sog. Ausfuhrlieferung nach § 4 Nr. 1 Buchst. a i.V.m. § 6 UStG steuerfrei. Die für den Einkauf angefallene Umsatzsteuer kann er nach § 15 Abs. 2 Nr. 1 i.V.m. Abs. 3 Nr. 1 Buchst. a UStG gleichwohl als Vorsteuer abziehen. Der Vorsteuerabzug bewirkt zunächst, dass die Ware beim Exporteur vollständig von bisheriger Umsatzsteuer entlastet wird. Da auch die Weiterlieferung steuerfrei ist, gelangt die Ware damit völlig von deutscher Umsatzsteuer entlastet an den Abnehmer im Ausland.

Die Steuerbefreiungen in § 4 Nr. 1-7 UStG betreffen überwiegend Umsätze, die einen Auslandsbezug aufweisen. Die praktisch bedeutsamsten Vorschriften werden daher im Rahmen der Ausführungen zur Umsatzbesteuerung von Leistungen mit Auslandsbezug in Kapitel XX. erörtert.

1.3 Überblick über die Wirkung von Steuerbefreiungen

Das folgende Beispiel soll die Wirkung „unechter" und „echter" Steuerbefreiungen im Vergleich zu steuerpflichtigen Leistungen verdeutlichen.

> **Beispiel:**
> U verkauft Waren, die er zuvor für 100 € zuzüglich Umsatzsteuer beim Großhändler H einkauft. U kalkuliert für den Weiterverkauf mit einem Rohgewinnaufschlag von 100 €.

> **Lösung:**
>
> **Variante 1: Für den Verkauf greift keine Steuerbefreiung ein**
>
>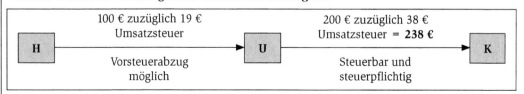
>
> Da U die ihm in Rechnung gestellte Vorsteuer abziehen kann, muss er für den Wareneinkauf nur 100 € aufwenden. Bei einem kalkulierten Rohgewinnaufschlag von 100 € ergibt sich daher ein Nettoverkaufspreis von 200 € und ein Bruttoverkaufspreis von 238 €.
> ⇒ **Umsatzsteuerbelastung = 100 %**
>
> **Variante 2: Für den Verkauf greift eine „unechte" Steuerbefreiung ein**
>
>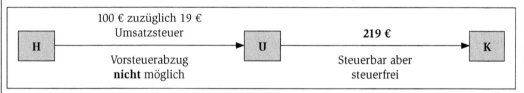
>
> Da U die ihm in Rechnung gestellte Vorsteuer nicht abziehen kann, muss er für den Wareneinkauf insgesamt 119 € aufwenden. Bei einem kalkulierten Rohgewinnaufschlag von 100 € ergibt sich daher

ein Nettoverkaufspreis von 219 €, der aber wegen der Steuerbefreiung für die Lieferung U an K auch dem Bruttoverkaufspreis entspricht.

⇒ **Umsatzsteuerentlastung: Rohgewinnaufschlag auf der Umsatzstufe U an K bleibt unversteuert**

Variante 3: Für den Verkauf greift eine „echte" Steuerbefreiung ein

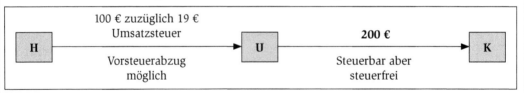

Da U die ihm in Rechnung gestellte Vorsteuer abziehen kann, muss er für den Wareneinkauf nur 100 € aufwenden. Bei einem kalkulierten Rohgewinnaufschlag von 100 € ergibt sich daher ein Nettoverkaufspreis von 200 €, der wegen der Steuerbefreiung auch dem Bruttoverkaufspreis entspricht.

⇒ **vollständige Umsatzsteuerentlastung**

1.4 Verzicht auf Steuerbefreiungen (§ 9 UStG)

1.4.1 Bedeutung und Überblick über die Voraussetzungen der Option

Der oben dargestellte Vergleich zeigt, dass eine „unechte" Steuerbefreiung zwar nicht zu einer vollständigen Umsatzsteuerentlastung führt, sich gegenüber einer normalen steuerpflichtigen Leistung aber durch die Entlastung auf der Umsatzstufe, für die die Befreiung eingreift, trotzdem günstiger auswirkt. Dies gilt jedoch nur, solange die Leistung an nicht zum Vorsteuerabzug berechtigte Abnehmer ausgeführt wird. Bei Leistungen an vorsteuerabzugsberechtigte Unternehmer ist das Eingreifen einer „unechten" Steuerbefreiung dagegen ungünstiger, als wenn die Leistung steuerpflichtig wäre.

Beispiel:
Wäre K im Beispiel in Kap. 1.3 ein Unternehmer, wäre er im Fall einer steuerpflichtigen Leistung nur mit den in Rechnung gestellten 200 € netto belastet, da er die zusätzlich anfallenden 38 € Umsatzsteuer grundsätzlich als Vorsteuer gelten machen könnte. Im Fall des Eingreifens einer unechten Steuerbefreiung würde zwar für die Leistung an K keine Umsatzsteuer anfallen, da sich durch das „Einpreisen" der nicht abzugsfähigen Vorsteuer jedoch der Nettoverkaufspreis auf 219 € netto erhöht, wäre er im Ergebnis höher belastet.

Ein Unternehmer kann daher nach § 9 UStG auf bestimmte „unechte" Steuerbefreiungen verzichten, wenn er Sie an andere Unternehmer ausführt, er kann also zur Steuerpflicht optieren. Durch die wirksame Ausübung der **Option nach § 9 UStG** wird der entsprechende **Umsatz steuerpflichtig**, die damit zusammenhängenden **Vorsteuern aber wieder abzugsfähig**, da nun der Vorsteuerausschluss nach § 15 Abs. 2 Nr. 1 UStG nicht mehr eingreift.

Prüfung der Option:

1. Schritt:	**Prüfung der Voraussetzungen des § 9 Abs. 1 UStG** • Vorliegen einer verzichtsfähigen Steuerbefreiung • Leistung an einen Unternehmer für dessen Unternehmen
2. Schritt:	**Prüfung der Einschränkung nach § 9 Abs. 2 UStG** bei bestimmten Leistungen an nicht zum Vorsteuerabzug berechtigte Unternehmer
3. Schritt:	**Prüfung, ob die Option wirksam ausgeübt wurde** • grundsätzlich form- und fristfrei möglich • Ausnahme § 9 Abs. 3 UStG

Teil II: Darstellung der Umsatzsteuer

1.4.2 Voraussetzungen der Option nach § 9 Abs. 1 UStG

Eine Option zur Steuerpflicht ist nur bei den in § 9 Abs. 1 UStG aufgeführten Steuerbefreiungen möglich. Solch **verzichtsfähige Befreiungen** sind:

- § 4 Nr. 8 Buchst. a–g UStG = Finanzumsätze.
- § 4 Nr. 9 Buchst. a UStG = Grundstückslieferungen.
- § 4 Nr. 12 UStG = Vermietung und Verpachtung von Grundstücken.
- § 4 Nr. 13 UStG = Leistungen von Wohnungseigentümergemeinschaften.
- § 4 Nr. 19 UStG = Umsätze der Blinden und Blindenwerkstätten.

Der Verzicht gem. § 9 Abs. 1 UStG ist nur möglich, wenn der Umsatz an einen **anderen Unternehmer** bewirkt und **für dessen Unternehmen** ausgeführt wird.

Beispiel:

Ein Vermieter vermietet im selben Gebäude ein Büro und eine Wohnung an einen Rechtsanwalt.

Lösung:

Grundstücksvermietungen sind nach § 4 Nr. 12 S. 1 Buchst. a UStG grundsätzlich steuerfrei. Auf die Steuerbefreiung kann jedoch nach § 9 Abs. 1 UStG werden verzichten, da die Vermietung hier an einen Unternehmer (Rechtsanwalt) erfolgt. Die Option ist jedoch nur bezüglich der Vermietung der Büroräume zulässig, da nur diese unternehmerisch genutzt werden. Die Vermietung der Wohnräume ist dagegen mangels Optionsmöglichkeit zwingend steuerfrei.

1.4.3 Einschränkungen der Option nach § 9 Abs. 2 UStG

§ 9 Abs. 2 UStG enthält für den Verzicht auf die Steuerbefreiungen für Grundstücksvermietungen (§ 4 Nr. 12 UStG) und bestimmte Grundstückslieferungen (§ 4 Nr. 9a UStG) weitere einschränkende Voraussetzungen. Danach ist der Verzicht bei den dort genannten steuerfreien Grundstücksumsätzen nur zulässig, wenn der **Leistungsempfänger** das Grundstück ausschließlich für Umsätze verwendet, die den Vorsteuerabzug nicht ausschließen.

Die praktisch wichtigste Einschränkung betrifft dabei den Verzicht auf die Steuerbefreiung bei Grundstückvermietungen nach § 4 Nr. 12 S. 1 Buchst. a UStG. Danach ist bei der Vermietung an Unternehmer, die steuerfreie Leistungen ausführen, die nach § 15 Abs. 2 Nr. 1 UStG zum Ausschluss des Vorsteuerabzugs führen (z.B. Ärzte), ein Verzicht auf die Steuerbefreiung nach § 9 Abs. 2 UStG nicht möglich (vgl. Kap. 4.6.1).

1.4.4 Ausübung der Option

Die Ausübung der Option bedarf grundsätzlich **keiner besonderen Form** (Abschn. 9.1 Abs. 3 S. 3–6 UStAE). Sie erfolgt i.d.R. bereits dadurch, dass der Steuerpflichtige den jeweiligen **Umsatz als steuerpflichtig behandelt**, indem er z.B.:

- in einer Rechnung Umsatzsteuer ausweist (z.B. Steuerausweis im Mietvertrag) oder
- den Umsatz in der Umsatzsteuer-Voranmeldung/Jahreserklärung erklärt.

Es ist auch grundsätzlich **keine bestimmte Frist** vorgeschrieben. Die Option kann daher **bis zur Unanfechtbarkeit der entsprechenden Steuerfestsetzung** ausgeübt werden (Abschn. 9.1 Abs. 3 S. 1 UStAE). Sie kann theoretisch auch bis zur Unanfechtbarkeit der Steuerfestsetzung wieder zurückgenommen werden (Abschn. 9.1 Abs. 4 UStAE).

Eine **Ausnahme** vom Grundsatz der form- und fristlosen Ausübung der Option gilt allerdings nach **§ 9 Abs. 3 UStG** für den Verzicht auf die Steuerbefreiung für Grundstückslieferungen nach § 4 Nr. 9 Buchst. a UStG (vgl. Kap. 3.).

Der Verzicht (Option) braucht sich nicht auf alle unter eine bestimmte Befreiungsvorschrift fallenden Leistungen eines Unternehmers zu erstrecken, vielmehr kann er sich für jeden Umsatz gesondert entscheiden (Abschn. 9.1 Abs. 1 S. 2 UStAE).

> **Beispiel:**
>
> Ein Vermieter, der mehrere Büroräume vermietet, muss den Verzicht auf die Steuerbefreiung nach § 4 Nr. 12 S. 1 Buchst. a UStG nicht einheitlich für alle Vermietungsumsätze erklären, sondern er kann für einzelne Vermietungen zur Steuerpflicht optieren, andere Vermietungen dagegen steuerfrei belassen (Einzeloption).

2. Steuerbefreiungen für Finanzumsätze (§ 4 Nr. 8 UStG)

2.1 Allgemeines

§ 4 Nr. 8 UStG ordnet die Steuerbefreiung für typische Finanzumsätze an (z.B. Kreditgewährungen oder Geschäfte mit Forderungen und Wertpapieren). Vorsteuerbeträge, die mit diesen steuerfreien Umsätzen in unmittelbarem Zusammenhang stehen sind dafür aber nach § 15 Abs. 2 Nr. 1 UStG grundsätzlich nicht abziehbar. Eine Ausnahme gilt jedoch nach § 15 Abs. 3 Nr. 1 Buchst. b UStG für die steuerfreien Umsätze nach § 4 Nr. 8 Buchstaben a bis g UStG, wenn sie sich unmittelbar auf Gegenstände beziehen, die in das Drittlandsgebiet ausgeführt werden (vgl. hierzu Abschn. 15.13 Abs. 3 UStAE).

2.2 Kreditgewährung und -vermittlung (§ 4 Nr. 8 Buchst. a UStG)

2.2.1 Begriff und Leistungsgegenstand

Nach § 4 Nr. 8 Buchst. a UStG ist die Gewährung und die Vermittlung von Geldkrediten (Darlehen) steuerfrei. Bei der Darlehensgewährung handelt es sich dabei um eine sonstige Leistung, die im **Dulden der Kapitalnutzung** durch den Darlehensgeber besteht. Die Hin- und Rückgabe des Darlehenskapitals stellt dagegen für sich gesehen keine umsatzsteuerrechtlich relevante Leistung dar.

Das Entgelt für die Kapitalüberlassung besteht in den Zinsen, einschließlich Gebühren, Damnum/Disagio (vorab zu entrichtende Zinsen), Provisionen und Auslagenersatz. Bei Ratenkrediten ist zu beachten, dass die Raten grundsätzlich aus einem Tilgungs- und Zinsanteil bestehen. Entgelt für die Kreditgewährung ist dabei allein der Zinsanteil.

2.2.2 Kreditgewährung im Zusammenhang mit anderen Leistungen

Zahlungszuschläge bei **Ratenzahlungsgeschäften** oder **Stundungszinsen**, die bei nachträglicher Gestattung späterer Zahlung erhoben werden, können sein:
- zusätzliches **Entgelt für die ausgeführte Leistung** oder
- Entgelt für eine eigenständige **zusätzliche Leistung (Kreditgewährung)**.

Die Gewährung einer Ratenzahlung bzw. Stundung ist als eigenständige Kreditleistung anzusehen, wenn eine **eindeutige Trennung** zwischen dem Kreditgeschäft (Ratenzahlungs- bzw. Stundungsvereinbarung) und der ihr zugrunde liegenden Lieferung bzw. sonstigen Leistung vorliegt (vgl. im Einzelnen Abschn. 3.11 Abs. 2 UStAE). Liegt insoweit eine eindeutig Trennung beider Geschäfte vor, sind die Ratenzahlungszuschläge bzw. Stundungszinsen als Entgelt für eine **eigenständige Kreditleistung** anzusehen, die nach **§ 4 Nr. 8 Buchst. a UStG steuerfrei** ist. Liegt keine klare Trennung vor, stellt die Gewährung der Ratenzahlung oder Stundung keine eigenständige Kreditleistung dar, sondern die Ratenzahlungszuschläge bzw. Stundungszinsen sind lediglich **zusätzliches Entgelt** für die ausgeführte Leistung.

> **Beispiel:**
>
> Ein Kunde, der einen neuen Computer kauft (Barpreis 2.000 €), nimmt das Ratenzahlungsangebot des Händlers in Anspruch (12 Raten à 175 € = 2.100 €).

> **Lösung:**
>
> Liegt eine eindeutige Trennung zwischen Warenlieferung und Ratenzahlungsvereinbarung vor, handelt es sich um zwei selbständig zu beurteilende Leistungen. Für die steuerpflichtige Lieferung des Computers ist der Kaufpreis ohne Ratenzahlungszuschlag anzusetzen = 319,33 € Umsatzsteuer ($^{19}/_{119}$ von 2.000,00 €). Der Ratenzahlungszuschlag von 100,00 € ist in diesem Fall Entgelt für eine eigenständige, steuerfreie Kreditgewährung und unterliegt nicht der Umsatzsteuer.
>
> Liegt dagegen keine eindeutige Trennung beider Geschäfte vor, handelt es sich um eine einheitliche steuerpflichtige Lieferung des Computers, für die der Kaufpreis inklusive des Ratenzahlungszuschlags von 100,00 € als Entgelt anzusetzen ist = 335,29 € Umsatzsteuer ($^{19}/_{119}$ von 2.100,00 €).

2.3 Umsätze im Geschäft mit Forderungen (§ 4 Nr. 8 Buchst. c UStG)

2.3.1 Geschäfte mit Forderungen

Nach § 4 Nr. 8 Buchst. c UStG sind Umsätze im Geschäft mit Forderungen sowie die Vermittlung solcher Umsätze steuerfrei. Unter die Steuerbefreiung fallen z.B. Optionsgeschäfte mit Geldforderungen, Warentermingeschäfte (vgl. hierzu Abschn. 4.8.4 Abs. 4 und 5 UStAE) sowie Geschäfte, die auf die **Abtretung von Forderungen** gerichtet sind. Gerade beim praktisch bedeutsamsten Fall einer Forderungsabtretung im Rahmen des Factoring ist jedoch zu beachten, dass die Forderungsabtretung hier i.d.R. bereits überhaupt keine eigenständige Leistung darstellt.

2.3.2 Umsatzsteuerrechtliche Beurteilung des Factoring

Unter Factoring versteht man ein Geschäft, bei dem ein Unternehmer seine offenen Kundenforderungen an ein Finanzierungsinstitut (Factor) abtritt und hierfür den Forderungsbetrag abzüglich eines Abschlags (Kosten, Gebühren und ggf. Risikoabschlag) ausgezahlt bekommt. Die Einziehung der Forderung obliegt dann allein dem Factor in eigenem Namen und für eigene Rechnung.

Der Vorteil des Factoring liegt neben einem Vorfinanzierungseffekt insbesondere in der Entlastung des Forderungsverkäufers, der sich nicht mehr um die Einziehung der Forderung kümmern muss. Die Übernahme der Einziehung durch den Factor ist damit der eigentlich Zweck und damit Leistungsgegenstand beim Factoring. Die **Forderungsabtretung** ist insoweit – vergleichbar mit den Beistellungen bei einer Werklieferung – nur eine notwendige Vorbedingung zur Ausführung dieser Leistung und stellt für sich gesehen **keine eigenständige steuerbare Leistung** dar, auf die Steuerbefreiung des § 4 Nr. 8 Buchst. c UStG kommt es daher beim Factoring nicht an (Abschn. 2.4 UStAE).

Beim Factoring erbring also der Forderungsverkäufer mit der Abtretung der Forderung keine Leistung an den Forderungskäufer (Factor), sondern der Factor erbringt mit der **Einziehung der abgetretenen Forderung** eine sonstige Leistung an den Forderungsverkäufer. Diese Leistung ist auch **steuerpflichtig**, da die Einziehung von Forderungen nach § 4 Nr. 8 Buchst. c UStG ausdrücklich von der Steuerbefreiung ausgenommen ist. Diese umsatzsteuerrechtliche Beurteilung gilt dabei grds. sowohl beim sog. echten Factoring, bei dem der Factor das volle Risiko eines Forderungsausfalls übernimmt, als auch beim sog. unechten Factoring, bei dem der Factor im Fall des Ausfalls der Forderung Rückgriff beim Forderungsverkäufer nehmen kann (Abschn. 2.4 Abs. 1 UStAE; vgl. aber zur Übertragung zahlungsgestörter Forderungen mit Übernahme des Ausfallrisikos Abschn. 2.4 Abs. 7 und 8 UStAE).

Zur Ermittlung der Bemessungsgrundlage für die Einziehungsleistung ist dabei grundsätzlich vom Differenzbetrag zwischen dem Nennwert der Forderung und dem vom Factor tatsächlich für die Forderung gezahlten Preis auszugehen (Abschn. 2.4 Abs. 6 UStAE).

> **Beispiel:**
>
> Ein Unternehmer tritt gegen Zahlung von 30.000 € eine offene Kaufpreisforderung gegen einen Kunden im Wert von 34.000 € an eine Factoringbank ab, welche die Forderung im eigenen Namen und für eigene Rechnung bei dem Kunden einzieht.

Lösung:
Mit der Abtretung der Forderung an die Factoringbank erbringt der Unternehmer keine eigenständige Leistung, die Abtretung ist daher bereits nicht steuerbar. Die eigentliche Leistung besteht hier in der Übernahme der Einziehung der Forderung durch die Factoringbank, insoweit erbringt also allein die Factoringbank gegenüber dem Unternehmer eine sonstige Leistung, die auch steuerpflichtig ist, da die Forderungseinziehung ausdrücklich von der Steuerbefreiung nach § 4 Nr. 8 Buchst. c UStG ausgenommen ist. Das Entgelt für die Leistung besteht in der Differenz zwischen dem für die Forderung gezahlten Preis und dem Wert der Forderung (4.000,00 € brutto = 3.361,34 € Entgelt und 638,66 € Umsatzsteuer).

In der Regel ist mit dem Factoring auch ein Vorfinanzierungseffekt verbunden, da der Forderungsverkäufer den Preis für die Forderung sofort erhält, diese aber oft erst zu einem späteren Zeitpunkt fällig wird und damit nicht sofort eingezogen werden kann. Hierin ist jedoch grundsätzlich keine eigenständige Kreditgewährung durch den Factor zu sehen, da diese Vorfinanzierung regelmäßig nur von untergeordneter Bedeutung ist und damit lediglich als unselbständige Nebenleistung zur steuerpflichtigen Einziehung anzusehen ist. Ausnahmsweise ist die Kreditgewährung dann nicht nur von untergeordneter Bedeutung, wenn die übertragene Forderung in mehreren Raten zu zahlen ist oder insgesamt erst sehr spät fällig wird (vgl. Abschn. 2.4 Abs. 4 S. 5 und 6 UStAE). Gleiches gilt, wenn über die Kreditgewährung eine ausdrückliche Vereinbarung getroffen wurde (vgl. hierzu auch Abschn. 3.11 Abs. 2 UStAE). In diesen Fällen ist die Kreditgewährung als eigenständige Leistung zu beurteilen. Der Teil, der als Entgelt für die Kreditgewährung vereinbart wurde, gehört dann nicht zur Bemessungsgrundlage für die steuerpflichtige Einziehungsleistung, sondern ist Entgelt für eine nach § 4 Nr. 8 Buchst. a UStG steuerfreie Kreditleistung.

2.4 Andere Umsätze nach § 4 Nr. 8 Buchst. a–i UStG (Überblick)

§ 4 Nr. 8 Buchst. b UStG	Umsätze mit gesetzlichen Zahlungsmitteln. Unter die Steuerbefreiung fallen insbesondere die Umsätze im Geldwechselgeschäft und Devisenhandel. Ausgenommen sind Umsätze mit Zahlungsmitteln, die wegen ihres Metallgehalts oder Sammlerwertes gehandelt werden (Sammlermünzen). Die Zuwendung von Geld zum Zwecke der Bezahlung fällt nicht unter die Steuerbefreiung, da insoweit bereits keine steuerbare Leistung vorliegt (s. Kap. II. 1.1.2).
§ 4 Nr. 8 Buchst. d UStG	Umsätze im Einlagengeschäft sowie im Kontokorrent-, Zahlungs- und Überweisungsverkehr. Keine Umsatzsteuer fällt nach dieser Vorschrift z.B. an bei Gebühren für Kontoführung, Kontoauszüge, Kontenauflösungen, Kontensperrungen, EC-Karten.
§ 4 Nr. 8 Buchst. e und f UStG	Umsätze mit Wertpapieren und Gesellschaftsanteilen. Zu beachten ist, dass das bloße Erwerben, Halten und Veräußern von Gesellschaftsanteilen i.d.R. bereits keine steuerbare Leistung darstellt (s. Kap. II. 1.1.2). Eine Ausnahme gilt im Rahmen des gewerblichen Wertpapierhandels. Steuerfrei sind daher z.B. die Transaktionsgebühren für den Kauf und Verkauf von Wertpapieren. Depotgebühren unterliegen dagegen der Umsatzsteuer, da Verwaltung und Verwahrung von Wertpapieren ausdrücklich von der Steuerbefreiung ausgenommen sind.

§ 4 Nr. 8 Buchst. g UStG	Die Übernahme von Verbindlichkeiten, Bürgschaften und anderen Sicherheiten. Nicht der Umsatzsteuer unterliegen nach dieser Vorschrift z.B. Gebühren für Bankbürgschaften und Garantieerklärungen (vgl. aber Abschn. 4.8.12 Abs. 2 UStAE). Die Übernahme von Verbindlichkeiten ist steuerfrei, soweit hierin überhaupt eine eigenständige Leistung liegt und sie nicht lediglich der Entgeltzahlung dient (s. Kap. II. 2.1.1).
§ 4 Nr. 8 Buchst. h UStG	Verwaltung von Investmentvermögen und von Versorgungseinrichtungen (vgl. Abschn. 4.8.13 UStAE).
§ 4 Nr. 8 Buchst. i UStG	Verkauf im Inland gültiger amtlicher Wertzeichen (z.B. Briefmarken).

2.5 Steuerpflicht von Finanzumsätzen

2.5.1 Zulässigkeit der Option

Gemäß § 9 Abs. 1 UStG kann der leistende Unternehmer auf die Steuerbefreiung nach § 4 Nr. 8 Buchst. a–g UStG verzichten, wenn die Leistungen an einen anderen Unternehmer für dessen Unternehmen ausgeführt werden. Die Einschränkung des § 9 Abs. 2 UStG greift für diese Umsätze nicht ein, eine Option ist also auch bei Leistungen an Unternehmer möglich, die steuerfreie, den Vorsteuerabzug ausschließende Umsätze tätigen.

Mit Ausübung der Option werden die entsprechenden Finanzumsätze steuerpflichtig, dem Finanzinstitut steht dafür aber insoweit ein Vorsteuerabzug für ihre Eingangsleistungen zu, da dieser nicht mehr nach § 15 Abs. 2 Nr. 1 UStG ausgeschlossen ist.

Beispiel:

Eine Bank gewährt einem Arzt einen Kredit für die Anschaffung der Praxiseinrichtung.

Lösung:

Die Bank kann nach § 9 Abs. 1 UStG auf die Steuerbefreiung für die Kreditgewährung verzichten, da der Kredit einem anderen Unternehmer (Arzt) für dessen Unternehmen (Kauf Praxiseinrichtung) gewährt wird. Der Arzt tätigt zwar i.d.R. steuerfrei Umsätze (§ 4 Nr. 14 UStG), die den Vorsteuerabzug ausschließen, die Einschränkung des § 9 Abs. 2 UStG gilt aber nicht für die Steuerbefreiungen nach § 4 Nr. 8 UStG.

2.5.2 Besonderheiten bei der Steuerentstehung

Die Umsatzsteuer entsteht grundsätzlich erst mit vollständiger Ausführung der Leistung, bei der Darlehensgewährung also grundsätzlich mit vollständiger Rückzahlung des Darlehens (Abschn. 13.1 Abs. 3 S. 1 UStAE). Sind jedoch bereits während der Laufzeit des Darlehens **Zinsen abschnittsweise** (z.B. monatlich) zu entrichten, handelt es sich insoweit jedoch um **Teilleistungen** i.S.d. § 13 Abs. 1 Nr. 1 Buchst. a S. 2 und 3 UStG, die Steuer entsteht hier also mit Ablauf eines jeden Teilleistungszeitraums.

Damnum und Gebühren sind regelmäßig bereits mit Auszahlung des Darlehens fällig und werden vom auszuzahlenden Darlehensbetrag einbehalten. Insoweit handelt es sich um **Anzahlungen** vor Ausführung der Leistung, bei denen die Umsatzsteuer nach § 13 Abs. 1 Nr. 1 Buchst. a S. 4 UStG bereits mit Ablauf des Voranmeldungszeitraums entsteht, in dem das Entgelt vereinnahmt wurde.

> **Beispiel:**
>
> Für einen Geschäftskredit sind 6 % Zinsen, 10 % Damnum und 1 % Gebühren jeweils zuzüglich Umsatzsteuer vereinbart. Die Auszahlung erfolgt unter Einbehalt von Damnum und Gebühren am 1.6.2011. Die Rückzahlung erfolgt in monatlichen Raten.

> **Lösung:**
>
> Damnum und Gebühren stellen Anzahlungen dar, für die die Steuer bereits mit Ablauf des Voranmeldungszeitraums der Vereinnahmung (Einbehalt am 1.6.2011) entsteht.
>
> Die in den Monatsraten enthaltenen Zinsen sind Entgelt, für das die Umsatzsteuer mit Ablauf eines jeden Monats entsteht, da insoweit Teilleistungen vorliegen.

3. Steuerbefreiung für Grundstückslieferungen (§ 4 Nr. 9 Buchst. a UStG)

3.1 Betroffene Rechtsvorgänge

Nach § 4 Nr. 9 Buchst. a UStG sind Umsätze mit Grundstücken, die unter das Grunderwerbsteuergesetz (GrEStG) fallen, steuerfrei. Die Vorschrift soll eine Doppelbesteuerung mit Umsatzsteuer und Grunderwerbsteuer vermeiden.

3.1.1 Rechtsgeschäftliche Übertragungen

Umsatzsteuerfrei sind die nach § 1 GrEStG grunderwerbsteuerbaren Erwerbsvorgänge. Hauptanwendungsfall ist dabei nach § 1 Abs. 1 Nr. 1 GrEStG der **Abschluss eines Kaufvertrags oder eines anderen Rechtsgeschäfts**, mit dem ein Anspruch auf Eigentumsübertragung an einem Grundstück begründet wird. Zu beachten ist, dass das GrEStG für die Besteuerung insoweit bereits an den Abschluss des Verpflichtungsgeschäfts (Kaufvertrag) anknüpft, während umsatzsteuerrechtlich grundsätzlich erst die Erfüllung des Verpflichtungsgeschäfts durch Übertragung des (wirtschaftlichen) Eigentums maßgeblich ist.

> **Beispiel:**
>
> Ein Unternehmer veräußert ein Betriebsgrundstück in Mainz. Am 1.5.11 wird der Kaufvertrag geschlossen und die Auflassung erklärt. Besitz, Nutzen und Lasten sollen laut Kaufvertrag zum 1.6.11 auf den Käufer übergehen. Die Eintragung des Eigentumswechsels im Grundbuch erfolgt erst im Juni 12.

> **Lösung:**
>
> Es handelt sich um die Lieferung eines Grundstücks, die mit Übergang von Besitz, Nutzen und Lasten am 1.6.11 als ausgeführt gilt, da der Käufer ab diesem Zeitpunkt wirtschaftlich gesehen wie ein Eigentümer über das Grundstück verfügen kann (§ 39 Abs. 2 Nr. 1 AO) und damit Verfügungsmacht erlangt. Diese unbewegte Lieferung gilt nach § 3 Abs. 7 UStG in Mainz als ausgeführt und ist damit grundsätzlich steuerbar. Sie ist jedoch nach § 4 Nr. 9 Buchst. a UStG steuerfrei, da der Lieferung ein nach § 1 Abs. 1 Nr. 1 GrEStG grunderwerbsteuerbarer Vorgang zugrunde liegt.

Steuerfrei ist die Übertragung eines **gesamten Grundstücks** (unbebaut oder bebaut), einer **Eigentumswohnung** nach dem Wohnungseigentumsgesetz (WEG) oder eines ideellen **Miteigentumsanteils** an einem Grundstück.

Die Übertragung eines Grundstücks oder Grundstücksteils stellt umsatzsteuerrechtlich grundsätzlich eine unbewegte Lieferung dar, für die sich der Ort nach § 3 Abs. 7 UStG bestimmt. Die Übertragung eines ideellen **Miteigentumsanteils** stellt dagegen nach h.M. keine (anteilige) Lieferung der Sache, sondern eine sonstige Leistung dar (vgl. Abschn. 3.5 Abs. 3 Nr. 2 UStAE), der Leistungsort bestimmt sich daher in diesen Fällen nach § 3a Abs. 3 Nr. 1 S. 2 Buchst. b UStG.

3.1.2 Erwerb im Zwangsversteigerungsverfahren

Nach § 1 Abs. 1 Nr. 4 GrEStG unterliegt auch die Abgabe des Meistgebots im Zwangsversteigerungsverfahren der Grunderwerbsteuer. Damit sind neben rechtsgeschäftlichen Veräußerungen auch Grundstückslieferungen im Rahmen einer Zwangsversteigerung nach § 4 Nr. 9 Buchst. a UStG steuerfrei.

Im Zwangsversteigerungsverfahren geht das Eigentum bereits mit dem Zuschlag durch das Vollstreckungsgericht auf den Meistbietenden über und nicht erst mit der Eintragung des neuen Eigentümers im Grundbuch. Mit dem Zuschlag erlangt der Meistbietende daher bereits die Verfügungsmacht und es liegt umsatzsteuerrechtlich eine Lieferung vor. Als Lieferer gilt dabei nicht das Vollstreckungsgericht oder der die Zwangsversteigerung betreibende Gläubiger, sondern der Eigentümer des Grundstücks, dessen Grundstück versteigert wird (Abschn. 1.2 Abs. 2 UStAE). Dass dieser sein Grundstück nicht willentlich veräußert, ist im Zwangsversteigerungsverfahren nach § 1 Abs. 1 Nr. 1 S. 2 UStG ausnahmsweise unbeachtlich.

> **Beispiel:**
>
> Die Bank B lässt im Wege der Zwangsvollstreckung das Geschäftsgrundstück des Unternehmers U versteigern. Im Versteigerungstermin am 1.6.11 wird dem Meistbietenden M der Zuschlag erteilt, im Juni 12 wird er ins Grundbuch eingetragen.

> **Lösung:**
>
> Mit dem Zuschlag am 1.6.11 wird M Eigentümer und erlangt damit die Verfügungsmacht. Zu diesem Zeitpunkt liegt eine Lieferung des Grundstücks von U an M vor, die trotz fehlendem Leistungswillen des U nach § 1 Abs. 1 Nr. 1 S. 2 UStG steuerbar ist. Sie ist aber nach § 4 Nr. 9 Buchst. a UStG i.V.m. § 1 Abs. 1 Nr. 4 GrEStG steuerfrei.

3.1.3 Entnahme von Grundstücken

Grunderwerbsteuerbar i.S.d. § 1 Abs. 1 GrEStG sind eigentlich nur Vorgänge, bei denen ein Rechtsträgerwechsel stattfindet, das Grundstück also auf eine andere Person übertragen wird. Daran fehlt es zum Beispiel, wenn ein Unternehmer ein Unternehmensgrundstück in seinen Privatbereich überführt. Gleichwohl ist die Entnahme eines Grundstücks nach § 3 Abs. 1b S. 1 Nr. 1 UStG nach § 4 Nr. 9 Buchst. a UStG steuerfrei, auch wenn mit ihr kein Rechtsträgerwechsel einhergeht und damit eigentlich kein grunderwerbsteuerbarer Vorgang vorliegt (vgl. Abschn. 4.9.1 Abs. 2 Nr. 6 UStAE).

> **Beispiel:**
>
> Ein Unternehmer lässt auf einem bisher als Lagerplatz genutzten Betriebsgrundstück ein privates Wohnhaus errichten.

> **Lösung:**
>
> Spätestens mit Baubeginn liegt eine Entnahme des Grundstücks ins Privatvermögen vor. Die Entnahme ist nach § 3 Abs. 1b S. 1 Nr. 1 UStG steuerbar, soweit das Grundstück mit Vorsteuerabzug erworben wurde, jedoch nach § 4 Nr. 9 Buchst. a UStG steuerfrei.

3.2 Umfang der Steuerbefreiung

3.2.1 Grundstücke i.S.d. § 2 GrEStG

Der Umsatz muss sich auf inländische Grundstücke beziehen. Grundstücken gleichgestellt werden nach § 2 Abs. 2 Nr. 1 GrEStG Erbbaurechte, deren Bestellung und Übertragung damit ebenfalls nach § 4 Nr. 9 Buchst. a UStG steuerfrei ist.

Maßgeblich ist nach § 2 Abs. 1 S. 1 GrEStG der zivilrechtliche **Grundstücksbegriff des BGB**. Erfasst werden damit unbebaute und bebaute Grundstück, einschließlich der sonstigen wesentlichen Bestandteile des Grundstücks nach §§ 93, 94 BGB. Nicht zum Grundstück gehört dagegen Zubehör (§§ 97, 98 BGB). Das Zubehör unterliegt daher nicht der Grunderwerbsteuer und ist somit auch nicht nach § 4 Nr. 9 Buchst. a UStG umsatzsteuerfrei. Ein einheitlicher Kaufpreis für ein Grundstück inklusive Zubehör ist daher in einen steuerfreien und steuerpflichtigen Teil aufzuteilen.

Betriebsvorrichtungen gehören nach § 2 Abs. 1 S. 2 Nr. 1 GrEStG nicht zum Grundstück, auch wenn sie fest mit dem Grundstück verbunden und damit wesentliche Bestandteile des Grundstücks sind (zum Begriff der Betriebsvorrichtung s. Kap. 4.4.4). Betriebsvorrichtungen fallen daher nicht unter das GrEStG, deren Lieferung ist somit auch nicht nach § 4 Nr. 9 Buchst. a UStG steuerfrei. Dem entsprechend ist bei einer einheitlichen Lieferung eines Betriebsgrundstücks mit Betriebsvorrichtung der Umsatz in einen steuerfeien und einen steuerpflichtigen Teil aufzuteilen.

Beispiel:

Ein Schrotthändler verkauft einen nicht mehr benötigten Lagerplatz mit Lagerhalle und fundamentierter Schrottpresse an einen anderen Schrotthändler.
Im Kaufvertrag ist folgender Kaufpreis vereinbart:
- Grund und Boden   300.000 €
- Lagerhalle   200.000 €
- Schrottpresse   100.000 €

Lösung:

Der Verkauf des bebauten Grundstücks inklusive Lagerhalle und Schrottpresse als wesentliche Bestandteile des Grundstücks stellt eine einheitliche Lieferung dar. Bei der Schrottpresse handelt es sich jedoch um eine Betriebsvorrichtung, die nach § 2 Abs. 1 S. 2 Nr. 1 GrEStG nicht unter das Grunderwerbsteuergesetz fällt. Die Lieferung ist daher hinsichtlich der Steuerbefreiung nach § 4 Nr. 9 Buchst. a UStG aufzuteilen in einen steuerfreien Teil (Grund und Boden, Lagerhalle) und einen umsatzsteuerpflichtigen Teil (Schrottpresse).

3.2.2 Veräußerung von noch zu bebauenden Grundstücken

Bei der Veräußerung eines bereits bebauten Grundstücks handelt es sich um eine einheitliche Grundstückslieferung, die nach § 4 Nr. 9 Buchst. a UStG insgesamt steuerfrei ist. Wird dagegen ein unbebautes Grundstück erworben und lässt der Erwerber hierauf anschließend ein Gebäude durch einen Bauunternehmer errichten, ist grundsätzlich nur die Veräußerung des unbebauten Grundstücks steuerfrei.

Bei der anschließenden Gebäudeerrichtung handelt es sich dann i.d.R. um eine eigenständige, umsatzsteuerpflichtige Leistung des Bauunternehmers.

Beispiel:

Ein Unternehmer veräußert ein unbebautes Betriebsgelände für 100.000 € an einen anderen Unternehmer, der darauf von einem Bauunternehmer für 150.000 € eine Werkhalle errichten lässt.

Lösung:

Die Veräußerung des Betriebsgeländes ist als Grundstückslieferung nach § 4 Nr. 9 Buchst. a UStG steuerfrei. Die Errichtung der Werkhalle ist dagegen ein steuerpflichtig Leistung, für die 23.949,58 € Umsatzsteuer anfällt ($^{19}/_{119}$ von 150.000 €).

Wird ein unbebautes Grundstück veräußert und übernimmt derselbe Veräußerer gleichzeitig die Verpflichtung zur Erstellung eines Gebäudes auf dem Grundstück, kann hierin jedoch eine einheitliche, nach § 4 Nr. 9 Buchst. a UStG insgesamt steuerfreie Grundstückslieferung gesehen werden. Leistungsgegenstand ist in diesem Fall ein noch zu bebauendes Grundstück. Dies gilt auch dann, wenn der Verkauf des Grundstücks und die Pflicht zur Erstellung des Gebäudes in getrennten Verträgen geregelt sind (vgl. Abschn. 4.9.1 Abs. 1 S. 5 UStAE).

> **Beispiel:**
>
> Eine Immobilienentwicklungsgesellschaft veräußert mit notariellem Kaufvertrag ein unbebautes Grundstück für 100.000 €. Mit Generalübernahmevertrag vom selben Tage verpflichtet Sie sich darüber hinaus gegenüber dem Käufer, ein schlüsselfertiges Geschäftshaus zum Preis von 150.000 € auf dem Grundstück zu errichten.

> **Lösung:**
>
> Zwar beruhen der Verkauf des Grundstücks und dessen Bebauung durch die Immobilienentwicklungsgesellschaft auf zwei verschiedenen Verträgen und werden auch zeitlich nacheinander ausgeführt, wirtschaftlich betrachtet handelt es sich jedoch um einen einheitlichen Leistungserbringungsvorgang, der letztlich in der Veräußerung eines noch zu bebauenden Grundstücks besteht und daher insgesamt nach § 4 Nr. 9 Buchst. a UStG steuerfrei ist.

3.3 Option zur Steuerpflicht

3.3.1 Voraussetzungen der Option

Der Veräußerer kann unter den Voraussetzungen des § 9 Abs. 1 UStG auf die Steuerbefreiung nach § 4 Nr. 9 Buchst. a UStG verzichten, wenn das Grundstück an einen anderen Unternehmer für dessen Unternehmen veräußert wird. Eine Option zur Steuerpflicht ist für den Veräußerer insbesondere im Hinblick auf die Vorsteuerberichtigung nach § 15a UStG von Bedeutung. Veräußert z.B. ein Unternehmer ein Gebäude, bei dessen Erwerb oder Herstellung er Vorsteuer geltend gemacht hat innerhalb von 10 Jahren steuerfrei, ist die geltend gemachte Vorsteuer zu berichtigen und anteilig zurückzuzahlen. Dies kann er vermeiden, wenn er das Grundstück nach entsprechender Option steuerpflichtig veräußert (vgl. hierzu Kap. XII.).

Eine Option ist auch bei Grundstücksveräußerungen an Unternehmer zulässig, die nur steuerfreie, den Vorsteuerabzug ausschließende Umsätze tätigen (z.B. Verkauf an einen Arzt oder eine Bank), da die Einschränkung der Optionsmöglichkeit nach **§ 9 Abs. 2 UStG nicht für die Übertragung von Grundstücken** gilt. Zwar bezieht sich § 9 Abs. 2 UStG auch auf die Steuerbefreiung nach § 4 Nr. 9 Buchst. a UStG, jedoch nur in Bezug auf die Bestellung und Übertragung von Erbbaurechten.

Ausnahmsweise ist die Option bei Umsätzen nach § 4 Nr. 9 Buchst. a UStG nach **§ 9 Abs. 3 S. 1 und 2 UStG** an eine **Form und Frist gebunden**. Im Zwangsversteigerungsverfahren muss sie bis zur Aufforderung zu Abgabe von Geboten im Versteigerungstermin, ansonsten **im notariell beurkundeten Kaufvertrag erklärt** werden.

> **Beispiel:**
>
> Das eigenbetrieblich genutzte Büro- und Geschäftshaus eines Rechtsanwalts wird zwangsversteigert. Den Zuschlag erhält ein Versicherungsvertreter, der das Gebäude für seine Versicherungsvertretertätigkeit nutzen will.

> **Lösung:**
> Der Rechtsanwalt kann nach § 9 Abs. 1 UStG auf die Steuerbefreiung für die Grundstücksübertragung verzichten, da der Erwerber ein Unternehmer ist und das Grundstück unternehmerisch nutzen will. Der Verzicht ist nach § 9 Abs. 3 S. 1 UStG spätestens bis zur Aufforderung zur Abgabe von Geboten im Versteigerungstermin zu erklären. Dass der Erwerber als Versicherungsvertreter nach § 4 Nr. 11 UStG steuerfreie Umsätze tätigt, steht einer Option nicht entgegen, da der Ausschluss nach § 9 Abs. 2 UStG nicht für steuerfreie Grundstücksübertragungen gilt.

3.3.2 Möglichkeit der Teiloption

Der Verzicht auf die Steuerbefreiung kann bei Grundstückslieferungen auch nur teilweise ausgeübt werden (Teiloption). Eine solche Teiloption kommt insbesondere dann in Betracht, wenn verschiedene Gebäudeteile unterschiedlich genutzt werden (vgl. hierzu Abschn. 9.1 Abs. 6 UStAE).

3.4 Besonderheiten bei steuerpflichtigen Grundstückslieferungen

3.4.1 Bemessungsgrundlage

Wurde auf die Steuerbefreiung nach § 9 UStG verzichtet, ist die Grundstückslieferung steuerpflichtig. Als Bemessungsgrundlage sind dann nach § 10 Abs. 1 UStG das für die Grundstückslieferung zu entrichtende Entgelt anzusetzen. Dazu gehören neben einem gezahlten Kaufpreis auch eventuell übernommene Verbindlichkeiten.

Daneben anfallende und vom Käufer übernommene **Kosten für Grunderwerbssteuer, Beurkundung und Auflassung** gehören dagegen nicht zum Entgelt (Abschn. 10.1 Abs. 7 S. 6 und 7 UStAE).

3.4.2 Grundstückserwerber als Steuerschuldner

Nach **§ 13b Abs. 2 Nr. 3** i.V.m. Abs. 5 S. 1 UStG schuldet bei umsatzsteuerpflichtigen Grundstückslieferungen, die unter das Grunderwerbsteuergesetz fallen, abweichend von § 13a Abs. 1 Nr. 1 UStG nicht der Veräußerer, sondern der Grundstückserwerber die Umsatzsteuer (vgl. dazu ausführlich unter Kap. XVII. 2.).

4. Steuerbefreiungen für Grundstücksüberlassungen (§ 4 Nr. 12 UStG)

Überblick über die Steuerbefreiungen nach § 4 Nr. 12 UStG
Umsatzsteuerfrei sind nach § 4 Nr. 12 S. 1 UStG: • **Buchst. a = die Vermietung und Verpachtung von Grundstücken,** • Buchst. b = Grundstücksüberlassungen im Rahmen von Kaufanwartschaften, • Buchst. c = Grundstücksüberlassungen aufgrund dinglicher Nutzungsrechte.
Ausgenommen sind von der Steuerbefreiung nach § 4 Nr. 12 S. 2 UStG: • kurzfristige Vermietungen von Unterkünften (Hotels, Pensionen, Fremdenzimmer etc.), • kurzfristige Vermietungen von Standflächen auf Campingplätzen, • Vermietungen von Fahrzeugabstellplätzen (Garage, Stellplatz, Carport etc.), • Vermietungen von Betriebsvorrichtungen.

4.1 Inhalt der Steuerbefreiung nach § 4 Nr. 12 S. 1 Buchst. a UStG

4.1.1 Vermietung und Verpachtung von Grundstücken

Unter Vermietung versteht man die zeitweise Gebrauchsüberlassung an einem Grundstück gegen Entgelt aufgrund eines schuldrechtlichen Vertrags (Mietvertrag § 535 BGB). Eine Verpachtung umfasst daneben auch noch das **Recht zur Fruchtziehung**, z.B. Ausbeutung von Bodenschätzen oder Ernteertrag (Pachtvertrag, § 581 BGB).

Steuerfrei ist die Vermietung und Verpachtung von **Grundstücken**, also von **Grund und Boden** inklusive aller fest mit dem Boden verbundenen Bestandteilen (Gebäude, Umzäunungen, etc.).

> **Beispiel:**
>
> Ein Vermieter vermietet ein Werksgelände mit einer Werkhalle, in der sich mehrere fest fundamentierte Maschinen befinden.

> **Lösung:**
>
> Werksgelände sowie Werkhalle und Maschinen als wesentliche Bestandteile bilden zivilrechtlich ein einheitliches Grundstück. Es liegt eine einheitliche Grundstücksvermietung vor, die grundsätzlich nach § 4 Nr. 12 S. 1 Buchst. a UStG steuerfrei ist. Allerdings ist die Mitvermietung der Maschine nach § 4 Nr. 12 S. 2 UStG ausdrücklich von der Steuerbefreiung ausgenommen (siehe dazu Kap. 4.4.4).

Nicht zum Grundstück gehören Baulichkeiten und Unterkünfte, die mangels fester Verbindung keine wesentlichen Bestandteile des Grundstücks sind. So fällt z.B. die Vermietung von Büro- und Wohncontainern oder Baubuden grundsätzlich nicht unter die Steuerbefreiung nach § 4 Nr. 12 S. 1 Buchst. a UStG und ist daher steuerpflichtig (Abschn. 4.12.1 Abs. 4 UStAE).

Unter § 4 Nr. 12 S. 1 Buchst. a UStG fällt sowohl die Vermietung/Verpachtung eines gesamten Grundstücks oder Gebäudes, wie auch die Vermietung/Verpachtung einzelner **Grundstücks- und Gebäudeteile** (Wohnung, einzelne Räume, Stellplatz, Garage).

Insgesamt steuerfrei ist auch die Vermietung/Verpachtung eines dauerhaft am Flussufer vertäuten Hausboots einschließlich der dazugehörenden Liegefläche und Steganlage (EuGH Urteil vom 15.11.2012, UR 2013, 33 ff.).

4.1.2 Nichtunternehmerische Nutzung von Unternehmensgrundstücken

Die nichtunternehmerische Nutzung eines insgesamt dem Unternehmer zugeordneten Grundstücks war bis zum 31.12.2010 nach § 3 Abs. 9a Nr. 1 UStG grundsätzlich als Nutzungsentnahme steuerbar und auch steuerpflichtig. Insbesondere war die Eigennutzung zu Wohnzwecken nicht nach § 4 Nr. 12 S. 1 Buchst. a UStG als „Vermietung an sich selbst" steuerfrei (Abschn. 4.12.1 Abs. 3 S. 6 UStAE). Für nach dem 31.12.2010 angeschaffte oder hergestellte Grundstücke bzw. Gebäude ist die nichtunternehmerische Nutzung dagegen nach dem neu gefassten § 3 Abs. 9a Nr. 1 UStG bereits nicht mehr steuerbar (s. Kap. VII. 4.3).

4.1.3 Sonderfall bei einem Verzicht auf Rechte aus einem Mietvertrag

Abstandszahlungen für die vorzeitige Auflösung eines Mietvertrags haben nicht den Charakter von „echtem" Schadensersatz, sondern sind Entgelt für eine sonstige Leistung, die im Verzicht auf die Rechte aus dem Mietvertrag besteht (s. Kap. II. 2.3.3). Dies gilt sowohl für einen vorzeitigen Verzicht durch den Vermieter als auch durch den Mieter. Bei einem Verzicht durch den Mieter ist allerdings zu beachten, dass die mit dem Verzicht erbrachte Leistung nur dann steuerbar ist, wenn der Mieter Unternehmer ist.

Der Verzicht auf die Rechte aus dem Mietvertrag wird dabei umsatzsteuerrechtlich wie die Vermietung selbst behandelt (vgl. Abschn. 4.12.1 Abs. 1 S. 7 UStAE). Der Verzicht ist daher nach **§ 4 Nr. 12 S. 1 Buchst. a UStG steuerfrei, wenn bereits die Vermietung steuerfrei war** und steuerpflichtig, wenn die Vermietung steuerpflichtig war.

> **Beispiel:**
>
> Ein Rechtsanwalt mietet Kanzleiräume für 5 Jahre an. Nach 2 Jahren erklärt er sich auf Bitten des Vermieters mit der vorzeitigen Auflösung des Mietvertrags gegen eine Abstandszahlung von 2.000 € einverstanden.

> **Lösung:**
>
> Der Verzicht auf seine Rechte aus dem Mietvertrag stellt eine sonstige Leistung des Rechtsanwalts an den Vermieter dar. Sie ist steuerbar, da sie gegen Entgelt (Abstandszahlung) ausgeführt wird, der Rechtsanwalt Unternehmer ist und er die Leistung als Nebengeschäft im Rahmen seines Unternehmens ausführt.
> Der Verzicht wäre aber nach § 4 Nr. 12 S. 1 Buchst. a UStG steuerfrei, wenn die ursprüngliche Vermietung steuerfrei gewesen wäre. Sie wäre steuerpflichtig, wenn die Vermietung durch Option nach § 9 UStG steuerpflichtig gewesen wäre.

4.2 Inhalt der Steuerbefreiung nach § 4 Nr. 12 S. 1 Buchst. b und c UStG

Neben schuldrechtlicher Miet- oder Pachtverträge, sind auch Grundstücksüberlassungen im Rahmen von **Kaufanwartschaftsverhältnissen** (Buchst. b) und aufgrund von **dinglichen Nutzungsrechten** (Buchst. c) nach § 4 Nr. 12 S. 1 UStG steuerfrei (vgl. Abschn. 4.12.7 und Abschn. 4.12.8 UStAE).

> **Beispiel zu Kaufanwartschaftsverhältnissen:**
>
> Wird in einem Grundstückskaufvertrag vereinbart, dass der Kaufpreis erst mit Eigentumsübergang auf den Käufer (Grundbucheintragung) fällig wird, darf der Käufer das Grundstück aber sofort nutzen und muss dafür bis zum Vollzug der Eintragung durch das Grundbuchamt eine monatliche Nutzungsgebühr entrichten, ist die bis zum endgültigen Eigentumsübergang auf den Käufer vereinbarte Nutzungsüberlassung nach § 4 Nr. 12 S. 1 Buchst. b UStG steuerfrei.

> **Beispiel zu dinglichen Nutzungsrechten:**
>
> Das Entgelt, das ein Grundstückseigentümer für die Einräumung eines dinglich durch eine Grunddienstbarkeit (§ 1018 BGB) gesicherten Wegerechts auf seinem Grundstück zugunsten des Nachbargrundstücks erhält, unterliegt nach § 4 Nr. 12 S. 1 Buchst. c UStG nicht der Umsatzsteuer.

4.3 Umfang der Steuerbefreiung bei gemischten Verträgen

Häufig enthalten Verträge neben der reinen Grundstücksüberlassung auch noch weitere Leistungselemente. Dabei stellt sich die Frage, ob und inwieweit auch diese Leistungen von der Steuerbefreiung nach § 4 Nr. 12 S. 1 Buchst. a UStG erfasst werden. Bei diesen **gemischten Verträgen** können die Leistungen entweder:

- **insgesamt steuerfrei** nach § 4 Nr. 12 S. 1 Buchst. a UStG sein, wenn die anderen Leistungen nur Nebenleistungen zur Vermietung sind oder
- **insgesamt steuerpflichtig** sein, wenn die Vermietung gegenüber den anderen Leistungen von untergeordneter Bedeutung ist (Verträge besonderer Art).

4.3.1 Unselbständige Nebenleistungen zu Miet- und Pachtverträgen

Unselbständige Nebenleistungen teilen das Schicksal der Hauptleistung (Abschn. 3.10 Abs. 5 UStAE). **Insgesamt steuerfrei** nach § 4 Nr. 12 S. 1 Buchst. a UStG ist daher die Vermietung und Verpachtung von Grundstücken einschließlich der damit in Zusammenhang stehenden üblichen Nebenleistungen (vgl. Abschn. 4.12.1 Abs. 5 und 6 UStAE).

> **Beispiele für Nebenleistungen:**
>
> a) Nebenleistungen und damit von der Steuerbefreiung erfasst sind die neben der Miete mit den **Nebenkosten in Rechnung gestellten üblichen Umlagen** für z.B.:
>   - die Überlassung von Waschmaschinen,
>   - die Flur- und Treppenreinigung sowie sonstige Hausmeisterleistungen,
>   - Balkonbepflanzungen.
> b) Die Überlassung von Mobiliar in einer **möblierten Wohnung** stellt lediglich eine unselbständige Nebenleistung zur steuerfreien Wohnungsvermietung dar. Dies gilt auch für die Mitvermietung **sonstiger für die Nutzung von Räumen und Gebäuden nützlichen oder notwendigen Einrichtungsgegenständen**, wie z.B. Büromobiliar bei gewerblichen Vermietungen (BFH Urteil vom 11.11.2015, V R 37/14, entgegen Abschn. 4.12.1 Abs. 6 S. 2 UStAE).
> c) Die eigentlich nach § 4 Nr. 12 S. 2 UStG steuerpflichtige **Vermietung eines Fahrzeugabstellplatzes** kann dann steuerfrei sein, wenn sie lediglich Nebenleistung zu einer ansonsten steuerfreien Grundstücksvermietung ist (s. Kap. 4.4.2).
> d) Bei der Überlassung von **Standplätzen auf Wochenmärkten, Flohmärkten und Jahrmärkten** sind die üblichen Serviceleistungen wie das Bereitstellung von Strom, Wasser und die Reinigung i.d.R. nur Nebenleistungen zur Standplatzüberlassung (BMF-Schreiben vom 15.1.2009, BStBl I 2009, 69). Die Überlassung der Standplätze ist daher als einheitliche Grundstücksvermietung anzusehen, die insgesamt steuerfrei ist.

4.3.2 Verträge besonderer Art

Von Verträgen besonderer Art spricht man, wenn Vertragsgegenstand zwar auch die Überlassung einer Grundstücksfläche ist, die Grundstücksüberlassung für die Vertragsparteien aber nicht im Vordergrund steht, sondern gegenüber anderen im Rahmen des Vertrages erbrachten Leistungen zurücktritt. Bei solchen Verträgen besonderer Art greift die Steuerbefreiung nach § 4 Nr. 12 S. 1 Buchst. a UStG weder für die gesamte Leistung noch für den Vermietungsanteil ein. Die Leistung ist also **insgesamt steuerpflichtig** und das gesamte Entgelt unterliegt der Umsatzsteuer (Abschn. 4.12.6 UStAE).

> **Beispiele für Verträge besonderer Art:**
>
> a) Bei der Überlassung von Standplätzen auf **Messen und Ausstellungen** liegt ein Vertrag besonderer Art vor (Abschn. 4.12.6 Abs. 2 Nr. 1 UStAE).
> b) Die Überlassung von Standplätzen auf **Jahrmärkten** stellt dagegen nach der neueren Rechtsprechung und Verwaltungsauffassung **keinen Vertrag besonderer Art** dar und ist daher **in vollem Umfang steuerfrei** (BFH vom 13.02.2014, BFHE 245,92; die entsprechende Behandlung als Vertrag besonderer Art in Abschn. 4.12.6 Abs. 2 Nr. 2 und 3 UStAE wurde gestrichen).
> c) Zimmerüberlassung an Prostituierte in **Bordellen** und ähnlichen Einrichtungen (Abschn. 4.12.6 Abs. 2 Nr. 4 UStAE); zur kurzfristigen Zimmerüberlassung in Stundenhotels vgl. aber Kap. 4.4.1 Beispiel b).
> d) Außenreklame an Gebäuden sowie die Überlassung von **Werbeflächen** durch Gemeinden (Abschn. 4.12.6 Abs. 2 Nr. 6 und 7 UStAE).
> e) Überlassung von **Sportanlagen** zur sportlichen Nutzung (vgl. hierzu Kap. 4.5).
> f) Alten- und Pflegeheimverträge (Abschn. 4.12.6 Abs. 2 Nr. 12 UStAE).
> g) Überlassung von Standplätzen für die Aufstellung von **Warenautomaten**, z.B. Zigarettenautomaten in Gaststätten (Abschn. 4.12.6 Abs. 2 Nr. 14 UStAE).

4.4 Ausnahmen von der Steuerbefreiung (§ 4 Nr. 12 S. 2 UStG)

4.4.1 Kurzfristige Beherbergung

Die Vermietung von Wohn- und Schlafräumen, die ein Unternehmer zur **kurzfristigen Beherbergung von Fremden** bereithält, ist nach § 4 Nr. 12 S. 2 UStG von der Steuerbefreiung ausgenommen. Steuerpflichtig sind daher insbesondere Zimmervermietungen in Hotels, Herbergen, Pensionen oder die Vermietung von Ferienwohnungen. Sie unterliegen seit dem 1.1.2010 dem ermäßigten **Steuersatz von 7 %** (§ 12 Abs. 2 Nr. 11 UStG).

Die vermieteten Räume müssen vom Unternehmer für eine kurzfristige Beherbergung und nicht für einen dauernden Aufenthalt im Sinne der §§ 8, 9 AO vorgehalten werden (Abschn. 4.12.9 Abs. 1 S. 2 UStAE). Kurzfristig sind also nur beabsichtigte Vermietungen für maximal **6 Monate**. Entscheidend ist allein die **Absicht**, die Räume kurzfristig zu vermieten, auch wenn die tatsächliche Aufenthaltsdauer im Einzelfall länger ist.

Ein Unternehmer kann in einem Gebäude verschiedene Räume zur kurzfristigen und andere zur dauerhaften Beherbergung bereithalten. Überlässt er aber denselben Raum wahlweise kurzfristig oder dauerhaft, sind alle in diesem Raum erzielten Umsätze steuerpflichtig (Abschn. 4.12.9 Abs. 2 UStAE).

Beispiele:
a) Ein Hotel in Hamburg vermietet kurzfristig Zimmer an Übernachtungsgäste, eines der Zimmer vermietet es jedoch dauerhaft an einen bekannten Musiker.
b) Ein Hotel in Hamburg vermietet stundenweise Zimmer an Prostituierte.
c) Der Betreiber einer Pension vermietet Zimmer an ausländische Saisonarbeiter für maximal 4 Monate. Einer der Saisonarbeiter verlängert um weitere 3 Monate.

Lösung:
a) Die kurzfristigen Vermietungen an die Übernachtungsgäste sind steuerpflichtig (Steuersatz 7 %), die langfristige Vermietung an den Musiker dagegen steuerfrei.
b) Die Vermietungen sind grundsätzlich steuerfrei; eine kurzfristige steuerpflichtige Vermietung liegt nicht vor, da die Räume nicht für Beherbergungszwecke, also als Wohn- und Schlafräume vermietet werden (Abschn. 4.12.9 Abs. 1 S. 3 UStAE).
c) Die Vermietung bleibt auch dann steuerpflichtig, wenn die tatsächliche Aufenthaltsdauer letztlich mehr als 6 Monate beträgt, da es allein auf die Absicht ankommt, die Zimmer kurzfristig zu vermieten.

4.4.2 Vermietung von Fahrzeugabstellplätzen

Die Vermietung von Fahrzeugabstellplätzen ist nach § 4 Nr. 12 S. 2 UStG unabhängig von der Dauer grundsätzlich steuerpflichtig.

Fahrzeuge in diesem Sinne sind nicht nur Landfahrzeuge jeglicher Art (Pkw, Lkw, Zweiräder) sondern auch Flugzeuge und Schiffe. Auch Fahrzeuge, die nicht in erster Linie der Beförderung von Personen und Gütern, sondern anderen Zwecken dienen (z.B. Bagger, Planierraupe, Mähdrescher, Panzer), fallen in den Anwendungsbereich dieser Vorschrift (vgl. Abschn. 4.12.2 Abs. 2 UStAE).

Abstellplätze sind jegliche Art von Grundstücksflächen inklusive Wasserflächen (z.B. Bootsliegeplätze). Auf eine bestimmte bauliche Gestaltung kommt es nicht an. Als Abstellplätze kommen daher z.B. Tiefgaragenplätze, Garagen, Carports, Flugzeughallen oder einfache Stellplätze im Freien infrage. Entscheidend ist allein die Zweckbestimmung im Mietvertrag als Abstellplatz, auf die tatsächliche Nutzung durch den Mieter kommt es dagegen nicht an (Abschn. 4.12.2 Abs. 3 S. 1 und 2 UStAE).

> **Beispiele:**
>
> Einem Mieter wird eine Garage vermietet. Als der Mieter seinen PKW verkauft, nutzt er die Garage nur noch als Lagerplatz.

> **Lösung:**
>
> Die Vermietung ist steuerpflichtig, da die Garage als Fahrzeugabstellplatz vermietet wurde. Auf die tatsächliche Nutzung durch den Mieter kommt es nicht an.

Ausnahmsweise ist die Vermietung eines Fahrzeugabstellplatzes abweichend von § 4 Nr. 12 S. 2 UStG dann nicht steuerpflichtig, wenn die Vermietung lediglich als **Nebenleistung zu einer anderen, steuerfreien Grundstücksvermietung** anzusehen ist (z.B. Wohnung mit Garage). In diesem Fall liegt eine einheitliche Vermietung vor, die insgesamt steuerfrei ist. Erforderlich für die Einordnung der Stellplatzvermietung als Nebenleistung ist dabei insbesondere ein **räumlicher Zusammenhang** des Stellplatzes zum steuerfrei vermieteten Grundstück, der Stellplatz muss sich also auf dem Grundstück oder zumindest in unmittelbarer Nähe des Grundstücks befindet. Erforderlich ist zwingend, dass Grundstücksvermietung und Stellplatzvermietung durch denselben Vermieter erfolgen. Unerheblich ist dagegen, ob beide Vermietungen in einem Mietvertrag oder in getrennten, ggf. sogar zu unterschiedlichen Zeitpunkten geschlossenen Verträgen geregelt sind (vgl. Abschn. 4.12.2 Abs. 3 UStAE).

> **Beispiel:**
>
> V vermietet an M eine Wohnung. 2 Jahre später vermietet V an M noch einen Fahrzeugstellplatz auf dem Hinterhof des Mietwohngrundstücks.

> **Lösung:**
>
> Die Vermietung des Stellplatzes ist lediglich eine unselbständige Nebenleistung zur steuerfreien Wohnungsvermietung. Die Stellplatzvermietung ist daher ebenfalls steuerfrei.

4.4.3 Kurzfristige Vermietung auf Campingplätzen

Kurzfristige Vermietungen von **Standflächen auf Campingplätzen** sind nach § 4 Nr. 12 S. 2 UStG von der Steuerbefreiung ausgenommen. Steuerpflichtig sind daher kurzfristige Vermietungen von Flächen auf Campingplätzen zum Aufstellen von Zelten oder zum Abstellen von Wohnmobilen und Wohnwagen. Sie unterliegen ebenso wie die Umsätze im Beherbergungsgewerbe (Hotels, Pensionen etc.) dem ermäßigten **Steuersatz von 7 %** (§ 12 Abs. 2 Nr. 11 S. 2 UStG).

Kurzfristig sind wie bei Beherbergungsumsätzen nur Vermietungen für maximal **6 Monate**. Im Unterschied zu den Beherbergungsumsätzen kommt es für die Frage der Kurzfristigkeit bei der Campingplatzvermietung jedoch auf die **tatsächliche Gebrauchsüberlassung** an (Abschn. 4.12.3 Abs. 2 UStAE).

> **Beispiel:**
>
> Ein Campingplatzbetreiber vermietet einen Stellplatz für 5 Monate. Kurz vor Ablauf der 5 Monate wird der Mietvertrag um weitere 2 Monate verlängert.

> **Lösung:**
>
> Die Vermietung für 5 Monate ist als kurzfristig anzusehen und war damit ursprünglich steuerpflichtig. Mit der Verlängerung beträgt die tatsächliche Gebrauchsüberlassung mehr als sechs Monate und es liegt nunmehr insgesamt eine steuerfreie langfristige Vermietung vor. Die Umsatzsteuer für die Vormonate ist nach § 17 UStG zu korrigieren.

Die üblichen **Nebenleistungen** zur Campingplatzvermietung teilen das Schicksal der Hauptleistung. Sie sind daher ebenfalls steuerfrei oder steuerpflichtig, je nachdem, ob die Campingplatzvermietung kurzfristig erfolgt oder nicht. Zu den üblichen Nebenleistungen gehören z.B. die Lieferung von **Wasser und Strom, die Entsorgung von Müll oder das zur Verfügung stellen von Duschräumen** (Abschn. 4.12.3 Abs. 3 UStAE).

Keine Nebenleistungen sind die Überlassung von Sportanlagen und ähnlichen Einrichtungen (Tennisplätze, Minigolfplatz, Sauna). Sie sind umsatzsteuerrechtlich als eigenständige Leistung zu beurteilen (Abschn. 4.12.3 Abs. 4 UStAE).

> **Beispiel:**
>
> Eine Campingfläche wird mit unbefristetem Mietvertrag an Dauercamper vermietet. Die jährlich Standgebühr beträgt 1.000 € zuzüglich 500 € Nebenkosten (Wasser und Strom). Die Vermietung ist von vornherein als langfristig anzusehen und damit nicht nach § 4 Nr. 12 S. 2 UStG steuerpflichtig, sondern steuerfrei (vorausgesetzt die tatsächliche Vermietung beträgt später auch wirklich mehr als 6 Monate). Steuerfrei ist auch die Versorgung mit Strom und Wasser, da es sich hierbei um Nebenleistungen zu der in diesem Fall langfristigen, steuerfreien Campingplatzvermietung handelt.

4.4.4 Vermietung von Maschinen und sonstige Betriebsvorrichtungen

Nach § 4 Nr. 12 S. 2 UStG ist die Vermietung von Maschinen und sonstigen Betriebsvorrichtungen stets steuerpflichtig. Dies gilt auch dann, wenn diese fest mit dem Grundstück verbunden und damit wesentlicher Bestandteile des Grundstücks sind. Bei einer **einheitlichen Vermietung eines Grundstücks mit Betriebsvorrichtungen** ist daher grundsätzlich eine **Aufteilung** in eine steuerfreie Grundstücksvermietung und eine steuerpflichtige Überlassung der Betriebsvorrichtungen vorzunehmen. Das Entgelt ist – ggf. im Wege der Schätzung – aufzuteilen (Abschn. 4.12.10 UStAE).

Betriebsvorrichtung sind nicht nur Maschinen und maschinenähnliche Anlagen, sondern auch sonstige Vorrichtungen, die in besonderer und unmittelbarer Beziehung zu einem auf dem Grundstück ausgeübten Gewerbebetrieb stehen. Der Begriff der Betriebsvorrichtung ist dabei in gleicher Weise auszulegen wie im Bewertungsrecht. Dabei ist insbesondere eine **Abgrenzung** zu solchen Anlagen vorzunehmen, die bewertungsrechtlich als **Gebäude, Gebäudebestandteile oder als Außenanlagen** (z.B. Umzäunungen, Bodenbefestigungen) des Grundstücks einzuordnen sind. Typische Betriebsvorrichtungen sind z.B. Kühlvorrichtungen, Lastenaufzüge (nicht Personenaufzug), Arbeitsbühnen, Förderbänder oder Krananlagen (vgl. zur Abgrenzung den gleichlautenden Ländererlass vom 5.6.2013, BStBl I 2013, 734 mit Beispielen in Anlage 1).

> **Beispiel:**
>
> Ein Kfz-Mechaniker will sich selbständig machen und mietet ein Grundstück mit voll eingerichteter Kfz-Werkstatt an, in der sich u.a. eine Hebebühne befindet.

> **Lösung:**
>
> Es liegt eine einheitliche Vermietung des Grundstücks inkl. der wesentlichen Bestandteile (Werkhalle, Hebebühne) vor. Die Leistung und das dafür entrichtete Entgelt sind in einen steuerfreien Teil (Grundstücksvermietung) und einen steuerpflichtigen Teil (Überlassung der Hebebühne als Betriebsvorrichtungen) aufzuteilen.

4.5 Nutzungsüberlassung von Sportanlagen und ähnlichen Anlagen

Bei der Nutzungsüberlassung von **Sportanlagen, Veranstaltungsräumen und ähnlichen Anlagen mit Betriebsvorrichtungen** ist bezüglich der Steuerbefreiung nach § 4 Nr. 12 S. 1 Buchst. a UStG danach zu unterscheiden, ob diese Anlagen an Endverbraucher oder einen Betreiber bzw. Veranstalter überlassen werden.

4.5.1 Überlassung an Endverbraucher

Die Überlassung von **Sportanlagen an Endverbraucher** zur Nutzung für sportliche Zwecke ist als Vertrag besonderer Art anzusehen und daher **insgesamt steuerpflichtig** (Abschn. 4.12.11 Abs. 1 S. 1 UStAE). Die Nutzungsgebühren sind daher nicht in einen steuerfreien Teil für die Grundstücksnutzung und einen steuerpflichtigen Teil für die Nutzung vorhandener Betriebsvorrichtungen (Netze, Tore, Spielfelder etc.) aufzuteilen.

> **Beispiele:**
>
> Überlassung von Sportplätzen, Frei- und Hallenbädern, Tennisplätzen und -hallen, Reithallen, Mehrzweckhallen, Eissportstadien und -hallen, Golfplätzen.

Gleiches gilt grundsätzlich auch für die Überlassung von **Veranstaltungsräumen und sonstigen Anlagen mit vorhandenen Betriebsvorrichtungen** an Endverbraucher (Abschn. 4.12.11 Abs. 1 S. 2 UStAE).

> **Beispiele:**
>
> Minigolfplätze, Kartbahn, Kegelbahn, Nutzungsüberlassung von Veranstaltungsräumen durch den Veranstalter an die Teilnehmer der Veranstaltung.

4.5.2 Überlassung an Betreiber und Veranstalter

Die Überlassung von **Sportanlagen an einen Betreiber**, der diese an Endverbraucher weitervermietet (Zwischenvermietung), ist dagegen nach Verwaltungsauffassung immer **aufzuteilen** in eine steuerfreie Grundstücksüberlassung und eine steuerpflichtige Vermietung von Betriebsvorrichtungen (Abschn. 4.12.11 Abs. 2 und 3 UStAE; dagegen soll nach BFH vom 7.5.2014, BFH/NV 2014, 1242 die langfristige Vermietung einer Sporthalle an eine Kommune für den Schulsport insgesamt steuerfrei sein). Zu beachten ist, dass bei der Überlassung an einen Betreiber grundsätzlich auch eine Option nach § 9 UStG zur Steuerpflicht möglich ist.

> **Beispiel:**
>
> Ein Unternehmer errichtet eine Sporthalle mit Tennis-, Badminton- und Squashplätzen, Sauna und Solarium und verpachtet diese an einen Betreiber.

> **Lösung:**
>
> Die Verpachtung ist grundsätzlich in eine steuerfreie Grundstücksüberlassung und eine steuerpflichtige Vermietung von Betriebsvorrichtungen aufzuteilen. Der Unternehmer kann aber nach § 9 Abs. 1 UStG auch insgesamt zur Steuerpflicht optieren. Die Option wäre auch nicht nach § 9 Abs. 2 UStG ausgeschlossen, da der Betreiber die Halle ausschließlich für steuerpflichtige Überlassungen an Endverbraucher nutzt.

Zum Umfang der Steuerbefreiung für Nutzungsüberlassungen von **Veranstaltungsräumen mit vorhandenen Betriebsvorrichtungen** (Bühne, Lautsprecher, Bestuhlung etc.) an einen Veranstalter für Konzerte, Theateraufführungen, Versammlungen und sonstige Veranstaltungen vgl. die Ausführungen in Abschn. 4.12.11 Abs. 4 UStAE.

4.6 Option (§ 9 UStG)

Der Unternehmer kann gemäß § 9 UStG unter bestimmten Voraussetzungen auf die Steuerbefreiungen nach § 4 Nr. 12 UStG verzichten. Die Ausübung der Option ist form- und fristlos möglich und erfolgt i.d.R. bereits konkludent durch Ausweis der Umsatzsteuer im Mietvertrag (s. Kap. 1.4.4).

Die Vermietung wird damit steuerpflichtig, die im Zusammenhang mit der Vermietung anfallenden Vorsteuerbeträge – z.B. für Anschaffungs- oder Herstellungskosten des Gebäudes, Unterhaltskosten, Reparaturen etc. – sind dafür aber nicht mehr nach § 15 Abs. 2 Nr. 1 UStG vom Abzug ausgeschlossen.

4.6.1 Zulässigkeit der Option

Die Option zur Steuerpflicht ist nach **§ 9 Abs. 1 UStG** von vornherein nur bei **Vermietungen und Verpachtungen an andere Unternehmer** möglich, und auch nur dann, wenn diese das Grundstück unternehmerisch nutzen (Büro-, Praxis-, Gewerberäume).

Darüber hinaus darf der Mieter/Pächter nach **§ 9 Abs. 2 UStG** das Grundstück ausschließlich für Umsätze verwenden, die den Vorsteuerabzug nicht ausschließen (die Einschränkung gilt jedoch nicht für die Vermietung von Gebäuden, mit deren Errichtung vor dem 11.11.1993 begonnen wurde, vgl. Abschn. 9.2 Abs. 5–7 UStAE).

Bei der Vermietung an **Unternehmer, die steuerfreie Umsätze ausführen** und bei denen deshalb der Vorsteuerabzug gemäß § 15 Abs. 2 und 3 UStG ausgeschlossen ist, ist eine Option nach § 9 Abs. 2 UStG daher grundsätzlich nicht zulässig, z.B. bei Vermietungen an Ärzte (§ 4 Nr. 14 UStG), Banken (§ 4 Nr. 8 UStG) oder Versicherungen/Versicherungsvertreter (§ 4 Nr. 10 und Nr. 11 UStG) oder in sog. Zwischenvermietungsfällen.

> **Beispiel:**
>
> A vermietet ein Mehrfamilienhaus an die Wohnungsvermietungsgesellschaft B. Diese vermietet die einzelnen Wohnungen zu Wohnzwecken weiter.

> **Lösung:**
>
> Die Vermietungen der Wohnungen durch B sind zwingend steuerfrei, da bei Vermietungen an Privatpersonen eine Option nach § 9 Abs. 1 UStG nicht möglich ist. Die Vermietung von A an B ist damit auch steuerfrei. Die Option ist zwar nach Abs. 1 grundsätzlich zulässig, da B Unternehmer ist, jedoch nach § 9 Abs. 2 UStG ausgeschlossen, da B das Grundstück ausschließlich für steuerfreie Vermietungen verwendet, die den Vorsteuerabzug ausschließen.

Nach dem Wortlaut des § 9 Abs. 2 UStG ist die Option nur zulässig, wenn der Leistungsempfänger das Grundstück **ausschließlich** für Umsätze verwenden, die den Vorsteuerabzug nicht ausschließen. Zur Vermeidung von Härten hat die Verwaltung jedoch eine **Bagatellgrenze** eingeführt, wonach die Option auch dann zulässig bleibt, wenn der Leistungsempfänger das Grundstück nur in geringem Umfang für Umsätze verwendet, die den Vorsteuerabzug ausschließen (Abschn. 9.2 Abs. 3 UStAE). Als geringfügig ist dabei eine vorsteuerschädliche Verwendung von **höchstens 5 %** anzusehen.

Zu beachten ist dabei, dass die Frage der „ausschließlichen Verwendung" nicht auf das gesamte Grundstück bezogen ist, sondern für jedes selbständig nutzbare Grundstücksteil (einzelne Räume) gesondert zu prüfen ist (siehe Kap. 4.6.2).

4.6.2 Möglichkeit der Teiloption

Die Option zur Steuerpflicht kann bei aufteilbaren sonstigen Leistungen für jeden Teilbereich gesondert erklärt werden, Abschn. 9.1 Abs. 6 UStAE (Teiloption).

Bei der Vermietung von Grundstücken bildet dabei jedes selbständig nutzbare, abgrenzbare Grundstücksteil einen Teilbereich, für den die Option separat ausgeübt werden kann (Stockwerke, einzelne

Büros und sogar einzelne Räume innerhalb von Büros). Die Zulässigkeit der **Option nach § 9 Abs. 1 und 2 UStG ist dabei für jedes Grundstücksteil gesondert zu prüfen** (Abschn. 9.2 Abs. 1 S. 4–6 UStAE).

Beispiel:
Ein Vermieter vermietet in einem Mehrfamilienhaus: • Räume im EG an eine Privatperson als Wohnung, • Räume im 1. OG an einen Steuerberater für dessen Büro, • eine Praxis im 2. OG an einen Arzt. Einen Raum nutzt der Arzt für steuerfreie Heilbehandlungen (§ 4 Nr. 14 Buchst. a UStG), einen weiteren Raum für steuerpflichtige Schönheitsoperationen (kein § 4 Nr. 14 Buchst. a UStG).

Lösung:
Jedes Geschoss und jeder Raum innerhalb der Geschosse sind abgrenzbare Grundstücksteile, für die die Option jeweils gesondert zu prüfen ist. Für die Räume im EG ist die Option nach § 9 Abs. 1 UStG nicht möglich, da sie nicht unternehmerisch genutzt werden, für die Räume im 1. OG ist die Option dagegen möglich, da sie unternehmerisch (§ 9 Abs. 1 UStG) und ausschließlich für steuerpflichtige, den Vorsteuerabzug nicht ausschließende Umsätze verwendet werden (Abs. 2). Die Praxis im 3. OG wird zwar insgesamt unternehmerisch genutzt, sie wird aber teilweise für steuerfreie und damit den Vorsteuerabzug ausschließende Umsätze i.S.d. § 9 Abs. 2 UStG verwendet. Für die Zulässigkeit der Option ist dabei nicht die gesamte Praxis, sondern jeder einzelne Raum für sich zu betrachten. Die Option ist daher für den Raum zulässig, der ausschließlich für steuerpflichtige Schönheitsoperationen verwendet wird. Macht der Vermieter von der Option Gebrauch, ist die Miete entsprechend dem Nutzflächenverhältnis der beiden Räume in einen steuerfreien und steuerpflichtigen Teil aufzuteilen. Gemeinflächen wir Flur, Sanitäreinrichtungen etc. sind ebenfalls entsprechend diesem Verhältnis aufzuteilen.

5. Steuerbefreiungen für Leistungen der Ärzte und Krankenhäuser (§ 4 Nr. 14 UStG)

5.1 Überblick über die Steuerbefreiungen nach § 4 Nr. 14 UStG

Nach § 4 Nr. 14 UStG sind bestimmte Leistungen im Bereich des Gesundheitswesens durch die dort genannten Berufsgruppen und Einrichtungen steuerfrei. Steuerfrei sind danach insbesondere:
- nach § 4 Nr. 14 Buchst. a UStG die Leistungen der **Ärzte und ähnlicher Berufsgruppen** im Bereich der Humanmedizin;
- nach § 4 Nr. 14 Buchst. b UStG **Krankenhausbehandlungen** sowie ärztliche Heilbehandlungen in bestimmten anderen Einrichtungen.

Während § 4 Nr. 14 Buchst. a UStG auf alle heilberuflichen Leistungen anzuwenden ist, die von Ärzten und ähnlichen Berufsgruppen außerhalb von Krankenhäusern oder ähnlichen Einrichtungen erbracht werden, erfasst Buchst. b Umsätze in Krankenhäusern und ähnlichen Einrichtungen.

Die eigenständige Regelung der Krankenhausbehandlungen beruht in erster Linie darauf, dass in Krankenhäusern und ähnlichen Einrichtungen neben den eigentlichen ärztlichen Leistungen typischerweise auch andere mit der Behandlung im Zusammenhang stehende Leistungen erbracht werden, die in diesem Fall ebenfalls steuerfrei sind.

5.2 Steuerbefreiung für Leistungen der Ärzte und ähnlicher Berufsgruppen nach § 4 Nr. 14 Buchst. a UStG

5.2.1 Begünstigte Berufsgruppen

Begünstigt sind nur die Leistungen von Angehörigen bestimmter Berufsgruppen, auch wenn sich diese zu einer Gemeinschaft zusammengeschlossen haben. Auf die Rechtsform des Unternehmens kommt es dabei nicht an.

Begünstigt ist die Tätigkeit von Ärzten, Zahnärzten, Heilpraktikern, Physiotherapeuten, Hebammen, klinischen Chemikern sowie Personen, die **ähnliche heilberufliche Tätigkeiten** ausüben (zu den hiernach begünstigten Berufsgruppen vgl. Abschn. 4.14.4 Abs. 11 UStAE).

5.2.2 Umfang der Steuerbefreiung

Steuerfrei sind nur die Leistungen der begünstigten Berufsgruppen im Bereich der **Humanmedizin**. Nicht befreit und damit steuerpflichtig sind die Leistungen von Tierärzten.

Steuerfrei sind nur **Heilbehandlungen**, also Leistungen, die einem therapeutischen Ziel dienen. Hierzu gehören alle Tätigkeiten, die zum Zweck der Vorbeugung, Diagnose, Behandlung und Heilung von Krankheiten oder Gesundheitsstörungen vorgenommen werden. Mangels therapeutischem Ziel sind z.B. folgende Tätigkeiten der Ärzte und ähnlicher Berufsgruppen **nicht steuerfrei** (vgl. auch Abschn. 4.14.1 Abs. 5 UStAE):

- Die Erstellung von Gutachten, die nicht überwiegend der Untersuchung der Gesundheit eines Menschen dienen (z.B. Blutalkoholgutachten, Versicherungsgutachten);
- Leistungen im Bereich der „Schönheitschirurgie", soweit sie nur aus ästhetischem Grund durchgeführt werden;
- Publikationen in Fachzeitschriften, Fachvorträge und Lehrtätigkeiten.

Auch **Hilfsgeschäfte** wie der Verkauf von Anlagevermögen (z.B. Praxiseinrichtung, Firmenwagen) fallen nicht unter die Steuerbefreiung nach § 4 Nr. 14 Buchst. a UStG (Abschn. 4.14.1 Abs. 6 UStAE). Der Verkauf von Anlagevermögen kann aber ggf. nach § 4 Nr. 28 UStG steuerfrei sein (s. Kap. 6.3).

5.2.3 Lieferung und Wiederherstellung von Zahnprothesen

Gemäß § 4 Nr. 14 Buchst. a S. 2 UStG sind bestimmte zahntechnische Leistungen von der Steuerbefreiung ausgenommen. Steuerpflichtig ist danach die **Lieferung oder Wiederherstellung von Zahnprothesen** und kieferorthopädischen Apparaten (z.B. Zahnspangen), die der Zahnarzt selbst anfertigt. Zahnprothesen in diesem Sinne sind z.B. Implantate, Keramik-Füllungen, Kronen sowie Keramik-Verblendschalen (Abschn. 4.14.3 Abs. 3 UStAE).

Zweck der Vorschrift ist die Gleichstellung des Zahnarztes mit einem Zahntechniker, dessen Leistungen bereits deshalb steuerpflichtig sind, da er nicht zu einer der in § 4 Nr. 14 Buchst. a UStG genannten Berufsgruppen gehört.

Solche steuerpflichtigen zahntechnischen Leistungen unterliegen gemäß § 12 Abs. 2 Nr. 6 UStG dem ermäßigten **Steuersatz von 7 %**.

5.3 Krankenhausbehandlungen und ärztliche Heilbehandlungen nach § 4 Nr. 14 Buchst. b UStG

Nach § 4 Nr. 14 Buchst. b UStG sind die Leistungen der Krankenhäuser und bestimmter sonstiger Einrichtungen mit sozialer Zweckbestimmung steuerfrei (vgl. zu den begünstigten Einrichtungen im Einzelnen Abschn. 4.14.5 UStAE).

Die Steuerbefreiung nach § 4 Nr. 14 Buchstabe b UStG erfasst dabei nicht nur die reinen ärztlichen Heilbehandlungen, sondern alle Leistungen, die für solche Einrichtungen typisch und unerlässlich sind, wie z.B. die stationäre Aufnahme und Betreuung oder die Versorgung mit Medikamenten während des Aufenthalts (vgl. zu den begünstigten Umsätzen im Einzelnen Abschn. 4.14.6 UStAE).

6. Steuerbefreiung nach § 4 Nr. 28 UStG

6.1 Bedeutung

Nach § 4 Nr. 28 UStG ist die Lieferungen von Gegenständen steuerfrei, für die der Vorsteuerabzug nach § 15 Abs. 1a UStG ausgeschlossen ist oder wenn der Unternehmer die gelieferten Gegenstände ausschließlich für eine nach § 4 Nr. 8-27 UStG steuerfreie Tätigkeit verwendet hat und damit nach § 15 Abs. 2 Nr. 1 UStG beim Erwerb keinen Vorsteuerabzug geltend machen konnte. Die Steuerbefreiung soll verhindern, dass für die Lieferung solcher Gegenstände Umsatzsteuer anfällt, obwohl bei deren Anschaffung kein Vorsteuerabzug geltend gemacht werden konnte und die daher bereits mit Umsatzsteuer belastet sind. Die Befreiung hat insofern einen rein systematischen Charakter, indem sie eine doppelte Umsatzsteuerbelastung verhindern soll.

6.2 Lieferungen mit Vorsteuerausschluss nach § 15 Abs. 1a UStG

Die Lieferungen von Gegenständen, für die der Vorsteuerabzug nach § 15 Abs. 1a UStG ausgeschlossen war, sind nach § 4 Nr. 28 Alt. 1 UStG steuerfrei. Nach § 15 Abs. 1a UStG sind dabei solche Vorsteuerbeträge nicht abziehbar, für die ertragssteuerlich ein Betriebsausgabenabzugsverbot nach § 4 Abs. 5 Nr. 1-4 und Nr. 7 EStG oder § 12 Nr. 1 EStG besteht (s. Kap. XII.). Dabei handelt es sich um Ausgaben, die zwar unternehmerisch veranlasst sind, denen aber als „Luxusausgaben" der strenge betriebliche Charakter fehlt, wie z.B. bei Ausgaben für Geschenke an Geschäftsfreunde und Kunden, Bewirtungen, Gästehäuser, Motor- und Segeljachten, Jagd und Fischerei.

> **Beispiele:**
>
> a) Unternehmer erwirbt eine Segeljacht zur Betreuung seiner Geschäftsfreunde und veräußert sie einige Jahre später wieder.
> b) Ein Unternehmer erwirbt einen Gegenstand, den er einem guten Geschäftsfreund aus Gründen der „Kundenpflege" schenken will.

> **Lösung:**
>
> a) Die Vorsteuer aus der Anschaffung der Segeljacht war nach § 15 Abs. 1a UStG i.V.m. § 4 Abs. 5 Nr. 4 EStG nicht abziehbar. Der Verkauf ist daher nach § 4 Nr. 28 Alt. 1 UStG steuerfrei.
> b) Bei Geschenken von nicht nur geringem Wert (über 35 €) ist der Vorsteuerabzug für den Erwerb des Gegenstandes grundsätzlich nach § 15 Abs. 1a UStG i.V.m. § 4 Abs. 5 Nr. 1 EStG ausgeschlossen. Mangels Vorsteuerabzug ist die Schenkung dann aber nach § 3 Abs. 1b Nr. 3 UStG bereits nicht steuerbar, auf die Steuerbefreiung nach § 4 Nr. 28 UStG kommt es in diesen Fällen daher nicht mehr an.

6.3 Lieferung von Gegenständen, die für nach § 4 Nr. 8–27 UStG steuerfreie Tätigkeiten verwendet wurden

Nach § 4 Nr. 28 Alt. 2 UStG steuerfrei ist insbesondere der Verkauf von Anlagevermögen durch Unternehmer, deren eigentliche Tätigkeit nach § 4 Nr. 8-27 UStG steuerfrei ist und die daher nach § 15 Abs. 2 Nr. 1 UStG auch nicht die beim Erwerb des Gegenstandes angefallene Umsatzsteuer als Vorsteuer abziehen konnten. Hauptanwendungsfall ist der Verkauf von Anlagevermögen durch Ärzte (§ 4 Nr. 14 UStG), Versicherungen und Versicherungsvertreter (§ 4 Nr. 10 und 11 UStG) oder Banken (§ 4 Nr. 8 UStG).

Erfasst wird nur der Verkauf von Einrichtungsgegenständen, die **ausschließlich** für steuerfreie Tätigkeiten verwendet wurden.

> **Beispiele:**
> a) Ein ausschließlich steuerfreie Heilbehandlungen ausführender Arzt verkauft einen Computer, den er für seine Praxis angeschafft und dort verwendet hat.
> b) Ein Unternehmer verkauft einen Pkw, den er zu 50 % für seine nach § 4 Nr. 11 UStG steuerfreie Versicherungsvertretertätigkeit und zu 50 % für seine steuerpflichtige Tätigkeit als Immobilienmakler verwendet hat.

> **Lösung:**
> a) Beim Kauf des Computers konnte der Arzt nach § 15 Abs. 2 Nr. 1 i.V.m. § 4 Nr. 14 Buchst. a UStG keine Vorsteuer geltend machen.
> Mit dem Verkauf des Computers führt der Arzt eine als Hilfsgeschäft steuerbare Lieferung aus. Die Lieferung ist zwar nicht nach § 4 Nr. 14 Buchst. a UStG steuerfrei, da hiernach nur die heilberuflichen Leistungen des Arztes, nicht aber dessen Hilfsgeschäfte steuerfrei sind (Abschn. 4.14.1 Abs. 6 UStAE), sie ist aber nach § 4 Nr. 28 UStG steuerfrei, da der Computer ausschließlich für seine steuerfreie heilberufliche Tätigkeit verwendet wurde.
> b) Die Vorsteuer aus dem Erwerb des Pkw konnte der Unternehmer nach § 15 Abs. 2 Nr. 1 i.V.m. Abs. 4 UStG insoweit nicht abziehen, als er ihn für seine steuerfreie Versicherungsvertretertätigkeit nutzte. Obwohl die Vorsteuer aus dem Erwerb daher nur zur Hälfte abziehbar war, unterliegt der Verkauf in vollem Umfang der Umsatzsteuer. Die Lieferung ist als Hilfsgeschäft nicht nach § 4 Nr. 11 UStG steuerfrei (Abschn. 4.11.1 Abs. 2 S. 10 UStAE). Sie ist auch nicht nach § 4 Nr. 28 UStG steuerfrei, da der Pkw nicht ausschließlich für seine steuerfreie Versicherungsvertretertätigkeit verwendet wurde.
> (Gegebenenfalls wäre hier aber der ursprünglich Vorsteuerabzug nach § 15a UStG zu berichtigen, vgl. hierzu Kap. XII. 9.)

Erfüllt die Lieferung eines Gegenstandes sowohl die Voraussetzungen des § 4 Nr. 28 UStG, als auch die einer steuerfreien Ausfuhrlieferung § 4 Nr. 1 Buchst. a UStG oder innergemeinschaftlichen Lieferung § 4 Nr. 1 Buchst. b UStG, so **geht die „unechte" Steuerbefreiung nach § 4 Nr. 28 UStG den „echten" Steuerbefreiungen nach § 4 Nr. 1 UStG vor** (Abschn. 4.28.1 Abs. 6 UStAE).

> ☞ **Hinweis!**
> Die Vorrangregelung erlangt Bedeutung im Zusammenhang mit der Vorsteuerkorrektur nach § 15a UStG, da im Unterschied zu § 4 Nr. 28 UStG bei einer nach § 4 Nr. 1 UStG steuerfreien Lieferung eine Vorsteuerabzugsberechtigung gemäß § 15 Abs. 3 Nr. 1 Buchst. a UStG besteht und der Unternehmer daher bei einer Veräußerung innerhalb des Berichtigungszeitraums die bei Erwerb nicht abzugsfähige Vorsteuer nunmehr zumindest anteilig nach § 15a UStG geltend machen könnte, wenn nicht § 4 Nr. 28 UStG Vorrang hätte (vgl. zur Vorsteuerkorrektur Kap. XII. 9.3).

7. Steuerbefreiungen bei grenzüberschreitenden Umsätzen

In § 4 Nr. 1–7 UStG sind Steuerbefreiungen für bestimmte grenzüberschreitende Umsätze geregelt. Am praktisch bedeutsamsten sind dabei die Steuerbefreiungen
- nach **§ 4 Nr. 1 Buchst. a und b UStG** i.V.m. § 6 und § 6a UStG für **Warenlieferungen ins Ausland**,
- nach **§ 4 Nr. 1 Buchst. a UStG** i.V.m. § 7 UStG für **Lohnveredelungen** an Gegenständen der Ausfuhr,
- nach **§ 4 Nr. 3 Buchst. a UStG** für **Güterbeförderungen** vom und in das Drittland,
- nach **§ 4 Nr. 5 UStG** für bestimmte **Vermittlungsleistungen** mit Auslandsbezug.

7.1 Steuerfreie Warenlieferungen, § 4 Nr. 1, §§ 6, 6a UStG

Warenlieferungen ins Ausland sind nach § 4 Nr. 1 Buchst. a und b UStG unter den Voraussetzungen des § 6 UStG (Ausfuhrlieferungen ins Drittland) bzw. § 6a UStG (innergemeinschaftliche Lieferungen in das übrige Gemeinschaftsgebiet) steuerfrei.

Diese Steuerbefreiungen werden in **Kap. XX.** im Zusammenhang mit der Darstellung der Besteuerung grenzüberschreitender Warenlieferungen umfassend erörtert.

7.2 Lohnveredelung an Gegenständen der Ausfuhr, § 4 Nr. 1 Buchst. a, § 7 UStG

Nach § 4 Nr. 1 Buchst. a UStG sind neben den Ausfuhrlieferungen nach § 6 UStG auch sog. Lohnveredelungen an Ausfuhrgegenständen gemäß § 7 UStG steuerfrei. Unter Lohnveredelung versteht man die **Be- und Verarbeitung von Gegenständen, die anschließend ins Drittland gelangen**. Im Unterschied zur Ausfuhrlieferung liegt hier keine (Werk-)Lieferung des Gegenstandes ins Drittland vor, sondern an einem Gegenstand wird eine in Deutschland steuerbare **sonstige Leistung/Werkleistung** ausgeführt und der bearbeitete Gegenstand gelangt anschließend ins Drittland.

7.2.1 Zum Zwecke der Be-/Verarbeitung im Gemeinschaftsgebiet erworben oder eingeführt

Grundvoraussetzung für die Steuerbefreiung ist nach § 7 Abs. 1 S. 1 UStG, dass
- der Auftraggeber den **Gegenstand im Gemeinschaftsgebiet erworben** oder in das Gemeinschaftsgebiet eingeführt hat und
- der Erwerb bzw. die Einfuhr gerade zum **Zweck der Be-/Verarbeitung** erfolgt ist.

7.2.2 Beförderung/Versendung des bearbeiteten Gegenstandes in Drittland

Der be- oder verarbeitete Gegenstand muss anschließend in das Drittlandsgebiet gelangen. Gemäß § 7 Abs. 1 S. 1 Nr. 1–3 UStG wird dabei danach unterschieden, ob der Gegenstand in Gebiete nach § 1 Abs. 3 UStG (Freihäfen, 12-Seemeilen-Zone oder das übrige Drittlandsgebiet gelangt und ob der leistende (Werk-)Unternehmer oder der Auftraggeber den Gegenstand ins Drittlandsgebiet befördert/versendet.

Unter **§ 7 Abs. 1 S. 1 Nr. 1 und Nr. 2 UStG** fallen die Ausfuhren der be- oder verarbeiteten Gegenstände in das **Drittlandgebiet ohne Gebiete nach § 1 Abs. 3 UStG**. Diese sind:
- nach Nr. 1, wenn der **leistende (Werk-)Unternehmer die Beförderung/Versendung veranlasst**, ohne weitere Voraussetzungen steuerfrei,
- nach Nr. 2, wenn der **Auftraggeber die Beförderung/Versendung veranlasst**, nur steuerfrei, wenn es sich hierbei um einen **ausländischen Auftraggeber i.S.d. § 7 Abs. 2 UStG** i.V.m. § 6 Abs. 2 UStG handelt, er also seinen Wohnort (Privatperson) oder Sitz (Unternehmen) im Ausland (ausgenommen Gebiete nach § 1 Abs. 3 UStG) hat, bzw. es sich beim Auftraggeber um eine organisatorisch selbständige Zweigniederlassung eines inländischen Unternehmens handelt.

Unter **§ 7 Abs. 1 S. 1 Nr. 3 UStG** fallen die Ausfuhren der be- oder verarbeiteten Gegenstände **in die Gebiete nach § 1 Abs. 3 UStG**, also in die Freihäfen und die 12-Seemeilen-Zone. Hat der **leistende (Werk-)Unternehmer die Beförderung/Versendung veranlasst**, liegt nach § 7 Abs. 1 S. 1 Nr. 3 Buchst. a UStG dann eine steuerfrei Lohnveredelung vor, wenn der Auftraggeber ein ausländischer Auftraggeber i.S.d. § 7 Abs. 2 UStG ist oder ein im Inland oder den § 1 Abs. 3-Gebieten ansässiger Unternehmer ist, der den Gegenstand für Zwecke seines Unternehmens verwendet (vgl. Abschn. 7.1 Abs. 2 UStAE).

> **Beispiel:**
>
> Unternehmen A aus Moskau beauftragt Unternehmen U aus Hamburg mit der Wartung einer Maschine. Die Maschine wird von A zur Wartung nach Deutschland und anschließend wieder zurück nach Moskau befördert.

> **Lösung:**
>
> U erbringt mit der Wartung der Maschinen eine sonstige Leistung/Werkleistung an A nach § 3 Abs. 9 S. 1 i.V.m. § 3 Abs. 4 UStG im Umkehrschluss, die nach § 3a Abs. 2 UStG (B2B-Umsatz) am Sitz des Leistungsempfängers A in Moskau als ausgeführt gilt und damit bereits nicht steuerbar ist. Die Steuerbefreiung nach § 7 UStG ist daher nicht mehr zu prüfen.

Das Beispiel zeigt, dass die Steuerfreiheit bei Lohnveredelungen mit Änderung der Ortsvorschriften in § 3a UStG seit 2009 erheblich an Bedeutung verloren hat, da solche Leistungen in der Regel an ausländische Unternehmer ausgeführt werden und daher wegen § 3a Abs. 2 und Abs. 8 UStG überhaupt nicht in Deutschland als ausgeführt gelten, mithin bereits nicht steuerbar sind.

> **Beispiel:**
>
> Gebrauchtwagenhändler A aus Köln kauft in Deutschland Gebrauchtwagen, um sie aufbereiten zu lassen und anschließend in den Libanon zu verkaufen. Mit der Aufbereitung beauftragt er den Unternehmer U aus Hamburg, von wo sie anschließend direkt in den Libanon verschifft werden.

> **Lösung:**
>
> U erbringt mit der Aufbereitung eine sonstige Leistung/Werkleistung, die nach § 3a Abs. 2 UStG (B2B-Umsatz) am Sitz des Leistungsempfängers A in Köln als ausgeführt gilt und damit in Deutschland steuerbar ist, aber nach § 4 Abs. 1 Nr. 1 Buchst. a i.V.m. § 7 UStG steuerfrei sein könnte.
> Die Gebrauchtwagen werden von A zum Zweck der Be-/Verarbeitung im Gemeinschaftsgebiet erworben und anschließend in das Drittland ausgeführt. Wird die Beförderung/Versendung durch den Werkunternehmer U veranlasst, liegen die Voraussetzungen für eine steuerfreie Lohnveredelung nach § 7 Abs. 1 S. 1 Nr. 1 UStG vor, wird die Beförderung/Versendung dagegen vom Auftraggeber A veranlasst, ist die Leistung nach § 7 Abs. 1 S. 1 Nr. 2 UStG nicht steuerfrei, da A kein ausländischer Auftraggeber i.S.d. § 7 Abs. 2 UStG ist.

7.2.3 Ausfuhr und Buchnachweis, § 7 Abs. 4 UStG

Das Eingreifen der Steuerbefreiung für Lohnveredelungen setzt weiter voraus, dass die Voraussetzungen des § 7 UStG beleg- und buchmäßig nachgewiesen werden, § 7 Abs. 4 i.V.m. §§ 12, 13 UStDV (vgl. Abschn. 7.2 und 7.3 UStAE).

7.3 Steuerfreie Güterbeförderungen vom und in das Drittland, § 4 Nr. 3 Buchst. a UStG

Nach § 4 Nr. 3 Buchst. a UStG sind grenzüberschreitende Güterbeförderungen und sonstige Leistungen (z.B. Entladen, Beladen, Verpacken, Lagern etc.) steuerfrei, wenn sich die Leistungen

- unmittelbar auf **Gegenstände der Ausfuhr** beziehen oder
- auf **Gegenstände der Einfuhr** in einen EU-Mitgliedstaat beziehen und die Kosten für die Leistungen bereits in der **Bemessungsgrundlage für diese Einfuhr enthalten** sind (vgl. zur Einfuhr die Beispiele in Abschn. 4.3.3 Abs. 8 UStAE).

> **Beispiel:**
>
> Unternehmer U aus Kiel liefert eine Maschine an einen Abnehmer in New York. Mit der Verschiffung nach New York beauftragt er den Reeder R aus Hamburg, mit dem Weitertransport vom Hafen in New York zum Abnehmer den dort ansässigen Fuhrunternehmer F.

> **Lösung:**
>
> Die Güterbeförderungsleistung R an U gilt nach § 3a Abs. 2 UStG (B2B-Umsatz) am Sitz des Leistungsempfängers U in Köln als ausgeführt und ist damit in Deutschland steuerbar, aber nach § 4 Abs. 1 Nr. 3 Buchst. a, aa UStG steuerfrei, da sich die Güterbeförderung unmittelbar auf Gegenstände der Ausfuhr in ein Drittland bezieht.
>
> Die Güterbeförderungsleistung F an U gilt nach § 3a Abs. 8 S. 1 UStG (B2B-Umsatz) abweichend von Abs. 2 in den USA als ausgeführt und ist damit bereits nicht steuerbar.

7.4 Vermittlungsleistungen mit Auslandsbezug, § 4 Nr. 5 UStG

Gemäß § 4 Nr. 5 UStG ist die Vermittlung von bestimmten Umsätzen mit Auslandsbezug steuerfrei. Von praktischer Bedeutung ist dabei insbesondere § 4 Nr. 5 Buchst. a und Buchst. d UStG.

Nach **§ 4 Nr. 5 Buchst. a UStG** ist die Vermittlung von Umsätzen steuerfrei, die ihrerseits nach § 4 Nr. 1 Buchst. a, Nr. 2 bis 4 Buchst. b, Nr. 6 oder Nr. 7 UStG steuerfrei sind, insbesondere also:

- die **Vermittlung steuerfreier Ausfuhrlieferungen** nach § 4 Nr. 1 Buchst. a, § 6 UStG (nicht die Vermittlung innergemeinschaftlicher Lieferungen nach § 4 Nr. 1 Buchst. b UStG),
- die Vermittlung steuerfreier Lohnveredelungen nach § 4 Nr. 1 Buchst. a, § 7 UStG.

Nach **§ 4 Nr. 5 Buchst. d UStG** ist die **Vermittlung von Lieferungen aus dem Drittland** steuerfrei, die nach § 3 Abs. 8 UStG als im Inland ausgeführt gelten.

> **Beispiel:**
>
> Unternehmer D (Mainz) benötigt eine Spezialmaschine. Er erteilt V (London) den Auftrag, weltweit nach einem geeigneten Lieferanten zu suchen und die Maschine für D zu erwerben. V findet in der Schweiz den Unternehmer S und schließt mit ihm im Namen und auf Rechnung des D den Kaufvertrag. Die Lieferung soll DDP von der Schweiz nach Mainz erfolgen.

> **Lösung:**
>
> S verwirklicht neben der Einfuhr nach § 1 Abs. 1 Nr. 4 UStG, für die er Einfuhrumsatzsteuer schuldet (DDP), eine Lieferung gemäß § 3 Abs. 1 UStG an D, die nach § 3 Abs. 8 UStG als im Inland ausgeführt gilt (vgl. Einzelheiten in Kapitel XX.).
>
> Die Vermittlung dieser Lieferung stellt eine sonstige Leistung i.S.d. § 3 Abs. 9 S. 1 von V an D dar, die nach § 3a Abs. 2 UStG am Sitzort des Empfängers D in Mainz als ausgeführt gilt. Sie ist damit steuerbar, aber nach § 4 Nr. 5 Buchst. d UStG steuerfrei.

8. Weitere Steuerbefreiungen nach § 4 UStG im Überblick

§ 4 Nr. 1 UStG	Innergemeinschaftliche Lieferungen, Ausfuhrlieferungen und Lohnveredelungen an Ausfuhrgegenständen (s. Kap. 7. und Kap. XX.).
§ 4 Nr. 2 UStG	Umsätze für die Seeschifffahrt und Luftfahrt.
§ 4 Nr. 3 UStG	Grenzüberschreitende Güterbeförderungen und sonstige Leistungen im Zusammenhang mit der Einfuhr (s. Kap. 7.3).
§ 4 Nr. 5 UStG	Vermittlungsleistungen, insbesondere mit Auslandsbezug (s. Kap. 7.4).

§ 4 Nr. 9b UStG	Leistungen die unter das Rennwett- und Lotteriegesetz fallen. Umsatzsteuerbefreit sind nur Leistungen, die nach dem Rennwett- und Lotteriegesetz steuerpflichtig sind (z.B. Pferderennen, Oddset-Wetten, Lotterien wie z.B. Ziehungslotto 6 aus 49 oder Zahlenlotto). Sonstige Glücksspiele mit Geldeinsatz unterliegen dagegen der Umsatzsteuer (z.B. Geldspielautomatenumsätze, Spielbankenumsätze, Wetten bei Hunderennen).
§ 4 Nr. 10–11 UStG	Leistungen der Versicherungsunternehmen sowie von Bausparkassenvertretern, Versicherungsvertretern und Versicherungsmaklern. Steuerfrei ist die Gewährung von Versicherungsschutz durch Versicherungsunternehmen (z.B. Lebens-, Kranken-, Unfall-, Haftpflicht-, Rechtsschutz-, Diebstahl-, Feuer- und Hausratversicherungen) sowie berufstypische Leistungen, insbesondere Vermittlungsleistungen der Versicherungsvertreter und -makler sowie Bausparkassenvertreter.
§ 4 Nr. 11b UStG	Bestimmte Post-Universaldienstleistungen (vgl. Abschn. 4.11b.1 UStAE).
§ 4 Nr. 15–16 UStG	Leistungen der Sozialversicherungs- und Sozialhilfeträger (Agentur für Arbeit, Krankenkassen etc.) sowie bestimmte Betreuungs- und Pflegeleistungen der Alten- und Pflegeheimen sowie mobilen Pflegediensten.
§ 4 Nr.17 UStG	Lieferung von Organen, Blutkonserven sowie die Durchführung von Krankentransporten.
§ 4 Nr.18 UStG	Leistungen anerkannter gemeinnütziger Wohlfahrtseinrichtungen (z.B. Caritas, Studentenwerk).
§ 4 Nr. 19 UStG	Bestimmte Blindenumsätze.
§ 4 Nr. 20 UStG	Leistungen der Theater, Orchester, Kammermusikensembles, Chöre, Museen, botanische Gärten, zoologische Gärten, Tierparks, Archive, Büchereien sowie Denkmäler der Bau- und Gartenbaukunst.
§ 4 Nr. 21–22 UStG	Leistungen der staatlichen oder staatlich anerkannten Schulen und Hochschulen sowie die selbständige Lehr- und Dozententätigkeit an solchen Einrichtungen.
§ 4 Nr. 23–26 UStG	Bestimmte Leistungen auf dem Gebiet der Kinder- und Jugendbetreuung sowie ehrenamtliche Tätigkeiten.

IX. Die Bemessungsgrundlage (§ 10 UStG)

1. Entgelt als Bemessungsgrundlage (§ 10 Abs. 1 UStG)

1.1 Begriff und Bedeutung des Entgelts

Die Umsatzsteuer bemisst sich gemäß § 10 Abs. 1 S. 1 UStG bei Lieferungen und sonstigen Leistungen sowie bei innergemeinschaftlichen Erwerben nach dem entrichteten Entgelt. Das Entgelt hat damit eine **Doppelfunktion**, da es zum einen Voraussetzung für die Steuerbarkeit nach § 1 Abs. 1 Nr. 1 UStG ist, also für die Frage, ob überhaupt Umsatzsteuer anfällt, und zum anderen für die Ermittlung der Bemessungsgrundlage, also zur Berechnung der Höhe der Umsatzsteuer herangezogen wird.

Entgelt ist dabei nach § 10 Abs. 1 S. 2 UStG alles, was der Leistungsempfänger für die Leistung aufwendet, abzüglich darin enthaltener Umsatzsteuer. Bemessungsgrundlage für die Umsatzsteuer ist also das für die Leistung entrichtete **Nettoentgelt**. Da in Deutschland Preise grundsätzlich als Bruttopreis angegeben werden (inklusive Umsatzsteuer), muss die Umsatzsteuer zur Ermittlung des Entgelts aus dem Bruttopreis herausgerechnet werden.

Beispiel:		
K zahlt im Elektrofachmarkt 500 € für einen neuen Kühlschrank.		
Brutto =	500,00 €	
Entgelt =	420,17 €	($^{100}/_{119}$ von 500 €)
Umsatzsteuer =	79,83 €	($^{19}/_{119}$ von 500 €)

Der in einer Rechnung angegebene Nettopreis sowie die dort ausgewiesene Umsatzsteuer sind für die richtige Berechnung des Entgelts ohne Bedeutung. **Auszugehen ist grundsätzlich immer vom Bruttobetrag.** Daraus sind das Entgelt und die Umsatzsteuer in der gesetzlich richtigen Höhe zu berechnen.

Beispiel:	
Ein Lebensmittellieferant stellt einem Gastwirt folgende Rechnung aus:	
Lebensmittel	2.000 €
zuzüglich 19 % Umsatzsteuer	380 €
zu zahlen	**2.380 €**

Lösung:		
Der Steuersatz für die Lieferung von Lebensmitteln beträgt 7 % und nicht 19 %. Der korrekte Steuersatz ist dabei nicht einfach auf den in der Rechnung ausgewiesenen Nettobetrag anzuwenden, sondern das Entgelt und die Umsatzsteuer sind aus dem Bruttobetrag zu berechnen.		
Brutto =	2.380,00 €	
Entgelt =	2.224,30 €	($^{100}/_{107}$ von 2.380 €)
Umsatzsteuer =	155,70 €	($^{7}/_{107}$ von 2.380 €)

Schuldet der Leistungsempfänger die Steuer nach § 13b UStG, darf der leistende Unternehmer die für seine Leistung anfallende Umsatzsteuer dem Empfänger nicht in Rechnung stellen, sondern die Steuer wird vom Empfänger auf den in der Rechnung angegebenen Nettopreis selbst geschuldet. Für die Ermittlung der Bemessungsgrundlage ist daher ausnahmsweise nicht vom Bruttobetrag auszugehen und daraus die Umsatzsteuer herauszurechnen, sondern es ist immer der in der **Rechnung ausgewiesene Nettobetrag** (ohne Umsatzsteuer) anzusetzen (Abschn. 13b.13 Abs. 1 UStAE).

> **Beispiel:**
>
> Ein Grundstück wird unter Option zur Steuerpflicht an einen anderen Unternehmer veräußert. Im Kaufvertrag ist ein Kaufpreis von 200.000 € vereinbart.

> **Lösung:**
>
> Nach § 13b Abs. 2 Nr. 3 i.V.m. Abs. 5 UStG schuldet hier nicht der Verkäufer, sondern der Käufer die Umsatzsteuer. Die in Rechnung gestellten 200.000 € sind also als Nettokaufpreis (ohne Umsatzsteuer) anzusehen, von dem die Umsatzsteuer (= 38.000 €) zu berechnen und vom Käufer an das Finanzamt abzuführen ist.

1.1.1 Geld oder andere Gegenleistungen als Entgelt

Entgelt ist jede Art von Gegenleistung, die der Leistungsempfänger für die Leistung aufwendet. Neben der Zahlung von Geld kann die Gegenleistung dabei auch ihrerseits in der Ausführung einer Leistung durch den Leistungsempfänger bestehen.

In der Regel besteht das Entgelt in der **Zahlung von Geld**, also in Barzahlungen oder unbaren Zahlungen (Überweisung, Lastschrift, Kartenzahlung, Scheck). Geld in ausländischer Währung ist umzurechnen. Dabei sind die vom Bundesfinanzministerium monatlich veröffentlichten Umrechnungskurse zugrunde zu legen.

Eine Geldleistung liegt auch dann vor, wenn der Leistungsempfänger statt der Hingabe von Geld mit einer eigenen Geldforderung **aufrechnet** oder eine **Geldverbindlichkeit des Leistenden übernimmt**.

> **Beispiel:**
>
> a) A verkauft B eine Maschine zum vereinbarten Kaufpreis von 10.000 €. Davon zahlt B 6.000 € in bar, in Höhe von 4.000 € rechnet er mit einer ihm gegenüber A aus einem früheren Geschäft noch zustehenden Forderung auf.
>
> b) A verkauft B ein Grundstück. Als Gegenleistung übernimmt B das bestehende Hypothekendarlehen des B gegenüber der Bank i.H.v. 100.000 € und zahlt 80.000 € zu. B wendet also insgesamt 180.000 € für das Grundstück auf.

Anstelle einer Geldleistung kann die Gegenleistung ihrerseits in einer (Gegen-)Lieferung oder in der Erbringung einer sonstigen Leistung bestehen. Bei einem solchen **Tausch oder tauschähnlichen Umsatz** im Sinne des § 3 Abs. 12 UStG gilt nach § 10 Abs. 2 S. 2 UStG der Wert jedes Umsatzes als Entgelt für den jeweiligen anderen Umsatz (vgl. hierzu Kap. 2.).

1.1.2 Maßgebliches Entgelt im Regelfall der Sollversteuerung

Im Regelfall der Besteuerung nach vereinbarten Entgelten (sog. **Sollversteuerung**) entsteht die Umsatzsteuer nach § 13 Abs. 1 Nr. 1 Buchst. a S. 1 UStG bereits mit Ablauf des Voranmeldungszeitraums, in dem die Leistung ausgeführt wurde. Wurde das Entgelt für die Leistung im Zeitpunkt der Entstehung noch nicht vereinnahmt, ist der Besteuerung zunächst zwangsläufig das **vertraglich vereinbarte Entgelt** zugrunde zu legen. Letztlich soll aber auch hier immer nur das Entgelt der Umsatzsteuer unterliegen, das tatsächlich für die Leistung vereinnahmt wird. Weicht daher das tatsächlich entrichtete Entgelt vom ursprünglich vereinbarten und der Besteuerung zunächst zugrunde gelegten Entgelt ab, ist die Umsatzsteuer **nach § 17 UStG zu berichtigen** (vgl. Kap. 5.).

1.2 Umfang des Entgelts

1.2.1 Auslagen- und Unkostenersatz

Der Umfang des Entgelts beschränkt sich nicht auf das, was für die eigentliche Leistung entrichtet wird, sondern erstreckt sich auf alles, was der Leistungsempfänger tatsächlich für die an ihn bewirkte Leistung

Teil II: Darstellung der Umsatzsteuer

aufwendet. Die dem **Leistungsempfänger in Rechnung gestellten Nebenkosten** (z.B. Telefon, Porto, Fahrtkosten, Verpackung, Frachtkosten, Versicherung, Provisionen etc.) gehören daher ebenfalls zum Entgelt. Solche Geschäftskosten dürfen das Entgelt nicht mindern und sind in die Bemessungsgrundlage mit einzubeziehen (Abschn. 10.1 Abs. 6 S. 1 UStAE).

Beispiel:	
A liefert an B eine Maschine und stellt ihm folgende Rechnung aus:	
Maschine	2.000 €
+ 19 % Umsatzsteuer	380 €
+ Frachtkosten	70 €
+ Versicherung	50 €
zu zahlen	**2.500 €**

Lösung:	
Geschäftskosten dürfen das Entgelt nicht mindern. Die dem Leistungsempfänger in Rechnung gestellten Nebenkosten gehören daher ebenfalls zum Entgelt und hätten in die Bemessungsgrundlage für die Umsatzsteuer mit einbezogen werden müssen.	
Brutto =	2.500,00 €
Entgelt =	2.100,84 € ($^{100}/_{119}$)
Umsatzsteuer =	399,16 € ($^{19}/_{119}$)

Auch die vom leistenden Unternehmer geschuldeten **Abgaben, Gebühren und Steuern** mit Ausnahme der Umsatzsteuer gehören zum Entgelt und sind daher in die Bemessungsgrundlage für die Umsatzsteuer mit einzubeziehen (Abschn. 10.1 Abs. 6 S. 3 UStAE). Zu diesen Abgaben und Steuern gehören z.B. Zölle und Verbrauchssteuern wie die Energiesteuer (auf Benzin, Heizöl und Gas), die Stromsteuer oder Tabaksteuer. Bei den Verbrauchssteuern handelt es sich also um eine „Steuer vor Umsatzsteuer". Eine Erhöhung in diesem Bereich hat daher für den Fiskus einen doppelten Effekt, da insoweit nicht nur die Einnahmen aus der entsprechenden Verbrauchssteuer steigen, sondern auch das Umsatzsteueraufkommen erhöht wird.

Beispiel:	
Beispiel für die Rechnung eines Heizöllieferanten:	
1.000 l Heizöl	423,65 €
Energiesteuer	76,35 €
Kosten für die Anlieferung	60,00 €
Netto	560,00 €
zuzüglich 19 % Umsatzsteuer	106,40 €
zu zahlen	**666,40 €**

1.2.2 Zahlungszuschläge und -abschläge

1.2.2.1 Entgeltminderungen und -erhöhungen

Zum Entgelt gehört nach § 10 Abs. 1 S. 2 UStG alles, was der Leistungsempfänger letztlich tatsächlich für die Leistung aufwendet.

Zahlungsabschläge, die vom ursprünglichen Preis für die Leistung vorgenommen werden, mindern daher das Entgelt und damit die Bemessungsgrundlage, z.B.:
- Skontoabzüge, Rabatte, Boni und Rückvergütungen,
- Minderungen wegen Mängel,
- Rückgewähr von Pfandgeldern (Abschn. 10.1 Abs. 8 UStAE).

Bezüglich Einzelfragen zu Entgeltminderungen vgl. auch Abschn. 10.3 UStAE.

Zahlungsabschläge werden häufig erst in einem späteren Voranmeldungszeitraum und damit nach Entstehung der Umsatzsteuer gewährt (z.B. nachträgliche Rabatte oder Skontoabzüge). In diesen Fällen ist der Besteuerung zunächst das eigentlich vereinbarte Entgelt zugrunde zu legen und die Minderung ist erst in dem Voranmeldungszeitraum zu berücksichtigen, in dem sie auch eintritt. Die Umsatzsteuer muss also insofern nach § 17 UStG nachträglich berichtigt werden (vgl. hierzu ausführlich Kap. 5.).

Beispiel:
Ein Autohaus (Voranmeldungszeitraum monatlich) verkauft am 30.5.11 einen Pkw mit einer unverbindlichen Preisempfehlung des Herstellers von 30.000 € mit 30 % Sonderrabatt für insgesamt 21.000 €. Laut Rechnung wird bei Zahlung innerhalb von 10 Tagen zusätzlich 3 % Skonto gewährt. Der Käufer zahlt am 7.6.11 insgesamt 20.370 €.

Lösung:
Für den Voranmeldungszeitraum Mai ist für die Besteuerung der bereits um den Rabatt geminderte Kaufpreis von 21.000 € zugrunde zu legen. Da die weitere Minderung in Höhe von 630 € erst mit dem Skontoabzug im Voranmeldungszeitraum Juni eintritt, ist sie auch erst hier zu berücksichtigen. Die ursprünglich für Mai angemeldete Umsatzsteuer ist insoweit nach § 17 UStG im Juni zu berichtigen.

Zahlungszuschläge, die auf den eigentlichen Preis für eine Leistung aufgeschlagen werden, erhöhen das Entgelt und damit die Bemessungsgrundlage, z.B.:
- Bedienungszuschläge,
- Ratenkaufzuschläge oder Stundungszinsen (sie können zusätzliches Entgelt für die Lieferung sein, aber auch Entgelt für eine eigenständige Kreditgewährung, s. Kap. VIII. 2.2.2),
- Pfandgelder (Abschn. 10.1 Abs. 8 UStAE).

1.2.2.2 Abgrenzung zum „echten" Schadensersatz

Zahlungszuschläge und -abschläge erhöhen bzw. mindern nur dann das Entgelt für eine bestimmte Leistung, wenn sie in unmittelbarem Zusammenhang mit dieser Leistung stehen, also wirklich für die konkrete Leistung und nicht aus anderem Grund erhoben werden. Zusätzliche Zahlungen und Abschläge vom ursprünglichen Preis, die den Charakter einer **„echten" Schadensersatzleistung** haben, gehören dagegen nicht zum Entgelt für die Leistung. Schadensersatz wird nämlich nicht für die erbrachte Leistung, sondern als Ersatz für einen verursachten Schaden entrichtet (s. Kap. II. 2.3).

Den Charakter von „echtem" Schadensersatz haben z.B. die vom Leistenden oder Leistungsempfänger zu zahlenden **Vertragsstrafen, Verzugszinsen und Prozesszinsen, Mahnkosten und Mahngebühren** (vgl. Abschn. 10.1 Abs. 3 S. 8 und 9 UStAE).

Werden solche Beträge **vom leistenden Unternehmer zusätzlich in Rechnung gestellt**, gehören sie nicht zum Entgelt für die ausgeführte Leistung.

Beispiel:	
Nachdem der Käufer eines Pkw mehrere Monate nicht bezahlt hat, erhält er vom Autohaus folgende Rechnung:	
Kaufpreis Pkw	21.000 €
Verzugszinsen	900 €
Mahngebühren	30 €
zu zahlen	**21.930 €**

> **Lösung:**
>
> Die Verzugszinsen und Mahngebühren sind nicht Entgelt für die Lieferung des Pkw, sondern „echter" Schadensersatz und damit nicht in die Bemessungsgrundlage für die Umsatzsteuer mit einzubeziehen. Daraus ergibt sich vorliegend:
> **21.000,00 € brutto = 17.647,06 € Entgelt = 3.352,94 € Umsatzsteuer.**

Werden solche Beträge **vom Leistungsempfänger in Abzug gebracht**, dürfen sie das Entgelt für die Leistung nicht mindern.

> **Beispiel:**
>
> Ein Bauunternehmer stellt für die Ausführung einer Bauleistung 200.000 € in Rechnung. Wegen verspäteter Fertigstellung wurde aufseiten des Bauunternehmers eine vorher vereinbarte Vertragsstrafe von 10.000 € fällig, die der Auftraggeber vom Rechnungsbetrag abzieht und daher insgesamt nur 190.000 € überweist.

> **Lösung:**
>
> Die Vertragsstrafe ist „echter" Schadensersatz, die das Entgelt für die geschuldete Bauleistung nicht mindern darf. Für die Ermittlung der Bemessungsgrundlage ist also vom Rechnungsbetrag von 200.000 € auszugehen und daraus das Entgelt und die Umsatzsteuer zu berechnen.

1.2.3 Verwertungskosten bei der Sicherungsübereignung

Bei der **Sicherungsübereignung** liegt erst im Zeitpunkt der Verwertung des Sicherungsguts eine Lieferung des Sicherungsgebers an den Sicherungsnehmer vor (s. Kap. III. 5.). Entgelt für diese Lieferung ist hier der Verwertungserlös, der letztlich dem Sicherungsgeber zusteht. Das gilt auch in dem Umfang, wie der Erlös durch den Sicherungsnehmer nicht an den Sicherungsgeber ausgezahlt, sondern gleich mit seinen noch offenen Forderungen verrechnet wird.

Die **Verwertungskosten**, die dem Sicherungsnehmer entstehen und die er regelmäßig vom Verkaufserlös einbehält, gehören nach h.M. **nicht zum Entgelt** (Rechtsgedanke des Abschn. 10.1 Abs. 3 S. 15 UStAE).

> **Beispiel:**
>
> Eine Bank verwertet eine ihr von Unternehmer U als Sicherheit für ein Darlehen sicherungsübereignete Maschine, indem sie sie für 100.000 € zuzüglich Umsatzsteuer an einen Käufer verkauft. Für den Verkauf der Maschine sind der Bank Verwertungskosten i.H.v. 1.000 € entstanden, die sie vorab vom (Netto-)Erlös abzieht. Von den verbleibenden 99.000 € verrechnet sie 65.000 € mit der noch offenen Darlehensverbindlichkeit und zahlt den Rest von 34.000 € an U aus.

> **Lösung:**
>
> Mit der Verwertung der sicherungsübereigneten Maschine kommt es zu einem Doppelumsatz. Mit dem Verkauf liegt zunächst eine Lieferung der Bank an den Käufer vor, für die der entrichtete Nettokaufpreis von 100.000 € als Entgelt anzusetzen ist.
> Gleichzeitig liegt eine Lieferung von U an die Bank vor, da die Sicherungsübereignung mit der Verwertung zur Lieferung erstarkt. Für diese Lieferung ist als Entgelt alles anzusetzen, was die Bank gegenüber U aufwendet, also insgesamt 99.000 €. Gleichgültig ist, ob das Geld direkt an U ausbezahlt oder gleich mit der Forderung verrechnet wird. Die einbehaltenen Verwertungskosten gehören dagegen nicht zum Entgelt, da sie nicht Gegenleistung für die Lieferung der Maschine sind.

1.2.4 Durchlaufende Posten (§ 10 Abs. 1 S. 6 UStG)

Beträge, die ein Unternehmer im Namen und für Rechnung eines anderen vereinnahmt oder verausgabt, gehören nach § 10 Abs. 1 S. 6 UStG nicht zum Entgelt (durchlaufende Posten). Hierzu gehören insbesondere Beträge, die ein Unternehmer für einen Auftraggeber als **Mittelsperson** verauslagt und von diesem anschließend zurückfordert. Um einen durchlaufenden Posten handelt es sich dabei jedoch nur dann, wenn der Unternehmer die Beträge im **Namen und auf Rechnung** des Auftraggebers verauslagt hat, wenn er also nicht selbst Schuldner und damit Zahlungsverpflichteter war. Ist der Unternehmer gegenüber demjenigen, an den er den Betrag entrichtet, selbst zur Zahlung verpflichtet, leistet er sie nicht nur als Mittelsperson, sondern erfüllt damit eine eigene Zahlungsverpflichtung. Fordert er solche Beträge anschließend von seinem Auftraggeber zurück, handelt es sich nicht nur um durchlaufende Posten, sondern um die Weiterberechnung eigener Auslagen, die der Umsatzsteuer zu unterwerfen sind.

Beispiel:

Ein Rechtsanwalt stellt seinem Mandanten folgende Rechnung:
Gebühren für die rechtliche Vertretung laut RVG .... 1.660 €
Auslagenpauschale für Post und Telefon .... 20 €

Sonstige Auslagen
Gebühr Handelsregisterauszug .... 5 €
Gebühr Grundbuchauszug .... 5 €
verauslagte Gerichtskosten .... 1.107 €

Lösung:

Die dem Leistungsempfänger in Rechnung gestellten Auslagen gehören als Nebenkosten grundsätzlich ebenfalls zum Entgelt für die Leistung und sind damit der Umsatzsteuer zu unterwerfen. Etwas anderes gilt nur für solche Auslagen, bei denen es sich lediglich um durchlaufende Posten nach § 10 Abs. 1 S. 6 UStG handelt. Das sind solche vom Rechtsanwalt verauslagten und seinem Mandanten weiterberechneten Beträge, die eigentlich nicht von ihm, sondern unmittelbar von seinem Mandanten geschuldet werden. Dies trifft vorliegend auf die vom Rechtsanwalt verauslagten Gerichtskosten zu, da hier der Gebührenschuldner nicht der Rechtsanwalt, sondern der Mandant als Prozesspartei ist. Die Gebühren für die Handelsregister- und Grundbuchauszüge schuldet dagegen derjenige, der sie beantragt, also regelmäßig der Rechtsanwalt selbst. Somit handelt es sich hierbei auch nicht nur um einen durchlaufenden Posten, sondern um eigene Auslagen des Rechtsanwalts, die bei Weiterberechnung an den Mandanten als Nebenkosten der Umsatzsteuer unterworfen werden müssen.

1.2.5 Freiwillig gezahlte Beträge (Trinkgelder)

Zum Entgelt gehört nach § 10 Abs. 1 S. 2 UStG alles, was der Leistungsempfänger für die Leistung aufwendet. Neben den eigentlich geschuldeten Beträgen gehören hierzu auch freiwillige Zahlungen an den Unternehmer, die für eine konkret ausgeführte Leistung entrichtet werden (Abschn. 10.1 Abs. 5 UStAE).

Damit sind insbesondere auch die **an den Unternehmer gezahlten Trinkgelder zusätzliches Entgelt** für die Leistung und unterliegen damit der Umsatzsteuer.

Trinkgelder, die an Angestellte gezahlt werden, sind dagegen kein Entgelt für die Leistung des Unternehmers, sondern dienen allein der persönlichen Wertschätzung des Angestellten. Sie unterliegen daher nach h.M. nicht der Umsatzsteuer.

Beispiel:

Trinkgelder, die an den Inhaber einer Gaststätte, den Inhaber eines Friseurgeschäfts oder einen Taxiunternehmer gezahlt werden, unterliegen der Umsatzsteuer.

> Trinkgelder die an eine angestellte Bedienung, eine angestellte Friseurin oder einen angestellten Taxifahrer gezahlt werden, unterliegen nicht der Umsatzsteuer.

1.2.6 Zahlungen Dritter

1.2.6.1 Zahlungen Dritter als Entgelt i.S.d. § 10 Abs. 1 S. 3 UStG

Zum Entgelt für die Leistung gehört nicht nur das, was der Leistungsempfänger selbst für die Leistung aufwendet (§ 10 Abs. 1 S. 2 UStG), sondern auch **Zahlungen/Zuzahlungen**, die ein Dritter für die Leistung an den Leistungsempfänger an den leistenden Unternehmer entrichtet (§ 10 Abs. 1 S. 3 UStG).

> **Beispiel:**
>
> S kauft ein Moped von Händler H zum Preis von 5.000 €. Sein Vater V zahlt unmittelbar an den Händler 2.000 €, der S den Rest.

> **Lösung:**
>
> Berechnung der Umsatzsteuer für die Lieferung von H an S:
>
> | | | |
> |---|---:|---|
> | § 10 Abs. 1 S. 2 UStG | 3.000,00 € | (Zahlung durch Leistungsempfänger S) |
> | § 10 Abs. 1 S. 3 UStG | 2.000,00 € | (Zahlung durch den Dritten V) |
> | brutto | 5.000,00 € | |
> | Entgelt | 4.201,68 € | |
> | **19 % Umsatzsteuer** | **798,32 €** | |

1.2.6.2 Abgrenzung zu „echten" Zuschüssen

Das Entgelt von dritter Seite i.S.d. § 10 Abs. 1 S. 3 UStG ist von den sog. „echten" Zuschüssen durch Dritte abzugrenzen, die einem Unternehmer nicht für eine konkret von ihm erbrachte Leistung gezahlt werden und damit kein zusätzliches, der Umsatzsteuer unterliegendes Leistungsentgelt darstellen.

Insbesondere **staatliche Zuschüsse, Subventionen und Beihilfen**, die z.B. aus strukturpolitischen oder sozialpolitischen Erwägungen an einen Unternehmer gezahlt werden können danach sein:
- (zusätzliches) Entgelt des Staates als Drittem i.S.d. § 10 Abs. 1 S. 3 UStG für eine vom bezuschussten Unternehmer an eine anderen ausgeführte Leistung;
- ein „echter" Zuschuss an den Unternehmer, der nicht als Entgelt für eine konkret ausgeführte Leistung anzusehen ist und damit nicht der Umsatzsteuer unterliegt.

Staatliche Zuschüsse an einen leistenden Unternehmer stellen neben den Zahlungen der Leistungsempfänger dann **zusätzliches Entgelt eines Dritten** dar, wenn sie dem Leistungsempfänger zugutekommen sollen, der Leistungsempfänger also einen Rechtsanspruch auf die Zuzahlung für die Leistung hat, hierzu eine öffentlich-rechtliche Verpflichtung besteht oder die Zahlung zumindest im Interesse des Leistungsempfängers gewährt wird (vgl. Abschn. 10.2 Abs. 3 UStAE).

> **Beispiel:**
>
> Ein Bundesland gewährt einem Studentenwerk einen Zuschuss zum Bau eines Studentenwohnheims, der unmittelbar an den Bauunternehmer ausgezahlt wird.

> **Lösung:**
>
> Der Zuschuss stellt neben den Zahlungen des Studentenwerks als Leistungsempfänger zusätzliches Entgelt eines Dritten i.S.d. § 10 Abs. 1 S. 3 UStG für die vom Bauunternehmer an das Studentenwerk erbrachte Leistung dar (vgl. Beispiel 2 in Abschn. 10.2 Abs. 3 UStAE).

Nicht steuerbare „echte" Zuschüsse liegen vor, wenn Zahlungen dem bezuschussten Unternehmer zur allgemeinen Förderung seiner Tätigkeit und nicht als Gegenleistung für von ihm konkret ausgeführte Leistungen gewährt werden. Subventionen, Beihilfen, Zuschüsse und dergleichen, die ein Unternehmer ohne Bindung an bestimmte Leistungen erhält, sind daher kein Entgelt für Leistungen des Unternehmers, sondern nicht der Umsatzsteuer unterliegende „echte" Zuschüsse (vgl. im Einzelnen Abschn. 10.2 Abs. 7 UStAE).

1.2.7 Beistellungen zu Werklieferungen und Werkleistungen

Bei Werklieferungen und Werkleistungen nehmen das vom Besteller selbst beschaffte und dem Werkunternehmer zur Verfügung gestellte Material (Materialgestellungen) sowie die sonstigen Beistellungen nicht am Leistungsaustausch teil. Diese bei der Ausführung der Leistungen verwendeten Beistellungen gehören nicht zum Entgelt für die erbrachte Leistung und sind damit nicht in die Bemessungsgrundlage mit einzubeziehen (s. Kap. VI. 2.2.1).

2. Bemessungsgrundlage beim Tausch und tauschähnlichen Umsatz (§ 10 Abs. 2 UStG)

2.1 Begriff Tausch und tauschähnlicher Umsatz (§ 3 Abs. 12 UStG)

Ein **Tausch** liegt vor, wenn die Gegenleistung für eine (Werk-)Lieferung ebenfalls in einer (Werk-)Lieferung besteht (§ 3 Abs. 12 S. 1 UStG).

> **Beispiel:**
>
> Ein Landwirt liefert Kartoffeln an eine Genossenschaft und erhält dafür von dieser Dünger (Lieferung ↔ Lieferung).

Ein **tauschähnlicher Umsatz** liegt vor, wenn die Gegenleistung für eine sonstige Leistung (Werkleistung) in einer Lieferung oder einer anderen sonstigen Leistung (Werkleistung) besteht bzw. umgekehrt (**§ 3 Abs. 12 S. 2 UStG**).

> **Beispiel:**
>
> a) Ein Steuerberater erstellt die Umsatzsteuererklärung für einen Maler, der dafür seine Steuerberaterpraxis streicht (sonstige Leistung ↔ sonstige Leistung).
>
> b) Ein Steuerberater erstellt die Umsatzsteuererklärung für einen Metzger, der dafür ein „Kaltes Buffet" für seine Betriebsfeier liefert (sonstige Leistung ↔ Lieferung).

Beim Tausch und tauschähnlichen Umsatz **unterliegen sowohl die Leistung als auch die Gegenleistung der Umsatzsteuer,** wenn sie jeweils steuerbar und steuerpflichtig sind. Ein Tausch/tauschähnlicher Umsatz liegt aber begrifflich auch dann vor, wenn eine der beiden Leistungen nicht steuerbar ist, da sie durch einen Nichtunternehmer erbracht wird.

> **Beispiel:**
>
> Ein Spielwarenhändler bietet einer Privatperson für ein altes wertvolles Modellauto drei neue Modellautos an.

> **Lösung:**
>
> Es handelt sich um einen Tausch i.S.d. § 3 Abs. 12 S. 1 UStG. Steuerbar sind jedoch nur die Lieferungen der drei neuen Modellautos durch den Händler, die Lieferung des alten Modellautos durch die Privatperson ist dagegen nicht steuerbar.

Teil II: Darstellung der Umsatzsteuer

Stehen sich die beiden Leistungen nicht gleichwertig gegenüber, erfolgt i.d.R. in der Höhe der Wertdifferenz eine Ausgleichszahlung. Ein solcher sog. **Tausch bzw. tauschähnlicher Umsatz mit Baraufgabe** kommt in der Praxis am häufigsten im Kraftfahrzeuggewerbe vor, z.B. bei der Inzahlungnahme eines gebrauchten Kraftfahrzeugs oder beim Austausch von Kraftfahrzeugteilen.

> **Beispiel:**
>
> Eine Werkstatt liefert eine aufbereitete Lichtmaschine (Wert 500 €) und nimmt dafür die defekte Lichtmaschine des Abnehmers zu einem Anrechnungswert von 100 € in Zahlung. 400 € zahlt der Abnehmer noch bar.

Der Tausch ist abzugrenzen von der sog. **Hingabe an Zahlung** statt. Während ein Tauschvorgang auf einem ursprünglich vereinbarten zivilrechtlichen Tauschgeschäft beruht, liegt eine Hingabe an Zahlung statt dann vor, wenn zwar ursprünglich vertraglich eine Zahlung als Gegenleistung vereinbart war (Kaufvertrag § 433 BGB), an deren Stelle später aber vereinbarungsgemäß eine andere Gegenleistung tritt (§ 364 Abs. 1 BGB). Umsatzsteuerlich werden auch hier die **Grundsätze des Tauschs angewandt**.

> **Beispiel:**
>
> Ein Schreibwarenhändler verkauft einem Maler Zeichenutensilien für insgesamt 300 € auf Rechnung. Nachdem dieser später nicht zahlen kann, erklärt sich der Händler anstelle der Geldzahlung mit der Übereignung zweier Bilder einverstanden.

2.2 Bemessungsgrundlage

2.2.1 Ermittlung des Werts der Gegenleistung (§ 10 Abs. 2 S. 2 UStG)

Zur Ermittlung der Bemessungsgrundlage beim Tausch, tauschähnlichen Umsatz und der Hingabe an Zahlung statt, ist nach **§ 10 Abs. 2 S. 2 UStG** als Entgelt jeweils der Wert des anderen Umsatzes, also der Wert der jeweiligen Gegenleistung anzusetzen. Die Umsatzsteuer gehört dabei nach S. 3 nicht zum Entgelt.

Das Gesetz enthält dabei keine Aussage darüber, wie dieser Wert zu ermitteln ist. Ursprünglich wurde allgemein davon ausgegangen, dass der **gemeine Wert** i.S.d. § 9 Abs. 2 BewG anzusetzen sei, also regelmäßig der **Marktpreis oder Veräußerungspreis**. Mittlerweile gehen jedoch die Rechtsprechung und die Finanzverwaltung nicht mehr von dem rein objektiven gemeinen Wert (allgemeiner Markt- oder Veräußerungspreis), sondern von einem **subjektiven Wert** aus, also von dem Wert, den die Gegenleistung tatsächlich für den leistenden Unternehmer hat. Das entspricht dem, was der leistende Unternehmer tatsächlich bereit ist, für die Gegenleistung aufzuwenden, also allen **Ausgaben einschließlich der Nebenleistungen**, die er für die Gegenleistung aufwendet (Abschn. 10.5 Abs. 1 UStAE).

> **Beispiel:**
>
> Ein Unternehmen überträgt einem Fußballverein kostenlos einen Pkw mit einer Werbeaufschrift des Unternehmens, welchen der Verein regelmäßigen nutzen und damit Werbung für das Unternehmen machen soll. Der üblicher Marktpreis für solche Werbeleistungen beträgt 3.000 €, die Anschaffungskosten des Pkw betragen 25.000 € netto.

> **Lösung:**
>
> Es handelt sich um einen tauschähnlichen Umsatz i.S.d. § 3 Abs. 12 S. 2 UStG, da der Übertragung des Pkw (Lieferung) die Erbringung der Werbeleistung durch den Verein (sonstige Leistung) als Gegenleistung gegenübersteht.

> Als Entgelt für die Lieferung des Pkw ist nach § 10 Abs. 2 S. 2 UStG der Wert der Gegenleistung, also der Werbeleistung durch den Verein anzusetzen. Dabei ist nicht der gemeinen Wert dieser Leistung anzusetzen, also der Marktpreis, der im gewöhnlichen Geschäftsverkehr für die (Werbe-)Leistung zu erzielen wäre. Auszugehen ist vielmehr vom subjektiven Wert, den die „Werbeleistung" für das Unternehmen hat. Dieser bestimmt sich danach, was das Unternehmer bereit war, hierfür tatsächlich aufzuwenden, also nach den Anschaffungskosten des Pkw i.H.v. 25.000 €.

Der **gemeine Wert** der Gegenleistung ist aber dann noch anzusetzen, wenn **keine konkreten Aufwendungen** getätigt wurden. Soweit sich auch hiernach kein Wert ermitteln lässt, weil z.B. kein Marktpreis für eine bestimmte Leistung vorhanden ist, ist das Entgelt ggf. zu schätzen (Abschn. 10.5 Abs. 1 S. 6 und 7 UStAE). Ist lediglich der Wert einer Leistung zu ermitteln, kann dabei jedoch i.d.R. davon ausgegangen werden, dass dieser auch dem Wert der Gegenleistung entspricht, wenn keine Baraufgabe vereinbart und geleistet wird („niemand hat etwas zu verschenken").

> **Beispiel:**
>
> Möbelhändler H veräußert an den Maler M eine Vitrine (Wert 1.000 € zuzüglich Umsatzsteuer) und erhält dafür ein Gemälde.

> **Lösung:**
>
> Es handelt sich um einen Tausch i.S.d. § 3 Abs. 12 S. 1 UStG, da der Lieferung der Vitrine durch M die Lieferung des Gemäldes durch M gegenübersteht. Das Entgelt für die Lieferungen bestimmt sich gemäß § 10 Abs. 2 S. 2 und 3 UStG nach dem Wert der jeweiligen Gegenleistung ohne darin enthaltener Umsatzsteuer.
> Als Entgelt für die Lieferung des Gemäldes von M an H ist der Wert (netto) der Vitrine, also 1.000 € anzusetzen.
> Als Entgelt für die Lieferung der Vitrine von H an M ist der Wert des Gemäldes anzusetzen. Der Wert des Gemäldes ist ggf. zu schätzen. Im Zweifel kann dabei davon ausgegangen werden, dass dieser Wert grundsätzlich dem Wert der Vitrine entspricht. Anzusetzen ist als Entgelt also ebenfalls 1.000 €.

2.2.2 Tausch und tauschähnlicher Umsatz mit Baraufgabe

Wird neben dem gegenseitigen Austausch von Leistung von einer Partei neben ihrer Leistung noch ein Geldbetrag zugezahlt, handelt es sich um einen Tausch oder tauschähnlichen Umsatz mit Baraufgabe.

Tauschvorgänge mit Baraufgabe liegen insbesondere im Kraftfahrzeuggewerbe vor. So werden für die Lieferung von Kraftfahrzeugteilen (z.B. Motor, Lichtmaschine, Vergaser etc.) häufig die alten, reparaturbedürftigen Teile zur Wiederaufbereitung in Zahlung genommen und auf den Kaufpreis für das neue Teil angerechnet. Beim Kauf eines Kraftfahrzeugs wird häufig der alte Gebrauchtwagen des Käufers in Zahlung genommen und auf den Kaufpreis für das erworbene Fahrzeug angerechnet.

Als Entgelt für die Lieferung eines neuen Fahrzeugteils oder Kraftfahrzeugs ist dabei neben dem vom Käufer gezahlten Geldbetrag auch der Wert der in Zahlung genommenen Gegenstände anzusetzen. Dabei ist nach Auffassung der Finanzverwaltung vom **gemeinen Wert** (üblicher Marktwert) der alten Fahrzeugteile bzw. des Gebrauchtwagens auszugehen (vgl. Abschn. 10.5 Abs. 3 und 4 UStAE).

> **Beispiel:**
>
> Das Autohaus A verkauft einen neuen Pkw für 30.000 € an den Unternehmer B. B gibt dafür seinen gebrauchten Firmenwagen (gemeiner Wert 14.000 €) in Zahlung und zahlt zusätzlich 16.000 € in bar an A.

Teil II: Darstellung der Umsatzsteuer

Lösung:

Es handelt sich um einen Tausch mit Baraufgabe. Sowohl die Lieferung des Neuwagens durch A, als auch die Lieferung des Altwagens durch den Unternehmer B (= Hilfsgeschäft) unterliegen dabei grundsätzlich der Umsatzsteuer.

Lieferung Neuwagen A an B (Gegenleistung: Altwagen + Baraufgabe)		Lieferung Altwagen B an A (Gegenleistung: Neuwagen ./. Baraufgabe)	
Gemeiner Wert Altwagen	14.000,00 €	Wert Neuwagen	30.000,00 €
+ erhaltene Baraufgabe	16.000,00 €	./. hingegebene Baraufgabe	16.000,00 €
Bruttobetrag	30.000,00 €	Bruttobetrag	14.000,00 €
./. Umsatzsteuer	4.789,92 €	./. Umsatzsteuer	2.235,29 €
Entgelt	**25.210,08 €**	**Entgelt**	**11.764,71 €**

☞ **Merke!**	☞ **Merke!**
Die erhaltene Baraufgabe erhöht die Gegenleistung.	Die geleistete Baraufgabe mindert die Gegenleistung.

Häufig wird beim Verkauf eines Kraftfahrzeugs neben oder anstelle eines Rabatts auf den Kaufpreis, der Gebrauchtwagen des Käufers zu einem höheren Preis als dem gemeinen Wert in Zahlung genommen. Hierin liegt ein **verdeckter Preisnachlass** auf den Kaufpreis, der das Entgelt für die Lieferung des Neuwagens mindert (vgl. Abschn. 10.5 Abs. 4 UStAE).

Beispiel:

Das Autohaus A verkauft einen Neuwagen (Verkaufspreis 25.000 €) an den privaten Käufer B. Das Autohaus nimmt das alte Fahrzeug (gemeiner Wert 11.000 €) für 12.000 € in Zahlung. Der Käufer zahlt zusätzlich 13.000 € in bar an A.

Lösung:

Lieferung Neuwagen A an B:	
Gemeiner Wert Altwagen	11.000,00 €
+ erhaltene Baraufgabe	13.000,00 €
Bruttobetrag	24.000,00 €
./. Umsatzsteuer	3.831,93 €
Entgelt	**20.168,07 €**

3. Bemessungsgrundlage bei unentgeltlichen Wertabgaben (§ 10 Abs. 4 UStG)

3.1 Bemessungsgrundlage bei Entnahmen nach § 3 Abs. 1b UStG

Als Bemessungsgrundlage ist in den Fällen des § 3 Abs. 1b UStG nach **§ 10 Abs. 4 S. 1 Nr. 1 UStG** entweder der Einkaufspreis oder es sind die Selbstkosten (Herstellungskosten) des entnommenen Gegenstands anzusetzen. Vorrangig ist dabei vom **Einkaufspreis** auszugehen, die Selbstkosten sind nur dann anzusetzen, wenn sich kein Einkaufspreis ermitteln lässt, z.B. bei der Entnahme selbst hergestellter Gegenstände.

> ☞ **Praxishinweis!**
> Für bestimmte Unternehmensbranchen (z.B. Gastronomie, Bäckereien, Metzgereien) setzt die Finanzverwaltung zur Vereinfachung der Besteuerung Jahrespauschbeträge für die Sachentnahmen an (vgl. Pauschbeträge für 2016, BMF vom 16.12.2015, BStBl I 2015, 1084).

3.1.1 Einkaufspreis

Bei der Entnahme **erworbener Gegenstände** ist grundsätzlich immer der **Einkaufspreis zuzüglich Nebenkosten** wie Transport und Verpackung anzusetzen. Gleiches gilt grundsätzlich auch für die Entnahme von im Unternehmen **selbst hergestellter** Gegenstände. Nur wenn sich auf dem Markt für selbst hergestellte Gegenstände kein Einkaufspreis ermitteln lässt (z.B. Sonderanfertigungen), sind die Selbstkosten anzusetzen (Abschn. 10.6 Abs. 1 S. 3 und 4 UStAE). Anzusetzen ist der Einkaufspreis ohne Umsatzsteuer, also der **Nettoeinkaufspreis** (§ 10 Abs. 4 S. 2 UStG). Maßgeblich ist dabei nicht der ursprüngliche Einkaufspreis des entnommenen Gegenstands, sondern der Einkaufspreis im Zeitpunkt der Entnahme, also die **Wiederbeschaffungskosten** (netto).

> **Beispiel:**
>
> Ein Möbelhändler schenkt seiner Tochter Möbel. Der Einkaufspreis betrug ursprünglich 20.000 € zuzüglich Umsatzsteuer, der übliche Verkaufspreis beträgt 35.000 €. Zwischen Einkauf und Entnahme hat der Hersteller die Preise um 10 % erhöht.

> **Lösung:**
>
> Als Bemessungsgrundlage für die mit der Schenkung bewirkten Entnahme (§ 3 Abs. 1b S. 1 Nr. 1 UStG) ist nach § 10 Abs. 4 S. 1 Nr. 1 UStG der Einkaufspreis (netto) im Zeitpunkt der Entnahme anzusetzen, also die aktuellen Wiederbeschaffungskosten beim Hersteller von derzeit 22.000 € (netto). Für die Schenkung fällt also Umsatzsteuer i.H.v. 4.180 € an.

Maßgeblich sind die Wiederbeschaffungskosten für einen **gleichartigen Gegenstand**, bei vorheriger Nutzung im Unternehmen also eines gleichartigen, gebrauchten Gegenstandes.

> **Beispiel:**
>
> Ein Unternehmer schenkt seinem Sohn einen alten Firmenwagen, den er vor 5 Jahren für 39.990 € erworben hat. Aktueller Wert laut Schwacke-Liste 10.000 € netto.

> **Lösung:**
>
> Als Bemessungsgrundlage für die mit der Schenkung bewirkten Entnahme sind die Wiederbeschaffungskosten von 10.000 € (netto) anzusetzen. Für die Schenkung fällt also Umsatzsteuer i.H.v. 1.900 € an.

Unterliegen nur die **Bestandteile** des Gegenstandes der Entnahmebesteuerung, ist als Bemessungsgrundlage nur deren Wert im Zeitpunkt der Entnahme anzusetzen (vgl. hierzu das Beispiel in Abschn. 3.3 Abs. 4 UStAE).

3.1.2 Selbstkosten

Bei der Entnahme **selbst hergestellter Gegenstände**, für die sich **kein Einkaufspreis auf dem Markt** ermitteln lässt, sind grundsätzlich die Selbstkosten, also die Herstellungskosten anzusetzen. Anzusetzen sind die **Nettoherstellungskosten** (§ 10 Abs. 4 S. 2 UStG). Auch hier ist der Zeitpunkt der Entnahme entscheidend. Ändern sich die Herstellungskosten also zwischen Herstellung und Entnahme, sind die Kosten anzusetzen, die im Zeitpunkt der Entnahme entstanden wären, also die **Wiederherstellungskosten** (netto).

Es gilt der Begriff der **Herstellungskosten i.S.d. § 255 Abs. 2 HGB**. Zu den Herstellungskosten gehören daher die **Materialkosten** (netto) sowie die **Fertigungskosten** (insbesondere Arbeitskosten).

Nicht zu den Herstellungskosten gehören der Wert der **eigenen Arbeitsleistung** des Unternehmers (Unternehmerlohn) sowie **kalkulatorische Gewinnaufschläge**.

Beispiel:
Ein Bauunternehmer lässt durch sein Unternehmen sein Privathaus errichten. Baumaterialien kauft er teilweise privat, entnimmt sie aber auch teilweise seinem Warenbestand (Einkaufspreis hierfür 100.000 € zuzüglich Umsatzsteuer). Zur Bauausführung setzt er seine Arbeitskräfte für insgesamt 1.000 Stunden ein, er selbst arbeitet 2.000 Stunden. Ein Arbeiter kostet ihn pro Stunde 25 €. Fremden Dritten berechnet er einen Stundenverrechnungssatz für seine Arbeiter von 45 €.

Lösung:
Gegenstand der Entnahme nach § 3 Abs. 1b S. 1 Nr. 1 UStG ist das fertig errichtete Gebäude (s. Kap. VII. 2.5). Als Bemessungsgrundlage sind die Selbstkosten (ohne Umsatzsteuer) im Zeitpunkt der Entnahme anzusetzen (Wiederherstellungskosten). Hierzu gehören: • **Materialkosten** netto (ohne privat beschafftes Material) = **100.000 €**. • **Fertigungskosten** ohne Wert der eigenen Arbeitsleistung des Unternehmers. Anzusetzen sind die tatsächlichen Lohnkosten ohne kalkulatorischen Gewinnaufschlag = 1.000 Stunden × 25 € = **25.000 €**. Die Bemessungsgrundlage für die Entnahme beträgt somit 125.000 €, die hierfür anfallende Umsatzsteuer 23.750 €.

3.2 Bemessungsgrundlage bei der Verwendung von Gegenständen nach § 3 Abs. 9a Nr. 1 UStG

3.2.1 Ansatz der vorsteuerbelasteten Ausgaben nach § 10 Abs. 4 S. 1 Nr. 2 UStG

Die Bemessungsgrundlage für die nichtunternehmerische Nutzung von Unternehmensgegenständen (§ 3 Abs. 9a Nr. 1 UStG) bestimmt sich nach **§ 10 Abs. 4 S. 1 Nr. 2 UStG**. Danach sind die auf die nichtunternehmerische Nutzung (Privatnutzung) entfallenden **Ausgaben** anzusetzen, soweit diese Ausgaben zum vollen oder teilweisen **Vorsteuerabzug berechtigt** haben. Auszugehen ist dabei von den Ausgaben ohne Umsatzsteuer, also den **Nettoausgaben** (§ 10 Abs. 4 S. 2 UStG).

Ausgaben nach § 10 Abs. 4 S. 1 Nr. 2 UStG:

• Laufende **Betriebs- und Unterhaltskosten** des Gegenstandes (z.B. für Benzin, Reparaturen, Wartung, Inspektion, Strom, Wasserverbrauch)
• **Anschaffungs- oder Herstellungskosten** (§ 10 Abs. 4 S. 1 Nr. 2 S. 2 und 3 UStG)
  – bei Anschaffungs- oder Herstellungskosten bis 499 € sind diese sofort in vollem Umfang mit einzubeziehen.
  – bei Anschaffungs- oder Herstellungskosten ab 500 € sind diese auf den nach **§ 15a Abs. 1 UStG maßgeblichen Zeitraum zu verteilen**, grundsätzlich also auf 5 Jahre, bei Grundstücken auf 10 Jahre.

3.2.2 Bemessungsgrundlage für die nichtunternehmerische Nutzung von Grundstücken

Bei teils unternehmerisch und teils nichtunternehmerisch genutzten Grundstücken bzw. Gebäuden, die vor dem 1.1.2011 angeschafft oder hergestellt wurden, kann ein Unternehmer grundsätzlich auch weiterhin die mit der nichtunternehmerischen Nutzung in Zusammenhang stehenden Vorsteuerbeträge geltend machen, wenn er das Grundstück zu 100 % dem Unternehmen zugeordnet hat. Auf der anderen Seite unterliegt die nichtunternehmerische Nutzung in diesen „Altfällen" der Besteuerung nach § 3 Abs. 9a Nr. 1 UStG (s. Kap. VII. 4.3).

Als Bemessungsgrundlage sind dabei nach § 10 Abs. 4 S. 1 Nr. 2 UStG die auf die nichtunternehmerische Nutzung entfallenden Ausgaben anzusetzen. Dabei sind nur solche Ausgaben zu berücksichtigen, die zum Vorsteuerabzug berechtigt haben. Nicht mit Vorsteuer belastete Kosten (z.B. Schuldzinsen oder Grundbesitzabgaben) sind nicht mit einzubeziehen. Anzusetzen sind nur die **anteilig auf die Privatnutzung entfallenden Ausgaben**. Ausgaben, die für das gesamte Gebäude anfallen (z.B. Anschaffungskosten) sind daher entsprechend dem Verhältnis der unternehmerischen und nichtunternehmerischen Nutzung aufzuteilen.

Beispiel:

Ein Steuerberater nutzt ein in 2010 errichtetes Gebäude zu 20 % unternehmerisch (Büroräume) und zu 80 % nichtunternehmerisch (Wohnung). Das Gebäude hat er zu 100 % seinem Unternehmen zugeordnet. In 2011 sind für das Gebäude insgesamt folgende Kosten angefallen:
- Strom und Wasser   700 € (zuzüglich Umsatzsteuer)
- Schornsteinfeger   50 € (zuzüglich Umsatzsteuer)
- Grundbesitzabgaben   500 €
- Schuldzinsen   4.200 €

Die Vorsteuerbeträge aus den Herstellungskosten i.H.v. 220.000 € zuzüglich Umsatzsteuer sowie den laufenden Kosten hat er zulässigerweise in vollem Umfang geltend gemacht.

Lösung:

Gemäß § 10 Abs. 4 S.1 Nr. 2 S. 1 i.V.m. Abs. 4 S. 2 sind als Bemessungsgrundlage die auf die Privatnutzung entfallenden Ausgaben (netto) anzusetzen, soweit sie zumindest teilweise zum Vorsteuerabzug berechtigt haben. Zu den Ausgaben gehören neben den laufenden Kosten nach § 10 Abs. 4 Nr. 2 S. 2 und 3 i.V.m. § 15a Abs. 1 S. 2 UStG auch die auf 10 Jahre zu verteilenden Herstellungskosten.

Berechnung der Umsatzsteuer für die Privatnutzung im Jahr 2011:

Vorsteuerbelastete Unterhaltskosten insgesamt (netto):	750 €
(Strom, Wasser, Schornsteinfeger; **nicht** Abgaben/Schuldzinsen)	
Anschaffungskosten insgesamt	220.000 €
Verteilt auf 10 Jahre = pro vollem Jahr 22.000 €	22.000 €
Ausgaben insgesamt	22.750 €
Bemessungsgrundlage = Privatanteil 80 %	18.200 €
Umsatzsteuer Privatnutzung 2011 (19 %)	**3.458 €**

3.2.3 Bemessungsgrundlage für die nichtunternehmerische Nutzung von Fahrzeugen

Zur Bestimmung der Bemessungsgrundlage für die nach § 3 Abs. 9a Nr. 1 UStG steuerbare Privatnutzung eines dem Unternehmen zugeordneten Fahrzeugs hat der Unternehmer mehrere Möglichkeiten (vgl. Abschn. 15.23 Abs. 5 UStAE).

Er kann die auf die **Privatnutzung entfallenden vorsteuerbelasteten Ausgaben** nach § 10 Abs. 4 S. 1 Nr. 2 UStG ansetzen, wobei der private Nutzungsanteil entweder durch ein ordnungsgemäßes Fahrtenbuch nachzuweisen ist (Fahrtenbuchmethode) oder zu schätzen ist (Schätzungsmethode, vgl. Abschn. 15.23 Abs. 5 S. 4 Nr. 3 UStAE). **Fahrten zwischen Wohnung und Arbeitsstätte** sowie Familienheimfahrten gelten umsatzsteuerrechtlich als betrieblich veranlasst, sie sind damit nicht in den privaten Nutzungsanteil mit einzubeziehen.

Ermittelt er für ertragsteuerliche Zwecke den Wert der Privatnutzung nach der **Fahrtenbuchmethode**, ist **zwingend** von diesem Wert auch bei der Ermittlung der Bemessungsgrundlage für die Umsatzbesteuerung der unternehmensfremden Nutzung auszugehen (Abschn. 15.23 Abs. 5 S. 4 Nr. 1 Buchst. b und Nr. 2 UStAE). Gemeint ist dabei meines Erachtens lediglich der mit dem **Fahrtenbuch ermittelte private Nutzungsanteil**. Die Ermittlung der darauf entfallenden Gesamtausgaben richtet sich dagegen nicht nach erstragsteuerlichen, sondern umsatzsteuerlichen Grundsätzen. Anzusetzen sind also auch hier **nur die vorsteuerbelasteten Ausgaben**, wobei die **Anschaffungskosten auf den § 15a-Berichtigungszeitraum** und nicht auf die AfA-Nutzungsdauer zu verteilen sind. Außerdem erfolgt **keine Kürzung um Aufwendungen für Batteriesysteme bei Elektro- und Hybridelektrofahrzeugen**.

Ermittelt er für ertragsteuerliche Zwecke den Wert der Privatnutzung pauschal nach der sog. **1 %-Methode** (nur bei mindestens 50 % unternehmerischer Nutzung möglich), kann er von diesem Wert aus Vereinfachungsgründen auch für die umsatzsteuerrechtliche Bemessungsgrundlage ausgehen (vgl. Abschn. 15.23 Abs. 5 S. 4 Nr. 1 Buchst. a UStAE). Für die nicht mit Vorsteuern belasteten Kosten kann er dabei einen pauschalen **Abschlag von 20 %** vornehmen. Auch hier erfolgt keine Kürzung um Aufwendungen für Batteriesysteme bei Elektro- und Hybridelektrofahrzeugen.

Fahrtenbuchmethode	Schätzungsmethode	1 %-Methode
Ausgaben mit Vorsteuer (netto) • laufende Kosten • Anschaffungskosten verteilt auf 5 Jahre (§ 15a Abs. 1)	Ausgaben mit Vorsteuer (netto) • laufende Kosten • Anschaffungskosten verteilt auf 5 Jahre (§ 15a Abs. 1)	Bruttolistenpreis* × 1 % x Anzahl der Monate
x Privatanteil laut Fahrtenbuch* = Bemessungsgrundlage	x Privatanteil geschätzt* = Bemessungsgrundlage	./. 20 % Abschlag = Bemessungsgrundlage
x 19 % Steuersatz = **Umsatzsteuer** * ohne Fahrten Wohnung-Betrieb	x 19 % Steuersatz = **Umsatzsteuer** * ohne Fahrten Wohnung-Betrieb	x 19 % Steuersatz = **Umsatzsteuer** * abgerundet auf volle 100 €

Beispiel:

Ein Unternehmer nutzt einen Firmenwagen, den er bei der Anschaffung 2010 zu 100 % seinem Unternehmen zugeordnet hat, in 2011 wie folgt:

Fahrten Wohnung-Betrieb	4.000 km
Privatfahrten	12.000 km
betriebliche Fahrten	20.000 km
insgesamt	**36.000 km**

Laufende Kosten im Jahr 2011 insgesamt:
- Steuer und Versicherung   1.000 €
- Benzin   6.200 € (zuzüglich 19 % Umsatzsteuer)
- Reparaturen   3.800 € (zuzüglich 19 % Umsatzsteuer)

Die Anschaffungskosten betrugen 55.000 € zuzüglich Umsatzsteuer (Bruttolistenpreis 69.920 €). Die entsprechenden Vorsteuerbeträge hat er in vollem Umfang geltend gemacht.

Lösung:

Bemessungsgrundlage nach der Fahrtenbuch- oder Schätzungsmethode
Ansatz der auf die Privatnutzung entfallenden vorsteuerbelasteten Ausgaben (netto) nach § 10 Abs. 4 S. 1 Nr. 2 und Abs. 4 S. 2 UStG. Die Fahrten Wohnung-Betrieb gehören zu den betrieblichen Fahrten.

Anschaffungskosten (netto) verteilt auf 5 Jahre laufende Kosten (netto) (nicht Steuer und Versicherung, da keine Vorsteuer)	11.000,00 € 10.000,00 €
Gesamtkosten	**21.000,00 €**
Bemessungsgrundlage Privatnutzung ($^{12}/_{36}$)	7.000,00 €
Umsatzsteuer für die Privatnutzung in 2011 (19 %)	1.330,00 €
Bemessungsgrundlage nach der 1 %-Methode	
1 % von 69.900 € (abgerundet auf volle 100 €) = 699 € × 12 Monate in 2011	8.388,00 €
20 % Abschlag	1.677,60 €
Bemessungsgrundlage	**6.710,40 €**
Umsatzsteuer für die Privatnutzung in 2011 (19 %)	**1.274,98 €**

3.3 Bemessungsgrundlage bei sonstigen unentgeltlichen Leistungen nach § 3 Abs. 9a Nr. 2 UStG

Bei den sonstigen unentgeltlichen Leistungen bestimmt sich die Bemessungsgrundlage gemäß **§ 10 Abs. 4 S. 1 Nr. 3 i.V.m. Abs. 4 S. 2 UStG** ebenfalls nach den für die Ausführung dieser Leistung entstandenen (Netto-)**Ausgaben** (s. Kap. 3.2.1). Zu berücksichtigen sind hier im Unterschied zu Abs. 4 S. 1 Nr. 2 aber **auch Ausgaben, die nicht zum Vorsteuerabzug berechtigt haben**, insbesondere also auch Kosten für den Einsatz eigener Arbeitskräfte.

Beispiel:

Der Inhaber einer Kfz-Werkstatt lässt seinen Privatwagen in seiner Werkstatt reparieren. Einen Teil der Arbeiten führt er selbst aus, den Rest erledigen seine Angestellten (anfallende Lohnkosten 200 €). Die benötigten Materialien entnimmt er seinem Warenlager. Dabei handelt es sich ausschließlich um Kleinteile zum Einkaufspreis von insgesamt 100 € zuzüglich Umsatzsteuer.

Lösung:

Da lediglich Kleinteile (Nebenstoffe) verwendet werden, handelt es sich um eine unentgeltliche Werkleistung = fiktive sonstige Leistung nach § 3 Abs. 9a Nr. 2 UStG. Als Bemessungsgrundlage sind nach § 10 Abs. 4 S. 1 Nr. 3 UStG die bei der Ausführung der Leistung entstandenen Ausgaben anzusetzen (netto = Abs. 4 S. 2). Anzusetzen sind neben den Materialkosten auch die nicht vorsteuerbelasteten Ausgaben wie die Lohnkosten. Die eigene Arbeitsleistung führt dagegen nicht zu Ausgaben, deren Wert ist damit nicht mit einzubeziehen.
Die Bemessungsgrundlage für diese unentgeltliche sonstige Leistung beträgt somit 300 €, die hierfür anfallende Umsatzsteuer 57 €.

4. Mindestbemessungsgrundlage (§ 10 Abs. 5 UStG)

4.1 Bedeutung der Mindestbemessungsgrundlage

Bei entgeltlichen Leistungen ist das vereinbarte Entgelt nach § 10 Abs. 1 UStG grundsätzlich auch dann Bemessungsgrundlage für die Umsatzsteuer, wenn es dem objektiven Wert der Leistung nicht entspricht (Abschn. 10.1 Abs. 2 S. 1 UStAE).

Bei entgeltlichen Leistungen an bestimmte, dem Unternehmer **nahestehende Personen** sind jedoch nach § 10 Abs. 5 UStG **mindestens die Werte nach § 10 Abs. 4 UStG**, die bei der unentgeltlichen Abgabe der Leistungen anzusetzen wären, als Bemessungsgrundlage heranzuziehen, wenn das tatsächlich vereinbarte Entgelt unter diesen Werten bleibt (Mindestbemessungsgrundlage). Mit der Mindestbemessungsgrundlage soll eine Steuerumgehung/-vermeidung verhindert werden, die dadurch entstehen kann, dass ein Unternehmer, der eine Leistung eigentlich schenken will, sie nicht unentgeltlich, sondern zu einem niedrigen („symbolischen") Preis abgibt, um so Umsatzsteuer zu sparen.

Beispiel:

Der Inhaber eines Autohauses will seiner Tochter einen Pkw aus dem Bestand des Autohauses schenken, vereinbart aber stattdessen einen Kaufpreis von 100 € (üblicher Verkaufspreis 20.000 € zuzüglich Umsatzsteuer, aktueller Einkaufspreis 15.000 € zuzüglich Umsatzsteuer).

Lösung:

Bei einer unentgeltlichen Abgabe läge eine steuerbare Entnahme nach § 3 Abs. 1b S. 1 Nr. 1 UStG vor, für die als Bemessungsgrundlage nach § 10 Abs. 4 S. 1 Nr. 1 UStG der Einkaufspreis von 15.000 € anzusetzen wäre (= 2.850 € Umsatzsteuer). Da hier ein Entgelt vereinbart wurde, handelt es sich jedoch um eine entgeltliche Lieferung nach § 3 Abs. 1 UStG, auch wenn das Entgelt nicht dem Wert des Pkw entspricht. Die Bemessungsgrundlage bestimmt sich daher gemäß § 10 Abs. 1 UStG eigentlich nach dem entrichteten Entgelt von 100 € (= 19 € Umsatzsteuer). Da die Leistung jedoch an die Tochter als nahestehende Person ausgeführt wird, ist nach § 10 Abs. 5 S. 1 Nr. 1 i.V.m. Abs. 4 Nr. 1 UStG mindestens der Wert anzusetzen, der für eine unentgeltliche Abgabe anzusetzen wäre, also der Einkaufspreis von 15.000 €. Für die Schenkung fallen also 2.850 € Umsatzsteuer an.

4.2 Leistungen an bestimmte nahestehende Personen

§ 10 Abs. 5 UStG gilt nur bei entgeltlichen Lieferungen und sonstigen Leistungen an bestimmte, dort **abschließend aufgezählte Personen**, die in einem bestimmten Näheverhältnis zum Unternehmer stehen. Bei Leistungen an andere Personen bleibt es dagegen bei dem Grundsatz, dass das tatsächlich vereinbarte Entgelt unabhängig von seiner Höhe als Bemessungsgrundlage heranzuziehen ist, da man grundsätzlich davon ausgehen kann, dass ein Unternehmer Leistungen an fremde Dritte nicht ohne Grund unterhalb des Einkaufspreises bzw. der entstandenen Ausgaben abgibt.

Anwendungsbereich der Mindestbemessungsgrundlage	
§ 10 Abs. 5 Nr. 1 UStG:	Leistungen an dem Unternehmer **nahestehende Personen**: • Personenvereinigungen an ihre Anteilseigner/Gesellschafter (Alt. 1) • Einzelunternehmer an ihnen nahestehende Personen (Alt. 2)
§ 10 Abs. 5 Nr. 2 UStG:	Leistungen der Unternehmer an ihr **Personal** oder dessen Angehörige

4.2.1 Leistungen von Personenvereinigungen an ihre Anteilseigner

Nach § 10 Abs. 5 S. 1 Nr. 1 Alt. 1 UStG ist bei Leistungen von Körperschaften und sonstigen Personenvereinigungen an ihre Anteilseigner, Gesellschafter, Mitglieder, Teilhaber oder diesen nahe stehende Personen die Mindestbemessungsgrundlage zu beachten (vgl. zu den Leistungen der Gesellschaft an ihre Gesellschafter auch ausführlich Kap. XV. 3.).

4.2.2 Leistungen von Einzelunternehmern an ihnen nahestehende Personen

Zu den einem Einzelunternehmer nahestehenden Personen i.S.d. § 10 Abs. 5 S. 1 Nr. 1 Alt. 2 UStG gehören immer dessen **Angehörige** i.S.d. § 15 AO (Ehegatten, Verlobte, Eltern, Kinder, Enkel etc.).

Als nahestehende Personen sind daneben aber auch all diejenigen Personen anzusehen, zu denen der Unternehmer eine **enge rechtliche, wirtschaftliche oder persönliche Beziehung** hat (Abschn. 10.7 Abs. 1 S. 2 USAE). Ob dies der Fall ist, ist letztlich von einer (in der Praxis oft schwierig zu beweisenden) Einzelfallentscheidung abhängig. Ein unangemessen niedriges Entgelt ist dabei jedoch bereits als Indiz für eine solche enge Beziehung anzusehen.

Zu den nahestehende Personen können neben natürlichen Personen (Freunde, Geschäftspartner) **auch Gesellschaften** gehören, an denen der Unternehmer beteiligt ist und an die er verbilligt Leistungen ausführt (vgl. zu den Leistungen der Gesellschafter an die Gesellschaft auch ausführlich Kap. XV. 4.).

> **Beispiel:**
>
> A ist Gesellschafter der A-B-C OHG. Er erwirbt einen Pkw, den er der OHG zur betrieblichen Nutzung für ein Entgelt von 0,10 €/km überlässt.

> **Lösung:**
>
> Bei der OHG handelt es sich um eine dem A als deren Gesellschafter nahestehende Person. Es ist daher die Mindestbemessungsgrundlage nach § 10 Abs. 5 S. 1 Nr. 1 i.V.m. Abs. 4 Nr. 2 UStG zu beachten.

4.2.3 Leistungen von Unternehmern an ihr Personal

Auch bei Leistungen, die ein Unternehmer an sein Personal oder dessen Angehörige verbilligt abgibt, ist die Mindestbemessungsgrundlage zu beachten (vgl. zu den Leistungen an das Personal ausführlich Kap. XIII.).

4.3 Anzusetzende Bemessungsgrundlage

Als Bemessungsgrundlage sind in den Fällen des § 10 Abs. 5 UStG **mindestens** die Werte nach § 10 Abs. 4 S. 1 Nr. 1-3 UStG als Bemessungsgrundlage anzusetzen, also die Werte, die bei einer unentgeltlichen Ausführung der Leistung anzusetzen wären (s. Kap. 3.).

Anzusetzende Mindestbemessungsgrundlage	
§ 10 Abs. 4 Nr. 1 UStG	Mindestens der aktuelle Einkaufspreis bzw. die aktuellen Selbstkosten bei **verbilligten Lieferungen.**
§ 10 Abs. 4 Nr. 2 UStG	Mindestens die entstandenen Ausgaben, die zum Vorsteuerabzug berechtigt haben, bei der **verbilligten Überlassung von Gegenständen.**
§ 10 Abs. 4 Nr. 3 UStG	Mindestens die entstandenen Ausgaben, auch solche ohne Vorsteuerabzug, bei anderen **verbilligten sonstigen Leistungen.**

Die Werte nach § 10 Abs. 4 UStG sind nur dann anzusetzen, wenn das vereinbarte Entgelt niedriger ist. Ist das vereinbarte Entgelt zwar untypisch niedrig, entspricht es aber diesen Werten oder liegt sogar darüber, ist das vereinbarte Entgelt anzusetzen.

> **Beispiel:**
>
> Der Eigentümer eines Bürogebäudes vermietet ein Büro für monatlich 300 € zuzüglich Umsatzsteuer an seine Tochter die dort eine Rechtsanwaltskanzlei betreibt (ortsübliche Miete 800 €). Für dieses Büro fallen monatlich Ausgaben i.H.v. insgesamt 250 € zuzüglich Umsatzsteuer sowie anteilig für Versicherung und Grundsteuer weitere 80 € an.

> **Lösung:**
>
> Es handelt sich um eine entgeltliche sonstige Leistung nach § 3 Abs. 9 UStG, für die sich die Bemessungsgrundlage gemäß § 10 Abs. 1 UStG grundsätzlich nach dem entrichteten Entgelt richtet. Die Tochter als Angehörige ist jedoch eine dem Unternehmer nahestehende Person i.S.d. § 10 Abs. 5 S. 1 Nr. 1 UStG, sodass mindestens die Werte nach § 10 Abs. 4 S. 1 Nr. 2 UStG (vorsteuerbelastete Ausgabe netto) anzusetzen sind, wenn diese höher als das vereinbarte Entgelt sind.

Entgelt nach § 10 Abs. 1 UStG	= 300 €
Vorsteuerbelastete Ausgaben nach § 10 Abs. 4 S. 1 Nr. 2 UStG	= 250 €

Es ist das vereinbarte Entgelt von 300 € anzusetzen, da die Ausgaben nach § 10 Abs. 4 S. 1 Nr. 2 UStG nicht höher sind. Unbeachtlich ist, dass es nicht der ortsüblichen Miete von 800 € entspricht und damit nicht marktüblich ist.

Sind die eigenen Aufwendungen i.S.d. § 10 Abs. 4 UStG des Unternehmers höher als das vereinbarte Entgelt und auch höher als das marktübliche Entgelt, ist jedoch höchstens das **marktübliche Entgelt** anzusetzen (Abs. 5 S. 1 letzter Halbsatz) oder das vereinbarte Entgelt, wenn dieses über dem marktüblichen Entgelt liegt (Abs. 5 S. 2).

Beispiel:

Ein Händler hat noch Pullover der alten Saison auf Lager, die er ursprünglich für 100 € (netto) beim Großhändler eingekauft hat. Der Großhändler verkauft die Pullover immer noch für 100 €, am Markt lässt sich jedoch nur noch ein Preis von 80 € (netto) erzielen. Der Händler verkauft einen Pullover für 70 € zuzüglich Umsatzsteuer an seinen Bruder.
Alternative: Er verkauft den Pullover für 90 € zuzüglich Umsatzsteuer.

Lösung:

Das vereinbarte Entgelt von 80 € ist niedriger als die Wiederbeschaffungskosten nach § 10 Abs. 4 Nr. 1 UStG von immer noch 100 €. Eigentlich sind daher die Wiederbeschaffungskosten von 100 € als Mindestbemessungsgrundlage anzusetzen. Da diese jedoch über dem marktüblichen Entgelt von 80 € liegen, ist maximal dieses marktüblich Entgelt von 80 € anzusetzen.
Liegt das vereinbarte Entgelt wie beim Verkauf des Pullover für 90 € zuzüglich Umsatzsteuer zwar unter den Wiederbeschaffungskosten, aber noch über dem marktüblichen Entgelt, bleibt es beim vereinbarten Entgelt von 90 € als Bemessungsgrundlage, § 10 Abs. 5 S. 2 UStG (vgl. auch Beispiel 1 in Abschn. 10.7 Abs. 1 UStAE).

Die Mindestbemessungsgrundlage ist grundsätzlich auch dann anzuwenden, wenn **Leistungen an vorsteuerabzugsberechtigte Unternehmer** erbracht werden. In diesen Fällen besteht zwar eigentlich zunächst nicht die dieser Vorschrift zugrundeliegende Gefahr der Steuerumgehung durch ein zu niedriges Entgelt und damit zu niedrige Umsatzsteuer, da sich durch den Vorsteuerabzug beim Leistungsempfänger ohnehin die Umsatzsteuer neutralisiert. Jedoch können beim Leistungsempfänger unter Umständen später Änderungen eintreten, die nachträglich zu einer niedrigeren Vorsteuer und damit zu einer Berichtigung nach § 15a UStG führen können, durch die die Neutralisierung wieder aufgehoben wird (zu § 15a UStG vergleiche im Einzelnen Kapitel XII. 9.). Nur wenn eine spätere Vorsteuerberichtigung nach § 15a UStG von vornherein ausgeschlossen ist, ist die Mindestbemessungsgrundlage mangels Gefahr der Steuerumgehung/-vermeidung nicht anzuwenden (vgl. Abschn. 10.7 Abs. 6 UStAE).

4.4 Besonderheiten bei der Rechnungserteilung (§ 14 Abs. 4 S. 2 UStG)

In den Fällen, in denen die Mindestbemessungsgrundlage anzusetzen ist, ist gemäß § 14 Abs. 4 S. 2 UStG in der Rechnung anstelle des tatsächlich vereinbarten Entgelts die Bemessungsgrundlage nach § 10 Abs. 4 UStG sowie der darauf entfallende Steuerbetrag auszuweisen.

5. Änderung der Bemessungsgrundlage (§ 17 UStG)

5.1 Bedeutung

§ 17 UStG erlangt insbesondere Bedeutung im Hinblick die Steuerentstehung im Regelfall der Besteuerung nach vereinbarten Entgelten. Danach entsteht die Umsatzsteuer bereits mit Ablauf des Voranmeldungszeitraums, in dem die Leistung ausgeführt wird, auch wenn das Entgelt erst später entrichtet wird (§ 13 Abs. 1 Nr. 1 Buchst. a S. 1 UStG). Maßgebend für die Bemessungsgrundlage nach § 10 Abs. 1 UStG kann daher mangels tatsächlicher Aufwendungen in der Regel zunächst auch nur das sein, was der Leistungsempfänger aufwenden soll (Sollversteuerung), also das vertraglich **vereinbarte Entgelt**. Weicht nun das später **tatsächlich entrichtete Entgelt** hiervon ab, so ist gemäß § 17 Abs. 1 S. 1 und 2 UStG der für diesen Umsatz geschuldete **Steuerbetrag** sowie der **Vorsteuerabzug beim Empfänger** zu berichtigen.

5.2 Nachträgliche Änderungen

§ 17 UStG ist nur dann anzuwenden, wenn es zu einer **nachträglichen** Änderung der Bemessungsgrundlage kommt. Eine nachträgliche Änderung der Bemessungsgrundlage, die eine Berichtigung der Umsatzsteuer und des Vorsteuerabzugs auslöst, kann dabei vorkommen:
- bei Entgeltminderungen/-erhöhungen (Skonti, Boni etc.) = § 17 Abs. 1 S. 1 und 2 UStG,
- bei Forderungsausfällen = § 17 Abs. 2 Nr. 1 UStG,
- bei der Nichtausführung von Leistungen = § 17 Abs. 2 Nr. 2 UStG,
- bei der Rückgängigmachung von Leistungen = § 17 Abs. 2 Nr. 3 UStG,
- beim Wegfall der Erwerbsbesteuerung nach § 3d S. 2 UStG = § 17 Abs. 2 Nr. 4 UStG,
- bei Aufwendungen, für die das Abzugsverbot nach § 15 Abs. 1a UStG greift = § 17 Abs. 2 Nr. 5 UStG.

Eine nachträgliche Änderung liegt danach vor, wenn die Änderung **nach Entstehung der Umsatzsteuer oder des Vorsteueranspruchs** eintritt. Ändert sich die Bemessungsgrundlage noch während des laufenden Voranmeldungszeitraums, also vor Entstehung der Umsatzsteuer bzw. des Vorsteueranspruchs, liegt kein Fall des § 17 UStG vor. Vielmehr entsteht die Umsatzsteuer bzw. Vorsteuer von vornherein in Höhe des geminderten bzw. erhöhten Betrages.

Beispiel:

A hat an B am 25.3.2011 eine Lieferung ausgeführt. Entgelt laut Rechnung 1.000 € zuzüglich 190 € Umsatzsteuer. Bei Zahlung innerhalb eines Monats kann B 3 % Skonto abziehen. B zahlt am 28.3.2011 an A unter Abzug von 3 % Skonto insgesamt 1.154,30 €.
Variante: B bezahlt erst am 5.4.2011.

Lösung:

Ausgangsfall: Die Umsatzsteuer für die Lieferung vom 25.3. entsteht bei einem monatlichen Voranmeldungszeitraum grundsätzlich mit Ablauf März. Da B noch vor Entstehung der Umsatzsteuer bezahlt, entsteht die Umsatzsteuer im Voranmeldungszeitraum März von vornherein nur in Höhe des tatsächlich entrichteten Entgelts (970,00 € Entgelt zuzüglich 184,30 € Umsatzsteuer) und B kann auch nur Vorsteuer in Höhe von 184,30 € geltend machen.
Variante: Die Minderung tritt erst mit Inanspruchnahme des Skontoabzugs bei Bezahlung im Voranmeldungszeitraum April ein. Für den Voranmeldungszeitraum März ist daher zunächst bezüglich der Umsatzsteuer das vereinbarte Entgelt maßgeblich und für den Vorsteuerabzug die in der Rechnung ausgewiesene Umsatzsteuer. Gleichgültig ist, dass die Parteien zum Zeitpunkt der Abgabe der Voranmeldung für diesen Monat (10. April) bereits wissen, dass sich das Entgelt gemindert hat.
Voranmeldungszeitraum März:
Umsatzsteuer A = 190,00 €
Vorsteuer B = 190,00 €
Voranmeldungszeitraum April:
Minderung Umsatzsteuer und Vorsteuer im Voranmeldungszeitraum der Änderung (§ 17 Abs. 1 S. 7 UStG)
Minderung Umsatzsteuer A = 5,70 € (§ 17 Abs. 1 S. 1 UStG)
Minderung Vorsteuer B = 5,70 € (§ 17 Abs. 1 S. 2 UStG)

5.3 Durchführung der Änderung

5.3.1 Berichtigung der Umsatzsteuer und der Vorsteuer (§ 17 Abs. 1 S. 1 und 2 UStG)

Im Fall einer nachträglichen Änderung der Bemessungsgrundlage ist nach § 17 Abs. 1 S. 1 und 2 UStG sowohl die für den Umsatz anfallende Umsatzsteuer, als auch der geltend gemachte Vorsteuerabzug zu berichtigen.

Da es sich in der Regel bei Umsatzsteuerschuldnern (Leistender) und Vorsteuerabzugsberechtigtem (Leistungsempfänger) um zwei verschiedene Personen handelt, erfolgt die Änderung von Umsatzsteuer und Vorsteuer grundsätzlich in **zwei voneinander unabhängigen Verfahren**. Im Fall einer Änderung der Bemessungsgrundlage muss daher grundsätzlich:
- der **leistende Unternehmer die Umsatzsteuer** berichtigen (§ 17 Abs. 1 S. 1 UStG),
- der **Leistungsempfänger die Vorsteuer** berichtigen (§ 17 Abs. 1 S. 2 UStG).

Dabei ist die Korrektur der Umsatzsteuer nicht von einer entsprechenden Korrektur der Vorsteuer durch den Leistungsempfänger abhängig, d.h. der leistende Unternehmer kann z.B. eine Minderung seiner Umsatzsteuerschuld unabhängig davon geltend machen, ob der Leistungsempfänger damit korrespondierend auch die in Anspruch genommene Vorsteuer mindert.

In den Fällen des § 13b UStG sowie bei innergemeinschaftlichen Erwerben nach § 1 Abs. 1 Nr. 5 UStG schuldet ausnahmsweise der Leistungsempfänger die Umsatzsteuer, der die selbst geschuldete Umsatzsteuer jedoch nach § 15 UStG grundsätzlich auch wieder als Vorsteuer abziehen kann. Steuerschuldner und Vorsteuerberechtigter ist also dieselbe Person. In diesem Fall ist sowohl die Berichtigung der Umsatzsteuer, als auch der Vorsteuer vom Leistungsempfänger durchzuführen (§ 17 Abs. 1 S. 5 UStG).

5.3.2 Zeitpunkt der Berichtigung (§ 17 Abs. 1 S. 7 UStG)

Bei einer nachträglichen Änderung der Bemessungsgrundlage bleibt die ursprüngliche Steuerfestsetzung rechtmäßig und wird daher auch nicht geändert. Es kommt nicht zu einer rückwirkenden Änderung des ursprünglichen Umsatzes, sondern die Berichtigung ist nach § 17 Abs. 1 S. 7 UStG in dem **Voranmeldungszeitraum vorzunehmen, in dem die Änderung eingetreten ist**.

5.3.3 Erfassung der Berichtigung in den Steuererklärungen

In den Vordrucken für die Voranmeldung und Jahreserklärung finden sich keine speziellen Felder für die Änderungsbeträge nach § 17 UStG. Geänderte Beträge sind daher einfach im Wege der **Saldierung** von den Umsätzen und der darauf entfallenden Umsatzsteuer bzw. von den Vorsteuerbeträgen des jeweiligen Voranmeldungszeitraums abzuziehen oder auf diese aufzuschlagen. Da in den Erklärungsvordrucken sowohl die Bemessungsgrundlage (Entgelt) als auch die darauf entfallende Steuer anzugeben ist, ist in der Praxis auch die Minderung bzw. Erhöhung des Entgelts zu berechnen.

5.3.4 Grundsätzlich kein Belegaustausch

Die Erteilung einer dem geänderten Entgelt entsprechenden **berichtigten Rechnung ist grundsätzlich nicht erforderlich** (Abschn. 17.1 Abs. 3 S. 3 UStAE).

Dem Leistungsempfänger ist nur dann **ausnahmsweise gemäß § 17 Abs. 4 UStG ein Beleg** zu erteilen, wenn das Entgelt für mehrere unterschiedlich besteuerte Leistungen (unterschiedliche Steuersätze) für einen ganzen Zeitabschnitt zusammengefasst gemindert wird (z.B. monatliche oder jährliche Rückvergütungen oder Boni). In diesem Fall muss aus dem Beleg ersichtlich sein, wie sich die Änderung des Entgelts auf die den unterschiedlichen Steuersätzen unterliegenden Leistungen verteilt.

> **Beispiel:**
>
> Ein Supermarkt bezieht Waren zu unterschiedlichen Steuersätzen (z.B. Lebensmittel zu 7 % und Haushaltswaren zu 19 %) von einem Großhändler. Bei einer bestimmten jährlichen Abnahmemenge erhält der Supermarkt einen Bonus i.H.v. 10 % des insgesamt im letzten Jahr eingekauften Warenwerts.

> **Lösung:**
>
> Der Großhändler muss einen Beleg erteilen, aus dem sich ergibt, wie viel von der Gesamtminderung auf Lieferungen zu 19 % und wie viel auf Lieferungen zu 7 % entfällt.

5.4 Anwendungsbereich des § 17 UStG

5.4.1 Entgeltminderungen und Entgelterhöhungen (§ 17 Abs. 1 UStG)

Nach § 17 Abs. 1 UStG ist die Umsatzsteuer und die Vorsteuer zu berichtigen, wenn sich die Bemessungsgrundlage aufgrund von Minderungen oder Erhöhungen des vertraglich vereinbarten Entgelts nachträglich geändert hat (vgl. zu Fällen der Entgeltminderung auch Abschn. 10.3 UStAE).

Fälle nachträglicher **Entgelterhöhung** kommen insbesondere bei einer Nachbelastung mit erhöhten Kosten vor oder im Fall der **Hingabe an Zahlung statt**, wenn der Wert der hingegebenen Sache höher ist als das ursprünglich vereinbarte Entgelt.

Fälle nachträglicher **Entgeltminderung** sind insbesondere:
- Zahlung unter Inanspruchnahme eines Skontoabzugs,
- (nachträgliche) Gewährung von Rabatten, Boni und Rückvergütungen,
- Minderung wegen Mängeln,
- Rückgewähr von Pfandgeldern.

Die erforderlichen Berichtigungen sind nach § 17 Abs. 1 S. 7 UStG für den Besteuerungszeitraum vorzunehmen, in dem die Änderung der Bemessungsgrundlage eingetreten ist. Dies ist bei Entgeltminderungen nicht bereits im Zeitpunkt der Vereinbarung oder Geltendmachung der Entgeltminderung der Fall, sondern erst bei **Zahlung des geminderten Betrags**. Wurde das ursprünglich vereinbarte Entgelt bereits entrichtet, tritt die Änderung erst mit **Rückzahlung des Minderungsbetrags** ein (vgl. Abschn. 17.1 Abs. 2 UStAE).

> **Beispiel:**
>
> A liefert am 28.5. eine Maschine an B zum vereinbarten Kaufpreis von 2.500 € und erteilt darüber eine ordnungsgemäße Rechnung. Am 30.5. macht B eine Minderung wegen Mängeln i.H.v. 10 % geltend und zahlt am 10.6. insgesamt 2.250 € an A. Voranmeldungszeitraum ist der Kalendermonat.

> **Lösung:**
>
> Die Minderung tritt nicht schon mit der Mängelrüge am 30.5 ein, sondern erst im Zeitpunkt der tatsächlichen Realisierung, also mit Zahlung des geminderten Betrags (vgl. Abschn. 17.1 Abs. 2 S. 5 UStAE).
>
> | Voranmeldungszeitraum Mai | | Voranmeldungszeitraum Juni | |
> |---|---|---|---|
> | **Umsatzsteuer A** | | **Minderung Umsatzsteuer A** | |
> | Brutto | 2.500,00 € | Minderung Brutto | 250,00 € |
> | Entgelt | 2.100,84 € | Minderung Entgelt | 210,08 € |
> | Umsatzsteuer | 399,16 € | Minderung Umsatzsteuer | 39,92 € |
> | **Vorsteuer B =** | **399,16 €** | **Minderung Vorsteuer B =** | **39,92 €** |

Zu beachten ist, dass Abschläge und zusätzliche Zahlungen nur dann zu Entgeltminderungen oder Entgelterhöhungen führen, wenn sie in unmittelbarem Zusammenhang mit der erbrachten Leistung stehen. Dieser Zusammenhang fehlt bei **echten Schadensersatzleistungen**, die nicht für die erbrachte Leistung, sondern als Ersatz für einen verursachten Schaden entrichtet werden. Solche Schadenersatzleistungen **gehören daher nicht zum Entgelt für die Leistung** (vgl. Kap. 1.2.2).

> **Beispiel:**
>
> A hat mit B einen Kaufvertrag über eine Maschine für 100.000 € zuzüglich Umsatzsteuer geschlossen. Auslieferungstermin soll der 10.5. sein. Tatsächlich liefert A die Maschine erst am 1.10. aus, wodurch dem B ein Schaden wegen Produktionsausfall i.H.v. 10.000 € entsteht, den er bei Zahlung am 1.12. vom vereinbarten Kaufpreis einbehält.

> **Lösung:**
>
> Als Bemessungsgrundlage für die Lieferung der Maschine ist nach § 10 Abs. 1 UStG das Entgelt von 100.000 € anzusetzen. Die Umsatzsteuer entsteht mit Ablauf des Voranmeldungszeitraum der Lieferung = Oktober. Eine nachträgliche Minderung des Entgelts nach § 17 Abs. 1 UStG mit Zahlung am 1.12. liegt nicht vor, da der Abschlag von 10.000 € keine Minderung des Entgelts für die Lieferung, sondern Ersatz des verursachten Verzugsschadens (§§ 280 Abs. 2, 286 BGB) darstellt.

5.4.2 Forderungsausfall (§ 17 Abs. 2 Nr. 1 UStG)

Nach § 17 Abs. 2 Nr. 1 S. 1 UStG ist eine Berichtigung der Umsatzsteuer und Vorsteuer nach Abs. 1 S. 1 und 2 auch dann vorzunehmen, wenn das vereinbarte Entgelt für eine steuerpflichtige Leistung oder einen innergemeinschaftlichen Erwerb uneinbringlich geworden ist (Forderungsausfälle).

Für die Frage, ob das Entgelt uneinbringlich ist, ist es nicht erforderlich, dass die Uneinbringlichkeit mit letzter Sicherheit feststeht. Ausreichend ist, dass eine nicht nur vorübergehende Verzögerung der Zahlung vorliegt, also das Entgelt nach objektiver Betrachtungsweise zumindest **auf absehbare Zeit** nicht (voll) durchsetzbar ist, da z.B. der Schuldner **zahlungsunfähig** ist oder das Bestehen/die Höhe des **Entgelts substantiiert bestreitet** (Abschn. 17.1 Abs. 5 UStAE). Die Uneinbringlichkeit muss dabei für die konkrete Entgeltforderung festgestellt werden, eine pauschale Wertberichtigung (Delkredere) wie bei Einkommensteuer ist also nicht zulässig.

Die Berichtigung der Umsatzsteuer und der Vorsteuer ist nach Abs. 1 S. 7 in dem Voranmeldungszeitraum vorzunehmen, in dem das Entgelt uneinbringlich geworden ist, also zu dem Zeitpunkt, ab dem damit zu rechnen ist, dass die Forderung (ganz oder teilweise) jedenfalls auf absehbare Zeit nicht durchgesetzt werden kann. Dieser Zeitpunkt ist in der Praxis im Einzelfall meist schwer festzustellen. **Spätestens mit Eröffnung des Insolvenzverfahrens** ist jedoch anzunehmen, dass die Forderung **in voller Höhe** uneinbringlich geworden ist (Abschn. 17.1 Abs. 11 S. 5–7 UStAE). Die gilt auch dann, wenn mit einer (Teil-)Realisierung im Rahmen der Insolvenzquote zu rechnen ist. Wird das Entgelt später dann doch noch (teilweise) realisiert, ist nach § 17 Abs. 2 Nr. 1 S. 2 UStG erneut zu berichtigen.

> **Beispiel:**
>
> A hat an B im Mai 2011 eine Maschine für 10.000 € zuzüglich Umsatzsteuer auf Rechnung geliefert, die B bisher noch nicht bezahlt hat. Im August 2011 wird das Insolvenzverfahren über das Vermögen des B eröffnet. Nach Abschluss des Insolvenzverfahrens im Juni 2012 erhält A entsprechend seiner Insolvenzquote noch 1.190 € seiner Gesamtforderung.

> **Lösung:**
>
> Spätestens mit Eröffnung des Insolvenzverfahrens gilt die Forderung in voller Höhe als uneinbringlich. Nach § 17 Abs. 2 Nr. 1 i.V.m. Abs. 1 UStG kann A daher die im Mai 2011 entstandene Umsatzsteuer von 1.900 € im August 2011 auf 0 € berichtigen und B muss dem entsprechend die Vorsteuer berichtigen,

im Ergebnis also zurückzahlen. Im Juni 2012 ist dann erneut die Umsatzsteuer und Vorsteuer auf 190 € ($^{19}/_{119}$ von 1.190 €) zu korrigieren (§ 17 Abs. 2 Nr. 1 S. 2 UStG).

5.4.3 Nichtausführung einer vereinbarten Leistung (§ 17 Abs. 2 Nr. 2 UStG)

Wird das Entgelt für eine Leistung ganz oder teilweise bereits vor der Leistungsausführung entrichtet (Anzahlung), entsteht die Umsatzsteuer auf diese Anzahlung bereits mit Ablauf des Voranmeldungszeitraums ihrer Vereinnahmung. Dies gilt nicht nur bei der Istversteuerung, wo nach § 13 Abs. 1 Nr. 1 Buchst. b UStG die Steuerentstehung generell an die Entgeltvereinnahmung anknüpft, sondern nach § 13 Abs. 1 Nr. 1 Buchst. a S. 4 UStG auch bei der Sollversteuerung im Fall einer Anzahlung vor Leistungsausführung (vgl. zur Steuerentstehung ausführlich Kap. XVI.). Auf der anderen Seite ist dann für den Leistungsempfänger die auf die Anzahlung entfallende Steuer grundsätzlich auch bereits dann schon als Vorsteuer abziehbar, wenn er die Anzahlung geleistet hat und ihm darüber ein Rechnung ausgestellt wurde (vgl. § 15 Abs. 1 Nr. 1 S. 3 UStG).

Wird die Leistung dann später doch nicht ausgeführt, ist die Umsatzsteuer und die Vorsteuer für die Anzahlung nach § 17 Abs. 2 Nr. 2 i.V.m. Abs. 1 S. 1 und 2 UStG zu berichtigen. Die Berichtigung ist dabei nach Abs. 1 S. 7 nicht bereits in dem Voranmeldungszeitraum vorzunehmen, in dem sich herausstellt, dass die Leistung nicht ausgeführt wird, sondern nach neuer Rechtsprechung und Verwaltungsauffassung **erst dann, wenn die Anzahlung oder das Entgelt tatsächlich zurückgewährt** worden sind (Abschn. 17.1 Abs. 7 S. 3 UStAE).

Beispiel:

A hat sich mit Kaufvertrag vom 15.1.2011 zur Lieferung einer Maschine an Unternehmer B zum Kaufpreis von 150.000 € verpflichtet. B leistet am 18.1.11 eine Anzahlung über 15.000 € und erhält hierüber eine Rechnung von A. Vor Ausführung der Lieferung wird am 10.3.11 das Insolvenzverfahren über das Vermögen des A eröffnet und der Insolvenzverwalter verweigert die Erfüllung des Kaufvertrags. Am 12.5.11 zahlt der Insolvenzverwalter die geleistete Anzahlung an B zurück.

Lösung:

Nach § 13 Abs. 1 Nr. 1 Buchst. a S. 4 UStG entsteht die Steuer für die Anzahlung i.H.v. 2.394,96 € ($^{19}/_{119}$ von 15.000 €) bereits mit Ablauf des Voranmeldungszeitraum Januar 11. Nach § 15 Abs. 1 Nr. 1 S. 3 UStG steht B in entsprechendem Umfang zu diesem Zeitpunkt auch ein Vorsteuerabzug zu.
Mit Rückgewähr der Anzahlung im Mai 11 ist dann nach § 17 Abs. 2 Nr. 2 i.V.m. Abs. 1 S. 1 und 2 UStG von A die Umsatzsteuer und von B die Vorsteuer auf 0 € zu berichtigen.

5.4.4 Rückgängigmachung einer steuerpflichtigen Leistung (§ 17 Abs. 2 Nr. 3 UStG)

Nach § 17 Abs. 2 Nr. 3 UStG ist entsprechend Abs. 1 S. 1 und 2 die Umsatzsteuer und die Vorsteuer auch dann zu berichtigen, wenn ein bereits ausgeführter Umsatz wieder rückgängig gemacht wird (vgl. zur Rückgängigmachung von Lieferungen Kap. III. 6.1).

Die Berichtigung ist entsprechend § 17 Abs. 1 S. 7 UStG in dem Voranmeldungszeitraum vorzunehmen, in dem die **Leistung tatsächlich zurückgewährt** wird. Wird die Leistung erst **nach Vereinnahmung des Entgelts** rückgängig gemacht, entsteht der Berichtigungsanspruch nach § 17 Abs. 2 Nr. 3 UStG **erst mit der Rückgewähr des Entgelts** (Abschn. 17.1 Abs. 8 S. 5 UStAE). Wird die Leistung und ggf. ein hierfür bereits entrichtetes Entgelt noch im Voranmeldungszeitraum der Ausführung der Leistung zurückgewährt, liegt keine nachträgliche Änderung i.S.d. § 17 UStG vor, vielmehr entsteht in diesem Fall von vornherein keine Umsatzsteuer (s. Kap. 5.2).

Zahlt der Abnehmer dem Lieferer freiwillig oder aufgrund gesetzlicher Verpflichtung (§ 346 Abs. 1 BGB) eine **Entschädigung für die zwischenzeitliche Gebrauchsüberlassung**, tritt an die Stelle der ursprünglichen Lieferung eine sonstige Leistung gegen Entgelt nach § 3 Abs. 9 S. 1 und 2 UStG.

> **Beispiel:**
>
> Händler A verkauft an B am 10.6.2011 einen Pkw für 15.000 € zuzüglich Umsatzsteuer (Fälligkeit 1.7.2011). Der Pkw wird sofort übergeben, A behält sich jedoch das Eigentum bis zur vollständigen Bezahlung des Kaufpreises vor. Als B nicht zahlt, tritt A am 30.8.2011 vom Vertrag zurück (§ 449 Abs. 2 BGB) und verlangt neben der Herausgabe des Pkw für die zwischenzeitliche Nutzung eine Nutzungsentschädigung (§ 346 Abs. 1 BGB). Am 2.9.2011 gibt A den Pkw zurück und zahlt als Nutzungsentschädigung 595 €.

> **Lösung:**
>
> Eine Lieferung liegt beim Kauf unter Eigentumsvorbehalt bereits mit Übergabe der Kaufsache vor, auch wenn der Käufer erst mit vollständiger Bezahlung zivilrechtlich Eigentümer wird (s. Kap. III. 1.2.2). Die Lieferung des Pkw gilt damit bereits am 10.6. als ausgeführt und die Umsatzsteuer i.H.v. 2.850 € entsteht bei einem monatlichen Voranmeldungszeitraum nach § 13 Abs. 1 Nr. 1 Buchst. a S. 1 UStG mit Ablauf Juni.
> Mit der Rückgabe des Pkw am 2.9. (nicht schon mit Erklärung des Rücktritts) wurde die Lieferung vom 10.6. rückgängig gemacht. Nach § 17 Abs. 2 Nr. 3 i.V.m. Abs. 1 S. 1 und 2 UStG ist von A die Bemessungsgrundlage und Umsatzsteuer auf 0 € zu berichtigen (und ggf. von B ein Vorsteuerabzug). Die Berichtigung ist nach § 17 Abs. 1 S. 7 UStG im Voranmeldungszeitraum September durchzuführen.
> Die Zahlung der 595 € stellt eine Gegenleistung für die Gebrauchsüberlassung vom 10.6.–2.9. dar, also für eine sonstige Leistung von A an B, für die die Umsatzsteuer i.H.v. 95 € mit Ablauf des Voranmeldungszeitraums September entsteht, da die Überlassung am 2.9. endet und die sonstige Leistung damit vollständig ausgeführt war.

5.4.5 Wegfall der Erwerbsbesteuerung (§ 17 Abs. 2 Nr. 4 UStG)

Ein innergemeinschaftlicher Erwerb wird nach § 3d S. 1 UStG in dem Mitgliedstaat bewirkt, in den der Gegenstand gelangt. Verwendet der Erwerber gegenüber dem Lieferer die Umsatzsteuer-IdNr. eines anderen Mitgliedstaates als dem Ankunftsmitgliedstaat der Ware, unterliegt der Erwerb nach § 3d S. 2 UStG zusätzlich auch noch in diesem Mitgliedstaat der Erwerbsbesteuerung. Dies gilt jedoch nur solange, bis er in diesem Mitgliedstaat nachweist, dass der Erwerb im Ankunftsmitgliedstaat der Erwerbsbesteuerung unterworfen worden ist. In diesem Fall kann er dann nach § 17 Abs. 2 Nr. 4 UStG die zusätzliche Erwerbsbesteuerung rückgängig machen (vgl. im Einzelnen Kap. XX.).

5.4.6 Tätigung vorsteuerschädlicher Aufwendungen (§ 17 Abs. 2 Nr. 5 UStG)

Nach § 15 Abs. 1a UStG ist die Vorsteuer für solche Aufwendungen nicht abziehbar, für die ein Abzugsverbot nach § 4 Abs. 5 Nr. 1-4 und Nr. 7 EStG oder § 12 Nr. 1 EStG besteht (z.B. Geschenke, unangemessen hohe Bewirtungsaufwendungen).

Steht im Zeitpunkt des Bezugs einer Leistung noch nicht fest, dass diese später für eine solche vorsteuerschädliche Aufwendung verwendet wird, kann der Unternehmer zunächst grundsätzlich den Vorsteueranspruch geltend machen. Im Zeitpunkt der vorsteuerschädlichen Verwendung der Leistung ist dann eine Vorsteuerkorrektur nach § 17 Abs. 2 Nr. 5 UStG vorzunehmen (vgl. Abschn. 15.6 Abs. 5 UStAE).

X. Steuersätze

1. Allgemeines

Mit welchem Steuersatz ein Umsatz besteuert wird, ist von Bedeutung:
- für die Kalkulation des leistenden Unternehmers, also die Frage, welchen Preis er als Gegenleistung für seine Leistung verlangt,
- für das Ausstellen einer ordnungsgemäßen Rechnung gemäß § 14 Abs. 4 Nr. 7 und 8 UStG,
- für die Frage, ob eventuell ein überhöhter Steuerausweis nach § 14c Abs. 1 UStG vorliegt,
- für den Vorsteuerabzug des Leistungsempfängers, der nur in Bezug auf den zutreffenden Steuersatz gegeben sein kann und
- für die Frage, mit welchem Satz die Umsatzsteuer aus einem Betrag heraus- oder draufgerechnet werden muss. Dies ist auch davon abhängig, wer Steuerschuldner ist (§§ 13a, 13b UStG).

Ändert sich der gesetzliche Steuersatz, ist der (Teil-)Leistungszeitpunkt maßgeblich. Wann die Rechnung erstellt, das Entgelt oder eine Anzahlung entrichtet wird, ist unerheblich.

2. Einteilung der Steuersätze

§ 12 UStG unterscheidet den **Regelsteuersatz** i.H.v. 19 % in Abs. 1 und den **ermäßigten Steuersatz** mit 7 % in Abs. 2. Bei einem Unterschied von 12 % wird deutlich, dass eine nur ermäßigt besteuerte Leistung auf dem Markt deutlich günstiger angeboten werden kann. Dieser Vorteil wiegt umso mehr, als die Eingangsleistungen hierfür regelmäßig mit 19 % Vorsteuer entlastet sind.

Nach § 24 UStG gelten spezielle Steuersätze für Umsätze in der Land- und Forstwirtschaft.

3. Ermäßigter Steuersatz

Die Anwendung des ermäßigten Steuersatzes ist abschließend geregelt und ergibt sich entweder aus § 12 Abs. 2 Nr. 1 und 2 UStG für bestimmte Gegenstände oder aus § 12 Abs. 2 Nr. 3–13 UStG. Die Privilegierung beruht teils auf nachvollziehbaren (v.a. sozialen, förderungswürdigen) Zwecken, teils wird sie zu Recht kritisiert.

3.1 Anlagegegenstände

Betroffen sind Gegenstände aus Anlage 2 zum Umsatzsteuergesetz. Sie müssen geliefert, eingeführt oder innergemeinschaftlich erworben worden sein (§ 12 Abs. 2 Nr. 1 UStG) oder aber gemäß § 12 Abs. 2 Nr. 2 UStG vermietet werden. Beziehen sich andere Leistungen auf solche Gegenstände, gilt stattdessen der Regelsteuersatz.

> ☞ **Tipp!**
> Für Studium und Ausbildung prägen sich schnell bestimmte privilegierte Gegenstände der Anlage ein: Lebensmittel (Nr. 2 ff.); Bücher (Nr. 49), auch Hörbücher, soweit sie auf einem physischen Datenträger gespeichert sind (nicht per Download, vgl. EuGH vom 07.03.2017, C-390/15 RPO), Messekatalog (BFH vom 14.06.2016, VII R 12/15) u.a.
> In der Beratungspraxis hängt es vom Mandantenstamm ab, ob und welche weiteren Steuerermäßigungen zu beachten sind.

Reine **Nebenleistungen** teilen das Schicksal der Hauptsache. Nach dem sog. Aufteilungsgrundsatz können aber Haupt- und Nebenleistung unterschiedlichen Steuersätzen unterliegen.

> **Beispiel:**
> L liefert Lebensmittel an ein Hotel. Die Lebensmittel sind handelsüblich verpackt und werden angeliefert. Verpackung und Transportpauschale berechnet L gesondert.

Teil II: Darstellung der Umsatzsteuer

> **Lösung:**
> Der ermäßigte Steuersatz nach § 12 Abs. 2 Nr. 1 UStG (Anlage 2 Nr. 2 ff.) erstreckt sich auch auf die Nebenleistungen: Verpackung und Transportkosten. L berechnet also für seine gesamte Leistung 7 % Umsatzsteuer.
> (**Anmerkung:** Nicht handelsübliche Verpackungen unterliegen dem Regelsteuersatz, wenn sie gleichzeitig noch einen anderen Bedarf abdecken: Schmuckbox, Lebensmittel in selbstständig nutzbaren Glasbehältern usw.)

3.2 Kombiartikel

Bei **Kombiartikeln** ist zu unterscheiden:
- Ergibt die Zusammenstellung eine untrennbare Einheit, gilt insgesamt der Steuersatz für das prägende Element: Bei einem Überraschungsei steht nach Ansicht der Verwaltung die Schokolade im Vordergrund, sodass aus dem Entgelt die Umsatzsteuer i.H.v. 7 % herauszurechnen ist.
- Vergleichbar ist bei Warenzusammenstellungen für einen speziellen Bedarf zu entscheiden: Bei einem Sprachbuch mit CD wird ebenfalls der ermäßigte Steuersatz gemäß § 12 Abs. 2 Nr. 1 i.V.m. Anlage 2 Nr. 49 UStG angenommen.
- Bei (willkürlichen) nicht einem speziellen Bedarf dienenden Warensortimenten bleibt es bei unterschiedlichen Steuersätzen: Zusammengepackt werden ein Plüschhase/Weihnachtsmann und Schokolade: Der Verkaufspreis ist nach einer geeigneten Methode aufzuteilen (Verhältnis der Eingangskosten, nachvollziehbare Kalkulation).

3.3 Abgrenzung Regelsteuersatz/Ermäßigter Steuersatz

Werden Speisen und Getränke abgegeben, ergibt sich eine schwierige Abgrenzung zwischen ermäßigt besteuerter reiner Speisenlieferung und einer Leistung, bei der Dienstleistungselemente qualitativ überwiegen. Hierzu gab es zuletzt eine Vielzahl von Entscheidungen des EuGH und des BFH. Seit dem 1.7.2011 gilt verbindlich Art. 6 der EU-Durchführungsverordnung Nr. 282/2011. Hiernach sind Elemente, die nur der Vermarktung dienen, für die Anwendung des ermäßigten Steuersatzes unschädlich. Regelbesteuert wird dagegen die Abgabe von Speisen, wenn zusätzlich Dienstleistungen erbracht werden, die qualitativ überwiegen. Auf dieser Grundlage hat die Verwaltung in Abschn. 3.6 UStAE verschiedene Beispiele veranschaulicht. Der Anwendungsbereich ist breit gefächert und betrifft v.a. Caterer, Partyservice, Mahlzeitendienste, aber auch Bäcker, Metzger usw.

> **Beispiele:**
> a) Ein Lebensmittelladen verkauft – folienverschweißt – verzehrfertige Würstchen. Bei Bedarf liefert der Betreiber die Waren auch an.
> b) In einem Restaurant werden einem Gast Würstchen serviert.
> c) Ein Kunde verzehrt an einem Imbissstand ein Würstchen mit Senf auf Einweggeschirr. Der Imbissstand verfügt nur über einen Stehtisch. Alternativ: Zusätzlich stellt der Betreiber des Imbissstandes eine Bierbank zur Verfügung.
> d) In einer Metzgerei werden Würstchen angeboten. Sie können an Tischen verzehrt werden. In dem beheizten Raum stehen außerdem Garderobe und Toiletten zur Verfügung.
> e) Ein Mahlzeitendienst bringt vorgefertigte Mahlzeiten in geeigneten Transportbehältern in ein Altenheim. Der Speiseplan wie auch die Essenstermine sind mit der Heimleitung abgestimmt. Der Essensdienst bereitet die einzelnen Essensportionen auf eigenem Geschirr vor, das der Dienstleister auch selbst reinigt. Die Ausgabe der Essen erfolgt durch das Personal vor Ort.

f) Ein Partyservice rät seinem Kunden anlassbezogen zu Würstchen. Die Würstchen werden angeliefert und vor Ort portioniert. Der Partyservice stellt zusätzlich das Geschirr für die Gäste oder dekoriert die Festtafel.

Lösung:

a) Die Speisenlieferung wird ermäßigt besteuert. Darreichungsform (in Folie) und Auslieferung gehören zur Logistik.
b) Es handelt sich um den klassischen Fall einer Restaurantleistung. Sie gehört zum Luxusbereich, wird nicht von § 12 Abs. 1 UStG erfasst und daher regelbesteuert.
c) Solange der Imbissstand nur in typischer Weise tätig wird, wird die Essensabgabe ermäßigt besteuert. Dazu gehören Einweggeschirr, Senf/Ketchup u.ä., Stehtisch, Abfalleimer usw. Wird – entsprechend der Alternative – allerdings zusätzlich eine Sitzgelegenheit zur Verfügung gestellt und kauft ein Kunde zum Verzehr vor Ort, gilt der Regelsteuersatz; bestellt der Kunde die Würstchen zum Mitnehmen, gilt der ermäßigte Steuersatz.
d) Weil für den Verzehr der abgegebenen Speisen eine Infrastruktur angeboten wird, gilt der Regelsteuersatz.
e) Obwohl mit der Essensabgabe durchaus einige Dienstleistungselemente verbunden sind, gilt nach Auffassung der Verwaltung der ermäßigte Steuersatz. Die Abstimmung der Speisen und die Anlieferung zum vereinbarten Termin überwiegen nicht. Auch die anderen Leistungen sind unschädlich, da sie nur der Anlieferung bzw. der Verabreichung vor Ort dienen.
f) Mit der Überlassung und Reinigung des Geschirrs bzw. der Dekoration ist die Grenze zur reinen Speisenlieferung überschritten. Die gesamte Leistung wird regelbesteuert.

3.4 Vermietung von Anlagegegenständen

Von den sonstigen Leistungen an einem Anlagegegenstand wird nur die Vermietung begünstigt.

Beispiel:

Das Sanitätsgeschäft S verkauft und vermietet Rollstühle und Rollatoren.

Lösung:

Es gilt jeweils der ermäßigte Steuersatz nach § 12 Abs. 2 Nr. 1 i.V.m. Anlage 2 Nr. 51 UStG.

3.5 Ermäßigung nach § 12 Abs. 2 Nr. 2–13 UStG

Zur Ermäßigung nach § 12 Abs. 2 Nr. 2–13 UStG gilt – ausschnittsweise – **Folgendes:**

- § 12 Abs. 2 Nr. 3 UStG
  Die Steuerermäßigung gilt nicht für („Freizeit"-)Pferde.
- § 12 Abs. 2 Nr. 6 UStG
  Zahntechnikerleistungen unterliegen gem. § 4 Nr. 14a Satz 2 UStG nicht der Steuerbefreiung, auch nicht, wenn sie vom behandelnden Zahnarzt selbst erbracht werden. Die Leistung eines Fremdlabors an den behandelnden Zahnarzt wird daher mit 7 % Umsatzsteuer berechnet, ohne dass der Zahnarzt zum Vorsteuerabzug berechtigt ist (§ 15 Abs. 2 Nr. 1 i.V.m. § 4 Nr. 14 UStG). Berechnet der Zahnarzt diese Eingangsleistung gegenüber der Krankenversicherung oder dem Patienten weiter, bleibt seine Gesamtleistung doch insgesamt steuerfrei. Abrechnungen des Zahnarztes, in denen Arbeiten aus dem eigenen Labor angesetzt sind, unterliegen aber insoweit dem ermäßigten Steuersatz. Damit vereinnahmt das Finanzamt in beiden Fällen gleichermaßen die angefallene (ermäßigte) Umsatzsteuer.

- **§ 12 Abs. 2 Nr. 7a UStG**
  Ermäßigt sind sowohl die **Umsätze des Veranstalters**, als auch die des Künstlers. Begleitende Leistungen unterliegen dagegen dem Regelsteuersatz (Regisseur, Bühnenbildner, Techniker usw., vgl. aber eventuell § 4 Nr. 20 UStG). Wird eine einheitliche Gesamtleistung angeboten, muss die künstlerische Darbietung den Hauptbestandteil darstellen.

> **Beispiele:**
> 1. In einem Zelt auf dem Stuttgarter Volksfest kann man essen bei Unterhaltungsmusik. Der Eintritt kostet 20 €.
> 2. Der Pflanzenhandel P verkauft eine Pflanze zum Preis von 120 €. Auf Wunsch des Käufers und gegen einen Aufpreis von 50 € übernimmt es P, die Pflanze fachmännisch einzugraben. Wie viel Umsatzsteuer muss P jeweils anmelden?

> **Lösung:**
> 1. Die Eintrittsgelder müssen mit 19 % besteuert werden.
> 2. Der reine Pflanzenverkauf wird gemäß § 12 Abs. 2 Nr. 1 i.V.m. Anlage 2 Nr. 7 UStG mit 7 % besteuert. Die Umsatzsteuer beträgt daher 120 € × $^{7}/_{107}$ = 7,85 €.
>   Gräbt P zusätzlich die Pflanze ein, ist von einer weiteren selbstständigen sonstigen Leistung auszugehen. Hierfür gilt der Regelsteuersatz. Es entsteht insoweit Umsatzsteuer i.H.v. 50 € × $^{19}/_{119}$ = 7,98 €.

- **§ 12 Abs. 2 Nr. 7b UStG**
  Die Ermäßigung betrifft öffentliche Filmvorführungen einschließlich Nebenleistungen (Garderobe, Programmverkauf), nicht auch Verpflegungsleistungen, die aber – bei Verzehr im Foyer an Stehtischen u.ä. – regelmäßig § 12 Abs. 1 UStG unterfallen.

- **§ 12 Abs. 2 Nr. 7c UStG**
  Die Ermäßigung gilt nur, wenn die **Nutzung von Urheberrechten** wirtschaftlich überwiegt. Der Regelsteuersatz gilt also, wenn die Leistung auf die speziellen Anforderungen des Leistungsempfängers abgestellt und von diesem tatsächlich selbst genutzt wird, auch wenn der Empfänger vertraglich zur urheberrechtlichen Verwertung (Vervielfältigung, Verbreitung usw.) berechtigt wird. Daher unterliegt ein Fotograf, der Hochzeitsfotos anfertigt und zugleich deren urheberrechtliche Nutzung auf das Hochzeitspaar überträgt, der Besteuerung mit dem Regelsteuersatz; ein entsprechendes Hochzeitsfotobuch ist auch nicht nach § 12 Abs. 2 Nr. 1 i.V.m. lfd. Nr. 49 der Anlage 2 ermäßigt.

- **§ 12 Abs. 2 Nr. 8a UStG**
  Leistungen förderungswürdiger Körperschaften werden regelbesteuert, soweit sie aus einem wirtschaftlichen Geschäftsbetrieb (§ 14 AO) erbracht werden, der nicht die Voraussetzungen eines Zweckbetriebs erfüllt (§§ 65 ff. AO).

- **§ 12 Abs. 2 Nr. 9 UStG**
  Die Ermäßigung gilt insbesondere für Schwimmbäder. Das Entgelt für sog. Spaß- oder Freizeitbäder muss ggf. angemessen aufgeteilt werden, wenn der Eintritt sowohl die Nutzung des Schwimmbads wie auch des Saunabereichs ermöglicht.

> **Beispiele:**
>
> 1. Ein Physiotherapeut massiert
>   a) den Rücken eines einen Patienten nach ärztlicher Verordnung,
>   b) denselben Patienten im Anschluss an die ärztlich verordneten Massagen; der Kunde trägt demgemäß selbst die Kosten,
>   c) einen Kunden am ganzen Körper, der damit sein allgemeines Wohlbefinden steigern will.
> 2. Das Freizeit- und Erlebnisbad bietet eine luxuriöse Schwimm- und Saunalandschaft an.
>   a) Der Eintritt kostet nur für das Schwimmbad 10 €, und nur für Sauna 10 €, das Kombiticket kostet 18 €.
>   b) Es gibt nur ein einheitliches Ticket für 20 €.

> **Lösung:**
>
> 1. Die Leistung wird unterschiedlich besteuert.
>   a) Es handelt sich um eine steuerfreie sonstige Heilmaßnahme im Sinn des § 4 Nr. 14a UStG. Maßgeblich ist, dass die Massage ärztlich verordnet wurde.
>   b) Ohne ärztliche Verordnung ist die Massage steuerpflichtig, unterliegt aber nach § 12 Abs. 2 Nr. 9 UStG dem ermäßigten Steuersatz. Grundsätzlich ist nämlich die vorgenommene Massage verordnungsfähig, auf die tatsächliche Verordnung kommt es nicht an, Abschn. 12.11 Abs. 3 UStAE.
>   c) Für Wellness-Anwendungen gilt der Regelsteuersatz.
>   Der Physiotherapeut wird auf die Kleinunternehmergrenze nach § 19 UStG achten.
> 2. a) Aus dem Schwimmbadticket werden gem. §§ 10 Abs. 1, 12 Abs. 2 Nr. 9 UStG 7 % USt herausgerechnet; der Nettobetrag beträgt 9,35 € und die USt hierauf 0,65 €. Der Saunabesuch wird mit 19 % besteuert; der Nettobetrag lautet 8,40 €, die USt 1,60 €. Das Entgelt für die Kombileistung unterliegt je zur Hälfte (9,00 €) dem ermäßigten und dem Regelsteuersatz. Daraus ergeben sich bezogen auf das Schwimmen: 8,41 € zzgl. 0,59 € USt und für die Sauna: 7,56 € zzgl. 1,44 € USt.
>   b) Mangels eines sachgerechten Aufteilungsmaßstabs unterwirft die Finanzverwaltung die Gesamtleistung, die nicht vom Wortlaut des § 12 Abs. 2 Nr. 9 UStG erfasst wird, dem Regelsteuersatz: 16,80 € netto zzgl. 19 % USt = 3,20 €.

- **§ 12 Abs. 2 Nr. 10b UStG**
  Ermäßigt besteuert werden bestimmte Personenbeförderungen. Im Vordergrund steht ein flächendeckendes Angebot im öffentlichen Personennahverkehr zu vorgegebenen Tarifen. Dies rechtfertigt die Steuerprivilegierung. Umgekehrt werden Umsätze von Mietwagenunternehmern mit dem Regelsatz besteuert, BFH vom 2.7.2014, XI R 22/10, XI R 39/10, BStBl II 2015, 416 bzw. 421.
  Im Rahmen des § 12 Abs. 2 Nr. 10 b) kommt es bei einem **Ticket für die Hin- und Rückfahrt** auf die einfache Entfernung an. Unterschreitet sie 50 km, gilt der ermäßigte Steuersatz.

- **§ 12 Abs. 2 Nr. 11 UStG**
  Die Steuerermäßigung ist begrenzt auf die **Übernachtungsleistung** mit ihren typischen Begleitleistungen (einschließlich Fernsehgerät, nicht: Parkplatz, Verköstigung, Wellness, Sauna usw.; die Nutzung des hoteleigenen Schwimmbades ist dagegen gem. § 12 Nr. 9 UStG ermäßigt besteuert). Ein Gesamtentgelt ist – notfalls geschätzt – aufzuteilen. Dabei wird ein pauschaler Ansatz von 20 % des Pauschalpreises für ein sog. Service-Paket zugelassen (Abschn. 12.16 Abs. 12 UStAE).

- **§ 12 Abs. 2 Nr. 12 und Nr. 13 UStG**
  Seit 1.1.2014 werden Umsätze, die sich auf Kunstgegenstände und Sammlungsstücke beziehen, nur noch unter bestimmten Umständen ermäßigt besteuert.

Teil II: Darstellung der Umsatzsteuer

3.6 Ausweis eines falschen Steuersatzes

Weist der leistende Unternehmer den ermäßigten statt des Regelsteuersatzes aus, schuldet er doch die Umsatzsteuer, die sich durch Herausrechnen mit dem korrekten Steuersatz ergibt. § 14c UStG ist nicht anzuwenden.

> **Beispiel 1:**
>
> U berechnet für seine dem Regelsteuersatz gemäß § 12 Abs. 1 UStG unterliegende Leistung 1.000 € zuzüglich 7 % Umsatzsteuer = 70 €, insgesamt 1.070 €.

> **Lösung:**
>
> Die Umsatzsteuer beträgt 1.070,00 € × $19/119$ = 170,84 €.
> Der Leistungsempfänger darf i.R.d. § 15 Abs. 1 Nr. 1 UStG allerdings nur die ausgewiesene Umsatzsteuer von 70 € als Vorsteuer abziehen.

Weist der leistende Unternehmer statt des ermäßigten Steuersatzes **zu Unrecht den Regelsteuersatz aus**, schuldet er zur gesetzlichen Umsatzsteuer (herausgerechnet mit 7 %) auch die überhöht ausgewiesene Umsatzsteuer nach § 14c Abs. 1 UStG. Er nimmt schließlich auch den Gesamtbetrag ein. Nachteilig ist der Fehler für den Leistungsempfänger. Er zahlt den Gesamtbetrag, kann i.R.d. § 15 Abs. 1 Nr. 1 UStG aber nur die anteilige Umsatzsteuer als Vorsteuer abziehen, die auf die steuerpflichtige Leistung entfällt. Dieser Anteil ist aus dem Bruttoentgelt herauszurechnen. Die Rechnung kann allerdings berichtigt werden.

> **Beispiel 2:**
>
> U berechnet für seine richtigerweise dem ermäßigten Regelsteuersatz gemäß § 12 Abs. 2 UStG unterliegende Leistung 1.000 € zuzüglich 19 % Umsatzsteuer = 190 €, insgesamt 1.190 €.

> **Lösung:**
>
> Die geschuldete Umsatzsteuer beträgt wie ausgewiesen 190 €.
> Der Leistungsempfänger darf i.R.d. § 15 Abs. 1 Nr. 1 UStG allerdings nur eine geringere Vorsteuer abziehen. Sie beträgt: 1.190 € × $7/107$ = 77,85 €. Trotz der fehlerhaften Rechnung (vgl. § 15 Abs. 1 Satz 1 Nr. 1 Satz 2 UStG) entfällt der Vorsteuerabzug also nicht gänzlich.

4. Fälle

> **Fälle:**
>
> 1. Unternehmer P veranstaltet sog. Dinner-Shows. Den Kunden wird in einem Zelt ein gehobenes Essen geboten, während zeitgleich Künstler ihr Können zeigen.
> 2. Das Damentrio D aus Österreich erhält ein Honorar von 500 € dafür, dass sie Walzermusik spielt
>   a) anlässlich einer Hochzeit in München, engagiert vom Bräutigam (Beamter),
>   b) bei einem Konzert in Venedig im Auftrag der Konzertagentur H aus Stuttgart.
> 3. Die im Inland studierende norwegische Kunststudentin N kauft am 03.02.18 beim selbstständigen Kunstmaler M mit Sitz in München ein originales Ölgemälde für 5.000 €. Sie vereinbaren, dass M das Bild zunächst noch für eine zweiwöchige Kunstausstellung in München verleihen darf, wie M es einem Ausstellungsveranstalter versprochen hatte. Anschließend soll M das Bild nach Norwegen verschicken (Transportpauschale 100 €). M stellt auf Wunsch der N eine Rechnung aus, auszugsweise wie folgt:

a) mit Hinweis auf die Steuerfreiheit des Verkaufes 5.000 €
b) Bildverkauf: 4.672,90 € zuzüglich 7 % = 327,10 € = 5.000 €
   Transport 100 €
   Gesamt **5.100 €**
c) Bildverkauf: 4.672,90 € zuzüglich 7 % = 327,10 € = 5.000 €
   Transport: 100 € zuzüglich 19 % Umsatzsteuer = 19 € 119 €
   Gesamt **5.119 €**

XI. Ausstellung von Rechnungen

1. Allgemeines

Ob und wie eine Rechnung auszustellen ist, ergibt sich grundlegend aus § 14 UStG, in Sonderfällen aus § 14a UStG. Erleichterungen gelten für Kleinbetragsrechnungen und Fahrausweise (§§ 33, 34 UStDV). Erbringt ein EU-ausländischer Unternehmer eine im Inland steuerpflichtige Leistung, für die der Leistungsempfänger die Steuer schuldet, richtet sich die Rechnung gemäß § 14 Abs. 7 UStG nach den Regeln in seinem Ansässigkeitsstaat.

Rechnet nicht der leistende Unternehmer ab, sondern der Leistungsempfänger, liegt eine Gutschrift im Sinne von § 14 Abs. 2 Satz 2 UStG vor: Sie ist einer Rechnung gleichgestellt.

Verstöße stellen ggf. nach § 26a Abs. 1 Nr. 1 bis 3 UStG i.V.m. § 377 AO eine Ordnungswidrigkeit dar.

> **Hinweis!**
>
> Die Umsatzsteuer entsteht unabhängig von einer Rechnung. Eine ordnungsgemäße Rechnung ist daher insbesondere für den Vorsteuerabzug maßgeblich, wenn sich dieser nach § 15 Abs. 1 Satz 1 Nr. 1 Satz 1 UStG bestimmt. In der Praxis sollte deshalb vor der Buchung des Geschäftsvorfalls beim Leistungs-/Rechnungsempfänger überprüft werden, ob die Rechnung alle Bestandteile enthält. Richtet sich der Vorsteuerabzug nach § 15 Abs. 1 Nr. 4 UStG, kommt es auf die Rechnung nicht an.

2. Verpflichtung zur Ausstellung einer Rechnung

Der leistende Unternehmer muss nicht immer eine Rechnung ausstellen. Er ist hierzu gemäß § 14 Abs. 2 Satz 1 Nr. 2 Satz 1 UStG „berechtigt".

Eine Verpflichtung besteht aber:

1. gemäß § 14 Abs. 2 Satz 1 Nr. 2 Satz 2 UStG innerhalb der Unternehmerkette, um dem Vertragspartner/Leistungsempfänger i.R.d. § 15 Abs. 1 Nr. 1 UStG den Vorsteuerabzug zu ermöglichen. Es handelt sich um eine einklagbare zivilrechtliche vertragliche Nebenpflicht, außer für nach § 4 Nr. 8–28 UStG steuerfreie Leistungen. Die Pflicht besteht auch gegenüber juristischen Personen, die nicht Unternehmer sind. Erhält der Leistungsempfänger keine ordnungsgemäße Rechnung, kann er ggf. die Zahlung verweigern (BGH vom 26.6.2014, VII ZR 247/13).
2. Unabhängig vom Leistungsempfänger müssen gemäß § 14 Abs. 2 Satz 1 Nr. 1 UStG grundstücksbezogene Werklieferungen und sonstige Leistungen immer abgerechnet werden.

3. Formelle Anforderungen

Gemäß § 14 Abs. 1 UStG kann eine Abrechnung in beliebiger Papierform ausgestellt werden. Auch ein Vertrag kommt dafür in Betracht (z.B. Leasing-, Miet-, Wartungsvertrag, notarieller Kaufvertrag). Darin kann gemäß § 31 UStDV auch auf andere Dokumente Bezug genommen werden. Das Papier muss in den Verkehr gelangen, sich also an einen Dritten richten.

Beispiel 1:
In der Rechnung heißt es: „Leistungen laut Rapportzettel (Lieferscheine) vom 1.4.–4.4.2017".

Lösung:
Rechnung und Rapportzettel (Lieferscheine) stellen zusammen die in § 14 UStG gemeinte Rechnung dar.

> **Beispiel 2:**
> Ein Organträger sendet seiner Organgesellschaft eine „Abrechnung", in der er die erbrachten Leistungen aufführt. Die Beteiligten haben ihren Sitz im Inland s. Kap. XXI.

> **Lösung:**
> Zwischen den Organteilen kommt es zu keinem Leistungsaustausch. Es handelt sich um ein bloß internes Abrechnungspapier, nicht um eine Rechnung. Ein Ausweis der Umsatzsteuer führt daher auch nicht zur Anwendung des § 14c UStG.
>
> **Hinweis!** Dasselbe gilt bei Verbringungstatbeständen, auch wenn eine sog. pro-forma-Rechnung ausgestellt wird s. Kap. XX. 6.

> **Beispiel 3:**
> Vereinbarungsgemäß berät ein Steuerberater einen Mandanten in allen anfallenden steuerlichen Fragen bezogen auf ein Jahr gegen ein monatlich zu entrichtendes Pauschalhonorar.

> **Lösung:**
> Der Vertrag stellt eine Rechnung dar. Hinsichtlich des Vorsteuerabzugs des Mandanten wird zusätzlich auf die Belege über die jeweilige Monatsüberweisung abgestellt.

Auch eine **elektronische Rechnung** ist nach § 14 Abs. 1 Satz 8 UStG zulässig. Die Formen elektronischer Rechnungen sind in Abschn. 14.4 Abs. 2 UStAE aufgeführt. Zur Überprüfung der Echtheit und Unversehrtheit reicht aus, dass innerbetrieblich Vollständigkeit und Richtigkeit der Rechnungsangaben überprüft werden, Abschn. 14.4 Abs. 4–7 UStAE.

4. Frist zur Rechnungserstellung

Die Rechnung muss innerhalb von 6 Monaten nach erbrachter Leistung erstellt werden. Wird eine Leistung abgerechnet, für die sich die Steuerschuld gemäß § 13b Abs. 1, Abs. 5 UStG umkehrt, sowie für innergemeinschaftlichen Lieferungen muss gem. § 14a Abs. 1 Satz 2 bzw. nach Abs. 3 Satz 1 UStG bis zum 15. des Folgemonats abgerechnet werden.

5. Aufbewahrung von Rechnungen

Der Unternehmer muss gemäß § 14b Abs. 1 UStG ein Doppel seiner Rechnungen und die erhaltenen Rechnungen **10 Jahre** lang aufbewahren. Eine **Zweijahresfrist** gilt gemäß § 14b Abs. 1 Satz 5 UStG für den Empfänger einer im außerunternehmerischen Bereich bezogenen Werklieferung oder einer sonstigen Leistung an einem Grundstück. Für elektronische Rechnungen ist die Aufbewahrung mittels Papierausdruck nicht ausreichend. Verstöße gegen die Rechnungsstellungs- oder Aufbewahrungsvorschriften können gemäß § 26a Abs. 1 Nr. 1-3 UStG mit Bußgeld geahndet werden.

6. Inhalt einer Rechnung

Enthält eine Rechnung nicht sämtliche Anforderungen aus § 14 Abs. 4 UStG, versagt der Vorsteuerabzug i.R.d. § 15 Abs. 1 Satz 1 Nr. 1 UStG beim Rechnungsempfänger, vgl. Kap. XII. Ein Vorsteuerabzug aus § 15 Abs. 1 Satz 1 Nr. 2–4 UStG ist dagegen unabhängig von einer Rechnung.

> **Tipp!**
> Der Rechnungsempfänger muss überprüfen, ob allen Merkmalen aus § 14 Abs. 4 UStG genügt ist, da andernfalls keine ordnungsgemäße Rechnung i.S.v. § 15 Abs. 1 Nr. 1 UStG vorliegt (Vollständigkeitsprüfung). Auch Falschangaben können zum Verlust der Vorsteuer führen (Qualitätsprüfung). Fehlende oder falsche Angaben lassen sich nach § 31 Abs. 5 UStDV berichtigen.

Erleichterungen ergeben sich aus §§ 31, 32 UStDV: die notwendigen Angaben können auf verschiedene Dokumente verteilt sein, die zusammengenommen die Rechnung ausmachen – Entgelt und der damit korrespondierende Steuerbetrag müssen allerdings in einem der Rechnungsteile zusammengefasst sein, in der auf alle anderen Dokumente verwiesen wird. Für das Verständnis der Angaben erforderliche Unterlagen müssen bei beiden Rechnungsbeteiligten vorgehalten werden, § 31 Abs. 3 UStDV.

Rechnungsangaben gemäß § 14 Abs. 4 UStG
- **§ 14 Abs. 4 Nr. 1 UStG:** Die Angaben zum Leistenden und Leistungsempfänger müssen (nur) bestimmbar sein, § 31 Abs. 2 UStDV. Stimmen die Angaben zu Name oder Anschrift nicht oder wird unter der Adresse des leistenden Unternehmers in Wahrheit keine wirtschaftliche Tätigkeit ausgeübt (nur postalisch erreichbar), liegt keine ordnungsgemäße Rechnung vor, BFH vom 22.7.2015, V R 23/14, BStBl II 2015, 914, Vorlage zum EuGH vom 6.4.2016 (BFH V R 25/15 und BFH XI R 20/14).
- **§ 14 Abs. 4 Nr. 2 UStG:** Der Unternehmer kann wählen, ob er seine Steuernummer oder Identifikationsnummer verwendet. Bei Gutschriften ist die Steuernummer des leistenden Unternehmers anzugeben. Eine Organgesellschaft führt die Nummer des Organträgers oder eine eventuell ihr selbst erteilte USt-Identifikationsnummer auf.
- **§ 14 Abs. 4 Nr. 3 und 6 UStG:** Erforderlich sind immer zwei Datumsangaben. Aus dem Rechnungsdatum kann nicht auf das Leistungsdatum geschlossen werden und umgekehrt.

> **Tipp!**
> Der Hinweis „Leistungsdatum entspricht Rechnungsdatum" genügt aber insofern.

Gemäß § 31 Abs. 4 UStDV reicht für **Nr. 6** die Angabe des Leistungsmonats. Für den Leistungszeitpunkt gelten die allgemeinen Regeln.

> **Beispiel:**
>
> Lieferant L übergibt die verkaufte Ware am 11.12.15 dem Spediteur S. S lädt die Ware am 02.01.16 beim Kunden ab.

> **Lösung:**
>
> Regelmäßig ergeben sich Lieferort und -zeitpunkt aus § 3 Abs. 6 UStG. In der Rechnung des L muss daher der 11.12.15 als Lieferzeitpunkt angegeben werden. S gibt dagegen in seiner Abrechnung gegenüber L den 2.1.16 als Leistungszeitpunkt an.
> Beide können auch den jeweiligen Monat angeben.

Bei Teilleistungen gilt ggf. das jeweilige Datum des Zahlungsbelegs.
- **§ 14 Abs. 4 Nr. 4 UStG:** Rechnungsnummern müssen nachvollziehbar, v.a. aber einmalig und fortlaufend vergeben werden. Bei in einem Vertrag bezeichneter Dauerleistung genügt eine einheitliche Nummer (Wohnungs-, Objekt-, Mieternummer). Bei Gutschriften kommt es auf den Rechnungskreislauf des Gutschriftsstellers an.
- **§ 14 Abs. 4 Nr. 5 UStG:** Die erbrachte Leistung muss konkret bezeichnet sein: Aufgelistet wird die Anzahl der geleisteten Stunden bzw. der Einsatztage, die Stundensätze, die Angabe der tätigen

Personen und eventuell der herbeigeführte Leistungserfolg (Reparatur Backofen usw.). Unspezifische Angaben („Renovierungsarbeiten", „Wartung", „Fliesenarbeiten", „Werkzeug", „Möbel", „Schreibarbeiten", „Fachliteratur", „Bücher", „Lebensmittel", „Bekleidung", „Geschenkartikel", „Rechtsberatung" (vgl. EuGH vom 15.09.2016, C-516/14 – Barlis 06 u.ä.)) sind nicht ordnungsgemäß, weil nicht im einzelnen nachvollziehbar ist, was abgerechnet wird. Eine mehrfache Abrechnung lässt sich nicht ausschließen. Ein Vorsteuerabzug ist nicht gegeben.

- **§ 14 Abs. 4 Nr. 7 UStG:** Anzugeben ist das (Netto-)Entgelt. Bei Sammelrechnungen ist aufzuschlüsseln, soweit Leistungen teils ermäßigt, teils regelbesteuert werden. Rabatte usw. sind aufzuführen. Für automatisch unterstützte Rechnungen über mehrere Leistungen mit unterschiedlichen Steuersätzen können gemäß § 32 UStDV Summenbeträge gebildet werden. Hinzuweisen ist auch auf Vereinbarungen über Rabatte, Boni, Skonti usw. („3 % Skonto bei Zahlung bis zum …").
- **§ 14 Abs. 4 Nr. 8 UStG:** Aufgeführt werden Steuersatz (§§ 12, 24 UStG) und der sich hierbei errechnende Betrag oder der Hinweis auf eine bestehende Steuerbefreiung.
- **§ 14 Abs. 4 Nr. 9 UStG:** Wird die im außerunternehmerischen Bereich bezogene Leistung nach § 14 Abs. 2 Satz 1 Nr. 1 UStG abgerechnet, ist ein Hinweis auf die Aufbewahrungspflicht erforderlich.
- **§ 14 Abs. 4 Nr. 10 UStG:** Gutschriften müssen ausdrücklich als solche bezeichnet werden. Der Begriff kann auch in einer anderen EU-Amtssprache gewählt werden. Sprachliche Ungenauigkeiten bleiben für den Vorsteuerabzug unschädlich, wenn sich keine Zweifel aus der gewählten Bezeichnung und aus dem Inhalt ergeben.
- In den von **§ 14a UStG** erfassten Sonderfällen muss eine Rechnung weitere Angaben enthalten.

7. Berichtigung einer Rechnung

Unvollständige oder unrichtige Angaben in der Rechnung kann der Rechnungsteller nach Vorgabe des § 31 Abs. 5 UStDV, v.a. unter Angabe der ursprünglichen Rechnungsnummer, berichtigen oder ergänzen. Weil nach der Berichtigung einer bisher unvollständigen oder ungenauen Rechnung evtl. ein durchgängiger Vorsteuerabzug besteht, sollte davon abgesehen werden, die bisherige unsaubere Rechnung zu stornieren und die Leistung unter einer neuen Rechnungsnummer nochmals abzurechnen. Nach EuGH vom 15.09.2016, C-516/14 (Senatex) und ihm nach auch BFH vom 20.10.2016, V R 26/15 darf der Vorsteuerabzug nicht unverhältnismäßig eingeschränkt werden. Unternehmer dürfen regelmäßig nicht endgültig wirtschaftlich belastet werden, nicht mit der USt und auch nicht durch andere Forderungen, wie hier durch die Zinsfestsetzung (Neutralitätsprinzip). Sind also sämtliche materiell-rechtlichen Voraussetzungen im Übrigen erfüllt (Eingangsleistung an das Unternehmen) und wird die Rechnung berichtigt (ergänzt, präzisiert), wirkt dies auf den Zeitpunkt der ursprünglichen Ausstellung zurück und erlaubt dem Leistungsempfänger unter den sonstigen Voraussetzungen einen Vorsteuerabzug quasi von Anfang an. Eine Verzinsung gem. § 233a Abs. 1 AO wird dadurch vermieden, vgl. BFH vom 20.10.2016, V R 54/14 und 64/14. Nach h.M. kann eine Rechnung aber nur berichtigt werden, wenn sie bis dahin einen Mindeststandard beachtete, nämlich Angaben machte zu a) den Beteiligten am Leistungsaustausch, b) zur erbrachten Leistung (wenn auch evtl. unpräzise), c) Entgelt und d) Ausweis der USt. Die Berichtigung kann bis spätestens im Verfahren vor den FG berichtigt werden.

> **Beispiel:**
>
> Unternehmer U rechnete die Provisionsansprüche der von ihm beauftragten Vermittler per Gutschrift ab, ohne deren Steuernummer zu vermerken. Hieraus machte er dann seinen Vorsteuerabzug geltend. Wegen des Rechnungsmangels forderte das FA die Vorsteuer zurück nebst Zinsen gem. § 233a AO Noch während der Betriebsprüfung vervollständigte U die Gutschriften und wehrte sich durch Rechtsbehelf gegen die Zinsfestsetzung. Das FA gewährte den Vorsteuerabzug erst ab dem Zeitpunkt der Rechnungsberichtigung und hielt an der Verzinsung fest.

> **Lösung:**
> U steht (entgegen der bis dahin von der Finanzverwaltung vertretenen Auffassung) die Vorsteuer zu, ohne dass es zu einer Verzinsung kommt. Das gebietet der Neutralitätsgrundsatz.

Die Rspr. zur rückwirkenden Rechnungsberichtigung (Senatex) gilt wegen des ausdrücklichen Gesetzesverweises auf § 17 (Abs. 1 Satz 7) UStG nicht für eine Berichtigung der Rechnung nach § 14c UStG, BFH vom 12.10.2016, XI R 43/14. Die Frage einer Rechnungsberichtigung stellt sich zunehmend im Zusammenhang mit § 27 Abs. 19 UStG (Rückabwicklung von Bauträger-Altfällen, vgl. Kap. XVII.).

8. Kleinbetragsrechnungen

Um den Wirtschaftsverkehr nicht durch übertriebene Förmelei zu behindern, kann in Rechnungen über einen Bruttobetrag bis 250 € auf bestimmte Angaben in der Rechnung verzichtet werden. § 33 UStDV schreibt einen Mindeststandard vor: die Angaben zum Rechnungsempfänger und (Rechnungs- und Steuer-)Nummern können fehlen; angegeben wird das Bruttoentgelt und der Steuersatz.

9. Fahrausweise

§ 34 UStDV reduziert ebenfalls die Pflichtangaben für Fahrausweise. Der Steuersatz ist gemäß § 34 Abs. 1 Satz 1 Nr. 4 UStDV aufzuführen, wenn die Beförderung nicht nach § 12 Abs. 2 Nr. 10 UStG steuerermäßigt ist. In solchen Fällen kann im öffentlichen Eisenbahnverkehr statt dessen auch die Tarifentfernung angegeben werden.

10. Rechnung unter Angabe der Mindestbemessungsgrundlage

Erbringt der Unternehmer eine (teilentgeltliche, verbilligte) Leistung, die nicht nur nach dem entrichteten Entgelt gemäß § 10 Abs. 1 UStG, sondern auf fiktiver Basis gemäß § 10 Abs. 5 i.V.m. Abs. 4 UStG besteuert wird, wird gemäß § 14 Abs. 4 Satz 2 UStG die **Mindestbemessungsgrundlage** und der darauf entfallende Steuerbetrag angegeben, damit der Empfänger spiegelbildlich auch die höhere Vorsteuer berücksichtigen kann (s. Kap. IX. 4.).

> **Beispiel:**
> U liefert seiner Schwester S einen Gegenstand, der im Ankauf 1.000 € kostet, und berechnet statt des marktüblichen Preises von 1.200 € nur 800 €.

> **Lösung:**
> U schuldet die nach § 10 Abs. 5 Nr. 1 UStG berechnete Steuer von 1.000 € × 19 % = 190 € (§ 10 Abs. 4 Nr. 1 UStG). Verweist er in seiner Rechnung auf die Besteuerung nach der Mindestbemessungsgrundlage und führt Bemessungsgrundlage (1.000 €), Steuersatz (19 %) und den Steuerbetrag (190 €) auf, steht S eine Vorsteuer von 190 € zu, falls sie den Gegenstand für vorsteuerunschädliche Umsätze bezieht.

11. Teilzahlungen, Anzahlungen

Rechnet der Unternehmer **Teilleistungen** i.S.v. § 13 Abs. 1 Nr. 1a Sätze 2 und 3 UStG ab, muss er darin alle Elemente des § 14 Abs. 4 UStG angeben.
  Dasselbe gilt gemäß § 14 Abs. 5 UStG für die Anforderung von **Anzahlungen**.
  In der Schlussrechnung müssen solche Anzahlungen abgesetzt werden, andernfalls kann die Steuer nach § 14c Abs. 1 UStG überhöht ausgewiesen sein. Der UStAE enthält eine Vielzahl von Darstellungsbeispielen (Abschn. 14.8 Abs. 7, 8 UStAE).

12. Gutschrift

Aussteller einer Rechnung ist der Leistungserbringer oder gemäß § 14 Abs. 2 Satz 4 UStG ein von ihm beauftragter Dritter. Rechnet der Leistungsempfänger ab, handelt es sich dagegen um eine **Gutschrift**. Sie ist gemäß § 14 Abs. 2 Satz 2 UStG zulässig und setzt lediglich eine (ggf. formlose) Vereinbarung der Beteiligten voraus. Die zugegangene Gutschrift wirkt wie eine Rechnung, wenn der Gutschriftempfänger/leistende Partei nicht widerspricht. Das bedeutet:

- Die Gutschrift muss sämtliche Bestandteile einer ordnungsgemäßen Rechnung i.S.v. § 14 Abs. 4 UStG enthalten. Anzugeben ist die Steuernummer des leistenden Unternehmers (Nr. 2) und die Rechnungsnummer aus dem Nummernkreislauf des Gutschrifterstellers (Nr. 4). Nach § 14 Abs. 4 Nr. 10 UStG muss eine solche Abrechnung ausdrücklich als Gutschrift bezeichnet werden. Gemeint sind freilich nur Gutschriften im Sinn des § 14 Abs. 2 Satz 2 UStG, nicht auch sogenannte Gutschriften, wie sie im Handelsverkehr gelegentlich für andere Zwecke erteilt werden (Storn, Nachlass). Besonderheiten im Sinne von § 14a UStG wirken sich grundsätzlich auch bei Gutschriften aus (vgl. unten).
- Ein Widerspruch des Empfängers kommt in Betracht, wenn die Gutschrift einen Fehler enthält, der beim Gutschriftempfänger zur Zahlung einer aus § 14c UStG begründeten Umsatzsteuerschuld führen würde. Der Widerspruch ist eine empfangsbedürftige Willenserklärung. Ein Widerspruch ist grundsätzlich fristlos möglich bis zum Eintritt der Festsetzungsverjährung. Widerspricht der leistende Unternehmer/Gutschriftenempfänger, muss der Leistungsempfänger/Gutschriftaussteller einen bereits vorgenommenen Vorsteuerabzug rückgängig machen, auch wenn er den Betrag bereits an den leistenden Unternehmer zahlte und nicht zurückerhielt. Das Finanzamt überprüft nicht, ob der Widerspruch zu Recht erfolgte. Dies müssen die Umsatzbeteiligten zivilrechtlich abklären, BFH vom 23.01.2013, XI R 25/11, BStBl II 2013, 417.
- Nach der unwidersprochenen Gutschrift richtet sich der Vorsteuerabzug des Gutschriftausstellers.

Eine Abrechnung mittels Gutschrift bietet sich v.a. in solchen Fällen an, in denen die Berechnungsgrundlagen eher beim Leistungsempfänger greifbar sind.

Beispiel 1:
V vermittelt steuerpflichtig Umsätze für den Unternehmer U. Er erhält für die erstmalige Geschäftsanbahnung wie auch für Folgebestellungen der von ihm vermittelten Kunden jeweils eine Provision, die sich prozentual nach dem von U erzielten Verkaufspreis richtet.

Lösung:
V erbringt sonstige (Vermittlungs-)Leistungen an U. Bemessungsgrundlage ist der Umfang der Lieferungen des U an dessen Kunden. Derartige Einzelheiten werden dem V regelmäßig nicht bekannt sein. U und V werden daher eine Abrechnung über Gutschriften vereinbaren.

Beispiel 2:
K verkauft in eigenem Namen aber auf Rechnung des H Waren. K darf 10 % des Nettoverkaufserlöses als „Provision" behalten.

Lösung:
K erbringt Lieferungen an seine Kunden. Zugleich ist er als Kommissionär Abnehmer der nach § 3 Abs. 3 UStG fiktiv von H gelieferten Waren. Weil der Weiterverkauf an die Drittabnehmer in der Sphäre des K stattfindet, wird dieser gegenüber H durch Gutschrift abrechnen.

> **Tipp!**
> Eine „Gutschrift", mit der im Geschäftsverkehr gelegentlich die Korrektur oder Stornierung einer Rechnung vorgenommen wird, hat nichts mit einer Gutschrift i.S.v. § 14 Abs. 2 Satz 2 UStG gemeinsam. Sie beruht häufig auf fehlerhafter Leistung. Stattdessen kommt es ggf. zu einer Berichtigung von Umsatzsteuer und Vorsteuer gemäß § 17 UStG.

13. Rechnung in besonderen Fällen

Die speziellen Anforderungen aus § 14a UStG richten sich an Besonderheiten aus, die häufig (auch) der Überprüfung eines internationalen Leistungsaustausches dienen.

- Wird der Empfänger einer nach § 3a Abs. 2 UStG ins Inland verlagerten steuerpflichtigen Leistung zum Steuerschuldner gemäß § 13b Abs.1 i.V.m. Abs. 5 UStG, müssen gemäß § 14a Abs. 1 Satz 3 UStG die Umsatzsteuer-Identifikationsnummern beider Beteiligter angegeben werden. Gemäß § 14a Abs. 1 Satz 1 bzw. Abs. 5 Satz 1 UStG ist ein Hinweis auf die „Steuerschuldnerschaft des Leistungsempfängers" erforderlich. Die Abrechnung ist bei einer Steuerumkehr nach § 13b Abs. 1, Abs. 5 UStG gemäß § 14a Abs. 1 Satz 2 UStG bis zum 15. des der Leistung folgenden Kalendermonats vorzunehmen. Dies gilt gem. § 14a Abs. 1 Satz 4 UStG gleichermaßen für Gutschriften. In den Fällen der Steuerschuldumkehr darf in der Rechnung keine USt ausgewiesen werden; da der leistende Unternehmer sie nicht schuldet, darf er sie auch nicht ausweisen und vereinnahmen, andernfalls § 14c Abs. 1 UStG erfüllt wird.
- Die Angabe der Umsatzsteuer-Identifikationsnummern ist auch bei innergemeinschaftlichen Lieferungen nach § 14a Abs. 3 Satz 2 UStG erforderlich. Dasselbe gilt gemäß § 14a Abs. 7 Satz 2 UStG für innergemeinschaftliche Dreiecksgeschäfte im Sinne von § 25b Abs. 2 UStG. Innergemeinschaftliche Lieferungen müssen gemäß § 14a Abs. 3 Satz 1 UStG gleichfalls bis zum 15. des Folgemonats abgerechnet werden.
- § 14a Abs. 2 UStG verpflichtet einen EU-ausländischen Versandhändler im Anwendungsbereich des § 3c UStG zur Ausstellung einer Rechnung.
- Bei der Abrechnung für Reiseleistungen und im Geltungsbereich der Differenzbesteuerung muss gemäß § 14a Abs. 6 UStG ausdrücklich auf die jeweilige Sonderregelung hingewiesen werden.

14. Falscher Steuerausweis

Dass in einer Rechnung eine Steuer **falsch ausgewiesen wird**, kann auf unterschiedlichen Ursachen beruhen. Der Fehler kann sich sowohl auf die Umsatzsteuer auswirken, er muss aber v.a. im Interesse desjenigen vermieden werden, der den Vorsteuerabzug anstrebt. Wer eine Umsatzsteuer i.S.v. § 14c UStG ausweist, ist gemäß § 13a Abs. 1 Nr. 1 bzw. Nr. 4 UStG Steuerschuldner. Die Steuer entsteht gem. § 13 Abs. 1 Nr. 3 bzw. Nr. 4 UStG (seit 2016 einheitlich) im Zeitpunkt der Rechnung und wird gem. § 13a Abs. 1 Nr. 1 bzw. Nr. 4 UStG vom Rechnungsaussteller geschuldet. Die an den Rechnungsbegriff des § 15 Abs. 1 UStG und den des § 14c UStG zu stellenden Anforderungen sind dabei nicht identisch (BFH vom 17.2.2011, V R 39/09, BStBl II 2011, 734). Obwohl nur ordnungsgemäße Rechnungen einen Vorsteuerabzug ermöglichen, verleiten auch **unvollständige** Rechnungen zu einem nicht erlaubten Vorsteuerabzug. Auch sie können daher die Voraussetzungen des § 14c Abs. 1 UStG erfüllen. Die Angabe des Rechnungsausstellers und des Entgelts als Grundlage des gesondert ausgewiesenen Steuerbetrags sind jedoch unverzichtbar, um überhaupt von einer „Rechnung" in diesem Sinne sprechen zu können. Falsche Rechnungen können berichtigt werden.

> **Tipp!**
> Nahezu in jeder Klausur kommt es zu einem Steuerausweis gemäß § 14c UStG. Angesichts der wachsenden Bedeutung der Umkehr der Steuerschuld wird zumeist i.R.d. § 13b UStG eine Rechnung wiedergegeben, in der fälschlich Umsatzsteuer ausgewiesen wird (vgl. §§ 14a Abs. 5 Satz 3, 14c Abs. 1 UStG).

14.1 Zu niederer Steuerausweis

Der Fehler tritt v.a. auf, wenn der Abrechnende den ermäßigten Steuersatz ansetzt, obwohl der Regelsteuersatz gilt (vgl. Kap. X.).

> **Beispiel:**
> Der Unternehmer M berechnet für eine eigentlich regelbesteuerte Leistung 500 € zuzüglich 7 % Umsatzsteuer = 35 €.

> **Lösung:**
> M schuldet die mit dem Regelsteuersatz berechnete Umsatzsteuer aus dem Brutto-Entgelt: 535 € × $^{19}/_{119}$ = 85,42 €. Weil die Umsatzsteuer nicht zu hoch ausgewiesen wurde, liegt kein Fall des § 14c UStG vor.
>
> **Hinweis!** Bezieht der Abnehmer die Leistung für seinen unternehmerischen Bereich und liegt eine ansonsten ordnungsgemäße Rechnung vor, beschränkt sich der Vorsteuerabzug gemäß § 15 Abs. 1 Satz 1 Nr. 1 UStG auf den ausgewiesenen Betrag in Höhe von 35 €.

14.2 Zu hoher Steuerausweis

In der Praxis kann der Fehler in unterschiedlichen Bereichen auftreten:
- Entweder wird der Regelsteuersatz statt des ermäßigten Steuersatzes ausgewiesen oder
- ist der Umsatz in Wahrheit nicht steuerbar, steuerfrei oder
- ist die Steuerschuld nach § 13b UStG umgekehrt oder
- handelt es sich um eine nichtsteuerbare Geschäftsveräußerung.

Es greift jeweils § 14c Abs. 1 UStG. Der leistende Unternehmer schuldet also die gesamte Umsatzsteuer. Der Vorsteuerabzug ist nicht/nicht in gesamter Höhe zulässig.

14.2.1 Regelsteuersatz statt ermäßigtem Steuersatz

Entsprechend Kap. 13.1 geschieht ein solcher Fehler, wenn die Abgrenzung in § 12 UStG schwierig ist. Ist der Umsatz zwar steuerpflichtig, unterliegt aber in Wahrheit dem ermäßigten Steuersatz, schuldet der Unternehmer einen Teil der Umsatzsteuer, weil er steuerpflichtig tätig wurde. Den anderen Teil der Umsatzsteuer schuldet er nach § 14c Abs. 1 UStG korrespondierend mit der Gefahr, dass der Leistungsempfänger eventuell fälschlich die (volle) Vorsteuer geltend macht.

> **Beispiel:**
> Unternehmer M berechnet seine steuerermäßigte Leistung mit 10.000 € × 19 % Umsatzsteuer = 1.900 €.

> **Lösung:**
> M schuldet dem Finanzamt den Gesamtbetrag von 1.900 €. Diesen Betrag wird er auch vom Leistungsempfänger vereinnahmen.

In der Praxis wird der Unternehmer (auch) die überhöhte Umsatzsteuer bereits im Rahmen der Sollbesteuerung anmelden und abführen, obwohl dieser Teil der Steuer erst entsteht, wenn er die Rechnung stellt.

Der Vorsteuerabzug besteht dagegen nur, soweit die Umsatzsteuer der erbrachten Leistung entspricht. Er berechnet sich wie folgt: 11.900 × 7/107 = 778,50 €. Dieser Betrag gilt in dem Gesamtbetrag von 1.900 € als mitenthalten bzw. mitausgewiesen i.S.v. § 15 Abs. 1 Satz 1 Nr. 1 Satz 2 UStG.

14.2.2 Steuerausweis bei steuerfreier Leistung

Hier schuldet der leistende Unternehmer die ausgewiesene Umsatzsteuer insgesamt aus § 14c Abs. 1 UStG. Dem Leistungsempfänger steht i.R.d. § 15 Abs. 1 Satz 1 Nr. 1 UStG kein Vorsteuerabzug zu.

> **Beispiel:**
>
> Unternehmer M verkauft eine Ware an den ausländischen Unternehmer A. A bittet M darum, die Ware zunächst zu L zu bringen, damit dieser noch eine Lohnveredelung daran erbringt, bevor die Ware dann ins Ausland gebracht wird. M berechnet A Umsatzsteuer i.H.v. 2.000 € × 19 % = 380 €.

> **Lösung:**
>
> Die Lieferung des M ist in Wahrheit steuerfrei nach § 4 Nr. 1 UStG. Es handelt sich entweder um eine steuerfreie Ausfuhr (§ 6 UStG), wenn die Ware ins Drittland gelangt oder um eine steuerfreie innergemeinschaftliche Lieferung, wenn sie ins EU-Ausland gebracht wird. Dass zuvor noch eine Lohnveredelung stattfindet, ändert an der Steuerbefreiung nichts (§§ 6 Abs. 1 Satz 2, 6a Abs. 1 Satz 2 UStG) vgl. Kap. XX. Wenn und solange M die Rechnung nicht berichtigt, schuldet er die Umsatzsteuer aus § 14c Abs. 1 UStG. A ist nicht zum Vorsteuerabzug berechtigt.

14.2.3 Steuerausweis im Fall des § 13b UStG

Erbringt der Unternehmer eine Leistung, für die der Leistungsempfänger nach § 13b UStG die Steuer schuldet, führt ein Steuerausweis ebenfalls zur Anwendung des § 14c Abs. 1 UStG (vgl. § 14a Abs. 5 Satz 2 UStG). Der Leistungsempfänger schuldet dem Finanzamt in jedem Fall die auf ihn übergegangene Umsatzsteuer, selbst wenn er auch dem leistenden Unternehmer die Umsatzsteuer zahlte. (Zur Berechnung vgl. unter Kap. XVII.)

> **Beispiel:**
>
> M bezieht für sein Unternehmen eine sonstige Leistung vom französischen Unternehmer F, der dafür 10.000 € zuzüglich 19 % Umsatzsteuer = 1.900 € berechnet und von M auch erhält.

> **Lösung:**
>
> Ist die Leistung des F gemäß § 3a Abs. 2 UStG im Inland steuerbar und auch steuerpflichtig, verlagert sich die Umsatzsteuerschuld gemäß § 13b Abs. 1, Abs. 5 UStG auf M. F schuldet keine Umsatzsteuer aus der erbrachten Leistung, schuldet aber gemäß § 13a Abs. 1 Nr. 1 UStG die fälschlich ausgewiesene Umsatzsteuer nach § 14c Abs. 1 UStG. Zugleich schuldet M die Umsatzsteuer nach § 13b Abs. 1, Abs. 5 UStG in derselben Höhe gegenüber dem Finanzamt. Bei M fließen also 2 × 1.900 € = 3.800 € ab.
>
> M steht die Vorsteuer aber nur i.R.d. § 15 Abs. 1 Nr. 4 UStG zu, also nur, soweit die Umsatzsteuer aus § 13b UStG betroffen ist, damit nur i.H.v. 1.900 €. Weil die von F zu hoch ausgewiesene Umsatzsteuer nicht „für die Leistung gesetzlich geschuldet ist", entfällt insoweit ein Vorsteuerabzug gemäß § 15 Abs. 1 Nr. 1 UStG. M erleidet einen finanziellen Nachteil.

> **Tipp!**
> Gehen beide Umsatzbeteiligten in bestimmten Fällen irrig von einer Umkehr der Steuerschuld aus und führt der Leistungsempfänger daher die Umsatzsteuer ab, verbleibt es gem. § 13b Abs. 5 Satz 7 UStG hierbei. Das Finanzamt kann nicht zusätzlich noch die Steuer vom leistenden Unternehmer fordern.

14.2.4 Geschäftsveräußerung im Ganzen (§ 1 Abs. 1a UStG)

Überträgt ein Unternehmer sein Unternehmen insgesamt auf einen Erwerber, ist der Umsatz gemäß § 1 Abs. 1a UStG nicht steuerbar (s. Kap. XIV. 3.). Für eine dennoch ausgewiesene Umsatzsteuer gilt § 14c Abs. 1 UStG.

14.2.5 Rechnungsberichtigung

§ 14c Abs. 1 UStG erlaubt es, Rechnungen mit überhöhtem Steuerausweis **zwischen den Beteiligten** zu berichtigen. Die Rspr. zur rückwirkenden Rechnungsberichtigung (EuGH vom 15.09.2016, C-516/14 Senatex) gilt nicht für eine Berichtigung nach § 14c UStG: Hierbei handelt es sich gerade nicht um die Berichtigung einer unvollständigen oder ungenauen Rechnung i.S.v. § 31 Abs. 5 UStDV; außerdem steht der Normzweck hier speziell im Zusammenhang mit der Gefahr eines unzulässigen Vorsteuerabzugs und zuletzt ergibt sich die Wirkung einer Berichtigung gem. § 14c UStG angesichts des Verweises im Einzelnen aus § 17 Abs. 1 Satz 7 UStG, vgl. BFH vom 31.5.2017, V B 5/17. Nach BFH vom 12.10.2016, XI R 43/14 kann die Berichtigung durch eine Abtretungsanzeige vorgenommen werden, in der auf die falsche Rechnung Bezug genommen wird; dies vereinfacht das Verfahren.

> **Beispiel:**
> U wies in seiner Rechnung über eine ermäßigt besteuerte Leistung bisher den vereinbarten Nettobetrag von 1.000 € aus sowie 19 % USt = 190 € und vereinnahmte diesen Betrag.

> **Lösung:**
> Er sendet nun dem Leistungsempfänger eine Rechnung, die er als „Berichtigung" kenntlich macht (dieselbe Rechnungsnummer) und weist darin 7 % = 70 € aus. Erst wenn er die Rechnung wie angegeben berichtigt und den überzahlten Betrag dem Leistungsempfänger erstattete, erhält er vom Finanzamt die überhöhte Umsatzsteuer zurück.
> Hatten die Parteien ausnahmsweise einen Festpreis in Höhe von 1.900 € vereinbart, lautet die berichtigte Rechnung auf netto 1.112,15 € zzgl. 7 % USt = 77,85 €.

V.a. im Fall der Geschäftsveräußerung (§ 1 Abs. 1a UStG) muss die Berichtigung aber beim Finanzamt schriftlich beantragt werden, § 14c Abs. 1 Satz 3 UStG i.V.m. § 14c Abs. 2 Sätze 3–5 UStG.

> **Tipp!**
> In der Praxis muss ein falscher Rechnungsausweis vermieden werden.
> Für den **leistenden Unternehmer** ergibt sich zunächst kein finanzieller Nachteil, wenn und weil der Leistungsempfänger die gesamte Umsatzsteuer zahlt, die an das Finanzamt weitergeleitet wird. Es entsteht aber vermeidbarer Zusatzaufwand, wenn beim Leistungsempfänger der Vorsteuerabzug versagt und in der Folge beim leistenden Unternehmer eine berichtigte Rechnung angefordert wird.
> Ein **Rechnungsempfänger** sollte fehlerhafte Rechnungen sogleich zurückschicken, weil er andernfalls seinen Vorsteuerabzug riskiert und darauf angewiesen ist, dass die Rechnung, eventuell Jahre später, berichtigt wird und er die gezahlte Umsatzsteuer zurück erhält.

14.3 Unberechtigter Steuerausweis

Der **unberechtigte Steuerausweis** ist in § 14c Abs. 2 UStG geregelt, gilt also nur, wenn nicht Abs. 1 greift. Die Anwendungsfälle sind in Abschn. 14c.2 UStAE aufgeführt. Es sind v.a.:
1. **Kleinunternehmer,** die nicht zur Regelbesteuerung optiert haben.
2. Ein **Privatmann** rechnet seine Leistung mit Umsatzsteuerausweis ab; ebenso, wenn ein Unternehmer eine Leistung aus seinem Privatbereich abrechnet.
3. Der Unternehmer stellt eine **Gefälligkeitsrechnung** aus, rechnet also eine in Wahrheit nicht erbrachte Leistung ab.

Beispiel:

U berechnet 1.000 € zuzüglich 19 % Umsatzsteuer = 190 € für den Verkauf „eines Bürostuhles". In Wahrheit hatte er aber einen Sessel für den Privatbedarf des Abnehmers verkauft.

Lösung:

U schuldet 2 × Umsatzsteuer i.H.v. 190 € = 380 €.
Die Lieferung des Sessels begründet zum einen die gesetzlich entstandene Umsatzsteuer nach § 1 Abs. 1 Nr. 1 UStG.
Zum zweiten Mal schuldet M die Umsatzsteuer gemäß § 14c Abs. 2 UStG, weil er sie für eine Leistung auswies, die in Wahrheit nie stattfand.
Hinweis! Der Leistungsempfänger ist zu keinerlei Vorsteuerabzug berechtigt.

14.4 Rechnungsberichtigung

Erforderlich ist nach § 14c Abs. 2 UStG die **Zustimmung des Finanzamts**. Es muss gewährleistet sein, dass entweder die Vorsteuer erst gar nicht abgezogen oder aber eine bereits berücksichtigte Vorsteuer zurückgezahlt wird, vgl. BFH vom 3.11.2016, V B 81/16.

Fall:

Unternehmer M verkauft Immobilien teils schlüsselfertig, teils übernimmt er Rohbauarbeiten. Die Ausführung von Baumaßnahmen überträgt er im Jahr 2017 in eigenem Namen teils inländischen, teils ausländischen Bauhandwerkern. Bauhandwerker B berechnet M im September 10.000 € zuzüglich 19 % Umsatzsteuer = 1.900 € für eine solche im Juni ausgeführte Leistung. Die Vorjahresumsätze des M bestanden zu 15 % aus Bauumsätzen (Rohbau).

XII. Vorsteuerabzug

1. Allgemeine Grundsätze

1.1 Neutralitätsgebot

Der Vorsteuerabzug korrespondiert mit der Umsatzsteuer. Der Vorsteuerabzug ist integraler Bestandteil des Mechanismus der Mehrwertsteuer. Dem Grundsatz nach entlastet er den Unternehmer vollständig von der im Rahmen seiner gesamten wirtschaftlichen Tätigkeit geschuldeten oder entrichteten Mehrwertsteuer. Die Eingangsleistung muss demnach für das Unternehmen des Leistungsempfängers erfolgen und sie muss grundsätzlich in einem direkten und unmittelbaren Zusammenhang mit einer wirtschaftlichen Betätigung stehen, die ihrerseits der Mehrwertsteuer unterliegt. Das Recht auf Vorsteuerabzug besteht demnach, wenn die hierfür getätigten Ausgaben zu den Kostenelementen der (in der Regel versteuerten) Ausgangsumsätze gehören.

Die Vergütung der Vorsteuer an im Ausland ansässige Unternehmer ist in einem besonderen Verfahren gemäß § 18 Abs. 9 UStG i.V.m. §§ 59 ff. UStDV geregelt. Es gilt nur, wenn die Vorsteuer nicht im allgemeinen Besteuerungsverfahren nach § 16 Abs. 2 Satz 1 UStG berücksichtigt werden kann. Eine inländische Betriebsstätte liegt nur vor, wenn von dort aus auch tatsächlich Umsätze bewirkt werden.

1.2 Sofortabzug

Über die Vorsteuer wird sogleich entschieden. Das Recht auf Abzug der Vorsteuer entsteht im Zeitpunkt des Leistungsbezugs (oder der Teilleistung, Anzahlung). Abzustellen ist auf die Absicht. Die **Verwendungsabsicht** muss dokumentiert (objektiv und gutgläubig belegt) werden. Soll die Eingangsleistung für eine vorsteuerunschädliche Betätigung des Unternehmers genutzt werden, hindert eine eventuell später hiervon abweichende Verwendung den ursprünglich zurecht vorgenommenen Vorsteuerabzug nicht. Der ursprüngliche Vorsteuerabzug wird allenfalls über § 15a UStG berichtigt.

> **Beispiel:**
>
> V lässt ein Gebäude errichten, das er nach Fertigstellung steuerpflichtig vermieten will. Er will die Vorsteuer aus den Rechnungen geltend machen, lange bevor das Bauwerk vollendet ist.

> **Lösung:**
>
> V muss die spätere Verwendung glaubhaft machen. Dazu legt er geeignete Unterlagen vor, z.B. Baupläne mit besonderem Zuschnitt für gewerbliche Verwendung, Anzeigen, Voranfragen, Vorverträge usw. Weicht die spätere Verwendung hiervon ab, wird die Vorsteuer nach § 15a UStG berichtigt.

1.3 Voranmeldung

Der Unternehmer gibt gemäß §§ 16, 18 UStG sowohl für das Kalenderjahr (Besteuerungszeitraum) als auch für die einzelnen Voranmeldungszeiträume jeweils eine **Umsatzsteueranmeldung** ab. Hierin führt er diejenigen Umsätze auf, für die er die Steuer schuldet, sowie die Eingangsleistungen. Aus der Differenz von Umsatzsteuer und Vorsteuer errechnet sich per saldo eine Umsatzsteuerzahllast oder eine Vorsteuervergütung. Die Steueranmeldung steht gemäß § 168 AO einer Steuerfestsetzung unter Vorbehalt der Nachprüfung gleich – wenn sich ein Vorsteuerüberhang oder eine Herabsetzung der Umsatzsteuer ergibt, erst mit Zustimmung des Finanzamts.

> **☞ Tipp!**
> Führt in der Klausur die Lösung eines Sachverhalts zur Umsatzsteuerpflicht, muss immer auch zum Vorsteuerabzug beim Leistungsempfänger Stellung genommen werden.
> In der Praxis gehört die Überprüfung eines vorgenommenen Vorsteuerabzugs zum Kernbereich einer Außenprüfung. Vor der Buchung eines Geschäftsvorfalls muss deshalb sorgfältig überprüft werden, ob auf einer Rechnung zurecht eine Umsatzsteuer ausgewiesen ist.

2. Systematik des Vorsteuerabzugs

Die **Regelung des Vorsteuerabzugs** verteilt sich auf mehrere Stufen:
1. Ob die Vorsteuer abziehbar ist, ergibt sich aus § 15 Abs. 1 UStG. Damit ist aber noch nicht entschieden, ob die Vorsteuer auch abzugsfähig ist:
2. Eine demnach abziehbare Vorsteuer kann einem Abzugsverbot gemäß § 15 Abs. 1a oder 1b UStG unterliegen.
3. Bleibt die Vorsteuer hiernach abziehbar, ist sie doch nicht abzugsfähig, wenn ein Ausnahmetatbestand des § 15 Abs. 2 UStG greift. Diese „vorsteuerschädlichen" Ausnahmetatbestände werden freilich
4. ihrerseits durch die Sonderregeln in § 15 Abs. 3 UStG durchbrochen.
   § 15 Abs. 4 UStG gebietet eine Aufteilung, wenn die fragliche Eingangsleistung sowohl zu vorsteuerunschädlichen als auch zu vorsteuerschädlichen Umsätzen eingesetzt wird.

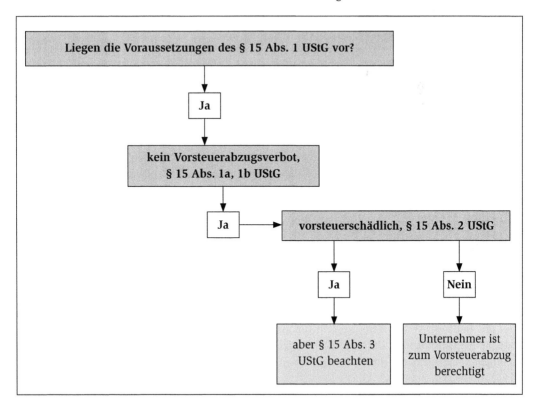

3. Entstehungstatbestände im Überblick

Der Vorsteuerabzug korrespondiert mit den Umsatztatbeständen des § 1 Abs. 1 UStG. Entsprechend unterscheidet § 15 Abs. 1 UStG auf der ersten Stufe verschiedene Tatbestände des Vorsteuerabzugs.

	Umsatzsteuer	Vorsteuer
Lieferung, sonstige Leistung	§ 1 Abs. 1 Nr. 1 UStG	§ 15 Abs. 1 Satz 1 Nr. 1 UStG
		§ 15 Abs. 1 Satz 1 Nr. 4 i.V.m. § 13b UStG
Einfuhr	§ 1 Abs. 1 Nr. 4 UStG	§ 15 Abs. 1 Satz 1 Nr. 2 UStG
Erwerb	§ 1 Abs. 1 Nr. 5 UStG	§ 15 Abs. 1 Satz 1 Nr. 3 UStG
Umsatzsteuerlager	(vgl.) § 13 Abs. 1 Nr. 6 UStG	§ 15 Abs. 1 Satz 1 Nr. 5 UStG

4. Vorsteuerabzug gemäß § 15 Abs. 1 Satz 1 Nr. 1 UStG

Es handelt sich um den Haupttatbestand.

Leistender Unternehmer erbringt steuerpflichtige Leistung	
Leistungsempfänger ist Unternehmer. Er bezieht die Eingangsleistung für sein Unternehmen	Die gesetzlich geschuldete Eingangs-Umsatzsteuer ist beim Leistungsempfänger abziehbar
Ordnungsgemäße Rechnung liegt vor	
oder: Anzahlung auf Vorausrechnung (Nr. 1 Satz 3)	

Ein guter Glaube an das Vorliegen dieser Voraussetzungen ist gegebenenfalls geschützt (Abschn. 15.2 Abs. 2 Sätze 5–6 UStAE).

4.1 Steuerpflichtiger Eingangsumsatz

Ist die Eingangsleistung nicht steuerbar oder nicht steuerpflichtig, entfällt ein Vorsteuerabzug. Eine gleichwohl in einer Rechnung ausgewiesene Umsatzsteuer (§ 14c UStG) ist nicht abziehbar, da sie nicht eine „gesetzlich geschuldete Steuer für Lieferungen oder sonstige Leistungen" ist. Solche Umsatzsteuer wird zwar auch gesetzlich geschuldet, aber nicht wegen der erbrachten Leistung, sondern nur wegen der Gefahr eines unberechtigten Vorsteuerabzugs (s. Kap. XI. 13.).

Wird ein Gegenstand eingelegt, kommt ein Vorsteuerabzug nicht in Betracht, da es an einer entsprechenden Eingangsleistung durch einen Dritten fehlt.

4.2 Unternehmensbezug

Der Leistungsempfänger muss Auftraggeber bzw. Besteller (Auftreten in eigenem Namen) einer Eingangsleistung für das „Unternehmen" sein. Das Unternehmen umfasst gemäß § 2 Abs. 1 Satz 2 UStG das gesamte Betätigungsfeld (Einheitsunternehmen), in dem sich der Unternehmer wirtschaftlich betätigt. Die Vorsteuerabzugsberechtigung beginnt bereits mit den ersten Vorbereitungshandlungen und kann über das Ende der werbenden Tätigkeit hinaus bestehen. Scheitert die Eröffnung des beabsichtigten Unternehmens (erfolgloser Unternehmer), bleibt einerseits der Vorsteuerabzug erhalten, die Abwicklung unterliegt andererseits der Umsatzsteuer (s. Kap. XIV. 1.1, 2.).

Teil II: Darstellung der Umsatzsteuer

> **Beispiele:**
> 1. A war bisher als Angestellter tätig. Er kündigt nun und will sich selbstständig machen. Er mietet ein Ladenlokal an, kauft Warenvorräte und weist in der Tageszeitung auf die bevorstehende Eröffnung seines Betriebes hin. Noch bevor es soweit kommt, nimmt A seine Angestelltentätigkeit wieder auf.
> 2. A will eine Einmann-GmbH gründen und lässt sich die damit zusammenhängenden Rechtsprobleme von einem Steuerberater erklären. Letztlich kommt es doch nicht zu einer GmbH, A macht die Vorsteuer aus den Beratungskosten geltend.

> **Lösung:**
> 1. A steht der Vorsteuerabzug aus seinen Vorbereitungsmaßnahmen zu. Er beabsichtigte nachvollziehbar, wirtschaftlich tätig zu werden und erfüllt damit die Voraussetzungen des § 15 Abs. 1 UStG. Spiegelbildlich schuldet er die Umsatzsteuer, wenn er die Waren verkauft oder entnimmt.
> 2. Ein Vorsteuerabzug scheitert. A beabsichtigte nie, unternehmerisch tätig zu werden, das beabsichtigte Unternehmen (GmbH) entstand nicht. Dies gilt jedenfalls dann, wenn die Eingangsleistung nicht in einem sog. Investitionsgut besteht, BFH vom 11.11.2015, V R 8/15.

Wird eine Leistung an eine Gemeinschaft erbracht, die selbst nicht unternehmerisch tätig wird, sondern nur einer oder beide Gemeinschafter die bezogene Leistung für einen Ausgangsumsatz verwendet, wird auf diesen durchgegriffen. Aus Gründen der Verhältnismäßigkeit sind formale Anforderungen an die Rechnung nachrangig. Der Sachverhalt ist so zu beurteilen, als ob von Anfang an an den wirtschaftlich tätigen Gemeinschafter geleistet wird.

> **Beispiele:**
> 1. Die Ehegatten F und M erstellen für 300.000 € zzgl. 57.000 € Umsatzsteuer ein Gebäude, das beiden je zur Hälfte gehört. Sämtliche Rechnungen lauten auf Familie F-M. Im EG wohnen die beiden zusammen, im gleich großen 1. OG betreibt F ihre Steuerberatung.
> 2. A und B schaffen sich zusammen einen Mähdrescher an, den A zu 60 % und B zu 40 % nutzen darf.

> **Lösung:**
> 1. Leistungsempfänger der Bauleistungen ist die aus F und M bestehende Ehegattengemeinschaft. Die Gemeinschaft erfüllt nicht die Voraussetzungen des § 2 UStG und ist daher nicht zum Vorsteuerabzug berechtigt. Da der Abzug der Vorsteuer eines der wichtigsten Merkmale des MwSt-Systems ist, wird er hier der F gewährt, damit sich bei ihr die USt-Belastung innerhalb der Unternehmerkette neutralisiert. Angesichts ihres Miteigentumsanteils bezieht F zwar eigentlich nur die Hälfte der auf das OG entfallenden Leistungen selbst. Auch lautet die Rechnung nicht auf F. Wegen des Verhältnismäßigkeitsgrundsatzes darf F dennoch 50 % der Vorsteuer, also 28.500 €, abziehen. Der Vorsteuerabzug ist freilich auf die Höhe des Miteigentumsanteils begrenzt, bliebe also unverändert, wenn F zusätzlich noch einen Teil des EG unternehmerisch nutzen würde.
> 2. Auch hier gibt es kein aus A und B bestehendes Unternehmen, sodass insofern die Voraussetzungen des § 15 Abs. 1 UStG eigentlich nicht erfüllt sind. Damit der Vorsteuerabzug aber nicht endgültig verloren geht, wird auf A und B durchgegriffen. Sie gelten als Leistungsempfänger und können daher die Vorsteuer berücksichtigen, soweit sie die Eingangsleistung jeweils unternehmerisch nutzen, allerdings begrenzt auf die Höhe ihres Miteigentumsanteils. A kann die Vorsteuer daher zu 50 % abziehen, B zu 40 %. Dass die Rechnung entgegen § 14 Abs. 4 Nr. 1 UStG nicht auf

> A bzw. B lautet, ist unerheblich, da keine Steuerumgehung oder -hinterziehung zu befürchten ist, BFH vom 28.8.2014, V R 49/13.

Im Sonderfall einer **unfreien Versendung** ist unter den Voraussetzungen des § 40 UStDV ausnahmsweise der Empfänger einer Frachtsendung zum Vorsteuerabzug berechtigt.

Beim Verkauf von **Neufahrzeugen** i.S.d. § 1b Abs. 2 UStG wird ein Privater gemäß § 2a UStG einem Unternehmer gleichgestellt. Seine Lieferung ins EU-Ausland wird als steuerbare, aber steuerfreie innergemeinschaftliche Lieferung behandelt. Konsequent erhält er die Vorsteuer aus der Anschaffung des Fahrzeugs, freilich begrenzt nach § 15 Abs. 4a UStG.

Kleinunternehmer sind gemäß § 19 Abs. 1 Satz 4 UStG vom Vorsteuerabzug ausgeschlossen. § 24 Abs. 1 Sätze 3 und 4 UStG enthält für **Land- und Forstwirte** spezielle Vorsteuerpauschalen. Besondere Regelungen bestehen gemäß § 25 Abs. 4 UStG auch bei **Reiseleistungen** und der **Differenzbesteuerung** gemäß § 25a Abs. 5 Satz 3 UStG. Zuletzt erlaubt § 23 UStG eine Vorsteuer nach Durchschnittssätzen.

4.2.1 Wirtschaftliche Tätigkeit

Eine unternehmerische bzw. „wirtschaftliche Betätigung" (vgl. Art. 9 MwStSystRL) umfasst grundsätzlich alle Tätigkeiten eines Erzeugers, Händlers oder Dienstleisters, mit denen er Lieferungen oder Dienstleistungen erbringt. Dabei ist zu unterscheiden:
- zum einen die eigentliche mehrwertsteuerpflichtige (wirtschaftliche) Tätigkeit, die gemäß § 2 Abs. 1 UStG auf die Erzielung von Einnahmen gerichtet ist (typischer Unternehmensbereich). Hier besteht unter den sonstigen Voraussetzungen ein Recht zum Vorsteuerabzug,
- zum anderen eine Tätigkeit des Unternehmens, die zwar ebenfalls dem unternehmerischen Zweck dient, sich aber ausnahmsweise auf die Wahrnehmung der allgemeinen Interessen seiner Mitglieder im Unternehmen beschränkt und damit „nichtwirtschaftlich" ist (Abschn. 2.3 Abs. 1 UStAE). Bezieht sich die Eingangsleistung auf solche nicht besteuerte Umsätze, besteht spiegelbildlich kein Recht auf Vorsteuerabzug.

> **Beispiel:**
> 1. Die Holdinggesellschaft H hält Anteile an verschiedenen Tochtergesellschaften und hat für den Erwerb die Dienste eines Steuerberaters in Anspruch genommen. Sie erbringt vertragsgemäß dauerhaft bestimmte kaufmännische Leistungen an ihre Tochtergesellschaften gegen Entgelt.
> 2. H erbringt keine derartigen Leistungen.
> 3. Sportverein SV baut eine neue Halle, die ausschließlich durch die Vereinsmitglieder genutzt wird.

> **Lösung:**
> 1. H ist eine sog. geschäftsleitende oder Managementholding, wird durch die von ihr erbrachten Leistungen wirtschaftlich tätig, erfüllt also die Merkmale des § 2 Abs. 1 UStG und ist daher zum Vorsteuerabzug (etwa aus der Beratungsleistung) berechtigt, BFH vom 1.6.2016, XI R 17/11; für nur verhältnismäßigen Vorsteuerabzug, BFH vom 6.4.2016, V R 6/14.
> 2. Als reine Finanzierungsholding ist H nicht unternehmerisch tätig und daher vom Vorsteuerabzug ausgeschlossen.
> 3. SV ist nichtwirtschaftlich im engeren Sinne tätig. Der Leistung an die Mitglieder stehen nur Mitgliedsbeiträge gegenüber, die nach nationaler Betrachtung kein Entgelt darstellen. SV erhält (insoweit) keine Vorsteuer.

4.2.2 Von Anfang an beabsichtigter ausschließlicher Privatgebrauch

Will der Leistungsempfänger die Eingangsleistung von Anfang an ausschließlich außerunternehmerisch nutzen, entfällt ein Vorsteuerabzug, Abschn. 15.2b Abs. 2 Satz 5 UStAE. Ein Durchgangserwerb findet also nicht statt, die Leistung gelangt nicht in das Unternehmen. Die in § 3 Abs. 1b, Abs. 9a UStG geregelte Gleichstellung lässt keinen Umkehrschluss auf die Vorsteuer zu. Eine solche **Leistung für Zwecke „außerhalb des Unternehmens"** i.S.v. § 3 Abs. 1b, Abs. 9a UStG kann nicht zugleich für das Unternehmen i.S.v. § 15 Abs. 1 Satz 1 Nr. 1 Satz 1 UStG bestimmt sein. Lässt sich eine Eingangsleistung auf diese Weise konkret und unmittelbar einer in § 3 Abs. 1b bzw. Abs. 9a UStG genannten Verwendung zuordnen, bleibt unerheblich, dass mit dem Leistungsbezug mittelbar Ziele verfolgt werden, die der vorsteuerunschädlichen wirtschaftlichen Gesamttätigkeit dienen.

Beispiel:

1. Der Autohändler kauft ein Fahrzeug, das er seiner Gattin schenken will.
2. a) Die Gemeinde gründet eine GmbH, die Erschließungsanlagen errichtet, die sie anschließend der Gemeinde unentgeltlich überlässt.
   b) Die Gemeinde schafft sich einen Hubsteiger an, den sie überwiegend im Bauhof nutzt (80 %), im Übrigen aber gegen Entgelt bei Leistungen an Bürger einsetzt (20 %).
3. Steuerberater S veranstaltet eine Betriebsfeier. Es nehmen fünf Angestellte teil. S wendet für die Veranstaltung auf:
   a) 500 €,
   b) 800 €.
4. S schenkt seiner Sekretärin zum Geburtstag ein Buch, das 53,50 € kostet.

Lösung:

1. Die Eingangsleistung hat keinen Bezug zum Unternehmen. Angesichts der fehlenden Vorsteuerentlastung ist die Schenkung an die Gattin gemäß § 3 Abs. 1b Satz 2 UStG nicht steuerbar. Ankauf und Schenkung werden wie bei einem normalen Verbraucher gehandhabt.
2. a) Überlässt die GmbH die errichteten Erschließungsanlagen nach § 3 Abs. 1b Satz 1 Nr. 3 UStG der Gemeinde, verfolgt sie mit den Eingangsleistungen keine wirtschaftliche Tätigkeit (BFH vom 13.1.2011, V R 12/08, BStBl II 2012, 61) und ist demzufolge auch nicht zum Vorsteuerabzug aus Eingangsleistungen berechtigt.
   b) In Höhe von 20 % ist die Gemeinde unternehmerisch tätig (BgA) und bezieht auch hierfür die Eingangsleistung; insoweit ist sie zum Vorsteuerabzug berechtigt (vgl. EuGH vom 15.9.2016, C-400/15 (Landkreis Potsdam-Mittelmark), inzwischen ist § 15 Abs. 1 Satz 2 UStG angepasst).
4. Die Zuwendungen im Rahmen der Betriebsveranstaltung könnten nach § 3 Abs. 1b Nr. 2 bzw. Abs. 9a Nr. 1 UStG der Umsatzsteuer unterliegen. Es ist allerdings bei a) davon auszugehen, dass die Veranstaltung überwiegend unternehmerischen Zwecken dient. Hierzu wird auf die im Ertragsteuerrecht geltende Grenze von 110 € abgestellt (§ 19 Abs. 1 Satz 1 Nr. 1a EStG, Abschn. 1.8 Abs. 4 Satz 2 Nr. 6 UStAE). Da sie nicht überschritten wird, ist S vorsteuerabzugsberechtigt, unterliegt aber auch keiner Entnahmebesteuerung.
   In b) ist der Grenzbetrag überschritten. Angesichts dessen ist S vom Vorsteuerabzug ausgeschlossen, da die Leistung letztlich dem Konsumbereich der Angestellten gewidmet ist. (Die Einstufung als Freigrenze bzw. nach geändertem Recht als Freibetrag ist umsatzsteuerlich bedeutungslos; alles-oder-nichts.)
5. Auch hier ist von einer bloßen Aufmerksamkeit auszugehen, die nicht von § 3 Abs. 1b Nr. 2 UStG erfasst wird und daher S zum Vorsteuerabzug berechtigt (Abschn. 1.8 Abs. 3 UStAE).

Im Umkehrschluss hieraus kann die Vorsteuer unter den sonstigen Voraussetzungen abgezogen werden, wenn **zunächst ein unternehmerischer Zweck** beabsichtigt war. Eine spätere außerunternehmerische Verwendung kann dann nach § 3 Abs. 1b, Abs. 9a UStG der Umsatzsteuer unterliegen.

> **☞ Tipp!**
> Für die Prüfung des Vorsteuerabzugs empfiehlt sich folgende Reihenfolge:
> Die Vorsteuer aus einer Eingangsleistung ist nach § 15 Abs. 1 UStG abziehbar, wenn:
> - ein direkter und unmittelbarer Zusammenhang mit einem Ausgangsumsatz im Rahmen der wirtschaftlichen Tätigkeit besteht oder
> - ohne solchen Zusammenhang, wenn die Kosten für die Eingangsleistung zu den allgemeinen Aufwendungen des Unternehmers gehören und so in die Preiskalkulation für die von ihm erbrachten Ausgangsleistungen einfließen.
> - Die Vorsteuer ist nicht abziehbar, wenn die Eingangsleistung für eine nichtwirtschaftliche Betätigung bezogen wird.
> - Gegebenenfalls ist die Vorsteuer nach § 15 Abs. 4 UStG aufzuteilen.

4.2.3 Teilunternehmerische (gemischte) Verwendung angeschaffter/hergestellter Wirtschaftsgüter

Beabsichtigt ein Unternehmer, ein angeschafftes oder hergestelltes Wirtschaftsgut sowohl für unternehmerische als auch für private Zwecke zu nutzen, steht ihm regelmäßig ein dreifaches **Zuordnungswahlrecht** zu. Solange Deutschland hierzu ermächtigt ist, kann die Zuordnung gemäß § 15 Abs. 1 Satz 2 UStG beschränkt, nämlich vom Umfang unternehmerischer Nutzung (mindestens 10 %) abhängig sein. Betroffen sind bewegliche (Fahrzeug, Maschine) und unbewegliche Wirtschaftsgüter (v.a. Gebäude). Der Unternehmer kann das gemischt-genutzte Wirtschaftsgut insgesamt oder insgesamt nicht oder (nur) konkret anteilig dem Unternehmen zuordnen.

Betrifft die Zuordnung ein Grundstück, sind selbstständige nutzbare Wirtschaftsgüter eigene Zuordnungsobjekte: Garage, Fotovoltaikanlage auf dem Gebäude, Garten, Gartenhaus usw.

Maßgeblich ist auch hier die (dokumentierte) Absicht zur unternehmerischen Verwendung, unabhängig davon, inwieweit die unternehmerische Nutzung steuerbar und/oder steuerpflichtig ist. Die Zuordnung wird – soweit möglich – über den geltend gemachten Vorsteuerabzug erkennbar (Prinzip des Sofortabzugs). Andernfalls muss der Unternehmer dem Finanzamt ausdrücklich mitteilen, ob und in welchem Umfang er eine Zuordnung zum Unternehmen vornimmt (Zuordnungsmitteilung, vgl. BFH vom 14.3.2017, V B 109/16). Dies muss spätestens am 31.5. des Folgejahres (formlos) erfolgen; dieser Termin ist auch dann zu beachten, wenn für die Abgabe der Umsatzsteuer-Jahresanmeldung eine Fristverlängerung gilt. Stattdessen kann die Zuordnung u.U. auch daraus abgeleitet werden, dass das fragliche Wirtschaftsgut nur mit dem Nettobetrag (§ 9b EStG) aktiviert wurde. Andernfalls geht die Finanzverwaltung davon aus, dass keine Zuordnung zum Unternehmen stattfand.

> **☞ Tipp!**
> Gerade bei der Herstellung von Gebäuden erstreckt sich die Fertigstellung in der Praxis häufig über mehrere Jahre (01-03). Hat der Unternehmer es versäumt, dem Finanzamt bis zum 31.5.02 (Folgejahr) die Zuordnung des gemischt-genutzten Gebäudes zum Unternehmen mitzuteilen, verliert er zwar die fragliche Vorsteuer für die betreffenden Eingangsleistungen im Vorjahr (01). Die verspätete Zuordnung (z.B. mit Abgabe der USt-Jahresanmeldung zum 31.12.02) bezieht die Verwaltung dann aber auf die bis dahin hergestellte Gebäudesubstanz und erlaubt nun den Vorsteuerabschluss aus späteren Eingangsleistungen (ab 02).

Der Unternehmer ist an die Wahl gebunden. Eine einmal, nämlich zum Anschaffungszeitpunkt, vorgenommene zulässige Zuordnung zum Unternehmen bleibt unverändert, auch wenn die unternehmerische Nutzung später unter 10 % fällt; in solchen Fällen erhöht sich ggf. die Besteuerung der nichtunternehmerischen Verwendung.

Teil II: Darstellung der Umsatzsteuer

Unternehmerische Nutzung	100 %	Unternehmensvermögen
Unternehmerische Nutzung	0 %–9,99 %	kein Unternehmensvermögen
Unternehmerische Nutzung zwischen	10 %–99 %	• Zuordnung ins Unternehmen • Zuordnung ins Privatvermögen • Konkret-anteilige Zuordnung ins Unternehmen

Abhängig von der Zuordnung besteht ein Vorsteuerabzug aus den Anschaffungs- bzw. Herstellungskosten, aber auch eine Versteuerung späterer Lieferung bzw. Entnahme. Unabhängig von der Zuordnung ist die Vorsteuer aus den laufenden Kosten aber abziehbar, soweit sie nachweislich auf eine unternehmerische Nutzung entfällt. Insoweit sind die Anschaffungs-/Herstellungskosten des zuzuordnenden Wirtschaftsguts und die mit der Nutzung verbundenen laufenden Kosten zu trennen.

Zuordnung in	Unternehmensvermögen	teilweise Unternehmensvermögen	Privatvermögen
Abziehbare Vorsteuer aus Anschaffungskosten/ Herstellungskosten	100 %	anteilig	0
Vorsteuer aus laufenden Kosten	100 %	Entsprechend Zuordnungsanteil und darüber hinaus, soweit unternehmerisch verursacht	soweit unternehmerisch verursacht
(laufende) Privatnutzung	steuerbar	nicht steuerbar	nicht steuerbar
Lieferung/Entnahme	steuerbar	anteilig steuerbar	nicht steuerbar

Beispiel 1:

U erwirbt ein Fahrzeug für 30.000 € zuzüglich 5.700 € Umsatzsteuer. Er verwendet das Fahrzeug zu 75 % privat. Im Übrigen stellt U das Fahrzeug laut Fahrtenbuch zu 5 % entgeltlich einer Steuerberatersozietät zur Verfügung, für die er als Seniorpartner noch gelegentlich tätig wird. Zu 20 % verwendet U das Auto im Rahmen seiner steuerfreien Vermietungsumsätze. U hat zudem laufende Ausgaben. Auf einer Fahrt zu einem Mandanten erleidet U einen Unfall, der Kfz-Reparaturkosten von 10.000 € zuzüglich 1.900 € Umsatzsteuer entstehen lässt.

Lösung:

Das Kfz wird teils unternehmerisch, teils privat – also gemischt – genutzt. Weil die unternehmerische Nutzung 25 % beträgt, besteht ein Zuordnungswahlrecht i.R.d. § 15 Abs. 1 Satz 2 UStG. Ordnet U das Fahrzeug insgesamt dem Unternehmen zu, ist die Vorsteuer aus den Anschaffungskosten (5.700 €) ganz abziehbar. Ordnet er es zu 25 % dem Unternehmen zu, ist die Vorsteuer hieraus nur zu 25 % abziehbar und gar nicht abziehbar bei Privatzuordnung.
Ordnet U das Fahrzeug insgesamt dem Unternehmen zu, ist die Vorsteuer aus der Anschaffung dennoch gemäß § 15 Abs. 2 Nr. 1 UStG nur zu 80 % abzugsfähig (Überlassung im Rahmen der Beratung und Privatnutzung). Die Vermietung an die Sozietät ist nämlich steuerpflichtig und daher vorsteuerunschädlich. Dasselbe gilt hinsichtlich der Privatnutzung, die nach § 3 Abs. 9a Nr. 1, § 3f und § 10 Abs. 4 Nr. 2 UStG

versteuert werden muss. Hinsichtlich der Nutzung i.R.d. steuerfreien Vermietung gilt § 15 Abs. 2 Nr. 1 UStG. U macht dementsprechend die Vorsteuer geltend. Vergleichbares gilt für die Vorsteuer aus den laufenden Kosten. Trotz des Trennungsprinzips darf der Unternehmer zunächst die Vorsteuer aus den gesamten laufenden Eingangsleistungen abziehen und den privaten Nutzungsanteil am Jahresende zum Ausgleich als Entnahme besteuern, vgl. Abschn. 15.2c Abs. 2 Satz 6 UStAE.

Die Vorsteuer aus den Reparaturkosten ist insgesamt abzugsfähig (Abschn. 15.2c Abs. 3 Satz 3 UStAE). In der Folge wird der Privatgebrauch gemäß § 3 Abs. 9a Nr. 1 UStG besteuert (s. Kap. VII. 4.).

Beispiel 2:

U erwirbt ein Fahrzeug für 30.000 € zuzüglich 5.700 € Umsatzsteuer. Er verwendet das Fahrzeug zu 75 % privat. Im Übrigen nutzt er es für seine Arztumsätze (Urologe).

Lösung:

Das Fahrzeug wird gemischt unternehmerisch/unternehmensfremd genutzt. U wird das Fahrzeug insgesamt seinem Unternehmen zuordnen. Dennoch erhält er zunächst keine Vorsteuer. Hinsichtlich der unternehmerischen Nutzung verhindert dies § 15 Abs. 2 Nr. 1 UStG. Und weil der unternehmerische Verwendungsanteil nicht zu einer Vorsteuerentlastung führt, erfüllt die Privatnutzung nicht die Voraussetzungen des § 3 Abs. 9a Nr. 1 UStG und ist daher nicht steuerbar. Die Zuordnung zum Unternehmen ist dennoch zu empfehlen. Andernfalls entfällt nämlich eine nachträgliche Berichtigung der Vorsteuer i.R.d. § 15a UStG zugunsten des U, wenn er später zusätzlich auch noch steuerpflichtige Umsätze erwirtschaftet. (U erstellt Vaterschaftsgutachten, nimmt Schönheitsoperationen vor, ist schriftstellerisch tätig usw.)

Die Zuordnung des Fahrzeugs zum Unternehmen kann U hier nur durch eine Zuordnungsmitteilung erreichen. Da U nämlich dennoch nicht zum Vorsteuerabzug berechtigt ist, kann er die Zuordnung in diesem Fall genauso wenig über einen Vorsteueransatz dokumentieren, wie wenn er das Fahrzeug seinem Privatvermögen zugeordnet hätte.

Beispiel 3:

E baut ein Gebäude, das er im EG und 1. OG unternehmerisch nutzt – also für sein eigenes Unternehmen oder als Vermieter – und im 2. OG selbst bewohnt bzw. unentgeltlich Familienmitgliedern überlässt.

Lösung:

Das Gebäude wird gemischt unternehmerisch/unternehmensfremd genutzt. E wird das gesamte Gebäude seinem Unternehmen zuordnen, um möglichst viel Vorsteuer aus den Herstellungskosten vorab zu erhalten (zur Seeling-Rechtsprechung dem Vorsteuerabzugsverbot und zur Vorsteuerberichtigung s. Kap. 8.2 und 9.9).

Beispiel 4:

E installiert auf dem Dach seiner neu errichteten Garage eine Fotovoltaikanlage. Die Anschaffungskosten betragen 10.000 € zuzüglich 1.900 €. Den erzeugten Strom verwendet E zur Hälfte im eigenen Haushalt, zur Hälfte verkauft er ihn an ein Stromunternehmen. In der Garage stellt er sein privat genutztes Fahrzeug ab. Die Herstellung der Garage kostet 20.000 € zuzüglich 3.800 €.

Lösung:

Die Fotovoltaikanlage ist ein eigenes Zuordnungsobjekt, da es selbstständig genutzt wird. E kann die Anlage vollständig seinem Unternehmen zuordnen. Die unternehmerische Nutzung von 50 % erfüllt § 15 Abs. 1 Satz 2 UStG. E kann also die Vorsteuer i.H.v. 1.900 € abziehen. Spiegelbildlich versteuert E den privaten Verbrauch nach § 3 Abs. 9a Nr. 1 UStG.

Die Garage wird gemischt unternehmerisch/unternehmensfremd genutzt, da das Dach auch der unternehmerischen Nutzung dient. E wird das gesamte Gebäude seinem Unternehmen zuordnen, wenn die 10 %-Grenze erreicht ist. Dazu muss die fiktive Miete aus der Vermietung des Daches an einen Fotovoltaikunternehmer mindestens 10 % des fiktiv erzielbaren Vermietungsumsatzes aus dem Gesamtgebäude erreichen (8.4.1):

Könnte E aus der Vermietung der Garage jährlich 6.000 € erzielen und erhielte er aus der Vermietung des Garagendaches 500 € jährlich, beträgt die unternehmerische Nutzung der Garage $500/6.500 = 7,7\%$. Weil 10 % unterschritten sind, erhält E keine Vorsteuer aus der Herstellung der Garage.

☞ Tipp!

Regelmäßig empfiehlt sich eine Zuordnung ins Unternehmen. Es besteht ein sofortiger voller Vorsteuerabzug, der erst nach und nach durch die Entnahmebesteuerung kompensiert wird (Finanzierungseffekt). Diesem Vorteil steht der Besteuerungsnachteil bei Verkauf und Entnahme gegenüber.

4.2.4 Vertretbare Eingangsleistungen

Sachen sind „vertretbar", wenn sie nach Maßeinheiten aufteilbar sind (Zahl, Maß, Gewicht usw.). Hier gilt das **Trennungsprinzip**. Ein Vorsteuerabzug besteht nur im Umfang unternehmerischer Verwendung, der ggf. geschätzt werden muss.

Beispiel:

a) U erwirbt eine Telefonanlage. Die Telefongespräche werden teils unternehmerisch, teils privat veranlasst.
b) U bezieht Heizöl, zu ²/₃ für den unternehmerischen und zu ¹/₃ für den privaten Gebrauch.

Lösung:

a) Hinsichtlich der Telefonanlage besteht grundsätzlich ein Zuordnungswahlrecht. Bei voller Zuordnung ist die gesamte Vorsteuer aus den Anschaffungskosten abziehbar, im Gegenzug wird der Privatanteil nach § 3 Abs. 9a Nr. 1 UStG besteuert.
   In Bezug auf die privat geführten Telefongespräche entfällt von Anfang an ein Vorsteuerabzug.
b) Der Vorsteuerabzug aus der Heizöllieferung besteht zu ²/₃.

4.2.5 Gemischte Nutzung eines gemieteten Wirtschaftsgutes

Nutzt der Unternehmer fremde Wirtschaftsgüter, kann er die Vorsteuer im Umfang seiner unternehmerischen Nutzung abziehen. Lässt man entsprechend Abschn. 15.2 Abs. 21 S. 13 a) Satz 1 UStAE darüber hinaus ein Zuordnungsrecht bei der Anmietung beweglicher Wirtschaftsgüter zu, unterliegt die **private Nutzung** im Gegenzug der Besteuerung nach § 3 Abs. 9a Nr. 1 UStG.

Beispiel 1:

U least ein Fahrzeug, das er zur Hälfte vorsteuerunschädlich unternehmerisch und zur Hälfte privat nutzt.

> **Lösung:**
>
> U kann die Hälfte der Vorsteuer aus den Leasingraten abziehen. Gemäß Abschn. 15.23 UStAE kann er die Vorsteuer aus Vereinfachungsgründen zunächst ganz ansetzen und die Privatnutzung besteuern. Dies entspricht im Ergebnis Abschn. 15.2 Abs. 21 S. 13 a) Satz 1 UStAE.

> **Beispiel 2:**
>
> F gehört ein Gebäude. F vermietet das Gebäude an ihren Ehemann M. M und F bewohnen das EG. Das 1. OG nutzt M als Steuerberater. F weist auf den gesamten Mietpreis die Umsatzsteuer aus, die M gerne als Vorsteuer abziehen will.

> **Lösung:**
>
> M nutzt das angemietete Gebäude teils unternehmerisch, teils unternehmensfremd. Ihm steht allerdings kein Zuordnungswahlrecht zu, BFH vom 14.10.2015, V R 10/14. Er kann sich auch nicht im Umkehrschluss auf die 10 %-Abgrenzung berufen, weil dort der Bezug von sonstigen Leistungen nicht geregelt ist. Für den Bezug sonstiger Leistungen gilt stattdessen das Aufteilungsprinzip. Die Anmietung gehört nur hinsichtlich der als Steuerberater genutzten Räume zum Unternehmen des M und erlaubt der F auch nur in diesem Umfang eine Option gem. § 9 Abs. 1 UStG. Die darüber hinaus ausgewiesene Steuer schuldet F nach § 14c Ab. 1 UStG. M kann also nur die Vorsteuer abziehen, die auf die unternehmerisch genutzten Räume entfällt.

4.3 Ordnungsgemäße Rechnung

Ob und in welchem Umfang ein Recht zum Vorsteuerabzug besteht, richtet sich nach den Verhältnissen bei Leistungsbezug. Wann der Vorsteuerabzug geltend gemacht werden kann, hängt im Falle des § 15 Abs. 1 Nr. 1 UStG aber davon ab, wann dem Abzugswilligen eine ordnungsgemäße Rechnung vorliegt (s. Kap. XI. 6.). Geht die (Original-)Rechnung verloren, muss sich der Unternehmer notfalls einen anderen Nachweis besorgen (Zweitfertigung, Kopie usw.).

> **Beispiel:**
>
> A erbringt am 11.12.01 einen Umsatz an B. Zu diesem Zeitpunkt will B die Eingangsleistung für vorsteuerunschädliche Umsätze nutzen. Am 18.1.02 erhält B die Rechnung. Entsprechend der seit 1.1.02 geänderten Absicht dient die abgerechnete Leistung nun vorsteuerschädlichen Umsätzen.

> **Lösung:**
>
> A ist zum Abzug der gesamten Vorsteuer berechtigt. Entscheidend ist die Absicht im Zeitpunkt des Leistungsbezugs. A muss allerdings ab der Verwendung der Leistung ggf. die Vorsteuer nach § 15a UStG berichtigen.

Die Voraussetzungen an eine ordnungsgemäße Rechnung ergeben sich gemäß § 15 Abs. 1 Satz 1 Nr. 1 Satz 2 UStG aus §§ 14, 14a UStG, bei Kleinbetragsrechnungen und Fahrausweisen aus § 35 UStDV. In der Praxis muss der Leistungsempfänger insbesondere prüfen, ob die Rechnung alle Merkmale des § 14 Abs. 4 UStG enthält (Vollständigkeit, **Quantität**). Fehlt auch nur eines der Merkmale ist der Vorsteuerabzug zu versagen bzw. muss ein vorgenommener Vorsteuerabzug (nach § 164 Abs. 2 AO) rückgängig gemacht werden (ggf. verzinst nach § 233a AO), solange die Rechnung nicht nach § 14 Abs. 6 Nr. 5 UStG, § 31 Abs. 5 UStDV vervollständigt wird. Nicht jede fehlerhafte Angabe führt allerdings zum Verlust des Vorsteuerabzugs (**Qualität**). Aufgrund seiner Eigenart kann der Rechnungsempfänger Fehler oftmals nicht erkennen: Betroffen sind v.a. die Angabe einer falschen Rechnungs- oder Steuernummer.

> **Beispiel:**
>
> In Bezug auf eine Rechnung findet sich alternativ folgende Auffälligkeit:
> 1. Ein Scheinunternehmer rechnet ab.
> 2. „Steuernummer: „75/180 Wv".
> 3. Rechnungsdatum: „12.6.10", obwohl die Ware schon am 11.6.10 abgesandt wurde.
> 4. „Rechnungsnummer: 1112/10" statt 1121/10.
> 5. „Wartungsarbeiten" oder „Wartung laut anliegender Rapportzettel".
> 6. Lieferzeitpunkt: Juli 10.
> 7. „Brutto: 1.900 €; der Betrag enthält 19 % Mehrwertsteuer".
> 8. „1.000 € zuzüglich 19 % Umsatzsteuer = 190 €", obwohl richtigerweise der Steuersatz von 7 % gilt.
> 9. Es fehlt der Hinweis auf die Aufbewahrungspflicht.
>
> **Auswirkung auf die Vorsteuer?**

> **Lösung:**
>
> 1. Entgegen § 14 Abs. 4 Nr. 1 UStG fehlt eine zutreffende Angabe zum leistenden Unternehmer. Es besteht kein Vorsteuerabzug.
> 2. Läge nur ein Schreibversehen vor, wäre die Angabe einer falschen Steuernummer unschädlich (Abschn. 15.2a Abs. 6 Satz 5 UStAE). An der Unähnlichkeit ist aber erkennbar, dass keine Steuernummer gemeint sein kann. Wegen Verstoßes gegen § 14 Abs. 4 Satz 1 Nr. 2 UStG besteht kein Vorsteuerabzug.
> 3. Der Fehler (§ 14 Abs. 4 Satz 1 Nr. 3 UStG) ist für den Leistungsempfänger nicht erkennbar und hindert einen Vorsteuerabzug nicht, vgl. Lösung zu 2.
> 4. In Bezug auf § 14 Abs. 4 Satz 1 Nr. 4 UStG wie 3.
> 5. Wird nur pauschal auf „Wartungsarbeiten" verwiesen, liegt keine nach § 4 Abs. 4 Satz 1 Nr. 5 UStG ordnungsgemäße Leistungsbeschreibung vor. Dagegen kann die Vorsteuer abgezogen werden, wenn sich die konkrete Leistung aus begleitenden Dokumenten ergibt (§ 31 Abs. 1 UStDV).
> 6. Für § 14 Abs. 4 Satz 1 Nr. 6 UStG reicht gemäß § 31 Abs. 4 UStDV die Angabe des Leistungsmonats. Insoweit besteht ein Vorsteuerabzug.
> 7. Die Rechnung erlaubt keinen Vorsteuerabzug. Der Hinweis auf die enthaltene Umsatzsteuer genügt nur, wenn über eine Kleinbetragsrechnung gemäß § 33 Satz 1 Nr. 4 UStDV abgerechnet wird. Andernfalls müssen aber (Netto-)Entgelt, Steuersatz und Steuerbetrag gemäß § 14 Abs. 4 Satz 1 Nr. 7 und Nr. 8 UStG getrennt ausgewiesen sein.
> 8. Die Angabe des Steuersatzes entspricht zwar formal § 14 Abs. 4 Satz 1 Nr. 8 UStG. Im Umfang des überhöhten Umsatzsteuerausweises entsteht die Umsatzsteuer aber nur nach § 14c Abs. 1 UStG. Ein Vorsteuerabzug ist trotz des Fehlers grundsätzlich zulässig; er beträgt 1.190 € × $7/107$ = 77,85 €.
> 9. Der Fehler wirkt sich nicht auf den Vorsteuerabzug aus.
>
> Fehler in der Rechnung lassen sich nach § 31 Abs. 5 UStDV berichtigen und anschließend den Vorsteuerabzug zu.

Wurde die Vorsteuer geltend gemacht, obwohl keine ordnungsgemäße Rechnung vorlag, muss der Unternehmer den entsprechenden Betrag, ggf. nach § 233a AO verzinst, zurückzahlen. Regelmäßig sollte dann eine fehlerhafte Rechnung berichtigt werden. Zur Frage der Rückwirkung einer berichtigten Rechnung vgl. Kap. XI. 7.

4.4 Vorsteuer aus Teilleistungen

Es gelten die in Kap. 4.3 getroffenen Ausführungen. Der Vorsteuerabzug setzt eine **ordnungsgemäße Rechnung über die Teilleistung** voraus.

4.5 Vorsteuer aus Anzahlungen

Ist die umsatzsteuerpflichtige Leistung (oder Teilleistung) noch nicht erbracht, hat der Unternehmer aber auf eine nach § 14 Abs. 4 UStG ordnungsgemäß ausgestellte Rechnung eine **Anzahlung** geleistet, ist er gemäß § 15 Abs. 1 Satz 1 Nr. 1 Satz 3 UStG zum Vorsteuerabzug berechtigt – spiegelbildlich zur Entstehung der Umsatzsteuer aus der Anzahlung gemäß § 13 Abs. 1 Nr. 1a) Satz 4 UStG.

Beispiel 1:
U baut für Steuerberaterin S ein Gebäude, in dem S ihre Kanzlei betreiben will. S zahlt wie schriftlich vereinbart während der Bauphase 100.000 € zuzüglich 19 % Umsatzsteuer = 19.000 € und nach Abnahme des Bauwerks einen gleichen Teilbetrag.

Lösung:
Regelmäßig kann eine Vorsteuer geltend gemacht werden, wenn die Leistung ausgeführt und ordnungsgemäß abgerechnet wurde – hier also nach Abnahme des Bauwerks. S ist jedoch bereits zum entsprechenden Vorsteuerabzug (19.000 €) berechtigt mit Ablauf des Voranmeldungszeitraums, in dem sie die Anzahlung leistet. **Hinweis!** Stünde S letztlich die Vorsteuer nur zur Hälfte zu, gilt dies auch hinsichtlich der Anzahlung.

Beispiel 2:
U gibt sein Altfahrzeug (Wert, subjektives Interesse des AH: 10.000 €) in Zahlung, als er im Januar bei AH sein Neufahrzeug bestellt, das erst im Juni an ihn ausgeliefert wird. Im Januar werden ordnungsgemäße Rechnungen ausgestellt.

Lösung:
U und AH erbringen gegenseitig Lieferungen im Tausch (mit Baraufgabe) gemäß § 3 Abs. 12 UStG (s. Kap. IX. 2.2.2). AH ist aus der Lieferung des Altfahrzeugs mit Ablauf des Voranmeldungszeitraums Januar gemäß § 15 Abs. 1 Nr. 1 Sätze 1, 2 UStG zum Vorsteuerabzug berechtigt (10.000 € × $^{19}/_{119}$ = 1.596 €). U kann die Vorsteuer aus der Lieferung des Neufahrzeugs mit Ablauf des Juni geltend machen, soweit ihm der Vorsteuerabzug nicht schon früher zusteht: Angesichts der Anzahlung in Form des in Zahlung gegebenen Fahrzeugs besteht auch für U gemäß § 15 Abs. 1 Nr. 1 Satz 3 UStG ein anteiliger Vorsteuerabzug aus der Lieferung des Neufahrzeugs.

5. Vorsteuer aus der Einfuhr

§ 15 Abs. 1 Satz 1 Nr. 2 UStG setzt nur voraus, dass derjenige, der im Zeitpunkt der **Einfuhr** über den Gegenstand verfügungsberechtigt ist, eine unternehmerische Nutzung beabsichtigt. Nach geänderter Regelung entsteht der Vorsteueranspruch schon für die entstandene Einfuhrumsatzsteuer (nicht erst für die „entrichtete" EUSt).

Beispiel:
S liefert aus seinem Unternehmen in der Schweiz Waren an den inländischen Unternehmer U. **a)** S liefert ab Werk. U holt die Ware in der Schweiz ab und ist Schuldner der Einfuhrumsatzsteuer. **b)** S liefert verzollt und versteuert. Er übergibt die Ware im Inland.

Teil II: Darstellung der Umsatzsteuer

> **Lösung:**
> a) Die Lieferung des S ist gemäß § 3 Abs. 6 UStG in der Schweiz steuerbar. U führt die Ware gemäß § 1 Abs. 1 Nr. 4 UStG im Inland ein und ist demgemäß zum Abzug der Einfuhrumsatzsteuer berechtigt.
> b) Gemäß § 3 Abs. 8 UStG verlagert sich der Lieferort ins Inland. Dem liegt die Vorstellung zugrunde, dass die Ware bei Grenzübertritt noch dem Unternehmen des S zugeordnet ist. S ist zum Vorsteuerabzug berechtigt (Abschn. 15.8 Abs. 6 UStAE).

6. Vorsteuer aus innergemeinschaftlichem Erwerb

Der Vorsteuerabzug gemäß § 15 Abs. 1 Nr. 3 UStG hängt damit zusammen, wo der Erwerb (§ 1a UStG) besteuert wird. Erklärt der Erwerber die Umsatzsteuer gemäß § 3d Satz 1 UStG dort, wo die Ware anlangt, ist die Vorsteuer im Erwerbsland abziehbar. Solange der Erwerb aber gemäß § 3d Satz 2 UStG in demjenigen Land besteuert wird, das der verwendeten Umsatzsteuer-Identifikationsnummer entspricht, entfällt ein Vorsteuerabzug. Der Vorsteuerabzug entsteht gleichzeitig mit der Erwerbs-Umsatzsteuer gemäß § 13 Abs. 1 Nr. 6 UStG.

> **Beispiel:**
> U1 (Frankreich) verkauft eine Ware an den unter deutscher Umsatzsteuer-Identifikationsnummer auftretenden U2 (Inland). U2 verkauft diese Ware an seinen österreichischen Privatkunden P weiter. Wie vereinbart versendet U1 die Ware direkt zu P.

> **Lösung:**
> Im Verhältnis der beiden Lieferungen gilt die Ortsregelung zum Reihengeschäft gemäß § 3 Abs. 6 Satz 5 UStG. Hierbei erbringt U1 die bewegte steuerfreie innergemeinschaftliche Lieferung (aus Frankreich nach Österreich) an U2. U2 erbringt eine ruhende Lieferung an P, die gemäß § 3 Abs. 7 Satz 2 Nr. 2 UStG in Österreich steuerbar und steuerpflichtig ist. Außerdem erwirbt U2 innergemeinschaftlich nach § 1a UStG. Grundsätzlich unterliegt der Erwerb analog § 3d Satz 1 UStG in Österreich der Besteuerung, dort korrespondierend mit einem Vorsteuerabzug analog § 15 Abs. 1 Nr. 3 UStG. Weist U2 die Besteuerung in Österreich nicht nach, wird der Erwerb gemäß § 3d Satz 2 UStG (jedenfalls zunächst, vgl. § 17 Abs. 2 Nr. 4 UStG) in Deutschland besteuert, aber im Gegenzug keine Vorsteuer gewährt.

in Vorsteuerabzug entfällt, wenn der Erwerber zumindest hätte wissen können, dass er mit seinem Erwerb an einem Umsatz teilnahm, der in eine Umsatzsteuerhinterziehung einbezogen war (EuGH vom 22.10.2015, Rs. C – 277/14).

> ☞ **Tipp!**
> Um eine endgültige Belastung mit der Erwerbsumsatzsteuer zu vermeiden, sollte der Erwerb im Empfangsland versteuert werden.
> Auch eine gezielte Gestaltung kann weiterhelfen. Dies gilt v.a. im Reihengeschäft. Soweit möglich sollte derjenige der Beteiligten die Ware befördern oder versenden, dessen Stellung in der Reihe eine Registrierung der Unternehmer in einem anderen Heimatstaat vermeidet.

7. Vorsteuerabzug bei Umkehr der Steuerschuld

Angeknüpft wird an den Anwendungsbereich des § 13b UStG, also an die Besteuerung beim Leistungsempfänger. Die Leistung muss gemäß § 13b Abs. 5 Satz 1 UStG für dessen Unternehmen bezogen sein, die Eingangsrechnung bleibt angesichts des Wortlauts in § 15 Abs. 1 Nr. 4 UStG ohne Bedeutung.

> **Beispiel:**
>
> Der ausländische Unternehmer U bringt im Inland einen neuen Pflasterbelag an. Betroffen ist zum einen die Zufahrt zum Betriebsgebäude des LE Mit den verbleibenden Pflastersteinen lässt LE zum anderen die heimische Garagenzufahrt neu gestalten. U stellt insgesamt eine Rechnung über 5.000 € zuzüglich 19 % Umsatzsteuer = 950 € aus. Die Pflastersteine hatte LE zur Verfügung gestellt (beigestellt).

> **Lösung:**
>
> U erbringt zwei sonstige Leistungen gemäß § 3 Abs. 9 UStG. Sie sind gemäß § 3a Abs. 3a Nr. 1 UStG am jeweiligen Grundstückslageort steuerbar und steuerpflichtig. Gemäß § 13b Abs. 2 Nr. 1, Abs. 5 Satz 1 UStG wird LE Steuerschuldner in Bezug auf das unternehmerisch genutzte Gelände. Dasselbe gilt aber auch für den Bezug im Privatbereich (§ 13b Abs. 5 Satz 6 UStG). LE schuldet 5.000 € × 19 % Umsatzsteuer = 950 €. Der Vorsteuerabzug gemäß § 15 Abs. 1 Nr. 4 UStG beschränkt sich allerdings auf die Vorsteuer im Rahmen der Leistung im unternehmerischen Bereich (Unternehmensbezug). Darauf, ob und wie U eine Rechnung erstellt, kommt es nicht an. Die Steuerschuld des LE besteht insbesondere auch, wenn der Hinweis auf die Umkehr der Steuerschuld gemäß § 14a Abs. 5 Satz 1 UStG (oder die Angabe der Umsatzsteuer-Identifkationsnummer im Fall des § 14a Abs. 1 UStG) fehlt. Kein Vorsteuerabzug besteht angesichts der von U nach §§ 14a Abs. 5 Satz 2, 14c Abs. 1 UStG überhöht ausgewiesenen und u.U. an U bezahlten Umsatzsteuer (ebenfalls 950 €).

Vergleichbar ist der Endabnehmer im Rahmen eines **innergemeinschaftlichen Dreiecksgeschäfts** gemäß § 25b Abs. 5 UStG zum Vorsteuerabzug berechtigt.

8. Vorsteuerabzugsverbot

Systematisch knüpft § 15 Abs. 1a, 1b UStG an die Abziehbarkeit einer Vorsteuer gemäß § 15 Abs. 1 UStG an.

8.1 Abzugsbeschränkung gemäß § 15 Abs. 1a UStG

Parallel zum Abzugsverbot von Betriebsausgaben besteht in den abschließend aufgezählten Verweisungsfällen kein Recht zum Vorsteuerabzug. Eine Abweichung ergibt sich bei **Bewirtungsaufwendungen**.

> **Beispiel:**
>
> U kauft Waren ein, die er seinen Geschäftsfreunden zu Weihnachten verschenkt. Die Anschaffungskosten betragen 50 € zuzüglich 19 % Umsatzsteuer = 9,50 € je Stück.

> **Lösung:**
>
> Liegt U eine ordnungsgemäße Rechnung vor, ist die Vorsteuer nach § 15 Abs. 1 Satz 1 Nr. 1 UStG abziehbar; ein unternehmerischer Bezug besteht. Entsprechend § 4 Abs. 5 Satz 1 Nr. 1 EStG ist die Vorsteuer dennoch nach § 15 Abs. 1a UStG nicht zu berücksichtigen, da die Anschaffungskosten der jeweiligen Zuwendung 35 € übersteigen. Im Gegenzug kommt es folglich gem. § 3 Abs. 1b Satz 2 UStG auch zu keiner Besteuerung.

8.2 Abzugsbeschränkung nach § 15 Abs. 1b UStG

Seit 2011 (vgl. § 27 Abs. 16 UStG) kann ein gemischt unternehmerisch/nichtunternehmerisch genutztes Grundstück unter Beachtung des § 15 Abs. 1 Satz 2 UStG zwar weiterhin zu 100 % dem Unternehmensvermögen zugeordnet werden. Es stellt sich dann aber nicht die übliche Folge eines eventuell vollen Vorsteuerabzugs ein. Der Vorsteuerabzug wird stattdessen auf den unternehmerisch verwendeten Teil begrenzt. Im Gegenzug entfällt gemäß § 3 Abs. 9a Nr. 1 UStG die entsprechende Besteuerung der Privatnutzung. Spätere Änderungen im Verhältnis unternehmerischer zu nichtunternehmerischer Nutzung werden über § 15a Abs. 6a UStG ausgeglichen. Damit wird die bis 2010 geltende sog. Seeling-Rechtsprechung beendet.

> **☞ Tipp!**
> Weil trotz voller Zuordnung zum Unternehmensvermögen seit Einführung des § 15 Abs. 1b UStG nur der bei Leistungsbezug maßgebliche unternehmerische Nutzungsanteil zum Vorsteuerabzug verhilft, muss der Unternehmer dem Finanzamt unbedingt seine Zuordnungsentscheidung (auch formlos) bis spätestens zum 31.5. des Folgejahres nach dem Leistungsbezug mitteilen.

> **Beispiel:**
>
> U erwirbt in 2014 ein Gebäude, das er zu ⅔ steuerpflichtig nutzt und zu ⅓ bewohnt. Der Verkäufer hat gemäß § 9 Abs. 1, Abs. 3 UStG auf die Steuerbefreiung aus § 4 Nr. 9a UStG verzichtet. Schon wenige Monate später lässt U nach einem Sturm das Dach mit vorhandenen Dachziegeln neu eindecken.
> **Alternativ:** U hatte das Gebäude schon in 2010 erworben.

> **Lösung:**
>
> U nutzt das bebaute Grundstück sowohl unternehmerisch als auch außerunternehmerisch. Der unternehmerische Anteil übersteigt 10 % i.S.v. § 15 Abs. 1 Satz 2 UStG. U wird das Wirtschaftsgut insgesamt seinem Unternehmensvermögen zuordnen, um schon jetzt einen möglichst hohen Vorsteuerabzug und für später eine eventuelle Berichtigung nach § 15a Abs. 6a UStG zu sichern. Aufgrund dieser Zuordnung kann der Verkäufer sein Optionsrecht ausüben (§ 9 Abs. 1, Abs. 3 UStG). U ist gemäß § 13b Abs. 2 Nr. 3 UStG Schuldner der Umsatzsteuer aus der steuerpflichtigen Lieferung. Im Rahmen des § 15 Abs. 1 Nr. 4 UStG dürfte U die Vorsteuer komplett abziehen. Der Vorsteuerabzug verringert sich aber gemäß § 15 Abs. 1b UStG auf ⅔. [Da derselbe Vorsteuerabzug bestünde, würde U das Grundstück nur anteilig (⅔) dem Unternehmen zuordnen, muss er dem Finanzamt die Vollzuordnung ausdrücklich mitteilen.]
> Auch aus der Leistung des Dachdeckers ist U nur zum Abzug der Vorsteuer i.H.v. ⅔ berechtigt.
> Nutzt U das Gebäude anschließend innerhalb von 10 Jahren in einem größeren Umfang unternehmerisch, wird die Vorsteuer zu seinen Gunsten gemäß § 15a Abs. 6a UStG anteilig berichtigt.
> **Alternativ:** Bis 2010 konnte das Gebäude ebenfalls insgesamt dem Unternehmen zugeordnet werden. Damals war aber sämtliche Vorsteuer abzugsfähig. Die Privatnutzung wird nach § 3 Abs. 9a Nr. 1 UStG versteuert, weil das eigene Wohnen nicht nach § 4 Nr. 12 UStG steuerfrei ist. Dabei werden die Anschaffungskosten gemäß § 10 Abs. 4 Nr. 2 UStG auf 10 Jahre verteilt („Staatsdarlehen" entsprechend Seeling-Rechtsprechung).

8.3 Vorsteuerausschluss

Ist die Umsatzsteuer aus Eingangsleistungen nach § 15 Abs. 1, Abs. 1a, 1b UStG abziehbar, ist weiter zu prüfen, ob die Vorsteuer auch abzugsfähig ist. Dies richtet sich nach § 15 Abs. 2 UStG. Vorsteuerschädlich sind hiernach häufig steuerfreie Ausgangsumsätze gem. § 15 Abs. 2 Nr. 1 UStG. § 15 Abs. 2 Nr. 2 UStG stellt eine Vergleichsbetrachtung bei nicht im Inland steuerbaren Ausgangsumsätzen an. Ergibt sich aus § 15 Abs. 2 UStG ein Vorsteuerausschluss, kann dies seinerseits durch § 15 Abs. 3 UStG wieder durchbrochen sein, sodass schlussendlich die Vorsteuer doch abzugsfähig ist.

> **Beispiel 1:**
>
> U hat in 2017 steuerpflichtig ein bebautes Grundstück gekauft.
> Das EG überlässt er unentgeltlich seinen Eltern zu Wohnzwecken.
> Im 1. OG betreibt er seine Steuerberatung.
> Das 2. OG vermietet er an einen Apotheker.
> Das 3. OG vermietet er an einen ausschließlich heilberuflich tätigen Arzt.
> Die Geschosse haben dieselbe Nutzfläche und vergleichbare Ausstattung. Weil U nicht sogleich einen geeigneten Apotheker fand, stand das bereits verwendungsfähige 2. OG 2 Monate leer.

> **Lösung:**
>
> Im Rahmen des dreifachen Zuordnungswahlrechts wird U das bebaute Grundstück insgesamt dem Unternehmen zuordnen; der unternehmerische Anteil i.S.v. § 15 Abs. 1 Satz 2 UStG beträgt 75 %. Die Vorsteuer ist nach § 15 Abs. 1 Nr. 4 UStG voll abziehbar.
> **EG:** Hinsichtlich der Überlassung an die Eltern besteht ein Vorsteuerabzugsverbot gemäß § 15 Abs. 1b UStG, sodass ¼ der Vorsteuer nicht abziehbar ist.
> **1. OG:** Die Steuerberatungstätigkeit des U ist steuerpflichtig, also vorsteuerunschädlich, sodass insoweit ¼ der Vorsteuer abzugsfähig ist.
> **2. OG:** Optiert U bei der Vermietung an den Apotheker gemäß § 9 Abs. 1, Abs. 2 UStG, ist U auch insoweit (¼) zum Vorsteuerabzug berechtigt. Der Leerstand wirkt sich nicht aus, da U auch in dieser Zeit eine vorsteuerunschädliche Verwendung beabsichtigte.
> **3. OG:** Die Vermietung an den Arzt ist zwingend steuerfrei (§§ 4 Nr. 14a, 9 Abs. 2 UStG), sodass insoweit die Vorsteuer gemäß § 15 Abs. 2 Nr. 1 UStG nicht abzugsfähig ist. § 15 Abs. 3 UStG schließt den Vorsteuerausschluss nicht aus; ¼ der Vorsteuer geht derzeit verloren.
> Dass die Vorsteuer aufzuteilen ist, ergibt sich grundsätzlich aus § 15 Abs. 4 UStG. Die Vorsteuer muss angemessen aufgeteilt werden. Hier wird man nach der Nutzfläche aufteilen, § 15 Abs. 4 Satz 3 UStG. U meldet die Hälfte der Vorsteuer an.

> **Beispiel 2:**
>
> Steuerberater U vermietet eine Wohnung in der Schweiz. U annonciert in der Stuttgarter Zeitung.
> **Alternativ:** Er vermietet ein Büro in der Schweiz an einen Immobilienmakler.

> **Lösung:**
>
> Die Zeitung leistet gemäß § 3a Abs. 2 UStG im Inland steuerbar und steuerpflichtig, weil die Werbeleistung keinen unmittelbaren Bezug zum Grundstück hat (kein § 3a Abs. 3 Nr. 1 UStG).
> Die Vermietung gehört gemäß § 2 Abs. 1 Satz 2 UStG zum Einheitsunternehmen des U. Auch wenn U über eine ordnungsgemäße Rechnung verfügt, kann er die Vorsteuer aus der Annoncerechnung nicht abziehen. Die Vermietung wäre im Inland zwingend steuerfrei gemäß § 4 Nr. 12a) Satz 1 UStG und ist damit gemäß § 15 Abs. 2 Nr. 1 UStG vorsteuerschädlich. Die Voraussetzungen des § 15 Abs. 3 UStG sind nicht erfüllt.
> **Alternativ:** U kann vortragen, er hätte bei einer Vermietung im Inland auf die Steuerbefreiung des § 4 Nr. 12 UStG verzichtet (§ 9 Abs. 1, 2 UStG): Hier ist die Vorsteuer abzugsfähig.

8.3.1 Ausschluss vom Vorsteuerausschluss

§ 15 Abs. 3 UStG führt abschließend (enumerativ) Sonderfälle auf, in denen die eigentlich nach § 15 Abs. 2 UStG vorsteuerschädlichenUmsätze doch keinen Vorsteuerausschluss nach sich ziehen. Der Unternehmer erbringt dann zwar unbesteuerte Umsätze, bleibt aber dennoch zum Vorsteuerabzug berechtigt.

Im Vordergrund der Praxis und Klausur steht der Anwendungsbereich des § 15 Abs. 3 Nr. 1a) UStG mit seinem Verweis auf die nach § 4 Nr. 1 UStG betroffenen internationalen Warenlieferungen (s. Kap. XX. 3., 4.). Exporteure liefern zwar steuerfrei, werden aber gleichwohl über den Vorsteuerabzug entlastet. Ist dabei eine Warenlieferung betroffen, die – im Inland ausgeführt – aufgrund einer (anderen) Befreiungsvorschrift vorsteuerschädlich wäre, besteht letztlich kein Recht zum Vorsteuerabzug, BFH vom 22.8.2013, V R 30/12, BStBl II 2014, 133.

> **Beispiele:**
> 1. U mit Sitz im Inland bezieht Waren vom inländischen Produzenten P. Die Waren veräußert er weiter im Inland und ins Ausland. Ausnahmsweise bestellt er auch Waren für den eigenen Privatgebrauch.
> 2. Röntgenarzt R verkauft sein bisheriges Röntgengerät, das er zwei Jahre zuvor anschaffte, an einen Händler in Bulgarien. R macht einen Teil der Vorsteuer über eine Berichtigung nach § 15a Abs. 1, Abs. 8 und Abs. 9 UStG geltend und verweist hierzu auf die nach § 15 Abs. 3 Nr. 1a UStG vorsteuerunschädliche innergemeinschaftliche Lieferung gem. §§ 4 Nr. 1b, 6a UStG.

> **Lösung:**
> 1. Die Weiterlieferungen des U sind regelmäßig gemäß § 3 Abs. 6 UStG im Inland steuerbar. Sie sind auch steuerpflichtig, soweit sie im Inland stattfinden. Unternehmer im EU-Ausland beliefert U steuerfrei nach §§ 4 Nr. 1b, 6a UStG. Lieferungen ins Drittland sind nach §§ 4 Nr. 1a, 6 UStG steuerfrei. Die Vorsteuer aus den Eingangslieferungen des P ist unter den Voraussetzungen des § 15 Abs. 1 Satz 1 Nr. 1 UStG abziehbar, ausgenommen die für den Privatgebrauch bestimmten Waren, da sie nicht für das Unternehmen bezogen werden. Ein Vorsteuerabzugsverbot aus § 15 Abs. 1a, 1b UStG besteht nicht. Soweit innergemeinschaftliche Lieferungen und Ausfuhren vorliegen, ist die Vorsteuer gemäß § 15 Abs. 2 Nr. 1 UStG eigentlich nicht abzugsfähig; allerdings ist U gemäß § 15 Abs. 3 Nr. 1a) UStG doch zum Vorsteuerabzug berechtigt.
> 2. Aus dem Einkauf des Geräts stand R nach § 15 Abs. 2 Nr. 1 i.V.m. § 4 Nr. 14a UStG kein Vorsteuerabzug zu. Der Weiterverkauf ist daher spiegelbildlich nach § 4 Nr. 28 UStG steuerfrei. Diese Steuerbefreiung geht der des § 4 Nr. 1 UStG vor. Der Weiterverkauf bleibt vorsteuerschädlich, die Vorsteuer kann nicht nach § 15a UStG berichtigt werden.

8.4 Aufteilung der Vorsteuer

Die **gemischte Verwendung einer Eingangsleistung** kann eine Aufteilung der Vorsteuer nach wirtschaftlicher Zurechnung erfordern.
- Dies gilt im Verhältnis unternehmerischer zu nichtunternehmerischer Nutzung im Rahmen des § 15 Abs. 1b UStG, v.a. aber
- im unternehmerischen Bereich, wenn die Eingangsleistung teils vorsteuerunschädlich, teils vorsteuerschädlich (§ 15 Abs. 2 UStG) verwendet wird.

Eine nach § 15 Abs. 4 UStG vorzunehmende Aufteilung setzt aber in jedem Fall voraus, dass die Eingangsleistung für das Unternehmen bezogen wurde. Insoweit ist das Zuordnungswahlrecht gem. § 15 Abs. 1 Satz 2 UStG eine vorrangige Frage.

> ☞ **Tipp!**
> Vor einer Aufteilung steht zudem die Frage, wie viele Wirtschaftsgüter betroffen sind. Dies gilt v.a. für die Herstellung eines Gebäudes: Das Gebäude ist umsatzsteuerrechtlich ein einheitliches Wirtschaftsgut, auch wenn die Herstellung aus einer Vielzahl einzelner Leistungen zusammengesetzt ist. Dies legt nahe, die Vorsteuer aus all diesen Leistungen nach einem einheitlichen Maßstab (quotal)

aufzuteilen, wenn die Größe und Bauausführung der einzelnen Etagen vergleichbar sind. Die einzelnen Herstellungs- bzw. Anschaffungsleistungen dürfen dann nicht konkret zugeordnet werden, abhängig davon, ob sie einen Bereich betreffen, der vorsteuer(un)schädlich ist. Die Zurechnungsmethode gilt dagegen für Erhaltungsmaßnahmen usw.
Dies ist die derzeit herrschende Meinung, vgl. Abschn. 15.17 Abs. 5 UStAE.

8.4.1 Aufteilungsmaßstab

Für eine „sachgerechte" Aufteilung der Vorsteuer nach § 15 Abs. 4 Satz 2 UStG lassen sich unterschiedliche Kriterien heranziehen:
- **Nutzungsanteil nach Zeit, Einheiten usw. (Fahrtenbuch)**

Beispiel:

U schafft eine EDV-Anlage an, die er – stundenweise – zu ⅓ für seine steuerpflichtige Tätigkeit als Immobilienmakler, zu ⅓ für seine steuerfreie Tätigkeit als Versicherungsvertreter und zu ⅓ für seine Freizeitaktivitäten nutzt. (Alternative: U schafft sich einen Pkw mit entsprechend anteiliger Nutzung an.)

Lösung:

U verwendet die Anlage gemischt genutzt, soweit er diese sowohl unternehmerisch als auch außerunternehmerisch verwendet. Insoweit steht ihm ein Zuordnungswahlrecht zu, das er zu einer vollen Zuordnung ins Unternehmen ausüben wird. Damit wird die Lieferung insgesamt „für sein Unternehmen" i.S.v. § 15 Abs. 1 Satz 1 Nr. 1, Satz 2 UStG ausgeführt. Liegt eine ordnungsgemäße Rechnung vor, ist die Vorsteuer zu 100 % abziehbar.
Ein Vorsteuerabzugsverbot gemäß § 15 Abs. 1a UStG liegt nicht vor, § 15 Abs. 1b UStG betrifft bewegliche Gegenstände nicht.
Im Rahmen der nach § 4 Nr. 11 UStG steuerfreien Tätigkeit als Versicherungsvertreter betätigt sich U vorsteuerschädlich gemäß § 15 Abs. 2 Nr. 1 UStG, ohne dass dies durch § 15 Abs. 3 UStG umgekehrt wird (solange nicht der Sonderfall des § 15 Abs. 3 Nr. 1b UStG vorliegt). Als Immobilienmakler verdient sich U die anteilige Vorsteuer. In Bezug auf die private Nutzung kommt es zu einer (vorsteuerunschädlichen) Besteuerung nach § 3 Abs. 9a Nr. 1 UStG.
Der Nutzung entsprechend führt die Aufteilung der Vorsteuer nach § 15 Abs. 4 UStG zu einem Abzug von ⅔.
In der Alternative ergibt sich die Aufteilung aus den in einem Fahrtenbuch dokumentierten Fahrtstrecken oder aus einer sachgerechten Schätzung, in der Praxis häufig auch nach der 1 %-Regelung.

- **Umsatzbezogene Aufteilung (§ 15 Abs. 4 Satz 3 UStG)**
  Eine Aufteilung nach dem Verhältnis der Umsätze erscheint eigentlich praxisgerecht, ist aber im Rahmen des § 15 Abs. 4 Satz 3 UStG nur hilfsweise zulässig.
- **Aufteilung bei Gebäuden**
  Die Aufteilung der Vorsteuer aus Anschaffungs- und Herstellungskosten des einheitlichen Wirtschaftsguts (Grundstück und Gebäude) erfolgt regelmäßig nach der Nutzfläche, wenn deren Ausstattung in etwa vergleichbar ist. Hieraus wird eine bestimmte Quote errechnet. Die Vorsteuer wird also nicht räumlich zugeordnet, sondern nach der Quote verteilt (Abschn. 15.17 Abs. 5 UStAE). Die Verwaltung sieht sich bestätigt durch EuGH vom 9.6.2016, C-332/14 (Rey GbR) und BFH vom 10.8.2016, XI R 31/09.

Abweichend von der Nutzflächenaufteilung gilt (vgl. Abschn. 15.17 Abs. 7 Satz 5, 6 UStAE):
- Die **Umsatzmethode** bei deutlich unterschiedlicher Ausstattung der Vergleichsflächen (Wände, Mauern, Stockwerkshöhe, Bauausführung/-standard) und
- eine Aufteilung entsprechend dem Verhältnis von Ertragswert zu Verkehrswert beim Grundstückserwerb (also indirekt nach dem Verhältnis der Mieten).
- Wird ein Gebäude hergestellt und auf dessen Dach eine Fotovoltaikanlage installiert, kann die Vorsteuer aus den spezifischen Kosten der Anlage geltend gemacht werden, möglicherweise aber zusätzlich auch die anteilige Vorsteuer aus den Gebäudeherstellungskosten. Dieser Anteil wird berechnet nach dem Verhältnis der (fiktiven) Entgelte für die Vermietung des Daches an einen fremden Fotovoltaikunternehmer einerseits und der Vermietung des Gebäudes andererseits (BFH vom 19.7.2011, XI R 21/10, BStBl II 2012, 434).
- Eine Aufteilung nach dem Flächenschlüssel ist nicht sachgerecht, wenn ein Spielhallenbetreiber verschiedene Geräte aufstellt, mit denen er teils umsatzsteuerpflichtige, teils umsatzsteuerfreie Umsätze erzielt, BFH vom 5.9.2013, XI R 4/10, BStBl II 2014, 95.

Beispiel:

Die Steuerberatergesellschaft S lässt ein 2-geschossiges Gebäude erstellen.
Das EG vermietet S an eine Anwaltskanzlei (Monatsmiete 2.000 € zuzüglich 380 € Umsatzsteuer).
Das 1. OG wird steuerfrei an einen Arzt vermietet (Monatsmiete 1.000 €). Die Ausstattung ist durchgängig vergleichbar. S erhält folgende (ordnungsgemäße) Rechnungen:
a) Fensterfirma für den Fenstereinbau im EG,
b) Bodenleger für Arbeiten im 1. OG,
c) Dachdeckerleistung.

Nach einem Sturm muss das Dach teilweise erneuert und der Boden im EG ausgetauscht werden.

Lösung:

Abzug der Vorsteuer

Die S-Gesellschaft nutzt das Gebäude unternehmerisch. Die Vorsteuer ist gemäß § 15 Abs. 1 Satz 1 Nr. 1 UStG abziehbar.
Für die Vermietung im 1. OG ist ein Vorsteuerabzug nach § 15 Abs. 2 Nr. 1 UStG ausgeschlossen.
Die Vermietungsleistung im EG ist vorsteuerunschädlich.

Aufteilung der Vorsteuer

Die Vorsteuer muss gemäß § 15 Abs. 4 UStG aufgeteilt werden:

1. **Herstellungskosten**

    Die Dachdeckerrechnung bezieht sich auf das ganze Gebäude – der Vorsteuerabzug beträgt $\frac{1}{2}$ entsprechend der Nutzung im EG.
    Die Vorsteuer aus den anderen Eingangsleistungen a)-c) ist nach demselben Maßstab ($\frac{1}{2}$) aufzuteilen, auch wenn sich die einzelnen Leistungen stockwerksbezogen zuordnen ließen (vgl. Abschn. 15.17 Abs. 5 UStAE).
    Im Vergleich hierzu hätte eine Aufteilung nach Umsätzen einen größeren Vorsteuerabzug erlaubt ($\frac{2}{3}$).

2. **Erhaltungsaufwendungen**

    Die Vorsteuer aus den späteren Reparaturrechnungen ergibt sich dementgegen entsprechend der konkreten Verwendung der Eingangsleistung. Die Bodenreparatur im vorsteuerunschädlich genutzten EG erlaubt einen vollständigen Abzug. Die Vorsteuer aus der Dachsanierung lässt sich weiterhin nur nach der Quote aufteilen ($\frac{1}{2}$ Vorsteuer).

Übt ein Unternehmer sein Zuordnungswahlrecht zulässig aus und teilt die Vorsteuer dementsprechend korrekt auf, ist er hieran im Anschluss an seine formell bestandskräftig gewordene Jahresanmeldung auch für die Folgejahre gebunden.

8.5 Eingangsleistungen ohne konkreten Zusammenhang

Ausnahmsweise gehört eine **Eingangsleistung** zu den allgemeinen Kosten, wenn sie sich nicht konkret bestimmten Umsätzen zuordnen lässt und üblicherweise als Gemeinkosten in den Preis der Ausgangsleistung einfließt. Die Vorsteuer ist dann im Rahmen einer Gesamtschau unter den sonstigen Voraussetzungen abziehbar und abzugsfähig, soweit der Unternehmer vorsteuerunschädliche Ausgangsumsätze tätigt. Ggf. wird nach dem Umsatzschlüssel aufgeteilt.

Beispiel:

S berät steuerlich:
a) eine OHG bei der Aufnahme eines weiteren Gesellschafters,
b) eine AG bei einer Kapitalerhöhung bzw.
c) bei einem steuerfreien Beteiligungsverkauf (§ 4 Nr. 8e UStG).

Die jeweilige Gesellschaft will hierdurch letztlich ihre steuerpflichtige Gesamttätigkeit fördern.

Lösung:

a) und b) Die Vorgänge sind bei der OHG bzw. AG nicht steuerbar. Soweit die Gesellschaft aber vorsteuerunschädliche Umsätze tätigt, ist sie zum Vorsteuerabzug aus der Honorarrechnung des S berechtigt.

c) Die Beratung kann eindeutig dem steuerfreien Umsatz zugeordnet werden. Ein Vorsteuerabzug entfällt gemäß § 15 Abs. 2 Nr. 1 UStG.

8.6 Vorsteuer nach Durchschnittssätzen

Im Rahmen der Sonderregelungen der §§ 23, 23a UStG wird die Vorsteuer nicht nach konkreten Verhältnissen berücksichtigt. Sie wird mit pauschalen Prozentsätzen auf die Netto-Umsätze aufgeschlagen.

Beispiel:

Hochschullehrer H betätigt sich in der Ausbildung für angehende Steuerberater (Jahresumsatz 5.000 €), in der Fortbildung von Steuerberatern (netto 50.000 €) und als Fachbuchautor (netto 3.000 €). H hatte sich Literatur angeschafft und dabei 100 € Umsatzsteuer gezahlt.
Die Umsätze des H im Vorjahr überstiegen nicht 61.356 €.

Lösung:

H ist bei seiner Ausbildungstätigkeit regelmäßig steuerfrei tätig (§ 4 Nr. 21b UStG). Die Fortbildung ist (nach derzeitigem nationalem Gesetzeswortlaut) steuerpflichtig; dasselbe gilt für die Veröffentlichungen.
H kann die Vorsteuer bis zur Umsatzgrenze von 61.356 € gemäß § 23 UStG, § 69 Abs. 3 UStDV pauschal berechnen:
Sie beträgt gemäß §§ 69, 70 UStDV i.V.m. Anlage zur UStDV Abschn. A IV Nr. 3 bzw. Nr. 5 in Bezug auf die Fortbildung: 50.000 € × 2,9 % = 1.450 € bzw. in Bezug auf die Autorentätigkeit: 3.000 € × 2,6 % = 78 €.
Konkrete Vorsteuer darf H nicht (zusätzlich) geltend machen (§ 70 UStDV).

9. Berichtigung der Vorsteuer

Die Notwendigkeit zur Berichtigung einer Vorsteuer kann sich aus völlig unterschiedlichen Ausgangssituationen ergeben.

9.1 Abgrenzung

Folgende Arten der Änderung eines Vorsteuerabzugs sind streng zu unterscheiden:

- **Der Unternehmer muss einen Vorsteuer-Betrag berichtigen, den er falsch in der Umsatzsteuer-Anmeldung eingetragen hat.**

  Die Änderung erfolgt verfahrensrechtlich, regelmäßig nach §§ 168, 164 Abs. 2 AO bzw. nach § 173 Abs. 1 Nr. 1 AO.

- **Der Unternehmer hat die Vorsteuer nach § 15 Abs. 1 Nr. 1 UStG rechtmäßig geltend gemacht. In einem folgenden Voranmeldungszeitraum zahlt er allerdings nicht den gesamten Rechnungsbetrag, sondern macht von seinem Recht auf Skontoabzug oder Minderung Gebrauch, wird zahlungsunfähig oder die Leistung wird nicht ausgeführt.**

  Hier ist die Vorsteuer gemäß § 17 UStG im Voranmeldungszeitraum des fraglichen Ereignisses zu berichtigen, s. Kap. IX. 5.

- **Der Unternehmer hat zu Recht die Vorsteuer geltend gemacht. Er nutzt die Eingangsleistung anschließend anders als im ursprünglichen Zeitpunkt.**

  Hier ergibt sich eine Vorsteuerberichtigung aus § 15a UStG.

9.2 Prinzipien der Vorsteuerberichtigung nach § 15a UStG

Voraussetzung solcher Berichtigung ist, dass die Merkmale des § 15 Abs. 1 UStG erfüllt waren (**Abziehbarkeit** der Vorsteuer). Insbesondere muss die Eingangsleistung – ggf. nach Zuordnung im Rahmen des § 15 Abs. 1 Satz 2 UStG – für das Unternehmen ausgeführt worden sein.

Dem **Prinzip des Sofortabzugs** zufolge richtet sich der Vorsteuerabzug nach der Verwendungsabsicht bei Leistungsbezug (bzw. Anzahlung).

Eine endgültige Festlegung des Vorsteuerabzugs kann, insbesondere wenn angeschaffte oder hergestellte Wirtschaftsgüter langjährig im Unternehmen genutzt werden, zu nicht sachgerechten Ergebnissen führen.

Beispiel:
U1 vermietet ab 01 steuerfrei ein Gebäude, das er für 200.000 € zuzüglich 38.000 € erstellte. Aufgrund eines Mieterwechsels vermietet er das Gebäude ab 02 steuerpflichtig.
U2 vermietet ab 01 steuerpflichtig ein Gebäude, das er für 200.000 € zuzüglich 38.000 € erstellte. Aufgrund eines Mieterwechsels vermietet er das Gebäude ab 02 steuerfrei.

Lösung:
a) Das Gebäude wird zunächst vorsteuerschädlich genutzt, der Sofortabzug der Vorsteuer nach § 15 Abs. 2 Nr. 1 UStG ausgeschlossen.
b) Das Gebäude wird zunächst vorsteuerunschädlich genutzt, die Vorsteuer ist abzugsfähig.
Das Gebäude wird auf Dauer genutzt. Es bietet sich an, den Vorsteuerabzug an der langfristigen Verwendung auszurichten. Dies gelingt über das in § 15a UStG geregelte Modell. Hiernach erhält U1 doch noch einen Teil der Vorsteuer, U2 muss einen Teil der Vorsteuer zurückzahlen.

Eine sachgerechte Lösung vermittelt § 15a UStG:

- Es bleibt beim Prinzip des Sofortabzugs. Der Vorsteuerabzug richtet sich nach den ursprünglich maßgebenden Verhältnissen.

- Wird die Eingangsleistung später anders verwendet, wird die Vorsteuer an die Veränderung angeglichen. Dies geschieht **jahresanteilig**. Abhängig von der Änderung (zu berechnende **Quote**) fällt die Berichtigung **zugunsten** oder **zulasten** des Unternehmers aus.

Änderungen bei der Verwendung des Wirtschaftsguts werden praxisgerecht nur in einem überschaubaren Zeitrahmen erfasst (**Berichtigungszeitraum**); spätere Änderungen bleiben insoweit unerheblich. Bei nur geringfügiger Auswirkung entfällt eine Berichtigung (**Bagatell**grenzen).

9.3 Vorsteuerberichtigung nach § 15a Abs. 1 UStG

Die Vorschrift beschreibt für den Regelfall, unter welchen Voraussetzungen und in welchem Verfahren ein ursprünglicher Vorsteuerabzug später berichtigt wird.

Hierzu sind folgende Merkmale festzuhalten:

1. Wirtschaftsgut

    Das Wirtschaftsgut kann:
    - materiell oder immateriell
    - beweglich oder unbeweglich sein und darf
    - (typischerweise) nicht nur einmalig verwendet werden.
    - Betroffen sind regelmäßig Wirtschaftsgüter des Anlagevermögens.

2. Ob bzw. in welchem Umfang die Vorsteuer später zu berichtigen ist, richtet sich im gesamten Berichtigungszeitraum nach den „maßgebenden Verhältnissen". Sie werden geprägt durch die erstmalige tatsächliche Verwendung oder durch die Verwendungsabsicht im Zeitpunkt des Leistungsbezugs, v.a. im Zusammenhang mit der Herstellung von Gebäuden. Daraus resultiert der ursprüngliche Vorsteuerabzug.

> **Beispiel:**
>
> Die A-GmbH kauft am 12.6.01 eine Maschine für 50.000 € zuzüglich 9.500 € Umsatzsteuer. Die Maschine wird zur Hälfte steuerpflichtig, zur Hälfte steuerfrei verwendet. Eine ordnungsgemäße Rechnung liegt vor.

> **Lösung:**
>
> Die Maschine wird bei A nicht nur einmalig verwendet. Die in den Anschaffungskosten enthaltene Vorsteuer ist gemäß § 15 Abs. 1 Satz 1 Nr. 1 UStG abziehbar und nach § 15 Abs. 2 Nr. 1, Abs. 4 UStG zur Hälfte abzugsfähig. Die ursprünglich maßgeblichen Verhältnisse führen also zu einem Vorsteuerabzug von 50 % = 4.750 €.
> Die Vorsteuer muss später möglicherweise nach § 15a Abs. 1 UStG berichtigt werden.

Dabei gilt die **Vereinfachungsregelung des § 44 Abs. 1 UStDV**:
Überschreitet der in den Anschaffungs-/Herstellungskosten enthaltene absolute Vorsteuerbetrag nicht 1.000 €, wird von einer Berichtigung endgültig abgesehen. Dies gilt zugunsten und zuungunsten des betroffenen Unternehmens.

> **Beispiel:**
>
> Die A-GmbH erwirbt eine gebrauchte Maschine für 4.000 € zuzüglich 760 € Umsatzsteuer. Die Maschine wird sogleich für 1.000 € zuzüglich 190 € Umsatzsteuer generalüberholt.
> **Alternative:** Für die Generalüberholung fallen 2.000 € zzgl. 380 € Umsatzsteuer an.

Teil II: Darstellung der Umsatzsteuer

> **Lösung:**
>
> Auch die Kosten der Generalüberholung zählen zu den Anschaffungskosten. Weil die Vorsteuer insgesamt nur 950 € beträgt, kommt gemäß § 44 Abs. 1 UStDV eine spätere Vorsteuerberichtigung nicht in Betracht.
>
> In der Alternative ist § 15a UStG zu beachten.

3. **Zu ermitteln ist nun der Berichtigungszeitraum.** Er beginnt nicht zwingend mit dem Zeitpunkt des ursprünglichen Vorsteuerabzugs, sondern (erst) mit der erstmaligen Verwendung!

> **Beispiel:**
>
> Die A-GmbH bestellt am 19.6.01 eine Maschine. Entsprechend der Rechnung vom 1.7.01 zahlt sie sogleich den Kaufpreis von 50.000 € zuzüglich 9.500 € Umsatzsteuer. Die Maschine wird am 2.8.01 ausgeliefert. Erst nach dem Ende der Betriebsferien wird die Maschine ab 1.9.01 wie von Anfang an beabsichtigt zur Hälfte steuerpflichtig, zur Hälfte steuerfrei verwendet.

> **Lösung:**
>
> Auch wenn die Vorsteuer gemäß § 15 Abs. 1 Satz 1 Nr. 1 Satz 3 UStG bereits im Voranmeldungszeitraum Juli berücksichtigt werden kann (4.750 €), beginnt der Berichtigungszeitraum gemäß § 15a Abs. 1 UStG erst am 1.9.01.

Der Zeitraum wird pauschal festgelegt. Er dauert regelmäßig bei beweglichen Wirtschaftsgütern 5 Jahre, bei Grundstücken 10 Jahre (§ 15a Abs. 1 Satz 1 und 2 UStG).

> **Beispiel:**
>
> Die A-GmbH erwirbt eine Maschine. Üblicherweise verschrottet die A-GmbH eine solche Maschine nach einer Betriebszeit von:
> a) 5 Jahren,
> b) 4 Jahren,
> c) 8 Jahren.

> **Lösung:**
>
> a) Der Berichtigungszeitraum beträgt gemäß § 15a Abs. 1 Satz 1 UStG pauschal 5 Jahre. Die jährliche Berichtigungsquote beträgt nach § 15a Abs. 5 Satz 1 UStG daher $1/5$.
> b) Die kürzere betriebsgewöhnliche Nutzungsdauer führt gemäß § 15a Abs. 5 Satz 2 UStG zu einer Jahresquote von $1/4$.
> c) Bei einer längeren Nutzungsdauer verbleibt es im Umkehrschluss aus § 15a Abs. 5 UStG bei $1/5$ wie unter a).

Im Interesse einer praxisgerechten Berechnung schreibt § 45 UStDV das Fristende auf ein Monatsende fest. Weil die Dauer des Berichtigungszeitraums hierdurch nicht verändert werden darf, beginnt dieser folglich an einem Monatsersten.

> **Beispiel:**
>
> Die A-GmbH verwendet die am 2.8.01 ausgelieferte Maschine erst nach dem Ende der Betriebsferien ab 11.9.01.

> **Lösung:**
>
> Der regelmäßige Berichtigungszeitraum läuft eigentlich vom 11.9.01 bis 10.9.06. § 45 UStDV vermeidet taggenaue Berechnungen einer Berichtigung, indem er das Ende des Berichtigungszeitraums auf den 31.8.06 fingiert. Weil der Berichtigungszeitraum 5 Jahre beträgt, wird spiegelbildlich der Beginn des Berichtigungszeitraums auf den 1.9.01 verschoben.

4. Ändert sich innerhalb des so berechneten Berichtigungszeitraums die Verwendung im Vergleich zu den ursprünglich maßgebenden Verhältnissen, kommt es zur Rechtsfolge des § 15a UStG. Die Änderung wird sich regelmäßig in Bezug auf die tatsächliche Verwendung ergeben. Eine Änderung kann sich – bei gleichbleibenden tatsächlichen Verhältnissen – aber auch aus rein rechtlichen Überlegungen ergeben:
   - Im Ursprungsjahr wird der Vorsteuerabzug falsch beurteilt. Es tritt Bestandskraft ein. Erst in einem Folgejahr zeigt sich der Fehler. Die rechtlich zutreffende Entscheidung der Verwendung im Folgejahr widerspricht der bestandskräftig gewordenen Beurteilung für das Ursprungsjahr, vgl. Kap. 9.12.
   - Der Unternehmer beruft sich innerhalb des Berichtigungszeitraums erfolgreich auf eine steuerbefreiende Regelung der MwStSystRL und hatte seither seine Umsätze nach nationalem Recht versteuert, BFH vom 5.9.2013, XI R 4/10, BStBl II 2014, 95.

5. Im Umfang der Änderung wird die Vorsteuer berichtigt. Hierzu wird eine Änderungsquote berechnet. Die Berichtigung wird grundsätzlich für ein Kalenderjahr (ggf. Rumpfjahr) vorgenommen (je Zeitanteil = „pro rata temporis").

> **Beispiel:**
>
> Die A-GmbH kauft am 12.6.01 eine Maschine für 50.000 € zuzüglich 9.500 € Umsatzsteuer. Die Maschine wird sofort zur Hälfte steuerpflichtig, zur Hälfte steuerfrei verwendet.
> Ab 1.1.03 betätigt sich die A-GmbH nur noch steuerpflichtig.

> **Lösung:**
>
> Die ursprünglich maßgeblichen Verhältnisse führen zu einem Vorsteuerabzug von 50 %.
> Der Berichtigungszeitraum beginnt gemäß § 45 UStDV am 1.6.01 und endet am 31.5.06.
> Die Änderung in 03 findet innerhalb des Berichtigungszeitraums statt. Die Maschine wird in 03 zu 100 % vorsteuerunschädlich verwendet. Im Vergleich zu den ursprünglichen Verhältnissen in 01 ergibt sich eine Änderungsquote von 50 %. Diese Quote wird gemäß § 15a Abs. 5 UStG zunächst nur auf das Jahr 03 bezogen. Die Berichtigung berechnet sich nun wie folgt:
>
> | Gesamte Vorsteuer | jahresanteilig | Änderungsquote | Berichtigung |
> | --- | --- | --- | --- |
> | 9.500 € | × 1/5 | × 50 % | = 950 € |
>
> Die A-GmbH erhält dadurch neben der ursprünglich geltend gemachten Vorsteuer nachträglich eine weitere Vorsteuer für 03 in der berechneten Höhe. Ob die A-GmbH auch in 04 die Vorsteuer zu ihren Gunsten berichtigen darf, hängt von der Verwendung in 04 ab. Bleibt es bei der steuerpflichtigen Tätigkeit, ergibt sich dort die gleiche Berichtigung.

Ist für den ursprünglichen Vorsteuerabzug die Verwendungsabsicht maßgeblich, kann bereits die erstmalige Verwendung eine Berichtigung auslösen.

Teil II: Darstellung der Umsatzsteuer

> **Beispiel:**
>
> Die A-GmbH kauft am 12.6.01 eine Maschine für 50.000 € zuzüglich 9.500 € Umsatzsteuer, um sie ausschließlich für steuerpflichtige Umsätze einzusetzen. Tatsächlich wird die Maschine erst ab 22.7.01 im Unternehmen eingesetzt, und zwar zur Hälfte für steuerfreie Umsätze. So bleibt es auch in den Folgejahren.

> **Lösung:**
>
> Die ursprünglich maßgeblichen Verhältnisse ergeben sich aus der Verwendungsabsicht bei Leistungsbezug am 12.6.01 und führen zu einem Vorsteuerabzug von 100 %. Der Berichtigungszeitraum beginnt ab der Verwendung der Maschine, vereinfacht gemäß § 45 UStDV am 1.8.01 und endet am 31.7.06.
>
> Die erstmalige Verwendung weicht von den ursprünglichen, durch die Absicht geprägten maßgebenden Verhältnissen ab und führt sogleich zu einer Berichtigung für August–Dezember **01** (5 Monate) zulasten der A-GmbH:
>
> | Vorsteuer | jahresanteilig | monatsanteilig | Änderungsquote | Berichtigung |
> |---|---|---|---|---|
> | 9.500 € | × 1/5 | × 5/12 | × 50 % | = 396 € |
>
> Bei gleich bleibender Verwendung muss die A-GmbH folgenden Berichtigungsbetrag für **02** zurückzahlen:
>
> | Vorsteuer | jahresanteilig | monatsanteilig | Änderungsquote | Berichtigung |
> |---|---|---|---|---|
> | 9.500 € | × 1/5 | × 12/12 | × 50 % | = 950 € |
>
> Dasselbe gilt für die Jahre **03, 04** und **05**.
>
> Für das Rumpfjahr **06** (Januar–Juli) ergibt sich:
>
> | Vorsteuer | jahresanteilig | monatsanteilig | Änderungsquote | Berichtigung |
> |---|---|---|---|---|
> | 9.500 € | × 1/5 | × 7/12 | × 50 % | = 554 € |
>
> Kontrollüberlegung: Die Maschine wurde letztlich nur zu 50 % unschädlich eingesetzt. Der A-GmbH gebührt daher per saldo nur die Vorsteuer i.H.v. 9.500 € × ½ = 4.750 €. Wegen des Sofortabzugs erhielt sie zurecht die gesamte Vorsteuer, muss nun aber im Gesamtverlauf des Berichtigungszeitraums 396 € + 950 € + 950 € + 950 € + 950 € + 554 € = 4.750 € zurückzahlen.

a) **Zeitpunkt der Berichtigung**

Die Berichtigung ist bereits in den Voranmeldungen ab der Verwendungsänderung zu berücksichtigen, wenn der aufs Kalenderjahr berechnete Berichtigungsbetrag (prognostisch) mindestens 6.000 € beträgt; eine geringere Berichtigung wird gemäß § 44 Abs. 3 Satz 1 UStDV erst in der Jahresanmeldung angesetzt.

> **Beispiel:**
>
> Bei der A-GmbH ergibt sich für 03 eine Berichtigung der Vorsteuer aus der Anschaffung einer Maschine i.H.v. 950 €. (§ 44 Abs. 2 UStDV soll der Berichtigung nicht entgegenstehen.)

> **Lösung:**
>
> Die A-GmbH setzt den Berichtigungsbetrag (erst) in der Umsatzsteuer-Jahresanmeldung 03 an. Dies führt je nach Auswirkung zu einem Liquiditätsvor- oder -nachteil.

b) **Geringe Änderungsquote (Gewichtigkeit der Änderung)**

Beträgt die **Änderungsquote** eines Jahres nicht mindestens 10 % (relative Grenze) unterbleibt gemäß § 44 Abs. 2 Satz 1 UStDV die Berichtigung in diesem Jahr. Gemäß § 44 Abs. 2 Satz 2 UStDV wird aber doch berichtigt, wenn der errechnete Berichtigungsbetrag 1.000 € übersteigt (absolute Grenze). Die „Vereinfachung" entbindet also nicht davon, den Berichtigungsbetrag zu errechnen. Betroffen sind Sachverhalte, bei denen sich die Verwendung nur geringfügig ändert oder eine relevante Änderung nur in einem kleinen Teil des Jahres eintritt. Die relative Änderung ist bezogen auf das gesamte Jahr zu berechnen. Ein Rumpfjahr geht dabei nur mit den tatsächlich relevanten Monaten in die Berechnung ein.

> **Beispiel:**
>
> Die A-GmbH kauft am 12.6.01 eine Maschine für 500.000 € zuzüglich 95.000 € Umsatzsteuer. Die Maschine wird sofort zur Hälfte steuerpflichtig, zur Hälfte steuerfrei verwendet.
> Ab 1.12.03 betätigt sich die A-GmbH nur noch steuerpflichtig.
> **Alternative 1:** Ab 1.11.03 wird die Maschine voll steuerpflichtig eingesetzt.
> **Alternative 2:** Die am 12.6.01 angeschaffte Maschine kostete 50.000 € zzgl. 9.500 € Umsatzsteuer. Schon ab 1.11.01 betätigt sich die A-GmbH nur noch steuerpflichtig.

> **Lösung:**
>
> Die ursprünglich maßgeblichen Verhältnisse führen zu einem Vorsteuerabzug von 50 %. Der Berichtigungszeitraum beginnt gemäß § 45 UStDV am 1.6.01 und endet am 31.5.06.
> Die Änderung in 03 findet innerhalb des Berichtigungszeitraums statt. Die Verwendung der Maschine ab 12/03 ist zu 100 % vorsteuerunschädlich. Ob eine Berichtigung nach § 44 Abs. 2 UStG unterbleibt, ist zweistufig zu ermitteln:
> Für die Grenzberechnung nach § 44 Abs. 2 Satz 1 UStDV muss die Änderung nach Quote und Monaten herangezogen werden: 50 % × $1/12$ = 4,17 %. Hiernach ist nicht zu berichten.
> Zur Anwendung des § 44 Abs. 2 Satz 2 UStDV ist dennoch die Berichtigung zu berechnen:
>
> | Vorsteuer | je Jahr | Jahresanteil | Änderungsquote | Berichtigungsbetrag |
> |---|---|---|---|---|
> | 95.000 € | × $1/5$ | × $1/12$ | × 50 % | = 791,66 € |
>
> Der Änderungsbetrag übersteigt nicht 1.000 €, die Änderung ist nicht gewichtig. Die Vorsteuer wird gemäß § 44 Abs. 2 UStDV nicht berichtigt. Die A-GmbH verliert 791,66 €.
> (In einem umgekehrten Fall wirkt sich die Vereinfachungsregel zulasten des Fiskus aus.)
> In der Alternative 1 beträgt die Änderungsquote 8,34 %. Weil der Änderungsbetrag aber 1.583,33 € beträgt, ist nach § 44 Abs. 2 Satz 2 UStDV zu berichten.
>
> In der **Alternative 2** muss die relative Änderungsquote wegen des Rumpfjahres wie folgt ermittelt werden:
> Änderung um 50 % bezogen auf 2 von 7 Monaten der Verwendung in 01: 50 % × $2/7$ = 14,28 %, also gewichtig. Die A-GmbH setzt in ihrer USt-Jahresanmeldung 01 weitere Vorsteuer an von 9.500 € × $1/5$ × $7/12$ × 50 % = 554,17 €.

> **Hinweis!** Wer zunächst den Berichtigungsbetrag ausrechnet und hierbei eine Berichtigung ab 1.000 € errechnet, spart sich die Berechnung der relativen/prozentualen Grenze. Es kommt dann immer zu einer Berichtigung.

c) **Ausscheiden des verwendbaren Wirtschaftsguts**

Liefert der Unternehmer das noch verwendungsfähige Wirtschaftsgut an Dritte oder entnimmt er es nach § 3 Abs. 1b UStG während des Berichtigungszeitraums, erfolgt ggf. gemäß § 15a Abs. 8 UStG eine Berichtigung für die Restlaufzeit des Berichtigungszeitraums. Die Lieferung (§ 3 Abs. 1, 1b UStG) prägt gemäß § 15a Abs. 9 UStG den restlichen Berichtigungszeitraum: Scheidet das Wirtschaftsgut steuerpflichtig aus, gilt die fiktive Verwendung im restlichen Besteuerungszeitraum insgesamt als steuerpflichtig, im umgekehrten Fall als steuerfrei. Gegebenenfalls wird die Berichtigung auf den Tag des Ausscheidens taggenau berechnet. Dabei bewirkt § 44 Abs. 3 Satz 2 UStDV eine Zusammenballung der Berichtigung: Die Berichtigung wird angemeldet und durchgeführt in demjenigen Voranmeldungszeitraum, in dem das Wirtschaftsgut ausscheidet. Damit wird vermieden, dass im Rest-Berichtigungszeitraum noch Vorsteuerberichtigungen durchzuführen sind für Wirtschaftsgüter, die bereits zuvor ausschieden.

> **Beispiel:**
>
> Der Berichtigungszeitraum für die von der A-GmbH angeschaffte Maschine läuft vom 1.6.01–31.5.06. Am 31.8.04 erwirbt die A-GmbH vom inländischen Händler H ein neues Modell und gibt die Maschine in Zahlung. Weil die A-GmbH die Maschine durchgängig zur Hälfte für steuerfreie Umsätze verwendete, war die Vorsteuer aus dem Erwerb der Maschine von insgesamt 9.500 € zur Hälfte abzugsfähig.

> **Lösung:**
>
> A-GmbH liefert am 31.8.04 die Maschine gemäß § 3 Abs. 1 UStG an H (im Tausch). Die Lieferung findet noch während des Berichtigungszeitraums statt und ist zu 100 % steuerpflichtig. Im Vergleich zu den ursprünglich maßgeblichen Verhältnissen bei der Anschaffung ändern sich insoweit die Verhältnisse um 50 %. Die Veräußerung beendet den Berichtigungszeitraums nicht, sondern führt dazu, dass nun die Gesamtberichtigung für den restlichen Berichtigungszeitraum zusammengezogen und für den Monat des Ausscheidens des Wirtschaftsguts durchgeführt wird (§ 15a Abs. 8 UStG i.V.m. § 44 Abs. 4 Satz 3 UStDV). Angesichts der steuerpflichtigen Lieferung fingiert § 15a Abs. 9 UStG für die Restlaufzeit eine steuerpflichtige Verwendung. Anzusetzen sind die restlichen Monate des Berichtigungszeitraums, hier also 21 Monate. Die Berichtigung im Voranmeldungszeitraum 8/04 erfasst also die Restberichtigung und errechnet sich wie folgt.
>
> **Für 04:**
>
> | Vorsteuer | je Jahr | Jahresanteil | Änderungsquote | Berichtigung |
> |---|---|---|---|---|
> | 9.500 € | × $1/5$ | × $4/12$ | × 50 % | = 317 € |
>
> Gewichtig i.S.v. § 44 Abs. 2 Satz 1 UStDV: $4/12$ × 50 % = 16,6 %.
>
> **Für 05:**
>
> | Vorsteuer | je Jahr | Jahresanteil | Änderungsquote | Berichtigung |
> |---|---|---|---|---|
> | 9.500 € | × $1/5$ | × $12/12$ | × 50 % | = 950 € |
>
> Gewichtig i.S.v. § 44 Abs. 2 Satz 1 UStDV: 50 %.

Für 06:

Vorsteuer	je Jahr	Jahresanteil	Änderungsquote	Berichtigung
9.500 €	× 1/5	× 5/12	× 50 %	= 396 €

Gewichtig i.S.v. § 44 Abs. 2 Satz 1 UStDV (5/5 ×) 50 % = 50 %.
Die A-GmbH setzt diesen Berichtigungsbetrag von insgesamt 1.663 € in der Umsatzsteuer-Voranmeldung 8/04 zu ihren Gunsten an. (Andererseits muss auch die Umsatzsteuer aus der Lieferung der Maschine an H berücksichtigt werden.)

Hinweise!
Die Berichtigung lässt sich regelmäßig zusammenfassen (jährliche Gewichtigkeit unterstellt):

Vorsteuer	restlicher Berichtigungszeitraum	Änderungsquote	Berichtigung
9.500 €	× 21/60	× 50 %	= 1.663 €

Dasselbe ergibt sich, wenn die Maschine entnommen wird.
Hätte die A-GmbH die Maschine vom Januar–August 04 voll steuerpflichtig verwendet, hätte auch die hiernach erforderliche Berichtigung in die Voranmeldung 8/04 aufgenommen werden müssen. Diese und die anteilig für den Rest 04 nach § 15a Abs. 8 UStG zu erfassende Berichtigung sind für die Anwendung des § 44 Abs. 2 UStDV zusammenzurechnen.

9.4 Wirtschaftsgut geht vorzeitig unter

Im Umkehrschluss zu § 15a Abs. 8 UStG verkürzt sich ein Berichtigungszeitraum, wenn das Wirtschaftsgut vorzeitig ausscheidet, weil es nicht mehr verwendungsfähig ist. Zudem sind dann die Berichtigungen aus den Vorjahren verfahrensrechtlich zu ändern, regelmäßig nach § 164 Abs. 2 AO bzw. nach § 175 Abs. 1 Satz 1 Nr. 2 AO. Für das Ausscheiden des Wirtschaftsgutes und die dadurch bedingte **vorzeitige Beendigung des Berichtigungszeitraums** gilt wiederum die Vereinfachung des § 45 UStDV (ganze Monate).

Beispiel:

Der Berichtigungszeitraum für die von der A-GmbH geschaffte Maschine läuft vom 1.6.01–31.5.06. Am 29.8.04 brennt die Maschine ab. Weil die A-GmbH die Maschine ursprünglich zur Hälfte für steuerfreie Umsätze verwendete, war die Vorsteuer aus dem Erwerb der Maschine von insgesamt 9.500 € nur zur Hälfte abzugsfähig. Seit 1.7.02 führte die A-GmbH nur steuerpflichtige Umsätze aus.

Lösung:

Nach den ursprünglichen Verhältnissen war die Vorsteuer zur Hälfte abzugsfähig. Der Berichtigungszeitraum endet gemäß dem verkürzten Berichtigungszeitraum auf den 31.8.04 (§ 45 UStDV) und beträgt seit 1.6.01 insgesamt 39 Monate.
Vorsteuerberichtigung 02 ursprünglich (ohne Kenntnis der späteren Zerstörung):

Vorsteuer	je Jahr	Jahresanteil	Änderungsquote	Berichtigung
9.500 €	× 1/5	× 6/12	× 50 %	= 475 €

Teil II: Darstellung der Umsatzsteuer

Vorsteuerberichtigung für 03 zunächst:

Vorsteuer	je Jahr	Jahresanteil	Änderungsquote	Berichtigung
9.500 €	× 1/5	× 12/12	× 50 %	= 950 €

Vorsteuerabzug für 04, sogleich unter Berücksichtigung der Verkürzung des Berichtigungszeitraums:

Vorsteuer	Jahresanteil	Änderungsquote	Berichtigung
9.500 €	× 8/39	× 50 %	= 974 €

(nach § 164 Abs. 2 AO) geänderte Berichtigung gemäß § 15a Abs. 1 UStG für 02:

Vorsteuer	Jahresanteil	Änderungsquote	Berichtigung
9.500 €	× 6/39	× 50 %	= 731 €

(nach § 164 Abs. 2 AO) geänderte Berichtigung gemäß § 15a Abs. 1 UStG für 03:

Vorsteuer	Jahresanteil	Änderungsquote	Berichtigung
9.500 €	× 12/39	× 50 %	= 1.462 €

Berichtigung mit Ablauf des Voranmeldungszeitraums 8/04 zugunsten der A-GmbH:

für 04	Vorsteuer	+ 974 €
geändert für 02	(731 € ./. 475 € =)	+ 256 €
geändert für 03	(1.462 € ./. 950 € =)	+ 512 €
gesamt		**1.742 €**

Berichtigung bei Grundstücken

Sämtliche vorstehend genannten Grundsätze gelten auch für die Vorsteuerberichtigung bei bebauten Grundstücken.

Beispiel:

Die A-GmbH errichtet in 01 ein Gebäude für 200.000 € zuzüglich 38.000 € Umsatzsteuer. Der ursprünglichen Verwendungsabsicht entsprechend wird das Gebäude ab 6.1.02 wie folgt genutzt:
- EG: Die A-GmbH ist steuerpflichtig tätig.
- 1. OG: Die A-GmbH vermietet steuerpflichtig.
- 2. OG: Die A-GmbH vermietet steuerfrei.
- Größe und Ausstattung der Stockwerke sind vergleichbar.

Lösung:

Unter den Voraussetzungen des § 15 Abs. 1 Satz 1 Nr. 1 UStG ist die Vorsteuer voll abziehbar.
Die Vorsteuer ist in Bezug auf das EG auch abzugsfähig, in Bezug auf das 1. OG ebenfalls abzugsfähig.
Für das 2. OG gilt der Ausschluss des § 15 Abs. 2 Nr. 1 UStG.
Der Vorsteuerabzug ist nach § 15 Abs. 4 UStG aufzuteilen. Die Aufteilung nach der Nutzfläche führt zu einem Vorsteuerabzug von 2/3 = 25.333,33 €.

> **Fortführung des Beispiels:**
>
> Ab 1.1.03 vermietet die A-GmbH auch das EG steuerfrei an den Mieter des 2. OG.

> **Lösung:**
>
> Gemäß § 15a Abs. 1, Abs. 5 UStG ist die Vorsteuer für 03 zu berichtigen.
> Das Vorsteuervolumen beträgt insgesamt 38.000 €.
> Der Berichtigungszeitraum läuft gemäß § 15a Abs. 1 Satz 2 UStG i.V.m. § 45 UStDV vom 1.1.02–31.12.11.
> Der Vorsteuerabzug beträgt nach den ursprünglich maßgeblichen Verhältnissen $2/3$.
> Die Verwendung ändert sich. Das Wirtschaftsgut wird in 03 nur noch zu $1/3$ vorsteuerunschädlich genutzt. Die Berichtigung 03 lautet:
>
> | Vorsteuer | je Jahr | Jahresanteil | Änderungsquote | Berichtigung |
> |---|---|---|---|---|
> | 38.000 € | × $1/10$ | × $12/12$ | $1/3$ | = 1.267 € |
>
> Die Berichtigung ist gewichtig i.S.v. § 44 Abs. 1 und 2 UStG.
> Die Berichtigung zuungunsten der A-GmbH ist Teil der Umsatzsteuer-Jahresanmeldung 03 (vgl. § 44 Abs. 3 Satz 1 UStDV).

> **Fortführung des Beispiels:**
>
> Mit Wirkung zum 1.12.04 verkauft die A-GmbH das Gebäude steuerpflichtig an D, der das Gebäude fortan gewerblich nutzt.

> **Lösung:**
>
> Gemäß § 15a Abs. 1, Abs. 5 UStG ist die Vorsteuer für 04 zu berichtigen. Ein Teil der Berichtigung ergibt sich aus der (in 03 begonnenen) Veränderung im EG. Der andere Teil ergibt sich aus dem Verkauf des Objekts.
> Die Lieferung am 1.12.04 ist steuerpflichtig (vgl. § 4 Nr. 9a UStG i.V.m. § 9 Abs. 1, Abs. 3 UStG. Dabei ist zudem § 13b Abs. 2 Nr. 3 UStG zu beachten!). Eine nichtsteuerbare Geschäftsveräußerung gemäß § 1 Abs. 1a UStG liegt nicht vor, weil der Erwerber das Gebäude anders verwendet als die A-GmbH.
> Der Berichtigungszeitraum läuft gemäß § 15a Abs. 8 UStG fiktiv weiter, die fiktive Verwendung gilt gemäß § 15a Abs. 9 UStG als steuerpflichtig. Die Berichtigung für diesen fiktiven Zeitraum ist sogleich für den Voranmeldungszeitraum November 04 nach § 44 Abs. 3 Satz 2 UStDV vorzunehmen. Die Änderungsquote ergibt sich aus einem Vergleich zur ursprünglichen Verwendung ab 02.
>
> **Berichtigung für Januar–November 04 zulasten A-GmbH (steuerfreie Vermietung im EG):**
>
> | Vorsteuer | je Jahr | Jahresanteil | Änderungsquote | Berichtigung |
> |---|---|---|---|---|
> | 38.000 € | × $1/10$ | × $11/12$ | $1/3$ | = 1.161,11 € |
>
> **Berichtigung für Dezember 04 zugunsten A-GmbH:**
>
> | Vorsteuer | je Jahr | Jahresanteil | Änderungsquote | Berichtigung |
> |---|---|---|---|---|
> | 38.000 € | × $1/10$ | × $1/12$ | $1/3$ | = 105,55 € |

Die Änderung in 04 per saldo i.H.v. 1.055,56 € zulasten der A-GmbH ist gewichtig i.S.v. § 44 Abs. 2 Satz 2 UStDV.

Berichtigung des restlichen Berichtigungszeitraums von 05–11 = 84 Monate (von insgesamt 120 Monaten) zugunsten A-GmbH:

Vorsteuer	Jahresanteil	Änderungsquote	Berichtigung
38.000 €	× $^{84}/_{120}$	$^{1}/_{3}$	= 8.866,67 €

In der Voranmeldung 11/04 kann die A-GmbH zu ihren Gunsten eine Vorsteuer i.H.v. 7.811,10 € ansetzen.

> **Tipp!**
> Der Praxis ist zu empfehlen, für ein Wirtschaftsgut, das die Voraussetzungen des § 15a Abs. 1 UStG erfüllt, sogleich ein „Überwachungsblatt" in den Akten anzulegen, in dem die maßgeblichen Verhältnisse (Vorsteuervolumen, Berichtigungszeitraum, ursprüngliche Verwendung) listenmäßig erfasst werden. Tabellarisch können dann die etwaigen einzelnen Berichtigungen eingetragen werden. Damit wird auch der Aufzeichnungspflicht des § 22 Abs. 4 UStG entsprochen.

9.5 Vorsteuerberichtigung nach § 15a Abs. 2 UStG

Die Besonderheit besteht darin, dass das Wirtschaftsgut nur einmalig unternehmerisch verwendet wird. Regelmäßig sind Wirtschaftsgüter des Umlaufvermögens betroffen. Klassisches Beispiel ist der **Grundstückshändler**.

Beispiel:

B handelt mit Grundstücken. Er kauft am 6.7.01 ein Grundstück und macht in diesem Zusammenhang Vorsteuer geltend (19.000 €) in der dokumentierten Absicht, das Grundstück steuerpflichtig zu verkaufen. Anlässlich des Ankaufs hat sich B beraten lassen. Im Beratungshonorar waren 800 € Vorsteuer enthalten.
Am 18.1.08 verkauft B dieses Grundstück schließlich an eine Privatperson, nachdem sich die ursprünglichen Pläne zerschlugen.

Lösung:

Die Lieferung am 18.1.08 ist zwingend steuerfrei.
Die Vorsteuer aus Leistungen anlässlich des Ankaufs konnte abgezogen werden, da B eine steuerpflichtige Ausgangsleistung beabsichtigte (ursprünglich maßgebliche Verhältnisse). Die nun nach § 15 Abs. 2 Nr. 1 UStG vorsteuerschädliche Weiterlieferung veranlasst eine Berichtigung nach § 15a UStG. Weil das Grundstück von Anfang an nur einmalig (Weiterverkauf) verwendet wird, liegen die Voraussetzungen des § 15a Abs. 1 UStG nicht vor. Die Berichtigung erfolgt nach § 15a Abs. 2 UStG. Ein Berichtigungszeitraum ist nicht zu beachten, da es keine zeitraumbezogene Verwendung gibt (vgl. auch § 15a Abs. 5 UStG). Die Vorsteuer wird in voller Höhe berichtigt. B muss die Vorsteuerrückzahlung i.H.v. 19.000 € in seiner Voranmeldung 1/08 erfassen.
Die fragliche Vorsteuer aus der Beratungsleistung übersteigt nicht die Grenze des § 44 Abs. 1 UStDV; eine Berichtigung scheidet von Anfang an aus.

Hinweis! B muss die Vorsteuer aus der Anschaffung auch dann zurückzahlen, wenn er das Grundstück erst in 15 weiterverkauft.

9.6 Vorsteuerberichtigung nach § 15a Abs. 3 UStG

Erfasst werden Eingangsleistungen, die in einem Wirtschaftsgut aufgehen (Sätze 1 und 2). Auf eine dauerhafte Werterhöhung kommt es nicht an. Für die einzelne Maßnahme gilt ein eigener Berichtigungszeitraum.

Beispiel:

Die A-GmbH hat in 01 ein Gebäude errichtet und die Vorsteuer von 38.000 € zu $^2/_3$ abgezogen. Sie nutzt das Gebäude seit 1.1.02 wie folgt:
- EG: Die A-GmbH ist steuerpflichtig tätig.
- 1. OG: Die A-GmbH vermietet steuerpflichtig.
- 2. OG: Die A-GmbH vermietet steuerfrei.

Die A-GmbH lässt folgende – Ende Juni 05 abgeschlossenen – Arbeiten vornehmen:
- Im EG: Einbau eines neuen Fensters: Glaser: 5.000 € zuzüglich 950 € Umsatzsteuer und Gipser: 1.000 € zuzüglich 190 €.
- Im 1. OG wird der Parkettboden abgeschliffen: 2.000 € zuzüglich 380 € Umsatzsteuer.
- Das 2. OG wird für 10.000 € zuzüglich 1.900 € Umsatzsteuer saniert.
- Für die laufende Gartenpflege fallen an: 6.000 € zuzüglich 1.140 € Umsatzsteuer.

Die Geschosse sind vergleichbar.
Mit Wirkung zum 31.12.09 veräußert die A-GmbH das Gebäude steuerfrei.

Lösung:

Ursprünglicher Vorsteuerabzug aus Reparatur
Die einzelnen Reparaturleistungen werden räumlich zugeordnet.
EG: Angesichts der vorsteuerunschädlichen Verwendung ist die Vorsteuer aus den beiden Eingangsleistungen abzugsfähig.
1. OG: Die Vorsteuer kann ebenfalls abgezogen werden.
2. OG: Der Vorsteuerabzug ist nach § 15 Abs. 2 Nr. 1 UStG ausgeschlossen.

Die Gartenarbeit lässt sich nicht zuordnen, die Vorsteuer hieraus wird nach § 15 Abs. 4 UStG aufgeteilt. Sie lässt sich bei Aufteilung nach den Nutzflächen zu $^2/_3$ abziehen.

Veräußerung
Die Grundstückslieferung ist nach § 4 Nr. 9a UStG steuerfrei, daher nach § 15 Abs. 2 Nr. 1 UStG vorsteuerschädlich.

Vorsteuerberichtigung aus den Herstellungskosten
Berichtigung der Vorsteuer aus der Gebäudeherstellung nach § 15a Abs. 1, Abs. 5 UStG für den restlichen Berichtigungszeitraum von 2 Jahren (§ 15a Abs. 8, Abs. 9 UStG i.V.m. § 44 Abs. 4 Satz 3 UStDV):
38.000 € × $^1/_{10}$ × 2 × $^2/_3$ = 5.067 €.

Der Berichtigungsbetrag wird zulasten der A-GmbH in der Voranmeldung 12/09 angesetzt.

Vorsteuerberichtigung aus den Reparaturleistungen
a) Berichtigung der Reparaturarbeiten im EG nach § 15a Abs. 3 Sätze 1, 2 UStG: Der Glaser erbringt eine steuerpflichtige Werklieferung nach § 3 Abs. 4, Abs. 7 Satz 1 UStG. Auch die Werkleistung des Gipsers geht im Gebäude auf (§§ 3 Abs. 9, 3a Abs. 3 Nr. 1 UStG). Beide Maßnahmen werden zum Zweck der Vorsteuerberichtigung gemäß § 15a Abs. 3 Satz 2 UStG zusammengenommen. Nach Abschn. 15a.6 Abs. 11 UStAE wird ein Zusammenhang vermutet, wenn Maßnahmen innerhalb 3 Monaten (bewegliche Wirtschaftsgüter) bzw. 6 Monaten (bei Gebäuden) ausgeführt werden. Die sich hieraus ergebende Gesamtvorsteuer von 1.140 € überschreitet den Bagatellbetrag gemäß § 44

Abs. 1 UStDV. Der Berichtigungszeitraum läuft von 1.7.05–30.6.15, vgl. § 45 UStDV. Für den restlichen Berichtigungszeitraum von 66 Monaten ergibt sich:

1.140 € × $^{66}/_{120}$ = 627 €.

Die Berichtigung erfolgt ebenfalls zulasten A-GmbH in der Voranmeldung 12/09.

b) Eine Berichtigung der Vorsteuer aus der Eingangsleistung im 1. OG entfällt nach § 44 Abs. 1 UStG. Angesichts der Zuordnung scheidet eine Zusammenfassung der Leistungen innerhalb der verschiedenen Stockwerke aus.

c) Weil die ursprüngliche Verwendung und die Veräußerung in Bezug auf das 2. OG gleichermaßen schädlich sind, ist insoweit nicht zu berichtigen.

d) Die Vorsteuer aus der Gartenarbeit wird gleichfalls nicht berichtigt. Der Gartenarbeit fehlt die Langzeitwirkung, vgl. Abschn. 15a.6 Abs. 6 Satz 4 UStAE.

§ 15a Abs. 3 Satz 3 UStG ergänzt die Regelung des § 3 Abs. 1b UStG. Eine zurückliegende („überschießende") Vorsteuerentlastung wird kompensiert.

Beispiel:

U hat am 1.12.01 einem Privatmann ein Fahrzeug für 30.000 € abgekauft. Er nutzt das Fahrzeug zu 60 % für seine steuerpflichtigen Umsätze und zu 40 % privat. U hat das Fahrzeug am 1.2.02 für 6.000 € zuzüglich 1.140 € neu lackieren lassen. Zum gleichen Zeitpunkt setzte U ein hochwertiges Musikabspielgerät (nicht fest) in das Auto ein.

U entnimmt das Fahrzeug am 31.1.05.

Lösung:

Anschaffung und Lackierung

U kann das gemischt-genutzte Fahrzeug unter Berücksichtigung des § 15 Abs. 1 Satz 2 UStG insgesamt seinem Unternehmen zuordnen.

Die Vorsteuer aus den Lackierkosten ist daher insgesamt abzugsfähig. Die Lackierkosten werden gemäß § 10 Abs. 4 Nr. 2 UStG Teil der Bemessungsgrundlage für die Besteuerung der Privatnutzung gemäß § 3 Abs. 9a Nr. 1 UStG.

Auch die Vorsteuer aus dem Abspielgerät wird U vergütet.

Entnahme

Die Entnahme des Fahrzeugs ist wegen § 3 Abs. 1b Satz 2 UStG nicht steuerbar. Weder war der entnommene Gegenstand selbst (Fahrzeug) vorsteuerentlastet (bei der Anschaffung) noch einer seiner Bestandteile: Die Lackierung (reine sonstige Leistung des Lackierunternehmens) enthält keine „Bestandteile". Der volle Vorsteuerabzug bliebe also auch nach der Entnahme erhalten, obwohl die Eingangsleistung nun in der Konsumebene genutzt wird.

Das Abspielgerät wird nicht fest eingebaut, ist kein „Bestandteil", ist vorsteuerentlastet, wird also selbstständig entnommen und hierbei nach § 3 Abs. 1b Nr. 1 UStG besteuert.

Berichtigung hinsichtlich der Lackierkosten

Um den o.g. nicht besteuerten Konsum-Effekt zu vermeiden, erfolgt eine Berichtigung nach § 15a Abs. 3 Satz 3 UStG i.V.m. § 15a Abs. 8 und 9 UStG i.V.m. § 44 Abs. 3 Satz 2 UStDV für die restlichen zwei Jahre des 5-jährigen Berichtigungszeitraums (1.2.02–31.1.07). Die fragliche Vorsteuer übersteigt den Grenzbetrag aus § 44 Abs. 1 UStDV. Die Berechnung lautet:

1.140 € × $^{1}/_{5}$ × 2 × 100 % = 456 €.

U muss diesen Betrag an das Finanzamt zurückzahlen (Voranmeldung der Entnahme).

> **Tipp!**
> Der Praxis ist zu empfehlen, sämtliche Eingangsleistungen zu „überwachen", für die angesichts der Höhe der darin enthaltenen Vorsteuer (über 1.000 € gemäß § 44 Abs. 1 UStDV) eine Vorsteuerberichtigung infrage kommt.

9.7 Vorsteuerberichtigung nach § 15a Abs. 4 UStG

Die Regelung hat in der Ausbildung und Praxis wenig Bedeutung. Vorausgesetzt wird ein fiktives Aktivierungsgebot. Betroffen können sein: Leistungen eines Beraters, Gutachters oder Werbeunternehmens, die Anmietung eines Wirtschaftsguts, Patente u.ä., Computerprogramme oder Leasinganzahlungen (Abschn. 15a.7 Abs. 1 UStAE).

9.8 Vorsteuerberichtigung nach § 15a Abs. 6 UStG

Betroffen sind **nachträgliche Anschaffungs- oder Herstellungskosten**. Die Begriffe sind in der Umsatzsteuer nicht eigens definiert und werden daher aus dem Ertragsteuerrecht übernommen: nachträglicher Anbau, Ausbau des Kellers oder des Daches, Einbau von Trennwänden, Markisen usw. Sie stellen ein eigenständiges Zuordnungsobjekt dar. Auch solche Kosten unterliegen den Regeln der Vorsteuerberichtigung. Änderungen werden in einem eigenen Berichtigungszeitraum erfasst.

9.9 Vorsteuerberichtigung nach § 15a Abs. 6a UStG

Die Vorsteuerberichtigung steht in einem inneren Zusammenhang mit der Vorsteuerabzugsbeschränkung aus § 15 Abs. 1b UStG, gilt daher für Gebäude ab 2011. Verschieben sich die Nutzungsanteile zwischen unternehmerischer und nichtunternehmerischer Verwendung innerhalb des Berichtigungszeitraums, ist die Vorsteuer entsprechend zu berichtigen.

> **Tipp!**
> In der Praxis ist die Zuordnung des Grundstücks zum Unternehmensvermögen zu empfehlen. Sie muss dem Finanzamt ausdrücklich (formfrei) mitgeteilt werden. Ist zwar der ursprüngliche Vorsteuerabzug nach § 15 Abs. 1b UStG begrenzt, erhöht sich aber der unternehmerische Anteil später, erhält der Unternehmer weitere Vorsteuer.
> Dies ist ausgeschlossen, wenn das Grundstück nur anteilig dem Unternehmen zugeordnet wird.

Beispiel:

M ließ in 2015 ein Gebäude erstellen, das er:
- zu einem Viertel (EG) für seinen Handel nutzen,
- zu einem weiteren Viertel (1. OG) steuerpflichtig und
- zu einem weiteren Viertel (2. OG) zu Wohnzwecken vermieten will.
- Im oberen Viertel (DG) wird er selbst wohnen.

Die Vorsteuer aus den Herstellungskosten betrug (insgesamt) 100.000 €.
M nutzt das Gebäude ab 1.2.2016 wie beabsichtigt.

Lösung:

Anschaffung, Herstellung

Der Vorsteuerabzug richtet sich in der Herstellungsphase nach der beabsichtigten Nutzung. Dabei kann M das Gebäude gemäß § 15 Abs. 1 Satz 2 insgesamt dem Unternehmensvermögen zuordnen. M teilt dem Finanzamt (formlos) mit, dass er Grundstück und Gebäude insgesamt seinem Unternehmen zuordnet. Dies kann er bei der ersten Voranmeldung tun (spätestens aber am 31.5.2016). Bei späterer Zuordnungsmitteilung geht Vorsteuer verloren.

Aufteilung der Vorsteuer

Liegen jeweils ordnungsgemäße Rechnungen der Bauhandwerker vor, ist die Vorsteuer nach § 15 Abs. 1 Satz 1 UStG abziehbar. Gemäß § 15 Abs. 1b UStG entfällt der Vorsteuerabzug aber i.H.v. $\frac{1}{4}$, weil das DG für außerunternehmerische Zwecke genutzt wird.

Die abziehbare Vorsteuer ist gemäß § 15 Abs. 2 Nr. 1 UStG nur im Umfang der steuerpflichtigen Umsätze (EG und 1. OG) abzugsfähig.

Der ursprünglich maßgebliche Vorsteuerabzug ist also auf 50 % beschränkt und beträgt 50.000 €.

Privatnutzung

Eine Besteuerung der Privatnutzung im DG entfällt gemäß § 3 Abs. 9a UStG, weil insoweit von Anfang an kein Vorsteuerabzug gewährt wird.

Fortführung des Beispiels:

Ab 1.8.2016 nutzte M:
- das EG weiterhin eigenunternehmerisch,
- **das 1. OG steuerfrei,**
- **das 2. OG steuerfrei,**
- das DG bewohnte er weiterhin selbst.

Lösung:

M muss mit der Umsatzsteuer-Jahresanmeldung 2016 die Vorsteuer gemäß § 15a Abs. 1 UStG zu seinem Nachteil berichtigen. Die Vorsteuer ist gewichtig im Sinn von § 44 Abs. 1 UStDV. Der Berichtigungszeitraum läuft vom 1.2.2016 bis 31.1.2026. Ursache der Vorsteuerberichtigung ist, dass zwar der Umfang der unternehmerischen Nutzung beibehalten wird, aber innerhalb derer eine Änderung stattfindet.

In Bezug auf die nun steuerfreie Vermietung im 1. OG ergibt sich eine Änderung von:
100.000 € (gesamte Vorsteuer) × $\frac{1}{10}$ (Berichtigungszeitraum) × $\frac{5}{11}$ (5 von 11 Monaten in 2016) × $\frac{1}{4}$ (1 Geschoss von 4) = 1.136,36 €. Dieser Betrag ist auch gewichtig i.S.d. § 44 Abs. 2 UStDV.

Weitere Fortführung des Beispiels:

Ab 1.1.2017 nutzte M das Gebäude wie folgt:
- das EG nutzte er weiterhin eigenunternehmerisch,
- das 1. OG vermietete er **steuerfrei,**
- das 2. OG **bewohnte er nun selbst,**
- das DG bewohnte er weiterhin selbst.

Lösung:

Im Vergleich zu den ursprünglichen Verhältnissen (in der Investitionsphase vor der Nutzung 2/2016) sind 2 Veränderungen für 2017 zu beurteilen:

1. OG
Wie schon in 2016 ergibt sich die Berichtigung aus veränderter unternehmerischer Nutzung im 1. OG aus **§ 15a Abs. 1 UStG**, die nun das gesamte Jahr 2017 erfasst, zulasten M:
100.000 € × $\frac{1}{10}$ × $\frac{12}{12}$ × $\frac{1}{4}$ (1. OG) = 2.500 €.

2. OG
Hier ergibt sich grundsätzlich eine Berichtigung aus § 15a Abs. 6a UStG. M nutzt das 2. OG nicht mehr unternehmerisch, sondern unternehmensfremd. Dennoch kommt es im Ergebnis zu keiner Änderung: Die bisherige Verwendung schloss die Vorsteuer nach § 15 Abs. 2 Nr. 1 UStG aus, für die jetzige Verwendung hindert § 15 Abs. 1b UStG einen Vorsteuerabzug.

Weitere Fortführung des Beispiels:
M verkauft das Gebäude an K für 200.000 €, Übergang von Nutzen und Lasten auf den 30.6.2018. M optiert zur Umsatzsteuer. K nutzt das gesamte Gebäude für seine Steuerberatungstätigkeit.

Lösung:

Unternehmensveräußerung
Die Veräußerung ist keine Unternehmensveräußerung im Ganzen gemäß § 1 Abs. 1a UStG. K nutzt das Gebäude anders als M. Die Veräußerung ist daher steuerbar.

Steuerpflicht
Der Verkauf ist als Lieferung nach § 4 Nr. 9a UStG steuerfrei.
Die Option nach § 9 Abs. 1 UStG ist zulässig, da K das Grundstück unternehmerisch nutzt.
§ 9 Abs. 2 UStG gilt schon seinem Wortlaut nach nicht.
M muss die Option im notariell beurkundeten Kaufvertrag erklären (§ 9 Abs. 3 UStG). Steuerschuldner wird der Erwerber K gemäß § 13b Abs. 2 Nr. 3 i.V.m. Abs. 5 Satz 1 UStG. K ist zugleich nach § 15 Abs. 1 Nr. 4 UStG vorsteuerabzugsberechtigt, soweit er nicht vorsteuerschädliche Umsätze erzielt.

Bedeutung der Veräußerung für § 15a UStG
Mit dem Verkauf scheidet das noch verwendungsfähige Wirtschaftsgut gemäß § 15a Abs. 8 UStG noch innerhalb des 10-jährigen Berichtigungszeitraums vom 1.2.2016 bis 31.1.2026 (vgl. Ausgangsbeispiel) endgültig aus dem Unternehmensvermögen aus. Weil die Lieferung optionsbedingt insgesamt steuerpflichtig ist, erfolgt die Berichtigung in doppelter Hinsicht:
- Sie betrifft das 2. OG, das ursprünglich steuerfrei vermietet war, § 15a Abs. 1 UStG und
- sie betrifft den Anteil, der privat genutzt war (DG), § 15a Abs. 6a UStG, jeweils i.V.m. § 15a Abs. 8 und 9 UStG.

Gemäß § 44 Abs. 3 Satz 2 UStDV wird nun der gesamte restliche Berichtigungszeitraum erfasst, da Berichtigungen erst nach Ausscheiden des Wirtschaftsguts nicht praxisgerecht wären. Die Berechnung erfolgt auf den Voranmeldungszeitraum, in dem die Lieferung stattfindet, hier also für den Voranmeldungszeitraum 6/2018.
Im Zeitpunkt der Veräußerung stehen noch 91 Monate von 120 Monaten des Berichtigungszeitraums aus.

Ursprüngliche Verwendung	Lieferung 6/2018
EG: Handel unschädlich	insgesamt nach zulässiger Option unschädlich
1. OG steuerpflichtige Vermietung, unschädlich	
2. OG steuerfreie Vermietung, schädlich	
DG eigenes Wohnen, schädlich	

Berechnung: 100.000 € × 50 % (2. OG + DG) × $91/120$ = 37.917 €.

Diesen Betrag berücksichtigt M in der Umsatzsteuer-Voranmeldung 6/2018 **zu seinen Gunsten**. Kompensiert wird hierdurch die Zahlung der Umsatzsteuer an die einzelnen Bauhandwerker im Zeitraum der Erstellung des Gebäudes, die zunächst ja nur teilweise abzugsfähig war.

Hinzu kommt die Berichtigung, die hinsichtlich des ersten Halbjahres 2018 vorzunehmen ist (1. OG): 100.000 € × $^1/_{10}$ × $^6/_{12}$ × $^1/_4$ = 1.250 €. Dieser Betrag ergibt sich zulasten des M, wird daher mit dem Berichtigungsbetrag hinsichtlich der Veräußerung verrechnet auf 36.667 €.

> **Abwandlung des fortgeführten Beispiels:**
>
> M schenkt seine Tochter das Gebäude mit Wirkung zum 30.6.2018.

> **Lösung:**
>
> **Entnahme**
> Die Herstellung des Gebäudes war teilweise vorsteuerentlastet (EG und 1. OG). Die Entnahme ist nach § 3 Abs. 1b Satz 1 Nr. 1, Satz 2 UStG steuerbar (zum Ort vgl. § 3f UStG), aber nach § 4 Nr. 9a UStG zwingend steuerfrei, unterscheidet sich also zu 50 % von den ursprünglichen Verhältnissen.
>
> **Berichtigung**
> Die Berechnung folgt denselben Faktoren:
> **100.000 € × 50 % × $^{91}/_{120}$ = 37.917 €.**
> Angesichts der umgekehrten Verhältnisse muss M nun aber den vorgenannten Betrag dem Finanzamt zurückzahlen.

9.10 Vorsteuerberichtigung nach § 15a Abs. 7 UStG

Die Vorsteuerberichtigung ist die Folge besonderer Besteuerungsformen nach §§ 19, 23, 23a, 24 UStG und berücksichtigt, dass sich ein Wechsel auch auf die Vorsteuer auswirken muss.

> **Beispiel:**
>
> K hat sich am 1.1.04 ein Fahrzeug für 30.000 € zuzüglich 5.700 € Umsatzsteuer angeschafft, das er zu 50 % unternehmerisch nutzt und daher nach § 15 Abs. 1 Satz 2 UStG gemäß einer Mitteilung an das Finanzamt insgesamt seinem Unternehmen zuordnet. Zu diesem Zeitpunkt war K Kleinunternehmer. Seit 1.1.06 unterliegt K mit seinen steuerpflichtigen Ausgangsumsätzen der Regelbesteuerung.

> **Lösung:**
>
> **Anschaffung**
> K konnte das Fahrzeug zwar dem Unternehmensvermögen zuordnen. Als Kleinunternehmer war K gemäß § 19 Abs. 1 Satz 4 UStG aber nicht zum Vorsteuerabzug berechtigt.
>
> **Übergang zur Regelbesteuerung**
> Soweit K ab 06 steuerpflichtig tätig wird, muss er die entstehende Umsatzsteuer an das Finanzamt abführen. Umgekehrt kann er unter den sonstigen Voraussetzungen die Vorsteuer geltend machen.
>
> **Berichtigung**
> Demgemäß steht K nun auch der anteilige Vorsteuerabzug aus der früheren Anschaffung zu. Der Berichtigungszeitraum läuft gemäß § 15a Abs. 1 UStG vom 1.1.04–31.12.08. Die Nutzung ist sowohl wegen der unternehmerischen Tätigkeit, als auch wegen der steuerpflichtigen Privatnutzung vorsteuerunschädlich. K macht ab der Jahresanmeldung 06 jährlich eine Vorsteuer geltend i.H.v. 5.700 € × $^1/_5$ = 1.140 €.

Privatnutzung
Über die Vorsteuerberichtigung erfolgt eine teilweise Vorsteuerentlastung für das angeschaffte Wirtschaftsgut. Im Gegenzug unterliegt die Privatnutzung ab 06 der Besteuerung nach § 3 Abs. 9a Nr. 1 UStG.

9.11 Berichtigung nach § 15a Abs. 10 UStG

Angeknüpft wird an eine **Geschäftsveräußerung im Ganzen** nach § 1 Abs. 1a UStG, die deshalb nicht steuerbar ist, weil das Unternehmen als solches unangetastet bleibt und nur die Unternehmerperson wechselt. Dieser Vorstellung entsprechend endet in solchen Fällen auch der Berichtigungszeitraum des § 15a UStG nicht, sondern setzt sich in Bezug auf den Erwerber fort (Fußstapfen, Fortführungsgedanke). Das bedeutet:
- Die Übereignung im Ganzen löst selbst keine Berichtigung nach § 15a UStG aus.
- Verwendet der Erwerber im Anschluss an den Übergang eine Eingangsleistung vorsteuererheblich anders, muss er ggf. eine Berichtigung durchführen. Dies kann zum Vorteil oder zum Nachteil des Erwerbers gereichen.

 Tipp!

Bei Geschäftsverhandlungen anlässlich einer Unternehmensveräußerung sind eventuell erforderlich werdende Berichtigungen zu bedenken. Der Käufer benötigt Informationen über die zurückliegenden Investitionen des Veräußerers, wie auch die entsprechenden Unterlagen, um eine Berichtigung später vornehmen zu können (vgl. § 15a Abs. 10 Satz 2 UStG). Dieser Zusammenhang kann dazu führen, dass der Erwerber eine frühere Vorsteuerentlastung des Veräußerers durch Zahlungen an das Finanzamt nach § 15a UStG kompensieren muss, also mit Zusatzkosten belastet ist.

Beispiel:

Seit 1.1.02 nutzte V ein Gebäude für steuerfreie Vermietungsumsätze. Die Herstellungskosten des Gebäudes enthielten 70.000 € Umsatzsteuer. Außerdem hatte V am 1.7.06 die Fassade neu streichen lassen und an den Handwerker 6.000 € zuzüglich 1.140 € Umsatzsteuer gezahlt.
Am 31.12.08 kauft der Investor K das Gebäude. K führt die Vermietung unverändert weiter.
Ab 1.1.11 erzielt K in dem Gebäude nur noch steuerpflichtige Umsätze.

Lösung:

Lieferung
Die Lieferung des Gebäudes ist nach § 1 Abs. 1a UStG nicht steuerbar.

Berichtigung
Gemäß § 15a Abs. 10 UStG erfolgt anlässlich der Lieferung keine Vorsteuerberichtigung.

Verwendungsänderung
K erzielt ab 11 nur noch vorsteuerunschädliche Umsätze.
Demgemäß sind die Voraussetzungen des § 15a Abs. 1 UStG erfüllt. K berechnet auf der Grundlage der Angaben des V die **Berichtigung** für 11 wie folgt:
- bezüglich Vorsteuer aus **Herstellungskosten § 15a Abs. 1 UStG**: 70.000 € × $^1/_{10}$ × 100 % = 7.000 €.
- bezüglich Vorsteuer aus **Erhaltungsaufwendungen § 15a Abs. 3 UStG**: 1.140 € × $^1/_{10}$ × 100 % = 114 €. Entsprechendes gilt für 12–15; für das Rumpfjahr 16 ergibt sich: 1.140 € × $^1/_{10}$ × $^6/_{12}$ = 57 €.

Je ein ¹/₁₂ hiervon darf K bereits in seinen Voranmeldungen ab Januar 11 berücksichtigen, vgl. § 44 Abs. 3 Satz 1 UStDV im Umkehrschluss.

Hinweise!
- V bleibt also mit der Umsatzsteuer belastet, die er anlässlich der Gebäudeherstellung an die Handwerker zahlte. „Diese Vorsteuer" erhält nun K teilweise vom Finanzamt zurück. Solche Folgen sind ggf. im Kaufvertrag zwischen V und K zu regeln.
- Im umgekehrten Fall hätte K die Beträge an das Finanzamt abführen müssen.

9.12 Unrichtiger Vorsteuerabzug und Berichtigung nach § 15a UStG

Hat ein Unternehmer bei Leistungsbezug eine ihm nicht zustehende Vorsteuer zu Unrecht berücksichtigt oder umgekehrt, ist die entsprechende Umsatzsteuer-Jahresanmeldung verfahrensrechtlich soweit wie möglich zu ändern (§§ 164 Abs. 2, 173 Abs. 1 Nr. 1 AO). Ist der für die maßgebenden Verhältnisse relevante Besteuerungszeitraum aber bereits festsetzungsverjährt, entfällt eine Änderung. Die Besteuerung wird bestandskräftig. Zugleich ergibt sich aber – trotz gleichbleibender **tatsächlicher** Verwendung – eine Änderung der **rechtlichen** Verhältnisse im Vergleich zwischen bestandskräftig gewordener falscher Besteuerung und nun richtigerweise vorzunehmender Besteuerung. Zum Schutze der Bestandskraft wird eine Berichtigung nach § 15a UStG aber nur noch eingeschränkt für solche Jahre durchgeführt, die ihrerseits noch nicht bestandskräftig sind, vgl. Abschn. 15a.4 Abs. 3 UStAE.

XIII. Leistungen der Arbeitgeber an ihr Personal

1. Entgeltliche und unentgeltliche Leistungen

Zusätzlich zu dem in Geld ausbezahlten Lohn (Barlohn) erhalten Arbeitnehmer von ihren Arbeitgebern häufig auch **Sachleistungen** (Sachbezüge), z.B. die Überlassung eines Firmenwagens zur Privatnutzung, verbilligte/kostenlose Kantinenmahlzeiten, verbilligte/kostenlose Sachzuwendungen, freie Kost und Logis. Diese Leistungen sind regelmäßig nach § 1 Abs. 1 Nr. 1 UStG steuerbar und unterliegen damit der Umsatzsteuer, unabhängig davon, ob der Arbeitnehmer für die erhaltene Leistung eine Gegenleistung aufzuwenden hat (entgeltliche Leistungen nach § 3 Abs. 1 und Abs. 9 UStG) oder sie unentgeltlich erbracht werden (unentgeltliche Leistungen nach § 3 Abs. 1b Nr. 2 oder Abs. 9a Nr. 1 und Nr. 2 Alt. 2 UStG).

1.1 Zuzahlungen als Gegenleistung

Eine nach § 1 Abs. 1 Nr. 1 UStG steuerbare entgeltliche Leistung i.S.d. § 3 Abs. 1 oder Abs. 9 UStG liegt immer vor, wenn der Arbeitnehmer für die vom Arbeitgeber erbrachte Leistung eine Zuzahlung in Geld zu leisten hat, auch wenn die Leistung – wie üblich – vom Arbeitgeber verbilligt angeboten wird und die Zuzahlung damit nicht dem objektiven Wert der Leistung entspricht. Eine Zuzahlung durch den Arbeitnehmer ist dabei auch dann anzunehmen, wenn der zu zahlende Betrag vom Arbeitgeber direkt vom **Lohn einbehalten** wird (Abschn. 1.8 Abs. 1 S. 5 UStAE).

Beispiel:
Einem Angestellten wird von seiner Firma eine Dienstwohnung zur Verfügung gestellt, für die er monatlich 300 € bezahlen muss. Der Betrag wird vom Arbeitgeber monatlich vom Lohn einbehalten.

Lösung:
Es handelt sich um eine entgeltliche sonstige Leistung des Arbeitgebers an den Arbeitnehmer nach § 3 Abs. 9 UStG (Vermietung). Die Vermietung ist steuerbar nach § 1 Abs. 1 Nr. 1 UStG, jedoch nach § 4 Nr. 12 S. 1 Buchst. a UStG steuerfrei.

1.2 Arbeitsleistung als Gegenleistung (Vergütung für geleistete Dienste)

1.2.1 Allgemeines

Eine steuerbare Leistung gegen Entgelt nach § 1 Abs. 1 Nr. 1 i.V.m. § 3 Abs. 1 oder Abs. 9 UStG liegt auch dann vor, wenn der Arbeitnehmer zwar keine gesonderte Zahlung leistet, aber die Leistung als **Vergütung für geleistete Dienste** anzusehen ist, also ein Teil der Arbeitsleistung des Arbeitnehmers als Gegenleistung anzusehen ist (Abschn. 1.8 Abs. 1 S. 1 UStAE). Die Leistung stellt insofern neben dem Barlohn einen zusätzlichen Lohn in Form eines **Sachlohns** dar.

Da das Entgelt in diesen Fällen nicht in Geld, sondern in der hierfür vom Arbeitnehmer **(anteilig) erbrachten Arbeitsleistung** besteht, handelt es sich um einen **tauschähnlichen Umsatz nach § 3 Abs. 12 S. 2 UStG.**

1.2.2 Abgrenzung zu unentgeltlichen Leistungen

Leistet der Arbeitnehmer also keine gesonderte Zuzahlung für die Sachleistung des Arbeitgebers, ist eine Abgrenzung dahin gehend erforderlich, ob die Leistung tatsächlich als unentgeltlich oder als Vergütung für geleistet Dienste (Sachlohn) und damit als entgeltliche Leistung i.S.d. § 3 Abs. 1 bzw. Abs. 9 UStG anzusehen ist. Die Einordnung als Vergütung für geleistete Dienste setzt dabei voraus, dass ein **unmittelbarer Zusammenhang zwischen der Gewährung der Leistung und der zu erbringenden Arbeitsleistung** besteht.

Davon kann man grundsätzlich ausgehen, wenn die neben dem Barlohn zusätzlich gewährte Sachleistung an den Arbeitnehmer ausdrücklich **arbeitsvertraglich oder durch individuelle mündliche Abrede** vereinbart ist und dieser Sachleistung im Rahmen der (gesamten) Gehaltsbemessung auch eine nicht nur unerhebliche Bedeutung zukommt. In diesem Fall ist die Leistung grundsätzlich als zusätzlicher Sachlohn und damit als **Vergütung für geleistete Dienste anzusehen** (vgl. auch Abschn. 4.18.1 Abs. 7 S. 2 UStAE).

> **Beispiele:**
>
> a) Die arbeitsvertraglich geregelte oder auf einer mündlichen Absprache beruhende Überlassung eines Firmenfahrzeugs zur privaten Nutzung durch den Arbeitnehmer ist regelmäßig als Vergütung für geleistete Dienste und damit als entgeltliche sonstige Leistung i.S.d. § 3 Abs. 9 UStG anzusehen, wenn das Fahrzeug für gewisse Dauer und nicht nur gelegentlich überlassen wird. Wird dem Arbeitnehmer das Fahrzeug dagegen nur gelegentlich aus besonderem Anlass oder zu einem besonderen Zweck (von Fall zu Fall) zur Privatnutzung überlassen, handelt es sich um eine unentgeltliche Überlassung i.S.d. § 3 Abs. 9a Nr. 1 UStG (s. ausführlich Kap. 4.2.1 und Kap. 5.2.3).
>
> b) Die Gewährung kostenloser Verpflegung und/oder Unterkunft (freie Kost und Logis) ist grundsätzlich als Vergütung für geleistete Dienste und damit als entgeltliche sonstige Leistung i.S.d. § 3 Abs. 9 UStG anzusehen, da die Gewährung regelmäßig auf einer arbeitsvertraglichen oder mündlichen Absprache beruht und für die Frage der Höhe der Gehaltsbemessung eine nicht nur unerhebliche Bedeutung hat (s. ausführlich Kap. 4.2.2).

Richtet sich eine **angebotene Leistung an alle Arbeitnehmer**, wird die Arbeitsleistung aber unabhängig davon geschuldet, ob ein Arbeitnehmer dieses Angebot in Anspruch nimmt oder nicht, fehlt in der Regel der erforderliche Zusammenhang zwischen der Leistung des Arbeitgebers und der geschuldeten Arbeitsleistung und es handelt sich daher nicht um eine Vergütung für geleistete Dienste, sondern um eine unentgeltliche Zuwendung, die nur unter den Voraussetzungen des § 3 Abs. 1b S. 1 Nr. 2 bzw. Abs. 9a Nr. 1 und Nr. 2 Alt. 2 UStG steuerbar ist.

> **Beispiele:**
>
> a) Bietet ein Arbeitgeber seinen Mitarbeitern **kostenlose Mahlzeiten in einer unternehmenseigenen Kantine** an, handelt es sich grundsätzlich um unentgeltliche sonstige Leistungen i.S.d. § 3 Abs. 9a Nr. 2 UStG. Ein entsprechender Zusammenhang mit der Arbeitsleistung fehlt hier, da Arbeitnehmer, die das Angebot nicht annehmen, regelmäßig die gleiche Arbeitsleistung schulden, wie solche, die davon regelmäßig Gebrauch machen (s. ausführlich Kap. 5.2.1).
>
> b) Bieten Brauereien oder Unternehmen der Tabakwarenindustrie ihren Arbeitnehmern neben dem Barlohn monatlich eine bestimmte Menge kostenloser Getränke bzw. Tabakwaren an (**Haustrunk/ Freitabakwaren**), handelt es sich dabei in der Regel um unentgeltliche Sachzuwendungen i.S.d. § 3 Abs. 1b S. 1 Nr. 2 UStG, da die Arbeitsleistung regelmäßig unabhängig davon geschuldet wird, ob dieses Angebot in Anspruch genommen wird oder nicht. Gleiches gilt für die unentgeltlichen **Deputate im Bergbau und der Land- und Forstwirtschaft** (s. näher Kap. 5.2.2).
>
> c) Bei gelegentlichen **Sachgeschenken oder Jubiläumsgeschenken** handelt es sich um unentgeltliche Sachzuwendungen i.S.d. § 3 Abs. 1b S. 1 Nr. 2 UStG, da der Arbeitnehmer seine Arbeitsleistung regelmäßig nicht für solche gelegentliche Zuwendungen erbringt.
>
> d) Die **unentgeltliche Beförderung der Arbeitnehmer von einer Sammelhaltestelle** zum Arbeitsplatz durch betriebseigene Kraftfahrzeuge oder durch vom Arbeitgeber beauftragte Beförderungsunternehmer ist grundsätzlich als unentgeltliche sonstige Leistung einzuordnen, da die Arbeitsleistung regelmäßig unabhängig davon geschuldet wird, ob der einzelne Arbeitnehmer dieses Angebot in Anspruch nimmt oder nicht. Die Leistung unterliegt daher nur unter den Voraussetzungen des § 3 Abs. 9a Nr. 2 UStG der Besteuerung (vgl. Abschn. 1.8 Abs. 15 UStAE).

1.3 Unentgeltliche Zuwendungen

Bei Sachzuwendungen und sonstigen Leistungen an das Personal für dessen privaten Bedarf, für die kein gesondertes Entgelt entrichtet wird und die auch nicht als Vergütung für geleistete Dienste anzusehen sind, handelt es sich um unentgeltliche Leistungen, die jedoch nach § 3 Abs. 1b S. 1 Nr. 2 und § 3 Abs. 9a UStG steuerbar sein können.

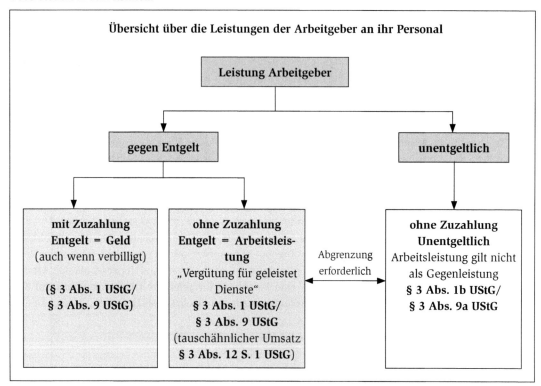

2. Steuerbarkeit unentgeltlicher Zuwendungen

2.1 Überblick

Unentgeltliche Sachzuwendungen und unentgeltliche sonstige Leistungen der Arbeitgeber an ihr Personal werden unter den Voraussetzungen des **§ 3 Abs. 1b Nr. 2 bzw. Abs. 9a Nr. 1 und Nr. 2 Alt. 2 UStG** den entgeltlichen Leistungen gleichgestellt und können damit nach § 1 Abs. 1 Nr. 1 UStG steuerbar sein. Voraussetzung für die Besteuerung ist dabei in allen Fällen unentgeltlicher Leistungen an das Personal, dass sie für den **privaten Bedarf des Personals** bestimmt sind, also nicht überwiegend im betriebliche Interesse des Arbeitgebers erbracht werden, und es sich **nicht nur um Aufmerksamkeiten** handelt.

Unentgeltliche Zuwendungen an das Personal		
§ 3 Abs. 1b S. 1 Nr. 2 UStG unentgeltliche Sachzuwendungen	§ 3 Abs. 9a Nr. 1 Alt. 2 UStG unentgeltliche Nutzungsüberlassung von Gegenständen	§ 3 Abs. 9a Nr. 2 Alt. 2 UStG andere unentgeltliche sonstige Leistungen

§ 3 Abs. 1b und Abs. 9a UStG sind keine eigenen Steuertatbestände, bei deren Verwirklichung allein schon Umsatzsteuer anfällt. Sie ordnen lediglich eine Gleichstellung mit den entgeltlichen Leistungen i.S.d. § 1 Abs. 1 Nr. 1 UStG an. Umsatzsteuer fällt daher für diese fiktiven Lieferungen und sonstigen Leitungen erst dann an, wenn auch die übrigen Tatbestandsmerkmale der Steuerbarkeit nach § 1 Abs. 1 Nr. 1 verwirklicht sind, insbesondere wenn die Wertabgabe im Inland stattfindet, was nach der Ortsvorschrift des § 3f zu bestimmen ist.

2.2 Voraussetzungen der Wertabgabentatbestände nach § 3 Abs. 1b Nr. 2 und Abs. 9a UStG

2.2.1 Leistungen an das Personal

§ 3 Abs. 1b S. 1 Nr. 2, Abs. 9a Nr. 1 und Nr. 2 UStG regeln die Besteuerung unentgeltlicher **Leistungen an das Personal**. Zum Personal in diesem Sinne gehören dabei neben den aktiven Arbeitnehmern auch **bereits ausgeschiedene Arbeitnehmer und Auszubildende** (Abschn. 1.8 Abs. 2 S. 5 UStAE).

> **Beispiele:**
>
> a) Ein pensionierter Angestellter bekommt von seiner ehemaligen Firma zum 80. Geburtstag ein Geschenk. Es handelt sich um eine unentgeltliche Sachzuwendung an das Personal, die unter den weiteren Voraussetzungen des § 3 Abs. 1b S. 1 Nr. 2 UStG steuerbar ist (insbesondere darf es sich nicht nur um eine Aufmerksamkeit handeln, s.u.).
>
> b) Zur Betriebsfeier eines Unternehmens werden auch die bereits pensionierten Arbeitnehmer eingeladen. Auch bezüglich der Pensionäre handelt es sich um unentgeltliche sonstige Leistungen an das Personal, die unter den weiteren Voraussetzungen des § 3 Abs. 9a Nr. 2 UStG steuerbar sind.

2.2.2 Leistungen aus unternehmerischen Gründen

Die Leistung muss aus **unternehmerischen (betrieblichen) Gründen** ausgeführt werden (Abschn. 1.8 Abs. 2 S. 2 UStAE). Wird sie aus nicht unternehmerischen (privaten) Gründen erbracht, greifen die Vorschriften nach § 3 Abs. 1b S. 2 Nr. 2 bzw. § 3 Abs. 9a Nr. 1 und Nr. 2 Alt. 2 UStG nicht ein. Die aus nicht unternehmerischen Gründen erbrachten unentgeltlichen Leistungen können jedoch nach § 3 Abs. 1b Nr. 1 bzw. § 3 Abs. 9a Nr. 1 und Nr. 2 **Alt. 1** UStG steuerbar sein. Im Unterschied zu den unentgeltlichen Leistungen an das Personal enthalten diese Vorschriften jedoch keine Einschränkung der Besteuerung bei Aufmerksamkeiten.

2.2.3 Leistungen für den privaten Bedarf des Personals

In allen Fällen unentgeltlicher Leistungen an das Personal müssen diese der Befriedigung des **privaten Bedarfs des Personals** dienen, also nicht überwiegend durch die betrieblichen Interessen des Arbeitgebers veranlasst sein. Als **überwiegend betrieblich veranlasst** (also keine Besteuerung) gelten dabei gem. Abschn. 1.8 Abs. 4 S. 3 UStAE z.B.:

- das Bereitstellen von Aufenthalts- und Erholungsräumen, betriebseigenen Dusch-, Bade- und bestimmten Sportanlagen,
- die betriebsärztliche Betreuung,
- betriebliche Fort- und Weiterbildungsleistungen,
- die Überlassung von Arbeitsmitteln inkl. typischer Berufskleidung,
- die Überlassung von Parkplätzen auf dem Betriebsgelände,
- **Zuwendungen bei Betriebsveranstaltungen**, soweit sie sich im üblichen Rahmen halten = **bis 110 € brutto** pro Arbeitnehmer und Veranstaltung (Abschn. 1.8 Abs. 4 S. 3 Nr. 6 UStAE),
- Überlassung von Plätzen in **Betriebskindergärten**,
- die unentgeltliche Beförderungen der Arbeitnehmer von einer Sammelhaltestelle zum Arbeitsplatz (**Sammelbeförderung**) in bestimmten Fällen (vgl. Abschn. 1.8 Abs. 15 UStAE).

> **Beispiel:**
>
> Ein Unternehmen im ländlichen Raum fährt mit einem betriebseigenen Bus jeden Morgen vor der Frühschicht um 6 Uhr bestimmte Haltestellen an, an dem die Arbeitnehmer der Firma zusteigen können und kostenlos zur Arbeitsstätte befördert werden. Der kostenlose „Shuttle service" wurde eingerichtet, da der Arbeitsplatz zu dieser Zeit mit öffentlichen Verkehrsmitteln nicht erreichbar ist.
>
> **Lösung:**
>
> Die kostenlose Sammelbeförderung von Arbeitnehmern ist grundsätzlich nicht als Vergütung für geleistete Dienste und damit als entgeltlich anzusehen (s. Kap. 1.2.2). Es handelt sich daher um eine unentgeltliche Leistung des Arbeitgebers an die Arbeitnehmer, welche die Leistung in Anspruch nehmen. Diese unterliegt nur unter den Voraussetzungen des § 3 Abs. 9a Nr. 2 UStG der Besteuerung. Da die Beförderung der Arbeitnehmer vorliegend überwiegend im betrieblichen Interesse des Arbeitgebers liegt, ist die unentgeltliche Beförderung nicht steuerbar (vgl. Abschn. 1.8 Abs. 15 UStAE).

2.2.4 Keine Besteuerung bei Aufmerksamkeiten

Unentgeltliche Leistungen an das Personal unterliegen nach dem Wortlaut des § 3 Abs. 1b S. 1 Nr. 2 und Abs. 9a Nr. 1 und Nr. 2 Alt. 2 UStG nur dann der Besteuerung, wenn es sich dabei nicht nur um Aufmerksamkeiten handelt (vgl. Abschn. 1.8 Abs. 3 UStAE). **Aufmerksamkeiten** in diesem Sinne sind insbesondere gelegentliche Sachzuwendungen aus Anlass eines besonderen persönlichen Ereignisses **bis zu einem Wert von 60 €** (z.B. Jubiläums- oder Geburtstagsgeschenke) oder Getränke und Genussmittel, die der Arbeitgeber den Arbeitnehmern zum Verzehr im Betrieb unentgeltlich überlässt (z.B. kostenloser Kaffee in der Gemeinschaftsküche, kostenloses Wasser an heißen Tagen, Sektempfang aus Anlass des Dienstjubiläums etc.).

2.2.5 Vorsteuerabzug für zugewendete oder zur Nutzung überlassene Gegenstände

Unentgeltliche Sachzuwendungen und Nutzungsüberlassungen von Gegenständen an das Personal unterliegen nach § 3 Abs. 1b S. 2 und Abs. 9a Nr. 1 UStG nur dann der Besteuerung, wenn der zugewendete bzw. zur Nutzung überlassene Gegenstand zum vollen oder teilweisen Vorsteuerabzug berechtigt hat (vgl. dazu Kap. 2.3).

2.3 Vorsteuerabzug bei unentgeltlichen Wertabgaben an das Personal

2.3.1 Ausschließlich für die Ausführung unentgeltlicher Wertabgaben bestimmte Eingangsleistungen

Ist **bereits bei Leistungsbezug beabsichtigt**, mit der bezogenen Leistung **ausschließlich unentgeltliche Wertabgaben an das Personal** auszuführen, geht diese bezogene Leistung gar nicht erst in das Unternehmen des Arbeitgebers ein, mit der Konsequenz, dass dem Arbeitgeber bereits **kein Vorsteuerabzug** für die bezogene Leistung zusteht, da sie nicht als für das Unternehmen i.S.d. § 15 Abs. 1 UStG bezogen gilt (vgl. Abschn. 1.8 Abs. 4a, Abschn. 3.3 Abs. 1 S. 7 und Abschn. 15.15 UStAE). Konsequenterweise **entfällt dafür dann die Besteuerung als unentgeltliche Wertabgabe** nach § 3 Abs. 1b bzw. 9a UStG, da diese voraussetzt, dass eine unentgeltliche Leistung aus dem Unternehmen heraus an das Personal erbracht wird.

Zu beachten ist, dass der Vorsteuerabzug nur dann zu versagen ist, wenn die später beabsichtigte unentgeltliche Zuwendung der Besteuerung als unentgeltliche Wertabgabe nach § 3 Abs. 1b Nr. 2 oder Abs. 9a UStG unterliegen würde. Da dies bei **Aufmerksamkeiten bis 60 €** oder **Zuwendungen im Rahmen von Betriebsfeiern bis 110 €** brutto (Abschn. 1.8 Abs. 4 S. 3 Nr. 6 UStAE) nicht der Fall ist, kann hier der Vorsteuerabzug geltend gemacht werden.

Teil II: Darstellung der Umsatzsteuer

Beispiel:

Ein Rechtsanwalt kauft im November Bilderrahmen für 60,00 € zzgl. 11,40 € USt je Stück (Variante = 50,00 € zzgl. 9,50 € USt), die er im Dezember seinen Angestellten zu Weihnachten schenkt.

Lösung:

Der Rechtsanwalt hatte bereits beim Leistungsbezug der Bilderrahmen die Absicht, diese seinem Personal zu schenken, sie also ausschließlich für eine unentgeltliche Wertabgabe an sein Personal zu verwenden. Insofern ist ihm bereits der Vorsteuerabzug zu versagen, wenn mit der späteren Schenkung die Voraussetzungen einer Besteuerung als unentgeltliche Wertabgabe i.S.d. § 3 Abs. 1b Nr. 2 UStG vorlägen.

Bei der Schenkung der Bilderrahmen für 60,00 € zzgl. 11,40 € USt je Stück handelt es sich nicht nur um eine Aufmerksamkeit, die Schenkung erfüllt also die Voraussetzungen einer unentgeltlichen Wertabgabe i.S.d. § 3 Abs. 1b Nr. 2 UStG. Dem Rechtsanwalt steht daher bereits beim Einkauf kein Vorsteuerabzug zu (dafür unterbleibt die Versteuerung der späteren Schenkung nach § 3 Abs. 1b UStG). Bei der Schenkung der Bilderrahmen für 50,00 € zzgl. 9,50 € USt je Stück handelt es sich nur um eine Aufmerksamkeit, die Schenkung erfüllt also nicht die Voraussetzungen einer unentgeltlichen Wertabgabe i.S.d. § 3 Abs. 1b Nr. 2 UStG. Damit steht dem Rechtsanwalt beim Einkauf ein Vorsteuerabzug zu. Eine Versteuerung der späteren Schenkung unterbleibt hier, da bei Aufmerksamkeiten die Voraussetzungen des § 3 Abs. 1b Nr. 2 UStG nicht vorliegen. Aufmerksamkeiten gelangen also im Ergebnis unversteuert an das Personal.

2.3.2 Nicht ausschließlich für die Ausführung unentgeltlicher Wertabgaben bestimmte Eingangsleistungen

Ist bei Leistungsbezug (noch) nicht beabsichtigt, die Leistung ausschließlich für unentgeltliche Wertabgaben an das Personal zu verwenden, da
- eine solche **Verwendung bei Leistungsbezug noch nicht feststeht** oder
- die Leistung **teilweise auch für betriebliche Zwecke** und damit nicht ausschließlich für unentgeltliche Leistungen an das Personal bestimmt ist,

steht dem Arbeitgeber bei Leistungsbezug **zunächst ein Vorsteuerabzug** zu, der dann aber unter den weiteren Voraussetzungen des § 3 Abs. 1b oder Abs. 9a UStG über eine **Versteuerung als unentgeltliche Wertabgabe** wieder korrigiert wird.

Beispiele:

Ein Elektronikfachmarkt schenkt jedem Angestellten zu Weihnachten einen Drucker aus seinem Warenbestand (Einkaufspreis 60 € zzgl. 11,40 € USt).

Lösung:

Die Vorsteuer aus den Anschaffungskosten i.H.v. 11,40 € konnte beim Leistungsbezug als Vorsteuer geltend gemacht werden, da zu diesem Zeitpunkt noch nicht feststand, dass die Drucker (und welche genau) nicht an Kunden verkauft, sondern dem Personal unentgeltlich zugewendet werden. Die spätere Schenkung der Drucker ist dann nach § 3 Abs. 1b Nr. 2 i.V.m. § 10 Abs. 4 Nr. 1 UStG mit dem Einkaufspreis zu versteuern (Bemessungsgrundlage 60 € = 11,40 € USt), sodass im Ergebnis der Vorsteuerabzug hierfür wieder rückgängig gemacht wird.

3. Bemessungsgrundlage bei Leistungen gegen Zuzahlung

3.1 Beachtung der Mindestbemessungsgrundlage (§ 10 Abs. 5 S. 1 Nr. 2 UStG)

Das vereinbarte Entgelt ist nach § 10 Abs. 1 UStG zwar grundsätzlich auch dann Bemessungsgrundlage für die Umsatzsteuer, wenn es dem objektiven Wert der Leistung nicht entspricht (Abschn. 10.1 Abs. 2 S. 1 UStAE), bei Leistungen an das Personal ist jedoch nach § 10 Abs. 5 S. 1 Nr. 2 UStG die **Mindestbemessungsgrundlage** zu beachten. Anzusetzen sind also **mindestens die Werte nach § 10 Abs. 4 UStG**, die bei einer unentgeltlichen Abgabe der Leistungen anzusetzen wären (vgl. auch Kap. IX. 4.).

Anzusetzende Mindestbemessungsgrundlage	
§ 10 Abs. 4 Nr. 1 UStG	Mindestens der aktuelle Einkaufspreis bzw. die aktuellen Selbstkosten bei **verbilligten Sachzuwendungen**
§ 10 Abs. 4 Nr. 2 UStG	Mindestens die entstandenen Ausgaben, die zum Vorsteuerabzug berechtigt haben, bei der **verbilligten Überlassung von Gegenständen**
§ 10 Abs. 4 Nr. 3 UStG	Mindestens die entstandenen Ausgaben, auch solche ohne Vorsteuerabzug, bei anderen **verbilligten sonstigen Leistungen**

3.2 Einschränkungen bei der Anwendung des § 10 Abs. 5 S. 1 Nr. 2 UStG

Die Mindestbemessungsgrundlage kommt nach Ansicht der Finanzverwaltung regelmäßig dann nicht zur Anwendung, wenn die verbilligte Abgabe auf einem einheitlichen **Belegschaftsrabatt** beruht, der entsprechende Preisnachlass also generell der gesamten Belegschaft gewährt wird (vgl. Abschn. 1.8 Abs. 6 S. 34 UStAE).

> **Beispiel:**
>
> Ein Elektrofachmarkt verkauft einem Angestellten eine Stereoanlage (üblicher Verkaufspreis 2.500 €) unter Gewährung eines Rabatts von 20 % für 2.000 € (aktueller Einkaufspreis des Fachmarktes 1.800 € zuzüglich Umsatzsteuer). Üblich ist bei dem Elektrofachmarkt eigentlich nur ein Belegschaftsrabatt von 10 %.

> **Lösung:**
>
> Als Bemessungsgrundlage für die Lieferung der Stereoanlage an den Angestellten ist gem. § 10 Abs. 1 UStG grundsätzlich das entrichtete Entgelt, also der Nettokaufpreis ohne Umsatzsteuer i.H.v. 1.680,67 € ($^{100}/_{119}$ von 2.000 €) anzusetzen. Da es sich bei dem gewährten Rabatt von 20 % nicht um den üblichen Belegschaftsrabatt handelt, ist jedoch die Mindestbemessungsgrundlage zu beachten. Nach § 10 Abs. 5 S. 1 Nr. 2 i.V.m. Abs. 4 S. 1 Nr. 1 UStG ist daher mindestens der aktuelle Einkaufspreis (netto) von 1.800 € anzusetzen, da dieser höher als das vereinbarte Entgelt ist. Die Bemessungsgrundlage beträgt daher 1.800 €, die darauf entfallende Umsatzsteuer 342 €.

Nach dem Sinn und Zweck der Mindestbemessungsgrundlage kommt diese auch dann nicht zur Anwendung, wenn die **verbilligte Leistung im Fall ihrer unentgeltlichen Abgabe nicht der Besteuerung nach § 3 Abs. 1b Nr. 2 oder Abs. 9a UStG unterliegen würde** (vgl. Abschn. 1.8 Abs. 6 S. 6 UStAE). Diese einschränkende Auslegung entspricht dem Zweck des § 10 Abs. 5 UStG, der eigentlich nur dazu dient, dass die Besteuerung unentgeltlicher Leistungen nicht durch die Vereinbarung unangemessen niedriger Entgelte unterlaufen wird (s. Kap. IX. 4.).

> **Beispiel:**
>
> Die unentgeltlich Beförderung der Arbeitnehmer zur Arbeitsstätte im Rahmen einer Sammelbeförderung ist nach § 3 Abs. 9a Nr. 2 UStG dann nicht steuerbar, wenn sie im überwiegend betrieblichen Interesse des Arbeitgebers erfolgt (s. Kap. 2.2.3).
>
> Müssen die Arbeitnehmer für die Beförderung dagegen ein Entgelt entrichten, handelt es sich um eine nach § 3 Abs. 9 i.V.m. § 1 Abs. 1 Nr. 1 UStG steuerbare und steuerpflichtige entgeltliche Leistung. Als Bemessungsgrundlage ist dann jedoch lediglich das tatsächlich entrichtete Entgelt anzusetzen, auch wenn dieses niedriger ist als die dem Arbeitgeber für die Beförderung entstehenden Ausgaben i.S.d. § 10 Abs. 4 S. 1 Nr. 3 UStG. Die Mindestbemessungsgrundlage nach § 10 Abs. 5 Nr. 2 UStG kommt in diesem Fall nicht zur Anwendung.

Anstelle der Werte nach § 10 Abs. 4 UStG (Einkaufspreis, Selbstkosten, Ausgaben) ist das **marktübliche Entgelt als Mindestbemessungsgrundlage** anzusetzen, wenn dieses **unterhalb der Werte nach § 10 Abs. 4 UStG** liegt, **§ 10 Abs. 5 S. 1 letzter Halbsatz UStG**.

> **Beispiel:**
>
> Ein Zeitungsverlag gibt seine Zeitung verbilligt seinen Angestellten für 1,07 € (inkl. 0,07 € USt) ab. Die Herstellungskosten pro Zeitung betragen 2,50 € zzgl. USt. Üblicher Verkaufspreis lediglich 2,14 € (inkl. 0,14 € USt), da der Rest über Werbung finanziert wird.

> **Lösung:**
>
> Da das Entgelt von 1 € niedriger ist als der Werte nach § 10 Abs. 4 Nr. 1 UStG von 2,50 € (Selbstkosten/Herstellungskosten), sind nach § 10 Abs. 5 S. 1 Nr. 2 UStG eigentlich die Herstellungskosten von 2,50 € als Mindestbemessungsgrundlage anzusetzen. Da aber selbst der übliche Verkaufspreis niedriger ist, ist hier nach § 10 Abs. 5 S. 2 lediglich dieses marktübliche Entgelt von 2,00 € anzusetzen.

4. Bemessungsgrundlage bei Leistungen als Vergütung für geleistete Dienste

Bei Leistungen der Arbeitgeber, die als **Vergütung für geleistete Dienste** anzusehen sind, handelt es sich um entgeltliche Leistungen im Rahmen eines tauschähnlichen Umsatzes i.S.d. § 3 Abs. 12 S. 2 UStG. Als Bemessungsgrundlage ist daher **nach § 10 Abs. 2 S. 2 und 3 UStG eigentlich der Wert der Gegenleistung**, also der Wert der anteilig für die Sachleistung erbrachten Arbeitsleistung anzusetzen. In der Praxis lässt sich dieser Wert jedoch kaum ermitteln, da in der Regel nicht festzustellen ist, wie viel seiner Arbeitsleistung ein Arbeitnehmer für den eigentlichen Barlohn und wie viel er für die zusätzliche Sachleistung aufwendet. Daher ist die Bemessungsgrundlage nach dem **Wert der erbrachten Sachleistung** zu bestimmen, der:
- grundsätzlich nach § 10 Abs. 4 UStG analog zu ermitteln ist (vgl. Abschn. 1.8 Abs. 6 S. 5 UStAE),
- in bestimmten Einzelfällen jedoch auch nach den lohnsteuerlichen Pauschalwerten (Sachbezugswerten) ermittelt werden kann (Abschn. 1.8 Abs. 8 UStAE).

4.1 Ansatz der Werte nach § 10 Abs. 4 UStG analog

Zuwendungen, die ein Unternehmer seinen Arbeitnehmern als Vergütung für geleistete Dienste gewährt, sind nach den Werten des § 10 Abs. 4 UStG zu bemessen (Einkaufspreis, Selbstkosten oder entstandene Ausgaben für die zugewendete Leistung). Zu beachten ist dabei, dass es sich bei Zuwendungen als Vergütung für geleistete Dienste um entgeltliche Leistungen handelt, § 10 Abs. 4 UStG insofern also nur analog angewendet wird. Daher sind bei der Überlassung von Unternehmensgegenständen an Arbeitnehmer (z.B. Firmenwagen zur Privatnutzung) entgegen dem Wortlaut des § 10 Abs. 4 S. 1 Nr. 2 UStG **auch Aus-**

gaben ohne Vorsteuerabzug mit in die Bemessungsgrundlage einzubeziehen (vgl. Abschn. 1.8 Abs. 6 S. 5 UStAE).

4.2 Ansatz lohnsteuerlicher Pauschalwerte in Einzelfällen

Die Zuwendung von Sachleistungen durch den Arbeitgeber unterliegt nicht nur der Umsatzsteuer, sondern auch der Lohnsteuer. Um hier eine doppelte Wertermittlung für Lohn- und Umsatzsteuerzwecke zu vermeiden, lässt es die Verwaltung aus Vereinfachungsgründen zu, dass in bestimmten (praktisch bedeutsamen) Fällen anstelle der Werte nach § 10 Abs. 4 UStG (analog) auch die für die **Lohnsteuer maßgeblichen Pauschalwerte** (**Sachbezugswerte**) als Bemessungsgrundlage für die Umsatzsteuer herangezogen werden können. Die so ermittelten Sachbezugswerte sind dann als **Bruttowerte** anzusehen, d.h. die Umsatzsteuer ist aus den ermittelten Sachbezugswerten immer herauszurechnen (vgl. Abschn. 1.8 Abs. 8 S. 3 UStAE).

Bei folgenden Zuwendungen, die als Vergütung für geleistete Dienste anzusehen sind, können danach auch die lohnsteuerlichen Pauschalwerte angesetzt werden:
- Überlassung von Firmenfahrzeugen zur privaten Nutzung (Abschn. 1.8 Abs. 8 S. 2 i.V.m. Abs. 18 i.V.m. Abschn. 15.23 Abs. 8 bis 12 UStAE),
- Gewährung freier Verpflegung und Unterkunft (Abschn. 1.8 Abs. 8 S. 2 i.V.m. Abs. 9 UStAE).

4.2.1 Überlassung von Firmenfahrzeugen an das Personal

> ☞ **Hinweis!**
> Zur umsatzsteuerrechtlichen Behandlung der Überlassung von Kraftfahrzeugen an Arbeitnehmer zur Privatnutzung vgl. auch die umfassenden Ausführungen in **Abschn. 15.23 Abs. 8 bis 12 UStAE**.

Überlässt ein Unternehmer einem Arbeitnehmer ein Firmenfahrzeug auch zur privaten Nutzung (Privatfahrten, Fahrten zwischen Wohnung und Arbeitsstätte sowie Familienheimfahrten aus Anlass einer doppelten Haushaltsführung), liegt in diesem Vorgang regelmäßig eine steuerbare und steuerpflichtige Leistung, die in der Regel als Vergütung für geleistete Dienste und damit als **entgeltliche sonstige Leistung nach § 3 Abs.9 UStG** anzusehen ist, wenn das Fahrzeug für gewisse Dauer und **nicht nur gelegentlich zur Privatnutzung überlassen wird** (Abschn. 15.23 Abs. 8 und Abs. 9 S. 2 und 3 UStAE).

Als entgeltliche sonstige Leistung richtet sich der Ort nach § 3a UStG und nicht nach § 3f UStG. Da es sich um die **längerfristige Vermietung eines Beförderungsmittels** an einen Nichtunternehmer handelt, wurde bis 29.6.2013 die Leistung nach § 3a Abs. 1 UStG am Sitz des Arbeitgebers versteuert. Seit 30.6.2013 unterliegt dagegen die für die Firmenwagenüberlassung anfallende Umsatzsteuer nach **§ 3a Abs. 3 Nr. 2 S. 3 UStG n.F. am Wohnsitz des Arbeitnehmers** als Leistungsempfänger der Besteuerung (Abschn. 3a.5 Abs. 4 UStAE).

Bei der entgeltlichen Fahrzeugüberlassung zu Privatzwecken des Personals liegt ein tauschähnlicher Umsatz (§ 3 Abs. 12 S. 2 UStG) vor. Die Bemessungsgrundlage ist daher nach § 10 Abs. 2 S. 2 in Verbindung mit Abs. 1 S. 1 UStG der Wert der nicht durch den Barlohn abgegoltenen Arbeitsleistung. Deren Wert entspricht dem Betrag, den der Arbeitgeber zu diesem Zweck aufzuwenden bereit ist. Das sind die auf die Privatnutzung durch den Arbeitnehmer entfallenden **Netto-Gesamtausgaben** für die Überlassung des Fahrzeugs, **inkl. der nicht vorsteuerbelasteten Ausgaben** (vgl. Abschn. 15.23 Abs. 10 UStAE). Zu beachten ist dabei, dass hier die **Fahrten zwischen Wohnung und Arbeitsstätte sowie Familienheimfahrten** des Arbeitnehmers – im Unterschied zur Privatnutzung durch den Unternehmer selbst – als privat veranlasst gelten und damit in den **privaten Nutzungsanteil mit einzubeziehen** sind (vgl. Abschn. 15.23 Abs. 8 S. 1 UStAE).

Ermittelt der Unternehmer für ertragsteuerliche Zwecke den Wert der Privatnutzung durch den Arbeitnehmer nach der **Fahrtenbuchmethode**, ist von diesem Wert auch bei der Ermittlung der Bemessungsgrundlage für die Umsatzbesteuerung auszugehen (Abschn. 15.23 Abs. 11 UStAE). Dabei ist – im Unterschied zur Privatnutzung durch den Unternehmer – nicht nur vom ermittelten Nutzungsverhältnis, sondern grundsätzlich auch von den nach ertragsteuerlichen Grundsätzen ermittelten Gesamtausgaben

Teil II: Darstellung der Umsatzsteuer

auszugehen. Es sind also auch nicht mit Vorsteuer belastete Ausgaben einzubeziehen und die Anschaffungskosten auf die AfA-Nutzungsdauer (grundsätzlich 6 Jahre) und nicht auf den § 15a-Berichtigungszeitraum von 5 Jahren zu verteilen (so zumindest Beispiel 2 in Abschn. 15.23 Abs. 11 UStAE). Allerdings **erfolgt keine Kürzung um Aufwendungen für Batteriesysteme bei Elektro- und Hybridelektrofahrzeugen.**

Ermittelt er für ertragsteuerliche Zwecke den Wert der Privatnutzung pauschal nach der sog. **1 %-Methode**, kann er von diesem Wert aus Vereinfachungsgründen auch für die umsatzsteuerrechtliche Bemessungsgrundlage ausgehen (vgl. Abschn. 15.23 Abs. 11 UStAE). Da bei der Fahrzeugüberlassung an das Personal – im Unterschied zur Privatnutzung durch den Unternehmer selbst – auch die nicht mit Vorsteuer belasteten Ausgaben mit einzubeziehen sind, ist hier bei der **1 %-Methode kein pauschaler Abschlag von 20 %** vorzunehmen. Auch hier erfolgt keine Kürzung um Aufwendungen für **Batteriesysteme bei Elektro- und Hybridelektrofahrzeugen**. Für die als privat veranlasst geltenden **Fahrten zwischen Wohnung und Arbeitsstätte** ist dagegen ein pauschaler Zuschlag von 0,03 % des Bruttolistenpreises (BLP) je Entfernungskilometer (Entf.km) zwischen Wohnung und Betrieb pro Monat anzusetzen. Für **Familienheimfahrten** ist für jede Fahrt ein pauschaler Zuschlag von 0,002 % des Bruttolistenpreises je Entfernungskilometer zwischen dem Ort des eigenen Hausstands und dem Beschäftigungsort anzusetzen. Der so ermittelte pauschale Wert nach der 1 %-Methode ist ein **Bruttowert**, aus dem die Umsatzsteuer herauszurechnen ist.

Umsatzsteuerliche Werte **§ 10 Abs. 2 S. 2 UStG** (Abschn. 15.23 Abs. 10 UStAE)	**Lohnsteuerliche Werte** (Abschn. 15.23 Abs. 11 UStAE)	
	Fahrtenbuchmethode	**1 %-Methode**
Ausgaben netto (auch solche ohne Vorsteuer) – laufende Kosten – Anschaffungskosten verteilt auf 5 Jahre (§ 15a Abs. 1) x Privatanteil*	Ausgaben netto (auch solche ohne Vorsteuer) – laufende Kosten – Anschaffungskosten verteilt auf 5 Jahre (§ 15a Abs. 1) x Privatanteil*	1 % BLP* × Monate + 0,03 % BLP × Entf.Km × Monate (Fahrten Wohnung-Betrieb) + 0,002 % BLP × Entf.Km × Fahrten (Familienheimfahrten)
= Bemessungsgrundlage x 19 % Steuersatz	= Bemessungsgrundlage x 19 % Steuersatz	= Bruttowert = $^{100}/_{119}$ Bemessungsgrundlage x 19 % Steuersatz
= **Umsatzsteuer** * auch Fahrten Wohnung–Betrieb und Familienheimfahrten	= **Umsatzsteuer** * auch Fahrten Wohnung–Betrieb und Familienheimfahrten	= **Umsatzsteuer** * Bruttolistenpreis abgerundet auf volle 100 €

Die Ermittlung der Bemessungsgrundlage für die Überlassung eines Firmenwagens zur privaten Nutzung an das Personal und die Privatnutzung eines Firmenwagens durch den Unternehmer selbst (s. Kap. IX. 3.2.3) ähneln sich, unterschieden sich jedoch in einigen wichtigen Punkten, die es gilt sich zu verdeutlichen und die daher in der folgenden Übersicht zusammengefasst werden.

Privatnutzung durch den Unternehmer (Unentgeltliche Leistung, § 3 Abs. 9a Nr. 1 UStG)	**Überlassung an das Personal** (Entgeltliche Leistung, § 3 Abs. 9 S. 1 und 2 UStG)
• **Nicht mit Vorsteuer belastete Kosten sind auszuscheiden** bzw. pauschaler Abschlag von 20 % bei der 1 %-Methode	• **Nicht mit Vorsteuer belastete Kosten sind einzubeziehen** bzw. **kein** pauschaler Abschlag bei der 1 %-Methode

Privatnutzung durch den Unternehmer (Unentgeltliche Leistung, § 3 Abs. 9a Nr. 1 UStG)	Überlassung an das Personal (Entgeltliche Leistung, § 3 Abs. 9 S. 1 und 2 UStG)
• Anschaffungskosten sind auch bei der **Fahrtenbuchmethode auf 5 Jahre zu verteilen**	• Anschaffungskosten sind bei der **Fahrtenbuchmethode auf die AfA-Nutzungsdauer** zu verteilen

• **Fahrten Wohnung–Betrieb und Familienheimfahrten** gelten als unternehmerisch veranlasst
  – sie gehören **nicht zum Privatanteil** der Gesamtaufwendungen
  – bei 1 %-Methode **kein** Aufschlag
	• **Fahrten Wohnung–Betrieb und Familienheimfahrten** sind Privatfahrten des Arbeitnehmers
	  – sie gehören zum **Privatanteil** der Gesamtaufwendungen
	  – bei 1 %-Methode Aufschlag von 0,03 % BLP bzw. 0,002 % BLP

• 1 %-Methode = Nettowert	• 1 %-Methode = Bruttowert

Beispiel:

Ein Unternehmer überlässt seinem Arbeitnehmer das von diesem beruflich genutzte Firmenfahrzeug auch zur Privatnutzung, ohne dafür ein besonderes Entgelt zu berechnen. Der Arbeitnehmer nutzt das Fahrzeug im Jahr 2016 wie folgt:

Fahrten Wohnung-Betrieb	4.000 km	(einfache Entfernung 11 km)
Privatfahrten	12.000 km	
betriebliche Fahrten	20.000 km	
insgesamt	**36.000 km**	

Vom Unternehmer getragene laufende Kosten im Jahr 2016:

Steuer und Versicherung	1.000 €	
Benzin	6.200 €	(zuzüglich 19 % Umsatzsteuer)
Reparaturen	3.800 €	(zuzüglich 19 % Umsatzsteuer)

Die Anschaffungskosten betrugen 55.000 € zuzüglich Umsatzsteuer (Bruttolistenpreis 69.920 €). Die entsprechenden Vorsteuerbeträge hat er in vollem Umfang geltend gemacht.

Lösung:

Die Überlassung ist als Vergütung für geleistete Dienste und damit als entgeltliche sonstige Leistung nach § 3 Abs. 9 S. 1 und 2 UStG anzusehen (tauschähnlicher Umsatz, § 3 Abs. 12 S. 2 UStG), deren Ort sich nach § 3a Abs. 3 Nr. 2 S. 3 UStG bestimmt.

Bemessungsgrundlage nach umsatzsteuerlichen Werten § 10 Abs. 2 S. 2 UStG

Ansatz der auf die Privatnutzung entfallenden Ausgaben netto (auch ohne Vorsteuerabzug). Die Fahrten Wohnung-Betrieb gehören hier zu den privaten Fahrten.

Anschaffungskosten (netto) verteilt auf 5 Jahre	11.000,00 €
laufende Kosten (netto) (inklusive Steuer und Versicherung, obwohl keine Vorsteuer)	11.000,00 €
Gesamtkosten	**22.000,00 €**
Bemessungsgrundlage Privatnutzung ($^{16}/_{36}$)	9.777,78 €
Umsatzsteuer für die Privatnutzung in 2016 (19 %)	1.857,78 €

Teil II: Darstellung der Umsatzsteuer

Bemessungsgrundlage nach der Fahrtenbuchmethode	
Ansatz der auf die Privatnutzung entfallenden Ausgaben netto (auch ohne Vorsteuerabzug). Die Fahrten Wohnung-Betrieb gehören hier zu den privaten Fahrten.	
Anschaffungskosten (netto) verteilt auf **6 Jahre**	9.166,67 €
laufende Kosten (netto) (inklusive Steuer und Versicherung, obwohl keine Vorsteuer)	11.000,00 €
Gesamtkosten	20.166,67 €
Bemessungsgrundlage Privatnutzung ($^{16}/_{36}$)	8.962,96 €
Umsatzsteuer für die Privatnutzung in 2016 (19 %)	**1.702,96 €**
Bemessungsgrundlage nach der 1 %-Methode	
1 % von 69.900 € (abgerundet) =	699 €
x 12 Monate	8.388,00 €
+ Fahrten Wohnung-Betrieb 0,03 % von 69.900 € =	20,97 €
x 11 km × 12 Monate	2.768,04 €
Brutto	11.156,04 €
Bemessungsgrundlage	9.374,82 €
Umsatzsteuer für die Privatnutzung in 2016 (19 %)	**1.781,22 €**

4.2.2 Freie Verpflegung und Unterkunft

Gewährt ein Unternehmer seinem Arbeitnehmer neben dem Barlohn auch freie Verpflegung und/oder freie Unterkunft, handelt es sich dabei regelmäßig um eine Vergütung für geleistete Dienste und damit um steuerbare entgeltliche sonstige Leistungen nach § 3 Abs. 9 UStG (s. Kap. 1.2.2). Das zur Verfügung stellen der **Unterkunft ist jedoch in der Regel nach § 4 Nr. 12 S. 1 Buchst. a UStG steuerfrei**. Lediglich bei kurzfristiger Unterbringung (z.B. Saisonpersonal) ist die Gewährung der Unterkunft nach § 4 Nr. 12 S. 2 UStG steuerpflichtig. In diesen Fällen kommt der ermäßigte Steuersatz von **7 % nach § 12 Abs. 2 Nr. 11 S. 1 UStG** zur Anwendung.

Als Bemessungsgrundlage für Verpflegung und Unterkunft sind entweder die Werte nach § 10 Abs. 4 UStG analog oder die lohnsteuerlichen Werte nach der Sozialversicherungsentgeltverordnung (SvEV) anzusetzen (Abschn. 1.8 Abs. 8 S. 2 i.V.m. Abs. 9 UStAE).

Beispiel:

Ein Gastwirt beschäftigt während der Hauptsaison zwischen dem 1.5. und 30.9. eine aus Osteuropa stammende Hilfskraft. Neben einem monatlichen Gehalt von 1.000 € erhält sie vom Gastwirt auch ein kostenloses Zimmer und Verpflegung in der Gastwirtschaft.

Lösung:

Sowohl die Überlassung der Unterkunft, als auch die Verpflegung sind als Vergütung für geleistete Dienste und damit als entgeltliche sonstige Leistungen anzusehen.

Unterkunft

Es handelt sich um eine sonstige Leistung nach § 3 Abs. 9 S. 1 und 2 UStG (Grundstücksvermietung § 3a Abs. 3 Nr. 1 S. 2 Buchst. a UStG), die steuerbar und gem. § 4 Nr. 12 S. 2 UStG als kurzfristige Beherbergung auch steuerpflichtig ist. Die Bemessungsgrundlage kann gem. § 10 Abs. 4 S. 1 Nr. 2 UStG analog nach den für die Unterkunft entstandenen Ausgaben (entgegen dem Wortlaut auch solche ohne Vorsteuerabzug) oder wahlweise nach dem lohsteuerlichen Sachbezugswert ermittelt werden. Nach § 2 Abs. 3 S. 1 SvEV dabei für 2016 monatlich 223 € für eine Unterkunft anzusetzen. Dieser Wert ist als Bruttowert anzusehen, aus dem die Umsatzsteuer i.H.v. 7 % nach § 12 Abs. 2 Nr. 11 UStG herauszurechnen ist (Abschn. 1.8 Abs. 8 S. 3 UStAE). Die Bemessungsgrundlage beträgt demnach 208,41 €, die hierauf entfallende Umsatzsteuer 14,59 €.

> **Verpflegung**
> Es handelt sich um eine sonstige Leistung nach § 3 Abs. 9 S. 1 UStG (Restaurationsleistung § 3a Abs. 3 Nr. 3 Buchst. b UStG), die steuerbar und steuerpflichtig ist. Die Bemessungsgrundlage kann gem. § 10 Abs. 4 S. 1 Nr. 3 UStG analog nach den für die Verpflegung entstandenen Ausgaben oder wahlweise nach dem lohnsteuerlichen Sachbezugswert ermittelt werden. Nach § 2 Abs. 1 S. 1 SvEV sind für 2016 monatlich 236 € für die (Voll-)Verpflegung anzusetzen. Auch hier ist der Wert ein Bruttowert, die Umsatzsteuer i.H.v. 19 % nach § 12 Abs. 1 UStG für Restaurationsleistungen ist herauszurechnen. Die Bemessungsgrundlage beträgt demnach 198,32 €, die hierauf entfallende Umsatzsteuer 37,68 €.

5. Bemessungsgrundlage bei unentgeltlichen Zuwendungen

5.1 Ansatz der Bemessungsgrundlage nach § 10 Abs. 4 UStG

Ist die Leistung des Arbeitgebers als unentgeltliche Zuwendung einzuordnen, wird also keine Zuzahlung geleistet und ist auch nicht die Arbeitsleistung als Entgelt anzusehen, bestimmt sich die Bemessungsgrundlage grundsätzlich nach § 10 Abs. 4 UStG (Einkaufspreis, Selbstkosten oder entstandene Ausgaben).

5.2 Ansatz lohnsteuerlicher Pauschalwerte in Einzelfällen

Auch hier können in bestimmten Einzelfällen zur Ermittlung der Bemessungsgrundlage anstelle der Werte nach § 10 Abs. 4 UStG die **lohnsteuerlichen Pauschalwerte** (Sachbezugswerte) aus Vereinfachungsgründen herangezogen werden.

Der Ansatz der lohnsteuerlichen Pauschalwerte ist dabei nach Abschn. 1.8 Abs. 8 S. 2 UStAE bei folgenden unentgeltlichen Zuwendungen zulässig:
- Abgabe von Mahlzeiten in unternehmenseigenen Kantinen (Abschn. 1.8 Abs. 11 UStAE),
- Deputate, Sach-, Jubiläumsgeschenke u.ä. (Abschn. 1.8 Abs. 14 UStAE),
- gelegentliche Überlassung von Firmenfahrzeugen zur privaten Nutzung (Abschn. 1.8 Abs. 18 UStAE i.V.m. Abschn. 15.23 Abs. 12 UStAE).

5.2.1 Abgabe von Mahlzeiten in unternehmenseigenen Kantinen

Bei der **kostenlosen Abgabe von Mahlzeiten** in einer unternehmenseigenen Kantine handelt es sich um eine unentgeltliche sonstige Leistung i.S.d. **§ 3 Abs. 9a Nr. 2 UStG**. Da hier bereits bei Leistungsbezug (Wareneinkauf für die Kantine) feststeht, dass die bezogenen Leistungen für unentgeltliche Wertabgaben an das Personal eingesetzt werden, ist hierfür nach **neuer Rechtslage bereits der Vorsteuerabzug zu versagen**, eine Besteuerung nach § 3 Abs. 9a Nr. 2 UStG unterbleibt dann (s. Kap. 2.3.2).

Werden die Mahlzeiten **verbilligt (gegen Zuzahlung) angeboten**, handelt es sich um entgeltliche sonstige Leistungen nach § 3 Abs. 9 UStG (Restaurationsleistungen), bei denen nach § 10 Abs. 1 UStG der gezahlte Essenspreis, mindestens jedoch die lohnsteuerlichen Sachbezugswerte nach § 2 Abs. 1 SvEV anzusetzen sind (Abschn. 1.8 Abs. 11 S. 2 UStAE).

Anzusetzen sind für 2016 gem. § 2 Abs. 1 (monatlich) i.V.m. Abs. 6 SvEV (1/30 pro Mahlzeit):
- Frühstück   51 € (monatlich) ⇒ 1,70 € pro Mahlzeit,
- Mittagessen 95 € (monatlich) ⇒ 3,17 € pro Mahlzeit,
- Abendessen   95 € (monatlich) ⇒ 3,17 € pro Mahlzeit.

> ☞ **Hinweis!**
> Zur Abgabe von Mahlzeiten an Arbeitnehmer durch eine vom Unternehmer nicht selbst betriebene Kantine oder Gaststätte vgl. Abschn. 1.8 Abs. 12 UStAE.

5.2.2 Unentgeltliche Sachzuwendungen

Bei gelegentlichen **Sachgeschenken, Jubiläumsgeschenken, Deputaten** im Bergbau und der Land- und Forstwirtschaft, **Haustrunk/Freitabakwaren** im Brauereigewerbe bzw. der Tabakwarenindustrie und

Teil II: Darstellung der Umsatzsteuer

ähnlichen Zuwendungen aus Anlass von Betriebsveranstaltungen handelt es sich um unentgeltliche Sachzuwendungen i.S.d. § 3 Abs. 1b S. 1 Nr. 2 UStG. Diese sind nur dann steuerbar, wenn es sich **nicht lediglich um Aufmerksamkeiten** handelt (bis 60 €) und die Sachzuwendung nicht überwiegend im betrieblichen Interesse des Arbeitgebers erfolgt (s. Kap. 2.2).

Zu beachten ist auch hier, dass oft bereits beim Leistungsbezug (Einkauf Geschenke) feststeht, dass die bezogene Leistung für unentgeltliche Wertabgaben an das Personal eingesetzt werden soll. Daher ist in diesen Fällen nach **neuer Rechtslage** bereits der **Vorsteuerabzug zu versagen**, sofern die Voraussetzungen für eine Besteuerung nach § 3 Abs. 1b S. 1 Nr. 2 UStG vorliegen, es sich insbesondere also nicht nur um Aufmerksamkeiten bis 60 € handelt; die **Besteuerung selbst unterbleibt** dann (s. Kap. 2.3.2).

Steht bei **Leistungsbezug die spätere unentgeltliche Zuwendung noch nicht fest** (selbst hergestellte Sachgeschenke oder solche aus dem Warenbestand) ist der Vorsteuerabzug grundsätzlich zu gewähren, die unentgeltliche Wertabgabe zu versteuern. Bei steuerbaren und steuerpflichtigen Sachzuwendungen steht dem Unternehmer dabei zur Bestimmung der Bemessungsgrundlage ein Wahlrecht zu. Er kann in diesen Fällen die Werte nach § 10 Abs. 4 S. 1 Nr. 1 UStG (Einkaufspreis/Selbstkosten) ansetzen, aus Vereinfachungsgründen kann er aber auch von den **lohnsteuerrechtlichen Regelungen nach § 8 Abs. 3 S. 1 EStG** ausgehen, also **96 %** des **üblichen Verkaufspreises** am Abgabeort im Zeitpunkt der Abgabe ansetzen (Abschn. 1.8 Abs. 14 UStAE). Der lohnsteuerliche Freibetrag nach § 8 Abs. 3 S. 2 EStG ist bei der umsatzsteuerlichen Bemessungsgrundlage nicht zu berücksichtigen (vgl. Abschn. 1.8 Abs. 8 S. 4 UStAE).

5.2.3 Gelegentliche Überlassung von Firmenfahrzeugen zur Privatnutzung

Wird ein Firmenfahrzeug einem Arbeitnehmer nicht dauerhaft, sondern lediglich gelegentlich (von Fall zu Fall) aus besonderem Anlass an nicht mehr als fünf Tagen im Kalendermonat für private Zwecke überlassen, ist die Überlassung als unentgeltliche sonstige Leistung nach **§ 3 Abs. 9a Nr. 1 UStG** anzusehen (vgl. Abschn. 15.23 Abs. 12 UStAE).

Die Bemessungsgrundlage für diese unentgeltliche Wertabgabe ergibt sich hier aus der direkten Anwendung des **§ 10 Abs. 4 S. 1 Nr. 2 UStG**. Anzusetzen sind also entsprechend dem Wortlaut nur die **Ausgaben, die zum Vorsteuerabzug berechtigt haben**.

Anstelle der Werte nach § 10 Abs. 4 UStG können auch hier aus Vereinfachungsgründen die **lohnsteuerlichen Werte** angesetzt werden. In diesem Fall ist die Nutzung mit 0,001 % des Bruttolistenpreises pro privat gefahrenen Kilometer (auch Wohnung-Betrieb) zu bewerten. Von diesem Wert ist ein pauschaler Abschlag von 20 % für nicht mit Vorsteuer belastete Ausgaben vorzunehmen. Der so ermittelte Sachbezugswert ist ein Bruttowert.

Beispiel:
Ein Arbeitgeber überlässt seinem Arbeitnehmer einen Kleintransporter der Firma (Bruttolistenpreis 40.000 €) für einen Umzug über das Wochenende. Der Arbeitnehmer legt von der Übernahme bis zur Rückgabe des Fahrzeugs insgesamt 400 km zurück.

Lösung:	
Die Bemessungsgrundlage für die mit der Überlassung verwirklichten unentgeltlichen Leistung nach § 3 Abs. 9a Nr. 1 UStG kann nach den mit Vorsteuer belasteten Ausgaben gem. § 10 Abs. 4 S. 1 Nr. 2 UStG oder nach den lohnsteuerlichen Pauschalwerten ermittelt werden.	
Ermittlung nach lohnsteuerlichen Pauschalwerten (sog. Einzelbewertung)	
0,001 % × 40.000 € × 400 km	160,00 €
./. Abschlag 20 %	./. 32,00 €
Brutto	128,00 €
Bemessungsgrundlage	107,56 €
Umsatzsteuer für die Privatnutzung (19 %)	**20,44 €**

6. Zusammenfassende Übersicht

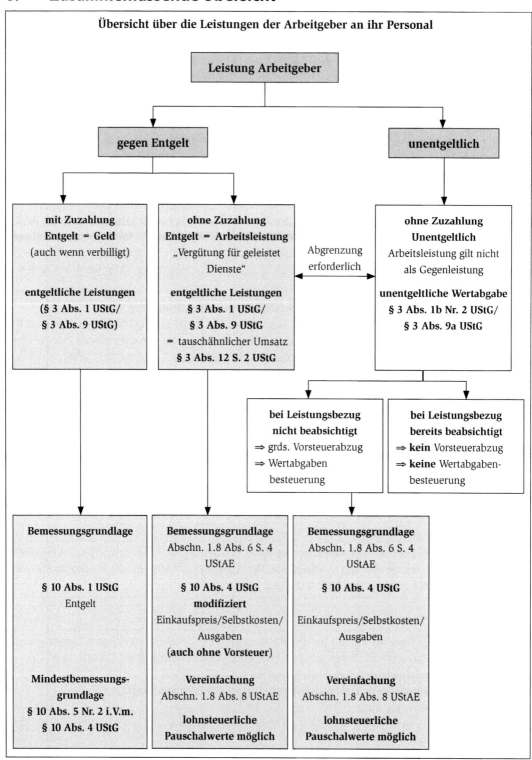

XIV. Gründung und Auflösung von Einzelunternehmen

1. Gründung

Erzielt eine natürliche Person nachhaltig und selbstständig Einnahmen, erfüllt sie gem. § 2 Abs. 1 Satz 1, Abs. 2 UStG die Voraussetzungen eines Unternehmers (s. Kap. II. 5.6, Art. 9 MwStSystRL). Auf Alter oder Staatsangehörigkeit kommt es nicht an. Das „Unternehmen" umfasst die Gesamtheit solcher Betätigungen (Einheitsunternehmen). Das Unternehmen leitet sich also ab aus dem Zusammenhang von Eingangs- und Ausgangsleistungen des Unternehmers für seine beruflich-gewerbliche Tätigkeit. Ein förmlicher Gründungs- oder Errichtungsakt ist nicht erforderlich, auf die Eintragung im Handelsregister kommt es also zum Beispiel nicht an. Entscheidend sind die tatsächlichen Zusammenhänge. Die unternehmerische Tätigkeit beginnt daher mit dem ersten nach außen erkennbaren Tätigwerden, aus dem auf die spätere Ausführung entgeltlicher Leistungen geschlossen werden kann (Abschn. 2.6 Abs. 1 Satz 1 UStAE). In der Folge unterliegen die Umsätze grundsätzlich der Besteuerung und besteht grundsätzlich das Recht zum Vorsteuerabzug. Dabei ergibt sich u.U. ein Zuordnungswahlrecht (vgl. § 15 Abs. 1 Satz 2 UStG, s. Kap. XII. 4.2.3). Hat jemand durch Anmeldung seines Gewerbes ernsthaft die Absicht bekundet, unternehmerisch i.S.d. § 2 UStG tätig zu werden, erhält er – außer in den Fällen eines offensichtlichen, auf die Umsatzsteuer bezogenen Missbrauchs – auf Antrag eine Steuernummer für Umsatzsteuerzwecke. Eine Steuernummer (Umsatzsteuer-Identifikationsnummer) benötigt der Unternehmer, um seine Leistungen ordnungsgemäß abrechnen zu können (§ 14 Abs. 4 Nr. 2 UStG) und für seine internationalen Geschäftsbeziehungen (v.a. §§ 3a Abs. 2, 14a Abs. 1 Satz 3, Abs. 3 Satz 2 UStG).

1.1 Vorbereitungsmaßnahmen

Bevor der Unternehmer Ausgangsumsätze erzielen kann, werden regelmäßig **Vorbereitungsmaßnahmen** vorausgehen. Ob sie bereits als unternehmerische Handlungen anerkannt werden, hängt von ihrer Eigenart ab (vgl. die Aufzählung in Abschn. 2.6 Abs. 2 Satz 2 UStAE).

> **Beispiel 1:**
>
> M war bisher als Arbeitnehmer beschäftigt. Er wird entlassen und möchte sich als Handwerker selbstständig machen.
> Er kauft Handwerkszeug und Maschinen ein, mietet eine Halle an, gibt ein Inserat in der Zeitung auf und nimmt die Dienste einer Steuerberaterin in Anspruch.

> **Lösung:**
>
> Die beschriebenen Maßnahmen sollen die spätere Tätigkeit des M als Handwerker ermöglichen. Die angestrebten Umsätze werden steuerbar und steuerpflichtig sein. Für den Vorsteuerabzug ist die Absicht entscheidend, wie die Eingangsleistung genutzt werden soll. Spätere Erkenntnisse sind unerheblich (Prinzip des Sofortabzugs).
> Hieraus ergibt sich der für § 15 Abs. 1 Satz 1 Nr. 1 UStG maßgebliche Unternehmensbezug. M ist berechtigt, aus sämtlichen Leistungen die Vorsteuer abzuziehen, sobald ihm eine ordnungsgemäße Rechnung vorliegt. Die Absicht muss dokumentiert, d.h. nachvollziehbar belegt werden. Der Unternehmenswillige muss in gutem Glauben handeln.

Lassen die Vorbereitungshandlungen keine klare Abgrenzung zu einer nichtwirtschaftlichen Tätigkeit erkennen, wird ein Vorsteuerabzug zunächst nicht gewährt. Dies betrifft Vorgänge, die vergleichbar auch bei Nichtunternehmern stattfinden: Anschaffung eines Computers, Waren in einem auch für den Privatgebrauch oder eine Hobbytätigkeit gebräuchlichen Umfangs, usw.

> **Beispiel 2:**
>
> P macht beim Finanzamt mit dem Hinweis auf eine künftige unternehmerische Tätigkeit die Vorsteuer geltend aus der Anschaffung:
> a) eines Pkw,
> b) eines Lkw.
> Weitere Maßnahmen sind nicht bekannt.

> **Lösung:**
>
> Der Vorsteuerabzug aus der Anschaffung des Wirtschaftsguts setzt gem. § 15 Abs. 1 Satz 1 Nr. 1 UStG voraus, dass an das „Unternehmen" des P geliefert wurde. Ob die behauptete unternehmerische Absicht wirklich vorliegt, muss aus Indizien abgeleitet werden.
> a) Solche Indizien fehlen.
> b) Hier lässt sich dagegen eine unternehmerische Absicht ausreichend daraus ableiten, dass ein Lkw typischerweise unternehmerisch genutzt wird. Die Anschaffung stellt die erste unternehmerische Maßnahme des P dar. P hat ein Unternehmen gegründet, P ist Unternehmer.

> **Fortführung des Beispiels 1:**
>
> Noch bevor M seine Pläne umsetzt, bittet ihn sein früherer Arbeitgeber, doch wieder bei ihm zu arbeiten. M nimmt dieses Angebot an.

> **Lösung:**
>
> M erzielt letztlich die beabsichtigten Einnahmen nicht. Dennoch bleibt der Vorsteuerabzug aus den Vorbereitungshandlungen erhalten. Entscheidend hierfür ist die Absicht, in der die Leistungen bezogen wurden. Die Absicht gehört als innere Tatsache zu den maßgebenden Faktoren zur Bestimmung der Unternehmereigenschaft. Genau genommen waren auch schon die „Vorbereitungsmaßnahmen" die Betätigung eines Unternehmers.
> Spiegelbildlich zum Vorsteuerabzug unterliegt M mit der Verwertung seines bis dahin erworbenen Unternehmensvermögens der Umsatzsteuer. Veräußert M also bereits angeschaffte Waren oder Geschäftsausstattung, handelt es sich regelmäßig um umsatzsteuerpflichtige Lieferungen.

2. Auflösung des Einzelunternehmens

Auch dieser Vorgang ist unabhängig von einem förmlichen Akt. Die Auflösung kann durch eine **Aufgabeerklärung** erfolgen. Die umsatzsteuerlichen Folgen ergeben sich aber spiegelbildlich zur Gründung aus den tatsächlichen Zusammenhängen: Das Unternehmen endet mit dem letzten Tätigwerden (Abschn. 2.6 Abs. 6 Satz 1 UStAE), auf jeden Fall mit dem Tod des Unternehmers, da sich die Unternehmereigenschaft nicht auf den Erben überträgt. Die letzte unternehmerische Tätigkeit gilt dabei regelmäßig der Auflösung des Unternehmensvermögens.

- Erbringt er dabei Leistungen an Dritte, werden diese unter den üblichen Voraussetzungen besteuert.
- Entnahmen für den Privatgebrauch werden nach § 3 Abs. 1b, Abs. 9a UStG besteuert.
- Überträgt der Unternehmer sein Unternehmen nach § 1 Abs. 1a UStG insgesamt, geschieht dies nicht steuerbar. Der bisherige Vorsteuerabzug bleibt erhalten, es kommt auch nicht zu einer Vorsteuerberichtigung nach § 15a UStG (vgl. § 15a Abs. 10).

2.1 Nachhängende Tätigkeiten

Auch nachdem das gesamte Unternehmensvermögen liquidiert ist, können Vorgänge noch Bezug zum früheren Unternehmen haben.

> **Beispiel:**
>
> Handwerker H hat sein Unternehmen aufgegeben, sein Unternehmensvermögen aufgelöst. Im Folgejahr findet noch eine Betriebsprüfung statt, für die H die Dienste seiner Steuerberaterin in Anspruch nimmt.
> Als außerdem ein früherer Kunde Schadensersatz einklagt, beauftragt H einen Rechtsanwalt.

> **Lösung:**
>
> H darf die ihm ordnungsgemäß berechnete Vorsteuer aus den Beratungsleistungen abziehen. Die Leistungen stehen noch im Zusammenhang zu seinem früheren Unternehmen, in dem H vorsteuerunschädlich tätig war.

3. Geschäftsveräußerung im Ganzen (§ 1 Abs. 1a UStG)

3.1 Allgemeines

Eine Geschäftsveräußerung im Ganzen i.S.d. **§ 1 Abs. 1a UStG** liegt vor, wenn ein Unternehmer nicht nur einzelne Vermögensgegenstände, sondern sein ganzes Unternehmen oder einen Teilbetrieb seines Unternehmens an einen anderen Unternehmer überträgt. Die im Rahmen einer solchen Geschäftsveräußerung im Ganzen bewirkten **Umsätze im Zusammenhang mit der Übertragung des Unternehmensvermögens sind nicht steuerbar**. Zweck dieser Vorschrift ist es, die Übertragung von Unternehmen oder Unternehmensteilen zu erleichtern und zu vereinfachen.

3.2 Voraussetzungen einer Geschäftsveräußerung im Ganzen

3.2.1 Übertragung eines ganzen Unternehmens oder eines Teilbetriebs

Eine Geschäftsveräußerung im Ganzen i.S.d. § 1 Abs. 1a UStG setzt voraus, dass die **wesentlichen Grundlagen eines Unternehmens übertragen** werden, also all die Vermögensgegenstände, die zur **Fortführung der unternehmerischen Tätigkeit durch den Erwerber erforderlich** sind. Wird ein Unternehmen mehrfach übertragen, muss nicht jeder (Zwischen-)Erwerber selbst (höchstpersönlich) das Unternehmen fortgeführt haben (vgl. BFH vom 15.4.2016, XI B 109/15).

Regelmäßig ist eine Geschäftsveräußerung dabei durch die Übertragung einer Vielzahl materieller und immaterieller Wirtschaftsgüter gekennzeichnet, sie kann aber auch bei der Veräußerung eines einzelnen Wirtschaftsguts vorliegen, wenn mit diesem eine unternehmerische Tätigkeit ausgeführt wurde, die durch den Erwerber fortgeführt werden kann. Eine Geschäftsveräußerung kann daher insbesondere auch bei der Übertragung eines vermieteten oder verpachteten Grundstücks oder einer Eigentumswohnung **vorliegen**.

Nicht erforderlich ist, dass das gesamte Unternehmen übertragen wird. Eine Geschäftsveräußerung liegt gemäß § 1 Abs. 1a Satz 2 UStG auch bei der Übertragung eines in der Gliederung eines Unternehmens **gesondert geführten Betriebs = Teilbetriebs** vor. Dies sind solche Unternehmensteile, die wirtschaftlich selbständig sind. Entscheidend hierfür ist, dass die übertragenen Vermögensgegenstände **ein hinreichendes Ganzes bilden**, mit denen die durch den Veräußerer ausgeübte unternehmerische Tätigkeit ohne nennenswerten Aufwand **durch den Erwerber fortgeführt werden kann**. Die organisatorische Untereinheit muss noch nicht beim Veräußerer bestanden haben, sondern kann auch erst beim Erwerber eingerichtet werden. Insbesondere bei vermieteten oder verpachteten Immobilien bildet danach i.d.R. jedes Mietgrundstück einen selbständigen Teilbetrieb. Auf die zivilrechtliche Selbständigkeit von Gebäudeteilen kommt es dabei nicht an.

> **Beispiele:**
> 1. Bauträger B hatte ein Gebäude erworben, saniert und 17 Monate lang vermietet, bevor er es an K verkauft, der die Vermietung fortsetzt.
>   **Abwandlung:** B hatte ein Grundstück bebaut und wollte dieses – unvermietet – verkaufen. Dies blieb zunächst erfolglos, sodass sich B entschloss, einen Mieter zu suchen. Er verkaufte sodann das – 17 Monate lang vermietete – Gebäude.
> 2. Der Eigentümer mehrerer Eigentumswohnungen veräußert eine seiner vermieteten Wohnungen an einen Erwerber, der in den bestehenden Mietvertrag eintritt und diesen fortführt.
> 3. Ein Unternehmer hatte bisher im EG eines Gebäudes seinen Einzelhandel betrieben und das OG vermietet. Er veräußert nun das Gebäude an den Erwerber E, der anschließend im EG sein Produktionsunternehmen ausübt, die Vermietung im OG aber fortführt.

> **Lösung:**
> 1. Das Vermietungsunternehmen des B wird gem. § 1 Abs. 1a UStG nicht steuerbar übertragen, BFH vom 12.8.2015, XI R 16/14.
>   Dasselbe Ergebnis ergibt sich auch in der Abwandlung, da angesichts der Mietzeit ein Vermietungsunternehmen übertragen wurde, BFH vom 25.11.2015, V R 66/14.
> 2. Bei der übertragenen Eigentumswohnung handelt es sich um einen selbständigen Unternehmensteil, da die hiermit vom Veräußerer ausgeübte unternehmerische Tätigkeit durch den in den Mietvertrag eintretenden Erwerber unabhängig von den weiteren unternehmerischen Aktivitäten des Veräußerers eigenständig und ohne größeren Aufwand fortgeführt werden kann. Die Lieferung der Wohnung stellt somit eine Teilbetriebsveräußerung dar und ist daher nach § 1 Abs. 1a UStG bereits nicht steuerbar. (Die Steuerbefreiung nach § 4 Nr. 9 Buchst. a UStG ist daher nicht zu prüfen.) Wenn der Veräußerer aber weiterhin als Generalmieter auftritt, führt der Erwerber das übernommene Unternehmen nicht (selbst) fort und es liegt keine Geschäftsveräußerung im Ganzen vor, BFH vom 3.7.2014, V R 12/13.
> 3. Zwar führt der Erwerber nicht das gesamte (Einheits-)Unternehmen (gem. § 2 Abs. 1 Satz 2 UStG) des Veräußerers fort, da er im EG ein anderes Unternehmen betreibt. Hinsichtlich der Vermietung des OG liegt dennoch eine Geschäftsveräußerung im Ganzen vor, BFH vom 6.7.2016, XI R 1/15. Der Verkauf muss also für Umsatzsteuerzwecke aufgeteilt werden: In Frage kommt eine Option nach § 9 Abs. 1 und 3 UStG im EG; der Erwerber hat hinsichtlich des OG § 15a Abs. 10 UStG zu beachten, für das EG beginnt ein neuer Berichtigungszeitraum (vgl. Kap. XII. 9.3).

3.2.2 Übertragung aller wesentlichen Betriebsgrundlagen

§ 1 Abs. 1a Satz 2 UStG setzt eine **Übertragung im Ganzen** voraus, d.h. die Übertragung aller für die Unternehmens- bzw. Teilbetriebsfortführung erforderlichen **wesentlichen Betriebsgrundlagen** an den Erwerber. Zu den wesentlichen Betriebsgrundlagen gehören dabei regelmäßig das **Betriebsgrundstück** und die vorhandenen **Produktionsanlagen**, nach Art des Unternehmens aber auch andere Vermögensgegenstände, wenn diese für die Fortführung des Unternehmens durch den Erwerber unerlässlich sind (z.B. Patente, Urheberrechte). Bei in gepachteten Räumen betriebenen Unternehmen kann auch das Pachtrecht zu den wesentlichen Betriebsgrundlagen zählen und muss daher mit übertragen werden, d.h. es ist – unter tätiger Mithilfe des bisherigen Unternehmens/Pächters – der Eintritt des Erwerbers in den Pachtvertrag erforderlich. Werden dagegen nur Gesellschaftsanteile und nicht zugleich auch das Vermögen übertragen, der Erwerber also nicht in die Lage versetzt, das übertragene Unternehmen fortzusetzen, wird hierdurch keine Geschäftsveräußerung begründet (EuGH vom 30.5.2013, C-651/11, Abschn. 1.5 Abs. 9 UStAE).

Eine Geschäftsveräußerung kann auch dann vorliegen, wenn einzelne wesentlicher Betriebsgrundlagen im Eigentum des Veräußerers verbleiben (v.a. bebautes Grundstück), aber **an den Erwerber vermietet oder verpachtet** werden und damit eine dauerhafte Fortführung des Unternehmens durch den Erwerber gewährleistet ist. Dies gilt selbst dann, wenn die Mietparteien kurzfristige Kündigungsfristen vereinbart haben.

> **Beispiel:**
>
> 1. Die Inhaberin eines Einzelhandelsgeschäfts veräußert alle wesentlichen Betriebsgrundlagen ihres Unternehmens (Warenbestand, Geschäftsausstattung) mit Ausnahme des Geschäftsgrundstücks an einen Erwerber. Das Geschäftsgrundstück vermietet sie an den Erwerber, der dieselbe Tätigkeit fortsetzen will. Vermieterin und Mieter können das Mietverhältnis jeweils zum 3. eines Monats auf das Ende des folgenden Quartals kündigen.
> 2. Einzelunternehmer E überträgt sein gesamtes Umlaufvermögen auf eine KG, die er zusammen mit seiner Tochter T gründet und die die wirtschaftliche Tätigkeit des E fortführt, wenn auch unter anderer Firma. Das Grundstück überträgt E auf eine zusammen mit T gegründete Gesellschaft bürgerlichen Rechts, die das Grundstück anschließend der KG zur Verfügung stellt.

> **Lösung:**
>
> 1. Das Geschäftsgrundstück stellt eine wesentliche Betriebsgrundlage dar und muss daher für die Annahme einer Geschäftsveräußerung im Ganzen nach § 1 Abs. 1a UStG mit übertragen werden. Dies geschieht zwar grundsätzlich durch Eigentumsübertragung auf den Erwerber. Ausreichend ist hier jedoch auch die Vermietung, da hierdurch die weitere Fortführung des Unternehmens durch den Erwerber nicht in Frage steht (vgl. Abschn. 1.5 Abs. 3 Satz 4 UStAE).
> 2a. Zwischen E und der KG liegen die Voraussetzungen einer nach § 1 Abs. 1a UStG nicht-steuerbaren Geschäftsveräußerung im Ganzen vor. Die KG erhält sämtliche wesentlichen Betriebsgrundlagen, teils im Wege der Eigentumsübertragung, teils durch das Recht zur Grundstücksnutzung. Hierbei bleibt unerheblich, dass sich diese Nutzung nicht unmittelbar von E ableitet. Auf die Beibehaltung der Firma kommt es ohnedies nicht an.
> 2b. Die Lieferung des Grundstücks an die GbR ist nach § 3 Abs. 7 Satz 1 UStG steuerbar und nach § 4 Nr. 9a UStG steuerfrei. Eine Geschäftsveräußerung scheitert sowohl daran, dass die GbR nicht sämtliche Betriebsgrundlagen erhielt, wie auch daran, dass sie nicht das bisherige Unternehmen fortsetzt, vgl. BFH vom 3.12.2015, V R 36/13.

Zu keiner Geschäftsveräußerung kommt es aber, wenn keinerlei Wirtschaftsgüter auf den Erwerber übertragen werden, sondern nur eine unentgeltliche Nutzungsüberlassung eingeräumt wird. Kann ein Unternehmer aufgrund des Zuschnitts seines Unternehmens nur Inventar auf den Erwerber übertragen (Pächter einer Kantine), sind die Voraussetzungen des § 1 Abs. 1a UStG ebenfalls nicht erfüllt (BFH vom 4.2.2015, XI R 42/13). Werden dagegen nur **einzelne unwesentliche Vermögenswerte** nicht an den übernehmenden Unternehmer übertragen, also entweder zurückgehalten oder an andere Unternehmer veräußert, hindert dies das Vorliegen einer Geschäftsveräußerung nicht. Die Veräußerung wie auch die Entnahme dieser nicht mitübertragenen Gegenstände erfolgen dann außerhalb der Geschäftsveräußerung und unterliegen der Besteuerung.

3.2.3 Einheitlicher Übertragungsvorgang auf einen anderen Unternehmer

Das Unternehmen bzw. der Teilbetrieb muss an einen **anderen Unternehmer** übertragen werden, wobei es genügt, wenn der Erwerber erst durch die Fortführung des erworbenen Betriebs Unternehmer wird.

Entscheidend ist, dass ein **einheitlicher Übertragungsvorgang** vorliegt. Ein solch einheitlicher Vorgang kann dabei ausnahmsweise auch bei zeitlich gestreckten Veräußerungen vorliegen. Immer erforderlich ist jedoch die Übertragung der **wesentlichen Betriebsgrundlagen von einem einzelnen Veräuße-**

rer an einen einzigen Erwerber (keine Betrachtung nach Unternehmensgruppen, BFH vom 21.5.2014, V R 20/13, BStBl II 2015, 908).

> **Beispiel:**
>
> Der Inhaber eines Bauunternehmens gibt sein Geschäft auf und veräußert seine gesamte Betriebsausstattung (Maschinen, Werkzeuge, Fuhrpark etc.) sowie den Materialbestand an einen anderen Bauunternehmer. Das Betriebsgrundstück mit Werkhalle veräußert er an seinen Bruder.

> **Lösung:**
>
> Die mit dem Verkauf der Betriebsausstattung sowie des Betriebsgrundstücks ausgeführten Lieferungen sind unter den weiteren Voraussetzungen des § 1 Abs. 1 Nr. 1 UStG steuerbar. Insbesondere liegt keine Geschäftsveräußerung im Ganzen nach § 1 Abs. 1a UStG vor, da nicht alle wesentlichen Betriebsgrundlagen auf denselben Erwerber übertragen wurden.

3.2.4 Fortführung des Unternehmens durch den Erwerber

Der Erwerber muss das Unternehmen des Veräußerers auch fortführen wollen, also die Absicht haben, den übertragenen **Geschäftsbetrieb oder Unternehmensteil weiter betreiben** zu wollen. Keine Geschäftsveräußerung liegt danach vor, wenn der Erwerber die sofortige Abwicklung der übernommenen Geschäftstätigkeit beabsichtigt.

> **Beispiele:**
>
> a) Keine Geschäftsveräußerung liegt vor, wenn eine Brauerei einen Konkurrenzbetrieb in der Absicht erwirbt, ihn stillzulegen.
> b) Eine Geschäftsveräußerung liegt auch nicht vor, wenn ein Unternehmen aus der Insolvenzmasse erworben wird, um es sofort stillzulegen und die einzelnen Vermögenswerte (z.B. Immobilien, Patente) gewinnbringend zu veräußern.

Der erforderlichen Unternehmensfortführung steht nicht entgegen, dass der Erwerber den von ihm erworbenen Geschäftsbetrieb z.B. aus betriebswirtschaftlichen oder kaufmännischen Gründen **in seinem Zuschnitt ändert oder modernisiert**. Der Erwerber muss also die vom Veräußerer ausgeübte wirtschaftliche Tätigkeit nicht in unveränderter Form fortführen, erforderlich ist aber, dass sich die vom Veräußerer vorher und die vom Erwerber nach der Übertragung **ausgeübten Tätigkeiten noch hinreichend ähneln**.

> **Beispiel:**
>
> Bei der Übertragung vermieteter oder verpachteter Grundstücke liegt eine Geschäftsveräußerung im Ganzen vor, wenn der Erwerber die bestehenden Miet- oder Pachtverträge übernimmt und diese fortführt. Keine Geschäftsveräußerung liegt dagegen vor, wenn der Erwerber das Grundstück nicht weiter vermietet oder verpachtet, sondern **für eigene unternehmerische Zwecke** (z.B. als Werkhalle oder Bürogebäude) selbst nutzt, da insoweit keine Fortführung des ursprünglichen Unternehmens (Vermietungs-/Verpachtungsunternehmen) vorliegt, vgl. BFH vom 15.4.2016, XI B 109/15.

> ☞ **Tipp!**
>
> In der Praxis kann eine Abgrenzung schwer fallen, wenn der Erwerber den Zuschnitt des erworbenen Unternehmens ändert und daher die Fortführung des bisherigen Unternehmens und mit ihr die Geschäftsveräußerung insgesamt infrage steht. Hier kann sich anbieten, dass der Veräußerer das Unternehmen bereits in der Phase vor der tatsächlichen Übertragung an die Interessen des Erwerbers anpasst. Maßgeblich ist nämlich das Unternehmen, so wie es übertragen wird.

Weil es gerade auf die Fortführung des Unternehmens durch den Erwerber ankommt, setzt eine Geschäftsveräußerung nicht zwingend voraus, dass der Übertragende seine Geschäftstätigkeit einstellt; er kann an anderer Stelle wiederum wirtschaftlich tätig werden. Vereinbaren die Vertragsparteien dagegen ein Entgelt dafür, dass der Veräußerer sich nicht mehr im Wettbewerb betätigt, stellt das Entgelt für das Wettbewerbsverbot nur Teil der Geschäftsveräußerung dar, sodass auch insoweit keine Umsatzsteuer entsteht.

3.2.5 Entgeltliche und unentgeltliche Übertragungen
Die wesentlichen Betriebsgrundlagen müssen **übereignet oder in eine Gesellschaft eingebracht** werden. Gleichgültig ist dabei, ob die Übereignung/Einbringung **entgeltlich**, z.B. bei der Einbringung in eine Gesellschaft gegen Gewährung von Gesellschaftsanteilen, oder **unentgeltlich**, z.B. bei einer Übertragung im Wege der vorweggenommenen Erbfolge, erfolgt.

3.3 Rechtliche Folgen einer Geschäftsveräußerung im Ganzen

3.3.1 Keine Steuerbarkeit der ausgeführten Umsätze
Liegt eine Geschäftsveräußerung im Ganzen vor, sind alle im Rahmen der Geschäftsveräußerung getätigten **Umsätze nicht steuerbar (§ 1 Abs. 1a Satz 1 UStG)**.

Die im Zusammenhang mit der Veräußerung angefallenen **Vorsteuerbeträge aus den Transaktionskosten** (z.B. für einen Notar, Rechtsanwalt oder Steuerberater) sind dagegen nach § 15 Abs. 1 UStG abziehbar. Bezüglich der Frage, ob der Vorsteuerabzug **nach § 15 Abs. 2 UStG ausgeschlossen** ist, ist dabei nicht auf die im Rahmen der Geschäftsveräußerung getätigten Umsätze abzustellen, sondern auf die **bis zur Geschäftsveräußerung getätigten Umsätze**.

> **Beispiel:**
>
> Ein Bauunternehmer stellt seine Tätigkeit ein und überträgt sein gesamtes Unternehmensvermögen (Betriebsgrundstück, Maschinen, Geschäftsausstattung, Patente, Forderungen) an einen Erwerber, der das Unternehmen fortführt. Bei der Übertragung sind beim Veräußerer Vorsteuerbeträge aus der Rechnung seines Rechtsanwalts angefallen, der ihn bei der Übertragung rechtlich beraten hat.

> **Lösung:**
>
> Bei der Übertragung des Betriebsgrundstücks, der Maschinen und der Geschäftsausstattung handelt es sich um Lieferungen nach § 3 Abs. 1 UStG, bei der Übertragung der Patente und Forderungen um sonstige Leistungen nach § 3 Abs. 9 UStG. Diese Umsätze sind jedoch nach § 1 Abs. 1a Satz 1 UStG nicht steuerbar, da sie im Rahmen einer Geschäftsveräußerung im Ganzen ausgeführt werden. Die Vorsteuer aus der Rechnung des Rechtsanwalts ist dennoch nach § 15 Abs. 1 Nr. 1 UStG abziehbar und es liegt auch kein Ausschluss nach § 15 Abs. 2 Nr. 1 UStG vor, da der Veräußerer als Bauunternehmer ausschließlich steuerpflichtige Abzugsumsätze tätigt. Dass die Grundstücksübertragung (§ 4 Nr. 9 Buchst. a UStG) und die Forderungsabtretungen (§ 4 Nr. 8 Buchst. c UStG) außerhalb einer Geschäftsveräußerung im Ganzen eigentlich steuerfrei wären, ist irrelevant.

Stellt sich nachträglich (anlässlich einer Betriebsprüfung) heraus, dass die Vertragsbeteiligten irrig eine Geschäftsveräußerung bejahten, kann dies weitreichende Folgen haben:

Die Übertragung der beweglichen Wirtschaftsgüter ist in Wahrheit steuerpflichtig. Berichtigt der Veräußerer in der Folge nicht die Rechnung (Übertragungsvertrag) und weist nachträglich noch die Umsatzsteuer aus, holt sich das Finanzamt die in den vereinnahmten Netto-Entgelt enthaltene Umsatzsteuer.

In Bezug auf die Übertragung von Grundstücken und Gebäuden droht ebenfalls ein Nachteil, der häufig in einer Vorsteuerberichtigung gem. § 15a UStG besteht: Die Lieferung ist nämlich nach § 4 Nr. 9a UStG steuerfrei, der Veräußerer hat wegen der angenommenen Nichtsteuerbarkeit der mutmaßlichen Geschäftsveräußerung nicht zur Umsatzsteuer optiert. Die Veräußerung ist daher für den restlichen Berichtigungszeitraum gem. § 15a Abs. 8 und Abs. 9 UStG vorsteuerschädlich und führt zur Rückzahlung anteiliger Vorsteuer, falls der Berichtigungszeitraum bei Verkauf noch nicht abgelaufen war. Eine nachträgliche Option entfällt, da diese gem. § 9 Abs. 3 UStG zwingend in dem ursprünglichen notariellen Kaufvertrag hätte erklärt werden müssen, BFH vom 21.10.2015, XI R 40/13.

> **Tipp!**
> Abgesehen von eindeutigen Fällen einer Geschäftsveräußerung im Ganzen, kommt die Praxis wohl kaum an einer sog. Vorsorgeoption vorbei, um die o.g. Nachteile sicher auszuschließen (Haftung der Steuerberatung). Entsprechend Abschn. 9.1 Abs. 3 Satz 3 UStAE legen die Vertragsparteien im notariellen Kaufvertrag ausdrücklich dar, dass sie einvernehmlich von einer nicht steuerbaren Geschäftsveräußerung und einem Netto-Kaufpreis ausgehen. Sodann erklärt der Veräußerer „vorsorglich und im Übrigen unbedingt", auf die Steuerbefreiung zu verzichten. Zudem sollte auf die Steuerschuldnerschaft des Erwerbers nach § 13b Abs. 2 Nr. 3, Abs. 5 Satz 1 UStG hingewiesen werden.
> Angesichts des Hinweises auf die gemeinsam angenommene Geschäftsveräußerung im Ganzen muss später der Erwerber eine in Bezug auf die Lieferung der einzelnen Wirtschaftsgüter berichtigte Rechnung mit Ausweis der betreffenden Umsatzsteuer hinnehmen (ergänzende Vertragsauslegung nach Treu und Glauben gem. § 242 BGB). Die vorsorgliche erklärte Option verhindert eine nachteilige Vorsteuerberichtigung beim Veräußerer gem. § 15a UStG.
> Der Erwerber wird letztlich nicht belastet, wenn er vollständig zum Vorsteuerabzug berechtigt ist.

3.3.2 Anordnung einer umsatzsteuerrechtlichen Einzelrechtsnachfolge

Nach **§ 1 Abs. 1a Satz 3 UStG** tritt der erwerbende Unternehmer an die Stelle des Veräußerers. Damit wird nach h.M. jedoch keine allgemeine Gesamtrechtsnachfolge angeordnet, insbesondere soll § 1 Abs. 1a Satz 3 UStG nicht zu einem gesetzlichen Übergang von Umsatzsteuerschulden des Veräußerers auf den Erwerber führen (ggf. Haftung aus § 75 AO oder § 25 HGB).

§ 1 Abs. 1a Satz 3 UStG führt vielmehr nur zu einem **Eintritt des Erwerbers in die umsatzsteuerrechtliche Rechtsstellung des Veräußerers**, was insbesondere Bedeutung hat im Hinblick auf:

- die **Vorsteuerberichtigung des Erwerbers für übernommene Gegenstände** nach § 15a UStG (Fortführung des Berichtigungszeitraums durch den Erwerber nach § 15a Abs. 10 UStG, vgl. Kap. XII. 9.3),
- eine mögliche **Entnahmebesteuerung nach § 3 Abs. 1b UStG für übernommene Gegenstände** beim Veräußerer,
- eine **Berichtigungspflicht des Erwerbers nach § 17 UStG** auch für Leistungen vor dem Erwerb.
- Alternativ zu einer Vorsorgeoption (s.o.) könnte gegebenenfalls eine verbindliche Auskunft dazu eingeholt werden, ob auch die Verwaltung eine Geschäftsveräußerung im Ganzen bejaht.

XV. Leistungen zwischen Gesellschaft und Gesellschaftern

1. Gesellschaft als Rechtssubjekt

Handelt eine Personen- oder Kapitalgesellschaft unter ihrem Namen, werden Leistungen, die sie auf diese Weise erbringt, umsatzsteuerlich unmittelbar der Gesellschaft zugerechnet. Die Gesellschaft ist selbstständig, nachhaltig und mit Einnahmeabsicht tätig. Gem. § 2 Abs. 1 Satz 2 UStG reicht es auch, wenn die Gesellschaft ihre Umsätze ausschließlich an ihre Gesellschafter erbringt.

Die Gesellschaft erhält eine eigene **Steuernummer** und Umsatzsteuer-Identifikationsnummer, unter der sie Leistungen erbringt, Rechnungen erstellt (§§ 14 Abs. 4 Nr. 2, 14a Abs. 1, Abs. 3 UStG), sowie die erforderlichen Erklärungen an die Finanzverwaltung abgibt.

Ausnahmsweise verliert eine (Kapital-)Gesellschaft ihre Selbstständigkeit, wenn sie die Voraussetzungen einer **Organgesellschaft** gem. § 2 Abs. 2 Nr. 2 UStG erfüllt.

Eine **Holdinggesellschaft** ist nur dann Unternehmerin (als Organträger), wenn sie nicht bloße Finanzholding ist (nur Halten und Verwaltung von Beteiligungen), sondern als Führungs-/Funktions-Holding in die Geschäfte ihrer Töchter operativ eingreift, also gegen Sonderentgelt finanzielle, kaufmännische, technische o.ä. Leistungen erbringt (verzinsliches Darlehen u.ä., vgl. Abschn. 2.3 Abs. 3 UStAE). Insoweit steht ihr spiegelbildlich der (volle) Vorsteuerabzug aus entsprechenden Eingangsleistungen zu. Gegebenenfalls muss eine Holding, die sowohl als Finanzholding als auch als Führungsholding auftritt, die Vorsteuer nach § 15 Abs. 4 UStG aufteilen (EuGH vom 16.7.2015, Rs. C-108/14 und 109/14; mit unterschiedlichem Ergebnis: BFH vom 6.4.2016, V R 6/14 und BFH vom 1.6.2016, XI R 17/11).

Die **Gesellschafter** sind nicht schon wegen ihrer Gesellschafterstellung Unternehmer, werden es aber, wenn sie daneben noch selbstständig und nachhaltig tätig sind. Unternehmer kann auch eine bloße **Bruchteilsgemeinschaft** sein, wenn sie nach außen tätig wird. Für den Vorsteuerabzug ist darauf zu achten, dass die Eingangsrechnung auf alle Gemeinschafter lautet. Setzen sich Personengesellschaften aus den identischen Gesellschaftern zusammen, verfolgen aber unter unterschiedlicher Firma verschiedene Gesellschaftszwecke, ist jede einzelne Gesellschaft für sich Unternehmerin, selbst wenn die Beteiligungsverhältnisse dieselben sind.

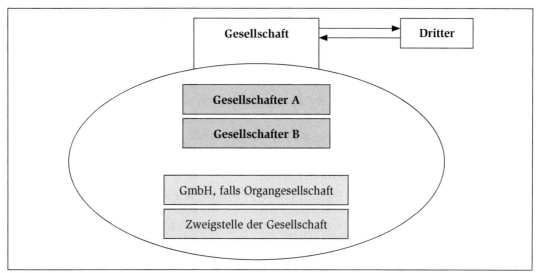

> **Beispiel:**
> Steuerberater S betreut die A-B-C-OHG. Er übernimmt die Buchführung und erstellt den Jahresabschluss. Auch die Umsatzsteueranmeldungen und die Gewerbesteuererklärung werden im Beraterbüro vorbereitet.
> Zudem bereitet S die Steuererklärungen der Gesellschafter, wie auch die Erklärung zur gesonderten und einheitlichen Feststellung (§ 181 AO) vor.

> **Lösung:**
> Die Leistungen des S hinsichtlich Buchführung und Jahresabschluss, Umsatzsteueranmeldungen und Gewerbesteuererklärung betreffen die Gesellschaft als Rechtssubjekt und berechtigen diese unter den sonstigen Voraussetzungen zum Vorsteuerabzug. Für die (restlichen) die Besteuerung der Gesellschafter betreffenden Beratungsleistungen scheidet ein Vorsteuerabzug aus.

2. Gründung einer Gesellschaft

Vereinbaren mehrere Personen, einen gemeinsamen Zweck zu fördern, entsteht dadurch eine Personengesellschaft (Gesellschaft bürgerlichen Rechts, GbR), die u.U. noch ins Handels- (OHG, KG) oder Partnerschaftsregister (Partnerschaftsgesellschaft) eingetragen wird. Eine AG wird nach dem Aktiengesetz, eine GmbH nach GmbH-Gesetz gegründet. Bei der GmbH entsteht in der Gründungsphase zunächst eine Vorgründungsgesellschaft (GbR, bis zur notariellen Beglaubigung des GmbH-Vertrags), die sich durch Zweckerreichung auflöst und in diesem Zusammenhang ihr Unternehmen nach § 1 Abs. 1a UStG auf die Vorgesellschaft überträgt, die identisch mit der durch Eintragung ins Handelsregister entstehenden GmbH ist. In jedem dieser Stadien kann die Gesellschaft steuerpflichtige Umsätze tätigen und zum Vorsteuerabzug berechtigt sein.

Tätigen also die Gesellschafter der der GmbH vorgelagerten Gesellschaften in deren Namen mit Umsatzsteuer belastete Ausgaben, ist die jeweilige Gesellschaft zum Vorsteuerabzug berechtigt, wenn die spätere GmbH vorsteuerunschädliche Umsätze erbringt. Investiert ein einzelner Gesellschafter in ein Wirtschaftsgut, das er später per Einlage auf die Gesellschaft übertragen will, darf die Vorsteuer nicht verloren gehen. Die Investition ist von Anfang an dazu bestimmt, dass sie nach der Einlageerbringung dem unternehmerischen Zweck der künftigen Gesellschaft dient und fällt im Verlauf einer gestreckten Entstehung des Unternehmersubjekts an. Die Vorsteuer gebührt dem Gesellschafter selbst, da er insoweit wirtschaftlich tätig wird, nach anderer Ansicht der späteren Gesellschaft, wobei es dann auf die formale Anforderung in der Rechnung (Angabe des Leistungsempfängers gem. § 14 Abs. 4 Nr. 1 UStG) nicht ankommt. Überlässt der Gesellschafter das Wirtschaftsgut dagegen nur unentgeltlich der späteren Gesellschaft, ist die Vorsteuer aus der Investition nicht abzugsfähig, EuGH vom 13.3.2014, Rs. C-204/13; BFH vom 26.8.2014, XI R 26/10 zur Überlassung eines Mandantenstammes an eine Steuerberatungs-GbR.

2.1 Gewährung der Gesellschaftsanteile

Der Erwerb, das Halten und das Veräußern von Gesellschaftsanteilen stellen – außerhalb eines (steuerfreien) Wertpapierhandels – regelmäßig keine wirtschaftliche, mithin auch keine unternehmerische Betätigung dar. Auch bei der Gründung einer Personengesellschaft erbringt die Gesellschaft bei der Gewährung der Gesellschaftsanteile keine steuerbare Leistung gem. § 1 Abs. 1 Nr. 1 UStG (Abschn. 2.3 Abs. 2 UStAE). Die Frage einer Steuerbefreiung nach § 4 Nr. 8f UStG stellt sich in diesem Zusammenhang erst gar nicht.

2.2 Erbringung der Einlage

Regelmäßig erbringen die Gesellschafter jeweils einen Gesellschaftsbeitrag. Besteht die Einlage in Geld, erbringt auch ein Gesellschafter keine steuerbare Leistung an die Gesellschaft.

Wird eine Sach- oder Nutzungseinlage geleistet, ist zu unterscheiden ob der:
- Gesellschafter Nichtunternehmer ist,
- Gesellschafter bereits Unternehmer ist.

2.2.1 Gesellschafter ist (bisher) Nichtunternehmer

Ein Gesellschafter ist/wird nicht allein durch seine Stellung als Gesellschafter zu einem Unternehmer. Legt er also einen Gegenstand aus seinem Privatvermögen ein, fehlt es an einem nachhaltigen Tätigwerden und an einem Unternehmensbezug gem. § 1 Abs. 1 Nr. 1 UStG. Zum Vorsteuerabzug, wenn der Gesellschafter den Einlagegegenstand hierzu anschaffte, s.o.

Begründet die Einlage allerdings eine dauerhafte Betätigung des Gesellschafters gegenüber der Gesellschaft, kann der Gesellschafter hierdurch die Merkmale des § 2 UStG erfüllen und Unternehmer werden. Seine Leistung kann – ggf. nach Option – steuerpflichtig sein; die Gesellschaft wendet dafür den (i.d.R. wertgleichen) Gesellschaftsanteil auf.

2.2.2 Gesellschafter ist (bereits) Unternehmer

Überträgt ein Gesellschafter aus seinem – außerhalb der Gesellschaft – betriebenen Unternehmen einen Gegenstand an die Gesellschaft, liegt grundsätzlich eine nach § 1 Abs. 1 Nr. 1 UStG steuerpflichtige Lieferung im Tausch vor (§ 3 Abs. 1, 12 UStG). Angesichts des im Gegenzug erhaltenen Gesellschaftsanteils ist die Einlage entgeltlich. Bringt der Gesellschafter gar sein bisheriges Einzelunternehmen oder einen Teilbetrieb ein, kann eine nicht steuerbare Geschäftsveräußerung im Ganzen nach § 1 Abs. 1a UStG vorliegen. Überlässt er aber das bisherige Unternehmensvermögen der Gesellschaft unentgeltlich zur Nutzung, begründet dies keine wirtschaftliche Tätigkeit, sodass er sein Unternehmen aufgibt und eine Entnahme versteuern muss, BFH vom 21.5.2014, V R 20/13, BStBl II 2014, 1029.

> **Beispiel:**
>
> A, G und T gründen eine KG. Gesellschaftszweck ist Gartengestaltung.
> Die Gesellschafterinnen erbringen ihre gesellschaftsvertraglich bedingte Einlage wie folgt:
> A vermietet steuerpflichtig ihr Garagengrundstück. G betreibt ein Architekturbüro, sie bringt verschiedene Maschinen aus ihrem Unternehmen ein. T zahlt als Kommanditeinlage 20.000 €.
> Die Gesellschafterinnen erhalten jeweils einen gleichen Gewinnanteil.
> Die Gesellschaft liefert anschließend Gartenmöbel an den belgischen Händler B.

> **Lösung:**
>
> 1. **Gründung**
>   Die Gewährung von Gesellschaftsanteilen stellt keinen steuerbaren Umsatz der **KG** dar.
>   Die Vermietung des Grundstücks an die Gesellschaft ist eine selbstständige und nachhaltige Betätigung der **A** i.S.d. § 2 UStG. Sie erhält im Gegenzug ihren Gesellschaftsanteil. Die Vermietung ist unter den Voraussetzungen des § 9 UStG steuerpflichtig, die Gesellschaft unter den sonstigen Voraussetzungen zum Vorsteuerabzug berechtigt.
>   Mit ihrer Einlage tätigt **G** eine Lieferung an die KG im Tausch gegen den erhaltenen Gesellschaftsanteil. Dagegen ist die Einlage der **T** nicht steuerbar.
> 2. **Lieferung der Gartenmöbel**
>   Unternehmerin ist die Gesellschaft, die nach § 1 Abs. 1 Nr. 1 UStG tätig wird. Sie erbringt an B eine steuerfreie innergemeinschaftliche Lieferung. Sie meldet den Umsatz in ihrer Umsatzsteuer-Voranmeldung (§§ 18, 18b UStG) und in der Zusammenfassenden Meldung nach § 18a UStG (vgl. Kap. XIX. 4.).

2.2.3 Vorsteuerabzug anlässlich der Gründung

Obwohl die Gründung nicht steuerbar ist, steht der Gesellschaft die Vorsteuer aus in diesem Zusammenhang bezogenen Eingangsleistungen zu, wenn ihr Gesellschaftszweck auf die Erbringung steuerpflichtiger Umsätze angelegt ist, ggf. ist nach § 15 Abs. 4 UStG aufzuteilen. Die Eingangsleistungen gehören zu den **allgemeinen Kosten**.

Bei der Gründung einer GmbH sind verschiedene Stadien festzuhalten. Steuerpflichtige Eingangsleistungen an die Vorgründungsgesellschaft sind bei dieser abziehbar, wenn die spätere Kapitalgesellschaft steuerpflichtige Umsätze beabsichtigt. Unter denselben Voraussetzungen ist auch die Vorgesellschaft (GmbH in Gründung; i.Gr.) bzw. die (identische) GmbH zum Vorsteuerabzug berechtigt; Rechnungen müssen an die Gesellschaft „i.Gr." gerichtet sein.

Erbringt ein Gesellschafter seine Einlage steuerpflichtig, ist er aus damit zusammenhängenden Eingangsleistungen vorsteuerabzugsberechtigt.

> **Beispiel:**
>
> A, B und C wollen eine Import-Export-GmbH errichten. Anlässlich der Vereinbarung von Einzelheiten entstehen Kosten, die mit Umsatzsteuer belastet sind (Fahrt-, Übernachtungs-, Bürokosten). Der Notar stellt Umsatzsteuer in Rechnung für die Beglaubigung des Gesellschaftsvertrags; die Vorgesellschaft mietet Räumlichkeiten an und kauft Waren ein. Der gesamte Gründungsvorgang wird von einem Steuerberater betreut.

> **Lösung:**
>
> Die Vorsteuer ist grundsätzlich auf jeder Stufe abziehbar und abzugsfähig.

2.3 Austritt, Eintritt von Gesellschaftern

Ein **Gesellschafterwechsel** lässt den Bestand der Gesellschaft als Rechtssubjekt unberührt. Für den eintretenden Gesellschafter gelten dieselben Grundsätze wie bei der Gründung. Eine damit im Zusammenhang anfallende Vorsteuer ist regelmäßig bei der Gesellschaft abzugsfähig: Es handelt sich um allgemeine Kosten, die entweder zur Kapitalstärkung anfallen und/oder sie fördern die steuerpflichtige Gesamttätigkeit (Abschn. 15.21 UStAE).

Erhält der austretende Gesellschafter eine **Barabfindung**, ist der Vorgang insgesamt nicht steuerbar (Abwachsung beim Austretenden, **Anwachsung** bei den Verbleibenden). Überträgt die Gesellschaft hierbei dagegen einen Unternehmensgegenstand, handelt es sich um eine Lieferung, die unter den allgemeinen Voraussetzungen steuerbar und steuerpflichtig ist. Bemessungsgrundlage ist der wertgleiche Anteil am Auseinandersetzungsguthaben, ggf. dessen höherer Wert bzw. der durch Zuzahlung des Gesellschafters erhöhte Wert. Gelangt dabei der abgefundene Gegenstand in den Unternehmensbereich des ausscheidenden Gesellschafters oder betreibt er im Anschluss an sein Ausscheiden ein Unternehmen, ist er ggf. vorsteuerabzugsberechtigt. Überträgt ein bisheriger Gesellschafter seine Anteile (mit Zustimmung der verbleibenden Gesellschafter) gegen Barzahlung auf einen Neugesellschafter (Gesellschafterwechsel), geschieht dies nicht steuerbar.

Kommt es zu einem vollständigen Wechsel der Gesellschafter, ändert sich nichts am Unternehmen (Gesellschaft); der Vorgang ist nicht steuerbar. Dasselbe gilt, wenn der vorletzte Gesellschafter austritt und der letzte Gesellschafter die Geschäfte weiter führt (Anwachsung).

> **Beispiel:**
>
> A, G und T gründen eine KG. Gesellschaftszweck ist Gartengestaltung.
> A scheidet aus der Gesellschaft aus und erhält ein Grundstück, eine Maschine und 50.000 € als Abfindung. A will mit Grundstück und Maschine selbst unternehmerisch tätig werden.

Teil II: Darstellung der Umsatzsteuer

> **Lösung:**
>
> Die Gesellschaft liefert ein Grundstück, nach § 4 Nr. 9a UStG grundsätzlich steuerfrei, aber mit der Möglichkeit einer Option nach § 9 Abs. 1, Abs. 3 UStG. Steuerschuldner ist dann A gem. § 13b Abs. 2 Nr. 3 i.V.m. Abs. 5 Satz 1 UStG, der Vorsteuerabzug richtet sich nach § 15 Abs. 1 Nr. 4 UStG.
> Auch die Übertragung der Maschine ist steuerpflichtig. A kann hieraus unter den Voraussetzungen des § 15 Abs. 1 Nr. 1 UStG die Vorsteuer abziehen.
> Der **Gesellschaftsanteil** der A wächst der KG an. Die „Rückgabe" der Anteile und die Barabfindung sind nicht steuerbar.

2.4 Übertragung von Aktienanteilen

Vergleichbar der Personengesellschaft sind Erwerb, Halten und Veräußern von Anteilen an einer Kapitalgesellschaft nicht steuerbar. Dasselbe gilt aus Sicht der Gesellschaft für die erstmalige Ausgabe von Anteilen. Überträgt die Gesellschaft Anteile, geschieht dies steuerfrei nach § 4 Nr. 8f UStG; für direkt zuordenbare Eingangsleistungen (z.B. Rechtsberatung) entfällt gemäß § 15 Abs. 2 Nr. 1 UStG ein Vorsteuerabzug, selbst wenn mittelbar die vorsteuerunschädliche Gesamttätigkeit der Gesellschaft gefördert werden soll.

2.5 Auflösung der Gesellschaft

Werden Gegenstände des Gesellschaftsvermögens im Zuge der Liquidation auf die Gesellschafter aufgeteilt, führt die Gesellschaft regelmäßig steuerpflichtige Lieferungen aus.

> **Beispiel:**
>
> Eine Steuerberatungsgesellschaft wird aufgelöst. Die beiden Gesellschafter erhalten je einen Anteil des Mandantenstammes.

> **Lösung:**
>
> Der Mandantenstamm geht im Rahmen der Realteilung steuerpflichtig auf die (bisherigen) Gesellschafter über. Wird der Mandantenstamm im Anschluss entgeltlich in eine neue Steuerberatungsgesellschaft eingebracht, ergibt sich spiegelbildlich ein Vorsteuerabzug, BFH vom 26.8.2014, XI R 26/10.

Eine Gesellschaft löst sich auch auf, wenn der vorletzte Gesellschafter austritt und der letzte Gesellschafter die Personengesellschaft fortführt. Vereinigen sich fortgeführtes und bisheriges Unternehmen in derselben Hand, gibt es nur noch eine Steuernummer.

3. Leistungen zwischen der Gesellschaft und den Gesellschaftern

Unabhängig von der Gesellschafterstellung können Personen- oder Kapitalgesellschaft und ihre Gesellschafter Leistungen austauschen, auch auf der Grundlage gesellschaftsvertraglicher Vereinbarung. Die Gesellschaft kann – nach den allgemeinen Regeln – einen Gegenstand liefern oder eine sonstige Leistung an einen Gesellschafter erbringen. Die Leistung kann entgeltlich oder unentgeltlich erfolgen. Die Leistung kann steuerbar oder nicht steuerbar, steuerfrei oder steuerpflichtig sein.

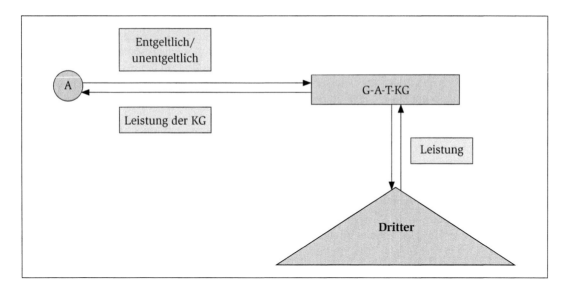

3.1 Entgeltliche Leistungen

Eine Besonderheit kann bei der Berechnung der Umsatzsteuer auftreten. Hierbei muss ggf. die **Mindestbemessungsgrundlage** gem. § 10 Abs. 5 Nr. 1 UStG beachtet werden. Dies gilt – trotz des Wortlauts – sowohl für Leistungen der Gesellschaft an ihre Gesellschafter wie auch umgekehrt, da das unterstellte Näheverhältnis nur in beide Richtungen gleichermaßen vorstellbar ist. Ist das vereinbarte Entgelt niedriger als die Bemessungsgrundlage nach § 10 Abs. 4 UStG (verbilligte bzw. teilentgeltliche Leistung), entsteht so viel Umsatzsteuer wie bei unentgeltlicher Leistung, gedeckelt auf das marktübliche Entgelt.

3.2 Leistungen der Gesellschaft an die Gesellschafter

> **Tipp!**
> Verständlicherweise werden sich Gesellschaft und Gesellschafter regelmäßig nicht wie fremde Dritte begegnen. V.a. die Personengesellschaft ist von der Identität der einzelnen Gesellschafter geprägt, es besteht ein besonderes Näheverhältnis. Angesichts solcher Sonderbeziehung werden Leistungen häufig entweder unentgeltlich oder verbilligt erbracht. In Praxis und Klausur muss daher die Anwendung des § 10 Abs. 5 Nr. 1 bzw. des § 10 Abs. 4 UStG bedacht werden.

Beispiel für Lieferung:

Die G-A-T KG stellt u.a. Gartenmöbel her. A bezieht einen Tisch von der KG, der ihr mit 200 € berechnet wird. Der KG entstehen bei der Herstellung des Tisches Kosten von 200 €, der übliche Verkaufspreis beträgt 450 €.

Lösung:

Die KG tätigt eine steuerpflichtige Lieferung an A. Die Bemessungsgrundlage beträgt nach § 10 Abs. 1 UStG 200 € × $^{100}/_{119}$ = 168,06 €. Es ergibt sich eine Umsatzsteuer von 31,94 €. Die Mindestbemessungsgrundlage nach § 10 Abs. 5 Nr. 1 i.V.m. Abs. 4 Nr. 1 UStG wird unterschritten: Diese richtet sich nach den Herstellungskosten und beträgt 200 €. Die Umsatzsteuer beträgt also 200 € × 19 % = 38 €. Unmaßgeblich ist der übliche Verkaufspreis.

Teil II: Darstellung der Umsatzsteuer

> ☞ **Tipp!**
> Muss die Gesellschaft aufgrund der Mindestbemessungsgrundlage mehr versteuern, als es dem gezahlten Entgelt entspricht, kann sie gem. § 14 Abs. 4 Satz 2 UStG den höheren Umsatzsteuerbetrag ausweisen, damit der eventuell unternehmerisch tätige Gesellschafter spiegelbildlich den höheren Vorsteuerabzug genießt (Abschn. 14.9 Abs. 1 UStAE).
> Im vorstehenden Beispiel kann die KG abrechnen:
>
> | | |
> |---|---|
> | Nettobetrag (200 € × $^{100}/_{119}$ =) | 168,06 € |
> | 19 % Umsatzsteuer | 31,94 € |
> | Mindestbemessungsgrundlage | 200,00 € |
> | 19 % Umsatzsteuer gemäß Mindestbemessungsgrundlage | 38,00 € |

Beispiel für sonstige Leistung:

Die G-A-T-KG überlässt ihrer Gesellschafterin G einen Pkw, den G für Kundenbesuche einsetzt (70 %), aber auch für Privatfahrten verwendet (20 %) und für Fahrten zwischen Wohnung und Gesellschaft (10 %). Im Gegenzug wird ihr Privatkonto belastet:
a) entsprechend 30 % der anteiligen Kosten,
b) pauschal mit 100 € monatlich.

Lösung:

Die KG kann das Fahrzeug gem. § 15 Abs. 1 Satz 2 UStG voll ihrem Unternehmen zuordnen. Die Vorsteuer aus der Anschaffung wie auch aus den laufenden Kosten ist dann jedenfalls abziehbar. Die KG erbringt hinsichtlich des Privatgebrauchs (20 %) eine entgeltliche steuerpflichtige sonstige (Vermietungs-)Leistung gem. § 3 Abs. 9 UStG an G. Ein Leistungsaustausch liegt hier auch vor für die Fahrten von der Wohnung zum Betrieb (zur Gesellschaft, 10 %), BFH vom 1.9.2010, V R 6/10.
a) Weil G die anteiligen Kosten tragen muss, wird die Umsatzsteuer nach § 10 Abs. 1 UStG berechnet. Dies kann grundsätzlich nach der 1 %-Regelung (unter der Voraussetzung des § 6 Abs. 1 Nr. 4 Satz 2 EStG) geschehen oder wie hier, nach der Fahrtenbuchmethode oder geschätzt (vgl. Abschn. 15.23 UStAE).
b) Falls die anteiligen Kosten mehr als 100 € monatlich betragen, gilt § 10 Abs. 5 Nr. 1 i.V.m. § 10 Abs. 4 Nr. 2 UStG. Die Gesellschaft muss dann dieselbe Umsatzsteuer wie in a) anmelden und abführen.

3.3 Unentgeltliche Leistungen

Gerade im Verhältnis zwischen Gesellschaft und Gesellschafter liegen **unentgeltliche Leistungen** nahe. Eine Gesellschaft hat – wie eine natürliche Person bzw. ein Einzelunternehmer – ebenfalls eine außerunternehmerische Sphäre. Wird also eine Leistung aus dem Unternehmen in die Konsumebene eines Gesellschafters überführt, wird dies unter den sonstigen Voraussetzungen gem. § 3 Abs. 1b Nr. 1 bzw. § 3 Abs. 9a UStG besteuert. Bezieht die Gesellschaft die Leistung gar von Anfang an in der Absicht, diese unentgeltlich ihrem Gesellschafter zukommen zu lassen, entfällt der nach § 15 Abs. 1 UStG erforderliche Unternehmensbezug und damit auch ein Vorsteuerabzug.

3.4 Gemischt genutzte Wirtschaftsgüter

Ein Wirtschaftsgut, das teils für unternehmerische Zwecke der Gesellschaft, teils für eine unentgeltliche Leistung an deren Gesellschafter verwendet wird, kann die Gesellschaft – unter Berücksichtigung der 10 %-Grenze aus § 15 Abs. 1 Satz 2 UStG – entweder ganz dem Unternehmen oder entsprechend den Nutzungsverhältnissen anteilig zuordnen. Hiernach richtet sich ihr Vorsteuerabzug. Der auf die private Nutzung entfallende Vorsteuerabzug wird kompensiert durch die Besteuerung der unentgeltlichen Wertabgabe.

Ein Vorsteuerabzug bei der Gesellschaft entfällt auch dann, wenn und soweit die Personenvereinigung mithilfe einer Eingangsleistung nur die allgemeinen Interessen ihrer Mitglieder wahrnimmt; dabei erbringt die Gesellschaft keine der Umsatzsteuer unterliegenden Leistungen. Die Gesellschaft ist dann zwar unternehmerisch, aber nicht wirtschaftlich tätig.

Beispiel Schenkung:

Die G-A-T-KG stellt Gartenmöbel her. A erhält unentgeltlich einen Tisch aus dem Lagerbestand der KG. Der KG entstehen bei der Herstellung des Tisches Kosten von 200 €, der übliche Verkaufspreis beträgt 450 €.
Abwandlung: Den Tisch erhält der in der Schweiz wohnhafte Sohn der A.

Lösung:

Die KG tätigt eine unentgeltliche Warenabgabe nach § 3 Abs. 1b Nr. 1 UStG. Die Herstellung ist vorsteuerentlastet (§ 3 Abs. 1b Satz 2 UStG), der Tisch gelangt aus dem Unternehmen der KG in den Konsumbereich. Bemessungsgrundlage sind nach § 10 Abs. 4 Nr. 1 UStG 200 €, die Umsatzsteuer beträgt also 200 € × 19 % = 38 €. Unmaßgeblich ist der übliche Verkaufspreis. Im Vergleich zur verbilligten Abgabe des Tisches ergibt sich (nach Sinn und Zweck von § 10 Abs. 4, Abs. 5 UStG) dieselbe Umsatzsteuer.
Abwandlung: Wird der Tisch im Zuge dieser fiktiven Lieferung nach § 3 Abs. 1b Nr. 1 UStG ins Drittland ausgeführt, geschieht dies gem. § 6 Abs. 5 UStG (ausnahmsweise) steuerpflichtig.

Beispiel zur Fahrzeugüberlassung:

Die Gesellschaft überlässt ihrer Gesellschafterin G einen Pkw, den G für Kundenbesuche einsetzt (80 %), aber auch für Privatfahrten verwendet (20 %).
a) G ist zugleich Geschäftsführerin der Personengesellschaft. Im Zuge der diesbezüglichen Vereinbarung hat sich G den Firmenwagen ausbedungen.
b) G erbringt keine Sonderleistung an die Gesellschaft.
G wird jeweils nicht kostenmäßig belastet.

Lösung:

a) Regelmäßig ist davon auszugehen, dass G das Fahrzeug deshalb auch privat nutzen darf, weil sie – vergleichbar mit einem beliebigen Arbeitnehmer der Gesellschaft – eine Leistung an die Gesellschaft erbringt, BFH vom 5.6.2014, XI R 2/12, BStBl II 2015, 785.
G erhält also sowohl eine Barentlohnung als auch – tauschähnlich – das Recht zur Privatnutzung des Fahrzeugs. Die Überlassung des Fahrzeugs für private Zwecke ist entgeltlich, die Gesellschaft muss also auch die „Vermietung" des Fahrzeugs an G der Umsatzsteuer unterwerfen. Dieser Zusammenhang ist ganz besonders dann zu beachten, wenn die Gesellschaft ansonsten steuerfreie Umsätze ausführt.
b) Die Gesellschaft nutzt das Fahrzeug teilweise für ihre Unternehmenszwecke, teils außerunternehmerisch. Da der unternehmerische Anteil mehr als 10 % beträgt (§ 15 Abs. 1 Satz 2 UStG), kann die Gesellschaft das Fahrzeug insgesamt ihrem Unternehmen zuordnen und – entsprechend ihrer vorsteuerunschädlichen wirtschaftlichen Betätigung – die volle Vorsteuer abziehen. Hiermit korrespondierend unterliegt die unentgeltliche Nutzungsüberlassung als sonstige Leistung gem. § 3 Abs. 9a Nr. 1 UStG bei der Gesellschaft der Umsatzsteuer. Die Umsatzsteuer berechnet sich

gem. § 10 Abs. 4 Nr. 2 UStG nach den anteiligen Kosten; hierzu gehören die auf 5 Jahre verteilten Anschaffungskosten des Pkw, sowie die laufenden Kosten, soweit sie vorsteuerentlastet sind. Wird die 1 %-Regelung angewandt (vgl. § 6 Abs. 1 Nr. 4 Satz 2 EStG), ist ein Abschlag von 20 % als Ausgleich für die nicht vorsteuerentlasteten Kosten vorzunehmen und anschließend die Umsatzsteuer aufzuschlagen (Abschn. 15.23 UStAE).

Hinweis! Vergleichbar wäre in Bezug auf eine GmbH zu entscheiden.
Soweit G die Geschäftsführung (ausnahmsweise) selbstständig erbringt, der entsprechende Vertrag also bei einer Gesamtbetrachtung nicht überwiegend Indizien eines Arbeitsvertrages aufweist, kommt es zu einem tauschähnlichen Umsatz. Auch G muss daher das Entgelt, also Barzahlung und Nutzungsrecht, der Umsatzsteuer unterwerfen. Der jeweils andere Vertragsteil ist dann regelmäßig zum Vorsteuerabzug berechtigt (s. Kap. 5.).

☞ **Tipp!**
Ein Vergleich zeigt, dass die Gesellschaft die Überlassung des Fahrzeugs an den Gesellschafter-Geschäftsführer für Privatfahrten in allen Fällen versteuern muss. Hierbei sind allerdings Unterschiede zu beachten:
Der Ort einer **nur gelegentlichen** Überlassung (maximal fünf Tage monatlich) ergibt sich aus **§ 3f UStG** (Sitz der Gesellschaft). Und für die Besteuerung sind nur die anteilig entstehenden Kosten heranzuziehen, soweit diese zumindest teilweise **vorsteuerentlastet** sind (§ 10 Abs. 4 Nr. 2 UStG). Bei der 1 %-Regelung wird ein pauschaler Abschlag von 20 % vorgenommen.
Der Ort für eine **dauerhafte** Fahrzeugüberlassung für Privatzwecke an einen unselbstständig tätigen Gesellschafter-Geschäftsführer ergibt sich aus **§ 3a Abs. 3 Nr. 2 Satz 2 UStG** (Wohnort des Geschäftsführers). Die Umsatzsteuer errechnet sich aus **sämtlichen** anteiligen Ausgaben (indirekte Ermittlungsmethode zur Erfassung der anteiligen Geschäftsführerleistung) oder aus der 1 %-Regelung.
Erbringt der Geschäftsführer seine Leistung selbstständig gegen Sonderentgelt, richtet sich der Ort nach **§ 3a Abs. 2 UStG** und wird wie in der vorstehenden Variante berechnet. Die Fahrten Wohnung-Gesellschaft gelten dabei als unternehmerisch veranlasst.

Beispiel zur sonstigen Leistung:

Steuerberaterin A ist Partnerin einer Partnerschaftsgesellschaft. Sie berät ihre Eltern in steuerlichen Angelegenheiten umsonst. In diesem Zusammenhang wird auch Personal der Gesellschaft tätig.

Lösung:

Die Gesellschaft wendet ihre Dienste in Gestalt des Personals unentgeltlich für außerunternehmerische Zwecke auf. Gem. § 3 Abs. 9a Nr. 2, 1. Alt. UStG i.V.m. § 10 Abs. 4 Nr. 3 UStG berechnet sich die entstehende Umsatzsteuer nach den hierbei entstandenen Kosten (Personal- und Sachkosten, unabhängig von deren Vorsteuerentlastung).

4. Gesellschafter als Rechtssubjekt

Die in der Gesellschaft zusammengeschlossenen Gesellschafter sind nicht schon auf Grund ihrer Gesellschafterstellung Unternehmer gemäß § 2 UStG.

4.1 Leistungen an Dritte

Gesellschafter sind – neben der Gesellschaft – nur dann unternehmerisch tätig, wenn außerhalb der Beteiligung noch die Merkmale des § 2 UStG erfüllt sind. Sie müssen dann in eigenem Namen (auch) Leistungen an Dritte bzw. an die Gesellschaft erbringen.

> **Beispiel:**
> Einzelunternehmerin G ist Gartenarchitektin. Zugleich ist G an der G-A-T-KG beteiligt.
> Die KG liefert Gartenmöbel an den belgischen Händler B. Die Terrassengestaltung plant G für B.

> **Lösung:**
> Die KG tätigt eine steuerfreie innergemeinschaftliche Lieferung an B gem. § 4 Nr. 1b i.V.m. § 6a UStG. G handelt als selbstständige Unternehmerin und erbringt eine sonstige Leistung an B, die gem. § 3a Abs. 3 Nr. 1 UStG in Belgien steuerbar ist und dort möglicherweise der Umkehr der Steuerschuld unterliegt (ähnlich § 13b Abs. 2 Nr. 1 i.V.m. Abs. 5 UStG, s. Kap. XVII. 2.6).

4.2 Leistungen an die Gesellschaft

Grundsätzlich kann ein Gesellschafter eine Leistung an seine Gesellschaft erbringen. Erhält er dafür ein Entgelt und sind auch die übrigen Voraussetzungen des § 1 Abs. 1 Nr. 1 UStG erfüllt, ist eine solche Leistung steuerbar. Der konkrete Leistungsaustausch kann auf schuld- oder gesellschaftsvertraglicher Vereinbarung beruhen, BFH vom 4.7.2013, V R 33/11, BStBl II 2013, 937. Maßgeblich ist, dass der vom Gesellschafter erbrachten Leistung ein Sonderentgelt gegenüber steht, dessen Leistung also nicht mit dem allgemeinen Gewinnanteil abgegolten wird.

Vergleichbar den Leistungen von der Gesellschaft an ihre Gesellschafter (s. Kap. 3.) gelten die normalen Regeln. Eventuell ist die Umsatzsteuer auch hier nach der **Mindestbemessungsgrundlage** gem. § 10 Abs. 5 Nr. 1 UStG zu berechnen, wenn der Gesellschafter seine Leistung teilentgeltlich (verbilligt) erbringt und nicht völlig untergeordnet an der Gesellschaft beteiligt ist. Leistet er gem. § 3 Abs. 1b Nr. 1, Abs. 9a UStG aus außerunternehmerischen Gründen unentgeltlich, ergibt sich dasselbe Ergebnis unmittelbar aus § 10 Abs. 4 UStG. Ausnahmsweise ist eine Leistung des Gesellschafters an die Gesellschaft aus **unternehmerischen** Gründen unentgeltlich (z.B. um seine Stellung in der Gesellschaft zu stärken, um die Gesellschaft im Interesse des Einzelunternehmens liquide zu halten u.ä.) und dann mangels Entgelt nicht steuerbar gem. § 1 Abs. 1 Nr. 1 UStG.

> **Beispiel:**
> Einzelunternehmerin G ist Gartenarchitektin. Zugleich ist G Komplementärin der G-A-T-KG.
> Die KG verpflichtet sich, das Betriebsgelände des belgischen Unternehmens B zu gestalten. Mit der Planung beauftragt die KG das Einzelunternehmen der G und setzt deren Planung anschließend um. Die KG stellt B die Gesamtleistung in Rechnung, G rechnet mit der KG ab.
>
>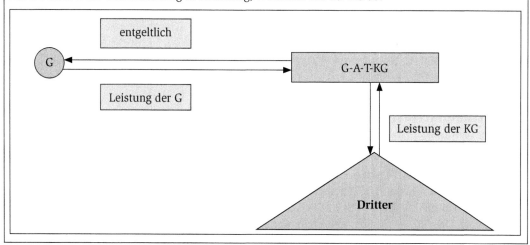

Teil II: Darstellung der Umsatzsteuer

> **Lösung:**
>
> **Umsatz der KG**
> Die KG tätigt eine analog § 3 Abs. 4 UStG, § 3 Abs. 7 Satz 1 UStG in Belgien steuerpflichtige Werklieferung, eventuell im reverse-charge-Verfahren (s. Kap. XVII. 2.).
>
> **Umsatz der G**
> Davon zu unterscheiden ist die sonstige Leistung der G an die KG, die G in eigenem Namen abrechnen muss. Insoweit ist die Gesellschafterstellung der G unmaßgeblich; die Beteiligten stehen sich wie Dritte gegenüber.
> Berechnet G ihre Leistung zu einem Betrag, der unterhalb ihrer Selbstkosten liegt, entsteht die Umsatzsteuer nach der Mindestbemessungsgrundlage gem. §§ 10 Abs. 5 Nr. 1, 10 Abs. 4 Nr. 3 UStG. Die KG ist regelmäßig zum Vorsteuerabzug berechtigt. Sie kann im Falle der Mindestbemessungsgrundlage eine Rechnung verlangen, auf der die nach der Mindestbemessungsgrundlage berechnete Umsatzsteuer ausgewiesen wird und ihr den entsprechenden Vorsteuerabzug ermöglicht, § 14 Abs. 4 Satz 2 UStG.

4.2.1 „Sonderleistungen" an die Gesellschaft

Ein Gesellschafter kann auch dadurch unternehmerisch tätig werden, dass er nur Leistungen an seine Gesellschaft erbringt und hierfür ein Entgelt erhält. Dieses Entgelt muss den Charakter einer Gegenleistung haben, kann in Geld oder als Tauschleistung bestehen. Zur Abgrenzung zu gesellschaftsvertraglich geschuldeten Leistungen (gegen Gewinnverteilung) wird die von der Gesellschaft hierauf erbrachte Gegenleistung als **Sonderentgelt** bezeichnet. Dies kann sich auch auf den Ersatz der Aufwendungen des Gesellschafters beschränken.

> **Beispiel:**
>
> Gesellschafterin A **vermietet** der G-A-T-KG das inländische Betriebsgrundstück.
> Gesellschafterin T **überlässt** der KG eigenes **Personal**, das die KG beliebig für Leistungen an Dritte einsetzt und G übernimmt die **Haftung** als Komplementärin und auch die **Geschäftsführung**, für die kein arbeitnehmerähnlicher Vertrag vereinbart wird.
> Die KG zahlt an die Gesellschafterinnen jeweils ein Entgelt, das vor der Ermittlung des Gewinns als **Aufwand** erfasst wird.
>
>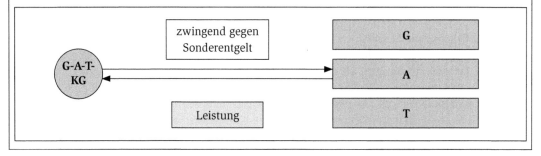

> **Lösung:**
>
> **Gesellschafterstellung**
> G, A und T können ihren Unternehmerstatus nicht aus ihrer Gesellschaftsstellung ableiten. Insofern sind sie nicht Unternehmerinnen.
>
> **Leistung gegen Sonderentgelt:**
> - Mit der Vermietung ist A selbstständig, nachhaltig und mit Einnahmeerzielungsabsicht tätig. Die Vermietung ist gem. § 3a Abs. 3 Nr. 1 UStG steuerbar und unter den Voraussetzungen des § 9 UStG auch steuerpflichtig.
> - Auch die Personalgestellung durch T erfüllt die Merkmale des § 2 UStG.
> - Obwohl die KG nur über eine geschäftsführende Person handlungsfähig ist, erbringt die G mit der Geschäftsführung eine Sonderleistung gegen Sonderentgelt an die KG. Als Komplementärin haftet G ohne Weiteres kraft Gesetzes nach §§ 128, 161 HGB. Unabhängig von dieser Überlegung erbringt G doch eine (Mehr-)Leistung, die bei Zahlung eines Sonderentgelts steuerbar ist. Dasselbe gilt hinsichtlich der erhaltenen Haftungsvergütung. G muss also jeweils die darin enthaltene Umsatzsteuer an das Finanzamt abführen, falls sie nicht Kleinunternehmerin nach § 19 UStG bleibt. Die KG ist regelmäßig zum Vorsteuerabzug berechtigt, Abschn. 1.6 Abs. 6 UStAE.

4.2.2 Sonderentgelt

Auf die Bezeichnung der Vergütung kommt es nicht an. Entscheidend ist, dass das dem Geschäftsführer gewährte Entgelt gewinnwirksam erfasst bzw. unabhängig vom Geschäftsergebnis gewährt wird. Darum gilt auch ein angesichts der Geschäftsführung erhöhter (ergebnisabhängiger) Gewinnanteil nicht als Sonderentgelt. Steht dem Geschäftsführer ein „Gewinnvorab" zu, handelt es sich um eine Sondervergütung, wenn die Zahlung als Aufwand behandelt wird; ist dagegen nur gemeint, dass der Geschäftsführer einen Teil seines Gewinnanteils vorzeitig erhält, handelt es sich um kein Sonderentgelt – die Leistung ist dann nicht „entgeltlich" und erfüllt nicht die Voraussetzungen des § 1 Abs. 1 Nr. 1 UStG, ist also nicht steuerbar. Die Geschäftsführung ist dann nur organschaftliches Handeln, Abschn. 1.6 Abs. 4 und (zum sog. Mischentgelt) Abs. 5 UStAE.

4.2.3 Selbstständigkeit

Zusätzlich muss der Gesellschafter gem. § 2 Abs. 1, Abs. 2 Satz 1 UStG die Geschäfte selbstständig führen. Er darf also nicht weisungsabhängig sein. Maßgeblich sind die umsatzsteuerlichen Kriterien (MwStSystRL), das (nur) national wirkende Einkommensteuerrecht hat nur Indizwirkung. Insbesondere hat der Begriff eines „Mitunternehmers" i.S.d. § 15 Abs. 1 Nr. 1 EStG nichts mit dem umsatzsteuerlichen Unternehmerbegriff zu tun. Heranzuziehen ist die Vereinbarung zwischen Gesellschaft und Gesellschafter und im Einzelfall abzuwägen, ob die Kriterien für oder gegen eine Selbstständigkeit überwiegen. Entscheidungsbefugnis (Initiativrecht), Vermögensrisiko (Risiko des Vergütungsausfalls), insbesondere aber die Weisungsunabhängigkeit sprechen für eine Selbstständigkeit, Lohnfortzahlung, sozialversicherungsrechtliche Absicherung und Abberufbarkeit gegen eine Selbstständigkeit.

5. Geschäftsführung

Maßnahmen der Geschäftsführung können sich entsprechend Vorgesagtem unterschiedlich auswirken.

5.1 Geschäftsführung in einer GmbH

Der Geschäftsführer einer GmbH handelt regelmäßig im Rahmen eines Vertrages, der ihn weisungsabhängig einbindet. Typischerweise ist ein solcher Geschäftsführer unselbstständig und damit nicht Unternehmer (für den Ausnahmefall vgl. Abschn. 2.2 Abs. 2 Satz 4 UStAE). Dies gilt auch für den Fall, dass die GmbH selbst – unternehmerisch – die Geschäfte einer GmbH & Co. KG führt. Insgesamt ändern sich diese Zusammenhänge nicht dadurch, dass die KG das Geschäftsführerentgelt unmittelbar an den Geschäftsführer der GmbH zahlt.

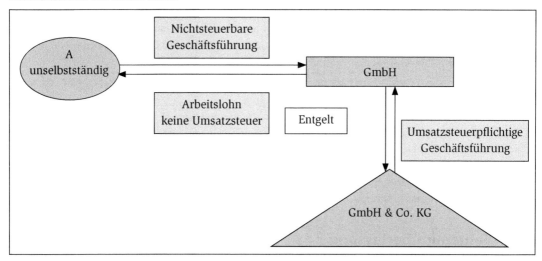

5.2 Geschäftsführung in einer GmbH & Co. KG

Die **Geschäftsführungstätigkeit der GmbH** ist regelmäßig nach § 1 Abs. 1 Nr. 1 UStG steuerbar. Ausnahmsweise ist die GmbH nur Organgesellschaft der KG – Voraussetzung ist, dass die KG sämtliche Anteile an der GmbH hält und ihr dadurch übergeordnet ist (sog. Einheits-KG, Abschn. 2.2 Abs. 6 Satz 3 UStAE). Der Geschäftsführer der GmbH ist dieser gegenüber wiederum regelmäßig unselbstständig tätig.

5.3 Geschäftsführung in einer GbR, OHG, KG, Partnerschaftsgesellschaft

5.3.1 Unternehmerische Geschäftsführung

Ob ein Gesellschafter-Geschäftsführer unternehmerisch tätig ist, ergibt sich aus einer Auslegung der getroffenen Vereinbarung im jeweiligen Einzelfall. Abzugrenzen ist zwischen Indizien, die mehr für nichtselbstständige Anstellung sprechen (feste Arbeitszeiten, soziale Absicherung) und solchen, die mehr die Selbstständigkeit hervorheben. Entscheidendes Kriterium bleibt die Weisungsfreiheit. Führt der Gesellschafter also **entgeltlich** und **weisungsunabhängig** die Geschäfte der Gesellschaft, erfüllt er gem. § 2 UStG die Merkmale eines Unternehmers.

Die Geschäftsführung ist regelmäßig umsatzsteuerpflichtig. Die Gesellschaft ist unter den weiteren Voraussetzungen des § 15 UStG zum Vorsteuerabzug berechtigt. Die Gesellschaft bleibt allerdings mit der Umsatzsteuer belastet, wenn sie vorsteuerschädliche Umsätze gem. § 15 Abs. 2 UStG ausführt.

> **Tipp!**
> In solchen Fällen ist eine Gestaltung anzuraten, wonach der Geschäftsführer § 19 UStG unterliegt.

5.3.2 Nicht unternehmerische Geschäftsführung

Wird der Geschäftsführer vergleichbar einem Angestellten in die Gesellschaft **eingegliedert** (v.a. sozial abgesichert und weisungsabhängig), fehlt ihm die für einen Unternehmer maßgebende Selbstständigkeit. Die Geschäftsführung ist – unabhängig von der Entlohnung – nicht steuerbar. Es entsteht keine Umsatzsteuer, auch die Frage nach einem Vorsteuerabzug entfällt.

> **Beispiel:**
>
> G ist die geschäftsführende Komplementärin der G-A-T-KG. Sie erhält ein garantiertes Entnahmerecht (ohne Rückzahlungsverpflichtung) und ihren Anteil am Gewinn. G kann von einem Verwaltungsrat jederzeit abberufen werden. Sie hat Anspruch auf Urlaub und erhält ihre Geschäftsführungsvergütung auch im Krankheitsfall.

> **Lösung:**
>
> Zwar erhält G angesichts des geschäftsergebnisunabhängigen Entnahmerechts ein Sonderentgelt (Abschn. 1.6 Abs. 4 Satz 13 UStAE). Die Vertragsvereinbarungen sprechen aber überwiegend und damit maßgeblich für eine Unselbstständigkeit der G. Die Abberufbarkeit lässt sich in etwa mit einer Weisungsabhängigkeit vergleichen, die sich auch aus dem Gesellschaftsvertrag ergeben kann. Urlaubsanspruch und Lohnfortzahlung sind arbeitnehmerähnlich.
> G ist nicht Unternehmerin, ihre Geschäftsführung nicht steuerbar.

6. Fahrzeugüberlassung

Erwirbt ein Gesellschafter ein Fahrzeug, ist weder er (kein Unternehmer), noch die Gesellschaft (nicht Erwerber) zum Vorsteuerabzug berechtigt.

Vermietet der Gesellschafter das Fahrzeug aber an die Gesellschaft, kann sich hieraus ein Recht zum Vorsteuerabzug ergeben.

> **Tipp!**
>
> Die wirtschaftlichen Folgen lassen sich durch unterschiedliche Gestaltung erreichen, um die für die Beteiligten günstigen steuerlichen Folgen herbeizuführen (Abschn. 1.6 Abs. 7 UStAE).

> **Beispiel:**
>
> Rechtsanwalt A ist (nur) im Rahmen der A-B-Anwaltssozietät tätig und erhält dafür eine Gewinnbeteiligung von 50 %. A erwirbt ein Fahrzeug für 30.000 € zuzüglich 5.700 € Umsatzsteuer. Diesen Pkw stellt A der Sozietät in vollem Umfang entgeltlich zur Verfügung. Vertragsgemäß überlässt die Sozietät ihrerseits A das Fahrzeug sowohl für die beruflich veranlassten Fahrten (zu Mandanten, Gericht usw.) als auch für Privatfahrten. Der berufliche Anteil beträgt 80 %.

> **Lösung:**
>
> 1. **Vermietung des Fahrzeugs an die Gesellschaft**
>   A ist nicht schon als Gesellschafter der Sozietät (Gesellschaft bürgerlichen Rechts, ggf. Partnerschaft) Unternehmer. Er erfüllt aber die Voraussetzungen des § 2 UStG dadurch, dass er das Fahrzeug selbständig und nachhaltig an die Gesellschaft gegen Sonderentgelt vermietet. A schuldet die Umsatzsteuer, die sich ggf. nach § 10 Abs. 5 Nr. 1 i.V.m. § 10 Abs. 4 Nr. 2 UStG berechnet.
>   Die auf die Vermietung entfallende Umsatzsteuer kann die Sozietät i.R.d. § 15 UStG wieder abziehen. Das Entgelt kann dabei auch in einer Gutschrift auf dem Gesellschafterkapitalkonto oder als Verminderung der Zahlungspflichten des Gesellschafters bestehen.
> 2. **Anschaffung des Fahrzeugs**
>   A steht die Vorsteuer aus der Anschaffung des Fahrzeugs gem. § 15 Abs. 1 Satz 1 Nr. 1 UStG in voller Höhe (5.700 €) zu.

Teil II: Darstellung der Umsatzsteuer

> **3. Rücküberlassung an den Gesellschafter**
> A leitet sein Nutzungsrecht aus einer (auch mündlich zulässigen) Vereinbarung mit der Sozietät ab (vgl. Abschn. 1.6 Abs. 3 Satz 11 UStAE). Soweit A das Fahrzeug für Zwecke der Gesellschaft nutzt (80 %), ist die Überlassung durch die Sozietät nicht steuerbar. Hinsichtlich der Privatfahrten (20 %) ist von einer sonstigen (Vermietungs-)Leistung der Gesellschaft auszugehen.
> Sie erfolgt entweder **entgeltlich**, wenn A einen Ausgleich zahlt bzw. im Tausch eine Leistung erbringt (z.B. Geschäftsführung) und unterliegt dann gem. § 3 Abs. 9 UStG der Umsatzsteuer, die nach § 10 Abs. 1 UStG, ggf. nach § 10 Abs. 5 Nr. 1, Abs. 4 Nr. 2 UStG zu berechnen ist. Weil der Konsumbereich betroffen ist, steht A insoweit kein Vorsteuerabzug zu.
> Darf A das Fahrzeug unentgeltlich privat nutzen, unterliegt dies bei der Gesellschaft der Umsatzsteuer, hier aber nach § 3 Abs. 9a Nr. 1 UStG. Heranzuziehen sind gem. § 10 Abs. 4 Nr. 2 UStG die anteiligen Kosten. Auch hier steht A kein Vorsteuerabzug zu.

Abwandlung:

A vermietet das Fahrzeug nur zu 80 % an die Sozietät entsprechend seiner beruflich veranlassten Fahrten. 20 % der Fahrten fallen für private Zwecke an.

Lösung:

1. **Vermietung an die Gesellschaft (80 %)**
   A ist unternehmerisch tätig. Die Vermietung ist steuerbar und steuerpflichtig und unterliegt ggf. mit der Mindestbemessungsgrundlage der Besteuerung. Die Gesellschaft ist grundsätzlich nach § 15 Abs. 1 Satz 1 Nr. 1 UStG vorsteuerabzugsberechtigt.
2. **Vorsteuerabzug aus der Anschaffung**
   A kann das Fahrzeug gem. § 15 Abs. 1 Satz 2 UStG voll dem Unternehmen zuordnen und daher die gesamte Vorsteuer abziehen.
3. **Privatnutzung**
   Soweit A das Fahrzeug außerunternehmerisch nutzt (20 %), fällt bei ihm Umsatzsteuer nach § 3 Abs. 9a Nr. 1 UStG an, die nach § 10 Abs. 4 Nr. 2 UStG berechnet wird.

7. Fall

Aufgabe:

Die A-B-OHG erwirbt im Jahr 2017 ein bebautes Grundstück für 200.000 €; weil der Verkäufer hierbei optierte, war zugleich USt von 38.000 € entstanden (vgl. § 13b Abs. 2 Nr. 3 UStG). Die Hälfte des Gebäudes nutzt die OHG für steuerpflichtige Umsätze, die andere Hälfte stellt sie ihrem Gesellschafter A zu Wohnzwecken zur Verfügung. A zahlt keine Miete.
a) A ist zugleich weisungsunabhängiger Geschäftsführer der OHG. Er hat sich anlässlich der Übernahme der Geschäftsführung ausbedungen, die Wohnung nutzen zu dürfen, ohne dafür Miete zahlen zu müssen.
b) A ist nur Gesellschafter mit einem Anspruch auf einen Gewinnanteil.

XVI. Steuerentstehung

Ist geklärt, dass eine Leistung steuerpflichtig erbracht wurde, schließt sich die Frage an, wann die Steuer entsteht. Hiervon abhängig ist die Umsatzsteuer in einer bestimmten Steuer(vor)anmeldung zu berücksichtigen. Grundsätzlich richtet sich die Steuerentstehung nach § 13 UStG. Kehrt sich gem. § 13b UStG die Steuerschuld um, ergibt sich aus § 13b UStG selbst, wann die Steuer des Leistungsempfängers entsteht; vgl. Kap. XVII.

1. Systematischer Zusammenhang

§ 13 Abs. 1 UStG gliedert die einzelnen Entstehungszeitpunkte abhängig vom Besteuerungstatbestand. § 13 Abs. 1 Nr. 1 UStG stellt den Kernbereich dar, widmet sich also den steuerpflichtigen Lieferungen und sonstigen Leistungen (§ 1 Abs. 1 Nr. 1 UStG): Hier entsteht die Steuer mit Ablauf des für den erbrachten Leistungserfolg maßgeblichen Voranmeldungszeitraums; § 13 Abs. 1 Nr. 2–9 UStG enthalten ergänzende Regelungen. Die **Entstehung der Einfuhrumsatzsteuer** ist über § 13 Abs. 2 UStG gemäß § 21 Abs. 2 UStG zollrechtlich geregelt.

2. Soll- und Istbesteuerung

Die Steuer für Lieferungen und sonstige Leistungen entsteht grundsätzlich abhängig davon, ob nach **vereinbarten Entgelten** (§ 13 Abs. 1 Nr. 1a UStG), oder ausnahmsweise nach vereinnahmten Entgelten (§ 13 Abs. 1 Nr. 1b UStG) versteuert wird. Dementgegen hängt die **Entstehung der Umsatzsteuer nach vereinbarten Entgelten** nicht von der Zahlung des Leistungsempfängers ab, sondern von der Leistungserbringung, für die der Leistungsempfänger (noch) zahlen **soll** (Soll-Besteuerung). Im Ausnahmefall der Besteuerung nach vereinnahmten Entgelten entsteht die Umsatzsteuer erst, wenn und sobald die Umsatzsteuer an den leistenden Unternehmer gezahlt **ist** (Ist-Besteuerung).

3. Entstehung der Umsatzsteuer nach § 13 Abs. 1 Nr. 1 UStG

3.1 Anwendungsbereich des § 13 Abs. 1 Nr. 1a UStG

Die Umsatzsteuer entsteht regelmäßig nach vereinbarten Entgelten; Vereinnahmung und Rechnungstellung bleiben dann unerheblich.

Regelprinzip (§ 16 UStG): Sollversteuerung	Ausführung der (Gesamt-) Leistung	Ausführung einer Teilleistung	Vereinnahmung einer Anzahlung vor Ausführung einer Leistung oder Teilleistung
§ 13 Abs. 1 Nr. 1a) UStG	§ 13 Abs. 1 Nr. 1a) Satz 1 UStG	§ 13 Abs. 1 Nr. 1a) Sätze 2, 3 UStG	§ 13 Abs. 1 Nr. 1a) Satz 4 UStG
	Soll-Versteuerung	Soll-Versteuerung	Ist-Versteuerung
	Entstehung der Steuer mit Ablauf des Voranmeldungszeitraums		
	der Leistung	der Teilleistung	der Vereinnahmung
	unabhängig von Vereinnahmung		

3.1.1 Besteuerung erbrachter Leistungen nach vereinbarten Entgelten

Muss der Unternehmer seine Umsätze nach dem **Sollprinzip** versteuern, erleidet er einen Finanzierungsnachteil immer dann, wenn er selbst das Entgelt noch nicht erhalten hat. Aus seiner Sicht finanziert er den Fiskus vor. Dieser Nachteil des leistenden Unternehmers korrespondiert freilich mit einem Vorteil beim Leistungsempfänger: Dieser ist gem. § 15 Abs. 1 Satz 1 Nr. 1 UStG bereits dann zum Vorsteuerabzug berechtigt, wenn er Leistung und Rechnung erhält.

Teil II: Darstellung der Umsatzsteuer

Dass die Besteuerung nach vereinbarten Entgelten den Regelfall darstellt, ergibt sich aus dem Verweis auf § 16 Abs. 1 Satz 1 UStG, der wiederum die Ist-Besteuerung gem. § 20 UStG als Ausnahme vorsieht. Besteuerungszeitraum ist nach § 16 Abs. 1 Satz 2 UStG zwar das Kalenderjahr bzw. das Kalenderrumpfjahr (§ 16 Abs. 3 UStG). Tatsächlich aber teilt sich die Besteuerung auf die einzelnen Voranmeldungszeiträume auf, in denen der Unternehmer bereits Vorauszahlungen leisten muss: Voranmeldungszeitraum ist gem. § 18 Abs. 2 Satz 1 UStG das Quartal, in der Praxis aber regelmäßig ein Kalendermonat (§ 18 Abs. 2 Satz 2 UStG, Steuer mehr als 7.500 €). Insbesondere **Jungunternehmer** i.S.v. § 18 Abs. 2 Satz 4 UStG sind zunächst betragsunabhängig zur Monatsanmeldung verpflichtet. Bei Vorsteuerüberhängen kann der Unternehmer gem. § 18 Abs. 2a UStG ebenfalls Monatsanmeldungen wählen. In diesen Fällen gibt der Unternehmer also 12 Monats-Voranmeldungen ab, sowie eine Umsatzsteuer-Jahresanmeldung. Die Voranmeldungen sind jeweils bis zum 10. des Folgemonats abzugeben, die Jahresanmeldung gem. § 149 Abs. 2 AO bis zum 31.5. des Folgejahres. Unter den Voraussetzungen des § 18 Abs. 6 UStG i.V.m. §§ 46 ff. UStDV wird eine **Dauerfristverlängerung** um einen Monat gewährt. In den Anmeldungen sind die Umsätze und die Vorsteuer aus Eingangsleistungen zu berücksichtigen und hieraus die Zahllast zu berechnen, § 18 Abs. 3 UStG. Verfahrensrechtlich gelten die Anmeldungen gemäß § 168 AO als **Steuerfestsetzung unter Vorbehalt der Nachprüfung**.

Beispiel:

U verkauft am 29.1.16 eine Ware an K. Er übergibt die Ware am 30.1.16 dem Paketdienst P, der sie am 2.2.16 K aushändigt. Die Rechnung des U vom 30.1.16 über 1.190 € geht bei K am 3.2.16 ein. K zahlt die Rechnung erst am 3.3.16. U hatte die verkaufte Ware selbst erst am 12.1.16 bezogen und den Betrag der ihm vorliegenden Rechnung über 600 € zuzüglich 19 % Umsatzsteuer = 114 € noch nicht bezahlt.

Lösung:

Im Regelfall gilt gem. § 16 Abs. 1 Satz 1 UStG die Besteuerung nach vereinbarten Entgelten (Sollversteuerung). Hiernach entsteht gem. § 13 Abs. 1 Nr. 1a) Satz 1 UStG die Steuer in demjenigen Voranmeldungszeitraum, in dem die Leistung erbracht wird. Voranmeldungszeitraum ist gem. § 18 Abs. 2 Satz 2 UStG regelmäßig der jeweilige Kalendermonat.

Wann die Lieferung (§ 3 Abs. 1 UStG) des U an K ausgeführt wurde, ergibt sich aus der Fiktion des § 3 Abs. 6 UStG. Hier liegt eine Versendungslieferung gem. § 3 Abs. 6 Satz 3 UStG vor. Die Lieferung erfolgt daher gem. § 3 Abs. 6 Satz 4 UStG am 30.01.16 mit der Übergabe des Liefergegenstands an den selbstständig Beauftragten P. Die Steuer entsteht demgemäß mit Ablauf des Voranmeldungszeitraums Januar 16. Alle anderen Umstände sind unerheblich. U gibt also am 10.02.16 eine Umsatzsteuer-Voranmeldung ab, in der er sowohl den Lieferumsatz (Umsatzsteuer: 190 €) als auch die Eingangsleistung (Vorsteuer 114 €) berücksichtigt und insoweit eine Zahllast von 76 € anmeldet.

P hat seine sonstige (Beförderungs-)Leistung an U im Zeitpunkt der Aushändigung der Ware an K vollständig erbracht. Diesbezüglich entsteht die Umsatzsteuer also gem. § 13 Abs. 1 Nr. 1a) Satz 1 UStG mit Ablauf des Voranmeldungszeitraums 02/16.

Hinweis! In den Fällen des § 3 Abs. 8 UStG ergeben sich Ort, aber auch Zeitpunkt der Lieferung im Moment der Einfuhr (i.d.R. Grenzübertritt).

☞ **Hinweis!**
Entsprechend den Erfahrungen in der Praxis wird auch in der Klausur (zumeist in den einleitenden Bearbeitungshinweisen) unterstellt, dass die betroffenen Unternehmer nach vereinbarten Entgelten versteuern bzw. der Soll-Versteuerung (bzw. der Regelbesteuerung) unterliegen.

3.1.2 Besteuerung erbrachter Teilleistungen nach vereinbarten Entgelten

Teilleistungen setzen nach der gesetzlichen Definition in § 13 Abs. 1 Nr. 1a) Satz 3 UStG voraus, dass:
1. die geschuldete Gesamtleistung teilbar, also in Teilen wirtschaftlich sinnvoll nutzbar ist, und dementsprechend
2. das Entgelt für solche Teile gesondert vereinbart und
3. diese Vereinbarung auch tatsächlich durchgeführt wird.

Solche Teilleistungen werden wie selbstständige Leistungen behandelt, unterliegen also ebenfalls der Soll-Versteuerung. Damit wird eine allzu lange Streckung der Steuerentstehung vermieden. Das Entgelt ist zu schätzen, wenn sich die Abrechnung erst später anschließt. In welchen Fällen eine Teilleistung vorliegt, ist v.a. in der Baubranche wichtig.

> **Beispiel:**
>
> Teilleistungen kommen insbesondere vor bei:
> - Bauumsätzen, vgl. jeweiliges BMF-Schreiben (vom 12.10.2009, BStBl I 2009, 1292, Beck'sche Erlasse § 13/1, Abschn. 13.2 UStAE), zur HOAI vgl. Abschn. 13.3 UStAE,
> - Vermietung, Verpachtung, Leasing: Abrechnung von Monatsmieten/-pachten, Leasingraten,
> - Darlehensverträgen: Zinsabrechnung nach Monat, Quartal, Jahr,
> - anderen Dauerschuldverhältnissen: Pauschalberatung, Wartung usw.: Abrechnung in Monaten usw.

> **Beispiel:**
>
> V vermietet steuerpflichtig ein Geschäftshaus. Der Mietvertrag gilt für 5 Jahre (oder ist unbefristet), der Mieter muss monatlich 1.000 € zuzüglich 190 € Umsatzsteuer zahlen.

> **Lösung:**
>
> V erbringt eine sonstige Leistung gem. § 3 Abs. 9 UStG. Diese ist i.R.d. § 3a Abs. 3 Nr. 1 UStG steuerbar und nach Verzicht gem. § 9 Abs. 1, 2 UStG auf die Steuerbefreiung gem. § 4 Nr. 12 Satz 1 UStG auch steuerpflichtig. Die Leistung ist erst nach Ablauf der vereinbarten Mietzeit von 5 Jahren (vollständig) erbracht. Erst zu diesem Zeitpunkt entsteht die Umsatzsteuer gem. § 13 Abs. 1 Nr. 1a) Satz 1 UStG. Die monatliche Vermietung stellt allerdings eine Teilleistung im Sinn des § 13 Abs. 1 Nr. 1a) Sätze 2–3 UStG dar: Sie ist wirtschaftlich bedeutsam, die Monatsmiete wird im Mietvertrag gesondert vereinbart. Die auf die Monatsmiete entfallende Umsatzsteuer entsteht daher mit Ablauf des jeweiligen Monats = Voranmeldungszeitraums i.H.v. 190 €. Parallel hierzu ist beim Mieter regelmäßig die Vorsteuer gemäß § 15 Abs. 1 Satz 1 Nr. 1 Sätze 1 und 2 UStG abziehbar.

Weil Teilleistungen wie Leistungen behandelt werden, wirken sich gem. § 27 Abs. 1 Satz 1 UStG spätere **Änderungen des Steuersatzes** nicht aus.

> **Beispiel:**
>
> Die Umsatzsteuer für die Vermietung im Dezember 13 (Teilleistung i.R. eines mehrjährigen Mietvertrages) mit 19 % wird später nicht auf einen zum Beispiel ab 01.01.15 auf 21 % erhöhten Steuersatz angehoben (Unterschied zur Anzahlung).

> ☞ **Hinweis!**
>
> Bei einer anstehenden Erhöhung des Steuersatzes sollte in der Praxis also darauf geachtet werden, dass die versprochene Gesamtleistung weitestgehend in Teilleistungen erbracht wird, um sich so den niedrigeren Steuersatz zu sichern. Dies gilt v.a. in der Bauwirtschaft.

Teil II: Darstellung der Umsatzsteuer

> **Beispiel:** Der Bodenleger vereinbart eine Teilzahlung für seine Leistung je Wohnung/Geschoss (BMF vom 12.10.2009, BStBl I 2009, 1292: Aufstellung unter II Nr. 2).

3.1.3 Besteuerung von Anzahlungen

Vereinnahmt der Unternehmer Zahlungen, bevor er seine (Teil-/)Leistung erbringt (Anzahlungen, Abschlagszahlungen, Vorauszahlungen), steht dem Fiskus zu diesem vorverlegten Zeitpunkt ebenfalls die anteilige Umsatzsteuer zu. Die Umsatzsteuer entsteht gem. § 13 Abs. 1 Nr. 1a) Satz 4 UStG in diesem Sonderfall also im Zeitpunkt der Vereinnahmung; die insoweit bestehende Istbesteuerung ergibt sich zwingend aus dem Gesetz, ist anders als nach § 20 UStG nicht antragsbezogen. Anzahlungen oder Abschlagszahlungen werden wiederum v.a. in der Baubranche vereinbart, aber auch sonst, wenn die Erbringung einer Leistung einen längeren Zeitraum erfordert und Kosten vorfinanziert werden müssen.

> **Beispiel 1:**
>
> H stellt nach Vorgabe seiner Kundin einen Kleiderschrank für einen Gesamtbetrag von 10.000 € zuzüglich 1.900 € Umsatzsteuer her. Laut Vertrag sind bei Auftragsvergabe 10 % des Entgelts fällig, der Rest nach Einbau und Abnahme drei Monate später.

> **Lösung:**
>
> H hat seine Leistung erst erbracht, wenn der Schrank eingebaut ist. Erst zu diesem Zeitpunkt entsteht die Umsatzsteuer unter Zugrundelegung des § 13 Abs. 1 Nr. 1a) Satz 1 UStG. Im Moment der Anzahlung von 10 % erhält die Kundin keinerlei Leistung, sodass § 13 Abs. 1 Nr. 1a) Sätze 2, 3 UStG nicht gelten. Gem. § 13 Abs. 1 Nr. 1a) Satz 4 UStG entsteht freilich bereits bei Anzahlung der 1.190 € Umsatzsteuer i.H.v. 190 €, die H mit Ablauf des Monats der Vereinnahmung anmelden muss. Die restliche Umsatzsteuer entsteht gem. § 13 Abs. 1 Nr. 1a) Satz 1 UStG, sobald H seine Leistung erbracht, also den Schrank eingebaut hat.

> **Beispiel 2:**
>
> Bauunternehmer B erstellt für K auf dessen inländischem Grundstück einen Rohbau für insgesamt 50.000 € zuzüglich 9.500 € Umsatzsteuer. Wie vereinbart zahlt K je 10.000 € zuzüglich Umsatzsteuer bei Auftragsvergabe, nach dem Ausbaggern der Baugrube und nach Errichtung eines jeden der 3 Stockwerke. Die Zahlung nach Errichtung des 1. Stockwerks und des 3. Stockwerks verzögert sich je um einen Monat.

> **Lösung:**
>
> B erbringt eine Werklieferung gem. § 3 Abs. 4 UStG. Diese ist i.R.d. § 3 Abs. 7 Satz 1 UStG steuerbar und auch steuerpflichtig. Nach § 13 Abs. 1 Nr. 1a) Satz 1 UStG entsteht die Umsatzsteuer erst, wenn der Rohbau fertig ist. Den Anzahlungen des K bei Auftrag, für Baugrube bzw. 1. und 2. Stockwerk stehen keine Teilleistungen i.S.v. § 13 Abs. 1 Nr. 1a) Sätze 2 und 3 UStG gegenüber (vgl. BMF vom 2.10.2009, BStBl I 2009, 1292: Aufstellung unter II Nr. 2). Insoweit (4 × 1.900 €) entsteht die Steuer gem. Ist-Versteuerung nach § 13 Abs. 1 Nr. 1a) Satz 4 UStG im jeweiligen Kalendermonat, in dem B die Abschlagszahlungen erhält; die Verzögerung der Zahlung für das 1. Stockwerk verschiebt dementsprechend auch die Entstehung der entsprechenden Steuer. Mit Erstellung des 3. Stockwerks hat B seine Leistung vollständig erbracht, die anteilige Steuer (1.900 €) entsteht gem. der Soll-Besteuerung nach § 13 Abs. 1 Nr. 1a) Satz 1 UStG mit Ablauf des Fertigstellungsmonats, unabhängig vom Zahlungseingang – hier wirkt sich also der verzögerte Zahlungseingang nicht aus.

Anders als bei Leistung und Teilleistung unterliegt eine Leistung einem später **erhöhten Steuersatz** auch insoweit, als die Steuer bereits aus Anzahlungen entstand.

> **Beispiel 3:**
>
> Im Beispiel 2 wird die Erstellung des Gebäudes in 01 begonnen und in 03 beendet. Entsprechend dem Steuersatz in 01 und 02 wurden die Anzahlungen gem. § 13 Abs. 1 Nr. 1a) Satz 4 UStG besteuert. Ab 03 wurde allerdings der Steuersatz erhöht.

> **Lösung:**
>
> Die Gesamtleistung wird erst in 03 erbracht. Zuvor hat B auch keine Teilleistungen erbracht. Die Leistung wird insgesamt dem in 03 geltenden erhöhten Steuersatz unterworfen eine Anzahlung also mit dem seitherigen niedrigeren Steuersatz angerechnet und letztlich auf den höheren Steuersatz „hochgeschleust" (§ 27 Abs. 1 Sätze 2 und 3 UStG).

Erfolgt eine **Anzahlung in Fremdwährung**, entsteht die anfallende Umsatzsteuer endgültig entsprechend dem durchschnittlichen Umrechnungskurs des maßgeblichen Voranmeldungszeitraums; dazu jeweils aktualisiertes BMF-Schreiben in BStBl I. Kursänderungen im/zum Zeitpunkt der Leistungserbringung wirken sich nicht mehr aus (§ 16 Abs. 6 UStG).

3.1.4 Steuerentstehung bei Tauschgeschäften

Es finden mehrere Umsätze statt, bei denen die Steuer unterschiedlich entstehen kann.

> **Beispiel:**
>
> Der inländische Fahrzeughändler V verkauft am 11.12.01 ein Neufahrzeug an K. K gibt sogleich sein bisheriges Unternehmensfahrzeug in Zahlung. Das Neufahrzeug wird erst im April 02 an K ausgeliefert gegen Zahlung des Restkaufpreises.

> **Lösung:**
>
> Es handelt sich um einen Tausch mit Baraufgabe gem. § 3 Abs. 12 Satz 1 UStG in Form zweier Lieferungen.
> K liefert im Voranmeldungszeitraum 12/01 sein Altfahrzeug an V. In diesem Monat entsteht auch die Steuer gem. § 13 Abs. 1 Nr. 1a) Satz 1 UStG, die K schuldet.
> V liefert erst im April 02; mit Ablauf dieses Monats entsteht eigentlich gem. § 13 Abs. 1 Nr. 1a) Satz 1 UStG die Umsatzsteuer aus dem Neuwagenverkauf. Die Umsatzsteuer entsteht allerdings gem. § 13 Abs. 1 Nr. 1a) Satz 4 UStG bereits im Zeitpunkt der Anzahlung anteilig, also mit Ablauf des Monats der Übergabe des Altfahrzeugs. Die restliche von V geschuldete Umsatzsteuer entsteht im Monat der Auslieferung des Neufahrzeugs (zur Berechnung vgl. Kap. IX. 2.2).

3.2 Entstehung der Umsatzsteuer nach § 13 Abs. 1 Nr. 1b) UStG

Wird gem. § 20 UStG die Besteuerung nach vereinnahmten Entgelten gestattet, entfällt der o.g. Vorfinanzierungseffekt aus der Soll-Versteuerung. Antrag und Zustimmung des Finanzamts können dabei auch konkludent erfolgen. Die Umsatzsteuer entsteht demzufolge gem. § 13 Abs. 1 Nr. 1b) UStG erst, wenn und wann sie der leistende Unternehmer vereinnahmt; dies kann auch im Zuge einer Aufrechnung oder Forderungsabtretung geschehen. Die Ist-Versteuerung ist für den leistenden Unternehmer günstiger, wird vom Finanzamt aber nur in den abschließenden Ausnahmefällen des § 20 Abs. 1 Satz 1 UStG gewährt:

Teil II: Darstellung der Umsatzsteuer

Regelprinzip Sollversteuerung (mit Ausnahme), § 16 UStG	Ist-Versteuerung, § 20 Abs. 1 UStG		
	§ 20 Abs. 1 Satz 1 Nr. 1 UStG	§ 20 Abs. 1 Satz 1 Nr. 2 UStG	§ 20 Abs. 1 Satz 1 Nr. 3 UStG
	Vorjahresumsatz maximal ... (derzeit 500.000 €)	von Buchführungspflicht befreit (v.a. wegen außergewöhnlicher und einmaliger Geschäftsvorfälle)	Freie Berufe (keine Buchführung, auch nicht freiwillig)
§ 13 Abs. 1 Nr. 1a) UStG	§ 13 Abs. 1 Nr. 1b) UStG		
	Entstehung der Steuer im Voranmeldungszeitraum der Vereinnahmung		

Beispiel 1:

Steuerberater S schickt seinem Mandanten M am 18.1.02 seine Honorarrechnung für die erbrachte Beratung im Dezember 01. M zahlt die Rechnung erst im März 02 (alternativ: M zahlt nicht mehr).

Lösung:

Einem Angehörigen der Freien Berufe wird gem. § 20 Abs. 1 Satz 1 Nr. 3 UStG die Versteuerung seiner Umsätze nach vereinnahmten Entgelten regelmäßig gestattet. Die Umsatzsteuer entsteht daher nicht nach § 13 Abs. 1 Nr. 1a) UStG, sondern gem. § 13 Abs. 1 Nr. 1b) UStG mit Ablauf des Monats, in dem S das Honorar vereinnahmt, hier also im Voranmeldungszeitraum März 02. (In der Alternative entsteht keine Umsatzsteuer. Im vergleichbaren Fall der Soll-Versteuerung würde zunächst die Steuer im Voranmeldungszeitraum der Leistungserbringung entstehen und wäre später nach § 17 Abs. 2 Nr. 1 UStG zu berichtigen.)

Beispiel 2:

S erbringt seine Steuerberatungsleistung in Form einer GmbH. Der Jahresumsatz beträgt 1 Million €. S beantragt die Istbesteuerung.

Lösung:

Die GmbH unterliegt zwingend der Besteuerung nach vereinbarten Einnahmen. Die Umsatzsteuer entsteht gem. § 13 Abs. 1 Nr. 1a) UStG regelmäßig also mit Ablauf desjenigen Voranmeldungszeitraums, in dem der Umsatz getätigt wurde (entsprechend Beispiel 1 im Voranmeldungszeitraum Dezember). Ein Ausnahmefall des § 20 Abs. 1 UStG liegt nicht vor. Obwohl eine freiberufliche Tätigkeit ausgeübt wird, greift nicht Nr. 3. Da die GmbH nach Handelsrecht buchführungspflichtig ist, richtet sich die Ausnahme nach der spezielleren Nr. 2 und scheitert regelmäßig an § 148 AO.

Hinweis! Dasselbe gilt, wenn ein Freiberufler/eine Personengesellschaft freiwillig Bücher führt, weil auch in diesem Fall keine zusätzlichen Aufzeichnungen für die Umsatzbesteuerung notwendig werden und es daher keinen Grund für die Vereinfachung der Ist-Besteuerung gibt.

Bei einer **Änderung des Steuersatzes** wird eine Leistung oder Teilleistung auch bei Ist-Versteuerern letztlich dem Steuersatz unterworfen, der zur Zeit der (Teil-)Leistung gültig war (§ 27 Abs. 1 UStG). Soll- und Ist-Versteuerung führen nicht zu unterschiedlichen steuerlichen Ergebnissen.

> **Beispiel:**
>
> Betrug der Steuersatz bei Leistungserbringung 19 %, bei Vereinnahmung aber zum Beispiel 21 %, sind 19 % maßgeblich.

3.3 Schlussrechnung bei Teilleistungen und Anzahlungen

Bei der Schlussrechnung muss ein überhöhter Steuerausweis vermieden werden. Erforderlich ist demnach, in der Endrechnung kenntlich zu machen, welches Entgelt und welche Steuer bereits vereinnahmt wurden und welche Beträge noch ausstehen.

> ☞ **Hinweis!**
>
> Der Praxis ist zu empfehlen, eines der in den Richtlinien abgebildeten Abrechnungsmodelle zu übernehmen. Die Vielzahl der Darstellungsbeispiele unter Abschn. 14.8 Abs. 7, 8 UStAE verdeutlicht, wie fehleranfällig solche Abrechnungen sind.

3.4 Wechsel zwischen Ist- und Soll-Versteuerung

Ein solcher Wechsel darf zu keinem Verlust an Umsatzsteuer oder Vorsteuer führen (§ 20 Abs. 1 Satz 3 UStG).

> **Beispiel 1:**
>
> Händler V durfte angesichts seines Vorjahres-Gesamtumsatzes seine Umsätze gem. § 20 Abs. 1 Satz 1 Nr. 1 UStG nach vereinnahmten Entgelten anmelden.
> Zuletzt hatte V im Dezember 05 Lieferungen im Umfang von 50.000 € zuzüglich 19 % Umsatzsteuer getätigt und damit den für die Istbesteuerung maßgeblichen Jahresumsatz überschritten. Das Entgelt für seine Lieferungen wird teilweise erst im Folgejahr 06 gezahlt.

> **Lösung:**
>
> Die Umsatzsteuer für Warenlieferungen aus 05, die V bis dahin noch nicht vereinnahmte, entstand gem. § 13 Abs. 1 Nr. 1b) UStG noch nicht. Ab 06 entsteht die Umsatzsteuer gem. § 13 Abs. 1 Nr. 1a) i.V.m. § 16 UStG nach vereinbarten Entgelten. V muss nun im jeweiligen Vereinnahmungsmonat diejenigen Umsätze berücksichtigen, die er bereits in 05 tätigte, deren Entgelt er aber erst ab 06 vereinnahmt (nachhängende Ist-Versteuerung). Daneben meldet V ab 06 diejenige Umsatzsteuer für steuerpflichtige Leistungen an, die er – unabhängig von der Bezahlung – in den jeweiligen Voranmeldungszeiträumen erbrachte.

> **Beispiel 2:**
>
> V darf ab 06 die Ist-Versteuerung gem. § 20 Abs. 1 Satz 1 Nr. 1 UStG anwenden. Zuletzt hatte er im Dezember 05 Lieferungen im Umfang von 50.000 € zuzüglich 19 % Umsatzsteuer ausgeführt. Das Entgelt für seine Lieferungen wird teilweise erst im Folgejahr 06 gezahlt.

> **Lösung:**
>
> Laut Sachverhalt versteuerte V seine Umsätze in 05 noch nach vereinbarten Entgelten. Demgemäß berücksichtigte er gem. § 13 Abs. 1 Nr. 1a) Satz 1 UStG sämtliche Dezember-Umsätze bereits für den Voranmeldungszeitraum 12/05. Er versteuerte also auch diejenigen Umsätze, deren Entgelt er noch nicht vereinnahmte. Vereinnahmt V ab 06 das Entgelt für die in 05 getätigten Umsätze, darf er dies in seinen Voranmeldungen 06 nicht (nochmals) erfassen.

Teil II: Darstellung der Umsatzsteuer

4. Entstehung der Umsatzsteuer nach § 13 Abs. 1 Nr. 2 UStG

Unterliegt eine gleichgestellte Lieferung nach § 3 Abs. 1b UStG oder sonstige Leistung nach § 3 Abs. 9a UStG (unentgeltliche Wertabgabe) der Umsatzsteuer, wird auf den Leistungszeitpunkt abgestellt.

> **Beispiel:**
>
> Fahrzeughändler V liefert im Dezember ein Fahrzeug an seinen Kunden K. Ein weiteres Fahrzeug, das schon längere Zeit auf dem Hof stand, schenkt er spontan seiner Gattin zu Weihnachten.

> **Lösung:**
>
> Die Umsatzsteuer aus der Lieferung an K gem. § 3 Abs. 1 UStG entsteht gem. § 13 Abs.1 Nr. 1a) Satz 1 UStG mit Ablauf des Voranmeldungszeitraums Dezember. Dasselbe ergibt sich aus § 13 Abs. 1 Nr. 2 UStG hinsichtlich der (unentgeltlichen) Lieferung gem. § 3 Abs. 1b Nr. 1 UStG. (Hätte V das verschenkte Fahrzeug gezielt für Schenkungszwecke erworben, wäre nicht das Unternehmen des V betroffen und kein Vorsteuerabzug möglich gewesen. Spiegelbildlich wäre auch keine Privatentnahme zu versteuern.)

5. Entstehung der Umsatzsteuer aus § 14c UStG

5.1 Im Anwendungsbereich des § 14c Abs. 1 UStG

Da das maßgebliche Ereignis der nach § 14c UStG entstehenden Umsatzsteuer die falsche Rechnung ist, knüpft die seit 2016 bestehende Neuregelung des § 13 Abs. 1 Nr. 3 UStG einheitlich an das Rechnungsdatum an. Diese Anknüpfung rechtfertigt sich zudem aus der Gefahr eines unzulässigen Vorsteuerabzugs, dem gerade die falsche Rechnung zugrunde liegt.

> **Beispiel 1:**
>
> S erbringt am 6.7.2016 eine steuerpflichtige Leistung an T, für die der ermäßigte Steuersatz aus § 12 Abs. 2 UStG gilt. Irrtümlich berechnet er T am 2.8.2016: 1.000 € zuzüglich 19 % Umsatzsteuer = 190 €. T zahlt den Rechnungsbetrag im September 2016.

> **Lösung:**
>
> S hätte richtigerweise die Umsatzsteuer nur mit 7 % = 70 € ausweisen dürfen. Die gesetzlich geschuldete Umsatzsteuer für die Leistung errechnet sich gem. § 10 Abs. 1 UStG aus dem Entgelt und beträgt 1.190 € × $^7/_{107}$ = 77,85 €. Dieser Teil der Steuer entsteht mit Ablauf des Voranmeldungszeitraums 07/2016. Der überhöhte Anteil, der sich aus § 14c Abs. 1 UStG ergibt, entsteht erst am 2.8.2016. Dasselbe gilt, wenn S die inländische Umsatzsteuer ausweist, obwohl sein Umsatz nicht im Inland steuerbar oder im Inland steuerfrei ist oder sich die Steuerschuldnerschaft gem. § 13b UStG auf den Leistungsempfänger umkehrt.
>
> **Hinweis!** Dies dürfte in der Praxis regelmäßig dazu führen, dass die nach § 14c UStG entstehende Steuer zu früh angemeldet und abgeführt wird. Da sich der Unternehmer irrt und glaubt, er habe richtig abgerechnet, wird er von der Entstehung der gesamten Steuer bei Leistungserbringung ausgehen.

5.2 Im Anwendungsbereich des § 14c Abs. 2 UStG

Die Ausgabe der Rechnung entscheidet gem. **§ 13 Abs. 1 Nr. 4 UStG** auch hier, wann eine unberechtigt ausgewiesene Umsatzsteuer entsteht. Es ist nämlich gerade die falsche Rechnung, die den Empfänger dazu verleitet, eine ihm nicht zustehende Vorsteuer abzuziehen.

> **Beispiel:**
> S stellt T am 06.07.01 eine Gefälligkeitsrechnung über 1.000 € zuzüglich 19 % Umsatzsteuer = 190 € für eine tatsächlich nicht erbrachte Leistung aus.

> **Lösung:**
> S hat keine steuerpflichtige Leistung erbracht, insoweit ist keine Umsatzsteuer entstanden. Wegen ihres Gefährdungspotenzials (unzulässiger Vorsteuerabzug) lässt aber gerade die falsche Rechnung eine Umsatzsteuer aus § 14c Abs. 2 UStG entstehen, die S gem. § 13a Abs. 1 Nr. 4 UStG schuldet. Die Steuer entsteht gem. § 13 Abs. 1 Nr. 4 UStG im Voranmeldungszeitraum 07/01.

> ☞ **Hinweis!**
> In der Praxis hat ein Abrechnungsfehler vor allem für den Rechnungsempfänger nachteilige Folgen, da ihm ausweislich des Wortlauts von § 15 Abs. 1 Satz 1 Nr. 1 UStG der Vorsteuerabzug versagt bleibt. Er hat also ein großes Interesse daran, dass der leistende Unternehmer die von ihm erstellte Rechnung berichtigt. Dazu sendet der Leistende (unter Angabe derselben Rechnungsnummer) eine korrekte Rechnung an den Leistungsempfänger und erstattet jenem den zu viel bezahlten Betrag zurück. Anschließend kann der leistende Unternehmer seinerseits die an das Finanzamt abgeführte Mehrsteuer zurückfordern. Im Fall des § 14c Abs. 2 UStG und in Sonderfällen nach § 14c Abs. 1 Satz 2 UStG muss die Rechnungsberichtigung mit dem Finanzamt abgestimmt werden.

6. Entstehung der Erwerbsumsatzsteuer

Bei innergemeinschaftlichen Warenlieferungen in der Unternehmerkette entsteht die **Erwerbsumsatzsteuer** aus §§ 1 Abs. 1 Nr. 5, 1a UStG regelmäßig abhängig von der Ausgabe der (Schluss-)Rechnung, bei Verzögerung der Rechnung hilfsweise im Folgemonat des Erwerbs. Nicht erfasst werden demnach bloße Vorausrechnungen: Die Erwerbsumsatzsteuer entsteht dann erst im Zeitpunkt des Erwerbs.

> **Beispiel:**
> Der inländische Unternehmer U erwirbt vom französischen Unternehmer F eine Handelsware. Die Ware wird am 30.7.01 in Frankreich abgesandt und kommt am 3.8.01 bei U an. Die Rechnung vom 30.9.01 erhält U erst im Oktober 01.

> **Lösung:**
> Die Lieferung des F ist analog §§ 4 Nr. 1b, 6a UStG steuerfrei. Korrespondierend unterliegt der Erwerb des U gem. §§ 1 Abs. 1 Nr. 5, 1a i.V.m. § 3d UStG der inländischen Besteuerung s. Kap. XX. 4.2. Analog § 14a Abs. 3 Satz 1 UStG müsste F seine Lieferung eigentlich bis zum 15.8.01 abrechnen.
> Die Erwerbsumsatzsteuer entsteht gem. § 13 Abs. 1 Nr. 6 UStG eigentlich mit Ausstellung der Rechnung am 30.9.01 (bzw. mit Erhalt der Rechnung im Oktober 01). Wegen der Verzögerung bei der Abrechnung entsteht die Umsatzsteuer aber schon mit Ablauf des Voranmeldungszeitraums 08/01 (Folgemonat), da der Erwerb spiegelbildlich zur steuerfreien Lieferung in 07/01 stattfand. U muss die Erwerbsumsatzsteuer anhand seiner Geschäftsunterlagen (Angebot, Vertrag usw.) schätzen.

Erwirbt eine Privatperson innergemeinschaftlich ein **Neufahrzeug** gem. § 1b UStG, entsteht die Umsatzsteuer nach **§ 13 Abs. 1 Nr. 7 UStG** am Tag des Erwerbs.

Teil II: Darstellung der Umsatzsteuer

7. Entstehung der Umsatzsteuer in den Fällen gem. § 13 Abs. 1 Nr. 1c), 1d), Nr. 5, Nr. 8 und Nr. 9, Abs. 2 UStG

Die Entstehung der Umsatzsteuer in den **Sonderfällen** des § 13 Abs. 1 Nr. 1c), 1d), Nr. 5, Nr. 8 und Nr. 9 UStG hat wenig Bedeutung in Praxis und Studium. Die Einfuhrumsatzsteuer entsteht regelmäßig, wenn der Einfuhrgegenstand ordnungsgemäß in den zoll- und steuerrechtlichen Verkehr überführt wird, § 13 Abs. 2 UStG; zuständig ist die Zollverwaltung.

8. Fälle

Fall 1 (Rechtslage ab 2011):
V (Soll-Besteuerer) vermietet in München ein Gebäude zu einem Drittel an Steuerberater S, zu einem Drittel an den Chirurgen C; das verbleibende Drittel bewohnt V selbst. Die Mietverträge sind je auf 10 Jahre befristet. Beiden Mietverträgen zufolge beträgt die Monatsmiete 2.000 € zuzüglich 19 % Umsatzsteuer = 380 €; C hatte V mitgeteilt, dass er in allen Mieträumen teils steuerfreie, teils nichtsteuerfreie Behandlungen vornehme. Die Miete muss spätestens am 3. Werktag eines jeden Monats dem Konto des V gutgeschrieben sein. S überweist die Novembermiete 01 zusammen mit der Dezembermiete 01 und der Januarmiete 02 am 2.12.01. C überweist jeweils vertragsgemäß.
Fall 2:
Die Bank B stellt dem Unternehmer U ein Darlehen mit einer 5-jährigen Laufzeit zur Verfügung und verzichtet gemäß § 9 Abs. 1, 2 UStG auf die Steuerbefreiung aus § 4 Nr. 8a UStG. Die Zinsen werden je zum Ende eines Quartals fällig. B verlangt von U sofort Bearbeitungsgebühren (Damnum, Disagio).

XVII. Steuerschuldnerschaft

1. Steuerschuldnerschaft gemäß § 13a UStG

Mit „**Steuerschuldner**" ist derjenige gemeint, der dem Steuergläubiger (Fiskus) die Umsatzsteuer zu zahlen hat. Wer Steuerschuldner ist, ergibt sich aus § 13a UStG oder – zunehmend – aus § 13b UStG.

1.1 Leistender Unternehmer bzw. Rechnungsaussteller

Im Standardfall des § 13a Abs. 1 Nr. 1 i.V.m. § 1 Abs. 1 Nr. 1 UStG schuldet der leistende Unternehmer die Steuer. Zwar schuldet der Leistungsempfänger dem leistenden Unternehmer bei seiner Zahlung auch die anteilige Umsatzsteuer. Dies betrifft aber das Verhältnis zwischen den Leistungsbeteiligten nach zivilrechtlichen Vorschriften und macht daher den Leistungsempfänger nicht zum „Steuerschuldner".

Weist der leistende Unternehmer eine **überhöhte Steuer** aus, schuldet er zusammen mit der zutreffenden Steuer auch die aus dem unzutreffenden Steuerausweis entstehende Mehrsteuer aus § 14c Abs. 1 UStG. Steuerschuldner ist weiterhin, wer eine Umsatzsteuer nach § 14c Abs. 2 UStG ausweist (§ 13a Abs. 1 Nr. 4 UStG), s. Kap. XI. 13.

1.2 Innergemeinschaftlicher Erwerber

Außerdem schuldet der Erwerber gem. § 13a Abs. 1 Nr. 2 UStG die Umsatzsteuer im Zusammenhang mit § 1 Abs. 1 Nr. 5 UStG. Gemeint ist ein Erwerb zumeist als Spiegelbild zur innergemeinschaftlichen Lieferung s. Kap. XX. 4.2. Dasselbe gilt, wenn der Erwerber in seiner Person die **Voraussetzungen einer innergemeinschaftlichen Lieferung** vorspiegelt (§ 6a Abs. 4 i.V.m. § 13a Abs. 1 Nr. 3 UStG).

1.3 Innergemeinschaftliches Dreiecksgeschäft

Nutzen die Unternehmer die Vorteile eines **innergemeinschaftlichen Dreiecksgeschäfts**, weist also der mittlere Unternehmer für seine Leistung gem. § 25b Abs. 2 Nr. 3 UStG keine Umsatzsteuer aus, verlagert sich die Steuerschuld aus seiner Lieferung gem. § 25b Abs. 2 UStG auf seinen Abnehmer s. Kap. XX. 9. Der Abnehmer schuldet die Steuer nach § 13a Abs. 1 Nr. 5 UStG.

1.4 Umsatzsteuerlager

Besteht ein Umsatzsteuerlager i.S.d. § 4 Nr. 4a UStG können Einlagerer und Lagerhalter zu Gesamtschuldnern (§ 44 AO) der entstehenden Umsatzsteuer werden.

2. Steuerschuldnerschaft des Leistungsempfängers gemäß § 13b UStG

Das System des § 13a UStG birgt aus Sicht aller Beteiligten Schwächen: Der leistende Unternehmer muss die entstandene Umsatzsteuer häufig schon zu einem Zeitpunkt abführen, in dem er die Zahlung des Leistungsempfängers noch nicht erhalten hat. Der Leistungsempfänger ist für seinen Vorsteuerabzug darauf angewiesen, dass ihm der leistende Unternehmer eine nach § 14 Abs. 4 UStG ordnungsgemäße Rechnung ausstellt. Zuletzt besteht für den Fiskus die Gefahr, dass er dem Leistungsempfänger die Vorsteuer vergütet, der leistende Unternehmer aber die entstandene Umsatzsteuer nicht abführt. Die Probleme verstärken sich, wenn der leistende Unternehmer im Ausland ansässig ist. Europaweit entstehen so jährlich Milliardenverluste.

Diese Probleme werden bei einer **Umkehr der Steuerschuld** nach § 13b UStG weitgehend vermieden (sog. **Reverse-Charge-Verfahren**). Unter bestimmten Voraussetzungen schuldet der Leistungsempfänger die entstandene Umsatzsteuer und ist gem. § 15 Abs. 1 Nr. 4 UStG zugleich zum Vorsteuerabzug berechtigt. Damit werden Umsatzsteuer-Schuld und Vorsteuerabzug an dieselbe Person gebunden. Wichtiger noch, es wird ausgeschlossen, dass der Fiskus die Vorsteuer **ausbezahlen** muss, ohne die Umsatzsteuer zu erhalten. Zahlung der Umsatzsteuer und Vorsteuerabzug saldieren sich regelmäßig zum selben Zeitpunkt, es kommt erst gar nicht zu Zahlungsströmen. Der Vorsteuerabzug ist nicht mehr länger von einer Rechnung abhängig.

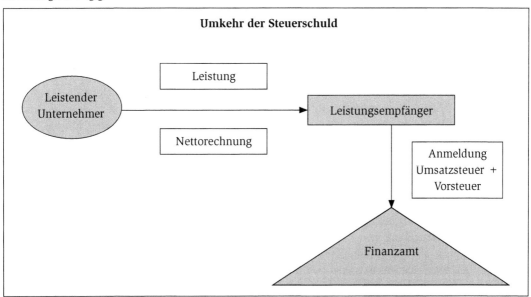

> ☞ **Tipp!**
> Die Umkehr der Steuerschuld hat Bedeutung für die Erstellung der Ausgangsrechnung bzw. für die Verbuchung der Eingangsrechnung. Im Anwendungsbereich des § 13b UStG dürfen Rechnungen keinen Umsatzsteuerausweis enthalten. Gegebenenfalls muss eine neue (berichtigte) Rechnung angefordert werden. Ein falscher Steuerausweis (§ 14c Abs. 1 UStG) ist zugleich ein beliebter Klausurbaustein.
> Für den Klausuraufbau ist zu beachten, dass vor der Berechnung der Umsatzsteuer nach § 10 UStG zunächst zu prüfen ist, ob der im Sachverhalt angegebene Rechnungsbetrag als Netto- oder Bruttobetrag zu verstehen ist. Zahlt der Empfänger einen bestimmten Betrag und ist der leistende Unternehmer Steuerschuldner, muss aus dem gezahlten Betrag die Umsatzsteuer herausgerechnet werden. Im Anwendungsbereich des § 13b UStG muss dagegen auf den Betrag die Umsatzsteuer aufgeschlagen werden.

Beispiel:

Der inländische Unternehmer U bezieht vom Unternehmer L eine im Inland steuerpflichtige Leistung, für die er nach § 13b Abs. 2, Abs. 5 UStG die Steuer schuldet. Der ihm übersandten Rechnung entsprechend zahlt U 10.000 € an L.

Lösung:

Weil § 13b UStG gilt, kehrt sich die Steuerschuld um. Nicht der leistende Unternehmer L, sondern der Leistungsempfänger U schuldet die Umsatzsteuer. Weil U die Umsatzsteuer an das Finanzamt abführen muss, zahlt er nicht (auch) die Umsatzsteuer an L. L stellt daher eine Nettorechnung aus (vgl. § 14a Abs. 5 Satz 2 UStG). Die Umsatzsteuer beträgt gem. § 10 Abs. 1 UStG 10.000 € × 19 % = 1.900 €. U ist nach § 15 Abs. 1 Nr. 4 UStG regelmäßig zugleich zum Vorsteuerabzug berechtigt.

2.1 Leistungsempfänger

Immer setzt die **Umkehr der Steuerschuld** voraus, dass der Leistungsempfänger Unternehmer oder aber eine juristische Person ist (§ 13b Abs. 5 Satz 1 UStG). Nur solchen Personen ist zuzutrauen/zuzumuten, die entstandene Umsatzsteuer anzumelden und abzuführen. Die Umsatzsteuer nach § 13b UStG wird Teil der Umsatzsteueranmeldung des Leistungsempfängers. Dies gilt nach § 13b Abs. 5 Satz 6 UStG selbst dann, wenn der Unternehmer die Leistung für seinen außerunternehmerischen Bereich bezieht.

Ob das Unternehmen des Leistungsempfängers im Inland oder Ausland ansässig ist, bleibt dem – Gesetzeswortlaut entsprechend – unmaßgeblich; hieraus leitet sich auch die Sonderregelung in § 15 Abs. 4b UStG ab. Dass der Leistungsempfänger Unternehmer ist, erkennt der leistende Unternehmer regelmäßig daran, dass der Leistungsempfänger unter seiner Umsatzsteuer-Identifikationsnummer auftritt.

> **Abwandlung:**
>
> Die Lösung des vorstehenden Beispiels bleibt unverändert, wenn der Leistungsempfänger U zwar die Leistung im Inland bezieht, sein Unternehmen aber im Ausland betreibt.

Das **Reverse-Charge-Verfahren** gilt gem. § 13b Abs. 8 UStG auch, wenn der Leistungsempfänger der **Kleinunternehmerregelung** gem. § 19 UStG oder der **Durchschnittsbesteuerung** nach § 24 UStG unterfällt. Auch er muss also die auf ihn übergegangene Umsatzsteuer anmelden und abführen. Dies ist verständlich, da letztlich die Umsatzsteuer aus dem Umsatz des leistenden Unternehmers betroffen ist, die nichts mit der Kleinunternehmereigenschaft des Empfängers zu tun hat. § 13b Abs. 5 Satz 8 UStG regelt den umgekehrten Fall, in dem eine Erhebung der Steuer entfällt!

2.2 Aufbau des § 13b UStG

Der **Anwendungsbereich** der Umkehr der Steuerschuld gliedert sich in Fälle des § 13b Abs. 1 UStG und in eine abschließende Aufzählung in § 13b Abs. 2 UStG. § 13b Abs. 1 UStG geht auf eine einheitliche EU-weite Regelung zurück (Art. 196 i.V.m. Art. 44 MwStSystRL) und ist in sämtlichen Mitgliedstaaten harmonisiert. § 13b Abs. 2 UStG enthält die jedenfalls in Deutschland und teilweise auch vergleichbar in anderen Staaten geltenden Regelungen. Solche Regelungen müssen vor ihrer nationalen Einführung gemäß Art. 199, 199a, 395 MwStSystRL immer erst auf EU-Ebene genehmigt werden. Die bisherige Entwicklung verdeutlicht, dass sich der Anwendungsbereich der Steuerschuldumkehr von Jahr zu Jahr ausdehnt.

§ 13b Abs. 1 und Abs. 2 UStG unterscheiden sich in den Voraussetzungen und darin, wann die Umsatzsteuer entsteht.

> **Beispiel:**
>
> Der inländische Unternehmer U erbringt am 12.1.18 eine Leistung für das Unternehmen des F, die nach § 3a Abs. 2 UStG in Frankreich steuerpflichtig ist. Wie muss er die Rechnung erstellen?

> **Lösung:**
>
> Aus französischer Sicht ist U ein EU-ausländischer Unternehmer. Weil der Anwendungsbereich des § 13b Abs. 1 UStG europaweit eingeführt wurde (Art. 44 MwStSystRL), gilt verlässlich die Steuerumkehr auch in Frankreich. Weil F Steuerschuldner in Frankreich ist, stellt U bis zum 15.2.18 eine Nettorechnung aus, in der er beide USt-Identifikationsnummern aufführt und auf die Steuerschuldnerschaft des Leistungsempfängers hinweist, § 14a Abs. 1 UStG.

Das Reverse-Charge-Verfahren gilt gem. 13b Abs. 5 Satz 6 UStG auch dann, wenn der Unternehmer eine der genannten Leistungen im **außerunternehmerischen Bereich** bezieht.

Teil II: Darstellung der Umsatzsteuer

> **Beispiel:**
>
> Der französische Unternehmer F erbringt am 12.1.16 eine sonstige Leistung am inländischen Betriebsgebäude des Unternehmers U und auch an dessen Privathaus.

> **Lösung:**
>
> Die Leistung des F ist gem. § 3a Abs. 3 Nr. 1 UStG im Inland steuerbar und mangels § 4 UStG auch steuerpflichtig. Hieraus schuldet U gem. § 13b Abs. 2 Nr. 1 i.V.m. Abs. 5 Satz 1 UStG die Umsatzsteuer hinsichtlich der Arbeiten, die in seinem Unternehmen anfielen. Die Steuer für die Leistung am Privathaus schuldet ebenfalls U, hier nach § 13b Abs. 5 Satz 6 UStG. Ein Unterschied besteht dann aber insofern, als U gleichzeitig nur die Vorsteuer aus der unternehmerischen Eingangsleistung abziehen darf.

2.2.1 Ausschluss der Steuerumkehr

§ 13b Abs. 6 UStG schließt das Reverse-Charge-Verfahren für bestimmte Umsätze aus. Die abschließend aufgezählten Fälle dienen der Vereinfachung (Abschn. 13b.1 Abs. 25 ff. UStAE).

> **Beispiele:**
>
> 1. Die ausländische Gesellschaft M veranstaltet eine Messe in Stuttgart. Sie verkauft Eintrittskarten teils an Unternehmer, teils an Konsumenten.
> 2. Ein ICE fährt von Stuttgart nach Budapest. Der deutsche Unternehmer U lässt sich im Speisewagen verpflegen.

> **Lösung:**
>
> 1. Der Kartenverkauf ist nach § 3a Abs. 3 Nr. 3a bzw. Nr. 5 UStG steuerbar. Damit M nicht die Unternehmereigenschaft ihrer Kunden aufklären muss, bleibt sie gem. § 13b Abs. 6 Nr. 4 UStG einheitlich Steuerschuldnerin nach § 13a Abs. 1 Nr. 1 UStG.
> 2. Die Restauration findet gem. § 3e UStG am Abgangsort statt. Angesichts § 13b Abs. 6 Nr. 6 UStG muss bei der Verpflegung im Speisewagen nicht jeweils nachgefragt werden, ob der Fahrgast Unternehmer ist.
>
> In beiden Beispielen schuldet der leistende Unternehmer die Umsatzsteuer und rechnet mit Umsatzsteuer ab.

2.2.2 Ansässigkeit des leistenden Unternehmers

Was unter einem im Ausland ansässigen Unternehmer zu verstehen ist, definiert § 13b Abs. 7 UStG. Eventuell kommt es darauf an, ob der zu beurteilende Umsatz von der inländischen Betriebsstätte aus getätigt wird, § 13b Abs. 7 Satz 3 UStG. Hat der leistende Unternehmer zwar seinen Wohnsitz im Inland, ist mit seinem Unternehmen aber im Ausland ansässig, gilt er als ausländischer Unternehmer. Ein nur **statuarischer Sitz im Ausland**, an dem keine Geschäftstätigkeit stattfindet, bleibt unbeachtlich. Maßgebend ist der Leistungszeitpunkt (§ 13b Abs. 7 Satz 4 UStG). Ist zweifelhaft, ob der leistende Unternehmer im Ausland ansässig ist, muss sich der Leistungsempfänger gemäß § 13b Abs. 7 Satz 5 UStG eine Bescheinigung vom leistenden Unternehmer aushändigen lassen, will er nicht riskieren, dass er die Umsatzsteuer einerseits an diesen zahlt und letztlich auch noch die auf ihn umgekehrte Steuer an das Finanzamt abführen muss. Gehört einem ausländischen Unternehmer ein Grundstück im Inland und vermietet er dieses Grundstück steuerpflichtig, ist er für diesen Vermietungsumsatz als im Inland ansässig zu behandeln (Abschn. 13b.11 Abs. 2 Satz 2 UStAE).

2.3 Steuerumkehr nach § 13b Abs. 1 i.V.m. § 13b Abs. 5 Satz 1 UStG

Es handelt sich um den wichtigsten Anwendungsfall: Ein EU-ausländischer Unternehmer erbringt eine im Inland steuerbare und steuerpflichtige sonstige Leistung nach § 3a Abs. 2 UStG. Aus diesem Gesetzesverweis ergibt sich, dass die Leistung an einen Unternehmer für dessen Unternehmen bzw. an eine gleichgestellte juristische Person erbracht werden muss. Wer ein im übrigen Gemeinschaftsgebiet ansässiger Unternehmer ist, ergibt sich aus § 13b Abs. 7 Satz 2 UStG. Die Regelung dient der **Entlastung** des leistenden ausländischen Unternehmers: Er stellt eine Nettorechnung aus und muss sich nicht um die Besteuerung in dem für ihn fremden Bestimmungsland kümmern.

Beispiel:

Der italienische Unternehmer L befördert im Januar 16 für den inländischen Händler U eine Ware von Italien nach Deutschland und erhält von U hierfür 2.000 € entsprechend einer Rechnung vom 10. Februar 16.

Lösung:

L erbringt eine sonstige Leistung nach § 3 Abs. 9 UStG. Sie ist gem. § 3a Abs. 2 UStG im Inland steuerbar und steuerpflichtig. L ist im übrigen Gemeinschaftsgebiet ansässig. Die Umsatzsteuer **entsteht** gem. § 13b Abs. 1 UStG mit Ablauf **Januar** 16. Gem. § 13b Abs. 5 Satz 1 UStG **schuldet U** die Umsatzsteuer. Sie beträgt 2.000 € × 19 % = 380 €. U ist zugleich nach § 15 Abs. 1 Nr. 4 UStG zum Vorsteuerabzug berechtigt.

2.4 Entstehung der Steuer nach § 13b Abs. 1 UStG

Mit der **Entstehung der Umsatzsteuer bereits im Leistungsmonat** wird an EU-Recht angeknüpft. In der Praxis darf der Steuerschuldner mit der Anmeldung nicht warten, bis er die Rechnung vielleicht in einem späteren Monat erhält. Er muss die Umsatzsteuer in seine aktuelle Umsatzsteuer-Voranmeldung aufnehmen. Grundlage ist das vereinbarte Entgelt. Gegebenenfalls müssen die angemeldete Umsatzsteuer und spiegelbildlich die Vorsteuer geändert werden, wenn sich später eine andere Bemessungsgrundlage herausstellt.

☞ Tipp!

Wird die Umsatzsteuer des Mandanten durch die Steuerberatung angemeldet, darf nicht allein auf bereits vorliegende Rechnungen zurückgegriffen werden. Der Mandant sollte danach befragt werden, ob er Leistungen i.S.d. § 13b UStG bezog, die noch nicht abgerechnet sind. In diesem Fall müssen sogleich Umsatzsteuer und Vorsteuer angemeldet werden.

2.5 Steuerumkehr nach § 13b Abs. 5 i.V.m. Abs. 2 UStG

Übergreifend für diese Fälle entsteht die Umsatzsteuer einheitlich. Der Anwendungsbereich wird abschließend aufgezählt und von Jahr zu Jahr erweitert. Die einzelnen Fälle dienen teilweise der Entlastung des leistenden Unternehmers, teils sichert die Steuerumkehr das Steueraufkommen in bestimmten Branchen. Im **Teilanwendungsbereich des § 13b Abs. 2 Nr. 4 und 8** und ähnlich auch in **Nr. 5b UStG** muss sich der Leistungsempfänger zusätzlich in der fraglichen Branche betätigen, vgl. § 13b Abs. 5 Sätze 2-5 UStG.

2.6 Steuerumkehr nach § 13b Abs. 2 Nr. 1, Abs. 5 UStG

Die Leistung muss von einem im übrigen Gemeinschaftsgebiet oder Drittland ansässigen Unternehmer erbracht werden. Dessen Leistung ist entweder eine sonstige Leistung gem. § 3 Abs. 9 UStG, die nicht schon der Anwendung des § 13b Abs. 1 UStG unterliegt (für die sonstige Leistung gilt also nicht § 3a Abs. 2 UStG oder sie wird von einem Unternehmer aus dem Drittland erbracht) oder ist eine **Werklieferung** gem. § 3 Abs. 4 UStG. Die Regelung wirkt als Auffangtatbestand zu § 13b Abs. 1 UStG.

Teil II: Darstellung der Umsatzsteuer

> **Beispiele:**
> 1. Der Schweizer Unternehmer S befördert für das deutsche Unternehmen U eine Ware von der Schweiz nach Deutschland (vgl. Kap. 2.3 Beispiel).
> 2. Der französische Unternehmer F erbringt Malerleistungen am inländischen Betriebsgebäude des U.
> 3. Der italienische Unternehmer I repariert eine Maschine am inländischen Unternehmenssitz des U und tauscht dabei ein wichtiges Aggregat aus, das er aus Italien mitbrachte.
> 4. Im Beispiel 2 oder 3 wird der türkische Unternehmer T tätig.

> **Lösung:**
> In allen Beispielen schuldet U als Leistungsempfänger die entstandene Umsatzsteuer nach § 13b Abs. 2 Nr. 1 i.V.m. Abs. 5 UStG.
> 1. Der Ort der erbrachten Leistung wird zwar nach § 3a Abs. 2 UStG ins Inland verlagert. Die Leistung wird aber von einem im Drittland ansässigen Unternehmer erbracht. Daher gilt nicht § 13b Abs. 1 UStG.
> 2. F ist zwar ein im übrigen Gemeinschaftsgebiet ansässiger Unternehmer. § 13b Abs. 1 UStG ist dennoch nicht anzuwenden. Die Ortsbestimmung ergibt sich nämlich nicht aus § 3a Abs. 2 UStG, sondern aus dem spezielleren § 3a Abs. 3 Nr. 1 UStG.
> 3. I ist ebenfalls EU-Ausländer, erbringt aber keine sonstige Leistung i.S.d. § 13b Abs. 1 UStG, sondern eine Werklieferung gem. § 3 Abs. 4 UStG, die nach § 3 Abs. 7 Satz 1 UStG im Inland steuerbar und steuerpflichtig ist.
> 4. Auch T ist ein ausländischer Unternehmer, der eine steuerpflichtige Grundstücksleistung bzw. Werklieferung im Inland erbringt und dabei nicht § 13b Abs. 1 UStG unterliegt.

Leistender Unternehmer	Leistung	Abnehmer	Schuldner der Umsatzsteuer	Entstehung der Umsatzsteuer
Sitz im EU-Ausland	Sonstige Leistung nach § 3a Abs. 2 UStG	In-/Ausländischer Unternehmer (§ 13b Abs. 5 Satz 1 UStG)	Abnehmer (§ 13b Abs. 5 i.V.m. Abs. 1 UStG)	Im Voranmeldungszeitraum der Leistung
Sitz im EU-Ausland/ Drittland	Leistung nach § 13b Abs. 2 Nr. 1 UStG: Werklieferung oder sonstige Leistung außerhalb des § 13b Abs. 1 UStG	In-/Ausländischer Unternehmer (§ 13b Abs. 5 Satz 1 UStG)	Abnehmer (§ 13b Abs. 5 i.V.m. Abs. 2 Nr. 1 UStG)	Rechnungsmonat, spätestens Folgemonat der Leistung

2.7 Steuerumkehr nach § 13b Abs. 2 Nr. 2, Abs. 5 UStG

Die **Übereignung eines Gegenstands zur Sicherheit** stellt nach wirtschaftlicher Betrachtung (zunächst noch) keine Lieferung i.S.d. § 3 Abs. 1 UStG dar. Erst im Zeitpunkt der **Verwertung** ist von einer Lieferung des Sicherungsgebers an den Sicherungsnehmer auszugehen (Abschn. 1.2 Abs. 1, Abschn. 3.1 Abs. 3 UStAE). Veräußert der Sicherungsnehmer den Gegenstand an einen Dritten, kommt es zeitgleich zu einem Doppelumsatz; übernimmt der Sicherungsgeber zusätzlich auch noch als Verkaufskommissionär die Veräußerung des Sicherungsguts für den Sicherungsnehmer, liegt gar ein Dreifachumsatz vor (Abschn. 1.2 Abs. 1a UStAE) s. Kap. III. 5.

§ 13b Abs. 2 Nr. 2 UStG **sichert** das **Steueraufkommen**, indem die Steuerschuld, die sich aus der Lieferung des Sicherungsgebers an den Sicherungsnehmer ergibt, auf den Sicherungsnehmer verlagert wird. Da sich der Sicherungsgeber in solchen Fällen regelmäßig in einer finanziellen Notlage befindet, wäre fraglich, ob er die entstandene Umsatzsteuer an das Finanzamt abführen würde, während dem Sicherungsnehmer ein Vorsteuerabzug zusteht. Der Sicherungsnehmer meldet also sowohl Umsatzsteuer und Vorsteuer aus der Eingangslieferung des Sicherungsgebers an und unabhängig hiervon auch die Umsatzsteuer aus dem Verwertungsgeschäft an den Dritten.

> **Beispiel:**
>
> Teppichhändler T übereignete am 1.2.01 der Bank B zur Sicherheit für ein 5-jähriges Darlehen sein Warenlager. Die übereigneten Waren verblieben bei T. Gemäß der Vereinbarung zwischen T und B durfte B die Waren in unmittelbaren Besitz nehmen und verwerten, sobald T das Darlehen nicht pünktlich zurückzahlen würde. B konnte auch verlangen, dass T die Waren zugunsten der B verwerte. Am 1.6.05 teilte T der B mit, dass die wirtschaftliche Situation unzureichend sei, und schlug einen Ausverkauf vor.
> a) B bringt die Teppiche an sich und versteigert sie am 1.7.05 an Dritte D.
> b) B beauftragt T mit der Durchführung des Ausverkaufs und fordert, dass der Verkaufserlös der Rückführung des Darlehens dienen muss (Überweisung der Kunden direkt auf ein Konto der Bank). Am 1.7.05 wurde der Verkauf durchgeführt und der Erlös an die B überwiesen.

> **Lösung:**
>
> Die **Sicherungsübereignung** führt zwar zivilrechtlich zu einer vollwertigen Eigentumsübertragung. Eine Lieferung i.S.v. § 3 Abs. 1 UStG kam zu diesem Zeitpunkt (noch) nicht zustande (1.2.01).
> Erst mit der **Verwertung** des Sicherungsgutes (1.7.05) kommt es zu einer Lieferung vom Sicherungsgeber (T) an den Sicherungsnehmer (B).
> a) Beim Verkauf der Teppiche an die Dritten sind **zwei** zeitgleiche **Lieferungen** zu unterscheiden:
>   1. Die Lieferung von B an D. Hieraus schuldet B nach § 13a Abs. 1 Nr. 1 UStG die Umsatzsteuer.
>   2. Im selben Moment ist von einer Lieferung von T an B auszugehen. Auch die hierbei anfallende Umsatzsteuer schuldet B, hier aber aus § 13b Abs. 2 Nr. 2, Abs. 5 UStG.
> b) Beim Verkauf der Teppiche an die Erwerber sind **drei** zeitgleiche **Lieferungen** zu unterscheiden:
>   1. Weil T in eigenem Namen (aber als Kommissionär für Rechnung der B) an D verkauft, schuldet er hieraus die Umsatzsteuer nach § 13a Abs. 1 Nr. 1 UStG; für diese Lieferung gilt § 13b Abs. 2 Nr. 2, Abs. 5 UStG nicht.
>   2. Zeitgleich mit der Verwertung fand (zunächst) eine Lieferung des Sicherungsgutes von T an B statt. (Nur) für diese Lieferung wird die Steuerschuld gem. § 13b Abs. 2 Nr. 2, Abs. 5 UStG auf B verlagert.
>   3. Eine dritte Lieferung kommt dadurch zustande, dass B im Rahmen einer Verkaufskommission gem. § 3 Abs. 3 UStG an T (zurück-)liefert, damit dieser die Verwertungslieferung in eigenem Namen und auf Rechnung der B durchführen kann. Die hierbei entstehende Umsatzsteuer schuldet ebenfalls B, hier nach § 13a Abs. 1 Nr. 1 UStG.

2.8 Steuerumkehr nach § 13b Abs. 2 Nr. 3, Abs. 5 UStG

Regelfall eines unter das GrEStG fallenden Umsatzes ist die **Lieferung eines Grundstücks**. Diese Lieferung ist nach § 4 Nr. 9a UStG steuerfrei. Der Veräußerer kann allerdings unter den Voraussetzungen des § 9 Abs. 1, Abs. 3 UStG auf die Steuerbefreiung verzichten (Option). Die hieraus entstehende Umsatzsteuer schuldet der Erwerber. Sinn und Zweck der Steuerschuldumkehr leiten sich hier aus dem regelmäßig hohen Umsatzsteuer- und Vorsteuerbetrag ab.

Teil II: Darstellung der Umsatzsteuer

Beispiel:

Unternehmer V verkauft ein inländisches Grundstück an den Erwerber E für dessen Unternehmen. (Eine Geschäftsveräußerung im Sinn des § 1 Abs. 1a UStG liegt nicht vor.) Der Kaufpreis beträgt 100.000 €. Im notariellen Kaufvertrag erklärt V, dass er auf die Steuerbefreiung verzichtet.

Lösung:

Die Lieferung des V ist nach § 4 Nr. 9a UStG steuerfrei. V optierte allerdings wirksam nach § 9 Abs. 1 und 3 UStG. Gem. § 13b Abs. 2 Nr. 3, Abs. 5 UStG schuldet E die Umsatzsteuer, die nach § 10 Abs. 1 UStG 100.000 € × 19 % = 19.000 € beträgt.

Hinweis! Die Grundstückslieferung wird von § 9 Abs. 2 UStG nicht erfasst (vgl. dessen Wortlaut). E könnte sowohl ein Kaufmann sein, als auch ein heilberuflich tätiger Arzt! Ist E Kaufmann, neutralisiert sich die auf ihn umgekehrte Steuerschuld sogleich durch die nach § 15 Abs. 1 Nr. 4 UStG entstehende Vorsteuerabzugsberechtigung. E als Arzt kann dagegen regelmäßig nicht die Vorsteuer abziehen (§ 15 Abs. 2 Nr. 1 i.V.m. § 4 Nr. 14a UStG). Daher ist fraglich, ob V die Option in der Praxis realisieren kann. Mit der Option soll eine nachteilige Vorsteuerberichtigung nach § 15a Abs. 1, Abs. 8, Abs. 9 UStG vermieden werden.

☞ **Tipp!**

In der Praxis und in Klausuren muss anfangs (vor den üblichen Vorschriften einschließlich § 13b Abs. 2 Nr. 3 UStG) geprüft werden, ob nicht eine nicht steuerbare **Geschäftsveräußerung** gem. § 1 Abs. 1a UStG vorliegt. In diesem Fall stellt sich die Frage der Steuerbefreiung nicht, also auch nicht die von Option und Reverse-Charge-Verfahren.

Beispiel:

V verkauft das von ihm vermietete inländische Grundstück/Gebäude an den Erwerber E, der die Vermietung fortführt. Der Kaufpreis beträgt 100.000 €.

Lösung:

Die Lieferung des V ist nach § 1 Abs. 1a UStG nicht steuerbar. I.d.R. stellt das vermietete Grundstück das gesamte Unternehmen des V dar oder aber einen gesondert geführten Betrieb.

2.9 Steuerumkehr nach § 13b Abs. 2 Nr. 4 i.V.m. Abs. 5 Satz 2 UStG

Betroffen sind bestimmte Umsätze (**Baubranche**). Die Bestimmung stand in der jüngsten Vergangenheit im Blickfeld von BFH (Urteil vom 22.8.2013, V R 37/10, BStBl II 2014, 128), Änderungen im UStAE und wurde ganz grundsätzlich ab 1.10.2014 neu gesetzlich geregelt. Flankierend hierzu regelt § 27 Abs. 19 UStG das Verfahren für Altfälle. Seit 2016 wurde zudem der sachliche Anwendungsbereich in Bezug auf Sachen erweitert, die mit dem Grundstück verbunden werden (Betriebsvorrichtungen, im Anschluss an die gegenteilige Entscheidung des BFH vom 28.8.2014, V R 7/14, BStBl II 2015, 68 zur bisherigen Rechtslage).

2.9.1 Verhältnis des § 13b Abs. 2 Nr. 4 UStG zu § 13b Abs. 2 Nr. 1 UStG

Die Regelung gilt nur nachrangig hinter § 13b Abs. 2 Nr. 1 UStG, ist also nicht anzuwenden, wenn der maßgebliche Bauumsatz von einem ausländischen Unternehmer durchgeführt wird. Nach § 13b Abs. 2 Nr. 1 UStG bestimmt sich die Umkehr der Steuerschuld, wenn der Bauumsatz von einem **im Ausland ansässigen** Unternehmer an einen **beliebigen** Unternehmer erbracht wird. § 13b Abs. 2 **Nr. 4** UStG gilt für Bauumsätze eines **inländischen Unternehmers** und wird dadurch eingeschränkt, dass auch der **Leistungsempfänger solche Bauumsätze** erbringen muss.

2.9.2 Bauumsätze gem. § 13b Abs. 2 Nr. 4 UStG

Die Leistungen müssen sich unmittelbar auf die **Substanz des Bauwerks** auswirken (Abschn. 13b.2 UStAE und regelmäßig veröffentlichte Übersichten der Oberfinanzdirektionen). Gem. Abschn. 13b.2 Abs. 7 Nr. 15 UStAE sollen Reparatur- und Wartungsarbeiten an Bauwerken – entgegen des Gesetzeswortlauts – nicht unter das Reverse-Charge-Verfahren fallen, wenn das (Netto-)Entgelt für den einzelnen Umsatz nicht 500 € übersteigt.

> **Beispiel:**
>
> Baumarkt B verkauft Sanitärmaterial an den inländischen Handwerker H. H verarbeitet das Material im inländischen Mietshaus des M, sowie im inländischen Werkstattgebäude des Dachdeckers D. Weil eine Arbeitskraft des H ausfällt, verleiht ihm die französische Firma F einen Installateur.

> **Lösung:**
>
> 1. B ist nach § 13a Abs. 1 Nr. 1 UStG Schuldner der Umsatzsteuer aus der Lieferung an H. Mit seiner Lieferung erbringt B nämlich keinen Bausubstanzumsatz.
> 2. H erbringt jeweils eine Werklieferung nach § 3 Abs. 4 UStG. Diese ist gem. § 3 Abs. 7 Satz 1 UStG im Inland steuerbar und steuerpflichtig.
>   – Für die Leistung an M schuldet H die Umsatzsteuer nach § 13a Abs. 1 Nr. 1 UStG. M erbringt mit der Vermietung entgegen § 13b Abs. 5 Satz 2 UStG keine Umsätze i.S.d. § 13b Abs. 2 Nr. 4 UStG.
>   – Für die Leistung des H an D kehrt sich dagegen gem. § 13b Abs. 5 Satz 2 UStG die Steuerschuld um. Dies gilt, auch wenn D die Eingangsleistung in seinem Werkstattgebäude verwendet und nicht zur Ausführung eines Bauumsatzes an Dritte. D erfüllt nämlich seinerseits die Voraussetzungen des § 13b Abs. 5 Satz 2 UStG.
> 3. F erbringt keinen Bauumsatz an H, auch nicht, wenn der verliehene Arbeitnehmer am Bau eingesetzt wird (Abschn. 13b.2 Abs. 7 Nr. 13 UStAE). Die Steuerschuld verlagert sich daher nicht nach § 13b Abs. 2 Nr. 4 UStG. Allerdings gilt (ohnehin vorrangig) **§ 13b Abs. 1 UStG**: F ist in einem anderen Mitgliedstaat ansässig; sie erbringt eine sonstige Leistung, deren Ort sich gem. § 3a Abs. 2 UStG im Inland befindet und die steuerpflichtig ist. H schuldet auch hieraus die Umsatzsteuer.

2.9.3 Bautätigkeit des Leistungsempfängers nach § 13b Abs. 5 Satz 2 UStG

Im Rahmen des § 13b Abs. 2 Nr. 4 UStG ist zu beachten, dass die Umkehr der Steuerschuld ergänzend davon abhängt, dass der Leistungsempfänger die Voraussetzungen nach § 13b Abs. 5 Satz 2 UStG erfüllt. Er muss ebenfalls nachhaltig entsprechende Bauumsätze erbringen. Dies wird zum Schutze des leistenden Bauhandwerkers generell bejaht, wenn der Leistungsempfänger über eine ihm vom Finanzamt erteilte gültige Bescheinigung verfügt (USt 1 TG). Der Bauausführende darf in diesem Fall auf die Umkehr der Steuerschuld vertrauen, geht also kein Risiko ein, wenn er in seiner Rechnung keine Umsatzsteuer ausweist. Ob die Bescheinigung auch tatsächlich vorgelegt wird, ist unmaßgeblich. Wurde dem Leistungsempfänger keine Bescheinigung erteilt, ist dieser aber doch nachhaltig in der Baubranche tätig (10 % seines Vorjahresumsatzes, Abschn. 13b.3 Abs. 2 Satz 1 UStAE), kommt es ebenfalls zur Umkehr der Steuerschuld.

Die Umkehr der Steuerschuld knüpft demnach an den allgemeinen Status des Leistungsempfängers als eines Unternehmers in der Baubranche an. Sie gilt daher im klassischen Anwendungsbereich eines Leistungsaustausches zwischen Subunternehmer und Generalunternehmer, der die Eingangsleistung seinerseits an seinen Kunden weiterleitet (Leistungskette). Sie gilt aber gem. § 13b Abs. 5 Satz 2 UStG auch dann, wenn die Leistung des Bauhandwerkers an Unternehmensgütern des Leistungsempfängers „hängen bleibt", also nicht in einen weiteren Umsatz einmündet. Und die Steuer wird gem. § 13b Abs. 5

Teil II: Darstellung der Umsatzsteuer

Satz 6 UStG auch umgekehrt, wenn die fragliche Bauleistung im Konsumbereich des in der Baubranche tätigen Leistungsempfängers bezogen wird.

Besondere Aufmerksamkeit gilt Unternehmern, die (als **Bauträger**) zumindest teilweise Immobilien schlüsselfertig verkaufen.

> **Beispiel:**
>
> V verkauft ein inländisches Gebäude an E. Zuvor hatte V das Gebäude vom inländischen Handwerker H sanieren lassen. V ist ein Bauträger, der auf eigenen Grundstücken Gebäude erstellen oder vorhandene Gebäude reparieren lässt, die er anschließend verkauft.

> **Lösung:**
>
> 1. V erbringt eine steuerbare (§ 3 Abs. 7 Satz 1 UStG) und regelmäßig steuerfreie (§ 4 Nr. 9a UStG) Lieferung an E. Er kann möglicherweise nach § 9 Abs. 1, Abs. 3 UStG optieren mit der Folge einer Steuerumkehr auf E nach § 13b Abs. 2 Nr. 3, Abs. 5 UStG.
> 2. H leistet an V. H ist Steuerschuldner nach § 13a Abs. 1 Nr. 1 UStG, wenn V in seinem Unternehmen (nahezu ausschließlich) Grundstücke veräußert (und nicht mindestens zu 10 % auch Bauumsätze im Sinn von § 13b Abs. 2 Nr. 4 UStG erbringt). Richtigerweise verfügt V dann auch nicht über eine entsprechende Bescheinigung des Finanzamts (USt 1 TG). H erbringt zwar einen Bauumsatz i.S.v. § 13b Abs. 2 Nr. 4 UStG, doch erfüllt V nicht die Voraussetzungen des § 13b Abs. 5 Satz 2 UStG, da er reine Lieferungen tätigt.

> **Abwandlung:**
>
> V verkauft ein inländisches Gebäude an E. Zuvor ließ V das Gebäude vom inländischen Handwerker H sanieren.
>
> V ist zum einen als Bauträger tätig, indem er Gebäude/Wohnungen verkauft, zum anderen aber erstellt V – als Bauunternehmer – im Auftrag von Bauwilligen Gebäude auf deren Grundstück.

> **Lösung:**
>
> H erbringt Bauleistungen i.S.d. § 13b Abs. 2 Nr. 4 UStG an V. Die Umsatzsteuerschuld verlagert sich auf V. Da V zu einem nennenswerten Teil selbst Umsätze im Sinn von § 13b Abs. 2 Nr. 4, Abs. 5 Satz 2 UStG tätigt, gehört er zum qualifizierten Kreis der Leistungsempfänger. Er wird daher dem H die ihm antragsgemäß erteilte entsprechende Bescheinigung vorlegen. H kann ohne Ausweis der Umsatzsteuer abrechnen.

> ☞ **Tipp!**
>
> Ein Bauhandwerker tut gut daran, sich eine Bescheinigung von seinem Leistungsempfänger vorlegen zu lassen, bevor er auf dessen Wunsch hin eine Rechnung erstellt, in der er unter Hinweis auf die Steuerschuldnerschaft des Leistungsempfängers nach § 13b Abs. 2 Nr. 4 UStG keine Umsatzsteuer ausweist.
>
> Ein Leistungsempfänger, der die Voraussetzungen des § 13b Abs. 2 Nr. 5 Satz 2 UStG erfüllt, sollte unbedingt eine Bescheinigung USt 1 TG beantragen und diese dann auch einem Bauhandwerker vorlegen, wenn er vermeiden will, dass dieser ihm Umsatzsteuer berechnet, obwohl er selbst Steuerschuldner nach § 13b UStG ist. Die Erteilung der Bescheinigung stellt einen Verwaltungsakt dar, dessen Erlass ggf. im Wege des Einspruchs gegen die Ablehnung bzw. mit Verpflichtungsklage gem. § 40 Abs. 1 FGO erstritten werden kann.

Haben sich die Beteiligten in Zweifelsfällen zu Unrecht an einer Umkehr der Steuerschuld ausgerichtet, gilt § 13b Abs. 5 Satz 7 UStG und es bleibt bei der bisherigen Besteuerung.

2.9.4 Abwicklung von Altfällen gem. § 27 Abs. 19 UStG

Aus der Entscheidung des BFH vom 22.8.2013, V R 37/10, BStBl II 2014, 128 ergab sich, dass ein Teil der bis dahin geltenden Regelungen im UStAE falsch waren, insbesondere wenn Bauhandwerker entsprechende Umsätze an Bauträger erbrachten.

Bis zur Neuregelung seit 1.10.2014 befassten sich daher verschiedene BMF-Schreiben mit Rechtsfragen, die mit der Veränderung zusammenhängen. Im Vordergrund standen Fragen der Abrechnung und hier wiederum vor allem die Behandlung von Anzahlungen, vgl. BMF vom 8.5.2014, BStBl I 2014, 823; BMF vom 31.7.2014, BStBl I 2014, 1073; BMF vom 26.9.2014, BStBl I 2014, 1297.

§ 27 Abs. 19 UStG regelt nun, wie vorzugehen ist, wenn ein Bauträger die Rückzahlung der angesichts der BFH-Entscheidung zu Unrecht an das Finanzamt abgeführten § 13b-Umsatzsteuer fordert. Die Regelung beschäftigte zunächst eine Vielzahl von Gerichten in Verfahren der Aussetzung der Vollziehung gem. § 361 AO. Zwischenzeitlich hat der BFH entschieden, BFH vom 23.2.2017, V R 16/16, BStBl II 2017, 760 und V R 24/16: Der BFH wendet § 27 Abs. 19 UStG trotz seiner verfassungsrechtlichen Bedenken gegen § 27 Abs. 19 Satz 2 UStG an, der den Vertrauensschutz aus § 176 AO ausschließt und obwohl fraglich ist, ob die Vorschrift EU-konform ist. Allerdings fordert der BFH im Gegenzug, dass die Finanzverwaltung in allen Fällen eine Abtretung anbieten und annehmen muss, sodass sich das Ermessen („kann") in § 27 Abs. 19 Satz 3 UStG auf Null reduziert.

> **Beispiel:**
>
> Bauhandwerker H erbrachte im Jahr 2012 Bauleistungen im Sinn von § 13b Abs. 2 Nr. 4 UStG im Umfang von 80.000 € (netto) an den inländischen B, einen Bauträger, der bei seinen Bauvorhaben auch Sonderwünsche seiner Käufer ausführte. B verkaufte das (u.a. mit Hilfe des H erstellte) Gebäude an eine Privatperson. Wie im damaligen UStAE vorgesehen, wies H in seiner Rechnung unter Hinweis auf die von beiden Vertragsbeteiligten angenommene Steuerschuldnerschaft des B keine Umsatzsteuer aus. Dementsprechend meldete B die Umsatzsteuer i.H.v. 15.200 € bei dem für ihn zuständigen Finanzamt an und führte diesen Betrag auch ab, da er gem. § 15 Abs. 2 Nr. 1 UStG wegen seines nach § 4 Nr. 9a UStG zwingend steuerfreien Verkaufs nicht zum Abzug der Vorsteuer berechtigt war.
>
> Im Anschluss an den Wandel in Rspr. und Verwaltung begehrt B im Jahr 2015 die Rückzahlung der abgeführten Umsatzsteuer. Bei richtiger Subsumtion des § 13b Abs. 5 Satz 1 UStG a.F. schuldete damals nicht er die Umsatzsteuer, sondern H nach § 13a Abs. 1 Nr. 1 UStG. Zudem verlangt B Zinsen gem. § 233a AO.

> **Lösung:**
>
> Tatsächlich verstießen die fraglichen Anweisungen im UStAE gegen das Gesetz. Bei zutreffender Betrachtung hatte B zu Unrecht die Umsatzsteuer angemeldet. Da die damalige USt-Jahresanmeldung gem. § 168 Satz 1 AO unter Vorbehalt der Nachprüfung steht und auch die Festsetzungsverjährung noch nicht eintrat, kann B eine geänderte Anmeldung (2012) ohne die Umsatzsteuer nach § 13b UStG abgeben und anschließend die Rückzahlung vom Finanzamt verlangen.
>
> Andererseits steht fest, dass dem Finanzamt aus der Leistung des H die Umsatzsteuer zusteht. Da diese Umsatzsteuer entsprechend der damaligen Verwaltungsansicht nicht von H abgeführt wurde, käme es zu einem Steuerausfall beim Finanzamt, würde es tatsächlich die Forderung des B ohne Weiteres erfüllen. Um dies zu verhindern, fordert das für H zuständige Finanzamt den H auf, für diejenigen Leistungen, auf die B seinen Rückforderungsanspruch stützt, berichtigte Rechnungen an B zu stellen, in denen nun die Umsatzsteuer ausgewiesen ist. H (oder das Finanzamt) ändern nun nach § 27

Abs. 19 Satz 1 UStG auch die USt-Jahresanmeldung (2012) des H und erfassen zusätzlich die berichtigte Umsatzsteuer. Damit H keinen Nachteil aus diesem – durch die falschen Vorgaben im damaligen UStAE bedingten – Vorgehen hat, kann er seinen Anspruch gegen B auf Zahlung der nun nachträglich ausgewiesenen Umsatzsteuer schuldbefreiend an das Finanzamt abtreten, sodass er zwar den Mehraufwand aus der Berichtigung von Rechnung und Steueranmeldung trägt, nicht aber ein Liquidationsrisiko.

> ☞ **Hinweis!**
> Bauhandwerker sind geneigt, einer vom Bauhandwerker berichtigten Rechnung entgegen zu halten, es sei nur die Zahlung eines Netto-Betrags vereinbart gewesen und außerdem sei der Mehrbetrag zwischenzeitlich verjährt. Beides ist falsch, da sich im Wege ergänzender Vertragsauslegung gem. § 242 BGB eine Pflicht zur Zahlung auch der Umsatzsteuer ergibt und die Verjährung gem. § 199 Abs. 1 Nr. 2 BGB erst beginnt, wenn der Bauträger seine Forderung beim Finanzamt geltend macht und davon den Bauhandwerker unterrichtet (str.).

2.10 Umkehr der Steuerschuld nach § 13b Abs. 2 Nr. 5, Abs. 5 UStG

Der **Handel mit Gas, Elektrizität, Wärme oder Kälte** gilt als Lieferung. Für den Lieferort gilt regelmäßig die Sonderregelung des § 3g UStG, wenn die dort genannte Lieferung in bestimmter Art erfolgt (nicht z.B. für die Lieferung von Gas in Flaschen oder über Spezialtanker). Der Lieferort befindet sich gemäß § 3g Abs. 1 UStG am Ort des Leistungsempfängers (Empfängerortprinzip), wenn dieser selbst Wiederverkäufer ist. Wird die Lieferung von einem ausländischen Unternehmer getätigt, kehrt sich systemgerecht die Steuerschuld nach § 13b Abs. 2 Nr. 5a i.V.m. Abs. 5 Satz 1 und Satz 6 (Privatbedarf) UStG auf den Leistungsempfänger um. Zur Umkehr der Steuerschuld kommt es gemäß § 13b Abs. 2 Nr. 5b UStG aber auch dann, wenn ein inländischer Unternehmer Gas über das Erdgasnetz oder Elektrizität liefert, allerdings zusätzlich eingeschränkt auf Umsätze in der Branche. Bei Erdgaslieferungen muss gemäß § 13b Abs. 5 Satz 3 UStG auch der Leistungsempfänger derartige Umsätze tätigen, bei Stromlieferungen müssen beide Beteiligte gemäß § 13b Abs. 5 Satz 4 UStG Wiederverkäufer sein. Für den Nachweis der Eigenschaft als Wiederverkäufer gilt der Vordruck USt 1 TH. Das Formular begründet Vertrauensschutz für den ohne Ausweis der Umsatzsteuer abrechnenden Lieferer.

Der von einem **Fotovoltaikunternehmer** (Windkraft-, Biogas-, Blockheizkraftunternehmer) erzeugte und von ihm weitergelieferte Strom wird nach § 3g Abs. 1 UStG am Ort des Abnehmers besteuert. Steuerschuldner ist der Fotovoltaikunternehmer nach § 13a Abs. 1 Nr. 1 UStG. Es kommt zu keiner Umkehr der Steuerschuld nach § 13b Abs. 5 UStG, da ein Fotovoltaikunternehmer den eingekauften Strom in der Regel selbst verbraucht, daher nicht als Wiederverkäufer gilt (Abschn. § 3g.1 Abs. 2 Satz 3, Abs. 3 UStAE). Der von ihm erzeugte und an das Energieunternehmen gelieferte Strom wird regelmäßig durch eine vom Energieunternehmen gefertigte Gutschrift abgerechnet. Der Fotovoltaikunternehmer muss hieraus die Umsatzsteuer für den selbst erzeugten Strom anmelden und abführen (wenn nicht § 19 UStG gilt).

Der Ort, an dem das Energieunternehmen Strom an einen Fotovoltaikunternehmer liefert, befindet sich gemäß § 3g Abs. 2 UStG am Verbrauchsort, d.h. wo sich der Zähler beim Abnehmer befindet. Die Steuerschuld kehrt sich nur um, wenn der Strom durch einen ausländischen Lieferer im Sinne des § 13b Abs. 2 Nr. 5a i.V.m. § 13b Abs. 5 Satz 1 UStG geliefert wird, nicht aber nach der erweiterten Regelung des § 13b Abs. 2 Nr. 5b UStG (branchenspezifische Lieferung zwischen Wiederverkäufern).

Ansässigkeit des Stromlieferers	Empfang im Inland durch Unternehmer	Beide Beteiligte sind Wiederverkäufer	Rechtsfolge
im Ausland	Ja	unerheblich	Umkehr der Steuerschuld § 13b Abs. 2 Nr. 5a, Abs. 5 Sätze 1 und 6 UStG
im Inland	Ja	Ja	Umkehr der Steuerschuld § 13b Abs. 2 Nr. 5b, Abs. 5 Satz 4 UStG
	Ja	Nein (Fotovoltaikunternehmer u.a.)	Lieferer bleibt Steuerschuldner, § 13a UStG

2.11 Umkehr der Steuerschuld nach § 13b Abs. 2 Nr. 6, Abs. 5 UStG

Nachdem ein international angelegter Umsatzsteuerkarussellbetrug aufgeflogen war, wurde für den Handel mit **Treibhauszertifikaten** die Umkehr der Steuerschuld eingeführt. Ein Fiskalschaden wird vermieden, der zuvor entstand, weil die entstehende Umsatzsteuer nicht abgeführt, die Vorsteuer aber beansprucht wurde.

2.12 Umkehr der Steuerschuld nach § 13b Abs. 2 Nr. 7, Abs. 5 UStG

Branchenspezifisch werden „Abfallprodukte" geliefert. Jene sind abschließend in der Anlage 3 zum UStG erfasst und in Abschn. 13b.4 UStAE erläutert.

> **Beispiel:**
>
> Unternehmer U im Inland produziert Kabel. Hierbei entstehen Kupferreste, die er an den Altmetallhändler A verkauft.

> **Lösung:**
>
> Kupferabfälle sind in der Anlage 3 unter Nummer 9 erfasst. In der Praxis rechnet A häufig durch Gutschrift (§ 14 Abs. 2 Satz 2 UStG) ab. A setzt darin die vereinbarte Vergütung an (z.B. nach Gewicht). Er weist in der Gutschrift keine Umsatzsteuer aus. A selbst ist gem. § 13b Abs. 2 Nr. 7 UStG Schuldner dieser Umsatzsteuer.
>
> **Hinweis!** Kauft A Alteisen vom Privatmann P an, entsteht keine Umsatzsteuer, da P kein Unternehmer ist.

Werden verschiedene Stoffe geliefert, kann für einen Teil der Lieferung der leistende Unternehmer nach § 13a Abs. 1 Nr. 1 UStG, für den anderen Teil der Leistungsempfänger nach § 13b Abs. 2 Nr. 7 UStG die Steuer schulden. Werden verschiedene Stoffe vermengt und ist eine Aufteilung nicht möglich, kommt es auf den prägenden Teil an, also denjenigen, der maßgeblich die Höhe des Entgelts beeinflusst. Andernfalls sind die Anteile zu schätzen.

> ☞ **Tipp!**
> Bestehen Zweifel über die Einordnung eines Stoffes kann vordruckgestützt eine Zolltarifauskunft bei der Bundesfinanzverwaltung eingeholt werden.

Teil II: Darstellung der Umsatzsteuer

2.13 Umkehr der Steuerschuld nach § 13b Abs. 2 Nr. 8, Abs. 5 Satz 5 UStG

Betroffen sind Umsätze in der Gebäudereinigungsbranche. Leistender Unternehmer und Leistungsempfänger müssen beide in der Branche tätig sein, § 13b Abs. 5 Satz 5 UStG. Es gelten vergleichbare Grundsätze wie zu § 13b Abs. 2 Nr. 4 UStG (s. Kap. 2.9.3). Maßgeblich ist also der grundsätzliche Status des Leistungsempfängers, der nachhaltig in der Branche tätig sein muss und hierzu auf Antrag eine spezifische Bescheinigung erhält.

Abschn. 13b.5 Abs. 2 UStAE beschreibt solche **Reinigungstätigkeiten**. Eine Umkehr der Steuerschuld nach § 13b Abs. 2 Nr. 1 UStG geht gem. § 13b Abs. 2 Nr. 8 Satz 2 UStG vor.

> **Beispiel:**
>
> Das französische Gebäudereinigungsunternehmen F reinigt im Auftrag des inländischen Gebäudereinigers U das Gebäude des Privatmanns P in Stuttgart.

> **Lösung:**
>
> F erbringt eine sonstige Leistung, die nach § 3a Abs. 3 Nr. 1 UStG im Inland steuerbar und auch steuerpflichtig ist. F hat seinen Sitz im Ausland. U schuldet daher die Umsatzsteuer nach § 13b **Abs. 2 Nr. 1, Abs. 5 UStG.**
> Es kommt nicht darauf an, ob U in der Gebäudereinigungsbranche tätig ist.
> Die Steuer für die Reinigung bei P schuldet U nach § 13a Abs. 1 Nr. 1 UStG.

> **Beispiel:**
>
> Das inländische Gebäudereinigungsunternehmen G reinigt im Auftrag der inländischen Baufirma B, die in der Wintersaison auch Gebäude reinigt, das Gebäude des Privatmanns P in Stuttgart.
> **Alternative:** G reinigt den Schornstein am Gebäude des P.

> **Lösung:**
>
> 1. G erbringt einen Umsatz i.S.v. § 13b Abs. 2 Nr. 8 UStG. Solche Umsätze tätigt auch B; damit erfüllt B § 13b Abs. 5 Satz 5 UStG. B schuldet die Umsatzsteuer nach § 13b Abs. 2 Nr. 8 UStG und ist zugleich gem. § 15 Abs. 1 Nr. 4 UStG zum Vorsteuerabzug berechtigt.
> 2. Die Steuer für die Reinigung bei P schuldet B nach § 13a Abs. 1 Nr. 1 UStG.
>
> **Alternative:** Eine Schornsteinreinigung zählt nicht zu den Gebäudereinigungsmaßnahmen. G schuldet gem. § 13a Abs. 1 Nr. 1 UStG die Umsatzsteuer.

2.14 Umkehr der Steuerschuld nach § 13b Abs. 2 Nr. 9, Abs. 5 UStG

Wird innerhalb der Unternehmerkette steuerpflichtig Gold mit einem bestimmten Feingehalt geliefert, schuldet der Abnehmer die Umsatzsteuer.

> **Beispiele:**
>
> 1. A kauft Altgold auf (Zahngold, Münzen, Schmuck usw.). Er zahlt dem Einlieferer E (Privatmann) 100 €. Anschließend verkauft A das Altgold an die inländische Scheideanstalt S. S schreibt ihm hierfür 200 € gut. Hierbei hat S die bei ihr angefallenen Scheidekosten verrechnet.
> 2. Zahnarzt Z kauft Gold für sein Zahnlabor.

> **Lösung:**
>
> 1. Der Ankauf des Goldes von E ist nicht steuerbar; E ist Privatmann und erfüllt keinen Tatbestand des § 1 UStG.
>   A liefert steuerpflichtig an S. Soweit das Gold einen Feingehalt von mindestens $^{325}/_{1000}$ aufweist, erhält er von S eine Nettogutschrift; insoweit schuldet S die Umsatzsteuer. Für den Verkauf weniger feinen Goldes muss S eine Gutschrift mit Umsatzsteuer erstellen. In Bezug auf die verrechneten Scheidekosten liegt ein tauschähnlicher Umsatz gem. § 3 Abs. 12 Satz 2 UStG vor: Sonstige Leistung der S gegen anteilige Goldlieferung.
> 2. Z schuldet die Umsatzsteuer unabhängig davon, ob er Kleinunternehmer ist (§ 13b Abs. 8 UStG).

> **Tipp!**
> Der Handel mit Anlagegold ist allerdings nach § 25c UStG steuerfrei. Unter den Voraussetzungen des § 9 UStG kann optiert werden.

2.15 Umkehr der Steuerschuld nach § 13b Abs. 2 Nr. 10, Abs. 5 UStG

Bei **Lieferungen von abschließend benannten** (besonders betrugsanfälligen) **Liefergegenständen** ab einer Bemessungsgrundlage von 5.000 € kehrt sich die Steuerschuld um, vgl. Abschn. 13b.7 UStAE.

2.16 Umkehr der Steuerschuld nach § 13b Abs. 2 Nr. 11 UStG

Werden die in Anlage 4 erläuterten (unedlen) Metalle ab einem Lieferumfang von 5.000 € an einen Unternehmer veräußert, kommt es ebenfalls zu einer Umkehr der Steuerschuld.

2.17 Entstehungszeitpunkt der Umsatzsteuer in den Fällen des § 13b UStG

Für Fälle der Steuerschuldnerschaft aus § 13a UStG regelt § 13 UStG, wann die Steuer entsteht.

Dagegen regelt § 13b UStG nicht nur die Voraussetzungen für eine Steuerumkehr, sondern zugleich, wann die umgekehrte Steuer entsteht.

2.17.1 Entstehungszeitpunkt der Umsatzsteuer nach § 13b Abs. 1 UStG

EU-einheitlich entsteht die Umsatzsteuer mit Ablauf desjenigen Voranmeldungszeitraums, in dem die steuerpflichtige Leistung erbracht wird. Darauf, ob und wann der Steuerschuldner eine Rechnung erhält, kommt es nicht an. Diese frühe Anknüpfung kann dazu führen, dass die Umsatzsteuer bereits anzumelden ist, bevor die Rechnung (als Bemessungsgrundlage) vorliegt.

> **Beispiel:**
>
> Der inländische Unternehmer U lässt im Juni 17 durch F mit Sitz in Frankreich eine Maschine warten für 1.000 €, ohne dass F dazu eigene Hauptstoffe benötigt. U erhält die Rechnung:
> 1. im Juni 17 oder
> 2. im Juli 17 oder
> 3. im August 17.

> **Lösung:**
>
> Die Wartung erfolgt nach § 3a Abs. 2 UStG steuerbar und steuerpflichtig im Inland. Sie wird von einem Unternehmer erbracht, der in einem anderen Mitgliedstaat ansässig ist. Demnach schuldet U gem. § 13b Abs. 1 i.V.m. Abs. 5 Satz 1 UStG die Umsatzsteuer. F muss eigentlich nach § 14a Abs. 1 Satz 2 UStG bis zum 15.7.17 abrechnen.
>
> Umsatzsteuer und Vorsteuer i.H.v. 190 € entstehen in allen Varianten mit Ablauf des Voranmeldungszeitraums Juni 17 (falls Monatsanmelder und keine Dauerfristverlängerung). Zugleich ist die Vorsteuer nach § 15 Abs. 1 Nr. 4 UStG abziehbar.

2.17.2 Entstehungszeitpunkt der Umsatzsteuer nach § 13b Abs. 2 UStG

Betroffen sind diejenigen Fälle der Steuerumkehr, die sich Deutschland genehmigen lassen hat. Die Entstehung der Umsatzsteuer richtet sich hier vorrangig nach dem Rechnungsmonat. Verzögert sich die Rechnungstellung, entsteht die Umsatzsteuer spätestens zum Ende des Folgemonats der Leistung.

> **Beispiel:**
>
> Der inländische Unternehmer U lässt im Juni 17 durch S mit Sitz in der Schweiz eine Maschine für 1.000 € warten, ohne dass S dazu eigene Hauptstoffe benötigt. U erhält die Rechnung:
> 1. im Juni 17 oder
> 2. im Juli 17 oder
> 3. im August 17.

> **Lösung:**
>
> Die Wartung erfolgt nach § 3a Abs. 2 UStG steuerbar und steuerpflichtig im Inland. Sie wird von einem Unternehmer erbracht, der im Drittland ansässig ist. Demnach schuldet U gem. § 13b Abs. 2 Nr. 1 i.V.m. Abs. 5 Satz 1 UStG die Umsatzsteuer. Umsatzsteuer und Vorsteuer i.H.v. 190 € entstehen:
> 1. mit Ablauf Juni,
> 2. mit Ablauf Juli und
> 3. ebenfalls mit Ablauf Juli (Folgemonat nach Leistung im Juni).

> **Abwandlung:**
>
> Im vorstehenden Beispiel erhielt U die (Voraus-)Rechnung bereits im Mai.

> **Lösung:**
>
> Die Umsatzsteuer wird nicht allein dadurch ausgelöst, dass der leistende Unternehmer eine (Voraus-)Rechnung ausstellt. Hinzukommen muss, dass zu diesem Zeitpunkt entweder auch die Leistung ausgeführt ist oder zugleich eine Anzahlung vereinnahmt wird.

2.17.3 Entstehungszeitpunkt der Umsatzsteuer in Sonderfällen

Für **Teilleistungen** verweist § 13b Abs. 4 Satz 1 UStG auf die allgemeinen Grundsätze des § 13 Abs. 1 Nr. 1a Sätze 2 und 3 UStG. Für **Anzahlungen** schuldet der Leistungsempfänger die Umsatzsteuer in dem Voranmeldungszeitraum, in dem der leistende Unternehmer das Entgelt/Teilentgelt vereinnahmt (vgl. § 13 Abs. 1 Nr. 1a Satz 4 UStG); vereinfacht kann nach Abschn. 13b.12 Abs. 3 Satz 2 UStAE auf den Zahlungszeitpunkt abgestellt werden (trotz Überweisungszeit).

> **Beispiel:**
>
> Der inländische Unternehmer U (Monatsanmelder) hat mit dem in Italien ansässigen M einen 5-jährigen Wartungsvertrag (1.2.17–31.1.18) abgeschlossen. Wie schriftlich vereinbart, zahlt U:
> a) am 3.1.17 einen Vorschuss von 5.000 € und/oder
> b) an jedem Monatsende 1.000 € für die von M durchgeführte monatliche Wartung der Maschine.

> **Lösung:**
>
> Die Leistung des M ist gem. § 3a Abs. 2 UStG im Inland steuerbar und steuerpflichtig. Steuerschuldner ist U gem. § 13b Abs. 1, Abs. 5 Satz 1 UStG.
> a) Umsatzsteuer (und Vorsteuer) für die Anzahlung i.H.v. 950 € entsteht gem. § 13b Abs. 4 Satz 2 UStG mit Ablauf Januar 17.

b) Die Umsatzsteuer entsteht gem. § 13b Abs. 4 Satz 1 UStG monatlich i.H.v. 190 €; die monatliche Wartung stellt eine Teilleistung i.S.v. § 13 Abs. 1 Nr.1a Satz 3 UStG dar.

Werden i.R. eines **langjährigen Dauerverhältnisses** (entgegen der Praxis) keine Teilleistungen abgerechnet und bezahlt, meldet der Leistungsempfänger gem. § 13b Abs. 3 UStG zum Ende eines jeden Kalenderjahres die anteilige Umsatzsteuer an und führt sie ab.

Abwandlung des vorstehenden Beispiels:

Der inländische Unternehmer U zahlt erst am Ende der Mietzeit 60.000 € an M.

Lösung:

Die Umsatzsteuer entsteht gem. § 13b Abs. 3 UStG kalenderjährlich anteilig: U schuldet mit Ablauf 11 (Voranmeldung 12/11) 60.000 € : 5 × $^{11}/_{12}$ = 11.000 € × 19 % = 2.090 €. Unter den Voraussetzungen des § 15 Abs. 1 Nr. 4 UStG ist U zugleich jeweils zum Vorsteuerabzug berechtigt.

2.18 Rechnungstellung

Der leistende Unternehmer erstellt eine Nettorechnung. Er muss schließlich die entstehende Umsatzsteuer nicht an das Finanzamt abführen und darf daher die Steuer auch nicht vereinnahmen. Gemäß § 14a Abs. 1 Satz 1 bzw. Abs. 5 Satz 1 UStG muss er in der Rechnung auf die „Steuerschuldnerschaft des Leistungsempfängers" hinweisen.

Außerdem müssen i.R.d. § 13b Abs. 1 UStG in der Rechnung die Umsatzsteuer-Identifikationsnummern der beteiligten Unternehmer aufgeführt sein (§ 14a Abs. 1 Satz 3 UStG); damit wird den beteiligen Staaten eine Kontrolle möglich. Der Leistungsempfänger schuldet die Umsatzsteuer auch, wenn der Hinweis auf die Umkehr der Steuerschuld fehlt.

Weist der leistende Unternehmer in der Rechnung irrtümlich Umsatzsteuer aus, schuldet er diese nach § 14c Abs. 1 UStG. In Bezug auf diese (überhöhte) Steuer ist der Leistungsempfänger nicht vorsteuerabzugsberechtigt (vgl. Kap. XI., XII.).

Die Vereinfachungen für Kleinbetragsrechnungen gelten nicht (§ 33 Satz 3 UStDV).

2.18.1 Rechnungstellung in Zweifelsfällen

Ist sich der Leistungsempfänger nicht sicher, ob der leistende Unternehmer im Ausland ansässig ist (§ 13b Abs. 7 UStG), muss er sich vom leistenden Unternehmer eine **vom Finanzamt ausgestellte Bescheinigung** vorlegen lassen (§ 13b Abs. 7 Satz 5 UStG, USt 1 TS).

Sind andere Voraussetzungen des § 13b UStG zweifelhaft, versucht sich der leistende Unternehmer in der Praxis häufig dadurch abzusichern, dass er seine Leistung unter Ausweis der Umsatzsteuer in Rechnung stellt. Möglicherweise verweigert der Leistungsempfänger aber die Zahlung auch der Umsatzsteuer, weil er einen Fall des § 13b UStG annimmt. Oder aber zahlt er die berechnete Umsatzsteuer zunächst, macht die Vorsteuer geltend, muss aber später (als Ergebnis einer Außenprüfung) die – auch noch nach § 233a AO verzinste – Vorsteuer zurückzahlen und mahnt dann beim Leistungserbringer eine berichtigte Rechnung und die Rückzahlung der Umsatzsteuer an.

Daher bleibt es bei einer von beiden Vertragsbeteiligten irrtümlich angenommenen Umkehr der Steuerschuld in dem in § 13b Abs. 5 Satz 7 UStG beschriebenen Anwendungsbereich, wenn demzufolge der Leistungsempfänger tatsächlich auch die Umsatzsteuer beim Finanzamt anmeldete. Der leistende Unternehmer wird also nicht (auch noch) vom Finanzamt zur Zahlung der eigentlich von ihm nach § 13a UStG geschuldeten Umsatzsteuer herangezogen.

2.19 Bemessung der § 13b-Umsatzsteuer

Rechnet der leistende Unternehmer korrekt, also ohne Ausweis der Umsatzsteuer ab, wird auf den Nettobetrag die Umsatzsteuer mit dem sich aus § 12 UStG ergebenden Steuersatz aufgeschlagen.

Teil II: Darstellung der Umsatzsteuer

Fraglich ist die **Bemessungsgrundlage**, wenn in der Rechnung irrtümlich auch die Umsatzsteuer aufgeführt wird (§ 14c Abs. 1 UStG) und der Leistungsempfänger den Bruttobetrag entrichtet.

Entsprechend Abschn. 13b.13 Satz 1 UStAE ist davon auszugehen, dass sich die Umsatzsteuer nur nach dem Nettobetrag richtet („Betrag ohne Umsatzsteuer" str.).

> **Beispiel:**
>
> Der italienische Unternehmer I hat dem Leistungsempfänger U die erbrachte Leistung mit 10.000 € berechnet und dabei 19 % Umsatzsteuer = 1.900 € ausgewiesen, obwohl U nach § 13b UStG Steuerschuldner ist.

> **Lösung:**
>
> 1. I hätte keine Umsatzsteuer ausweisen dürfen. Die von I ausgewiesene Umsatzsteuer erfüllt § 14c Abs. 1 UStG. (Sie ist um 19 % höher als richtig.) I muss diese Umsatzsteuer an das deutsche Finanzamt abführen (§ 13a Abs. 1 Nr. 1 UStG). In Bezug auf diese Umsatzsteuer steht U kein Vorsteuerabzug zu: Die Voraussetzungen des § 15 Abs. 1 Nr. 1 UStG sind nicht erfüllt, weil diese Umsatzsteuer nicht „gesetzlich für die Leistung geschuldet" wird.
> 2. Unabhängig von der mangelhaften Rechnung ist U kraft Gesetzes Steuerschuldner nach § 13b UStG. Er schuldet die Steuer i.H.v. 10.000 € × 19 % = 1.900 €. Diese Umsatzsteuer kann er gem. § 15 Abs. 1 Nr. 4 UStG abziehen, ohne dass es hierbei auf die Rechnung ankommt.

2.20 Vorsteuerabzug des Leistungsempfängers

Die vom Leistungsempfänger nach § 13b UStG geschuldete Umsatzsteuer ist unter den Voraussetzungen des § 15 Abs. 1 Nr. 4 UStG beim Leistungsempfänger als Vorsteuer abziehbar. Anders als in § 15 Abs. 1 Nr. 1 UStG hängt der Vorsteuerabzug – entsprechend dem Wortlaut des § 15 Abs. 1 Nr. 4 UStG – nicht von einer Eingangsrechnung ab. Dies ist ein großer Vorteil für den Leistungsempfänger, der zugleich die Steuer schuldet. Maßgeblich ist allein der Tatbestand des § 13b UStG. Für im Drittland ansässige Leistungsempfänger gilt die Sonderregelung des § 15 Abs. 4b UStG.

> **Beispiel:**
>
> Der belgische Unternehmer B hat dem Leistungsempfänger U eine Leistung erbracht, für die U nach § 13b UStG die Steuer schuldet. U zahlt vereinbarungsgemäß 10.000 € an B.
> a) U erhält keine Rechnung von B.
> b) In der Rechnung des B fehlt der Hinweis auf die Umkehr der Steuerschuld.

> **Lösung:**
>
> Die Umkehr der Steuerschuld erfolgt kraft Gesetzes.
> Bei U ist die von ihm geschuldete Umsatzsteuer gem. § 15 Abs. 1 Nr. 4 UStG im selben Voranmeldungszeitraum i.H.v. 1.900 € wieder als Vorsteuer abziehbar, wenn er die Eingangsleistung für sein Unternehmen bezieht. Die Vorsteuer ist auch abzugsfähig, wenn die damit bewirkten Ausgangsumsätze nicht vorsteuerschädlich i.S.v. § 15 Abs. 2, Abs. 3 UStG sind. Dies gilt in beiden Varianten.

2.21 Zusammenfassende Meldung, gesonderte Erklärung

Erbringt ein inländischer Unternehmer U eine sonstige Leistung, die nach § 3a Abs. 2 UStG im übrigen Gemeinschaftsgebiet steuerbar und steuerpflichtig ist, und für die der EU-ausländische Leistungsempfänger die Steuer schuldet, muss U diesen Umsatz i.R. einer **Zusammenfassenden Meldung** gem. § 18a Abs. 2 UStG an das Bundeszentralamt für Steuer melden. Dies geschieht am 25. Tag nach Ablauf desjenigen Quartals, in dem die Leistung stattfand. Ggf. kann gem. § 18a Abs. 11 UStG ein Verspätungszuschlag festgesetzt werden. So ist ein Abgleich zwischen der inländischen und der Finanzverwaltung im EU-Ausland möglich.

Außerdem muss U solche Umsätze gem. § 18b Satz 1 Nr. 2 Satz 3 UStG im Monat der Leistung gesondert melden.

 Tipp!
Wer gegen die Pflicht zur Zusammenfassenden Meldung verstößt, riskiert gem. § 26a Abs. 1 Nr. 5 UStG ein Bußgeld.

2.22 Fall

Fall:

Der inländische Installateur I erklärt sich bereit, das Wohnhaus des inländischen Bauunternehmers B für insgesamt 20.000 € mit einer Solaranlage auszustatten. B will damit (ausschließlich) sein Brauchwasser erhitzen.
I bezieht im April 10 die Solarzellen von der österreichischen Firma Ö, die dies mit 10.000 € in Rechnung stellt (Rechnung vom Juni 10).
Vereinbarungsgemäß lässt Ö die Elemente zu I transportieren und beauftragt hiermit den Fuhrunternehmer F mit Sitz in Deutschland; Ö zahlt der Rechnung des F vom April 10 entsprechend 400 € zuzüglich 19 % Umsatzsteuer = 76 €, also insgesamt 476 € an F.
Mit der Installation der Solarzellen auf dem Dach beauftragt I die schweizer Firma S und zahlt für die noch im April erbrachte Montage 3.000 € an S (Rechnung vom Mai 10).
Den Anschluss der Solarzellen an die Versorgungseinrichtungen im Haus des B übernimmt I selbst. Einen Teil der hierfür benötigten Materialien bestellt I beim Großhändler G (Inland), der seinerseits die Teile beim französischen Hersteller F ordert und – wie mit I vereinbart – von diesem direkt zur Baustelle B schicken lässt.
B nimmt die Anlage Ende Mai in Betrieb. I schickt seine Rechnung am 1.7.10 an B.

XVIII. Besteuerung der Kleinunternehmer (§ 19 UStG)

1. Allgemeines

Abweichend von den bisher dargestellten allgemeinen Regelungen der Umsatzbesteuerung nach §§ 1–13b UStG (**Regelbesteuerung**), enthält § 19 UStG Sonderregelungen für **Unternehmer mit geringen Gesamtumsätzen**. Danach wird bei Unternehmern, deren Gesamtumsätze nicht mehr als 17.500 € jährlich betragen (**Kleinunternehmer**):
- gemäß § 19 Abs. 1 S. 1 UStG die an sich geschuldete **Umsatzsteuer nicht erhoben**,
- auf der anderen Seite steht ihnen dafür aber bezüglich der Umsatzsteuer für Eingangsumsätze gemäß § 19 Abs. 1 S. 4 UStG auch **kein Vorsteuerabzug** zu.

Da sich die fehlende Berechtigung zum Vorsteuerabzug – insbesondere bei hohen Eingangsleistungen – negativ auswirken kann, kann der Unternehmer allerdings gemäß § 19 Abs. 2 UStG auf die Anwendung der **Kleinunternehmerregelung verzichten**, mit der Folge, dass er entgegen § 19 Abs. 1 UStG Umsatzsteuer abführen muss, anderseits jedoch auch wieder Vorsteuer geltend machen kann.

2. Voraussetzungen der Kleinunternehmerregelung

2.1 Anwendung auf inländische Unternehmer

Die Kleinunternehmerregelung nach § 19 Abs. 1 UStG findet nur Anwendung auf im **Inland ansässige Unternehmer**. Eine Ausnahme gilt für Unternehmer, die in den in § 1 Abs. 3 UStG bezeichneten Gebieten (Freihäfen) ansässig sind. Die Kleinunternehmerregelung ist damit z.B. auch bei Unternehmern, die auf Helgoland oder in Büsingen ansässig sind, nicht anzuwenden, da diese zwar zum deutschen Hoheitsgebiet, aber nicht zum umsatzsteuerlichen Inland i.S.d. § 1 Abs. 2 S. 1 UStG gehören.

2.2 Anwendung auf Unternehmer mit geringen Gesamtumsätzen

2.2.1 Maßgebliche Umsatzgrenzen

Nach § 19 Abs. 1 S. 1 UStG gelten folgende Umsatzgrenzen, die nicht überschritten werden dürfen:
- **Vorangegangenes Kalenderjahr 17.500 €** = tatsächlicher Umsatz **und**
- **laufendes Kalenderjahr 50.000 €** = voraussichtlicher Umsatz (= Prognose).

Beide Umsatzgrenzen müssen eingehalten werden, d.h. ist nur eine Umsatzgrenze überschritten, greift die Kleinunternehmerregelung nicht ein. Ein Unternehmer muss dabei regelmäßig bereits zu Beginn eines jeden Jahres wissen, ob er (noch) Kleinunternehmer ist oder nicht. Davon hängt nämlich ab, ob die Umsatzsteuer bei ihm erhoben wird und er sie dementsprechend seinen Kunden in Rechnungen stellt und ob er auf der anderen Seite für seine Eingangsleistungen Vorsteuern geltend machen kann.

Zu Beginn eines jeden Jahres ist daher immer zunächst das Vorjahr zu betrachten. Liegen die **tatsächlichen Umsätze des Vorjahres bereits über 17.500 €**, findet für das laufende Jahr **§ 19 Abs. 1 UStG bereits keine Anwendung**, der Unternehmer ist also kein Kleinunternehmer mehr. Eine weitere Prüfung der voraussichtlichen Umsätze des laufenden Jahres erübrigt sich daher.

Liegt der Vorjahresumsatz nicht über der Grenze von 17.500 €, ist weiter zu prüfen, ob auch die Umsätze des **laufenden Jahres voraussichtlich die Grenze von 50.000 €** nicht überschreiten werden. Dabei ist zu Beginn des laufenden Jahres eine **Prognose** vorzunehmen, die aber auch dann maßgebend bleibt, wenn der tatsächliche Umsatz später doch höher war, d.h. ein Unternehmer, dessen Vorjahresumsatz nicht über 17.500 € liegt und der auch für das laufende Jahr einen Umsatz von maximal 50.000 € prognostiziert hat, bleibt für dieses Jahr auch dann noch Kleinunternehmer, wenn seine tatsächlichen Umsätze später doch darüber liegen (Abschn. 19.1 Abs. 3 S. 5 UStAE).

2.2.2 Hochrechnung auf einen Jahresgesamtumsatz

Beginnt oder endet die unternehmerische Tätigkeit im laufenden Kalenderjahr, muss der tatsächlich in diesem Jahr erzielte Gesamtumsatz nach **§ 19 Abs. 3 S. 3 UStG in einen Jahresgesamtumsatz umgerechnet** werden. Nach § 19 Abs. 3 S. 4 UStG erfolgt die Umrechnung grundsätzlich nach vollen Kalendermonaten, d.h. **angefangene Monate sind grundsätzlich voll mitzurechnen**. Eine Ausnahme gilt allerdings in Fällen, in denen eine Umrechnung nach Tagen ausnahmsweise günstiger ist, also zu einem niedrigeren Gesamtumsatz führen.

> **Beispiel:**
>
> Anfang 2016 prognostiziert Unternehmer U für das laufende Jahr einen Gesamtumsatz von 20.000 €. Seine unternehmerische Tätigkeit hatte er im Vorjahr am 2.3.2015 aufgenommen. Sein tatsächlicher Vorjahresumsatz in der Zeit vom 2.3.–31.12.2015 betrug 14.600 €.

> **Lösung:**
>
> Für die Prüfung, ob U im Kalenderjahr 2016 Kleinunternehmer ist, ist zunächst der Vorjahresumsatz 2015 zu betrachten. Der im Jahr der Neugründung in der Zeit vom 2.3.–31.12.2015 erzielte Umsatz ist dabei nach § 19 Abs. 3 S. 3 und 4 UStG in einen Jahresgesamtumsatz hochzurechnen.
> Jahresgesamtumsatz 2015 nach Monaten: 14.600 €/10 × 12 = 17.520 €.
> Jahresgesamtumsatz nach Tagen: 14.600 €/305 × 365 = 17.472,13 €.
> Da die Umrechnung nach Tagen günstiger ist, ist für das Jahr 2015 von einem Jahresgesamtumsatz von 17.472,13 € auszugehen. Da dieser nicht über der Grenze von 17.500 € liegt und auch der prognostizierte Umsatz für das laufende Jahr die Grenze von 50.000 € nicht überschreitet, ist U im Kalenderjahr 2016 Kleinunternehmer.

2.2.3 Besonderheiten im Jahr der Neugründung

Im Jahr der Neugründung ist mangels Vorjahresumsatz auf den **voraussichtlichen Umsatz des laufenden Kalenderjahres** abzustellen (Prognose). Maßgebend ist dabei im Jahr der **Neugründung die Umsatzgrenze von 17.500 €** (vgl. Abschn. 19.1 Abs. 4 UStAE). Der prognostizierte Umsatz für das „Restjahr" ab Gründung ist nach § 19 Abs. 3 S. 3 UStG auf einen **Jahresumsatz hochzurechnen** (vgl. auch Abschn. 19.3 Abs. 3 UStAE).

> **Beispiel:**
>
> R will sich als Rechtsanwalt selbständig machen. Am 1.10.2016 unterschreibt er den Mietvertrag für die Kanzleiräume und kauft die Büroeinrichtung. Am 1.11.2016 bezieht er die Kanzleiräume und berät die ersten Mandanten. Seinen Gesamtumsatz für 2016 prognostiziert er auf 3.000 €, tatsächlich erzielte er dann 2016 bereits einen Umsatz von 5.000 €.

> **Lösung:**
>
> Für die Frage ob der Rechtsanwalt im Jahr der Neugründung 2016 Kleinunternehmer ist, ist auf den prognostizierten Umsatz dieses Jahres abzustellen. Der prognostizierte Umsatz ab **Beginn des Unternehmens** ist nach § 19 Abs. 3 Satz 3 UStG in einen Jahresgesamtumsatz hochzurechnen (Abschn. 19.3 Abs. 3 S. 2 und 3 UStAE). Unternehmensbeginn ist dabei vorliegend bereits der 1.10.2016, da der Rechtsanwalt mit dem Abschluss des Mietvertrags erstmals nach außen erkennbar als Unternehmer auftritt (zum Beginn des Unternehmens vgl. auch Kap. II. 5.6.1).
> Prognostizierter Jahresgesamtumsatz 2016: 3.000 €/3 × 12 = 12.000 €.

Da der vom Rechtsanwalt prognostizierte Jahresgesamtumsatz von 12.000 € die im Jahr der Neugründung maßgebliche Umsatzgrenze von 17.500 € nicht überschreitet ist er 2016 Kleinunternehmer, auch wenn der tatsächlich erzielte (hochgerechnete) Gesamtumsatz im Jahr 2016 letztlich 20.000 € (5.000 €/3 × 12) betrug (vgl. Abschn. 19.1 Abs. 3 S. 5 und Abs. 4 UStAE). Insoweit ist er dann aber ab 2017 kein Kleinunternehmer mehr.

 Hinweis!
Zu beachten ist, dass die dargestellten Besonderheiten **nur für Neugründungen** gelten und **nicht für Unternehmenserweiterungen**, also für Fälle, in denen im Laufe eines Jahres zusätzlich zu einer bereits ausgeübten unternehmerischen Tätigkeit eine weitere Tätigkeit aufgenommen wird. Maßgeblich für das Jahr der Unternehmenserweiterung sind daher allein die zu Beginn des Jahres prognostizierten Umsätze und die Umsatzgrenze von 50.000 €. Es erfolgt auch keine Hochrechnung der mit der zusätzlich aufgenommenen Tätigkeit erzielten Umsätze auf einen Jahresgesamtumsatz.

2.2.4 Besonderheiten bei der Erbfolge
Der Erbe darf im Kalenderjahr des Erbfalls das geerbte Unternehmen mit der Besteuerungsart des Erblassers fortführen (z.B. Kleinunternehmerregelung), auch wenn für sein eigenes Unternehmen eine andere Besteuerungsart gilt (z.B. Regelbesteuerung). Damit sind im Jahr des Erbfalls zwei Besteuerungsformen trotz Unternehmenseinheit möglich (vgl. Abschn. 19.1 Abs. 5 UStAE).

2.3 Ermittlung des maßgeblichen Gesamtumsatzes für die Umsatzgrenze

2.3.1 Allgemeines
Ausgangspunkt für die Ermittlung der Umsatzgrenzen ist der in **§ 19 Abs. 3 UStG definierte Gesamtumsatz**. Der Gesamtumsatz i.S.d. § 19 Abs. 3 UStG ist dabei aber lediglich eine Basisgröße, die nicht nur für die Ermittlung der Kleinunternehmergrenze, sondern auch für andere Umsatzgrenzen herangezogen wird (z.B. zur Ermittlung der Umsatzgrenze für die Istversteuerung nach § 20 Abs. 1 S. 1 Nr. 1 UStG). Für Zwecke der Kleinunternehmergrenze sind bei der Ermittlung dieses Gesamtumsatzes daher nach **§ 19 Abs. 1 S. 1 und 2 UStG weitere besondere Anforderungen** zu beachten.

Ermittlungsschema
Summe der steuerbaren Umsätze nach § 1 Abs. 1 Nr. 1 UStG (§ 19 Abs. 3 S. 1 UStG)
(Lieferungen und sonstige Leistungen inklusive Entnahmen):
• nicht § 1 Abs. 1 Nr. 4 UStG (Einfuhren)
• nicht § 1 Abs. 1 Nr. 5 UStG (innergemeinschaftliche Erwerbe)
– anzusetzen sind die **Bruttobeträge** inklusive Umsatzsteuer = (§ 19 Abs. 1 S. 1 UStG)
– nur die **vereinnahmten** Bruttoentgelte = Zufluss (§ 19 Abs. 1 S. 2 UStG)
./. abzüglich bestimmter steuerfreier Umsätze = § 19 Abs. 3 Nr. 1 UStG
(§ 4 Nr. 8i, Nr. 9b und **Nr. 11-28** UStG)
./. abzüglich anderer steuerfreier Umsätze, wenn nur Hilfsumsätze = § 19 Abs. 3 Nr. 2 UStG
(§ 4 Nr. 8a-h, Nr. 9a und Nr. 10 UStG)
./. abzüglich Umsätze mit Wirtschaftsgütern des Anlagevermögens (§ 19 Abs. 1 S. 2 UStG)
= **Kleinunternehmergesamtumsatz (sog. Nullbesteuerungsumsatz)**

2.3.2 Gesamtumsatz nach § 19 Abs. 3 UStG
Einbezogen werden nach § 19 Abs. 3 S. 1 UStG nur **steuerbare Umsätze nach § 1 Abs. 1 Nr. 1 UStG**, also solche aus vom Unternehmer ausgeführten Lieferungen und sonstigen Leistungen, **einschließlich der unentgeltlichen Wertabgaben**, sofern diese **steuerbar** sind (vgl. Abschn. 19.3 Abs. 1 S. 2 UStAE). Nicht zu berücksichtigen sind daher die vom Unternehmer getätigten Einfuhren aus Drittländern (§ 1

Abs. 1 Nr. 4 UStG) sowie innergemeinschaftliche Erwerbe aus andern anderen EU-Mitgliedstaaten (§ 1 Abs. 1 Nr. 5 UStG).

Von den steuerbaren Umsätzen nach § 1 Abs. 1 Nr. 1 UStG sind die in **§ 19 Abs. 3 S. 1 Nr. 1 UStG genannten steuerfreien Umsätze abzuziehen.** Die in § 19 Abs. 1 S. 1 **Nr. 2 genannten steuerfreien Umsätze** sind dagegen nur dann abzuziehen, wenn sie lediglich **Hilfsumsätze des Unternehmers** sind, also nicht zur eigentlichen unternehmerischen Betätigung des Unternehmers gehören. Steuerfreie Umsätze die nicht in § 19 Abs. 1 S. 1 UStG aufgeführt sind, oder die unter Nr. 2 fallen und nicht nur Hilfsumsätze des Unternehmers sind (z.B. steuerfrei Umsätze nach § 4 Nr. 8 und Nr. 10 UStG von Banken und Versicherungen) sind daher bei der Ermittlung des Gesamtumsatzes zu berücksichtigen.

2.3.3 Besonderheiten bei der Ermittlung des Gesamtumsatzes nach § 19 Abs. 1 Satz 1 und 2 UStG

Nach **§ 19 Abs. 1 S. 1 und 2 UStG** sind bei der Ermittlung des Gesamtumsatzes, soweit er für die Bestimmung der Kleinunternehmerumsatzgrenzen maßgeblich ist (**Kleinunternehmergesamtumsatz**), Besonderheiten zu beachten.

Besonderheiten bei der Ermittlung des Kleinunternehmergesamtumsatzes
Der Gesamtumsatz gemäß **§ 19 Abs. 1 S. 2 UStG ist immer nach vereinnahmten Entgelten zu berechnen**, d.h. die jeweiligen Umsätze sind auch im Fall der Sollversteuerung immer in dem Jahr zu erfassen, in dem das Entgelte zufließt und nicht im Jahr der Ausführung der Leistung.
Anzusetzen sind nach **§ 19 Abs. 1 S. 1 UStG** immer die vereinnahmten **Bruttobeträge** und nicht die Bemessungsgrundlage nach § 10 Abs. 1 UStG (Entgelt ohne Umsatzsteuer). Bei steuerbaren unentgeltlichen Wertabgaben sowie bei der Steuerschuldnerschaft des Leistungsempfängers ist daher der (Netto-)Bemessungsgrundlage die Umsatzsteuer hinzuzurechnen (vgl. Abschn. 19.1 Abs. 2 UStAE).
Aus dem nach § 19 Abs. 3 UStG ermittelten Gesamtumsatz sind **§ 19 Abs. 1 S. 2 UStG Umsätze aus der Lieferung von Wirtschaftsgütern des Anlagevermögens auszuscheiden** (einschließlich der steuerbaren Entnahmen), also im Ergebnis die typischen Hilfsgeschäfte nicht zu berücksichtigen (Abschn. 19.1 Abs. 6 UStAE).

Beispiel:

R ist Rechtsanwalt und Eigentümer mehrerer vermieteter Immobilien und bisher Regelversteuerer. Er stellt zum 1.2.2016 seine Anwaltstätigkeit ein und entnimmt den mit Vorsteuerabzug erworbenen Firmenwagen, den er ausschließlich betrieblich genutzt hat. In 2016 erzielt er folgende Einnahmen:
- 10.000 € zuzüglich 1.900 € Umsatzsteuer aus Beratungsleistungen (davon zum Teil für Beratungen 2015),
- 3.000 € aus steuerfreien Vermietungen nach § 4 Nr. 12 S. 1 Buchst. a UStG,
- 2.000 € zuzüglich 380 € Umsatzsteuer aus steuerpflichtigen Vermietungen (nach Option gem. § 9 UStG),
- 200.000 € aus der steuerfreien Veräußerung eines Mietgrundstücks (§ 4 Nr. 9 Buchst. a UStG).

Lösung:

Nach § 19 Abs. 3 S. 1 Nr. 1 UStG sind die Einnahmen aus den steuerfreien Vermietungen nicht zu berücksichtigen. Gleiches gilt nach § 19 Abs. 3 S. 1 Nr. 2 UStG für die Einnahmen aus der steuerfreien Veräußerung des Mietgrundstücks, da die Veräußerung für R ein Hilfsgeschäft darstellt. Mit der Entnahme des Pkw tätigt R zwar einen nach § 3 Abs. 1b S. 1 Nr. 1 i.V.m. § 1 Abs. 1 Nr. 1 UStG steuerbaren Umsatz, der zum Gesamtumsatz i.S.d. § 19 Abs. 3 S. 1 UStG gehört. Da es sich bei dem Pkw um Anlagevermögen handelt, ist dieser Umsatz bei der Ermittlung des Kleinunternehmergesamtumsatzes jedoch nach § 19 Abs. 1 S. 2 UStG wieder auszuscheiden.

> Zu berücksichtigen sind also im Ergebnis die Einnahmen aus den steuerpflichtigen Vermietungen und Beratungsleistungen. Anzusetzen sind dabei nach § 19 Abs. 1 S. 1 und 2 UStG die vereinnahmten Bruttobeträge (auch für Beratungsleistungen 2015), der Kleinunternehmergesamtumsatz für 2016 beträgt damit also 14.280 €.

3. Rechtsfolgen der Kleinunternehmerregelung

3.1 Nichterhebung der nach § 1 Abs. 1 Nr. 1 UStG geschuldeten Steuer

Liegen die Voraussetzungen der Kleinunternehmerregelung vor, wird die für bestimmte Umsätze geschuldete **Umsatzsteuer nicht erhoben** (sog. Nullbesteuerung).

Die Nichterhebung der Umsatzsteuer gilt gemäß § 19 Abs. 1 S. 1 UStG allerdings ausdrücklich nur für die nach **§ 1 Abs. 1 Nr. 1 UStG geschuldete Umsatzsteuer für von ihm ausgeführten Leistungen**, einschließlich der von ihm getätigten Entnahmen nach § 3 Abs. 1b und Abs. 9a UStG. Die von ihm **aus anderen Gründen geschuldete Umsatzsteuer wird dagegen auch bei einem Kleinunternehmer erhoben**. Die gilt insbesondere für die Umsatzsteuer, die er als Leistungsempfänger für von ihm bezogene Leistungen schuldet (z.B. nach § 1 Abs. 1 Nr. 5 oder § 13b UStG).

Auch von Kleinunternehmern erhobene Umsatzsteuer	
§ 19 Abs. 1 S. 1 UStG im Umkehrschluss	**Einfuhrumsatzsteuer** nach § 1 Abs. 1 Nr. 4 UStG
	Umsatzsteuer auf innergemeinschaftliche Erwerbe nach § 1 Abs. 1 Nr. 5 UStG (soweit er als Schwellenerwerber i.S.d. § 1a Abs. 3 Nr. 3b UStG überhaupt der Erwerbsbesteuerung unterliegt)
§ 19 Abs. 1 S. 3 UStG	Als **Leistungsempfänger geschuldete Umsatzsteuer** nach § 13b Abs. 5 UStG
	Umsatzsteuer wegen **unberechtigtem Steuerausweis** nach § 14c Abs. 2 UStG
	Die als letzter Abnehmer bei einem innergemeinschaftlichen Dreiecksgeschäft geschuldete Umsatzsteuer nach § 25b Abs. 2 UStG
	Die als Auslagerer geschuldete Umsatzsteuer nach § 13a Abs. 1 Nr. 6 UStG

3.2 Nichtanwendung bestimmter Vorschriften (§ 19 Abs. 1 S. 4 UStG)

Nach § 19 Abs. 1 S. 4 UStG finden bestimmte Vorschriften des UStG bei Kleinunternehmern keine Anwendung. Von praktischer Bedeutung ist dabei insbesondere der Ausschluss des Vorsteuerabzugs nach § 15 UStG und das Verbot eines gesonderten Umsatzsteuerausweises in Rechnungen nach § 14 Abs. 4 UStG.

Bei Kleinunternehmern nicht anwendbare Vorschriften (§ 19 Abs. 1 S. 4 UStG)	
§ 15 UStG	**Kein Vorsteuerabzug** für Eingangsleistungen; dies gilt auch für die von einem Kleinunternehmer als Leistungsempfänger geschuldete und erhobene Umsatzsteuer nach § 13b oder § 1 Abs. 1 Nr. 4 und 5 UStG
§ 9 UStG	**Keine Optionsmöglichkeit** bei steuerfreien Leistungen

Bei Kleinunternehmern nicht anwendbare Vorschriften (§ 19 Abs. 1 S. 4 UStG)	
§ 14 Abs. 4 UStG	Die Nichtanwendbarkeit bezieht sich **nur auf das Recht zum Umsatzsteuerausweis**. Weist ein Kleinunternehmer dabei entgegen § 19 Abs. 1 S. 4 UStG in einer Rechnung Umsatzsteuer offen aus, liegt ein unberechtigter Steuerausweis vor und er schuldet die ausgewiesene Steuer nach § 14c Abs. 2 UStG (die nach § 19 Abs. 1 S. 3 UStG auch erhoben wird)
§ 4 Nr. 1b UStG	Keine Steuerbefreiung für innergemeinschaftliche Lieferungen
§ 14a Abs. 1, 3 und 7 UStG	Keine Angabe der Umsatzsteuer-Identifikationsnummer in den dort genannten Rechnungen

4. Verzicht auf die Kleinunternehmerregelung (§ 19 Abs. 2 UStG)

4.1 Voraussetzungen und Folgen des Verzichts (Option)

4.1.1 Folgen des Verzichts

Der Unternehmer hat gemäß § 19 Abs. 2 UStG die Möglichkeit auf die Anwendung der Kleinunternehmerregelung zu verzichten (Option), mit der Folge, dass er **wieder der Regelbesteuerung** unterliegt, seine Umsätze also wieder nach den allgemeinen Regelungen der §§ 1-13b UStG besteuert werden, ihm dafür insbesondere aber auch wieder ein Recht zum Vorsteuerabzug nach §§ 15, 15a UStG zusteht.

4.1.2 Form und Frist des Verzichts

Der Verzicht erfolgt nach **§ 19 Abs. 2 S. 1 UStG** durch **formlose Erklärung**, die allerdings zwingend **gegenüber dem Finanzamt** abzugeben ist, d.h. die Option wird erst mit Zugang beim Finanzamt wirksam. Ein wirksamer Verzicht liegt also – im Unterschied zur Option nach § 9 UStG – nicht schon mit dem Umsatzsteuerausweis in einer Rechnung vor, aber i.d.R. z.B. durch Abgabe von Voranmeldungen oder Jahreserklärungen, in denen die entsprechenden Umsätze versteuert werden (vgl. im Einzelnen Abschn. 19.2 Abs. 1 S. 4 Nr. 2 UStAE).

Der Verzicht ist an **keine Frist** gebunden, d.h. er kann noch **bis zur Unanfechtbarkeit der Steuerfestsetzung** für das betreffende Jahr erklärt werden (vgl. Abschn. 19.2 Abs. 1 S. 3 und Abs. 6 UStAE). Der Verzicht wirkt dabei immer vom Beginn des Kalenderjahres an, für das er abgegeben wurde.

4.1.3 Bindungswirkung des Verzichts

Vor Unanfechtbarkeit der Steuerfestsetzung für das Kalenderjahr, für das der Verzicht erklärt wurde, kann der Unternehmer die Erklärung mit Wirkung für die Vergangenheit **jederzeit wieder zurücknehmen**.

Nach Unanfechtbarkeit bindet die Erklärung den Unternehmer jedoch für **mindestens 5 Jahre**. Die Bindungswirkung tritt dabei ab Beginn des Kalenderjahres ein, für welches die Erklärung erstmals gilt (§ 19 Abs. 2 S. 2 UStG).

Nach Ablauf der 5 Jahre-Frist lebt die Kleinunternehmerregelung nicht automatisch wieder auf. Der Unternehmer kann dann jedoch den **Verzicht widerrufen**. Der Widerruf des Verzichts muss dabei bis zur Unanfechtbarkeit der Steuerfestsetzung für das entsprechende Kalenderjahr erklärt werden, ab dem die Kleinunternehmerregelung nach § 19 Abs. 1 UStG wieder gelten soll (§ 19 Abs. 2 S. 3 und 4 UStG). Nach dem Widerruf des Verzichts ist dann natürlich zu prüfen, ob die Voraussetzungen für die Kleinunternehmerregelung nach § 19 Abs. 1 UStG überhaupt noch vorliegen.

4.2 Zweckmäßigkeit des Verzichts

Die Kleinunternehmerregelung kann insbesondere einen **Wettbewerbsvorteil bei Leistungen an nicht zum Vorsteuerabzug berechtigte Leistungsempfänger** darstellen, insbesondere also bei Leistungen an private Endverbraucher. In diesen Fällen kann der Kleinunternehmer seine Leistungen gegenüber möglichen Konkurrenten günstiger, nämlich ohne Umsatzsteuer, anbieten. Bei Leistungen an Unternehmer, die ihrerseits die ihnen in Rechnung gestellte Umsatzsteuer wieder als Vorsteuer abziehen können, entfällt dagegen dieser Preis- und Wettbewerbsvorteil.

Auf der anderen Seite ist immer zu berücksichtigen, dass der Kleinunternehmer kein Recht zum Vorsteuerabzug hat. Daher wird für ihn die **Umsatzsteuer für Eingangsleistungen zu einem effektiven Kostenfaktor**, den er bei der Preisgestaltung berücksichtigen muss. Insbesondere bei hohen Eingangsleistungen kann dies den Preisvorteil der Umsatzsteuerfreiheit für seine Leistungen schnell ins Gegenteil verkehren.

Als mögliche Kriterien bei der Entscheidung, ob ein Unternehmer die Kleinunternehmerregelung in Anspruch nehmen oder auf sie nach § 19 Abs. 2 UStG verzichten soll, sind dabei insbesondere zu berücksichtigen:

- Sind die Kunden überwiegend **vorsteuerabzugsberechtigte Unternehmer oder nicht (insbesondere Privatverbraucher)**. Nur im letzteren Fall hat die Kleinunternehmerregelung Vorteile, da nur diese Kunden mit möglicher Umsatzsteuer auch wirklich belastet wären, der Unternehmer an diese also die Leistung günstiger (ohne Umsatzsteuer) anbieten kann.
- Wie ist die **allgemeine Konkurrenzsituation** und handelt es sich um ein **preissensibles Marktsegment**, in dem der Preisvorteil wirklich zu Wettbewerbsvorteilen führt.
- Wie hoch sind die Eingangsleistungen. Bei **hohen Eingangsleistungen** und nur geringen Rohgewinnaufschlagmargen sind die Vorteile durch die fehlende Vorsteuerabzugsberechtigung nur gering. Bei der Unternehmensgründung und in Investitionsphasen kann die Kleinunternehmerregelung sogar ungünstiger sein.

5. Wechsel der Besteuerungsform

5.1 Abgrenzung der Ausgangsumsätze

Beim Übergang von der Kleinunternehmerregelung zur Regelbesteuerung und umgekehrt kommt es für die Frage der Besteuerung der Umsätze grundsätzlich darauf an, wann die entsprechenden **Ausgangsumsätze ausgeführt** wurden und nicht, wann das Entgelt dafür vereinnahmt wurde (vgl. Abschn. 19.5 Abs. 1, 2, 6 und 7 UStAE).

5.2 Abgrenzung der Eingangsumsätze und Vorsteuerberichtigung nach § 15a Abs. 7 UStG

Für die Geltendmachung des Vorsteuerabzugs kommt es ebenfalls darauf an, wann die entsprechenden **Eingangsumsätze ausgeführt** wurden. Unbeachtlich ist dagegen der Zugang der Rechnung über diese Leistungen (vgl. Abschn. 15.1 Abs. 5 und 6 UStAE). Der Übergang von der Kleinunternehmerregelung zur Regelbesteuerung und umgekehrt stellt dabei jedoch nach **§ 15a Abs. 7 UStG eine Änderung der Verhältnisse** dar, für die nach § 15a Abs. 1–3 UStG eine **Vorsteuerberichtigung** durchzuführen ist.

Beispiel:
R ist regelversteuernder Unternehmer und erwirbt in 2014 einen Firmenwagen. Ab 2016 fällt er unter die Kleinunternehmerregelung nach § 19 UStG.

Lösung:
R kann in 2014 nach § 15 UStG die Vorsteuer aus der Anschaffung des Pkw geltend machen. Als Kleinunternehmer ist er ab 2016 nach § 19 Abs. 1 S. 4 UStG nicht mehr vorsteuerabzugsberechtigt. Insofern haben sich die für den ursprünglichen Vorsteuerabzug maßgeblichen Verhältnisse innerhalb des

Berichtigungszeitraums von 5 Jahren geändert und die Vorsteuer ist zulasten des R nach § 15a Abs. 7 i.V.m. Abs. 1 S. 1 UStG zu berichtigen.

(Im umgekehrten Fall – Übergang Kleinunternehmerregelung zur Regelbesteuerung – hätte er die Vorsteuer bei der Anschaffung nicht geltend machen können, ab 2016 wäre aber eine Vorsteuerberichtigung nach § 15a Abs. 7 i.V.m. Abs. 1 S. 1 UStG zu seinen Gunsten möglich.)

XIX. Besondere Besteuerungsformen

1. Allgemeines

In der Land- und Forstwirtschaft (§ 24 UStG), sowie in der Reisebranche (§ 25 UStG) bzw. für die Lieferungen von Wiederverkäufern (§ 25a UStG) gelten besondere Regelungen. Durch die Sonderregeln in § 24 UStG soll eine tatsächliche Besteuerung in der Land- und Forstwirtschaft weitgehend vermieden werden.

§ 25 UStG (Reiseleistung) und § 25a UStG (Differenzbesteuerung) besteuern abweichend vom eigentlichen System nur nach einer Marge. Dies trägt den Besonderheiten der jeweiligen Branche Rechnung.

2. Besteuerung land- und forstwirtschaftlicher Betriebe (§ 24 UStG)

Unternehmer in der Land- und Forstwirtschaft erbringen zunächst Umsätze, die unter den sonstigen Voraussetzungen steuerbar und steuerpflichtig sind. Für eine Vielzahl ihrer Lieferungen gilt ein **besonderer Steuersatz**. Die sich hierbei ergebende Umsatzsteuer, wie auch die Vorsteuer aus Eingangsumsätzen müssten in entsprechenden Umsatzsteuer-Anmeldungen berücksichtigt werden mit dem Ergebnis einer Umsatzsteuer-Zahllast oder einer Vorsteuervergütung. Ziel des § 24 UStG ist nun, die Land- und Forstwirtschaft von umsatzsteuerlichen Pflichten freizustellen. Idealerweise entsteht keine Umsatzsteuerzahllast. Dieses Ergebnis wird dadurch erreicht, dass spiegelbildlich zur entstandenen Umsatzsteuer eine gleichhohe Vorsteuer pauschal fingiert wird. Die Vorsteuer ergibt sich also nicht aus konkreten Eingangsleistungen.

2.1 Land- und forstwirtschaftliche Betriebe

Die abschließende Begriffsbestimmung ergibt sich aus § 24 Abs. 2 Satz 1 UStG. Den in Nr. 1 genannten Betätigungen liegt gemeinsam ihre Abhängigkeit von den Naturkräften zugrunde. Nr. 2 erweitert den Anwendungsbereich auf den Umgang mit Tieren, soweit diese der Land- und Forstwirtschaft dienen. Erfasst werden – auch unter richtlinienkonformer Auslegung des Gemeinschaftsrechts – nur die Umsätze, die von einem landwirtschaftlichen (forstwirtschaftlichen) Erzeuger mithilfe seiner Arbeitskräfte und/oder der normalen Ausrüstung seines Betriebs vorgenommen werden (Erzeugung und Vertrieb in der Urproduktion). Ertragsteuerliche Abgrenzungen (§ 13 EStG) sind unmaßgeblich.

Umgekehrt werden „gewerbliche" Umsätze regelbesteuert: Erzeugt der Landwirt Strom/Wärme aus einer Biogasanlage, handelt es sich aus Sicht des Durchschnittsverbrauchers nicht um eine landwirtschaftliche Betätigung. In diesem Zusammenhang gelten daher die allgemeinen Regeln. Die Vorsteuer aus Eingangsleistungen ist ggf. aufzuteilen. Dasselbe gilt, wenn sich mehrere Betriebe zusammentun (auch als Genossenschaft). Die Biogasanlage zählt nur dann zum landwirtschaftlichen Bereich, wenn der erzeugte Strom ausschließlich im landwirtschaftlichen Betrieb verwendet wird (kein Mischbetrieb).

Holt ein Landwirt Speisereste in Restaurants, Großküchen usw. ab und verwertet sie (z.B. als Schweinefutter), handelt es sich gleichfalls nicht um eine landwirtschaftliche Dienstleistung. Die Pauschalbesteuerung gilt auch hier nicht, sodass der Landwirt aus dem erhaltenen Entgelt die Regelumsatzsteuer abführen muss, BFH vom 24.1.2013, V R 34/11.

> **Beispiel:**
>
> Landwirt L:
> a) verkauft Milch, Eier, Gemüse, Obst (jeweils selbst erzeugt),
> b) verkauft zugekaufte Bioprodukte,
> c) verkauft eine gebrauchte Landwirtschaftsmaschine,
> d) stellt Reitpferde ein bzw. betreut diese, im Winter werden bei ihm Wohnmobile untergestellt,

> e) verkauft selbst erzeugtes Biogas,
> f) verkauft Wildbret, das er in seinem Jagdbezirk selbst erlegte,
> g) und stellt seinen Erntehelfern Kost und Logis zur Verfügung.

Lösung:

F unterliegt gem. § 24 Abs. 2 Nr. 1 UStG grundsätzlich der besonderen Besteuerung. Für seine Umsätze gelten die Steuersätze des § 24 Abs. 1 Satz 1 UStG, soweit sie die Landwirtschaft betreffen.

a) Es gelten die Durchschnittssätze des § 24 Abs. 1 Satz 1 UStG.
b) L betätigt sich als Händler. Seine Umsätze werden eigentlich regelbesteuert (§ 12 UStG). Gem. der Vereinfachungsregelung in Abschn. 24.6 UStAE kann L die Durchschnittssätze anwenden, wenn solche Umsätze prognostisch nicht mehr als 4.000 € kalenderjährlich überschreiten.
c) Um Wettbewerbsverzerrung zu Händlern zu vermeiden, gilt für den Verkauf von Gegenständen des land- und forstwirtschaftlichen Unternehmensvermögens grundsätzlich der Regelsteuersatz von 19 %. Vereinfacht gem. Abschn. 24.2 Abs. 6 Sätze 2–5 UStAE darf L auch hier den Durchschnittssatz ansetzen (10,7 %), wenn er die Maschine zu mindestens 95 % für seine land-(forstwirtschaftliche) Tätigkeit eingesetzt hatte und L keinen konkreten Vorsteuerabzug beansprucht.
d) Hier fördert L ein Freizeiterlebnis ohne den notwendigen Bezug zu seiner Landwirtschaft. Der Umsatz unterliegt der Regel-, nicht der Durchschnittssatzbesteuerung (BFH vom 10.9.2014, XI R 33/13, BStBl II 2015, 720). Umgekehrt richtet sich der Vorsteuerabzug nach den regulären Vorschriften (§ 15 UStG).
e) Die Lieferung wird regelbesteuert.
f) Es gilt die Durchschnittsbesteuerung aus § 24 UStG. (Verpachtet er seine Eigenjagdbezirk, gelten die allgemeinen Regeln.)
g) Unterbringung und Verpflegung der Saisonarbeiter werden nicht von § 24 UStG erfasst. Überschreitet die Beherbergung nicht 6 Monate (kurzfristig), sind beide Leistungen steuerpflichtig. Die Beherbergung wird gem. § 12 Abs. 2 Nr. 11 UStG, die reine Speisenlieferung nach § 12 Abs. 2 Nr. 1 UStG mit 7 % ermäßigt besteuert.

Erbringt eine GmbH (AG, gewerblich geprägte Personengesellschaft) solche Umsätze, gelten gem. § 24 Abs. 2 Satz 3 UStG die Sonderregelungen nicht. Die gewerbliche Struktur kraft Rechtsform ist vorrangig und bedingt die Regelbesteuerung. Weil diese Regelung dem Gemeinschaftsrecht widerspricht, darf auch in diesen Fällen die **Besteuerung nach Durchschnittssätzen** gewählt werden (Abschn. 24.1 Abs. 3 UStAE).

Erbringt ein Unternehmer sowohl Umsätze gem. § 24 UStG, als auch andere Umsätze, gilt die land- und forstwirtschaftliche Betätigung innerhalb des Einheitsunternehmens (§ 2 Abs. 1 Satz 2 UStG) als gesondert geführter Betrieb; (nur) für diesen Betrieb gilt die Durchschnittssatzbesteuerung (§ 24 Abs. 3 UStG).

2.2 Steuersätze

Neben den im Rahmen der Regelbesteuerung geltenden Steuersätzen von 19 % (Regelsteuersatz gem. § 12 Abs. 1 UStG) und 7 % (ermäßigter Steuersatz nach § 12 Abs. 2 UStG) führt § 24 Abs. 1 UStG **spezifische Steuersätze** ein: Je nach Eigenart des erbrachten Umsatzes gilt ein Steuersatz von 5,5 %, von 19 % oder von 10,7 %. Diesen Steuersatz muss der Unternehmer gem. § 24 Abs. 1 Satz 5 i.V.m. § 14 Abs. 4 Satz 3 UStG in der Rechnung ausweisen. Hiernach richtet sich auch der Vorsteuerabzug beim Leistungsempfänger.

2.3 Vorsteuer

Der **Vorsteuerabzug** wird nicht konkret vorgenommen. Stattdessen fingiert § 24 Abs. 1 Satz 3 UStG eine pauschale Vorsteuer weitgehend spiegelbildlich zur entstandenen Umsatzsteuer:

Unterliegt ein Umsatz gem. § 24 Abs. 1 Satz 1 Nr. 1 UStG einem Steuersatz von 5,5 %, setzt § 24 Abs. 1 Satz 3 UStG eine fiktive Vorsteuer aus Eingangsleistungen fest, die betragsmäßig der entstandenen Umsatzsteuer entspricht. Die Steuerlast aus diesem Umsatz beträgt 0 €.

Vergleichbares gilt, wenn ein Umsatz gem. § 24 Abs. 1 Satz 1 Nr. 3 UStG mit 10,7 % besteuert wird.

Eine Zahllast verbleibt nur für Umsätze, die unter den Voraussetzungen des § 24 Abs. 1 Satz 1 Nr. 2 UStG mit 19 % besteuert werden, da für sie ebenfalls nur eine Vorsteuer i.H.v. 10,7 % fingiert wird. (Nur) in diesem Rahmen sind gem. § 67 UStDV die Aufzeichnungspflichten des § 22 UStG zu beachten.

Soweit Umsätze getätigt werden, die nicht dem Sonderbereich des § 24 UStG zugeordnet sind, gilt der reguläre Vorsteuerabzug; ggf. müssen Eingangsleistungen sachgerecht aufgeteilt werden.

> ☞ **Hinweis!**
> Die nachfolgende Zusammenstellung verdeutlicht, dass bei der Besteuerung nach § 24 UStG der nach § 12 Abs. 2 i.V.m. Anlage 2 UStG ermäßigte Steuersatz von 7 % keine Bedeutung hat.

Übersicht über die Durchschnittssätze gemäß § 24 Abs. 1 UStG			
Umsatz gemäß § 24 Abs. 1 Satz 1 UStG	**Steuersatz**	**Vorsteuer**	**Zahllast**
Nr. 1: Forstwirtschaftliche Erzeugnisse, außer Sägewerkserzeugnisse	5,5 %	5,5 %	0
Nr. 2: in Bezug auf bestimmte Sägewerkserzeugnisse und Getränke	19 %	10,7 %	8,3 %
Nr. 3: übrige (typische) Umsätze (enge Auslegung)	10,7 %	10,7 %	0

Beispiele zur Forstwirtschaft:

Forstwirt F verkauft:
a) gefällte Bäume (Stammholz oder Weihnachtsbaum),
b) gesägte Bretter im Inland,
c) gespaltenes Brennholz, Holzspäne,
d) Bretter nach Belgien,
e) eine gebrauchte Motorsäge (nur forstwirtschaftlich eingesetzt).

Lösungen:

F unterliegt gem. § 24 Abs. 2 Nr. 1 UStG der besonderen Besteuerung. In diesem Rahmen gelten die Steuersätze des § 24 Abs. 1 Satz 1 UStG. Der Steuersatz beträgt:
a) gem. Nr. 1: 5,5 % (kein Sägewerkserzeugnis); die Vorsteuer entspricht der Umsatzsteuer,
b) gem. Nr. 2: 19 % (in der Anlage 2 nicht aufgeführtes Sägewerkserzeugnis); die Vorsteuer errechnet sich nur mit 10,7 %,
c) gem. Nr. 3: 10,7 % (Anlage 2, lfd. Nr. 48); Umsatzsteuer und Vorsteuer entsprechen einander,
d) in Nr. 2 ausgeschlossen, daher gem. Nr. 3: 10,7 % Umsatzsteuer wie auch Vorsteuer; die Steuerbefreiung nach § 4 Nr. 1a UStG ist gem. § 24 Abs. 1 Satz 2 UStG ausgeschlossen,
e) Eigentlich unterliegt der Verkauf als Hilfsgeschäft der Regelbesteuerung. Vereinfacht gilt Nr. 3: Umsatzsteuer und Vorsteuer = 10,7 %, da die Maschine nur landwirtschaftlich verwendet und ohne konkreten Vorsteuerabzug war (Abschn. 24.2 Abs. 6 Sätze 2–5 UStAE).

> **Beispiele zur Landwirtschaft:**
>
> Landwirt L verkauft selbst erzeugte Produkte:
> a) Schlachttiere, Kartoffeln,
> b) Milch,
> c) Apfelsaft im Inland (zugekauft 20 % Äpfel und Hilfsstoffe),
> d) Obstkonserven aus eigenem Obst,
> e) Schnaps ins Ausland,
> f) einen gebrauchten Mähdrescher (nur in der Landwirtschaft eingesetzt).

> **Lösungen:**
>
> L unterliegt gem. § 24 Abs. 2 Nr. 1 und Nr. 2 UStG der besonderen Besteuerung. Der Steuersatz beträgt:
> a) gemäß Nr. 3: 10,7 %; die Vorsteuer entspricht der Umsatzsteuer,
> b) wie Lösung a) (nicht Nr. 2: vgl. Anlage 2, lfd. Nr. 35),
> c) gem. Nr. 2: 19 %; die Vorsteuer errechnet sich mit 10,7 % (der zugekaufte Saft bleibt mengenmäßig unerheblich, ebenso ein Hilfsstoff, vgl. Abschn. 24.2 Abs. 3 UStAE),
> d) Die Konserven sind ein anderes Produkt als die ursprünglichen Erzeugnisse, gehören zur sog. zweiten Verarbeitungsstufe und unterliegen daher der Regelbesteuerung (Abschn. 24.2 Abs. 2, 3 UStAE),
> e) gem. Nr. 3: 10,7 %; die Vorsteuer entspricht der Umsatzsteuer,
> f) gem. Nr. 3: 10,7 %; die Vorsteuer entspricht der Umsatzsteuer (vgl. Abschn. 24.2 Abs. 6 Sätze 2–5 UStAE).

2.3.1 Besteuerung in der Unternehmerkette

Innerhalb der Unternehmerkette ergeben sich regelmäßig unterschiedliche Steuersätze.

> **Beispiel:**
>
> Händler H verkauft einen Mäher an den Landwirt L für 5.000 € zuzüglich 950 € Umsatzsteuer. Den Mäher setzt L auf seinen landwirtschaftlichen Wiesen ein, um mit dem Schnittgut seine Tiere zu versorgen. L verkauft eines dieser Tiere an den Käufer K (Nettobetrag 2.000 €), der letztlich das Fleisch weiterliefert (Nettobetrag 3.000 €) an das Restaurant R.

> **Lösung:**
>
> - Für die Lieferung des H an L gilt der Regelsteuersatz von 19 %. H führt die entstandene Umsatzsteuer i.H.v. 950 € an das Finanzamt ab.
> - Solange L seine Umsätze nach § 24 Abs. 1 UStG behandelt, steht ihm die konkrete Vorsteuer (950 €) gem. § 24 Abs. 1 Satz 4 UStG nicht zu.
> - Der Umsatz zwischen L und K unterliegt gem. § 24 Abs. 1 Satz 1 Nr. 3 UStG einem Steuersatz von 10,7 % (214 €). L muss nun diese Steuer nicht an das Finanzamt abführen, da § 24 Abs. 1 Satz 3 UStG spiegelbildlich zur Umsatzsteuer die „passende" Vorsteuer fingiert, ebenfalls 214 €. Bei L entsteht also keine Zahllast. Hierdurch wird die Vorsteuer z.B. aus der Anschaffung des Mähers kompensiert.
> - K kann entsprechend der in der Rechnung ausgewiesenen Steuer gem. § 15 Abs. 1 Satz 1 Nr. 1 UStG 214 € Vorsteuer berücksichtigen.
> - Die Lieferung des K an R wird nach § 12 Abs. 2 Nr. 1 i.V.m. Anlage 2, lfd. Nr. 2 UStG mit 7 % besteuert. Im Vergleich zu seiner Vorsteuer unterliegt der Mehrwert bei K einem geringeren Steuersatz; dies begünstigt K.
> - Für die Restaurationsleistung des R gilt der Regelsteuersatz nach § 12 Abs. 1 UStG mit 19 %.

2.3.2 Kein konkreter Vorsteuerabzug

Ein konkreter Vorsteuerabzug ist folgerichtig gem. § 24 Abs. 1 Satz 4 UStG ausgeschlossen. Dies kann in Zeiten der Investition nachteilig sein und für eine **Option** gem. § 24 Abs. 4 UStG sprechen.

2.4 Steuerbefreiungen

Gem. § 24 Abs. 1 Satz 2 UStG ist eine Lieferung ins Drittland (Ausfuhrlieferung) oder eine innergemeinschaftliche Lieferung nicht steuerfrei (vgl. schon Wortlaut des § 24 Abs. 1 Nr. 2 i.V.m. Nr. 3 UStG). Die Befreiungen des § 4 Nr. 8 ff. UStG gelten dagegen auch für die Unternehmer des § 24 UStG (z.B. Grundstücksveräußerung nach § 4 Nr. 9a UStG: hierbei ist eine Option gem. § 9 UStG im Rahmen der besonderen Besteuerung ausgeschlossen, sodass ggf. eine Doppeloption erforderlich wird).

2.5 Option zur Regelbesteuerung

Damit ein Unternehmer aus der Land- und Forstwirtschaft hohe konkrete Vorsteuerbeträge über den Fiskus refinanzieren kann, kann er gem. § 24 Abs. 4 UStG zur Regelbesteuerung optieren. Im Gegenzug unterliegen seine Umsätze dem Regel- bzw. ermäßigten Steuersatz nach § 12 UStG.

Die **Option**:
- muss dem Finanzamt erklärt werden; dafür genügt die Abgabe von entsprechenden Umsatzsteuer-(Vor-)Anmeldungen.
- kann – rechtzeitig – noch für das vorangegangene Kalenderjahr erklärt werden.

Die Erklärung bindet für 5 Jahre bzw. länger, wenn der Unternehmer die Option nicht fristgerecht widerruft.

Im Zusammenhang mit den im Rahmen der Regelbesteuerung geltenden Optionen nach § 9 UStG muss der Unternehmer also ggf. doppelt optieren:

Beispiele:

Landwirt L:
a) kauft eine Landwirtschaftsmaschine für 30.000 € zuzüglich 5.700 € und lässt sein landwirtschaftliches Gebäude sanieren für 50.000 € zuzüglich 9.500 €.
b) Fünf Jahre später verkauft er das Gebäude an den Erwerber E, der darin eine Ferienstätte betreiben will und die Maschine an L.

Lösungen:

a) Solange L der Besteuerung nach § 24 Abs. 1–3 UStG unterliegt, ist er gem. § 24 Abs. 1 Satz 4 UStG nicht zum Abzug der konkreten Vorsteuer berechtigt. Die Bezahlung der Umsatzsteuer aus den Eingangsleistungen führt zu einer wirtschaftlichen Belastung, die nur durch die geringere fingierte Vorsteuer anlässlich eigener Ausgangsumsätze gemildert wird.
Um in den Genuss der realen Vorsteuerbeträge von 5.700 € bzw. 9.500 € zu kommen, optiert L gem. § 24 Abs. 4 UStG zur Regelbesteuerung und versteuert seine Produkte mit 7 %, ggf. auch mit 19 % (Verkauf der Maschine).
b) Damit L die Vorsteuer aus der Gebäudesanierung nicht gem. § 15a Abs. 1, Abs. 3 UStG berichtigen muss, verzichtet L gegenüber E zusätzlich auf die Steuerbefreiung des § 4 Nr. 9a UStG. Eine Geschäftsveräußerung gem. § 1 Abs. 1a UStG liegt nicht vor, da E das Unternehmen des L nicht fortführt. E schuldet die Steuer nach § 13b Abs. 2 Nr. 3, Abs. 5 UStG.

3. Besteuerung von Reiseleistungen (§ 25 UStG)

§ 25 UStG enthält eine Sonderregelung für Reiseleistungen, die zur Vereinfachung beitragen soll. Vermieden werden soll, dass Reiseunternehmen in jedem Reiseland zur Besteuerung herangezogen werden. Zugleich wird das Aufkommen aus der Umsatzsteuer gerecht unter verschiedenen Mitgliedstaaten verteilt. Nicht jede Leistung, die nach dem allgemeinen Sprachgebrauch für die Durchführung einer „Reise" erbracht wird, ist eine Reiseleistung i.S.d. § 25 UStG. § 25 UStG regelt nur Reiseleistungen, soweit sie auf Vorleistungen beruhen. Erbringt ein Reiseunternehmer (oder ein anderer Unternehmer infolge eines nur gelegentlichen Hilfsumsatzes) solche Leistungen, unterliegt nicht das gesamte Entgelt, das die Reiseteilnehmer bezahlen, der Umsatzsteuer, sondern nur eine **Marge**. Leistungen, die der Reiseunternehmer ausschließlich selbst durchführt (Eigenleistungen), sind demnach keine „Reiseleistungen" bzw. keine Reiseleistungen, die in § 25 UStG geregelt sind. In der Praxis wird eine Reise häufig teils durch Eigenleistungen, teils unter Ausnutzung von Reisevorleistungen erbracht. In diesem Fall ist das Entgelt aufzuspalten. Gelegentlich ergeben sich erhebliche Abgrenzungsprobleme zur (eventuell nach § 4 Nr. 5 UStG) steuerfreien Vermittlung von Reiseleistungen.

Weil die nationale Regelung teilweise gegen die MwStSystRL verstößt, hat die Europäische Kommission am 28.4.2016 Deutschland vor dem EuGH verklagt.

3.1 Voraussetzungen

Die besonderen Regelungen gelten gem. § 25 Abs. 1 UStG nur unter eingeschränkten Voraussetzungen:
- Der leistende Unternehmer tritt in eigenem Namen auf.
- Die betreffende Reiseleistung erfolgt nicht an ein Unternehmen. § 25 UStG begünstigt also nicht einen Leistungsaustausch zwischen verschiedenen Reiseleistern (**Kettengeschäft**). In Deutschland gilt damit die sog. Reisenden-Maxime, während der MwStSystRL die Kunden-Maxime zugrunde liegt, vgl. EuGH vom 26.9.2013, C-189/11.

> **Tipp!**
> Das Reiseunternehmen darf grundsätzlich von einem außerunternehmerischen Anlass beim Leistungsempfänger ausgehen, wenn nicht besondere Umstände vorliegen (vgl. Abschn. 25.1 Abs. 3 UStAE).

- Der leistende Unternehmer nimmt eine Reisevorleistung i.S.v. § 25 Abs. 1 Satz 5 UStG in Anspruch: Solche Leistungen werden von einem anderen Unternehmer erbracht und fließen unmittelbar in die Leistung an die Reisenden ein. Dazu gehören nicht allgemeine Kosten des Reiseunternehmers (Miete; Wartung und Reparatur des Reisebusses, selbst wenn sie anlässlich einer Reise verursacht wird).

Beispiele:

Betroffen ist das inländische Reisebüro R:
a) R verkauft Fahrkarten im Namen der Bahn.
b) R veranstaltet eine Reise, die Unternehmer U für eine Fortbildung buchte. Hierbei nimmt R eine Reisevorleistung in Anspruch.
c) R führt eine Rundfahrt mit eigenem Bus durch. In der Mittagspause verköstigen sich die Teilnehmer nach Gutdünken. Busfahrer und Reiseleiter sind bei R angestellt.
d) Seine Geschäftsräume hat R angemietet; außerdem hat er einen Reisebus gekauft.

Lösungen:

Die Leistungen des R erfüllen nicht die Voraussetzungen des § 25 UStG. Es gelten die üblichen Vorschriften:
a) R tritt nicht in eigenem Namen auf, sondern erbringt einen Vermittlungsumsatz.
b) R erbringt seine Leistung für einen unternehmerischen Zweck des U.
c) Für die Personenbeförderung gelten §§ 3b Abs. 1, 26 Abs. 3 UStG.
d) R ist regelmäßig zum Abzug der Vorsteuer aus den Mietzahlungen und der Anschaffung des Busses berechtigt.

Reiseleistung nach § 25 UStG an	
Nichtunternehmer	**Unternehmer**
Marge	Regelbesteuerung
	(Vertragsverletzungsverfahren)

3.2 Leistungsort, Einheitsleistung

Systematisch gesehen gilt eine (auf Vorleistung beruhende) Reiseleistung gem. § 25 Abs. 1 Satz 2 UStG als sonstige Leistung gem. § 3 Abs. 9 UStG. Gem. § 25 Abs. 1 Satz 3 UStG werden Einzelleistungen zu einer **einheitlichen Reiseleistung** gebündelt; dies betrifft v.a. Pauschalreisen. Darin enthaltene Lieferelemente sind Teil der sonstigen Leistung. Ohne diese vereinfachende Betrachtung müsste der Reiseunternehmer seine einzelnen Leistungskomponenten aufteilen und jeweils der entsprechenden spezifischen umsatzsteuerlichen Beurteilung unterwerfen.

Da im Rahmen der besonderen Besteuerung nicht für ein Unternehmen geleistet werden darf, scheidet § 3a Abs. 2 UStG als Ortsregelung aus. Folgerichtig gilt insoweit § 3a Abs. 1 UStG für den **Ort der Reiseleistung**; die ggf. gebündelte Leistung wird gem. § 25 Abs. 1 Satz 4 UStG am Sitz (oder der Betriebsstätte) des Reiseunternehmens erbracht.

Erbringt ein Unternehmer allerdings selbst eine Reisevorleistung an ein inländisches Unternehmen und wird diese Leistung ausschließlich im Drittland genutzt, greift die Sonderregelung des § 3a Abs. 8 UStG: Die Leistung wird entgegen § 3a Abs. 2 UStG nicht am Sitz des Leistungsempfängers im Inland, sondern im Drittland erbracht.

3.3 Reiseleistungen

Der Begriff ist nicht definiert, sondern nach dem allgemeinen Wortgebrauch auszulegen. Er erfasst typischerweise (Abschn. 25.1 Abs. 1 Satz 8 UStAE):
- Die Beförderung ans Reiseziel,
- Unterbringung und Verpflegung,
- Betreuung durch Reiseleitung,
- begleitende Veranstaltungen.

Solche Leistungsteile können entweder isoliert oder zusammen angeboten werden; eine **Reiseleistung** liegt also auch dann vor, wenn etwa nur die Beförderung oder die Unterbringung (Vermietung einer Ferienwohnung usw.) gewährt wird. Leistungen werden aber nicht dadurch zu einer Reiseleistung, dass sie von einem Reisebüro angeboten werden; dies betrifft v.a. die „begleitenden Veranstaltungen": So fällt etwa der isolierte Verkauf einer Opernkarte durch ein Reisebüro ohne Erbringung einer Reiseleistung nicht unter § 25 UStG – der Verkauf begleitet keine Reiseleistung.

Der fragliche Unternehmer muss selbst die Reiseleistung erbringen. Dabei tritt er in eigenem Namen und regelmäßig mit eigenem Vermarktungsrisiko auf. Verkauft ein Reisebüro nur die Leistung eines Reiseveranstalters (z.B. laut Reisekatalog) unverändert, liegt regelmäßig eine Vermittlungsleistung außerhalb des § 25 UStG vor.

3.4 Steuerbefreiung

§ 25 Abs. 2 UStG enthält eine eigene Steuerbefreiung, soweit eine **Reisevorleistung im Drittland** erbracht wird. Dieser Umstand kann Teil einer aufwändigen Berechnung werden (vgl. Fall im Anschluss an Kap. 3.7).

> ☞ **Tipp!**
> Veranstaltet der Reiseunternehmer eine Reise, die nur auf Vorleistungen beruht, die im Drittland erbracht werden, ist seine Leistung insgesamt steuerfrei.
> Der Reiseunternehmer darf eine „eingekaufte" Flugreise, die über das Gemeinschaftsgebiet ins Drittland führt, insgesamt als Vorleistung im Drittland behandeln; vergleichbares gilt für Kreuzfahrten (Abschn. 25.2 Abs. 4–6 UStAE).

3.5 Margenbesteuerung

In dem Umfang, in dem die steuerpflichtige Reiseleistung auf einer Vorleistung beruht, richtet sich die Umsatzsteuer nicht – wie sonst gem. § 10 Abs. 1 UStG – nach dem Entgelt, das der Leistungsempfänger aufwendet. Von diesem Entgelt wird der vom Reiseleister in eine Vorleistung investierte Betrag (Vorumsatz) abgezogen. Dies begünstigt den Reiseleister, fließt aber wiederum in eine aufwändige Berechnung ein. Hierbei sind häufig Vorleistungen und Eigenleistungen aufzuteilen. Zur Vereinfachung erlaubt § 25 Abs. 3 Satz 3 UStG (entgegen Art. 306 ff. MwStSystRL), dass der Reiseleister die Marge gruppenspezifisch ermittelt (für eine Kreuzfahrt, für eine Saison in einem bestimmten Zielort u.ä.).

> **Beispiel:**
>
> Das inländische Reisebüro R veranstaltet eine Museumsausfahrt von Stuttgart nach München. Die 20 Teilnehmer zahlen je 100 € für Busreise, Museumseintritt und ein Mittagessen.
> R zahlt an das Museum 100 € und für das Essen 300 €. Er fährt die Teilnehmer mit eigenem Bus nach München, seine Aufwendungen betragen 600 €.

> **Lösungen:**
>
> Die Leistung des R wird nach § 25 UStG besteuert, soweit er Vorleistungen in Anspruch nimmt. Diese Reiseleistung gilt einheitlich als sonstige Leistung, die am Unternehmenssitz des R erbracht wird.
> - Insoweit ergibt sich die Bemessungsgrundlage aus der Marge, also dem Unterschied zwischen den eigenen Aufwendungen für Reisevorleistungen (Vorumsatz) und dem hierauf vereinbarten Entgelt der Reiseteilnehmer.
> - Dazuhin muss der Reiseunternehmer die Umsatzsteuer für diejenigen Leistungen abführen, die er selbst erbringt. Sie richtet sich nach den Vorschriften außerhalb des § 25 UStG.
>
> Die Umsatzsteuer setzt sich also letztlich aus beiden Teilbereichen zusammen:

R vereinnahmt 20 × 100 €	2.000,00 €
auf Vorleistungen entfallen 40 % der Aufwendungen	400,00 €
auf Eigenleistung entfallen 60 % der Aufwendungen	600,00 €

Das von den Leistungsempfängern/Reiseteilnehmern aufgewendete Entgelt wird zu 40 % aus Vorleistungen, zu 60 % aus Eigenleistungen erwirtschaftet. In diesem Verhältnis wird das Entgelt aufgeteilt.

a)	auf Vorleistungen entfallen 2.000,00 € × 40 %	800,00 €
	von R hierfür aufgewendet	400,00 €
	Marge	400,00 €
	darin enthaltene Umsatzsteuer 400,00 € × $^{19}/_{119}$	63,86 €
	Bemessungsgrundlage	336,14 €
b)	auf Eigenleistung entfallen 2.000,00 € × 60 %	1.200,00 €
	darin enthaltene Umsatzsteuer 1.200,00 € × $^{19}/_{119}$	191,60 €
	Bemessungsgrundlage	1.008,40 €
Bemessungsgrundlage insgesamt		**1.344,54 €**
Umsatzsteuer		255,46 €

Mit dieser Besonderheit korrespondiert das **Verbot**, im Rahmen der Besteuerung nach § 25 UStG eine Rechnung mit **Ausweis der Umsatzsteuer** zu erstellen. Stattdessen ist auf die Sonderregelung hinzuweisen (§ 14a Abs. 6 UStG).

3.6 Vorsteuerabzug

Grundsätzlich ist der Reiseleister unter den Voraussetzungen des § 15 UStG zum Abzug der Vorsteuer aus Eingangsleistungen berechtigt (§ 25 Abs. 4 Satz 2 UStG). Die in Reisevorleistungen enthaltene Umsatzsteuer ist allerdings gem. § 25 Abs. 4 Satz 1 UStG nicht abziehbar. Dies ist unabhängig vom Besteuerungsverfahren, gilt also auch bei Umkehr der Steuerschuld nach § 13b UStG.

	Leistungen im Zusammenhang mit einer Reise, bestehend aus	
	(weitergegebene) Vorleistung	Eigenleistung
Art des Umsatzes	Einheitliche sonstige Leistung	Lieferung(en), sonstige Leistung(en)
Leistungsort	§ 3 Abs. 1a UStG	§§ 3a, 3b UStG
Steuerbefreiung	soweit im Drittland (§ 25 Abs. 2 UStG)	
Bemessungsgrundlage	(anteiliges) Entgelt abzüglich aufgewendetes Entgelt (Vorumsatz)	(anteiliges) Entgelt
	Differenz (Marge)	
Vorsteuer aus Eingangsleistung	Abzugsverbot (§ 25 Abs. 4 UStG)	§ 15 UStG
Aufzeichnungspflichten	§ 25 Abs. 5 UStG	§ 22 UStG

3.7 Aufzeichnungen

Die Besteuerung nur nach der Marge setzt gem. § 25 Abs. 5 UStG i.V.m. § 72 UStDV voraus, dass die maßgeblichen Voraussetzungen sorgsam aufgezeichnet werden.

> **Fall:**
>
> Das inländische Reisebüro R veranstaltet für 20 Personen eine Pauschal-Busreise für je 2.000 €. Ziel der Reise ist Italien. Dort findet eine Rundreise statt. Höhepunkt der Reise ist ein Opernbesuch.
> R führt die Reiseleistung mit dem Bus durch einen bei ihm angestellten Fahrer durch; hierdurch entstehen Beförderungskosten von 5.000 €.
> Die Beförderungsstrecke befindet sich zu 20 % im Inland, zu 10 % in der Schweiz und zu 70 % in Italien.
> Die Kosten für den selbstständigen Reiseleiter betragen 1.000 €.
> R zahlt an das Hotel in Italien 10.000 € und für Übernachtungskosten in der Schweiz 2.000 €.
> Für Verpflegungskosten in Italien fallen 1.500 € bei R an.
> Die Opernkarten kosten R 500 €.
> Der Bus musste auf der Strecke repariert werden.

4. Differenzbesteuerung (§ 25a UStG)

Unter den Voraussetzungen des § 25a UStG muss ein Umsatz nicht nach dem gesamten Entgelt des Leistungsempfängers versteuert werden, sondern nur aus der Differenz zwischen Verkaufs- und Einkaufspreis (**Marge**). Dieses Privileg verzerrt den Wettbewerb mit regulär besteuerten Unternehmern, bewirkt aber andererseits eine Annäherung an Privatanbieter beim Verkauf gebrauchter Gegenstände an Endverbraucher. Hieraus ergibt sich auch der Anwendungsbereich des § 25a UStG: Gebrauchtwaren (ggf. aber auch Neuwaren), Antiquitätenhändler, Gebrauchtwagenhändler; Kreditinstitute bei der Verwertung von Sicherungsgut, Pfandverwertung.

Der Neuwagenhandel unter Privaten bleibt gem. § 25a Abs. 7 Nr. 1b UStG regulär nach §§ 1b, 2a, 6a Abs. 1 Nr. 2c UStG besteuert (vgl. Kap. XX. 5.)

4.1 Voraussetzungen

Die **Differenzbesteuerung** ist nur zulässig für:
- Wiederverkäufer i.S.v. § 25a Abs. 1 Nr. 1 Satz 2 UStG (persönliche Voraussetzung),
- Vorlieferung von beweglichen körperlichen Gegenständen,
- im Gemeinschaftsgebiet erworben,
- (vereinfacht:) keine Umsatzsteuer/Vorsteuer bei der Vorlieferung,
- steuerbare Anschlusslieferung des Wiederverkäufers,
- nicht bei bestimmten Edelsteinen/Edelmetallen,
- nach Option gem. § 25a Abs. 2 UStG selbst eingeführte bzw. regelbesteuert erworbene Kunstgegenstände, Sammlerstücke, Antiquitäten.

Dabei bestehen gem. § 25a Abs. 6 UStG besondere Aufzeichnungspflichten.

4.2 Margenbesteuerung

Bemessungsgrundlage für die Umsatzsteuer ist gem. § 25a Abs. 3 UStG das vom Leistungsempfänger aufgewendete Entgelt (Verkaufspreis) abzüglich des Vorumsatzes des Wiederverkäufers (Einkaufspreis). Leistungen, die der Wiederverkäufer auf die verkaufte Ware verwendet (Reparaturkosten, Transportkosten Dritter), ändern an der Berechnung der Marge nichts; verändern aber die Aufwendungen den ursprünglichen Gegenstand maßgeblich, kann dies zum Wegfall der Differenzbesteuerung führen.

Lässt sich der Einkaufspreis für einen Kunstgegenstand nicht oder nur schwer ermitteln, kann eine Pauschale von 30 % vom Verkaufspreis angesetzt werden (Pauschalmarge).

Beispiel:

H kauft eine gesamte Sammlung von Kunstgegenständen (Nummer 53 der Anlage 2) für 20.000 € aus einem Nachlass (oder anlässlich einer Haushalts-, Sammlungsauflösung o.ä.). Eines der gekauften Bilder verkauft er anschließend für 5.000 € weiter.

Lösung:

H kann nach § 25a Abs. 1 und Abs. 2 UStG die Differenzbesteuerung anwenden. Der Besteuerung ist dann die Marge zugrunde zu legen. Sie ergibt sich aus der Differenz von Verkaufspreis und Einkaufspreis. Der Einkaufspreis für das verkaufte Gemälde lässt sich angesichts der konkreten Verhältnisse im vorliegenden Fall nicht ermitteln. Vereinfacht kann H nun die zu versteuernde Marge durch den pauschalen Ansatz von 30 % des Verkaufspreises berechnen. Bemessungsgrundlage ist damit ein Betrag von 3.500 €.

Für Waren mit einem Einkaufspreis bis zu 500 € darf der Wiederverkäufer seine Umsätze gem. § 25a Abs. 4 UStG nach einer Gesamtdifferenz bemessen; dies hat den Vorteil, dass der Verlust aus einem Einzelgeschäft verrechnet werden kann.

4.3 Steuerbefreiung

Lieferungen ins EU-Ausland sind im Rahmen der Differenzbesteuerung gem. § 25a Abs. 5 Satz 2 UStG nicht nach §§ 4 Nr. 1b, 6a UStG steuerbefreit. Die übrigen Steuerbefreiungen gelten auch für Differenzbesteuerer. Eine Lieferung ins Drittland ist also nach §§ 4 Nr. 1a, 6 UStG steuerfrei.

Teil II: Darstellung der Umsatzsteuer

4.4 Steuersatz

Eine Besonderheit besteht gem. § 25a Abs. 5 Satz 1 UStG darin, dass immer der Regelsteuersatz gilt, also auch für Liefergegenstände, die in Anlage 2 zum UStG erfasst sind.

Der Wiederverkäufer darf in einer Rechnung die Umsatzsteuer gem. § 14a Abs. 6 Satz 2 UStG nicht ausweisen. Er weist gem. § 14a Abs. 6 Satz 1 UStG auf die Sonderregelung hin. Eine dennoch ausgewiesene Umsatzsteuer wird nach § 14c Abs. 2 UStG zusätzlich zur Umsatzsteuer aus der Differenzbesteuerung geschuldet.

4.5 Vorsteuerabzug

Die Margenbesteuerung baut darauf auf, dass aus der Vorlieferung kein Vorsteuerabzug besteht (vgl. § 25a Abs. 5 Satz 3 UStG). Der Vorlieferer ist:
- Nichtunternehmer,
- steuerfrei liefernder Unternehmer (aber § 25a Abs. 7 Nr. 1a UStG),
- Kleinunternehmer,
- Differenzversteuerer.

Auch nach einer **Option gem. § 25a Abs. 2 UStG** ist der Vorsteuerabzug aus der Einfuhr bzw. der Vorlieferung gemäß § 25a Abs. 5 Satz 3 UStG ausgeschlossen,

Ein regulärer Vorsteuerabzug besteht aber für Eingangsleistungen außerhalb der Differenzbesteuerung (Miete, Inserate, Gemeinkosten; aber auch Reparaturen und Erwerbsnebenkosten für die Liefergegenstände, die die Marge nicht beeinflussen).

Beispiele:

W handelt mit Gebrauchtgegenständen. Er kauft ein Ölgemälde für 400 € ein, das er später für 700 € an einen inländischen Abnehmer verkauft. Diesen Gegenstand erwarb er:
a) anlässlich einer Haushaltsauflösung im Inland,
b) auf einem Sammlermarkt in Frankreich,
c) auf einem Sammlermarkt in der Schweiz. W hat den Gegenstand eingeführt.

Vor dem Weiterverkauf ließ W das Gemälde für 100 € reinigen.
Abweichend vom Vorstehenden verkauft W das Gemälde:
d) an einen Abnehmer im EU-Ausland,
e) an einen Abnehmer im Drittland.

Lösungen:

W erfüllt die persönlichen Voraussetzungen des § 25a Abs. 1 Nr. 1 Satz 2 UStG.
a) In Bezug auf den Gegenstand liegen die Tatbestandsmerkmale des § 25a Abs. 1 Nr. 2 UStG vor. Die Differenzbesteuerung gilt. Der Verkauf ist steuerbar und steuerpflichtig. Die Bemessungsgrundlage beträgt 300 €, die Umsatzsteuer gem. § 25a Abs. 5 Satz 1 UStG 300 € × $^{19}/_{119}$ = 47,90 €. Die Kosten für die Reinigung des Gemäldes mindern die Marge nicht. Umgekehrt ist W hieraus vorsteuerabzugsberechtigt.
b) Es ist zu unterscheiden:
   - Versteuert der Verkäufer die Lieferung an W selbst nach der Differenzbesteuerung, ergibt sich für W gem. § 25a Abs. 1 Nr. 2b UStG dieselbe Lösung wie unter a). Der Erwerb durch W wird gem. § 25a Abs. 7 Nr. 2 UStG nicht besteuert.
   - Ist der Verkäufer Unternehmer und meldet er den Verkauf als innergemeinschaftliche Lieferung an, entfällt bei W gem. § 25a Abs. 7 Nr. 1a UStG die Differenzbesteuerung. W unterliegt der

- Erwerbsbesteuerung mit Vorsteuerabzug und versteuert den Weiterverkauf mit 700 € × $7/107$ = 45,80 € (Anlage 2, lfd. Nr. 53) bzw. seit 1.1.2014 (Änderung des § 12 Abs. 2 Nr. 1 UStG) mit $19/119$ = 111,76 €.
c) Die Differenzbesteuerung gilt nur bei einer Option gem. § 25a Abs. 2 Nr. 1 UStG; die Einfuhrumsatzsteuer ist dann gem. § 25a Abs. 5 Satz 3 UStG nicht abziehbar.
d) Die Lieferung ist steuerbar und steuerpflichtig. Eine Verlagerung des Lieferorts nach § 3c UStG wird durch § 25a Abs. 7 Nr. 3 UStG ausgeschlossen. Empfängt der Abnehmer das Gemälde für sein Unternehmen, gilt dennoch gem. § 25a Abs. 5 Satz 2, Abs. 7 Nr. 3 UStG die Steuerbefreiung des § 4 Nr. 1b, 6a UStG nicht. Die Umsatzsteuer beträgt 300 € × $19/119$ = 47,90 €.
e) Es handelt sich um eine steuerfreie Ausfuhrlieferung nach §§ 4 Nr. 1a, 6 UStG.

Beispiel zum Gebrauchtwagenhandel:

Gebrauchtwagenhändler G bzw. Autohaus A (je im Inland) nehmen das gebrauchte Fahrzeug ihres Privatkunden K mit 10.000 € in Zahlung. Sie veräußern das Fahrzeug drei Monate später für 12.000 € (**Alternative** 9.000 €) an den inländischen Abnehmer B. Zuvor erhielt das Fahrzeug eine Neubereifung.

Lösungen:

Die Lieferung des Fahrzeugs ist steuerbar und steuerpflichtig. Sie unterliegt der Differenzbesteuerung nach § 25a UStG. G und insoweit auch A sind Wiederverkäufer i.S.d. § 25a Abs. 1 Nr. 1 Satz 2 UStG. (Dass A ansonsten regulärer Unternehmer ist, ändert nichts.) Beim Verkauf des Fahrzeugs schuldete K keine Steuer, auch § 25a Abs. 1 Nr. 2 UStG ist erfüllt. Die Steuer wird gem. § 25a Abs. 3 UStG aus der Marge von 2.000 € berechnet und beträgt 2.000 € × $19/119$ = 319,33 €. Die Neubereifung wirkt sich auf die Marge nicht aus.

In der **Alternative** (negative Marge) entsteht keine Umsatzsteuer.

Hinweis! Gerade beim Neuwagenverkauf mit Inzahlungnahme werden häufig versteckte Preisnachlässe gewährt. Gem. Abschn. 25a Abs. 10 (Beispiel) UStAE hat A in solchen Fällen die Wahl, entweder bei der Bemessungsgrundlage für den Verkauf des Neufahrzeugs, wie auch beim Weiterverkauf jeweils den wahren Wert des eingetauschten Fahrzeugs oder aber jeweils den vereinbarten Betrag anzusetzen; beide Berechnungsmethoden gleichen sich per saldo aus.

 Tipp!
Bei Tauschvorgängen im Fahrzeughandel sollte in der Praxis von den Möglichkeiten Gebrauch gemacht werden, die die Verwaltung für die Ermittlung des wahren Wertes eines in Zahlung genommenen Fahrzeugs in Abschn. 10.5 Abs. 4 UStAE zulässt, v.a. wenn ein Sachverständigengutachten nicht opportun erscheint.

4.6 Option

Gem. § 25a Abs. 8 UStG kann der Wiederverkäufer bei einem Umsatz zur **Regelbesteuerung** optieren, soweit er nicht die Berechnung nach der Gesamtdifferenz vornimmt. Dies empfiehlt sich insbesondere dann, wenn der Wiederverkäufer Umsätze tätigt, für die nach der Regelbesteuerung der ermäßigte Steuersatz gilt.

Beispiele:

Der Wiederverkäufer W hat im Jahr 2013 (alternativ in 2014) ein Ölgemälde für 1.000 € gekauft, das er für 3.000 € weiterverkauft.

Teil II: Darstellung der Umsatzsteuer

Lösungen:

Seit 1.1.2014 unterliegen Umsätze mit Sammlungs- und Kunstgegenständen regelmäßig dem Regelsteuersatz. Angesichts dessen werden Wiederverkäufer in solchen Fällen die Vorteile der Differenzbesteuerung nutzen, wenn sie geeignete Aufzeichnungen zum Einkaufspreis haben. Die Umsatzsteuer beträgt dann 2.000 € × $19/119$ = 320 €. Im Falle der Regelbesteuerung ergäbe sich im Beispiel eine Umsatzsteuer i.H.v. 3.000 € × $19/119$ = 479 €.

XX. Umsatzsteuer im internationalen Warenverkehr

In der Praxis und in der Klausur sind Sachverhalte häufig international angelegt. Dabei kann der Umsatz vom Inland ins Ausland führen (**Export**) oder umgekehrt vom Ausland ins Inland (**Import**). Im Vordergrund steht das **Bestimmungslandprinzip**. Mit ihm verbunden sind verschiedene Vorteile: Die Steuer fällt in dem Staat an, in dem die Ware weitergenutzt wird (**Territorialitätsprinzip**). Der Empfänger ist in der Regel dem Steuersystem an seinem Sitz ausgesetzt (**Steuersatzneutralität**). Lieferungen werden nicht mehrfach besteuert, der **Wettbewerb** wird **nicht verzerrt**. Die rechtliche Behandlung solcher Fälle kann sich auf den Lieferort, die Steuerpflicht und auf die **Rechnungstellung auswirken**.

> ☞ **Tipp!**
> In der Praxis sollte deshalb vor der Buchung des Geschäftsvorfalls überprüft werden, ob auf der Rechnung zu Recht eine inländische oder ausländische Umsatzsteuer bzw. keine Umsatzsteuer ausgewiesen ist. Gegebenenfalls muss eine neue (berichtigte) Rechnung angefordert werden.
> Ein falscher Steuerausweis ist auch ein beliebter Klausurbaustein.

Zu unterscheiden sind nachfolgende Gestaltungen:

Warenbewegung	Leistungsort	Steuerbefreiung	Darstellung unter
Vom Drittland ins Inland	§ 3 Abs. 6 UStG, eventuell § 3 Abs. 8 UStG		s. Kap. 2
Vom Inland ins Drittland		Eventuell §§ 4 Nr. 1a, 6 UStG	s. Kap. 3
Vom Inland ins EU-Ausland zwischen Unternehmern		Eventuell §§ 4 Nr. 1b, 6a UStG	s. Kap. 4.1
Vom EU-Ausland ins Inland zwischen Unternehmern	Eventuell §§ 1a, 3d UStG (Erwerb)		s. Kap. 4.2
Neufahrzeuge	Verkäufer: § 3 Abs. 6 UStG	§§ 4 Nr. 1b, 6a UStG	s. Kap. 5
	Erwerber: §§ 1b, 3d	eventuell § 4b UStG	
Fiktiver innergemeinschaftlicher Warenverkehr	Im Ursprungsland: § 3 Abs. 1a	§§ 4 Nr. 1b, 6a Abs. 2 UStG	s. Kap. 6
	Im Bestimmungsland: §§ 1a Abs. 2, 3d UStG (Erwerb)		
Kommission innerhalb zweier EU-Staaten	§ 3 Abs. 3 UStG, Fiktion	Vereinfachungsregel	s. Kap. 7
Innergemeinschaftliches Reihengeschäft	§ 3 Abs. 6 Satz 5 UStG (Entwurf 2016: § 3 Abs. 6a UStG)	Für die bewegte Lieferung: §§ 4 Nr. 1b, 6a UStG	s. Kap. 8
Innergemeinschaftliches Dreiecksgeschäft	§ 25b UStG	Innergemeinschaftlicher Erwerb gilt als besteuert	s. Kap. 9

Teil II: Darstellung der Umsatzsteuer

Warenbewegung	Leistungsort	Steuerbefreiung	Darstellung unter
Vom EU-Ausland an bestimmte Abnehmer im Inland und umgekehrt	ggf. § 3c UStG (Versandhandel)		s. Kap. 10

1. Anknüpfung an bewegte Lieferungen

Gemäß § 3 Abs. 5a UStG kann sich der Lieferort je nach Einzelfall aus § 3 Abs. 6, Abs. 7 oder Abs. 8 UStG ergeben. **Bewegte** Lieferungen nach § 3 Abs. 6 und Abs. 8 sind von **ruhenden** Lieferungen nach § 3 Abs. 7 UStG abzugrenzen.

> ☞ **Tipp!**
> Es empfiehlt sich, der Lösung solcher Sachverhalte in Klausur und Praxis eine Grobskizze über die Beteiligungsverhältnisse und über die Warenbewegung voranzustellen.

Da die Lieferungen vom Ausland aus oder ins Ausland erfolgen, ist gemeinsames Merkmal der hier zu behandelnden Sachverhaltsgestaltungen, dass der Liefergegenstand **befördert** oder **versendet** (bewegt) wird (vgl. § 3 Abs. 6 Sätze 1–4 UStG). Ergibt sich der Lieferort aus § 3 Abs. 7 UStG, handelt es sich um eine ruhende Lieferung. Die in diesem Kapitel schwerpunktmäßig behandelte Frage einer Steuerbefreiung nach § 4 Nr. 1 UStG stellt sich dann nicht.

2. Lieferung vom Drittland ins Inland

Die Abgrenzung zwischen Drittland und den Mitgliedstaaten ergibt sich aus Abschn. 1.10 UStAE. Bei Warenlieferungen aus dem Drittland kommt die Anwendung des **§ 3 Abs. 8 UStG** in Betracht. Eine **Verlagerung des Lieferorts ist** davon abhängig, wer zollrechtlich Schuldner der Einfuhrumsatzsteuer ist. Schuldner ist, wer die Ware in eigenem Namen in den freien Verkehr anmeldet oder der, in dessen Namen und für dessen Rechnung angemeldet wird, BFH vom 16.6.2015, XI R 17/13, BStBl II 2015, 1024. Führt der Lieferer die Ware im Inland ein, schuldet er mithin die Einfuhrumsatzsteuer, gehört der Liefergegenstand im Zeitpunkt der Einfuhr noch zu seinem Unternehmensvermögen. Der Gegenstand geht demnach erst im Inland im Zuge der Lieferung in die Sphäre des Abnehmers über, die Lieferung ist daher im Inland steuerbar. Die Lieferung wird im **Zeitpunkt** der Einfuhr ausgeführt, entsprechende Anknüpfung wie in § 3 Abs. 6 bzw. Abs. 7 UStG (vgl. Abschn. 3.12 Abs. 7 UStAE).

Beispiel:

Unternehmer U mit Sitz in Zürich (Schweiz) liefert eine Ware an den Abnehmer F mit Sitz in Frankfurt. U liefert **verzollt und versteuert**.

Lösung:

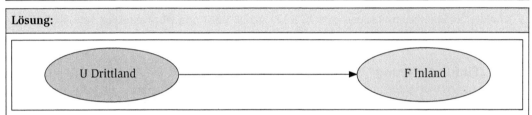

Der Ort der Beförderungslieferung würde sich gemäß § 3 Abs. 6 Satz 1 UStG am Ausgangsort Zürich befinden, die Lieferung wäre demnach in der Schweiz, also nicht im Inland steuerbar. Weil sich hierbei ein Ort im Drittland ergibt, hängt die endgültige Bestimmung des Lieferorts gemäß § 3 Abs. 8 UStG davon ab, wer die Einfuhrumsatzsteuer schuldet. Ist dies – wie hier – der Lieferer, verlagert sich der Lieferort gemäß § 3 Abs. 8 UStG ins Inland (nicht an einen bestimmten inländischen Ort!).

Hinweis! Im Geschäftsleben und in der Klausur findet man hierfür auch folgende Formulierungen: U verkauft nach seinen Lieferbedingungen „verzollt und versteuert" bzw. „U führt die Ware ein" oder „U meldet die Ware zum freien Verkehr an" oder „U überführt den Gegenstand nach Deutschland" (vgl. Abschn. 3.13 Abs. 2 UStAE).

Die gegenseitigen Interessen der Vertragspartner sind Gegenstand der Lieferbedingungen (sog. incoterms im Sinne des Handelsrechts). Verspricht der Lieferer, die Ware verzollt und versteuert anzuliefern (in der Regel auch „Lieferung frei Haus"), führt er regelmäßig den Liefergegenstand im Inland ein; er ist Schuldner der Einfuhrumsatzsteuer. Dadurch verwirklicht der leistende Unternehmer **zwei selbstständige Umsatzsteuer-Tatbestände**:

1. U tätigt sowohl eine **Einfuhr** im Inland gemäß § 1 Abs. 1 **Nr. 4** UStG i.V.m. § 21 UStG, ist insofern Schuldner der Einfuhrumsatzsteuer. Spiegelbildlich steht ihm der Vorsteuerabzug aus der Einfuhrumsatzsteuer gemäß § 15 Abs. 1 Satz 1 Nr. 2 UStG zu.
2. Zugleich wird die **Lieferung** an F i.S.v. § 1 Abs. 1 **Nr. 1** UStG gemäß § 3 Abs. 8 UStG ins Inland verlagert, ist daher im Inland steuerbar.

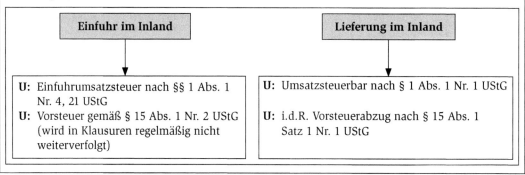

Abwandlung des vorstehenden Beispiels:
U liefert an F gemäß seinen Lieferbedingungen „**ab Werk**".

Lösung:

Abnehmer F holt die Ware in Zürich ab und bringt sie nach Deutschland. Grundsätzlich liegt der Lieferort gemäß § 3 Abs. 6 UStG in der Schweiz. Unter den Voraussetzungen des § 3 Abs. 8 UStG würde sich der Lieferort ins Inland verlagern. Weil hier aber F die Ware im Inland einführt (§ 1 Abs. 1 Nr. 4 UStG), sind die Voraussetzungen des § 3 Abs. 8 UStG nicht erfüllt. Die Lieferung von U an F ist nicht im Inland steuerbar.
F schuldet die Einfuhrumsatzsteuer gemäß § 13a Abs. 2 UStG und ist regelmäßig nach § 15 Abs. 1 Satz 1 Nr. 2 UStG zum Vorsteuerabzug berechtigt.

2.1 „Einfuhrlieferung" im Reihengeschäft

Voraussetzungen und Rechtsfolge eines Reihengeschäfts ergeben sich (derzeit) aus § 3 Abs. 6 Sätze 5 und 6 UStG, vgl. Kap. III. 3. Unter der Voraussetzung, dass die Ware im Zuge mehrerer Lieferungen „durchgeliefert" wird, kann nur eine der Lieferungen bewegt i.S.v. § 3 Abs. 6 UStG sein; nur diese Lieferung kann nach § 3 Abs. 8 UStG verlagert werden. Hinsichtlich der anderen Lieferungen verbleibt es bei der Anwendung des § 3 Abs. 7 S. 2 UStG (vgl. Abschn. 3.13 Abs. 2 Satz 3 UStAE).

Beispiel:

Inländer F (Unternehmer oder Privater) bestellt beim inländischen Unternehmer U eine Ware, die dieser bei seinem Zulieferer Z in Zürich bestellt. Vereinbarungsgemäß bringt Z die Ware direkt zu F. Z liefert U gegenüber „verzollt und versteuert".

Lösung:

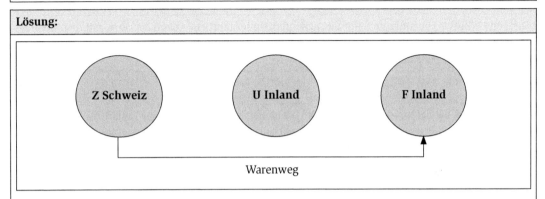

Reihengeschäft nach § 3 Abs. 6 Satz 5 UStG
Beteiligt sind mehrere Unternehmer. Es liegen zwei Lieferungen über den identischen Liefergegenstand vor: Z beliefert U und U beliefert F. Weil dabei die Ware nicht zwischendurch zu U gelangt, wird sie unmittelbar geliefert.

Zuordnung der bewegten Lieferung nach § 3 Abs. 6 UStG
Weil Z für die Warenbewegung verantwortlich ist, ergibt sich der Ort seiner Lieferung aus § 3 Abs. 6 (Satz 1) UStG. Der Ort befindet sich am Beginn der Warenbewegung und befindet sich demnach eigentlich in Zürich.

Verlagerung nach § 3 Abs. 8 UStG
Der Lieferort verlagert sich ins Inland, da Z die noch zu seinem Unternehmen gehörende Ware ins Inland einführt. Z ist Schuldner der Einfuhrumsatzsteuer. Die Lieferung des Z ist im Inland steuerbar und steuerpflichtig.

Ruhende Lieferung nach § 3 Abs. 7 Satz 2 UStG
Die nachfolgende Lieferung des U an F ist nach § 3 Abs. 7 Satz 2 Nr. 2 UStG ebenfalls im Inland steuerbar und steuerpflichtig.

2.2 Rechnungstellung

Abhängig davon, ob eine **Verlagerung nach § 3 Abs. 8 UStG** stattfindet, wird in der Rechnung die inländische oder eventuell die ausländische Umsatzsteuer angesetzt.

a) Kommt es zu keiner Verlagerung, darf der Lieferunternehmer jedenfalls nicht die inländische Umsatzsteuer ausweisen. Ob dagegen die Mehrwertsteuer im Verkaufsland anfällt, hängt davon ab, ob die Lieferung nach dem dortigen Recht steuerfrei ist.
Berechnet der ausländische Lieferer fälschlich die deutsche Umsatzsteuer (§ 14c Abs. 1 UStG, vgl. Kap. XI. 2.2), muss der Empfänger eine berichtigte Rechnung anfordern, da die zu Unrecht ausgewiesene Mehrwertsteuer nicht vorsteuerabzugstauglich ist.

b) Im Falle einer Verlagerung nach § 3 Abs. 8 UStG muss in einer an den inländischen Abnehmer gestellten Rechnung die deutsche Umsatzsteuer ausgewiesen werden. Unter den Voraussetzungen des § 15 Abs. 1 Satz 1 Nr. 1 UStG ist dieser zum Abzug der Vorsteuer berechtigt.

2.3 Lieferzeitpunkt

So, wie aus § 3 Abs. 6 UStG Ort und Zeitpunkt abgeleitet werden (Voll- oder Doppelfiktion), führt die nach § 3 Abs. 8 UStG erfasste Lieferung sowohl zu einer Ortsverlagerung in den Einfuhrstaat, als auch dazu, dass die Lieferung erst im Zeitpunkt der Einfuhr stattfindet.

> **Beispiel:**
>
> Der von U (Zürich) beauftragte Beförderungsunternehmer fährt am Abend des 30.4. mit dem Beförderungsgut in Zürich ab. Wegen des Feiertags am 1.5. in Deutschland kann er die Ware erst am 2.5. im Namen des U in Deutschland einführen.

> **Lösung:**
>
> Angesichts der Verlagerung nach § 3 Abs. 8 UStG entsteht die Umsatzsteuer (auch) für die Lieferung erst im Voranmeldungszeitraum Mai (vgl. § 18 Abs. 1 UStG). Die sonst aus § 3 Abs. 6 UStG abgeleiteten Fiktionen werden nun durch § 3 Abs. 8 UStG bzw. dem dort maßgeblichen Kriterium der Einfuhr bestimmt.

3. Steuerbefreiung internationaler Lieferungen

Entsprechend der grundlegenden Einteilung des Auslands in Drittland und in andere Mitgliedstaaten müssen Exportlieferungen ins Drittland (= **Ausfuhr**) und Lieferungen innerhalb der EU (**innergemeinschaftliche Lieferung**) voneinander unterschieden werden. Beide Arten von Lieferungen sind unter den Voraussetzungen des § 4 Nr. 1a, 1b UStG **steuerfrei**.

Die Stellung am Beginn der Steuerbefreiungstatbestände (§ 4 Nr. 1 UStG) verdeutlicht deren große Bedeutung gerade in Deutschland als bedeutendem Exportland. **Grundmodell** ist die **Ausfuhr** ins Drittland. Sie reicht historisch zurück in Zeiten, bevor der EU-Binnenmarkt eingeführt wurde. Mit der Entstehung der Europäischen Gemeinschaft wurde ein passendes „Ersatzmodell" – innergemeinschaftliche Lieferung mit innergemeinschaftlichem Erwerb – eingeführt.

Lieferung aus dem Inland	Lieferungen innerhalb der EU	
ins Drittland = **Ausfuhr**	vom Inland ins EU-Ausland: eventuell **innergemeinschaftliche Lieferung**	vom EU-Ausland ins Inland: eventuell **innergemeinschaftlicher Erwerb**
Steuerfrei unter den Voraussetzungen des § 4 Nr. 1a UStG	Steuerfrei unter den Voraussetzungen des § 4 Nr. 1b UStG	Regelmäßig steuerpflichtig mit Vorsteuerabzug nach § 15 Abs. 1 Nr. 3 UStG

§ 4 Nr. 1a und Nr. 1b UStG sind bloße Blankettvorschriften. Sie verweisen nur auf die Detailregelungen der §§ 6 und 6a UStG. Beiden Befreiungstatbeständen liegt dieselbe Idee zugrunde: Eine Ware gelangt im Zuge einer Lieferung vom Inland ins Ausland. Demzufolge kommt eine solche Steuerbefreiung nur für **bewegte Lieferungen** (Beförderung oder Versendung) infrage (§ 3 Abs. 6 Sätze 1 bis 4 UStG). **Ruhende Lieferungen** gemäß § 3 Abs. 7 Satz 1 und Satz 2 UStG sind nie nach § 4 Nr. 1a oder 1b UStG steuerfrei! Das bedeutet z.B. für ein **Reihengeschäft**, dass – unabhängig von der Anzahl der eingebundenen Lieferungen – immer nur eine Lieferung gemäß § 4 Nr. 1a, Nr. 1b UStG steuerfrei sein kann.

Teil II: Darstellung der Umsatzsteuer

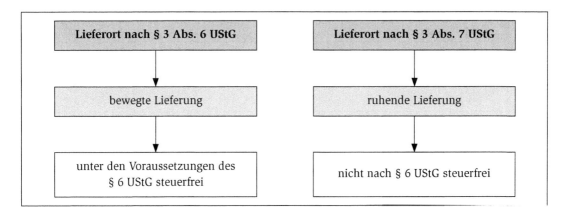

3.1 Steuerbefreiung von Ausfuhrlieferungen ins Drittland

Eine in Deutschland steuerbare Lieferung ist unter den Voraussetzungen des § 4 Nr. 1a i.V.m. § 6 UStG steuerfrei. In § 6 UStG werden verknüpft:

Materielle Voraussetzungen	Formelle Anforderungen
§ 6 Abs. 1–3a UStG	§ 6 Abs. 4 UStG i.V.m. §§ 8 ff. UStDV

Die Ausfuhr muss zeitnah erfolgen und wird elektronisch gemeldet (Abschn. 6.2 UStAE). Unschädlich ist, wenn der Liefergegenstand anschließend ins Gemeinschaftsgebiet zurückgelangt. Für die Ausfuhr von Fahrzeugen gelten teilweise spezifische Regelungen, vgl. Abschn. 6.6 Abs. 4a UStAE.

Dass daneben auch **Lohnveredelungen** gemäß § 4 Nr. 1a i.V.m. § 7 UStG steuerfrei sind, hat angesichts § 3a Abs. 2 UStG weitgehend an Bedeutung verloren.

> ☞ **Bedeutung in Praxis und Klausur!**
> Während in der Praxis der Buch- und Belegnachweis gemäß § 6 Abs. 4 UStG i.V.m. §§ 8 ff. UStDV (i.V.m. Abschn. 6.5 ff., 6.9 ff. UStAE) häufig im Mittelpunkt von Außenprüfungen stehen, heißt es in den allgemeinen Bearbeitungshinweisen in Klausuren regelmäßig: „Erforderliche Buch- und Belegnachweise gelten als erbracht" o.ä.: Auf § 6 Abs. 4 UStG ist dann nicht einzugehen. Die formellen Nachweispflichten sind zwar grundsätzlich zu beachten; auf sie kommt es aber nicht an, wenn die materiell-rechtlichen Voraussetzungen unstreitig erfüllt sind; dies gilt v.a., wenn feststeht, dass die Ware ins Drittland gelangte.

> **Beispiel:**
> Unternehmer U mit Sitz in Stuttgart liefert eine Ware an den Abnehmer F mit Sitz in Norwegen.
> a) U bringt die Ware zu F.
> b) Unternehmer F **holt** die Ware bei U ab.
> c) F ist norwegische Staatsangehörige. Sie studiert Rechtswissenschaften an der Universität Tübingen und bezieht dort ein Zimmer. Gelegentlich kehrt sie nach Norwegen ins elterliche Haus zurück und nimmt verschiedene Gegenstände mit dorthin, die sie bei U im Inland eingekauft hat.
> d) F ist die norwegische **Zweigniederlassung** der inländischen A + G-GmbH und gibt die Bestellung in eigenem Namen ab.

Lösung:

```
  Inland  ────── Lieferung ──────▶  Drittland
```

Der Ort der Beförderungslieferung befindet sich gemäß § 3 Abs. 6 S. 1 UStG am Ausgangsort Stuttgart, die Lieferung ist im Inland steuerbar. Ob die steuerbare Lieferung auch steuerpflichtig ist, ergibt sich aus § 4 Nr. 1a i.V.m. § 6 UStG.

Warenweg
Entscheidend ist, dass die Warenbewegung im Drittland endet. Dabei kann die im Inland beginnende Beförderung unmittelbar ins Drittland erfolgen oder auf dem Weg ins Drittland zunächst durch ein EU-Mitgliedsland führen (Durchfuhr, hier evtl. durch Dänemark).

Beförderer
§ 6 Abs. 1 Satz 1 Nr. 1 und Nr. 2 UStG unterscheiden danach, wer für die Beförderung/Versendung verantwortlich ist.

a) Hier ergibt sich die Lösung aus § 6 Abs. 1 Satz 1 Nr. 1 UStG: Mit „Unternehmer" ist der Lieferer gemeint (Buch- und belegmäßiger Nachweis werden unterstellt). U erklärt also in seiner Umsatzsteueranmeldung eine steuerfreie Ausfuhrlieferung.

Anmerkung: Dasselbe gilt, wenn der Lieferer (U) in eigenem Namen einen Unternehmer mit der Beförderung der Ware beauftragt; dieser ist dann Erfüllungsgehilfe des Lieferers (Versendungslieferung i.S.d. § 6 Abs. 1 Satz 1 Nr. 1 UStG).

b) Die Lieferung (§ 3 Abs. 1 UStG) ist gemäß § 3 Abs. 6 UStG im Inland steuerbar. Sie könnte gemäß § 4 Nr. 1a i.V.m. § 6 UStG steuerfrei sein. Auch hier endet die Warenbewegung im Drittland.
Weil ein Abholfall vorliegt, richtet sich die Lösung nach § 6 Abs. 1 Satz 1 Nr. 2 UStG. An diese Alternative knüpft sodann § 6 Abs. 2 UStG an. Der Abnehmer muss seinen Unternehmens- oder Wohnsitz im Ausland (Drittland oder anderes EU-Land) haben (§ 6 Abs. 2 Nr. 1 UStG). Daran fehlt es, wenn Ausländer nicht nur vorübergehend im Inland weilen. Umgekehrt kann auch ein deutscher Staatsangehöriger betroffen sein, da es auf die Staatsangehörigkeit nicht ankommt. Weil F seinen Unternehmenssitz in Norwegen hat, tätigt U eine steuerfreie Ausfuhrlieferung.
(Buch- und belegmäßiger Nachweis werden unterstellt.)

Anmerkung: Dasselbe gilt, wenn der Abnehmer einen selbstständigen Unternehmer mit der Abholung der Ware beauftragt (Versendungslieferung).

c) Der Lieferort befindet sich gemäß § 3 Abs. 6 Satz 1 UStG steuerbar im Inland. Die Lieferung könnte nach §§ 4 Nr. 1a, 6 UStG steuerfrei sein. Es liegt ein Abholfall nach § 6 Abs. 1 Satz 1 Nr. 2 UStG vor. Zwar hat F die Staatsbürgerschaft eines Drittlands. Entscheidend ist gemäß § 6 Abs. 2 Nr. 1 UStG aber, ob die Abnehmerin auch ihren (Wohn-)Sitz im Drittland hat. Dies ist zu verneinen, da F dauerhaft in Tübingen wohnt (vgl. Abschn. 6.3 Abs. 3 Nr. 4 Satz 3 UStAE). Die Lieferung ist also steuerpflichtig.

d) Auch diese Lieferung ist steuerfrei. Damit U nicht erst ermitteln muss, inwieweit F selbstständiger Unternehmer ist, kann er sich für die Steuerbefreiung auf § 6 Abs. 2 Nr. 2 UStG berufen.

Anmerkung: Dies gilt nicht im Verhältnis zwischen der A + G-GmbH und F.
Auch eine Lieferung an die inländische Zweigniederlassung eines ausländischen Abnehmers ist steuerpflichtig (§ 6 Abs. 2 Satz 2 UStG).

Teil II: Darstellung der Umsatzsteuer

3.2 Lieferung in einen Freihafen

Unter in § 6 Abs. 1 Nr. 3 UStG weiter benannten Voraussetzungen sind Lieferungen in die in § 1 Abs. 3 UStG genannten Gebiete ebenfalls als Ausfuhrlieferung steuerfrei (vgl. Abschn. 6.1 Abs. 3, 6.9 Abs. 1 UStAE). Der Abnehmer muss:

a) entweder Unternehmer sein, der keine nach § 4 Nr. 8-27 UStG steuerfreien Leistungen ausführt oder
b) eine ausländische Privatperson sein und der Liefergegenstand muss ins Drittland gelangen.

3.3 Vorsteuerabzug des Ausfuhrlieferers

Unter den Voraussetzungen des § 15 Abs. 1 Satz 1 Nr. 1 UStG ist die Vorsteuer aus Eingangsleistungen für das Unternehmen des Lieferers **abziehbar**. Die Vorsteuer wäre angesichts § 15 Abs. 2 Nr. 1 UStG eigentlich nicht **abzugsfähig**. Weil § 4 Nr. 1a UStG zum Anwendungsbereich des § 15 Abs. 3 Nr. 1a) UStG gehört, kann der steuerfrei liefernde Exporteur doch die ihm ordnungsgemäß in Rechnung gestellte Umsatzsteuer abziehen.

3.4 Fahrzeugteile

Werden Teile der Ausrüstung oder Versorgung von Beförderungsmitteln geliefert, liegt gemäß § 6 Abs. 3 UStG eine steuerfreie Ausfuhrlieferung nur vor, wenn jenes zum Unternehmen eines ausländischen Abnehmers gehört, vgl. Abschn. 6.4 UStAE.

3.5 Reisegepäck

§ 6 Abs. 3a UStG (i.V.m. § 17 UStDV) befreit Lieferungen an einen Privatabnehmer mit Sitz in Drittland, die dieser im Reisegepäck innerhalb eines Quartals ins Drittland ausführt (vgl. Abschn. 6.11 UStAE). Der Privatkunde erhält vom inländischen Verkäufer ein Formular mit bestimmten Angaben, das er an der Grenze vom deutschen Zoll abstempeln lässt und dem Verkäufer zuleitet, um dann die bisher gezahlte Umsatzsteuer zurückzuerhalten. Das Formular dient dem Verkäufer als Nachweis im Sinn von § 6 Abs. 4 UStG.

3.6 Ausfuhr mit Veredelung

In der Praxis und Klausur kann vorgegeben sein, dass ein Abnehmer an einem Produkt interessiert ist, das in dieser Form nicht zum Sortiment des Lieferers oder Werklieferers gehört. Ein vorhandener Gegenstand muss also bearbeitet werden. Dieser Gegenstand wurde gemäß § 7 Abs. 1 Satz 1 UStG wegen dieses Zwecks:
- entweder eingeführt oder
- im Gemeinschaftsgebiet erworben.

Nicht ausreichend ist, wenn ein Gegenstand aus dem Drittland ins Inland gelangt und hier unerwartet repariert werden muss.

Es sind zwei Gestaltungen zu unterscheiden:

Beispiel 1: Veredelung im Auftrag des Lieferers
S mit Sitz in der Schweiz bestellt beim inländischen Unternehmer U ein in bestimmte Form gebogenes Metall. U handelt eigentlich nur mit Metallplatten. U nimmt den Auftrag an. Er lässt seine Metallplatten vom inländischen Metallbearbeitungsbetrieb M entsprechend biegen und versendet anschließend das geformte Material zu S.

Lösung:
Welche Leistung schuldet U dem S? U hat die Lieferung des (bereits) bearbeiteten Materials versprochen. **Liefergegenstand ist also der geformte Gegenstand**.

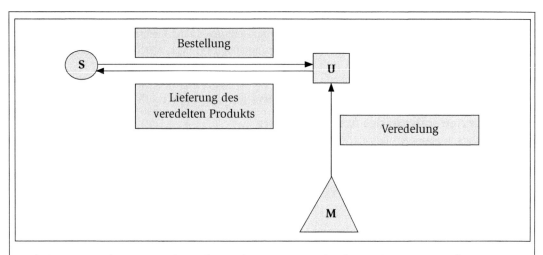

U erbringt eine Lieferung an S, die nach § 3 Abs. 6 UStG im Inland steuerbar ist. Die Lieferung ist nach §§ 4 Nr. 1a, 6 Abs. 1 Satz 1 Nr. 1 UStG steuerfrei. Der Liefergegenstand (geformtes Material) gelangt ins Drittland. U versendet i.S.v. § 6 Abs. 1 Satz 1 Nr. 1 UStG.

Ein Reihengeschäft nach § 3 Abs. 6 Satz 5 UStG liegt übrigens zwischen den drei Unternehmen nicht vor. Es fehlt an der Lieferung des identischen Gegenstands: M schuldet dem U nur die Verformung (sonstige Leistung), während U dem S die geformte Sache liefert.

Beispiel 2: Veredelung im Auftrag des Lieferempfängers

U verkauft dem Schweizer Unternehmer S Metallplatten (Rohmaterial). Auf Geheiß des S bringt U das Rohmaterial zum inländischen Metallbearbeiter M, der das Material im Auftrag des S in Form biegt. S holt das veredelte Metall bei M ab.

Lösung:

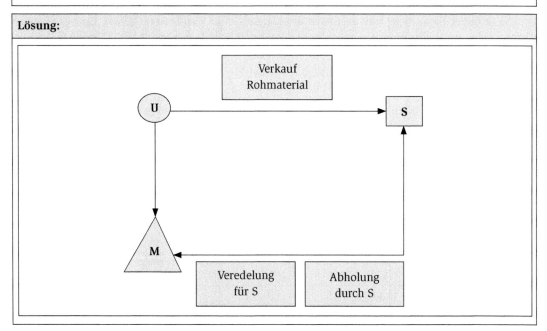

U erbringt eine nach §§ 4 Nr. 1a, 6 Abs. 1 Satz 1 Nr. 2, Satz 2, Abs. 2 Nr. 1 UStG steuerfreie Ausfuhrlieferung (Abholfall). **Liefergegenstand sind hier die unbehandelten Metallplatten.** Dass der Liefergegenstand nicht sogleich und nicht in seiner Urform ins Drittland gelangt, sondern erst nach einer Veredelung durch M, ist gemäß **§ 6 Abs. 1 Satz 2 UStG (Veredelungsklausel)** unbeachtlich. M erbringt eine nach § 3a Abs. 2 UStG in der Schweiz steuerbare sonstige Leistung.

Hinweis! Da die Leistung des M schon nicht (im Inland) steuerbar ist, stellt sich die Frage der Steuerbefreiung gem. § 7 UStG nicht. Wäre M für einen privaten Kunden entsprechend tätig, wäre die sonstige Leistung gem. § 3a Abs. 3 Nr. 3c) UStG steuerbar im Inland, aber steuerfrei gem. § 4 Nr. 1a UStG i.V.m. § 7 UStG.

Ohne die **Veredelungsklausel** aus § 6 Abs. 1 Satz 2 UStG käme es zu einer steuerfreien Ausfuhrlieferung nur, wenn zuerst der Rohgegenstand ins Drittland geliefert würde, um anschließend zum Zwecke der Veredelung doch wieder ins Inland und von dort wieder zurücktransportiert zu werden. Dieses „Hin und her" soll vermieden werden.

3.7 Rechnungstellung

In seiner Rechnung muss der Ausfuhrlieferer die Rechnungsformalien von § 14 Abs. 4 UStG beachten, darf also keine Umsatzsteuer ausweisen, sondern muss gem. § 14 Abs. 4 Nr. 8 UStG auf die Steuerbefreiung hinweisen, falls er sogleich den Nachweis erbringen kann oder muss andernfalls eine mit USt-Ausweis gestellte Rechnung später berichtigen.

Weist ein Unternehmer für eine steuerfreie Ausfuhrlieferung doch fälschlich Umsatzsteuer aus, schuldet er diese Umsatzsteuer nach **§ 14c Abs. 1 UStG**: Die Steuer wird überhöht ausgewiesen: Statt keiner Umsatzsteuer wird ein Steuerbetrag ausgewiesen. Ein Vorsteuerabzug steht dem Erwerber hieraus nicht zu, da die Umsatzsteuer nicht als „gesetzliche Umsatzsteuer für Lieferung" gemäß § 15 Abs. 1 Satz 1 Nr. 1 UStG geschuldet wird, sondern (nur) wegen des § 14c UStG (s. Kap. XI. 13.).

3.8 Reihengeschäft

Rechtsfolge eines Reihengeschäftes ist es, dass nur eine der zugleich durchgeführten Lieferungen bewegt ist und damit als steuerfrei nach § 4 Nr. 1a, 1b UStG in Betracht kommt. Die Voraussetzungen des Reihengeschäfts sind derzeit in § 3 Abs. 6 Sätze 5 und 6 UStG geregelt. (Gemäß Referentenentwurf 2016 werden diese Sätze ersetzt durch eine Neuregelung in § 3 Abs. 6a UStG.) Gemäß § 3 Abs. 6 Satz 5 UStG kann nur diejenige Lieferung, der der Lieferort aus § 3 Abs. 6 Sätze 1-4 UStG zugeordnet wird, eine steuerfreie Ausfuhrlieferung sein. Bei den anderen ruhenden Lieferungen nach § 3 Abs. 7 Satz 2 UStG fehlt es an einem Befördern oder Versenden.

Beispiel:

D bestellt eine Ware bei U1. U1 hat diese Ware nicht vorrätig und bestellt diese Ware bei seinem Zulieferer U2. D beauftragt einen Paketdienst damit, die Ware direkt bei U2 abzuholen. U2 rechnet die Lieferung mit U1 ab, dieser mit D. U1 und U2 betreiben ihr Unternehmen im Inland, D hat seinen Unternehmens- bzw. Wohnsitz im Drittland.

Lösung:

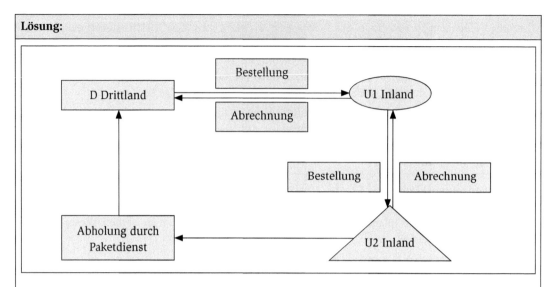

Reihengeschäft

Die Voraussetzungen des § 3 Abs. 6 Satz 5 UStG sind erfüllt: Mit U1 und U2 liegen mehrere Unternehmer vor. Ob zusätzlich auch D ein Unternehmer ist, bleibt unmaßgeblich. Die beiden Lieferungen betreffen denselben Liefergegenstand. Die Warenbewegung erfolgt unmittelbar von einem Ende der Reihe (U2) zum anderen Ende der Reihe (D); U1 erhält den Liefergegenstand nicht zwischendurch.

Zuordnung der bewegten Lieferung nach § 3 Abs. 6 UStG

D war zuständig für die Durchführung der Warenbewegung, indem er die Versendung in Auftrag gibt. Damit ist diejenige Lieferung bewegt, in der D betroffen ist, also die Lieferung des U1 an D. Deren Ort ergibt sich aus § 3 Abs. 6 Satz 4 UStG und liegt dort, wo U2 die Ware an D bzw. dessen Beauftragten (Paketdienst) übergibt, also im Inland. Die Lieferung ist daher steuerbar.

Ausfuhrlieferung

Die Lieferung könnte steuerfrei sein, wenn im Verhältnis U1 zu D die Voraussetzungen des § 4 Nr. 1a UStG i.V.m. § 6 UStG vorliegen: Im Zuge der Lieferung wird die Ware vom Inland ins Drittland gemäß § 6 Abs. 1 Satz 1 Nr. 2 UStG versendet. D hat seinen Sitz im Ausland i.S.v. § 6 Abs. 2 Nr. 1 UStG. Die Lieferung des U1 ist daher steuerfrei.

Ruhende Lieferung

Der Ort der Lieferung von U2 an U1 richtet sich nach § 3 Abs. 7 Satz 2 Nr. 1 UStG und befindet sich ebenfalls steuerbar im Inland. Für eine ruhende Lieferung entfällt eine Steuerbefreiung gemäß § 4 Nr. 1 UStG. U2 liefert also steuerpflichtig an U1.

3.9 Zusammenhang mit Beförderungsleistung

Schaltet ein inländischer Unternehmer einen selbstständigen Beförderungsunternehmer ein, der den Ausfuhrgegenstand vom Inland ins Drittland transportiert, ist dessen sonstige Leistung (§ 3 Abs. 9 UStG) im Inland steuerbar (§ 3a Abs. 2 UStG, s. Kap. IV. 2.3.2) und nach § 4 Nr. 3a aa) UStG **steuerfrei**.

Befördert der Fuhrunternehmer eine Ware vom Drittland ins Inland, gilt dieselbe Rechtsfolge unter den Voraussetzungen des § 4 Nr. 3a bb) UStG.

3.10 Verbringen ins Drittland

Überführt der inländische Unternehmer Gegenstände ins Drittland zu seiner eigenen Verfügung, handelt es sich um ein nicht steuerbares Verbringen. Weil zu diesem Zeitpunkt keine Leistung an einen Abnehmer erbracht wird, fehlt es an einem Leistungsaustausch. Kein Tatbestand des § 1 Abs. 1 UStG ist erfüllt.

Es handelt sich um einen nicht steuerbaren Innenumsatz. Allerdings wird die Einfuhr im Drittland (Bestimmungsland) regelmäßig mit dortigen Eingangsabgaben belegt (zur ganz anderen Besteuerung eines Verbringens ins EU-Ausland, s. Kap. 6.).

Beispiel:

Der deutsche Unternehmer U belieferte bisher seine Kunden in der Schweiz von seinem deutschen Unternehmenssitz aus. Nun errichtet er ein Lager in der Schweiz, um schneller und günstiger den Schweizer Markt beliefern zu können. Zu diesem Zweck bringt er am 1.2. Waren in sein Schweizer Lager. Eine dieser Waren verkauft er am 1.4. an den Kunden K.

Lösung:

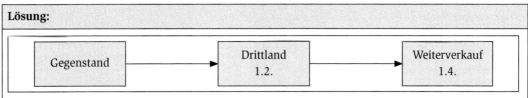

1. **Verbringen**
   Am 1.2. kommt es zu keinem Leistungsaustausch. Die Ware gehört durchgehend zum Unternehmensvermögen des U. Ein Weiterverkauf ist beabsichtigt, steht aber noch nicht fest. Das Überführen der Ware in die Schweiz ist nicht steuerbar, erst recht keine steuerfreie Ausfuhrlieferung. Dieses rechtsgeschäftslose Verbringen zeitigt im Inland also keine umsatzsteuerlichen Folgen. Im Ausland fallen regelmäßig Einfuhrabgaben an.
2. **Weiterverkauf**
   Die Lieferung am 01.04 findet im Regelfall des § 3 Abs. 6 UStG in der Schweiz statt, ist also nicht in Deutschland steuerbar (in der Klausur endet hiermit die Lösung. Der Praktiker muss für eine ordnungsgemäße Versteuerung in der Schweiz sorgen).

3.11 Unentgeltliche Wertabgabe ins Drittland

Obwohl eine Gegenstandsentnahme durch die in § 3 Abs. 1b UStG enthaltenen Fiktionen durchweg einer regulären Lieferung gleichgestellt wird, bleibt die Entnahme gemäß **§ 6 Abs. 5 UStG** auch dann **steuerpflichtig**, wenn sie steuerbar im Inland (§ 3f UStG) stattfindet und von dort ins Drittland gelangt.

Beispiel:

Unternehmer U erwarb Ende 2015 einen Pkw für 150.000 € zzgl. 28.500 € Umsatzsteuer. Den gemischtgenutzten Pkw ordnete U zulässig nach § 15 Abs. 1 Satz 2 UStG voll seinem Unternehmen zu. Im Januar 2016 verlegt U seinen Wohnsitz in die Schweiz und überführt das Fahrzeug dorthin (Fall nach BFH vom 19.2.2014, XI R 9/13, BStBl II 2014, 597).

Lösung:

Es handelt sich um die Entnahme eines zuvor vorsteuerentlasteten Gegenstands nach § 3 Abs. 1b Nr. 1 UStG. Sie ist gem. § 3f UStG steuerbar und angesichts des § 6 Abs. 5 UStG auch steuerpflichtig.

3.12 Übersicht über Ausfuhrlieferung

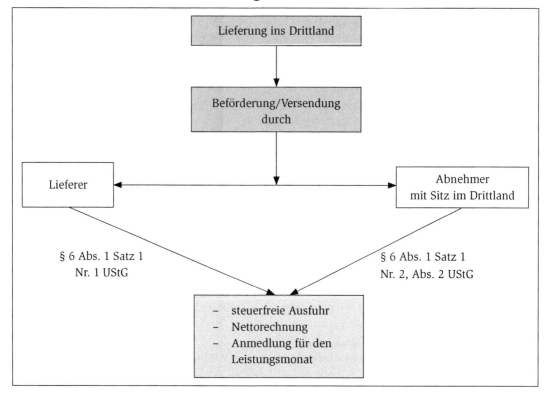

4. Lieferung von Deutschland ins EU-Ausland

Angeknüpft wird auch hier an eine bewegte Lieferung (mit Lieferort aus § 3 Abs. 6 UStG). Im Unterschied zur Ausfuhrlieferung gibt es innerhalb der EU keine Grenzen mehr, eine „Einfuhr" entfällt, damit entfallen auch Einfuhrabgaben im Bestimmungsland. Da keine Grenzbehörde mehr den Warenübergang ins Ausland bestätigen kann, ergeben sich zudem Nachweisprobleme.

Dennoch wurde am Ziel der Besteuerung im **Bestimmungsland** auch innerhalb der EU festgehalten. Dazu wurde ein Modell entwickelt, das Steuerbefreiung im Ursprungsland (**steuerbefreite innergemeinschaftliche Lieferung**, §§ 4 Nr. 1b, 6a UStG) mit Besteuerung im Bestimmungsland (**innergemeinschaftlicher Erwerb** nach §§ 1 Abs. 1 Nr. 5, 1a, 3d UStG in einem anderen Mitgliedstaat = Erwerbsland) verknüpft. Es handelt sich um einen **Kernbereich des europäischen Umsatzsteuerrechts**. Die Vorschriften der einzelnen Mitgliedstaaten gehen auf dieselben EU-Vorschriften zurück (Art. 138 MwStSystRL), entsprechen sich folglich weitgehend. Die deutschen Vorschriften lassen sich also analog anwenden.

Vergleichbar der Ausfuhrlieferung müssen **Buch- und Belegnachweis** in Form des § 6a Abs. 3 UStG i.V.m. §§ 17a ff. UStDV geführt werden: Dies geschieht entweder über eine Gelangensbestätigung, die der Abnehmer ausstellt (auch elektronisch und quartalsweise) oder über andere zugelassene Nachweismöglichkeiten (Spediteurbescheinigung, ordnungsgemäßer Frachtbrief – vgl. BFH vom 22.7.2015, V R 38/14, usw.). Ein Zeugenbeweis scheidet allerdings aus, BFH vom 8.12.2015, V B 40/15.

> **Tipp!**
> In Klausuren wird der entsprechende Nachweis regelmäßig unterstellt. Für die Praxis gilt auch hier, dass es auf diese Nachweise nicht ankommt, wenn die Voraussetzungen für die Steuerbefreiung zweifelsfrei erfüllt sind (EuGH vom 27.9.2012, Rs. C-587/10).

Teil II: Darstellung der Umsatzsteuer

	Ursprungsland	Steuerbefreiung	Erwerbs-/ Bestimmungsland	Steuersatz des
Ausfuhr (ins Drittland)	§ 3 Abs. 6 UStG	§§ 4 Nr. 1a, 6 UStG	Einfuhrabgaben, Einfuhrumsatzsteuer (vgl. § 1 Abs. 1 Nr. 4 UStG)	Bestimmungslandes (Erwerbslandes)
Lieferung ins EU-Ausland	§ 3 Abs. 6 UStG	§§ 4 Nr. 1b, 6a UStG	Erwerbsumsatzsteuer (§§ 1 Abs. 1 Nr. 5, 1a UStG)	Erwerbslandes (Bestimmungslandes)

4.1 Innergemeinschaftliche Lieferung im Überblick

Tatbestandsmerkmale	Rechtsfolge
(Werk-)Lieferung (§ 3 Abs. 1, Abs. 4 UStG), keine sonstige Leistung	Steuerbefreiung der Lieferung (im Ursprungsland)
Lieferort nach § 3 Abs. 6 UStG (bewegt)	
Bewegt in einen anderen Mitgliedstaat (§ 6a Abs. 1 Nr. 1 UStG)	
Qualifzierter Erwerber i.S.v. § 6a Abs. 1 Nr. 2 UStG	
§ 6a Abs. 1 Nr. 3 UStG: beim Erwerber • innergemeinschaftlicher Erwerb • in einem anderen Mitgliedstaat (Erwerbsland)	Regelmäßig steuerpflichtiger Erwerb (im Bestimmungsland)

4.2 Warenbewegung ins EU-Ausland

Grundvoraussetzung einer steuerfreien innergemeinschaftlichen Lieferung ist, dass der Liefergegenstand im Zuge der Lieferung vom Inland ins EU-Ausland gelangt. Dies gilt auch, wenn eine Durchfuhr durch das Drittland zwischengeschaltet ist. Anders als in § 6 Abs. 1 Satz 1 Nr. 1 und Nr. 2 UStG besteht nach § 6a UStG kein Unterschied für Bring- und Abholfälle.

4.3 Anforderungen an die Person des Erwerbers

Während der Abnehmer einer Ausfuhrlieferung Unternehmer oder Nichtunternehmer sein kann, muss der Empfänger einer innergemeinschaftlichen Lieferung notwendig die Voraussetzungen des § 6a Abs. 2 UStG erfüllen (ausgenommen Lieferung von Neufahrzeugen, vgl. 5.):

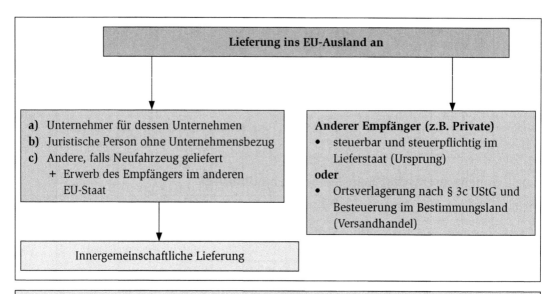

 Tipp!
Für Praxis und Klausur bedeutet der unterschiedliche Abnehmerkreis eine wichtige Weichenstellung bei der Lösung.

Typischerweise wird der Erwerber unter der USt-Identifikationsnummer eines anderen Mitgliedsstaats (Erwerbs- bzw. Bestimmungsland) auftreten. Der Lieferer wird diese ausländische USt-Identifikationsnummer gemäß § 14a Abs. 3 Satz 2 UStG in die Rechnung aufnehmen wie auch in seiner Zusammenfassenden Meldung nach § 18a Abs. 1 Satz 1 UStG angeben.

Die Steuerbefreiung nach § 6a UStG gilt auch dann, wenn der Erwerber keine bzw. noch keine USt-Identifikationsnummer hat, aber die Gefahr einer Steuerumgehung oder -straftat nicht besteht. Davon ist insbesondere auszugehen, wenn unstrittig feststeht, dass die Ware tatsächlich bei einem bestimmten Unternehmer im Erwerbsland ankam.

4.4 Zusammenhang Lieferung – Erwerb

Im Ursprungsland (Abgang der Lieferung) wird die Lieferung gemäß § 6 Abs. 1 Nr. 3 UStG nur dann steuerbefreit, wenn sichergestellt ist, dass der Erwerb im Empfangsland der Umsatzsteuer unterliegt.

Hierzu wird der eine wirtschaftliche Vorgang (**Verkauf** bzw. Lieferung) fiktiv **gespalten**. Aus Sicht des Verkäufers handelt es sich um eine **Lieferung** (i.S.v. § 1 Abs. 1 Nr. **1** i.V.m. § 3 Abs. 1 UStG) am Abgangsort (§ 3 Abs. 6 UStG), die eventuell steuerfrei ist, während derselbe Vorgang aus Sicht des Käufers einem **Erwerb** (§ 1 Abs. 1 Nr. 5 i.V.m. § 1a UStG) „unterliegt" und regelmäßig besteuert wird (ausnahmsweise aber auch nach § 4b UStG steuerfrei sein kann).

 Hinweis!
Das bedeutet für Praxis und Klausur
Beide Bereiche sind streng auseinanderzuhalten:
a) Bei der Betrachtung der Lieferung im Ausgangsmitgliedsstaat sind ausschließlich **Liefer**vorschriften anzusprechen: §§ 1 Abs. 1 Nr. 1, 3 Abs. 1, Abs. 6, 4 Nr. 1b, 6a UStG.
Die Verknüpfung dieser Lieferung mit dem Erwerb auf der anderen Seite im Erwerbsmitgliedsland erfolgt über § 6a Abs. 1 Nr. 3 UStG. Die Lieferung ist steuerfrei, „wenn und weil" der Abnehmer einem innergemeinschaftlichen Erwerb in einem anderen Mitgliedstaat unterliegt.

Teil II: Darstellung der Umsatzsteuer

> b) Dementsprechend sind für den **Erwerb** (nur) §§ 1a, 3d UStG (analog im Erwerbsland) relevant. Eine unmittelbare Kombination z.B. von § 3 Abs. 1 UStG einerseits und § 3d UStG andererseits stellt einen schwerwiegenden Denkfehler dar!
> c) Es bietet sich an, mit der Prüfung des Erwerbs zu beginnen, weil die Steuerbefreiung der Lieferung hierauf aufbaut.

Es besteht ein weitgehendes **Abhängigkeitsverhältnis**: Kommt es zu keinem Erwerb, entfällt die Steuerbefreiung für die Lieferung. Dieses Besteuerungssystem macht ein Kontrollsystem durch Abgleich zwischen den beteiligten beiden Mitgliedstaaten erforderlich. Es sind daher **Zusammenfassende Meldungen** abzugeben (§ 18a UStG).

Der Erwerb setzt aber nicht zwingend voraus, dass spiegelbildlich die Voraussetzungen für die Steuerbefreiung der Lieferung vorliegen. Der Wortlaut des § 1a UStG knüpft nicht an eine innergemeinschaftliche Lieferung an (vgl. Abschn. 3.14 Abs. 13 Beispiel a UStAE).

> ☞ **Hinweis für Klausur und Praxis!**
> **Gestaltung 1:**
> Der inländische Unternehmer tritt als **Lieferer** auf:
>
> | Lieferung durch **inländischen** Unternehmer | an EU-ausländischen Unternehmer |
> |---|---|
> | • steuerbar im **Inland** | innergemeinschaftlicher Erwerb |
> | • **steuerfreie** innergemeinschaftliche Lieferung | |
> | | Steuerbar (i.d.R.) im Erwerbsland, § 3d UStG (i.d.R. steuerpflichtig) |
>
> Bei der Lösung dieses Sachverhalts sind zwingend **beide Seiten** des Geschäftsvorfalls darzustellen.
>
> **Gestaltung 2:**
> Der inländische Unternehmer tritt als Erwerber auf:
>
> | Steuerbare und steuerfreie innergemeinschaftliche Lieferung analog §§ 4 Nr. 1b, 6a UStG im Ausland | Erwerb (§ 1a UStG) steuerbar im Inland (§ 3d UStG) i.d.R. steuerpflichtig) |
> |---|---|
>
> **Hinweis!** Auch wenn in der Klausur bei Gestaltung 2 die Darstellung der Lieferung nicht immer erwartet wird, erleichtert es doch das Verständnis und auch die Systematik, auf beide Seiten einzugehen. Da der Erwerb im Inland steuerpflichtig ist, müssen weiter geprüft werden: Steuerschuldner (§ 13a Abs. 1 Nr. 2 UStG), Entstehung des Erwerbs (§ 13 Abs. 1 Nr. 6 UStG), Bemessungsgrundlage (§ 10 Abs. 1 Satz 1 UStG), Steuersatz (§ 12 UStG) und Vorsteuerabzug (§ 15 Abs. 1 Nr. 3 UStG).

Beispiel:

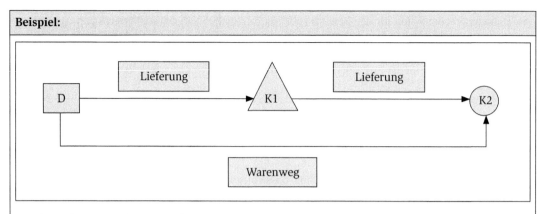

Der deutsche Unternehmer D liefert an den kroatischen Unternehmer K1 und versendet am 18.1.2016 vereinbarungsgemäß die an K1 verkaufte Ware direkt an den kroatischen Kunden K2 des K1.

Lösung:

Zwischen D, K1 und K2 liegen die Voraussetzungen eines Reihengeschäfts nach § 3 Abs. 6 Satz 5 UStG vor. Die bewegte Lieferung besteht zwischen D und K1, weil D die Ware versendet. Der Ort der Lieferung befindet sich daher steuerbar nach § 3 Abs. 6 UStG im Inland. Die Lieferung ist unter den Voraussetzungen des § 4 Nr. 6a UStG steuerfrei. Tatsächlich sind die Voraussetzungen des § 6a Abs. 1 Nr. 1 und Nr. 2 UStG erfüllt. Zudem muss K1 gemäß § 6a Abs. 1 Nr. 3 i.V.m. §§ 1a, 3d Satz 1 UStG analog einen innergemeinschaftlichen Erwerb in Kroatien versteuern, vgl. Kap. 8.
Die Lieferung des K1 an K2 ist eine ruhende Lieferung im Sinne des § 3 Abs. 7 Satz 2 Nr. 2 UStG, die in Kroatien ausgeführt wird.

4.5 Vertrauensschutz (§ 6a Abs. 4 UStG)

Ob der Lieferer seine Lieferung zu Recht als steuerfrei behandelt, hängt demnach auch von der Person des Abnehmers ab. Auf die Unternehmereigenschaft kann der Lieferer schließen, wenn der Empfänger unter einer Umsatzsteuer-Identifikationsnummer auftritt. Insbesondere im Falle einer neuen Geschäftsanbahnung, aber auch unter zweifelhaften Umständen (z.B. Barverkauf wertvoller Fahrzeuge), muss der Lieferer die Angaben des Abnehmers mit der Sorgfalt eines gewissenhaften Kaufmanns überprüfen, also dessen Personalien, Unternehmereigenschaft, den Unternehmensbezug und die Warenbewegung. Der Lieferer sollte die ihm gegenüber verwendete Umsatzsteuer-Identifikationsnummer (beim BZSt) gemäß § 18e Nr. 1 UStG qualifiziert darauf überprüfen lassen, ob eine solche Identifikationsnummer tatsächlich verliehen wurde, noch gültig ist und dem betreffenden Abnehmer (Name, Anschrift) zugeordnet wurde. In Einzelfällen muss er sich darüber hinaus über die Personalien eines Abholvertreters vergewissern so umfassend, dass dies zurecht in der Praxis häufig kritisiert wird (vgl. Abschn. 6a.8 Abs. 7 UStAE). Hatte er sich ausreichend vergewissert, wird dieses Vertrauen geschützt, die Lieferung als steuerfrei behandelt, obwohl es an den objektiven Voraussetzungen mangelt; dann schuldet der Leistungsempfänger die Steuer nach § 13a Abs. 1 Nr. 3 UStG, vgl. BFH vom 2.11.2016, V B 72/16. Erklärt der Heimatstaat des Empfängers dessen Identifikationsnummer erst nachträglich für ungültig, bleibt es bei der Steuerfreiheit der Lieferung. Verstößt der Lieferer gegen seine Obliegenheitspflicht und stellt sich nachträglich heraus, dass sein Abnehmer in Wahrheit nicht die erwarteten Eigenschaften aufweist, wird die Lieferung versteuert. Auf Vertrauensschutz kann sich ein Lieferer auch dann nicht berufen, wenn die Nachweise den Anforderungen nicht entsprechen: Der Abholer gibt nur das Bestimmungsland, nicht aber den genauen Erwerbsort an, BFH vom 10.8.2016, V R 45/15.

> **Beispiel:**
>
> Der deutsche Autorhändler D erhält von einer GmbH mit Sitz in Luxemburg die Bestellung für ein wertvolles Fahrzeug. Bei einer Überprüfung durch das BZSt wird die angegebene USt-Identifikationsnummer der GmbH bestätigt. D lässt sich auch einen die GmbH betreffenden Handelsregisterauszug zuschicken. Unter dem Briefkopf der GmbH wird Herr A zur Abholung des bestellten Fahrzeugs bei D bevollmächtigt und eine entsprechende Vollmacht vorgelegt. Bei der Abholung bestätigt A, das Fahrzeug nach Luxemburg zu bringen und zahlt den hohen Kaufpreis für das Fahrzeug bar. Anlässlich einer Betriebsprüfung stellt sich heraus, dass die GmbH von diesem Vorgang nichts wusste. Die Bestellung war über Handy und Fax abgewickelt worden und zwar mit deutscher Vorwahl.

> **Lösung:**
>
> Die Voraussetzungen des § 6a UStG liegen objektiv nicht vor. Der Abnehmer steht nicht fest, auch nicht, ob das Fahrzeug tatsächlich ins EU-Ausland gelangte.
> Der BFH vom 25.4.2013, V R 28/11, BStBl II 2013, 656 verneinte einen Vertrauensschutz nach § 6a Abs. 4 UStG, weil D nicht ausreichend sorgfältig war. Angesichts der Bar-Abwicklung beim Verkauf eines hochwertigen Wirtschaftsgutes muss der Lieferer besonders vorsichtig sein. D hätte angesichts der deutschen Vorwahl Zweifel bekommen müssen, vgl. auch BFH vom 14.11.2012, XI R 17/12, BStBl II 2013, 407.

Handeln Lieferer und Erwerber kollusiv zusammen (verabredet strafrechtlich bedeutsam) und verschleiert der Lieferer die wahre Identität des Abnehmers, wird ihm die Steuerbefreiung versagt (BVerfG vom 16.6.2011, 2 BvR 542/09).

4.6 Tatbestand des innergemeinschaftlichen Erwerbs

Die **Tatbestandsvoraussetzungen des innergemeinschaftlichen Erwerbs** ergeben sich aus § 1a UStG, soweit der Erwerb in Deutschland stattfindet bzw. aus dessen analoger Anwendung in einem anderen EU-Staat. Sie sind spiegelbildlich zu § 6a UStG:

1. **§ 1a Abs. 1 Nr. 1 UStG:** Der Liefergegenstand gelangt von einem Mitgliedstaat in einen anderen Mitgliedstaat. Zusätzlich geregelt ist ein Erwerb im Gebiet nach § 1 Abs. 3 UStG.
2. **§ 1a Abs. 1 Nr. 2 UStG:**
   a) Der Empfänger erwirbt für seinen unternehmerischen Bereich (ggf. ist ein Zuordnungswahlrecht zu beachten) oder ist
   b) eine juristische Person, die die Ware nicht unternehmerisch bezieht (v.a. Organgesellschaft).
3. **§ 1a Abs. 1 Nr. 3 UStG.** Enthält:
   a) eine Rückkoppelung an die Lieferung,
   b) die dort nicht der Kleinunternehmerregelung unterliegen darf.
4. Im Sinne eines negativen Merkmals können die Sonderfälle des § 1a Abs. 3 UStG (Schwellenunternehmer) wirken, s. Kap. 4.17.

Dasselbe gilt im Sonderfall, in dem der Lieferer den Liefergegenstand **zuvor eingeführt** hatte, vgl. § 1a Abs. 1 UStG. Die Lieferung begann dann im Drittland.

> **Beispiel:**
>
> Der dänische Unternehmer U verkauft eine aus Norwegen eingeführte Ware an den deutschen Unternehmer D.

> **Lösung:**
> U tätigt eine Einfuhr in Dänemark analog § 1 Abs. 1 Nr. 4 UStG und anschließend eine in Dänemark steuerbare, aber steuerfreie innergemeinschaftliche Lieferung an D. D erfüllt einen innergemeinschaftlichen Erwerb gemäß §§ 1 Abs. 1 Nr. 5, 1a Abs. 1 UStG im Inland nach § 3d Satz 1 UStG.
>
> **Anmerkung:** Wäre die Ware nicht zuerst in Dänemark eingeführt worden (nur Durchfuhr), wäre die Lieferung entweder in Norwegen steuerbar oder unter den Voraussetzungen des § 3 Abs. 8 UStG ins Inland verlagert, s. Kap. 3.1.

4.7 Erwerbsort

Der Erwerbsort muss sich gemäß § 6a Abs. 1 Nr. 3 UStG in einem **anderen** Mitgliedsland befinden, damit die Lieferung steuerbefreit wird. Wo der Erwerbsort liegt, ergibt sich aus § 3d UStG; hier wird in Satz 1 und Satz 2 unterschiedlich angeknüpft (**Doppelanknüpfung**). Dem schwierig zu verstehenden Wortlaut zufolge ist mit Satz 2 **keine Verlagerung** des Erwerbsorts verbunden. Er führt (nur) dazu, dass der Erwerb nach Satz 1 sowohl im Bestimmungsland (Erwerbsland) stattfindet, als auch – allerdings nur hilfsweise – im eventuell „anderen" Land der verwendeten Umsatzsteuer-Identifikationsnummer: Das Merkmal „andere Identifikationsnummer" bezieht sich nicht auf das Verhältnis zwischen Nationalität des Unternehmers und der verwendeten Nummer; „anders" in § 3d Satz 2 UStG bezieht sich auf § 3d Satz 1 UStG – die verwendete Umsatzsteuer-Identifikationsnummer ist also immer anders, wenn ihre Nationalität nicht derjenigen des Bestimmungslands i.S.v. § 3d Satz 1 UStG entspricht. § 3d Satz 2 UStG ist die Konsequenz aus der Angabe der Umsatzsteuer-Identifikationsnummer in der Zusammenfassenden Meldung des Lieferers gemäß § 18a UStG (s. Kap. 4.13) und der sich hieraus ergebenden Kontrollmöglichkeiten der beteiligten EU-Staaten. Eine eventuell im Land der Identifikationsnummer vorgenommene Besteuerung wird nach § 17 Abs. 2 Nr. 4 UStG aufgehoben, sobald der Erwerber nachweist, dass er seiner Steuerpflicht im Bestimmungsland nachkam. Die Versteuerung nach Maßgabe des § 3d Satz 2 UStG ist nicht ratsam, da in diesem Fall gem. § 15 Abs. 1 Nr. 3 UStG kein Vorsteuerabzug möglich ist.

> ☞ **Hinweis für Klausur und Praxis!**
> Es empfiehlt sich zunächst den Erwerbsort aus § 3d Satz 1 UStG festzulegen und anschließend zu überlegen, ob es zu einer zweiten Anknüpfung aus § 3d Satz 2 UStG kommt.

> **Beispiel 1: Lieferung durch inländischen Unternehmer**
>
> Der Stuttgarter Unternehmer U liefert seinem französischen Kunden F in Straßburg eine Produktionsmaschine.

> **Lösung:**
>
> **Erwerb des F**
> F ist Abnehmer analog § 1a Abs. 1 Nr. 2a UStG. Analog § 3d Satz 1 UStG erwirbt F die Ware in Frankreich (Bestimmungsland). Seine Besteuerung erfolgt also in demjenigen Staat, in dem der Liefergegenstand unternehmerisch weiterverwendet wird und mit dem Steuersatz des Bestimmungslands.
> F muss in Frankreich einen innergemeinschaftlichen Erwerb anmelden.
>
> **Lieferung des U**
> Aus Sicht des deutschen Unternehmers und Finanzamts steht die Lieferung im Vordergrund. U tätigt im Rahmen seines Unternehmens nach § 1 Abs. 1 Nr. 1 UStG eine Lieferung gemäß § 3 Abs. 1 UStG. Der Lieferort befindet sich gemäß § 3 Abs. 6 UStG in Stuttgart, die Lieferung ist steuerbar. Weil die Ware aus Deutschland nach Frankreich gelangt, ist § 6a Abs. 1 Nr. 1 UStG erfüllt. F ist Abnehmer i.S.v. § 6a Abs. 1 Nr. 2a UStG. Auch die Voraussetzungen des § 6a Abs. 1 Nr. 3 UStG liegen vor.

Teil II: Darstellung der Umsatzsteuer

> **Beispiel 2: Erwerb durch inländischen Unternehmer**
>
> Der Stuttgarter Unternehmer U lässt sich vom französischen Hersteller F eine Produktionsmaschine nach Stuttgart liefern.

> **Lösung:**
>
> **Erwerb des U**
> U ist Abnehmer gemäß § 1a Abs. 1 Nr. 2a UStG. Er erwirbt die Ware nach § 3d Satz 1 UStG im Inland (Bestimmungsland). Er muss in seiner Umsatzsteuer-Voranmeldung einen innergemeinschaftlichen Erwerb anmelden, der mit der inländischen Steuer erfasst wird. Zugleich kann er die Erwerbsumsatzsteuer nach § 15 Abs. 1 Nr. 3 UStG wieder abziehen.
>
> **Lieferung des F**
> Er erbringt eine steuerfreie innergemeinschaftliche Lieferung. Die französischen Behörden melden diesen Vorgang zum Abgleich an die deutsche Behörde.

> **Beispiel 3: Doppelter Erwerbsort**
>
> Der Stuttgarter Unternehmer U bestellt beim französischen Hersteller F eine Produktionsmaschine. Bei der Bestellung verwendet U seine deutsche Umsatzsteuer-Identifikationsnummer. Der Vereinbarung mit U zufolge bringt F die Ware aber nicht an den Unternehmensstandort des U in Stuttgart, sondern transportiert die Ware nach Italien. In Italien befindet sich nämlich ein Lager oder eine Betriebsstätte des U usw. oder der (italienische Privat-)Abnehmer des U.

> **Lösung:**
>
> Aus deutscher Sicht steht der **Erwerb** im Mittelpunkt:
> 1. **Innergemeinschaftlicher Erwerb durch U**
>   U erwirbt den Liefergegenstand gemäß § 1a Abs. 1 UStG innergemeinschaftlich.
>   Der Erwerbsort liegt zum einen gemäß § 3d Satz 1 UStG in Italien. Hiernach muss U den Erwerb eigentlich in Italien anmelden und sich dafür ggf. registrieren lassen.
>   Der Erwerb wird auch in Deutschland versteuert, wenn U nicht nachweist, den Erwerb bereits in Italien versteuert zu haben. Dabei will der Gesetzgeber mit § 3d Satz 2 UStG sicherstellen, dass überhaupt eine Besteuerung erfolgt. Dass die deutschen Behörden den Sachverhalt überprüfen, hängt damit zusammen, dass aus dem Abgleich zwischen Frankreich und Deutschland die unter Verwendung der deutschen Identifikationsnummer erfolgte Lieferung bekannt wird. Ein Vorsteuerabzug des U im Inland ist nach § 15 Abs. 1 Nr. 3 UStG ausgeschlossen.
> 2. **Lieferung des F**
>   F tätigt eine in Frankreich steuerbare, aber analog §§ 4 Nr. 1b, 6a UStG steuerfreie innergemeinschaftliche Lieferung. Hierbei gelangt die Ware entsprechend § 6a Abs. 1 UStG aus Frankreich nach Italien.

4.8 Steuerbefreiung des Erwerbs

Betroffen ist der Erwerb bestimmter privilegierter Gegenstände entsprechend den Verweisen in § 4b Nr. 1 und 2 UStG. Nach Nr. 3 werden Erwerb und Einfuhr harmonisiert. Steuerfrei ist nach Nr. 4 auch der Erwerb solcher Gegenstände, die zu nach § 15 Abs. 3 Nr. 1 UStG vorsteuerunschädlichen Ausgangsumsätzen eingesetzt werden.

> **Beispiel:**
> Der Stuttgarter Unternehmer U lässt sich vom französischen Hersteller F eine Produktionsmaschine nach Stuttgart liefern, die er anschließend weiterverkauft:
> a) an einen slowenischen Unternehmer,
> b) an einen serbischen Unternehmer.

> **Lösung:**
>
> **Erwerb des U**
> U ist Abnehmer gemäß § 1a Abs. 1 Nr. 2a UStG. Er erwirbt die Ware nach § 3d Satz 1 UStG im Inland (Bestimmungsland). Er muss in seiner Umsatzsteuer-Voranmeldung einen innergemeinschaftlichen Erwerb anmelden. Der Erwerb ist nach § 4b Nr. 3 i.V.m. § 5 Nr. 3 UStG bzw. nach § 4b Nr. 4 UStG steuerfrei.
>
> **Weiterlieferung**
> a) U erbringt eine steuerfreie innergemeinschaftliche Lieferung nach § 4 Nr. 1b i.V.m. § 6a UStG,
> b) U erbringt eine steuerfreie Ausfuhrlieferung nach § 4 Nr. 1a i.V.m. § 6 UStG.

> ☞ **Tipp!**
> Gemäß Abschn. 4b.1 Abs. 3 Satz 2 UStAE beanstandet die Verwaltung nicht, wenn Umsatzsteuer und Vorsteuer für solche Erwerbe doch angemeldet werden; häufig wird im Zeitpunkt der Anschaffung die spätere Verwendung noch nicht feststehen.

4.9 Bemessungsgrundlage der Erwerbsumsatzsteuer

Weil der Lieferer steuerfrei liefert, stellt er gemäß §§ 14 Abs. 4 Nr. 8 UStG eine Rechnung ohne Umsatzsteuerausweis aus. Demgemäß errechnet sich die Erwerbsumsatzsteuer gemäß § 10 Abs. 1 Sätze 1 und 2 UStG dadurch, dass das Nettoentgelt mit dem zutreffenden Steuersatz (§ 12 UStG) multipliziert wird. Dies gilt auch, wenn auf der Rechnung fälschlich eine Umsatzsteuer ausgewiesen wurde (§ 14c Abs. 1 UStG). Rechnet der Lieferer in ausländischer Währung ab (z.B. England), ist in Euro umzurechnen bezogen auf den Monat der Steuerentstehung (§ 16 Abs. 6 UStG).

4.10 Vorsteuerabzug aus dem Erwerb

Unter den Voraussetzungen des § 15 Abs. 1 Nr. 3 UStG steht einem Erwerber das Recht auf Vorsteuerabzug zu. Eine Rechnung ist nicht erforderlich. Parallel zur Erwerbsbesteuerung ist zeitgleich die Vorsteuer abziehbar, wenn die Besteuerung – systemgerecht – gemäß § 3d Satz 1 UStG im Bestimmungsland durchgeführt wird. Der Erwerber ist also regelmäßig nicht mit der Erwerbsumsatzsteuer belastet (Neutralitätsgebot der Umsatzsteuer). Ein Erwerber wird dagegen vom Vorsteuerabzug ausgeschlossen, wenn er – nicht systemgerecht – den Erwerb nach § 3d Satz 2 UStG in demjenigen Land anmeldet, dessen USt-Identifikationsnummer er verwendete.

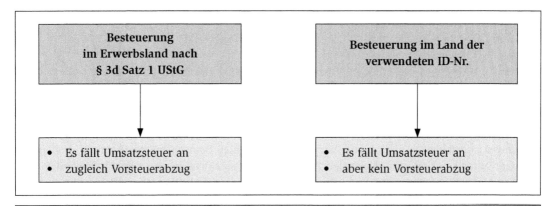

> ☞ **Praxishinweis!**
> Auch wenn der inländische Erwerber seine deutsche Umsatzsteuer-Identifikationsnummer verwendet, sollte er den Erwerb im Erwerbsland versteuern. Regelmäßig ist der Erwerber im Bestimmungsland wegen seiner dort getätigten Umsätze ohnehin registriert. Nur im Bestimmungsland (§ 3d Satz 1 UStG) ist die Vorsteuer abziehbar. Andernfalls wird die Erwerbsumsatzsteuer zum Kostenfaktor. Dieser Folge entsprechend sollte der Erwerber sogleich unter der USt-Identifikationsnummer des Bestimmungslandes auftreten.

4.11 Rechnungstellung durch Lieferer

Folgende Besonderheiten sind zu beachten:
- In seiner Rechnung darf der steuerfrei liefernde Unternehmer keine Umsatzsteuer ausweisen.
- Er weist gemäß § 14 Abs. 4 Nr. 8 UStG zum einen auf die Steuerbefreiung hin.
- Zum anderen muss er gemäß § 14a Abs. 3 Satz 2 UStG seine eigene Umsatzsteuer-Identifikationsnummer, sowie diejenige seines Vertragspartners angeben.
- Die Rechnung muss gemäß § 14a Abs. 3 Satz 1 UStG bis spätestens zum 15. des Folgemonats erfolgen.

Weist der steuerfrei liefernde Lieferer fälschlich eine Umsatzsteuer aus, schuldet er diese nach **§ 14c Abs. 1 UStG**, solange er den überhöhten Steuerausweis nicht in einer berichtigten Rechnung korrigiert.

4.12 (Vor-)Anmeldung der Lieferung, gesonderte Erklärung

Eine steuerfreie innergemeinschaftliche Lieferung wird in der Umsatzsteuer-Voranmeldung erfasst, dabei gemäß § 18b Abs. 1 Satz 1 Nr. 1 UStG gesondert erklärt und zwar für denjenigen Voranmeldungszeitraum, in dem die Rechnung gestellt wird; verzögert sich die Rechnungstellung, muss die Lieferung bereits für den Voranmeldungszeitraum berücksichtigt werden, der dem Liefermonat folgt (§ 18b Abs. 1 Satz 2 UStG).

4.13 Zusammenfassende Meldung

Weil im Ausgangsstaat die Umsatzsteuer nur dann und nur deshalb freigestellt wird, weil der Erwerb im Erwerbsland der Besteuerung unterliegt, müssen die beiden beteiligten Mitgliedstaaten zusammenarbeiten. Maßgeblich ist die Zusammenfassende Meldung gemäß § 18a Abs. 1 UStG. Sie muss zusätzlich zu den üblichen Anmeldungen abgegeben werden.

 **Praxis- und Klausurhinweis!**
Verstöße gegen diese zusätzlichen Pflichten können gemäß § 26a Abs. 1 Nr. 5 UStG als Ordnungswidrigkeit mit Bußgeld geahndet werden.
In der Klausur werden gelegentlich für den Hinweis auf die Notwendigkeit zur Abgabe einer Zusammenfassenden Meldung und bei entsprechenden Angaben im Sachverhalt für Detailkenntnisse zum Verfahren Korrekturpunkte vergeben.

Verfahren der Zusammenfassenden Meldung
Empfänger ist regelmäßig eine zentrale Verwaltungsbehörde, in Deutschland das Bundeszentralamt für Steuern. Zu melden sind im vorliegenden Zusammenhang sämtliche innergemeinschaftliche Lieferungen. Die Meldung erfolgt vordrucksabhängig und elektronisch (Härtefallregelung, § 18a Abs. 5 UStG). Die Meldung ist regelmäßig monatlich abzugeben. Ausnahmsweise genügt eine quartalsweise Meldung, wenn in den vier vorangehenden Quartalen jeweils die Summe der Lieferentgelte (und Dreiecksgeschäfte) nicht 50.000 € je Quartal (Bagatellregelung) überschritten hatte. Gemäß § 18a Abs. 1 Satz 4 UStG kann ein Unternehmer allerdings auch durch Anzeige beim BZSt zur monatlichen Anmeldung optieren. Meldezeitpunkt ist gemäß § 18a Abs. 1 Satz 1 UStG (EU-einheitlich) jeweils der 25. des Folgemonats. Eine in Deutschland in Bezug auf die Umsatzsteuervoranmeldungen geltende Dauerfristverlängerung gibt es nicht.

Beispiel 1:

Der inländische Unternehmer U beliefert verschiedene EU-Mitgliedstaaten. Seine Umsätze betragen zusammengerechnet seit Jahren unverändert ca. 500.000 € je Quartal.

Lösung:

U muss gemäß § 18a Abs. 1 Satz 1 UStG monatlich Zusammenfassende Meldungen zum 25. des Folgemonats abgeben. Darin führt er seine Umsätze in die einzelnen Mitgliedstaaten auf. Das BZSt kann die Umsätze an die Erwerbsländer weitermelden. Dort kann die Erwerbsbesteuerung kontrolliert werden.

Beispiel 2:

Der inländische Unternehmer tätigt im Oktober 13 Lieferungen nach Ungarn im Umfang von 30.000 € und nach Polen im Umfang von 10.000 €. Seine Lieferumsätze sind seit Oktober 12 unter 50.000 € je Quartal.

Lösung:

Weil die Summe der Lieferentgelte in keinem der zurückliegenden vier Quartale die (Bagatell-)Grenze von 50.000 € überschritt, genügt gemäß § 18a Abs. 1 Satz 2 UStG eine Zusammenfassende Meldung je Quartal, hier also am 25.1.14.

4.14 Entstehung der Erwerbsumsatzsteuer und Vorsteuer

Gemäß § 13 Abs. 1 Nr. 6 UStG entsteht die Erwerbsumsatzsteuer mit Ausstellung der Rechnung, spätestens aber im Folgemonat des Erwerbs (s. Kap. XVI.), auch im Falle von Anzahlungen. Gleichzeitig entsteht auch das Recht zum Vorsteuerabzug nach § 15 Abs. 1 Nr. 3 UStG (Abschn. 15.10 Abs. 3 UStAE).

Beispiel:

Der französische Unternehmer F liefert am 18.1.2016 eine Ware an den deutschen Unternehmer U. U erhält die Rechnung des F über den vereinbarten Kaufpreis von 20.000 € am 7.3.2016.

Teil II: Darstellung der Umsatzsteuer   439

> **Lösung:**
> F tätigt eine steuerfreie innergemeinschaftliche Lieferung, die er netto in Rechnung stellt. Analog § 14a Abs. 3 Satz 1 UStG hätte F bis zum 15.2.2016 abrechnen müssen. Bei U liegt ein in Deutschland steuerbarer und steuerpflichtiger innergemeinschaftlicher Erwerb vor (§§ 1 Abs. 1 Nr. 5, 1a, 3d UStG). Die Umsatzsteuer beträgt 20.000 € × 19 % UStG = 3.800 € (oder im Fall des § 12 Abs. 2 UStG: 7 % = 1.400 €). Die Umsatzsteuer entsteht gemäß § 13 Abs. 1 Nr. 6 UStG nicht im Rechnungsmonat März, sondern schon im Voranmeldungszeitraum Februar 2016 (Folgemonat). Dasselbe gilt für die Vorsteuer. Im Sonderfall des innergemeinschaftlichen Erwerbs von **Neufahrzeugen** gemäß § 1b UStG entsteht die Steuer taggenau am Tag des Erwerbs (§ 13 Abs. 1 Nr. 7 UStG).

4.15 Steuerschuldner
Steuerschuldner ist nach § 13a Abs. 1 Nr. 2 UStG der Erwerber, s. Kap. XVII. 1.

4.16 Veredelung
§ 6a Abs. 1 Satz 2 UStG enthält die sog. **Veredelungsklausel**. Wird der Liefergegenstand im Auftrag des ausländischen Erwerbers noch bearbeitet, bevor er vom Inland ins EU-Ausland befördert oder versendet wird, ist die Lieferung dennoch steuerfrei vergleichbar bei Ausfuhrlieferung mit dortigem Beispiel (vgl. Kap. 3.6).

4.17 Lieferung an Schwellenerwerber (§ 1a Abs. 3 UStG)
Nicht jeder der in § 1a Abs. 1 UStG genannten Abnehmer erfüllt ohne Weiteres die Anforderungen an einen Erwerber. Für sog. Schwellenunternehmer (Exoten) gelten die in § 1a Abs. 3 UStG genannten Einschränkungen.

Die Besteuerung eines innergemeinschaftlichen Erwerbs ist für den Lieferempfänger vorteilhaft, wenn im Erwerbsland ein niederer **Steuersatz** gilt als im Lieferstaat (so regelmäßig für Deutschland). Dies ist besonders für denjenigen Empfänger von großer Bedeutung, der nicht zum Vorsteuerabzug berechtigt, also endgültig mit Umsatzsteuer belastet ist. Solche Abnehmer führt § 1a Abs. 3 UStG auf. Bei ihnen hängt die Verwirklichung des § 1 Abs. 1 Nr. 5 i.V.m. § 1a Abs. 1 UStG davon ab, dass sie (für ihren Unternehmensbereich) wirtschaftlich bedeutsam am EU-Markt einkaufen, also mit ihren Einkäufen eine **Erwerbsschwelle** überschreiten. Die Schwelle beträgt bei Erwerbern in Deutschland gem. § 1a Abs. 3 Nr. 2 UStG: 12.500 €, die Schwellenwerte der anderen EU-Mitgliedsländer ergeben sich aus Abschn. 3c.1 Abs. 2 UStAE. Solche Unternehmer können die Erteilung einer Umsatzsteuer-Identifikationsnummer beim BZSt beantragen. Ausnahmsweise kommt es gem. § 1a Abs. 5 UStG auf die Schwelle nicht an, nämlich beim Erwerb von verbrauchsteuerpflichtigen Waren (s. Kap. 4.17.2). bzw. Neufahrzeugen (s. Kap. 5.) und bei Option (s. Kap. 4.17.3). Der Anwendungsbereich des § 1a Abs. 3 UStG ist abgestimmt mit der Regelung des § 3c Abs. 2 UStG (s. Kap. 10.).

```
┌─────────────────────────────────────────────────────────────────────────┐
│                      ┌──────────────────────────────┐                    │
│                      │  Lieferung an Schwellenerwerber │                 │
│                      └──────────────┬───────────────┘                    │
│                                     ▼                                    │
│  ┌───────────────────────────────────────────────────────────────────┐  │
│  │ a) Unternehmer mit ausschließlich vorsteuerschädlichen ...        │  │
│  └───────────────────────────────────────────────────────────────────┘  │
└─────────────────────────────────────────────────────────────────────────┘
```

Lieferung an Schwellenerwerber

a) Unternehmer mit ausschließlich vorsteuerschädlichen Ausgangsumsätzen (vgl. § 15 Abs. 2 und Abs. 3 UStG) z.B. nur heilberuflich tätiger Arzt, Versicherungsvertreter.
b) Der Empfänger ist Kleinunternehmer (§ 19 UStG); z.B. Arzt, der geringfügig steuerpflichtig tätig wird.
c) Der Land- und Forstwirt versteuert nach Durchschnittssätzen (§ 24 UStG).
d) Juristische Personen ohne unternehmerischen Bezug.

Überschreiten der Erwerbsschwelle
- Erwerb im Bestimmungsland, § 3d UStG
- und dann auch Steuerbefreiung der Lieferung

4.17.1 Erwerbsschwellenregelung

Der erwerbende Unternehmer unterliegt nur dann nicht der Erwerbsbesteuerung, wenn er weder im Vorjahr noch im laufenden Jahr die Schwelle überschreitet. Umgekehrt kommt es also zu einem Erwerb, wenn er entweder im Vorjahr oder im laufenden Jahr mehr als den Schwellenbetrag erwirbt. Angeknüpft wird sowohl an das **Vorjahr** als auch an eine **Prognose für das laufende Jahr.** Heranzuziehen ist die Summe der Nettoentgelte aus allen Erwerben aus sämtlichen (verschiedenen) Mitgliedsländern, ausgenommen solche, die ohnehin der Erwerbsbesteuerung unterliegen (verbrauchsteuerpflichtige Waren, Neufahrzeuge, s. Kap. 4.17.2, s. Kap. 5.).

In den nachfolgenden Beispielen kauft ein ausschließlich heilberuflich tätiger Arzt (§ 4 Nr. 14a UStG) in 02 Gegenstände für seine Praxis im EU-Ausland ein.

Beispiel 1: Vorjahr über Erwerbsschwelle
Überschritt der Erwerber in 01 die Erwerbsschwelle (Kauf eines Röntgengeräts in Frankreich bei Praxiseröffnung für 50.000 €) gilt er in 02 als „normaler" Unternehmer und versteuert den Erwerb nach § 1a UStG mit dem inländischen Steuersatz. (Dies gilt unabhängig vom Umfang der Erwerbe in 02 – diese sind dann aber maßgeblich für die Besteuerung in 03.)

Beispiel 2: Vorjahr unter Schwelle, Prognose über 12.500 €
Blieben die Erwerbe aus dem EU-Ausland in 01 zusammengerechnet unterhalb von 12.500 €, kommt es 02 auf die Ausgangsprognose zum Jahresbeginn an: Sind Einkäufe aus dem EU-Ausland in einem 12.500 € übersteigenden Umfang beabsichtigt (komplette Ausstattung des Wartezimmers), werden diese ab dem ersten Einkauf in 02 als innergemeinschaftlicher Erwerb angemeldet und besteuert.

Beispiel 3: Vorjahr unter Schwelle, Prognose unter 12.500 €
Blieben die Erwerbe aus dem EU-Ausland in 01 zusammengerechnet unterhalb von 12.500 €, und sind für 02 keine größeren Einkäufe aus dem EU-Ausland geplant (weniger als 12.500 €, z.B. 2 Sessel für je 4.000 € fürs Wartezimmer), kommt es regelmäßig zu keinem innergemeinschaftlichen Erwerb nach

Teil II: Darstellung der Umsatzsteuer

§ 1a UStG. Dies wird häufig dazu führen, dass der Erwerber mit der (höheren) Mehrwertsteuer des EU-Lieferstaates belastet wird, da die Lieferung spiegelbildlich nicht innergemeinschaftlich steuerfrei ist. (Möglicherweise verlagert sich dann aber der Lieferort nach § 3c UStG, vgl. Kap. 10.)

Beispiel 3a:

Übersteigen die Umsätze in 02 wider Erwarten dann doch die Erwerbsschwelle, bleibt es bei der seitherigen – an der Prognose zum Jahresbeginn ausgerichteten – Besteuerung. Das Übersteigen wirkt dann aber fürs nächste Jahr: In 03 unterliegt der Erwerber automatisch der Erwerbsbesteuerung.

Jahr 01	Jahr 02	Jahr 03
Gesamtbetrag der Entgelte im EU-Ausland unter 12.500 €	Eventuell Besteuerung von Erwerben nach § 1a Abs. 1, Abs. 3 UStG. Gesamtbetrag der Entgelte in 02: a) Prognose/tatsächlicher Erwerb unter 12.500 € ⇒ keine Erwerbsbesteuerung, Eingangslieferung ggf. im EU-Ausland steuerpflichtig b) unerwarteter tatsächlicher Erwerb über 12.500 € ⇒ keine Erwerbssteuer	a) Prognose 03 unter 12.500 €: kein innergemeinschaftlicher Erwerb **oder** Prognose 03 über 12.500 €: innergemeinschaftlicher Erwerb b) innergemeinschaftlicher Erwerb

4.17.2 Verbrauchsteuerpflichtige Waren

Wird eine verbrauchsteuerpflichtige Ware gemäß § 1a Abs. 5 UStG von einem Mitgliedstaat in einen anderen Mitgliedstaat geliefert, gilt die Sonderregelung des § 1a Abs. 3 UStG nicht. Unter den allgemeinen Voraussetzungen des § 1a Abs. 1 UStG wird ein Erwerb besteuert. Die korrespondierende Lieferung ist steuerfrei. Der Erwerber profitiert also nicht von eventuell günstigen Steuersätzen im Ausgangsland.

Beispiel:

Der französische Unternehmer F liefert Heizöl an den Kleinunternehmer D in Deutschland.

Lösung:

Mineralöl ist gemäß § 1a Abs. 5 Satz 2 UStG eine verbrauchsteuerpflichtige Ware. F liefert steuerfrei, der Erwerb wird gemäß §§ 1a Abs. 1, 3d Satz 1 UStG von D im Inland mit dem inländischen Steuersatz versteuert: Auf § 1a Abs. 3 Nr. 1b UStG i.V.m. der Erwerbsschwelle kommt es nicht an.

4.17.3 Option statt Erwerbsschwelle

Überschreitet der Schwellenerwerber die Erwerbsschwelle nicht und will er seine Einkäufe – unabhängig von der Lieferschwelle beim Lieferer i.S.v. § 3c UStG (s. unter Kap. 10.) – auf jeden Fall der (im Vergleich zum Lieferstaat geringeren) Erwerbsumsatzsteuer unterwerfen, kann er gemäß § 1a Abs. 4 UStG optieren, also auf die Anwendung der Schwelle verzichten. Dazu lässt sich der Schwellenunternehmer eine Umsatzsteuer-Identifikationsnummer erteilen, die er dann gegenüber seinem Lieferer aus dem EU-Ausland verwendet. Die Lieferung ist folglich im Ursprungsland steuerfrei und der Erwerb wird beim Empfänger mit dem Steuersatz im Bestimmungsland besteuert. Da der Schwellenerwerber nicht vorsteuerabzugsberechtigt ist, profitiert er von einer im Vergleich zu den Lieferländern geringeren Besteuerung vor Ort.

Die Option gilt dann für zwei Jahre und für sämtliche innergemeinschaftliche Erwerbe aus einem beliebigen Erwerbsland.

5. Lieferung von Neufahrzeugen

Der Begriff des Fahrzeugs wird in § 1b Abs. 2 UStG definiert. Wann ein Fahrzeug neu ist, ergibt sich aus § 1b Abs. 3 UStG, abhängig von der Kilometerleistung (Landfahrzeug: 6.000 km) bzw. dem Zulassungsdatum (nicht länger als 6 Monate zurück). Werden solche Fahrzeuge innerhalb der EU geliefert, ist die Lieferung durchweg steuerfrei und der Erwerb steuerbar. Dabei ist zu unterscheiden:

1. **Verkauf aus dem Unternehmen in ein Unternehmen**
   Die Lieferung ist steuerfrei, für den Erwerb gilt § 1a Abs. 1 UStG, auch wenn der Erwerber Schwellenunternehmer ist (§ 1a Abs. 5 UStG).
2. **Verkauf aus einem Unternehmen an Privatabnehmer**
   Die Lieferung ist steuerfrei. Es gilt die Ausnahmeregelung des § 6a Abs. 1 Nr. 2c UStG. Der Erwerber versteuert den Erwerb gemäß §§ 1b, 3d UStG.
   Zur Sicherstellung der Erwerbsbesteuerung (Fahrzeugeinzelbesteuerung nach § 16 Abs. 5a UStG am Wohnsitzfinanzamt, § 21 Abs. 2 AO) verlangt § 18 Abs. 10 UStG i.V.m. § 1 Fahrzeuglieferungs-Meldepflichtverordnung (vom 18.3.2009, BGBl I 2009, 630) eine fristgerechte Meldung durch die Zulassungsstelle an das Finanzamt.
   Die Erwerbsumsatzsteuer entsteht nach § 13 Abs. 1 Nr. 7 UStG am Erwerbstag.
3. **Neufahrzeug-Verkauf von Privat oder außerhalb des Unternehmens ins EU-Ausland**
   Gemäß § 2a UStG gilt der Verkäufer insoweit als Unternehmer. Seine Lieferung ist nach §§ 4 Nr. 1b, 6a UStG steuerfrei. Der Käufer versteuert nach § 1a UStG bzw. § 1b UStG den Erwerb im Erwerbsland (§ 3d UStG).

Beispiel:
Die Privatperson P schafft sich in Deutschland einen fabrikneuen Pkw für 30.000 € zuzüglich 19 % Umsatzsteuer (5.700 €) an. Anschließend verkauft P das Fahrzeug mit einem Kilometerstand von 5.000 für 20.000 € an einen Privatabnehmer im EU-Ausland.

Lösung:
Lieferung   P liefert steuerfrei, schuldet also in Deutschland keine Umsatzsteuer. Der Erwerber versteuert im Erwerbsland. Als Privater kann er die Vorsteuer nicht abziehen.   **Vorsteuer des Lieferers**   P steht teilweise ein Vorsteuerabzug aus der Anschaffung des Fahrzeugs zu: Dieser beträgt gemäß § 15 Abs. 4a Nr. 2 UStG (20.000 € × 19 % =) 3.800 €. Diesen Betrag erhält P vom zuständigen deutschen Finanzamt (§ 21 Abs. 2 AO) in dem Zeitpunkt, in dem er das Fahrzeug weiterverkauft (§ 15 Abs. 4a Nr. 3 UStG). (P hat gem. § 15 Abs. 4a Nr. 1 UStG kein Vorsteuerabzugsrecht aus etwaigen zwischenzeitlichen Reparaturen.)

6. Fiktiver innergemeinschaftlicher Warenverkehr

Die Fiktion gilt in solchen Fällen, in denen ein EU-Unternehmer Gegenstände aus seinem Unternehmensvermögen von einem EU-Staat in einen anderen Staat **verbringt**, ohne dass sich hierbei die Unternehmenszuordnung ändert (unternehmensintern). Geschieht dies **endgültig**, etwa weil die Gegenstände dort weiterverkauft werden sollen, gilt dieses Verbringen im Ursprungsland als **steuerfreie innergemeinschaftliche Lieferung** (an sich selbst) nach § 1 Abs. 1 Nr. 1 UStG i.V.m. § 3 Abs. 1a, Abs. 6 UStG i.V.m. §§ 4 Nr. 1b, 6a Abs. 2 UStG und im Bestimmungsland als **innergemeinschaftlicher Erwerb** analog § 1

Abs. 1 Nr. 5 UStG i.V.m. §§ 1a Abs. 2, 3d UStG. Die Fiktion kompensiert, dass es innerhalb der EU keine Einfuhrabgaben gibt. Durch die Erfassung des Vorgangs kann zudem die Verwendung der Gegenstände im Erwerbsland weiterverfolgt werden. Die Regelung gilt auch dann, wenn der Unternehmer den verbrachten Gegenstand zuvor in die EU eingeführt hatte.

Bemessungsgrundlage sind nach § 10 Abs. 4 Nr. 1 UStG Einkaufspreis bzw. Selbstkosten. Die Umsatzsteuer (und Vorsteuer) **entsteht** gemäß § 13 Abs. 1 Nr. 6 UStG im Folgemonat des Erwerbs (h.M.). Der Unternehmer stellt eine Pro-forma-Rechnung aus (Abschn. 14a.1 Abs. 5 Satz 2 UStAE), die nicht die Folgen des § 14c UStG auslöst (Abschn. 14c.2 Abs. 2a UStAE); zu den Aufzeichnungspflichten vgl. § 22 Abs. 2 Nr. 7 UStG.

> **Beispiel 1:** (s. Kap. 3.10 Beispiel zum Verbringen ins Drittland)
>
> Der deutsche Unternehmer U beliefert bisher seine Kunden in Italien von seinem deutschen Unternehmenssitz aus. Er richtet nun ein Lager in Italien ein, um schneller und günstiger den italienischen Markt beliefern zu können. Zu diesem Zweck bringt er am 1.2. Waren in die italienische Betriebsstätte. Eine Ware verkauft er am 1.4. an den Kunden K.
>
> **Lösung:**
>
>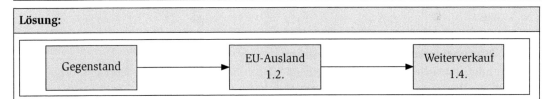
>
> 1. **Verbringen**
>   Am 01.02. kommt es zu keinem Leistungsaustausch. Die Ware gehört durchgehend zum Unternehmensvermögen des U. Ein Weiterverkauf ist beabsichtigt, steht aber noch nicht fest. Das Überführen der Ware nach Italien wäre demnach nicht steuerbar (vgl. rechtsgeschäftsloses Verbringen ins Drittland). Im Verhältnis zweier Mitgliedstaaten greift jedoch § 3 Abs. 1a UStG: Fingiert werden Lieferung und Entgelt, das Verbringen wird dadurch umsatzsteuerrelevant. Der Ort solcher fingierten Lieferungen ergibt sich konsequent aus § 3 Abs. 6 UStG. Er befindet sich demnach im Ursprungsland, hier also in Deutschland. Die fiktive Lieferung ist somit steuerbar.
>   Entsprechend einer Lieferung ist auch das innergemeinschaftliche Verbringen steuerfrei (§ 6a Abs. 2 UStG).
> 2. **Erwerb**
>   Wie von § 6a Abs. 1 Nr. 3 UStG vorausgesetzt, kommt es spiegelbildlich im Erwerbsland zu einem fiktiven Erwerb. Das am 1.2. erfolgte Verbringen der Gegenstände nach Italien unterliegt nach italienischem Recht (analog § 1a Abs. 2 UStG mit § 3d UStG) der Erwerbsbesteuerung.
>   U berücksichtigt die fiktive Lieferung i.R.d. Umsatzsteuervoranmeldung und auch in der Zusammenfassenden Meldung nach § 18a UStG in Deutschland und meldet den Erwerb in Italien an.
>   Anhand des in Italien gemeldeten fiktiven Erwerbs kann U nachweisen, dass die Ware das Inland verlassen hat (und nicht etwa von ihm entnommen wurde). Dem italienischen Fiskus wird es möglich, den späteren Weiterverkauf zu kontrollieren.
> 3. **Weiterverkauf**
>   Die Lieferung am 1.4. findet gemäß § 3 Abs. 6 UStG in Italien statt, ist also nicht in Deutschland steuerbar. (In der Klausur endet hiermit die Lösung. Der Praktiker muss für eine ordnungsgemäße Versteuerung des Erwerbs und der Weiterlieferung in Italien sorgen.)

Beispiel 2:
Der dänische Unternehmer D bringt Waren auf einen Markt nach Hamburg, um sie dort an deutsche Kunden weiterzuverkaufen. Die nicht verkauften Waren nimmt er abends wieder mit zurück nach Dänemark.

Lösung:
Verbringen
D muss beim für Dänemark zentral zuständigen Finanzamt Flensburg (§ 1 Abs.1 Nr. 3 UStZustV) den innergemeinschaftlichen Erwerb gemäß § 1 Abs. 1 Nr. 5 UStG (wie auch den entsprechenden Vorsteuerabzug nach § 15 Abs. 1 Nr. 3 UStG) anmelden. Davon darf er die nicht verkaufte Ware ausnehmen (Vereinfachung nach Abschn. 1a.2 Abs. 6 Satz 4 UStAE).
Verkauf
Hinsichtlich der verkauften Waren liegen in Deutschland steuerbare und steuerpflichtige Lieferungen gemäß § 1 Abs. 1 Nr. 1 UStG vor. Hierfür schuldet D die deutsche Umsatzsteuer nach § 13a Abs. 1 Nr. 1 UStG.

6.1 Nur vorübergehendes Verbringen

Überführt der Unternehmer nur „vorübergehend" Gegenstände in ein anderes EU-Land, bleibt es bei einem nicht steuerbaren rechtsgeschäftslosen Verbringen (Wortlaut der §§ 3 Abs. 1a und 1a Abs. 2 UStG). Es lassen sich hinsichtlich des verbrachten Gegenstands zwei Fallgruppen unterscheiden (vgl. Abschn. 1a.2 Abs. 9 ff. UStAE), die im Hinblick auf die MwStSystRL problematisch sind.

Der Art nach vorübergehend (Abschn. 1a.2 Abs. 10, 11)	Befristete Verwendung (Abschn. 1a.2 Abs. 12)
• Verwendung im EU-Ausland bei einer Werklieferung – Auswirkung dort • Vermietung im EU-Ausland • Reparatur im EU-Ausland • Wird einer Arbeitsgemeinschaft im EU-Ausland zur Verfügung gestellt	Kurzfristige Überführung anlässlich einer anderen Leistung im EU-Ausland, betreffend Werkzeug, Ausrüstung usw.

Beispiel:
Unternehmer U mit Sitz in Stuttgart repariert in Frankreich eine Maschine. Das dafür notwendige Werkzeug gelangt im Unternehmensverbund des U vom Inland ins EU-Ausland und von dort wieder zurück.

Lösung:
Solange eine bestimmte Verwendungsdauer (abgestuft bis zu 24 Monate, vgl. Abschn. 1a.2 Abs. 12 UStAE) nicht überschritten wird, ist das Verbringen nur vorübergehend, sodass kein fiktiver innergemeinschaftlicher Warenverkehr stattfindet. Verbleibt der Gegenstand dann aber doch endgültig im anderen Land (z.B. wird verkauft oder zerstört), handelt es sich um ein steuerfreies innergemeinschaftliches Verbringen im Inland und korrespondierend um einen Erwerb in Frankreich (vgl. Abschn. 1a.2 Abs. 11 UStAE).

Die Finanzverwaltung verneint ein nur vorübergehendes Verbringen, wenn ein Unternehmer seine Waren über Amazon verkauft und Amazon die Waren von einem Lager im Inland in ein Lager im EU-Ausland (z.B. Polen) verlegt.

6.2 Konsignationslager

Verbringt ein Unternehmer Waren ins EU-Ausland und verschafft einem Abnehmer Zugriff, indem dieser die Waren bei Bedarf dort abrufen kann, spricht man von einem Konsignationslager. Die vertraglichen Regelungen zwischen Unternehmer und Abnehmer variieren in den Einzelfällen. Der Unternehmer ist verpflichtet, die erforderlichen Warenkapazitäten vor Ort sicherzustellen. Warenmenge und Liefertermine werden konkret erst durch den Lieferabruf festgelegt und lösen dann eine Zahlungsverpflichtung für den Abnehmer aus.

Von den jeweiligen Vertragsvereinbarungen bzw. Einkaufsbedingungen abhängig ergeben sich im Wesentlichen zwei Lösungsansätze: Steht schon bei Abgang der Ware im Inland fest, dass der Abnehmer den gesamten Bestand abnehmen wird, sodass die Waren nur kurzfristig lagern, kann sogleich von einer steuerfreien innergemeinschaftlichen Lieferung des Unternehmers (nach § 3 Abs. 1 i.V.m. § 4 Nr. 1b, § 6a Abs. 1 UStG) mit Lieferort und Lieferzeitpunkt im Inland (§ 3 Abs. 6 UStG) und einem innergemeinschaftlichen Erwerb des Abnehmers (analog §§ 1a, 3d UStG) bereits zu diesem Zeitpunkt ausgegangen werden; dadurch wird eine Registrierung des Unternehmers im EU-Ausland vermieden. Entscheidend ist, dass der Abnehmer der Waren von Anfang an bereits verbindlich feststeht. Dass im Zeitpunkt des Warenabgangs noch offen bleibt, wann der Abnehmer von seinem Abrufrecht Gebrauch macht und die Ware noch kurze Zeit vor Ort gelagert wird, ist dagegen nachrangig, BFH vom 20.10.2016, V R 31/15. Besteht dagegen keine Abnahmeverpflichtung des Abnehmers mit der Folge, dass Waren auch wieder zurück an den Unternehmer gehen, liegt ein innergemeinschaftliches Verbringen durch den Unternehmer vor, das er im Inland als fiktive steuerfreie Lieferung anmelden muss (§ 3 Abs. 1a, Abs. 6, § 4 Nr. 1b, § 6a Abs. 2 UStG) und spiegelbildlich als einen fiktiven steuerpflichtigen Erwerb im EU-Ausland mit Vorsteuerabzug (analog §§ 1a Abs. 2, 3d UStG). Hierfür, wie auch wegen den anschließenden Lieferungen an den Abnehmer mit Lieferort im EU-Ausland (analog § 3 Abs. 6 UStG: vom Lager aus an den Abnehmer) muss sich der Unternehmer im EU-Ausland registrieren lassen, BFH vom 16.11.2016, V R 1/16.

> ☞ **Hinweis!**
> Andere Mitgliedstaaten bewerten die Regelungen im Zusammenhang mit einem Konsignationslager teilweise durchweg als innergemeinschaftlichen Warenverkehr, sodass eine Registrierung auch in den Verbringensfällen (wie oben dargestellt) entfällt; dies gilt z.B. in Belgien, Irland, Rumänien und in den Niederlanden. In diesen Fällen akzeptiert es auch die deutsche Finanzverwaltung, dass der Unternehmer eine innergemeinschaftliche Lieferung anmeldet.

7. Innergemeinschaftliche Lieferung im Kommissionsgeschäft

Zur grundlegenden Darstellung des Kommissionsgeschäfts, s. Kap. V. 3.2.

Die Lieferung des Kommittenten an den Kommissionär (vgl. § 3 Abs. 3 UStG) findet eigentlich erst und damit zeitgleich mit der Lieferung des Kommissionärs an den Drittabnehmer statt (Verkaufskommission). Hatte der Kommittent das Kommissionsgut zunächst zum Kommittenten gebracht, handelt es sich daher um ein vorangehendes Verbringen. Verbringt der Kommittent dabei die Kommissionsware vom EU-Ausland ins Inland, kommt es – rechtlich gesehen – zu einem fiktiven steuerfreien **innergemeinschaftlichen Verbringen** durch den Kommittenten im Ausgangsstaat (ggf. analog) gem. §§ 3 Abs. 1a, 4 Nr. 1b, 6a Abs. 2 UStG, verbunden mit einem im Bestimmungsland steuerbaren innergemeinschaftlichen Erwerb des Kommittenten gemäß §§ 1a Abs. 2, 3d UStG. Die Lieferung des Kommittenten an den Kommissionär (§ 3 Abs. 7 Satz 1 UStG) und dessen Lieferung an den Drittabnehmer (§ 3 Abs. 6 UStG) finden dann später und zur gleichen Zeit und am selben Ort statt.

Die am Kommissionsgeschäft Beteiligten haben ein **Wahlrecht**. Sie können anstelle der beschriebenen Besteuerung von der **Vereinfachungsregelung** in Abschn. 1a.2 Abs. 7 UStAE Gebrauch machen. Die Übersendung der Ware vom Kommittenten an den Kommissionär kann sogleich als innergemeinschaftliche Lieferung angemeldet werden, die dem zufolge im Ursprungsland steuerfrei ist und korrespondierend als innergemeinschaftlicher Erwerb des Kommissionärs im Bestimmungsland besteuert wird. Anschließend kommt es dann (nur noch) zur Anschlusslieferung des Kommissionärs an den Drittabnehmer gemäß § 1 Abs. 1 Nr. 1 UStG. Veräußert der Kommissionär Kommissionswaren nicht und sendet er diese an den Kommittenten zurück, muss folglich von einer nach § 6a UStG steuerbefreiten Rücklieferung des Kommissionärs und spiegelbildlich von einem innergemeinschaftlichen Erwerb beim Kommittenten entsprechend § 1a UStG ausgegangen werden.

> **Beispiel:**
>
> Der italienische Unternehmer S hat dem Stuttgarter Unternehmer U am 1.6 vereinbarungsgemäß 5 luxuriöse Kaffeemaschinen geschickt, die U in seinen Geschäftsräumen in eigenem Namen verkaufen soll. Gelingt dies nicht, sollen die Maschinen an S zurückgehen. Vom Verkaufserlös soll U 10 % erhalten. Am 1.7. verkauft U die Kaffeemaschinen an das Hotel H in Stuttgart.

> **Lösung:**
>
> **1. Gesetzeskonforme Lösung**
> **Verbringen**
> Am 1.6. tätigt S eine in Italien analog § 3 Abs. 1a UStG steuerbare fiktive Lieferung, die dort analog §§ 4 Nr. 1b, 6a Abs. 2 UStG steuerfrei ist. Zugleich erfüllt S die Voraussetzungen eines fiktiven innergemeinschaftlichen Erwerbs gemäß §§ 1a Abs. 2, 3d UStG in Deutschland, wo er gemäß § 15 Abs. 1 Satz 1 Nr. 3 UStG auch die Vorsteuer geltend macht.
>
> **Verkäufe**
> Am 1.7. liegen dann zwei Lieferungen vor:
> a) Der Kommissionär (U) liefert an den Abnehmer (H), regelmäßig ab seinem Geschäftsraum nach § 3 Abs. 6 UStG, hier steuerbar und steuerpflichtig (Stuttgart). H ist vorsteuerabzugsberechtigt.
> b) Der Kommittent liefert gemäß § 3 Abs. 3 UStG zugleich die Kommissionsware an den Kommissionär; der Ort ergibt sich hierbei aus § 3 Abs. 7 Satz 1 UStG, da sich die Ware zu diesem Zeitpunkt bereits beim Kommissionär befindet. Auch diese Lieferung ist also steuerpflichtig – Steuerschuldner ist S. U zieht die Vorsteuer nach § 15 Abs. 1 Satz 1 Nr. 1 UStG ab. S muss sich im Inland registrieren lassen.
>
> **2. Vereinfachte Lösung nach Abschnitt 1a.2 Abs. 7 UStAE**
> Für den Voranmeldungszeitraum Juni meldet S in Italien eine steuerfreie innergemeinschaftliche Lieferung und U in Deutschland einen steuerpflichtigen innergemeinschaftlichen Erwerb an. Am 1.7. kommt es dann nur noch zu einer steuerpflichtigen Lieferung des U an den Abnehmer H. S muss sich im Inland registrieren lassen.

8. Innergemeinschaftliche Lieferung im Reihengeschäft

Das Reihengeschäft ist derzeit in § 3 Abs. 6 Sätze 5 und 6 UStG geregelt. Die besondere Folge, dass nur eine der dabei getätigten Lieferungen als bewegt gilt (Beförderung oder Versendung), wirkt sich nachhaltig auch bei der Steuerbefreiung nach § 4 Nr. 1a bzw. 1b UStG aus. Nach einem Referentenentwurf 2016 werden die bisherigen Sätze 5 und 6 von § 3 Abs. 6 UStG durch § 3 Abs. 6a UStG ersetzt. In der Neuregelung wird sodann die Zuordnung der bewegten Lieferung ausdrücklich geregelt.

Vergleichbar einer Ausfuhrlieferung kann nur die bewegte Lieferung im Reihengeschäft steuerfrei nach §§ 4 Nr. 1b, 6a UStG sein. Für die ruhende Lieferung mit Lieferort aus § 3 Abs. 7 Satz 2 UStG ist die Steuerbefreiung aus § 4 Nr. 1b UStG nicht denkbar. Es sind drei verschiedene Typen eines Reihengeschäfts vorstellbar, die sich je nach Konstellation für die Praxis empfehlen oder aber große Rechtsprobleme aufwerfen: Die Warenbewegung kann durch den ersten Unternehmer erfolgen, die Beförderung oder Versendung kann über den letzten Abnehmer erfolgen oder es ist der mittlere Unternehmer mit der

Warenbewegung betraut. Gerade im internationalen europäischen Reihengeschäft muss sich die Rechtsfolge des Reihengeschäfts nach § 3 Abs. 6 Satz 5 und Satz 6 UStG bewähren: Es soll weitgehend vermieden werden, dass sich einer der beteiligten Unternehmer in einem fremden Mitgliedstaat registrieren lassen muss.

Beispiel 1: (Reihengeschäft Typ 1)

Der inländische Unternehmer U verkauft eine Ware an den polnischen Händler P. Wie mit P vereinbart, schickt U die Ware direkt an dessen Abnehmer A in Polen.

Lösung:

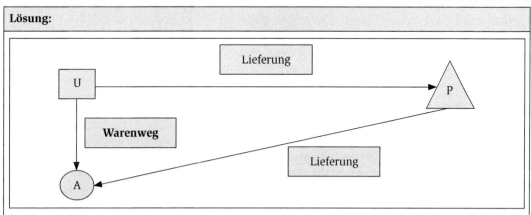

Reihengeschäft
Die beiden Lieferungen von U an P und von P an A erfüllen die Voraussetzungen eines Reihengeschäfts gemäß § 3 Abs. 6 Satz 5 UStG: Die zwei bzw. drei Unternehmer handeln mit der identischen Ware, die unmittelbar von U (Erster) an A (Letzter) durchgeliefert wird.

Lieferung von U an P
Der Ort der Lieferung des U an P bestimmt sich nach § 3 Abs. 6 Sätze 1–4 UStG, da U für den Transport verantwortlich ist. und befindet sich – steuerbar – im Inland.

Steuerbefreiung
Diese bewegte Lieferung ist steuerfrei nach §§ 4 Nr. 1b, 6a UStG: P bezieht die Ware in einem anderen EU-Land (Polen) für sein Unternehmen. Dort unterliegt er einem innergemeinschaftlichen Erwerb analog §§ 1a Abs. 1, 3d UStG.

Lieferung P an A
Gemäß § 3 Abs. 7 Satz 2 Nr. 2 UStG liegt der Lieferort in Polen. Diese Lieferung ist nicht im Inland steuerbar.

Fazit: Das Reihengeschäft führt zusammen mit der Steuerbefreiung zu sinnvollen Ergebnissen:
U erbringt eine steuerfreie Lieferung, die von ihm keinen größeren bürokratischen Aufwand fordert. Er muss sich insbesondere nicht in Polen registrieren lassen. P kann als polnischer Unternehmer ohne weiteres die in Polen entstehende Erwerbsumsatzsteuer und Vorsteuer anmelden. Dasselbe gilt für die polnische Umsatzsteuer aus der Folgelieferung an A. A kann seinen etwaigen Vorsteuerabzug ebenfalls ohne weiteres geltend machen.

Beispiel 2: (Reihengeschäft Typ 2)

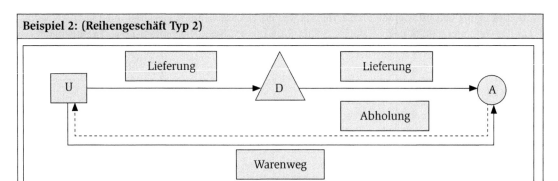

Der deutsche Unternehmer U verkauft eine Ware an den deutschen Unternehmer D, der die Ware seinerseits an den polnischen Unternehmer A weiterverkauft. A holt die Ware direkt bei U ab bzw. lässt sie dort abholen.

Lösung:

Es liegt ein Reihengeschäft nach § 3 Abs. 6 Satz 5 UStG vor. Es kann nur eine der beiden betroffenen Lieferungen bewegt und daher eventuell als innergemeinschaftliche Lieferung steuerfrei sein. Da A die Warenbewegung verantwortet, ist die Lieferung, an der A beteiligt ist, also die Lieferung von D an A bewegt. Gemäß § 3 Abs. 6 Sätze 1–4 UStG befindet sich der Lieferort für die Lieferung des D an A demnach dort, wo die Beförderung/Versendung beginnt, also bei U in Deutschland. Der Umsatz zwischen D und A ist in Deutschland steuerbar. Weil aber im Zuge dieser Lieferung die Ware von Deutschland nach Polen gelangt, ist die Lieferung des D gemäß § 6a UStG steuerfrei. A unterliegt in Polen der Erwerbsbesteuerung analog §§ 1a, 3d UStG.
Die vorangehende Lieferung des U an D ist nach § 3 Abs. 7 Satz 2 Nr. 1 UStG steuerpflichtig.

Fazit: Das Reihengeschäft führt zusammen mit der Steuerbefreiung zu sinnvollen Ergebnissen: D liefert steuerfrei, muss sich also nicht in Polen registrieren lassen. A kann ohne Weiteres Erwerbs-Umsatzsteuer und -Vorsteuer in Polen anmelden. Die Steuerpflicht der Lieferung zwischen den beiden deutschen Unternehmern U und D entspricht dem Normalfall.

Große Rechtsprobleme wirft ein Reihengeschäft auf, wenn der **mittlere Unternehmer** die Ware befördert oder versendet. Dass auch dieser Fall als Reihengeschäft zu behandeln ist, ergibt sich zum einen aus dem Wortlaut „dabei" in § 3 Abs. 6 Satz 6 UStG, der sich auf den vorangehenden Satz 5 bezieht. Im Übrigen gelangt die Ware auch bei dieser Abwicklung nicht an den Unternehmenssitz des mittleren Unternehmers.

Verantwortet nun der mittlere Unternehmer die Warenbewegung, ist eine Zuordnung der bewegten Lieferung deshalb schwierig, weil der mittlere Unternehmer an beiden Lieferungen beteiligt ist. Nach § 3 Abs. 6 Satz 5 UStG darf indes nur eine der beiden Lieferungen bewegt sein. Vorstellbar wäre, dass die bewegte Lieferung dort zu bejahen ist, wo an den mittleren Unternehmer geliefert wird (vom Ersten an den Mittleren = „an ihn") oder dort, wo vom Mittleren an den Letzten geliefert wird (Lieferung vom Mittleren = „von ihm"). Es war daher konsequent, dass der Gesetzgeber die Zuordnung in § 3 Abs. 6 Satz 6 UStG ausdrücklich regelte. Dies tat er allerdings in zwei Alternativen, leider ohne dass aus dem derzeitigen Gesetzestext ausreichend hervorgeht, wie der Rechtsanwender die beiden Alternativen voneinander abzugrenzen hat.

Befördert oder versendet der **mittlere Unternehmer** im Reihengeschäft die Ware ins übrige Gemeinschaftsgebiet, ist entweder die erste Lieferung – die Zuordnung der bewegten Lieferung geschieht bei „der Lieferung an ihn" – steuerfrei (§ 3 Abs. 6 Satz 6, **1. Halbsatz** UStG). Dabei handelt es sich um eine gesetzliche Vermutung.

Diese gesetzliche Vermutung kann widerlegt werden. Dazu muss der mittlere Unternehmer nachweisen, dass er die Warenbewegung in Bezug auf die Folgelieferung an seinen Abnehmer durchführte. Gelingt ihm dieser Nachweis, gilt die Lieferung des Mittleren an den letzten Abnehmer als bewegt und eventuell steuerfrei. Die Lieferung vom ersten Unternehmer an den mittleren Unternehmer ruht demgemäß nach § 3 Abs. 7 Satz 2 Nr. 1 UStG und ist daher einer Steuerbefreiung nach § 4 (Nr. 1a oder) 1b UStG nicht zugänglich.

Der derzeitige Gesetzestext lässt offen, wie der mittlere Unternehmer einen Nachweis im Sinne der zweiten Alternative von § 3 Abs. 6 Satz 6 UStG führen kann:

Die Verwaltungsansicht ergibt sich (derzeit) aus Abschn. 3.14 Abs. 10 Sätze 2 ff. UStAE. Die Verwaltung stellt darauf ab, unter welcher USt-Identifikationsnummer der mittlere Unternehmer auftritt und welche Lieferbedingungen vereinbart werden.

Gestützt auf die Rechtsprechung des EuGH vom 27.9.2012, C-587/10 ergeben sich selbst beim BFH unterschiedliche Abgrenzungskriterien: Der V. Senat (11.8.2011, V R 3/10) geht von einer Widerlegung der gesetzlichen Vermutung aus, wenn der mittlere Unternehmer den ersten Unternehmer darauf hinweist, dass er selbst an einen weiteren Unternehmer im EU-Ausland weiterliefert. Gemäß XI. Senat vom 28.5.2013, XI R 11/09 ist die Verschaffung der Verfügungsmacht maßgebend. Mit seiner Entscheidung vom 26.7.2017, C 386/16 unterstreicht der EuGH, dass es nicht darauf ankommt, welche USt-Identifikationsnummer verwendet wird, sondern darauf, dass der mittlere Unternehmer dem ersten Lieferer mitteilt, dass er die betreffende Ware an den Letztabnehmer weiterverkauft(e).

Nach der in § 3 Abs. 6a UStG vorgesehenen Neuregelung erbringt der mittlere Unternehmer den „es sei denn"-Nachweis dadurch, dass er eine USt-Identifikationsnummer verwendet, die der Nationalität des (Ursprungs-)Staates entspricht, in dem die Warenbewegung beginnt. Damit wird an die bisherige Verwaltungsansicht angeknüpft. Der Rspr. wird insoweit Rechnung getragen, als nun nicht mehr ergänzend zwingend auf die Lieferbedingungen abgestellt wird. So kommt es auch in dieser Variante des Reihengeschäfts zu vernünftigen Ergebnissen. Der Entwurf der Neuregelung wurde den betroffenen Verbänden zur Stellungnahme zugeleitet; daraus ergeben sich abweichende Überlegungen, sodass unklar bleibt, wann und mit welchem Inhalt der Entwurf tatsächlich umgesetzt wird. Parallel hierzu wird diese Rechtsfrage auch auf Ebene der EU diskutiert.

Beispiel 3: (Reihengeschäft Typ 3)

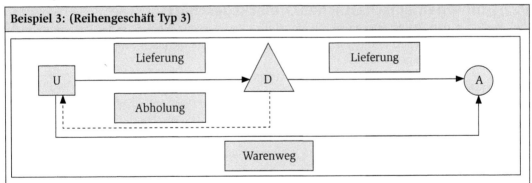

Der deutsche Unternehmer U verkauft eine Ware an den deutschen Unternehmer D, der die Ware seinerseits an den polnischen Unternehmer A weiterverkauft. D holt die Ware direkt bei U ab (bzw. lässt sie dort abholen) und bringt sie zu A.

Lösung:

Es liegt ein Reihengeschäft nach § 3 Abs. 6 Satz 5 in der Sonderform des Satzes 6 UStG vor. Die Warenbewegung erfolgt durch einen Unternehmer (D), der zugleich Abnehmer (der Ware des U) als auch Lieferer (der Ware an A) ist. Nur eine der beiden betroffenen Lieferungen kann bewegt und daher eventuell als innergemeinschaftliche Lieferung steuerfrei sein. Da D an beiden Lieferungen beteiligt ist, scheidet eine eindeutige Zuordnung der Warenbewegung nach Satz 5 aus. Grundsätzlich wäre nun die Lieferung des U an D gemäß § 3 Abs. 6 Satz 6, 1. Alt. UStG bewegt. Solange D allerdings unter seiner deutschen USt-Identifikationsnummer auftritt, scheitert eine Steuerbefreiung nach Ansicht der Verwaltung (Abschn. 3.14 Abs. 13 Beispiel a) UStAE). Zudem müsste sich D in Polen hinsichtlich seines innergemeinschaftlichen Erwerbs analog §§ 1a, 3d UStG registrieren lassen, wie auch hinsichtlich der nach § 3 Abs. 7 Satz 2 Nr. 2 UStG zu beurteilenden ruhenden Folgelieferung von D an A.

Fazit: Nach der 1. Alternative des § 3 Abs. 6 Satz 6 UStG gelangt man hier zu unsinnigen Folgen des Reihengeschäfts. In der Praxis ist darauf zu achten, dass die Zuordnung umgekehrt wird. Ordnet man nämlich – gemäß der 2. Alternative – der Lieferung von D an A die bewegte Lieferung zu, ist die Lieferung des D in Deutschland steuerbar und nach § 6a UStG steuerfrei. A unterliegt spiegelbildlich einem innergemeinschaftlichen Erwerb mit Vorsteuerabzug in seinem Heimatstaat Polen. D muss sich nicht in Polen registrieren lassen. Konsequent ist dann die Lieferung zwischen den beiden deutschen Unternehmern U und D nach § 3 Abs. 7 Satz 2 Nr. 1 UStG steuerbar und steuerpflichtig.

Nur bei diesem Verständnis des § 3 Abs. 6 Satz 6 UStG ergeben sich wirtschaftlich vernünftige Folgen, die man bei der Regelung des § 3 Abs. 6 Satz 6 UStG als gewollt voraussetzen muss.

Fraglich ist nur, wie D als mittlerer Unternehmer die Voraussetzungen des § 3 Abs. 6 Satz 6, 2. Alt. UStG nachweist.

Stellt man auf Abschn. 3.14 Abs. 10 UStAE ab, ist die erste Voraussetzung gegeben, da D unter deutscher USt-Identifikationsnummer auftritt entsprechend dem Beginn der Warenbewegung. Auch nach dem Entwurf der Neuregelung gem. § 3 Abs. 6a Satz 5 UStG wäre der Nachweis erbracht. Zusätzlich sind den Parteien nach der derzeitigen Verwaltungsansicht bestimmte Lieferklauseln zu empfehlen. U muss an D „ab Werk" liefern und D muss „frei Haus" an A weiterliefern. Tatsächlich entsprechen die beiden Lieferbedingungen (incoterms) auch den wirtschaftlichen Interessen der beteiligten Unternehmen: Das Risiko des Untergangs der Ware sollte bei D liegen, da er ja auch den Transport durchführt. § 3 Abs. 6 Satz 6, 2. Alt. UStG ist erfüllt.

9. Innergemeinschaftliches Dreiecksgeschäft

Ziel des § 25b UStG ist es, eine einfach handhabbare Versteuerung internationaler Lieferumsätze zu ermöglichen. Es müssen drei Unternehmer beteiligt sein, die die identische Ware liefern und in drei unterschiedlichen EU-Staaten erfasst sind.

> **☞ Praxishinweis/Tipp!**
> In Klausur und Praxis empfiehlt sich ein dreistufiger Aufbau der Problemlösung:
> **1. Stufe:** Es muss ein Reihengeschäft i.S.v. § 3 Abs. 6 Sätze 5 und 6 UStG vorliegen.
> **2. Stufe:** Das Reihengeschäft muss innergemeinschaftlich ausgestaltet sein.
> **3. Stufe:** Zusätzlich müssen die besonderen Voraussetzungen des § 25b UStG erfüllt sein.

> **Beispiel:**
> Der inländische Unternehmer U soll seinem Kunden in Tschechien T ein Gerät liefern. Weil U dieses Gerät nicht vorrätig hat, bestellt er es beim Hersteller H in den Niederlanden. H ist bereit, das Gerät direkt an T zu versenden.
> Sämtliche Rechnungen enthalten keinen Ausweis der Umsatzsteuer. Alle Beteiligten sind in ihrem Heimatstaat ansässig und treten unter der ihnen vom Heimatstaat erteilten Umsatzsteuer-Identifikationsnummer auf. Eventuell notwendige Belege und Aufzeichnungen sollen vorliegen.

Praxishinweis/Tipp!

Dieser Hinweis auf formale Besonderheiten ist regelmäßig in den entsprechenden Klausuren vorgegeben.

In der Praxis empfiehlt es sich, dem Sachverhalt entsprechend nur Netto-Rechnungen zu erstellen. Dadurch werden die Registrierung und Besteuerung im EU-Ausland nicht notwendig.

Die Verwaltung lässt unter bestimmten Voraussetzungen ein Dreiecksgeschäft auch dann zu, wenn vier Unternehmer beteiligt sind, vgl. Abschn. 25b Abs. 2 UStAE mit Beispiel.

Lösung:

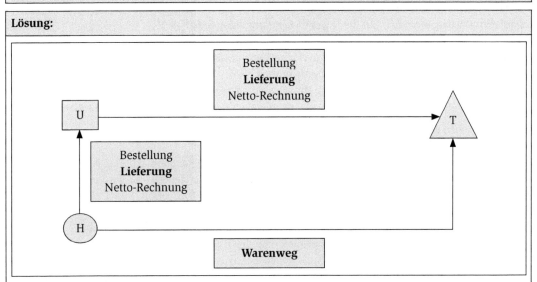

1. Reihengeschäft

Die beiden Lieferungen erfüllen die Voraussetzungen des § 3 Abs. 6 Satz 5 UStG. Die bewegte Lieferung mit Ort aus § 3 Abs. 6 UStG liegt zwischen H und U vor. Der Ort dieser Lieferung befindet sich bei H in den Niederlanden. Die Lieferung von U an T findet gemäß § 3 Abs. 7 Satz 2 Nr. 2 UStG bei T in Tschechien statt vgl. Kap. III. 4.

2. Innergemeinschaftliches Reihengeschäft

Die Lieferung von H an U erfüllt die Voraussetzungen einer steuerfreien innergemeinschaftlichen Lieferung entsprechend §§ 4 Nr. 1b, 6a UStG in den Niederlanden. U unterliegt korrespondierend einem innergemeinschaftlichen Erwerb in Tschechien analog §§ 1a Abs. 1, 3d Satz 1 UStG (zu § 3d Satz 2 UStG, s. Kap. 4.7, 4.10).

3. Zwischenergebnis

Die Behandlung des **H ist unproblematisch**. Er stellt dem U eine Nettorechnung aus, meldet in seinem Heimatland eine steuerfreie Lieferung an (§ 18b UStG analog) und gibt eine Zusammenfassende Meldung ab (analog § 18a UStG).

Zunächst **schwieriger** ist die Behandlung des deutschen U: Er müsste eigentlich den innergemeinschaftlichen Erwerb in Tschechien abwickeln (Umsatzsteuer und Vorsteuerabzug). Außerdem müsste er die mit tschechischer Umsatzsteuer belegte Lieferung an T in Tschechien anmelden.

T wäre aus der Rechnung des U regelmäßig zum Abzug der tschechischen Umsatzsteuer berechtigt. U müsste sich dafür in Tschechien registrieren lassen.

4. Innergemeinschaftliches Dreiecksgeschäft

Tatbestandsmerkmale des § 25b Abs. 1 UStG

Nr. 1: vgl. oben 1. zum Reihengeschäft.

Nr. 2: Die Voraussetzungen liegen laut Sachverhalt vor.

Nr. 3: vgl. oben 2.

Nr. 4: Die Voraussetzung ist erfüllt, weil vorliegend H als erster Lieferer für den Transport verantwortlich ist.

Tatbestandsmerkmale des § 25b Abs. 2 UStG

Dort wird Bezug genommen auf die (zweite) Lieferung, hier von U an T.

Nr. 1: Ihr voraus ging der innergemeinschaftliche Erwerb durch U.

Nr. 2: U ist erster Abnehmer, ist nicht in Tschechien ansässig und verwendet durchgehend seine deutsche Umsatzsteuer-Identifikationsnummer.

Nr. 3: U stellt seine Lieferung dem T ohne Umsatzsteuerausweis in Rechnung, verweist auf die Steuerschuldnerschaft des T und gibt die eigene wie auch dessen Id-Nr. an (vgl. § 14a Abs. 7 UStG).

Hieraus ergeben sich folgende **Ergebnisse**:

a) Es bleibt bei der Steuerbefreiung der Lieferung des H an U.

b) Der innergemeinschaftliche Erwerb durch U in Tschechien gilt gemäß § 25b Abs. 3 UStG als besteuert. U vermeidet insofern, seinen **Erwerb** in Tschechien zu versteuern – er wird **entlastet**.

c) Die **Anschlusslieferung** des U an T wird gemäß § 25b Abs. 2 Satz 1 UStG von T als Leistungsempfänger geschuldet (spezielle **Umkehr der Steuerschuld**). Auch insoweit wird **U** also **entlastet**. Er vermeidet auf diese Weise endgültig eine Registrierung und Besteuerung im Ausland.

d) Dem **T** ist zumutbar, die Steuer aus der Lieferung des U an ihn zu versteuern, da er als Unternehmer ohnehin die eigenen Umsätze (im eigenen Land) anmeldet. Er ist folgerichtig gemäß § 25b Abs. 5 UStG zum Vorsteuerabzug berechtigt.

e) Die Beteiligten müssen die besonderen Aufzeichnungspflichten aus § 25b Abs. 6 UStG beachten.

Abwandlung des Beispiels:

U weist gegenüber T die tschechische Umsatzsteuer aus.

Lösung:

Immer noch liegt ein innergemeinschaftliches Dreiecksgeschäft vor. Weil U allerdings die tschechische Umsatzsteuer ausweist, bleiben die vereinfachenden Folgen des § 25b UStG aus. Der Steuerausweis stellt keinesfalls einen falschen Umsatzsteuerausweis dar, die Voraussetzungen des § 14c UStG liegen nicht vor. Vielmehr folgt aus der Bruttorechnung, dass die Wirkungen eines innergemeinschaftlichen Dreiecksgeschäfts nicht eintreten; es fehlt am Merkmal des § 25b Abs. 2 Nr. 3 UStG. Dieses Verfahren ist korrekt. U muss dann als Steuerschuldner die tschechische Umsatzsteuer für die Lieferung an T in Tschechien anmelden und abführen. Dasselbe gilt gemäß § 25b Abs. 3 UStG in Bezug auf die Erwerbsumsatzsteuer und die Vorsteuer hierzu. U muss sich dazu in Tschechien registrieren lassen.

10. Lieferungen gemäß § 3c UStG

Wiederum wird eine Lieferung vom Inland ins EU-Ausland oder umgekehrt getätigt.

Im Ergebnis verwirklicht auch die Regelung des § 3c UStG unter bestimmten Voraussetzungen die **Besteuerung im Bestimmungsland**. § 3c UStG kann als **Auffangvorschrift** verstanden werden für diejenigen Fälle, bei denen dieses Prinzip nicht schon anderweitig (Grundsätze des innergemeinschaftlichen Warenverkehrs) verwirklicht wird. § 3c UStG verfolgt dieses Ziel durch die Technik der Ortsverlagerung. Der Anwendungsbereich des § 3c UStG gilt typischerweise für Fälle im **Versandhandel** unter folgenden Voraussetzungen:

- Lieferung innerhalb der EU und
- Lieferer befördert oder versendet und
- es gelten nicht die Regeln des innergemeinschaftlichen Warenverkehrs.

10.1 Aufbau des § 3c UStG

Die Struktur des § 3c UStG ist auf den ersten Blick etwas unübersichtlich.

In Absatz 1 befinden sich ein Teil der Tatbestandsmerkmale (Versendungslieferung aus dem EU-Ausland) und die Rechtsfolge (Verlagerung des Lieferorts). Abs. 2 (Beschreibung des Abnehmers) führt ebenso wie Abs. 3 (Lieferschwelle) weitere Tatbestandsmerkmale auf. Abs. 4 räumt das Recht zur Option ein. Abs. 5 nennt Sonderfälle, in denen § 3c Abs. 2 Nr. 2, Abs. 3 UStG nicht gelten und ergänzt auf diese Weise §§ 1a Abs. 5, 1b UStG (s. Kap. 4.17.2).

Endet der Versandhandel in Deutschland, beträgt die **Lieferschwelle** gemäß § 3c Abs. 3 Satz 2 Nr. 1 UStG 100.000 €. Für die Lieferschwelle der übrigen EU-Länder ist Abschn. 3c.1 Abs. 3 UStAE heranzuziehen. Aufgrund der Doppelanknüpfung findet eine Verlagerung statt, wenn die Lieferungen entweder im Vorjahr und/oder im laufenden Jahr die Lieferschwelle überschreiten. Hatte der Lieferer bereits im Vorjahr mit seinem Versandhandel die Lieferschwelle im konkreten Mitgliedsland überschritten, wird der Lieferort für die versandten Waren im aktuellen Jahr automatisch ins Bestimmungsland verlagert. Wurde die Lieferschwelle im Vorjahr noch nicht überschritten, kommt es auf die Lieferschwelle im laufenden Jahr an. Der Lieferort verlagert sich dann ab derjenigen Lieferung, mit der die Lieferschwelle überschritten wird; hierzu wird aus dem Bruttopreis die Umsatzsteuer mit dem Steuersatz des Bestimmungslands herausgerechnet. Die vorangehenden Lieferungen bleiben im Ursprungsland besteuert (Abschn. 3c.1 Abs. 3 Sätze 5 und 6 UStAE). Ohnehin verlagerte Lieferungen bleiben bei der Berechnung unberücksichtigt (z.B. verbrauchsteuerpflichtige Waren, § 3c Abs. 5 Satz 2 UStG). Damit ergibt sich ein wesentlicher Unterschied zur Erwerbsschwelle gem. § 1a Abs. 3 UStG, bei der die Prognose zum Jahresanfang maßgeblich bleibt, wenn die Schwelle nicht schon im Vorjahr überschritten wurde (vgl. 4.17.1). Der zweite wesentliche Unterschied zur Erwerbsschwelle ergibt sich daraus, dass beim Erwerb die Eingangslieferungen aus sämtlichen fremden EU-Mitgliedstaaten zusammenzurechnen sind, während die Lieferschwelle immer auf das jeweilige Empfangsland bezogen wird.

Voraussetzungen			Rechtsfolge
§ 3c Abs. 1 UStG: • Lieferung • bewegt (§ 3 Abs. 6 UStG) • durch Lieferer • vom Inland ins EU-Ausland oder umgekehrt	§ 3c Abs. 2 UStG: Abnehmer ist • Nr. 1: i.d.R. Privatabnehmer • Nr. 2: Schwellenunternehmer, der die **Erwerbsschwelle** nicht überschreitet.	§ 3c Abs. 3 UStG: Lieferer überschreitet **Lieferschwelle** im jeweiligen Bestimmungsland (entweder im Vorjahr oder im aktuellen Jahr)	Verlagerung des Lieferorts vom Abgangsland ins Bestimmungsland

Beispiel 1:
Der norwegische Unternehmer versendet Kleinmöbel an inländische Privatkäufer.

Lösung:
Die Lieferung findet gemäß § 3 Abs. 6 UStG in Norwegen statt. Keine Verlagerung nach § 3c UStG, da Norwegen zum Drittland gehört.

Beispiel 2:
Der französische Unternehmer verkauft Kleinmöbel an deutsche Privatkunden, die die Ware in Frankreich abholen.

Lösung:
Die Lieferung ist gemäß § 3 Abs. 6 UStG in Frankreich steuerbar. Sie ist nicht als innergemeinschaftliche Lieferung steuerfrei, da die Abnehmer nicht die Voraussetzungen des § 1a Abs. 1 UStG erfüllen. Es kommt auch nicht zu einer Verlagerung nach § 3c UStG, da ein Abholfall vorliegt (§ 3c Abs. 1 UStG).

Beispiel 3:
Der französische Unternehmer F verkauft Kleinwaren an inländische Kunden, die er (wie im Katalog versprochen) ins Inland verschickt. Er verkauft auf diese Weise jährlich Waren: a) im Wert von 120.000 € netto an deutsche Privatkunden. b) im Umfang von 50.000 € nach Deutschland und daneben Waren nach Österreich im Wert von 60.000 €. c) In seinen allgemeinen Geschäftsbedingungen lässt sich F von seinen Privatkunden eine formularmäßige Vollmacht unterschreiben, wonach er einen Kurierdienst im Namen und für Rechnung der Kunden zum Transport der bestellten Waren beauftragen kann.

Lösung:
Die Lieferung ist gemäß § 3 Abs. 6 UStG eigentlich in Frankreich steuerbar. Der Lieferort könnte sich ins Inland verlagern: **§ 3c Abs. 1 UStG:** Der Tatbestand ist insoweit erfüllt, als der Liefergegenstand durch F aus Frankreich ins Inland versendet wird. **§ 3c Abs. 2 UStG:** Die Privatkunden sind Abnehmer i.S.v. Nr. 1. **§ 3c Abs. 3 UStG:** **In a)** übersteigen die Lieferungen des F die in Deutschland maßgebliche Lieferschwelle (netto 100.000 €). Der Lieferort verlagert sich gemäß § 3c Abs. 1 UStG von Frankreich nach Deutschland (angesichts der nachhaltigen wirtschaftlichen Betätigung des F in Deutschland ist ihm zumutbar, seine Lieferungen in dem für ihn fremden Verfahren zu versteuern). Die Privatkunden werden also mit demselben inländischen Steuersatz wie bei Einkäufen innerhalb Deutschlands belastet. **In b)** bleiben die Lieferungen des F in Deutschland unterhalb der Lieferschwelle. Ohne Auswirkung bleiben weitere Verkäufe in andere Mitgliedstaaten. Daher verlagert sich der Lieferort nicht. Die Lieferung bleibt steuerbar in Frankreich und unterliegt dort der französischen Umsatzsteuer, die F seinen Abnehmern weiterberechnet. Ist der Steuersatz in Frankreich höher als in Deutschland, verteuert sich die Ware. Zur Option nach § 3c Abs. 4 UStG, s. Kap. 10.2. **In c)** rechnet der BFH vom 20.5.2015, XI R 2/13 den Kurierdienst dem F zu, obwohl jener formal von den Privatkunden beauftragt wurde. Damit gilt § 3c UStG auch hier.

Teil II: Darstellung der Umsatzsteuer

Beispiel 4:

Der französische Unternehmer F verkauft in 02 für 5.000 € Kleinmöbel an den deutschen Arzt A für dessen Praxis. A ist nur heilberuflich i.S.v. § 4 Nr. 14a UStG tätig und hat in 01 Einkäufe in verschiedenen ausländischen EU-Staaten im Gesamtumfang von 20.000 € getätigt (Ausstattung des Wartezimmers). Der Erwerb der Kleinmöbel soll im laufenden Jahr 02 der einzige Einkauf des A im EU-Ausland bleiben.

Lösung:

Der Ort der von F getätigten Lieferung ergibt sich grundlegend aus § 3 Abs. 6 UStG. Hiernach ist die Lieferung in Frankreich steuerbar. Sie ist in Frankreich steuerfrei analog § 4 Nr. 1a i.V.m. § 6a UStG. In Deutschland unterliegt A nämlich mit seiner Anschaffung gemäß § 1a i.V.m. § 3d UStG der Erwerbsbesteuerung: A überschreitet als Unternehmer gemäß § 1a Abs. 3 Nr. 1a ggf. Nr. 1b UStG in 01 die Erwerbsschwelle, wird also in 02 im Bestimmungsland mit der deutschen Umsatzsteuer belastet. A ist gemäß § 15 Abs. 2 Nr. 1 UStG vom Vorsteuerabzug ausgeschlossen.

Abwandlung von Beispiel 4:

A hat in 01 keine Gegenstände in anderen EU-Staaten gekauft. Der Erwerb der Kleinmöbel (5.000 €) soll im laufenden Jahr 02 der einzige Einkauf des A im EU-Ausland bleiben. F versendet seit Jahren Waren im Wert von 120.000 € an Privatkunden in Deutschland und von 90.000 € an deutsche Unternehmer.

Lösung:

Der Ort der von F getätigten Lieferung ergibt sich grundlegend aus § 3 Abs. 6 UStG. Hiernach ist die Lieferung in Frankreich steuerbar. Sie ist in Frankreich nicht steuerfrei, da A Schwellenunternehmer gemäß § 1a Abs. 3 UStG ist und mit seinen Einkäufen in den Jahren 01 und 02 nicht die Erwerbsschwelle überschreitet.
Allerdings **verlagert** sich der **Lieferort** nach § 3c Abs. 1, Abs. 2 Nr. 2a UStG nach Deutschland, weil F im Jahr 02 die Lieferschwelle gemäß § 3c Abs. 3 UStG in Deutschland überschreitet. Hierfür werden nur die Lieferungen an Abnehmer i.S.v. § 3c Abs. 2 UStG zusammengerechnet (hier 120.000 € im laufenden Jahr). F liefert steuerbar und steuerpflichtig im Inland. F berechnet A die deutsche Umsatzsteuer (im Bestimmungsland). A ist mit der inländischen Umsatzsteuer belastet.
Die Lieferungen an die Unternehmerkunden bleiben bei der Berechnung der Lieferschwelle unberücksichtigt – für sie gilt schließlich das Verlagerungsmodell des innergemeinschaftlichen Warenverkehrs (§§ 6a, 1a UStG).

Abwandlung:

F hat in der vorstehenden Abwandlung im laufenden Jahr an deutsche Kunden nur im Umfang von 50.000 € geliefert, hatte aber im Vorjahr derlei Umsätze i.H.v. 120.000 € getätigt.

Lösung:

F überschritt im Vorjahr die Lieferschwelle des § 3c Abs. 3 Satz 2 Nr. 1 UStG. F versteuert die im Inland steuerbare und steuerpflichtige Lieferung der Kleinmöbel mit 19 % Umsatzsteuer.

> **Tipp!**
> Einem deutschen Unternehmer ist zu empfehlen, sorgfältig zu überwachen, ob er die Lieferschwelle in einem anderen EU-Mitgliedstaat überschreitet. Weist er in derartigen Fällen weiterhin die deutsche Umsatzsteuer aus, fällt sowohl im Inland Umsatzsteuer nach § 14c Abs. 1 UStG an als auch Umsatzsteuer im jeweilgen Bestimmungsland.

10.2 Option (§ 3c Abs. 4 UStG)

Unterbleibt eine Verlagerung des Lieferorts, weil der Lieferer mit seinen Lieferungen im jeweiligen EU-Land nicht die Lieferschwelle gemäß § 3c Abs. 3 UStG überschreitet, werden seine Waren für die Abnehmer dann teurer, wenn der Steuersatz im Ausgangsstaat höher ist als im Empfangsstaat. Um dadurch seinen Absatz nicht zu gefährden, kann der Lieferer gemäß § 3c Abs. 4 UStG auf die Abhängigkeit von der Lieferschwelle verzichten. Die Erklärung richtet sich an das zuständige Finanzamt im Ursprungsland (das die Verwaltung im Bestimmungsland informiert) und bindet für mindestens 2 Jahre. Der Lieferer berechnet dann die im Bestimmungsland geltende Umsatzsteuer und führt sie dort ab (vgl. § 1 UStZustVO).

10.3 Verbrauchsteuerpflichtige Waren, Neufahrzeuge

§ 3c Abs. 5 UStG stimmt die Lieferung verbrauchsteuerpflichtiger Waren ab: Entweder gelten insoweit die Grundsätze des innergemeinschaftlichen Warenverkehrs mit der Besteuerung im Erwerbsland durch Abnehmer i.S.v. § 1a Abs. 1 UStG (vgl. § 1a Abs. 5 UStG i.V.m. § 3c Abs. 5 Satz 2 UStG), vgl. Kap. 4.17.2. Oder der Lieferort verlagert sich unabhängig von einer Lieferschwelle, wenn der Lieferer die Waren an Kunden gemäß § 3c Abs. 2 Nr. 1 UStG (für nichtunternehmerische Zwecke) befördert oder versendet.

Im Zusammenhang mit der Lieferung von Neufahrzeugen wird durchgehend deren Erwerb besteuert (§§ 1a Abs. 1, Abs. 5, 1b UStG, s. Kap. 5.). Angesichts der hierdurch bewirkten „Verlagerung" der Besteuerung braucht es § 3c UStG nicht (vgl. § 3c Abs. 5 Satz 1 UStG).

10.4 Vergleichende Übersicht

Ausfuhrlieferung (§§ 4 Nr. 1a, 6 UStG)	Innergemeinschaftliche Lieferung (§§ 4 Nr. 1b, 6a UStG)
• an Unternehmer mit Sitz im Drittland: steuerfrei • an Privatperson mit Wohnsitz im Ausland: steuerfrei	• an Unternehmer mit Sitz im EU-Ausland: steuerfrei **Ausnahme:** evtl. Schwellenunternehmer (§ 1a Abs. 3 UStG) Dann: evtl. Verlagerung nach § 3c UStG und steuerpflichtig. • an Privatperson mit Sitz im EU-Ausland evtl. Verlagerung des Lieferorts (§ 3c UStG): steuerpflichtig

Diese Übersicht verdeutlicht, dass das Ziel einer Besteuerung im Bestimmungsland durch unterschiedliche Systeme erreicht wird. Entweder durch eine Ortsverlagerung: Fälle des § 3 Abs. 8 UStG und des § 3c UStG oder durch eine Steuerbefreiung im Ursprungsland verbunden mit einer Abgabe im Empfängerland: Ausfuhr mit Einfuhrabgaben bzw. innergemeinschaftliche Lieferung verbunden mit Erwerbsbesteuerung.

11. Übungsfälle

Beachten Sie folgende allgemeine Bearbeitungshinweise:
1. Die mit Buchstaben abgekürzten Personen sind, wenn sie Unternehmer sind, Regelversteuerer. Sie versteuern nach vereinbarten Entgelten und melden die Umsätze monatlich an.
2. Sämtliche Unternehmer treten unter der Umsatzsteuer-Identifikationsnummer ihres Heimatstaates auf.
3. Eventuell erforderliche Belege und Nachweise sollen vorliegen.

Teil II: Darstellung der Umsatzsteuer

Fall 1:

Die italienische Firma I bestellt bei U in Stuttgart die Anfertigung einer bestimmten Maschine. Teil der Maschine soll ein besonderer Schließmechanismus sein, den I entwickelt hatte und nun dem U zur Verfügung stellt, damit dieser letztlich zusammen mit diesem Mechanismus die Spezialanfertigung vornehmen kann. U lässt sich hierzu von N, einem Unternehmer aus Norwegen, einen weiteren Bestandteil liefern, den er für die Herstellung der Maschine benötigt. N lässt das Teil auf den Flughafen Stuttgart fliegen und dort zum freien Verkehr abfertigen. Aus diesem und anderen Bauteilen schweißt U sodann die Maschine zusammen. Bei U wird die Maschine zuletzt vom Frankfurter Unternehmer F abgeholt, der im Auftrag von I das Logo der Firma I mittels spezieller Spraytechnik aufträgt und die italienische Spedition S damit beauftragt, die vollendete Maschine zu I zu transportieren.

Fall 2:

D aus Kopenhagen (Dänemark) stellt Lounge-Sessel her. Im Sommer 03 errichtet er ein Lager in Konstanz, in das er 50 Sessel (Herstellungskosten je 200 €, Transportkosten je 50 €) bringt. Von dort aus verkauft er 40 Sessel an das Café C in Rosenheim und 10 Sessel an das Hotel H in Salzburg (Österreich). D berechnet seinen Abnehmern je Sessel 600 €, Umsatzsteuer ist in den Rechnungen nicht ausgewiesen.

Fall 3:

Unternehmer E mit Sitz in Tschechien bestellt bei D mit Sitz in Dortmund eine bestimmte Presse. D hat den gewünschten Maschinentyp nicht am Lager und gibt den Auftrag in eigenem Namen an B mit Sitz in Belgien weiter. Auch B muss die Presse erst beim Hersteller H abrufen, der sein Unternehmen ebenfalls in Belgien betreibt. Vereinbarungsgemäß holt B die Presse bei H ab und führt die Presse direkt E zu. H liefert ab Werk, B liefert D gegenüber „frei Lieferadresse E". D fragt, ob er in seiner Rechnung Umsatzsteuer ausweisen soll.

XXI. Umsatzsteuerliche Organschaft

1. Vereinfachungszweck

Die **Organschaft** wird spezifisch für die Umsatzsteuer in § 2 Abs. 2 Nr. 2 UStG geregelt (teilweise anders in §§ 14 ff. KStG und § 2 GewStG).

Unter bestimmten Voraussetzungen verliert ein im Wirtschaftsverkehr autonom handelndes Rechtssubjekt für Zwecke des Umsatzsteuerrechts seine Unternehmereigenschaft. Sein umsatzsteuerrelevantes Handeln wird einem anderen Rechtssubjekt zugerechnet, es wird zu einem Teil eines anderen Unternehmens, es ist nur noch **Organgesellschaft** (Tochter) eines **Organträger**s (Mutter). Beide Subjekte gehören zu demselben **Organkreis**. Der Organkreis kann auch einen Organträger mit mehreren Organgesellschaften umfassen:

1. Nur der Organträger ist Unternehmer mit sämtlichen Pflichten. Er meldet also unter seiner Steuernummer bei dem für ihn nach § 21 AO zuständigen Finanzamt Umsatzsteuer und Vorsteuer an und führt die Umsatzsteuer ab, wie sie insgesamt entsteht aus etwaiger eigener Betätigung und Betätigung seiner Organgesellschaft(en).
2. Zwischen den Teilen des Organkreises kann es zu keinem Leistungsaustausch kommen (nicht steuerbarer Innenumsatz).
3. Anderen Beteiligten am Wirtschaftsverkehr gegenüber macht sich die Organschaft nicht bemerkbar. Die Organgesellschaft tritt insoweit weiterhin als zivilrechtlich wirksames eigenständiges Rechtssubjekt auf, führt in eigenem Namen Leistungen aus und bezieht Leistungen.

Eine Organschaft wird in der Praxis häufig gestaltet, um zu vermeiden, dass auf der einen Seite Umsatzsteuer entsteht, die auf der anderen Seite nicht zum Vorsteuerabzug berechtigt. Sie ist daher vor allem im Bank-, Versicherungs-, Krankenhaus- und Pflegebereich anzutreffen. Außerdem kann sich eine Organschaft bei Unternehmensübertragungen auswirken.

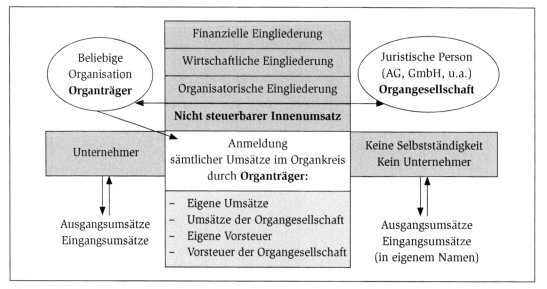

Beispiel:

Eine GmbH & Co. KG betreibt Altenheime. Sie bezieht Leistungen von einer GmbH in Form von Reinigungsmaßnahmen, Essensversorgung o.ä. (vgl. BFH vom 2.12.2015, V R 12/14, 15/14 und 25/13).

> **Lösung:**
> Die GmbH führt steuerpflichtige Umsätze an die KG aus. Die KG erbringt dagegen steuerfreie Umsätze gemäß § 4 Nr. 16 UStG. In der Folge ist sie gemäß § 15 Abs. 2 Nr. 1 UStG nicht zum Vorsteuerabzug berechtigt, kann also die von der GmbH berechnete Umsatzsteuer nicht berücksichtigen. Die KG ist demgemäß wirtschaftlich belastet.
>
> Sind dagegen die beiden Gesellschaften organschaftlich verbunden, entsteht keine Umsatzsteuer aus einem Leistungsaustausch zwischen den Organteilen. Die GmbH muss dazu als Organgesellschaft in die KG eingegliedert werden. Das Modell rechnet sich, wenn der im Gegenzug verlorengehende Vorsteuerabzug aus Eingangsumsätzen in der GmbH wirtschaftlich weniger bedeutsam ist.

> **☞ Tipp!**
> Eine Organschaft entsteht unter den vorgenannten Voraussetzungen kraft Gesetzes und endet, wenn eines dieser Merkmale nicht mehr vorliegt. Häufig ist den Beteiligten dieser Vorgang nicht bewusst – sie übersehen die umsatzsteuerlichen Folgen. Andererseits kann in der Praxis über die Gestaltung der Eingliederungsmerkmale gezielt eine Organschaft herbeigeführt oder gerade vermieden werden. Außerdem kann die Organgesellschaft nach § 73 AO für die Umsatzsteuer des Organträgers haften, soweit sich diese aus ihrer eigenen Betätigung ergibt.

2. Beteiligtenfähigkeit

Die potenzielle Organgesellschaft muss – jedenfalls nach nationalem Recht – eine **juristische Person des Privatrechts** sein. Beliebig ist dagegen die Organisation des mutmaßlichen Organträgers. Eine Organgesellschaft kann immer nur einem Organträger zugeordnet sein (keine Mehrmütterorganschaft, Abschn. 2.8 Abs. 3 UStAE). Dagegen können einem Organträger beliebig viele Organgesellschaften zugeordnet sein. Innerhalb einer GmbH & Co. KG wird ausnahmsweise von einer Organschaft ausgegangen, wenn nämlich sämtliche GmbH-Anteile von der KG gehalten werden. Nur dann ist die KG der GmbH übergeordnet (sog. **Einheits-GmbH & Co. KG**, Abschn. 2.8 Abs. 2 Satz 5 UStAE).

Nach EuGH vom 16.7.2015, C 108/14 und 109/14, ist die nationale Regelung nicht EU-konform (Folgeentscheidung BFH vom 19.1.2016, XI R 38/12). Dies gilt insbesondere in Bezug darauf, dass die Bildung einer Organschaft „allein den Einheiten vorbehalten ist, die juristische Personen sind".

Im Wissen hiervon hält jedenfalls der V. Senat grundsätzlich an den nationalen Vorgaben zur Beteiligtenfähigkeit fest:

2.1 Anforderungen an einen Organträger

Der BFH lehnt es ab, dass auch ein Nichtunternehmer Organträger sein kann. Da sich die mit einer Organschaft verbundene Verlagerung der Steuerschuld und der damit zusammenhängenden steuerlichen Pflichten auf den Organträger finanziell belastend auswirken kann, müssen die Voraussetzungen der Organschaft rechtssicher bestimmbar sein.

Dementsprechend scheidet eine hoheitlich tätig werdende Körperschaft des öffentlichen Rechts (BFH vom 2.12.2015, V R 67/14), wie auch eine nichtwirtschaftlich tätig werdende GbR (BFH vom 15.12.2016, V R 44/15), wie auch eine nichtwirtschaftlich tätig werdende GbR oder GmbH/Holding (BFH vom 12.10.2016, XI R 30/14) als Organträger aus.

2.2 Organisationsform einer Organgesellschaft

Im Übrigen aber sind sich die beiden Senate beim BFH uneins. Der V. Senat BFH lehnt es – anders als der EuGH im Ansatz – grundsätzlich ab, dass auch eine Personengesellschaft Organgesellschaft sein kann. Mangels eigenständiger Definition im Umsatzsteuerrecht, ist der Begriff einer „juristischen Person" (weiterhin) aus dem Privatrecht abzuleiten. Dass § 2 Abs. 2 UStG nur juristische Personen als Organgesellschaften zulässt, ist sachlich begründet: Während sich das gesellschaftsrechtliche Stimmrecht einer juristischen Person verlässlich aus einer notariell beurkundeten Satzung ergibt, lässt sich die Zusammensetzung einer Personengesellschaft ohne größere Formalien flexibel ändern und damit auch die Verteilung der Anteile und Stimmrechte, die zu der regelmäßig einstimmigen Beschlussfassung erforderlich sind. Dies widerspricht dem mit der Figur der Organschaft verfolgten Vereinfachungszweck. Eine Personengesellschaft kommt hiernach (im Wege teleologischer Extension) nur ausnahmsweise als Organgesellschaft in Frage, wenn Gesellschafter neben dem Organträger nur Personen sind, die selbst nach § 2 Abs. 2 Nr. 2 UStG in das Unternehmen des Organträgers finanziell eingegliedert sind (BFH vom 2.12.2015, V R 25/13). Dagegen anerkennt der XI. Senat eine GmbH & Co. KG wegen ihrer auch sonst im Steuerrecht hervorgehobenen kapitalistischen Struktur als taugliche Organgesellschaft, indem er den Begriff der Juristischen Person im Zusammenhang mit der Organschaft abweichend vom Zivilrecht definiert, BFH vom 19.1.2016, XI R 38/12 und vom 1.6.2016, XI R 17/11. Die Verwaltung orientiert sich grundsätzlich an der Rspr. des V. Senats, lässt allerdings auch andere Personengesellschaften als Organgesellschaft zu, wenn deren organisatorische Eingliederung sichergestellt wird.

3. Eingliederung der Organgesellschaft

Die Eingliederungsmerkmale sind in Abschn. 2.8 Abs. 5–7 UStAE im Einzelnen definiert, überwiegend abgeleitet aus der Rechtsprechung von EuGH und BFH; die Merkmale müssen nicht alle gleich stark ausgebildet sein (Abschn. 2.8 Abs. 1 UStAE).

3.1 Finanzielle Eingliederung

Hierunter versteht man die Anteils- bzw. Stimmrechtsmehrheit des Organträgers an der Organgesellschaft. Bestimmt sich das Stimmrecht nach der Beteiligung, muss der Organträger also mehr als 50 % der Anteile halten (sofern keine höhere qualifizierte Mehrheit erforderlich ist). Immer muss der Organträger selbst die Mehrheitsbeteiligung an seiner Organgesellschaft innehaben.

> **Beispiel:**
>
> Einzelunternehmer U möchte sein Haftungsrisiko begrenzen. Er gründet eine GmbH, auf die er das bisherige Unternehmensvermögen überträgt. Seine beiden Kinder erhalten jeweils 20 % der GmbH-Anteile, er behält selbst 60 % zurück. (Das Einzelunternehmen vermietet nur noch das Betriebsgrundstück, während Leistungen an Dritte durch die GmbH erbracht werden.)

> **Lösung:**
>
> Die GmbH ist unmittelbar **finanziell** in das Einzelunternehmen eingegliedert. Sie ist U untergeordnet, da er mit seiner Anteilsmehrheit die ihm günstigen Beschlüsse fassen kann. Werden auch die weiteren Voraussetzungen einer Organschaft erfüllt, ist die Übertragung von Betriebsgrundlagen an die GmbH bereits Teil der nicht steuerbaren Innenumsätze.

Eine **mittelbare Beteiligung** reicht ebenfalls, aber nur dann aus, wenn sich die Beteiligung an der Organgesellschaft über eine Tochtergesellschaft ergibt. Eine finanzielle Eingliederung in eine Personengesellschaft fehlt demgemäß, wenn die Anteile an der Organgesellschaft nicht von der Organträger-Gesellschaft selbst, sondern (nur) von den Gesellschaftern des Organträgers gehalten werden. Über gemeinsame Gesellschafter in Organträger und (Organ-)Gesellschaft kann keine (mittelbare) finanzielle Eingliederung begründet werden. Davon ist auch nicht abzuweichen, wenn die Gesellschafter familiär verbunden sind. Die beiden Gesellschaften, an denen die Gesellschafter jeweils beteiligt sind, stehen als sog. **Schwestergesellschaften** gleichwertig nebeneinander (Abschn. 2.8 Abs. 5 Sätze 6–7 UStAE). Die Schwestern haben keine Mehrheitsbeteiligung an der jeweils anderen Gesellschaft. In diesen Fällen fehlt dem Organträger das Recht zu einem unmittelbaren Durchgriff auf die Organgesellschaft, um seiner Verantwortung als Organträger zu genügen und seinen Ausgleichsanspruch durchzusetzen.

Dies gilt im Verhältnis **zweier Kapitalgesellschaften**.

> **Beispiel:**
>
> Einzelunternehmer U hält die Anteile an der A-GmbH und an der B-GmbH, die wechselseitig Leistungen untereinander austauschen.

> **Lösung:**
>
> Zwischen den beiden Gesellschaften besteht keine finanzielle Eingliederung. Keine der Gesellschaften hat die Anteilsmehrheit an der anderen Gesellschaft, keine Gesellschaft ist der anderen über- oder untergeordnet. Sie sind Schwestergesellschaften.
> Der Leistungsaustausch zwischen ihnen bestimmt sich daher nach den allgemeinen Regeln.

Dasselbe gilt, wenn die Schwestern **Personengesellschaften** sind oder eine Personengesellschaft neben einer juristischen Person beteiligt ist (Aufgabe der Personengruppentheorie).

> **Beispiel 1:**
>
> A und G sind je zur Hälfte Gesellschafter der A-G-GbR und halten zudem die Mehrheit an einer GmbH. Die Gesellschaften tauschen Leistungen untereinander aus.

> **Lösung:**
>
> Zwischen den beiden Gesellschaften besteht keine finanzielle Eingliederung. Sie stehen gleichwertig nebeneinander. Die Person des Organträgers lässt sich nicht rechtssicher bestimmen. Die GmbH wäre nur dann in das Unternehmen der GbR finanziell eingegliedert, wenn die GbR selbst eine eigene Mehrheitsbeteiligung an der GmbH hätte (BFH vom 2.12.2015, V R 12/14 und 15/14).
> Der Leistungsaustausch zwischen den Gesellschaften bestimmt sich also nach den allgemeinen Regeln.

> **Beispiel 2:**
>
> E überträgt das gesamte bewegliche Anlagevermögen auf eine von ihm gegründete GmbH. E hält 60 % der GmbH-Anteile, je 20 % der Anteile schenkt er seinen beiden Kindern. E führt in beiden Gesellschaften die Geschäfte.
> a) Das Produktionsgrundstück gehört E und wird an die GmbH vermietet.
> b) E überträgt das Grundstück auf eine GbR, bestehend aus E und seinen Kindern.

> **Lösung:**
>
> a) Die GmbH ist als Organgesellschaft ein Teil des Einzelunternehmens, in das sie gemäß § 2 Abs. 2 Nr. 2 Satz 1 UStG eingegliedert ist. Die Vermietung ist daher ein nichtsteuerbarer Innenumsatz.
> b) Die GbR scheidet als Organgesellschaft schon wegen ihrer Rechtsform aus. Sie führt auch nicht das frühere Einzelunternehmen des E fort. Die GbR befindet sich auch nicht in einem Organkreis mit der GmbH:
> Zwar werden beide Gesellschaften von den identischen Personen beherrscht. Die GbR hält aber nicht die Anteile der GmbH. Es handelt sich um sog. Schwestergesellschaften. Die Vermietung ist also ggf. steuerfrei bzw. einer Option nach § 9 UStG zugänglich, BFH vom 2.12.2015, V R 36/13.

Es kann sich eine **mehrstöckige Organschaft** ergeben. Der Organträger hält die Stimmrechtsmehrheit an einer Organgesellschaft (Tochter) in direkter Linie, die ihrerseits unmittelbar die Stimmrechtsmehrheit an einer (anderen) Organgesellschaft (Enkelin) hält.

> **Beispiel:**
>
> Einzelunternehmer U hält mehrheitlich die Anteile an der A-GmbH, die ihrseits die Anteilsmehrheit an der B-GmbH hält. Die beteiligten Rechtssubjekte tauschen wechselseitig Leistungen untereinander aus.

> **Lösung:**
>
> Beide Gesellschaften sind finanziell in das Einzelunternehmen eingegliedert. Der Leistungsaustausch zwischen den Beteiligten im Organkreis ist unter den sonstigen Eingliederungsvoraussetzungen nicht steuerbar.

3.2 Wirtschaftliche Eingliederung

Die im Organkreis vereinigten Unternehmensteile müssen sich gegenseitig fördern und ergänzen (Abschn. 2.8 Abs. 6 UStAE). Die jeweilige Tätigkeit darf nicht von nur unwesentlicher Bedeutung für den anderen Teil sein. Nicht ausreichend wäre die Übernahme nur von Verwaltungsaufgaben (Buchführung, laufende Personalverwaltung), v.a. wenn sie nur ein geringes Geschäftsvolumen haben (3 % zu wenig, BFH vom 20.8.2009, V R 30/06, BStBl II 2010, 863). Unerheblich ist, ob die Organgesellschaft nur an den Organträger oder auch an Dritte leistet. In der Praxis ergibt sich die wirtschaftliche Eingliederung häufig als Folge einer Betriebsaufspaltung (Abschn. 2.8 Abs. 6 Satz 8 UStAE).

> **Beispiel:**
>
> Einzelunternehmer U hält (mehrheitlich) die Anteile der A-GmbH.
> a) Er vermietet das Betriebsgrundstück an die GmbH.
> b) U vertreibt die im Einzelunternehmen produzierte Ware über die GmbH.

> **Lösung:**
>
> Die A-GmbH ist sowohl finanziell als auch wirtschaftlich in das Einzelunternehmen des U eingegliedert.
> a) Das Grundstück bildet regelmäßig durch seinen Zuschnitt die räumliche und funktionale Grundlage der Unternehmenstätigkeit der Organgesellschaft.
> b) Produktion und Vertrieb greifen ineinander. Die Beteiligten fördern sich gegenseitig.

3.3 Organisatorische Eingliederung

Der Organträger muss sicherstellen, dass er die mit der finanziellen Eingliederung verbundene Möglichkeit so wahrnimmt, dass in der laufenden Geschäftsführung eine von seinem Willen abweichende Willensbildung in der Organgesellschaft nicht möglich ist.

Dies ist unproblematisch, wenn der Geschäftsführer bei Organträger und Organgesellschaft identisch ist (**Personalunion**, Abschn. 2.8 Abs. 7 Satz 3 UStAE). Eine organisatorische Eingliederung endet, wenn für eines der Organteile ein Insolvenzverwalter bestellt wird, BFH vom 24.8.2016, V R 36/15, BStBl II 2017, 595 und BFH vom 15.12.2016, V R 14/16, BStBl II 2017, 600. Er muss seine Maßnahmen am Interesse der Gläubiger ausrichten. Dies gilt auch hinsichtlich eines vorläufigen Insolvenzverwalters oder bei Eigenverwaltung.

> **Beispiel:**
>
> Einzelunternehmer U hält mehrheitlich die Anteile an der A-GmbH. Er hat der GmbH das Betriebsgrundstück vermietet. Zugleich ist U der Geschäftsführer der GmbH.

> **Lösung:**
> Die A-GmbH ist angesichts der Anteils-/Stimmrechtsmehrheit finanziell in das Einzelunternehmen eingegliedert. Die wirtschaftliche Eingliederung wird über die Vermietung des Geschäftsgrundstücks vermittelt. Als Geschäftsführer der Organgesellschaft kann U als Organträger seinen Willen uneingeschränkt umsetzen.
> Die Vermietung ist also nicht steuerbar. Überlegungen zur Steuerbefreiung oder Option entfallen demnach.

Sind Geschäftsführung beim Organträger und der Organgesellschaft nicht identisch, muss der Organträger seinen maßgebenden Einfluss durch vergleichbare Organisationsformen bzw. die Gestaltung der Beziehungen zur Organgesellschaft absichern. Sind für die Organgesellschaft mehrere einzelvertretungsberechtigte Geschäftsführer bestellt, reicht es aus, dass zumindest einer von ihnen die Geschäfte des Organträgers führt und der Organträger über ein umfassendes Weisungsrecht gegenüber der Geschäftsführung der Organgesellschaft verfügt und zur Bestellung oder Abberufung aller Geschäftsführer der Organgesellschaft berechtigt ist, BFH vom 2.12.2015, V R 15/14, BStBl II 2017, 597. Nicht maßgeblich ist, wer (nur) faktisch die Geschäfte in der Organgesellschaft führt; unterliegt aber der nominelle Geschäftsführer Weisungen der Gesellschafterversammlung sowie eines angestellten Dritten, der zugleich alleinvertretungsberechtigter Geschäftsführer des Organträgers ist (faktischer Geschäftsführer), besteht eine organisatorische Eingliederung, BFH vom 12.10.2016, XI R 30/14. In Abschn. 2.8 Abs. 8–11 UStAE hat die Finanzverwaltung die Alternativen unter Berücksichtigung der aktuellen Rspr. zusammengefasst.

4. Rechtsfolgen

4.1 Gesetzlicher Automatismus

Die Rechtsfolgen treten zwingend ein, ein Wahlrecht besteht nicht (Abschn. 2.8 Abs. 4 UStAE). Es kommt also weder darauf an, ob das Entstehen der Organschaft beabsichtigt war, noch muss den Beteiligten bewusst sein, dass durch die Änderung in einem der bislang bestehenden Eingliederungsmerkmale die Organschaft endet:

> **Beispiele:**
> Eine Organschaft endet bei:
> - Veränderung an den Stimmrechtsverhältnissen oder
> - an der Geschäftsführung,
> - i.d.R. durch Umwandlung der Organgesellschaft in eine Personengesellschaft o.ä.
> - Eröffnung eines Insolvenzverfahrens/Einsetzung eines starken Insolvenzverwalters bei der Organgesellschaft (vgl. Abschn. 2.8 Abs. 8 UStAE).
> - durch Zwangsverwaltung des die wirtschaftliche Verflechtung vermittelnden Grundstücks.
> - Überträgt der Unternehmer seine Anteile an einer Organgesellschaft, liegt eine nicht steuerbare Geschäftsveräußerung nach § 1 Abs. 1a UStG vor, wenn der Erwerber die Anteilsmehrheit an der Gesellschaft erhält und die Gesellschaft in sein Unternehmen einzugliedern beabsichtigt (BFH vom 27.1.2011, V R 38/09).

4.2 Verfahren

Verfahrensmäßig stehen sich das Finanzamt und der Organträger mit seinem gesamten Unternehmen (Organkreis) gegenüber. Das Unternehmen des Organträgers umfasst damit seine eigene wirtschaftliche Tätigkeit einschließlich der seiner unselbstständigen Unternehmensteile (Zweigniederlassung, Betriebsstätten) i.R.d. § 2 Abs. 1 Satz 2 UStG, der Grundsatz des **Einheitsunternehmens** bleibt bestehen. Ergänzend hierzu gehören auch die Organgesellschaften i.S.d. § 2 Abs. 2 Nr. 2 UStG zum Unternehmen.

Organkreis
E1-GmbH und E2-AG sind eingegliedert i.S.v. § 2 Abs. 2 Nr. 2 Satz 1 UStG

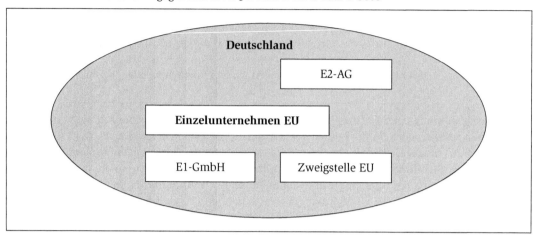

Steuerschuldner nach § 13a UStG ist der Organträger (EU). Auf ihn wird auch die Steuerschuld unter den Voraussetzungen des § 13b Abs. 5 Satz 1 UStG verlagert; für die Qualifikation des Leistungsempfängers nach § 13b Abs. 5 Sätze 2 und 5 UStG (Umsätze i.S.v. § 13b Abs. 2 Nr. 4 und Nr. 8 UStG) bzw. im Rahmen des § 13b Abs. 5 Sätze 3 und 4 UStG (Wiederverkäufer bei Erdgas und Stromlieferungen) wird auf den jeweiligen Organteil abgestellt, der die Leistung bezieht (vgl. Abschn. 13b.3 Abs. 7 UStAE).

Der Organträger erhält eine **Steuernummer**, unter der er gem. § 18 Abs. 1 und 3 UStG die Umsätze aus dem gesamten Organkreis anmeldet. Dabei berücksichtigt er sämtliche Eingangsumatzsteuer als Vorsteuer, auch wenn eine Rechnung i.S.v. § 15 Abs. 1 Nr. 1 UStG für eine Leistung an die Organgesellschaft auf die Firma der Organgesellschaft ausgestellt ist. Für einen Vorsteuerausschluss nach § 15 Abs. 2 UStG wird darauf abgestellt, ob die Ausgangsumsätze vorsteuerunschädlich sind, die der Organkreis nach außen bewirkt. Der Organträger erhält auch eine **Umsatzsteuer-Identifikationsnummer**, ebenso die Organgesellschaft, wenn sie selbst innergemeinschaftliche Warenlieferungen oder sonstige Leistungen nach § 3a Abs. 2 UStG mit Steuerumkehr durchführt und nach § 18a Abs. 5 Satz 4 UStG anmeldet (s. Kap. XX. 4.).

4.3 Außenwirkung

Die Organgesellschaft kann unter ihrem Namen Leistungen an Dritte ausführen und Leistungen beziehen. In **Rechnungen** gibt die Organgesellschaft regelmäßig die Steuernummer oder Umsatzsteuer-Identifikationsnummer des Organträgers an (§ 14 Abs. 4 Nr. 2 UStG). Führt sie selbst innergemeinschaftliche Lieferungen aus, tätigt einen innergemeinschaftlichen Erwerb oder beteiligt sich an einem Dreiecksgeschäft gem. § 25b Abs. 2 UStG, erhält sie gem. § 27a Abs. 1 Satz 3 UStG selbst eine Umsatzsteuer-Identifikationsnummer; auch diese Nummer kann die Organgesellschaft in ihren Rechnungen aufführen. Liefert die Organgesellschaft innergemeinschaftlich, gibt sie selbst eine **Zusammenfassende Meldung** unter ihrer eigenen Umsatzsteuer-Identifikationsnummer gem. § 18a Abs. 5 Satz 4 UStG ab (Abschn. 18a.1 Abs. 2 UStAE). Der jeweilige Leistungsaustausch wird umsatzsteuerrechtlich letztlich aber dem Organträger zugerechnet (Abschn. 18a.1 Abs. 2 Satz 2 UStAE) und von diesem angemeldet.

Bezieht ein Dritter Teile der nachgefragten Leistung von verschiedenen Organteilen, werden diese zusammengefasst. Dies kann sich auf die Umsatzart, den Leistungsort oder eine Steuerbefreiung auswirken.

> **Beispiel:**
> Mittels eines einheitlich zu wertenden Vertragswerks verkauft zum einen der Organträger ein Grundstück, das zum anderen von der Organgesellschaft schlüsselfertig bebaut werden soll.

> **Lösung:**
> Es liegt insgesamt eine nach § 4 Nr. 9a UStG steuerfreie Grundstückslieferung vor.

4.4 Innenumsatz

Weil die Organgesellschaft nur Teil des Unternehmens des Organträgers ist, stellen gegenseitig erbrachte Leistungen nicht steuerbare Innenumsätze dar. Es wird nicht an einen Dritten geleistet. Gem. § 2 Abs. 2 Nr. 2 Satz 2 UStG gilt dies allerdings nur im Verhältnis der im Inland belegenen Organteile.

4.5 Rechnungstellung

Der Organträger verwendet seine Steuernummer, wenn er gegenüber Dritten abrechnet (§ 14 Abs. 4 Nr. 2 UStG). Die Organgesellschaft verwendet dieselbe Steuernummer (des Organträgers), wenn sie – richtigerweise in eigenem Namen – gegenüber Dritten abrechnet. Erhielt sie antragsgemäß eine eigene Umsatzsteuer-Identifikationsnummer, kann sie auch diese verwenden (Abschn. 14.5 Abs. 7 UStAE).

Für die Leistungen innerhalb des inländischen Teils des Organkreises gibt es keine Rechnung i.S.v. § 14 Abs. 1 UStG, weil ein Drittbezug fehlt bzw. weil das (Rechnungs-)Papier nicht in den Umlauf des Geschäftsverkehrs gelangt. Daher wird auch § 14c (Abs. 2) UStG nicht erfüllt, wenn die Beteiligten untereinander mit Umsatzsteuer-Ausweis „abrechnen" (BFH vom 28.10.2010, V R 7/10, BStBl II 2011, 391; Abschn. 14.1 Abs. 4 UStAE).

4.6 Wirtschaftliche Bedeutung

Die Organschaft wirkt sich v.a. nachteilig aus, wenn der Organträger insolvent wird und die Organgesellschaft nach § 73 AO haftet. Die Umsatzsteuerbeträge, für die sie haftet, hat die Organgesellschaft i.d.R. zuvor dem Organträger zugeleitet.

Es können sich aber auch Vorteile ergeben.

> **Beispiel:**
> Die R-GmbH wartet im Krankenhaus K die medizinischen Geräte. R rechnet jährlich 100.000 € zuzüglich 19.000 € Umsatzsteuer ab. R wendet für Eingangsleistungen (Werkzeug u.a.) jährlich 10.000 € zuzüglich 1.900 € Umsatzsteuer auf.

> **Lösung:**
>
> **Ausgangssituation**
> Ein Krankenhaus führt i.d.R. steuerfreie Umsätze nach § 4 Nr. 14b UStG aus, ist daher gem. § 15 Abs. 2 Nr. 1 UStG nicht zum Vorsteuerabzug aus steuerpflichtigen Eingangsleistungen berechtigt. R schuldet dem Finanzamt 19.000 € ./. 1.900 € = 17.100 €. K ist definitiv mit der Umsatzsteuer belastet (19.000 €).
>
> **Gestaltung durch die Organschaft**
> Wird R in das Unternehmen des K eingegliedert, verliert R ab diesem Moment ihre Selbstständigkeit und damit ihren Unternehmerstatus. R ist Organgesellschaft des Krankenhauses K. Was bisher steuerpflichtige Leistung war, ist von jetzt an („über Nacht") nur noch nicht steuerbarer Innenumsatz. Leistungen von R an K lösen keine Umsatzsteuer aus, K ist nicht mehr mit der Umsatzsteuer (19.000 €)

belastet; auf der anderen Seite entfällt (nur) der Vorsteuerabzug aus der Eingangsleistung (Anschaffung von Geräten und Material durch R: 1.900 €), weil K vorsteuerschädliche Umsätze tätigt.
Die Organschaft führt zu einen rechnerischen Vorteil von 17.100 €. Die Organschaft kann wiederum „über Nacht" enden, z.B. wenn bei R ein Fremdgeschäftsführer ernannt wird.

5. Grenzüberschreitende Organschaft

§ 2 Abs. 2 Nr. 2 Sätze 2-4 UStG betrifft eine Organschaft, deren Organteile teils im Inland, teils im Ausland (EU- oder Drittland) liegen. Dem Wortlaut zufolge ist zu unterscheiden:

1. **Eingliederung**
   Auch über die Grenze hinweg kann eine juristische Person in ein anderes Unternehmen eingegliedert sein. Maßgebend sind die Eingliederungsmerkmale.
2. **Wirkung**
   Dieser Organschaft fehlt aber gem. § 2 Abs. 2 Nr. 2 Satz 2 UStG die **organschaftliche Wirkung**. Schließlich stellt die Figur der Organschaft eine nationale Besonderheit dar, dem Ausland bleibt das Besteuerungsrecht zugewiesen, sodass die Wirkungsbeschränkung unionskonform ist, vgl. BFH vom 22.2.2017, XI R 13/15. Werden also Leistungen innerhalb der Organteile international ausgetauscht liegt – trotz bestehender Organschaft – kein Innenumsatz vor. Die Umsätze bestimmen sich vielmehr nach den üblichen Voraussetzungen (Abschn. 2.9 UStAE; hier innergemeinschaftlicher Warenverkehr).

Das Verhältnis des Organträgers zu unselbstständigen Einheiten (Zweigniederlassung, Betriebstätte) seines Unternehmens beurteilt sich aber weiterhin nach § 2 Abs. 1 Satz 2 UStG (Einheitsunternehmen, Innenumsatz, innergemeinschaftliches Verbringen).

> **Beispiel:**
>
> Der inländische Einzelunternehmer U besitzt die Anteils-/Stimmrechtsmehrheit an einer italienischen „Aktiengesellschaft" (SA), ist deren Vorstand und verkauft über diese Gesellschaft die im Inland hergestellten Waren. Diese Waren bringt U jeweils nach Italien.

> **Lösung:**
>
> Die italienische Gesellschaft ist finanziell, wirtschaftlich und organisatorisch in das Einzelunternehmen des U eingegliedert. Als juristische Person ist sie als Organgesellschaft auch qualifiziert. Es liegt also eine Organschaft gem. § 2 Abs. 2 Nr. 2 Satz 1 UStG vor: U ist Organträger, SA die Organgesellschaft. Allerdings bleibt die Organschaft gem. § 2 Abs. 2 Nr. 2 Satz 2 UStG über die Grenze wirkungslos. Für die Leistung des U an SA gelten daher die allgemeinen Regeln:
> Der Warenverkauf des inländischen Einzelunternehmens U an die italienische Gesellschaft SA ist eine steuerfreie innergemeinschaftliche Lieferung gem. § 4 Nr. 1b i.V.m. § 6a UStG. SA unterliegt in Italien einem innergemeinschaftlichen Erwerb analog §§ 1 Abs. 1 Nr. 5, 1a Abs. 1, 3d Satz 1 UStG (s. Kap. XX. 4.).

> ☞ **Tipp!**
>
> Das gesamte internationale Umsatzsteuerrecht kann an einer Organschaft aufgehängt sein. Der Sachverhalt schildert die Eingliederungsmerkmale zwischen einem inländischen Organträger und ausländischen Organgesellschaften oder umgekehrt.

5.1 Organschaft „zwischen zwei Mitgliedstaaten"

5.1.1 Lieferungen
Im Fall einer bewegten Lieferung (§ 3 Abs. 6 UStG) ist die Lieferung aus dem Ursprungsland steuerfrei, der Erwerb unterliegt im Bestimmungsland der Umsatzsteuer (vgl. das Gesamtbeispiel vor Kap. 6.).

5.1.2 Sonstige Leistungen
Der Ort der richtet sich entweder nach dem Unternehmerprinzip des § 3a Abs. 2 UStG oder nach den Sonderregelungen. Hiervon abhängig wird es häufig zu einer Umkehr der Steuerschuld nach § 13b UStG kommen (s. Kap. XVII. 2.).

> **Beispiel:**
>
> Mitarbeiter der inländischen OHG warten eine Maschine der italienischen GmbH. Die Anteile der GmbH gehören der OHG. Geschäftsführerin beider Gesellschaften ist A. Die GmbH vertreibt die von der OHG gefertigten Waren.

> **Lösung:**
>
> Es liegt zwar eine Organschaft gem. § 2 Abs. 2 Nr. 2 Satz 1 UStG vor: Die OHG ist Organträgerin, die GmbH die Organgesellschaft. Allerdings bleibt die Organschaft gem. § 2 Abs. 2 Nr. 2 Satz 2 UStG über die Grenze wirkungslos. Für die Leistung der OHG an die GmbH gelten also die allgemeinen Regeln: Die OHG erbringt eine sonstige Leistung nach § 3 Abs. 9 UStG. Der Ort der Leistung bestimmt sich nach § 3a Abs. 2 UStG und befindet sich in Italien. Dort kommt es zur Umkehr der Steuerschuld entsprechend § 13b Abs. 1, Abs. 5 Satz 1, Abs. 7 Satz 1 UStG. Die OHG ist aus italienischer Sicht ein EU-ausländischer Unternehmer.
> Die OHG rechnet ab, ohne die Umsatzsteuer auszuweisen (§ 14a Abs. 1 UStG). Die GmbH meldet in Italien die Umsatzsteuer an und macht zugleich die Vorsteuer analog § 15 Abs. 1 Nr. 4 UStG geltend.

> **Abwandlung:**
>
> Mitarbeiter der italienischen GmbH warten eine Maschine der inländischen OHG. Die Anteile der GmbH gehören der OHG. Geschäftsführerin beider Gesellschaften ist A. Die GmbH vertreibt die von der OHG gefertigten Waren. Bei der Wartung werden Hauptstoffe verarbeitet, die von der GmbH beschafft wurden.

> **Lösung:**
>
> Es liegt zwar eine Organschaft gem. § 2 Abs. 2 Nr. 2 Satz 1 UStG vor: Die OHG ist Organträgerin, die GmbH die Organgesellschaft. Allerdings bleibt die Organschaft gem. § 2 Abs. 2 Nr. 2 Satz 2 UStG über die Grenze wirkungslos. Für die Leistung der GmbH an die OHG gelten also die allgemeinen Regeln: Die GmbH erbringt eine Werklieferung gem. § 3 Abs. 4 UStG. Der Ort der bestimmt sich nach § 3 Abs. 7 Satz 1 UStG und befindet sich in Deutschland. Es kommt zur Umkehr der Steuerschuld gem. § 13b Abs. 2 Nr. 1, Abs. 5 Satz 1, Abs. 7 Satz 1 UStG. Die GmbH rechnet ab, ohne die Umsatzsteuer auszuweisen (§ 14a Abs. 1, Abs. 5 UStG). Die OHG meldet die Umsatzsteuer an und macht zugleich die Vorsteuer gem. § 15 Abs. 1 Nr. 4 UStG geltend.

5.2 Organschaft „zwischen Inland und Drittland"

5.2.1 Lieferungen
Gelangt der Liefergegenstand vom inländischen Unternehmer an eine Organgesellschaft ins Drittland, handelt es sich um eine steuerfreie Ausfuhrlieferung nach § 4 Nr. 1a i.V.m. § 6 UStG (s. Kap. XX. 3.).

Gelangt der Liefergegenstand vom Drittland ins Inland, ist die Lieferung entweder nicht im Inland steuerbar oder ist der Ort der Lieferung nach § 3 Abs. 8 UStG ins Inland verlagert, wenn der Lieferer (Organgesellschaft) zugleich Schuldner der Einfuhrumsatzsteuer ist (s. Kap. XX. 2.).

5.2.2 Sonstige Leistungen

Es gelten die üblichen Vorschriften zum Leistungsort und zur Umkehr der Steuerschuld.

Beispiel:
Die inländische KG reinigt das Betriebsgebäude ihrer Schweizer Tochtergesellschaft.

Lösung:
Die sonstige Leistung wird gem. § 3a Abs. 3 Nr. 1 UStG in der Schweiz ausgeführt. Abhängig vom dortigen Recht kommt es eventuell zu einer Umkehr der Steuerschuld.

Beispiel:
Die inländische GmbH & Co. KG verpflichtet sich gegenüber dem Schweizer Unternehmer U, eine Maschine zu liefern, die vor Ort montiert werden muss. Die Maschine wird im Auftrag der GmbH & Co. KG von deren Schweizer Tochtergesellschaft vor Ort zusammengebaut.

Lösung:
Die GmbH & Co. KG erbringt einen Lieferumsatz, der nach § 3 Abs. 7 Satz 1 UStG in der Schweiz ausgeführt wird, also nicht im Inland steuerbar ist. Die Montageleistung der Tochtergesellschaft an die GmbH & Co. KG nach § 3 Abs. 9 UStG wäre gem. § 3a Abs. 2 UStG im Inland, ist aber gem. § 3a Abs. 8 UStG in der Schweiz steuerbar.

Gesamtbeispiel:
Zwischen allen nachfolgend genannten Gebilden finden Warenbewegungen statt. Die juristischen Personen sind ins Einzelunternehmen EU eingegliedert i.S.v. § 2 Abs. 2 Nr. 2 Satz 1 UStG. 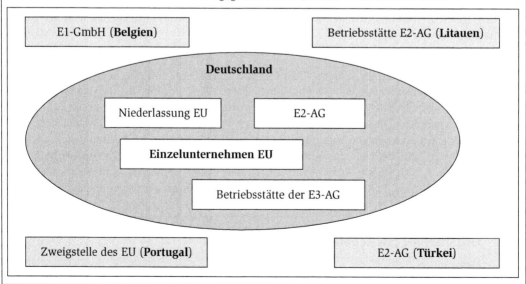

> **Lösung:**
>
> Heranzuziehen sind § 2 Abs. 2 Nr. 2 Sätze 2 und 3 bzw. Abschn. 2.9 Abs. 6 UStAE:
> 1. **Lieferung EU an seine Niederlassung im Inland wie auch umgekehrt.**
>   Es handelt sich um einen nach § 2 Abs. 1 Satz 2 UStG nicht steuerbaren Innenumsatz.
> 2. **Lieferung EU an seine inländische Organgesellschaft E2-AG wie auch umgekehrt.**
>   Es handelt sich um einen nach § 2 Abs. 2 Nr. 2 Satz 1 UStG nicht steuerbaren Innenumsatz.
> 3. **Lieferung EU an seine Niederlassung in Portugal wie auch umgekehrt.**
>   Es handelt sich unter Berücksichtigung des § 2 Abs. 1 Satz 2 UStG um ein steuerfreies innergemeinschaftliches Verbringen im Ausgangs-Mitgliedstaat gem. § 3 Abs. 1a UStG, § 6a Abs. 2 UStG und um einen steuerbaren fiktiven innergemeinschaftlichen Erwerb im anderen Mitgliedstaat analog § 1a Abs. 2, § 3d UStG (s. Kap. XX. 6.).
> 4. **Lieferung EU an seine Organgesellschaft E1-GmbH in Belgien wie auch umgekehrt.**
>   Zwar liegt eine Organschaft vor, doch wirkt sie nicht (§ 2 Abs. 2 Nr. 2 Satz 2 UStG). Es ergibt sich eine steuerfreie innergemeinschaftliche Lieferung von EU (§ 3 Abs. 1, § 4 Nr. 1a i.V.m. § 6a UStG) und spiegelbildlich ein innergemeinschaftlicher Erwerb der E1-GmbH (§ 1a Abs. 1, § 3d UStG) bzw. umgekehrt.
> 5. **Lieferung EU an seine Organgesellschaft in der Türkei (E3-AG).**
>   Die Organschaft bleibt wirkungslos; EU tätigt eine steuerfreie Ausfuhrlieferung nach § 4 Nr. 1a i.V.m. § 6 UStG.
>   Im umgekehrten Fall ist die Lieferung in der Türkei (§ 3 Abs. 6 UStG) oder – verlagert unter den Voraussetzungen des § 3 Abs. 8 UStG – in Deutschland steuerbar.
> 6. **Lieferung EU an die inländische Betriebsstätte der ausländischen Tochter E3-AG.**
>   Die Betriebsstätte gehört zum Organkreis des EU und befindet sich im Inland. Sie gehört gem. § 2 Abs. 2 Nr. 2 Satz 3 UStG zum Unternehmen des Organträgers (Abschn. 2.9 Abs. 3 UStAE). Der Warenaustausch ist ein nicht steuerbarer Innenumsatz.
> 7. **Lieferung EU an ausländische Betriebsstätte seiner Tochtergesellschaft E2-AG im übrigen Gemeinschaftsgebiet wie auch umgekehrt.**
>   § 2 Abs. 2 Nr. 2 Satz 2 UStG ist zu beachten. EU liefert innergemeinschaftlich steuerfrei (§ 4 Nr. 1b i.V.m. § 6a UStG). Bezieht er die Waren, meldet er einen innergemeinschaftlichen Erwerb an (§§ 1 Abs. 1 Nr. 5, 1a Abs. 1, 3d UStG).
> 8. **Lieferung E2-AG an ihre ausländische Betriebsstätte im EG-Ausland.**
>   In der Beziehung zum Ausland wirkt die inländische Organschaft zwischen EU und der E2-AG nicht. E2-AG verbringt die Waren daher innergemeinschaftlich steuerfrei im Inland (§§ 3 Abs. 1a, 6a Abs. 2 UStG) und meldet den Erwerb in Litauen an (analog §§ 1a Abs. 2, 3d UStG).
> 9. **Warenaustausch E3-AG und deren inländische Betriebsstätte.**
>   Die Organschaft zwischen EU und der inländischen Betriebsstätte wirkt im Verhältnis zur E3-AG nicht. Die E3-AG ist mit ihrer Betriebsstätte aber nach § 2 Abs. 1 Satz 2 UStG verbunden; es liegt ein nicht steuerbarer Innenumsatz vor.
> 10. **Lieferung E2-AG an E1-GmbH**
>   Es kommt zu keinen organschaftlichen Wirkungen über die Grenze. E2-AG „erbringt" eine innergemeinschaftliche Lieferung, für die sie eine eigene Umsatzsteuer-Identifikationsnummer erhält. E2-AG erstellt eine eigene Zusammenfassende Meldung nach § 18a Abs. 5 Satz 4 UStG. Der Umsatz der E2-AG wird EU zugerechnet, der ihn in seiner Voranmeldung erfasst.
> 11. **E1-GmbH beliefert die inländische Niederlassung des EU.**
>   EU meldet einen innergemeinschaftlichen Erwerb gem. §§ 1 Abs. 1 Nr. 5, 1a Abs. 1, 3d UStG und zugleich den Vorsteuerabzug nach § 15 Abs. 1 Nr. 3 UStG an.

6. Organträger mit Sitz im Ausland

Sind mehrere inländische juristische Personen i.S.d. deutschen Umsatzsteuerrechts in ein Unternehmen mit Sitz im Ausland organschaftlich eingegliedert, kommt insgesamt ein **Organkreis** zustande (Abschn. 2.9 Abs. 7 UStAE). Gem. § 2 Abs. 2 Nr. 2 Satz 2 UStG ist dessen Wirkung auf das Inland beschränkt. Die Organschaft wirkt also nicht zwischen Organträger und seinen inländischen Organgesellschaften, wohl aber gem. § 2 Abs. 2 Nr. 2 Satz 3 UStG zwischen den im Inland befindlichen Organgesellschaften. Sie bilden nun zusammen den Organteil im Inland. Die wirtschaftlich bedeutsamste Organgesellschaft im Inland übernimmt gem. § 2 Abs. 2 Nr. 2 Satz 4 UStG die Funktion des inländischen Unternehmers; dies bestimmt sich i.d.R. nach der Höhe der Umsätze (Abschn. 2.9 Abs. 7 Satz 4 UStAE). Er meldet die Umsatzsteuer und Vorsteuer sämtlicher inländischer Organgesellschaften unter seiner Steuernummer an, wie auch eventuell diejenige von nichtselbstständigen Unternehmenseinheiten des ausländischen Organträgers i.S.v. § 2 Abs. 1 Satz 2 UStG (Zweigniederlassung, Betriebsstätte). Bezieht also ein untergeordnetes Organteil eine Eingangsleistung, macht der bedeutendste Organteil = Unternehmer in seiner Umsatzsteuer-Anmeldung die entstandene Vorsteuer geltend.

Beispiel:

Zwischen allen nachfolgend genannten Gebilden finden Warenbewegungen statt. Die juristischen Personen sind ins Einzelunternehmen EU eingegliedert i.S.v. § 2 Abs. 2 Nr. 2 Satz 1 UStG.

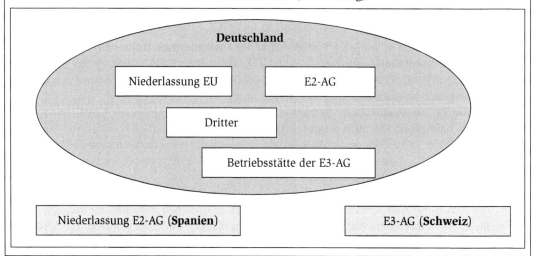

Lösung:

1. **Warenverkehr zwischen EU und Niederlassung im Inland**
   Anzuwenden ist § 2 Abs. 1 Satz 2 UStG. Es kommt zu einem innergemeinschaftlichen Verbringen. Die fiktive Lieferung ist in Luxemburg analog § 6a Abs. 2 UStG steuerfrei, der Erwerb findet im Inland statt, §§ 1a Abs. 1, 3d UStG. Vergleichbares gilt umgekehrt.
2. **Warenverkehr zwischen EU und Organgesellschaft E2-AG im Inland**
   Die Organschaft wirkt gem. § 2 Abs. 2 Nr. 2 Satz 2 UStG nicht grenzübergreifend. Es ergibt sich eine innergemeinschaftliche Lieferung für EU und ein innergemeinschaftlicher Erwerb für E2-AG bzw. umgekehrt.
3. **Warenverkehr innerhalb des inländischen Organkreises**
   Es handelt sich im Verhältnis der jeweiligen Organteile zueinander um nicht steuerbare Innenumsätze gem. § 2 Abs. 2 Nr. 2 Sätze 2 und 3 UStG.

4. **Warenverkehr gegenüber Dritten**
   Bezieht eines der inländischen Organteile Leistungen von Dritten oder erbringt Leistungen an Dritte, wird die Eingangsvorsteuer oder die Ausgangsumsatzsteuer in der Umsatzsteuer-Anmeldung des bedeutendsten Organteils (E2-AG) berücksichtigt (vgl. Abschn. 2.9 Abs. 7 Satz 3 UStAE).
5. **Warenverkehr zwischen E2-AG und ihrer Niederlassung in Spanien**
   Er richtet sich nach den Regeln zum innergemeinschaftlichen Verbringen (§§ 3 Abs. 1a, 6a Abs. 2 UStG einerseits und §§ 1a Abs. 2, 3d UStG andererseits).
6. **Warenverkehr zwischen Betriebsstätte E3-AG und Niederlassung der E2-AG in Spanien**
   Die Lieferung ist innergemeinschaftlich steuerfrei (§ 6a Abs. 2 UStG), der Erwerber unterliegt der Erwerbsumsatzsteuer nach §§ 1 Abs. 1 Nr. 5, 1a Abs. 2, 3d UStG.

7. Fälle

Fall 1:

Der Einzelunternehmer E in Essen hatte die E-GmbH mit Sitz in Stuttgart errichtet. E hält 70 % der GmbH-Anteile; die restlichen Anteile hat er je zur Hälfte Sohn und Tochter übertragen. E ist auch Geschäftsführer der E-GmbH. Die E-GmbH veräußert Maschinen, die sie etwa zur Hälfte von E bezieht, teils von Dritten ankauft. Die E-GmbH beliefert überwiegend Abnehmer in Italien.
Am 11.12.01 liefert E eine Maschine an die Firma V in Valencia (Spanien) und auch eine Maschine an die E-GmbH. E beauftragt die spanische Spedition S damit, die Maschine nach Valencia zu bringen. Vereinbarungsgemäß lässt die E-GmbH die von ihr gekaufte Maschine vom Fuhrunternehmer F mit Sitz in Frankfurt in Essen abholen und nach Stuttgart befördern. Die Versendung findet jeweils am 11.12.01 statt.
(Eventuell erforderliche Belege und Unterlagen liegen vor.)

Fall 2 (Fortführung von Fall 1):

1. Am 12.6.02 überträgt E der E-GmbH das Eigentum an 100 Maschinen. E führt in einem Begleitpapier auf, dass jede der Maschinen mit einem Betrag von 2.000 € zuzüglich 19 % Umsatzsteuer angesetzt wird.
2. Im Juli 02 ereignen sich folgende Vorfälle:
   a) Die E-GmbH verkauft 20 der Maschinen an das italienische Unternehmen U1 und
   b) 10 Maschinen an den Schweizer Unternehmer U2.
   c) Eine Maschine muss sie dem italienischen Unternehmer U3 in dessen französischer Niederlassung betriebsbereit aufstellen; mit der Maschine soll in der Fabrikhalle vor Ort eine Fertigungsstraße erweitert, die Maschine dazu mit den dortigen Maschinen/-teilen fest verbunden werden.
   d) Eine weitere Maschine verkauft sie an einen italienischen Privatkunden P, dem sie die Maschine bringen lässt. Die E-GmbH beliefert seit Jahren von Deutschland aus Privatkunden in Italien mit einem jährlichen Volumen von ungefähr 200.000 €.
   e) 10 Maschinen verlagert die E-GmbH in ein eigenes Lager in die Schweiz.

XXII. Lösungen zu den Fällen

1. Lösungen zu Kapitel X.

Fall 1:

Die Verköstigung der Gäste unterliegt unfraglich dem Regelsteuersatz. Die künstlerische Leistung könnte dagegen ermäßigt besteuert sein. Das legt nahe, das einheitliche Eintrittsgeld angemessen aufzuteilen. Rspr. und Verwaltung gehen stattdessen von einer einheitlichen (nicht aufteilbaren) Leistung aus, die nicht dem Katalog des § 12 Abs. 2 UStG unterliegt, dann folglich insgesamt mit 19 % besteuert wird.

Fall 2:

D erbringt eine sonstige Leistung nach § 3 Abs. 9 UStG. Der Ort ergibt sich:

a) aus § 3a Abs. 3 Nr. 3a UStG (Tätigkeitsort) und befindet sich – steuerbar – in München. Steuerschuldnerin ist D gem. § 13a Abs. 1 Nr. 1 UStG. Gemäß § 12 Abs. 2 Nr. 7a UStG gilt der ermäßigte Steuersatz von 7 %. Die Umsatzsteuer beträgt 500 € × 7/107 = 32,71 €.

b) Auch dieser Umsatz ist in Deutschland steuerbar. Es handelt sich um einen (B2B-)Umsatz, dessen Ort sich gemäß § 3a Abs. 2 UStG nach dem Sitz des Leistungsempfängers richtet und daher in Stuttgart am Sitz der H erbracht wird. Weil der Umsatz unternehmerisch genutzt wird, kehrt sich die Steuerschuld gemäß § 13b Abs. 1, Abs. 5 UStG auf H um, die zugleich nach § 15 Abs. 1 Nr. 4 UStG zum Vorsteuerabzug berechtigt ist. Weil sich die Steuerschuld umkehrt, ist das Honorar als Netto-Betrag zu verstehen und die Umsatzsteuer draufzurechnen. Umsatzsteuer und Vorsteuer betragen jeweils 500 € × 7 % = 35 €.

H erbringt seine Veranstaltungsleistung an die Zuhörer gemäß § 3a Abs. 3 Nr. 3a (Privatzuhörer) und Nr. 5 UStG (Unternehmenszuhörer) am Tätigkeitsort, also nicht steuerbar im Inland.
In beiden Varianten wurde unterstellt, dass D nicht gemäß § 4 Nr. 20 UStG steuerbefreit und nicht Kleinunternehmerin i.S.v. § 19 UStG ist.

Fall 3:

M stellt in allen Fällen eine falsche Rechnung aus.
M liefert steuerbar und steuerpflichtig. Obwohl das Gemälde letztlich ins Drittland gelangt, fehlen die Voraussetzungen für eine steuerfreie Ausfuhr gemäß §§ 4 Nr. 1a, 6 UStG. Die Lieferung wird nämlich in München ausgeführt. Es handelt sich um eine sog. „ruhende" Lieferung gemäß § 3 Abs. 7 Satz 1 UStG: Sie erfolgt bereits am 03.02.18. Vereinbart wird ein Besitz-Konstitut: M behält das Bild bis zur Auslieferung als Fremdbesitzer für N; Eigentum bzw. Verfügungsmacht gingen sofort über vgl. Kap. III. 1.2.1.3. Hierbei fand keine Bewegung i.S.v. § 3 Abs. 6 UStG statt, also liegt auch keine Ausfuhr vor.

a) Der Hinweis auf die Steuerbefreiung geht fehl.
b) Der Transport ist Nebenleistung zur steuerpflichtigen Lieferung. Die Abrechnung des Transports als durchlaufender Posten gemäß § 10 Abs. 1 Satz 6 UStG ist falsch, weil M das anteilige Entgelt in eigenem Namen und für eigene Rechnung vereinnahmt. Daher entsteht auch Umsatzsteuer in Bezug auf die Nebenleistung. M schuldet Umsatzsteuer i.H.v. 5.100 € × 7/107 = 333,65 €.
c) Richtigerweise unterwirft M die Transport-Nebenleistung zwar der Umsatzsteuer. Weil die Hauptleistung aber gemäß § 12 Abs. 2 Nr. 13a) i.V.m. Anlage 2 laufende Nr. 53 UStG steuerermäßigt ist, gilt dies auch für den Transport als Nebenleistung.

Weist M also Umsatzsteuer aus, muss die Rechnung lauten:	
Gemälde einschließlich Transport	5.100,00 €
Darin enthalten 7 % Umsatzsteuer =	333,64 €
Nettobetrag	**4.766,36 €**
Die zu viel ausgewiesene Umsatzsteuer (12,46 €) schuldet M nach § 14c Abs. 1 UStG.	

2. Lösungen zu Kapitel XI.

Fall:

B erbringt eine Leistung an M. Ob es sich dabei um eine Werklieferung gemäß § 3 Abs. 4 UStG oder um eine reine Werkleistung nach § 3 Abs. 9 UStG handelt, hängt davon ab, ob B eigene Hauptstoffe einsetzt. Der Sachverhalt ist hier offen gehalten; typisierend erbringen Bauhandwerker Werklieferungen, da und wenn sie dafür eigenes Baumaterial einsetzen (Fliesen, Holz, Dämmstoffe, Sanitäreinrichtungen, usw.) Ausnahmsweise ist von einer bloßen sonstigen Leistung auszugehen, wenn keine eigenen Hauptstoffe zum Einsatz kommen (Maler, Parkettboden wird nur abgeschliffen, o.ä.). Regelmäßig erbringt B seine Leistung am Ort des Grundstücks (§ 3 Abs. 4, Abs. 7 Satz 1 UStG bei Werklieferung bzw. §§ 3 Abs. 9, 3a Abs. 3 Nr. 1 UStG bei sonstiger Leistung). Eine Steuerbefreiung gemäß § 4 UStG entfällt.

Wenn B ausländischer Unternehmer ist, schuldet M die Steuer. Dies ergibt sich aus § 13b Abs. 2 Nr. 1 UStG i.V.m. § 13b Abs. 5 Satz 1 UStG.

Dasselbe gilt im Ergebnis im vorliegenden Fall auch dann, wenn B ein inländischer Unternehmer ist. Hier kehrt sich die Steuerschuld nach § 13b Abs. 2 Nr. 4 in Verbindung mit Abs. 5 Sätze 1 und 2 UStG um; diese Regelung ist nachrangig gegenüber § 13b Abs. 2 Nr. 1 UStG, wie sich aus dem Verweis in § 13b Abs. 2 Nr. 4 UStG, wie auch aus der Sonderregelung in § 13b Abs. 5 Satz 2 UStG ergibt. 15 % des Jahresumsatzes erzielt M mit Umsätzen im Sinn von § 13b Abs. 2 Nr. 4 UStG. Er ist also nachhaltig in der Baubranche tätig (Abschn. 13b.3 Abs. 2 UStAE) und erfüllt damit den Sonderstatus des § 13b Abs. 5 Satz 2 UStG. Er wird daher in der Praxis auf Antrag die entsprechende Bescheinigung (USt 1 TG) erhalten. Dass er daneben noch andere Umsätze ausführt (Grundstückslieferungen) ist ebenso unmaßgeblich, wie auch die Frage, ob der Umsatz des B gerade in einen Bauumsatz einmündet, den M seinerseits einem Kunden gegenüber erbringt (Subunternehmersituation) oder für eine (ggf.) steuerfreie Lieferung anfällt. B rechnet daher gem. § 14a Abs. 5 Satz 2 UStG ohne Ausweis der Umsatzsteuer ab. Er weist stattdessen gem. § 14a Abs. 5 Satz 1 UStG auf die Steuerschuldnerschaft des M hin. Verwendet M die Leistung des B für einen Bauumsatz, wird er regelmäßig gem. § 15 Abs. 1 Nr. 4 UStG zum Vorsteuerabzug berechtigt sein, nicht aber, wenn er später das Bauwerk steuerfrei zum Wohnen verkauft, § 15 Abs. 2 Nr. 1 UStG.

3. Lösungen zu Kapitel XV.

Fall:

a) A ist zugleich weisungsunabhängiger Geschäftsführer

1. **Nutzung für Gesellschaftszwecke**
   Die OHG nutzt das Gebäude zur Hälfte i.R. ihres Unternehmens für steuerpflichtige Umsätze.

2. Überlassung an A

A ist nicht nur Gesellschafter, sondern in Bezug auf seine Geschäftsführungstätigkeit auch Unternehmer. Es liegt also ein Leistungsaustausch zwischen Gesellschaft und Gesellschafter vor. Es ist davon auszugehen, dass die Nutzungsüberlassung eine Gegenleistung der Gesellschaft für die Geschäftsführung darstellt, also entgeltlich ist. Die Gesellschaft erbringt insoweit eine steuerbare sonstige Leistung an A, die gemäß § 4 Nr. 12a Satz 1 UStG zwingend steuerfrei ist.

3. Vorsteuerabzug

Die OHG nutzt das Gebäude insgesamt unternehmerisch. Damit gehört das Gebäude zum Unternehmen (Zuordnungsgebot). Die gesamte Vorsteuer von 38.000 € ist daher abziehbar. Die steuerfreie Vermietung ist aber gemäß § 15 Abs. 2 Nr. 1 UStG vorsteuerschädlich. Die Vorsteuer ist also nach Maßgabe des § 15 Abs. 4 UStG aufzuteilen und besteht daher zur Hälfte i.H.v. 19.000 €.

b) A erbringt keine Leistung an die Gesellschaft

1. Vorsteuerabzug

Auch hier kann die Gesellschaft das bebaute Grundstück gemäß § 15 Abs. 1 Satz 2 UStG insgesamt ihrem Unternehmen zuordnen. Es besteht aber i.R.d. § 15 Abs. 1b UStG ein anteiliges Vorsteuerabzugsverbot im Hinblick auf die Nutzungsüberlassung an den Gesellschafter, die außerunternehmerisch verursacht ist.

2. Nutzungsüberlassung an A

Im Zusammenhang mit § 15 Abs. 1b UStG entfällt eine Besteuerung der Privatnutzung nach § 3 Abs. 9a Nr. 1 UStG.

Hinweis! Verschieben sich später die Nutzungsanteile, ist die Vorsteuer nach § 15a Abs. 6a UStG entsprechend zu berichtigen. Dies setzt voraus, dass das Grundstück ursprünglich insgesamt dem Unternehmen zugeordnet wurde – aus diesem Grund ist die Zuordnung regelmäßig zu empfehlen.

4. Lösungen zu Kapitel XVI.

Fall 1:

1. Für das **selbst bewohnte** Drittel entsteht gemäß § 3 Abs. 9a Nr. 1, 2. Halbsatz UStG keine Umsatzsteuer, da im Gegenzug die Vorsteuer aus Anschaffung bzw. Herstellung gemäß § 15 Abs. 1b UStG nicht abziehbar ist (Rechtslage ab 2011).
2. V erbringt gegenüber S und C sonstige (Vermietungs-)Leistungen gemäß § 3 Abs. 9 UStG, die gemäß § 3a Abs. 3 Nr. 1 UStG steuerbar sind. Die Umsätze sind gemäß § 4 Nr. 12a Satz 1 UStG steuerfrei.

   a) Vermietung an C

   Eine Option bei der Vermietung an C entfällt: Zwar sind die Voraussetzungen des § 9 Abs. 1 UStG erfüllt. Weil C aber nicht ausschließlich vorsteuerunschädlich tätig wird, scheitert die Option an § 9 Abs. 2 UStG (eine Option für einzelne Räume hätte vorausgesetzt, dass C dort ausschließlich steuerpflichtige Umsätze erbringt, was dem Sachverhalt gerade nicht entspricht). Der Mietvertrag stellt eine Rechnung dar; V schuldet die darin fälschlich ausgewiesene Umsatzsteuer gemäß § 14c Abs. 1 UStG (§ 13a Abs. 1 Nr. 1 UStG). Die Umsatzsteuer entsteht gemäß § 13 Abs. 1 Nr. 3 UStG monatlich entsprechend den Überweisungen (Zahlungsbelegen), die zusammen mit dem Mietvertrag die Rechnung je Teilmonat darstellen. C ist nicht zum Vorsteuerabzug berechtigt. Er erhält zwar die Leistung und verfügt auch über eine Rechnung. Die Umsatzsteuer wird aber nicht wegen der Vermietung gesetzlich geschuldet i.S.v. § 15 Abs. 1 Nr. 1 UStG, sondern entsteht nur wegen des überhöhten Ausweises nach § 14c Abs. 1 UStG.

b) Vermietung an S

Die Leistung ist nach gemäß § 9 Abs. 1 und 2 UStG wirksamer Option steuerpflichtig. Die Umsatzsteuer entsteht gemäß § 13 Abs. 1 Nr. 1a) Satz 1 UStG eigentlich erst, wenn V die gesamte vereinbarte Leistung erbracht hat – dies wäre nach Ablauf der Gesamtmietzeit, also nach 10 Jahren. V erbringt jedoch monatlich eine Teilleistung i.S.d. § 13 Abs. 1 Nr. 1a) Sätze 2 und 3 UStG; die Steuer entsteht daher grundsätzlich mit Ablauf jeden Monats i.H.v. 380 €. Die Umsatzsteuer aus der Vermietung im November 01 entsteht daher mit Ablauf 11/01, die aus der Vermietung im Dezember 01 dementsprechend mit Ablauf 12/01. Die „Anzahlung" am 02.12.01 findet zwar vor Erbringung der Teilleistung (Dezembervermietung, erbracht am 31.12.01) statt, führt aber zu keiner früheren Entstehung, sondern gemäß § 13 Abs. 1 Nr. 1a) Satz 4 UStG zum selben Ergebnis. Maßgeblich ist dann aber die Teilleistung (13 Abs. 1 Nr. 1a) Satz 2, 3 UStG, da sie zahlungsunabhängig greift. Die Umsatzsteuer aus der Januarmiete 02 entsteht gemäß § 13 Abs. 1a) Satz 4 UStG ebenfalls mit Ablauf des Voranmeldungszeitraums 12/01.

Fall 2:

B erbringt die von ihr geschuldete Darlehensleistung (vollständig) erst mit Ablauf der vereinbarten 5 Jahre. Erst dann entsteht die Umsatzsteuer nach § 13 Abs. 1 Nr. 1a) Satz 1 UStG. Mit Ablauf des jeweiligen Quartals entsteht die auf die Teilleistung entfallende Umsatzsteuer aber bereits nach § 13 Abs. 1 Nr. 1a) Sätze 2, 3 UStG. In Bezug auf die sofort fälligen Gebühren schuldet B mit Ablauf des Voranmeldungszeitraums der Vereinnahmung die Umsatzsteuer nach § 13 Abs. 1 Nr. 1a) Satz 4 UStG.

5. Lösungen zu Kapitel XVII.

Fall:

Ausstattung mit einer Solaranlage

1. I leistet als Unternehmer (§ 2 UStG) im Rahmen seines Unternehmens i.S.v. § 1 Abs. 1 Nr. 1 UStG an B.
2. Es handelt sich um eine Werklieferung gemäß § 3 Abs. 4 UStG; I schuldet die fertig montierte Anlage vor Ort. Die Leistung enthält Bestandteile einer Lieferung (Solaranlage als Hauptstoff) und einer sonstigen Leistung (Montage); das Haus wird als Hauptstoff i.S.v. § 3 Abs. 4 Satz 2 UStG von B zur Verfügung gestellt.
3. I erbringt seine Leistung gemäß § 3 Abs. 7 Satz 1 UStG am Grundstückslageort, weil hier die Verfügungsmacht verschafft wird. Die Leistung ist daher steuerbar und
4. mangels Steuerbefreiung nach § 4 UStG auch steuerpflichtig.
5. Da B selbst auch Umsätze im Sinn von § 13b Abs. 2 Nr. 4 UStG erbringt, erfüllt er die Voraussetzungen des § 13b Abs. 5 Sätze 1 und 2 UStG. Demgemäß schuldet er die Umsatzsteuer aus der Leistung des I. Dass dies gilt, obwohl das Privathaus des B betroffen ist, ergibt sich aus § 13b Abs. 5 Satz 6 UStG.
6. Die Bemessungsgrundlage ergibt sich gemäß § 10 Abs. 1 UStG aus dem von B aufgewendeten Entgelt von 20.000 €. Die Umsatzsteuer beträgt unter Zugrundelegung des Regelsteuersatzes gemäß § 12 Abs. 1 UStG: 20.000 € × 19 % = 3.800 €. Angesichts der Steuerschuldumkehr ist das Entgelt als Netto-Betrag zu begreifen.
7. Die Steuer entsteht gemäß § 13b Abs. 2 UStG eigentlich mit Ablauf Juli 10, hier aber bereits mit Ablauf Juni 10 (Folgemonat nach Leistung im Mai). (B soll Monatsanmelder sein.)
8. Weil B die Leistung nicht für sein Unternehmen bezieht, entfällt bei ihm ein Vorsteuerabzug aus § 15 Abs. 1 Nr. 4 UStG.

Handel mit Solarzellen

a) **Lieferung**
1. Ö erbringt mit dem Verkauf der Solarzellen eine Lieferung an I gemäß § 3 Abs. 1 UStG. Dass Ö außerdem den Liefergegenstand (auf eigene Rechnung) zu I bringen lässt, ist eine bloße Nebenleistung.
2. Der Lieferort befindet sich gemäß § 3 Abs. 6 UStG in Österreich. Die Lieferung ist in Österreich steuerbar und dort unter den Voraussetzungen analog § 4 Nr. 1b i.V.m. § 6a UStG als innergemeinschaftliche Lieferung steuerfrei.

b) **Erwerb**
1. I könnte die Solarzellen gemäß § 1 Abs. 1 Nr. 5 UStG innergemeinschaftlich erworben haben.
2. Die Voraussetzungen des § 1a Abs. 1 UStG sind erfüllt.
3. Der Erwerbsort ergibt sich aus § 3d Satz 1 UStG. Der Erwerb ist im Inland steuerbar.
4. Für eine Steuerbefreiung nach § 4b UStG ist nichts ersichtlich. Der Erwerb ist steuerpflichtig.
5. Steuerschuldner für diesen Erwerb ist I gemäß § 13a Abs. 1 Nr. 2 UStG.
6. Die Steuer beträgt gemäß § 10 Abs. 1 Satz 1 i.V.m. § 12 Abs. 1 UStG 10.000 € × 19 % = 1.900 €.
7. Die Erwerbsumsatzsteuer entsteht gemäß § 13 Abs. 1 Nr. 6 UStG mit Ablauf Mai 10 (Folgemonat des Erwerbs).
8. I kann zeit- und betragsgleich gemäß § 15 Abs. 1 Nr. 3 UStG die Vorsteuer abziehen, da er keine nach § 15 Abs. 2 UStG schädlichen Umsätze ausführt.

Transport
1. F leistet im Rahmen seines Unternehmens (§ 2 Abs. 1 UStG) an Ö (§ 1 Abs. 1 Nr. 1 UStG).
2. Er erbringt eine sonstige Leistung gemäß § 3 Abs. 9 UStG in Form einer Gegenstandsbeförderung.
3. Der Leistungsort befindet sich gemäß § 3a Abs. 2 UStG am Unternehmenssitz des Ö. Die Leistung ist daher nicht im Inland, sondern in Österreich steuerbar. Analog § 13b Abs. 1 i.V.m. Abs. 5 Satz 1 UStG schuldet Ö als Leistungsempfänger die entstandene Umsatzsteuer in Österreich.
4. Weil F dennoch die deutsche Umsatzsteuer ausweist, schuldet er (§ 13a Abs. 1 Nr. 1 UStG) diese Umsatzsteuer (76 €) gemäß § 14c Abs. 1 UStG. Ein Vorsteuerabzug des Ö scheidet insoweit aus.
5. Die Umsatzsteuer entsteht gemäß § 13 Abs. 1 Nr. 3 UStG im April 10.

Anbringung der Solarzellen
1. S erbringt eine reine sonstige Leistung nach § 3 Abs. 9 UStG. S benötigt keine Hauptstoffe i.S.v. § 3 Abs. 4 UStG.
2. S wird gemäß § 3a Abs. 3 Nr. 1 Satz 1 bzw. Satz 2 c) UStG am Grundstückslageort tätig. Der Umsatz ist daher steuerbar und
3. mangels Steuerbefreiung auch steuerpflichtig.
4. Steuerschuldner der Umsatzsteuer aus dieser Leistung ist I gemäß § 13b Abs. 2 Nr. 1 i.V.m. Abs. 5 Satz 1 UStG. Eine nach § 3a Abs. 3 UStG ins Inland verlagerte sonstige Leistung wird nicht von § 13b Abs. 1 UStG erfasst, zudem wird die Leistung von einem Unternehmer aus dem Drittland erbracht.
5. Die Steuer beträgt gemäß §§ 10 Abs. 1, 12 Abs. 1 UStG 3.000 € × 19 % = 570 €.
6. Die Steuer entsteht gemäß § 13b Abs. 2 UStG mit Ablauf Mai 10.
7. I ist hieraus gemäß § 15 Abs. 1 Nr. 4 UStG vorsteuerabzugsberechtigt.

Teil II: Darstellung der Umsatzsteuer

Teileeinkauf
Reihengeschäft
Die Voraussetzungen des § 3 Abs. 6 Satz 5 UStG liegen insoweit vor:
1. Mit F, G und I sind drei Unternehmer beteiligt. B ist nicht in das Reihengeschäft eingebunden, da I an B nicht die Teilelieferung schuldet, sondern den Einbau.
2. Zwischen F, G und I wird das identische Material geliefert.
3. Die Teile werden direkt von F zum Abnehmer I befördert bzw. zu dessen Leistungsempfänger.

Rechtsfolgen
Nur in einer der Lieferungen liegt eine Beförderung oder Versendung vor, nur einmal ergibt sich der Lieferort aus § 3 Abs. 6 Sätze 1-4 UStG; die andere Lieferung wird nach § 3 Abs. 7 Satz 2 UStG erbracht. Weil F die Ware zu I bringen lässt, ergibt sich der Ort der Lieferung von F an G aus § 3 Abs. 6 UStG. Ihr folgt die Lieferung von G an I nach, sodass sich insoweit der Lieferort nach § 3 Abs. 7 Satz 2 Nr. 2 UStG richtet.

Leistungsbeziehung F-G
Die Lieferung ist in Frankreich steuerbar, dort aber als innergemeinschaftliche Lieferung steuerfrei. Spiegelbildlich unterliegt G einem innergemeinschaftlichen Erwerb gemäß § 1 Abs. 1 Nr. 5 i.V.m. § 1a UStG, der gemäß § 3d Satz 1 UStG im Inland steuerbar und steuerpflichtig ist. G schuldet die Umsatzsteuer gemäß § 13a Abs. 1 Nr. 2 UStG und ist zugleich nach § 15 Abs. 1 Nr. 3 UStG vorsteuerabzugsberechtigt.

Lieferung G an I
1. Die Lieferung ist gemäß § 3 Abs. 7 Satz 2 Nr. 2 UStG im Inland steuerbar und steuerpflichtig.
2. G schuldet die Umsatzsteuer nach § 13a Abs. 1 Nr. 1 UStG.
3. I ist nach § 15 Abs. 1 Nr. 1 UStG vorsteuerabzugsberechtigt, wenn und sobald ihm eine ordnungsgemäße Rechnung nach § 14 Abs. 4 UStG vorliegt.

6. Lösung zu Kapitel XIX.

Fall:

Für die Besteuerung ist § 25 UStG zu beachten.
Die Leistungen bilden insoweit eine Einheit und werden gemäß dem Verweis in § 25 Abs. 1 Satz 4 UStG am inländischen Unternehmenssitz des R erbracht (§ 3a Abs. 1 UStG). Die Reiseleistung ist daher steuerbar, soweit sie auf Vorleistungen beruht.
1. Zunächst werden Aufwendungen aus der Berechnung herausgenommen, die keine Reise(vor)leistungen darstellen: Hier ist die Reparatur des Busses betroffen. Diese Leistungen kommen nicht unmittelbar den Reisenden zugute, sondern gehören zu den allgemeinen Kosten des Reiseunternehmens.
2. Von den Reisevorleistungen werden nun diejenigen gesondert betrachtet, die im Drittland stattfinden. Insoweit ist die Reiseleistung gem. § 25 Abs. 2 UStG steuerfrei: Hier ist die Übernachtung in der Schweiz betroffen: 2.000 €.
3. Als übrige Reisevorleistungen fielen an:
   Reiseleitung, Übernachtung, Essen und Oper in Italien: 13.000 €
4. Eigenleistung ist die Beförderung: 5.000 €
5. Die spezifischen Kosten betragen insgesamt 20.000 €
6. Erfassung des Entgelts der Reiseteilnehmer 40.000 €

7. Aufteilung des Entgelts in Anteile:
   Eigenleistung: 40.000 € × 5.000 €/20.000 € = 10.000 €
   Steuerpflichtige Vorleistung: 40.000 € × 13.000 €/20.000 € = 26.000 €
   Steuerfreie Vorleistung: 40.000 € × 2.000 €/20.000 € = 4.000 €
8. Berechnung der Umsatzsteuer bezüglich Eigenleistung:
   Die Besteuerung der Eigenleistung richtet sich nicht nach § 25 UStG, sondern nach den regulären Vorschriften. Für die Beförderung von Personen gilt gem. § 3b Abs. 1 Sätze 1 und 2 UStG das Streckenanteilsprinzip.
   Die Eigenleistung ist daher nur zu 20 % im Inland steuerbar: 10.000 € × 20 % = 2.000 €
   Bemessungsgrundlage: 2.000 € × $^{100}/_{119}$ = 1.681 €
   Umsatzsteuer: 1.680 € × 19 % = 319 €
9. Berechnung der Umsatzsteuer bezüglich steuerpflichtiger Vorleistung:
   Anteil am Entgelt: 26.000 €
   Kosten für Vorleistung: 13.000 €
   Marge: 13.000 €
   Bemessungsgrundlage: 13.000 € × $^{100}/_{119}$ = 10.924 €
   Umsatzsteuer: 10.924 € × 19 % = 2.076 €
10. Entgelt für steuerfrei erbrachte Reiseleistung: 4.000 €
11. Gesamtergebnis:
    Bemessungsgrundlage für steuerpflichtigen Umsatz (7., 8.) 12.605 €
    Bemessungsgrundlage für steuerfreien Umsatz (9.) 4.000 €
    Nicht steuerbar (7.) 8.000 €
    Umsatzsteuer (7., 8.) 2.395 €
12. Vorsteuerabzug des R:
    – Aus der Busreparatur ist R unter den sonstigen Voraussetzungen zum Abzug der Vorsteuer berechtigt.
    – Vorsteuer im Zusammenhang mit Reisevorleistungen ist gemäß § 25 Abs. 4 Satz 1 UStG nicht abziehbar: hier die Vorsteuer aus der nach § 3a Abs. 2 UStG im Inland steuerbaren und steuerpflichtigen Leistung des Reiseleiters.

Hinweis! Die Berechnung kann auch anhand der Methode in den Beispielen zu Abschn. 25.3 Abs. 2, 3 UStAE vorgenommen werden.

☞ **Tipp!**
Die Berechnung ist jeweils aufwändig. Der Reiseunternehmer darf daher gem. § 25 Abs. 3 Satz 3 UStG Bemessungsgrundlage und Umsatzsteuer gebündelt berechnen. Ein Berechnungsbeispiel befindet sich in Abschn. 25.3 Abs. 4 UStAE.

7. Lösungen zu Kapitel XX.

Fall 1:

1. **Umsatz des U**
   a) **Abgrenzung**
   Da U für die Herstellung der Maschine sowohl den von I beigestellten Hauptstoff, also den Schließmechanismus, einsetzte, als auch eigene Hauptstoffe einbringt, tätigt er eine Werklieferung i.S.v. § 3 Abs. 4 UStG.

Hinweis! Das Verbringen des Schließmechanismus von Italien nach Deutschland erfüllt nicht die Voraussetzungen eines fiktiven innergemeinschaftlichen Erwerbs i.S.v. § 1a Abs. 2 UStG, da der Mechanismus nur vorübergehend ins Inland gelangt, um dort in die Wertschöpfung mittels Werklieferung einzugehen.

b) **Lieferort**

Es gelten die Liefervorschriften. Der Ort für die Lieferung des U an I befindet sich gemäß § 3 Abs. 6 Satz 1 bzw. 2 UStG steuerbar im Inland.

c) **Innergemeinschaftlicher Erwerb durch I**

I unterliegt nach italienischem Recht einem innergemeinschaftlichen Erwerb in Italien. Bei ihm liegen die in Italien analog geltenden §§ 1a Abs. 1 und 3d Satz 1 UStG vor.

d) **Steuerbefreiung**

Es könnte sich um eine innergemeinschaftliche Lieferung des U i.S.v. § 4 Nr. 1b UStG handeln. Dies setzt allerdings voraus, dass die Maschine gemäß § 6a Abs. 1 Nr. 1 UStG in einen anderen Mitgliedsstaat gelangt. Dies ist deshalb fraglich, weil der Liefergegenstand von U zu F gebracht wird und insofern zunächst im Inland verbleibt. Zudem ist die mit dem Logo versehene Maschine nicht mehr identisch mit dem von U hergestellten Produkt. Diese Überlegungen bleiben freilich gemäß der in § 6a Abs. 1 Satz 2 UStG enthaltenen Veredelungsklausel unberücksichtigt. § 6a Abs. 1 Nr. 1 UStG liegt vor. I erfüllt zudem die Voraussetzungen des § 6a Abs. 1 Nr. 2 UStG. Ein innergemeinschaftlicher Erwerb des I in Italien gemäß § 6a Abs. 1 Nr. 3 UStG wurde bereits bejaht.

Teilergebnis: Die Werklieferung des U an I ist steuerfrei.

2. **Umsatz des F**

F erbringt eine sonstige Leistung gemäß § 3 Abs. 9 UStG (Werkleistung) an I. Nach dem Sachverhalt bringt F keine eigenen Hauptstoffe ein; das Spray ist nur Nebenstoff. Der Ort dieser Leistung richtet sich nach § 3a Abs. 2 UStG, ergibt sich also am italienischen Unternehmenssitz des I. Die Leistung ist nicht im Inland steuerbar. Steuerschuldner ist I nach Art. 196 MwStSystRL bzw. der entsprechenden italienischen Regelung (vgl. § 13b Abs. 1, Abs. 5 UStG). F stellt also (bis zum 15. des der Leistung folgenden Monats) eine Nettorechnung aus, führt seine Umsatzsteuer-Identifikationsnummer, wie auch diejenige des I auf und weist auf die Umkehr der Steuerschuld hin (vgl. § 14a Abs. 1 UStG).

Teilergebnis: Die Leistung der F ist nicht im Inland steuerbar (bzw. in Italien steuerpflichtig).

3. **Umsatz des S**

S leistet an F. Es handelt sich um eine sonstige Leistung in Form einer Beförderungsleistung. Ihr Ort richtet sich nach § 3a Abs. 2 UStG. Die Beförderung ist steuerbar und steuerpflichtig.

Umkehr der Steuerschuld nach § 13b UStG

S erbringt als ausländischer Unternehmer eine im Inland steuerpflichtige sonstige Leistung gemäß § 13b Abs. 1 UStG. F als Leistungsempfänger ist Unternehmer gemäß § 13b Abs. 5 Satz 1 UStG. Die Steuerschuld verlagert sich auf F. S stellt seine Leistung ohne Ausweis der Umsatzsteuer in Rechnung und weist zugleich gemäß § 14a Abs. 1 UStG auf die Steuerschuld des F hin.

F kann gemäß § 15 Abs. 1 Nr. 4 UStG die Vorsteuer abziehen.

Teilergebnis: F ist Steuerschuldner und zugleich vorsteuerabzugsberechtigt.

4. **Umsatz des N**

N tätigt eine Lieferung an U gemäß § 3 Abs. 1 UStG. Der Lieferort verlagert sich nach § 3 Abs. 8 UStG ins Inland, die Lieferung ist steuerbar und steuerpflichtig. N schuldet nach § 13a Abs. 1 Nr. 1 UStG die Umsatzsteuer für die Lieferung und U ist gem. § 15 Abs. 1 Satz 1 Nr. 1 UStG vorsteuerabzugsberechtigt. Daneben schuldet N die Einfuhrumsatzsteuer nach § 1 Abs. 1 Nr. 4 UStG, die er gem. § 15 Abs. 1 Nr. 2 UStG zugleich als Vorsteuer berücksichtigt.

Fall 2:

Folgende Vorgänge können unterschieden werden:
a) D bringt die Sessel (50) von Dänemark ins Inland.
b) D verkauft 40 Sessel an C in Rosenheim.
c) D verkauft 10 Sessel an H in Salzburg.

Verbringen von Dänemark nach Deutschland

a) D bringt die Sessel nicht zu bestimmten Abnehmern nach Deutschland, sondern in sein eigenes Lager. In diesem Moment kommt es also noch zu keinen Lieferungen. Der Transport nach Deutschland führt daher nicht unmittelbar zur Anwendung des § 3 Abs. 6 UStG.
Es könnte allerdings eine fiktive Lieferung gemäß § 3 Abs. 1a UStG vorliegen. Die Sessel gehören zum Unternehmen des D. Diesen Bezug verlieren sie nicht, wenn sie aus Dänemark nach Konstanz gebracht werden. Weil hierbei zwei unterschiedliche Mitgliedstaaten betroffen sind, handelt es sich um ein innergemeinschaftliches Verbringen gem. § 3 Abs. 1a UStG. Weil D die Sessel von Deutschland aus zu verkaufen beabsichtigt und diese Absicht auch erfolgreich umsetzt, gelangen die Sessel nicht nur vorübergehend ins Inland.
b) Als Ort dieser fiktiven Lieferung ergibt sich analog § 3 Abs. 6 Satz 1 UStG Dänemark. Der Umsatz ist zum einen nicht im Inland steuerbar, zum anderen ist die fiktive Lieferung entsprechend §§ 4 Nr. 1a, 6a Abs. 2 UStG in Dänemark steuerfrei.

(Fiktiver) innergemeinschaftlicher Erwerb gemäß § 1 Abs. 1 Nr. 5 UStG

1. **Es müssten die Voraussetzungen des § 1a Abs. 2 UStG vorliegen.**
Die Sessel gelangen von Dänemark nach Deutschland. Bei dieser Beförderung steht noch kein konkreter Abnehmer fest; die Beförderung geschieht zur Verfügung des D. Beabsichtigt ist ein Verkauf ab Lager Deutschland, der Transport ins Inland erfüllt also einen nicht nur vorübergehenden Zweck. Die Voraussetzungen des § 1a Abs. 2 UStG sind erfüllt.

2. **Ort des innergemeinschaftlichen Erwerbs**
Er bestimmt sich nach § 3d UStG. Er befindet sich nach Satz 1 im Inland. D wird den Erwerb in Deutschland anmelden – dies entspricht den umsatzsteuerlichen Zielen (auch EU-Recht), den Umsatz im Bestimmungsland zu versteuern, wo die Leistung weiterverwertet wird.

3. **Steuerpflicht**
Der Erwerb ist grundsätzlich steuerpflichtig. Betroffen ist jedenfalls der Erwerb jener Sessel, die D später an C liefert.
Da und soweit D die (10) Sessel an H innergemeinschaftlich liefert (s.u.), gilt § 4b Nr. 4 UStG. Dieser Teil des innergemeinschaftlichen Erwerbs (10 Sessel) ist demgemäß steuerfrei. Gemäß Abschn. 4b.1 Abs. 3 Satz 2 UStAE kann D wegen der auftretenden Ungewissheit über den weiteren Verkauf den fiktiven innergemeinschaftlichen Erwerb auch versteuern. Der Vorsteuerabzug des D aus dem innergemeinschaftlichen Erwerb bleibt gemäß § 15 Abs. 3 Nr. 1a UStG dennoch erhalten.

4. **Höhe der Erwerbsumsatzsteuer**
Für die 40 an C weiterverkauften Sessel beträgt die Umsatzsteuer gemäß § 10 Abs. 4 Nr. 1 i.V.m. § 12 Abs. 1 UStG 40 × (200 + 50 =) 250 € × 19 % = 1.900 €.

5. D schuldet die Erwerbsumsatzsteuer gemäß § 13a Abs. 1 Nr. 2 UStG
6. Vorsteuerabzug aus der Erwerbsumsatzsteuer
   D ist zugleich im Umfang der anfallenden Erwerbsumsatzsteuer gemäß § 15 Abs. 1 Nr. 3 UStG im Inland zum Vorsteuerabzug berechtigt.

Lieferung des D an C gemäß § 1 Abs. 1 Nr. 1 UStG
a) Der Ort der Lieferung befindet sich gemäß § 3 Abs. 6 Satz 1 UStG in Konstanz; die Lieferung ist daher steuerbar und mangels Steuerbefreiung auch steuerpflichtig.
b) Weil D keine Umsatzsteuer auswies, muss die Umsatzsteuer aus dem Zahlungsbetrag herausgerechnet werden mit: $40 \times 600 \times {}^{19}/_{119} = 3.831{,}93\ €$.
c) Für diesen Betrag ist D gemäß § 13a Abs. 1 Nr. 1 UStG Steuerschuldner.
d) **Vorsteuer:** C könnte die Vorsteuer unter den Voraussetzungen des § 15 Abs. 1 Satz 1 Nr. 1 i.V.m. § 14 Abs. 4 UStG abziehen. Da die Umsatzsteuer in der Rechnung des D aber nicht ausgewiesen wurde, scheitert der Vorsteuerabzug (§ 14 Abs. 4 Nr. 8 i.V.m. § 15 Abs. 1 Satz 1 Nr. 1 Satz 2 UStG).

Teilergebnis: D liefert steuerpflichtig an C und muss die entstandene Umsatzsteuer an das für ihn zuständige Finanzamt abführen.

Lieferung des D an H gemäß § 1 Abs. 1 Nr. 1 UStG
a) Die Lieferung wird gemäß § 3 Abs. 6 S. 1 UStG in Konstanz ausgeführt, ist daher steuerbar.
b) Steuerbefreiung aus §§ 4 Nr. 1b, 6a UStG: Die Ware gelangt bei der Lieferung nach Österreich (§ 6a Abs. 1 Nr. 1 UStG). Auch die Voraussetzungen des § 6a Abs. 1 Nr. 2 UStG liegen vor, da H die Sessel für seinen unternehmerischen Bereich bezieht. H unterliegt nach österreichischem Recht einem innergemeinschaftlichen Erwerb in Österreich (entsprechend §§ 1a, 3d Satz 1 UStG); § 6a Abs. 1 Nr. 3 UStG ist damit ebenfalls erfüllt.

Teilergebnis: D erbringt eine steuerfreie innergemeinschaftliche Lieferung an H.

Fall 3:

Es bestehen folgende verschiedene Leistungsbeziehungen: H an B, B an D und D an E.

Reihengeschäft
Die Voraussetzungen eines Reihengeschäftes gemäß § 3 Abs. 6 Satz 5 UStG sind erfüllt. Allen Beteiligten geht es um die Lieferung der identischen Maschine, die dabei direkt vom Ursprungsort (bei H) zum Zielort (bei E) gelangt.

Zuordnung der bewegten Warenlieferung
B ist in die Lieferkette eingebunden, indem er in seinem Verhältnis zu H als Abnehmer auftritt und in der Beziehung zu D Lieferer ist. Damit erfüllt er die besonderen Voraussetzungen eines sog. mittleren Unternehmers, die (derzeit) in § 3 Abs. 6 Satz 6 UStG geregelt sind. Nach dessen 1. Alt. gilt die Lieferung zwischen H und B als bewegt. Allerdings ist davon auszugehen, dass B die gesetzliche Vermutung widerlegt, da er die USt-Identifikationsnummer verwendet, die der Nationalität zu Beginn der Warenbewegung entspricht (Belgien). Auch die verwendeten Lieferbedingungen sprechen für die Zuordnung der bewegten Lieferung zur Beziehung zwischen B und D (derzeitige Verwaltungsansicht entgegen der Rspr.).

Lieferung durch H
Aus vorstehenden Ausführungen ergibt sich, dass H analog § 3 Abs. 7 Satz 2 Nr. 1 UStG steuerbar und steuerpflichtig in Belgien an B liefert.

Lieferung durch B

Da B für die Beförderung bzw. Versendung zuständig ist, gilt die Lieferung von B an D als die bewegte Lieferung im Sinn von § 3 Abs. 6 UStG. B tätigt daher eine in Belgien steuerbare, aber analog § 4 Nr. 1b i.V.m. § 6a UStG steuerfreie innergemeinschaftliche Lieferung.

Innergemeinschaftlicher Erwerb durch D

Spiegelbildlich zur Lieferung des B kommt es gem. § 1 Abs. 1 Nr. 5 i.V.m. § 1a Abs. 1 UStG zu einem innergemeinschaftlichen Erwerb des D. Der Erwerbsort befindet sich nach § 3d Satz 1 UStG in Tschechien. Dort muss sich D eigentlich steuerlich registrieren lassen. Verwendet D gegenüber B seine deutsche USt-IdNr., liegt gem. § 3d Satz 2 UStG zugleich ein Erwerb im Inland vor.

Lieferung durch D

Die Lieferung des D an E richtet sich nach § 3 Abs. 7 Satz 2 Nr. 2 UStG, ist also ebenfalls in Tschechien steuerbar und steuerpflichtig.

Innergemeinschaftliches Dreiecksgeschäft

Das Reihengeschäft könnte zugleich die Voraussetzungen des § 25b UStG erfüllen.

Ob § 25b Abs. 1 Nr. 1 UStG vorliegt, ist deshalb fraglich, weil sich 4 Unternehmer beteiligen. Weil aber B im Rahmen der Widerlegung gem. § 3 Abs. 6 Satz 6 UStG als erster Lieferer auftritt, kann die Gesamtbeziehung aufgespalten und ein Dreieck zwischen B, D und E angenommen werden (vgl. Beispiel in Abschn. 25b.1 Abs. 2 UStAE). Insofern handelt es sich um einen Sonderfall des Dreiecksgeschäfts.

Es ist davon auszugehen, dass B, D und E in ihren jeweiligen Heimatstaaten erfasst sind (§ 25b Abs. 1 Nr. 2 UStG).

Auch § 25b Abs. 1 Nr. 3 und 4 UStG sind erfüllt.

Dass der Lieferung von D an E ein innergemeinschaftlicher Erwerb durch D voranging (§ 25b Abs. 2 Nr. 1 UStG), wurde bereits bejaht.

Aus dem Sachverhalt ist zu unterstellen, dass auch die weiteren Voraussetzungen des § 25b Abs. 2 Nr. 2 und Nr. 4 UStG erfüllt sind.

a) Die Fallfrage nach einem Steuerausweis in der Rechnung des D widmet sich § 25b Abs. 2 Nr. 3 UStG. Hiernach hat D die Wahl: Weist D in seiner Rechnung an E (vernünftigerweise) keine Umsatzsteuer aus, führt er die ihn entlastenden Rechtsfolgen des innergemeinschaftlichen Dreiecksgeschäfts herbei: Gemäß § 25b Abs. 2 UStG schuldet nicht mehr D die aus seiner Lieferung an E in Tschechien anfallende Umsatzsteuer. Die Steuerschuld geht vielmehr auf E über, dem unter den Voraussetzungen des § 25b Abs. 5 UStG zugleich der Vorsteuerabzug zusteht. Außerdem gilt dann der innergemeinschaftliche Erwerb des D in Tschechien gemäß § 25b Abs. 3 UStG als besteuert. Insofern muss D in Tschechien nichts veranlassen. Dasselbe gilt bzgl. § 3d Satz 2 UStG.

b) Weist D dagegen in seiner Rechnung die tschechische Umsatzsteuer aus, bleibt das innergemeinschaftliche Dreiecksgeschäft ohne die entlastenden Folgen. D lässt sich in Tschechien registrieren und führt dort die dem E in Rechnung gestellte und eingenommene Umsatzsteuer auch ab. D meldet zudem seinen innergemeinschaftlichen Erwerb samt Vorsteuer in Tschechien an. (Ein Ausweis deutscher Umsatzsteuer führt zu § 14c Abs. 1 UStG.)

8. Lösungen zu Kapitel XXI.

Fall 1:

1. **Beziehung E zur E-GmbH**

   Möglicherweise liegt die Lieferung einer Maschine durch E an die E-GmbH gemäß § 1 Abs. 1 Nr. 1 UStG i.V.m. § 3 Abs. 1 UStG vor. Dies setzt voraus, dass E die Verfügungsmacht an der Maschine einem anderen Rechtssubjekt einräumt. Lieferempfänger in diesem Sinne müsste die E-GmbH sein. Die E-GmbH ist zivilrechtlich ein vollwertiges Rechtssubjekt. Sie könnte allerdings unter den Voraussetzungen des § 2 Abs. 2 Nr. 2 Satz 1 UStG ihre Selbstständigkeit verloren haben und aus rein umsatzsteuerlicher Sicht Teil des Unternehmens des E geworden sein. In diesem Fall kann kein Leistungsaustausch zwischen zwei verschiedenen Beteiligten vorliegen.

   Organisationsform

   Die E-GmbH erfüllt als juristische Person des Privatrechts die Grundanforderung an eine potenzielle Organgesellschaft.

   Eingliederung

   Zu prüfen sind weiterhin die drei in § 2 Abs. 2 Nr. 2 Satz 1 UStG genannten Eingliederungsmerkmale.

   Finanzielle Eingliederung

   Weil E die Mehrheit der GmbH-Anteile hält, ist die E-GmbH finanziell in sein Unternehmen eingegliedert. Nachdem der Sachverhalt keine besonderen Angaben enthält, ist davon auszugehen, dass Entscheidungen in der GmbH mit einfacher Mehrheit getroffen werden.

   Wirtschaftliche Eingliederung

   Indem die E-GmbH regelmäßig Waren des E abnimmt und weiterveräußert, fördern sich die Beteiligten gegenseitig. Sie sind wirtschaftlich verflochten, die E-GmbH ist wirtschaftlich in das Unternehmen des E eingegliedert.

   Organisatorische Eingliederung

   Sie liegt unfraglich vor, nachdem E als Einzelunternehmer zugleich die Geschäfte der GmbH führt und daher die Interessen beider Beteiligter gleichgerichtet verfolgt (Personenidentität).

   Zwischenergebnis: Das Einzelunternehmen des E ist als Organträger der E-GmbH übergeordnet. Die E-GmbH ist Organgesellschaft des E i.S.d. § 2 Abs. 2 Nr. 2 Satz 1 UStG. Der Maschinenverkauf des E an die E-GmbH ist ein reiner Innenumsatz. Er ist damit nicht gemäß § 1 UStG steuerbar.

   Ergebnis: In der Beziehung zwischen E und der E-GmbH entsteht keine Umsatzsteuer.

2. **Beziehung E – V**

   Erwerb durch V

   V erfüllt in Spanien die Voraussetzungen eines innergemeinschaftlichen Erwerbs analog §§ 1 Abs. 1 Nr. 5, 1a Abs. 1, 3d UStG.

   Lieferung durch E

   E liefert im Rahmen seines Unternehmens an den anderen Unternehmer V. Die Lieferung ist gemäß § 3 Abs. 6 UStG in Deutschland steuerbar. Weil die Voraussetzungen des § 4 Nr. 1b i.V.m. § 6a UStG vorliegen, ist die Lieferung aber als innergemeinschaftliche Lieferung steuerfrei. E stellt eine Netto-Rechnung, in der er auf die Steuerbefreiung hinweist und die Umsatzsteuer-Identifikationsnummern aufführt (§§ 14 Abs. 4 Nr. 8, 14a Abs. 3 UStG). Er meldet den Umsatz für den Voranmeldungszeitraum Dezember an (§§ 18 Abs. 1, 18b UStG) und berücksichtigt den Umsatz zudem in der Zusammenfassenden Meldung (§ 18a UStG).

3. **Beziehung S – E**

   S erbringt eine sonstige Leistung gemäß § 3 Abs. 9 UStG. Weil beide Beteiligte im Rahmen ihres Unternehmens tätig werden, bestimmt sich der Ort der Beförderungsleistung nach der Grundregel des § 3a Abs. 2 UStG. S leistet demnach im Inland. Die Beförderung ist steuerbar und steuerpflichtig. § 4 Nr. 3a aa) UStG gilt innerhalb der Mitgliedstaaten nicht.

   Schuldner der Umsatzsteuer aus der Beförderungsleistung des S ist E. Die Steuerschuld verlagert sich nach § 13b Abs. 1 i.V.m. Abs. 5 Satz 1, Abs. 7 Satz 1 UStG (s. Kap. XVII. 2.). Die Umsatzsteuer entsteht im Voranmeldungszeitraum Dezember. Zugleich ist E gemäß § 15 Abs. 1 Nr. 4 UStG zum Vorsteuerabzug berechtigt, ohne dass es insoweit auf eine Rechnung ankommt. E erhält von S eine Nettorechnung, in der jener auch die USt-Identifikationsnummer des E aufführen und auf das Reverse-Charge hinweisen muss (vgl. § 14a Abs. 1 UStG).

4. **Beziehung F – E-GmbH**

   F leistet an die E-GmbH nach § 3 Abs. 9 UStG. Der Ort richtet sich gemäß § 3a Abs. 2 Satz 2 UStG nach dem Sitz der E-GmbH; sie gilt insoweit als Betriebsstätte des E (Abschn. 3a.2 Abs. 4 i.V.m. 3a.1 Abs. 3 Satz 5 UStAE). F leistet steuerpflichtig. Er ist Steuerschuldner nach § 13a Abs. 1 Nr. 1 UStG. Die Umsatzsteuer entsteht gemäß § 13 Abs. 1 Nr. 1a Satz 1 UStG mit Ablauf des Voranmeldungszeitraums Dezember.

   Die Vorsteuer ist gemäß § 15 Abs. 1 Nr. 1 UStG abziehbar, wenn F eine ordnungsgemäße Rechnung ausstellt. Die Vorsteuer ist auch abzugsfähig. Weil im Verhältnis E zur E-GmbH eine Organschaft besteht, macht E die Vorsteuer in seiner Umsatzsteueranmeldung geltend.

Fall 2:

1. **Beziehung E – E-GmbH**

   Weil die E-GmbH eine juristische Person des Privatrechts und sowohl finanziell, als auch wirtschaftlich, als auch organisatorisch in das Einzelunternehmen E eingegliedert ist, ist sie unselbstständig und Organtochter des Organträgers E (vgl. Lösung Fall 1). Dementsprechend stellt die Übertragung der Maschinen nur einen nicht steuerbaren Innenumsatz zwischen dem Organträger E und seiner Organgesellschaft E-GmbH dar. Die „Lieferungen" sind nicht steuerbar i.S.v. § 1 UStG. Das im Sachverhalt genannte Begleitpapier gilt nicht als Rechnung (Abschn. 14.1 Abs. 4 UStAE), löst daher auch keine Umsatzsteuerschuld gemäß § 14c UStG aus.

2. a) **Beziehung E-GmbH – U1**

   Erwerb durch U1

   U1 unterliegt in Italien analog §§ 1 Abs. 1 Nr. 5, 1a Abs. 1, 3d UStG einem innergemeinschaftlichen Erwerb.

   Lieferung durch E-GmbH

   Gegenüber Dritten tritt die E-GmbH wie ein eigenes Unternehmen auf. Dabei kommt es zu einer innergemeinschaftlichen Lieferung, die im Inland steuerbar (§ 3 Abs. 6 UStG), aber steuerfrei ist (§ 4 Nr. 1b, 6a UStG). Hierfür erhält die E-GmbH eine eigene Umsatzsteuer-Identifikationsnummer gemäß § 27a Abs. 1 Satz 3 UStG, unter der sie selbst eine Zusammenfassende Meldung nach § 18a Abs. 5 Satz 4 UStG abgibt. Die innergemeinschaftliche Lieferung wird allerdings in der Umsatzsteueranmeldung und der gesonderten Erklärung (§ 18b UStG) des E als Organträger berücksichtigt.

b) **E-GmbH an U2**
Auch diese Lieferungen sind gemäß § 3 Abs. 1, Abs. 6 UStG im Inland steuerbar. Die Lieferungen sind allerdings steuerfrei nach § 4 Nr. 1a i.V.m. § 6 UStG. Die Umsätze werden vom Organträger E angemeldet.

c) **E-GmbH an U3**
Die E-GmbH (Zurechnung E) führt eine Werklieferung gemäß § 3 Abs. 4 UStG aus. Sie muss nicht nur die Maschine an U3 übereignen, sondern auch noch vor Ort die Maschine betriebsbereit montieren, dabei ist die verkaufte Maschine ein Hauptstoff und die vorhandenen Maschinen sind Hauptstoff des Bestellers. Die Werklieferung wird analog § 3 Abs. 7 Satz 1 UStG in Frankreich erbracht und ist dort steuerbar. Eine innergemeinschaftliche Lieferung scheitert daran, dass die „montierte Maschine" nicht bewegt („befördert" oder „versendet") werden kann i.S.v. § 6a Abs. 1 Nr. 1 UStG. Die E-GmbH wird also steuerpflichtig in Frankreich für U3 tätig. Abhängig vom französischen Recht, verlagert sich die Steuerschuld eventuell auf den französischen Empfängerunternehmer U3 ähnlich § 13b Abs. 5 Satz 1 i.V.m. Abs. 2 Nr. 1 UStG. Die E-GmbH stellt unter dieser Voraussetzung U3 ihre Leistung ohne Ausweis der Umsatzsteuer und unter Hinweis auf die Umkehr der Steuerschuld in Rechnung.

d) **E-GmbH – P**
Der Lieferort einer bewegten Lieferung ergibt sich regelmäßig aus § 3 Abs. 6 UStG und befände sich damit im Inland. Hier kommt allerdings eine Verlagerung nach § 3c UStG in Betracht. Wie von § 3c Abs. 1 UStG gefordert, versendet die E-GmbH die Waren. P ist ein Abnehmer i.S.v. § 3c Abs. 2 Nr. 1 UStG. Laut Sachverhalt wird die in Italien gültige Lieferschwelle des § 3c Abs. 3 UStG (Abschn. 3c.1 Abs. 3 UStAE: 35.000 €) überschritten. Der Lieferort verlagert sich demnach ins Bestimmungsland Italien. Die Lieferung ist in Italien steuerbar und steuerpflichtig. Schon deshalb, weil P kein Unternehmer ist, scheidet eine steuerfreie innergemeinschaftliche Lieferung aus (vgl. § 6a Abs. 1 Nr. 2a UStG).
Auch eine Umkehr der Steuerschuld ist aus diesen Gründen nicht denkbar (vgl. § 13b Abs. 5 Satz 1 UStG).
Die E-GmbH muss sich in Italien registrieren lassen und den Umsatz dort anmelden.

e) **E-GmbH an Schweizer Lager**
Das Lager ist Teil der E-GmbH i.S.v. § 2 Abs. 1 Satz 2 UStG, der insoweit organschaftlicher Regelung vorgeht. Es handelt sich um ein nicht steuerbares Verbringen von einem Unternehmensteil in einen anderen Unternehmensteil der E-GmbH (vgl. Abschn. 2.9 Abs. 2 UStAE).

Teil III: Übungsklausuren

Übungsklausur 1

Allgemeiner Teil

Armin Meyer (AM) [§ 16 UStG; VAZ = Monat] lebt mit seiner Ehefrau Christine Meyer (CM) in Görlitz. Gemeinsam bewohnen sie ein Einfamilienhaus am Rande der Stadt.

AM ist ausgebildeter Uhrmachermeister und betreibt seit 1991 in Görlitz auf dem Mittelmarkt einen Einzelhandel für Uhren aller Art nebst deren Reparatur.

Aufgaben:

1. Beurteilen Sie die dargestellten Geschäftsvorfälle hinsichtlich ihrer umsatzsteuerlichen Auswirkungen im Jahr **2016** auf AM.
   Hierbei ist insbesondere auf die Umsatzart, den Ort der Leistung, die Steuerbarkeit und Steuerpflicht, die Bemessungsgrundlage, den Steuersatz, die Höhe der Umsatzsteuer und soweit möglich die Entstehung der Umsatzsteuer einzugehen.
   Die Bemessungsgrundlage ist auch bei steuerfreien Umsätzen anzugeben.
   Soweit es der Sachverhalt erlaubt, ist auch auf die Abzugsmöglichkeiten von Vorsteuerbeträgen im jeweiligen Voranmeldungszeitraum einzugehen.
2. Sollten Umsätze im Ausland erbracht werden, ist auf die Steuerbarkeit und Steuerpflicht sowie die umsatzsteuerlichen Registrierungspflichten im Ausland **analog** des deutschen UStG einzugehen.
3. Es ist zusätzlich auf die umsatzsteuerlichen Auswirkungen des betreffenden Geschäftsvorfalles bei MF einzugehen; auf die Auswirkungen bei GF braucht nicht weiter eingegangen zu werden.

Bearbeitungshinweise:

1. Der UStAE ist nur insoweit zu zitieren, als er Aussagen enthält, die über den Gesetzestext hinausgehen.
2. Alle genannten Unternehmer treten unter der Umsatzsteuer-Identifikationsnummer des Staates auf, in welchem sie ansässig sind.
3. Die Rechnungen entsprechen – soweit sich aus dem Sachverhalt nichts anderes ergibt – den Anforderungen der §§ 14, 14a UStG.
4. Sofern nicht im Sachverhalt etwas anderes angegeben ist, überschreiten alle genannten Unternehmen die Erwerbsschwelle sowie die Lieferschwelle.
5. Soweit Wahlrechte hinsichtlich der Zuordnung von Gegenständen zum Unternehmen bestehen, wurden diese Gegenstände in vollem Umfang dem Unternehmen zugeordnet.
6. AM verzichtet auf die Anwendung des § 25a Abs. 4 sowie Abs. 8 UStG.

Sachverhalt 1

Anfang 2016 suchte der Kfz-Händler Maurizio Förster (MF) aus Leipzig als Zugabe zum Verkauf eines Sportwagens Mc Laren F1 Limited Edition eine passende Armbanduhr.

Am 25.02.2016 hat er sich deshalb bei AM eine neue Glashütte Original Panomatic ausgesucht. Der Verkaufspreis von 22.900 € schreckte ihn jedoch etwas ab.

Nach einigen Überlegungen schlug er dem AM vor, eine alte defekte Taschenuhr, die er von einem insolventen Kunden für den Verkauf eines gebrauchten Porsche erhalten hatte und zufällig bei sich trug, in Zahlung zu geben.

Nach AMs Einschätzung war die Uhr, ein altes Modell der Fa. A. Lange & Söhne, sehr wertvoll. Der Wert betrug dem Zustand entsprechend immerhin noch 12.000 €. MF war total überrascht und willigte in AMs Angebot ein, die Taschenuhr in Zahlung zu nehmen.

Schnell führ MF zur Bank, hob Geld von seinem Geschäftskonto ab und übergab AM 10.900 € in bar sowie die Taschenuhr.

Im Nachhinein rief AM auf Anraten seines Steuerberaters bei MF an und bat noch um Zusendung einer Rechnung. Diese ging am 03.03.2016 ein und lautete neben den weiteren Angaben über 10.084 € zuzüglich 1.916 € USt.

AM untersuchte in den nächsten Tagen die alte Taschenuhr genauer und stellte fest, dass es sich nicht nur um ein altes, sondern auch um ein sehr seltenes Exemplar aus dem Jahr 1923 handelt. Deshalb beschloss er, die Uhr zu restaurieren. Die defekte Mechanik reparierte er selbst.

Das gerissene Glas samt Einfassung ließ er bei der Firma Tussot in der Schweiz anfertigen. Diese sandte ihm das Glas am 22.03.2016 per Paketdienst APS unverzollt und unversteuert zu.

Die beiliegende Rechnung lautete inkl. Transportkosten über umgerechnet 2.500 €. Der Paketdienst übergab AM ebenfalls eine Rechnung über die beim Zoll zu verauslagende Einfuhrumsatzsteuer.

Nach dem beigefügten Abgabenbescheid des zuständigen Zollamtes betrug diese 457 € und wurde durch den Paketdienst noch am 22.03.2016 bezahlt. Weitere Belege erhielt AM nicht. Dieser bezahlte daraufhin am 02.04.2016 beide Rechnungsbeträge per Banküberweisung von seinem Geschäftskonto.

Die fertig restaurierte Uhr bot AM mehreren Kunden für 30.000 € zum Kauf an. Da sich jedoch für den Preis kein Käufer fand, sandte er die Uhr an seinen alten Schulfreund Frank Richter (FR), welcher in Rostock/Warnemünde am „Alten Strom" ein Fachgeschäft für exklusive Uhren betreibt. Er bat ihn, die Uhr zu veräußern. Vom Erlös sollte sich FR 10 % als Provision einbehalten.

FR gelang es, einen Sammler aus Malmö (Schweden) zu finden. Da von dem betreffenden Modell jedoch noch eine größere Anzahl weltweit existierte, wollte dieser für die Uhr lediglich 20.000 € bezahlen. AM stimmte diesem Angebot zähneknirschend zu. FR veräußerte somit am 20.06.2016 im eigenen Namen, jedoch für Rechnung des AM die Uhr an den Sammler und versandte diese nach Schweden.

Von dem erzielten Veräußerungserlös behielt FR den vereinbarten Prozentsatz ein und überwies AM 18.000 € auf sein Bankkonto. Zum Nachweis des Verkaufes übersandte GF die Verkaufsrechnung sowie den Versandbeleg des Paketdienstes an AM.

Sachverhalt 2

Nach langer Suche war es AM gelungen, für den Sammler und guten Kunden Freddy Franke (FF) eine Herren- und eine Damen-Armbanduhr im Partnerlook des deutschen Herstellers „MeisterSinger", beide aus dem Jahre 1954, ausfindig zu machen.

Die Damen-Uhr konnte er von einem Händler aus Belgien erwerben. Dieser sandte AM die Uhr am 25.05.2016 per Post zu. Die beigefügte Rechnung mit selbigem Datum lautete über 6.900 € und entspricht im Übrigen den Vorschriften der §§ 14 und 14a UStG.

Die Herrenuhr befand sich im Besitz eines privaten Sammlers aus München. AM konnte ihm die Uhr für 6.400 € abkaufen. AM bot daraufhin die Uhren für jeweils 7.500 € zum Kauf an. Dieser erschien im Juni 2016 bei AM und nahm das Angebot sofort an.

FF bezahlte den Kaufpreis von 15.000 € mit einem Scheck und gab AM für sein Bemühen zusätzlich 200 € in bar. Die beiden Uhren nahm FF mit und ergänzte mit ihnen seine Sammlung.

Sachverhalt 3

AM hat aus einen im Vorjahr erfolgten Verkauf von 60 Uhren für 12.000 € zuzüglich 2.280 € USt noch Forderungen i.H.v. 4.000 €.

Nach mehrfachen Mahnungen gingen am 15.02.2016 500 € auf dem betrieblichen Bankkonto ein.

Daraufhin wandte sich AM an ein europaweit tätiges Inkassobüro.

Nach dessen Ermittlungen wurde bereits am 05.03.2016 über das Vermögen des Kunden das Insolvenzverfahren eröffnet.

Die noch offene Restforderung machte KK bei seiner Warenkreditversicherung geltend. Diese zahlte am 08.05.2016 den Restbetrag, abzüglich einer Selbstbeteiligung von 20 %.

Lösung Übungsklausur 1

Sachverhalt 1
Verkauf Glashütte Panomatic durch AM
Der Verkauf der Rolex ist eine Lieferung (§ 3 Abs. 1 UStG) im Rahmen eines Tausches mit Baraufgabe (§ 3 Abs. 12 Satz 1 UStG).

Ort der Lieferung ist Görlitz, Abholfall (§ 3 Abs. 6 Sätze 1 und 2 UStG). Görlitz befindet sich im Inland (§ 1 Abs. 2 Satz 1 UStG).

Die Lieferung ist steuerbar (§ 1 Abs. 1 Nr. 1 UStG) und mangels § 4 UStG steuerpflichtig.

Bemessungsgrundlage ist der gemeine Wert der erhaltenen Uhr zuzüglich der Zuzahlung und abzüglich der USt (§ 10 Abs. 1 Sätze 1 und 2 i.V.m. Abs. 2 Sätze 2 und 3 UStG.
BMG = 19.264 € (12.000 € + 10.900 € = 22.900 € ./. 3.656 € USt).
Bei einem Steuersatz von 19 % beträgt die Steuer 3.656 € (§ 12 Abs. 1 UStG).
Steuerentstehung mit Ablauf des VAZ 02/16 (§ 13 Abs. 1 Nr. 1a Satz 1 UStG).
Steuerschuldner ist AM (§ 13a Abs. 1 Nr. 1 UStG).

Hingabe Taschenuhr durch MF
Die Hingabe der Taschenuhr durch MF ist eine Lieferung (§ 3 Abs. 1 UStG) im Rahmen eines Tausches mit Baraufgabe (§ 3 Abs. 12 Satz 1 UStG).

Ort der Lieferung ist Görlitz, mit Übergabe im Laden durch MF an AM (§ 3 Abs. 6 Satz 1 UStG).

> **Beachte!** Die Beförderung der Taschenuhr nach Görlitz ist als rechtsgeschäftsloses Verbringen anzusehen, da der Entschluss zum Verkauf und die tatsächliche Veräußerung der Uhr selbst, erst im Geschäft des AM erfolgt sind.

Görlitz befindet sich im Inland (§ 1 Abs. 2 Satz 1 UStG).

Die Lieferung ist steuerbar (§ 1 Abs. 1 Nr. 1 UStG) und mangels § 4 UStG steuerpflichtig.

Bemessungsgrundlage ist der gemeine Wert der erhaltenen Taschenuhr Lange & Söhne vermindert um die Zuzahlung und abzüglich der USt (§ 10 Abs. 1 Sätze 1 und 2 i.V.m. Abs. 2 Sätze 2 und 3 UStG).
BMG = 10.084 € (22.900 € ./. 10.900 € = 12.000 € ./. 1.916 € USt).
Bei einem Steuersatz von 19 % beträgt die Steuer 3.656 € (§ 12 Abs. 1 UStG).
Steuerentstehung mit Ablauf des VAZ 02/16 (§ 13 Abs. 1 Nr. 1a Satz 1 UStG).
Steuerschuldner ist MF (§ 13a Abs. 1 Nr. 1 UStG).

Vorsteuerabzug des AM aus dem Ankauf der Taschenuhr
Die in der Rechnung des MF ausgewiesene USt ist bei AM als Vorsteuer abziehbar (§ 15 Abs. 1 Nr. 1 UStG) und aufgrund der späteren nicht vorsteuerschädlichen Weiterlieferung der Uhr abzugsfähig (Umkehrschluss zu § 15 Abs. 2 UStG).

Wegen dem Eingang der Rechnung im März 2016 ist der Vorsteuerabzug erst im VAZ 03/16 möglich (Abschnitt 15.2 Abs. 2 Satz 8 UStAE).

Vorsteuerabzug der EUSt
Die für den Erwerb des Uhrenglases entrichtete Einfuhrumsatzsteuer ist bei KK als Vorsteuer abziehbar (§ 15 Abs. 1 Nr. 2 UStG) und aufgrund der nicht vorsteuerschädlichen Verwendung abzugsfähig (Umkehrschluss zu § 15 Abs. 2 UStG).

Die Vorsteuer ist mit deren Bezahlung beim Zoll im VAZ 03/16 abzugsfähig. Die Verauslagung der Einfuhrumsatzsteuer und die erst spätere Zahlung durch KK an den Paketdienst ist unbeachtlich (Abschnitt 15.8 Abs. 7 UStAE).

Verkauf Taschenuhr
Der Versand der Taschenuhr an GF ist ein rechtsgeschäftsloses Verbringen, da zu diesem Zeitpunkt der tatsächliche Verkauf noch nicht feststand.

Der spätere Verkauf der Uhr durch AM ist eine Lieferung im Rahmen eines Kommissionsgeschäftes, da FR die Uhr im eigenen Namen und für Rechnung des AM weiterveräußert (§ 3 Abs. 3 UStG).
Zeitpunkt der Lieferung von AM an FR ist der 20.06.2016, der Tag des Verkaufes durch FR an den Abnehmer in Schweden (Abschnitt 3.1. Abs. 3 Satz 7 UStAE).
Ort der Lieferung des AM an FR ist Rostock, Verschaffung der Verfügungsmacht (§ 3 Abs. 7 Satz 1 UStG). Rostock befindet sich im Inland (§ 1 Abs. 2 Satz 1 UStG).
Die Lieferung ist steuerbar (§ 1 Abs. 1 Nr. 1 UStG) und mangels § 4 UStG steuerpflichtig.
Bemessungsgrundlage ist alles was FR aufwendet abzüglich der USt (§ 10 Abs. 1 Sätze 1 und 2 UStG).
BMG = 15.126 € (18.000 € ./. 2.874 € USt).
Bei einem Steuersatz von 19 % beträgt die Steuer 2.874 € (§ 12 Abs. 1 UStG).
Steuerentstehung mit Ablauf des VAZ 06/16 (§ 13 Abs. 1 Nr. 1a Satz 1 UStG).
Steuerschuldner ist AM (§ 13a Abs. 1 Nr. 1 UStG).

Sachverhalt 2
Erwerb Damen-Uhr
Die Damen-Uhr gelangt beim Erwerb durch AM aus dem Gebiet des Mitgliedstaates Belgien in das Gebiet des Mitgliedstaates Deutschland (§ 1a Abs. 1 Nr. 1 UStG).

AM ist ein Unternehmer und tätigt durch die Verwendung seiner USt-Identifikations-nummer (lt. Aufgabenstellung Rechnung gem. § 14a Abs. 3 UStG) den Erwerb im Rahmen seines Unternehmens (§ 1a Abs. 1 Nr. 2 UStG).

Die Lieferung durch den belgischen Händler wird im Rahmen seines Unternehmens ausgeführt (ebenfalls durch Verwendung seiner USt-Identifikationsnummer) und ist nicht aufgrund der Kleinunternehmerregelung steuerfrei (§ 1a Abs. 1 Nr. 3 UStG).

Der Erwerb durch AM gilt somit als innergemeinschaftlicher Erwerb (§ 1a Abs. 1 UStG). Ort des innergemeinschaftlichen Erwerbs ist dort, wo sich der Gegenstand am Ende der Beförderung oder Versendung befindet = Görlitz = Deutschland (§ 3d Satz 1 UStG).

Eine Verlagerung des Ortes nach § 3d Satz 2 UStG findet nicht statt, da AM mit keiner (von Deutschland) abweichenden USt-Identifikationsnummer auftritt (§ 3d Satz 2 UStG).

Der innergemeinschaftliche Erwerb ist steuerbar (§ 1 Abs. 1 Nr. 5 UStG) und mangels § 4b UStG steuerpflichtig.
Bemessungsgrundlage ist alles was AM aufwendet abzüglich der USt (§ 10 Abs. 1 Sätze 1 und 2 UStG).
BMG = 6.900 € (6.900 € + 1.311 € ./. 1.311 € USt).
Bei einem Steuersatz von 19 % beträgt die Steuer 1.311 € (§ 12 Abs. 1 UStG).
Steuerentstehung mit Ausgabe der Rechnung/Ablauf des VAZ 05/16 (§ 13 Abs. 1 Nr. 6 UStG).
Steuerschuldner ist der Erwerber AM (§ 13a Abs. 1 Nr. 5 UStG).

Vorsteuerabzug aus dem Erwerb der Damenuhr
Die für den innergemeinschaftlichen Erwerb geschuldete Umsatzsteuer ist bei AM als Vorsteuer abziehbar (§ 15 Abs. 1 Nr. 3 UStG) und aufgrund der späteren nicht vorsteuerschädlichen Weiterlieferung der Uhr abzugsfähig (Umkehrschluss zu § 15 Abs. 2 UStG).

Die Vorsteuer ist im VAZ 05/16, dem VAZ der Entstehung der Umsatzsteuer auf den innergemeinschaftlichen Erwerb geltend zu machen.

Vorsteuerabzug aus dem Erwerb der Herrenuhr
Aus dem Erwerb der Herrenuhr ist kein Vorsteuerabzug möglich, da die Lieferung nicht durch einen Unternehmer erfolgt ist (§ 15 Abs. 1 Satz 1 Nr. 1 UStG).

Veräußerung der Uhren an FF
Bei der Veräußerung der Uhren an FF handelt es sich um zwei Lieferungen (§ 3 Abs. 1 UStG).
Ort der Lieferungen ist Görlitz, Abholfall (§ 3 Abs. 6 Sätze 1 und 2 UStG).
Görlitz ist Inland (§ 1 Abs. 2 Satz 1 UStG).

Die Lieferungen sind steuerbar (§ 1 Abs. 1 Nr. 1 UStG) und mangels § 4 UStG steuerpflichtig.

Herrenuhr

AM ist ein Wiederverkäufer i.S.d. § 25a Abs. 1 Nr. 1 UStG. Die Herrenuhr wurde an AM im Gemeinschaftsgebiet geliefert und für diese Lieferung wurde durch den privaten Sammler keine Umsatzsteuer geschuldet (§ 25a Abs. 1 Nr. 2 a) UStG). Es handelt sich nicht um Edelsteine/Edelmetalle (§ 25a Abs. 1 Nr. 3 UStG).

Für die Lieferung der Herrenuhr ist die **Differenzbesteuerung** anwendbar (§ 25a Abs. 1 UStG). Der Umsatz aus dem Verkauf der Herrenuhr bemisst sich nach dem erzielten Mehrerlös **(Differenz zwischen Verkaufspreis und Einkaufspreis)** abzüglich der USt (§ 25a Abs. 3 Sätze 1 und 3 UStG).

> **Beachte!** Die zusätzliche Barzahlung ist anteilig mit einzubeziehen (Abschnitt 10.1 Abs. 5 Satz 1 UStAE).

BMG = 1.008 € (7.500 € + 100 € ./. 6.400 € = 1.200 € ./. 192 € USt).

Bei einem Steuersatz von 19 % beträgt die Steuer 192 € (§ 25 Abs. 5 Satz 1 UStG, § 12 Abs. 1 UStG).

Damen-Uhr

Für die Lieferung der Damen-Uhr hat der belgische Lieferant die Steuerbefreiung für innergemeinschaftliche Lieferungen in Anspruch genommen und AM hat den Ankauf als innergemeinschaftlichen Erwerb versteuert.

Die Differenzbesteuerung ist für diese Lieferung nicht anwendbar (§ 25a Abs. 7 Nr. 1 a) UStG).

Bemessungsgrundlage für den Verkauf der Damenuhr ist alles was FF aufwendet, um die Uhr zu erhalten, abzüglich der USt (§ 10 Abs. 1 Sätze 1 und 2 UStG), inkl. der anteiligen Barzahlung.

BMG = **6.387 €** (7.500 € + 100 € = 7.600 € ./. 1.213 € USt)

Bei einem Steuersatz von 19 % beträgt die Steuer 1.213 € (§ 12 Abs. 1 UStG).

Steuerentstehung für beide Lieferungen mit Ablauf des VAZ 06/16 (§ 13 Abs. 1 Nr. 1a) Satz 1 UStG).

Steuerschuldner für beide Umsätze ist AM (§ 13a Abs. 1 Nr. 1 UStG).

Sachverhalt 3

Die Lieferung der Uhren wurde bereits in 2015 versteuert. Die Bemessungsgrundlage betrug gem. § 10 Abs. 1 UStG 12.000 € (14.280 € ./. 2.280 € USt).

Die Restforderung i.H.v. 3.500 € (4.000 € ./. 500 €) wird zum Zeitpunkt der Eröffnung des Insolvenzverfahrens über das Vermögen des Kunden uneinbringlich (Abschnitt 17.1 Abs. 5 i.V.m. Abs. 16 UStAE). Somit tritt eine Änderung der Bemessungsgrundlage für den ursprünglich in 2015 versteuerten Umsatz ein.

Die Steuer ist entsprechend zu korrigieren (§ 17 Abs. 1 Satz 1 i.V.m. Abs. 2 Nr. 1 Satz 1 UStG).

Die Umsatzsteuer bezüglich des ausgefallenen Betrages kann i.H.v. 559 € (3.500 € × 19/119) im VAZ 03/16 steuermindernd berücksichtigt werden (§ 17 Abs. 1 Satz 7 UStG)

> **Beachte!** Die Zahlung der Warenkreditversicherung stellt einen nicht steuerbaren Schadensersatz dar und ist damit nicht als Entgelt zu erfassen (Abschnitt 1.3 Abs. 7 Satz 1 UStAE).

Übungsklausur 2

Alf Meier (AM) [§ 16 UStG, Voranmeldungszeitraum = Kalendermonat] gründete nach erfolgreichem Studium an der Berufsakademie Bautzen (Fachrichtung Spedition, Transport und Logistik) zum 31.01.14 seine eigene Firma Meier-Transport und Handel mit Sitz in Bautzen, Dieselstraße 3.

Das Betriebsgrundstück Dieselstraße 3 hat AM für einen Zeitraum von 5 Jahren von der Stadt Bautzen angemietet. Zum 02.01.16 lagert AM **nur** die Verwaltung seines Unternehmens in das von ihm neu errichtete Gebäude auf der Parkstraße 6 in Bautzen aus **(vgl. Sachverhalt 7)**.

Das bisher unbebaute und ungenutzte Grundstück Parkstraße 6 hatte AM 13 von seiner verstorbenen Großmutter geerbt.

Gegenstand des Unternehmens des AM ist der nationale und internationale Handel mit neuen und gebrauchten Fahrzeugen, LKW, Trucks, Busse, PKW und Wohnanhängern einschließlich Zubehör- und Ersatzteilen sowie deren Reparatur und Inspektion.

Aus den von AM geführten Aufzeichnungen lassen sich u.a. folgende Geschäftsvorfälle entnehmen:

Sachverhalt 1

VW T5 Multivan
Erstzulassung 19.06.15
Kilometerstand: 9.600
7 Sitzplätze, langer Radstand

AM hatte dieses Modell am 28.12.16 vom norwegischen Fahrzeug-Exporteur Solskjaer (S) aus Oslo/Norwegen für 45.000 € erworben.

Da die Nachfrage in Deutschland im Zuge des Skandals um gefälschte Abgaswerte ausblieb, verkaufte er das Fahrzeug am 12.02.16 an die Großfamilie Tullamore aus der Nähe von Blarney Castle/Irland. Da Kundenfreundlichkeit bei AM großgeschrieben wird und er diese Gegend ohnehin schon länger bereisen wollte, fuhr er den Multivan eigenhändig zu den Tullamores, wo er den Wagen nach Fährüberfahrt am 16.02.16 persönlich übergab.

Da es sich um ein Verlustgeschäft ohne einen erzielten Mehrwert handelte, wies AM in der beigefügten Rechnung über 43.500 € keine Mehrwertsteuer aus.

Sachverhalt 2

VW Tiguan 2.0 TDI

Da seit dem im Dezember 15 durchgeführten Softwareupdate die Fahrleistungen des VW nicht mehr zufriedenstellend waren, verkaufte die freiberuflich tätige Hebamme Manuela Bastian (MB) aus Görlitz am 08.01.16 ihren erst im Oktober 15 vom VW Zentrum in Dresden erworbenen und ausschließlich für unternehmerische Fahrten genutzten VW Tiguan an AM.

MB hatte AM ein Angebot unter Berücksichtigung eines von ihr geschätzten Wertverlustes unterbreitet.

Nach schnell erfolgter Einigung und Fahrzeugübergabe erstellte AM auf Wunsch der MB eine Abrechnung über 7.500 € zzgl. 19 % MwSt.

Mit einer Kopie der Abrechnung in den Händen (das Original verblieb bei AM) ging MB glücklich und zufrieden nach Hause.

Sachverhalt 3

Land Rover Defender 210 Station Wagon ROUGH
Erstzulassung 2005
Laufleistung 84.711 km

Teil III: Übungsklausuren

Auf der Internetseite der in Luxemburg ansässigen Firma Mega Mobile BV (MM) entdeckte AM ein interessantes Modell eines Land Rover Defender **(siehe oben)**.

Nach zähen Preisverhandlungen und erfolgter Bestellung wurde der Land Rover am 27.06.16 auf dem Betriebsgelände von dem durch MM beauftragten Spediteur Interlogistik an AM übergeben.

Die aufgrund eines technischen Problems erst am 05.08.16 ausgestellte und übermittelte Rechnung lautete auf einen Betrag i.H.v. 35.700 € und trug den Hinweis, dass es sich um eine steuerfreie Binnenmarkt-Lieferung handelt.

Alle weiteren notwendigen Angaben im Sinne des §14 UStG und § 14a UStG waren ebenfalls in der Rechnung enthalten.

Um aus dem etwas ungepflegten Fahrzeug wieder ein ansehnliches Verkaufsobjekt zu machen, beauftragte AM am 05.07.16 den in Harachov (Tschechien) ansässigen PKW-Tuner Kaminski (K) mit einer umfassenden Fahrzeugaufbereitung. Für die vom 26.–28.07.16 verrichteten Arbeiten wurden AM insgesamt 2.600 € ohne Umsatzsteuer berechnet.

Nach Erhalt der Rechnung am 02.08.16 zahlte AM gleich am nächsten Morgen vereinbarungsgemäß unter Abzug von 3% Skonto per Online-Überweisung. Die an dem Land Rover ausgeführten Arbeiten sollten sich schnell bezahlt machen.

Am 06.08.16 erschien der in Kiew/Ukraine ansässige Unternehmer Klitschkau (K), der sich auf Geschäftsreise in Deutschland befand, auf dem Betriebsgelände des AM.

K erklärte, dass er den Land Rover für 55.000 € netto kaufen würde, wenn er ihn sofort mitnehmen könne. Diesem Angebot konnte AM nicht widerstehen; der Kaufvertrag wurde noch an Ort und Stelle unterzeichnet (Rechnung über 55.000 €). Da K nicht über eine USt-IdNr. verfügte, gab sich AM hinsichtlich der notwendigen Nachweise und Belege mit einer Kopie von Personalausweis und Reisepass zufrieden und verließ sich auf eine zusätzlich von K unterschriebene Versicherung über den Transport nach Kiew/Ukraine.

Sachverhalt 4

VW Amarok 3.0 Double Cab

AM ist seit 14 Eigentümer eines im Riesengebirge (Tschechien) gelegenen Wochenendhauses.

Seit dem erfolgreichen Erwerb des Jagdscheines im Jahr 13 ist AM passionierter Jäger und verbringt seinen Urlaub überwiegend in Tschechien.

Wegen der Geländetauglichkeit kaufte AM deshalb einen Geländewagen „VW Amarok" für umgerechnet 40.000 € von dem in Zürich ansässigen Autohaus Wöller (W), auf das AM im Internet aufmerksam geworden war.

Da AM der Auffassung war, er könne den Wagen bei einer Probefahrt in der Schweiz am besten testen, fuhr er im Januar 16 nach Zürich. Nachdem die Probefahrt zu seiner Zufriedenheit verlaufen war, erfolgte die Übergabe des Fahrzeuges gegen die Zahlung des Kaufpreises am 10.02.16 in Zürich.

W hatte das Fahrzeug bereits am 30.04.15 zugelassen und bisher als Vorführwagen genutzt. Bei der Übergabe an AM betrug der Kilometerstand 1.998 km. Das Fahrzeug ordnete AM – wegen der fast ausschließlichen privaten Nutzung – nicht seinem Unternehmensvermögen zu.

AM ließ das Fahrzeug am Grenzübergang vom deutschen Zoll abfertigen und entrichtete die fälligen Eingangsabgaben [Zoll und 19 % Einfuhrumsatzsteuer; es wurde zutreffend ein Zollwert (vgl. § 11 Abs. 1 UStG) von 40.000 € zugrunde gelegt].

Im März 16 fuhr er mit diesem Fahrzeug nach Tschechien, um dort an einer Jagd teilzunehmen. Abends, beim gemeinsamen Essen und Umtrunk, interessierte sich der in Budapest (Ungarn) ansässige Privatmann Laszlo (L) für das Fahrzeug. AM und L wurden sich schließlich einig.

Die Übergabe des Fahrzeuges erfolge am 10. März 16 gegen Zahlung des Kaufpreises i.H.v. 37.500 € in Bautzen. Am 11. März 16 hat L das Fahrzeug in Budapest (mit einem Kilometerstand von 4.600 km) verkehrsrechtlich zugelassen.

Sachverhalt 5

LKW Mercedes Benz Actros 1844 LS 4x2

Im Sommer 16 wandte sich die in Porto/Portugal beheimatete Firma Rodriguez (R) an die in Lauf bei Nürnberg ansässige Zeller Automobil OHG (OHG) und bat darum, einen ihren Wünschen entsprechenden Lkw zu beschaffen.

Nach umfangreichen Internetrecherchen wurde die OHG auf „Truck-Store.de) fündig und bestellte am 27.08.16 einen von AM dort inserierten Mercedes Benz Actros **(siehe oben)**. Die OHG übernahm Gefahr und Kosten des Transports, holte den Lkw am 31.08.16 bei AM ab und fuhr diesen mit einem internationalen Überführungskennzeichen direkt zu Rodriguez nach Portugal. Die körperliche Übergabe des Fahrzeuges an R erfolgte am 02.09.16.

AM hatte den Lkw am 23.12.15 von den unternehmerisch gescheiterten Nikolai Lenk (L) aus Leipzig für 45.000 € erworben.

In Folge der vollständigen Aufgabe seines Fuhrunternehmens zu Beginn des Jahres 15 konnte sich L von seinem Mercedes Actros nicht trennen und übernahm diesen in sein Privatvermögen. Aus Geldnot entschloss er sich jedoch schließlich zu einem Verkauf an AM.

Bei Abholung hatte AM der OHG folgende Rechnung ausgestellt:

LKW Mercedes Benz Actros 1844 LS 4x2	
Sondermodell Black Edition	
Erstzulassung	02.10.2010
Laufleistung	452.852 km
Preis	59.000 €
zzgl. Überführung und TÜV	2.000 €
Zwischensumme	61.000 €
USt 19%	– €
Gesamtsumme	**61.000 €**

Sachverhalt 6

Im Juni 16 erweiterte AM seine Modellpalette um die amerikanischen Pick Ups der Marke Dodge RAM. AM musste jedoch schnell feststellen, dass die Erweiterung seiner Aktivitäten jede Menge Kapital verschlang, da ein entsprechender Markt für diese Autos nicht vorhanden war.

So entschloss er sich, alle auf seinem Betriebsgrundstück befindlichen Dodge RAM zu veräußern. AM beauftragte hierzu den Unternehmensberater Ewald Müller (EM) **(§ 16 UStG/VAZ = Quartal)** aus Chemnitz. Dieser sollte im Namen und auf Rechnung des AM nach entsprechenden Käufern im In- und Ausland suchen. Recht schnell wurde der Großhändler Havel aus Prag als Käufer gefunden, der am 05.07.16 den gesamten Warenbestand (7 Pick UPs der Marke Dodge RAM) für einen Kaufpreis von 504.000 € erwarb.

Von dem Käufer Havel erhielt AM am 07.07.16 folgende E-Mail:

Bitte die Ware nur mit Lieferschein **(ohne Angabe des Kaufpreises)** an Frachtführer F.Scholze aus Bautzen übergeben.	
Empfänger der Ware	Motorradcenter Reißler; Würzburg
Rechnung an	Fa. Havel, Prag

Am 08.07.16 wurden die Fahrzeuge vom beauftragten Frachtführer bei AM abgeholt.

AM erstellte am 09.07.16 folgende Rechnung (auszugsweise):

Lieferung von 7 Pick Ups der Marke Dodge RAM	
Gesamtpreis (netto)	504.000 €
Rechnung ohne USt, da steuerfreie innergemeinschaftliche Lieferung	

EM übergab dem AM am 18.07.16 folgende Rechnung:

Vermittlung des Verkaufes von 7 Pick Ups an die Fa. Havel	
vereinbarte Provision 5 % von 504.000 €	25.200 €
USt 19 %	4.788 €
Gesamt	**29.988 €**

Sachverhalt 7

AM hat auf dem, zu seinem Unternehmensvermögen gehörenden Grundstück in Bautzen, Parkstraße 6, durch den Bauunternehmer Bernd Baumeister aus Altenberg (Sachsen) ein dreigeschossiges Geschäftshaus errichten lassen (Baubeginn 01.02.15).

Alle Etagen sind gleich groß. Das Gebäude war zum 29.12.15 bezugsfertig und wurde an diesem Tag durch AM abgenommen. Es wurde wie folgt genutzt:

Erdgeschoss:
Nutzung ab dem 02.01.16 durch AM für eigengewerbliche Zwecke. AM lagerte zu diesem Zeitpunkt die Verwaltung seines Unternehmens von der Dieselstraße auf die Parkstraße aus. Diese Nutzung wurde auch im Bauantragt angegeben.

1. Obergeschoss
Ab 01.05.16 vermietet an die Stadt Bautzen – Standesamt für monatlich 1.900 € (Mietvertrag vom 01.04.16).

Bei Baubeginn hatte die AM zunächst einen Mietvertrag mit dem Grundstücksmakler Manfred Schmitz abgeschlossen, der das 1. Obergeschoss ab dem 01.04.16 zu einem monatlichen Mietzins von 1.800 € zuzüglich 342 € Umsatzsteuer für berufliche Zwecke anmieten wollte.

Ende Februar 16 erlitt Schmitz einen Herzinfarkt und stellte seine unternehmerische Tätigkeit zum 01.07.16 ein. AM und Schmitz einigten sich am 31.03.16 einvernehmlich, den Mietvertrag aufzulösen.

2. Obergeschoss
Vermietet ab 02.01.16 an die Firma Expo GmbH für monatlich 2.000 € zzgl. 380 € Umsatzsteuer (Mietvertrag vom 01.11.15).

Die Expo GmbH ist als Vermittlerin von Ausfuhrlieferungen deutscher Unternehmer nach Japan und in die USA tätig.

AM hatte zunächst geplant, das 2. Obergeschoss an den Augenarzt Dr. Müller zu beruflichen Zwecken zu vermieten.

Als Dr. Müller am 29.10.15 bei einem Autounfall verstarb, schloss die OHG am 01.11.15 den Mietvertrag mit der Firma Expo GmbH ab.

Sämtliche Mieten wurden – mit Ausnahme der Dezember-Miete der Expo GmbH – fristgerecht am 5. Werktag eines jeden Monats auf das Bankkonto des AM überwiesen. Die Expo GmbH überwies die November-Miete irrtümlich doppelt am 05.11.16. AM und die Expo-GmbH vereinbarten, dass keine Rückzahlung des zu viel gezahlten Betrages erfolgen sollte. Dafür überwies die Expo GmbH keine Miete für Dezember.

AM hat folgende, mit der Errichtung des Geschäftshauses im Zusammenhang stehende Rechnungen erhalten:
1. Anzahlungsrechnung des Bauunternehmers Baumeister vom 15.08.15 über 150.000 € zuzüglich 28.500 € Umsatzsteuer. AM beglich die Rechnung am 10.09.15.
2. Schlussrechnung des Bauunternehmers Baumeister vom 30.12.15 mit Abschlusszahlung über 200.000 € zzgl. 38.000 € Umsatzsteuer. Die Rechnung beglich AM am 15.01.16.
3. Rechnung des Malermeisters Johan Neeskens, Arnheim (Niederlande), vom 05.10.15 über 119.000 € für die am 03.10.15 abgenommene Fassadenverkleidung. AM überwies den Betrag von 119.000 € am 20.12.15.

Sachverhalt 8

Neben seinen anderen Geschäften vertreibt AM im eigenen Namen und auf Rechnung des Herstellers Feliciano aus Turin (Italien) exklusive Wohnanhänger für den anspruchsvollen Campingfreund. Für diese erhält AM eine Provision in Höhe von 25 % des vom Hersteller festgelegten Nettoverkaufspreises von 100.000 €.

Eine eventuell anfallende Umsatzsteuer soll AM zusätzlich dem jeweiligen Käufer in Rechnung stellen. Am 27.02.16 ließ Feliciano durch den von ihm beauftragten Frachtführer Rocci aus Turin 4 Wohnwagen zum Nettoverkaufspreis von 400.000 € von Turin nach Bautzen transportieren.

Die Rechnung des Feliciano über 400.000 € wurde AM mit Auslieferung der Wohnanhänger durch den Frachtführer übergeben.

Im Zeitpunkt des Wareneinkaufes plante AM nur Verkäufe an private Abnehmer in Sachsen. Im Zeitraum vom 01.03. bis 30.09.16 konnte AM die 4 Wohnanhänger zum festgelegten Verkaufspreis an private Abnehmer verkaufen.

Den Nettoverkaufspreis, abzüglich der eigenen Provision überwies AM nach dem jeweiligen Verkauf auf das Bankkonto der Firma Feliciano bei der Banca Internationale in Turin.

Einen Wohnanhänger verkaufte AM an einen privaten Abnehmer aus Chemnitz. Der Käufer ließ den noch nicht zugelassenen Wohnanhänger durch den von AM im fremden Namen und für fremde Rechnung vermittelten Frachtführer Reiser aus Dresden von Bautzen nach Chemnitz zu seinem Wohnsitz transportieren.

Die Firma Reiser trat gegenüber dem Auftraggeber und Käufer des Anhängers im eigenen Namen und auf eigene Rechnung auf.

Für diese Vermittlung erhielt AM vom Frachtführer Reiser nach Auslieferung des Wohnwagens eine Abrechnung über 1.000 € zzgl. 190 € USt. Gleichzeitig wurden von Reiser 1.190 € auf das Betriebskonto des AM bei der Kreissparkasse Bautzen überwiesen.

Einen weiteren Wohnanhänger konnte AM an einen privaten Abnehmer in Polen verkaufen. AM ließ den Wohnanhänger durch den von ihm beauftragten Frachtführer Malenki aus Usti nad Labem (Tschechien) von Bautzen nach Polen zu dem Käufer transportieren.

Für diesen Transport erhielt AM vom Frachtführer Malenki nach der Auslieferung der Ware eine Abrechnung über 1.000 €.

Einen Tag nach Erhalt der Rechnung überwies AM die 1.000 € auf das Betriebskonto des Frachtführers.

Zwei Wohnanhänger wurden bis zum 28.04.16 an private Abnehmer in der Schweiz verkauft; die Käufer ließen die Anhänger durch einen von ihnen beauftragten Spediteur bei AM in Bautzen abholen.

Sachverhalt 9

Im Jahr 16 veranstaltete AM zum ersten Mal einen Tag der offenen Tür in seinem Unternehmen um seinen Bekanntheitsgrad regional und überregional zu steigern.

Am 01.09.16 lud er das interessierte Publikum in seine Geschäftsräume auf die Dieselstraße 3 in Bautzen ein.

Mit der Bewirtung seiner Gäste mit Speisen und Getränken hatte AM den Partyservice Keller, ebenfalls aus Bautzen beauftragt, der auch das nötige Equipment und Personal für die Bewirtung stellte. Die Besu-

Teil III: Übungsklausuren

cher brauchten für die Speisen und Getränke nichts zu bezahlen. Die Rechnung von Keller i.H.v. 5.000 € zuzüglich 950 € USt vom 04.09.16 beglich AM tags darauf.

Als besondere Attraktion verloste AM unter allen Besuchern einen exklusiven PKW-Dachgepäckträger aus dem Bestand seines Unternehmens.

Den Gepäckträger hatte AM im Januar 16 von dem bekannten „Thale" aus Heilbronn für 1.000 € zuzüglich 190 € USt erworben (Rechnung und Bezahlung am 15.01.16). Der glückliche Gewinner, Matteo Sprüngli aus Schaffhausen (Schweiz), nahm den Dachgepäckträger noch am selben Tag mit nach Hause in die Schweiz.

Bearbeitungshinweise:
1. Erforderliche Belege und Aufzeichnungen sind vorhanden.
2. Die formellen Voraussetzungen des § 25b UStG sind gegebenenfalls erfüllt.
3. Voranmeldungszeitraum ist der Kalendermonat.
4. Liefer- und Erwerbsschwellen gelten gegebenenfalls als überschritten.
5. Soweit aus dem Sachverhalt nichts Gegenteiliges hervorgeht:
   - enthalten Rechnungen die nach §§ 14, 14a UStG bzw. §§ 33, 34 UStDV erforderlichen Angaben,
   - besteht gegebenenfalls Einverständnis über die Abrechnung im Gutschriftenweg,
   - versteuern alle angesprochenen Unternehmer ihre Umsätze nach den allgemeinen Vorschriften des UStG und nach vereinbarten Entgelten.
   - Anträge nach § 19 Abs. 2 UStG wurden nicht gestellt,
   - verwenden die Unternehmer im innergemeinschaftlichen Waren- und Dienstleistungsverkehr die Umsatzsteuer-Identifikationsnummer ihres Heimatlandes, von der Möglichkeit eines Verzichts nach § 25a Abs. 8 UStG wurde kein Gebrauch gemacht.
   - wurden gemischt genutzte Wirtschaftsgüter dem Unternehmensvermögen zugeordnet,
   - entspricht die geplante Verwendung der tatsächlichen, liegen alle angegebenen Orte im Inland.
6. Soweit möglich wurden auf die Steuerbefreiungen für Grundstücksvermietungen und Grundstücksveräußerungen in zutreffender Weise verzichtet. Angegebene Beträge sind insoweit Nettobeträge.

Aufgabe:
Beurteilen Sie die angeführten Sachverhalte in ihrer umsatzsteuerlichen Auswirkung auf Alf Meier (AM) im Besteuerungszeitraum **16**.

> **Beachte!** Im Sachverhalt 7 ist auch auf die umsatzsteuerlichen Auswirkungen im Jahr 15 einzugehen. Im Sachverhalt 6 ist auch auf die umsatzsteuerlichen Auswirkungen beim Unternehmer Ewald Müller (EM) und im Sachverhalt 9 beim Partyservice Keller im Kalenderjahr 16 einzugehen.

Hierbei ist insbesondere auf die Umsatzart, die Steuerbarkeit, die Steuerpflicht oder Steuerfreiheit, die Bemessungsgrundlage (für steuerpflichtige und steuerfreie Umsätze), den Steuersatz, die Entstehung der Umsatzsteuer, die Steuerschuldnerschaft und auf den Vorsteuerabzug einzugehen.

Wo es der Sachverhalt erlaubt, ist auch anzugeben, in welchem Voranmeldungszeitraum die Steuer entsteht bzw. zu berichtigen ist und die Vorsteuer abgezogen werden kann.

Die Unternehmereigenschaft des AM ist unstrittig und braucht nicht beurteilt zu werden. Begründen Sie bitte Ihre Entscheidungen unter Angabe der gesetzlichen Bestimmungen.

Lösung Übungsklausur 2

Sachverhalt 1:

VW T5 Multivan
Erstzulassung 19.06.15 Kilometerstand: 9.600 7 Sitzplätze, langer Radstand

Der Verkauf an Familie Tullamore ist eine Lieferung, § 3 Abs. 1 UStG.

AM befördert; § 3 Abs. 6 S. 2 UStG. Der Ort der Lieferung befindet sich grundsätzlich in Bautzen, §§ 3 Abs. 5a, 3 Abs. 6 S. 1 UStG. Allerdings greift im vorliegenden Fall die Sonderregelung des sog. **Versandhandels**, §§ 3 Abs. 5a, 3c UStG.

AM befördert den Liefergegenstand als Lieferer (Verkäufer) aus dem Gebiet eines Mitgliedstaates (Deutschland; § 1 Abs. 2 S. 1 UStG) in das Gebiet eines anderen Mitgliedstaates (Irland; § 1 Abs. 2a S. 1 UStG, Abschnitt 1.10 Abs. 1 S. 2 8. Anstrich UStAE), § 3c Abs. 1 S. 1 UStG.

Die Familie Tullamore gehört nicht zu den in § 1a Abs. 1 Nr. 2 UStG genannten Personen, Die Erwerbsschwelle ist insoweit unbeachtlich, da die Familie Tullamore kein Abnehmer i.S.d. § 3c Abs. 2 Nr. 2 a-d UStG ist.

Die Lieferschwelle i.S.d. § 3c Abs. 3 UStG wird aus Sicht des AM lt. den Bearbeitungshinweisen überschritten. Es liegt **keine** Lieferung eines neuen Fahrzeuges i.S.d. § 1b UStG (der VW T 5 Multivan ist älter als 6 Monate und der Kilometerstand beträgt mehr als 6.000 km, § 1b Abs. 3 Nr. 1 UStG) bzw. von verbrauchsteuerpflichtigen Waren vor, § 3c Abs. 5 UStG. Die Lieferung gilt somit als am Ende der Beförderung = **Irland** ausgeführt § 3c Abs. 1 S. 1 UStG. Das gilt auch, soweit der Gegenstand von AM zuvor aus Norwegen (Drittland; § 1 Abs. 2a S. 3 UStG, Negativabgrenzung zu Abschnitt 1.10 Abs. 1 S. 2 UStAE) in das Gemeinschaftsgebiet eingeführt wurde, § 3c Abs. 1 S. 2 UStG.

Irland ist Ausland, § 1 Abs. 2 S. 2 UStG.
Der Umsatz ist in Deutschland nicht steuerbar, § 1 Abs. 1 Nr. 1 UStG.
Der Umsatz ist in Irland steuerbar, § 1 Abs. 1 Nr. 1 UStG analog.
Der Umsatz ist in Irland steuerpflichtig mangels Steuerbefreiung nach § 4 UStG analog.
AM muss sich in Irland steuerlich registrieren lassen sowie die getätigte Lieferung dort erklären und der (irischen) Umsatzsteuer unterwerfen.

Sachverhalt 2:

VW Tiguan 2.0 TDI

Das durch AM ausgestellte Dokument stellt eine **Gutschrift** dar, die als Rechnung der MB gilt; § 14 Abs. 2 S. 2 und 3 UStG.

Die Gutschriftausstellung ist möglich, zumal sie von den Vertragsparteien vorab vereinbart wurde, Abschnitt 14.3 Abs. 2 S. 1-3 UStAE.

MB hat eine Rechnung (Kopie) erhalten und dieser mangels anderslautender Angaben im Sachverhalt nicht widersprochen; § 14 Abs. 2 S. 3 UStG. AM kann aus der Gutschrift keinen Vorsteuerabzug in Anspruch nehmen, § 15 Abs. 1 S. 1 Nr. 1 S. 1 UStG i.V.m. Abschnitt 15.2 Abs. 1 S. 2 UStAE.

> **Begründung**
> MB erbringt als freiberufliche Hebamme grundsätzlich nach § 4 Nr. 14a S. 1 UStG steuerfreie Umsätze. Auch der Verkauf des VW Tiguan ist als Hilfsumsatz steuerfrei (§ 4 Nr. 28 UStG).

MB schuldet als **Kleinunternehmerin** i.S.d. § 19 UStG die zu Unrecht ausgewiesene Umsatzsteuer; §§ 19 Abs. 1 S. 3 und 4, 14c Abs. 2 S. 1 UStG; Abschnitt 14c.2 Abs. 1 S. 2 UStAE.

> **Beachte!** In dem Fall des Verzichtes auf die Anwendung der Kleinunternehmerregelung durch MB (Option nach § 19 Abs. 2 UStG) käme die Vorschrift des § 14c Abs. 1 UStG (unrichtiger USt-Ausweis) zur Anwendung; Abschnitt 14c.1 Abs. 1 S. 5 Nr. 3 UStAE.

Die Ausstellung einer Gutschrift ist auch in solchen Fällen möglich, Abschnitt 14.3 Abs. 1 S. 4 und 5 UStAE. Die Bezeichnung bzw. Abkürzung „MwSt." ist die umgangssprachliche und gebräuchliche Bezeichnung für die Umsatzsteuer und insoweit nicht zu beanstanden.

Sachverhalt 3:

Land Rover Defender 210 Station Wagon ROUGH
Erstzulassung 2005
Laufleistung 84.711 km

a) Erwerb des Land Rover

Mit dem Erwerb des Land Rover von Mega Mobile (MM) tätigt AM einen innergemeinschaftlichen Erwerb (igE) i.S.d. § 1a UStG, da:
- der Gegenstand der Lieferung aus dem Gebiet eines Mitgliedstaates (Luxemburg; § 1 Abs. 2a S. 1 UStG, Abschnitt 1.10 Abs. 1 S. 2 13. Anstrich UStAE) in das Gebiet eines anderen Mitgliedstaates (Deutschland; § 1 Abs. 2a S. 1 UStG) gelangt, § 1a Abs. 1 Nr. 1 UStG.
- AM als Erwerber ein Unternehmer ist, der den Unimog für sein Unternehmen erwirbt, § 1a Abs. 1 Nr. 2a UStG.
- die Lieferung an AM durch MM als Unternehmer gegen Entgelt im Rahmen seines Unternehmens ausgeführt wird, § 1a Abs. 1 Nr. 3a UStG.
- die Lieferung der MM nicht aufgrund der Sonderregelung für Kleinunternehmer steuerfrei ist; § 1a Abs. 1 Nr. 3b UStG und § 19 Abs. 1 S. 4 UStG analog (lt. den Angaben im Sachverhalt und den Bearbeitungshinweisen treten alle Unternehmer mit der von ihrem Ansässigkeitsstaat erteilten USt-IDNr. auf).

Ein differenzbesteuerter Einkauf durch AM scheidet vorliegend aus, da MM die Steuerbefreiung für innergemeinschaftliche Lieferungen i.S.d. § 6a UStG (analog) in Anspruch genommen hat; § 25a Abs. 1 Nr. 2 UStG, § 25a Abs. 7 Nr. 1 UStG.

Der Ort des igE liegt dort, wo sich der Land Rover am Ende der Beförderung befindet (Bautzen/Deutschland), § 3d S. 1 UStG, § 1 Abs. 2 Satz 1 UStG.

Die Ortsverlagerung des § 3d S. 2 UStG kommt nicht zur Anwendung, da der Erwerber AM lt. den Bearbeitungshinweisen nicht mit einer von einem anderen Mitgliedstaat erteilten, sondern seiner deutschen USt-IdNr. auftritt.

Der innergemeinschaftliche Erwerb ist in Deutschland steuerbar, § 1 Abs. 1 Nr. 5 UStG; er ist steuerpflichtig mangels Steuerbefreiung nach § 4b UStG – § 4b Nr. 4 UStG kommt nicht zur Anwendung, da AM den Land Rover nicht zur Ausführung eines steuerfreien Umsatzes verwendet, für den der Vorsteuerausschluss nach § 15 Abs. 3 Nr. 1a UStG nicht eintritt.

> Vgl. hierzu die nachfolgenden Ausführungen zum Verkauf des Land Rover.

Die Bemessungsgrundlage für den steuerpflichtigen innergemeinschaftlichen Erwerb beträgt 35.700 €, § 10 Abs. 1 S. 1 UStG.
Die Steuer beträgt 19 % = 6.783 €, § 12 Abs. 1 UStG.
Sie entsteht mit Ablauf des Voranmeldezeitraums **Juli 16**.

Lieferung an AM ausgeführt	Juni 16
Rechnung an AM	August 16

Steuerentstehung mit Ablauf des dem Erwerb folgenden Kalendermonats, § 13 Abs. 1 Nr. 6 UStG	Juli 16

Steuerschuldner ist AM, § 13a Abs. 1 Nr. 2 UStG (Erwerber).

AM hat im Voranmeldungszeitraum Juli 16 eine abziehbare und abzugsfähige Vorsteuer i.H.v. 6.783 €, § 15 Abs. 1 S. 1 Nr. 3 UStG i.V.m. Abschnitt 15.10 Abs. 3 S. 1 und 2 UStAE; eine Rechnung ist hierfür nicht erforderlich und deren Ausstellung erst im August daher unbeachtlich, Abschnitt 15.10 Abs. 1 UStAE.

b) Fahrzeugaufbereitung

Bei der Fahrzeugaufbereitung durch den in Tschechien ansässigen Unternehmer Kaminski (K) handelt es sich um eine in Deutschland steuerbare und steuerpflichtige sonstige Leistung i.S.d. §§ 3 Abs. 9; 3a Abs. 2 UStG (analog), für die AM als Leistungsempfänger die Steuer schuldet; §§ 13b Abs. 1, 13b Abs. 5 S. 1, 1. HS, 13b Abs. 7 S. 1, 2. HS UStG.

Die Steuer beträgt 494 € (2.600 € × 19 %), § 12 Abs. 1 UStG.

Die Steuer entsteht mit Ablauf des Voranmeldungszeitraums (VAZ) Juli 16 (Ausführung der Leistung), § 13b Abs. 1 UStG.

AM hat im VAZ Juli 16 eine abziehbare und abzugsfähige Vorsteuer i.H.v. 494 € (§ 15 Abs. 1 S. 1 Nr. 4 S. 1 UStG; Abschnitt 15.10 Abs. 4, Abschnitt 13b.15 UStAE).

Aufgrund des in Anspruch genommenen Skontoabzugs i.H.v. 3 % des Rechnungsbetrages muss AM im VAZ August 16 die Umsatzsteuer und Vorsteuer um 14,82 € (2.600 € × 19 % × 3 %) berichtigen, § 17 Abs. 1 S. 1, 2, 5 und 7 UStG.

c) Verkauf des Land Rover

Mit dem Verkauf des Land Rover an K tätigt AM eine Lieferung, § 3 Abs. 1 UStG.

K befördert; § 3 Abs. 6 S. 2 UStG (Abholfall).

Der Ort der Lieferung liegt am Beginn der Beförderung in Bautzen, § 3 Abs. 5a UStG, § 3 Abs. 6 S. 1 UStG. Bautzen befindet sich im Inland, § 1 Abs. 2 S. 1 UStG.

Der Umsatz ist in Deutschland steuerbar, § 1 Abs. 1 Nr. 1 UStG.

Zu prüfen ist, ob eine **steuerfreie Ausfuhr** i.S.d. § 6 UStG vorliegt:

- Abnehmer K befördert den Land Rover in das Drittlandsgebiet (Ukraine ist Drittland; § 1 Abs. 2a S. 3 UStG, Negativabgrenzung aus Abschnitt 1.10 Abs. 1 S. 2 UStAE, Abschnitt 1.10 Abs. 2 S. 1 UStAE), § 6 Abs. 1 S. 1 Nr. 2 UStG.
- Abnehmer K ist ein ausländischer Abnehmer, § 6 Abs. 1 S. 1 Nr. 2 UStG, § 6 Abs. 2 Nr. 1 UStG.
- Die Voraussetzungen für eine steuerfreie Ausfuhrlieferung müssen von AM **beleg- und buchmäßig** nachgewiesen sein, § 6 Abs. 4 UStG i.V.m. §§ 8, 9, 13 UStDV; Abschnitt 6.5 Abs. 1 S. 1, Abschnitt 6.10 Abs. 1 UStAE.
- im vorliegenden Fall sind die bei AM laut Sachverhalt vorhandenen Belege **nicht** ausreichend, insbesondere fehlt eine **Ausfuhrbestätigung der Grenzzollstelle** bzw. ein **pdf-Ausgangsvermerk** (vgl. z.B. § 9 Abs. 1 Nr. 1 und 2 UStDV, § 9 Abs. 2 UStDV, Abschnitt 6.6 Abs. 1 Nr. 1a und b UStAE) o.ä.

Rechtsfolge:
Es liegt keine steuerfreie Ausfuhr i.S.d. §§ 4 Nr. 1a, 6 UStG vor.
Die Lieferung ist somit steuerpflichtig mangels Steuerbefreiung nach § 4 UStG.
Die USt beträgt 19 % = 8.781,51 € **(§ 12 Abs. 1 UStG) und ergibt sich durch Herausrechnung aus dem Betrag von 55.000 €.**
Die Steuer entsteht m.A. des VAZ August 16, § 13 Abs. 1 Nr. 1a S. 1 UStG.
Steuerschuldner ist AM, § 13a Abs. 1 Nr. 1 UStG.

Teil III: Übungsklausuren

Sachverhalt 4:

VW Amarok 3.0 Double Cab

a) Verkauf des Fahrzeuges durch AM an Laszlo (L)

Mit der Übereignung des PKW am 10. März 16 führt AM an L eine Lieferung i.S.d. § 3 Abs. 1 UStG aus, da er ihm die Verfügungsmacht an dem Fahrzeug verschafft. Zwar liefert AM den zum Privatvermögen gehörenden Pkw nicht im Rahmen seines Unternehmens. Er wird jedoch gem. § 2a Satz 2 i.V.m. Satz 1 UStG so behandelt, als habe er die Lieferung im Rahmen seines Unternehmens getätigt. Denn AM hat an L ein als neu geltendes Fahrzeug gem. § 1b Abs. 2 Satz 1 Nr. 1 i.V.m. Abs. 3 Nr. 1 UStG geliefert. Das motorbetriebene Landfahrzeug hat einen Hubraum von mehr als 48 ccm und es hat nicht mehr als 6.000 km zurückgelegt; unerheblich ist insoweit, dass die erste Zulassung mehr als 6 Monate (30.04.15) zurücklag.

Der Ort der Lieferung ist gem. § 3 Abs. 5a i.V.m. Abs. 6 Satz 1 und 2 UStG dort wo die Beförderung beginnt = Bautzen (§ 1 Abs. 2 Satz 1 UStG: Inland).

Der Umsatz ist daher gem. § 1 Abs. 1 Nr. 1 Satz 1 UStG steuerbar.

Die Lieferung ist gem. § 4 Nr. 1b i.V.m. § 6a Abs. 1 Nr. 1, 2c und 3 UStG als innergemeinschaftliche Lieferung steuerfrei:

- da das Fahrzeug von einem Mitgliedstaat (Deutschland) in ein anderes EU-Land (Ungarn) gelangt, § 6a Abs. 1 Nr. 1 UStG,
- als Erwerber eines neuen Fahrzeugs jeder Erwerber in Betracht kommt, § 6a Abs. 1 Nr. 2c UStG,
- und in Ungarn ein steuerbarer innergemeinschaftlicher Erwerb (§ 6a Abs. 1 Nr. 3 UStG i.V.m. § 1 Abs. 1 Nr. 5, § 1a, § 1b, § 3d UStG analog) vorliegt.

Die Bemessungsgrundlage beläuft sich gem. § 10 Abs. 1 Satz 1 und 2 UStG auf 37.500 €.

AM hat im Hinblick auf § 14a Abs. 4 Satz 2 UStG eine Rechnung auszustellen, in der die in § 1b Abs. 2 und 3 UStG bezeichneten Merkmale, wie Erstzulassung und km-Stand angegeben sind. Er hat gem. § 14b Abs. 1 Sätze 1 bis 4 Nr. 1 UStG die Rechnung 10 Jahre aufzubewahren.

Da die Fahrzeuglieferung nach dem 31.07.12 stattfand, hat der Verkäufer die Meldepflicht aufgrund des § 18c UStG nach der **Fahrzeuglieferungs-MeldepflichtVO** zu beachten.

b) Vorsteuerabzug nach § 15 Abs. 1 Nr. 1 UStG

AM hat **keinen** Vorsteuerabzug gem. § 15 Abs. 1 Satz 1 Nr. 1 UStG aus der Eingangslieferung des Kfz, da die Lieferung zunächst nicht für das Unternehmen des B, erfolgte.

c) Vorsteuer aus § 15 Abs. 1 Nr. 2 UStG (i.V.m. § 15 Abs. 4a UStG)

Die von AM entrichtete Einfuhrumsatzsteuer ist gem. § 15 Abs. 1 Satz 1 Nr. 2 UStG grundsätzlich i.H.v. 7.600 € abziehbar, denn AM ist in diesem Fall als sog. Fiktiv-Unternehmer (§ 2a UStG) anzusehen.

Er hat Einfuhrumsatzsteuer für die von ihm getätigte Einfuhr (§ 1 Abs. 1 Nr. 4 UStG) entrichtet und er hat diese Einfuhr für sein Fiktiv-Unternehmen (Fahrzeug-Lieferung) getätigt, da er die „einfuhrumsatzsteuerliche" Verfügungsmacht (Abschn. 15.8 Abs. 4 Satz 2 i.V.m. Abs. 5 Satz 2 UStAE) beim Grenzübertritt besaß.

Die Vorsteuer ist auch gem. § 15 Abs. 2 Nr. 1 i.V.m. Abs. 3 Nr. 1a i.V.m. § 4 Nr. 1b UStG voll abzugsfähig, da AM mit dem eingeführten Fahrzeug einen steuerfreien Ausgangsumsatz tätigt (kein Ausschlussumsatz). AM unterliegt jedoch den Einschränkungen des § 15 Abs. 4a UStG. Zunächst ist gem. § 15 Abs. 4a Nr. 1 UStG die Umsatzsteuer für die Einfuhr in Höhe von 7.600 € abziehbar und nicht auch die Vorsteuern für die laufenden Kosten.

Darüber hinaus ist gem. § 15 Abs. 4a Nr. 2 UStG nur die Steuer abziehbar, die geschuldet würde, wenn der Fahrzeugverkauf nicht als steuerfreie innergemeinschaftliche Lieferung steuerfrei wäre. Der Vorsteuerabzug ist daher auf 7.125 € (37.500 € × 19 %) beschränkt.

AM kann im Hinblick auf § 15 Abs. 4a Nr. 3 UStG den Vorsteuerabzug erst im März 16 (vgl. § 18 Abs. 4a i.V.m. Abs. 1 UStG) geltend machen.

Sachverhalt 5:

LKW Mercedes Benz Actros 1844 LS 4x2

Hinsichtlich der Lieferbeziehungen AM an die Zeller OHG und Zeller OHG an Rodriguez liegt ein Reihengeschäft vor, da mehrere Unternehmer über denselben Gegenstand ein Umsatzgeschäft abschließen und der LKW bei der Beförderung unmittelbar vom ersten Unternehmer (AM) an den letzten Abnehmer (R) gelangt; § 3 Abs. 6 S. 5 UStG, Abschnitt 3.14 Abs. 1 S. 1 UStAE.

Beachte! Der besondere Fall eines innergemeinschaftlichen Dreiecksgeschäftes kommt nicht in Betracht, da die drei beteiligten Unternehmer nicht in drei verschiedenen Mitgliedstaaten für Zwecke der Umsatzsteuer erfasst sind bzw. sowohl AM als auch die OHG mit ihrer deutschen USt-IdNr. auftreten; § 25b Abs. 1 S. 1 Nr. 2 UStG (siehe auch die Bearbeitungshinweise).

Laut Sachverhalt holt die OHG den LKW bei AM ab und fuhr diesen direkt zum letzten Abnehmer Rodriguez nach Portugal. Die OHG übernahm dabei Gefahr und Kosten des Transportes. Die warenbewegte Lieferung in diesem Reihengeschäft ist demnach grundsätzlich der Lieferung von AM an die OHG zuzuordnen **(widerlegbare Vermutung)**; § 3 Abs. 6 S. 6 1. HS UStG, Abschnitt 3.14 Abs. 9 S. 2 UStAE.

Durch die Übernahme von Gefahr und Kosten des Transportes gilt im vorliegenden Fall jedoch der Nachweis als erbracht, dass die OHG den LKW als Lieferer befördert hat; § 3 Abs. 6 S. 6 2. HS UStG, Abschnitt 3.14 Abs. 9 S. 3 UStAE, Abschnitt 3.14 Abs. 10 S. 1 und 2 UStAE.

Die warenbewegte Lieferung (Beförderung) ist daher der Lieferung der OHG an Rodriguez zuzuordnen, Folgerung aus § 3 Abs. 6 S. 6 UStG.

Die Lieferung von AM an die OHG geht somit der bewegten Beförderungslieferung der OHG an Rodriguez voran, sodass diese am Beginn der Beförderung (Bautzen) als ausgeführt gilt, § 3 Abs. 7 S. 2 Nr. 1 UStG. Bautzen befindet sich im Inland, § 1 Abs. 2 S. 1 UStG. Die Lieferung AM an die OHG ist somit steuerbar, § 1 Abs. 1 Nr. 1 UStG.

Eine steuerfreie innergemeinschaftliche Lieferung nach § 6a UStG für die Lieferung von AM an die OHG kommt nicht in Betracht, da dies nur für die bewegte Lieferung (OHG an Rodriguez) möglich ist; Abschnitt 3.14 Abs. 2 S. 2 und 3 UStAE.

Mangels Steuerbefreiung nach § 4 UStG ist die Lieferung somit steuerpflichtig. Zu prüfen ist, ob die Anwendung der Differenzbesteuerung i.S.d. § 25a UStG möglich ist:

AM gilt als sog. **Wiederverkäufer**, da er gewerbsmäßig mit beweglichen körperlichen Gegenständen handelt; § 25a Abs. 1 Nr. 1 UStG, Abschnitt 25a.1 Abs. 2 S. 1 und 2 UStAE.

Der LKW wurde im Gemeinschaftsgebiet (Deutschland, § 1 Abs. 2a S. 1 UStG) an AM geliefert, § 25a Abs. 1 Nr. 2 S. 1 UStG; für diese Lieferung wurde Umsatzsteuer nicht geschuldet, da Nikolai Lenk den LKW als Nichtunternehmer ohne USt-Ausweis veräußert hat; § 25a Abs. 1 Nr. 2 S. 2 Buchst. a UStG. Der Lkw ist kein Edelstein, § 25a Abs. 1 Nr. 3 UStG. AM hat offenbar nicht auf die Anwendung der Differenzbesteuerung verzichtet (kein Steuerausweis), § 25a Abs. 8 S. 1 1. HS UStG. Für die Lieferung von AM an die OHG gilt somit die Differenzbesteuerung, § 25a Abs. 1 UStG.

Der Umsatz wird nach dem Betrag bemessen, um den der Verkaufspreis den Einkaufspreis übersteigt, abzgl. der in diesem Unterschiedsbetrag enthaltenen Umsatzsteuer (61.000 € ./. 45.000 € = 16.000 € × 100/119 = 13.445 €); § 25a Abs. 3 S. 1 und 2 UStG, Abschnitt 25b.1 Abs. 8 S. 1 UStAE.

Die aufgeführten Kosten i.H.v. 2.000 € sind Nebenkosten, die das Schicksal der Hauptleistung teilen und die Bemessungsgrundlage für die Anwendung der Differenzbesteuerung nicht mindern; Abschnitt 3.10 Abs. 5 S. 1–5 UStAE, Abschnitt 25a.1 Abs. 8 S. 2 UStAE.

Die Steuer beträgt 19 % = 2.554,62 €, §§ 12 Abs. 1, 25a Abs. 5 S. 1 UStG.

Die Steuer entsteht m.A. des VAZ August 16, § 13 Abs. 1 Nr. 1 Buchst. a S. 1 UStG, Abschnitt 13.1 Abs. 1 S. 5 UStAE.

Steuerschuldner ist AM, § 13a Abs. 1 Nr. 1 UStG.

AM hat auf die Anwendung der Sonderregelung der Differenzbesteuerung i.S.d. § 25a UStG in der Rechnung hinzuweisen, § 14a Abs. 6 S. 1 UStG.

Sachverhalt 6:

a) Verkauf des gesamten Warenbestandes durch AM an Havel (Tschechien)
Der Verkauf des Warenbestandes an den in Tschechien ansässigen Unternehmer Havel, stellt **keine Geschäftsveräußerung** im Ganzen dar, da nicht alle wesentlichen Grundlagen des Unternehmens veräußert werden (§ 1 Abs. 1a Satz 2 UStG i.V.m. Abschnitt 1.5 Abs. 1 Satz 1 UStAE).

Im Zeitpunkt der Übereignung waren die wesentlichen Betriebsgrundlagen des AM nicht allein der Bestand an der Marke Dodge RAM (Abschn. 1.5 Abs. 1 Satz 2 UStAE).

Der Handel mit der Marke Dodge bildet in der Gliederung des Einzelunternehmens keinen gesondert geführten, wirtschaftlich selbständigen Betrieb (Abschn. 1.5 Abs. 6 Sätze 1, 2 UStAE).

b) Umsatzgeschäfte zwischen AM – Havel – Reißler
Es liegt ein Reihengeschäft (§ 3 Abs. 6 Satz 5 UStG) vor, da:
- mehrere Unternehmen (AM ,Bautzen/Havel, Prag/Reißler, Würzburg),
- über dieselben Gegenstände (7 Dodge RAM) Umsatzgeschäfte abschließen und
- die Gegenstände im Rahmen einer Versendung unmittelbar vom ersten Unternehmen zum letzten Abnehmer gelangen.

Hierbei liegen zwei Lieferungen vor – AM an Havel und Havel an Reißler. Die Warenbewegung ist nur einer Lieferung zuzuordnen (§ 3 Abs. 6 Satz 5 UStG). Der Transport der Gegenstände erfolgte durch den von Havel, beauftragten Frachtführer Scholze, somit durch den mittleren Unternehmer in der Kette (Abschnitt 3.14 Abs. 7 und 9 UStAE).

Das tschechische Unternehmen Havel ist somit zugleich Abnehmer von AM und Lieferer an Reißler in Würzburg (Abschnitt 3.14 Abs. 9 Satz 1 UStAE). Somit ist die Warenbewegung **grundsätzlich** der Lieferung des vorangegangenen Unternehmens AM zuzuordnen (widerlegbare Vermutung, § 3 Abs. 6 Satz 6 1. Halbsatz UStG i.V.m. Abschnitt 3.14 Abs. 9 Sätze 1 und 2 UStAE).

Da Havel jeweils mit AM bzw. Reißler **keine** gesonderten Lieferklauseln vereinbart hat, kann der Nachweis nicht erbracht werden, dass Havel als Lieferer in der Kette aufgetreten ist (Abschnitt 3.14 Abs. 9 Satz 3, Abs. 10 Sätze 1–3 UStAE).

Die Warenbewegung ist somit der ersten Lieferung AM an Havel zuzuordnen.

Die zweite Lieferung Havel an Reißler ist die ruhende Lieferung (§ 3 Abs. 7 UStG) zuzuordnen.

c) Lieferungen von AM an Havel
Es handelt sich um 7 **Einzellieferungen** im Sinne des § 3 Abs. 1 UStG.

Umsatzort ist Bautzen (§ 3 Abs. 5a, Abs. 6 Sätze 1 und 3 UStG).

Bautzen befindet sich im Inland (§ 1 Abs. 2 Satz 1 UStG).

Der Umsatz ist steuerbar (§ 1 Abs. 1 Nr. 1 UStG).

Es ist zu prüfen, ob die Steuerfreiheit einer innergemeinschaftlichen Lieferung vorliegt (§§ 6a Abs. 1 Satz 1; 4 Nr. 1b UStG).

Da die Gegenstände **nicht** in das übrige Gemeinschaftsgebiet gelangen, ist eine innergemeinschaftliche Lieferung ausgeschlossen (§ 6a Abs. 1 Satz 1 Nr. 1 UStG i.V.m. § 1 Abs. 2a Satz 1 UStG).

Die Lieferung des AM ist steuerpflichtig (mangels § 4 UStG).

Das Entgelt ist alles, was Havel für die 7 Dodge RAM aufwendet, jedoch abzüglich der Umsatzsteuer (§ 10 Abs. 1 Sätze 1 und 2 UStG):

504.000,00 € × 100/119 =	423.529,41 €
Die Umsatzsteuer beträgt 19 % (§ 12 Abs. 1 UStG)	
423.529,41 € × 19 % =	80.470,58 €

Die Steuer entsteht mit Ablauf VAZ Juli 16 (§ 13 Abs. 1 Nr. 1a Satz 1 UStG i.V.m. Abschnitt 13.1 Abs. 2 UStAE). AM ist Steuerschuldner nach § 13a Abs. 1 Nr. 1 UStG.

d) Vorsteuerabzug des AM aus der Vermittlungsleistung des EM
Aus der Rechnung des EM hat AM im VAZ Juli 16 eine abziehbare und abzugsfähige Vorsteuer i.H.v. **4.788,00 €** (§ 15 Abs. 1 Nr. 1 Sätze 1–2 UStG).

Die Eingangsleistung wird ausschließlich zur Ausführung von vorsteuerunschädlichen Ausgangsumsätzen (steuerpflichtiger Weiterverkauf) verwendet.

Der Vorsteuerabzug i.H.v. 4.788 € bleibt im Besteuerungszeitraum 16 unverändert.

e) Ewald Maier (EM)/Vermittlung des Verkaufes der Dodge RAM
EM tritt im fremden Namen und auf fremde Rechnung auf; es liegt kein Kommissionsgeschäft vor (Abschnitt. 3.7 Abs. 1 UStAE).

Die Vermittlung des Verkaufes stellt eine sonstige Leistung (§ 3 Abs. 9 S. 1–2 UStG) dar. Dieser wird als sogenannter B2B-Umsatz an dem Ort erbracht, an dem der Leistungsempfänger sein Unternehmen betreibt (§ 3a Abs. 2 UStG) = Bautzen.

> **Beachte!** Die Vorschrift des § 3a Abs. 3 Nr. 4 UStG ist in vorliegendem Fall nicht einschlägig, da der Leistungsempfänger AM Unternehmer i.S.d. § 2 UStG ist und die Leistung des EM für sein Unternehmen bezieht.

Bautzen befindet sich im Inland (§ 1 Abs. 2 Satz 1 UStG).
Der Umsatz ist steuerbar (§ 1 Abs. 1 Nr. 1 UStG) und steuerpflichtig (mangels § 4 UStG).
Das Entgelt ist die zwischen EM und AM vereinbarte Provision i.H.v. 5 % des Kaufpreises der Dodge RAM (netto); (§ 10 Abs. 1 Sätze 1 und 2 UStG).

vereinbarte Provision 5 % von 504.000 €	25.200 €
USt 19 %; (§ 12 Abs. 1 UStG)	4.788 €
Gesamt	**29.988 €**

Die Umsatzsteuer entsteht mit Ablauf VAZ III. Quartal 16 (§ 13 Abs. 1 Nr. 1a Satz 1 UStG, Abschnitt 13.1 Abs. 3 UStAE). EM ist Steuerschuldner der Umsatzsteuer (§ 13a Abs. 1 Nr. 1 UStG).

Sachverhalt 7:
Geschäftshaus Bautzen, Parkstraße 6
a) Selbstnutzung
Mit der Nutzung des Erdgeschosses hat AM keine Leistung gegenüber einem Dritten bewirkt und auch keine gleichgestellte sonstige Leistung gegen Entgelt i.S.v. § 3 Abs. 9a Nr. 1 UStG ausgeführt, da er die Räume nicht für unternehmensfremde Zwecke verwendet hat.

b) Vermietung
Mit der Vermietung des 1. und 2. Obergeschosses erbringt AM sonstige Leistungen (§ 3 Abs. 9 Sätze 1 und 2 UStG) an die Stadt Bautzen und an die Expo GmbH. Zu einer Vermietung an den Grundstücksmakler Schmitz ist es nicht gekommen.

Bei der Vermietung handelt es sich um monatliche Teilleistungen (§ 13 Abs. 1 Nr. 1 Buchst. a Sätze 2 und 3 UStG), die mit Ablauf der jeweiligen Monate bewirkt werden.

Der Ort der Vermietungsleistungen ist gemäß § 3a Abs. 3 Nr. 1 Buchst. a) UStG der Belegenheitsort des Grundstückes (Bautzen). Bautzen befindet sich im umsatzsteuerlichen Inland, § 1 Abs. 2 Satz 1 UStG.

Die sonstigen Leistungen sind somit steuerbar (§ 1 Abs. 1 Nr. 1 Satz 1 UStG). Die Vermietung des **1. OG** ab 1.5.16 an die Stadt Bautzen stellt eine gem. § 4 Nr. 12 Satz 1 Buchst. a UStG steuerbefreite sonstige Leistung dar.

Ein Verzicht auf die Steuerbefreiung gemäß § 9 Abs. 1 UStG ist nicht möglich, da die Vermietung nicht an einen anderen Unternehmer für dessen Unternehmen erfolgt. Die Stadt Bautzen ist mit dem Standesamt hoheitlich und damit nichtunternehmerisch tätig i.S.d. § 2 UStG.

> **Beachte!** Die Grundsätze des § 2b UStG grundsätzlich erst für nach dem 31.12.16 ausgeführte Umsätze anzuwenden (vgl. § 27 Abs. 22 UStG).

Die Bemessungsgrundlage (§ 10 Abs. 1 Sätze 1 und 2 UStG) beträgt monatlich 1.900 €. Der steuerfreie Umsatz ist mit diesem Betrag in den VAZ 5-12/16 zu erfassen (analog § 13 Abs. 1 Nr. 1 Buchst. a Sätze 1-3 UStG).

Die Vermietung des **2. OG** an die Expo GmbH ist grundsätzlich steuerfrei gemäß § 4 Nr. 12 Satz 1 Buchst. a UStG. Auf die Steuerbefreiung hat AM jedoch verzichtet, in dem er die Vermietungsumsätze als steuerpflichtige Umsätze behandelt hat. Der Verzicht ist auch gem. § 9 UStG zulässig, da AM an einen anderen Unternehmer für dessen Unternehmen vermietet (§ 9 Abs. 1 UStG) und § 9 Abs. 2 UStG der Option nicht entgegensteht.

Zwar sind die Vermittlungsleistungen der Expo GmbH steuerfrei nach § 4 Nr. 5 Satz 1 Buchst. a UStG, jedoch sind diese Umsätze gem. § 15 Abs. 3 Nr. 1 Buchst. a UStG nicht vorsteuerabzugsschädlich. Die Vermietungsumsätze sind somit zu 19 % (§ 12 Abs. 1 UStG) steuerpflichtig.

Die Bemessungsgrundlage (§ 10 Abs. 1 Sätze 1 und 2 UStG) beträgt monatlich 2.000 €. Die Umsatzsteuer für die Monate Januar-November entsteht in Höhe von jeweils 380 € mit Ablauf der VAZ 1-11/16 (§ 13 Abs. 1 Nr. 1 Buchst. a Sätze 1-3 UStG).

Die Umsatzsteuer für den Monat Dezember entsteht in Höhe von 380 € mit Ablauf des VAZ 11/16, weil AM insoweit das Entgelt im Voraus vereinnahmt hat (§ 13 Abs. 1 Nr. 1 Buchst. a Satz 4 UStG). Steuerschuldner ist nach § 13a Abs. 1 Nr. 1 UStG der Unternehmer AM.

c) Steuer für Leistung des Malermeisters Neeskens/Vorsteuerabzug

AM schuldet aus der von Neeskens empfangenen Leistung Umsatzsteuer gemäß § 13b Abs. 2 Satz 1 Nr. 1 UStG. Neeskens führt mit Abnahme des Werkes am 03.10.15 eine Werklieferung (§ 3 Abs. 4 UStG) an AM aus. Ort der Werklieferung ist Bautzen (§ 3 Abs. 7 Satz 1 UStG).

Der steuerbare Umsatz (§ 1 Abs. 1 Nr. 1 Satz 1 UStG) ist zu 19 % (§ 12 Abs. 1 UStG) steuerpflichtig. Da Neeskens im Ausland ansässig ist (§ 13b Abs. 7 UStG) und AM Unternehmer ist (§ 13b Abs. 5 Satz 1 UStG), schuldet AM die Umsatzsteuer.

Bei einer Bemessungsgrundlage (§ 10 Abs. 1 Sätze 1 und 2 UStG) von 119.000 € beträgt die Umsatzsteuer 22.610 €. Sie entsteht mit Ausstellung der Rechnung am 05.10.15 (§ 13b Abs. 2 UStG). In der Voranmeldung 10/15 kann AM diese Umsatzsteuer als Vorsteuer gemäß § 15 Abs. 1 Satz 1 Nr. 4 UStG abziehen, da ein Bezug für das Unternehmen des AM vorliegt.

AM beabsichtigte bei Leistungsbezug am 03.10.15, die Leistung teilweise auch für steuerfreie Umsätze zu verwenden, die den Vorsteuerabzug nach § 15 Abs. 2 Nr. 1 UStG ausschließen (steuerfreie Vermietung des 2. OG an den Augenarzt Dr. Müller). Daher ist die Vorsteuer insoweit nicht abzugsfähig, wie sie zur Ausführung der steuerfreien Vermietung verwendet werden soll (§ 15 Abs. 4 UStG).

Der Vorsteuerabzug beträgt somit (22.610 € × $\frac{2}{3}$ =) **15.073 €**.

d) Vorsteuerabzug aus Bauleistung des Bauunternehmers Baumeister

AM kann die von Baumeister in Rechnung gestellte Umsatzsteuer als Vorsteuer abziehen, weil Baumeister eine Werklieferung (§ 3 Abs. 4 UStG) für das Unternehmen des AM getätigt hat und er die in Rechnung gestellte Umsatzsteuer für die Werklieferung schuldet (§ 15 Abs. 1 Satz 1 Nr. 1 UStG).

Die Werklieferung des Baumeister wird mit Abnahme am 29.12.15 in Bautzen (§ 3 Abs. 7 Satz 1 UStG) ausgeführt.

Der steuerbare Umsatz (§ 1 Abs. 1 Nr. 1 Satz 1 UStG) ist zu 19 % (§ 12 Abs. 1 UStG) steuerpflichtig. Die Bemessungsgrundlage (§ 10 Abs. 1 Sätze 1 und 2 UStG) beträgt 350.000 €, die Umsatzsteuer 66.500 €.

Aus der Anzahlungsrechnung vom 15.08.15 kann AM die Vorsteuer i.H.v. **28.500 €** im VAZ 09/15 bei Zahlung gemäß § 15 Abs. 1 Satz 1 Nr. 1 Satz 3 UStG als Vorsteuer abziehen. Da AM bei Zahlung beabsichtigte, das Gebäude zu 1/3 für Ausschlussumsätze nach § 15 Abs. 2 Nr. 1 UStG zu nutzen (steuerfreie Vermietung an den Augenarzt Dr. Müller) erfolgt der Vorsteuerabzug gemäß § 15 Abs. 4 UStG i.V.m. Abschnitt 15.17 UStAE in Höhe von (28.500 € × 2/3 =) **19.000 €**.

Aus der Schlussrechnung vom 30.12.15 hat AM einen Vorsteuerabzug in Höhe von 38.000 € im VAZ 12/15 (§ 15 Abs. 1 Satz 1 Nr. 1 Satz 1 und 2 UStG).

Ausschlussgründe nach § 15 Abs. 2 Nr. 1 UStG bestehen nicht, weil bei Leistungsbezug am 29.12.15 der Unternehmer AM beabsichtigte, das Gebäude in vollem Umfang für steuerpflichtige Umsätze zu verwenden.

e) Vorsteuerberichtigung nach § 15a UStG

Für das Jahr 16 ist gemäß § 15a Abs. 1 und 5 UStG eine Korrektur der Vorsteuern aus der Herstellung des Gebäudes zu prüfen:

Der 10-jährige Berichtigungszeitraum (§ 15a Abs. 1 Satz 2 UStG) beginnt am 01.01.16 mit der erstmaligen Verwendung für das ganze Gebäude (§ 15a Abs. 1 Satz 1 UStG) und endet am 31.12.2025. Das **1. Obergeschoss** wird erst ab dem 01.05.16 verwendet.

Die Zeit der Nichtverwendung (Januar bis April 16) beurteilt sich nach der Absicht der weiteren Nutzung (Abschnitt 15a.3 Abs. 2 Sätze 4 und 5 UStAE).

Da AM erst mit Abschluss des Mietvertrages mit der Stadt Bautzen am 01.04.16 die Absicht der steuerpflichtigen Verwendung aufgegeben hat, tritt für die Monate Januar bis März 16 noch kein Ausschluss vom Vorsteuerabzug ein.

Danach ergibt sich für das Jahr 16 folgender Vorsteuerabzug in %:

Vorsteuerabzug für das EG		1/3	
Vorsteuerabzug für das 1. OG	1/3 × 3/12	1/12	
Vorsteuerabzug für das 2. OG		1/3	
Vorsteuerabzug für das gesamte Gebäude		9/12	**= 75 %**

Der (tatsächliche bisher vorgenommene) Vorsteuerabzug aus den Baukosten beträgt:

15.073 € + 19.000 € + 38.000 €	72.073 €
die abziehbare Vorsteuer beträgt	89.110 €
Im Ergebnis sind somit der abziehbaren Vorsteuerbeträge abzugsfähig	80,88 %
Damit haben sich die Verhältnisse für den Vorsteuerabzug zu Ungunsten des AM um (**80,88 % abzgl. 75,00 %**) geändert.	5,88 %
Der Berichtigungsbetrag beträgt **5,88 % × 1/10 Jahresbetrag × 89.110 € =**	524 €

Somit ist gemäß § 44 Abs. 2 UStDV keine Vorsteuerberichtigung durchzuführen, weil die Änderung weniger als 10 %-Punkte und nicht mehr als 1.000 € beträgt.

Sachverhalt 8:
Verkaufskommission
Hinsichtlich des Verkaufes der Wohnanhänger liegt ein Kommissionsgeschäft gemäß § 383 HGB vor.

AM ist als Kommissionär im Rahmen einer Verkaufskommission tätig und gilt dabei als Abnehmer des Kommittenten, § 3 Abs. 3 UStG.

Das Verbringen der 4 Wohnanhänger von Italien nach Deutschland gilt schon bei der Zurverfügungstellung durch den Kommittenten als innergemeinschaftlicher Erwerb durch AM, obwohl tatsächlich noch keine Verfügungsmacht verschafft wird, Abschnitt 1a Abs. 7 S. 2 und 3 UStAE i.V.m. Abschnitt 3.1 Abs. 3 S. 8 UStAE.

Es liegt ein innergemeinschaftlicher Erwerb vor, weil:
a) 4 Wohnanhänger bei einer Lieferung an den Abnehmer AM aus dem Gebiet eines Mitgliedstaates der EU (Italien) in das Gebiet eines anderen Mitgliedstaates (Deutschland) gelangen, § 1a Abs. 1 Nr. 1 UStG.
b) AM als Erwerber die Gegenstände für sein Unternehmen erwirbt, § 1a Abs. 1 Nr. 2a UStG.
c) die Lieferung wird durch den Unternehmer Feliciano gegen Entgelt im Rahmen seines Unternehmens ausgeführt, § 1a Abs. 1 Nr. 3a UStG.
d) der Lieferer Feliciano ist durch die Verwendung der zutreffenden italienischen Umsatzsteuer-Identifikationsnummer (siehe Bearbeitungshinweis) kein Kleinunternehmer (Folgerung aus § 19 Abs. 1 S. 4 UStG) ist, § 1a Abs. 1 Nr. 3b UStG.

Der Ort des innergemeinschaftlichen Erwerbs (igE) des AM befindet sich gemäß § 3d S. 1 UStG in Bautzen (Deutschland); § 3d S. 2 UStG greift nicht, da AM die deutsche Umsatzsteuer-Identifikationsnummer verwendet.

Dies ist nach § 1 Abs. 2 S. 1 UStG Inland; der innergemeinschaftliche Erwerb ist steuerbar, § 1 Abs. 1 Nr. 5 UStG, mangels § 4b UStG steuerpflichtig.

Als Bemessungsgrundlage ist das Entgelt gemäß § 10 Abs. 1 S. 2 UStG i.H.v. 300.000 € (Nettoverkaufspreis 4 × 100.000 € abzüglich 25 % Provision des AM in Höhe von 100.000 €) anzusetzen.
Die Umsatzsteuer beträgt 19 %, § 12 Abs. 1 UStG, **57.000 €**.
Die Steuer entsteht mit Ablauf des VAZ Februar 16, § 13 Abs. 1 Nr. 6 UStG.
Steuerschuldner ist gemäß § 13a Abs. 1 Nr. 2 UStG der Erwerber AM.

Mit Ablauf des gleichen VAZ Februar 16 hat AM eine abziehbare und abzugsfähige Vorsteuer in Höhe von 57.000 €, § 15 Abs. 1 S. 1 Nr. 1 S. 1 UStG i.V.m. § 15 Abs. 1 S. 1 Nr. 3 UStG und Abschnitt 15.10 Abs. 2 UStAE. Der Unternehmer AM verwendet die erworbenen Wohnanhänger nicht für Ausschlussumsätze i.S.d. § 15 Abs. 2 UStG **(vgl. die nachfolgenden Ausführungen)**.

Verkauf von einem Wohnwagen nach Chemnitz
Der Verkauf des Wohnwagens stellt eine Lieferung gemäß § 3 Abs. 1 UStG dar; der Käufer versendet den Gegenstand (noch nicht für den Straßenverkehr zugelassenen Wohnwagen) gemäß § 3 Abs. 6 S. 3 und 4 UStG.

Der Umsatzort der Lieferung ist für AM nach § 3 Abs. 6 S. 1 UStG in Verbindung mit § 3 Abs. 5a UStG Bautzen; Bautzen liegt im umsatzsteuerlichen Inland, § 1 Abs. 2 S. 1 UStG. Die Lieferung ist steuerbar, § 1 Abs. 1 Nr. 1 S. 1 UStG und mangels § 4 UStG steuerpflichtig. Das Entgelt für die ausgeführte Lieferung beträgt 100.000 €; die Umsatzsteuer beträgt 19 %, § 12 Abs. 1 UStG, 19.000 €. Die Steuer entsteht nach § 13 Abs. 1 Nr. 1a S. 1 UStG i.V.m. Abschnitt 13.1 Abs. 1 und Abs. 2 S. 1 UStAE mit Ablauf des VAZ der Verschaffung der Verfügungsmacht an den Käufer (Beginn der Versendung Abschnitt 13.1 Abs. 2 Satz 2 UStAE).

Vermittlungsleistung

Die Vermittlung des Transportes stellt bei AM eine sonstige Leistung gemäß § 3 Abs. 9 S. 1 UStG dar; es handelt sich um ein Hilfsgeschäft nach Abschnitt 2.7 Abs. 2 UStAE.

Der Umsatzort ist nach § 3a Abs. 2 UStG als sogenannter B2B-Umsatz der Sitz des Leistungsempfängers (Spedition Reiser) in Dresden. Dresden befindet sich im Inland, § 1 Abs. 2 S. 1 UStG. Die Vermittlungsleistung ist damit steuerbar, § 1 Abs. 1 Nr. 1 S. 1 UStG, mangels § 4 UStG steuerpflichtig. Das Vermittlungsentgelt beträgt 1.000 €, § 10 Abs. 1 S. 2 UStG; die Umsatzsteuer beträgt 19 %, § 12 Abs. 1 UStG, 190 €.

Die Steuer entsteht mit Ablauf des VAZ der erbrachten Vermittlungsleistung, § 13 Abs. 1 Nr. 1a S. 1 UStG in Verbindung mit Abschnitt 13.1 Abs. 3 S. 1 UStAE.

Verkauf von einem Wohnwagen nach Polen

Der Verkauf des Wohnwagens nach Polen stellt für AM eine Lieferung dar, § 3 Abs. 1 UStG. AM versendet den Gegenstand gem. § 3 Abs. 6 S. 3 und 4 UStG.

Der Umsatzort der Lieferung ist für AM gemäß § 3c Abs. 1 S. 1 UStG in Verbindung mit § 3 Abs. 5a UStG am Ende der Versendung in Polen.

1. Der Wohnwagen wurde durch AM von einem Mitgliedstaat der EU (Deutschland) in das Gebiet eines anderen Mitgliedstaates (Polen) versendet, § 3c Abs. 1 S. 1 UStG;
2. der Käufer rechnet nicht zu den in § 1a Abs. 1 Nr. 2 UStG genannten Personen (vgl. Abschnitt 3c.1 Abs. 2 S. 1 UStAE).
3. AM hat **(entsprechend dem Bearbeitungshinweis)** die maßgebende Lieferschwelle für Polen überschritten, § 3c Abs. 3. S. 2 Nr. 2 UStG und Umkehrschluss des § 3c Abs. 3 S. 1 UStG.

Die Lieferung ist in Deutschland nicht steuerbar, § 1 Abs. 1 Nr. 1 S. 1 UStG. In Polen bewirkt AM eine steuerbare und steuerpflichtige Inlandslieferung analog § 1 Abs. 1 Nr. 1 S. 1 UStG und analog § 4 UStG. AM muss sich in Polen umsatzsteuerlich registrieren lassen (Steuernummer, Fiskalvertretung analog § 22a UStG).

Transportleistung

Der **Frachtführer Malenki** bewirkt mit der Güterbeförderung eine sonstige Leistung, § 3 Abs. 9 S. 1 UStG. Es handelt sich dabei um eine innergemeinschaftliche Güterbeförderung, da die Beförderung in dem Gebiet von zwei Mitgliedstaaten der EU beginnt (Deutschland) und endet (Polen).

Der Ort der sonstigen Leistung bestimmt sich als sogenannter B2B-Umsatz danach, wo der Leistungsempfänger (AM) seinen Sitz hat; § 3a Abs. 2 UStG.

> **Beachte!** Der Umsatzort für diese innergemeinschaftliche Güterbeförderung bestimmt sich **nicht** nach § 3b Absatz 3 UStG, da der Leistungsempfänger AM kein Nichtunternehmer ist.

Der Ort der Güterbeförderung befindet sich somit in Bautzen und damit im Inland, § 1 Abs. 2 S. 1 UStG; die Güterbeförderung ist steuerbar, § 1 Abs. 1 Nr. 1 S. 1 UStG, mangels § 4 UStG steuerpflichtig.

Es liegt ein steuerpflichtiger Umsatz nach § 13b Abs. 1 UStG vor; der Frachtführer Malenki ist ein im übrigen Gemeinschaftsgebiet ansässiger Unternehmer (§ 13b Abs. 7 Satz 2 UStG), der im (deutschen) Inland eine nach § 3a Abs.2 UStG steuerbare sonstige Leistung erbringt.

AM ist als Leistungsempfänger Unternehmer und erhält die Güterbeförderung für sein Unternehmen, § 13b Abs. 5 S. 1 UStG.

Die Ausnahme des § 13b Abs.6 Nr.1 UStG (Personenbeförderung) greift nicht. Die Rechnung des Frachtführers Malenki erfüllt die Voraussetzungen des § 14a Abs. 4 UStG (siehe Bearbeitungshinweis). AM schuldet als Leistungsempfänger die Umsatzsteuer, § 13b Abs. 1 und 5 S. 1 UStG. Die Bemessungsgrundlage beträgt 1.000 € und die Umsatzsteuer 19 %, § 12 Abs. 1 UStG. Die Steuer i.H.v. 190 € entsteht gem. § 13b Abs. 1 S. 1 UStG Ausführung der Leistung durch den Frachtführer.

Gleichzeitig hat AM eine abziehbare und abzugsfähige Vorsteuer in Höhe von 190 €, § 15 Abs. 1 S. 1 Nr. 4 S. 1 UStG.

Die Übernahme der Steuerschuld steht nicht mit Ausschlussumsätzen des § 15 Abs. 2 UStG in wirtschaftlichem Zusammenhang, sondern mit dem nichtsteuerbaren Umsätzen in Polen, der im Falle der Ausführung im Inland steuerpflichtig wäre, § 15 Abs. 2 Nr. 2 UStG.

Verkauf von zwei Wohnwagen in die Schweiz
Die Verkäufe der zwei Wohnwagen stellen 2 Lieferungen gemäß § 3 Abs. 1 UStG dar; die jeweiligen Käufer versenden die Liefergegenstände gem. § 3 Abs. 6 S. 3 und 4 UStG. Der jeweilige Umsatzort der Lieferungen ist für AM gemäß § 3 Abs. 6 S. 1 UStG in Verbindung mit § 3 Abs. 5a UStG Bautzen (Beginn der Versendung). Bautzen ist Inland, § 1 Abs. 2 S. 1 UStG. Die Lieferungen sind steuerbar, § 1 Abs. 1 Nr. 1 S. 1 UStG und gemäß § 4 Nr. 1a UStG steuerfrei. Es liegen jeweils Ausfuhrlieferungen vor; die Nachweise des § 6 Abs. 4 UStG liegen vor (Ausfuhrnachweis gemäß § 8 ff. UStDV und Buchnachweis gem. § 13 UStDV, siehe Bearbeitungshinweis).

Die Voraussetzungen des § 6 Abs. 1 S. 1 Nr. 2 in Verbindung mit § 6 Abs. 2 S. 1 Nr. 1 UStG liegen vor, da die Abnehmer jeweils den Gegenstand der Lieferung in das Drittland Schweiz versenden, § 1 Abs. 2a S. 3 UStG, und ausländische Abnehmer sind.

Das Entgelt für die Ausfuhrlieferungen beträgt jeweils 100.000 €, § 10 Abs. 1 UStG.

Sachverhalt 9:
Tag der offenen Tür, Bewirtung, Preisausschreiben
a) Bewirtung
Mit der Bewirtung seiner Gäste erbringt AM an seine Gäste eine sonstige Leistung i.S.d. § 3 Abs. 9 Satz 1 UStG, die jedoch mangels Entgelt nicht im Leistungsaustausch ausgeführt wird.

Ein steuerbarer Umsatz wäre daher lediglich als unentgeltliche Wertabgabe nach § 3 Abs. 9a UStG möglich. Dies würde nach § 3 Abs. 9a Nr. 2 UStG voraussetzen, dass die Bewirtung aus außerunternehmerischen Gründen erfolgt wäre. Die Bewirtung erfolgte jedoch aus unternehmerischen Gründen, damit der **Bekanntheitsgrad** des Unternehmens zunimmt.

> **Hinweis!** Da die Regelung des § 3 Abs. 9a UStG **keine** dem § 3 Abs. 1b Satz 1 Nr. 3 UStG gleichgestellte unentgeltliche Wertabgabe kennt, ist die **Bewirtung nicht nach § 3 Abs. 9a UStG steuerbar**.

b) Vorsteuerabzug aus der Eingangsleistung (Catering)
Mit dem Catering erbringt der **Partyservice Keller** an AM eine sonstige Leistung i.S.d. **§ 3 Abs. 9 Satz 1 UStG (Restaurationsleistung)** im Leistungsaustausch, da Keller nicht nur die Speisen und Getränke lieferte, sondern darüber hinaus auch das Equipment und das Personal für die Bewirtung stellt **(vgl. hierzu Abschnitt 3.6 Abs. 1 UStAE)**.

Der Ort des Leistungsaustausches richtet sich dabei gem. **§ 3a Abs. 3 Nr. 3 Buchst. b) UStG** danach, wo die Leistung an den Leistungsempfänger tatsächlich erbracht wird (Bautzen), Inland, § 1 Abs. 2 Satz 1 UStG). Die Bewirtung ist daher gem. § 1 Abs. 1 Nr. 1 Satz 1 UStG steuerbar und mangels Steuerbefreiung (§ 4 UStG) zum Regelsteuersatz des § 12 Abs. 1 UStG steuerpflichtig, zumal die Regelung des § 12 Abs. 2 Nr. 1 UStG bei einer sonstigen Leistung nicht einschlägig ist.

Bei einer Bemessungsgrundlage von 5.000 € (= 5.950 €/1,19) gemäß § 10 Abs. 1 Satz 1 und 2 UStG ist eine Umsatzsteuer i.H.v. 950 € im VAZ September 16 gemäß § 13 Abs. 1 Nr. 1a UStG entstanden.

Aus diesem Grund hat AM einen auf **§ 15 Abs. 1 Satz 1 Nr. 1 UStG** gestützten Vorsteuerabzug, zumal auch **Abschnitt 15.15 Abs. 1 UStAE** dem nicht entgegensteht.

Danach ist ein Unternehmer nicht zum Vorsteuerabzug berechtigt, wenn er bereits bei Leistungsbezug beabsichtigt, die bezogene Leistung nicht für seine unternehmerische Tätigkeit, sondern ausschließlich und unmittelbar für unentgeltliche Wertabgaben i.S.d. § 3 Abs. 1b oder 9a UStG zu verwenden; nur mittelbar verfolgte Zwecke sind dabei unerheblich.

> Vgl. BFH-Urteil vom 09.12.2010, V R 17/10, BStBl II 2012, 53 und Abschnitt 15.2b Abs. 2 Satz 5 UStAE.

Fehlt – wie hier – ein direkter und unmittelbarer Zusammenhang zwischen einem Eingangsumsatz und einem oder mehreren Ausgangsumsätzen, kann der Unternehmer zum Vorsteuerabzug berechtigt sein, wenn die Kosten für die Eingangsleistungen zu seinen allgemeinen Aufwendungen gehören und – als solche – Bestandteile des Preises der von ihm erbrachten entgeltlichen Leistungen sind (vgl. Abschnitt 15.15 Abs. 1 Satz 3 UStAE).

Da hier keine **unentgeltliche Wertabgabe** vorliegt und AM im Übrigen zum Vorsteuerabzug berechtigte Ausgangsumsätze ausführt ist er bei **ordnungsgemäßer Rechnungserstellung gem. § 15 Abs. 1 Satz 1 Nr. 1 UStG** berechtigt die im in Rechnung gestellte Umsatzsteuer von 950 € im VAZ September 16 (§ 16 Abs. 2 UStG) abzuziehen.

c) Verlosung Dachgepäckträger
Einkauf im Januar 16 (Vorsteuerabzug)/kein Fall von § 17 Abs. 2 Nr. 5 UStG
AM hat als Leistungsempfänger im Januar 16 (vgl. § 16 Abs. 2 UStG) einen auf **§ 15 Abs. 1 Satz 1 Nr. 1 UStG** gestützten Vorsteuerabzug i.H.v. 190 €.

Da AM im Januar 16 noch nicht wusste, dass er diesen Dachgepäckträger im September 16 im Rahmen eines Preisausschreibens, also im Rahmen einer unentgeltlichen Wertabgabe i.S.d. § 3 Abs. 1b Nr. 3 UStG einsetzen wird, war der Vorsteuerabzug auch **nicht** vor dem Hintergrund des **Abschnitt 15.15 Abs. 1 UStAE ausgeschlossen.**

> **Beachte!** Der Vorsteuerabzug ist auch **nicht** durch die Regelung des **§ 17 Abs. 2 Nr. 5 UStG** i.V.m. § 15 Abs. 1a UStG und § 4 Abs. 5 Satz 1 Nr. 1 EStG im September 16 wieder rückgängig zu machen, da es sich bei dem Preis **nicht um ein Geschenk i.S.d. des § 4 Abs. 5 Satz 1 Nr. 1 EStG, sondern um eine Werbemaßnahme** handelt (vgl. Abschnitt 15.6 Abs. 4 UStAE i.V.m. R 4.10 Abs. 5 Satz 5 Nr. 3 EStR).

d) Leistung an den Gewinner im September 16
Mit der Übereignung des Dachgepäckträgers durch AM an den Gewinner Sprüngli erbringt AM seinerseits eine Lieferung i.S.d. § 3 Abs. 1 UStG. Mangels Entgelt erfolgte die Lieferung jedoch nicht im Leistungsaustausch. Da jedoch der Dachgepäckträger weder ein Geschenk von geringem Wert noch ein Warenmuster darstellt, wird die **unentgeltliche Zuwendung gem. § 3 Abs. 1b Satz 1 Nr. 3 UStG dem Grunde nach** einer Lieferung gegen Entgelt gleichgestellt.

Da jedoch AM bei Leistungsbezug noch nicht wusste, dass er diesen Gegenstand für eine unentgeltliche Wertabgabe einsetzten werde, stand ihm bei Leistungsbezug – wie ausgeführt – ein Vorsteuerabzug zu. Aus diesem Grund handelt es sich um eine unentgeltliche Wertabgabe i.S.d. **§ 3 Abs. 1b Satz 1 Nr. 3 und Satz 2 UStG**.

Die unentgeltliche Wertabgabe wurde gem. **§ 1 Abs. 2 Satz 1 UStG** i.V.m. **§ 3 Abs. 5a und § 3f Satz 1 UStG** im Inland (Bautzen) ausgeführt und ist somit gem. § 1 Abs. 1 Nr. 1 Satz 1 UStG steuerbar.

Obwohl der Dachgepäckträger in das Drittland Schweiz (§ 1 Abs. 2a Satz 3 UStG) durch den ausländischen Abnehmer (§ 6 Abs. 2 UStG) gelangt, ist die Lieferung nicht gem. § 4 Nr. 1 Buchst. a) i.V.m. § 6 Abs. 1 Nr. 2 UStG steuerfrei, da die Regelung des § 6 Abs. 1 bis 4 UStG gem. **§ 6 Abs. 5 UStG** nicht gelten, wenn eine Lieferung i.S.d. § 3 Abs. 1b UStG ausgeführt wird.

> **Hinweis!** Eine entsprechende Parallelregelung enthält auch § 7 Abs. 5 UStG.
> Bei einer unentgeltlichen Wertabgabe kommt es demnach weder zu einer steuerfreien Ausfuhrlieferung nach § 6 UStG noch zu einer steuerfreien Lohnveredlung nach § 7 UStG.

Die unentgeltliche Wertabgabe ist zum Regelsteuersatz des § 12 Abs. 1 UStG mit 19 % steuerpflichtig.

Als Bemessungsgrundlage ist gem. **§ 10 Abs. 4 Satz 1 Nr. 1 UStG** der Einkaufspreis ohne Umsatzsteuer im Zeitpunkt der unentgeltlichen Wertabgabe heranzuziehen. Die Bemessungsgrundlage beläuft sich daher auf 1.000 € und die Umsatzsteuer auf 190 € (= 1.000 € × 19 %).

Die Steuer entsteht gem. § 13 Abs. 1 Nr. 2 UStG im VAZ September 16.

Steuerschuldner ist der Unternehmer AM; § 13a Abs. 1 Nr. 1 UStG.

Übungsklausur 3

> **Beachte!** Die nachfolgend dargestellte Übung besteht aus Einzelsachverhalten zu den unterschiedlichsten Themengebieten des Umsatzsteuerrechtes.
> Die einzelnen Textziffern losgelöst voneinander bearbeitet werden.
> Die Aufgabenstellung sowie eine ungefähre Zeitvorgabe für die Lösung, ergibt sich aus dem jeweiligen Sachverhalt.

Sachverhalt 1

Der Baumaschinenhersteller Anton mit Sitz in Leipzig (§ 16 UStG und monatliche Abgabe der Voranmeldungen) beauftragte im April 16 den Bauunternehmer Heinrich aus Dresden (§ 16 UStG, monatliche Abgabe der Voranmeldungen) mit der Erstellung einer Fabrikhalle auf einem bisher unbebauten Grundstück in Leipzig.

Das unbebaute Grundstück hatte Anton im Januar 13 für 20.000 € von einer Privatperson gekauft und seitdem für Lagerzwecke genutzt. Als Festpreis für den Neubau wurden 1.317.000 € zzgl. 250.230 € Umsatzsteuer vereinbart. Als Übergabetermin der fertigen Halle wurde verbindlich der 31.07.16 festgelegt.

Für den Fall einer verspäteten Fertigstellung regelten beide Vertragsparteien, dass Heinrich je Verspätungstag eine Vertragsstrafe von 5.000 € zu zahlen hat. Anton verpflichtete sich, während der Bauphase vier Anzahlungen zu leisten, für die Heinrich jeweils Umsatzsteuer in den Vorauszahlungsrechnungen gesondert ausweist.

Heinrich stellte für die geleistete Anzahlung vom 02.04.16 in Höhe von 119.000 € am 10.04.16 eine Rechnung über 100.000 € zzgl. 19.000 € USt aus. Für die geleisteten Anzahlungen vom 02.05.16, vom 03.06.16 und vom 02.07.16 in Höhe von jeweils 238.000 € berechnete Heinrich am 10.05.16, 10.06.16 und am 10.07.16 jeweils 200.000 € zzgl. 38.000 € USt.

Heinrich konnte den mit Anton vereinbarten Fertigstellungstermin nicht einhalten. Mit fünf Tagen Verspätung wurde die Halle am 05.08.16 fertiggestellt und an Anton übergeben.

Heinrich erteilte am 15.08.16 folgende Endrechnung:

Erstellung Lagerhalle		1.317.000 €
abzgl. Kürzung wegen Verspätung		./. 25.000 €
		1.292.000 €
zzgl. Umsatzsteuer 19%		245.480 €
Gesamtbetrag		**1.537.480 €**
abzgl. Anzahlungen		
02.04.16	119.000 €	
02.05.16	238.000 €	
03.06.16	238.000 €	
02.07.16	238.000 €	./. 833.000 €
verbleibende Restzahlung		**704.480 €**

Anton bezahlte die Rechnung im November 16 an Heinrich, kürzte aber den geforderten Betrag in Höhe von 704.480 € um die von Heinrich im November 16 schriftlich bestätigten Mängel in Höhe von 10.000 €.

Aufgabe:
Umsatzsteuerliche Würdigung des dargestellten Sachverhaltes bei den beteiligten Unternehmern Anton und Heinrich.
(Bearbeitungszeit: 30 Minuten)

Sachverhalt 2

B aus Stuttgart ist Elektronikingenieur und verkauft und installiert Computeranlagen. Von der Elektrofirma F in Stuttgart bekam B im Juli 16 den Auftrag, ein komplettes Datenverarbeitungssystem, bestehend aus Zentraleinheit und verschiedenen peripheren Geräten (Ein- und Ausgabeeinheiten für verschiedene Arbeitsplätze), sowie die dazugehörende Software zu liefern. B sollte die passende Anlage zusammenstellen und sie bei F anliefern. Aufstellung, Installation und Anschluss wollte F durch eigene Fachkräfte vornehmen.

B hat nur 5 der benötigten 10 Ein- und Ausgabeeinheiten auf Lager, liefert diese am 10.07.16 mit eigenem Lieferwagen an F aus und verlangt dafür 23.800 €, die F am 05.08.16 bezahlt. Eine Rechnung wurde – unter Hinweis auf eine zu erteilende Endrechnung – nicht erteilt.

Die übrigen Einheiten bestellt B bei der Firma N in Norwegen für netto 18.000 € zur Kondition verzollt und versteuert. N liefert die Geräte weisungsgemäß am 21.08.16 direkt bei F an.

Die Zahlung der daraufhin von B in Rechnung gestellten weiteren 23.800 € verweigerte F unter Hinweis darauf, dass sie ein komplettes DV-System und damit eine Sachgesamtheit bestellt hätte und keine einzelnen Geräte.

Die benötigte Zentraleinheit, die wegen der besonderen Anforderungen der Firma F aus Normteilen extra zusammengefügt werden musste, bestellt B bei der Firma S in Nürnberg, die ihrerseits mit der Fertigung die Firma I in den USA beauftragt. I versendet die Zentraleinheit ebenfalls direkt zu F, wo sie als letztes Teil der Gesamtanlage am 10.10.16 eintrifft. Die Einfuhrumsatzsteuer entrichtete die Firma S und stellte sie B in Rechnung.

F konnte wegen Schwierigkeiten bei der Installation die Anlage erst im Januar 17 in Betrieb nehmen. Im Oktober 16 rechnet B mit F wie folgt ab:

Lieferung von 5 Ein- und Ausgabeeinheiten am 10.07.16	20.000 €
zuzüglich USt	3.800 €
=	23.800 €
Lieferung von 5 Ein- und Ausgabeeinheiten am 21.08.16	20.000 €
zuzüglich USt	3.800 €
=	23.800 €
Lieferung der Zentraleinheit am 10.10.16 lt. beigefügter Rechnung S	35.000 €
Vermittlungsgebühr	2.000 €
zuzüglich EUSt	7.030 €
=	44.030 €

Der Gesamtbetrag von 91.630 € abzüglich bereits gezahlter 23.800 € ist sofort ohne Abzug zahlbar.

Aufgabe:
Stellen Sie die korrekte umsatzsteuerliche Behandlung des Sachverhalts dar (Jahr 16 = 2016). (Bearbeitungszeit: 50 min)

Sachverhalt 3

Der Unternehmer U betreibt im Stuttgarter Neckarhafen eine Werft, in der Schiffe hergestellt und repariert werden. Daneben vertreibt er auch Gegenstände zur Schiffsausrüstung. U unterliegt der Regelbesteuerung.

Im Jahr 17 (= 2017) haben sich u.a. folgende Vorfälle ereignet:

1. Am 10.01.17 verkauft U auf der Fachmesse „Interboot" in Friedrichshafen dem österreichischen Kleinunternehmer K eine Bootsarmatur für 2.000 €. Vereinbarungsgemäß wird diese von U nach Schluss der Messe zum Abnehmer K nach Bregenz (Österreich) gebracht und dort übergeben.

    U wird in 17 voraussichtlich weitere Lieferungen im Volumen von ca. 125.000 € nach Österreich tätigen. K selbst erwartet für 15 Warenbezüge aus der EU i.H.v. insgesamt ca. 6.100 €).

2. U bestellt am 25.03.17 bei der Firma N mit Sitz in Rotterdam (Niederlande) eine Fertigungsmaschine zum Preis von umgerechnet 20.000 €. Beide Unternehmer haben beim Abschluss des Geschäfts ihre USt-IdNr. angegeben. Die Maschine wird am 11.04.17 bei U in Stuttgart angeliefert, die Rechnung jedoch erst am 01.06.17 erteilt. U zahlt den Kaufpreis am 24.06.17.

3. Der Unternehmer H aus Konstanz, der den Handel mit Bootsausrüstungsgegenständen betreibt, bestellt bei U zwei Pumpen. Die beiden Pumpen hatten der Reeder D mit Sitz im Freihafen Cuxhaven (= Freizone des Kontrolltyps I) und der Bootsausrüster S aus Kreuzlingen (Schweiz) zur Lieferkondition verzollt und versteuert fast gleichzeitig bei ihm bestellt. H bat daher U, die Pumpen unmittelbar an seine Abnehmer D und S auszuliefern, was U auch tat, indem er im April 17 die Pumpen per Spedition an D und S verschickte. D beabsichtigt, die Pumpe zur Ausrüstung eines Schiffes eines Wettbewerbers weiterzuliefern.
Am 16.05.17 rechnet U mit H wie folgt ab:

zwei Pumpen für je 15.000 € (netto)	30.000 €
zuzüglich 19 % USt	5.700 €
Transportkosten	1.800 €
Eingangsabgaben in der Schweiz	1.200 €
Gesamt	**38.700 €**

H hat Zweifel an der Richtigkeit der Rechnung und bittet um eine Überprüfung insbesondere der ausgewiesenen Umsatzsteuer.

Aufgabe:
Die Vorfälle sind bei U unter Angabe der gesetzlichen Vorschriften und ggf. der Verwaltungsanweisungen umsatzsteuerlich für das Jahr 17 (= 2017) zu beurteilen.
Sofern sich aus dem Sachverhalt nichts anderes ergibt, sind alle Formvorschriften erfüllt, insbesondere liegen die erforderlichen Beleg- und Buchnachweise vor.
(Bearbeitungszeit: 50 Minuten)

Sachverhalt 4
Dieter Wünsch (DW) betreibt seit dem 01.03.2003 auf einem gemieteten Grundstück in Meißen ein Bauunternehmen, das zutreffend **steuerfrei schlüsselfertige Reihenhäuser** zum Verkauf an Privatpersonen errichtet und zutreffend **steuerpflichtig Neubauten** auf den Grundstücken der jeweiligen Auftraggeber ausführt.

Im April 17 entschloss sich DW für seinen Fuhrpark einen neuen Lkw beim Lkw-Händler Konrad aus Riesa zu kaufen. Nach intensiven Verhandlungen einigten sich beide Vertragsparteien am 20.05.17 über folgende Einzelheiten:
- Der Kaufpreis des neuen Lkw beträgt 85.000 € zuzüglich 16.150 € gesondert ausgewiesener Umsatzsteuer.
- Ein bisher im Unternehmen von DW genutzter Lkw wird für 11.900 € vom Lkw-Händler Konrad in Zahlung genommen.
- Der restliche Kaufpreis in Höhe von 89.250 € wird für DW mit der Auslieferung des neuen LKW am 28.06.17 fällig.

Den fabrikneuen Lkw übergab der Lkw-Händler mit allen notwendigen Papieren am 28.06.17 an seinem Betriebssitz in Riesa an DW. DW fuhr mit dem neuen Fahrzeug selbst von Riesa zu seinem Unternehmen in Meißen. DW beabsichtigte zutreffend, diesen Lkw ab 28.06.17 ausschließlich für die Errichtung von steuerpflichtigen Neubauten zu nutzen; dementsprechend sollte der Lkw dem Unternehmen zugeordnet werden.

Teil III: Übungsklausuren

Die Verwendungsabsicht des DW entsprach der tatsächlichen Verwendung des LKW im Kalenderjahr 17. Den gebrauchten Lkw hatte DW bereits am 09.06.17 dem Lkw – Händler Konrad mit den dazugehörenden Papieren an seinem Betriebssitz in Meißen übergeben. Konrad fuhr den gebrauchten Lkw selbst von Meißen zu seinem Betriebssitz nach Riesa. Diesen gebrauchten Lkw hatte DW am 20.03.13 ebenfalls vom Lkw-Händler Konrad aus Riesa für 50.000 € zuzüglich 8.000 € gesondert ausgewiesener Umsatzsteuer erworben und zutreffend dem Unternehmensvermögen zugeordnet. Seit dem 20.03.13 wurde dieser Lkw – entsprechend der Verwendungsabsicht von DW – ausschließlich im Zusammenhang mit Neubauten auf den Grundstücken der jeweiligen Auftraggeber genutzt.

Den gebrauchten Lkw verkaufte der Lkw-Händler Konrad am 20.10.17 für 10.000 € zuzüglich 1.900 € gesondert ausgewiesener Umsatzsteuer an den Frachtführer Roland Schulz aus Riesa. Wegen des guten Zustands des Gebrauchtfahrzeugs waren beim Lkw-Händler Konrad keine Reparaturkosten angefallen.

Aufgabe:
Bitte stellen Sie die umsatzsteuerlichen Auswirkungen des dargestellten Sachverhaltes bei DW im Jahr 17 dar.
DW besteuert seine Umsätze im Rahmen der Regelbesteuerung (§ 16 UStG) und gibt seine Voranmeldungen monatlich ab.
(Bearbeitungszeit: 20 Minuten)

Sachverhalt 5
Gegenstand des von der Z-KG betriebenen Unternehmens ist die Herstellung und der Verkauf von Fertighäusern.
1. Im Jahre 01 bebaute die Z-KG ein ihr gehörendes Grundstück mit einem Fertighaus, das sie als Büro und gleichzeitig als Musterhaus benutzen wollte. Die Bauarbeiten dauerten vom 14. bis 31.05.01. Ab dem 01.06.01 nutzte die Z-KG das Erdgeschoss mit einer Nutzfläche von 100 m² des insgesamt 150 m² umfassenden Hauses als Büro. Außerdem wurde das ganze Haus ab diesem Zeitpunkt laufend von Kaufinteressenten besichtigt. Zum 01.06.01 hatte das Haus einen (geschätzten) Verkehrswert von 290.000 €. Die von der Z-KG für den Bau verwendeten Materialien und bezogenen Fremdleistungen hatten einen Wert von 90.000 € netto.

    Entgegen dem ursprünglichen Vorhaben der Z-KG, das Haus längerfristig als Musterhaus zu nutzen, veräußerte sie es aus finanziellen Gründen schon zum 01.12.01 mit notariellem Kaufvertrag für netto 300.000 € an die Eheleute A und B (AB) und verzichtete auf die Steuerbefreiung. Im Vertrag war außerdem vereinbart, dass die KG das Haus gegen ein Nutzungsentgelt von monatlich 2.000 € zuzüglich USt weiterhin für ihre Zwecke nutzen konnte. Die Grunderwerbsteuer hatte laut Kaufvertrag die KG allein zu tragen. AB machte die Umsatzsteuer als Vorsteuer geltend.

2. Da die Eheleute AB ihrerseits ebenfalls in finanzielle Schwierigkeiten kamen, veräußerten sie das Haus mit notariellem Kaufvertrag zum 01.03.03 an einen Rechtsanwalt R, der bereit war, für das Objekt 350.000 € zuzüglich Umsatzsteuer zu zahlen. Außerdem übernahm R die gesamte Grunderwerbsteuerschuld aus dem Verkauf.

    R trat in den mit der Z-KG bestehenden Mietvertrag ein, vereinbarte aber sofort mit ihr, dass das Mietverhältnis zum 31.12.03 beendet wird. R nutzte ab 01.01.04 das Haus für fremde Wohnzwecke. Zwei von der übrigen Wohnung abgetrennte Räume mit einer Nutzfläche von 50 m² im Erdgeschoss nutzte er als Rechtsanwaltspraxis.

Aufgabe:
Die Vorfälle bei der Z-KG, den Eheleuten AB und dem Rechtsanwalt R sind unter Angabe der gesetzlichen Bestimmungen und ggf. der Verwaltungsregelungen umsatzsteuerrechtlich zu beurteilen. Dabei sind insbesondere anzugeben: Art des Umsatzes, Steuerbarkeit, Steuerpflicht oder Steuerbefreiung, abziehbare Vorsteuerbeträge (soweit Angaben dazu im Sachverhalt), Auswirkungen späterer Ereignisse auf bereits abgezogene Vorsteuerbeträge.
(Bearbeitungszeit: 60 Minuten)

Sachverhalt 6

Jonas Bertram (B) betreibt in Eisenhüttenstadt einen Wertstoffhandel. Vorrangig kauft er Papier und Pappe aus Privathaushalten, aber auch Verpackungsreste des Handels und der Industrie auf und verwertet diese weiter.

Der Jahresumsatz betrug 16 – wie auch in den Vorjahren – ca. 5 Mio. €.
Für 17 zeichnet sich ein ähnliches Ergebnis ab.

> **Hinweis!** B besteuert seine Umsätze im Rahmen der Regelbesteuerung nach vereinbarten Entgelten und gibt seine Voranmeldungen monatlich ab.
> Alle Buch- und Belegnachweise gelten als erbracht, sofern im Sachverhalt keine gegenteilige Feststellung enthalten ist.
> Soweit sich aus dem Sachverhalt nichts anderes ergibt, ist davon auszugehen, dass ordnungsmäßige – dem Gesetz entsprechende – Rechnungen vorliegen.

Im Mai 17 fing ein in seinem Betriebsgebäude fest montierter Papiershredder aus unerklärlichen Gründen Feuer, sodass dieser nur noch entsorgt werden konnte.

B demontierte den Shredder und veräußerte ihn an einen in Nairobi (Kenia) ansässigen Unternehmer für 60.000 € am 03.06.17.

Der Käufer holte am 05.06.17 die Einzelteile in Eisenhüttenstadt ab und exportierte sie per Schiff nach Kenia, wo er am 05.08.17 ankam. Bereits am 10.06.17 überwies die Versicherungsgesellschaft dem B 150.000 € (Restwert der Maschine und Verdienstausfall).

B orderte daraufhin einen neuen Shredder für 1,5 Mio. € bei dem für den europäischen Markt zuständigen Vertriebspartner Frank Richter (FR) aus Metz (Frankreich). Da Richter eine derartige Maschine derzeit nicht vorrätig hatte gab er die Bestellung an den Hersteller Pique (P) in Barcelona weiter, der sie am 07.07.17 in Eisenhüttenstadt anlieferte.

Die Rechnung (Rechnungsbetrag ohne USt) des Richter vom 20.08.17 überwies B am 02.09.17. Die Montage übernahm vom 08.07 bis 14.07.17 die Firma Tischer (T) aus Salzburg (Österreich) für 100.000 € zuzgl. 19.000 € offen ausgewiesener Umsatzsteuer.

Die Rechnung des T ging am 20.07.17 bei B ein und wurde am 02.08.17 ohne Abzug überwiesen. Die neue Maschine begeisterte B so sehr, dass er bei Frank Richter im September 17 einen weiteren Shredder für 1,55 Mio. € orderte.

Wieder gab Richter die Bestellung an den Hersteller in Spanien weiter, der die Maschine am 10.10.17 auf dem Betriebsgelände in Eisenhüttenstadt anlieferte, wo sie anschließend durch Mitarbeiter des Richter vereinbarungsgemäß fest montiert wurde, sodass die Maschine am 19.10.17 betriebsbereit war. Die Rechnung des Frank Richter überwies B noch im Oktober 17.

Aufgabe:
Umsatzsteuerliche Auswirkung des dargestellten Sachverhaltes auf B im Jahr 17?
(Bearbeitungszeit: 60 Minuten)

Sachverhalt 7

Jens Bode (B) ist autorisierter Vertragshändler für Produkte der Firma MApple im Großraum Düsseldorf. Er beliefert insbesondere Endkunden im Inland sowie andere Händler in Deutschland und Europa. Der Jahresumsatz betrug 16 – wie auch in den Vorjahren – ca. 20 Mio. €. Für 17 zeichnet sich ein ähnliches Ergebnis ab.

Am 29.11.17 orderte B's niederländischer Abnehmer Mobile B.V. (M) eine Lieferung von 500 Stück des neuen Smartphones „My-Phone XI". B rief umgehend seinen Lieferanten, den Hauptimport€ (H) in Hamburg an und beauftragte ihn, die georderte Menge an Mobiltelefonen direkt an M auszuliefern, was dieser auch am 05.12.17 per Bahn erledigte. Die Kosten des Transportes trug H.

Teil III: Übungsklausuren

Bereits vor geraumer Zeit hatten sich H und B darauf geeinigt, dass B die Abrechnungslast trägt und dementsprechend dem H Gutschriften erteilt.

B ist der Ansicht, selbst steuerfrei zu liefern, da die Ware ins Ausland gelangt; die Gutschriften erstellt er jedoch unter gesondertem Ausweis der USt, da H seiner Meinung nach im Inland steuerpflichtig liefert. Am 10.12.17 erteilt B dem H folgende Gutschrift:

500 Smartphones „My-Phone XI" × 500 €/Stück	25.000 €
zzgl. USt	4.750 €
Gesamt	**29.750 €**

Am gleichen Tag stellt B der M folgende Rechnung:

500 Smartphones „My-Phone XI" × 700 €/Stück	35.000 €
zzgl. USt	6.650 €
Gesamt	**41.650 €**

In der Rechnung wird die deutsche ID-Nr. des B und die niederländische ID-Nr. der M zutreffend angegeben.
Die Rechnung enthält den Zusatz „steuerfreie innergemeinschaftliche Lieferung".
H widersprach der Gutschrift nicht.
Sowohl B als auch H bezahlten die ausgewiesenen Beträge am 20.12.17.
B machte aus der Gutschrift Vorsteuer in Höhe von 4.750 € geltend.

Aufgabe:
Umsatzsteuerliche Auswirkung des dargestellten Sachverhaltes auf B im Jahr 17?
Alle Aufzeichnungen gelten als ordnungsgemäß und erbracht, Nachweise für Steuerbefreiungen liegen vor.
Alle Unternehmer treten mit der von ihrem Ansässigkeitsstaat erteilten USt-IDNr. auf.
(Bearbeitungszeit: 40 Minuten)

Sachverhalt 8
Im Kalenderjahr 2008 bestand Karl Merkel (KM) das 2. Staatsexamen seines Jurastudiums erfolgreich. Seit 2009 betreibt KM eine eigene Rechtsanwaltskanzlei in Pirna.
KM versteuert seine Umsätze im Kalenderjahr 16 zutreffend nach den allgemeinen Vorschriften des UStG nach vereinbarten Entgelten und gibt seine Voranmeldungen monatlich ab.

Sachverhalt 8a
Am 05.07.16 verkaufte KM seinen ausschließlich unternehmerisch genutzten VW Passat an das ortsansässige Autohaus Pichel für 20.000 € zuzüglich 3.800 € Umsatzsteuer.
Den PKW hatte KM zutreffend in vollem Umfang seinem Unternehmen zugeordnet.
Das Autohaus überwies KM den Betrag am 14.07.16 auf sein betriebliches Bankkonto.
Ein Mitarbeiter des Autohauses holte den VW Passat am 13.07.16 in Pirna ab.

Sachverhalt 8b
Der Sohn von KM, Oskar, studiert seit Januar 16 Maschinenbau an der technischen Universität in Dresden. Aus diesem Anlass überweist ihm KM von seinem betrieblichen Bankkonto monatlich 1.200 € für den Lebensunterhalt.

Sachverhalt 8c
Im März 16 wurde KM von seinem Nachbarn Gunther Neuber gebeten, ihn vor Gericht als Anwalt in einem Arbeitsstreit zu vertreten. Hierfür verlangte KM mit Rechnung vom 27.05.16 ein Honorar in Höhe von 2.400 € zuzüglich 456 € Umsatzsteuer. Neuber zahlte den Betrag am 18.07.16 per Banküberweisung.

Aufgabe:
Bitte würdigen Sie die dargestellten Sachverhalte aus Sicht des KM im Hinblick auf:
- die Art des Umsatzes,
- den Ort des Umsatzes
- und die Steuerbarkeit bzw. Nichtsteuerbarkeit.

Die Unternehmereigenschaft des KM ist unstrittig und braucht nicht beurteilt zu werden.
(Bearbeitungszeit: 30 Minuten)

Sachverhalt 9
Der Unternehmer U aus Schopfheim (Baden) betreibt ein Elektronikgeschäft, das Computeranlagen verkauft und installiert. U beschäftigt 25 Mitarbeiter, denen er neben einem angemessenen Barlohn auch übertarifliche Vergünstigungen einräumt.

1. Der leitende Angestellte A bekommt einen firmeneigenen Pkw gestellt, den er für Wartungsarbeiten und kleinerer Reparaturen bei den Kunden vor Ort benutzt. Ihm ist darüber hinaus aber auch erlaubt, den Pkw mit nach Hause zu nehmen und ihn für Fahrten zwischen Wohnung und Firma sowie für private Fahrten zu nutzen. A nutzt den Pkw an 180 Tagen im Jahr für Fahrten ins Geschäft, das 15 km von seiner Wohnung entfernt ist. Kosten werden A dafür nicht in Rechnung gestellt.
   Die auf den Pkw entfallenden Kosten können nicht festgestellt werden. U hat den Pkw neu angeschafft und dafür 25.000 € zuzüglich 4.750 € USt gezahlt, die er in voller Höhe als Vorsteuer abgezogen hat.
2. Anlässlich der Weihnachtsfeier 01, neben einer ähnlichen eintägigen Veranstaltung im Sommer die einzige Veranstaltung dieser Art im Jahre 01, gab U für die Gestaltung, Speisen und Getränke insgesamt 90 € pro Teilnehmer aus. Insgesamt nahmen 30 Personen an der Feier teil, davon 20 Mitarbeiter. 10 Mitarbeiter brachten ihre Ehepartner mit.
3. Den jährlich von U unter den Mitarbeitern für besonders erfolgreiches Arbeiten ausgelobten Preis gewann in 01 der Mitarbeiter M, der seinen Wohnsitz in Kreuzlingen (Schweiz) hat. Der Preis war in diesem Jahr ein PC, der einen Wert von 2.500 € hat. U hat den PC für 1.900 € beschafft. M nahm den PC in seinem Pkw mit nach Hause.

Aufgabe:
Prüfen Sie, ob U steuerbare Umsätze bewirkt hat und wie hoch die darauf entfallende Umsatzsteuer ist (Jahr 01 = 2016).
(Bearbeitungszeit: 45 Minuten)

Sachverhalt 10
Der in Cottbus wohnhafte Frank Lukas (L, Privatperson) bestellt übers Internet bei dem in Warschau (Polen) ansässigen Unternehmer Grosicki (G) einen neuen Wohnzimmerschrank für 5.000 €, den dieser nicht vorrätig hat und den Schrank bei dem Hersteller Milik (M) aus Breslau (Polen) ordert.

Aufgrund der Lieferklauseln wurde der Schrank von Milik an Grosicki ab Werk und von Grosicki an Lukas frei Haus geliefert.

Grosicki holte den Schrank am 10.05. in Breslau ab und transportierte den Schrank unmittelbar nach Cottbus. Sowohl Grosicki als auch Milik treten mit ihrer polnischen USt-IDNr. auf.

Aufgabe:
Welche Folgen ergeben sich aus dem dargestellten Sachverhalt für Grosicki, der die deutsche Lieferschwelle überschritten hat?
(Bearbeitungszeit: 35 Minuten)

Teil III: Übungsklausuren

Lösung Übungsklausur 3

Zu Sachverhalt 1

1. **Heinrich** verwendet bei der Herstellung der Fabrikhalle selbstbeschaffte Stoffe, die nicht nur Zutaten oder sonstige Nebensachen sind. Er führt damit an Anton eine Werklieferung gem. § 3 Abs. 4 S. 1 UStG aus, auch wenn die Gegenstände fest mit dem Grund und Boden verbunden werden, § 3 Abs. 4 S. 2 UStG.
Der Umsatzort ist gem. § 3 Abs. 5a UStG in Verbindung mit § 3 Abs. 7 S. 1 UStG Leipzig.
Leipzig ist Inland, § 1 Abs. 2 S. 1 UStG. Der Umsatz des Unternehmers Heinrich ist steuerbar, § 1 Abs. 1 Nr. 1 UStG, steuerpflichtig.
Anton wendet 1.562.480 € (Gesamtbetrag 1.537.480 € zuzüglich 25.000 € Vertragsstrafe) auf, um die Werklieferung zu erhalten; die Vertragsstrafe mindert als Schadensersatz das Entgelt für die Werklieferung nicht.
Das Entgelt beträgt gem. § 10 Abs. 1 S. 2 UStG 1.313.008 €; die Umsatzsteuer beträgt 19 %, § 12 Abs. 1 UStG 249.472 €.
Die Steuer entsteht grundsätzlich gem. § 13 Abs. 1 Nr. 1a S. 1 UStG mit Ablauf des VAZ August 16. Soweit Heinrich vor Ausführung seines Umsatzes Gelder vereinnahmte, entsteht insoweit die Umsatzsteuer gem. § 13 Abs. 1 Nr. 1a S. 4 UStG mit Ablauf der VAZ, in denen die Anzahlungen vereinnahmt wurden. Daher entstehen Umsatzsteuern in Höhe von 19.000 € mit Ablauf des VAZ April 16 und in Höhe von jeweils 38.000 € mit Ablauf der VAZ Mai bis Juli 16.
Der Restbetrag in Höhe von 116.472 € (gesamte Umsatzsteuer 249.472 € abzüglich Vorauszahlungsumsatzsteuern 133.000 €) entsteht für Heinrich mit Ablauf des VAZ August 16, § 13 Abs. 1 Nr. 1a S. 1 UStG.
Die Kürzung mit der Zahlung durch Anton stellt eine Änderung der Bemessungsgrundlage gem. § 17 Abs. 1 Satz 1 UStG dar; die Umsatzsteuer ist um 1.597 € im VAZ November 15 zu mindern, § 17 Abs. 1 S. 7 UStG.
Heinrich hat in seiner Endrechnung die in den Anzahlungsrechnungen gesondert ausgewiesenen Umsatzsteuerbeträge nicht abgesetzt und dadurch eine zu hohe Umsatzsteuer ausgewiesen, § 14 Abs. 5 UStG. Er schuldet gem. § 14 c Abs. 1 S. 1 UStG den Mehrbetrag in Höhe von 129.008 € (Steuerausweis in der Endrechnung 245.480 € zuzüglich Steuerausweise für Anzahlungen 133.000 € = 378.480 € abzüglich geschuldete Steuer 249.472 €).
Diese Mehrsteuer entsteht mit Ablauf des VAZ August 16, § 13 Abs. 1 Nr. 3 UStG in Verbindung mit § 13 Abs. 1 Nr. 1a S. 1 UStG.

2. **Anton**; aus den Anzahlungen hat Anton eine abziehbare und abzugsfähige Vorsteuer von 19.000 € im VAZ April 16 und von jeweils 38.000 € in den VAZ Mai, Juni und Juli 16, § 15 Abs. 1 Nr. 1 S. 3 UStG.
Aus der Endrechnung hat Anton eine abziehbare und abzugsfähige Vorsteuer in Höhe von 112.480 € (245.480 € Steuerausweis abzüglich Steuerausweise auf Anzahlungen 133.000 €) im VAZ August 16, § 15 Abs. 1 Nr. 1 S. 1 UStG.
Für den VAZ November 16 ist die abzugsfähige Vorsteuer um 1.597 € gem. § 17 Abs. 1 Satz 2 UStG zu mindern; die Korrektur ist gem. § 17 Abs. 1 S. 7 UStG im VAZ November 16 vorzunehmen.

Zu Sachverhalt 2

1. Verhältnis B zu F

Die Behandlung des Vorgangs durch B ist falsch. Es liegen keine drei Lieferungen vor, die unterschiedlich zu behandeln wären. Zwar handelt es sich bei einem DV-System zunächst um mehrere selbständige Gegenstände, die aber mit der Zusammenstellung durch B zu einem wirtschaftlich neuen Verkehrsgut werden, das ein anderes Wirtschaftsgut darstellt, nämlich die DV-Anlage der Firma F. Diese Sachgesamtheit bildet einen einheitlichen Liefergegenstand.

M.E. liegt keine Werklieferung vor, da zumindest im Verhältnis F – B der Bearbeitungsvorgang nicht wesentlicher Leistungsinhalt ist und Aufstellung, Installation und Anschluss der Anlage von B nicht geschuldet werden.

Die Lieferung ist erst ausgeführt, wenn sämtliche Teile bei F angekommen sind, d.h. am 10.10.16 bei F in Stuttgart (vgl. § 3 Abs. 7 Satz 1 UStG). Die vorangegangenen Beförderungen durch B, N, I stellen insoweit rechtsgeschäftsloses Verbringen dar.
(Gesamt-)Bemessungsgrundlage: 91.630 € ./. 14.630 € USt = 77.000 €.

Da F vor Ausführung der Leistung schon eine Zahlung leistet, liegt eine Anzahlung vor. Gem. § 13 Abs. 1 Nr. 1a S. 4 und 5 UStG entsteht ein Teil der Steuer in Höhe von 3.800 € schon im Voranmeldungszeitraum der Zahlung, also im August 16. Da keine Rechnung ausgestellt wurde, kann F gem. § 15 Abs. 1 Nr. 1 Satz 3 UStG den Vorsteuerabzug für diesen Zeitraum **nicht** geltend machen.

Diese im August gezahlten 3.800 € kann B wegen der insoweit korrekten Endabrechnung von seiner Gesamtsteuerschuld abziehen, sodass er für den Voranmeldungszeitraum 10/16 nur 10.830 € an das Finanzamt abzuführen hat.

F kann die Vorsteuer erst mit Vorliegen der Rechnung im Oktober 16 und nur in Höhe von 7.600 € geltend machen, da erst zu diesem Zeitpunkt eine Rechnung mit gesondertem Steuerausweis vorliegt und nur insoweit die Voraussetzungen des § 15 Abs. 1 Nr. 1 Satz 2 UStG erfüllt sind.

2. Verhältnis N zu B

Zwischen N und B liegen 5 Lieferungen vor, da jede Ein-/Ausgabeeinheit einen Liefergegenstand darstellt. Gem. § 3 Abs. 6 Satz 1 UStG sind die Lieferungen bereits mit Beginn des Transports durch N in Norwegen bewirkt.

Da jedoch aufgrund der Lieferkondition „verzollt und versteuert" N Zollbeteiligter und damit Schuldner der EUSt ist, verlagert sich der Lieferort gem. § 3 Abs. 8 UStG in das Inland und die Lieferungen sind steuerbar und steuerpflichtig.

Die Bemessungsgrundlage beträgt 18.000 €, die Umsatzsteuer 3.420 €.

N kann gem. § 15 Abs. 1 Nr. 2 UStG die gezahlte EUSt als Vorsteuer abziehen, da er im Moment des Grenzübergangs noch Verfügungsmacht an den Liefergegenständen hat, sofern die übrigen Voraussetzungen des § 15 UStG gegeben sind, B die auf die an ihn erbrachten Lieferungen entfallende USt in Höhe von 3.420 €.

3. Verhältnis I zu S und B

Zwischen I, S und B liegt ein Reihengeschäft vor. Daher liefert I an S und S an B. Die Versendung der Zentraleinheit ist dabei gem. § 3 Abs. 6 Satz 5 UStG der Lieferung I – S zuzurechnen.

Da der Gegenstand der Lieferung auch bei diesem Geschäft vom Drittlandsgebiet (USA) in das Inland gelangt, ist wiederum § 3 Abs. 8 UStG zu prüfen. Dabei ist zwischen der Lieferung I – S und S – B zu unterscheiden.

I als Lieferer im Verhältnis I – S ist nicht Schuldner der Einfuhrumsatzsteuer. § 3 Abs. 8 UStG greift insoweit nicht ein. Die Lieferung erfolgt gem. § 3 Abs. 6 Satz 1 UStG nicht steuerbar in den USA.

Gem. § 3 Abs. 7 Satz 2 Nr. 2 UStG befindet sich für die der Lieferung I – S folgende Lieferung S – B der Lieferort im Inland und die Lieferung ist steuerbar.

Die Steuerbefreiung gem. § 4 Nr. 4b UStG greift nicht ein, da nicht B sondern S Schuldner der Einfuhrumsatzsteuer ist und damit seine Lieferung nicht der Einfuhr vorausgeht (vgl. Abschn. 3.14 Abs. 16 UStAE).

S kann die von ihr gezahlte EUSt als Vorsteuer abziehen. Stellt sie diese trotzdem ihrem Abnehmer in Rechnung, so wird die EUSt Teil der Bemessungsgrundlage und wirkt sich im Verhältnis zu B entgeltserhöhend aus. Bemessungsgrundlage daher 42.030 € ./. 7.030 € USt = 37.000 €.

B seinerseits kann die ihm in Rechnung gestellte EUSt nicht nach § 15 Abs. 1 Nr. 2 UStG als Vorsteuer abziehen, da er bei Grenzübergang noch keine Verfügungsmacht an der Zentraleinheit hatte.

Zu Sachverhalt 3

1. U liefert gem. § 3 Abs. 1 UStG die Armatur an K nach Bregenz und verschafft diesem die Verfügungsmacht. Gemäß § 3 Abs. 6 Satz 1 UStG gilt die Lieferung mit dem Beginn des Transports durch U als ausgeführt.
   Der Ort der Lieferung befindet sich damit nach § 3 Abs. 6 UStG in Friedrichshafen. Die Lieferung ist grundsätzlich steuerbar und steuerpflichtig, da die in Betracht kommende Steuerbefreiung nach § 4 Nr. 1b i.V.m. § 6a UStG nicht eingreift: K ist Kleinunternehmer und unterliegt damit nach der dem deutschen § 1a Abs. 3 Nr. 1 UStG entsprechenden österreichischen Regelung nur der Erwerbsbesteuerung, wenn er die maßgebliche Erwerbsschwelle von **11.000 € (vgl. dazu Abschn. 3c.1 Abs. 2 UStAE)** überschreitet. Dies ist laut Sachverhalt nicht der Fall, sodass die Voraussetzung „Erwerbsbesteuerung im Bestimmungsland" nicht gegeben ist.
   In den Fällen der Beförderungslieferung an nicht der Erwerbsbesteuerung unterliegende Abnehmer in das übrige Gemeinschaftsgebiet, wie im vorliegenden Fall, ist darüber hinaus zu prüfen, ob nicht nach § 3c UStG eine Verlagerung des Lieferorts eingreift.
   Da U die österreichische Lieferschwelle von **35.000 €** (vgl. Abschn. 3c.1 Abs. 3 UStAE) im Jahr 01 laut Sachverhalt übertreffen wird, verlagert sich der Ort gem. § 3c Abs. 1 UStG nach Bregenz und die Lieferung ist in Deutschland nicht (mehr) steuerbar.
   Die Ortsverlagerung tritt ein, sobald die Lieferschwelle im laufenden Kalenderjahr überschritten wird (Abschn. 3c.1 Abs. 3 Satz 5 UStAE).
   Auf die Anwendung der Lieferschwelle kann (bei Nichtüberschreiten) gem. § 3c Abs. 4 UStG verzichtet werden.

2. Der Erwerb der Maschine am 11.04.17 ist steuerbar nach § 1 Abs. 1 Nr. 5 i.V.m. § 1a UStG. Die Voraussetzungen der Nr. 1 bis 3 des § 1a Abs. 1 UStG sind erfüllt, denn die Maschine wurde aus dem EU-Staat Niederlande in den EU-Staat Bundesrepublik gegen Entgelt geliefert, der Lieferant ist Unternehmer und auch U als Erwerber ist Unternehmer. Lieferung und Erwerb erfolgen im Rahmen der jeweiligen unternehmerischen Tätigkeit. § 1a Abs. 3 UStG greift nicht, weil U nicht unter die dort genannten Abnehmer fällt. Der Erwerb ist nach § 3d Satz 1 UStG im Inland getätigt und steuerbar. Er ist auch steuerpflichtig, da keine Befreiung eingreift.
   Bei einer Bemessungsgrundlage von 20.000 € (vgl. § 10 Abs. 1 UStG) ergibt sich damit eine Steuerschuld von 3.800 €, die nach § 13 Abs. 1 Nr. 6 UStG für den Voranmeldungszeitraum Mai 17 anzumelden und abzuführen ist. U kann zum selben Zeitpunkt die entstandene Erwerbsteuer als Vorsteuer gem. § 15 Abs. 1 Nr. 3 UStG abziehen.

3. Im Verhältnis U – H – S und U – H – D liegt jeweils ein Reihengeschäft vor, da U als erster Unternehmer in der Reihe dem D bzw. dem S als letztem Abnehmer in der Reihe unmittelbar die Sachherrschaft an den Pumpen verschafft und damit gleichzeitig die Liefergeschäfte zwischen U und H einerseits sowie H und D bzw. H und S andererseits erfüllt. Da U als erster Lieferer die Pumpen versendet, ist die Versendung gem. § 3 Abs. 6 Satz 5 UStG den Lieferungen U – H zuzuordnen. Der Ort der Lieferungen des U an H **(nur diese sind lt. Aufgabenstellung zu untersuchen!)** ist gem. § 3 Abs. 6 Satz 1 und 4 UStG in Stuttgart, da dort die Pumpen dem Spediteur übergeben wurden. Die Lieferungen sind somit gem. § 1 Abs. 1 Nr. 1 UStG steuerbar. Da die Pumpen ins Ausland bzw. in eine Freizone des Kontrolltyps I (= Freihafen) geliefert wurden, ist für jede Lieferung getrennt zu untersuchen, ob eine Steuerbefreiung gem. § 4 Nr. 1a UStG eingreift.

3.1 Die Lieferung der für S bestimmten Pumpe ist steuerfrei nach § 4 Nr. 1a i.V.m. § 6 Abs. 1 Nr. 1 UStG. U hat die Pumpe in das Drittlandsgebiet an den ihm von H benannten Abnehmer S transportiert und die Nachweise gelten laut Sachverhalt als erbracht. Auch die Abrechnung der Transportkosten und der Schweizer Eingangsabgaben ist in Ordnung, denn diese gehören als nichtselbständige Nebenleistungen zur Bemessungsgrundlage der Lieferung U – H, da davon auszugehen ist, dass auch zwischen diesen „verzollt und versteuert" geliefert wird. Der Umsatzsteuerausweis selbst aber ist nicht gerechtfertigt und U schuldet die zu hoch ausgewiesene Steuer nach § 14c Abs. 1 UStG.

3.2 Die Lieferung der für D bestimmten Pumpe ist ebenfalls steuerfrei. Die Steuerbefreiung ergibt sich aus § 4 Nr. 1a i.V.m. § 6 Abs. 1 Nr. 3a und Abs. 3 UStG. H als Abnehmer des U ist Unternehmer. Er hat die Pumpe für sein Unternehmen erworben. Die Pumpe ist zwar zur Ausrüstung eines Schiffes und damit zur Ausrüstung eines Beförderungsmittels bestimmt und in ein Gebiet i.S.d. § 1 Abs. 3 UStG gelangt, doch findet die Ausnahmeregelung des § 6 Abs. 3 UStG auf den vorliegenden Sachverhalt trotzdem keine Anwendung, da sie nach Sinn und Zweck nur für Lieferungen von Ausrüstungsgegenständen gilt, die beim Abnehmer selbst den angegebenen Zwecken dienen. § 6 Abs. 3 UStG erfasst also nicht die Fälle, dass der Unternehmer die Ausrüstungsgegenstände – wie im vorliegenden Falle – zur Weiterveräußerung erworben hat (Abschn. 6.4 Abs. 4 UStAE). Auch bezüglich dieser Lieferung liegt ein nicht gerechtfertigter USt-Ausweis in der Rechnung vor.

Die offen in der Rechnung ausgewiesene Umsatzsteuer i.H.v. 5.700 € schuldet U gem. § 14c Abs. 1 UStG für den Voranmeldungszeitraum Mai 14 (§ 13 Abs. 1 Nr. 3 und 4 UStG), da erst mit Abgabe der Rechnung die Voraussetzungen für die Entstehung der Steuer erfüllt sind. U kann die Rechnung berichtigen. Für den Fall der Berichtigung entfällt die Steuer für den Voranmeldungszeitraum der Berichtigung. Dies gilt nur, sofern U die formellen Voraussetzungen, wie sie in Abschn. 14.11 Abs. 1 und 2 UStAE aufgezeigt sind, erfüllt hat.

Zu Sachverhalt 4

Dieter Wünsch bewirkt mit dem **Verkauf des gebrauchten LKW** eine Lieferung, § 3 Abs. 1 UStG; es liegt ein Hilfsgeschäft gem. Abschn. 2.7 Abs. 2 S. 1 bis 4 USAE vor. Dieter Wünsch befördert, § 3 Abs. 6 S. 2 UStG in Verbindung mit Abschn. 3.12 Abs. 2 UStAE.

Die Lieferung findet im Rahmen eines Tausches mit Baraufgabe statt, § 3 Abs. 12 S. 1 UStG in Verbindung mit Abschn. 10.5 Abs. 1 S. 8 UStAE. Der Umsatzort ist gem. § 3 Abs. 6 S. 1 UStG in Verbindung mit § 3 Abs. 5a UStG Meißen; Meißen ist Inland, § 1 Abs. 2 S. 1 UStG. Der Umsatz ist steuerbar, § 1 Abs. 1 Nr. 1 UStG, mangels der Anwendung des § 4 UStG steuerpflichtig. Als Bemessungsgrundlage ist folgendes anzusetzen:

Wert des erhaltenen neuen Lkw	101.150 €
abzüglich Baraufgabe, Abschn. 10.5 Abs. 1 S. 9 UStAE	./. 89.250 €
Differenz brutto	**11.900 €**
abzüglich Umsatzsteuer 19/119, § 12 Abs. 1 UStG	./. 1.900 €
Entgelt, § 10 Abs. 2 S. 2 UStG	**10.000 €**

Die Umsatzsteuer in Höhe von 1.900 € entsteht für Dieter Wünsch mit Ablauf des VAZ Juni 17, § 13 Abs. 1 Nr. 1a S. 1 UStG. Steuerschuldner ist Dieter Wünsch, § 13a Abs. 1 Nr. 1 UStG.

Erwerb des neuen Lkw

Der neue Transporter muss ohne Wahlrecht von Dieter Wünsch entsprechend seiner Verwendungsabsicht insgesamt seinem Unternehmensvermögen zugeordnet werden da das Fahrzeug ausschließlich unternehmerisch genutzt werden soll (Zuordnungsgebot), Abschn. 15.2c Abs. 1 Satz 1 UStAE.

Die abziehbare Vorsteuer aus dem Kauf des Transporters beträgt entsprechend der Verwendungsabsicht von Dieter Wünsch 16.150 €, § 15 Abs. 1 S. 1 Nr. 1 S. 1 UStG. abzugsfähig sind im VAZ Juni 17, § 15 Abs. 2 S. 1 Nr. 1 UStG.

Da sich die Verwendungsabsicht von Dieter Wünsch nicht geändert hat, ist der Vorsteuerabzug in der Jahreserklärung 17 gegenüber dem Voranmeldungsverfahren unverändert.

Der Lkw-Händler Konrad hatte Dieter Wünsch bei der Anrechnung des gebrauchten Transporters keinen verdeckten Preisnachlass gewährt. Das gebrauchte Fahrzeug verkaufte der Lkw-Händler Konrad außerhalb einer Frist von drei Monaten für 11.900 € weiter, vgl. Abschn. 10.5 Abs. 4 Satz 6 Nr. 2 UStAE.

Teil III: Übungsklausuren

Zu Sachverhalt 5

1. Die Z-KG tätigt mit der Herstellung und dem Verkauf von Fertighäusern grundsätzlich steuerpflichtige Ausgangsumsätze. Sowohl die Nutzung als Büro, als auch die Verwendung des ganzen Hauses als Musterhaus dienen diesen Zwecken und sind somit vorsteuerunschädlich. Die Z-KG kann die Vorsteuer aus den für die Bebauung verwendeten Materialien und sonstigen Eingangsleistungen in Höhe von 17.100 € (90.000 € × 19 %) nach § 15 Abs. 1 i.V.m. Abs. 2 UStG abziehen.

   Die Verwendung des Hauses für unternehmerische Zwecke beginnt mit der tatsächlichen Nutzung am **01.07.01** und endet am **30.11.01**, da zum **01.12.01** das Grundstück in das Eigentum der Eheleute AB übergeht und die Z-KG das Haus ab diesem Zeitpunkt nur noch als Mieter nutzt.

   Nach § 15a Abs. 8 i.V.m. Abs. 9 UStG ist dieser Verkauf jedoch so anzusehen, als wäre das Grundstück bis zum Ablauf des maßgeblichen Überwachungs- und Berichtigungszeitraums in der Art für das Unternehmen genutzt worden, wie der Verkauf umsatzsteuerrechtlich zu würdigen ist.

   Mit dem Verkauf bewirkt die KG eine steuerbare und grundsätzlich nach § 4 Nr. 9a UStG steuerfreie Lieferung. Da die Lieferung jedoch von einem Unternehmer an die Eheleute zu Vermietungszwecken und damit zu unternehmerischen Zwecken erfolgte, ist eine Option gem. § 9 UStG möglich, sinnvoll und von der KG durch den ausdrücklichen Verzicht auf die Befreiung im notariellen Kaufvertrag auch wirksam vollzogen **(vgl. § 9 Abs. 3 UStG; Abschn. 9.1 i.V.m. Abschn. 9.2 Abs. 9 UStAE)**.

   AB haben gleichzeitig mit Abschluss des notariellen Kaufvertrags einen Mietvertrag geschlossen und ihrerseits durch den gesonderten Ausweis der Umsatzsteuer auf den Vermietungsumsatz nach § 9 Abs. 1 UStG zur Steuerpflicht optiert.

   Das Optionsverbot nach § 9 Abs. 2 UStG greift nicht, da die KG letztendlich das Grundstück ausschließlich für steuerpflichtige Umsätze verwendet.

   Ergebnis:
   Der Verkauf ist der Umsatzsteuer zu unterwerfen. Die Bemessungsgrundlage beträgt nach § 10 Abs. 1 UStG 300.000 €. Die Umsatzsteuer beläuft sich auf 57.000 €. Auf den von der KG bisher vorgenommenen Vorsteuerabzug hat der Vorgang keinen Einfluss, insbesondere liegt keine Änderung der Verhältnisse i.S.d. § 15a UStG vor.

   Die Ehegattengemeinschaft AB wird mit dem Erwerb und der Vermietung des Hauses zum Unternehmer und schuldet daher gem. § 13b Abs. 5 Satz 1 i.V.m. Abs. 2 Satz 1 Nr. 3 UStG als Leistungsempfänger die USt aus dem Verkauf des Hauses. Sie hat die Steuer i.H.v. 57 000 € als eigene Steuer anzumelden und abzuführen, kann aber in derselben Voranmeldung den Vorsteuerabzug vornehmen. Die KG darf in ihrer Rechnung die USt nicht gesondert ausweisen und muss auf die Steuerschuldnerschaft von AB hinweisen (§ 14a Abs. 5 UStG).

   Außerdem hat AB monatlich 2.000 € × 19 % = 380 € Umsatzsteuer an das Finanzamt abzuführen.

2. Die Eheleute AB veräußern mit dem Grundstück ihr Unternehmen im Ganzen an R, der Unternehmer ist und das Unternehmen mit Eintritt in den Mietvertrag auch fortführt. Es liegt eine Geschäftsveräußerung im Ganzen i.S.d. § 1 Abs. 1a Satz 2 UStG vor mit der Folge, dass keine steuerbare Leistung erbracht wird und keine Umsatzsteuer anfällt.

   AB darf keine Umsatzsteuer gesondert ausweisen, da sie keine steuerbare Leistung erbracht haben, und R hat keinen Vorsteuerabzug. Er tritt dafür nach der gesetzlichen Regelung des § 15a Abs. 10 UStG in Ansehung der Vorsteuer an die Stelle der veräußernden Eheleute AB. Der für das Grundstück maßgebliche Überwachungs- und Berichtigungszeitraum wird nicht unterbrochen, die Veräußerung hat für AB keine weiteren Folgen, R jedoch hat sich den von AB vorgenommenen Vorsteuerabzug zurechnen zu lassen und gegebenenfalls eine Berichtigung nach § 15a UStG vorzunehmen.

   Der Überwachungs- und Berichtigungszeitraum für das Grundstück beginnt daher mit der erstmaligen Nutzung des Hauses durch AB am **01.12.01**, dauert 10 Jahre und endet mit Ablauf des **30.11.11**. Die Nutzung durch AB erfolgte zu 100 % zu vorsteuerunschädlichen Zwecken. Dies setzt sich mit der Vermietung durch R bis zum 31.12.03 fort.

Erst die Fremdvermietung ab 01.01.04 durch R führt zu einer Änderung der Verhältnisse i.S.d. § 15a UStG.

Die Nutzung der 50 m² umfassenden Räume im Erdgeschoß als Anwaltspraxis ist ein nichtsteuerbarer Innenumsatz, der den steuerpflichtigen und damit vorsteuerunschädlichen Ausgangsumsätzen aus der Tätigkeit des R als Rechtsanwalt zuzurechnen ist.

Die Nutzung der übrigen 100 m² des Hauses für Wohnzwecke ist eine nach § 3 Abs. 9 Satz 1 i.V.m. § 3a Abs. 3 Nr. 1 UStG steuerbare sonstige Leistung. Diese unterliegt zwingend der Steuerbefreiung gem. § 4 Nr. 12a UStG, da eine Option gem. § 9 Abs. 1 UStG bei der Vermietung an private Mieter ausgeschlossen ist und führt zum Vorsteuerabzugsverbot nach § 15 Abs. 2 i.V.m. Abs. 3 UStG. Der Anteil der Verwendung des Hauses für steuerpflichtige Ausgangsumsätze verringert sich im Kalenderjahr 04 damit auf 33 ⅓ %, gegenüber der bisherigen 100 % igen Nutzung eine Änderung von 66 ⅔ % zu Ungunsten des R.

Ergebnis:
Die zu berichtigende, auf das Kalenderjahr 04 entfallende anteilige Vorsteuer aus den Anschaffungskosten der Eheleute AB beträgt 5.700 €.

R hat daher nach § 44 Abs. 1 UStDV in seiner Jahressteuererklärung einen Berichtigungsbetrag von 5.700 € × 66 ⅔ % = 3.800 € zu seinen Ungunsten anzumelden.

Zu Sachverhalt 6
1. Verkauf des alten Shredders nach Kenia
Mit der Veräußerung des zerstörten Shredders führt B an den Erwerber eine Lieferung i.S.d. § 3 Abs. 1 UStG aus, deren Lieferort sich im Hinblick auf § 3 Abs. 5a i.V.m. § 3 Abs. 6 Satz 1 UStG in Eisenhüttenstadt, also im Inland i.S.d. § 1 Abs. 2 Satz 1 UStG befindet, da die Beförderung (§ 3 Abs. 6 Satz 2 UStG) in Eisenhüttenstadt begann.

Der Umsatz ist daher gem. § 1 Abs. 1 Nr. 1 Satz 1 UStG steuerbar.

Die Lieferung nach Kenia ist jedoch als Ausfuhrlieferung i.S.d. § 4 Nr. 1a i.V.m. § 6 Abs. 1 Nr. 2 UStG steuerfrei, da die zerstörte Maschine ins Drittland (§ 1 Abs. 2a Satz 3 UStG) Kenia, durch den ausländischen Abnehmer (§ 6 Abs. 2 Nr. 1 UStG) befördert wird und lt. dem Bearbeitungshinweis er die Steuerbefreiung gem. § 6 Abs. 4 UStG i.V.m. §§ 8 ff. UStDV auch nachweisen kann.

Die Bemessungsgrundlage beläuft sich gem. § 10 Abs. 1 Satz 1 UStG auf 60.000 €.

2. Zahlung der Versicherungsleistung
Die Zahlung der Versicherungsentschädigung löst keine umsatzsteuerlichen Folgen aus, da B an die Versicherung keinen Leistungsaustausch ausführt. Die Versicherungsleistung ist als echter Schadensersatz (Abschn. 1.3 Abs. 1 UStAE) nicht steuerbar.

3. Kauf des ersten Shredders/Verlagerung der Steuerschuldnerschaft gem. § 13a Abs. 1 Nr. 5 UStG i.V.m. § 25b Abs. 2 UStG

Darstellung

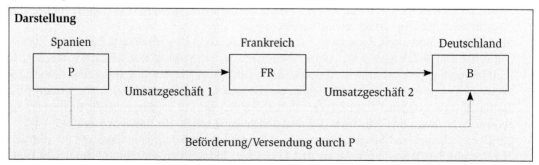

B ist gem. § 13a Abs. 1 Nr. 5 i.V.m. § 25b Abs. 2 UStG Steuerschuldner der steuerpflichtigen Lieferung des Frank Richter geworden, da die Voraussetzungen sowohl des § 25b Abs. 1 UStG, als auch die des

§ 25b Abs. 2 UStG vorliegen. Voraussetzung ist zunächst, dass eine **steuerpflichtige Lieferung** seitens des Lieferers FR an B gegeben ist.

Da mehrere **Unternehmer** (P, FR und B) über denselben Gegenstand (Shredder) Umsatzgeschäfte abgeschlossen haben und dieser Gegenstand unmittelbar vom ersten Lieferer (Hersteller P) an den letzten Abnehmer (B) gelangt, liegt hier ein Reihengeschäft gem. **§ 3 Abs. 6 Satz 5 UStG** vor. Dabei kann es nur eine Beförderungs- bzw. Versendungslieferung (sog. bewegte Lieferung, vgl. auch § 3 Abs. 6 Sätze 2 bis 4 UStG) geben (Abschn. 3.14 Abs. 2 Satz 2 UStAE).

Da der Shredder durch P von Spanien nach Eisenhüttenstadt gebracht wurde, ist die Lieferung durch den ersten Lieferer ausgeführt, sodass die bewegte Lieferung dem Vertragsverhältnis von P an FR zuzuordnen ist (Abschn. 3.14 Abs. 8 Satz 1 UStAE). Die Lieferung zwischen FR und B ist folglich die ruhende Lieferung. Der Ort dieser Lieferung ist daher gem. **§ 3 Abs. 5a i.V.m. Abs. 7 Satz 2 Nr. 2 UStG** dort, wo sich der Liefergegenstand am Ende der Beförderung bzw. Versendung befinden.

Da die Beförderung/Versendung in Eisenhüttenstadt endete, wurde die Lieferung im Inland (§ 1 Abs. 2 Satz 1 UStG) ausgeführt und ist folglich gem. § 1 Abs. 1 Nr. 1 Satz 1 UStG in Deutschland steuerbar.

Da bei der ruhenden Lieferung eine Steuerbefreiung nach § 4 Nr. 1b i.V.m. § 6a UStG, mangels Beförderung/Versendung nicht möglich ist (vgl. Abschn. 3.14 Abs. 2 Satz 3 und Abschn. 3.14 Abs. 13 Satz 1 und 2 UStAE, sowie Abschn. 6a.1 Abs. 2 UStAE), ist die Lieferung auch zum Regelsteuersatz des § 12 Abs. 1 UStG mit 19 % steuerpflichtig.

Steuerschuldnerschaft/Prüfung von § 25b UStG

Gleichwohl schuldet nicht Frank Rube für diese Lieferung die Umsatzsteuer, sondern im Hinblick auf § 13a Abs. 1 Nr. 5 i.V.m. § 25b Abs. 2 UStG **B**, da ein innergemeinschaftliches Dreiecksgeschäft gem. **§ 25b Abs. 1 Nr. 1–4 UStG** vorliegt und auch die weiteren Voraussetzungen des **§ 25b Abs. 2 UStG** gegeben sind.

Wie bereits erwähnt haben **drei Unternehmer** (P; FR und B) über denselben Gegenstand (Papiershredder) Umsatzgeschäfte abgeschlossen und der Liefergegenstand gelangt unmittelbar vom ersten Lieferer (Hersteller P) an den letzten Abnehmer (B); **vgl. § 25b Abs. 1 Nr. 1 UStG.**

Darüber hinaus liegt auch die Voraussetzung des **§ 25b Abs. 1 Nr. 2 UStG** vor, da die Unternehmer in jeweils **verschiedenen Mitgliedstaaten** (Spanien, Frankreich und Deutschland) für Zwecke der Umsatzsteuer erfasst sind.

Auch die Voraussetzung des **§ 25b Abs. 1 Nr. 3 und 4 UStG** sind erfüllt, da der Liefergegenstand aus dem Gebiet eines Mitgliedstaates (Spanien) in das Gebiet eines anderen Mitgliedstaates (Deutschland) gelangt (§ 25b Abs. 1 Nr. 3 UStG) und der erste Lieferer (P) die Beförderung übernommen hat (§ 25b Abs. 1 Nr. 4 UStG).

Da wegen Abschn. 3.14 Abs. 2 Satz 1 UStAE die bewegte Lieferung im Rahmen des vorliegenden Reihengeschäftes der Lieferung zwischen P und FR zuzuordnen ist, ist im Hinblick auf die Spiegelbildtheorie ein innergemeinschaftlicher Erwerb gegen Entgelt im Inland gem. § 1 Abs. 1 Nr. 5 i.V.m. § 1a und § 3d Satz 1 UStG auch nur in dieser Vertragsbeziehung durch FR verwirklicht worden (vgl. Abschn. 3.14 Abs. 13 Satz 3 UStAE). **§ 25b Abs. 2 Nr. 1 UStG** ist daher erfüllt.

Weiterhin ist FR als erster Abnehmer in dem Mitgliedstaat, in dem die Beförderung endet (Deutschland), nicht ansässig und verwendet gegenüber seinem Lieferer (P) und dem letzten Abnehmer (B) seine französische USt-IdNr. **(§ 25b Abs. 2 Nr. 2 UStG)**.

Darüber hinaus hat FR dem B keine Rechnung mit offen ausgewiesener Steuer ausgestellt (§ 25b Abs. 2 Nr. 3 UStG, vgl. hierzu auch § 14a Abs. 7 UStG).

Da alle drei Unternehmer ihre nationale USt-IdNr. verwendet haben, ist auch die Voraussetzung des **§ 25b Abs. 2 Nr. 4 UStG** erfüllt. Aus diesem Grund ist für die ruhende Lieferung von FR an B nicht der Lieferer, sondern B gem. **§ 25b Abs. 2 UStG i.V.m. § 13a Abs. 1 Nr. 5 UStG** Steuerschuldner.

Die Bemessungsgrundlage (Entgelt) beläuft sich gem. **§ 10 Abs. 1 Sätze 1 und 2 UStG i.V.m. § 25b Abs. 4 UStG** auf die Gegenleistung in Höhe von 1,5 Mio. €.

Die Umsatzsteuer beträgt daher 285.000 € (= 1,5 Mio. € × 19 %) und ist analog § 13 Abs. 1 Nr. 6 UStG im VAZ August 17 entstanden.

Vorsteuerabzug
Da aufgrund der Unternehmenstätigkeit des B keine Ausschlussumsätze nach § 15 Abs. 2 Nr. 1 UStG ersichtlich sind und Vorsteuerabzugsbeschränkungen gem. § 15 Abs. 1a und 1b UStG ebenfalls nicht eingreifen, kann B die von ihm geschuldete Steuer gem. § 25b Abs. 5 UStG i.V.m. § 15 UStG als Vorsteuer im VAZ August 17 in Höhe von 285.000 € abziehen.

4. Montage durch Tischer (T)
Leistungsbeziehung zwischen T und B (Verlagerung der Steuerschuldnerschaft gem. § 13b Abs. 5 UStG).

Mit der Montage des Shredders erbringt die Firma Tischer gegenüber B eine Werkleistung (§ 3 Abs. 4 und 9 UStG) im Zusammenhang mit einem Grundstück (§ 3a Abs. 3 Nr. 1 UStG), die in Eisenhüttenstadt ausgeführt (§ 1 Abs. 2 Satz 1 UStG) wurde und daher gem. § 1 Abs. 1 Nr. 1 UStG steuerbar und mangels Steuerbefreiung (§ 4 UStG) zum Regelsteuersatz des § 12 Abs. 1 UStG mit 19 % steuerpflichtig ist.

Da die Firma Tischer aus Österreich ein im Ausland ansässiger Unternehmer i.S.d. **§ 13b Abs. 7 UStG** ist, entsteht die Steuer abweichend von § 13 Abs. 1 Nr. 1 Buchst. a UStG gem. **§ 13b Abs. 2 Nr. 1 UStG** mit Ausstellung der Rechnung am 20.07.17.

B ist als Unternehmer gem. **§ 13b Abs. 5 Satz 1 UStG** Steuerschuldner. Im Hinblick auf **§ 14a Abs. 5 UStG** hätte T eine Rechnung ohne Steuerausweis erteilen müssen. Gemäß **Abschn. 13b.13 Abs. 1 Satz 1 UStAE** beläuft sich die Bemessungsgrundlage gem. § 10 Abs. 1 Satz 1 UStG immer auf den Rechnungsbetrag ohne Umsatzsteuer.

Die Bemessungsgrundlage beträgt 100.000 € und die von B geschuldete Steuer 19.000 €.

Im Hinblick auf **§ 15 Abs. 1 Satz 1 Nr. 4 UStG** kann B die von ihm gem. **§ 13b Abs. 2 UStG** geschuldete Umsatzsteuer ebenfalls im VAZ Juli 13 als Vorsteuer abziehen (Abschn. 13b.15 Abs. 1 UStAE).

Ein Vorsteuerabzug aus der Eingangsrechnung des T aus § 15 Abs. 1 Satz 1 Nr. 1 UStG steht dem B nicht zu, da diese Steuer nach **§ 14c Abs. 1 UStG** von T geschuldet wird (Abschn. 13b.14 Abs. 1 Satz 5 UStAE).

5. Kauf des zweiten Papiershredders
Leistungsbeziehung zwischen FR und B (Verlagerung der Steuerschuldnerschaft gem. § 13b Abs. 5 UStG).

Da FR, im Gegensatz zu seinem Vertragspartner, dem spanischen Hersteller P nicht nur die Lieferung (§ 3 Abs. 1 UStG) der Maschine gegenüber B schuldet, sondern auch deren Einbau, liegt **kein Reihengeschäft i.S.d. § 3 Abs. 6 Satz 5 UStG** vor, da insofern nicht über den selben (unveränderten) Gegenstand Umsatzgeschäfte abgeschlossen wurden.

FR führt an B nicht nur eine bloße Lieferung, sondern eine Werklieferung i.S.d. § 3 Abs. 4, Abs. 1 UStG aus, da er sämtliche Stoffe inklusive der Maschine, beistellt.

Der Lieferort dieser Werklieferung liegt im Hinblick auf **§ 3 Abs. 5a, Abs. 7 Satz 1 UStG** in Eisenhüttenstadt, da sich dort der Gegenstand der Lieferung im Zeitpunkt der Verschaffung der Verfügungsmacht (Abnahme) befindet.

Der im Leistungsaustausch ausgeführte Umsatz ist daher gem. § 1 Abs. 2 Satz 1 UStG im Inland und gem. § 1 Abs. 1 Nr. 1 UStG steuerbar und **mangels Steuerbefreiung (§ 4 UStG)** zum Regelsteuersatz des **§ 12 Abs. 1 UStG** mit 19 % steuerpflichtig.

Da FR aus Frankreich ein im Ausland ansässiger Unternehmer i.S.d. **§ 13b Abs. 7 UStG** ist, entsteht die Steuer abweichend von § 13 Abs. 1 Nr. 1 Buchst. a UStG gem. **§ 13b Abs. 2 Nr. 1 UStG** mit Ausstellung der Rechnung im Oktober 17 und B ist gem. **§ 13b Abs. 5 Satz 1 UStG** Steuerschuldner.

Hinweis auf Nettorechnung (§ 14a Abs. 5 UStG)
Da lt. den Hinweisen ordnungsgemäße Rechnungen ausgegeben wurden, wurde im Hinblick auf § 14a Abs. 5 UStG in dieser Rechnung keine Umsatzsteuer ausgewiesen. Bei dem im Sachverhalt genannten

Betrag in Höhe von 1,55 Mio. € handelt es sich daher um einen **Nettobetrag und folglich um die Bemessungsgrundalge i.S.d.** § 10 Abs. 1 Satz 1 und 2 UStG.
Die Steuer beläuft sich daher auf 294.500 € (= 1,55 Mio. € × 19 %).
Im Hinblick auf § 15 Abs. 1 Satz 1 Nr. 4 UStG kann B die von ihm gem. § 13b Abs. 5 UStG geschuldete Umsatzsteuer ebenfalls im VAZ Oktober 17 als Vorsteuer **abziehen.**

Zu Sachverhalt 7

1. Lieferung des B an M

Es liegt eine gem. § 1 Abs. 1 Nr. 1 UStG nicht steuerbare Lieferung (§ 3 Abs. 1 UStG) vor.

Es liegt eine Lieferung des B an M im Rahmen eines Reihengeschäftes gem. § 3 Abs. 6 Satz 5 UStG vor. Denn mindestens zwei Unternehmer haben mindestens zwei Verpflichtungsgeschäfte (Kaufverträge) über dieselben unveränderten Gegenstände abgeschlossen, und es liegt eine Warenbewegung des ersten Unternehmers in der Reihe (H) an den letzten Abnehmer (M) vor. Dabei ist die Warenbewegung nur einer (einzigen) Lieferung in der Reihe zuzuordnen (§ 3 Abs. 6 Satz 5 UStG).

Da H die Versendung der Gegenstände übernimmt, ist die Warenbewegung seiner Lieferung zuzurechnen, vgl. auch Abschn. 3.14 Abs. 8 Satz 1 UStAE. Folglich kann es sich bei der Lieferung des B nur um eine unbewegte (ruhende) Lieferung handeln.

Der Ort bestimmt sich nach § 3 Abs. 5a i.V.m. Abs. 7 Satz 2 Nr. 2 UStG und ist demnach am Ende der Beförderung/Versendung in den Niederlanden, da die ruhende Lieferung der bewegten Lieferung nachfolgt.

2. Lieferung des H an B

Es liegt eine gem. § 1 Abs. 1 Nr. 1 i.V.m. Abs. 2 UStG steuerbare Lieferung (§ 3 Abs. 1 UStG) vor. Der Ort bestimmt sich nach § 3 Abs. 5a i.V.m. Abs. 6 Satz 5 i.V.m. Sätzen 3 und 4 UStG nach dem Beginn der Beförderung (§ 3 Abs. 6 Satz 1 UStG) und ist demnach in Hamburg = Inland. Die Lieferung ist steuerpflichtig, da die Voraussetzungen für die Steuerbefreiung als innergemeinschaftliche Lieferung gemäß § 6a Abs. 1 i.V.m. § 4 Nr. 1b UStG **nicht** vollumfänglich erfüllt sind.

Die Voraussetzungen des § 6a UStG im Einzelnen:

Abs. 1 Nr. 1	Warenbewegung von einem Mitgliedstaat der EU in einen anderen Mitgliedstaat der EU	hier: von Deutschland in die Niederlande = **erfüllt**
Abs. 1 Nr. 2a	der Abnehmer ist Unternehmer und erwirbt die Gegenstände für sein Unternehmen	B verwendet gegenüber H seine zutreffend erhaltene deutsche USt-IDNr. und bringt damit zum Ausdruck, dass er als Unternehmer auftritt und die Gegenstände für sein Unternehmen erwirbt = **erfüllt**
Abs. 1 Nr. 3	Besteuerung des innergemeinschaftlichen Erwerbs durch den Abnehmer in einem anderen Mitgliedstaat (als Deutschland)	m.E. **nicht** erfüllt, da der Abnehmer B mit seiner deutschen USt- IDNr. auftritt. Nach § 3d Satz 2 UStG befindet sich der Ort des i.g.E. demnach in dem Mitgliedstaat, welcher die verwendete USt -IDNr. ausgegeben hat = **hier: Deutschland.** Somit ist aus Sicht des Lieferanten H nicht ersichtlich, dass B einen i.g.E. in einem anderen Mitgliedstaat (Niederlande) besteuert hat.

Die Lieferung des H an den B wäre mangels deiner Steuerbefreiung des § 4 UStG steuerpflichtig. Die Lieferung der Mobiltelefone von H an B führt bei B zur Anwendung des § 13b Abs. 2 Nr. 10 UStG. Die von B an H erteilte Gutschrift ist unter dem Blickwinkel des § 14a Abs. 5 UStG und § 14 Abs. 2 Satz 2 UStG falsch.

Die Lieferung ist steuerfrei nach § 4 Nr. 1b i.V.m. § 6a Abs. 1 UStG. Zunächst ist die Steuerbefreiung im Hinblick auf Abschn. 3.14 Abs. 2 und 13 und Abschn. 6a.1 Abs. 2 UStAE auch anwendbar, da es sich im Rahmen des Reihengeschäftes um die bewegte Lieferung handelt.

Darüber gelang der Gegenstand der Lieferung in das übrige Gemeinschaftsgebiet (Niederlande, § 6a Abs. 1 Nr. 1 i.V.m. § 1 Abs. 2a Satz 1 UStG), der Abnehmer (B) ist ein Unternehmer, der für sein Unternehmen erwirbt (§ 6a Abs. 1 Nr. 2a UStG) und der Erwerb der Mobiltelefone unterliegt bei B in den Niederlanden der Umsatzbesteuerung (§ 6a Abs. 1 Nr. 3 UStG). Im Übrigen kann N die Steuerbefreiung im Hinblick auf § 6a Abs. 3 UStG i.V.m. §§ 17a ff. UStDV auch nachweisen.

Die Bemessungsgrundlage beläuft sich gem. § 10 Abs. 1 Satz 1 und 2 UStG auf die erhaltenen 11.900 €. Die steuerfreie innergemeinschaftliche Lieferung ist gem. § 18a Abs. 1 und Abs. 6 Nr. 1 UStG in der zusammenfassenden Meldung für Dezember 17 aufzunehmen und gem. § 18b Nr. 1 UStG gesondert aufzuzeichnen.

Erwerb des B
Steuerbarkeit
B hat einen innergemeinschaftlichen Erwerb gegen Entgelt aus der Lieferung des H zu versteuern – § 1 Abs. 1 Nr. 5 i.V.m. § 1a Abs. 1 UStG, da im Rahmen eines Reihengeschäftes nur derjenige Erwerber i.S.d. § 1a Abs. 1 Nr. 2 UStG sein kann, an den die bewegte Lieferung ausgeführt wurde (Abschn. 3.14 Abs. 13 Satz 3 UStAE).

Der Ort des innergemeinschaftlichen Erwerbs befindet sich gem. **§ 3d Satz 1 UStG** in den Niederlanden (wo sich die Liefergegenstände am Ende der Versendung befinde). Damit ist er in Deutschland nicht steuerbar – § 1 Abs. 1 Nr. 5 und Abs. 2 UStG. Gleichzeitig gilt aber durch die Verwendung der deutschen ID-Nr. (nicht einer niederländischen) **auch** ein innergemeinschaftlicher Erwerb in Deutschland als bewirkt (**§ 3d Satz 2 UStG**) und zwar so lange, bis B nachweist, dass er den innergemeinschaftlichen Erwerb in den Niederlanden versteuert hat.

Steuerbefreiung/Bemessungsgrundlage/Steuerhöhe/Steuerentstehung
Der innergemeinschaftliche Erwerb ist mangels Steuerbefreiung (vgl. § 4b UStG) auch zum Regelsteuersatz des § 12 Abs. 1 UStG mit 19 % steuerpflichtig.

Bemessungsgrundlage ist gem. § 10 Abs. 1 Satz 1 UStG das Entgelt. Entgelt ist gem. § 10 Abs. 1 Satz 2 UStG alles was der Leistungsempfänger aufwendet um die Leistung zu erhalten, jedoch ohne die gesetzlich geschuldete Umsatzsteuer.

Da es sich vorliegend um einen innergemeinschaftlichen Erwerb handelt, liegt für den Lieferer eine steuerfreie innergemeinschaftliche Lieferung vor.

Vorbehaltlich einer neuen (richtigen) Gutschriftserstellung durch B beträgt das Entgelt 29.750 € und nicht nur (richtigerweise) 25.000 €.
Die USt beträgt somit 5.652 € (19 % × 29.750 €).
Die Steuer entsteht gem. § 13 Abs. 1 Nr. 6 UStG am 10.12.17 mit Ausstellung der Rechnung (Gutschrift, § 14 Abs. 2 Satz 2 UStG).

Vorsteuerabzug/Berichtigung
B kann die Erwerbsteuer **nicht** gemäß § 15 Abs. 1 Satz 1 Nr. 3 UStG als Vorsteuer abziehen, da er die Erwerbssteuer aufgrund der Ortsregelung des § 3d Satz 2 UStG schuldet (vgl. auch Abschn. 15.10 Abs. 2 Satz 2 UStAE).

Im Hinblick auf **§ 17 Abs. 2 Nr. 4 und Abs. 1 Satz 1 UStG** ist die Erwerbsbesteuerung zu berichtigen, wenn der Nachweis der Besteuerung in Niederlanden erbracht wurde.

Gutschrift

Die von B an H erteilte Gutschrift gilt gem. § 14 Abs. 1 und Abs. 2 Sätze 2 und 3 UStG als Rechnung, da über eine Lieferung abgerechnet wurde.

Damit schuldet H aufgrund der ausgewiesenen Steuer und dem fehlendem Widerspruch die Steuer nach § 14c Abs. 1 UStG (Abschn. 14c.1 Abs. 3 UStAE). B kann seinerseits aus der Gutschrift auch keine Vorsteuer in Anspruch nehmen. Dies scheitert bereits an der Abziehbarkeit, da die nach § 14c UStG geschuldete USt keine gesetzlich geschuldete USt i.S.d. § 15 Abs. 1 Satz 1 Nr. 1 UStG darstellt.

Zu Sachverhalt 8:
Verkauf VW Passat

Es liegt eine Lieferung gem. § 3 Abs. 1 UStG vor.

Die Beförderung der Ware erfolgt durch den Abnehmer, einem Mitarbeiter des Autohauses Pichel, selbst, § 3 Abs. 6 S. 2 UStG (Abholfall).

Ort der Lieferung richtet sich nach dem Ort des Lieferungsbeginns: Pirna, § 3 Abs. 6 S. 1 UStG i.V.m. § 3 Abs. 5a UStG.

Pirna ist Inland, § 1 Abs. 2 S. 1 UStG.

Der Umsatz ist steuerbar, § 1 Abs. 1 S. 1 Nr. 1 S. 1 UStG.

Geldentnahme

Die monatliche **Geldentnahme** ist ein Tatbestand des § 3 Abs. 1b S. 1 Nr. 1 UStG. Dieser Tatbestand ist jedoch nicht steuerbar, § 1 Abs. 1 S. 1 Nr. 1 UStG, da Geld kein Gegenstand bzw. keine Leistung im wirtschaftlichen Sinne ist, Abschn. 1.1 Abs. 3 S. 3 UStAE.

Vertretung vor Gericht

Mit der **Vertretung vor Gericht** tätigt KM eine sonstige Leistung, § 3 Abs. 9 S. 1 und 2 UStG. Der Ort der sonstigen Leistung bestimmt sich gem. § 3a Abs. 1 UStG danach, wo der leistende Unternehmer sein Unternehmen betreibt; Pirna. Pirna ist Inland, § 1 Abs. 2 S. 1 UStG.

Die Anwendung des § 3a Abs. 4 Nr. 3 UStG ist ausgeschlossen, da die Leistung zwar an einen Nichtunternehmer erbracht wird, dieser aber nicht im Drittland ansässig ist.

Der Umsatz ist steuerbar, § 1 Abs. 1 S. 1 Nr. 1 UStG.

Zu Sachverhalt 9

U erbringt an seinen leitenden Angestellten A mit der Überlassung des Firmen-Pkw eine entgeltliche sonstige Leistung gem. § 3 Abs. 9 UStG.

Da es sich um eine langfristige Vermietung eines Beförderungsmittels an einen Nichtunternehmer handelt, liegt der Ort gem. § 3a Abs. 3 Nr. 2 Satz 3 UStG am Wohnsitz des Leistungsempfängers und damit mangels anderer Angaben im Inland (vgl. Abschn. 3a.5 Abs. 4 UStAE).

A muss zwar für diese Leistung mangels Beteiligung an den Kosten nichts aufwenden, sodass diese Leistung unentgeltlich erfolgt. Trotzdem hat U diese Leistung als tauschähnlichen Umsatz direkt nach § 1 Abs. 1 Nr. 1 UStG und nicht nach § 3 Abs. 9a Nr. 1 i.V.m. § 1 Abs. 1 Nr. 1 UStG zu besteuern, da nach Auffassung der Verwaltung stets von einer entgeltlichen Überlassung auszugehen ist, wenn das Fahrzeug für eine gewisse Dauer und nicht nur gelegentlich zur Privatnutzung überlassen wird (**vgl. BMF vom 05.06.2014, Tz. II/2**).

Bemessungsgrundlage ist nach § 10 Abs. 2 Satz 2 i.V.m. Abs. 1 Satz 1 UStG der Wert der nicht durch den Barlohn abgegoltenen Arbeitsleistung.

Dieser kann lt. o.g. BMF aus Vereinfachungsgründen gem. § 10 Abs. 4 UStG anhand Ausgaben ermittelt werden. Diese sind laut Sachverhalt nicht bekannt.

In diesen Fällen erlaubt die Verwaltung, die lohnsteuerlichen Werte zur Bemessung des Umsatzes anzusetzen (**vgl. Abschn. 1.8 Abs. 18 und 23 UStAE und BMF vom 05.06.2014, BStBl I 2014, 896, Tz. II/2a**).

Danach hat der Arbeitgeber den privaten Nutzungswert mit monatlich 1 % des inländischen Listenpreises des Pkw anzusetzen.

Für die Fahrten zwischen Wohnung und Arbeitsstätte sind darüber hinaus nach der Regelung 0,03 % des inländischen Listenpreises pro Entfernungskilometer anzusetzen (BMF, a.a.O.).

Anmerkung:
Nach dem Schreiben des BMF, a.a.O. Tz. II/2a kann nur in den Fällen der unentgeltlichen Kraftfahrzeugüberlassung für die nicht mit Vorsteuer belasteten Kosten ein Abschlag von 20 % vorgenommen werden. Für eine entgeltliche Überlassung ist ein pauschaler Abschlag nicht zulässig. Für die gem. § 1 Abs. 1 Nr. 1 Satz 1 UStG im ganzen Jahr vorliegende entgeltliche Leistung berechnet sich die USt daher wie folgt:

Für die allgemeine Privatnutzung
1 % von 29.750 € × 12 Monate =   3.570,00 €
Für Fahrten zwischen Wohnung und Arbeitsstätte
0,03 % von 29.750 € × 15 km × 12 Monate =   1.607,40 €
Bruttowert der sonstigen Leistung   **5.177,40 €**
Die darin enthaltene USt beträgt   826,65 €

Anlässlich der Weihnachtsfeier führt U zahlreiche unentgeltliche Lieferungen und sonstige Leistungen an seine Arbeitnehmer aus. Diese Leistungen sind grundsätzlich als im betrieblichen Interesse gewährte nicht steuerbare Aufmerksamkeiten anzusehen, solange sie nicht die in R 19.5 Abs. 4 LStR enthaltenen Grenzen übersteigen (Abschn. 1.8 Abs. 4 Satz 1 und Satz 3 Nr. 6 UStAE).
Die Weihnachtsfeier ist eine übliche Betriebsveranstaltung (R 19.5 Abs. 3 LStR).
Auch bei den Zuwendungen handelt es sich um durchaus übliche Zuwendungen.

Zu beachten ist jedoch, dass solche Zuwendungen auch der Höhe nach angemessen sein müssen und den Betrag von 110 € einschließlich Umsatzsteuer pro Teilnehmer nicht übersteigen dürfen (R 19.5 Abs. 6 Satz 2 LStR).

Dabei sind die Leistungen an Ehepartner, die nicht Arbeitnehmer des Betriebs sind, den angestellten Arbeitnehmern zuzurechnen (R 19.5 Abs. 5 Nr. 1 LStR).

Gegenüber den verheirateten Arbeitnehmern liegen daher steuerbare Sachzuwendungen i.S.d. § 1 Abs. 1 Nr. 1 UStG (fiktive Leistungen nach § 3 Abs. 1b Nr. 2 und § 3 Abs. 9a Nr. 2 UStG) vor, die auch steuerpflichtig sind.

Mit Urteilen vom 16.05.2013, VI R 94/10 und VI R 7/11 hatte der BFH unter Änderung seiner bisherigen Rechtsprechung und der Verwaltungsauffassung zur Höhe des als Arbeitslohn anzusetzenden Vorteils bei einer Betriebsveranstaltung entschieden, in die Bemessungsgrundlage seien demnach nicht die Kosten des äußeren Rahmens (Raummiete, Musik) einzubeziehen. Nur Aufwendungen die der Arbeitnehmer unmittelbar „verkonsumieren" könne, seien als Arbeitslohn anzusehen.
Darüber hinaus seien Vorteile, die einer Begleitperson des Arbeitnehmers entstünden, nicht dem Arbeitnehmer als Arbeitslohn zuzurechnen.
Die Urteile wurden nunmehr im Bundessteuerblatt 2015 Teil II Seiten 186 und 189 veröffentlicht und sind damit in allen offenen Fällen anwendbar.

Aber:
Mit Wirkung ab dem 01.01.2015 ist die weitgehende Wiederherstellung der bisherigen Verwaltungsauffassung durch das „Gesetz zur Anpassung der Abgabenordnung an den Zollkodex der Union und zur Änderung weiterer steuerlicher Vorschriften" - Zollkodex-Anpassungs-Gesetz (Zollkodex AnpG) erfolgt.

Der Umfang der Besteuerung einer Betriebsveranstaltung beim Arbeitnehmer wurde nun im neuen § 19 Abs. 1 Satz 1 Nr. 1a EStG gesetzlich festgeschrieben.

Achtung:
Die bisherige Freigrenze von 110 € wurde dabei in einen Freibetrag umgewandelt.
Die Kosten des äußeren Rahmens der Betriebsveranstaltung sind in die Bemessungsgrundlage mit einzubeziehen und die Kosten für eine Begleitperson dem Arbeitnehmer zuzurechnen.
Nur der den Freibetrag von 110 € übersteigende Vorteil ist steuerpflichtig, vgl. hierzu auch das BMF-Schreiben vom 14.10.2015, BStBl I 2015, 832.

Die Bemessungsgrundlage beträgt brutto 180 € × 10 Personen abzüglich Freibetrag von 10 × 110 € = 1.100 €, somit 700 €.

§ 12 Abs. 2 Nr. 1 UStG ist nicht anwendbar (Restaurationsleistung), die Umsatzsteuer beträgt somit 19/119 von 700 € = 111,76 €.

Zu 3)
U erbringt durch die Schenkung des PC an M eine Lieferung, die gem. § 3 Abs. 6 Satz 1 UStG in Schopfheim ausgeführt ist. Obwohl kein Entgelt gezahlt wurde, ist diese Lieferung nach Auffassung der Verwaltung (vgl. H 19.6 < Gelegenheitsgeschenke > LStH) durch einen Teil der Arbeitsleistung abgegolten und daher ebenfalls gem. § 1 Abs. 1 Nr. 1 UStG steuerbar.

Sie ist jedoch nach § 4 Nr. 1a i.V.m. § 6 Abs. 1 Nr. 2 i.V.m. Abs. 3a UStG und § 17 UStDV als Ausfuhrlieferung im persönlichen Reiseverkehr steuerbefreit.

M ist ausländischer Abnehmer und führt den PC mit seinem Pkw, d.h. in seinem persönlichen Reisegepäck in das Drittland Schweiz aus. Die nach §§ 9 und 13 UStDV erforderlichen Nachweise dürfen, da im Sachverhalt nichts anderes gesagt ist, als erbracht und vorliegend unterstellt werden.

Zu Sachverhalt 10
Mit der Übertragung von Substanz, Wert und Ertrag wurde der Schrank von Milik an Grosicki und von Grosicki an Lukas **im Sinne von 3 Abs. 1 UStG geliefert**, da insofern die Verfügungsmacht an dem Schrank dem jeweiligen Käufer verschafft wurde.

Da mehrere Unternehmer (Milik und Grosicki) über denselben Gegenstand (Schrank) Umsatzgeschäfte abgeschlossen haben und der Gegenstand unmittelbar vom ersten Unternehmer (Milik) an den letzten Abnehmer (Lukas) gelangt ist, liegt ein **Reihengeschäft i.S.d. § 3 Abs. 6 Satz 5 UStG** vor, bei der es **nur eine sog. bewegte Lieferung**, als Beförderungs- bzw. Versendungslieferung gegeben kann.

Da Grosicki als mittlerer Unternehmer die Beförderung des Schrankes übernommen hat ist die bewegte Lieferung **gem. § 3 Abs. 6 Satz 6 HS 1 UStG grundsätzlich an ihn** zuzuordnen.

Diese widerlegbare Vermutung tritt **jedoch gem. § 3 Abs. 6 Satz 6 HS 2 UStG** nicht ein, wenn der mittlere Unternehmer nachweist, dass er nicht als Abnehmer in dem Vertragsverhältnis zu seinem Vorlieferanten (Milik), sondern in seiner Eigenschaft **als Lieferer** im Rahmen seiner Vertragsbeziehung zu seinem Käufer (Lukas) auftritt.

Hiervon kann vorliegend ausgegangen werden, da Grosicki unter der USt-IdNr. des Mitgliedstaates aufgetreten ist, in dem die Beförderung des Gegenstands begann und er das gesamte Transportrisiko getragen hat, da er mit seinem Vorlieferanten Milik **eine Holschuld (ab Werk)** und mit seinem Abnehmer Lukas eine **Bringschuld (frei Haus)** vereinbart hat (vgl. **Abschnitt 3.14 Abs. 10 Satz 2 UStAE**). Aus diesem Grund ist die bewegte Lieferung zwischen der Vertragsbeziehung zwischen Grosicki und Lukas zuzuordnen.

Folglich wäre eigentlich der Ort dieser Lieferung gem. § 3 Abs. 6 Satz 1 UStG bei Beginn der Lieferung in Breslau (Polen) zuzuordnen. Da jedoch der Lieferer (Grosicki) die Beförderung übernommen hat, Lukas keine Person i.S.d. § 1a Abs. 1 Nr. 2 UStG ist (§ 3c Abs. 2 Nr. 1 UStG) und Grosicki die deutsche

Lieferschwelle (§ 3c Abs. 3 Satz 2 Nr. 1 UStG) überschritten hat, richtet sich der Lieferort nach § 3c Abs. 1 UStG danach, wo die Beförderung **der Lieferung endet**.

Vorliegend ist die Versandhandelsregelung des § 3c UStG auch anwendbar, da im Rahmen eines Reihengeschäftes die Regelung des § 3c UStG nur bei der bewegten Lieferung anwendbar ist (**Abschnitt 3.14 Abs. 18 UStAE**).

Grosicki hat daher einen nach § 1 Abs. 1 Nr. 1 Satz 1 UStG steuerbaren Umsatz, der mangels Steuerbefreiung (§ 4 UStG) auch zum Regelsteuersatz des § 12 Abs. 1 UStG mit 19 % steuerpflichtig.

Die Bemessungsgrundlage beläuft sich gem. § 10 Abs. 1 Satz 1 und 2 UStG auf 4.201,68 € (= 5.000 €/1,19) und die Umsatzsteuer auf 798,32 € (= 4.201,68 € × 19 %). Die Steuer entsteht gem. § 13 Abs. 1 Nr. 1 Buchst. a Satz 1 UStG im VAZ Mai.

Übungsklausur 4

I. Sachverhalt

Sachverhalt 1:

Peter Biedermann (B) ist als selbständiger Versicherungsvertreter tätig. Um im Alter abgesichert zu sein, beschließt B ein Gebäude zu erwerben, welches er teilweise vermieten und teilweise selbst bewohnen will. Zudem will er sich in dem Gebäude ein kleines Büro für seine Versicherungsvertretertätigkeit einrichten.

Mit notariell beurkundetem Kaufvertrag vom 01.12.01 erwirbt B ein in Landau gelegenes Grundstück mit zweigeschossigem Wohn- und Geschäftshaus von der Wohnungsbaugesellschaft „WoBau GmbH" (W) aus Neustadt/Weinstraße.

Auszug aus dem Kaufvertrag

§ 1
VERTRAGSGEGENSTAND

Der im vorbenannten Bestandsverzeichnis vermerkte Grundbesitz ist der Vertragsgegenstand. Dieser vorbezeichnete Vertragsgegenstand wird mit allen Rechten und Pflichten an den dies annehmenden Käufer verkauft.

§ 2
KAUFPREIS

Der Kaufpreis für den Vertragsgegenstand beträgt 750.000 EURO. Der Kaufpreis ist eine Woche nach Zugang einer noch zu erteilenden Rechnung fällig. Der Verkäufer erklärt mit Einverständnis des Käufers die Option zur Umsatzsteuerpflicht.

§ 3
ÜBERGABE

Der Besitz und die Nutzungen, die Gefahr und die Lasten einschließlich aller Verpflichtungen aus dem den Grundbesitz betreffenden Versicherungen sowie die allgemeinen Verkehrssicherungspflichten gehen mit Wirkung ab 01.01.02 auf den Käufer über.

§ 4
AUFLASSUNG

Die Vertragsparteien erklären, dass sie sich darüber einig sind, dass das Eigentum an dem Vertragsgegenstand auf den Käufer übergehen soll. Es wird bewilligt und beantragt, die Eigentumsänderung in das Grundbuch einzutragen.

§ 5
KOSTEN

Die Kosten dieses Vertrages und seiner Durchführung sowie anfallende Grunderwerbsteuern werden vollständig vom Käufer getragen.

Mit Rechnung vom 02.02.02 stellt W dem B für den Grundstückserwerb 750.000 € in Rechnung, die B noch am selben Tag überwies. Am 12.02.02 bezahlt B darüber hinaus 18.000 € an den Notar für die Beurkundung des Kaufvertrags und am 10.03.02 entrichtet B die Grunderwerbsteuer in Höhe von 37.500 € an das Finanzamt.

B hat das Grundstück bei der Anschaffung vollständig seinem Unternehmensvermögen zugeordnet. Das Gebäude wird dabei wie folgt verwendet:
- Erdgeschoss (100 qm): Die sich im Erdgeschoss befindlichen Verkaufsräume sollen nachweislich an ein Einzelhandelsgeschäft unter Option zur Steuerpflicht vermietet werden. Trotz intensiver Bemühungen hat B jedoch bisher keinen Mieter gefunden.

- 1. Obergeschoss (100 qm): Dort befindliche Büroräume vermietet B ab 01.01.02 an seine Tochter, die nach Abschluss ihres Jurastudiums in den Räumlichkeiten ihre Rechtsanwaltskanzlei betreibt. Im Mietvertrag ist eine monatliche Miete von 200 € + 100 € Nebenkosten zzgl. 57 € USt vereinbart.
- 2. Obergeschoss (100 qm): Dort befindliche Büroräume nutzt B seit 01.01.02 für seine Tätigkeit als Versicherungsvertreter.
- 3. Obergeschoss (100 qm): Die dort befindliche Wohnung bewohnt B ab 01.01.02 mit seiner Frau.

Neben den Anschaffungskosten für das Gebäude sowie Grundsteuer i.H.v. 3.000 € und Schuldzinsen i.H.v. 10.000 €, werden B im Jahr 02 für laufende Unterhaltskosten insgesamt 3.500 € (zzgl. 19 % USt) ordnungsgemäß in Rechnung gestellt, von denen 500 € zzgl. USt auf die Verkaufsräume im Erdgeschoss sowie jeweils 1.000 € zzgl. USt auf die Büroräume im 1. und 2. Obergeschoss sowie die Wohnung im 3. Obergeschoss entfallen. Weitere Kosten sind im Jahr 02 nicht angefallen.

Sachverhalt 2:
Peter Pelzer (P) ist Inhaber des Restaurants „Zum jauchzenden Schwein", das insbesondere wegen seiner Pfälzer Spezialitäten weit über die Region hinaus bekannt ist. Das Restaurant betreibt P im Erdgeschoss (150 qm) eines ihm gehörenden Gebäudes in Edenkoben. Im Dachgeschoss des Gebäudes befindet sich eine Wohnung (50 qm), die wie unten dargestellt genutzt wird. Das Gebäude hat P vor 3 Jahren für 200.000 € zzgl. Umsatzsteuer erworben. Die angefallene Umsatzsteuer hat P in vollem Umfang als Vorsteuer geltend gemacht. Neben Schuldzinsen in Höhe von 2.000 € und Grundsteuer von 800 € fallen für das gesamte Gebäude im Jahr 02 insgesamt 3.000 € zzgl. 19 % USt an weiteren laufenden Kosten an, von denen auf die Wohnung im Dachgeschoss 800 € zzgl. USt entfallen.

Die Wohnung im Dachgeschoss wurde während der Hauptsaison zwischen dem 1.05. und 30.09.02 von der aus Tschechien stammende Aushilfskraft Rita Rybnik (R) bewohnt, die P in diesem Zeitraum als zusätzliche Aushilfe in seinem Restaurant angestellt hat. Die Wohnung wurde ihr laut Arbeitsvertrag neben ihrem monatlichen Gehalt von 1.000 € kostenlos zur Verfügung gestellt (eigentlich ortsübliche Warmmiete 600 €).

1. Im Juni 02 beauftragt P das in Metz (Frankreich) ansässige und auf Großküchenausstattung spezialisierte Unternehmen „Le Cuisine" (C) mit der Installation eines Entlüftungssystems für die Küche des Restaurants. Am 10.06.02 verladen Mitarbeiter des Unternehmens die zur Installation erforderlichen Materialien (Dunstabzugshauben, Kompressor, Abluftrohre etc.) in Metz auf den LKW und fahren nach Edenkoben. Nach Abschluss und Abnahme der Arbeiten am 12.06.02 stellt C dem P am 16.06.02 für die Installation insgesamt 5.000 € in Rechnung.
2. Ebenfalls im Juni 02 bestellt P bei einem in Bern (Schweiz) ansässigen Großküchenausstatter, der Firma „Bürli" (B), einen Bräter für 1.000 € (netto). B befördert die Maschine im Juni 02 mit seinem eigenen LKW nach Edenkoben.
3. Die Lieferung erfolgt unter der Lieferkondition „verzollt und versteuert" (DDP). An der Eingangszollstelle im Inland hat B in eigenem Namen die Maschine zum zoll- und steuerrechtlich freien Verkehr abgefertigt und die Einfuhrumsatzsteuer entrichtet. B stellt dem P im Juli 02 eine ordnungsgemäße Rechnung.

II. Aufgaben
Nehmen Sie zu den im Sachverhalt ausgeführten Umsätzen aller Unternehmer (mit Klammerzusatz) Stellung und gehen Sie dabei – soweit erforderlich/möglich – ein auf:
- Umsatzart,
- Leistungsort,
- Steuerbarkeit,
- Steuerpflicht,
- Bemessungsgrundlage,
- Umsatzsteuer,

Teil III: Übungsklausuren

- Zeitpunkt des Umsatzes und Entstehung der Umsatzsteuer,
- Steuerschuldner und
- Vorsteuerabzug.

Begründen Sie bitte Ihre Entscheidungen mit dem Umsatzsteuergesetz und – soweit erforderlich – mit dem Umsatzsteueranwendungserlass (UStAE).

> **Hinweis!** Soweit sich aus dem Sachverhalt nichts anderes ergibt, versteuern alle Unternehmer nach vereinbarten Entgelten und geben monatlich Voranmeldungen ab.
> Gehen Sie davon aus, dass alle Rechnungen formal ordnungsgemäß sind. Erforderliche Nachweise sind zum frühestmöglichen Zeitpunkt als erbracht anzusehen. An entsprechender Stelle Ihrer Lösung ist dennoch kurz darauf hinzuweisen.
> **Die Bearbeitungszeit beträgt 5 Stunden.**

Lösung Übungsklausur 4

Sachverhalt 1
Grundstückserwerb
Mit der Veräußerung des Grundstücks tätigt W eine Lieferung an B nach § 3 Abs. 1 UStG. Die Lieferung wird am 01.01.02 mit Übergang von Besitz, Lasten und Nutzen ausgeführt, da B zu diesem Zeitpunkt das wirtschaftliche Eigentum und damit die Verfügungsmacht an dem Grundstück erhält, § 39 Abs. 2 Nr. 1 AO.

Ort dieser unbewegten Lieferung ist gemäß § 3 Abs. 7 S. 1 UStG Landau. Landau liegt im Inland nach § 1 Abs. 2 S. 1 UStG und der Umsatz ist daher steuerbar nach § 1 Abs. 1 Nr. 1 UStG, da W Unternehmer ist und gegen Entgelt im Rahmen seines Unternehmens liefert.

Die Lieferung ist grds. steuerfrei nach § 4 Nr. 9a UStG, da es sich bei dem Grundstückskauf um einen grunderwerbssteuerbaren Vorgang i.S.d. § 1 Abs. 1 Nr. 1 GrEStG handelt. W hat jedoch wirksam zur Steuerpflicht optiert, § 9 UStG. Die Option war gemäß § 9 Abs. 1 UStG zulässig, da W die Lieferung an einen anderen Unternehmer (B) für dessen Unternehmen ausführt (Grundstück wird 100 % UV, s.u.) und die Option wirksam im notariell beurkundeten Kaufvertrag ausgeübt hat, § 9 Abs. 3 S. 2 UStG.

> **Hinweis!** Das Optionsverbot nach § 9 Abs. 2 UStG greift nicht beim Grundstückserwerb i.S.d. § 4 Nr. 9a UStG.

Bemessungsgrundlage ist das Entgelt, also alles, was der Leistungsempfänger aufwendet, um die Leistung zu erhalten, § 10 Abs. 1 S. 1 und 2 UStG. Im Fall einer hier vorliegenden Steuerschuldnerschaft des Leistungsempfängers nach § 13b UStG ist dabei vom Nettorechnungsbetrag von 750.000 € auszugehen (Abschn. 13b.13 Abs. 1 S. 1 UStAE). Die laut Kaufvertrag vom Käufer zu tragenden Kosten für Grunderwerbsteuer und Beurkundung gehören dagegen nicht zur Bemessungsgrundlage (Abschn. 10.1 Abs. 7 S. 6 und S. 7 UStAE).

Die Bemessungsgrundlage beträgt damit 750.000 € und die Umsatzsteuer von 19 % nach § 12 Abs. 1 UStG daher 142.500 €.

Die Umsatzsteuer entsteht gemäß § 13b Abs. 2 Nr. 3 UStG bei Umsätzen, die unter das Grunderwerbsteuergesetz fallen, grds. mit Ausstellung der Rechnung, spätestens jedoch mit Ablauf des der Ausführung der Leistung folgenden Kalendermonats. Die Leistung wird mit Übergang von Besitz, Lasten und Nutzen am 01.01.02 ausgeführt, die Steuer entsteht damit bereits mit Ausstellung der Rechnung am 02.02.02. Steuerschuldner ist nach § 13b Abs. 5 S. 1 UStG der Leistungsempfänger B, da er das Grundstück als Unternehmer für sein Unternehmen erwirbt.

Vorsteuer aus dem Grundstückserwerb

B hat laut Sachverhalt das Grundstück zu 100 % seinem Unternehmen zugeordnet. Eine solche Zuordnung ist trotz teilweise privater Nutzung zulässig, da die (vorgesehene) unternehmerische Nutzung mindestens 10 % beträgt (vgl. § 15 Abs. 1 S. 2 UStG und Abschn. 15.2c Abs. 2 Buchst. b UStAE).

Die von B als Leistungsempfänger geschuldete Umsatzsteuer i.H.v. 142.500 € ist daher grundsätzlich in voller Höhe als Vorsteuer abziehbar gemäß § 15 Abs. 1 Nr. 4 S. 1 UStG. Vorliegend liegen jedoch teilweise Abzugsverbote nach § 15 Abs. 1b UStG sowie § 15 Abs. 2 UStG vor.

Bezüglich des als Wohnung genutzten Gebäudeteils greift das Abzugsverbot nach § 15 Abs. 1b UStG, da B das Grundstück insoweit nicht für Zwecke des Unternehmens verwendet.

Hinsichtlich der Nutzung als Büro für seine Versicherungsvertretertätigkeit verwendet B das Grundstück zur Ausführung steuerfreier Umsätze i.S.d. § 4 Nr. 11 UStG, die Vorsteuer ist daher gemäß § 15 Abs. 2 S. 1 Nr. 1 UStG insoweit nicht abzugsfähig.

Im Übrigen (Vermietung an die Tochter und der Verkaufsräume) verwendet er das Grundstück dagegen zur Ausführung steuerpflichtiger Umsätze. Bezüglich der Verkaufsräume ist die Absicht steuerpflichtiger Vermietung ausreichend, da der Begriff der Verwendung i.S.d. § 15 Abs. 2 S. 1 UStG auch die Verwendungsabsicht umfasst (Abschn. 15.12 Abs. 1 S. 5 ff. UStAE).

Die Vorsteuer ist daher vorliegend in einen abzugsfähigen (Vermietung an die Tochter und der Verkaufsräume) und einen nicht abzugsfähigen Teil (Versicherungsbüro und eigene Wohnung) aufzuteilen, § 15 Abs. 4 UStG. Geeigneter Aufteilungsmaßstab ist dabei das Nutzflächenverhältnis (vgl. Abschn. 15.17 Abs. 7 S. 4 UStAE). Abzugsfähig sind damit 50 %, also 71.250 €. Die Vorsteuer im Zeitpunkt der Entstehung der § 13b-Steuer im VAZ Februar abzugsfähig (§ 16 Abs. 2 S. 1 UStG).

Grundstücksnutzung

B erbringt bezüglich der Vermietung der Büroräume an seine Tochter eine sonstige Leistung in Form eines Duldens, § 3 Abs. 9 S. 1 und 2 UStG.

Ort der Vermietungsleistung ist nach § 3a Abs. 3 S. 1 und S. 2 Nr. 1 Buchst. a i.V.m. § 4 Nr. 12 UStG der Belegenheitsort des Grundstücks, hier Landau und liegt damit im Inland i.S.d. § 1 Abs. 2 S. 1 UStG. Die Leistung ist somit steuerbar nach § 1 Abs. 1 Nr. 1 UStG, aber grds. steuerfrei nach § 4 Nr. 12 S. 1 Buchst. a UStG.

Allerdings besteht für den Vermieter die Möglichkeit, auf die Steuerfreiheit zu verzichten, § 9 Abs. 1 UStG. Die Ausübung der Option ist hier an keine besondere Form gebunden. Es genügt, wenn der Vermieter den Umsatz als steuerpflichtig behandelt, indem er – wie vorliegend – die Umsatzsteuer im Mietvertrag gesondert ausweist.

Die Voraussetzungen der Option sind erfüllt, da die Vermietung an einen anderen Unternehmer (Tochter) für dessen Unternehmen (Rechtsanwaltskanzlei) erfolgt, § 9 Abs. 1 UStG. Die Tochter führt als Rechtsanwältin auch ausschließlich zum Vorsteuerabzug berechtigende Abzugsumsätze aus, § 9 Abs. 2 UStG, die Vermietung ist somit steuerpflichtig.

Bemessungsgrundlage ist nach § 10 Abs. 1 S. 1 und 2 UStG grds. das Entgelt, also alles, was der Leistungsempfänger aufwendet, um die Leistung zu erhalten, ohne die darin enthaltene Umsatzsteuer. Zum Entgelt gehören auch die Nebenkosten, die als Nebenleistungen das umsatzsteuerliche Schicksal der Hauptleistung Vermietung teilen, vgl. Abschn. 3.10 Abs. 5/10.1 Abs. 3 UStAE. Das Entgelt beträgt somit vorliegend 300 €.

Gemäß § 10 Abs. 5 Nr. 1, 2. Alt. UStG sind jedoch bei Leistungen von Einzelunternehmern an ihnen nahestehende Personen (hier die Tochter als Angehörige i.S.d. § 15 AO) mindestens die Werte nach § 10 Abs. 4 UStG anzusetzen = Mindestbemessungsgrundlage (Abschn. 10.7 Abs. 1 S. 1 Nr. 2 und S. 2 UStAE). Gemäß § 10 Abs. 4 S. 1 Nr. 2 S. 1 i.V.m. Abs. 4 S. 2 wären danach grds. die Ausgaben (netto) anzusetzen, soweit sie zumindest teilweise zum Vorsteuerabzug berechtigt haben und höher sind als das vereinbarte Entgelt.

Vorliegend kommt die Vorschrift über die Mindestbemessungsgrundlage nach § 10 Abs. 5 UStG entgegen ihrem Wortlaut jedoch nicht zur Anwendung. Die Vorschrift bezweckt eine Steuerumgehung/-vermeidung durch den Ausweis eines unangemessen niedrigen Entgelts zu verhindern.

In Fällen, in denen eine solche Steuerumgehung/-vermeidung ausgeschlossen ist, findet § 10 Abs. 5 UStG dementsprechend keine Anwendung. Ein solcher Fall kann bei Leistungen an voll vorsteuerabzugsberechtigte Unternehmer vorliegen, da insoweit die Umsatzsteuer ohnehin durch den Vorsteuerabzug neutralisiert wird und eine Steuervermeidung durch ein eventuell zu niedriges Entgelt nicht eintreten kann. Etwas anderes gilt nur dann, wenn in diesen Fällen eventuell die Gefahr einer späteren Vorsteuerberichtigung nach § 15a UStG besteht (vgl. Abschn. 10.7 Abs. 6 UStAE). Vorliegend ist die Tochter bezüglich der Miete zum vollen Vorsteuerabzug berechtigt. Dieser unterliegt auch keinem Berichtigungstatbestand nach § 15a UStG. Nach § 15a Abs. 4 UStG unterliegen zwar auch bezogene sonstige Leistungen – wie hier die Vermietung der Büroräume – einer Vorsteuerberichtigung. Dies gilt jedoch nach § 15a Abs. 4 S. 2 UStG nur für sonstige Leistungen, für die in der Steuerbilanz ein Aktivierungsgebot bestünde, was bei dem aufgrund des Mietvertrags erlangten Nutzungsrecht der Tochter nicht der Fall ist. Der Rückausschluss nach § 15a Abs. 4 S. 3 UStG greift ebenfalls nicht, da hier der Vorsteueranspruch der Tochter aus der Mietzahlung nicht vor, sondern gleichzeitig mit Ausführung der (Teil-)Leistungen monatlich entsteht.

Anzusetzen ist vorliegend also das vereinbarte Entgelt von 300 €, die Umsatzsteuer beträgt damit nach § 12 Abs. 1 UStG (19 %) 57 €.

Da die Vermietungsleistung wirtschaftlich teilbar ist und ein gesondertes Entgelt für jeden Monat vereinbart wurde, handelt es sich um Teilleistungen, § 13 Abs. 1 Nr. 1 Buchst. a S. 3 UStG, die Steuer entsteht nach S. 1 und 2 dieser Vorschrift daher mit Ablauf eines jeden Monats. Steuerschuldner ist nach § 13a Abs. 1 Nr. 1 UStG der leistende Unternehmer B.

Bei der Nutzung des Büros für seine Versicherungsvertretertätigkeit handelt es sich um einen nicht steuerbaren Innenumsatz, da sowohl die Tätigkeit als Versicherungsvertreter als auch die Grundstücksvermietung zum Unternehmen des B gehören, § 2 Abs. 1 S. 2 (Abschn. 2.7 Abs. 1 S. 3 UStAE).

Bei der Nutzung des Grundstücks zu Wohnzwecken handelt es sich nicht um eine fiktive sonstige Leistung gemäß § 3 Abs. 9a Nr. 1 UStG. Zwar wird hier das Grundstück als Unternehmensvermögen (100 % Zuordnung zum Unternehmensvermögen s.o.), dessen Anschaffung zumindest teilweise zum Vorsteuerabzug berechtigt hat (50 % s.o.), für außerunternehmerische = private Zwecke verwendet, gleichwohl unterbleibt nach § 3 Abs. 9a Nr. 1 UStG 2. Halbsatz eine Besteuerung, da insoweit der Vorsteuerabzug nach § 15 Abs. 1b UStG ausgeschlossen war.

Die Vorsteuer aus den Unterhaltskosten ist abziehbar (§ 15 Abs. 1 Nr. 1 UStG) und soweit sie auf das Erdgeschoss und 1. Obergeschoss entfällt = 285 € (19 % von 1.500 €) auch abzugsfähig. Die auf das Versicherungsbüro (§ 15 Abs. 2 Nr. 1 i.V.m. § 4 Nr. 11 UStG) sowie die Wohnung (§ 15 Abs. 1b UStG) entfallende Vorsteuer ist dagegen nicht abzugsfähig.

Sachverhalt 2
Kostenlose Wohnung R
Bei der Überlassung der Wohnung handelt es sich um Sachlohn, da angesichts der arbeitsvertraglichen Regelung sowie der neben dem Barlohn erheblichen finanziellen Bedeutung von einem unmittelbaren Zusammenhang zwischen der Wohnungsüberlassung und der geschuldeten Arbeitsleistung auszugehen ist. Die Leistung ist damit als Vergütung für geleistete Dienste und daher als entgeltlich anzusehen (Abschn. 1.8 Abs. 1 S. 1 und 2 UStAE).

Es handelt sich um eine sonstige Leistung § 3 Abs. 9 S. 1 und 2 UStG in Form eines Duldens (Vermietung) im Rahmen eines tauschähnlichen Umsatzes, § 3 Abs. 12 S. 2 UStG. Ort der Leistung ist nach § 3a Abs. 3 S. 1 und S. 2 Nr. 1 Buchst. a UStG der Belegenheitsort des Grundstücks, hier Edenkoben, die Leistung ist damit steuerbar und gemäß § 4 Nr. 12 S. 2 UStG als kurzfristige Beherbergung auch steuerpflichtig (Abschn. 1.8 Abs. 5 S. 3 UStAE).

Bemessungsgrundlage ist beim tauschähnlichen Umsatz nach § 10 Abs. 2 S. 2 und 3 UStG eigentlich der gemeine Wert der anteiligen Arbeitsleistung. Da dieser in der Praxis kaum feststellbar ist, ist gemäß Abschn. 1.8 Abs. 6 S. 5 UStAE aus Vereinfachungsgründen von den Werten des § 10 Abs. 4 UStG auszugehen, vorliegend also gemäß § 10 Abs. 4 Nr. 2 UStG von den bei der Ausführung der Leistung entstanden Ausgaben, wobei hier entgegen dem Gesetzeswortlaut auch Ausgaben ohne Vorsteuerabzug mit einzubeziehen sind. Zu diesen Ausgaben gehören auch die auf den Berichtigungszeitraum nach **§ 15a Abs. 1 UStG von 10 Jahren** zu verteilenden Anschaffungskosten des Gebäudes nach § 10 Abs. 4 Nr. 2 S. 2 und 3 UStG.

Auf die Wohnung entfallende Unterhaltskosten (netto): (inkl. anteilige Grundsteuer/Schuldzinsen: ¼ × 2.800 € = 700 €)	1.500 €
Anschaffungskosten verteilt auf 10 Jahre = 20.000 € Anteil Wohnung ¼ = 5.000 €	5.000 €
Bemessungsgrundlage	**6.500 €**

Umsatzsteuer § 12 Abs. 1 UStG (19 %) = 1.235 €

Aus Vereinfachungsgründen können gemäß Abschn. 1.8 Abs. 8 S. 2 i.V.m. Abs. 9 UStAE bei der kostenlosen Überlassung einer Wohnung an Arbeitnehmer auch die lohnsteuerlichen Werte als Bemessungsgrundlage herangezogen werden. Gemäß § 2 Abs. 4 S. 1 und 5 SvEV ist dabei grundsätzlich die ortsübliche Miete inklusive üblicher Nebenkosten anzusetzen, hier also 600 €. Dieser lohnsteuerliche Wert ist nach Abschn. 1.8 Abs. 8 S. 3 UStAE ein Bruttowert, aus dem die Umsatzsteuer herauszurechnen ist. Die Bemessungsgrundlage beträgt demnach 504,20 €, die hierauf entfallende Umsatzsteuer 95,80 €.

Die Umsatzsteuer entsteht nach § 13 Abs. 1 Nr. 1 Buchst. a S. 1, 2 und 3 UStG monatlich, Steuerschuldner ist nach § 13a Abs. 1 Nr. 1 UStG der leistende Unternehmer P.

Die Vorsteuer aus den Unterhaltskosten des Gebäudes ist für P in voller Höhe abziehbar (§ 15 Abs. 1 Nr. 1 UStG) und mangels Ausschluss nach § 15 Abs. 2 UStG auch abzugsfähig.

Installation Entlüftungssystem

Mit dem Transport der Materialien von Frankreich nach Deutschland könnte C einen innergemeinschaftlichen Erwerb nach § 1a Abs. 2 UStG verwirklichen, da er Gegenstände zu seiner eigenen Verfügung aus dem übrigen Gemeinschaftsgebiet ins Inland verbringt (sog. innergemeinschaftliches Verbringen). Da C die Materialien jedoch zur Ausführung einer im Bestimmungsland steuerbaren Werklieferung verwendet (s.u.), liegt eine der Art nach nur vorübergehende Verwendung vor (Abschn. 1a.2 Abs. 9 und Abs. 10 Nr. 1 UStAE). Das Verbringen ist damit nicht steuerbar.

Die Montageleistung des C beruht auf einem Werkvertrag (§ 631 BGB). Es handelt sich um eine Werklieferung nach § 3 Abs. 4 UStG, da C die zur Ausführung der Arbeiten erforderlichen Hauptstoffe (Dunstabzugshaube, Kompressor) selbst beschafft.

Ort der Werklieferung ist gemäß § 3 Abs. 7 S. 1 UStG Edenkoben, also Inland i.S.d. § 1 Abs. 2 S. 1 UStG, der Umsatz ist damit steuerbar und steuerpflichtig. Es handelt sich um eine Werklieferung eines im Ausland ansässigen Unternehmers, § 13b Abs. 2 Nr. 1 UStG, da C weder im Inland, auf Helgoland oder einem Gebiet nach § 1 Abs. 3 UStG Sitz, Geschäftsleitung oder Zweigniederlassung hat, § 13b Abs. 7 S. 1 UStG.

Gemäß § 13b Abs. 5 S. 1 UStG schuldet daher der Leistungsempfänger P die Umsatzsteuer. Sie entsteht gem. § 13b Abs. 2 UStG am Tag der Rechnungserstellung, hier am 16.06.02.

Bemessungsgrundlage ist der in der Rechnung ausgewiesene Betrag von 5.000 €, bei dem es sich im Fall der Steuerschuldnerschaft des Leistungsempfängers um einen Nettobetrag handelt (s.o.). Die Umsatzsteuer beträgt somit 950 €.

Die von P gem. § 13b UStG geschuldeten USt ist für diesen nach § 15 Abs. 1 Nr. 4 UStG als Vorsteuer abziehbar und mangels Ausschluss nach § 15 Abs. 2 UStG auch abzugsfähig.

Kauf des Bräters

Es liegt eine Lieferung i.S.d. § 3 Abs. 1 UStG von B an P vor. .Es handelt sich um eine Beförderungslieferung gemäß § 3 Abs. 6 S. 2 UStG (Beförderung durch den Lieferer). Der Ort der Lieferung liegt daher nach § 3 Abs. 5a i.V.m. Abs. 6 S. 1 UStG grds. dort, wo die Beförderung beginnt (= Frankreich).

Vorliegend liegen aber die Voraussetzungen der besonderen Ortsvorschrift des § 3 Abs. 8 UStG vor, da:
- der Liefergegenstand bei der Beförderung vom Drittland § 1 Abs. 2a S. 3 UStG (Schweiz) in das Inland gelangt und
- der Lieferer B die deutsche Einfuhrumsatzsteuer schuldet, da er die Ware in eigenem Namen zum freien Verkehr anmeldet („verzollt und versteuert"), § 13a Abs. 2, § 21 Abs. 2 UStG.

Nach § 3 Abs. 8 UStG gilt damit der Ort der Lieferung als im Inland belegen. Die Lieferung ist daher steuerbar nach § 1 Abs. 1 Nr. 1 UStG und auch steuerpflichtig.

Bemessungsgrundlage ist nach § 10 Abs. 1 S. 1 und 2 UStG das Entgelt von 10.000 € und die Umsatzsteuer beträgt damit 1.900 € (19 % nach § 12 Abs. 1 UStG).

Die Steuer entsteht gemäß § 13 Abs. 1 Nr. 1 Buchst. a S. 1 UStG mit Ablauf Juni 02 und wird gemäß § 13a Abs. 1 Nr. 1 UStG vom liefernden Unternehmer B geschuldet. Für P ist die ihm von B in Rechnung gestellte USt nach § 15 Abs. 1 Nr. 1 UStG als Vorsteuer abziehbar und mangels Ausschluss nach § 15 Abs. 2 UStG auch abzugsfähig, jedoch erst im Juli 02, da erst hier eine Rechnung vorliegt (§ 16 Abs. 2 S. 1 UStG).

B tätigt daneben eine gem. § 1 Abs. 1 Nr. 4 UStG steuerbare und steuerpflichtige Einfuhr, für die er nach § 13a Abs. 2 i.V.m. § 21 Abs. 2 UStG Einfuhrumsatzsteuer schuldet, da die Anmeldung zum freien Verkehr durch ihn in eigenem Namen erfolgt.

Die Einfuhrumsatzsteuer bemisst sich gemäß § 11 Abs. 1 UStG nach dem Zollwert, der bei einer entgeltlichen Lieferung grds. dem (Netto-)Entgelt entspricht = 10.000 €. Die USt (19 % § 12 Abs. 1 UStG) beträgt demnach 1.900 €.

Die Steuer entsteht gem. § 13 Abs. 2 UStG i.V.m. § 21 Abs. 2 UStG i.V.m. Zollkodex im Zeitpunkt der Überführung in den zoll- und steuerrechtlich freien Verkehr, also mit Anmeldung beim Zoll. Mit dem Zollbeleg über die Einfuhrumsatzsteuer kann B als Unternehmer nach § 15 Abs. 1 Nr. 2 UStG die Einfuhrumsatzsteuer aber wieder als Vorsteuer abziehen. B hat den Gegenstand nämlich für sein Unternehmen eingeführt, da er im Zeitpunkt der Abfertigung zum freien Verkehr an der Grenze noch immer die Verfügungsmacht an dem Gegenstand hatte. Dies ergibt sich aus § 3 Abs. 8 UStG, wonach die Lieferung erst im Inland (also nach Grenzübertritt) als ausgeführt gilt (Abschn. 15.8 Abs. 6 UStAE).

Die Vorsteuer ist also nach § 15 Abs. 1 Nr. 2 UStG abziehbar und mangels Ausschluss nach § 15 Abs. 2 UStG auch abzugsfähig im Juni 02 (§ 16 Abs. 2 S. 1 UStG).

Stichwortverzeichnis

1 %-Methode 259, 337
3-Sphären-Theorie 136
§ 6a UStG
- Voraussetzungen 527

12-Seemeilen-Zone 125

A

Abfall 388
- -produkte 388

Abfindung 354, 355
Abgabe von Mahlzeiten in unternehmenseigenen Kantinen 340
Abgabe von Speisen 162
- zum sofortigen Verzehr in Gaststätten 162
- zum Verzehr an Ort und Stelle 161

Abgrenzung
- Hauptstoffe und Nebenstoffe 196
- Lieferung und sonstige Leistung 142, 163
- Regelsteuersatz/Ermäßigter Steuersatz 271
- von Lieferungen und sonstigen Leistungen bei der Abgabe von Speisen 162
- von Werklieferungen und Werkleistungen 161

Abschlagszahlungen 369
Abschluss eines Kaufvertrags 224
Abstandszahlungen für die vorzeitige Auflösung eines Mietvertrags 229
Abstellplätze 232
Allphasen-Netto-Umsatzsteuer mit Vorsteuerabzug 109
Altfälle gem. § 27 Abs. 19 UStG 386
Anbieter von Steuerberaterlehrgängen 102
Andere sonstige Leistungen im Zusammenhang mit Grundstücken 170
Änderung
- der Bemessungsgrundlage 519
- des Steuersatzes 368

Angabe
- der Umsatzsteuer-Identifikationsnummern 283
- des Bestimmungsortes 96
- des Bestimmungsorts bei einer innergemeinschaftlichen Lieferung 96

Anknüpfung an die Leistungserfüllung 116
Anlagevermögen 310
Anmeldung
- beim Zoll 539
- der Lieferung 437

Anordnung einer umsatzsteuerrechtlichen Einzelrechtsnachfolge 350
Ansässigkeit
- des leistenden Unternehmers 379
- des Stromlieferers 388

Ansatz
- der Bemessungsgrundlage 340
- lohnsteuerlicher Pauschalwerte in Einzelfällen 336, 340

Anschaffungskosten 322
Anteilsübertragung 355
Anwendungsbereich
- § 13 Abs. 1 Nr. 1a UStG 366
- § 14c Abs. 1 UStG 373
- § 14c Abs. 2 UStG 373
- Reverse-Charge-Verfahren 378

Anzahlungen 281, 300, 369, 519
- in Fremdwährung 370
- Umkehr der Steuerschuld 391
- vor Ausführung der Leistung 223
- Vorsteuer 300

Anzusetzende Bemessungsgrundlage 262
Anzusetzende Mindestbemessungsgrundlage 334
Arbeiten
- an beweglichen Sachen und der Begutachtung 175
- an Grundstücken 200

Arbeitnehmer 129
- -merkmale 129

Arbeitsleistung als Gegenleistung 328
Ärztliche Heilbehandlungen 237
Auf elektronischem Wege erbrachte sonstige Leistungen 178
Aufgabe der Personengruppentheorie 461
Auflassung 144
Auflösung
- der Gesellschaft 355
- des Unternehmensvermögens 344

Auflösung des Einzelunternehmens
- nachhängende Tätigkeiten 345

Aufmerksamkeiten 330, 332
Aufteilung der Vorsteuer 305
- Aufteilungsmaßstab 306

Aufteilung entsprechend dem Verhältnis von Ertragswert zu Verkehrswert beim Grundstückserwerb 307
Aufwendungen für Batteriesysteme bei Elektro- und Hybridelektrofahrzeugen 337
Ausfuhr 420
- ins Drittland 420
- mit Veredelung 423
- Rechnungstellung 425
- und Buchnachweis 242

Ausfuhrlieferung 421, 423, 456, 509
- im persönlichen Reiseverkehr 531
- i.S.d. § 4 Nr. 1a i.V.m. § 6 Abs. 1 Nr. 2 UStG 524
- Organschaft 468, 469
- Übersicht 428
- Vorsteuerabzug 423

Ausgaben nach § 10 Abs. 4 S. 1 Nr. 2 UStG 257
Ausgangsumsätze 111
Auslagen- und Unkostenersatz 246
Ausland 125
Ausnahmen von der Steuerbefreiung, § 4 Nr. 12 S. 2 UStG
- kurzfristige Beherbergung 232
- kurzfristige Vermietung auf Campingplätzen 233
- Vermietung von Fahrzeugabstellplätzen 232
- Vermietung von Maschinen und sonstigen Betriebsvorrichtungen 234

Ausschluss vom Vorsteuerausschluss 304
Außerunternehmerische Verwendung von Grundstücken 213
Ausstellung einer Gutschrift 499
Austritt, Eintritt von Gesellschaftern 354

B

B2B-Umsatz 164, 504
B2C-Umsatz 164
Barabfindung 354
Baubranche 383
Baugrundgutachten 169
Bauleistungen 170
Bautätigkeit des Leistungsempfängers nach § 13b Abs. 5 Satz 2 UStG 384
Bauträger 385
Bauumsatz 383
- gem. § 13b Abs. 2 Nr. 4 UStG 384

Beförderung 148
- durch den Lieferer 539
- -smittel 172
- und Versendung 148
- Versendung des bearbeiteten Gegenstandes in Drittland 241

Beförderungs- bzw. Versendungslieferung 525
Beförderungsleistung 179
- Steuerbefreiung 426

Beförderungslieferung 521
- gemäß § 3 Abs. 6 S. 2 UStG 539

Beginn
- der Beförderung oder Versendung als Lieferort 148
- der Unternehmereigenschaft 138
- und Ende der unternehmerischen Tätigkeit 138

Begriff und Bedeutung des Entgelts 245
- Geld oder andere Gegenleistungen als Entgelt 246
- maßgebliches Entgelt im Regelfall der Sollbesteuerung 246

Begutachtung
- von beweglichen Gegenständen 175

Beihilfen 251
Beistellungen
- zu Werklieferungen und Werkleistungen 252
- zur Werklieferung 197

Beladen, Entladen und Umschlagen für Nichtunternehmer 181
Belegenheitsort 201
Belegschaftsrabatt 334
Bemessung der § 13b-Umsatzsteuer 392
Bemessungsgrundlage 112, 490, 501, 505, 507, 508, 509, 511, 528, 532, 535, 536, 538
- 1 %-Methode 259
- Abgaben, Gebühren und Steuern 247
- Abgrenzung zu „echten" Zuschüssen 251
- Abgrenzung zum „echten" Schadensersatz 248
- Änderung der 263
- Änderung nach Entstehung der Umsatzsteuer oder des Vorsteueranspruchs 264
- Ansatz der vorsteuerbelasteten Ausgaben nach § 10 Abs. 4 S. 1 Nr. 2 UStG 257
- außerunternehmerisch genutzte Grundstücke bzw. Gebäude 257
- bei der Einfuhr 14
- bei der Verwendung von Gegenständen nach § 3 Abs. 9a Nr. 1 UStG 257
- bei Entnahmen nach § 3 Abs. 1b UStG 255, 256
- bei Lieferungen 13
- beim tauschähnlichen Umsatz 538
- beim Tausch oder tauschähnlichen Umsätzen 13
- beim Tausch und tauschähnlichen Umsatz, § 10 Abs. 2 UStG 252
- bei sonstigen unentgeltlichen Leistungen nach § 3 Abs. 9a Nr. 2 UStG 260
- bei unentgeltlichen Wertabgaben 203, 255
- bei unentgeltlichen Wertabgaben und beim innergemeinschaftlichen Verbringen 14
- Bruttobetrag 245
- Durchführung der Änderung 265
- Einkaufspreis 255
- Entgelt 245
- Erfassung der Berichtigung in den Steuererklärungen 265
- Ermittlung der 245
- Ermittlung des Werts der Gegenleistung 253
- Fahrtenbuchmethode 259
- Fertigungskosten 257
- für den steuerpflichtigen innergemeinschaftlichen Erwerb 499
- für die außerunternehmerische Nutzung von Fahrzeugen 258
- gemeiner Wert 253
- Herstellungskosten i.S.d. § 255 Abs. 2 HGB 257
- kein Belegaustausch 265
- Marktpreis 253
- Mindestbemessungsgrundlage 260
- nach der 1 %-Methode 339

Stichwortverzeichnis

- nach der Fahrtenbuchmethode 339
- nachträgliche Änderungen 264
- Nettoeinkaufspreis 256
- Nettoherstellungskosten 256
- Schätzungsmethode 259
- staatliche Zuschüsse 251
- subjektiver Wert 253
- Tausch 252
- Tausch oder tauschähnlicher Umsatz 246
- tauschähnlicher Umsatz 252
- Tauschvorgänge mit Baraufgabe 254
- Trinkgelder 250
- verdeckter Preisnachlass 255
- Zahlung von Geld 246
- Zahlungen Dritter als Entgelt 251
- Zahlungsabschläge 247
- Zahlungszuschläge 248
- Zeitpunkt der Berichtigung 265
- Zölle und Verbrauchssteuern 247

Benotung der schriftlichen Arbeiten 2
Bereitstellen von Verzehrvorrichtungen als Abgrenzungskriterium 162

Berichtigung
- der Umsatzsteuer und der Vorsteuer 265
- der Vorsteuer 309
- des Vorsteuerabzuges 63
- einer Rechnung 83, 84, 280
- -sbetrag 524
- -sfähige Rechnung 83
- -spflicht des Erwerbers nach § 17 UStG 350
- -statbestand nach § 15a UStG 537
- -szeitraum 311

Besitz
- einer ordnungsgemäßen Rechnung 83
- -konstitut 143
- -mittlungsverhältnis 143

Besondere Besteuerungsformen 403
- Besteuerung land- und forstwirtschaftlicher Betriebe 403
- Besteuerung von Reiseleistungen 407
- Differenzbesteuerung 411

Besonderheiten bei steuerpflichtigen Grundstückslieferungen
- Bemessungsgrundlage 228
- Grundstückserwerber als Steuerschuldner 228

Bestellung und Übertragung von Erbbaurechten 227

Besteuerung
- am Sitzort des Leistungsempfängers 166
- der juristischen Personen des öffentlichen Rechts 87
- erbrachter Leistungen nach vereinbarten Entgelten 366
- erbrachter Teilleistungen nach vereinbarten Entgelten 368
- im Bestimmungsland 453
- nach § 3 Abs. 1b Nr. 2 oder Abs. 9a UStG 334
- nach Durchschnittssätzen 404
- -sverfahren 110
- unentgeltlicher Leistungen 203
- von Anzahlungen 369
- von juristischen Personen des öffentlichen Rechts 132

Besteuerung der Kleinunternehmer
- § 19 UStG 395, 397, 399, 401
- Verzicht auf die Kleinunternehmerregelung 400

Besteuerung unentgeltlicher Wertabgaben
- Bemessungsgrundlage nach § 10 Abs. 4 UStG 203
- Bestimmung des Orts unentgeltlicher Wertabgaben nach § 3f UStG 203
- Steuerbarkeit und Steuerpflicht 203
- Steuerentstehung 210
- Steuerentstehung nach § 13 Abs. 1 Nr. 2 UStG 203

Bestimmte im Drittland ausgeführte Leistungen 182
Bestimmung des Ortes einer sonstigen Leistung 164

Bestimmungsland 428
- -prinzip 416

Bestimmungsort 97
Betriebsaufspaltung 93
Betriebsgrundstück 346
Betriebsveranstaltung 530
Betriebsvorrichtungen 226
Bewegte Lieferung 148, 152, 417, 525
Bewegte Werklieferung 199

Bewirtung 509
- -saufwendungen 302

Biogasanlage 403
Biorhythmus 105
Bringschuld 531
Bruchteilsgemeinschaft 351
Büsingen und Helgoland 124

C
Catering 509

D
Damnum und Gebühren 223
Dauerfristverlängerung 367, 438
Deputate im Bergbau und der Land- und Forstwirtschaft 340
Dienstleistungselemente 163
Dienstleistungskommission 43, 190, 192
Differenz zwischen Verkaufspreis und Einkaufspreis 491

Differenzbesteuerung 325, 403, 411, 491, 502
- Margenbesteuerung 412

- Option 414
- Steuerbefreiung 412
- Steuersatz 413
- Voraussetzungen 412
- Vorsteuerabzug 413

Dreiecksgeschäft 450
Drittland 498
Drogen oder Falschgeld 117
Duldungsleistungen
- längerfristige 183

Durchfallquote 102
Durchlaufende Posten 250
Durchschnittsbeförderungsentgelte 179
Durchschnittsbesteuerung 378
Durchschnittssätze 308, 325
- gemäß § 24 Abs. 1 UStG 405

E

Echte Schadensersatzleistungen 266
Echter Schadensersatz 121
Eigentum an beweglichen Sachen 143
Eigentumsübertragung
- an Grundstücken 144
- durch Abtretung eines Herausgabeanspruchs 144
- durch bloße Einigung 143
- durch Vereinbarung eines Besitzmittlungsverhältnisses 143
- zivilrechtliche 142

Einfuhr
- -lieferung im Reihengeschäft 418
- Vorsteuer 300

Einfuhrumsatzsteuer 417, 489, 501, 539
- Entstehung 366

Einführung in das Umsatzsteuerrecht 107
Eingangsleistung 308
- an das Unternehmen 280
- ausschließlich für die Ausführung unentgeltlicher Wertabgaben bestimmte 332
- nicht ausschließlich für die Ausführung unentgeltlicher Wertabgaben bestimmte 333
- und Ausgangsleistungen 343

Eingebaute Bestandteile mit Vorsteuerabzug 209
Eingliederungsmerkmale nach § 2 Abs. 2 Nr. 2 UStG 90
Einheitliche Veranstaltungsleistung 171
Einheitliche Vermietung eines Grundstücks mit Betriebsvorrichtungen 234
Einheitlicher wirtschaftlicher Leistungsvorgang 118
Einheitliches Umsatzsteuersystem in der EU 109
Einheits-KG 363
Einheitsunternehmen 343
Einkaufskommission 199
Einkaufspreis 255
Einlage 290

- Erbringung der 352
- Vorsteuer 354

Einnahmeerzielungsabsicht 131
Einordnung der Umsatzsteuer im Steuersystem 107
Einräumung von
- Eintrittsberechtigungen 176
- Eintrittsberechtigungen an Besucher/Teilnehmer 176

Einschränkung auf Leistungen im wirtschaftlichen Sinne 115
Eintragung im Grundbuch 144
Eintritt
- der formellen Bestandskraft 45
- des Erwerbers in die umsatzsteuerrechtliche Rechtsstellung des Veräußerers 350

Elektronische Rechnung 278
Empfängerortprinzip 177, 387
Ende der Unternehmereigenschaft 139
Entgelt 246, 503, 537
- -erhöhung 266

Entgeltliche Fahrzeugüberlassung zu Privatzwecken des Personals 336
Entgeltliche Leistungen 356
- und unentgeltliche 328

Entgeltliche und unentgeltliche Übertragungen 349
Entgeltminderung 266
- und -erhöhungen 247, 266

Entnahme
- aus unternehmerischen Gründen 208
- für außerunternehmerische Zwecke 207
- -tatbestand 204
- von Grundstücken 225
- Vorsteuer 293
- Vorsteuerberichtigung 321
- -wille 205

Entnahmebesteuerung nach § 3 Abs. 1b UStG für übernommene Gegenstände 350
Entnahme eines Gegenstands
- Berechtigung zum Vorsteuerabzug 208

Entschädigungen
- bei Vertragsauflösung 123
- für die zwischenzeitliche Gebrauchsüberlassung 268
- für Enteignungen 123
- für nicht ausgeführte Leistungen 122
- für wettbewerbsrechtliche Abmahnungen 123

Entsorgung von Müll 234
Entstehung der Umsatzsteuer 366
- aus § 14c UStG 373
- Erwerb 374
- Erwerbsumsatzsteuer 438
- im Leistungsmonat 380
- nach § 13 Abs. 1 Nr. 1b UStG 370

Stichwortverzeichnis

- nach § 13 Abs. 1 Nr. 2 UStG 373
- nach vereinbarten Entgelten 366
- Steuersatz 370
- Teilleistung 368

Entstehungszeitpunkt der Umsatzsteuer
- in den Fällen des § 13b UStG 390
- nach § 13b Abs. 1 UStG 390
- nach § 13b Abs. 2 UStG 391

Erben
- Gesamtrechtsnachfolger 139

Erbschaften 124
Erklärung des Verzichts auf die Steuerbefreiung 44
Ermäßigter Steuersatz 270
Errichtung von Gebäuden durch Bauunternehmer 209
Erstellung von Gutachten 238

Erwerb
- Entstehung der Steuer 438
- im Zwangsversteigerungsverfahren 225
- Steuerbefreiung 435

Erwerb durch inländischen Unternehmer
- Beispiel 435

Erwerben, Halten und Veräußern von Gesellschaftsanteilen 116
Erwerber 376
Erwerbsort 434

Erwerbsschwelle 439, 498, 521
- -nregelung 440

Erwerbsumsatzsteuer 374
- Steuerentstehung 374

EU-Mehrwertsteuer-Systemrichtlinie 109
Export 416

F

Fahrausweis 281
Fahrten zwischen Wohnung und Arbeitsstätte 336, 337, 530
Fahrtenbuchmethode 258, 336, 337

Fahrzeug 232
- -aufbereitung 500
- -teile 423

Fahrzeugüberlassung
- Gesellschaft 364

Faktischer Geschäftsführer 463
Falscher Steuerausweis 283
Familienheimfahrten des Arbeitnehmers 336
Fiktive Dienstleistungskommission bei Telekommunikationsleistungen 192
Fiktive Lieferungen 202
Fiktive sonstige Leistungen 202
Finanzielle Eingliederung 90, 460
Firmenwagen zur Privatnutzung 335
Forderungen und sonstige Rechte 141
Forderungsausfall 267

- Eröffnung des Insolvenzverfahrens 267

Fortführung des Unternehmens durch den Erwerber 348, 349
Fotovoltaikunternehmer 387
Freie Verpflegung und Unterkunft 339

Freihäfen 125, 423
- und 12-Seemeilen-Zone 125

Freitabakwaren 340
Fremdvermietung 524
Funktion des Mehrwertsteuersystems 107

G

Gebäudeerrichtung 226
Gebäudereinigung 389
Gebrochene Beförderungen und Versendungen 149
Gegenleistung 119

Gegenstand
- einer Entnahme 205
- im Gemeinschaftsgebiet erworben 241

Gegenstände des Unternehmens 492
- Begriff des Unternehmensgegenstandes 205
- Zuordnung erworbener Gegenstände zum Unternehmensvermögen 205

Gelangensbestätigung 428

Geld
- -entnahme 529
- -leistung 246
- oder andere Gegenleistungen als Entgelt 246
- -umtauschgeschäfte 141

Gelegentliche Überlassung von Firmenfahrzeugen zur Privatnutzung 341
Gemeinschaftsgebiet 125
Gemeinschaftsteuer 107
Gemischte Leistungen mit Liefer- und Dienstleistungselementen 161
Gemischte Nutzung eines gemieteten Wirtschaftsgutes 297
Gemischt genutzte Wirtschaftsgüter 357
Gesamtrechtsnachfolger 139

Geschäftsführer
- einer GmbH 362

Geschäftsführung 362
- in einer GbR, OHG, KG, Partnerschaftsgesellschaft 363
- in einer GmbH 362
- in einer GmbH & Co. KG 363

Geschäftsveräußerung im Ganzen 48, 345, 523
- Einbringen 353
- einheitlicher Übertragungsvorgang auf einen anderen Unternehmer 347
- keine Steuerbarkeit der ausgeführten Umsätze 349
- Organschaft 463
- Rechnung 286

- rechtliche Folgen einer 349
- verbindliche Auskunft 350
- Voraussetzungen 345
- Vorsteuerberichtigung 326
- wesentliche Betriebsgrundlagen an einen einzigen Erwerber 348

Geschenke 292
- von geringem Wert 211

Gesellschaft
- als Rechtssubjekt 351
- Auflösung 355

Gesellschafter
- als Rechtssubjekt 359
- Austritt, Eintritt 354
- Unternehmer 353, 359

Gesellschafterwechsel
- gegen Barzahlung 354

Gesellschaftsanteile 352
Gesellschaftsbeitrag 352
Gesonderte Erklärung 393, 437
Gewerbeanmeldung 343

Gewerbliche oder berufliche Tätigkeit 130
- einer juristischen Person 89

Grenzüberschreitende
- Lieferungen, bestimmte 151
- Organschaft 466
- Personenbeförderungen 179
- Reihengeschäfte 157

Grundsatz der
- fraktionierten Besteuerung 109
- Leistungseinheit 117, 195
- Unternehmenseinheit 135

Grundstück
- i.S.d. § 2 GrEStG 225
- -sbegriff des BGB 226
- -serwerb 535
- -shändler 319
- -skauf 535
- -snutzung 536
- -süberlassungen im Rahmen von Kaufanwartschaftsverhältnissen 230
- -svermietungen und ähnliche Leistungen 169
- -sverwaltung 170
- Vorsteuerberichtigung 317

Grundstücksleistung
- Rechnung 277

Grundstückslieferung
- Umkehr der Steuerschuld 382

Grundstücksveräußerungen an Unternehmer
- Option 227

Gründung einer Gesellschaft 352, 354
- Vorsteuer 353

Gründung eines Unternehmens 343

- Vorbereitungsmaßnahmen 343

Gründung und Auflösung von Einzelunternehmen 343
- Geschäftsveräußerung im Ganzen 345

Güterbeförderungen
- als eigenständige Leistungen 180
- für Nichtunternehmer 180

Gutschrift 280, 282, 498, 528, 529

H

Handel mit Gas, Elektrizität 387
Handeln für fremde Rechnung 184
Hauptstoffe 195
Hausboot 229
Haustrunk 340
Heilbehandlungen 238
Hilfsgeschäfte 137, 238
- gem. Abschn. 2.7 Abs. 2 S. 1 bis 4 USAE 522

Hilfsmittel 1
Hingabe an Zahlung statt 253, 266
Hinweise zur Gruppenprüfung
- im Zweifel raten 101
- Ja- und Nein-Antworten vermeiden 101
- keine falsche Schüchternheit 101
- konstante Aufmerksamkeit 101
- Mimik des Prüfers 101

Holdinggesellschaften 135
Holschuld 531

I

Identifikationsnummer 432, 434, 441
- Dreiecksgeschäft 450
- Organschaft 465

Incoterms 35
Indirekte Steuern 107
Inhalt der Steuerbefreiung nach § 4 Nr. 12 S. 1 Buchst. a UStG
- außerunternehmerische Nutzung von Unternehmensgrundstücken 229
- Sonderfall bei einem Verzicht auf Rechten aus einem Mietvertrag 229
- Vermietung und Verpachtung von Grundstücken 228

Inland 124
- Allgemeines 124
- Bedeutung 124
- Ort des Umsatzes 124

Innengesellschaften 128
Innenumsatz 205, 466
- Organschaft 458, 465, 469

Innergemeinschaftliche Güterbeförderungen 181
Innergemeinschaftliche Lieferung 420, 429, 456, 469
- im Kommissionsgeschäft 445

Stichwortverzeichnis

- Rechnung 437
- Reihengeschäft 446

Innergemeinschaftlicher Erwerb 13, 433, 442, 490, 499, 507
- nach § 1a Abs. 2 UStG 538
- Organschaft 469
- Vorsteuer 301

Innergemeinschaftliches Dreiecksgeschäft 39, 376, 450
- Vorsteuer 302

Innergemeinschaftliches Verbringen 14, 97, 445, 538
- ohne USt-IdNr. 97

Ist-Besteuerung 366, 369
Ist-Versteuerung 370, 371

J

Jahresanmeldung 367
Jubiläumsgeschenke 340
Jungunternehmer 367
Juristische Personen 88
- des öffentlichen Rechts 132

K

Kauf
- auf Probe oder zur Ansicht 150
- unter Eigentumsvorbehalt 145
- -verträge 527

Keine Besteuerung bei Aufmerksamkeiten 332
Keine Liefergegenstände 142, 163, 164
Keine Verschaffung der Verfügungsmacht trotz Eigentumsübertragung 146
Kettengeschäfte 153, 408
Klausurnote 2
Klausur Umsatzsteuer 3
- Änderung der Verhältnisse 22
- Änderung der Verhältnisse die für den ursprünglichen Vorsteuerabzug maßgebend waren 26
- Bemessungsgrundlage der fiktiven Lieferung 74
- Berichtigung des Vorsteuerabzuges 63
- Berichtigung des Vorsteuerabzuges gemäß § 15a UStG 26
- Besonderheiten 3
- Bestandteile 74
- Besteuerungsart 10
- Dienstleistungskommission 43
- Einzelsachverhalte des Steuerberaterexamens 2015/2016 15
- Entnahme von Gegenständen 74
- Entnahme von sonstigen Leistungen 75
- Erwerb des Fahrzeuges 22
- Erwerb und Nutzung Pkw 22
- Fahrtenbuchmethode 77

- Fall Seeling 77
- konkrete Bearbeitungshinweise 9
- Kundengeschenke 29
- Privatnutzung des Fahrzeuges 24
- Prüfungsschema für Aufgaben aus dem Umsatzsteuerrecht 11
- Rahmen des Unternehmens 10
- Schenkung 22
- Schenkung des Fahrzeuges 25
- Standardaufgaben und Standardfragestellungen 9
- Steuerpflicht 13
- übrige unentgeltliche Wertabgaben 81
- umsatzsteuerliches Reihengeschäft 32
- Unternehmer 9
- Versandhandelsregelung 40
- Verzicht auf Steuerbefreiungen 44
- Vorsteuerabzug 23, 53
- Wertabgabe im Sinne des § 3 Abs. 1b Nr. 1 UStG 74

Kleinbetragsrechnung 87, 281
- Anhebung der Grenze 87

Kleinunternehmer 378, 498, 521
- Vorsteuer 292
- Vorsteuerberichtigung 325

Kleinunternehmerregelung 395
- Abgrenzung der Ausgangsumsätze 401
- Abgrenzung der Eingangsumsätze und Vorsteuerberichtigung nach § 15a Abs. 7 UStG 401
- Anwendung auf inländische Unternehmer 395
- Anwendung auf Unternehmer mit geringen Gesamtumsätzen 395
- bei der Ermittlung des Kleinunternehmergesamtumsatzes 398
- Besonderheiten bei der Erbfolge 397
- Besonderheiten bei der Ermittlung des Gesamtumsatzes nach § 19 Abs. 1 Satz 1 und 2 UStG 398
- Besonderheiten im Jahr der Neugründung 396
- Bindungswirkung des Verzichts 400
- Ermittlung des maßgeblichen Gesamtumsatzes für die Umsatzgrenze 397
- Folgen des Verzichts 400
- Form und Frist des Verzichts 400
- Gesamtumsatz nach § 19 Abs. 3 UStG 397
- Hochrechnung auf einen Jahresgesamtumsatz 396
- Nichtanwendung bestimmter Vorschriften 399
- Nichterhebung der nach § 1 Abs. 1 Nr. 1 UStG geschuldeten Steuer 399
- Nullbesteuerung 399
- Rechtsfolgen der 399
- Umsatzgrenze von 17.500 € 396
- Verzicht auf die 400
- Voraussetzungen und Folgen des Verzichts (Option) 400
- Wechsel der Besteuerungsform 401

- Zweckmäßigkeit des Verzichts 400
Kommission 184, 381
- innergemeinschaftliche 445
Kommissionär 507
Kommissionsgeschäfte 151
Kommittenten 507
Konsignationslager 445
Kostenlose Abgabe von Mahlzeiten 340
Kostenlose Überlassung einer Wohnung an Arbeitnehmer 538
Krankenhausbehandlungen 237
- und ärztliche Heilbehandlungen nach § 4 Nr. 14 Buchst. b UStG 238
Kreditgewährung als eigenständige Leistung 85
Kreditgewährung und -vermittlung, § 4 Nr. 8 Buchst. a UStG
- Begriff und Leistungsgegenstand 220
- im Zusammenhang mit anderen Leistungen 220
Kriterien für die Nachhaltigkeit 131
Kunden-Maxime 408
Kurzfristige Beherbergung 232, 537
Kurzfristige Vermietung 172
- eines Beförderungsmittels an Unternehmer oder Nichtunternehmer 173
- von Schienenfahrzeugen, Kraftomnibussen 173
- von Standflächen auf Campingplätzen 233

L
Land- und Forstwirtschaft 325, 403
Land- und forstwirtschaftliche Betriebe 403
Langfristige Vermietung eines Beförderungsmittels an einen Nichtunternehmer 529
Leasing 145
- mit Kauf- oder Verlängerungsoption 145
- und Mietkaufmodelle 145
Leistungen
- als Eigenhändler 184
- an andere Unternehmer 166
- an das Personal 331
- an den Grundstücksmakler 169
- an die Gesellschaft 360
- an Dritte 359
- an Nichtmitglieder 134
- aus dem Unternehmensbereich 136
- aus unternehmerischen Gründen 331
- an voll vorsteuerabzugsberechtigte Unternehmer 537
- der Ärzte und ähnlicher Berufsgruppen im Bereich der Humanmedizin 237
- der Gesellschaft an die Gesellschafter 356
- der Künstler, Musiker, Sportler, Dozenten 176
- förderungswürdiger Körperschaften 273
- für das Unternehmen 167
- für den privaten Bedarf des Personals 331
- gegenüber Nichtunternehmern 175
- im Bereich der Schönheitschirurgie 238
- im Zusammenhang mit Grundstücken 169
- im Zusammenhang mit Messen, Ausstellungen und Kongressen 170
- innerhalb des Unternehmens (Innenumsätze) 138
- und Veranstaltung mit Unterhaltungscharakter 174
- vom Unternehmensbereich in den außerunternehmerischen Bereich 137
- von Unternehmern 108
- zwischen Gesellschaft und Gesellschaftern 351, 355
- zwischen zwei Unternehmern 108
Leistungen an bestimmte nahestehende Personen 261
- Leistungen von Einzelunternehmern an ihnen nahestehende Personen 261
- Leistungen von Personenvereinigungen an ihre Anteilseigner 261
- Leistungen von Unternehmern an ihr Personal 262
Leistungen an Nichtunternehmer 168, 174
- mit Wohnsitz im Drittland 177
Leistungen aus dem Unternehmensbereich an Dritte 137
- Grundgeschäfte 137
- Hilfsgeschäfte 137
Leistungen der Arbeitgeber an ihr Personal
- Bemessungsgrundlage bei Leistungen als Vergütung für geleistete Dienste 335
- Bemessungsgrundlage bei Leistungen gegen Zuzahlung 334
- Bemessungsgrundlage bei unentgeltlichen Zuwendungen 340
- Entgeltliche und unentgeltliche Leistungen 328
- Steuerbarkeit unentgeltlicher Zuwendungen 330
- Übersicht 342
Leistungsaustausch 84, 119, 526
- bei Personenvereinigungen 123
Leistungsbeziehungen 185
Leistungseinkauf 190
- Beispiel 192
Leistungsempfänger 112
Leistungsgegenstand
- bei der Lieferung mehrerer Gegenstände 117
- bei Leistungen mit Liefer- und Dienstleistungselementen 118
Leistungsverkauf 190
- Beispiel 191, 193
Leistungswille 116
Lieferer 531
Liefergegenstände 141, 142, 163, 164
Lieferschwelle 453
- i.S.d. § 3c Abs. 3 UStG 498

Stichwortverzeichnis

- Option 456

Lieferung
- an Schwellenerwerber 439
- aus dem Inland 420
- Begriff 141
- des Kommissionärs an den Kommittenten 189
- des Kommittenten an den Kommissionär 187
- durch inländischen Unternehmer, Beispiel 434
- eines Grundstücks 382
- eines neuen Fahrzeuges i.S.d. § 1b UStG 498
- gem. § 3 Abs. 1 UStG 529
- gemäß § 3c UStG 453
- im Rahmen eines Kommissionsgeschäftes 490
- im Rahmen eines Tausches mit Baraufgabe 489
- in einen Freihafen 423
- innerhalb der EU 420
- i.S.d. § 3 Abs. 1 UStG 524, 539
- mit Vorsteuerausschluss nach § 15 Abs. 1a UStG 239
- mit Warenbewegung 148
- oder Wiederherstellung von Zahnprothesen 238
- ohne Warenbewegung 150
- und Wiederherstellung von Zahnprothesen 238
- vom Drittland ins Inland 417
- vom mittleren Unternehmer 448
- von Deutschland ins EU-Ausland 428
- von Gas, Elektrizität, Kälte und Wärme 152
- von Grundstücken 45, 150
- von Lebensmitteln und zubereiteten Speisen 162
- von Mobiltelefonen 527
- von Wasser und Strom 234
- Zeitpunkt 417, 420

Lieferzeitpunkt
- Bedeutung 152

Lohnveredelung 421, 423, 439
- an Gegenständen der Ausfuhr 241

M

Mahnkosten, Verzugszinsen, Gerichtskosten 122
Marge 403, 408
- Besteuerung 410
- Differenzbesteuerung 411, 412
- Reiseleistung 410

Marktübliches Entgelt 263
Materialbeistellungen 197
Materialbeschaffung 197
- Beteiligungsbeiträge des Bestellers und Umfang der Werklieferung 197
- durch den Werkunternehmer 198

Materialgestellung 197
Mehrere Unternehmer 525
Mehrstöckige Organschaft 461
Mehrwertsteuer 108

Meldepflicht 442
Mietkauf 146
Mindestbemessungsgrundlage 260, 281, 334, 335, 360
- Anwendungsbereich 261
- Beachtung 334
- Besonderheiten bei der Rechnungserteilung 263
- Gesellschaft 356
- nach § 10 Abs. 5 UStG 79

Mini-One-Stop-Shop 183
Miteigentumsanteile 141
Mitgliedsbeiträge 123
- eines Sportvereins 134

Mitteilung der USt-IdNr. 98
Montagefälle 200
- bei Werklieferungen 151

Montageleistung 538
MOSS 183
Mündlicher Vortrag
- Vorbereitungsphase 100
- Vortragsphase 100

Musterbeispiel für die Lösung eines Umsatzsteuerfalls 113

N

Nachhaltige Tätigkeit 130
Nachträgliche Entgelterhöhung 266
Nachträgliche Entgeltminderung 266
Nachweis der Voraussetzungen des § 3a Abs. 2 UStG 168
Nebengeschäfte 137
Nebenkosten 247, 536
Nebenleistungen 270
- teilen das Schicksal der Hauptleistung 118
- zur Campingplatzvermietung 234

Nebenstoffe 195
Nettoeinkaufspreis 256
Nettoentgelt 112, 245
Nettorechnung 526
Neufahrzeuge 456
- Entstehung der Erwerbsumsatzsteuer 439
- Lieferung von 442
- Steuerentstehung 374
- Verkauf aus dem Unternehmen in ein Unternehmen 442
- Verkauf aus einem Unternehmen an Privatabnehmer 442
- Vorsteuer 442

Neutralitätsgebot 288
- der Umsatzsteuer 436

Neutralitätsprinzip 280
Nicht steuerbare echte Zuschüsse 252
Nicht unternehmerische Geschäftsführung 363
Nichtausführung einer vereinbarten Leistung 268

Nullbesteuerung 399
Nutzflächenverhältnis 536
Nutzung
- eines Grundstücks zu Wohnzwecken 537
- -sentnahme 211
- von Urheberrechten 273

Nutzungsüberlassung von Sportanlagen und ähnlichen Anlagen
- Überlassung an Betreiber und Veranstalter 235
- Überlassung an Endverbraucher 234

O

Objektsteuer 107
Option
- Differenzbesteuerung 414
- Erwerbsschwelle 441
- gem. § 25a Abs. 2 UStG 413
- Land- und Forstwirtschaft 407
- Lieferschwelle 456
- nach § 9 Abs. 1 UStG 50
- Zusammenfassende Meldung 438

Option gem. § 9 UStG 523
- Bagatellgrenze 236
- Möglichkeit der Teiloption 236
- Zulässigkeit der 236

Option zur Steuerpflicht
- Möglichkeit der Teiloption 228
- Vorraussetzungen 227

Optionsverbot nach § 9 Abs. 2 UStG 523, 535
Ordnungsgemäße Rechnung 298
Ordnungswidrigkeit 438
Organgesellschaft 89, 458
- juristische Person des Privatrechts 459
- Organisationsform 459

Organisatorische Eingliederung 94, 462
Organkreis 458, 470
Organschaft 458
- Beteiligtenfähigkeit 459
- Betriebsaufspaltung 462
- Eingliederung 460, 466
- Einheits-GmbH & Co. KG 459
- finanzielle Eingliederung 460
- gesetzlicher Automatismus 463
- grenzüberschreitende 466
- Haftung 459, 465
- Identifikationsnummer 465
- Innenumsatz 465
- mittelbare Beteiligung 460
- organisatorische Eingliederung 462
- Organträger mit Sitz im Ausland 470
- Rechnungen 464
- Rechtsfolgen 463
- Schwestergesellschaften 460

- Steuernummer 464, 465
- Steuerschuldner 464
- Umsatzsteuer-Identifikationsnummer 464
- Vereinfachungszweck 458
- Wirkung 466
- wirtschaftliche Eingliederung 462
- zusammenfassende Meldung 464
- Zweigniederlassung, Betriebsstätte 470
- zwischen Inland und Drittland 467
- zwischen zwei Mitgliedstaaten 467

Organschaftsverhältnis i.S.d. § 2 Abs. 2 Nr. 2 UStG 90
Organträger 89, 458
- Anforderungen 459
- mit Sitz im Ausland 470

Ort
- bei Beförderungen und Versendungen 148
- bei der Vermietung von Beförderungsmitteln 172
- der Betriebsstätte 166
- der Güterbeförderung 508
- der Reiseleistung 409
- der unbewegten Lieferung 535
- der Vermietungsleistung 536
- der Vermietungsumsätze 49
- der Vermittlungsleistung 186
- der Werklieferung 538
- des innergemeinschaftlichen Erwerbs 507, 528
- des Leistungsaustausches 509
- einer nur gelegentlichen Überlassung 359
- für eine dauerhafte Fahrzeugüberlassung 359

Ort der Lieferung 147, 500, 501
- Bedeutung und Überblick über die Ortsvorschriften 147
- bei Reihengeschäften 34
- nach § 3 Abs. 5a UStG 148

Ort der sonstigen Leistungen 164, 508
- nach §§ 3a, 3b, 3e UStG 165
- nach § 3a Abs. 4 S. 2 Nr. 1-14 UStG 177
- Prüfungsreihenfolge zur Ermittlung des 165

Ort und Zeitpunkt
- fingierte Lieferung 189
- von Werklieferungen und Werkleistungen 199
- Werkleistung 201
- Werklieferung 199

Ortsbestimmung 164
- für die kurzfristige Vermietung von Beförderungsmitteln 172

Ortsübliche Miete 538
Ortsverlagerung 521
- des § 3d S. 2 UStG 499

Ortsvorschriften für Beförderungsleistungen und damit zusammenhängende Leistungen 179
Österreichische Lieferschwelle 521

Stichwortverzeichnis

P
Pauschalmarge 412
Personenbeförderung 179, 508
Prinzip des Sofortabzugs 204
Prinzipien der Vorsteuerberichtigung 309
Privatnutzung
- durch den Unternehmer 337
- entfallende vorsteuerbelastete Ausgaben 258

Prüfung
- der Voraussetzungen des Reihengeschäfts 154
- eines Reihengeschäfts 154

Prüfungsaufgabe
- Buchführung und Bilanzwesen 2
- Ertragsteuern 2
- Verfahrensrecht 2

Prüfungsschema für Aufgaben aus dem Umsatzsteuerrecht 11

R
Rechnung
- Allgemeines 277
- Anzahlungen 281
- Aufbewahrung von 278
- Berichtigung 286, 287
- elektronische 278
- falscher Steuerausweis 283
- Form 277
- formelle Anforderungen 277
- Frist zur Rechnungserstellung 278
- Gefälligkeits- 287
- Geschäftsveräußerung 286
- Gutschrift 282
- in besonderen Fällen 283
- Inhalt einer 278
- Kleinbetrag 281
- Mindestbemessungsgrundlage 281
- Regelsteuersatz statt ermäßigtem Steuersatz 284
- Reiseleistung 411
- -snummern 279
- Steuerausweis bei steuerfreier Leistung 285
- Steuerausweis im Fall des § 13b UStG 285
- Teilleistungen 281
- über Kleinbeträge 86
- unberechtigter Steuerausweis 287
- unvollständige oder unrichtige Angaben 280
- Verpflichtung zur Ausstellung einer 277
- Vorsteuer 278, 298
- zu hoher Steuerausweis 284
- zu niederer Steuerausweis 284

Rechnungstellung 419
- durch Lieferer 437

Recht zur Fruchtziehung 229
Rechtliches Verständnis der Materie 101
Rechtlich unwirksame und verbotene Leistungen 117
Rechtsgeschäftliche Übertragungen 224
Rechtsgeschäftsloses Verbringen 149, 187, 489
Regelfall der Eigentumsübertragung nach § 929 S. 1 BGB 143
Regelsteuersatz 162, 270
Reihengeschäft 32, 38, 153, 301, 503, 521, 525
- Ausfuhr 425
- Begriff und Bedeutung 153
- Einfuhr 418
- erster Unternehmer veranlasst die Beförderung oder Versendung 156
- Identität der Liefergegenstände 154
- innergemeinschaftliches 446
- i.S.d. § 3 Abs. 6 Satz 5 UStG 531
- letzter Abnehmer veranlasst die Beförderung oder Versendung 156
- mehrere Umsatzgeschäfte durch mehrere Unternehmer 154
- mit privaten Endabnehmern 38
- mittlerer Unternehmer veranlasst die Beförderung oder Versendung 157
- ruhende Lieferungen 154
- unmittelbare Warenbewegung 155
- Voraussetzungen 154
- Zeitpunkt der Lieferung 154
- Zuordnung der Warenbewegung zu einer der Lieferungen 155

Reinigungs- oder Wartungsarbeiten 170
Reinigungstätigkeiten 389
Reisegepäck 423
Reiseleistung 283, 403, 408, 409
Reisenden-Maxime 408
Reisevorleistung
- im Drittland 409
- Umsatzsteuer 411

Reparatur beweglicher körperlicher Gegenstände 196
Restaurationsleistung 162, 174
Reverse-Charge-Verfahren 376, 378
Rückgängigmachung
- einer steuerpflichtigen Leistung 268
- von Lieferungen 159

Rücklieferungen 159, 160
Rücknahme des Verzichts auf Steuerbefreiungen nach § 9 UStG 44
Rückwirkende Rechnungsberichtigung 286
Rückwirkung der Rechnungsberichtigung 82
Rundfunk- und Fernsehdienstleistungen 179

S
Sachbezüge 328
Sachbezugswerte 336, 340
Sachgesamtheit 118

Sachleistungen 328
Sachlohn 537
Sachzuwendung an Dritte aus unternehmerischen Gründen 210
Sammelbeförderung 331
Schadensersatz
- und Entschädigungen 121
- wegen zu später Leistungserfüllung 122

Schenkung 124
- an Dritte 210

Schiffe und Luftfahrzeuge außerhalb der Zollgebiete 125
Schlichte Rechtsgemeinschaft 10
Schlussrechnung bei Teilleistungen und Anzahlungen 372
Schuldner der Einfuhrumsatzsteuer 520
Schweinefutter 403
Schwellenerwerber 439
Seeling 303
- -Modell 51

Selbstständigkeit 129, 362
- juristischer Personen 130
- natürlicher Personen 129
- sonstiger Personenvereinigungen 130

Seminar- und Fortbildungsveranstaltungen 174
Seminarzeiten 105
Sicherungsgeber 158
Sicherungsnehmer 158
Sicherungsübereignung 158, 249, 381
- Begriff und Bedeutung 158
- Doppelumsatz bei Verwertung durch den Sicherungsnehmer 158
- Dreifachumsatz bei Verwertung durch den Sicherungsgeber 159
- Eintritt des Sicherungsfalls 158
- Sicherungsgeber 158
- Verwertung des Sicherungsguts im Insolvenzverfahren durch den Insolvenzverwalter 159
- weitere umsatzsteuerrechtliche Folgen 159

Sitz des
- Leistungsempfängers 166
- privaten Leistungsempfängers im Drittland 177

Sofortabzug 288
Soll-Besteuerung 366
Soll- und Istbesteuerung 366
Sollprinzip 366
Sollversteuerung 112, 246
- Vorfinanzierungseffekt 370

Sonderentgelt 362
- Gesellschafter 361

Sonderfall innergemeinschaftliche Güterbeförderung 181
Sonderleistungen an die Gesellschaft 361
Sonderortsvorschriften 151
Sonderregelung für Reiseleistungen 407
Sondertatbestände 14
Sonstige Beistellungen 197
Sonstige Leistungen 524
- § 3 Abs. 9 S. 1 und 2 UStG 537
- auf elektronischem Weg erbrachte 179
- Begriff 161
- bei Messen und Ausstellungen 174
- Beispiel 359
- Erfüllung des Verpflichtungsgeschäfts 161
- gem. § 3 Abs. 9 UStG 529
- im Inland 173
- im Zusammenhang mit der Erschließung und der Bebauung 169
- im Zusammenhang mit der Veräußerung und dem Erwerb 169
- nach § 3a Abs. 4 S. 2 UStG 177

Spediteurbescheinigung 428
Speisen
- und Getränke 271
- Zubereitung 163
- zum Mitnehmen 162

Staatliche Zuschüsse 251
Statuarischer Sitz im Ausland 379
Steueranmeldung 110
Steuerausweis
- unberechtigter 287
- zu hoher 284

Steuerbarkeit 112, 528
- unentgeltlicher Zuwendungen 330
- von Lieferungen und sonstigen Leistungen 115

Steuerbefreiung 407, 528
- bei grenzüberschreitenden Umsätzen 240
- für innergemeinschaftliche Lieferungen 491
- für Nutzungsüberlassungen von Veranstaltungsräumen mit vorhandenen Betriebsvorrichtungen 235
- gem. § 4 Nr. 4b UStG 520
- gem. § 6a Abs. 1 UStG 96
- innergemeinschaftliche Lieferung 428
- innergemeinschaftlicher Erwerb 435
- internationale Lieferungen 420
- mit Vorsteuerabzugsberechtigung 216
- nach § 4 Nr. 14 UStG 237
- nach § 4 Nr. 28 UStG 239
- ohne Vorsteuerabzugsberechtigung 216
- Rechnung 285
- von Ausfuhrlieferungen ins Drittland 421

Steuerbefreiung für Leistungen der Ärzte und ähnlicher Berufsgruppen nach § 4 Nr. 14 Buchst. a UStG
- Begünstigte Berufsgruppen 238

Stichwortverzeichnis

- Lieferung und Wiederherstellung von Zahnprothesen 238
- Umfang der Steuerbefreiung 238

Steuerbefreiung nach § 4 Nr. 12 S. 1 Buchst. b und c UStG
- Inhalt der 230

Steuerbefreiung nach § 4 Nr. 12 UStG
- Überblick 228

Steuerbefreiung nach § 4 UStG 243, 244
- für Finanzumsätze, § 4 Nr. 8 UStG 220
- für Grundstückslieferungen, § 4 Nr. 9 Buchst. a UStG 224
- für Grundstücksüberlassungen, § 4 Nr. 12 UStG 228
- für Leistungen der Ärzte und Krankenhäuser, § 4 Nr. 14 UStG 237
- mit und ohne Vorsteuerabzugsberechtigung 216
- Sinn und Zweck 216
- Überblick über die Wirkung von Steuerbefreiungen 217
- Verzicht auf § 9 UStG 218

Steuerberaterprüfung 1
- erfolgreiche Vorbereitung 101
- Hilfsmittel 1
- mündliche Prüfung 98
- schriftliche Prüfung 1
- Termine 1
- Vortrag 100
- Zulassung zur mündlichen Prüfung 2

Steuerentstehung 112, 214, 366
- bei Tauschgeschäften 370
- Entstehung der Erwerbsumsatzsteuer 374
- Entstehung der Umsatzsteuer in den Sonderfällen 375
- Soll- und Istbesteuerung 366

Steuerfestsetzung unter Vorbehalt der Nachprüfung 367
Steuerfreie Ausfuhr 500
Steuerfreie Güterbeförderungen vom und in das Drittland 242
Steuerfreie innergemeinschaftliche Lieferung 437
Steuerfreie Warenlieferungen 241

Steuernummer 343
- Organschaft 465

Steuerpflicht 112

Steuerpflicht von Finanzumsätzen
- Besonderheiten bei der Steuerentstehung 223
- Zulässigkeit der Option 223

Steuersätze 112, 270
- Allgemeines 270
- Änderung 368, 370, 371
- Anlagegegenstände 270
- Ausweis eines falschen Steuersatzes 275
- Differenzbesteuerung 413
- Ermäßigung nach § 12 Abs. 2 Nr. 2-13 UStG 272

- falsche Rechnung 284
- Kombiartikel 271
- Land- und Forstwirtschaft 404
- Rechnung 280
- Umsätze des Veranstalters 273
- Vermietung von Anlagegegenständen 272

Steuersatzneutralität 416

Steuerschuldner 112, 376, 439, 500, 503, 504, 511, 537
- bei sonstigen Leistungen von im Ausland ansässigen Unternehmern 183
- Erwerber 376

Steuerschuldnerschaft 525
- des leistenden Unternehmers 376
- des Leistungsempfängers 376
- des Leistungsempfängers nach § 13b UStG 535
- Leistungsempfänger 378

Steuerträger 109

Steuerumkehr
- nach § 13b Abs. 1 i.V.m. § 13b Abs. 5 Satz 1 UStG 380
- nach § 13b Abs. 2 Nr. 1 UStG 380
- nach § 13b Abs. 2 Nr. 2 UStG 381
- nach § 13b Abs. 2 Nr. 3 UStG 382
- nach § 13b Abs. 2 Nr. 4 i.V.m. Abs. 5 Satz 2 UStG 383
- nach § 13b Abs. 5 i.V.m. Abs. 2 UStG 380

Subventionen 251
Systematische Vorbereitung 102

T

Tatbestand der Leistungsentnahme 214

Tatbestandsmerkmale
- des § 1 Abs. 1 Nr. 1 UStG 115
- des § 3 Abs. 1b S. 1 Nr. 3 UStG 210
- des § 3 Abs. 9a Nr. 1 UStG 211, 214
- im Rahmen des Unternehmens 135

Tatbestandsvoraussetzungen des innergemeinschaftlichen Erwerbs 433
Tätigkeiten im Zusammenhang mit typischen Freizeitgegenständen 131
Tätigung vorsteuerschädlicher Aufwendungen 269
Tätigwerden im Rahmen des Unternehmens 135
Tausch 252, 370

Tausch und tauschähnlicher Umsatz 246, 252
- mit Baraufgabe 254

Tauschähnlicher Umsatz 252, 328

Teilleistungen 368
- Rechnung 279
- Umkehr der Steuerschuld 391
- Vorsteuer 300

Teilnahme an einem Fernlehrgang 105
Teiloption 228

Teilunternehmerische (gemischte) Verwendung
angeschaffter/hergestellter Wirtschaftsgüter 294
Teilzahlungen 281
Telekommunikationsleistung 178
Telekommunikations-, Rundfunk- und Fernseh-
dienstleistungen 178
Territorialitätsprinzip 416
Traglast 111
Transportleistung 508
Treibhauszertifikat 388
Trennungsprinzip 297
Trinkgelder 250
Typische Nebenleistungen 119

U
Übereignung des PKW 501
Übergang von Besitz, Lasten und Nutze 535
Überlassung
- der Wohnung 537
- eines Kongresszentrums 171
- von Firmenfahrzeugen an das Personal 336, 337
- von Manuskripten 142
- von Parkplätzen auf dem Betriebsgelände 331
- von Plätzen in Betriebskindergärten 331
- von Software auf Datenträgern 142
- von Standplätzen auf Jahrmärkten 231
- von Veranstaltungsräumen und sonstigen Anlagen mit vorhandenen Betriebsvorrichtungen an Endverbraucher 235

Überlassung von Sportanlagen
- an einen Betreiber 235
- an Endverbraucher zur Nutzung für sportliche Zwecke 235
- und ähnlichen Einrichtungen 234

Übernachtungsleistung 274
Übertragung
- aller wesentlichen Betriebsgrundlagen 346
- eines ganzen Unternehmens oder eines Teilbetriebs 345
- eines gesamten Grundstücks 224
- eines ideellen Miteigentumsanteils 224
- eines vermieteten oder verpachteten Grundstücks 345
- von Aktienanteilen 355
- von Grundstücken 146
- von Grundstücken und Gebäuden 349

Über- und Unterordnungsverhältnis 89
Übriges Gemeinschaftsgebiet 125
Übungsfälle 101
Übungsklausuren 487

Umfang der Steuerbefreiung bei gemischten Verträgen 230

- unselbständige Nebenleistungen zu Miet- und Pachtverträgen 230
- Verträge besonderer Art 231

Umfang des Entgelts
- Auslagen- und Unkostenersatz 246
- Beistellungen zu Werklieferungen und Werkleistungen 252
- durchlaufende Posten 250
- freiwillig gezahlte Beträge (Trinkgelder) 250
- Verwertungskosten bei der Sicherungsübereignung 249
- Zahlungen Dritter 251
- Zahlungszuschläge und -abschläge 247

Umgang der unternehmerischen Tätigkeit bei Vereinen 134

Umkehr der Steuerschuld 378
- Abfall 388
- Anzahlung 391
- Ausschluss 379
- Bemessungsgrundlage 392
- Dreiecksgeschäft 452
- Durchschnittsbesteuerung 378
- Entstehung der Steuer 380, 390
- Gas, Elektrizität 387
- Gebäudereinigung 389
- Goldlieferung 389
- i.V.m. GrESt 382
- Kleinunternehmer 378
- nach § 13b Abs. 2 Nr. 6 UStG 388
- nach § 13b Abs. 2 Nr. 10 UStG 390
- nach § 13b Abs. 2 Nr. 11 UStG 390
- Rechnung 283, 285
- Rechnungstellung 392
- Sicherungsübereignung 381
- Teilleistung 391
- Vorsteuer 301
- Vorsteuerabzug 393

Umkehr der Steuerschuldnerschaft
- Rechnungstellung in Zweifelsfällen 392

Umlaufvermögen 319
Umsatzart 111
- Lieferung 141

Umsatzart sonstige Leistung
- Begriff der sonstigen Leistung, § 3 Abs. 9 UStG 161
- Ort der sonstigen Leistung 164
- Steuerschuldner bei sonstigen Leistungen von im Ausland ansässigen Unternehmern 183
- Zeitpunkt der sonstigen Leistung 182

Umsatzbesteuerung der Leistungen der öffentlichen Hand 88

Umsätze im Geschäft mit Forderungen gem. § 4 Nr. 8 Buchst. c UStG
- Geschäfte mit Forderungen 221

- Umsatzsteuerrechtliche Beurteilung des Factoring 221
Umsatzmethode 307
Umsatzsteuer
- -anmeldung 288
- -anwendungserlass 109
- auf Ausgangsumsätze 111
- Bedeutung 107
- Berechnung der Höhe der 112
- -Durchführungsverordnung 109
- einheitliche Gegenstände 59
- entgeltliche Überlassung 49
- -erklärung 110
- Fotovoltaikanlage 58
- -gesetz 109
- Grundsätze der Zuordnung von Leistungen zum Unternehmensvermögen 58
- Grundstücksübertragung 49
- -lager 376
- Lieferung vertretbarer Sachen und sonstige Leistungen 59
- materiell-rechtliche Voraussetzungen für den Vorsteuerabzug 54
- nichtwirtschaftliche Tätigkeiten im engeren Sinne 54
- Privatverwendung nach § 3 Abs. 1b oder § 9a UStG 57
- sonstige Leistung 43
- teilunternehmerische, unternehmensfremde Verwendung 60
- teilunternehmerische Verwendung 56
- unternehmensfremd genutzte Grundstücke 57
- -voranmeldungen 110
- -zahllast 288
- Zusammenhang von erhaltener Eingangsleistung und getätigter Ausgangsleistung 55

Umsatzsteuer im internationalen Warenverkehr 416
- Anknüpfung an bewegte Lieferungen 417
- „Einfuhrlieferung" im Reihengeschäft 418
- fiktiver innergemeinschaftlicher Warenverkehr 442
- innergemeinschaftliche Lieferung im Kommissionsgeschäft 445
- innergemeinschaftliche Lieferung im Reihengeschäft 446
- innergemeinschaftliches Dreiecksgeschäft 450
- Lieferungen gemäß § 3c UStG 453
- Lieferung von Deutschland ins EU-Ausland 428
- Lieferung von Neufahrzeugen 442

Umsatzsteuerfreie Kreditgewährung 85
Umsatzsteuer-Identifikationsnummer 507
- Fehlen der 430
- Organschaft 464

Umsatzsteuerjahreserklärung 110

- elektronische 110
Umsatzsteuerliche Organschaft 88
Umsatzsteuerrechtlicher Leistungsbegriff 115
Umtausch 160
Unberechtigter Steuerausweis 287
Unbewegte Lieferung 147, 153
Unbewegte (ruhende) Lieferung 527
Unbewegte Werklieferung 200, 201
Unechte Mitgliedsbeiträge 134
Unechte Steuerbefreiungen 216
Unentgeltliche Kraftfahrzeugüberlassung 530
Unentgeltliche Leistungen 357
Unentgeltliche Sachzuwendungen 330, 340
Unentgeltliche sonstige Leistungen
- der Arbeitgeber an ihr Personal 330
- für unternehmensfremde Zwecke 215

Unentgeltliche Wertabgaben 510
- Allgemeines 202
- anderer unentgeltlicher sonstigen Leistungen für außerunternehmerische Zwecke, § 3 Abs. 9a Nr. 2 UStG 214
- Drittland 427
- Entnahme von Unternehmensgegenständen für außerunternehmerische Zwecke, § 3 Abs. 1b Nr. 1 UStG 204
- i.S.d. § 3 Abs. 1b Satz 1 Nr. 3 und Satz 2 UStG 510
- Steuerentstehung 373
- Verwendung von Unternehmensgegenständen für außerunternehmerische Zwecke, § 3 Abs. 9a Nr. 1 UStG 211
- Zuwendungen von Unternehmensgegenständen aus unternehmerischem Anlass, § 3 Abs. 1b Nr. 3 UStG 210
- Zweck der Besteuerung 203

Unentgeltliche Zuwendung 210
- von Unternehmensgegenständen an Dritte 210

Unrichtiger Vorsteuerabzug 327
Unselbständige Nebenleistungen zu einer Hauptleistung 118
Unternehmensbereich und außerunternehmerischer Bereich 135
Unternehmensvermögen 136
Unternehmer 127, 490
- Begriff 128
- Gesellschafter 353, 359
- -merkmale 129
- mittlerer 449
- Organschaft 458
- Überblick und Bedeutung 127

Unternehmereigenschaft 138
- von Erben 139
- von Holdinggesellschaften 135
- von Vereinen 134

Unternehmerfähigkeit 128
- von Personenvereinigungen 128

Unterscheidung zwischen Lieferungen und sonstigen Leistungen 115

V

Veranlagungsverfahren 110
Veranstaltungsleistung im Drittlandsgebiet 171
Veräußerung
- eines Grundstücks 535
- von noch zu bebauenden Grundstücken 226
- von unternehmerischen Grundstücken 46

Verbilligte sonstige Leistungen 334
Verbilligte Überlassung von Gegenständen 334
Verbrauchsteuerpflichtige Waren 439, 441, 456
Verbringen
- Drittland 426
- innergemeinschaftliches 442, 469
- nur vorübergehendes 444

Veredelung im Auftrag des Lieferempfängers
- Beispiel 424

Veredelung im Auftrag des Lieferers
- Beispiel 423

Veredelungsklausel 425, 439
Vereinbarte Entgelte 366
Vereinbarung eines Besitzkonstituts 158
Vereinnahmte Entgelte 112
Vergütung für geleistete Dienste 328, 329, 335
Verkauf
- des Wohnwagens 507
- gestohlener Gegenstände 146
- -skommission 507
- unter Eigentumsvorbehalt 145
- von Anlagevermögen durch Ärzte 239
- von Einrichtungsgegenständen, für ausschließlich steuerfreie Tätigkeiten 239
- von Eintrittskarten 173
- von Fahrkarten, Eintrittskarten und ähnlichen Berechtigungspapieren 141
- von Telefon- oder Mobilfunkkarten 141

Verkehrssteuern 107
Verlagerung der Steuerschuldnerschaft
- gem. § 13a Abs. 1 Nr. 5 UStG i.V.m. § 25b Abs. 2 UStG 524
- gem. § 13b Abs. 5 UStG 526

Verlagerung nach § 3 Abs. 8 UStG 419
Verlust des Vorsteuerabzugs 298
Vermietung 504
- als Nebenleistung zu einer anderen, steuerfreien Grundstücksvermietung 233
- an Ärzte 236
- an die Tochter 536
- an Nichtunternehmer 173
- an Unternehmer, die steuerfreie Umsätze ausführen 236
- des Fahrzeugs an die Gesellschaft 364
- längerfristige 172, 336
- längerfristige – von Beförderungsmitteln 172, 336
- -stätigkeit 49
- und Verpachtung von Grundstücken 169, 228
- von Beförderungsmitteln 172
- von Büro- und Wohncontainern oder Baubuden 229
- von Fahrzeugabstellplätzen 232
- von Wohn- und Schlafräumen 232

Vermietungsumsätze 505
- Ort der 49

Vermittlung
- von Grundstücksverkäufen und -vermietungen 175
- von Grundstücksvermietungen 170
- von Kartenverkäufen 173

Vermittlung einer sonstigen Leistung
- Beispiel 186

Vermittlung eines Wareneinkaufs
- Beispiel 185

Vermittlung eines Warenverkaufs
- Beispiel 185

Vermittlungsleistungen 175, 185, 508
- mit Auslandsbezug 243

Verpflegung und Unterkunft
- Bemessungsgrundlage 339

Verpflichtungsgeschäft
- Bedeutung des zivilrechtlichen 116

Versandhandel 453, 498
- Lieferschwelle 453
- -sregelung 40
- -sregelung des § 3c UStG 532

Verschaffung der Verfügungsmacht 142
- durch beauftragte Dritte 146
- durch zivilrechtliche Eigentumsübertragung 143
- ohne Eigentumsübertragung 144
- Regelfall 143
- Sonderfälle 143

Versendung 148
Vertragsstrafen 122
Vertrauensschutz 432
Vertretbare Sachen 118, 141
Vertretung vor Gericht 529
Verwaltungsanweisungen 109
Verwendung anderer Identifikationsnummer
- Beispiel 435

Verwendung für unternehmerische Zwecke 523
Verwendungstatbestand 212
Verwertungskosten bei der Sicherungsübereignung 249
Verzehreinrichtungen 162

Stichwortverzeichnis

Verzehrvorrichtungen
- behelfsmäßige 162

Verzicht
- auf die Rechte aus dem Mietvertrag 229
- auf die Umsatzsteuerbefreiung der Lieferung eines Grundstücks 45
- auf Steuerbefreiungen 44

Vorabentscheidungsverfahren 110

Voranmeldung 288
- -sverfahren 110

Voranmeldungszeitraum 110, 492
- nach § 18 Abs. 2 UStG 110

Voraussetzungen
- für die Zulassung zur mündlichen Prüfung 2
- für eine erfolgreiche Prüfung 101
- für Versendungs- und Beförderungsfälle 96
- und Wirkungen einer Organschaft 88

Vorauszahlungen 367, 369
Vorbereitungslehrgang auf die Steuerberaterprüfung 102
Vorbereitungsmaßnahmen 343
Vorbereitungszeit 102
Vorgründungsgesellschaft 352

Vorsteuer 108
- Abzugsverbot 302
- Änderung 327
- Anzahlung 300
- Aufteilung 305
- aus § 15 Abs. 1 Nr. 2 UStG 501
- aus dem Grundstückserwerb 536
- aus innergemeinschaftlichem Erwerb 301
- -ausschluss 303
- aus Unterhaltskosten 537
- aus Unterhaltskosten des Gebäudes 538
- Berichtigung 309
- Berichtigung, Grundstücke 317
- Besteuerung in der Unternehmerkette 406
- -beträge aus den Transaktionskosten 349
- Einfuhr 300
- Entnahme 293
- Guter Glaube 290
- innergemeinschaftlicher Erwerb 301
- innergemeinschaftliches Dreiecksgeschäft 302
- kein konkreter Vorsteuerabzug 407
- Kleinunternehmer 292
- nach Durchschnittssätzen 308
- private Grundstücksnutzung 302
- Sofortabzug 288
- Teilleistung 300
- Umkehr der Steuerschuld 301
- -vergütung 288
- vertretbare Leistung 297
- Verwendungsabsicht 288
- Vorbereitungshandlung 290

- Vorbereitungsmaßnahme 343
- Zuordnungswahlrecht 294

Vorsteuerabzug 14, 53, 288, 490, 504, 510, 526
- Änderungsquote 314
- anlässlich der Gründung 353
- Aufteilung bei Gebäuden 306
- aus Bauleistung 506
- aus bezogenen Leistungen 84
- aus der Einfuhr 300
- aus der Eingangsleistung 509
- aus Rechnungen 83
- Ausscheiden des verwendbaren Wirtschaftsguts 315
- bei Umkehr der Steuerschuld 301
- bei unentgeltlichen Wertabgaben an das Personal 332
- Berichtigung 528
- Berichtigung der Vorsteuer 309
- Berichtigungszeitraum 311
- des Ausfuhrlieferers 423
- des Leistungsempfängers 393
- Durchgangserwerb 292
- Eingangsleistungen ohne konkreten Zusammenhang 308
- Einlage 290
- Entstehungstatbestände im Überblick 290
- Erwerbsumsatzsteuer 301
- Fehler 298
- für Eingangsumsätze 113
- für gemischt genutzte Grundstücke 51
- für zugewendete oder zur Nutzung überlassene Gegenstände 332
- gem. § 15 Abs. 1 Nr. 1 UStG 43
- gemischte Verwendung einer Eingangsleistung 305
- nach § 15 Abs. 1 Nr. 1 UStG 501
- Neutralitätsgebot 288
- Nutzungsanteil nach Zeit, Einheiten 306
- Prinzip des Sofortabzugs 309
- Rechnung 298
- -sberechtigung 61
- -sbeschränkung 322
- steuerpflichtiger Eingangsumsatz 290
- -sverbot 302
- -sverbot nach § 15 Abs. 2 i.V.m. Abs. 3 UStG 524
- umsatzbezogene Aufteilung 306
- unfreie Versendung 292
- Unternehmensbezug 290
- Verbot 302
- Versagung 298
- vertretbare Eingangsleistungen 297
- wirtschaftliche Tätigkeit 292
- Wirtschaftsgut geht vorzeitig unter 316
- Zeitpunkt der Berichtigung 313

Vorsteuerberichtigung 310, 319

- des Erwerbers für übernommene Gegenstände 350
- Entnahme 321
- Geschäftsveräußerung im Ganzen 326
- Grundstücke 317
- Leistungen eines Beraters 322
- Merkmale 310
- nach § 15a UStG 227, 327, 506

W

Warenbewegte Lieferung 502
Warenbewegung
- erfolgt durch den ersten Unternehmer 446
- erfolgt durch letzten Abnehmer 446
- erfolgt durch mittleren Unternehmer 446

Warenmuster 211
Wechsel
- der Besteuerungsform 401
- zwischen Ist- und Soll-Versteuerung 372

Wegfall der Erwerbsbesteuerung 269
Weihnachtsfeier 530
Werkleistung 197
- an beweglichen Sachen 201

Werklieferungen 195, 197, 505, 520
Werklieferungen und Werkleistungen 195
- Abgrenzung 195
- Begriff und Bedeutung 195
- bewegte Werklieferung 199
- Ort und Zeit der Werkleistung 201
- Ort und Zeit der Werklieferung 199
- unbewegte Werklieferungen 200

Werkvertrag 195
Wert
- der erbrachten Sachleistung 335
- der Gegenleistung 335

Wertabgabentatbestände nach § 3 Abs. 1b Nr. 2 und Abs. 9a UStG
- Voraussetzungen 331

Wesentliche Betriebsgrundlagen 346
Widerspruch
- Gutschrift 282

Wiederverkäufer 412, 491, 502
Wirkungen der umsatzsteuerlichen Organschaft 95
Wirtschaftliche Eingliederung 93, 462
Wissenslücken 105

Z

Zahllast 111
Zahlung
- der Versicherungsentschädigung 524

- der Warenkreditversicherung 491
- Dritter 251
- -sabschläge 247
- -szuschläge 248

Zahntechnikerleistungen 272
Zoll
- -beleg 539
- -kodex 539

Zulassung zur mündlichen Prüfung 2
Zumindest teilweiser Vorsteuerabzug des Gegenstandes 208
Zuordnung
- der Beförderung oder Versendung des Gegenstandes zur Lieferung 34
- von Wirtschaftsgütern 137

Zuordnungswahlrecht 206, 207, 294, 297, 305, 343, 357
- bei einheitlichen Gegenständen 206, 207

Zur Verfügung stellen von Duschräumen 234
Zurechnung von Leistungen 184
- Allgemeines 184
- Handeln für fremde Rechnung 184
- Handeln in eigenem Namen und für eigene Rechnung 184

Zusammenfassende Meldungen 393, 431, 434, 437
- Organschaft 469
- Verfahren 438

Zusammenhang zwischen Leistung und Gegenleistung 120
Zuwendungen
- bei Betriebsveranstaltungen, 331
- im Rahmen von Betriebsfeiern 332
- von Geld zum Zwecke der Bezahlung 115

Zuwendungstatbestand
- ausgenommen Geschenke von geringem Wert und Warenmuster 211
- Berechtigung zum Vorsteuerabzug, § 3 Abs. 1b S. 2 UStG 211
- unentgeltliche Zuwendung für Zwecke des Unternehmens 211
- unentgeltliche Zuwendung von Unternehmensgegenständen an Dritte 210

Zuzahlungen als Gegenleistung 328
Zwangsversteigerungsverfahren 227
Zweigniederlassung
- Organschaft 466